DESIGN, NATURE & SPA

Alexandra et Grégory ont façonné ce lieu unique à leur image : familial et respectueux de la nature. Au restaurant gastronomique, **LE CAPUCINE**, les produits sont issus exclusivement d'une agriculture raisonnée, privilégiant les filières courtes et les produits de saison. Le chef, **Damien Frémont**, est un amoureux de son terroir. Passionné par sa Normandie natal, il aime partager le savoir-faire des producteurs locaux à travers une cuisine qui place le produit et la nature au cœur des plats. Le must : un détour par le spa Garancia après une balade sur la plage !

LES +
Mer & Nature
Gastronomie
Spa Garancia

DROIT DEVANT

Imaginaient-ils, en jetant leur *Guide de la France* dans la scène gastronomique en 1972 comme on jette un pavé dans la mare, que, cinquante ans plus tard, ce que certains ont appelé le Guide Jaune (par opposition à un autre guide coloré) tiendrait le haut du pavé ? Imaginaient-ils que ce qu'ils ont pensé avec sincérité comme une œuvre très personnelle serait toujours porté avec autant de sincérité par d'autres ? Rares sont les exemples de médias qui, tant d'années après leur création et la disparition de leurs fondateurs, sont toujours debout. Encore plus rares sont les exemples de ceux dont le moto n'a jamais varié.

Malgré les vicissitudes, bien normales dans la vie d'une telle entreprise, et grâce à l'énergie et à l'engagement constant d'hommes et de femmes – Marc Esquerré, directeur des guides et des enquêtes, plume de Gault&Millau depuis vingt-cinq ans, et Florence Saint-Martin, rédactrice en chef adjointe des guides, dans la maison depuis trente ans – qui ont fait leur la faconde, la gourmandise et l'enthousiasme d'Henri Gault et Christian Millau, deux journalistes un rien cabots, à la plume parfaitement affûtée, à la pensée bien aiguisée, Gault&Millau regarde droit devant.

Une telle longévité force le respect, impose l'humilité, agace aussi parfois quelques esprits chafouins. À nous, ceux de 2022, de faire perdurer cet esprit souvent frondeur, peu embarrassé des codes, volontiers provocateur, forcément bienveillant, toujours précurseur. À nous, ceux de 2022, de continuer à dénicher, déceler, aider, soutenir des talents singuliers, de nouveaux élans. À nous de faire vivre encore cette règle des 3D, édictée en 1987 : « découvrir, décrire, déranger ». À nous, qui continuons l'œuvre de Gault&Millau, de nous affranchir de certains marqueurs ; parce que le monde de 2022 n'est – loin s'en faut – plus celui de 1972. Dans une rare interview télévisée, Christian Millau parle du restaurant comme d'un théâtre. Certes, mais en matière d'arts vivants comme de gastronomie, les attentes et les moyens ont été bouleversés. À nous, donc, ceux de 2023 et des années à venir, de penser à ce que seront le bon et le beau demain, dans cinquante ans même (pourquoi pas ?), d'accompagner ceux – cuisiniers, hôteliers, fermiers et artisans – qui l'imaginent.

STÉPHANE BRÉHIER

DIRECTEUR DE LA RÉDACTION

DE TABLES EN TABLES

1962
LE DÉBUT D'UN DUO

Au début des années 1960, Henri Gault, grand reporter pour le journal *Paris-Presse*, se voit confier une rubrique hebdomadaire intitulée « Week-end et promenades ». Christian Millau, rédacteur en chef adjoint, relit les flâneries autour de Paris de celui qui deviendra son compagnon de table préféré. Le ton est impertinent, les choix parfois iconoclastes, le succès immédiat. Le duo répond à de nouvelles attentes porteuses de nouvelles valeurs. Rapidement, ils vendent à Christian Bourgois, alors directeur littéraire des éditions Julliard, l'idée d'un guide qui traite de façon moderne et journalistique des restaurants de la capitale, mais aussi des boutiques, artisans, marchands de vin, hôtels et promenades. À la fin de la décennie, le duo acquiert son indépendance et lance, en 1969, un magazine, le *Nouveau Guide*. Le début d'une success-story, celle du Guide Jaune.

1972
LE PREMIER GUIDE JAUNE

Le premier guide Gault&Millau pour la France entière voit le jour et fait définitivement bouger les lignes de la gastronomie. En toute indépendance, Henri Gault et Christian Millau paient leurs additions et notent les restaurants sans tenir compte de l'avis des autres critiques ou commentateurs. Leurs critères ne sont plus ni la richesse du lieu ou de la vaisselle, mais le goût, la présentation et l'imagination du chef. Au fil des ans, les Français découvrent avec eux les nouveaux talents. Le binôme déniche les Alain Senderens, Alain Ducasse, Joël Robuchon, Guy Savoy, Marc Veyrat, Pierre Gagnaire, Michel Rostang... Gault et Millau sont des pionniers, des défricheurs, ils sortent la gastronomie française de sa léthargie et contribuent à inventer un nouveau mode de vie.

1973
LA NOUVELLE CUISINE

La « nouvelle cuisine » est née. Si les deux journalistes inventent l'expression désormais consacrée dans un article-manifeste, ce sont les cuisiniers eux-mêmes qui se mobilisent pour renverser la table. Des cuisiniers, jeunes (entre 30 et 40 ans), qui veulent moderniser la cuisine et répondre aux aspirations nouvelles des clients. Dans un article fondateur, publié en 1973, Henri Gault et Christian Millau définissent les 10 commandements de la nouvelle cuisine. Les contours d'une nouvelle gastronomie sont définis.

10 COMMANDEMENTS DE LA NOUVELLE CUISINE

« Tu ne cuiras pas trop ».
« Tu utiliseras des produits frais et de qualité ».
« Tu allégeras ta carte ».
« Tu ne seras pas systématiquement moderniste ».
« Tu rechercheras cependant ce que t'apportent les nouvelles techniques ».
« Tu éviteras marinades, faisandages, fermentations, etc. ».
« Tu élimineras les sauces riches ».
« Tu n'ignoreras pas la diététique ».
« Tu ne truqueras pas tes présentations ».
« Tu seras inventif ».

1978
VINS
FRANÇAIS

À l'heure des vendanges, Christian Millau a l'idée de réunir ses chroniqueurs gastronomiques autour du vignoble afin de mettre en avant les vins français. Un premier numéro « exceptionnel » est publié en septembre 1978, coûte 5 francs et titre déjà : *« Paris, la valse folle des prix au restaurant »* et *« Tout sur le vin en 80 pages et les 500 adresses du vrai connaisseur »* ! La formule a fait école : désormais, tous les magazines actualité ou art de vivre font leurs numéros spéciaux...

1979
GAULT&MILLAU
AUTRICHE

Développement de la première licence à l'international.

1980
COUVERTURE
TIME

Consécration internationale : Henri Gault et Christian Millau sont en couverture du magazine américain de référence *Time*. Peu de Français ont eu cet honneur !

1984
LE PREMIER
GUIDE DES VINS

Fort du succès des numéros spéciaux du magazine dédiés au vin, le duo va plus loin en lançant un guide des vins : *« Le guide des vins de France. Le 1er guide pratique : 1500 vins en direct sélectionnés pour leur excellent rapport qualité-prix ».* Il compte 600 pages et est vendu 89 francs...

Voici ses dix commandements...

« LA cuisine, c'est quand les choses ont le goût de ce qu'elles sont », s'exclama Curnonsky pour remercier la bonne Mélanie du repas qu'elle venait de lui offrir pour ses 81 ans.

Ce repas comprenait en particulier des palourdes farcies, un homard à la crème et une chartreuse de perdreau, plats qui devaient être fort bons, mais où les coquillages, le homard et le perdreau n'avaient sûrement pas le goût de ce qu'ils étaient. Pour cela, il eut fallu manger les premières crues, le second à la nage et le troisième rôti... C'est avec des ambiguïtés de ce genre, avec ces aphorismes paradoxaux, que la cuisine de l'avant guerre, et singulièrement son porte-voix Maurice Sailland, dit Curnonsky, alias Prince élu des gastronomes, ont pu maintenir leur réputation jusqu'à nos jours. Or, cette cuisine, ce style, bardés d'à peu près et farcis de truismes sont en train de mourir. Tant mieux. D'autant qu'une autre cuisine leur succède, se crée sous nos yeux et éclate de santé, de bon sens et de bon goût. La cuisine française est morte (n'est-ce pas MM. du Times qui vous en réjouissez ?). Eh bien, vive la nouvelle cuisine française !

Nous ne sommes pas iconoclastes, et défendons, avec même quelque mauvaise foi, certains vieux restaurants glorieux dont la chute nous ferait trop de peine. La contestation en soi est négative, infantile et jalouse. Mais le blocage du goût et de l'esprit tournés vers des souvenirs enjolivés ne sont pas moins sots et dangereux. Notre but n'est donc pas de précipiter Curnonsky à bas de son socle, mais de prier ce gros monsieur farceur d'en descendre gentiment et d'aller s'asseoir dans les rangs, avec ses camarades Brillat-Savarin, Carême et autres beaux parleurs. Curnonsky ne manquait pas d'esprit, son écriture ampoulée avait certaines grâces, et si ce prince élu fut nourri toute sa vie aux frais de la princesse, on le disait généreux, indifférent aux sollicitations de la publicité. C'était ce qu'on appelle encore un « bon vivant ». Et c'est précisément cette image de bons vivants, grasses personnes, la serviette nouée autour du cou, dégoulinant de fonds de veau, de béchamel et de vol-au-vent, décorés, chevaliers de confréries vineuses, bachiques et oenophiles, chanteurs à boire et palpeurs de soubrettes que nous voudrions effacer des mémoires. Elle est répugnante et nous ne craignons pas de dire que ces gens-là ne savaient pas manger. Comment admettre par exemple que de vrais gourmets pussent prêter quelque crédit aux livres de recettes des années vingt dont les conseils tiennent encore sous le joug des générations d'après-guerre.

Prenez par exemple Mme Saint-Ange, parangon des vertus bourgeoises dont « La bonne cuisine » continue de passer aujourd'hui pour un bon livre. Attentive à nous décrire par le menu les gelées de viandes, les roux et les sauces blanches, elle règle en quelques lignes le sort du court-bouillon, bon, nous dit-elle, pour tout poisson dont la fraîcheur est douteuse. Peut-on écrire une aussi colossale bêtise. Il faut dire que les temps de cuisson indiqués, dans ce livre, comme dans les autres d'ailleurs, sont tels que, frais ou non, le poisson était transformé en papier mâché.

Ce problème du temps de cuisson va d'ailleurs nous permettre d'aborder le fond du problème et de tirer les traits qui séparent la vieille de la nouvelle cuisine française. Ce n'est pas nous, piètres cuisiniers, qui inventons et décrétons ces dix nouveaux commandements. Nous ne faisons que préciser les contours d'une cuisine mise au point par la nouvelle école des chefs français, qui s'appellent Bocuse, Troisgros, Haeberlin, Peyrot, Denis, Guérard, Manière, Minot, Chapel, etc... et à d'autres titres, Girard, Senderens, Oliver, Minchelli, Barrier, Vergé, Delaveyne, etc... Ces lois portent sur une dizaine de points essentiels qui placent la nouvelle cuisine aux antipodes de celle de l'avant-guerre, elle-même issue (mais déformée) de celle du XIXe siècle qu'a si admirablement décrite et analysée Jean-Paul Aron dans son « Mangeur du XIXe siècle » (Robert Laffont, éd.).

Nous devinons quels cris et ricanements va amener l'énoncé de ces lois, dans les vieilles arrière-cuisines. Mais nous avons nos références et nos nouveaux dieux pour nous défendre.

1 TEMPS DE CUISSON RÉDUIT (à la chinoise) pour la plupart des préparations de poissons, pour tous les crustacés et coquillages, les volailles à chair brune et les gibiers rôtis, le veau, certains légumes verts, les pâtes. La langouste rôtie et le carré de veau de chez Denis, les haricots verts de Bocuse, le poisson de chez Le Duc, les grenouilles de chez Haeberlin, le canard de chez Guérard, les écrevisses de chez Troisgros, la bécasse de Minot, entre autres, en sont l'illustration confondante.

2 NOUVELLE UTILISATION DES PRODUITS. Il est indéniable que notre époque de surproduction et de technologie abâtardit, empoisonne, élimine même, de nombreux produits. Gastronomiquement parlant, il n'y a pratiquement plus de poulet, de veau, de fruit, de pomme de terre, de bœuf, de gibier, ➜

Extrait du n°54 du *Nouveau Guide Gault-Millau* paru en octobre 1973

1986
LA FIN D'UN DUO

Gault et Millau se séparent. Christian Millau reste toutefois aux manettes du guide pendant plusieurs années.

2003
20/20 !

Gault&Millau décerne pour la première (et unique) fois de son histoire la note de 20/20 à Marc Veyrat (pour La Maison de Marc Veyrat, à Veyrier-du-Lac, et La Ferme de Mon Père, à Megève).

2012
GAULT&MILLAU TOURS

Création des Gault&Millau Tours. Gault&Millau affirme ainsi son ancrage régional. Des événements sont organisés à l'occasion de la sortie des guides régionaux dans chaque région de France, une fois par an, avec notamment des Grandes Dégustations, désormais ouvertes au public, en présence de tous les acteurs locaux de la gastronomie, et prix régionaux accordés aux professionnels de la restauration.

2014
DOTATION JEUNES TALENTS

Création des Dotations Jeunes Talents, qui attribuent une bourse en matériel ou en biens à des candidats porteurs de projets d'ouverture de restaurant. Depuis, ce sont un peu plus de 100 jeunes chefs qui ont ainsi été accompagnés.

2019
ACADÉMIE GAULT&MILLAU

Création de l'Académie Gault&Millau, réunissant les 10 chefs les plus emblématiques et les plus toqués de la scène gastronomique française : Georges Blanc, Alain Ducasse, Pierre Gagnaire, Michel Guérard, Marc Haeberlin, Régis Marcon, Alain Passard, Guy Savoy, Michel Trama, Marc Veyrat.

2022
NOUVEAU SOUFFLE

Nouveau souffle et nouvel élan chez Gault&Millau. Nouveau siège à Genève (Suisse) pour Gault&Millau International, à Paris pour Gault&Millau France. À Paris, à l'automne 2022, un espace, l'Atelier du Goût, sera dédié aux dégustations, masterclasses, workshops, événements mettant en avant et en relation les savoir-faire des chefs et des artisans des métiers de bouche.

NOS VALEURS

IMPARTIALITÉ & ÉTHIQUE

Les enquêtes sont menées dans chaque établissement par des experts anonymes qui ne s'annoncent pas, ne se présentent pas à la fin du repas et paient leur addition.

SAVOIR-FAIRE & FAIRE SAVOIR

Développer la culture du goût et des savoir-faire dans les métiers de bouche auprès de tous les publics, à travers toutes les publications et événements de Gault&Millau.

OBJECTIVITÉ & INDÉPENDANCE

Chaque enquêteur remplit, en restant neutre et impartial, une grille d'évaluation extrêmement normée sur chaque établissement visité ou produit goûté, qui permettra de faire ensuite un compte-rendu précis et éclairé.

ESPRIT PIONNIER & RECONNAISSANCE

Dénicher les nouveaux talents, leur apporter de la visibilité et les reconnaître devant leurs pairs à travers les dotations et palmarès régionaux et national.

BIENVEILLANCE & RESPECT

Les chefs et professionnels sont accompagnés, suivis tout au long de leur carrière. Leur travail est toujours observé sans complaisance mais avec considération.

ASSIETTE
CHAMPENOISE
ARNAUD
LALLEMENT

MAISON FAMILIALE

19/20

www.assiettechampenoise.com

40 avenue Paul Vaillant Couturier, 51430 Tinqueux - +33 (0)3 26 84 64 64

NOS MISSIONS

SÉLECTIONNER & RECOMMANDER

Offrir à notre communauté de lecteurs épicuriens et épicurieux la garantie de découvrir, à travers nos sélections et recommandations, le meilleur de ce qu'ont à offrir les professionnels de la restauration, de l'hospitalité, et des artisans des métiers de bouche.

DÉNICHER & ACCOMPAGNER

Découvrir des talents, les mettre en avant et les promouvoir. Accompagner les chefs vers toujours plus d'excellence et créer des liens justes et bienveillants avec une communauté de chefs et d'acteurs de la restauration et de l'hospitalité.

ÉDITER & VALORISER

Chaque année, Gault&Millau édite **11 guides régionaux** avec les sélections des meilleures tables, des plus beaux hôtels et la fine fleur des artisans de bouche au cœur de nos terroirs ; le ***Guide France*** (Guide Jaune), qui note et récompense de 1 à 5 toques plus de 2200 restaurants en France métropolitaine ; un ***Livre des champagnes***, qui met en avant les plus belles cuvées de plus de 300 maisons de champagne ; ***109***, un livre consacré aux 109 jeunes chefs qui incarnent le renouveau de la gastronomie française et nous délivrent la recette d'un plat signature.

À travers son portail internet, Gault&Millau permet de retrouver ses sélections et recommandations ; de découvrir tous les acteurs des scènes de la restauration et de l'hospitalité ; sa partie magazine permet de connaître les dernières nouveautés et tendances d'un secteur toujours en mouvement.

Les Gault&Millau Tours et Dotations Jeunes Talents vous font découvrir nos régions avec présentations de palmarès récompensant les talents de nos terroirs, dotations apportées aux jeunes talents et chefs de demain. Avec, en point d'orgue, le **Gala annuel**, célébrant la sortie de notre Guide Jaune national et la remise de trophées aux plus grands chefs comme aux plus prometteurs.

LABELLISER & AUDITER

Par son expertise, Gault&Millau est une référence incontournable, une caution pour les professionnels comme pour les amateurs. Une expertise et un savoir-faire qui nous ont conduits au métier de l'audit afin de labelliser tous types d'établissements en rapport avec la restauration et l'hospitalité ; de labelliser et de recommander les meilleurs produits. Ce sont près de 100 personnes qui se consacrent à la réalisation des guides et sélections Gault&Millau, plus de **30 enquêteurs** qui sillonnent tous les territoires, parcourent **150 000 km** et visitent plus de **10 000 établissements** chaque année. À l'international, ce sont plus de 8 000 restaurants testés et sélectionnés aux quatre coins du monde.

NOTRE VISION

DE L'AMBITION…

Celle de devenir le média de référence, de la création de contenus à la recherche d'information qualifiée pour tous les métiers de la gastronomie et de l'hospitalité au travers de ces supports papier et numériques.

… AU RAYONNEMENT INTERNATIONAL

Faire rayonner les savoir-faire et l'excellence des gastronomies locales dans plus de 30 pays et auprès de 2,7 milliards de lecteurs et amateurs d'ici à 2025.

le Château de Fonscolombe

RELAIS & CHÂTEAUX

-

Château au style Quattrocento, Fonscolombe ouvre ses portes sur un domaine arboré et entouré de vignes au cœur de la Provence. Chérissant l'art de vivre à la française, l'hôtel offre une invitation à la déconnexion et à la rêverie la plus totale. 50 chambres et suites se répartissent entre le Château et ses dépendances dans un style provençal et raffiné. A la tête de la brasserie de luxe et du restaurant gastronomique, le Chef Quentin Durand partage son amour du terroir provençal en magnifiant les produits locaux et de saisons.

le Château d'Audrieu

RELAIS & CHÂTEAUX

-

Situé à quelques kilomètres des plages du débarquement, le Château d'Audrieu diffuse un esprit normand véritable et invite à un voyage dans le temps. L'atmosphère du lieu permet aux clients de plonger littéralement dans un univers classique et authentique et de se prélasser dans une des 30 chambres et suites, dont une magnifique cabane dans les arbres. C'est dans ce cadre bucolique que le restaurant le Séran, ancré dans le terroir de la région, accueille ses hôtes. Un véritable havre de paix !

50 ANS DE GUIDE JAUNE EXTRAITS

1972

LE PREMIER ÉDITO

« Voici donc ce guide de la France auquel nous rêvions, et que l'on nous réclame depuis longtemps. »

© Benjamin Pausé

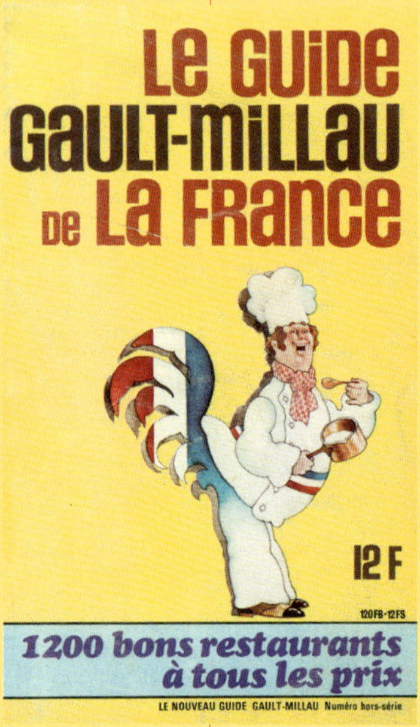

Trois toques :
L'« Aristocratie de la cuisine française »
Paul Bocuse, Marc Haeberlin, Jean et Pierre Troisgros

1973

« CE QUI NOUS DIFFÉRENCIE DES AUTRES GRANDS GUIDES GASTRONOMIQUES, CE SONT LES TEXTES QUI RACONTENT L'ATMOSPHÈRE, LE DÉCOR, L'ACCUEIL, LE PRIX ET, BIEN SÛR, LA CUISINE »

1974

CONVERSATIONS FICTIVES EN GUISE D'ÉDITO

« Entretien avec un lecteur curieux et même malveillant :

– J'ai remarqué que vous citez plus facilement des noms de cuisiniers que des noms de maisons.

– Parce que la cuisine appartient aux cuisiniers. Et aussi surprenant que cela puisse paraître, c'est une idée neuve. (...) La cuisine s'est personnalisée et ce mouvement est irréversible. »

1975

À propos de la nouvelle cuisine

« Nous nous sommes contentés de pressentir cette transformation et de lui donner ensuite la plus large audience possible. Que son renom déborde maintenant nos frontières ne peut évidemment que nous encourager à continuer. »

1976

2 500 établissements en France, Belgique, Luxembourg et Suisse.

1977

4 toques rouges pour la nouvelle cuisine

Paul Bocuse à Collonges, Michel Guérard à Eugénie-les-Bains, Alain Chapel à Mionnay, Roger Vergé à Mougins, Jean et Pierre Troisgros à Roanne et Frédy Girardet à Crissier (Suisse)

4 toques noires pour une cuisine classique

Paul et Jean-Pierre Haeberlin à Illhaeusern

1978

Alain Senderens

décroche sa quatrième toque* :

L'Archestrate, Paris 7e – 19/20 :

« Ainsi, selon notre hiérarchie, Alain Senderens entre dans l'Olympe des premiers cuisiniers de France. Qui aurait pu deviner, il y a dix ans, que ce petit bonhomme anxieux, enfermé dans son placard-cuisine de la rue de l'Exposition, deviendrait en jour l'égal des Troisgros et de Bocuse, et donnerait à Paris son premier "quatre-toques*" ? »

1979

« Pourquoi le guide de la France devient "le premier des guides" ?

C'est parce que nous n'avons jamais été sérieux que nous avons secoué le cocotier d'une certaine grande cuisine qui nous faisait périr d'ennui. »

1980

Gault&Millau décerne son premier trophée Cuisinier de l'Année

« Notre premier lauréat est un chef dont tous les amoureux de la table connaissent le nom, mais qui, paradoxalement, fait peu parler de lui. Cet homme est : Alain Chapel, à Mionnay – 19/20 »

1981

« Quelques documents historiques permettant d'éclairer la parution du 10e guide de la France.

La rédaction de ce Guide nous ayant mis sur les genoux, nous n'avons pas eu le courage, cette année, d'écrire une préface. Nous avons pris la liberté de la remplacer par une série de documents, qui vous éclaireront mieux encore sur le contenu de l'ouvrage. D'aucuns douteront peut-être de leur authenticité. Ils sont libres, après tout… ! »

Télégramme du guide Michelin :

« Découvrons avec stupéfaction quatrième toque* Georges Blanc à Vonnas. Avez devancé troisième étoile. Geste inamical. Salutations. »

1982

Joël Robuchon et Pierre Gagnaire obtiennent leur troisième toque.
Le Grand Véfour et Maxim's perdent la leur !
Lucas Carton perd sa note.

1re révélation de l'année :
Jacques Maximin,
Chantecler – Hôtel Negresco – 19/20

* Gault & Millau attribuait à cette époque un maximum de 4 toques.

1983

DANS L'ÉDITO

« À M. le directeur de l'hôtel Ritz, Vous vous êtes étonné de l'absence, parmi nos quatre et trois toques, de restaurants de palace parisiens. Vous vous réjouirez donc d'apprendre que votre confrère, Le Crillon, reçoit cette année sa troisième toque. »

DANS LA CHRONIQUE DÉDIÉE AU CRILLON – 17/20

« Fadeur et chichis : la cuisine de grand palace c'est le rata du milliardaire… Le Crillon a décidé de rompre à tout jamais avec cette triste fatalité. »

1984

« La nouvelle cuisine, c'est fini ?

Une chose est sûre : la nouvelle cuisine, qui a plus de dix ans, ne peut plus prétendre être nouvelle. Elle est devenue une part de notre héritage culinaire, lequel n'a pas fini de se transformer et de connaître d'autres mutations, car (…) la cuisine, tel un être vivant, est en perpétuel mouvement. »

1985

« Vingt, c'est la perfection, et tant que le Bon Dieu ne se mettra pas aux fourneaux… Non, nous n'irons pas au-delà de dix-neuf points et demi. »

Les 2 Cuisiniers de l'Année

Jean Bardet**, à Châteauroux – 18/20**

« La vocation du Guide Gault-Millau est d'être un découvreur, donc de prendre des risques. Aujourd'hui, nous prenons le risque de dire de Jean Bardet, qui est encore inconnu du public : ce cuisinier a un talent extraordinaire. »

Joël Robuchon**, à Paris – 19,5/20**

« Le Guide Gault-Millau le découvrit en 1978. (…) Quand nous avons fait connaissance avec la cuisine de Robuchon, celle-ci était très bonne. Par la suite, elle est devenue remarquable. À présent, elle est tout bonnement extraordinaire. »

1986

4 Cuisiniers de l'Année

Michel Bras *Lou Mazuc*, Laguiole – 19/20

Pierre Gagnaire *Pierre Gagnaire*, Saint-Étienne – 19/20

Bernard Loiseau *La Côte d'Or*, Saulieu – 19/20

Michel et Jean-Michel Lorain *La Côte Saint-Jacques*, Joigny – 19/20

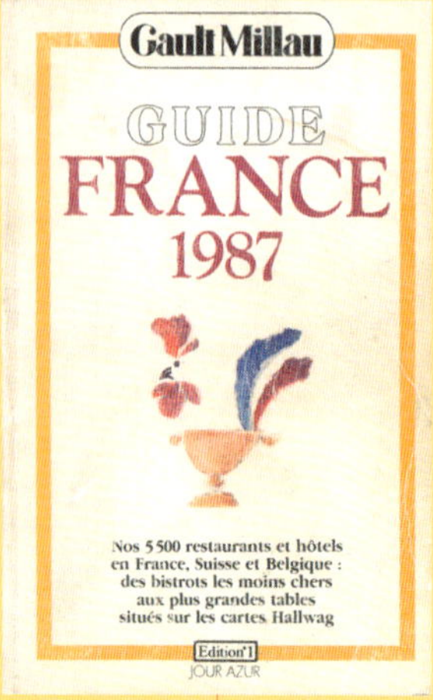

1987

« DÉCOUVRIR, DÉCRIRE, DÉRANGER. C'EST LA RÈGLE DES "TROIS D" QUE LE GUIDE DE LA FRANCE, QUI SOUFFLE CETTE ANNÉE SES QUINZE BOUGIES, S'EST FIXÉE ET ENTEND RESPECTER. »

1988

« C comme Cuisinier de l'Année

Ne pas confondre avec une certain "Chef de l'année", "inventé" en 1987, soit sept ans après le guide Gault-Millau… Mais, comme le disait fièrement Coco Chanel : "L'imitation n'est, après tout, que l'hommage rendu par la médiocrité à l'invention". »

1989

BOCUSE PERD UNE TOQUE !

« Voici, enfin, une tâche à la dimension du grand Paul : regagner une toque dans la cotation d'un Guide que, à partir de cet instant, il commence à détester…

Qu'on nous entende bien. Ce n'est pas Bocuse qui recule. Ce sont les autres qui avancent : tous ces jeunes Bocuse – qu'ils se nomment Bras, Gagnaire, Trama, Veyrat ou Clément – qui se bagarrent comme des fous pour faire mieux, et y parviennent.

Comment, dans ces conditions, sans diminuer indirectement leur mérite, pourrait-on s'obstiner à donner à celui qui se trouve derrière la même note qu'à ceux qui sont devant ? Même si la stature historique du personnage, les sentiments d'amitié et d'admiration qu'on porte à l'homme – et qui demeurent intacts –, sont comme un arbre monumental qui cache la forêt.

Bocuse a choisi, en toute lucidité, sa voie et son destin. Il rêvait de devenir le chef le plus célèbre au monde : sans nul doute, il l'est encore. Son succès l'a conduit à devenir l'ambassadeur de la cuisine française à l'étranger : c'est un titre que nul ne saurait lui contester. Pas plus que son génie médiatique ou son habileté commerciale. Sur toute la ligne, il s'est montré et reste le plus fort. (…)

Mais puisqu'il s'agit de donner une note à la cuisine – et à elle seulement, car pour ce qui est du plaisir de se trouver dans cette salle au décor blasonné, festonné, profus et finalement joyeux, c'est autre chose –, un 18/20 est tout à fait approprié. Sans que l'on cède à cette autre illusion qui voudrait que, parce qu'on se trouve chez Bocuse, on fasse le difficile.

Cette évidence, nous l'avons éprouvée cette année – sans débat de conscience – en plusieurs occasions, de façon anonyme. En plusieurs repas, tous bons, mais plus assez pour que nous puissions nous interdire de regarder ailleurs et de comparer. »

1990

***À l'occasion du 20e anniversaire du magazine*,**

« GaultMillau tient à rendre un hommage particulier à trois cuisiniers qui, après Auguste Escoffier et Fernand Point, ont marqué de leur personnalité l'histoire de la gastronomie au XXe siècle. Paul Bocuse, Frédy Girardet et Joël Robuchon se voient décerner le titre de **"Cuisiniers du Siècle".** »

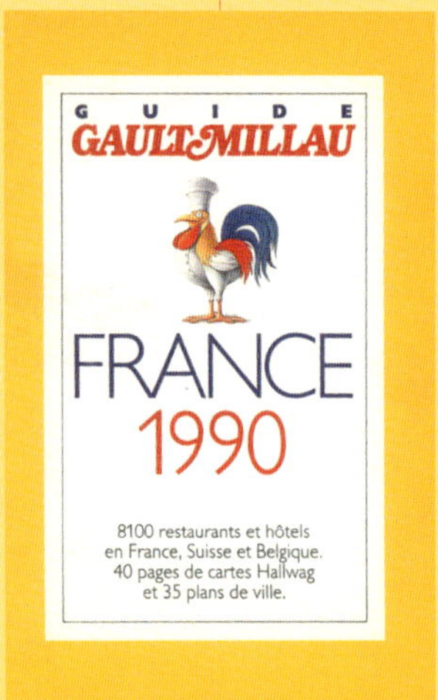

1991

« Les Premiers Jeunes Chefs de France

GaultMillau a demandé à cinquante-six grands chefs français (4 et 3 toques) et onze journalistes gastronomiques de désigner, parmi les moins de 45 ans, le Premier Jeune Chef de France et ses trois dauphins. »

1ers ex aequo : Jacques Chibois et Alain Ducasse

3e : Pierre Gagnaire

4e : Alain Passard

1992

« Toutefois, il faut bien reconnaître que nous sommes arrivés au moment où le talent apparaît comme la chose la plus naturelle du monde. Les élèves des grands chefs ont leurs disciples qui auront bientôt les leurs ; et le niveau général s'étant notablement élevé, il en faut désormais beaucoup pour nous étonner. »

1993

Bernard Loiseau ***La Côte d'Or, Saulieu* – 19,5/20**

« L'homme des "sauces à l'eau", qui a pratiquement banni les matières grasses de la plupart de ses plats, au bénéfice des jus de légumes ou de viandes et des fumets de poisson, continue de nous épater par la simplicité, toute d'apparence, d'une cuisine diablement maligne et bourrée de trucs, sortie de l'imagination fertile d'un praticien réellement moderne. »

1994

Cuisinier de l'Année

Olivier Roellinger ***Restaurant de Bricourt, Cancale* – 19,5/20**

« PARCOURS ÉTONNANT QUE CELUI DE CE JEUNE CHIMISTE DU PAYS MALOUIN. AGRESSÉ PAR DES LOUBARDS, IL SE RETROUVE POUR PLUSIEURS MOIS DANS UN FAUTEUIL ROULANT, ABANDONNE SES ÉTUDES ET DÉCOUVRE LA CUISINE, OÙ IL RÉVÈLE UN ORIGINAL ET EXCEPTIONNEL TALENT. AVEC OLIVIER ROELLINGER, LA CUISINE DE LA MER A TROUVÉ SON MAÎTRE. »

1995

« Cette année, grâce à nos 2 100 "bons coûts", imprimés en rouge, vous en serez convaincus : avec GaultMillau, les plaisirs de la table ne sont pas un luxe. »

1996

« Un CD-ROM comportant toutes les adresses du guide GaultMillau sera disponible en librairie à compter de la fin du mois de novembre 1995. Outre les critiques et les renseignements pratiques du Guide France, il comprend de nombreuses photos, des commentaires sonores et des cartes et menus des plus grandes tables. »

1997

Quelques Grands de Demain :

Marc Meurin *Marc Meurin*, Béthune
Alain Llorca *Restaurant des Peintres*, Haut-de-Cagnes
David Moreno *Le Moulin*, Durban-Corbières
Michel Sarran *Michel Sarran*, Toulouse
Hélène Darroze *Darroze*, Villeneuve-de-Marsan
Éric Frechon *La Verrière d'Éric Frechon*, Paris

1998

« Un exercice difficile.

Détenteur d'une ancienneté et d'une légitimité, nous nous efforçons à l'équité, justifiant par nos commentaires la brutalité lapidaire du chiffre que nous assignons aux restaurants. Car telle est la règle que nous avons pris le parti de maintenir au long des années. Combien de fois avons-nous entendu regretter que la cuisine soit la seule discipline ainsi notée, comme à l'école, par des examinateurs anonymes aux compétences invérifiables ? (...) À ne pas trop se prendre au sérieux, car ni la gastronomie ni la critique ne sont des sciences exactes. »

1999

Cuisinier de l'Année

Guy Martin *Le Grand Véfour*, Paris – 19/20

« Saluons l'explosion de ce talent intense, superbe et juste. »

Grand de Demain

Philippe Etchebest *Château Grand Barrail*, Saint-Émilion – 16/20

« Philippe Etchebest a les épaules d'un rugbyman et le formidable talent d'un artiste ! »

2000

« GAULTMILLAU A TRENTE ANS. TRENTE ANS DE COUPS DE GUEULE ET DE COUPS DE FOURCHETTE. (...) POUR LA PREMIÈRE FOIS, UN GUIDE GASTRONOMIQUE PRÉPARAIT L'AVENIR AU LIEU DE VALIDER LE PASSÉ OU DE SIMPLEMENT PHOTOGRAPHIER LE PRÉSENT. »

2001

À la mémoire d'Henri Gault

« L'année 2000 nous laisse un peu tristes et esseulés, Henri Gault nous ayant quittés en juillet dernier. Son esprit frondeur et curieux, sa drôlerie et son goût de la polémique, sa façon de manier la plume et la fourchette avec le même appétit, son enthousiasme, son énergie, son indépendance, nous serons désormais obligés de les cultiver sans lui – mais à sa mémoire. »

2002

Grand de Demain :

Pascal Barbot *L'Astrance*, Paris – 16/20

« L'onde de choc entre Chaillot et la Maison de la radio, s'est propagée dans toute la capitale : dans un cadre de café chic, un jeune homme insolent se permet de pratiquer une haute gastronomie à des tarifs de brasserie. (...)
Pascal Barbot est peut-être un empêcheur de tourner en rond, mais ce qu'il propose de talent, d'audace et de fraîcheur est simplement prodigieux ».

[Il sera couronné Cuisinier de l'Année 2005]

2003

Prix spécial :

Marc Veyrat *Auberge de l'Éridan*, Annecy – 20/20

« À l'instar d'un certain festival cinématographique, GaultMillau décerne cette année un Prix spécial, qui récompense un cuisinier, un moment, une note d'exception. Aucun chef, depuis trente ans que le Guide existe, n'avait reçu la note de 20/20. Si l'attribution de cette distinction peut constituer un événement, le choix de celui qui la reçoit est sans doute moins surprenant. La reconnaissance est pourtant venue de partout. De ceux qui faisaient la fine bouche lorsque GaultMillau fonçait en le nommant Cuisinier de l'Année dès 1989. Des traditionalistes, des défenseurs du pot-au-feu, des chevaliers de la blanquette. Aujourd'hui Marc Veyrat continue. À aller trop loin, trop fort, trop vite. Un repas chez lui est une expérience sensorielle presque indescriptible (...). C'est celle du plaisir rare, extrême, même pour le goûteur averti, de percevoir une forme de beauté. **C'est le moment du 20/20. »**

2004

Jacques Chibois *La Bastide Saint-Antoine*, Grasse – 18/20

« Jacques Chibois est un homme de bon sens qui a une explication logique à tout phénomène. À commencer par celui qui – fait rarissime sur la Riviera – emplit la salle ou la terrasse tout au long de l'année, à chaque service, et fait verser, en fin de repas, des notables et des célébrités d'apparence équilibrée dans des effusions de remerciement proches du sanglot. "Il faut que chaque maison ait une âme, il faut que le chef soit là." »

2005

Les tables frontalières

« Avec nos correspondants étrangers, nous avons établi à votre intention une courte sélection des meilleures tables aux alentours de nos frontières, dans sept pays voisins : Allemagne, Angleterre, Belgique, Espagne, Italie, Luxembourg et Suisse. L'Europe est aussi une réalité gastronomique et rien n'est plus facile que de traverser la frontière pour aller goûter les saveurs d'ailleurs. »

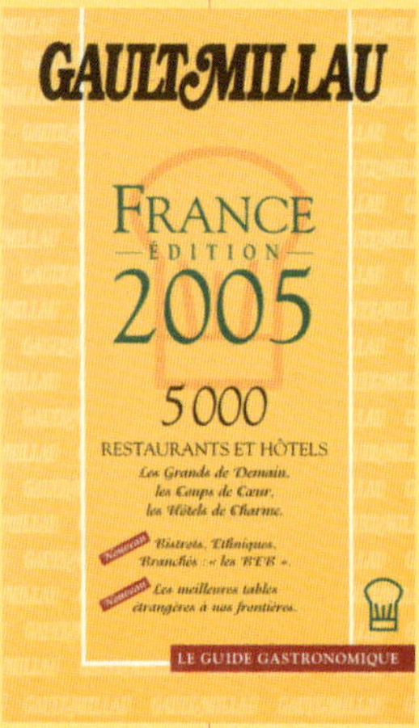

2006

Cuisinier de l'Année

Thierry Marx *Château Cordeillan-Bages*, Pauillac – 19/20

« Deux impressions dominent. Celle de changer de siècle, de monde, d'horizon. Et celle de goûter chaque parcelle d'une création humaine, pensée, sentie, aboutie. Thierry Marx n'envisage certainement pas sa situation comme un bâton de maréchal. Mais son parcours, son intelligence, son discours l'amènent à une synthèse presque idéale de la cuisine d'aujourd'hui : saveur, produit, personnalité. »

2007

LA RÉVÉLATION DE L'ANNÉE

« Inventer une nouvelle catégorie, cela nous est apparu nécessaire après les expériences de l'année chez Mauro Colagreco. Une révélation, c'en est une, une naissance au firmament. »

[Il sera couronné Cuisinier de l'Année en 2009]

2008

Cuisinier de l'Année

Jean-Luc Rabanel *L'Atelier de Jean-Luc Rabanel*, Arles – 17/20

« Installé dans un petit restaurant, au cœur d'Arles, il n'est soutenu par aucun groupe financier et c'est dans un cadre simple, chic, qu'il choisit chaque jour d'offrir à des clients ébahis un grand moment de gastronomie pour un menu facturé 60 €. La preuve qu'aujourd'hui, l'on peut connaître de grands moments d'émotion gustative pour des prix accessibles ! »

2009

ICÔNES DE LA RESTAURATION

Paul Bocuse à Collonges-au-Mont-d'Or

L'Auberge de l'Ill à Illhaeusern

Alain Chapel à Mionnay

L'Ambroisie à Paris

La Tour d'Argent à Paris

Laurent à Paris

Restaurant Alain Ducasse au Plaza Athénée, à Paris

2010

Devoir d'humilité

« Ce que l'on a envie de redire aujourd'hui, c'est que GaultMillau ne se met pas en avant, mais choisit de mettre en avant les jeunes chefs les plus prometteurs, ceux dont le talent, la créativité et le savoir-faire font évoluer tous les jours la cuisine française. »

2011

UN MÉDIA D'AUJOURD'HUI

« Depuis 40 ans, vous aviez le guide GaultMillau dans votre boîte à gants ; désormais, c'est tout GaultMillau que vous pouvez avoir sur le web ! »

2012

« CARNET DES TENDANCES

1 – le name-dropping, 2 – les plats « slash », 3 – leurs vignerons stars, 4 – les restos confidentiels, 5 – les samouraïs dans la blanquette, 6 – l'Asie débride les chefs, 7 – démocratisation du luxe, 8 – chefs nouvelles stars, 9 – l'antichic, 10 – Génération éthic'tables. »

2013

Les monstres

« Les monstres de la cuisine française, ce sont ces chefs hors normes qui, selon l'étymologie, ont quelque chose d'exceptionnel à montrer.

QUELQUES PLATS "MONSTRUEUX" ET LEURS AUTEURS

Gilles Goujon *Auberge du Vieux Puits*, Fontjoncouse : queue de baudroie concassée de marmande et « casse-croûte pissalat » d'anchois de Collioure.

Yanick Alléno *Le Meurice*, Paris : chair de tourteau en feuilles de calamar chutney de pamplemousse rose aux algues crème d'amande glacée.

Thierry Marx *Sur Mesure*, Paris : spaghetti sans pâte au ris de veau, cèpes, truffes ; caille conique façon tajine.

Philippe Etchebest *Hostellerie de Plaisance*, Saint-Émilion : esturgeon mariné et snacké vermicelle de riz ail gingembre mangue voile coco citron vert jus de poisson en curry.

Frédéric Anton *Le Pré Catelan*, Paris : langoustine en ravioli, servie dans un bouillon à l'huile d'olive, au parfum poivre et menthe, glace au soja, avocat, nem frit de langoustine, jus de romaine et cacahuètes torréfiées.

Éric Briffard *Le Cinq*, Paris : dos de chevreuil de chasse française au lard fumé, sauce poivrade au cacao aux chanterelles, ananas, grenade.

Christian Sinicropi *Le Palme d'Or*, Cannes : saint-jacques grillées assaisonnées de corail artichaut et lentilles roses mijotées aux tripettes de cabillaud relevées de câpres et d'estragon. »

2014

Trophée Cheffe Pâtissière de l'Année

Christelle Brua *Le Pré Catelan*, Paris

« Cette récompense va justement à cette capacité d'aller au-delà de la pomme soufflée croustillante – une des images de la maison – en développant ses propres thèmes avec une aisance technique et une précision effectivement digne du lieu et du chef [Frédéric Anton]. »

2015

LES NEUF PREMIERS LAURÉATS 2014 DE LA DOTATION GAULT&MILLAU POUR LES JEUNES TALENTS

Alexandre Mazzia [il sera couronné Cuisinier de l'Année 2019], Benjamin Collombat [Grand de Demain 2013], Damien Demazure [Jeune Talent 2013], Jérôme Raymond [Jeune Talent 2012], Gaëtan Gentil, Antoine Gandon, Maximin Hellio, Stéphane Pitré, Yoni Saada

2016

Cuisinier de l'Année :

Alexandre Gauthier [Grand de Demain 2007] :

La Grenouillère, La Madelaine-sous-Montreuil – 19/20

« IL ÉTAIT CRÉATIF, VISIONNAIRE, UN PEU CHIEN FOU. IL ÉTUDIAIT TOUS LES COURANTS, S'EN SERVAIT, S'EN NOURRISSAIT, ET PROPULSAIT LES IDÉES DU JOUR SUR LA TABLE. DEPUIS QUELQUES ANNÉES, IL FAIT LA MÊME CHOSE MAIS EN AJOUTANT UNE RARETÉ DANS SA CUISINE : LE DIALOGUE. (...) LE RESPECT EST MUTUEL ENTRE LE CUISINIER ET SON PRODUIT, ENTRE CELUI QUI FAIT LA CUISINE ET CELUI QUI LA GOÛTE. »

2017

POP

« Pour la première fois dans cette édition, des "tables pop" qui apportent, surtout en zone urbaine, une autre approche de la restauration, des lieux nouveaux que l'on fréquente pour cette différence, pour l'ambiance, le concept autant que pour l'assiette. »

2018

À la mémoire de Christian Millau

« Christian Millau a inventé un nouveau modèle de journalisme gastronomique : le chroniqueur, celui qui raconte ce qu'il a vu, qui remet l'humain au cœur de ce métier de partage. (...) Christian Millau cumulait les qualités du limier : épicurien, curieux, avec du flair et du goût, et infatigable. C'est lui qui nous a appris à faire le petit crochet supplémentaire, celui qui sort de l'itinéraire prévu parce qu'il y a une pancarte "Auberge à 3 km". "On ne sait jamais, disait-il, c'est peut-être un futur grand !" »

2019

LA FIN D'UNE ÉPOQUE ?

Deux Cuisiniers du Siècle (élus en 1990), Paul Bocuse et Joël Robuchon, disparaissent en 2018, quelques mois avant la parution de ce guide.

2020

« La haute gastronomie compte une multitude de grands chefs qui œuvrent depuis si longtemps au service de la gastronomie française qu'ils en sont devenus les ambassadeurs. Dix d'entre eux, les cinq Toques d'Or, sont désormais réunis au sein de la prestigieuse "Académie Gault&Millau". »

2021

« Notre but et notre mission est, comme tous les ans, de vous inciter à aller au restaurant. (...) Mais notre devoir, en cette fin d'année 2020, est avant tout d'aider à maintenir les entreprises, à aider la profession en la montrant sous son meilleur jour, sans jouer au juge impartial qui distribue les bons et les mauvais points. Nous avons donc opté pour une ligne de bienveillance et d'information. En ne faisant apparaître que les toques, en "gelant" le nombre de toques, quel que soit le résultat, sauf en cas de hausse significative. »

2022

Grands de demain 2022 :

Georgiana Viou *Rouge*, Nîmes – 14/20

« Georgiana Viou emporte tout sur son passage, l'adhésion de ses équipes, motivées comme jamais, et les éloges d'une clientèle qui a toutes les raisons d'être ravie. (...) Georgiana crée son îlot intime, cette oasis d'une gastronomie aventureuse et passionnante, celle qui vous séduit, vous emmène en voyage en vous racontant les produits et les épices, d'ici et de là-bas. »

RÉTROSPECTIVE DES CUISINIERS DE L'ANNÉE 1980-2022

2022
HUGO ROELLINGER
LE COQUILLAGE
St-Méloir-des-Ondes (35)

2021
CHRISTOPHE HAY
LA MAISON D'À CÔTÉ
Montlivault (41)

2020
ARNAUD DONCKELE
LA VAGUE D'OR
CHEVAL BLANC
St-Tropez (83)

2019
ALEXANDRE MAZZIA
AM
Marseille (13)

2018
JEAN SULPICE
AUBERGE DU PÈRE BISE
Talloires (74)

2017
ALEXANDRE COUILLON
LA MARINE
Noirmoutier-en-l'Ile (85)

2016
ALEXANDRE GAUTHIER
LA GRENOUILLÈRE
La Madelaine s/Montreuil (62)

2015
YANNICK ALLÉNO
LEDOYEN
Paris (75)

2014
ARNAUD LALLEMENT
L'ASSIETTE CHAMPENOISE
Tinqueux (51)

2013
PHILIPPE LABBÉ
L'ABEILLE,
HÔTEL SHANGRI-LA
Paris (75)

2012
MICHEL PORTOS
LE SAINT-JAMES
Bouliac (33)

2011
ÉDOUARD LOUBET
LA BASTIDE
DE CAPELONGUE
Bonnieux (84)

2010
WILLIAM LEDEUIL
THE KITCHEN GALERIE
Paris (75)

2009
MAURO COLAGRECO
MIRAZUR
Menton (06)

2008
JEAN-LUC RABANEL
L'ATELIER RABANEL
Arles (13)

2007
JEAN-FRANÇOIS PIÈGE
LES AMBASSADEURS
Paris (75)

2006
THIERRY MARX
CHÂTEAU
CORDEILLAN-BAGES
Pauillac (33)

2005
PASCAL BARBOT
L'ASTRANCE
Paris (75)

2004
JEAN-PAUL ABADIE
L'AMPHYTRION
Lorient (56)

2003
MICHEL TROISGROS
TROISGROS
Roanne (42)

2002
NICOLAS LE BEC
LES LOGES
Lyon (69)

2001
RÉGIS MARCON
AUBERGE DES CIMES
Saint-Bonnet-le-Froid (43)

2000
BRUNO OGER
VILLA DES LYS
Cannes (06)

1999
GUY MARTIN
LE GRAND VÉFOUR
Paris (75)

1998
JACQUES & LAURENT POURCEL
LE JARDIN DES SENS
Montpellier (34)

1997
JACQUES CHIBOIS
LA BASTIDE SAINT-ANTOINE
Grasse (06)

1996
PATRICK HENRIROUX
LA PYRAMIDE
Vienne (38)

1995
ROGER SOUVEYRENS
SCHOLTESHOF
Stevoort (Belgique)

1994
OLIVIER ROELLINGER
LES MAISONS DE BRICOURT
Cancale (35)

1993
PIERRE GAGNAIRE
PIERRE GAGNAIRE
Saint-Étienne (42)
JEAN-MICHEL LORAIN
LA CÔTE SAINT-JACQUES
Joigny (89)

1992
JEAN BARDET
JEAN BARDET
Tours (37)
GÉRARD BOYER
LES CRAYÈRES
Reims (51)

1991
MICHEL TRAMA
L'AUBERGADE
Puymirol (47)

1990
PAUL & MARC HAEBERLIN
L'AUBERGE DE L'ILL
Illhauesern (68)
BERNARD LOISEAU
LA CÔTE D'OR
Saulieu (21)
MARC VEYRAT
AUBERGE DE L'ERIDAN
Veyrier-du-Lac (74)

1989
JACQUES CHIBOIS
LE ROYAL GRAY
Cannes (06)
MARC VEYRAT
AUBERGE DE L'ERIDAN
Veyrier-du-Lac (74)

1988
MICHEL BRAS
LOU MAZUC
Laguiole (12)

1987
ALAIN CHAPEL
MIONNAY (01)
MICHEL TRAMA
L'AUBERGADE
Puymirol (47)
PIERRE & MICHEL TROISGROS
TROISGROS
Roanne (42)

1986
MICHEL BRAS
LOU MAZUC
Laguiole (12)
PIERRE GAGNAIRE
PIERRE GAGNAIRE
Saint-Étienne (42)
BERNARD LOISEAU
LA CÔTE D'OR
Saulieu (21)
MICHEL & JEAN-MICHEL LORAIN
LA CÔTE SAINT-JACQUES
Joigny (89)

1985
JEAN BARDET
JEAN BARDET
Châteauroux (36)
JOËL ROBUCHON
JAMIN-
Paris (75)

1984
GÉRARD BOYER
LES CRAYÈRES
Reims (51)

1983
MARC MENEAU
L'ESPÉRANCE
Saint-Père-sous-Vezelay (89)

1982
JACQUES MAXIMIN
LE CHANTECLERC
Nice (06)

1981
GEORGES BLANC
LA MÈRE BLANC
Vonnas (01)

1980
ALAIN CHAPEL
ALAIN CHAPEL
Mionnay (01)

COLOMBIA ORGANIC
Made with care*
Bio & durable
nespresso.com/pro
NESPRESSO FRANCE SAS - Siren 382 597 821 - RCS Paris, 27, rue du colonel Pierre-Avia, 75015 Paris
*élaboré avec soin

30 ANS D'ENGAGEMENTS
EN FAVEUR DU CLIMAT,
DU RECYCLAGE ET DES
COMMUNAUTÉS
NESPRESSO
Entreprise
B
Certifiée

LAURÉATS 2023

Olivier Nasti

CUISINIER DE L'ANNÉE

OLIVIER NASTI

Parce qu'il semble avoir assimilé, et qu'il les porte désormais, tous les codes alsaciens, les vertus du travail, de la famille, du respect des traditions, tout en allant toujours de l'avant, Olivier Nasti a conquis autant le cœur que le palais des Alsaciens. Dans cette maison séculaire, Le Chambard, dont il a fait un haut lieu gourmand et une grande étape du savoir-vivre à la française, ce Belfortain de naissance est un infatigable chercheur de la saveur juste.

Adolescent, il fait un peu tous les boulots pour gagner son indépendance, puis rejoint les cuisines du Château Servin, à Belfort (15/20 en 1982). Là, auprès de Dominique Mathy, il va apprendre les bases du métier avant de rejoindre Jean-Yves Schillinger à Colmar (chez qui il finira second), puis Olivier Roellinger à Cancale, avant de terminer ce joli tour de France par une étape indispensable pour tous les chefs alsaciens, l'Auberge de l'Ill, la table des Haeberlin. Olivier Nasti approche de la trentaine et décide alors d'ouvrir son propre restaurant avec son frère Emmanuel, brillant sommelier. Les deux hommes rachètent le Caveau d'Éguisheim en 1992. Le succès sera immédiat.

Au début des années 2000, les deux frères acquièrent l'hôtel-restaurant Le Chambard pour le porter, grâce également à l'indispensable concours de Patricia, l'épouse d'Olivier et brillante maîtresse de maison, parmi les plus belles tables de l'Hexagone.

La Table d'Olivier Nasti — 19/20

9-13, rue du Général-de-Gaulle – 68240 Kaysersberg

GRAND DE DEMAIN
MALLORY GABSI

Il est né dans la banlieue de Bruxelles, il a été le plus jeune candidat demi-finaliste de « Top Chef » (saison 11), il revendique sa belgitude, a déjà sa page Wikipédia et vient d'ouvrir son restaurant dans un coin chic de la capitale, à deux pas de l'Arc de triomphe : Mallory Gabsi n'a pas eu besoin de chercher longtemps le nom de son restaurant : le sien est déjà suffisamment « bankable » pour garnir la salle des veinards qui peuvent y goûter sa cuisine. Il incarne cette génération Z qui bouscule les précédentes, et peut travailler sereinement en faisant plaisir aux centaines de milliers d'abonnés de son compte Instagram.

Les codes, les couleurs, les textures et les éléments de langage sont minutieusement choisis et forment aujourd'hui, qu'on le veuille ou non, une identité culinaire qui ne se satisfait plus d'une recette, mais doit se montrer – comme l'annoncent les dossiers de presse – *« subtile »* et *« innovante »*. Et si le storytelling frise parfois une caricature à la Houellebecq, tout le monde se retrouve d'accord sur un point : Mallory Gabsi possède un vrai talent, et pas seulement de metteur en scène. Dans chaque assiette, dans chaque bouchée, il montre qu'il est avant toute chose un cuisinier.

Mallory Gabsi — 14,5/20
28, rue des Acacias – 75017 Paris

GRAND DE DEMAIN
DIEGO DELBECQ

« Quand j'avais 14 ans, ma tante m'a offert un livre de pâtisserie, c'est comme ça que je me suis tourné vers la cuisine », se souvient Diego Delbecq. Depuis, le chef cuisinier a gravi les échelons, en commençant au sein de la cuisine de Marc Meurin, à Busnes, en tant qu'apprenti d'abord, puis comme chef de partie. Il y reste cinq ans. *« C'était plus qu'un restaurant, c'était une famille »*, se rappelle-t-il. Puis débute sa collaboration avec Christophe Saintagne. De 2011 à 2017, il suit le chef au Plaza Athénée, au Meurice, et enfin l'assiste à l'ouverture du restaurant Le Papillon, à Paris. *« Il m'a donné une vision de la cuisine où l'on ne doit jamais s'ennuyer »*, raconte Diego.

Depuis 2017, Diego Delbecq et sa conjointe, Camille Pailleau, sont à la tête de leur propre restaurant, le Rozó. Le nom est inspiré de la fable de La Fontaine, *Le Chêne et le Roseau*, car *« on a souvent plié, mais on n'a jamais rompu »*, explique-t-il. Au bout de deux mois d'ouverture, Diego est distingué Jeune Talent Gault&Millau 2018, tandis que Camille reçoit le trophée Jeune Chef Pâtissier. Depuis, l'établissement a déménagé à Marcq-en-Barœul, dans une ancienne imprimerie.

Rozó — 15/20
34, rue Raymond-Derain – 59700 Marcq-en-Barœul

GRANDE DE DEMAIN MÉLANIE SERRE

Mélanie Serre ne se destinait pas à la cuisine, du moins pas de cette façon. À ses débuts, elle souhaite gérer un restaurant et passe une licence en management hôtellerie-restauration à l'Institut Vatel, à Lyon. C'est lors d'un stage chez le traiteur Potel et Chabot, à Paris, qu'elle a le déclic. Elle rejoint ensuite le Chalet du Mont d'Arbois, à Megève, avant le Château de Valmer, l'Eden Rock de Saint-Barthélemy, puis le restaurant de Joël Robuchon, à Monaco. *« Je voulais que ça soit à la dure, voir si j'étais capable de suivre le rythme et la pression. J'ai adoré ça »*, explique-t-elle. En 2018, Joël Robuchon la pousse à se remettre derrière les fourneaux et l'envoie comme cheffe à l'Atelier Étoile à Paris.

Rapidement, Mélanie Serre ressent l'envie d'ouvrir son propre restaurant. Elle est, pour cela, épaulée par la dotation Gault&Millau 2019, mais ne trouve pas de local adapté. Un an plus tard arrive le Covid… Elle ouvre sa boîte de consulting tout en devenant cheffe du Louis Vins, à Paris, l'un des « 109 » en 2021. Cette même année, elle est distinguée par le trophée Jeune Talent Gault&Millau. Officiant aujourd'hui au Elsa, Mélanie Serre s'apprête à ouvrir un restaurant, dans le bassin d'Arcachon.

Elsa — 15/20

Avenue Princesse Grace – 98000 Monaco

GRANDS DE DEMAIN
INGRID DEFFEIN & GUILLAUME DECOMBAT

Avant d'être chefs, Ingrid Deffein et Guillaume Decombat ont tous deux suivi des études, en commerce pour elle, et en logistique et transport pour lui. *« Mes parents, anciens restaurateurs, m'ont conseillé de faire des études dans ce secteur pour assurer mes arrières »*, explique-t-elle. Diplôme en poche, ils vont chacun s'inscrire à l'école Ferrandi de Paris. Ingrid fait ses armes au George V, tandis que Guillaume effectue son apprentissage au Bristol. Le jeune chef se rend vite compte que les palaces ne sont pas faits pour lui ; en 2014, il rejoint le Semilla, restaurant du MOF Éric Trochon. Ingrid, de son côté, part au Cobéa, aux côtés de Philippe Bélissent.

En 2016, le couple part à Nantes, d'où Ingrid est originaire. Le duo ouvre Sources, une épicerie-primeur. Le but : proposer des produits venant directement des producteurs régionaux. Deux ans plus tard, l'épicerie nantaise est transformée en restaurant. Dès 2020, le couple est distingué par le trophée Grand de Demain Grand Ouest, puis par le prix Jeunes Talents national Gault&Millau. Ingrid et Guillaume figurent également dans la dernière édition du « 109 ». *« Ce sont des piqûres d'adrénaline, on a l'impression que l'on peut repartir pour un an »*, confie Guillaume.

Sources — 15/20
22, rue de Verdun – 44000 Nantes

GRANDE DE DEMAIN
VIRGINIE GIBOIRE

Une carrière dans la restauration a toujours été une évidence pour Virginie Giboire. Ce goût pour la cuisine vient de son enfance : *« Tous les mercredis matin, j'allais chez ma grand-mère, on faisait une recette de cuisine pendant que ma mère travaillait »*, se souvient-elle. Mais ses parents imposent une condition : qu'elle ait le bac. Le lycée terminé, la Rennaise entre à Ferrandi Paris. Une fois diplômée, Le Grand Véfour lui propose un poste comme cheffe de partie. C'est là qu'elle rencontre son conjoint, Fabien Hacques, sommelier. En 2010, elle rejoint le restaurant Itinéraires comme cheffe de partie pâtisserie. *« C'était un bagage que je voulais avoir en plus, je voulais toucher à tout »*, explique-t-elle. En 2011, rêvant de travailler auprès de Thierry Marx, Virginie Giboire part au Mandarin Oriental Paris.

Six ans plus tard, la Bretonne veut revenir aux sources. C'est ainsi qu'elle ouvre, avec son conjoint, le restaurant Racines, à Rennes. En 2018, un an après l'ouverture, la cheffe est distinguée Jeune Talent par Gault&Millau. Quelques mois plus tard, le restaurant se déplace dans un espace plus grand. Pour récompenser sa qualité, Gault&Millau lui remet le trophée Grand de Demain 2023.

Racines – 15/20
4, passage Antoinette-Caillot – 35000 Rennes

GRAND DE DEMAIN
AURÉLIEN LARGEAU

La rigueur et la précision, ce n'est pas inné, cela ne s'apprend pas dans les livres, ni même dans une formation première. Ce sont des qualités qui se construisent au fil des ans, et en général aux côtés des maîtres qui vous les transmettent comme une infusion. Aurélien Largeau a eu cette chance, lorsque, après de solides études et des passages chez Coutanceau, à La Rochelle, et au Richelieu, sur l'île de Ré, il croise la route de Christophe Hay. À La Maison d'à Côté, à Montlivault, il apprend à magnifier le produit local, à ne rien négliger, à s'engager avec ses producteurs, à être encore plus exigeant avec soi-même qu'avec ses collaborateurs.

Témoignage de confiance, le futur Cuisinier de l'Année lui confie, en 2018, les cuisines de La Table d'à Côté à Ardon, près d'Orléans. En quelques mois, le jeune chef fait ses preuves, montre tout ce qu'il a appris et remporte dès l'année suivante un titre de Jeune Talent. Un tremplin qui va lui permettre de s'envoler du nid pour rejoindre Biarritz et le mythique Hôtel du Palais, où il passa quelque temps déjà lors de son apprentissage, auprès de Jean-Marie Gautier, bouclant ainsi une boucle dorée, jusqu'à ce trophée de Grand de Demain 2023.

La Rotonde - Hôtel du Palais – 16/20
1, avenue de l'Impératrice – 64200 Biarritz

PÂTISSIER DE L'ANNÉE
SÉBASTIEN VAUXION

Le dessert, par définition, correspond à la fin du repas, au moment où l'on va desservir. Par ailleurs, il est d'usage de placer en fin de repas des plats sucrés. Ces deux préceptes sont des habitudes et non des dogmes. C'est par ce constat que Sébastien Vauxion a renversé deux paradigmes et inventé le Sarkara. Qu'on ne se méprenne pas. Sarkara n'est pas, comme il est coutume de le présenter, un restaurant de desserts, un concept qui existe depuis longtemps. Là où Sébastien Vauxion est un pionnier, comme Pierre Gagnaire son mentor, chez qui il travailla, c'est en imaginant un lieu de plaisirs gustatifs sur les fruits et les légumes, en centrant la recherche sur leurs composants naturels, et particulièrement les glucides. Sans sel, sans sucre ajoutés. Voilà l'idée ; ensuite, il suffit d'être un génie !

La betterave, l'artichaut, l'oignon, la tomate mais aussi de vrais bonbons comme le cerfeuil tubéreux, se prêtent à toutes les gourmandises. Sébastien les marie divinement aux agrumes, aux fruits de saison, aux herbes... Il suffisait d'imaginer le Sarkara comme un restaurant à part entière, que le dessert peut commencer le repas et le finir, ouvrir le midi comme le soir (ce qui sera effectif dès cet hiver). Sébastien Vauxion l'a fait !

Le Sarkara – 15,5/20
238, rue des Clarines – 73120 Courchevel

© Jérôme Morin

Elle&Vire
PROFESSIONNEL
Pierre GAGNAIRE
Chef multi-étoilé
Parrain Elle & Vire Professionnel®
depuis plus de 15 ans
Elle&Vire
PROFESSIONNEL
FABRIQUÉ EN NORMANDIE
LAIT DES PRODUCTEURS LOCAUX
CRÈME
EXCELLENCE
RENDEMENT SUPÉRIEUR AU MARCHÉ*
35% MAT.GR.
Le Terroir...
... est aux racines de la cuisine.
Élaborée à partir de lait français collecté au plus proche de la laiterie, la crème Excellence apporte aux Chefs la garantie d'un terroir exceptionnel.
LANGOUSTINE EN SOUS-BOIS
par Pierre Gagnaire
L'envie du vrai

SOMMELIER DE L'ANNÉE
ALESSANDRO NIGRO IMPERIALE

« Quand j'étais petit, je rêvais d'être pilote », confie Alessandro Nigro Imperiale. Pourtant, c'est à la Trattoria Mo', à Foggia, dans les Pouilles, qu'il se découvre une nouvelle passion : la sommellerie. Après des études d'œnologie à Bordeaux, retour en Italie comme chef de rang pendant quatre années. Il alterne ensuite des postes d'assistant œnologue (Château Beaumont, en Aquitaine, Domaine Grier, dans le Languedoc-Roussillon) et de sommelier (Moulin de la Galette, à Paris).

En 2018, Alessandro hésite : choisira-t-il la sommellerie ou l'œnologie ? C'est ainsi qu'il intègre l'équipe de La Dame de Pic, à Paris, comme assistant chef sommelier, et devient sommelier après seulement sept mois. En 2019, il est élu meilleur sommelier des Pouilles, puis il entre au restaurant George V.

En 2022, le sommelier prend la tête du Grand-Hôtel du Cap-Ferrat. Son but : renouveler la carte et mettre à l'honneur les vins français et italiens. *« J'aimerais que la carte du Grand Hôtel devienne un pôle œnologique pour le sud de la France »*, confie-t-il.

Grand-Hôtel du Cap-Ferrat – 17/20
71, bd du Général-de-Gaulle – 06230 St-Jean-Cap-Ferrat

DIR. DE SALLE DE L'ANNÉE
HERVÉ PARMENTIER

Alors qu'il cumule aujourd'hui quarante ans de carrière de service en salle, Hervé Parmentier souhaitait initialement devenir cuisinier. Mais en arrivant à La Côte Saint-Jacques, en 1983, l'apprenti n'a d'autre choix que d'être en salle. Là, c'est le déclic. *« La deuxième année, on m'a proposé d'aller en cuisine, et en fin de compte j'ai refusé »*, se rappelle-t-il. Il y reste ainsi quatre années, et se forme au métier de maître d'hôtel auprès de ses mentors, Michel Bachelet et Jean-Claude Altmayer. Après un détour par l'Irlande, il entre au Château d'Artigny, à Montbazon, auprès d'Alain Rabier. Il y débute comme demi-chef de rang et devient maître d'hôtel, à 23 ans à peine. *« Les clients nous prennent pour un jeunot, c'est compliqué au départ »*, se souvient-il.

En 1998, après un passage à Méribel, il rejoint le Restaurant Pierre Gagnaire, à Paris. Arrivé chef de rang, il devient maître d'hôtel, puis directeur de salle. *« Quand j'ai fait mon entretien d'embauche, le chef m'a dit "Vous savez, si vous rentrez chez nous, c'est minimum deux ou trois ans." Aujourd'hui, ça en fait 25 ! »* raconte-t-il. Bien que les années passent, elles ne se ressemblent pas, et Hervé Parmentier ne se départ jamais de son enthousiasme. *« J'éprouve toujours une grande joie de venir travailler »*, confie-t-il.

Pierre Gagnaire —

6, rue Balzac – 75008 Paris

© Marco Stullu

TERRE
&MER
Produits bruts. Signés par un MOF.
Terre & Mer, une gamme de produits d'excellence, sélectionnée avec soin par Christophe Haton. Comme ce bœuf de race Normande, élevé dans les pâturages verts et gras de Normandie, reconnu pour sa jutosité et son persillé.
Sysco
Au cœur de l'alimentation et du service

JEUNE TALENT EN SALLE DE L'ANNÉE

ENZO DUFFET

À ses débuts dans la restauration, Enzo Duffet souhaitait être cuisinier. *« La cuisine, c'était l'occasion de m'exprimer parce que j'étais quelqu'un d'assez réservé, d'assez timide »*, explique-t-il. Pourtant, lors d'un stage à La Villa Florentine, à Lyon, le jeune homme prend peu à peu goût au service en salle. Puis, en 2018, alors qu'il officie chez Potel et Chabot Méditerranée, il se découvre un réel intérêt pour le métier. *« J'ai tellement apprécié le contact avec la clientèle que je ne suis jamais reparti en cuisine »*, raconte-t-il.

Un an plus tard, son envie de retourner dans sa ville natale le mène chez Léon de Lyon, sous les ordres de Jack Rouget. *« Il m'a pris sous son aile, il m'a réappris toutes les découpes que j'avais vues à l'école. »* La même année, il a l'opportunité d'entrer au restaurant Paul Bocuse et fonce. Seul inconvénient: il sera commis. *« J'ai redébuté tout en bas de l'échelle. C'était un challenge, mais j'ai soif d'évoluer, de faire mes preuves et d'apprendre. »* Depuis, le Lyonnais est devenu chef de rang au sein de l'établissement et ne se lasse pas. *« C'est magique. Tous les jours, on écrit une page de l'histoire de cette maison et on poursuit le travail de Monsieur Paul »*, se réjouit-il.

Paul Bocuse — 18/20
40, quai de la Plage – 69660 Collonges-au-Mont-d'Or

© HRVProd / Florent Pannuti

JEANNE SATORI & DAVID DEGOURSY
De:ja

TIPHAINE MOLLARD & ROMAIN CASA
Deux

NIDTA & FÉLIX ROBERT
Arborescence

109 JEUNES TALENTS GAULT&MILLAU

KEVIN ALSUGUREN
Maison Pavlov

DAMIEN LAFORCE
Le Braque

JULIEN AYRAL
La Femme du Barbu

MARINE ABEIL & GAUTHIER VENTER – EMMANUEL ALART – KEVIN ALSUGUREN – TAKASHI AOKI & DAVID ETCHEVERRY – JULIEN AYRAL – LUCAS BAHUON – FLORIAN BARBAROT – RÉBECCA BEAUFOUR – LOUISA BELLANGER – THOMAS BENADY – CHARLES BERNABÉ – PIERRE-ALEXIS BERNARD – LUCIE BERTHIER GEMBARA – PIERRE BLEUZÉ & ANTOINE DACQUIN – ALEXANDRE BRU – CÉDRIC BRUNEAU – JULIE BUQUET & BENJAMIN GOURDON – ROMAIN CASAS & TIPHAINE MOLLARD – BENOÎT CELLOT – BORIS CHAPON – ALBAN CHARTRON – KAZUMA CHIKUDA – THOMAS CHISHOLM – SARAH CHOUGNET-STRUDEL – OLIVIER CLOTEAU – PHILIPPE COCO – ROMAIN CORBIÈRE – ÉMERIC CORBON – ÉMILE COTTE – CORENTIN COURTIEN – CLÉMENCE COUTE – LUCAS DÉGOT – DAVID DEGOURSY & JEANNE SATORI – CAMILLE DELCROIX – ARMAND DEMOUY – CHARLÈNE DEPOND & EMMANUEL GODET – MARIE DIJON – CARSTEN DIRSCHAUER & ALEXANDRE GAUTHIER – MARIE DUPUY – LUCAS ENGEL – THIBAULT ÉTIENNE – FABIENNE EYMARD – JÉRÔME FAURE – LUCAS FELZINE – VALENTIN FERTE – ANTOINE FOEZON – IDIR FSEIL – MARJORIE GABORIAU – MALLORY GABSI – ALBAN GARDIEN – ANTOINE GAUDIN – CARLOS GOMEZ – ASSAF GRANIT – RAPHAËL GRIMA & MARION LUQUE-BOUVIER – GÉRALD GUILLE & CLÉMENCE RINGARD – ALEXIS GUILLON & CHARLOTTE TROI – JEREMY HARDY – JULIEN HERMIDA – LÉOPOLD IMBERT & HIPPOLYTE TALAYA – ROMAIN JOUIN – CARLA KIRSCH – HUGO KONTER – MAXIMILIEN KUZNIAR – DAMIEN LAFORCE – DANIELE LAMBOGLIA – DAVY LARZILLIÈRE – JULIEN LAVANDET – ANTHONY LAZZARO – SHARON & JASON LE GLATIN – ARNAUD & CÉSAR LE LEVIER – CLÉMENT & MAXIME LE MEUR – ERWANN LE POGAM – LOUIS LEPRÊTRE & SIMON PIEN – LÉA LESTAGE – MATTHIAS LEULIETTE – CLAUDERIC MARQUET – PIERRE-MICHAËL MARTIN – SÉBASTIEN MÉHAUX – MATHIEU MENGUY – TOM MEYER – ALESSANDRA MONTAGNE – EMMANUELLE MOULIÉ & ALEXANDRE TESSIER – CORENTIN OGOR – MATTHIEU PASGRIMAUD – BENJAMIN PATISSIER – ADRIEN POLLET – LAURENT PRAT – VINCENT PRÉMORVAN – FLORIAN PUGLIA – FÉLIX & NIDTA ROBERT – GUILLAUME ROGET – MARIE-FRANCE ROMERO & LISA BERGAR – MATHIEU ROSTAING-TAYARD – ROMAIN ROULLIER – BENJAMIN SANCHEZ – GUILLAUME SANCHEZ – JOAN SANPIETRO – THIBAUD SCHOUTEN – JARVIS SCOTT – CAMILA SEIXAS – MANOJ SHARMA – ELOI SPINNLER – VINCENT STAFRACH – ARNAUD TABAREC – MICAEL TANAVON – MATHIEU THOMAS – TOM TRUY-COURTIES – GEORGIANA VIOU.

HÔTELS & PRÉFÉRENCE

Restaurant « Les Saules » ; Domaine de Vaugouard, *Fontenay-sur-Loing* | 1

Chef Valentin Morice - Restaurant « La Table du Boisniard » ; Château du Boisniard, *Chanverrie* | 2

Restaurant « Le M » ; Château de Massillan, *Uchaux* | 3

Restaurant « La Rotonde » ; Les Trésoms Lake & Spa Resort, *Annecy* | 4

Restaurant « La Table de Marius » ; Mas de la Fouque, *Saintes-Maries-de-la-Mer* | 5

Restaurant « Le Clos » ; Le Clos de Bourgogne, *Moulins* | 6

Restaurant de l'hôtel Auberge des Gorges de la Diosaz, *Servoz* | 7

Chef Valentin Montassié - Restaurant « La Coopérative » ; Domaine Riberach, *Bélesta* | 8

Restaurant « Les 7 Mers » ; Le Nouveau Monde, *Saint-Malo* | 9

TOQUES D'OR
ACADÉMIE
GAULT&MILLAU

GUY SAVOY
Guy Savoy

ALAIN DUCASSE
Le Louis XV

ALAIN PASSARD
L'Arpège

GEORGES BLANC
Georges Blanc

MARC VEYRAT
La Maison des Bois

MICHEL GUÉRARD
Les Prés d'Eugénie

MARC HAEBERLIN
L'Auberge de l'Ill

PIERRE GAGNAIRE
Pierre Gagnaire

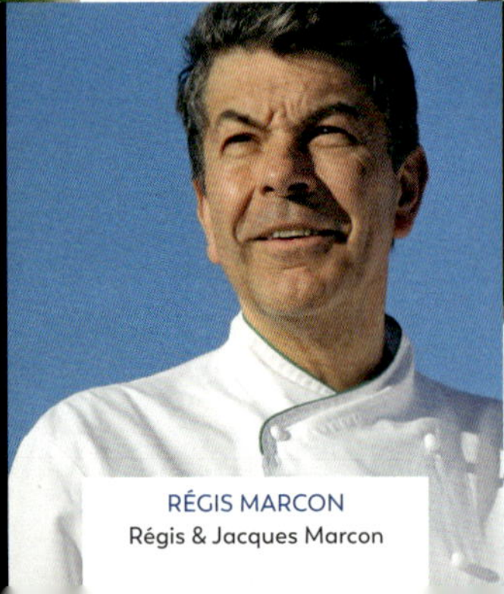
RÉGIS MARCON
Régis & Jacques Marcon

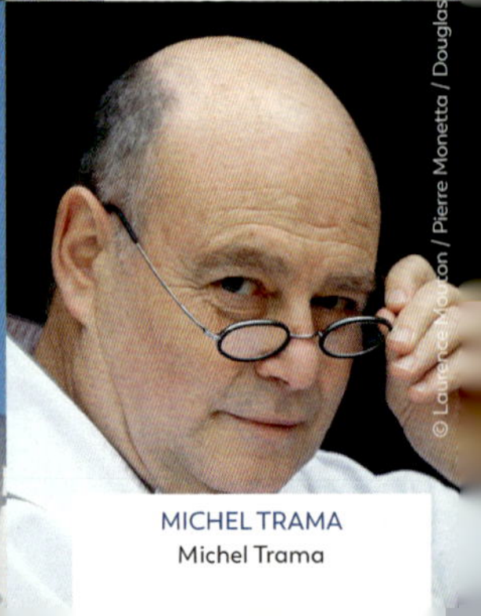
MICHEL TRAMA
Michel Trama

Gault&Millau | TOUR

Les escapades gourmandes de Gault&Millau

À chaque sortie des guides régionaux, Gault&Millau donne rendez-vous aux acteurs du monde l'hôtellerie et de la restauration – chefs, métiers de la salle, apprentis, artisans, hôteliers – lors d'évènements aussi festifs que conviviaux.

Les Gault&Millau Tours, des rendez-vous qui fédèrent et célèbrent l'ensemble des acteurs de la gastronomie d'un terroir, d'un territoire.

Y sont dévoilés les palmarès régionaux : trophées Grand de Demain, Jeune Talent en Salle, Tehniques d'Excellence, Tradition d'Aujourd'hui, Sommelier, Pâtissier, Accueil… et, bien entendu, Gault&Millau d'Or.

Cette année, en 2022, Gault&Millau a récompensé plus de 120 talents qui expriment, tous, à leur manière et avec talent, à la fois la créativité, l'énergie et la dynamique de nos régions.

GAULT&MILLAU REMERCIE SES PARTENAIRES QUI ONT RENDU POSSIBLE CES RENDEZ-VOUS

AOC Cairanne, AOC Luberon, Api&You, Be Wtr, Bonnet-Thirode, Cacao Barry, Campus de Groisy, Choco, Danone, De Buyer, Elle&Vire, Eternum, Fine Dining & Living, Kaviari, Nespresso, Région Normandie, Robur, Rougié, Thiénot, Sysco, Zenchef, 14 septembre

GAULT&MILLAU D'OR 2022

JERÔME BANCTEL
Le Gabriel

CHRISTIAN SINICROPI
La Palme d'Or

DIDIER CLÉMENT
Le Lion d'Or

FRANCK PUTELAT
La Table de Franck Putelat

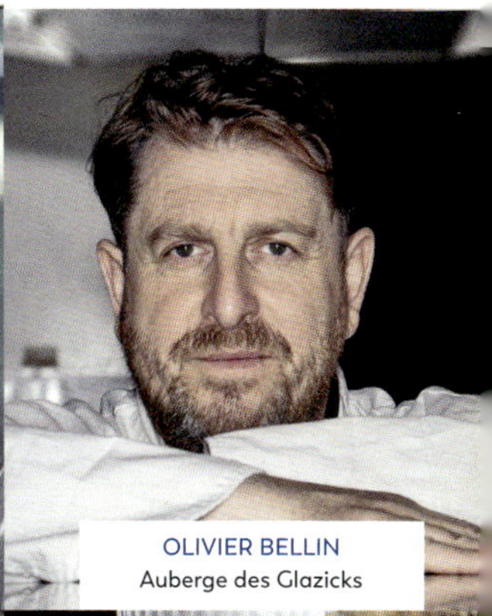

OLIVIER BELLIN
Auberge des Glazicks

THIERRY SCHWARTZ
Thierry Schwartz

ÉRIC BUISSET
Au Souper Fin

OLIVIER COUVIN & GILLES REINHARDT
Paul Bocuse

PHILIPPE ETCHEBEST
Maison Nouvelle

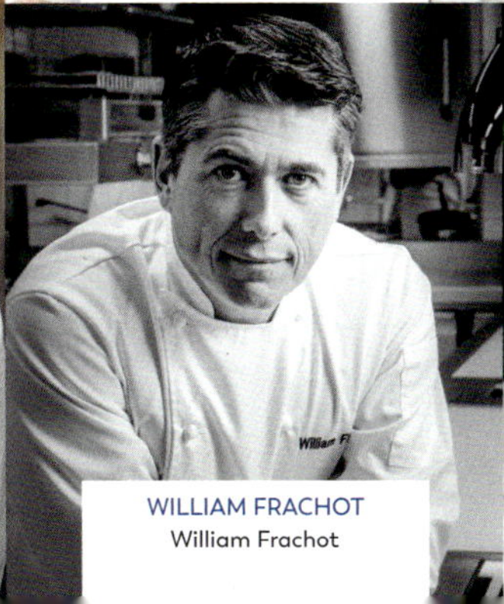

WILLIAM FRACHOT
William Frachot

CHRISTOPHE DUFOSSÉ
Château de Beaulieu

AGENCE
14
SEPTEMBRE

Palais de Tokyo, juin 2022,
l'agence crée la rencontre entre Pascal Barbot et Adrien Cachot
pour l'élaboration d'un dîner «Taste of design» à quatre mains
pour Ligne Roset et Cinna.

Gault&Millau | **DOTATION** JEUNES TALENTS

Dénicher et accompagner

Initiée en 2014, la Dotation Gault&Millau pour les Jeunes Talents apporte chaque année son soutien à de jeunes chefs au fort potentiel qui souhaitent ouvrir leur premier restaurant. Ils reçoivent chacun une bourse en matériel, produits ou services offerte par les partenaires.

Plus de 100 projets ont déjà été accompagnés et, parmi ces jeunes talents, certains sont, depuis, devenus des chefs renommés et récompensés.

Cette année, en 2022, ce sont 17 jeunes talents (et 12 projets) qui ont été découverts et accompagnés par Gault&Millau.

GAULT&MILLAU REMERCIE SES PARTENAIRES QUI ONT RENDU CES RENDEZ-VOUS POSSIBLE

Bonnet-Thirode, Christofle, Danone, De Buyer, Elle&Vire, Garnier-Thiebaut, Kaviari, Metro, Nespresso, Robur, Rougié, Winterhalter, 14 septembre

CHARLOTTE TROI & ALEXIS GUILLON
Opaline

LUCAS TRICOT
Suzanne

MATTÉO GIUA
Brenti

NIDTA & FÉLIX ROBERT
Arborescence

CRISTINA TEJEDA & PIERRE CHOMET
Ambos

CHARLES & TRISTAN BERNABÉ
Les Cadets

EDGAR BOSQUEZ
Ékume

LOUIS FESTA
Les Singuliers

CORINNE BEC & NAJEM ATMEH
Ayla

ADRIEN PINOT
585

CLÉMENT TORRES
Saba

MAXIME ARDIN
Abîme

LES 4 ET 5 TOQUES DE L'ANNÉE 2023

TABLES D'EXCEPTION

Le 1947 – Hôtel Cheval Blanc
Courchevel (73)

Auberge du Vieux Puits
Fontjoncouse (11)

La Table d'Olivier Nasti
Kaysersberg (68)

La Grenouillère
La Madelaine-sous-Montreuil (62)

AM par Alexandre Mazzia
Marseille 8e (13)

Flocons de Sel
Megève (74)

Restaurant la Marine
Noirmoutier-en-l'Île (85)

Plénitude – Cheval Blanc Paris
Paris 1er (75)

Le Cinq
Paris 8e (75)

Alléno Paris – Pavillon Ledoyen
Paris 8e (75)

Jean-François Piège, le Grand Restaurant
Paris 8e (75)

Le Pré Catelan
Paris 16e (75)

La Vague d'Or Cheval Blanc St-Tropez
St-Tropez (83)

L'Assiette Champenoise
Tinqueux (51)

Yoann Conte
Veyrier-du-Lac (74)

TABLE DE PRESTIGE

Restaurant Philippe Brun
Alleyras (43)

Le Clos des Sens
Annecy-le-Vieux (74)

N **Le Greenstronome**
Arles (13)

N **La Mirande**
Avignon (84)

N **Le Restaurant des Rois La Réserve de Beaulieu**
Beaulieu-sur-Mer (06)

La Table des Frères Ibarboure
Bidart (64)

Fleur de Loire
Blois (41)

N **Maison Nouvelle**
Bordeaux (33)

La Palme d'Or Hôtel Martinez
Cannes (06)

La Table de Franck Putelat
Carcassonne (11)

La Villa Madie
Cassis (13)

Lameloise
Chagny (71)

Paul Bocuse
Collonges-au-Mont-d'Or (69)

Le Chabichou
Courchevel (73)

La Chèvre d'Or
Èze (06)

Toya
Faulquemont (57)

Restaurant Alexandre
Garons (30)

La Bastide Saint-Antoine
Grasse (06)

Le Fantin Latour
Grenoble (38)

La Côte Saint-Jacques
Joigny (89)

Anne de Bretagne
La Plaine-sur-Mer (44)

Restaurant Christopher Coutanceau
La Rochelle (17)

Hostellerie Jérôme
La Turbie (06)

Bras, le Suquet
Laguiole (12)

Villa Archange
Le Cannet (06)

Restaurant Jean-Luc Tartarin
Le Havre (76)

L'Oustau de Baumanière
Les Baux-de-Provence (13)

Likoké
Les Vans (07)

N **Le Neuvième Art**
Lyon 6e (69)

Passedat - Le Petit Nice
Marseille 7e (13)

La Grand'Vigne Les Sources de Caudalie
Martillac (33)

Mirazur
Menton (06)

Le Jardin des Sens
Montpellier (34)

Maison Saint Crescent La Table Lionel Giraud
Narbonne (11)

Flaveur
Nice (06)

Auberge du Pont d'Acigné
Noyal-sur-Vilaine (35)

Troisgros
Ouches (42)

Kei Kobayashi
Paris 1er (75)

Sur Mesure par Thierry Marx – Hôtel Mandarin Oriental
Paris 1er (75)

Pur – Jean-François Rouquette Hôtel Park Hyatt
Paris 2e (75)

L'Ambroisie
Paris 4e (75)

Restaurant David Toutain
Paris 7e (75)

L'Abysse
Paris 8e (75)

Akrame
Paris 8e (75)

Épicure - Hôtel Bristol
Paris 8e (75)

N **Jean Imbert au Plaza Athénée**
Paris 8e (75)

Le Gabriel – La Réserve Paris Hotel and Spa
Paris 8e (75)

La Scène
Paris 8e (75)

Bellefeuille
Paris 16e (75)

Auberge des Glazicks
Plomodiern (29)

La Grande Table Michel Chabran
Pont-de-l'Isère (26)

Le Parc Les Crayères
Reims (51)

La Table du Gourmet
Riquewihr (68)

Gill
Rouen (76)

La Table de Pavie
Saint-Émilion (33)

N **Le Cap – Grand-Hôtel du Cap-Ferrat**
St-Jean-Cap-Ferrat (06)

La Bouitte
St-Martin-de-Belleville (73)

Le Coquillage
Saint-Méloir-des-Ondes (35)

Le Relais Bernard Loiseau restaurant La Côte d'Or
Saulieu (21)

Auberge du Père Bise Jean Sulpice
Talloires-Montmin (74)

Michel Sarran
Toulouse (31)

Maison Aribert
Uriage-les-Bains (38)

Pic
Valence (26)

Maison Decoret
Vichy (03)

La Pyramide
Vienne (38)

La Villa René Lalique
Wingen-sur-Moder (67)

N Nouvelle table de prestige

origine
#Locale
METRO S'ENGAGE
À VALORISER DES PRODUITS FRANÇAIS
COMME LES AGRUMES DE VAIANA MANUTAHI,
PRODUCTRICE À MENTON (ALPES-MARITIMES)
METRO-local.fr
METRO
RCS Nanterre 399 315 613 le nouveau bélier
©PHOTO STÉPHANE DE BOURGIES

SÉLECTIONS 2023

LES 7 PRINCIPES DE GAULT&MILLAU

1

L'indépendance **totale vis-à-vis des établissements.**

2

Le recrutement d'enquêteurs **exigeants, gourmets et gourmands.**

3

L'anonymat **des enquêteurs lors des évaluations.**

4

La visite dans des conditions normales **de fréquentation.**

5

Le règlement **des additions.**

6

La mise à jour **régulière par des évaluations continues.**

7

La vérification **de nos informations**

ET SI ON SE DISAIT TOUT ?

Oui, si l'on mettait une bonne fois les pieds dans le plat ? En affirmant par exemple que, au milieu des centaines, voire des milliers d'avis disponibles au hasard de la Toile et de ses réseaux, une voix, une seule voix, peut aussi faire de la lumière. Et que cette lumière jaune comme le guide a la volonté, et peut-être le pouvoir, d'éclairer vos choix.

Parce que, depuis cinquante ans, Gault&Millau est ce guide indépendant – se risquerait-on à employer un qualificatif à la mode, disruptif? – qui raconte ce qui se passe dans chaque restaurant et donne son avis, avec sincérité et engagement. Avec ses enquêteurs et experts, ceux qui découvrent, ceux qui détectent les talents, ceux qui accompagnent avec le même sérieux et la même passion les petits bistrots et les grandes toques, les simples auberges de campagne et les cuisines dorées.

Dira-t-on tout sur cette étrange et passionnante époque pour la restauration? Celle où, selon la délicieuse formule de Jacques Chibois *«tout le monde veut aller au restaurant mais personne ne veut y travailler»*. Nous avons dû déjouer toutes les embûches – ouvertures intermittentes, menus cachés et changeants, services à deux ou plusieurs vitesses – pour présenter, une fois de plus, un panorama complet de la gastronomie française. En tenant compte des mutations inévitables qui offrent aujourd'hui des choix très variés pour les coureurs d'assiettes.

De nouvelles toques apparaissent, avec un Cuisinier de l'Année rayonnant bien au-delà de sa région, des trouvailles dans tous les territoires, des milliers de tables visitées pour en extraire un peu plus de 2000 représentatives de ce que la France a de meilleur à offrir, voilà une édition 2023 qui dit tout.

MARC ESQUERRÉ

DIRECTEUR DES GUIDES ET DES ENQUÊTES

TOQUES & NOTES GAULT&MILLAU

MEMBRES DE L'ACADÉMIE GAULT&MILLAU

TABLES EXCEPTIONNELLES - **19,5/20 à 19/20**

TABLES DE PRESTIGE - **18,5/20 à 17/20**

TABLES REMARQUABLES - **16,5/20 à 15/20**

TABLES DE CHEF - **14,5/20 à 13/20**

TABLES GOURMANDES - **12,5/20 à 11/20**

AGDE 34300

Bistro d'Hervé 13/20

47 rue Brescou - T. 04 67 62 30 69 - Menu(s) 19 €

Lui, c'est Hervé Dos Santos, le chef et propriétaire qui revendique une cuisine où mémoire sensorielle et imagination se mêlent pour concevoir des recettes où la personnalité du cuisinier est sa signature. Évidemment, les produits doivent être de belle qualité et suivre le cours des saisons, c'est le cas, les cuissons doivent être justes, elles le sont. Tarte fine de légumes houmous cacahuètes, épaule d'agneau de 7 heures aubergines confites et tomates séchées et, pour finir, baba au rhum ou pavlova, entre autres. L'ardoise annonce le menu du jour, la carte des vins est étoffée, et Sabine Dos Santos veille au confort de l'hôte et à la qualité du service.

La Table de Stéphane 12,5/20

2 rue des Moulins à Huile - T. 04 67 26 45 22 - Menu(s) 25-55 €

Un moment agréable sur cette terrasse ombragée par une tonnelle végétale. L'accueil de la patronne est convivial et précis, orchestrant une équipe prévenante. Le menu à 40 € est bien structuré, enquillant des assiettes de bonne composition qui flirtent avec les 2 toques : pressé de veau d'Aveyron servi froid, rhubarbe et foie gras chaud pour une entrée travaillée et intéressante, tarte de taureau, aubergine et parmesan, abricots du Roussillon, bien gourmande avec une tartelette champignons sur une pâte à pain, et de l'imagination au dessert avec la pastilla à l'aubergine, un peu molle, caramel salé et glace vanille. Cave régionale solide, grand choix de whiskys présentés dans une vitrine dédiée.

AHETZE 64210

La Ferme Ostalapia 11/20

Chemin d'Ostalapea - T. 05 59 54 73 79 - Carte 49 €

Un moment toujours agréable à partager entre amis, l'hiver au coin de la cheminée, l'été sur la terrasse. La routine s'est un peu installée en cuisine, sans doute pour rassurer, même si, parfois, un éclair vient la transpercer, comme les pibales à saisir quand elles passent. On se fait du bien simplement avec les ravioles de txangurro et une bisque de langoustines, et le généreux pot-au-feu «Ostalapia». Bonne équipe de salle gérée du coin de l'œil par le charismatique patron, Christian Duplaissy.

AIGUES MORTES 30220

Marie Rosé 13/20

13 rue Pasteur - T. 04 66 53 79 84 - Carte 51 €

Une maison de ville, personnalisée et accueillante, un peu à l'écart des foules avec son patio de détente gourmande. Le propos est plutôt simple, directement axé autour du produit, et les recettes traditionnelles sont adaptées à l'époque : acras de morue, soupe de poissons, poissons sauvages grillés selon arrivage, palourdes au lard de Colonnata et linguine au beurre d'escargot, T-bone de veau plancha jus de veau à l'orange. Les desserts sont plaisants, aux noms évocateurs, comme le «Savon de Marseille» à l'huile d'olive ou le «Voyage à la Havane», cigare au cacao et rhum... On regrettera une cave généraliste pas très curieuse.

Le Patio Né 11,5/20

16 rue Sadi Carnot - T. 06 65 65 01 97 - Menu(s) 89 €

Une maison bien tranquille qui, depuis des années, travaille bien et à prix justes. L'ardoise a toujours du répondant, large choix pour un menu à 49 € bien équilibré qui montre une vraie cuisine : asperges de pays et craquant de poitrine de porc émulsion reblochon, filet de saint-pierre grillé caramélisé à la crème de gingembre, tournedos de canard façon Rossini, samossa pistache et framboise. Le cadre est élégant, le service au niveau et la cave fournie en crus régionaux.

AINCILLE 64220

Pecoitz 12/20

Route d'Iraty - T. 05 59 37 11 88

À l'image du village, que l'on atteint au bout d'une route magnifique tournée vers les Pyrénées, cette table honore une tradition locale bien ancrée, avec respect et sincérité. Le chef s'appuie sur les produits de saison, sans dénaturer, en mettant son savoir-faire dans des recettes bien actualisées : croustillant de saint-pierre aux petits légumes, agneau de lait du pays, croustillant de chorizo doux, sur une viande tendre et savoureuse avec un bon jus de cuisson, gâteau basque maison. Service gentil comme à la maison, cave Sud-Ouest.

AINHOA 64250

Ithurria 15/20

CHEF : XAVIER ISABAL

Place du Fronton - T. 05 59 29 92 11 - Carte 89 € - Menu(s) 49-94 €

Cette aimable maison de famille ne faiblit pas. Elle propose une cuisine qui sert, avec beaucoup de raffinement et une touche contemporaine, la culture basque. L'accueil est chaleureux, le cadre bien préservé et magnifié, carrelage, larges piliers, plafond bas, poutres sombres et différents éléments de déco dans le même esprit : comtoise, vaisselier, balance, cheminée... La meilleure atmosphère possible pour apprécier les belles mises en bouche, le foie gras mi-cuit dans une variation autour de l'abricot, accompagnée de sa brioche tiède au sarrasin kasha, le merlu de ligne façon Koskera, fèves, petits pois, cerises noires, couteaux, tartine pil pil faite avec la peau du merlu, un plat à base traditionnelle bien adapté et rénové, et un très élégant plat d'agneau, carré rôti et caillette d'épaule, jus réduit trois jours. Les desserts sont peut-être un ton en dessous en termes d'imagination, mais ils sont généreux et bien exécutés (riz au lait à la vanille de Tahiti, meringues et déclinaison d'agrumes, glace à la vanille de Tahiti). Service bien impliqué, avec un sommelier actif qui sait présenter la carte de vin classique et bien pourvue.

AIX EN PROVENCE 13100

Château de la Gaude 16,5/20

CHEF : MATTHIEU DUPUIS-BAUMAL

3959 route des Pinchinats - T. 04 84 93 09 30 - Menu(s) 97-185 €

Bienvenue au pays des merveilles, celui qui nous fait ouvrir grands les yeux sur les œuvres d'art contemporain disséminées un peu partout, sur les vignes alentour pourvoyeuses de vins confidentiels, sur le jardin à la française classé aux monuments historiques, sur la bastide provençale du XVIIe, sur les refuges secrets installés en pleine nature et, enfin, sur les quatre restaurants à l'univers singulier. Bienvenue au Château de la Gaude. Derrière tous ces fourneaux, un chef d'orchestre, Matthieu Dupuis-Baumal, rompu à l'exercice depuis son passage au Domaine de Manville aux Baux-de-Provence. Entouré d'une fine équipe, et notamment de Matthieu Derible pour le restaurant gastronomique Le Art, le tandem va se surpasser en allant chercher des saveurs inédites. Après de brillantes mises en bouche, on attaque un premier plat signature, l'artichaut violet en barigoule et son beurre blanc monté au yuzu, allégé au moment du service par un trait de champagne et son dôme de caviar. La pêche de ligne de Méditerranée simplement snackée façon tataki avec son aïoli d'ail noir de la Drôme et sa fleur de courgette avec un gel de gingembre et condiment de yuzu ferait presque pâle figure à côté, mais la carabineros de Huelva remet les pendules à l'heure. On la dégustera en 2 séquences, chaude flambée à la cachaça servie avec une purée de tamarin fermentée, un jus de crustacé et des feuilles de carmine en pickles et froide en tartare avec un sorbet au tamarin et une gelée. On sauce le tout avec un pain au corail de crustacé, réalisé, comme tous les pains, au fournil du château par le chef boulanger Mickaël Martinez. On continue avec cette «vision moderne d'une bouillabaisse marseillaise», où rien ne manque, mais en plus spectaculaire. Les douceurs s'annoncent avec un vivifiant citron de Nice sur un crumble à l'huile d'olive et un sorbet au yaourt rafraîchis au basilic. La cave est l'une des plus vastes de la région avec 1500 références et des prix tous azimuts. Les vins du domaine, et notamment La Treille, sont à découvrir au verre. Le service, sous le regard professionnel d'Élise Chanclou, est un ingrédient indissociable de ce moment rare.

Château de la Pioline - Restaurant Pierre Reboul 16/20

CHEF : PIERRE REBOUL

260 rue Guillaume du Vair - T. 04 42 52 27 27 - Menu(s) 55-145 € Ⓟ

Pierre Reboul a pas mal bourlingué ces dernières années, depuis son départ du Rive Gauche, à Tain-l'Hermitage. Nous l'avions croisé au Vallon de Valrugues, puis dans son propre restaurant à Aix-en-Provence (où est désormais installé Mickaël Féval), mais, avec le Château de la Pioline, il semble avoir trouvé le lieu idéal pour s'épanouir, laisser libre cours à son imaginaire et à son audace naturelle. Son interprétation de la bouillabaisse est passionnante, tout comme son travail sur les carabineros de Huelva cuites vapeur, citron caviar, fleur de courgette et farce fine aux langoustines. Ses menus demeurent cachés et donc (plus ou moins) imposés, on n'est pas obligés d'adhérer au concept, mais le plaisir est immanquablement au rendez-vous. Service parfait d'aisance et de bonne humeur, belles références en cave.

Côté Cour 13,5/20

19 cours Mirabeau - T. 04 42 93 12 51 - Carte 70 € - Menu(s) 30-59 €

Côté cour et côté succès, tout va bien pour Ronan Kernen, bien installé dans sa ville d'adoption, toujours pétri d'idées justes et dans le ton d'aujourd'hui. Sa carte est claire, variée, et y piocher est un plaisir : saint-jacques marinées yuzu aneth, aïoli basilic, Wellington de pigeon foie gras truffe panais rôti et petits choux, jarret de veau confit façon blanquette truffée. Dans ce décor très réussi au sein d'une maison historique avec cour intérieure, le moment est plaisant, et l'addition relativement légère, grâce à une séquence 3 plats pour 49 €, grevée de quelques suppléments. Desserts classiques et soignés, cave étendue.

Sauvage 13/20

24 rue Aumône-Vieille - T. 04 42 91 37 56 - Menu(s) 70-120 €

On ne peut pas dire que Loïc Pietri fait bande à part comme un sauvage, mais il est certain que ce chef singulier montre une indépendance d'esprit qui nous plaît bien. Au cœur de la vieille ville, il compose ses séquences sans s'occuper des modes, trouve des produits de belle qualité et ne manque pas d'audace, quand il associe la cervelle d'agneau et l'anguille, l'huître et le foie gras, les saint-jacques et le ris de veau ou le saint-pierre et le fruit de la passion. Dans une formule à 70 €, il invente avec une imagination et une réussite certaines une cuisine inspirée dans un lieu qui lui ressemble, un peu sauvage d'aspect, et finalement chaleureux et engageant.

Les Vieilles Canailles 13/20

7 rue Isolette - T. 04 42 91 41 75 - Menu(s) 19-23 €

Actifs, serviables, dynamiques, Pierre Hochart et son fidèle complice Fred en salle continuent à faire avancer la bistronomie aixoise. Un bon cuisinier, un bon caviste, deux professionnels pleins d'empathie pour le meilleur moment qui soit en leur compagnie. La cabane est petite, mais le cœur est grand et l'ardoise toujours alléchante, travaillée à 2 toques sur du produit frais du marché, et surtout du potager désormais dédié à l'approvisionnement. Et Pierre sait tout faire, d'un simple aïoli au lièvre à la royale.

Vintrépide 13/20

48 rue du Puits Neuf - T. 04 28 31 16 41 - Menu(s) 29 €

Du bistrot chic et raffiné sur une base de bar à vins de connaisseur. De quoi se régaler dans le verre et l'assiette, dans une atmosphère sans chichis mais pas non plus «tape dans le dos». La carte du moment compte sur le produit de saison, bien travaillé, dans des associations bien vues et en limitant les fioritures : cappelletis ricotta jambon de pays, turbot asperges ail des ours, cochon de Bigorre oignons confits, vacherin framboise verveine pour une séquence en liberté autour de 50 €, et un peu plus si l'on se laisse tenter par les fromages de Sylvie Savelli. Bonne formule déjeuner à 29 €.

Il était une fois... 12,5/20

4 rue Lieutaud - T. 04 42 58 78 56 - Carte 47 € - Menu(s) 20-49 €

Bastien et Clara, qui avaient si bien démarré l'an passé, confirment toutes nos bonnes impressions. Leur atout numéro un ? L'engagement, la passion. Bastien mouille la chemise, fignole ses assiettes, tandis que Clara (Jeune Talent 2022) impulse en salle une énergie bénéfique avec le sourire. Le résultat est probant et les tarifs en font l'une des meilleures affaires de la ville : gravlax de truite et tzatziki, carré de cochon laqué au caramel purée de patates douces et girolles, millefeuille vanille et noix de pécan caramélisées pour une séquence bien conduite, égayée d'une cave régionale en devenir.

Licandro Le Bistro 12,5/20

18 rue de la Couronne - T. 06 27 20 03 99 - Carte 12 € - Menu(s) 22-41 €

Une table méconnue qui travaille bien, à deux pas de La Rotonde. Le lieu est à la fois chic et discret, la cuisine régionale enveloppée dans un bagage technique conséquent : asperges vertes de Mallemort sabayon truffé et jambon ibérique, pâté en croûte de cerf et foie gras, queue de lotte rôtie et gnocchis à la ricotta, carré d'agneau pastilla à la semoule et aux fruits secs gremolata et jus de navarin. Le chef aime les préparations classiques, notamment de gibier (la tourte de colvert). Les desserts sont plus simples et le menu à 41 € une bonne introduction.

Le Riad 12,5/20

21 rue Lieutaud - T. 04 42 26 15 79 - Carte 36 € - Menu(s) 16-35 €

Toujours fidèle au poste-frontière avec l'autre côté de la Méditerranée, ce joli riad, semblable dans son abord à une demeure marrakchi, avec son agréable patio intérieur. La carte est immuable, et c'est tant mieux. Cela permet aux habitués de trouver leurs aises et leurs préférences : briouates, pastilla au pigeon, tajine de poulet aux amandes et fruits secs, couscous brochettes parmi nos spécialités favorites du lieu. Accueil et service d'une éternelle gentillesse. On accompagne de boulaouane, guerrouane ou Riad Jamil.

L'Opéra 12/20

18 rue Fermée - T. 04 42 12 44 67 - Menu(s) 49 €

C'est L'Opéra, et le ton est donc naturellement un peu lyrique, mais la cause est légitime et le menu à 49 € a le mérite de savoir se renouveler en mettant à contribution la production locale : soupe de poisson de Carro en émulsion, tartare de fenouil et rouget, paleron de bœuf lardé en colonnata mousseline de topinambour, tian d'agrumes de Provence pâte sablée vanillée crème diplomate caramel d'agrumes... Joli décor théâtral, service appliqué.

La Petite Ferme 12/20

7 avenue Victor Hugo - T. 04 42 26 68 84 - Carte 64 € - Menu(s) 24-27 €

Retour à la ferme ? Non, pas vraiment, mais quand Ronan Kernen (Côté Cour) se met en mode détente, on se rend bien compte que la franchise est là comme une poignée de main paysanne. Vaste choix d'entrées, de plats, de desserts, dans une carte qui balaie un peu tous les genres en restant accessible : coquillages au four Josper sauce chimichurri gingembre et ail persillé, gigot d'agneau de 12 heures sauce vierge à la sauge, olives noires et harissa au poivron (on opte pour la sauce et l'accompagnement), churros à la fleur d'oranger sauce gianduja. Un service pro et souriant, une cave régionale bien organisée.

Restaurant Negrecoste 12/20

33 cours Mirabeau - T. 04 42 27 74 22 - Menu(s) 25-45 €

Le fier et bel hôtel Negrecoste est une historique maison pleine de charme, renforcée par une vaste terrasse et une cuisine qui vole au-dessus du basique, grâce au chef Guillaume Lemelle. Des compositions personnelles, inspirée par la Provence et la mer : artichauts en tempura farcis gambas bouillon de barigoule réduit, lotte au chou vert et lard de Colonnata, pigeonneau sur coffre salmis d'abats en croustillant jus échalotes... l'assiette est aboutie, bien finie et bien présentée. Desserts typiques du genre (baba, tarte citron meringuée, chocolat...), cave également bien pourvue en régionaux. Et Simone au verre à 12 €, c'est une occase à ne pas rater !

NIRO by Le Gambetta 11,5/20

37 place des Tanneurs - T. 04 42 27 65 46 - Menu(s) 41 €

Une nouvelle équipe, celle du Gambetta, est venue succéder à celle mise en place par Alexandre Mazzia. L'emplacement est idéal, la carte bien actuelle, avec la pointe d'exotisme figurant la modernité, correctement menée et justifiant une 1re toque : poulpe de roche à la galicienne, vitello tonnato, saumon laque miso kumquat purée de panais avocat, suprême de pintade crème de curry biryani mangue et panisse au chorizo. Desserts également d'aujourd'hui (coulant au chocolat et mousse pêche de vigne) dans un cadre de bistrot chic.

Grenache 11/20

2 place Joachim Gasquet - T. 09 80 82 85 92 - Menu(s) 36-44 €

Sur une jolie place plutôt calme au seuil du centre-ville, Grenache tient son rang, militant pour une restauration bien calibrée, qui offre du choix à prix juste. Les deux menus «panachables» sont à 36 et 44 €, et l'accueil est toujours chaleureux : crème vichyssoise poireaux émulsion beurre noisette, paleron de bœuf confit bouillon et légumes de pot-au-feu, brioche perdue poire pochée au thé de Ceylan émulsion yaourt skyr.

Le Petit Verdot 11/20

7 rue d'Entrecasteaux - T. 04 42 27 30 12 - Carte 12 €

Il nous plaît bien, ce bistrot caché dans une ruelle de la vieille ville, tout près de l'agitation et relativement préservé. L'accueil est toujours engageant et sans chichis, l'ardoise fonctionnelle proposant du classique bien relevé de produits nobles : barigoule d'artichauts au citron confit, cuisses de grenouilles en persillade, gigotin d'agneau braisé au thym, filet de bœuf Rossini... Desserts traditionnels d'aujourd'hui (tatin, banoffee, tarte citron meringuée «revisitée»).

AJACCIO 20000

A Cantina di Ghjulia 13/20

21 rue Conventionnel Chiappe - T. 09 83 93 12 59 - Menu(s) 32 €

La cuisine familiale, généreuse et authentique de Ghjulia continue à nous plaire, et à séduire les visiteurs dans ce coin très touristique en retrait de la rue Roi-de-Rome. Andrée veille à tout et délivre des assiettes 100% corses des recettes de la maman : les beignets de fleurs de courgette, le veau aux olives et champignons avec des pâtes façon pastaciutta, et le bon flan maison à la fleur d'oranger. De la fierté légitime parfois, pour vanter les produits locaux, de la sincérité toujours.

A Nepita 13/20

4 rue San Lazaro - T. 04 95 26 75 68 - Carte 66 € - Menu(s) 42 €

Le travail est toujours aussi soigné chez Simon Andrews : poissons soigneusement désarêtés, viande au barbecue japonais kamado, parfums et associations respectées... Cette cuisine au jour le jour n'a guère de failles, et la petite terrasse au calme de ce quartier excentré a du charme : raviole à la stracciatella, concassé de tomates, sur une pâte façon pizza, bon panaché de poissons avec la pêche du jour (du saint-pierre et du pagre), blettes et raviole au crabe, purée de céleri émulsion crustacés. Agréable dessert de saison, sur la figue, poire et glace à la fève de Tonka. Carte des vins toute dédiée au vignoble insulaire, service fluide et efficace.

ALBERTVILLE 73200

Chalet des Trappeurs 11/20

Col de Tamié - T. 04 79 32 21 44

Au cœur des Alpes, une table on ne peut plus rustique, qui fait voyager et qui offre une réjouissance savoyarde des plus généreuses. Dans ce chalet au décor en bois et aux références montagnardes assumées, on vient profiter de l'hospitalité locale et des gourmandises du pays, produites dans la plus pure tradition : diots au vin blanc de Savoie, cochonnailles, reblochonnade, tartiflette, fondue au gruyère des Bauges, l'incontournable raclette au feu de bois... Service aimable.

ALBI 81000

L'Épicurien 12,5/20

42 place Jean Jaurès - T. 05 63 53 10 70 - Carte 52 € - Menu(s) 20,50-58 €

Pourquoi l'Épicurien est-il rempli tous les soirs ? Parce que c'est moderne, pro, vivant, qu'il y a du vin à revendre et une belle énergie. Parce que les années passent et que cette adresse garde quelques longueurs d'avance sur le reste du monde albigeois. Des dîners intimes aux grandes tablées, ça virevolte et ça swingue au rythme des envies du moment et des sourires au naturel de la jeune équipe féminine. Même le tout-poisson devient légitime au cœur du Tarn plutôt viandard, avec le chirashi de saumon, l'excellente daurade grillée et encornets (on aurait pu éviter le «riz» et «riz» sur les deux plats d'un menu sans choix) et une tarte aux pommes qui finit la balade en douceur. Suivez les conseils de Guillaume, le sommelier, qui intervient toujours à bon escient sur une carte de passionné, ou optez pour l'«Aubrac», une «bière vivante» de la Brasserie d'Olt.

Le Lautrec 12/20

13-15 rue Henri de Toulouse Lautrec - T. 05 63 54 86 55 - Menu(s) 18-48 €

Dans une rue typique (les travaux devraient être achevés à votre passage), une maison typique, qui chante le cassoulet et le savoir-faire ancestral de la région. Le menu «Autour des Cassoulets» est exemplaire et réclame concentration et appétit : salade albigeoise au melsat (saucisse), bougnettes de Lacaune, boudin galabar et radis au fetché (foie de porc), cassoulet de l'Archevêque à la morue, ail rose et safran, ou sa version tradi au manchon et saucisse de canard, tartouillat aux pommes en chaud froid, inspiré de «Monsieur H de T-L», Toulouse-Lautrec étant, naturellement, le héros local. Bons desserts, vins de Gaillac et des alentours.

L'Alchimy 11,5/20

10-12 place du Palais - T. 05 63 76 18 18 - Menu(s) 18-37 €

Une bonne valeur, équitable et pratique, dans le registre de la brasserie d'hôtel chic. Sous le lustre façon Murano d'une salle confortable appréciée des résidents, la carte est large, avec des standards bien contrôlés (le filet de bœuf, la sole meunière) et des essais un brin canaille, comme le pied de cochon en viennoise crème de ravigote ou les ris d'agneau au sautoir avec une crème «de morilles» très discrète. Desserts bons et généreux comme le baba au rhum, service dynamique, gouailleur juste ce qu'il faut, et très efficace. Carte des vins généraliste, avec un choix multirégion au verre.

Bruit en Cuisine 11/20

22 rue de la Souque - T. 05 63 36 70 31 - Menu(s) 26 €

Dans une rue discrète proche de la cathédrale, une table traditionnelle et équitable dans ses tarifs et dans sa prestation. Un menu à 26 € au choix simple, l'assurance d'un bon moment sans surprise et sans trop de bruit en cuisine : croustillant de brandade de morue, filet de sébaste grillé sauce bourride, magret à l'orange mousseline de carotte, panna cotta exotique sorbet mangue... Large sélection de gaillacs en cave.

Cascarbar 11/20

29 rue Saint-Julien - T. 05 63 54 03 52 - Menu(s) 17,50-28 €

Une jeune table aux accents exotiques pour dépayser une clientèle qui cherche une alternative à la tradition. Le lieu est accueillant, proche de la cathédrale, avec une terrasse propice. Et le propos fusionnant peut s'expérimenter à moindre frais, avec les acras de crevettes sauce yaourt au citron vert, le jarret de bœuf braisé neuf heures purée de cocos artichauts et oignons confits au piment d'Espelette jus cassis, dans un menu à 25 € qui peut se terminer avec la compotée griotte et betterave streusel et mousse mascarpone. Également un menu végétarien et une formule à 28 €.

La Fourchette Adroite 11/20

7 place de l'Archevêché - T. 05 63 54 05 23 - Menu(s) 29-35 €

Face à la plus belle cathédrale du Sud-Ouest, la Fourchette à Droite, devenue Adroite, tient bien son rang et le chef n'est pas maladroit. Une carte calibrée, dans l'air du temps, pour répondre à la demande touristique dans des assiettes pensées et composées : «Le Chant des Cigales» qui vous emmène en Méditerranée (houmous, supions en persillade anchoïade...), opéra de foie gras mi-cuit pain d'épice, hamburger à la brousse et figatelli champignons et frites. Menu juste et varié à 35 €, avec la tarte au citron déstructurée en dessert.

ALENÇON 61000

Au Petit Vatel 14/20

72 place du Commandant Daniel Desmeulles - T. 02 33 28 47 67 - Menu(s) 24 €

Julien et Barbara Perrodin s'éclatent à Alençon et c'est tout de même une sacrée bonne nouvelle pour la préfecture de l'Orne. Trois ans après avoir repris cette institution locale après nous avoir enthousiasmés à Tours pendant des années (le Barju), le couple affiche toujours le même dynamisme, lui aux fourneaux, cuisinier sûr de sa technique et de son métier, elle en salle, brillante animatrice et véritable experte en vins. Le duo fonctionne à merveille et la clientèle adhère, conquise par des assiettes fignolées dans leurs moindres détails, cachant sous une apparente modestie des trésors de créativité, entre la version modernisée du pâté en croûte Vatel, farce fine de veau, figues et pintade ou le dos de lieu jaune ficelé au butternut, mousseline de patate douce aux éclats de noisettes et condiments carottes-gingembre.

Le Bistrot 11/20

21 rue de Sarthe - T. 02 33 26 51 69 - Carte 31 € - Menu(s) 15,90 €

Dans une petite rue du centre, un bistrot à l'ancienne qui fait vivre les bonnes traditions depuis plus de vingt ans, avec une envie qui ne faiblit pas. Populaire, simple et efficace, on y vient de gaieté de cœur, pour ces assiettes personnalisées, l'aumônière d'escargot aux poireaux, le camembert farci au foie gras, le pavé d'omble chevalier et sa fondue de poireaux, la souris de cochon au munster, et les beaux plateaux de fromages. Atmosphère conviviale.

ALÈS 30100

Lou Bi 13/20

4 rue Rollon - T. 04 66 60 38 51 - Menu(s) 27-47€

Notamment passé chez Jérôme Nutile ou Michel Kayser, Boris Chapon ne manque ni d'expérience ni de talent (il a reçu la Dotation Gault&Millau), et tient aujourd'hui avec sa compagne l'une des tables les plus enthousiasmantes d'Alès. Avec son style jeune et ses idées vagabondes, de France et d'ailleurs, il développe une assiette de saison inspirée et indépendante, à la manière d'un tartare de poisson, salade croquante de fenouil et coulis au lait d'amande, de queues de gambas juste saisies, mélange céréalier et tombée de poireaux, soupe de poissons, ou encore d'une longe de porc en basse température et fricassée de lentilles vertes au chorizo. Bons desserts.

ALLEYRAS 43580

Restaurant Philippe Brun 17/20

CHEF : ***PHILIPPE ET CLÉMENT BRUN*** *- CHEF PÂTISSIER :* ***CAMILLE BRUN*** *- DIRECTEUR DE SALLE:* ***OCÉANE FORTIN*** *- SOMMELIER:* ***MICHELLE BRUN***

Pont d'Alleyras - T. 04 71 57 57 63 - Carte 36€ - Menu(s) 68-120€

Un an après sa promotion parmi nos 4-toques, la famille Brun n'a bien sûr rien changé à son approche du métier. Michelle et Philippe demeurent bien entendu les piliers de cette délicieuse demeure nichée en pleine nature, entre bois et collines, mais se reposent évidemment de plus en plus sur la génération suivante, Clément, le fils revenu au bercail après un joli tour des belles tables, et son épouse Camille, qui illumine la salle par son professionnalisme et sa bonne humeur. Les produits sont superbes et les assiettes se modernisent chaque année un peu plus : ceviche de truite au piment d'Espelette, avocat, tarama, boulgour et ris d'agneau au beurre d'anchois, lieu jaune, déclinaison de fenouil, crème fleurette au yuzu et croustillant de riz, lapin en deux façons (le râble farci aux olives de Nyons, l'épaule braisée et laquée) et tartelette au melon et pesto d'estragon dans un formidable menu dégustation en 8 services. Cave très abordable, avec de belles découvertes.

ALPE D'HUEZ 38750

L'Empreinte 11/20

77 avenue des Jeux - T. 04 76 80 41 14 - Menu(s) 38-45€

En sortant des tartiflettes et des pizzas, on appréciera cette cuisine qui fait des efforts pour se distinguer, sur les poissons comme sur les viandes. Dans un esprit cocooning à la montagne, des assiettes qui se distinguent et valent 1 petite toque : velouté d'épinard, racines anciennes et ail des ours, punta de lomo de cochon Ibérico et pistaches, bien préparée avec une purée de patate douce, chantilly chocolat noir, streusel cacao, émulsion de gingembre et vanille. Service gentil et disponible, cave rhodanienne correcte.

ALTKIRCH 68130

L'Orchidée 15,5/20

33 rue Gilardoni - T. 03 89 88 50 39 - Menu(s) 55-120 €

Le Sundgau, ce n'est pas que carpes frites ou fleischnackas. Au piano de cette ancienne winstub reconvertie, Chatchai Klanklong rebat les cartes, défend une autre culture. Ce chef d'expérience, passé par le Rendez-Vous de Chasse et Philippe Bamas, à Bottmingen, compose une carte de virtuose qui repose sur des bases classiques françaises, mais qui percute les saveurs avec des notes d'Extrême-Orient. Le ton est donné dès «la phase de mise en éveil», c'est le cas de le dire, avec ce Yam traditionnel thaïlandais, ce bonbon de satay ou encore cette feuille de poivrier Lalot garnie de gambas sauvages. Richement aromatisé mais fort bien équilibré, le tartare de veau est une entrée pleine d'allant. La daurade sébaste grillée sur l'écaille est tout simplement admirable : elle est rehaussée par une émulsion de lait de coco au curry rouge et un condiment de piment et de gingembre parfaitement cohérent. Quant au pigeonneau des Vosges cuit sur le coffre et accompagné d'un amusant cromesquis de foie et de cuisse, c'est un classique, mais il est revisité ici par un jus de viande corsé au tamarin et un condiment fruits rouges à la citronnelle. La qualité des desserts a désormais rattrapé celle des plats avec le chocolat Li Chu grand cru crémeux marié à de la myrtille sauvage, du gingembre et de la verveine du jardin : un modèle de dessert très fin et très précis, gourmand, riche en saveurs subtiles. Chatchai Klanklong, c'est l'art de sublimer les épices, les aromates et les condiments dans une expression cohérente. Une formidable cuisine d'auteur, inspirée, libre, qui a fait un bond impressionnant. Jamais Altkirch n'a connu pareille table. Notre révélation de l'année dans le Haut-Rhin.

AMIENS 80000

Les Orfèvres 13,5/20

14 rue des Orfèvres - T. 03 22 92 36 01 - Menu(s) 26-83 €

Frédéric Barette mène toujours la table la plus intéressante de la ville, par son souci de pousser la production régionale, de travailler au plus près du naturel et du bio en faisant une cuisine sincère et engagée. Des menus à l'aveugle de 47 à 93 € selon le nombre de plats, mais aussi une carte pour les adultes aimant choisir et se décider pour la raviole de haddock et poudre de peau, le dos de cabillaud et mousseline d'épinards au vinaigre, pigeon fermier, betterave sauce poivre vert, soufflé chocolat glace chocolat. Cave toujours intéressante, avec les choix et les partis pris du patron.

Bistrot La Peña 12,5/20

45 rue Robert de Luzarches - T. 03 22 41 27 35 - Menu(s) 27-34 €

Au milieu des immeubles de brique, une construction basse à l'intérieur accueillant. Un rendez-vous coutumier et une franche cuisine de bistrot, adaptée à la saison et d'une certaine originalité : les poireaux vinaigrette avec les huîtres et le sorbet champagne, le maigre rôti cèpes et jus de viande, mignon de porc pied de cochon pomme de terre confite moutarde, baba au rhum, figues rôties sablé breton...

Ail des Ours 12/20

11 rue Sire Firmin Leroux - T. 03 22 48 35 40 - Menu(s) 23-43 €

Un bistrot d'aujourd'hui, à suivre de près, un modèle de modernité qui bouge les lignes pour les Amiénois. Dans un beau décor contemporain et parqueté aux sièges colorés, en bleu roi ou turquoise, la bistronomie a de l'avenir dans des compositions bien menées par Stéphane Bruyer. Des menus en mode slash où les triptyques vont bien ensemble, moules champignons tagète, merlu panais brocoli, pigeon betterave cerfeuil mûre, figue menthe aquatique miso dans des propositions du soir à 43 et 55 €.

Le Vivier — 12/20

593 route de Rouen - T. 03 22 89 12 21 - Menu(s) 28-33 €

La fière maison de brique à la sortie de la ville vers la route de Rouen a toujours le vent en poupe lorsqu'il s'agit d'acheminer la marée. Des huîtres de bonne provenance (Gillardeau, Saint-Vaast, Agon, Isigny), des coquillages et crustacés pour garnir les plateaux, et des recettes classiques bien maîtrisées, la sole meunière, le dos de turbot sauce mousseline, la marmite royale au homard, mais aussi le potjevleesch régional. Pour faire moderne, la carte du chef Marc-Étienne Mont s'étend aujourd'hui, avec des pâtes («Pasta Party»), burgers, buddha bowl saumon...

AMMERSCHWIHR 68770

Restaurant Julien Binz — 15,5/20

CHEF : JULIEN BINZ

7 rue des Cigognes - T. 03 89 22 98 23 - Carte 97 € - Menu(s) 95-115 €

La route des vins foisonne de belles adresses gourmandes. Celle de Sandrine et Julien Binz est dans le peloton des adresses les plus homogènes. Ce couple cultivé s'inspire de ses voyages, n'hésite pas à rendre visite aux confrères, réfléchit aux moindres détails qui transforment chaque repas en vraie fête. À elle, la mise en scène néobaroque cousue or, les arts de la table et même le design des robes du personnel. À lui, le renouveau de la cuisine alsacienne. Ce chef curieux, passé par Philippe Gaertner et Marc Haeberlin, délivre une cuisine éclectique qui mise sur les petits producteurs. Il revisite le terroir avec cette poêlée d'escargots gros-gris «Pré aux Colimaçons», dont la saveur d'ail donne beaucoup d'allant. Le style s'ouvre ensuite sur d'autres horizons avec ce panaché de poissons d'eau douce travaillé en bouillabaisse alsacienne où les produits sont bien mis en valeur par la gourmandise de la sauce. Le chef s'amuse dans le jeu terre-mer avec le filet de bœuf cuit au barbecue, associé au caviar osciètre, et transcendé par un friand sabayon fumé. Les assiettes sont à l'image de la maison : des idées, des produits, une technique à l'unisson. Jamais les sauces ne sont négligées ; au contraire, elles parviennent à magnifier chaque plat. Le dessert rhubarbe-fraise et sureau, certes frais, nous a semblé un rien roboratif avec son disque sablé imposant. La cave de collectionneur, qui s'étoffe d'année en année, accorde une attention privilégiée aux vins d'Alsace et aux vins nature. Dans cette salle de charme dominée par la reproduction de «La Fontaine d'amour» de Fragonard, on goûte le décor et la cuisine, mais aussi la bonne humeur que répand François Lhermitte, maître d'hôtel-sommelier d'expérience et plein de verve.

ANDERNOS LES BAINS 33510

L'Esquirey — 11,5/20

9 avenue du Commandant David Allègre - T. 05 56 82 22 15 - Carte 25 €

Comme une guinguette de bord de mer qui met en avant les produits du bassin et de l'océan. Dans cette cabane ostréicole, les amis sont les bienvenus, amateurs d'huîtres, de coquillages et de poissons grillés : excellents couteaux en persillade («les meilleurs de ma vie», confie notre enquêteur), assiette de fruits de mer et crumble poire chocolat glace cacahuète, tout va bien et l'entre deux mers n'est pas bien cher.

ANGERS 49000

Lait Thym Sel 15/20

CHEF : GAËTAN MORVAN

65 rue Beaurepaire - T. 02 41 72 08 64 - Menu(s) 58-95 €

Distingué début 2022 en qualité de Grand de Demain, Gaëtan Morvan élabore une cuisine innovante en phase avec sa région et la saison, tout en la sublimant par un regard ouvert sur le monde : les rillauds d'Anjou sont enrichis par un caviar, l'anguille de Loire par un fruit de la passion, la mogette de Vendée par un tarama ou la bulle de pommes par un baklava. Il peut également nous ravir avec une poulette de Mayenne sur un sabayon d'écrevisses de Loire et morilles. C'est intelligent, inventif, et l'on apprécie la créativité comme l'association de la crevette nantaise crue sur des épices avec une délicate nage de lait de riz. 3 toques confirmées dans cette maison ancienne au joli mobilier contemporain. Cave bien centrée sur la Loire, mais aussi sur le Jura cher au chef, en collaboration avec un œnologue, caviste, et enseignant renommé sur la place d'Angers, qui privilégie une viticulture respectueuse de l'environnement.

Sens 14/20

8 rue Boisnet - T. 02 41 05 12 29 - Menu(s) 55-81 €

Découvert par Gault&Millau, Nicolas Adamopulos, passé chez Christopher Hache et Éric Frechon, nous surprend chaque jour davantage avec une cuisine où la recherche est permanente. Ses assiettes sont d'abord le fruit d'une construction intellectuelle avant d'être exécutés avec maîtrise et précision. Les produits sont travaillés avec délicatesse afin de préserver leur authenticité. Certains plats sont au niveau des 3 toques, comme l'étonnant lieu jaune, crémeux ail des ours que l'on hume en parallèle dans un pot en verre, jouant ainsi avec nos sens gustatifs et olfactifs. Des amuse-bouche aux mignardises, dont des bonbons au marc de café recyclé, tout est mis en valeur avec finesse et l'on ressent la passion et le talent. Un point de plus cette année.

Autour d'un Cep 13/20

9 rue Baudrière - T. 02 41 42 61 00 - Menu(s) 39-50 €

Depuis juillet 2020, un duo plein d'expériences a repris cette adresse réputée d'Angers, autour d'une cuisine respectueuse de la qualité et de la traçabilité des produits. Thony Pohu les met en valeur avec délicatesse en préservant le goût à travers de justes associations : la betterave confite et le sorbet poire, le skrei de Norvège laqué et ses légumes racines dans une sauce crémeuse émulsion de fenouil ou la pomme comme une tatin sur une galette de sarrasin. La salle aux murs de pierres est chaleureuse et le vin, sélectionné par un sommelier averti, fait passer une douce soirée angevine.

Gribiche 13/20

9 rue Max Richard - T. 02 41 19 14 48 - Carte 30 €

Emmanuelle Moulié et Alex Bédeux donnent un nouveau sens et une nouvelle vie à cette adresse quasi mythique (celle de Gérard et Catherine Bossé pendant des années). À leur manière, moderne et engagée. C'est Alex lui-même qui prend les commandes, et cette cuisine de bistrot, de ménage heureux, touche juste. Avec la désormais inamovible tête de veau gribiche, digne des meilleurs bouchons, du risotto aux asperges, bien fait avec un parmesan de qualité, et du shortbread fraise de Longué et pistache, signée Emmanuelle, talentueuse pâtissière. Cave régionale bien équipée en bio, service rapide et efficace, même en cas d'affluence (ce qui est fréquent).

Le 10N9 12,5/20

8 boulevard Arago - T. 02 41 88 56 11 - Menu(s) 30-58 €

Un concept jeune et moderne comme la cheffe Marjorie Gaboriau, et voilà le vent qui souffle du bon côté pour cette nouvelle enseigne. Si la déco est assez quelconque, l'essentiel se passe dans l'assiette et autour, avec un excellent service, précis et souriant. Les ravioles terre-mer dans un bouillon de volaille montrent une belle harmonie, telle la daurade et palourdes de Lorient cuite à la minute avec un riz au curry vert. Le style est déjà affirmé, les cuissons justes (la poulette jus au thym, un classique bien maîtrisé) et les desserts dans la bonne veine (châtaigne coco mangue...). Cave bien composée sur la région, un bon rapport prix-plaisir et une 1re toque.

Les Petits Prés 12,5/20

6 place du Ralliement - T. 02 41 88 42 87 - Carte 12 € - Menu(s) 26-55 €

La maison s'assagit et sa vocation évidente de brasserie sur la place principale de la ville donne une bonne vitesse de croisière. En cuisine, des standards bien faits, peu de nouveautés, mais de superbes viandes en maturation et la satisfaction des convives : millefeuille de tourteau coriandre et radis, saumon un poil cuit sauce miso gel d'agrumes, entremets citron noisette crème pralinée de belle facture. La carte des vins s'est bien étoffée, avec un choix au verre encore un peu restreint.

Affamés 12/20

30 rue Delaage - T. 02 41 05 12 53 - Menu(s) 18,50-30 €

Dans une petite rue près du centre-ville, une table inventive où le chef travaille avec intelligence de bons produits de saison qui sortent de l'ordinaire. L'ambiance est conviviale, le service bien organisé et attentif, et on passe un agréable moment avec un excellent carpaccio de chinchard et olives taggiasche, frais et bien assaisonné, le merlu grillé sur la peau accompagné de gros morceaux de céleri avec une pointe de café, avant le dessert au beau visuel autour des agrumes et en différentes textures (oranges confites, brioche délicate, pamplemousse, crème onctueuse). Bonne cave orientée nature et bio.

Cid & Rations 11,5/20

8 rue Corneille - T. 02 41 93 92 88 - Menu(s) 32 €

Après avoir travaillé dans des palaces parisiens, Frédéric Nicodème s'est installé à Angers avec sa compagne Chloé Leroux à la place de Casa Corneille, où il nous régale d'une cuisine de saison à la fraîcheur absolue. Les assiettes sont bien construites autour de produits bruts mais lisibles. Dans un menu compétitif : filet de dorade au chou rouge et frites de pommes, desserts originaux à base de légumes. Une toque méritée.

Fricot 11,5/20

7 bis boulevard du Maréchal Foch - T. 02 41 69 16 66

Seule en cuisine, Louise Bellanger a lancé ce bistrot dans la mode angevine. De la chaleur et de la franchise pour une assiette bistrotière de qualité : un œuf poché sur une purée de topinambours, des noisettes pour le craquant et des chips de panais, un filet de lieu jaune jus au curry, boulgour, purée de butternut, pois chiches, céleri branche un peu chargé ou un suprême de volaille, polenta, navets, choux de Bruxelles, pak-choï, avant la tarte au citron meringuée ou le «Gâteau de maman» au chocolat. C'est simple, et même attendrissant, bien servi par Margot en salle, avec attention et gentillesse.

ANGLET 64600

Château de Brindos 12/20

1 allée du Château - T. 05 59 23 89 80 - Menu(s) 35 €

Après six ans d'absence, c'est le temps du renouveau pour Brindos, et tous les Biarrots se réjouissent de revoir en pleine forme ce château de détente au bord du lac et ce chic exclusif à dix minutes du centre. Il faut remettre la machine en route, et c'est Flora Mikula qui supervise la carte du restaurant réalisée par le chef Hugo De la Barrière (ex-Ibarboure), pour l'instant assez prudente, courte et précise, visant avant tout le bon moment et les retrouvailles avec une assiette sous contrôle : asperges blanches grillées sabayon d'Izarra tuiles d'ossau-iraty, txangurro sur bisque pimenton fumé de la Vera pan con tomato, cochon kintoa rôti au romarin et confit au miel barigoule d'artichauts, tarbais aux piquillos et chorizo avant un généreux baba pour deux. Une première toque, en attendant les suivantes, et une ambition à la hausse.

ANGOULÊME 16000

Le Comptoir de Brice 13/20

50 rue de Genève - T. 06 61 82 91 61 - Carte 33 €

En plein secteur piétonnier, les 2 tonneaux - et les plaques Gault&Millau - qui vous accueillent en entrée illustrent la thématique : on mange bel et bien, en levant le verre quand il faut. Un menu du jour à moins de 20 € toujours bien vu, des propositions simples, dans l'air du temps et bien travaillées, avec des idées : tartare de bavette lait et huile d'ail des ours caviar de hareng glace parmesan, volaille jaune ragoût de petits pois à l'aillet bouillon verveine, fruits rouges biscuit madeleine sorbet fenouil. Une douzaine de propositions au verre, quelques vins bio.

Les Sources de Fontbelle 13/20

1 bis rue des Meules à Grains - T. 05 45 23 51 75 - Menu(s) 37-98 €

Guillaume Veyssière, que l'on connut à La Ruelle, a trouvé ce bel espace contemporain un peu excentré près de la rocade pour s'exprimer librement. Propice aux repas d'affaires ou aux réunions de famille, la table décline l'offre en deux paliers, le bistrot La Forêt avec ses plats d'aujourd'hui dans une version assez simple (escabèche de maquereau pickles et yaourt aux épices, poulet de Barbezieux à la citronnelle, tarte aux pommes crème bio), tandis que le chef réserve ses idées dans des menus cachés au gastro, de 58 à 98 € de 5 à 7 services. Cave vaste avec quelques régionaux.

ANIANE 34150

SouKa 12,5/20

36 boulevard de Saint-Jean - T. 04 67 57 44 83 - Menu(s) 44-53 €

Un bel esprit d'équipe règne chez Laureen et Philippe Ramon, lauréats de la Dotation Gault&Millau, dans ce village connu du monde viticole pour abriter quelques domaines de prestige. L'accueil est simple et chaleureux, la collection de guides jaunes bien en place et la nature environnante fournit maints prétextes à jouer avec les couleurs et les arômes. Le végétal entre en force dans le menu du moment, au hasard de compositions d'assiettes parfois surprenantes : champignons de Paris crus olives noires paprika fumé thon fumé œuf parfait échalotes poireaux, grenade crumble au parmesan sorbet à la betterave et raifort betterave en fines lamelles pousses de radis cubes de haddock, deux assiettes sur une même philosophie d'un assemblage de tonalités qui intriguent les visiteurs, avant un bon rumsteak condiment mole purée de courgette à la poudre d'amande. On le comprend, le chef veut placer un maximum d'ingrédients dans une seule assiette, ce qui peut être un frein à l'harmonie et à la simplicité. Mais l'enthousiasme est bien là, et il faut encourager cette fougue. Bon dessert sur le coing, cave riche en régions, bières artisanales.

ANNECY 74000

La Rotonde - Hôtel les Trésoms 15/20

CHEF : ERIC PROWALSKI

15 boulevard de la Corniche - T. 04 50 51 43 84 - Menu(s) 59-159 €

Légèrement à l'écart de la ville, ce bel hôtel spa 4 étoiles, ancien chalet des années 1930 rénové dans un style contemporain, abrite la table d'Éric Prowalski, moderne et tournée vers le produit. Installée dans une rotonde en face du lac, lumineuse et bourgeoise, avec la moquette, les belles assises et une bonne harmonie des couleurs, la clientèle pourra apprécier une cuisine française maîtrisée, comme le cèpe en trompe-l'œil, une truite du lac étuvée, agaric en feuille à feuille et jus boisé, un régressif riz au lait agrumes d'un menu sans choix, mais bien mené, à 79 €. Belle cave. Service professionnel.

La Ciboulette 14/20

10 rue Vaugelas - T. 04 50 45 74 57 - Menu(s) 37-95 €

Institution locale, cette Ciboulette continue de recevoir les grandes occasions et les dîners d'affaires, qui se font désormais avec le chef Stanislas Robino. L'établissement a pris des airs encore plus minimalistes, avec une décoration plus épurée, mais au charme toujours bourgeois et feutré. Le service est celui d'une maison prestigieuse et introduit en adéquation les idées du chef, une cuisine française de bon niveau, suivant les saisons et les envies. Le menu à 5 temps résume assez bien l'esprit, avec des produits nobles ou non bien valorisés. Ainsi, le panais en chaud-froid se redécouvre à la noix et au parmesan, la raviole devient une tortellini à la sauge et à la chèvre dans une très élégante crème de courge, tandis que l'agneau, d'une cuisson remarquable, est logiquement associé à une crème parmentière et des noisettes. La cave est très bien pourvue, avec plus de 300 références, essentiellement en Bourgogne et vallée du Rhône. De 37 € à 95 €.

Saba 13,5/20

21 Faubourg Sainte-Claire - T. 09 87 39 45 25 - Menu(s) 22-59 €

Au cœur de la vieille ville d'Annecy, une nouvelle adresse fait sensation : Saba. Le chef Clément Torres nous surprend et a su placer sa Dotation Jeune Talent décernée par Gault&Millau dans la construction d'une cuisine détonante et parfumée. La courte carte nous offre de jolis choix, autour des produits d'Annecy et d'ailleurs. Les producteurs du coin sont bien mis en valeur, sans forcément s'enfermer dans une carte locavore. La maîtrise des cuissons, l'inventivité et l'originalité sont de mise. Encornets et tomates cerises, bœuf maturé de la maison Baud, lotte aubergine et gochujang. Quant aux desserts, les chocolats de Serge N'Gassa de Cocoa Valley sont magnifiés, et les reine-claude sont rôties accompagnées d'un siphon à la panna cotta. La carte des vins est juste et sincère, les grandes appellations alpines sont là. Prix très corrects autour de 50 € pour dîner, aux portions toutefois pas énormes.

Cozna 13/20

22 faubourg Sainte-Claire - T. 04 50 65 00 25 - Menu(s) 35-52 €

L'une des adresses les plus en vue de la préfecture, la table de Léo et Sandra (lauréats du 109) est un bistrot dynamique et innovant, à la bonne humeur communicative. Jeune couple passé chez Yannick Alléno et Yoann Conte, il accumule l'expérience suffisante pour se lancer. L'essai est bien transformé et l'on retrouve l'enseigne avec un même plaisir, cette décoration sobre et efficace, tout en bois et pierre, parquet, et cette carte de terroir, universelle et recherchée : minicarottes au miel et au soja, accompagnées de chèvre frais et crumble, splendides saint-jacques dans une sauce au vin jaune et minipoireaux, bon moelleux au chocolat glace caramel. Service remarquable.

Brasserie Irma Bocuse 12,5/20

Avenue du Petit Port - T. 04 50 27 62 05 - Menu(s) 25,90-28,70 €

Bocuse au lac, une réussite : la vue est un privilège qui n'appartient qu'à la Brasserie Irma. Et puis l'excellence du service est là, et les grands classiques lyonnais sont évidemment à la carte. Cette vaste maison toute vitrée au mobilier standardisé attire les foules. L'hommage à la mère Irma, pour ses origines annéciennes et la brasserie de ses parents, tombe sous le sens. Le temps d'un déjeuner au soleil ou le soir au milieu des rires, on retrouve une communauté soudée autour d'un seul et même projet, celui d'un vrai saucisson brioché, d'une belle quenelle de féra sauce homardine, d'un authentique filet de bœuf Rossini, d'une tarte sablée aux pommes. La cave suit le cours du Rhône, évidemment.

1er Mets 12/20

2 place Saint-Maurice - T. 04 57 09 10 54 - Menu(s) 35-48 €

La table familiale de Gaëlle et Nicolas Mouroux ne peut pas être mieux située, à deux pas du palais de l'île et 100 mètres du parking de l'hôtel de ville. Cette jolie maison aux murs à caisson en rouge et teinte de gris se prête parfaitement au jeu d'une bistronomie simple et bien faite, qui restitue les grands classiques du registre. La carte, souvent renouvelée, propose des assiettes de terroir, où le produit est au cœur du sujet. Sur la saison d'hiver, le foie gras de canard est évidemment de mise avec un chutney bien réalisé de légumes et de fruits, le filet de turbot dans sa nage de coquillages fait un plat de fête idéal, le cerf grillé et son jus aux baies rouges convient aux soirées enneigées près du feu de cheminée. Petite cave de bonne compagnie.

Le Bistro du Rhône 11,5/20

13 avenue du Rhône - T. 04 50 45 53 34 - Menu(s) 22,50-52 €

Institution annécienne, l'adresse de Sophie et Patrice Cavoret tient depuis des années une réputation solide, pour la bonne humeur permanente, la jolie terrasse en été et les propositions bistronomiques du chef. La formule ne change pas et la fraîcheur des produits sert une ardoise toujours renouvelée, qui alimente à midi un petit menu bien calibré et, le soir, des idées plus travaillées. Ainsi pour 22,50 €, on pourra découvrir la terrine de campagne, le dos de cabillaud et concassé de tomates, le sauté de poulet curry aux conchiglioni... Et une très belle cave de plus de 100 références !

Racines 11,5/20

8 passage des Bains - T. 04 50 09 12 43 - Menu(s) 25-34 €

Ouverte en 2019, la table bistronomique de John et Eva a réussi à s'installer dans le paysage local avec sa décoration dans l'air du temps, en matière noble, bois dépoli et couleurs claires, et sa cuisine de saison assez personnelle. Le chef propose des assiettes avec une identité régionale bien amenée. On saluera l'œuf parfait, polenta, châtaignes et lard, ou encore le quasi de veau, carottes et estragon. Prix justes. Cave courte, mais intéressante.

Le Vertumne 11,5/20

13 rue Sommelier - T. 04 50 45 92 96 Ⓟ

Le cadre est coloré, Arcimboldo y participe, les habitués nombreux, et de longue date, pour cette petite fête traditionnelle. La maîtresse de maison connaît bien la carte et sait conseiller le pressé de lapereau, parfaitement assaisonné, les saint-jacques endives sauce vigneronne, la bonne charlotte aux marrons. On y passe un moment de sincérité, au cœur de la ville, et la modeste carte des vins offre un côtes-du-rhône simple et franc.

ANNECY LE VIEUX 74940

Le Clos des Sens 17/20

*CHEF : **LAURENT PETIT** - CHEF PÂTISSIER : **LORENA FERRARI** - DIRECTEUR DE SALLE : **THOMAS LORIVAL** - SOMMELIER: **THOMAS LORIVAL***

13 rue Jean Mermoz - T. 04 50 23 07 90 - Menu(s) 138-228 € ♿ Ⓟ

Laurent Petit termine un cycle mais va bien sûr rester actif dans le paysage gastronomique, entre les maisons dont il s'occupe et les jeunes auxquels il transmet son savoir. Pour le Clos des Sens, nous ne nous faisons guère de souci avec l'équipe qu'il a formée, dont Thomas Lorival, nommé Directeur de l'Année l'an passé, le passage se fera naturellement dans l'accompagnement et la connaissance pour garantir que les quatre toques pourront ainsi perdurer. Nous sommes naturellement impatients de consulter les premières cartes proposées par Franck Derouet et toute l'équipe du Clos des Sens.

L'Auberge sur les Bois 15/20

*CHEF : **DANIEL BARATIER***

79 route de Thônes - T. 04 50 64 00 08 - Carte 67 € ♿ Ⓟ

Sur les hauteurs d'Annecy, Daniel Baratier vous attend pour une belle balade «sur les bois». La cuisine est gourmande, et la table des matières met à l'honneur de magnifiques viandes préparées avec soin pour une clientèle souvent jeune et connaisseuse. Un carré de cochon fermier avec ses artichauts en barigoule et de généreuses pièces à partager sont autant d'invitations à la dégustation, comme les desserts bien imaginés (macaron sapin sapinette...). Les sauces sont grandioses, onctueuses et généreuses. Un très bon moment à vivre dans ce restaurant qui continue à faire son petit bout de chemin en valorisant de beaux produits. Cave bien fouillée, avec une propension au bio et au nature.

ANSE 69480

Au Colombier 12,5/20

126 allée du Colombier - T. 04 74 67 04 68 - Menu(s) 22,50-36 €

Un de ces petits bonbons typiquement français, une vaste maison familiale en province, un passé de grande cuisine bourgeoise que l'on aime tant, avec l'andouillette de homard, la courgette farcie lapin et cochon ou le turbot au bouillon de crustacés, à des prix qui restent très accessibles et avec une carte des vins des plus sérieuses. Nichée en bord de Saône près du plan d'eau du Colombier, cette maison mi-guinguette, mi-traditionnelle, entre la Dombes et le Beaujolais, est faite pour tous, famille avec enfants qui peuvent gambader en sécurité, couples d'amoureux inspirés par le lieu et le décor, hommes en affaires pour le service et la tranquillité. Frédéric Côte, qui a fait Chauveau, Blanc et Boulud, sort de sa cuisine en fin de service pour s'assurer du travail accompli, entre sacerdoce et fierté. Sa femme l'accompagne, et c'est touchant de sincérité.

ANTIBES 06600

Le Vauban 13,5/20

7 rue Thuret - T. 04 93 34 33 05 - Menu(s) 27-55 €

Dans la vivante rue Thuret du vieil Antibes, où les restaurants aux façades colorées rivalisent d'ingéniosité pour attirer les clients, Le Vauban fait office d'enfant sage, avec sa devanture sans terrasse ni accroche tapageuse. Raymond et Jenny Cornelissens offrent une partition sans faille que les habitués, qui viennent d'un peu partout, connaissent bien. Les recettes bourgeoises mises au goût du jour trouvent leur cible et la formule du midi à 27 €, le menu «Vauban» à 45 € et le menu «Dégustation» à 55 € ne sauraient faire mentir. Pêle-mêle, gambas rôties, quinoa au concombre et céleri-branche, foie gras de canard maison à la compotée d'abricot et ses toasts grillés, pavé de maigre en cuisson nacrée, étuvée de fenouil, beurre blanc à l'ail noir, sorbet fenouil, picanha de bœuf, purée de carottes à l'orange, carottes fanes et pommes de terre grenailles grillées... Le maître restaurateur a du savoir-faire et ses cuissons s'apprécient à leur juste valeur. La cave est modeste avec de belles étiquettes de propriétaires, le service souriant et efficace.

Le Figuier de Saint-Esprit 13/20

14 rue Saint-Esprit - T. 04 93 34 50 12 - Menu(s) 55-158 €

En longeant les remparts du vieil Antibes, on croise immanquablement la route du Figuier de Saint-Esprit, ce refuge culinaire du chef Christian Morisset. On profite du patio intérieur pour se ressourcer d'une cuisine d'ici, que l'on a connue plus flamboyante et surtout plus affûtée : suprême de caille royale rôtie et sa cuisse confite, lard paysan confit, sucrine rôtie, shiitakés et sauce meurette, encornet farci aux «légumes d'antan», navets confits safranés, crémeux de potimarron, choux de Bruxelles, jus de carotte au miso ; deux plats qui auraient dû nous transporter. En dessert, un macaron au chocolat couverture au lait de brebis banane caramélisée, crémeux chocolat lacté, sauce caramel, noix de pécan cristallisées, plaisant mais qui demande aussi un peu plus de maîtrise. Les fils, Jordan et Mathias, prennent le relais pour que perdure l'âme de cette maison de famille et doivent, n'en doutons pas, redresser la barre. Cave très complète.

L'Arazur 12/20

8 rue des Palmiers - T. 04 93 34 75 60 - Carte 68 € - Menu(s) 70 €

Dans une ruelle de la vieille ville, une adresse de moins en moins cachée, le bon plan à connaître. D'ailleurs, les tarifs ne font pas mystère de l'ambition, car il faut compter autour de 70 € à la carte pour une séquence complète. Pourtant, l'atmosphère, assez intime, et la qualité de l'assiette, très fournie en produits nobles, justifient l'investissement : homard en persillade champignons et bisque, médaillon de turbot ragoût de légumes verts beurre blanc et palourdes, dessert kiwi sponge cake pistache crémeux mascarpone et thé vert matcha... On bénéficie de l'ensemble de la maison dans le menu «Dégustation» à 70 €. Cave bien orientée nouveaux vignerons (Valentin Zusslin, Bret Brothers, Fosse-Sèche...), bon petit choix de vin au verre.

Les Vieux Murs 12/20

25 promenade Amiral de Grasse - T. 04 93 34 06 73 - Carte 75 € - Menu(s) 60 €

Situation favorable, et l'on peut même dire unique, pour ces Vieux Murs installés face à la mer et bénéficiant de la belle lumière du soleil sur les remparts. La maison de pierre provençale présente ainsi de nombreux atouts et un certain standing, dont on profite avec une carte régionale modernisée, où l'on privilégiera les recettes familières : petits farcis, tartare de poisson, linguines flambées à la grappa, pêche du jour rôtie ou vapeur (12 € les 100 g), côte de bœuf. Tarifs logiquement assez élevés, bon service.

La Cafetière Fêlée 11/20

18 rue du Marc - T. 04 93 34 51 86 - Carte 52 € - Menu(s) 27,50 €

Si on demande à Christine, la patronne, pourquoi la «cafetière fêlée», elle vous répond : «Parce que mon mari l'est un peu.» Au vu du portrait du chef qui trône dans le restaurant, accordons-lui ce crédit. Mais Julien Fiengo garde les pieds sur terre lorsqu'il s'agit de faire à manger. Une cuisine fusion franco-asiatique que l'on pourrait souhaiter parfois plus tranchée, plus inventive, qui maintient, malgré tout, une belle réalisation. Une carte qui s'affranchit des saisons en proposant des plats intemporels, le sashimi de saumon gravlax au whisky japonais et mousse de wasabi-coco, la pluma ibérique en cuisson basse température, jus de veau soja et poivre entier de Kampot, écrasée de butternut à l'huile de truffe noire... Bons desserts qui pourraient être plus audacieux et cave doucement sonnée avec des flacons d'Argentine, du Chili ou de Californie, entre autres. Formule déjeuner en 3 services à 27,50 € et carte végane en plus de l'ardoise du jour et de la carte fusion.

Jeanne 11/20

10 rue Sade - T. 06 48 52 59 24

Marine et Elsa, les deux sisters, ont donné à leur bar à vin friendly le nom de leur maman et mènent le bal avec entrain. Marine passe à chaque table le même message d'empathie, fait goûter, échange, conseille, tandis qu'Elsa tresse une cuisine provençale à sa manière, produits frais, saveurs respectées, sur la seiche carotte-kumquat ou le mulet blette-noisette-brocolis, simple et bien fait, au bon goût de mer. Dans cette petite maison de l'hyper-centre, l'heure est à la détente casual chic, à la simplicité bien orientée, jusqu'au gâteau au chocolat, un vrai gâteau de mamie fondant et jouissif. Vins nature, vins de copains, que Marine connaît tous par leurs prénoms, sur tous les vignobles, même étrangers.

La Taille de Guêpe 11/20

24 rue de Fersen - T. 04 93 74 03 58 - Menu(s) 42 €

Dans une petite rue du vieil Antibes, Katy et Olivier offrent depuis plus d'une décennie une belle expérience qui ravit les habitués. Des dressages lumineux et floraux servent une cuisine du marché bien pensée. Le menu «Fleur» à 32 € en trois services nous montre la voie : le velouté de champignons, crème au jambon serrano et crumble au parmesan ; le cabillaud au chorizo, légumes poêlés au romarin et jus de viande fumé ; l'assiette gourmande en déclinaison de chocolat noir et orange. La cave est un peu courte mais suffisante, l'accueil est délicieux.

APREMONT 60300

La Grange aux Loups 13,5/20

8 rue du 11-Novembre - T. 03 44 25 33 79 - Menu(s) 35 €

Toujours en progression, cette bonne auberge proche de Chantilly, aux vieilles poutres blanches et pierres apparentes en habillage de bois gris, sait recevoir une belle clientèle traditionnelle. Pas de loup en cuisine, tout est maîtrisé par Dorian Wicart, fier d'afficher ses fournisseurs et producteurs proches, essentiellement de l'Oise. Une aubaine pour les habitués avec un menu dégustation à 59 €, qui démarre après 3 mises en bouche par une terrine de saumon fumé, langoustine rôtie et jus de carcasse, suivie du foie gras poêlé, croquette de pomme noisette et truffe recouvert d'un soyeux velouté de poireaux. Les saint-jacques sont juste snackées et les bâtons de panais rôtis délicatement posés sur un coulis de cresson, entourés d'un beurre blanc safrané tout en suavité. L'énorme gourmandise du vol-au-vent débordant de ris de veau, d'une duxelles de champignons de Paris, petite quenelle de volaille, truffe, avec une onctueuse sauce poulette qui caresse le plat, se conjugue à la belle fraîcheur du dessert autour de la clémentine. Carte de vins assez classiques avec quelques bio, service prévenant.

ARBOIS 39600

Le Bistronôme 12,5/20

62 rue de Faramand - T. 03 84 53 08 51 - Carte 63 € - Menu(s) 23-32 €

Après leur rencontre dans les cuisines de Jean-Paul Jeunet, Lisa et Jérôme ont décidé de poser leurs bagages sur ce bord de la Cuisance, à l'endroit de l'ancien établissement de Véronique et François Piard. La passation s'est déroulée avec sérénité et le Bistronôme se montre en bonne forme, avec une cuisine nature et terroir, qui prouve une belle modernité et une maîtrise certaine. Les produits sont sourcés et les idées dans l'air du temps, à la manière de ces moules marinées à l'huile de verveine citronnée et artichauts poivrade, ou encore cette ballottine de truite des Planches farcie aux morilles et pleurotes avec une sauce au vin jaune et un cromesquis de riz noir au comté et à la truite fumée. Côté dessert, Lisa assure sa part avec créativité, un beau chocolat noir en chaud-froid, thé noir fumé et sarrasin. Très belle cave principalement en Jura et nature (Domaine de la Tournelle, André et Mireille Tissot, Alice Bouvot), et de bonnes références d'ailleurs (Vignoble du Rêveur, Elian Da Ros, Henri Milan...).

Les Caudalies 12/20

20 avenue Pasteur - T. 03 84 73 06 54 - Menu(s) 25-65 €

Aller aux Caudalies, ce n'est pas seulement faire l'expérience d'un hôtel 3 étoiles de charme et d'une jolie cuisine bourgeoise, c'est aussi la découverte d'une cave exceptionnelle, portée par plus de 1500 références soigneusement choisies par le MOF Philippe Troussard. Ce dernier vient ainsi merveilleusement compléter le travail de son père Claude, en salle, et de sa belle-mère, Nadine, qui propose une riche cuisine de tradition. La cheffe a conçu trois menus, à 25, 59 et 65 €, avec une truite fumée ici revisitée par des courgettes marinées aux agrumes, une daurade royale rehaussée d'une farce fine au chorizo, un ris de veau croustillant pané à la poudre de cèpes et farine de gaudes. Les desserts sont signés du MOF Pascal Caffet.

La Finette 11/20

22 avenue Pasteur - T. 03 84 66 06 78 - Menu(s) 19,90-49,90 €

Une fois qu'on a salué la maison de Pasteur et passé la Cuisance, les Arboisiens vont bras dessus bras dessous à La Finette, une taverne jurassienne pour toutes les occasions, après la messe, pour le déjeuner, le dîner, les anniversaires, les repas d'affaires, quand on est triste, quand on est heureux, quand on a faim, quand on a soif... Joyeuse maison où les grandes tablées sont la règle et non l'exception, on y savoure complicité et naturel. Les vins jaunes s'y boivent comme du petit lait et la carte est assez large pour revenir souvent : salade comtoise, pot de rilles et pain de campagne, omelette au comté, croûte jurassienne, assiette de charcuterie, de saucisson, un jésus de Morteau, du tuyé aux lentilles, un côti du Haut-Doubs façon saugeais, un filet de sandre au savagnin, un poulet du Jura au vin jaune et aux morilles, une entrecôte forestière au vin jaune, blanc ou rouge, une fondue au comté, une assiette du fromager, une crème brûlée, une glace franc-comtoise... On n'y va sans doute pas pour maigrir, mais le plaisir n'y manque pas. Cave bien équipée sur la région.

ARC ET SENANS 25610

Le Relais 11/20

9 place de l'Eglise - T. 03 81 57 40 60 - Menu(s) 25,50-42,50 €

Cette auberge de tradition installée dans une belle maison jaune du XVIe siècle est le fief de Valérie et Éric Maringue, qui font vivre une expérience chaleureuse et typique. La salle de l'hôtel-restaurant nous plonge dans le souvenir de ces auberges de campagne, avec la cheminée, les murs en grosse pierre et les casseroles en fonte accrochées. Les assiettes font vivre la région, un gourmand gratin d'écrevisses au comté, un duo de truites de la Loue, crème de savagnin et riz vénéré, un suprême de volaille aux morilles et vin jaune. Bon service.

ARCACHON 33120

Thierry Renou le Patio 15/20

CHEF : THIERRY RENOU

10 boulevard de la Plage - T. 05 56 83 02 72 - Carte 128 € - Menu(s) 55-125 €

Immuable et toujours aussi plaisant, ce Patio chic et discret. Et le chef, Thierry Renou, engagé et précis, ne triche pas. Il aime les produits, son bassin et ses assiettes reflètent cette sincérité, surtout lorsqu'il y ajoute des touches plus personnelles : tarte de langoustine, oignons doux des Cévennes et salicornes du bassin, caviar Daurenki et glace au thym, une entrée généreuse et gourmande, bel esturgeon baeri de Biganos, confit et mi-fumé à chaud, moelleux amande et avocat yuzu, poutargue de caviar, avant le classique et agréable soufflé Grand Marnier. Un sans-faute apprécié d'une clientèle locale très fidèle, une cave bien complète, un service professionnel qui sait appuyer sur la détente.

Ko-sometsuke.2K 13,5/20

156 boulevard de la Plage - T. 05 56 83 67 69 - Menu(s) 35 €

Les meilleurs dim sum de toute la région sont là, préparés par David Khong, installé depuis sept ans avec sa sœur Dany. Pour obtenir une texture moins collante, la pâte n'est pas faite avec la traditionnelle farine de riz, mais un mélange de farine de froment, fécule de pomme de terre et de maïs qui donne un assortiment plein de surprises par ses nombreux parfums. Le voyage vaut la visite, et vice-versa, dans cet univers fusionnant aux saveurs enjôleuses. Un remarquable menu à 35 € (soupe won ton, canette ko-so aux arômes sino-japonais, dessert), un très agréable bar croustillant au gingembre et pak-choï à la carte, un honnête tempura de glace mangue en dessert. Courte carte de vins à prix justes, bons cocktails. Un point de plus cette année.

ARCANGUES 64200

Le Moulin d'Alotz 14,5/20

Chemin d'Alotz Errota - T. 05 59 43 04 54 - Menu(s) 82-104 €

Fraîcheur et inspiration, le travail de Fabrice Idiart se montre chaque saison plus précis et engagé. Sans multiplier les saveurs, il propose une cuisine franche et attachée à son terroir, dans la salle ou, si le temps le permet, sur la terrasse, en totale immersion dans la nature. Une succession d'assiettes joliment dressées et composées : salade d'algues et fenouil d'été, bouillon d'aromates et chips d'algues, berberechos (coques) en vapeur anisée et compotée de fenouil, «cœur de bœuf bœuf», les tomates confites, salmorejo et bœuf wagyu, adorable déclinaison sur la fraise en dessert. Du beau produit grâce à un sourcing précis, une bonne équipe de salle, soudée et efficace, une carte de vins régionale bien fournie.

ARCINS EN MÉDOC 33460

Le Lion d'Or 12/20

11 route de Pauillac - T. 05 56 58 96 79 - Carte 38 € - Menu(s) 25 €

Une véritable institution dans le Médoc avec une cuisine traditionnelle qui a du goût. La clientèle aime cette simplicité, cette cuisine de terroir généreuse et bien faite, les gibiers en saison, les belles viandes tout au long de l'année. Michaël Lemonnier, le chef en place depuis huit ans, a gardé l'esprit de la maison et propose des plats canaille pour les amateurs, par exemple un grenier médocain sur son tartare de tomates basilic et granité de fenouil, ou tête de veau à la ravigote. Un large choix de plats, la mise en avant des châteaux alentour et la gentillesse du service participent à la réussite pérenne de cette maison de village au milieu des vignobles.

ARDON 45160

La Table d'à Côté 14/20

200 allée des Quatre Vents - T. 02 38 61 48 07 - Menu(s) 92-122 €

Si ce n'est pas non plus la porte à côté, la table de Christophe Hay mérite largement qu'on y passe, tant elle a à offrir et à faire découvrir. Splendide écrin contemporain et feutré, où l'espace laisse chacun libre de profiter de son repas, cette adresse au sud d'Orléans est une valeur sûre et bien connue des amateurs, qui savent ici les prodiges d'une cuisine déjà classique et toujours à la pointe, désormais sous la patte du nouveau chef Loïs Bée. Le menu en 8 services prend moins de temps que de faire le tour de la région et les étapes sont plus fiables,

les coquillages de Cancale, pâtisson, piment doux, quinoa de Beauce et tagète, le pithiviers de ris de veau, betterave, amarante soufflée et vinaigre de primevère, le homard de casier, céleri, gnocchi au corail et ravioles en consommé, un soufflé à la framboise, amandes fraîches et menthe corse. Côté verre, les choses sont également très sérieuses, avec une splendide collection ligérienne (Huet, Bellivière, Loïc Mahé, Dagueneau...), mais aussi d'ailleurs (Zusslin, Mikulski, Montez...).

ARGELÈS SUR MER 66700

La Bartavelle 13/20

24 rue de la République - T. 06 19 25 70 13 - Menu(s) 38-48 €

Sur la rue piétonne, calme et charme dans cette maison accueillante et joliment décorée. La cuisine de Thibault Lesage est toujours inspirée, sérieuse dans le propos, un peu sophistiquée dans la finition, avec un zeste d'humour dans les intitulés : «On s'en fish !» pour la pêche du jour, «Foie, foie, mon foie» pour le foie gras mi-cuit au grué de cacao sauce civet de veau au banyuls en croque-monsieur de brioche, «Parce qu'on le veau bien» pour le tournedos de veau bardé de jambon cru lentilles en bouillon au rancio et épinards... Menus à juste prix, bon accueil de Stéphanie, l'épouse du chef, également pâtissière.

La Table du Roua 13/20

46 chemin du Roua - T. 04 68 95 85 85 - Menu(s) 39-49 €

Dans un décor unique avec vue sur les Albères, l'Auberge du Roua compte un hôtel 4 étoiles et une table gastronomique digne de la clientèle, le tout installé dans un remarquable mas du XVIIe siècle. Le charme historique s'accommode justement d'un intérieur plutôt contemporain, tandis que le terroir catalan est mis au service d'une cuisine actuelle et recherchée. On retrouvera à la carte les produits phares du répertoire, les gambas sauvages grillées, mousseline de patates douces au sésame, le pavé de maigre grillé, risotto de carnaroli et légumes de saison, le paleron de bœuf braisé et mousseline de courge. Desserts plus classiques. Service professionnel.

Menje E Caille 12/20

29 av Torre-d'en-Sorra - Le Racou - T. 04 68 81 41 23

Ambiance paillote du bord de plage dans la commune libre du Racou. Sous la tonnelle, l'accueil par Renaud Caspar, l'historique maître des lieux, est convivial, et Léo est au cocktail. Tout pour passer une bonne soirée dans ce lieu mythique, ouvert d'avril à fin septembre, avec une cuisine catalane de bon niveau, boudin catalan au lait fermenté, mostelle de Port de la Selva sauce grenobloise, sans oublier un chèvre, betteraves en trois façons et framboises. Bonne sélection du patron en vin nature et régional.

La Quête 11/20

9 place Gambetta - T. 04 68 08 23 19 - Carte 20 €

Cette table moderne lancée il y a deux ans rencontre un succès mérité. On retrouve ici Cyrille Domagala, que l'on a bien connu au Cayrou. Réinstallé en plein centre, il montre le savoir-faire sur les produits avec un bon esprit actuel, jolis dressages, et fraîcheur marine ou terrienne : tartare de thon, moules en conchiglionis farcis, ballottine de volaille farcie au comté et vin jaune, clafoutis de poire au Timut...

ARGELLIERS 34380

Auberge de Saugras 13/20

Domaine de Saugras - T. 04 67 55 08 71 - Menu(s) 48-55 €

C'est l'une des échappées belles pour les Montpelliérains vers le pic Saint-Loup, le vignoble, le Haut-Languedoc. Les paysages sont superbes et cette auberge en pleine nature est un repaire de bon goût, animée par un excellent duo, le chef garant des traditions et son épouse qui a le mot gentil pour chaque table en salle, traitée aux petits oignons. Des nourritures simples et franches, depuis les rondelles de saucisson, en passant en revue les pâtes à la truffe, gourmandes et copieuses, la bonne volaille fermière et sa sauce au thym, servie avec un flan de champignons et des amandines. Bonne tarte aux pommes finale, malgré la glace vanille inutile, cave régionale avec un petit choix au verre.

ARGENTAN 61200

Restaurant Arnaud Viel La Renaissance 14,5/20

20 avenue de la 2e DB - T. 02 33 36 14 20 - Menu(s) 41-115 €

Chef de file incontesté de la scène argentanaise, Arnaud Viel est un incontournable des repas locaux, et ce, pour de nombreuses raisons : la qualité du service, le soin du décor, le bon accueil et, bien évidemment, les assiettes ultra-professionnelles. Les produits sont beaux, les assemblages au niveau et les cuissons irréprochables. Ainsi va une grande cuisine, qui plus est normande, et fière de l'être. Le menu à 72 € compile tous ces avantages, avec la langoustine rôtie dans sa coque, tartare d'algues et crème des têtes, le saint-pierre de petit bateau en vapeur d'algues et ail noir, coco de Paimpol et émulsion de coquillage citronnée, le suprême de poulette laqué d'une bisque d'écrevisses, cromesquis de cuisse confite, tartelette des abats et pois cassés du pays d'Auge. Les desserts suivent. Côté verre, Cécilia Viel saura vous donner les meilleures recommandations sur une cave généraliste.

ARLES 13200

Le Greenstronome 17/20

*CHEF : **JEAN-LUC RABANEL** - CHEF PÂTISSIER : **LÉO GARNIER** - DIRECTEUR DE SALLE: **RACHID EL MAHDI** - SOMMELIER : **LAURA DELATTRE***

7 rue des Carmes - T. 04 90 91 07 69 - Menu(s) 95-165 €

Le prince des herbes et du vent, l'homme qui parle à l'oreille des chevaux de Camargue est toujours un funambule. Chez lui, dans son univers arlésien, la «greenstronomie» prend le pouvoir et l'exploration va si loin que le télescope Hubble ne parvient pas à la suivre. Vous sortirez donc légèrement transformés après cette expérience, par les multiples arrêts dans le jardin, la cueillette des champignons, une pêche en mer improvisée et pourtant très recherchée. Car la cuisine de Jean-Luc Rabanel est tout sauf une folie de l'instant. Tout ce mouvement, toute cette vie est au contraire pensée, réfléchie, soupesée au gramme près pour obtenir le résultat souhaité par l'artiste, qui ne lâche son pinceau qu'au dernier moment : empanadas aux champignons, déclinaison de tempuras, pissaladière anchois frais de Méditerranée oignons doux des Cévennes assaisonnée d'un pesto de roquette, voilà pour les prémices qui permettent d'enchaîner avec les deux gaspachos, le rouge (framboise, cerise, poivron rouge) et le blanc (ajo blanco, dentelle à l'encre) et ce croustillant aux jeunes haricots fins de Camargue, mulet fumé et séché à la fleur de sel avec un jus de viande vinaigré et fleurs de bourrache... On se régale ensuite des lisettes sauvages caramélisées au soja posées sur un sablé à base d'olive noire et farine de riz, arrosé d'un lait fumé végétal au foin, et de la morue fraîche façon brandade. Le rouget de roche juste nacré et bouillon de poisson de roche est servi avec un risotto végétal de céleri et cèpes, le filet de dorade royale rôtie sur des branches de fenouil d'une soupe au pesto haricot coco et courgette, le black angus fumé au foin avec petits légumes du jardin topinambour figues et cèpes rôtis accompagné d'un jus de parure donne un temps de repos avant les desserts, carotte jus d'orange safrané et une belle composition sur la figue. Carte des vins construite principalement par le boss, grand connaisseur en champagne et ailleurs. Jeune service remarquable par sa gentillesse et sa capacité d'adaptation.

La Chassagnette 14/20

Route du Sambuc - T. 04 90 97 26 96 - Menu(s) 52-135 €

Au cœur du delta du Rhône, ce jardin offre une expérience essentialisée de la Camargue, un mas de gardian entouré d'une nature douce et dépaysante, où Armand Arnal et son équipe travaillent quasiment en autarcie. Le potager vient nourrir des menus où le végétal prime, des assiettes épurées et authentiques où le produit restitue la saison et le terroir. Pour accompagner, la sommelière propose de beaux accords mets & vins (ou jus) de 40 à 65 €, incluant sakés et créations sans alcool.

Lou Marques, Hôtel Jules César - MGallery 13/20

9 boulevard des Lices - T. 04 90 52 52 52 - Menu(s) 35-39 €

Au seuil du quartier ancien, à 5 minutes des arènes, cette vénérable maison a indiscutablement du cachet. À l'intérieur, dans ce cadre un brin théâtral, tout est fait pour profiter de la patine et du lustre revendiqué. La carte respecte les codes et les traditions, avec des produits de prestige, tout en insufflant les idées du moment : thon et crabe marinés au citron de Menton, variation de carotte crumble romarin, risotto de langoustines au riz rouge bio jus infusé au fenouil, taureau de chez Alazard & Roux, jus d'olives des Baux et artichaut. Choix de desserts classiques, service appliqué, formule à 35 € au déjeuner et 39 € au dîner.

Le Mas de Peint 13/20

Le Sambuc - T. 04 90 97 20 62 - Carte 73 €

Cette manade de près de 500 ha au cœur de la Camargue est un moment de grâce et de calme, où la nature se vit au travers d'un service 5 étoiles, un hôtel dans un mas du XVIIe siècle et une table régionale où les produits locaux sont revendiqués. Les assiettes compilent le travail des environs, les légumes du potager, le taureau et le riz de Camargue, le poisson de Méditerranée, avec une direction plutôt actuelle : un ceviche de thon et de poulpe, un filet de bar, crème perlée, linguine à l'encre de seiche et crémeuse de homard, une raviole ouverte au ragoût de taureau massalé, un chou craquelin, ganache à la pistache et chocolat, compotée d'abricot au romarin. Menus à partir de 59 € le soir.

Chardon 12/20

35-37 rue des Arènes - T. 09 72 86 72 04 - Carte 6 € - Menu(s) 29 €

Ce sont Julie et Valentin que nous avons pu croiser au printemps dans ce lieu singulier qui s'ouvre chaque saison pour des chefs résidents, souvent en duo pour créer une histoire unique à travers cette cuisine à quatre mains. On est donc généralement dans des idées du moment, en mode assemblage flash privilégiant le produit et bien sûr dans le mood : asperges vertes au barbecue lentilles fermentées pesto de roquette jus de lactofermentation monté au beurre, seiche snackée sauce ras el-hanout, agneau chou kale purée de butternut jus d'agneau, pomme pochée au cidre dans cette séquence à 45 € et cette ambiance de bistrot citadin.

L'Antonelle 11/20

9 place Antonelle - T. 06 38 62 93 32 - Menu(s) 38,50 €

Ce petit bistrot à la mode fait le plein en saison, et c'est justice. L'accueil est cordial, la place charmante et l'offre à l'ardoise bien vue, dans une veine actualisée : nage de crevettes légumes de printemps, tartare de veau salicornes yaourt de brebis, rumsteak façon tataki chou chinois braisé jus corsé. Bonne formule globale à 38,50 €, que l'on peut envisager sans dessert à 33 €. Cave régionale, proposition au verre limitée.

L'Arlatan 11/20

20 rue du Sauvage - T. 04 65 88 20 20 - Carte 14 € - Menu(s) 33 €

Une jolie table, une maison pleine de cachet dans le coin ancien et une carte qui n'en rajoute pas dans l'esbroufe mais propose des assiettes bien dressées pour accompagner dignement ce cadre singulier, vif, baroque, coloré : bar mariné à cru sauce maltaise et agrumes, «club-sandwich de L'Arlatan», risotto et gambas jus corsé au sumac et cresson, pintade à l'estragon endive braisée, chou vanille sauce chocolat. Cave intéressante par ses choix locaux et ses bonnes références du Sud (Hauvette, Vaccelli, Danjou-Banessy, Les Mille Vignes...).

Le Criquet 11/20

21 rue porte de Laure - T. 04 90 96 80 51 - Menu(s) 26-38 €

Un bistrot aimable et pratique dans un coin plutôt calme qui fait le job pour tous et en toutes saisons, et pas seulement pour les touristes. Avec une offre et un choix équitable, sa spécialité de bourride, et son menu à 38 € qui, en séquence complète, présente une bonne cuisine toquée : délicieuse soupe de poisson, salade de poulpe, calamars grillés ail et persil, gardiane de taureau. Des valeurs sûres pour s'orienter sans déception, jusqu'à la mousse chocolat. Vin au verre à 6 € dans une sélection régionale courte et correcte, bière des Gardians.

ARMENTIÈRES 59280

Nature 14/20

20 place Saint-Vaast - T. 03 20 87 93 05 - Menu(s) 39-84 €

Nicolas Gautier n'a pas besoin que le naturel revienne au galop, puisqu'il l'a installé chez lui avec tous les égards dus à son rang et le concours de la si riche production locale, dont il s'est fait un champion incontesté. Dans la salle toute simple, épurée, accueillante du centre d'Armentières, il est en situation pour aider le terroir à vivre. Le geste précis, le dressage élégant, le goût sauvegardé, chaque assiette contient sa part de vérité, dans une sobriété revendiquée. Ses menus à l'aveugle, à 39 € au déjeuner, à 62 et 84 € au dîner, font rayonner les légumes de saison, l'arrivage du jour, l'élevage régional et la cueillette du moment. Belle cave de découvertes avec des propositions de pairing autour de 8 € le verre.

ASSIGNAN 34360

La Table de Castigno 16/20

CHEF : JUSTINE VIANO

Rue Carriera de la Teuliera - T. 04 67 24 34 95 - Menu(s) 89-120 €

C'est dans un lieu atypique et insolite de l'arrière-pays biterrois que le duo fusionnel Stephan Paroche et Justine Viano réalise des assiettes à quatre mains, créatives et audacieuses. Ils ont su s'entourer d'une belle équipe, que ce soit en cuisine (très féminine) ou en salle. Mention spéciale pour le nouveau chef sommelier Jérémie Guiraud, très à l'aise. La proposition des chefs est précise, axée sur le végétal et le local. Dès le début du repas, on est emballés par un festival de mises en bouche travaillées. Les acidités sont présentes, mais bien dosées, la puissance des jus et condiments est remarquable : dans la fraîcheur d'un fromage frais, déclinaison de courgettes, sorbet céleri câpres, jus de céleri au lait de soja, pâte d'orange, biscuit spiruline ; daurade royale issue de la pêche durable, aubergine japonaise confite, pickles de blanches, condiment fumé au charbon, pâte olive raisin, jus nappant des arêtes aux olives de Lucques, un plat fort en goût, très agréable ; pigeon du Mont Royal, poitrine pesto amande menthe, condiment prune, jus à la mélisse ; cuisse confite en salmis «ketchou», parfait de foie à tartiner... Les desserts sont dans la continuité, avec le melon de Cébazan, biscuit huile d'olive, espuma céleri branche, voile de céleri aux fleurs du jardin, sorbet miel et agrumes... On se régale jusqu'aux dernières mignardises. La cave est vaste, avec 430 références et un mixologue, Arnold Santos, assiste le chef et le sommelier pour d'autres accords.

AUDIERNE 29770

Le Comptoir de l'Iroise 14/20

8 quai Camille Pelletan - T. 02 98 70 15 80 - Carte 52 €

Après de nombreuses années passées dans la gastronomie, Éric Lavallée a voulu revenir à quelque chose de plus simple et de convivial, un comptoir où ses talents sont désormais au service d'un moment chaleureux et accessible. Les produits de la baie d'Audierne et les bonnes charcuteries d'Espagne servent une cuisine tapas qui se partage, qu'on savoure dans un cadre marin et loft. À la carte par ailleurs, focaccia tomate et sardine, coquillages et crustacés, palourdes farcies, un retour de pêche au jus de crustacés, une épaule d'agneau façon tajine, une jolie crème brûlée. Bonne sélection en cave.

Orizhon 11/20

2 quai Jacques de Thézac - T. 02 98 70 10 95 - Carte 39 € - Menu(s) 17-19,50 €

Camila Seixas, la Brésilienne de Bélem, et Aurélien Digne, le Finistérien, se sont rencontrés à Laguiole chez les Bras. Trois plus tard, ils repartaient bras dessus, bras dessous, direction Rennes et la Fontaine aux Perles, dernière halte avant leur installation à Audierne, presque au bout du bout du quai, dans un joli décor façon «cabane de plage» aux tons pastel, sable et corail. Camila est en cuisine et Aurélien en salle, où il doit encore prendre ses marques. Les plats sont parfaitement raccord avec l'univers décontracté et ensoleillé voulu par le jeune couple. Les crêpes de sarrasin façon tacos garnies de porc confit, et de livèche constituent une agréable entrée en matière. L'effet «bord de mer en été» s'amplifie avec de toutes simples sardines grillées flanquées de poivrons, courgettes et sauce vierge. Les fraises locales servies avec une crème vanillée et quelques fragments de «crumble breton» prolongent le plaisir. Petite sélection judicieuse de vins essentiellement bio : Clos de l'Ours en Provence, Château de l'Ou en Languedoc-Roussillon, minervois de J-B Sénat, beaujolais d'Alex Foillard, chablis du domaine Cadiou...

AULNAY SOUS BOIS 93600

Auberge des Saints-Pères 14/20

212 avenue de Nonneville - T. 01 48 66 62 11 - Menu(s) 38-90 €

Nous ne pouvons qu'être attaché à cette auberge vaillante où nous avons passé tant de grands moments. Jean-Claude Cahagnet met tout son cœur pour maintenir la flamme, dans un coin où la gastronomie est rare. Raison de plus pour l'encourager, une fois de plus, pour ce savoir-faire aux tarifs si amènes. Langoustines et topinambour en feuille de filo, huile à l'orange sanguine et noisettes torréfiées, épais morceau de cochon fermier, bien fondant, velouté et gnocchis châtaigne gorgonzola, avant un moins mémorable liégeois revisité. La carte des vins est toujours riche de nombreux beaux flacons à prix tendres.

AUMONT AUBRAC 48130

Cyril Attrazic - Chez Camillou 14/20

10 route du Languedoc - T. 04 66 42 86 14 - Menu(s) 85-125 €

Depuis des décennies, l'Aubrac a été défendu et valorisé par quelques grandes familles, Prouhèze, jadis, puis Bras père et fils. Il ne faut pas oublier Cyril Attrazic qui, depuis vingt-cinq ans au sein de l'hôtel Chez Camillou, magnifie le terroir avec son talent propre. Dans la salle spacieuse et contemporaine animée par Karine, l'épouse du chef, la démarche écoresponsable promeut une production justement réputée : la «Cueillette en Margeride» est réjouissante, avec ces morilles, poires et crème de champignons fermentés, l'omble chevalier «de Sylvain» est plein de délicatesse et le bœuf d'Aubrac «dans son écosystème» s'accompagne, sous d'autres formes, des supports d'alimentation du bétail, colza, graines de lin, cistre et, bien sûr, l'indispensable aligot. Bons desserts simples et naturels (fraises, fromage de brebis), service agréable. Belle cave nature et biodynamie.

AURAY 56400

Restaurant Terremer au Domaine de Kerdrain 14/20

20 rue Louis Billet - T. 02 97 56 63 60 - Menu(s) 35-100 €

Anthony Jéhanno et son épouse Anne-Sophie dépoussièrent le registre breton depuis leur petit château du sud d'Auray, mêlant la grosse pierre et le beau parquet, les moulures et des lignes ultra-épurées. Il faut dire que ce ne sont pas des débutants, le chef ayant notamment été formé chez Ducasse, et ayant suffisamment d'expérience pour repenser le terroir avec suffisamment d'idée et de technique. Il en résulte des belles formules, à partir de 35 € au déjeuner jusqu'à 100 € pour la dégustation, où l'on pourra croiser en intitulés slash, le coco de Paimpol, bœuf confit, cacahuète et salade d'algues, le foie gras, anguille fumée, coques, crème d'épinard et shiitake, un carré de veau au foin, panais et girolles, ou encore un dessert à la figue, chocolat et noisette. Cave accessible.

AUREVILLE 31320

En Marge 16/20

CHEF : FRANK RENIMEL

1204 route de Lacroix - Falgarde lieu-dit Birol - T. 05 61 53 07 24 -
Carte 132 € - Menu(s) 41-149 €

Impressionnant le chemin parcouru par Franck Renimel depuis la rue Mage à Toulouse où il fut Grand de Demain il y a dix ans et Gault&Millau d'Or ici même quatre ans plus tard. Aujourd'hui, l'ancienne grange XIXe est un petit palace campagnard, Relais & Châteaux depuis peu, et surtout une halte gourmande de premier plan pour les sorties chics des Toulousains. L'art de recevoir, le bien-être à table, la rigueur dans le choix et le traitement des produits, voilà quelques valeurs durables entretenues par le chef et son épouse dans ce splendide intérieur ouvrant sur les collines du Lauragais à un quart d'heure de la capitale occitane. S'il a gardé à la carte son fameux cappuccino truffe et foie gras, tout comme l'indéboulonnable cassoulet, le chef est toujours à la recherche et à l'élaboration de nouvelles alliances gagnantes, comme les langoustines et le potimarron, ou le ris de veau raisin et pomme de terre. Bons desserts de saison (yaourt mirabelle et violette, chocolat et mûre...). Bon menu du jour à 41 €, cave complète et large permettant de visiter la région entre Atlantique et Méditerranée.

AUTUN 71400

La Tête Noire 11/20

3 rue de l'Arquebuse - T. 03 85 86 59 99 - Menu(s) 23,50-49 €

Institution à Autun, la Tête Noire traverse les années et les vies des Autunois sans faiblir, se faisant l'endroit de toutes les grandes occasions. L'endroit est sobrement décoré, un style bourgeois et une mise en table sérieuse, pour les réunions familiales et les repas d'affaires ; les assiettes restituent des valeurs sûres, le saumon fumé au bois de hêtre, le filet de sandre au vin rouge, le filet de bœuf charolais aux trompettes ou le filet de canette à l'orange, un dôme glacé au miel et coulis de fruits rouges... Service professionnel.

AUXERRE 89000

Bistro l'Aspérule 12/20

34 rue du Pont - T. 03 86 33 24 32 - Menu(s) 27-38 €

Au pied de l'église Saint-Pierre et du quartier ancien, la deuxième Aspérule de Keigo Kimura (15 et 3 toques à Dijon), mais la première chronologiquement, poursuit sa route avec la jeune équipe qu'il a formée. Dans cette petite salle modeste de 20 couverts (murs gris, mobilier tristoune), les atouts sont justement ce qui n'est pas évident, le beau choix de vins (chablis, irancy, et toute la Bourgogne) dans une carte à la présentation vieillotte, la cuisine simple et réalisée avec précision (un frais gravlax de truite crème curry et fenouil, le lieu jaune sauce chablisienne sucrine émulsion pain brûlé...) et dans les tarifs bien serrés pour une qualité certaine. Offre à deux niveaux, limitée le midi, à 27 € la séquence complète, plus ample le soir avec deux menus dégustation, à 38 et 58 €. Aimable service, assuré en partie par les jeunes cuisiniers eux-mêmes.

Le Rendez-Vous 11/20

37 rue du Pont - T. 03 86 51 46 36 - Carte 53 € - Menu(s) 26-39 €

Une bonne maison de tradition, bien implantée dans la rue menant à la rivière, à l'ambiance rassurante et familiale. Jean-Pierre Saunier travaille avec sérieux et les habitués sont choyés, sa fille Claire assurant leur bien-être autour d'une cuisine vertueuse et régionale : jambon persillé maison, œufs pochés meurette, fricassée de rognons de veau à l'aligoté, bourguignon de joue de bœuf, autant de recettes maintes fois répétées et largement maîtrisées d'un bon menu à 39 €. On termine avec les fromages de la région, le nougat glacé au miel de Bourgogne ou le carpaccio de fruits au poivre de Sichuan. Bon choix de chablis au côté des chitrys, coulanges, sans oublier l'excellent irancy de Colinot.

AUZOUVILLE SUR SAÂNE 76730

Auberge Mère Duval 13/20

Impasse de la Linerie - T. 02 35 04 18 26 - Carte 61 € - Menu(s) 26-46 €

Waouh, une auberge ! Une vraie, normande, à colombages et sise au milieu de la verdure. Elle trouve le ton juste de la campagne moderne et pas coincée, ni dans le prout-prout provincial ni dans la bien-pensance locavore. Bref, les adorateurs d'étoiles comme les bohèmes du 9e laissent la place à une clientèle locale ravie de découvrir cette longère rénovée avec soin, poutres, briques et tomettes, que Mélanie et Alexandre ont arrangée après avoir passé huit ans à l'ancienne Mère Duval de Val-de-Saâne. Dans cet environnement pur normand de vaches grasses et de pommiers du val de Saâne cauchois, Alexandre Baranzelli propose la cuisine que l'on espère, élaborée mais pas chichiteuse, régionale sans en rajouter. Ses menus sont bien équilibrés, garnis de la plupart des plats de la carte. Les escargots artichauts et crémeux d'ail, le bon râble de lapin avec ses petits pois au chorizo dans celui à 36 €, le foie gras et le ris de veau ou le filet de bœuf normand dans celui à 46 € procurent un régal sagement tarifé, les deux incluant les fromages d'un chariot bien fourni (un vrai neufchâtel affiné à cœur, une rareté !). Les desserts sont perfectibles, le jeune service fait au mieux. Mélanie, la maîtresse de maison, est parfaite, dynamique, souriante et au courant de tout. La cave est juste banale, mais pas indécente.

AVALLON 89200

Le Relais Fleuri 11/20

1 la Cerce - T. 03 86 34 02 85 - Menu(s) 27 €

Grand hôtel 3 étoiles installé dans un parc de 5 ha à quelques minutes d'Avallon, c'est une agréable pause familiale, avec sa piscine chauffée, son cadre bucolique et sa table de tradition. Le menu «Terroir» à 27 € est une option adéquate, avec son jambon persillé, ses escargots de Bourgogne, son filet de truite du Morvan et tagliatelles de courgettes à l'origan, un demi-coquelet et écrasé de pommes de terre, un crumble aux poires et fruits rouges.

AVIGNON 84000

La Mirande 17/20

CHEF : FLORENT PIETRAVALLE

4 place de l'Amirande - T. 04 90 14 20 20 - Menu(s) 90-190 €

Si Florent Pietravalle monte si haut et si vite (tout est relatif puisqu'il occupe la chaire depuis sept ans maintenant), c'est peut-être parce que sa tête bien faite n'a pas enflé au point de penser que les visiteurs ne venaient que pour admirer son œuvre. Comme d'autres, il cherche, peaufine, perfectionne. Comme d'autres, et plus que beaucoup d'autres, il invente des goûts. Pas seulement pour raconter une histoire qui surprend, mais pour que ce soit bon, que cela donne du plaisir. La Mirande est un outil formidable. Il en est conscient et avec lui toute l'équipe, en cuisine et en salle, qui évolue dans ce superbe cadre, adossé au Palais des papes. Dans un esprit de partage, il valorise la production régionale, les huîtres Migliore, la truite de L'Isle-sur-la-Sorgue, le maraîchage du Luberon dans des mises en bouches percutantes, avant de dérouler le métier, tout en insistant sur la démarche écoresponsable, multipliant les détails et constructions : le remarquable sashimi de mulet fumé tomate brûlée et eau de tomate au koji d'épeautre, le tartare de wagyu maturé caviar Kristal garum de bœuf yaourt raifort qui porte bien sa griffe, servi avec une bière de concombre et gingembre (de très beaux accords avec des boissons non alcoolisées tout au long du repas), le rouget txistorra, fleur de concombre et pastèque avec une pointe de piment, les très gourmandes pistes riz rond de Camargue pancetta et crème fumée, ou encore le spectaculaire et bluffant pigeon cuit dans une croûte de marc de café, sur un crémeux de sardine et jus de pigeon au shoyu de café, caviar d'aubergine et raviole aux abats. Tout est complexe et en même temps lisible, le goûteur comme le cuisinier retombent sur leurs pieds et le chef pâtissier s'inscrit dans le bon mouvement, avec un travail approfondi, sur le maïs et la truffe d'été, ou la groseille à maquereau (même si, à notre sens, il convient de ne pas abuser de textures trop crémeuses en fin de repas). La cave a tout le répondant qu'il faut sur Châteauneuf et sa région, toute la vallée du Rhône et le Sud par extension, ce qui n'exclut ni les grands châteaux ni les grands climats. Partition sans faute du directeur de salle Lucas Grange, qui pousse chacun vers le meilleur.

Hiély-Lucullus 14,5/20

5 rue de la République - T. 04 90 86 17 07 - Menu(s) 55-95 €

Même si ce mariage Pérou-Provence a quelque chose de carpo-lapinesque, surtout lorsqu'on connaît l'histoire, il faut bien admettre que Gérald Azoulay mène l'affaire en grand pro et respecte les habitués de longue date en leur proposant une assiette certes inattendue, mais qui correspond aux codes de qualité de cette fameuse salle à l'étage. Le menu «Zou Maï» fait le bon mix en présentant des produits travaillés dans l'exotisme : truffe noire panisse ocopa (la truffe semble indispensable au chef), pêche du jour kion (gingembre) topinambour parihuela, pigeon aji panca blesotto chicha, dans une séquence en 6 temps qui ne manque pas d'étonner ni de séduire. Une constante, la belle cave de châteauneufs, enrichie des vins du Pérou.

L'Agape 14/20

21 place des Corps Saints - T. 04 90 85 04 06 - Menu(s) 22-75 €

Comme le dit Julien Gleize, le chef patron, «il faut réussir à cuisiner et à être dans la tendance». Et c'est bien de cela qu'il s'agit, face aux assemblages et aux recettes trop faciles. Anne et Julien ont aussi un privilège : outre le talent de vrais pros qui savent tenir une maison, ils ont un emplacement en or, avec leur vaste terrasse à l'ombre des platanes sur la plus jolie place de la ville. Dans ce contexte, proposer une carte si bien travaillée et cuisinée, avec d'authentiques jus, des coulis, des sauces, est tout à son honneur. Des mises en bouche de haute tenue, une caponata d'aubergine en royale crème de chèvre confit de tomate et speck, une superbe pintade shiitakés et pak-choï jus citronnelle, un bœuf de Simmental cuit comme une pièce d'orfèvrerie avec son croustillant de pomme de terre et cébettes et lard de Colonnata jus au poivre de Java, avant les desserts d'Anthony, qui sort de belles assiettes de pâtissier dans la continuité, avec la panna cotta chocolat au lait ou le dessert abricots rôtis au miel crémeux abricot yaourt et jus abricot et sauge. Très bon service, impliqué et efficace, cave de connaisseur, très étoffée en Rhône et Languedoc.

Restaurant Sevin 14/20

10 rue de Mons - T. 04 90 86 16 50 - Menu(s) 45-145 €

Que cette maison est belle et fière ! La vigne vierge qui descend en cascade de ce promontoire face au Palais des papes annonce une forme de forteresse du terroir. Guilhem Sevin est aujourd'hui le gardien des clés, il mène son affaire en seigneur, propose ses recettes et ses menus dans un courte carte déclinée en formules étagées selon le nombre de plats. Vous aurez l'essentiel à 80 €, avec le foie gras, la baudroie (beurre blanc, scorsonère, pignon), le pigeon bien préparé, simple et savoureux (jus au jerez, caillette de blette, oignon doux), le fromage imposé, les poires gingembre et le sorbet kalamansi. De bons châteauneufs en cave et quelques nobles rhodaniens.

La Vieille Fontaine - Hôtel d'Europe 14/20

12 place Crillon - T. 04 90 14 76 76 - Menu(s) 45-140 €

Les Avignonnais de souche comptent toujours sur La Vieille Fontaine pour leurs repas cérémonieux, voire leurs déjeuners d'affaires. Tout est ici traité sérieusement et avec raffinement, dans l'ambiance surannée d'un grand hôtel de province au cadre historique. Si Pascal Auger propose un menu déjeuner intéressant à 45 €, c'est dans sa formule modulable «Inspiration» que l'on goûte ses meilleures idées : saint-jacques marinées pommes céleri yuzu chou-fleur, foie gras et betterave, tiger prawns et épeautre jus de carapaces et cacahuète, filet de veau verveine tartelette de racines écume champignon. De l'imagination jusqu'au dessert (chocolat poivron framboise...), grande cave régionale et service impeccable.

Italie là-bas 13,5/20

23 rue de la Bancasse - T. 04 86 81 62 27 - Carte 62 €

Une belle table italienne au cœur du quartier ancien, que l'on découvre presque par hasard au gré d'une promenade. Le lieu a été bien mis en valeur, la cuisine est raffinée, comme un vrai ristorante, loin des trattorias. Italia Palladino fait goûter des assiettes personnelles inspirées de son pays : crudo di mare et burrata, tartare du Mézenc noisette salsa verde, spaghettis safran poutargue thon rouge... Avec la contrainte des menus doublement imposés (vous ne faites varier que le nombre de plats, et le menu doit être le même pour toute la table).

Avenio 12/20

19 rue des Trois Faucons - T. 04 90 03 14 41 - Menu(s) 22-49 €

Une table bien située à l'orée de la place des Corps-Saints, accueillante et modeste. On y pratique une cuisine tradi-actuelle à l'accent provençal, répondant aux modes et à la demande, dans une salle agréable, parquetée de bois blond : carpaccio de saumon gravlax crème au raifort sésame grillé au wasabi, épaule d'agneau confite risotto d'épeautre jus à l'ail noir, pavlova agrumes et passion dans une équitable formule à 38 €.

L'Essentiel 12/20

2 rue de la Petite Fusterie - T. 04 90 85 87 12 - Menu(s) 42 €

La maison et le site, au cœur d'un quartier pittoresque intramuros, sont les atouts principaux de cet Essentiel, qui fut longtemps un spot gastro d'importance. On mange aujourd'hui plutôt gentiment et confortablement, la courte carte ne connaissant pas de défaillance : œuf parfait bio, crème de carotte et cumin, espuma aux herbes, suprême de volaille écrasée de pomme de terre, mi-cuit coulant au chocolat glace vanille Bourbon. Une formule plus ambitieuse à 42 €, des poke bowls et des salades.

La Fourchette 12/20

17 rue Racine - T. 04 90 85 20 93 - Menu(s) 23-38 €

La maison est solide, les prix sont très corrects, et les locaux comme les touristes savent compter sur une prestation très rodée. Les parents ont transmis aux enfants et, s'il y a quelques ajustements possibles en cuisine, l'essentiel est préservé. Dans ce cadre plutôt élégant, avec grand lustre contemporain, banquettes et miroirs, on apprécie la manière et le service jeune et souriant, sur le calamar planché au chou, assez décevant, avant une honnête raie ravigote et l'entremets chocolat sorbet framboise, bon et gourmand, qui raffermit la toque. Cave orientée Rhône Sud, avec un bon choix au verre.

Le Goût du Jour 12/20

20 rue Saint-Etienne - T. 04 32 76 32 16 - Menu(s) 25-39 €

Après quelques rafraîchissements et embellissements du printemps, la maison de Julien Chazal est encore plus attrayante. Elle doit sa réputation au travail classique de qualité et aux justes tarifs, dans une relative discrétion qui sied aux habitués. Le menu du moment à 39 € est toujours une bonne nouvelle, avec le bœuf mariné au sel de betterave et snacké, condiment betterave fumée et anchois, les encornets piqués au chorizo crémeux de riz noir au citron brûlé beurre monté au saté, le mousseux aux poires streusel pécan fleur de sel crème glacée fromage blanc.

Maison Ripert 12/20

28 rue de la Bonneterie - T. 04 90 27 37 97 - Menu(s) 42 €

La maison tient son rang au milieu des baraques à burgers, et c'est assez rassurant. Dans cette rue piétonne très fréquentée toute l'année, la cuisine a le droit, et le devoir, d'être présente. Le chef montre qu'il sait choisir et travailler le produit : gnocchis à la truffe du Luberon oignons en deux façons, pigeonneau betterave au jus de cassis, dessert chocolat cacahuète pour une séquence à 42 € où tout est bien calibré, sans baisse de forme. Cadre un peu vintage très réussi, cave intéressante, formule déjeuner à 24 €.

La Salle à Manger - La Mirande 12/20

5 rue Taulignan - T. 04 90 14 20 20 - Carte 64 €

La partie Bistrot de ce superbe hôtel est intéressante. Florent Pietravalle y met bien sûr sa patte, avec intelligence et finesse, proposant la «Mirande», au déjeuner comme au dîner, autour de 65 €, avec du choix et de la régalade : huîtres de Pascal Migliore et beurre blanc, jarret de veau en blanquette à la truffe noire, tarte au chocolat ou «paris-avignon» à la pistache de Provence. Simple, bien servi, efficace.

La Cuisine du Dimanche 11,5/20

31 rue de la Bonneterie - T. 04 90 82 99 10 - Carte 55 € - Menu(s) 38-48 €

Les efforts sont louables dans cette cuisine, qui ne fonctionne pas que le dimanche, mais qui montre au quotidien un soin quasi dominical. Pauline Chaland sait accueillir et mettre à l'aise. La maison, un peu cachée, a bien du charme, et les séquences ont belle allure, parfois légèrement sophistiquées, mais pour le bon motif : suprême de perdreau condiment orange cardamome noire et jus corsé, dos de cabillaud grillé émulsion foie gras émulsion endive, ananas au poivre du Sichuan et carottes rôties au gingembre.

Numéro 75 11,5/20

75 rue Guillaume Puy - T. 04 90 27 16 00 - Menu(s) 32-38,50 €

Un numéro gagnant pour les habitués de ce jardin discret à cinq minutes du centre sur la longue rue Guillaume-Puy intramuros. L'intérieur de cet hôtel particulier XIXe est raffiné, et la cuisine y est tradi-actuelle et de saison : tartare de thon crème wasabi, linguine aux palourdes, joue de bœuf confite cébettes pleurotes petits pois... Le fontainebleau ou la tartelette bergamote en dessert, pour un repas élégant et peu ruineux.

Le Carré du Palais 11/20

1 place du Palais - T. 04 65 00 01 01 - Menu(s) 25,90-29,90 € ♿

Difficile d'être mieux logé pour le spectacle... de la foule sur la place du Palais. Vous voyez s'écouler le flot touristique en profitant d'une carte brasserie appropriée, un brin maniérée, mais qui laisse le choix et la liberté, sur des intitulés qui claquent : foie gras, langoustines, filet de bar moules et citron vert, dans le grand menu heureusement escorté d'une formule plus accessible, avec burger, travers de cochon et saumon rôti gingembre. Service bien formé, bonne cave rhodanienne (Tunnel, Faury, Brézème, Beaucastel, Gallety...). Une partie bar à vins plutôt avenante, avec des planches, de la truite fumée, des charcuteries...

Le Chapelier Toqué 11/20

71 rue Guillaume Puy - T. 04 90 82 29 01 - Menu(s) 28-34 € ♿

La rue est tranquille, et Le Chapelier porte la toque avec élégance, dans une veine traditionnelle assez attendrissante, associant ingrédients nobles et apprêts personnels cherchant dans les produits exotiques et le sucré-salé une pointe d'originalité : foie gras poêlé physalis confit à la citronnelle, sole à l'arête passion épinard jus de langoustine, poitrine de caneton mangue rôtie jus aigre-doux au gingembre, nage de fruits rouges aux agrumes. Accueil gentil, cave classique pas trop chère.

Le Coin Caché 11/20

5 place du Cloître Saint-Pierre - T. 04 90 85 35 64 - Menu(s) 29 €

Pas si cachée que cela, cette terrasse animée sur la jolie place des Châtaignes. Et surtout bien connue des habitués et des festivaliers, qui gagnent aisément ce coin abrité tout près du Palais. L'ardoise y est toujours avenante, avec un brin d'exotisme à la mode (nem de canard confit à la sauce aigre-douce, tartare de thon à la mangue, avocat et citron vert) et des assiettes de bistrot actuel qui se tiennent bien : beignets de fleurs de courgette, mignon de cochon sauce satay coco et curcuma, brioche façon pain perdu caramel beurre salé. Service souriant malgré l'affluence, cave régionale.

Naka 11/20

4 place de la Principale - T. 04 90 82 15 70 - Menu(s) 19-27,50 €

La table japonaise d'Avignon, bien centrale dans un petit recoin de la place de la Principale, avec une vaste terrasse. On n'y dépasse guère les basiques, mais le travail est efficace et le service empressé : salades, sashimis, sushis, rolls, chirashis tempuras, yakitoris et nombreuses formules dans lesquelles on se perd un peu. Le Meno «Bento», qui offre un large panorama de la maison, est à 27,50 €. Carte de sakés.

Saint-Louis 11/20

20 rue du Portail Boquier - T. 04 90 27 55 55 - Menu(s) 36 €

Le lieu historique a beaucoup de charme. La cour intérieure du cloître est un ravissement et cette cuisine hôtelière d'aujourd'hui, sans chercher l'exploit, se tient à hauteur dans une veine actuelle, le chef Michael Jeaubert glissant au mieux des éléments de terroir : gnocchis de brousse du Ventoux au beurre de sauge, thon mariné aux oignons rouges, suprême de pintade aux cèpes et panais frits. Desserts plaisants, bonne cave régionale.

AVRILLÉ 49240

Patachée 11,5/20

116 avenue Pierre Mendès France - T. 02 41 88 11 70 - Menu(s) 20-40 €

Dans une rue sans âme, ce petit endroit a été rénové par les deux associés (le chef et le responsable de salle) pour donner vie au quartier. La «patachée», salade que préparait nos grands-mères, composée de frisée et de pommes de terre, est servie tiède avec une vinaigrette à l'ail en amuse-bouche : simple, mais efficace. Clément, le chef, n'est pas un inconnu. Il a été, pendant une quinzaine d'années, le second de Gérard Bossé, l'emblématique cuisinier des Tonnelles, à Béhuard. Fort de cette expérience, il nous régale d'une cuisine bien ancrée dans sa région avec une gamme de fidèles producteurs. Sa tomate ancienne confite et farcie au jaune d'œuf au soja ou la nage de rougets aux moules de Pénestin lui valent 1 toque amplement méritée. La carte des vins nature ou bio est riche de flacons conformes à la devise de cette table : « Mangez bien, buvez sain ! » Service précis sans maladresse et à l'écoute de son client.

BACH 46230

Lou Bourdie 13/20

Le Bourg - T. 05 65 31 77 46 - Menu(s) 20-55 €

Toujours un immense plaisir de retrouver une table qui ne triche jamais, une expérience authentique où les produits du Quercy sont bien revendiqués. La maison est à l'ancienne, avec de la pierre et une vraie cheminée, autour de laquelle on retrouve la soupe de poisson, la terrine de poisson, la tourte du Quercy, la tarte aux figues.

BAERENTHAL 57230

L'Arnsbourg 15/20

CHEF : FABIEN MENGUS

18 Untermuhlthal - T. 03 87 06 50 85 - Menu(s) 59-149 €

Blottie dans un vallon bucolique de la campagne des Vosges du Nord, qui sommeille au pied du Grand Arnsbourg, cette ravissante halte de charme, posée sur pilotis pour enjamber un bras de la Zinsel du Nord, offre une large vue sur le parc, qui fait le succès de cette table. Ce cadre lumineux, qui tutoie la nature, semble donner beaucoup d'énergie à Fabien Mengus, qui met sa technique au service de produits impeccables. Parmi nos plats favoris figurent les jolis poissons bien achetés, transcendés par des cuissons expertes, tel le skrei poché, associé à des poireaux cuits en croûte de sel et souligné par un audacieux jus aux herbes ou encore le carpaccio de sériole, fraîcheur citron vert-gingembre, accompagné de céleri vert, de yaourt et d'un jus de chou-fleur torréfié : une entrée pleine de fraîcheur apéritive. Hormis l'effet de mode, la cuisson au feu de bois nous semble inappropriée pour ce foie gras aux fraises, au demeurant surchargé de radis. Si l'épaule d'agneau de lait confite est très moelleuse, la saveur des épices orientales en léger excès a tendance à écraser celle du produit. On conclut avec un cylindre de nougatine qui contient une émulsion de brioche toastée fort originale, que l'on goûte avec une compotée de rhubarbe et un sorbet à l'orange. Pour les croqueurs de chocolat, une déclinaison de grands crus : ganache, chantilly, millefeuille, glace au grué et même meringue à l'encre de seiche ! La cave apparente contient de belles références. Le service est aux petits soins avec de nombreuses attentions, dont un joli chariot de pâtisseries que l'on déguste dans l'élégant salon.

BAGNOLES DE L'ORNE 61140

Le Manoir du Lys 14,5/20

Route de Juvigny - T. 02 33 37 80 69 - Menu(s) 84-130 €

Cette mythique maison normande à deux pas de la station thermale continue d'être une destination incontournable, pour le bel hôtel au cœur de la nature et la table de Franck Quinton, héritière et passeuse d'émotion. Le chef connaît sa région et ses trésors, sait les faire siens pour apporter en donner sa version. Les menus démarrent à 84 € : tartine de champignons, foie gras, sésame noir et anguille fumée, lieu jaune, noisette et potimarron, un pigeonneau, brindilles de feuilletage, romarin et abricots au vinaigre de cidre, la mirabelle, financier à l'estragon et miel. Les accords mets & vins sont recommandés.

BANDOL 83150

L'Espérance 14/20

21 rue du Dr Louis Marçon - T. 04 94 05 85 29 - Menu(s) 46-88 €

Sécurité et bien-être chez Maria et Gilles Pradines : L'Espérance demeure la meilleure garantie de passer un agréable moment à Bandol, avec ces 2 toques assurées dans un cadre et une ambiance de bon niveau, tout en restant dans un registre familial. Les menus sont courts, avec peu de choix, mais toujours intéressants et bien affichés : effiloché de cabillaud comme un aïoli, cochon du Sud-Ouest macaronis façon carbonara jus de viande réduit, figues de Solliès sur allumette crème glacée citron pour une séquence bien performante à 46 €.

L'Atelier du Goût 12/20

2 bis rue Pons - T. 04 89 66 61 37 - Menu(s) 42 €

Une jolie table centrale, une cuisine légèrement maniérée, mais qui ne manque pas d'ambition, une agréable terrasse, autant d'ingrédients qui attirent le chaland prêt à goûter les réalisations du chef Christophe Ménard , un peu déconnecté du terroir mais proposant une carte souvent personnelle sur base classique : foie gras mi-cuit chutney de poire, filet de turbot snacké crème de fenouil, grenadin de veau à basse température poêlée de pommes de terre sauce foie gras. Ne vous privez pas de dessert, la tatin et la tarte citron sont très recommandables. La meilleure affaire est au menu à 42 € qui donne une bonne idée de la maison. Petite cave régionale.

Les Oliviers 12/20

25 boulevard Louis Lumière - T. 04 94 29 33 00 - Carte 128 € - Menu(s) 110-190 €

Une maison réputée, bien placée au-dessus du port à l'écart de l'agitation, où Jérémy Czaplicki maintient un bon niveau dans une vision d'aujourd'hui, écoresponsable, engagée et locale. Les tarifs sont ravageurs, le premier menu à 110 € situant les débats en offrant néanmoins 5 services : rouget barbet et champignons Colonnata et kumquats, asperges de Mallemort pamplemousse sabayon d'asperges et wasabi, loup à la nage artichauts jus de légumes acidulés à l'huile d'olive, pièce de bœuf et jus de bœuf à l'encre de seiche, fleur de lait aux noisettes caramélisées confit d'hibiscus crème glacée fior di latte. Cave classique avec les bons bandols (Tempier, Terrebrune, Pibarnon...), accords mets et vins judicieux et en revanche pas trop chers.

De la Terre au Vin — 11/20

220 rue du 8 Mai 1945 - T. 04 94 25 03 16

Un connaisseur en vins, un choix de flacon important qui vous fait explorer le vignoble et une cuisine de bon bistrot, voilà de quoi vous inciter à sortir un peu du centre-station pour découvrir ce lieu bachique bien inspiré, dans un sympathique cadre rustique. On commence mezzo voce avec la charcuterie et le saint-marcellin rôti, on poursuit avec d'autres verres sur la daurade fumée, le risotto à l'encre, les conchiglionis farcis aux figatellis ou les travers de porc caramélisés et frites de polenta. Simple et correctement réalisé, jusqu'au fiadone au citron bergamote et lait de brebis. 1 toque cette année.

BANGOR 56360

Le 180° - Castel Clara — 13/20

Port Goulphar - T. 02 97 31 84 21 - Menu(s) 95-120 €

Cet hôtel 4 étoiles sur les hauteurs de Bangor offre une vue imprenable sur l'Atlantique et la côte sauvage. On y retrouve Franck Moisan, qui anime les fourneaux du 180°, une table gastronomique au style classique et raffiné et à la décoration réactualisée d'un mur végétal, qui contraste avec les tons clairs de la salle. Le chef travaille les produits locaux, de Bretagne et de Belle-Île, pour une cuisine entre terre et mer de bonne exécution, avec l'agneau des prés salés, les huîtres, les langoustines ou encore le homard, proposé dans un menu thématique en 5 temps. Belle cave de près de 300 références.

BANYULS SUR MER 66650

Le Fanal — 14/20

18 avenue de Fontaulé - T. 04 68 98 65 88 - Menu(s) 38-88 €

On ne se trompe pas en choisissant ce Fanal qui brille de tous ses feux sur le port, juste à côté du grand aquarium, Biodiversarium. On fait confiance à Marie-France et Pascal Borrell, professionnels avertis qui ont fait de leur maison la plus intéressante de la Côte Vermeille, qui jouent de façon engagée et moderne la carte du terroir, en soutenant les producteurs (le chariot de fromages locaux présenté par Marie-France est superbe), en donnant de la cuisine catalane une vision fine, aboutie et progressiste. Le chef utilise avec brio l'anchois de Collioure, mariné au vinaigre de Banyuls quinze ans, et une antiboise de légumes en escabèche, offre un plaisant terre-mer avec le lapin en croûte d'herbes, encornet et pied de cochon. Il fignole aussi son adaptation de la crème catalane, citron cannelle et cassonade. On félicite la carte des vins, qui se consacre aux meilleurs locaux, comme Marjorie Gallet, et propose également une belle liste de banyuls et de vins du Roussillon (rivesaltes, maury...), en regrettant que le vin au verre ne soit pas plus valorisé.

La Littorine 12/20

Plage des Elmes - T. 04 68 88 03 12 - Menu(s) 35 €

À la sortie de la ville, vers Port-Vendres, cette solide maison des années 1970 offre une prestation de tradition bien cadrée à ses résidents. Si le menu du moment ne fait pas vraiment goûter le terroir, les plats en tapas ou à la carte proposent davantage de références catalanes, boles de picolat, cassolette de tellines à la crème, dorade royale en paella... Le jeune service s'applique comme à l'école hôtelière, les cuissons et les assaisonnements sont justes, sur la morue, façon Rossini en plat signature du chef, ou avec une sauce anchois et des asperges vertes. Le biscuit mirliton au citron rappelle que cette cuisine manque tout de même un peu d'attrait, malgré la vue agréable depuis la salle véranda sur la plage des Elmes.

BAR LE DUC 55000

Bistro Saint-Jean 13,5/20

132 boulevard de La Rochelle - T. 03 29 45 40 40 - Menu(s) 37-43 €

Malgré un nom qui pourrait sembler quelque peu générique, ce bistro a plutôt de l'ambition, réussissant à s'imposer comme l'une des meilleures tables de la ville. Située non loin de la mairie, l'adresse défend un lieu élégant et feutré, idéal pour les repas d'affaires et les belles occasions. On y retrouve une cuisine de marché convaincante, avec des beaux produits, comme le velouté de homard glacé aux gambas, burrata et pistou, un maigre corse et légumes de saison, une pièce de bœuf à la crème de morilles et pleurotes. Desserts classiques. Carte des vins correcte.

BARATIER 05200

Les Peupliers Hôtel et Restaurant 12/20

Chemin de Lesdier - T. 04 92 43 03 47 - Carte 8 € - Menu(s) 36-42 €

Jacques Bellot, originaire de Baratier, se morfondait en région parisienne avec sa femme dans un Campanile... Il y a vingt-trois ans, coup de chance, la salle des fêtes de son village est à vendre, et il en connaissait tous les recoins. Tout a été refait, spa et hammam inclus et, depuis quelques années, le chef alsacien Xavier Schatzmann réussit l'équilibre difficile de pouvoir satisfaire tout type de clientèle que l'on retrouve dans ce Logis de France, près du lac de Serre-Ponçon. Rien de novateur, c'est une cuisine d'école hôtelière où les assaisonnements sont bons, les températures respectées et les produits du coin mis en avant, comme les 25 produits et producteurs des Hautes-Alpes référencés sur sa carte. L'accueil, la rapidité et l'efficacité du service, le prix chambre-repas-petit déjeuner à environ 100 € absolument imbattable finissent d'emporter la décision : oui, cette table, cet hôtel, cette famille et cette vision méritent largement de figurer dans notre sélection.

BARCUS 64130

Chilo 14/20

Le Bourg - T. 05 59 28 90 79 - Menu(s) 37 €

Barcus, c'est le Pays basque pur : dans une jolie vallée verdoyante, cette belle demeure traditionnelle entretient la flamme, Madame Chilo supervisant avec efficacité un service tout en gentillesse, tandis que s'égrènent les spécialités du moment, en gourmandise et sincérité : anchois frais marinés autour de la tomate de chez Constantin, fraîcheur de burrata au basilic, crumble thym citron, pavé de merlu de ligne aux jeunes légumes sautés agrémentés de couteaux bien iodés, avant le bon millefeuille à la framboise, crème d'estragon, glace meringuée. Carte de vins assez étendue, volontiers tournée vers le bio

BARR 67140

Enfin 15/20

CHEF : LUCAS ENGEL

2 chemin du Château d'Andlau - T. 03 69 61 37 30 - Menu(s) 84 €

Enfin un restaurant moderne ! Qui ne prend ses clients ni pour des enfants, ni pour des ignares, ni pour des gogos. Bref, un ovni. L'osmose complète dans un lieu beau, ouvert, rustique contemporain sous les poutres de cette ancienne menuiserie, entre Carole Eckert, animatrice idéale d'un lieu adulte et sommelière experte, à l'esprit ouvert, aimant tout ce qui est bon, Lucas Engel, le chef adroit et précis, Léa qui accueille et coanime la salle. Le côté locavore, menu unique, tatouages et coolitude, pourrait fleurer le snobisme : pas du tout ! Et tout est bon sans claquer un smic. Pour 39 € au déjeuner, avec une mise en bouche extrêmement soyeuse, une mousse moelle de bœuf griottes et croûton, on suit avec un tarama de brochet délicieux, melon et gaspacho de courgette, un dahl de lentilles marié à un excellent bouillon de poireau épicé, crème et naan, la queue de bœuf et tomates en textures condiment aubergine, dans l'esprit d'une daube, et les desserts du moment, sur le chariot préparé par Léo, qui finissent bien cette séquence très séduisante.

BASTIA 20200

La Table du Marché Saint-Jean 11/20

Place du Marché - T. 04 95 31 64 25 - Menu(s) 35 €

L'emplacement est idéal sur la place du marché, juste au-dessus du port. Et la maison possède une longue réputation en matière de poisson, donnant confiance aux visiteurs, qui retrouvent nombre de locaux fidèles. La cuisine est simple, dans une atmosphère amicale : velouté de butternut à la liqueur de châtaignes, ravioles de gambas, une assiette généreuse avec le poulpe sauté au chorizo et jus de gambas, pommes de terre rattes, avant une honnête crème brûlée. Vins de Corse et quelques continentaux.

BAUDEMONT 71800

Auberge de Baudemont 14/20

2 rue des Bambins - T. 03 85 26 81 22 - Menu(s) 20-76 €

L'adresse sûre et régionale de Mickaël Monterrat et de son épouse Sylvie constitue l'étape de choix dans cette campagne brionnaise. Le maître restaurateur sait recevoir dans cette maison bourguignonne typique avec sa terrasse sous les arbres, et régaler avec des plats justes, sans excès de sophistication, mais avec une dose raisonnable de modernité : escargots du Brionnais persillés et émietté de veau citronné, omble chevalier émulsion vin rouge vinaigre de myrtille, entrecôte charolaise au jus et le soufflé chaud au vieux rhum martiniquais en spécialité de dessert, que l'on peut faire précéder des bons fromages de chez Mons. Un très bon «Menu du Chef» à 39 €, une cave bourguignonne bien fournie et le service pro orchestré par Sylvie Monterrat.

BAUME LES MESSIEURS 39210

Le Grand Jardin 12/20

6 place Guillaume de Poupet - T. 03 84 44 68 37 - Menu(s) 30 €

Dans un des coins les plus charmants du Jura, près de la grotte et de l'abbaye, Christine et Didier Favre tiennent cette auberge idéale au retour d'une excursion. Le menu à 30 € expose des classiques réactualisés, comme un crémeux de fèves, œuf parfait et chips de coppa, une échine de porc comtois en basse température et jus au miel du Jura, un poulet de Bresse au vin jaune et aux morilles. Bon service.

BAYEUX 14400

L'Angle Saint-Laurent 13/20

2 rue des Bouchers - T. 02 31 92 03 01 - Menu(s) 25-51 €

La table de Caroline et Sébastien Remy reste l'une des adresses privilégiées du vieux Bayeux, une jolie maison normande à deux pas de la place aux Pommes. Les matières nobles de la salle rappellent l'esprit nature qui préside à l'endroit, un bois omniprésent, en poutre, en table et en parquet, avec ces grandes fenêtres à carreaux si typiques de la région. Le chef revisite sa contrée avec un sens esthétique certain et un goût pour les saisons : un filet de maquereau mariné aux agrumes, des tagliatelles de concombre façon tzatziki, un pavé de lotte rôti, légumes verts fricassés à la vierge et céréales à l'étouffée, un tournedos de bœuf de Normandie, pommes frites et sauce au poivre blanc malabar. Formules à partir de 19 € jusqu'à 51 €.

Le Lion d'Or 13/20

71 rue Saint-Jean - T. 02 31 92 06 90 - Carte 57 € - Menu(s) 36-56 €

Cet hôtel 3 étoiles du vieux Bayeux est une institution qui ne date pas d'hier et qui vit au présent, notamment avec la table fusion de Thomas Busnoult. Le terroir normand est ici travaillé avec des inspirations d'ailleurs, pour une tradition revisitée, qui s'apprécie dans un cadre bourgeois et raffiné, où les beaux textiles et les lignes classiques du mobilier se marient harmonieusement avec un esprit et des motifs contemporains. La carte exprime ce même désir de modernité, avec des assiettes graphiques mettant en scène, par exemple, la truite à la flamme laquée au vinaigre de prune, le filet de daurade au tamarin, pâtes orzo aux légumes et mousseline d'aubergine, un pavé de rumsteck au jus de viande au saké, champignons eryngiis et polenta au sésame noir, ou encore une religieuse en baba chocolat, menthe et cerise amarena.

BAYONNE 64100

Le Cheval Blanc 13/20

68 rue Bourgneuf - T. 05 59 59 01 33 - Carte 53 € - Menu(s) 25-74 €

Un classique de la vie bayonnaise qui tient son rang, sans surprendre, mais sans démériter. Les 2 toques demeurent, pour le service toujours gentil et prévenant, comme pour la solide cuisine régionale et bourgeoise : boudin grillé piperade en mise en bouche, œuf parfait aux cèpes, copeaux d'ardi-gasna avec un agréable cémeux de jambon et d'oignon, langoustines snackées, yuzu, basilic pour un shoot de modernité, artichaut barigoule, avocat, thym citron et, là encore, un joli bouillon de crustacés légèrement crémé, avant un dessert appliqué, fraise gariguette crémeux citron, meringue italienne, praline rose, vin vanillé, glace verveine. Vins de Bordeaux et de la région.

La Table | Sébastien Gravé 13/20

21 quai Amiral Dubourdieu - T. 05 59 46 14 94 - Carte 47 € - Menu(s) 23-55 €

Institution bayonnaise sur les bords de la Nive, la table de Sébastien Gravé propose une cuisine ingénieuse et régionale, qui reprend les classiques avec le sens des nouveautés. Les jeux de texture sont omniprésents dans une carte qui se réinvente, un merlu de Saint-Jean au naturel avec une chantilly d'artichaut et un crumble cacahuètes, fenouil au curcuma, mayonnaise fumée, un lieu jaune au lard, avec une délicate purée de pommes de terre au cerfeuil, cru de champignons, une échine de cochon ibaïama aux légumes de printemps et croquettes de pieds, polenta maïs. Menu-carte à 39 €. Cave bien équipée.

L'Inattendu 12,5/20

23 rue des Cordeliers - T. 05 59 59 83 44 - Carte 12 € - Menu(s) 36-64 €

Notamment passé à la table de Pottoka, Mathieu Salmon a développé autant sa passion du terroir que son savoir-faire. Dans ce bistrot bien luné d'une rue piétonne au sud de la ville, on croise une bistronomie engagée et locale, adaptée aux modes, qui convoque par exemple l'asperge verte, le citron, le blanc-manger et le lait kéfir, ou encore le poisson d'arrivage avec le vermouth, l'huile de persil, le siphon pomme de terre et le condiment thaï, ou encore la joue de cochon confite au saké, vitelotte, quinoa soufflé et artichaut, yaourt fumé. La cave suit la cadence sans frémir.

Patxamama 11,5/20

7 rue Port de Castets - T. 05 59 59 11 88 - Menu(s) 17-20 €

Dans une rue piétonne du vieux Bayonne, Nicolas Bouchard anime une maison fusion et inspirée de ses voyages, qui délivre des idées sud-américaines chaleureuses et bien exécutées. Le service est jovial, décontracté, apportant un côté cool qui met de bonne humeur pour découvrir les assiettes du chef, qui oscille entre mode et tradition. Le rouleau de printemps à l'ardoise est d'une très belle technique, translucide pour laisser découvrir une garniture adéquate, tandis que le tataki de bœuf exprime parfaitement son essence, avec le contraste du cru et du cuit, sur cette fregola sarda comme un risotto. Carte de vins un peu courte, service cool et poli, un brin expéditif.

Maison Martin 11/20

29 rue d'Espagne - T. 05 59 55 84 41 - Carte 44 € - Menu(s) 37 €

Bistrot de marché dans une rue commerçante, c'est un point de chute logique, avec son agréable terrasse et sa carte efficace, qui marche pour toutes les occasions, professionnelles comme intimes. On y croise des préférences locales et des classiques nationaux, une truite en gravlax ou un foie gras mi-cuit, mais encore un retour d'arrivage avec un beau risotto, une volaille d'ici avec une mousseline de céleri truffée, un citron en crème et crumble ivoire. Service bien rodé.

BEAUFORT EN ANJOU 49250

Bellus Fortis 11/20

23 place Jeanne de Laval - T. 02 41 97 68 71

Dans cette petite bourgade entre Saumur et Angers, voilà une nouvelle table qui mérite l'attention. On y découvre une cuisine du marché bien dans son époque, servie dans un cadre agréable, de pierre apparente, parquet et déco contemporaine. Le chef prend grand soin de ses produits : le panais est décliné en velouté accompagné de noisettes et les pleurotes escortent une bonne échine de cochon de Bigorre. Plaisant dessert orange sanguine au timutimur sur un fromage blanc aux zestes de citron vert. Petite cave avec une forte identité régionale.

BEAULIEU SUR MER 06310

Le Restaurant des Rois - La Réserve de Beaulieu 17/20

*CHEF : **JULIEN ROUCHETEAU** - CHEF PÂTISSIER : **BENOIT JABOUILLE** - SOMMELIER: **WILFRIED GOUTORBE***

5 boulevard du Maréchal Leclerc - T. 04 93 01 00 01 - Menu(s) 195-240 €

Lorsque la mer se confond avec le ciel et que l'on prend le temps de mesurer la simplicité des choses... L'atmosphère si particulière depuis la terrasse mythique «des Rois», ce lieu qui a vu passer les stars et les têtes couronnées depuis plus d'un siècle, conserve cette touche d'élégance intemporelle. Et le service d'excellence emmené par le directeur de la restauration, Marc Piquet et ses équipes, fait du moment passé ici un cocon de bien-être, préambule indissociable des émotions à venir. En la matière, le chef Meilleur ouvrier de France, Julien Roucheteau, est parfaitement à sa place pour les faire émerger d'une cuisine sans faille. On ne peut qu'être sensible aux différentes thématiques qu'il propose à travers sa carte et ses menus, les assiettes sont précises avec une identité forte, elles sont voluptueuses avec le croustillant d'artichaut violet acidulé d'une nage de vin blanc et gamberonis du golfe de Gênes simplement laquées de leur essence ; végétales, où le trompe-l'œil de la tomate Marmande est rafraîchi d'un cœur de pistou de basilic sur un lit de stracciatella ; délicates, avec le médaillon de lotte à peine nacré dans son beurre noisette, paré de quinoa soufflé et de graines de fenouil torréfiées sur une déclinaison de fenouil de pays et la hollandaise à l'huile de fenouillet... Et gourmandes, grâce au travail d'orfèvre du chef pâtissier Benoit Jabouille, qui propose la figue de Solliès dans tous ses états avec un granité de peau de figues et pickles de mûres, un espuma de feuille de figue et son sorbet à la feuille de figuier avec un muesli à la mûre, et comme une tarte fine, sur une pâte sablée, un carpaccio de figues, des figues fraîches et un voile fait avec le jus de cuisson des peaux de figues sur un jus à l'huile de feuille de figuier. Le chariot des mignardises qui s'ensuit est tout aussi royal, le choix sera difficile... Quant aux vins, se frayer un chemin parmi les 700 références entre les grands noms et les petits propriétaires n'est pas chose aisée, cependant le chef sommelier Wilfried Goutorbe proposera à coup sûr le nectar idéal. C'est à l'aune de ces moments que l'on mesure la simplicité des choses... bien faites.

BEAUMETTES 84220

Domitia - Maison de Cuisinier 13/20

440 rue des Micocouliers - T. 04 90 72 23 05 - Menu(s) 49-61 €

Aller chez Jérôme Faure est une expérience qu'il est interdit de décrire. L'univers de la maison et du chef est si particulier qu'il faut décemment le réserver à celles et ceux qui feront le chemin. C'est un parcours esthétique et culturel qui vaut le détour. Pour ne parler que de la cuisine, le beau menu terroir justifiera par lui-même la nouvelle visite, un maquereau en escabèche, fenouil croquant et poutargue, un filet de lotte rôti au beurre, noix et antésite, chou-fleur, un dos de cerf d'Alsace, mousseline de potimarron et figues. La cave suit avec brio.

BEAUNE 21200

L'Écusson 15/20

CHEF : THOMAS COMPAGNON

2 rue du Lieutenant Dupuis - T. 03 80 24 03 82 - Carte 80 € - Menu(s) 35-115 €

C'est une adresse assez discrète au sortir de Beaune, mais fort connue des habitués. La table de Virginie et Thomas Compagnon est belle à voir, avec ses harmonies couleur sable et ses lignes très épurées, d'où se dégage une atmosphère de calme et d'élégance. Le chef y met les formes pour répondre aux grandes occasions, avec un service impeccable et des assiettes de beaux produits, les grenouilles en crème mousseuse et au vin jaune, morilles et ris de veau, un omble chevalier des Cévennes, écrevisses, courgettes et artichauts de Provence, un pigeon de Corton avec les cuisses confites, oignons, navets, rhubarbe et jus à l'estragon. La cave est à la hauteur des attentes, avec évidemment le meilleur des crus locaux (Tollot-Beaut, Girardin, d'Ardhuy...).

Le Bénaton 14/20

25 faubourg Bretonnière - T. 03 80 22 00 26 - Menu(s) 35-95 €

Depuis trente ans, depuis Bruno Monnoir, le Bénaton tient sa réputation. Keishi Sugimura, qui poursuit l'œuvre, ajoute le talent à la discrétion, offrant un salon presque privé aux Beaunois connaisseurs, dans un répertoire aux bases classiques françaises de grande cuisine bourgeoise : pâté en croûte pigeon cèpe ris de veau, royale de foie gras canard et truffes, filet de bœuf de Galice cromesquis de pot-au-feu pulpe de persil racine... Menu 3 plats bien composé autour de 70 €, grande cave régionale.

8 Clos 13,5/20

8 rue d'Alsace - T. 03 80 21 04 19 - Menu(s) 26 €

Stéphane Léger a retrouvé le Nord, et tous les Beaunois s'ne réjouissent. Non pas que son passage à Saint-Raphaël (sept ans tout de même) fut un moment d'égarement, mais on le sent tellement épanoui, chez lui, au cœur de Beaune, au coin de la place Carnot, que chacun a envie de partager cette tradition bourguignonne qu'il porte si bien en lui. Notre Gault&Millau d'Or d'il y a bientôt dix ans rappelle, dans cette ambiance très régionale, combien il maîtrise les fondamentaux (le persillé, le bon pâté croûte, l'excellent vol-au-vent aux morilles, ris de veau, foie gras, entre autres) tout en montrant une large palette sur les idées de saison (les saint-jacques au chorizo, les tagliatelles de langoustines au yuzu. Le baba est à l'image du chef, généreux et de bon aloi. Quant à la cave, voilà de la connaissance et des amis ! Toute la Bourgogne est là, presque accessible, le fruit d'années d'expérience et de fidélité, pour présenter les très bons partout, et offrir au verre quelques très jolis parfums, un beaune de chez Maillard ou Giboulot, ou encore le santenay de chez Colin.

Garum 13,5/20

10 rue de l'Hôtel-Dieu - T. 03 80 24 79 41 - Carte 53 € - Menu(s) 48 €

Courte carte, grignotages régionaux à partager pour l'apéro, petites assiettes tendance, ce grand classique de la restauration locale (ex Jardin des Remparts) a fait sa mue en prenant cette enseigne à la mode. On «fingerfoode» avec le persillé, les frites à la graisse de bœuf, les rillettes de truite de Crisenon, et on pioche dans le catalogue à travers un bon menu-carte à moins de 50 € qui vaut bien ses 2 toques : royale au lait de cèpe cèpes confits du Morvan et bisque de homard, cannelloni de cerf au vin rouge et salsifis rôtis, pressé de pommes confites au romarin crème estragon coulis d'épine-vinette. Christophe Bocquillon a heureusement gardé à la carte ses grands classiques, comme le fameux tartare charolais aux huîtres Gillardeau.

Hostellerie Cèdre & Spa 13,5/20

10 boulevard du Maréchal Foch - T. 03 80 24 01 01 - Carte 94 € - Menu(s) 75-125 €

Après la grande vague de travaux, le Cèdre retrouve son lustre dans un cadre noble et rénové et une équipe bien en place sous la direction du jeune chef Jordan Billan. Beau cadre d'une ancienne maison vigneronne, service aux petits soins, assiettes graphiques, dans la finesse et le prestige de produits nobles : asperges vertes et fricassée d'escargots jambon de bœuf sauce végétale, langoustines snackées caviar et lentilles safranées, turbot de ligne pamplemousse rose beurre blanc à la cazette ou l'excellent et classique bœuf charolais blettes et comté jus moutarde cassis. Desserts bien construits, cave bourguignonne de tous les grands.

Loiseau des Vignes 13/20

27 rue Maufoux - T. 03 80 24 12 06 - Carte 79 € - Menu(s) 28-48 €

Le cadre est superbe, très régional chic sous les poutres, la signature Loiseau garantit une prestation de haute tenue et les classiques sont à l'honneur. Dans le plus grand contrôle, les assiettes tiennent bien sûr le haut du pavé bourguignon, les escargots en persillade, le saucisson brioché moutarde à la violette, le suprême de Bresse poché crème et vin blanc. Desserts soignés (rocher meringué poire cassis).

Ma Cuisine 13/20

Passage Sainte-Hélène - T. 03 80 22 30 22 - Carte 52 €

La vérité est au fond du verre, peut-être. En attendant, elle habite cette maison au caractère toujours franc et familial, celle de ce grand collectionneur qu'est Pierre Escoffier, redoutable connaisseur dégustateur qui peut vous faire visiter tous les climats en une soirée. À l'appui, une plaisante et généreuse cuisine régionale, qui ne cherche pas à emmêler les pinceaux, mais trace au contraire avec adresse et volubilité les routes du terroir : œufs meurette, jambon persillé maison, compote de lapin, escargots, foie de veau poêlé, bœuf bourguignon, pigeon entier, ris de veau braisé à la crème...

Le Carmin 12,5/20

4 B place Carnot - T. 03 80 24 22 42 - Menu(s) 78 €

Les codes de la gastronomie traditionnelle sont bien observés chez Christophe Quéant, qui a souvent été à bonne école ; des produits nobles, une petite râpée de truffe par-ci par-là pour faire riche, et les habitués du centre beaunois se sentent comme chez eux dans le bon genre classique. Néanmoins, dans ce cadre étudié, les usages, à force d'être forcés, finissent par user et l'on aimerait voir vraiment mis en avant autant les beaux produits et le savoir-faire du chef, deux réalités pourtant indiscutables. Sur le carpaccio de saint-jacques aux épices douces, ou le tournedos de cerf, légumes racines et pomme aux airelles, il suffirait d'un peu d'attention, comme pour le soufflé à la prunelle de Bourgogne et son excellente glace vanille, pour retrouver les 2 toques. Cave bourguignonne bien équipée, vin au verre annoncé oralement, à tarif découvert seulement sur l'addition.

Caveau des Arches 12/20

10 boulevard Perpreuil - T. 03 80 22 10 37 - Menu(s) 29-42 €

Sur le boulevard qui ceinture la ville, le pittoresque de ce caveau authentique à cadre contemporain, offre une cuisine plutôt ambitieuse à travers des assiettes construites sur des produits de saison bien associés. Si le «Menu Bourguignon» à 29 € ne déçoit pas (persillé, œuf meurette, bourguignon, volaille à l'époisses), la formule à 42 € se révèle également intéressante, avec de bonnes réalisations, comme la lotte façon pôchouse et lard de Colonnata ou l'entrecôte de veau sauce périgourdine qui frisent les 2 toques. Desserts classiques, cave vaste et même opulente.

L'Expression 12/20

11 rue Maufoux - T. 03 80 80 05 89 - Menu(s) 17 €

Chic et masculin extérieurement, friendly et sobre à l'intérieur, ce restaurant de bonne tendance sait marier les genres, accueillir les déjeuners d'affaires comme les repas plus intimistes. Sur des bases classiques de la mode de l'époque, la cuisine aligne des assiettes bien pensées et bien traduites : tataki de bœuf de Galice betterave navet et raifort, risotto châtaigne et andouille de Guémené, saint-jacques endives caviar émulsion Billy by, suprême de poularde Miéral jus truffe... Tarifs opulents, grosses pièces à partager (côte de bœuf de Galice rôtie à la braise...).

Le Relais de Saulx 12/20

6 rue Louis Véry - T. 03 80 22 01 35 - Menu(s) 49 € ♿

Au cœur du Beaune sage, viticole et bourgeois, le Relais de Saulx reste un bistrot trublion qui affiche sa modernité et son style un brin décalé. Agnès Peyre et Charles Danet, qui ont succédé à Olivier Streiff, entretiennent savamment cette petite musique décalée, dans ce cadre de matériaux bruts un peu indus, dans l'ambiance sans parti pris d'une clientèle urbaine venue d'un peu partout, et dans une cuisine bien dans son époque qui revendique ses origines : maquereau de Lorient grenailles et pickles d'échalote sur un coulis cerfeuil persil coriandre, pintade fermière de Bourgogne, le filet rôti, une farce légère, navets et jus à l'ail noir, maigre de ligne de Saint-Jean-de-Luz, cochon de la ferme de Clavisy... Le menu du moment est à 49 €, avec un gentil dessert de cuisinier (poire yaourt glacé au pollen) et une cave plaisante, cherchant les vignerons de caractère.

Soul Kitchen 11,5/20

1 rue Rousseau Deslandes - T. 03 80 24 15 32 - Menu(s) 28 €

Le renouveau de la gastronomie bourguignonne, et plus spécialement beaunoise, passe par Soul Kitchen, le restaurant nouvelle vague de Mathieu Guennal, qui fait tout tout seul pour sa petite salle de 15 couverts, avec les idées du moment, dans un cadre plaisant, chic et détendu. La belle maison de pierres en plein centre accueille les initiés, qui dévorent l'ardoise du moment avec les deux formules, le «Chauvin» (tarte à l'époisses, bourguignon, pot de crème au cassis pain d'épice) ou le «Versatile», qui nous a bien plu, au même tarif de 28 €, velouté de petit épeautre tomme de brebis, parmentier de lapin jus moutardé, moelleux chocolat noisette...

La Lune 11/20

32 rue Maufoux - T. 03 80 20 77 42 - Carte 4 €

Sympathique voyage dans la Lune, dans cette rue assez prodigue en tables de qualité. La cuisine est plus franco que japonaise, Bourgogne exige, mais le chef manipule notre culture avec aisance, faisant évoluer sa courte carte avec justesse et à propos, et de temps à autre, un twist asiatique du meilleur effet : carpaccio de truite, thon mi-cuit sauce balsamique soja, pigeon, ris de veau jus de viande, carré de côte de porc au yuzu.

Restaurant le Conty 11/20

5 rue Ziem - T. 03 80 22 63 94 - Carte 58 € - Menu(s) 35-44 €

Un classique inaltérable sous forme de brasserie bourguignonne mêlant les genres pour offrir le plus grand choix, du tradi, du régional, un peu de mode populaire et surtout une qualité de confection qui tient bien au fil du temps : le persillé, les escargots, la joue de bœuf aux gnocchis, le filet à l'époisses purée truffée, mais aussi le risotto de saint-jacques et le burger... Bon «Menu La Bourgogne» à 35 €. Le grand atout, c'est aussi la cave, assez réjouissante avec ses 360 références, des grands noms et des prix imbattables.

BEAUPRÉAU EN MAUGES 49600

Le 1825 - Château de la Brûlaire 14/20

404 La Brûlaire - T. 02 44 84 87 78 - Carte 57 € - Menu(s) 52-82 €

Depuis Les Fourneaux, Miguel et Vivien Bertho-Macé ont fait un beau chemin, remettant à jour cette somptueuse folie néoclassique au cœur des Mauges. La grande bâtisse est aujourd'hui un hôtel chic et contemporain, avec une table dirigée par le talentueux Matthieu Pasgrimaud. Dans une grande salle aux immenses fenêtres et parquet, le chef a quartier libre pour suivre son imagination et donner vie à une cuisine créative, où les produits du terroir sont revisités dans une veine moderne et convaincante. Le menu à 52 € est franchement compétitif, avec son entrée autour du poireau des Mauges, poulpe grillé et caviar de Neuvic, condiment minute citron noir et fleurs, son lieu jaune confit au nori, courge du potager, coques et mini-farfalle à l'encre de seiche, ou encore son quasi de veau rôti, ris de veau laqué, ragoût de fregola sarda aux herbes et courgette du potager. Bonne direction en salle.

BELCASTEL 12390

Le Vieux Pont 15/20

CHEF : BRUNO ROUQUIER

Le Bourg - T. 05 65 64 52 29 - Menu(s) 62-98 €

Nous ne réecrirons pas l'histoire en rappelant que ce Vieux Pont des sœurs Fagegaltier fut l'un des premiers établissements - et un peu le déclencheur du label - à recevoir les «Lauriers du Terroir» inventés par Gault&Millau dans les années 1980. Quarante ans plus tard, la magie des deux sœurs, Michèle en salle, Nicole en cuisine, opère toujours, délivrant les trésors aveyronnais avec la même franchise et le même talent qu'au premier jour. Tout paraît simple et tout est sous contrôle dès l'accueil dans cette maison typique d'un des plus beaux villages de France, puis dans le jeune service, parfaitement éduqué et formé pour cette fête champêtre. Belle composition autour de la tomate, thon en carpaccio aux herbes du jardin et sorbet basilic, ode à l'agneau fermier carottes nouvelles, côte, poitrine grillée, cannelloni d'épaule confite, le jus légèrement épicé, formidable plateau de fromages locaux et bon dessert chocolat et praliné, mousse au chocolat, onctueuse, crumble, gavotte grué de cacao… Un vrai repas de fête avec des produits locaux remarquables, une volumineuse carte des vins, avec du régional et très majoritairement en bio et nature.

BELGENTIER 83210

Le Moulin du Gapeau 11/20

Place Edouard Granet - T. 04 94 48 98 68 - Carte 42 €

Du cassoulet dans la bouillabaisse ? Et pourquoi pas ? Dans ce qui fut un restaurant provençal bourgeois gentiment maniéré, les nouveaux propriétaires, depuis trois ans, ont insufflé l'esprit gascon franc du collier dans cette jolie salle voûtée qu'ils ont rafraîchie dans le bon sens, sans nappage ni artifice. On vient donc pour le foie gras, le confit (un brin sec, dommage) et le magret aux cèpes, la pissaladière et la daube de gardian offrant néanmoins les parfums régionaux. Accueil simple et direct, service très aimable de la patronne, tarifs amènes (compter 30 à 40 € avec la coupe glacée de crème de marron, sur laquelle on pourrait se passer de la chantilly mascarpone) et vin au pichet (17 € le demi).

BELLE ÉGLISE 60540

La Grange de Belle Église 14/20

28 boulevard René-Aimé Lagabrielle - T. 03 44 08 49 00 - Menu(s) 27-94 €

Dans ce petit village de l'Oise, Marc Duval vous accueille dans sa maison bourgeoise, cossue et paisible pour vous faire découvrir sa cuisine classique à base de bons produits et bien réalisée. Le menu «Découverte» à 72 € est un bon compromis qui permet de goûter la cuisine du chef sans trop se ruiner, les plats à la carte ayant tendance à suivre l'inflation : bonbons de foie gras aux fruits des Açores, dos de saumon au verjus, butternut à la myrte citronnée, ballottine de volaille fermière, chicons pleine terre, avant un honnête kouign-amann aux pruneaux. Agréable véranda donnant sur le jardin, carte des vins axée sur le bordeaux et le bourgogne, service aimable et bien formé.

BERGUES 59380

Taverne Bruegel 11,5/20

1 rue du Marché aux Fromages - T. 03 28 68 19 19 - Menu(s) 15,50-24,50 €

Un estaminet qui joue à fond la carte de l'authenticité, dans l'esprit, la forme, le fond, l'humeur et le charme populaire. Ancienne taverne flamande installée dans une maison espagnole d'antan, à l'esprit bienveillant, c'est là que les amis se retrouvent en grandes tablées, longues et bien garnies, pour ressusciter les grandes traditions locales, la terrine de joue et queue de bœuf confite, les saint-jacques en gratin, le welsh, le maroilles pané, la tartine berguoise, la carbonade, le potjevleesch, le waterzoï de poisson, la jambonnette demi-sel, l'andouille flambée au genièvre, le pudding aux raisins, la crème brûlée à la chicorée… Sans oublier les bières du Nord !

BESANÇON 25000

Le Manège 14/20

2 faubourg Rivotte - T. 03 81 48 01 48 - Menu(s) 35 €

Une table sérieuse et réputée du quartier Rivotte, belle maison XVIIIe posée sur les rives du Doubs et au pied de la citadelle. Une prestation traditionnelle, un large choix dans le menu-carte à 35 € : terrine de truite saumonée aux gambas, omble chevalier plancha beurre blanc à l'absinthe, filet mignon de porc sauce au jus de griottines, nougat glacé aux amandes et fruits confits coulis de fruits rouges, autant d'assiettes au cordeau bien maîtrisées par Jean-Charles Lavier.

Bleu de Sapin 12/20

7 rue Richebourg - T. 09 50 38 57 16 - Menu(s) 22 €

Après de nombreux voyages à découvrir les cuisines des régions françaises et du monde, Charlène Bassaler et Thibaud Devillers sont revenus au pays pour ouvrir, après un passage auprès de Pierre Basso-Moro à Germigney, cette maison accueillante du quartier du Battant, autant pour faire partager leurs expériences que pour vivre avec la production locale. Un joli cadre de bistrot brut et nature, la mise en avant d'agriculteurs et éleveurs de toute la Franche-Comté à travers une cuisine pleine de fraîcheur, signée à quatre mains, plutôt salée pour Charlène et plutôt sucrée pour Thibaud : tartare de noix de veau aux fraises pignons et menthe, maigre de ligne, beurre blanc au Pontarlier, purée de petits pois, chou-rave et cerise à la badiane, râble de lapin, jus à la sarriette et condiment à la rhubarbe. Desserts de saison complétant une courte carte, menu déjeuner à 22 €.

Les Gamins 12/20

10 rue Pasteur - T. 03 70 27 37 26

Une jeune table à suivre en plein centre-ville, à la jolie façade bleutée détonant au milieu de la pierre grise des maisons anciennes. Les Gamins marquent aussi leur différence avec une carte alerte, dans les codes de la mode : le gravlax de saumon Bömlo et gel concombre infusé au gin Hendricks, le tataki de bœuf moutarde miel pak-choï soja shimeji, et les desserts de l'époque comme la rhubarbe confite mascarpone gel gariguette. Ambiance pro et pas gamine, service détendu et efficace.

Le Poker d'As 11,5/20

14 rue du Clos-Saint-Amour - T. 03 81 81 42 49 - Carte 68 € - Menu(s) 28 €

Un des temples locaux de la cuisine bourgeoise traditionnelle, un peu à l'écart du centre. Une table sexagénaire, paisible et bien tenue pour déjeuners d'affaires. Travail soigné et bonnes manières : terrine de pot-au-feu de 7 heures, quenelle de brochet maison, escargots aux champignons, suprême de poulet fermier pattes noires au vin jaune et aux morilles, ris de veau braisé aux échalotes confites... Desserts réalisés dans le même esprit (délice chocolat glace cacao myrtilles réduction agrumes) et toque bien solide.

Restaurant 1802 11/20

Place Granvelle - T. 03 81 82 21 97 - Carte 56 € - Menu(s) 39 €

Un beau cadre dans la verdure du parc Granvelle, au cœur de la ville. Une bâtisse qui rend hommage à Victor Hugo, l'enfant du pays, par son année de naissance, et à l'Art nouveau dans son architecture. Pour l'assiette, une tradition plutôt bien actualisée par le chef Matthieu Engel, qui mérite cette année une petite toque avec son blanc-manger crème de petits pois à la sarriette, le duo de cochon sauce aigre douce et polenta croustillante, le millefeuille fraise mousse infusée au foin biscuit amande d'un équitable menu à 39 €, avec un service pro et une bonne sélection de vins au verre (chardo savagnin de Jean-Louis Tissot à 5,50 €).

La Charrette 11/20

11 rue Jean-Petit - T. 03 81 81 28 01 - Carte 50 € - Menu(s) 15,50-43 €

Dans un quartier calme des rives du Doubs, un bistrot de longue réputation qui a su se ressourcer au fil des ans pour présenter une prestation d'aujourd'hui avec des recettes sur fond de tradition. Deux bons menus à 33 et 43 €, dans un cadre simple et soigné : crémeux d'aile de raie citron câpres huile de noisette, tête de veau gribiche, magret sauce épices... Desserts qui «revisitent» beaucoup les classiques, la forêt noire, la tarte au citron, la crème brûlée version macvin...

BEUZEVILLE 27210

Le Cochon d'Or 11,5/20

64 rue des Anciens d'Afrique du Nord - T. 02 32 57 70 46 - Menu(s) 19,60-58 €

Au cœur du pays d'Auge, un bistrot à l'ancienne qui fait exister un instant normand d'une belle authenticité, incarnée par le charme bourgeois et régional des lieux, entre mise de table soignée et poutres au plafond. Les assiettes ont le bon genre, les huîtres tièdes, le foie gras de canard cuit au torchon, la sole meunière, le filet de bœuf normand et sauce au confit de Chinon, le chaud-froid aux pommes. Prix logiques.

BÉZIERS 34500

L'Alter / Native 16/20

CHEF : QUENTIN PELLESTOR-VEYRIER

12 rue Boieldieu - T. 04 67 49 90 00 - Menu(s) 67-119 €

Ce n'est pas un secret, plutôt une marque de fabrique : quand Gilles Goujon mène un projet, il contrôle, balise, verrouille jusqu'à la perfection. Dans ce lieu vaste et propice, le chef MOF à 5 toques ne laisse rien au hasard avec une équipe brillante, Quentin Pellestor au piano, Frédéric Rouen dans la très belle salle en plein centre, deux pointures qui assurent ici l'essentiel. Du haut niveau «goujonnesque» qui se traduit par des assiettes aux produits régionaux superbes, mis en onde avec talent. La galette «zestofinade» (jeu de mots sur un plat de morue emblématique du Sud-Ouest), ici avec morue et truite fumée, le fameux caviar de Saint-Guilhem-le-Désert, le saint-pierre au beurre d'agrumes barigoule d'artichaut et kumquat façon grenobloise, le remarquable vol-au-vent mêlant crêtes de coq, saint-jacques, truffes, crustacés... Ce menu 3 toques à 89 € donne beaucoup de plaisir, jusqu'au soufflé mangue passion, chaque détail, dans le service, discret et très efficace, comme dans l'ordonnancement de la séquence, étant étudié et maîtrisé. Belle et vaste cave régionale, conseillée avec talent.

L'Ambassade 14/20

22 boulevard de Verdun - T. 04 67 76 06 24 - Menu(s) 35-155 €

C'est bien une ambassade ! Du bon goût, de la tradition, du savoir-faire à la française. Pas d'erreur, de belles manières, avec le sourire et la fluidité qui siéent, une carte habile et bien proportionnée pour faire son meilleur choix dans cette balade de saison : pied de cochon foie gras cèpes et jambonnette de caille caramélisée au soja, filet de sole et huîtres juste raidies pak choï et cressonnière, ris d'agneau sauté risotto truffe en blanquette de petits légumes. Une formule 2 plats à 60 €, aménageable à 3 plats pour 80 €, un tarif juste et bon, englobant les desserts fignolés. Cave classique et de beaux crus de toutes les régions.

Pica Pica 13,5/20

20 place Jean Jaurès - T. 04 48 11 03 40 - Menu(s) 25 €

Quand Fabien Lefebvre, désormais détaché auprès d'Éric Frechon, et son chef Julien Bousquet s'attellent au dossier «tapas» et «pica pica», cela fait naturellement des étincelles. Des produits bruts juste caressés, des idées classiques, d'autres flambant neuves et même un peu folles, on ne s'ennuie vraiment pas dans ce cadre de bon goût, aux belles matières et à la vaisselle colorée : arancini mozzarella fumée et truffe noire jus corsé, artichauts grillés ricotta et parmesan avant des plats de bonne taille, comme le cabillaud demi-sel cresson et gnocchis. Desserts aussi astucieux, jolie cave de connaisseur animée par Rachel Lefebvre, l'épouse du boss, toujours affûtée sur les vins de la région et les alcools. Jeune service appliqué, un peu flottant par moments.

La Maison de Petit Pierre 12,5/20

22 avenue Pierre Verdier - T. 04 67 30 91 85 - Menu(s) 25-75 €

Cette maison accueillante connaît un succès mérité, fruit d'années d'expérience d'une entreprise bien menée, celle de Pierre et Fanny Augé, et du considérable travail pour faire de cette cantine branchée encodée terroir l'une des adresses incontournables de la ville. Dans la grande salle au bout de la propriété, carrelage gris lambris cérusé et larges tables, l'animation est intense. Le jeune service, dynamique et dégourdi, bouge bien dans le bon sens. L'assiette nous a cette année laissé une impression plus mitigée, même si l'ensemble reste plutôt malin et de qualité : royale de lard asperges graines de courge et bout de cochon, efficace et flatteur, volaille fermière contisée pomme de terre soufflée topinambour et pétales de châtaigne séchée, gâteau pécan chocolat et chantilly châtaigne qui fait aussi bon effet. Cave courte, du local bien choisi, des tarifs justes.

Ô Petits Bontemps 12,5/20

1 place du 14 Juillet - T. 04 67 36 20 82 - Menu(s) 24 €

Il a toujours une sacrée patte Olivier Bontemps, qui privilégie la convivialité et le partage depuis bien longtemps. Avec son équipe de vainqueurs, il donne, il échange, il met de la chaleur dans ces repas de copains au cœur de la médiathèque, dans un décor nature, sobre, aux tables nues de bois clair. Le repas complet est à 24 €, et se fait selon le marché du jour, avec les pâtisseries de Paul et les suggestions du moment.

BIARRITZ 64200

La Rotonde - Hôtel du Palais 16/20

CHEF : AURÉLIEN LARGEAU

1 avenue de l'Impératrice - T. 05 59 41 64 20 - Carte 124 € - Menu(s) 92-156 €

Quel beau travail et quel plaisir de trouver l'Hôtel du Palais à ce niveau, fier et resplendissant, à l'image de l'océan qui se déroule devant les yeux de convives conquis à l'avance ! Aurélien

Largeau a apporté davantage que sa fraîcheur et son enthousiasme. Il y a déjà chez ce jeune homme, auquel Christophe Hay a su donner sa chance, un réel talent et une grande faculté d'adaptation à ce terroir basque. Tout est élégant autour et dans l'assiette, et ces saveurs sont totalement en phase avec le lieu, dans la délicatesse et la brillance : une superbe mouclade végétale, carottes cuites dans leur jus, céleri au sorbet et au curry, pesto de fanes de carottes, extraction de jus de carottes accompagnée d'un crumble brioché, noisettes pour une entrée très bien conçue, belle interprétation du ttoro «de l'impératrice», de la langoustine, avec du chorizo, de la verveine et de la tomate, infusion minute de têtes de langoustines et une huile chorizo-verveine… Le pigeon en deux services montre autant d'aisance technique et le pâtissier a autant de ressources que d'imagination (nuage de verjus glacé confit de raisin cuit, siphon de laitue de mer, gingembre et meringues aux algues, fraises confites dans le sucre, crème vanille, confit de fraises à la criste marine…). Le sommelier navigue avec érudition dans la cave aux 10 000 bouteilles, mais il sait aussi proposer des accompagnements différents, des jus, des infusions, qui ouvrent de nouveaux champs pour les accords. Très beau service d'une maison qui revient à sa place, la première.

L'Atelier A.Bousquet 14,5/20

52 rue Alan Seeger - T. 05 59 41 10 11 - Menu(s) 45-105 €

Pas de fausse note chez Alexandre Bousquet, qui chouchoute ses habitués, ceux qui venaient déjà volontiers du temps de Gaüzère et qui adorent cette magnifique et fraîche terrasse face aux montagnes. La cuisine est élégante et soignée, très pensée sur un menu d'entrée de jeu à 85 € : de belles mises en bouche, dont le foie gras aux épices ou le tempura d'huître émulsion coco, la déclinaison autour de la betterave, passion et datte, le tourteau pamplemousse daïkon et citron vert, la superbe composition lotte langoustine petits pois avec une jolie bisque, avant un dessert de même veine, tout en contrôle et construction, sur la fraise coque chocolat blanc glace mélisse. Vaste cave de 350 références, dont les grands bordelais. Service appliqué et sérieux.

Les Rosiers 14,5/20

32 avenue Beau-Soleil - T. 05 59 23 13 68 - Carte 83 € - Menu(s) 40-135 €

Dans cette rassurante et reposante maison purement basque à l'écart des foules, Andrée et Stéphane Rosier donnent une lecture intransigeante et fidèle de la bonne cuisine basco-française, comme un rempart sans complaisance, défendant cette «cuisine cuisinée» que nous chérissons. Bien sûr, il y a comme partout de la betterave et des espumas, mais les effets de mode s'inscrivent dans une démarche de réalisation minutieuse : poulpe de Galice confit d'oignons cajou zaatar crème glacée piquillos tomate, pigeonneau de Madame Dublanc fumé aux aromates croustillant d'abattis haricots verts amandes cacao, fraises de Mendionde basilic sorbet fenouil meringue. On passe un très bon moment à la carte pour 80 € environ, et le beau «Dégustation» à 95 € permet d'explorer la plupart des pistes. Cave forte sur toute la France, la région bien présente.

Sillon 14/20

4 rue Jean Bart - T. 05 59 24 76 08 - Menu(s) 72 €

Le fief de Mathieu Rostaing-Tayard s'est agrandi d'une pièce, avec désormais le comptoir et l'entrée d'un côté, et une grande salle aux teintes naturelles de l'autre, avec parquet, béton et mur blanc, entièrement ouverte sur la rue. Le fort et passionné Jean-Christophe Bourgeot anime son territoire avec le sourire et la confiance dans son acolyte en cuisine, délivrant sans réciter les partitions à l'oeuvre. Le chef expérimente d'une main qui ne tremble pas des créations en deux assiettes qui repensent les produits, une anguille fumée japonisante sur une brochette avec un radis rouge très élégant et une histoire de blanc sur l'asperge (blanche, donc), avec le chèvre et l'ail, une pointe de ciboulette, une belle brebis en carré, d'une simplicité qui relève la qualité de la cuisson, avec un pois chiche comme une polenta, le croquant pour l'artichaut et des belles notes de sauge. Belle cave, nourrie par des références fouillées et à prix justes.

L'Entre Deux 13,5/20

5 avenue Foch - T. 05 59 22 51 50 - Carte 55 €

Dans l'entre deux, entre le chef Rémy Escale et Jean en salle, les ondes sont bénéfiques et l'alchimie de qualité. Pas l'ombre d'un nuage entre eux, et les convives sur un petit nuage pour apprécier cette délicate cuisine du moment, sachant manier les produits dans une courte carte qui autorise néanmoins quelques audaces : truite de Baïgorry en gravlax et poireaux vinaigrette, palourdes marinières et pied de cochon, merlu de ligne ail piment et vinaigre de cidre, joue de bœuf braisée navets champignons... Chaque assiette est juste, en goût, en composition, en assaisonnement.

AHPÉ 13/20

34 avenue du Président Kennedy - T. 06 48 81 49 75 - Menu(s) 17,50-38 €

AHPÉ comme les quatre saisons, voilà une annonce directe pour Idir, en cuisine, et Claire, qui réalise en salle des prouesses de gentillesse et de disponibilité. Cette jeune maison, ouverte l'an passé, propose une bonne cuisine de marché, dans une carte courte et saisonnière, bien sûr : huître pochée au naturel dans sa coquille, chèvre frais aux noix, algues wakamé, poireau grillé, chanterelles acidulées et bouillon dashi, un ensemble percutant, très bien équilibré, avant le cabillaud betterave crue et fermentée crème crue fumée et l'épaule d'agneau confite et grillée, carottes grillées cuites et crues, kumquats, tombée d'épinards, jus de viande au vin rouge... Desserts tout aussi inventifs (topinambour confit et caramélisé, ganache chocolat cardamome, crumble café, glace amande pécan, sauce praliné mascarpone), carte des vins courte, avec quelques choix de vins du monde.

L'Impertinent 13/20

5 rue d'Alsace - T. 05 59 51 03 67 - Menu(s) 95-115 €

Une table mi-classique, mi-contemporaine du côté de Saint-Charles, où Fabien Feldmann fait valoir une très bonne technique au profit de produits irréprochables, poissons nobles et viandes sélectionnées. La meilleure formule pour une première visite est bien le menu «Découverte» en 4 plats, sans compter les mises en bouche, toujours soignées, et les mignardises. L'union asperges-poisson bleu fait la force, en 2 services, poisson mi-cuit et asperges grillées sabayon acidulé au miso, ou fumé avec les asperges cette fois-ci crues en salade : joli à l'œil, intelligent et de saison. Le saint-pierre beurre blanc au bois de cassis et champignons, l'agneau «sasi ardi» rôti céleri jus d'herbe et moutarde acidulée montrent le savoir-faire avant un agréable et frais dessert pomelo glace estragon crémeux d'amande. Bon service, cave équilibrée avec des régionaux bien choisis.

Carøe 12,5/20

51 bis rue Gambetta - T. 09 83 34 54 60 - Menu(s) 16 €

L'une des belles tables à la mode dans le quartier qui monte, en haut de la rue Gambetta. Pas besoin de chasser le naturel, ici, il arrive au triple galop avec les multiples petites assiettes de partage-grignotage, les sashimis, les palourdes anchois et poireau brûlé, la betterave et vinaigrette ponzu, le poulpe grillé, la truite de Banka aux algues, le cochon Kintoa et oignons, un véritable catalogue idéal pour la bobosphère locale, ce qui n'est en rien péjoratif, mais au contraire témoigne d'un choix pertinent du bon produit. Desserts du temps, cheesecake chèvre et sarrasin, fraises et ricotta fumée glace céleri-rave... Cave en correspondance, vins décidément nature.

Demain 12,5/20

1 rue du Lycée - T. 06 77 38 38 52 - Menu(s) 48-60 €

Marqué par la vague nouvelle (circuits courts, betterave, ail des ours...), Matthias Leuliette explique son «concept» sous la forme d'un menu improvisé (48 € en 3 temps, 60 € en 5 temps) à partir des ingrédients choisis par les convives pour une «cuisine de l'instant». Ce pourrait être anecdotique, sauf que le jeune chef autodidacte passé par «Masterchef» et Momo, à Londres, entre autres, semble réellement sincère et montre un savoir-faire certain dans l'exercice, méritant même les compliments, et la toque, pour le mignon foie gras déguisé en caneton sous une coque agrumes, la raviole faisselle ail des ours, une très bonne volaille fermière avec une sauce vin jaune et un agréable dessert de cuisinier autour de la fraise. L'excellent pain vient de chez Clément, le boulanger Ennéartz, la carte des vins se construit avec le concours d'amis cavistes.

La Table d'Aranda 12,5/20

87 avenue de la Marne - T. 05 59 22 16 04 - Menu(s) 20-36 €

La façade ne trompe pas, dans son style résolument basque, annonçant la couleur d'une cuisine régionale, confirmée par les produits et les recettes. Olivier Foussard défend un répertoire malgré tout recherché, à des prix compétitifs, avec des mini-raviolis de tête de veau des Aldudes poêlés, ravigote aux œufs fermiers d'Arcangues, une terrine de lapin confit aux aromates, anguilles fumées et vinaigrette moutarde, un risotto de fregolas à l'huile de truffe, gambas à la plancha. Une bonne sélection de 70 vins de France et d'Espagne.

Aiete 12/20

22 rue Harispe - T. 05 59 43 82 27 - Carte 44 €

Un esprit de nouveauté dans ce jeune établissement qui compte déjà de nombreux habitués. Sur deux niveaux, avec une petite terrasse sur l'arrière, le lieu est accueillant, l'ambiance cool dans un décor choisi. La cuisine, sans œillères et attentive aux bonnes provenances, fait travailler le local : carottes tandoori, jus de langoustine thaï, cajou, un beau plat avec une jolie finale épicée, poulpe braisé, sauce choron, grenailles, oignon nouveau, poivron de même esprit où chaque ingrédient tient bien sa place, riz au lait caramélisé, coing pamplemousse achevant une séquence convaincante, servie avec efficacité malgré l'affluence. Cave de bons partis pris avec un choix au verre.

Le Café de Paris 12/20

5 place Bellevue - T. 05 59 24 19 53 - Carte 60 €

Le lieu est agréable, avec les grandes baies qui ouvrent sur la place Bellevue et l'océan, une prestation bien contrôlée, sur des bases classiques, pour une clientèle élégante et touristique. La cuisine est sans reproches, sans vraiment de surprises cette année : taloa de boudin noir Montauzer, sucrine et pleurotes vinaigre de miel, lotte rôtie et acidulée au cidre, risotto aux artichauts mentholés (une cuisson caramélisée qui préserve la tenue et la saveur), tarte sablée et glacée au chocolat, cacahuètes et crème à la fève tonka sur de bons ingrédients. Carte de vins éclectique et accessible. Service bien organisé et pro.

Epoq 12/20

11 rue du Helder - T. 09 88 09 68 12 - Carte 12 €

En remontant les ruelles du Biarritz authentique, l'ambiance se fait moins touristique et plus urbaine. Anthony Orjollet a clairement son mode à lui. Le cuisine au feu, à la braise, est un spectacle en soi. Pas de Big Green Egg ou de four Mibrasa, mais un véritable foyer équilibré qui respecte les viandes et légumes les plus beaux : après le vitello «anchoato», une superbe bavette maturée parfaitement cuite, haricots verts gomasio et verjus, et un sabayon à la fois acidulé et gras, délicieux. Du côté du bar, cela s'agite aussi, avec des cocktails bien faits. Le service est un peu rapide, et l'ensemble pourrait être plus généreux, d'autant plus que les prix sont pour leur part copieux.

Le Marion 11,5/20

30 avenue du Lac Marion - T. 05 59 43 14 86 - Carte 38 €

Coucou, les revoilà : les deux sœurs Arangoits, Yenofa et Nanou, après Ahizpak, se sont lancées dans une nouvelle aventure en reprenant, près du lac Marion, l'ancien restaurant Chez Philippe. Une bonne idée pour faire revivre ce lieu chaleureux avec sa cheminée pour l'hiver et sa terrasse pour l'été. La cheffe Yenofa n'a rien perdu de son adresse pour faire passer la bonne parole du terroir revu à sa façon, généreuse et subtile, technique et gourmande. Les habitués sont déjà nombreux pour partager le pressé de boudin et de pomme de terre, le merlu en croûte de chorizo et le soufflé en pyramide avec sa compote de pommes. Courte carte de vins régionale, bonne équipe de salle autour de Nanou Arangoits.

Marloe Biarritz 11,5/20

45 avenue du Président J F Kennedy - T. 05 59 22 34 98 - Carte 58 € - Menu(s) 29-69 €

Un export du Marloe parisien au Pays basque, avec un regard régional renforcé dans une bistronomie de brasserie chic et moderne. L'équipe est en place, les produits bien sourcés et la cuisine roule tous feux allumés : tarama maison, poutargue Barthouil, agrumes, crackers aux algues pour une entrée pleine de fraîcheur, lotte des Asturies rôtie, poireaux brûlés, condiment échalotes et huile d'amande, figues fraîches et chouchou de pipas, poisson charnu, souple et savoureux à la cuisson nette, pavlova fraise de la ferme Dache Dise, jus de fraise et citron vert, sorbet maison à la fraise. Carte de vins assez courte aux premiers prix abordables.

Le Sin
11,5/20

Cité de l'Océan - 1 avenue de la Plage - T. 05 59 47 82 89 - Menu(s) 35 €

Depuis la villa du Golf, la vue imprenable sur l'océan est un atout énorme. Si l'accueil est un peu frais, l'équipe prend bien le relais en salle et met en appétit. Cette cuisine de produits régionaux restitue des parfums d'Asie dosés avec justesse : maquereau guacamole de petits pois, pickles en mise en bouche, ravioles de langoustine, émulsion de crustacés, cabillaud laqué sauce unagi, légumes croquants, belle cuisson et sucré-salé bien équilibré, avant un frais et léger millefeuille d'arlettes caramélisées. Tarifs assez élevés, carte de vins généraliste.

Le Bouchon Biarrot
11/20

2 avenue de la Reine Victoria - T. 05 59 51 14 90 - Carte 58 € - Menu(s) 19 €

Du bouchon de qualité dans un joli cadre de pierre, une déco contemporaine et une ambiance bien détendue qui convient aux touristes comme aux locaux. Tout se passe bien, en fluidité pour le service, en gourmandise franche et loyale dans l'assiette, avec l'assiette de bellota, les chipirons farcis au boudin noir et coulis de piquillos, la pluma de porc ibérique sur un écrasé de pommes de terre à l'huile de truffe et jus de cuisson, une belle viande, un poil grasse mais très agréable en goût. Cave pas immense, mais bien ciblée (le choix au verre pourrait être plus large), tarifs logiquement assez sérieux.

Chez Albert
11/20

51 bis allée Port des Pêcheurs - T. 05 59 24 43 84 - Carte 55 €

L'océan au naturel, coquillages et poissons plancha, on ne recherche pas d'autres plaisirs chez Albert, et tout fonctionne comme il convient : un lieu bondé, 100% bord de mer, avec la terrasse ouverte sur le Port-Vieux et un service aimable, toujours dans le rythme. Une soupe de poisson honorable, un merlu bien cuit avec l'accompagnement standard et commun aux autres plats, une tatin avec la glace vanille comme pour les touristes (oui, mais de chez Thierry Bamas), il n'y a ici ni surprise ni déception, et tout est d'une indiscutable fraîcheur.

Chez Scott
11/20

4-6 rue Jean Bart - T. 05 59 22 85 98 - Carte 73 €

De la truffe et du homard... On connaît la chanson, qui fonctionne bien à Biarritz, comme à Courchevel ou aux Seychelles. Les produits nobles sont donc à l'honneur et les clients, se sentant privilégiés devant ces raretés mâtinées d'exotisme et de quelques émulsions comme dans le temps, sont aux anges. D'autant que les tarifs, comme par magie, restent contenus : ravioles de homard émulsion coco, homard fumé courgettes violon jus de crustacés émulsionné. Pour finir, la pâtissière Camille Serrato tire bien son épingle du jeu avec son duo chocolat noir et griottes. Cave assez courte avec un choix de vin au verre correct. Service bien assuré par Sabrina.

Chistera et Coquillages
11/20

13 rue des Halles - T. 05 59 41 89 45 - Carte 45 €

Accolé aux halles de Biarritz, une valeur sûre où les locaux, sac de courses à la main, se pressent pour les tapas du moment, certains jurant que l'on trouve ici les meilleurs anchois du monde. Quoiqu'il en soit, la jeune équipe sait défendre la carte avec enthousiasme et dynamisme. Les plats sont gourmands et bien servis, les couteaux plancha, comme le secreto de porc et marinade, et l'atmosphère agréable, à prix justes.

Dos Hermanos 11/20

36 avenue de Verdun - T. 05 59 22 32 67 - Carte 14€ - Menu(s) 32€

Les deux frères sont toujours là, dans ce bistrot basque qu'on a peut-être connu plus animé, mais qui se défend encore bien, avec tendresse et sincérité. De bonnes viandes et charcuteries des deux côtés des Pyrénées, du choix dans les classiques (chipirons plancha, croquetas au serrano, boudin de Parra, merlu de ligne, côte à l'os d'Ibaïona et côte de bœuf cuite exactement…) et dans les vins, de France et d'Espagne (il y a quelques Vega Sicilia derrière les fagots). Service du patron, aimable et connaisseur, pour expliquer le secreto de bellota et le cépage du ribera-del-duero.

BIDART 64210

La Table des Frères Ibarboure 17/20

*CHEF : **XABI ET PATRICE IBARBOURE** - SOMMELIER : **MAXIME DEGUEUSE** - DIRECTEUR DE SALLE : **SOLINE IBARBOURE***

Chemin Ttalienea - T. 05 59 47 58 30 - Carte 120€ - Menu(s) 58-140€

La plus belle table du Pays basque donne un peu plus chaque année. Tout en gardant sa dimension très familiale et régionale, Xabi, Patrice, épouses et parents apportent tous ensemble la force basque d'un pack d'envergure au service du haut niveau. Xabi dompte son terroir, l'allège et le magnifie en même temps, transforme avec élégance la recette familiale du txangurro, met en pleine lumière la truite de Banka avec les asperges blanches, traite les vertes avec imagination, braisées au barbecue, et le concours du frère pâtissier par une glace thym citron et une meringue végétale fleurie, et donne une très plaisante version de l'agneau des Pyrénées, en côte, selle et ris caramélisé, subtilement condimenté de fenouil et pressé d'aubergine. Patrice prend le relais avec une fraîche déclinaison sur la fraise de Mendionde, en jus avec un glaçon d'estragon, en tartelette avec une crème brûlée pistache cristalline aux olives taggiasche et glace. Le jeune service, un peu récitant et attentif aux codes classiques, semble gagner progressivement en naturel, aidé par Soline Ibarboure, maîtresse de maison pleine d'aisance. Vaste carte de vins, plutôt classique, aux tarifs élevés dans l'ensemble, avec une dizaine de vins au verre.

Ahizpak (Le restaurant des Sœurs) 11/20

Avenue de Biarritz - T. 05 59 22 58 81 - Carte 8€ - Menu(s) 34€

Avec une équipe renouvelée, on ne retrouve pas aujourd'hui la flamme qui animait les trois sœurs Arangoits au début de l'aventure, ce qui n'empêche pas de trouver des raisons de passer un bon moment. Car l'ambiance est bien là, le lieu toujours fréquenté, certaines tables avec une jolie vue, et la toque est maintenue avec quelques assiettes honorables, comme la poitrine de porc cuite basse température et laquée, butternut au miso après le velouté à la courge, tuile de parmesan, crémeux aux marrons, dans un ensemble basé sur les produits de saison.

BILLIERS 56190

Domaine de Rochevilaine 14,5/20

Pointe de Pen Lan - T. 02 97 41 61 61 - Carte 85€ - Menu(s) 46-120€

Le plus bel ensemble hôtelier de Bretagne à n'en point douter ! Dans un quartier résidentiel, mais en retrait, le domaine patiemment aménagé à partir des années cinquante, pierre après pierre, occupe un site exceptionnel ouvert sur le grand large. Qu'il fait bon décompresser en déambulant, dans cette succession de petits jardins aux accents méditerranéens (palmiers, cactus, lauriers roses, mimosas...) protégés de murets où sont disposées, aux beaux jours, quelques tables pour clients privilégiés ! La vaste salle de restauration aux tons apaisants, au beau plancher qui craque délicieusement mixe avec bonheur style contemporain et touches traditionnelles. Ses larges baies vitrées offrent un panorama maritime hypnotique. Maxime Nouail, cuisinier de la mer, a davantage le goût de la régate que celui des courses au large dans les quarantièmes rugissants. C'est donc une carte très sage qu'il propose à une fidèle clientèle si heureuse de retrouver le fameux menu homard décliné en 4 services (hommage à son prédécesseur, Patrice Caillaud, dont il fut le second). La technique est naturellement irréprochable et les produits sont sourcés avec acuité. Nous n'avons toutefois pas tout à fait retrouvé les émotions de naguère au fil du menu à 86 € qui proposait, notamment, une tartelette (en fait un sablé au goût de parmesan un peu trop prononcé) de sardines marinées aux légumes confits, ainsi qu'un agréable croustillant de thon germon, mousseline de courgettes, houmous, le tout relevé d'une vinaigrette de soja. Final classique avec un soufflé au cassis. Service distingué sous la houlette de Cécile secondé par un sommelier à la voix bien posée qui puise dans une cave bien adaptée : savennières de Damien Laureau, jura du domaine de la Pinte, jurançon du Clos Laplume, saumur-champigny Château Yvonne, beaujolais du domaine Pacalet ou de JC Lapalu... Ne manquez surtout pas de faire une halte dans le magnifique bar pour la vue et la remarquable carte des alcools.

BIOT 06410

Les Terraillers 16/20

CHEF : MICHAËL FULCI

11 chemin Neuf - T. 04 93 65 01 59 - Menu(s) 38-130 €

On a presque du mal à croire qu'il s'agit là d'une table gastronomique tant tout semble familier et simple. C'est précisément le talent et la réussite de Michaël Fulci d'avoir su insuffler dans cette ancienne poterie du XVIe siècle une chaleur et une convivialité ô combien compatibles avec les plaisirs d'une cuisine de haut vol. Sous cette magnifique pergola en vignes d'où descendent des grappes de raisins mûres et gorgées de soleil, un ballet intelligent s'anime pour alimenter les sourires. Le chef passe à toutes les tables comme un ami, tandis que des cuisines commencent à affluer des senteurs d'été, une carabineros simplement rôtie avec un fagot de haricots verts des montagnes, aux couleurs intenses et à la chorégraphie minutieuse, une sériole juste saisie avec une superbe déclinaison de courgettes, une variation sur le pigeon qui sonne comme un jeu, cuit sur le coffre et laqué au pop-corn, une polenta crémeuse et des grains de maïs fumé, une malicieuse cuisse confite au maïs séché et brioche toastée. Enfin, la fraise en 3 services rappelle le savoir-faire à l'œuvre, en soufflé chaud, fraîches et marinées, en granité avec une glace au thym citron. Cave d'exception, aux tarifs exceptionnels, qui compte tout ce qu'il y a de plus beau et de rare en bourgogne et en bordeaux. Service impeccable.

BIZANOS 64320

L'Esberit 14,5/20

34 boulevard du Commandant René Mouchotte - T. 09 83 97 58 58 - Menu(s) 41€

Voilà le nouvel étage de la fusée Nicolas Lormeau. Nouvelle maison, nouvel Esberit pour un chef qui s'épanouit en accentuant encore sa philosophie du bien vivre au pays. C'est dans cette superbe bâtisse bourgeoise du XIXe siècle des environs de Pau, entièrement restaurée pour accueillir les amis, en préservant son passé, avec la grande cheminée, quelques meubles anciens, des objets chinés, le miroir d'origine et le plancher décapé que le chef peut cajoler ses clients, ses produits et ses producteurs. Avec des mises en bouche travaillées, des asperges blanches à la flamme, beurre d'ortie, pressé de tête de veau et pied de cochon à l'estragon, vichyssoise aux herbes, un plat tout à la fois frais, rustique, moderne, enraciné, qui symbolise toute sa cuisine, l'épaule d'agneau confite, betterave-piment béarnais, pickles d'oignons nouveaux, framboises, suc de framboise sablé parmesan et olive, montrant autant de précision que de gourmandise. Pour finir, la dacquoise noisette, fromage frais café, sorbet et pickles rhubarbe, dessert équilibré et peu sucré boosté par la rhubarbe. La cave est attrayante, le rapport prix-plaisir excellent (dans un menu à 41 € notamment) et l'on frise les 3 toques.

BLAINVILLE SUR MER 50560

Le Mascaret 14,5/20

1 rue de Bas - T. 02 33 45 86 09 - Menu(s) 29-116 €

Ce qui fait surtout la réputation de cette maison marine, c'est la rigueur de la technique de Philippe Hardy, dont la quête du détail élève ses assiettes au-dessus de la norme. Cuisine de la mer précise et délicate, l'expérience de ce Mascaret est un moment d'authenticité où les produits sont rendus à eux-mêmes, des encornets de petit bateau rissolés avec une émulsion de cresson, des médaillons de lotte à basse température, tatin d'endives et fumé de poissons, un quasi de veau, asperges vertes et estragon, jus de cuisson, enfin un dessert de rhubarbe, crème à la camomille et paille rhubarbe. Cave adaptée.

BLOIS 41000

Fleur de Loire 18,5/20

26 Quai Villebois Mareuil - T. 02 46 68 01 20 - Menu(s) 98-218 €

Ouf ! Il était temps ! Depuis quelques années, et même des décennies, depuis Bardet, depuis Traversac, depuis Barrier... On ne se souvenait plus comme la Loire est belle, comme la Vallée des Rois mérite une grande étape. On ne savait plus et Christophe Hay l'a fait. Depuis trop longtemps, il n'y a plus de château pour accueillir les Bentley. Fleur de Loire, vaste ensemble contemporain en pleine ville, n'est pas Beauvois, ni Marçay, ni Artigny, mais il comble un vide sidéral et ringardise tout ce qui existe entre Orléans et Nantes. D'emblée il installe ce chic moderne indispensable, et le style d'accueil au naturel que l'on attend aujourd'hui. Ensuite le chef est en cuisine : le piano est splendide, ouvert en fond de salle, les chefs de partie sont calmes, les commis motivés, tout le monde est jeune et beau, à la mise impeccable, c'en est un plaisir. Le Cuisinier de l'Année 2021 a toute la Loire et toute l'A10 pour s'exprimer : le pêcheur de Muides, le caviar des Hennequart, le wagyu de l'élevage maison à Segré, les légumes et les agrumes du jardin proche. L'identité, l'attachement farouche aux ressources locales, Christophe les cultivait déjà à Montlivault. Ici, totalement libéré, il grossit le trait avec tout son engagement et un talent affirmé : s'il a gardé sa version de la carpe à la chambord et le gâteau de brochet qu'il a magnifiquement actualisés, ses dernières créations sont ébouriffantes : nouvelle version de l'esturgeon de Loire et caviar de Sologne, avec une eau de haricots et caviar proprement scotchante, poirée adria (variété de blette) puissante avec l'estragon du Mexique, wagyu et garum de bœuf (une délicatesse de textures tellement maîtrisée), et le bon gros barbeau, souvent ignoré, bénéficie ici d'un traitement de prince paysan, avec un travail remarquable sur le colza. Et son oreiller de la Belle Aurore ? Riche et même éblouissant, colvert, poule faisane, perdrix, un régal de plumes dans un feuilletage majestueux, une envie soudaine de relire Le Grand Meaulnes. Tout est beau ici, même les costumes de service (un poil Emirates, tout de même) et les desserts graphiques d'un pâtissier passionné Maxime Maniez (panais noix en pré-dessert, artichaut en texture et chocolat...). La cave animée par le brillant chef sommelier Hugo Vasseur, c'est juste un rêve de cave, de découvertes, de consacrés, d'anciens et de nouveaux, de natiure et de classiques, de pionniers et de successeurs. En Loire, ceux d'aujourd'hui dont on parle, Morantin, Prével, Bretaudeau, côtoient les historiques, Courtois, Angeli, Marionnet, Merieau, pour le meilleur, pour les vins de vignerons urbi et orbi, étendu ensuite à pratiquement toutes les régions. Un régal qui permet aussi de toucher des grands flacons sans le tarif de palace.

Assa 16/20

CHEF : ANTHONY MAUBERT

189 quai Ulysse Besnard - T. 02 54 78 09 01 - Menu(s) 68-130 €

Les talents conjugués d'Anthony et Fumiko, leur complicité et leur complémentarité, font de cette étape des bords de Loire un délicieux moment, en immersion dans le naturel ligérien. Car cet intérieur lumineux aux beaux matériaux est l'enveloppe idéale pour des assiettes innovantes et harmonieuses. Anthony Maubert a beaucoup appris aux côtés de Marc Veyrat, en retenant un précepte principal : être soi-même, écrire sa propre histoire. Ce qu'il fait, avec une réussite certaine, à travers des compositions de saison : le végétal, le poisson de Loire, l'élevage local et la splendide séquence des desserts de Fumiko garnissent les diverses formules de 68 à 130 €.

Amour Blanc 13/20

26 Quai Villebois Mareuil - T. 02 46 68 01 20 - Carte 74 € - Menu(s) 37 €

Ni brasserie ni bistrot, mais plutôt une deuxième jolie table dans le superbe complexe Fleur de Loire posé au bord du fleuve par Christophe Hay. Le Cuisinier de l'Année régale aussi avec sa pâtisserie au premier plan, et offre dans cet espace bien tenu une gastronomie accessible, bien vue, avec un ticket moyen en séquence complète autour de 70 € : maquereau au vin blanc carotte oignon rouge de Florence fleur de sarriette, mouflon du domaine de Chambord en croûte brocoletti et estragon du Mexique, poire Beurré Hardy comme un douillon crème d'amande et fève de Tonka. Avec l'impeccable jeune service et la cave très fouineuse en Loire, voilà une nouvelle belle table pour les Blésois.

Au Rendez-Vous des Pêcheurs 13/20

27 rue du Foix - T. 02 54 74 67 48 - Menu(s) 27-59 €

La façade a pris une belle teinte mauve qui donne de l'élégance à ce restaurant d'habitués et de tradition, au calme des vieux quartiers non loin du fleuve. Les fidèles savent y trouver l'Inspiration, nom donné au menu du moment, sans choix, mais qui donne un bel aperçu du travail précieux de Christophe Cosme : mousseline de langoustines dans un cappuccino de potimarron au pain d'épice crème de miel et curry, cabillaud aux agrumes polenta aux herbes sabayon de pomme de terre opéra chocolat et café sorbet chocolat noir, un des desserts fétiches de la maison. Cave de la Loire bien constituée.

Le Bistrot du Cuisinier 12/20

20 quai Villebois Mareuil - T. 02 54 78 06 70 - Menu(s) 29-38,50 €

La renommée de ce bistrot de cuisinier ne faiblit pas. Thibaud Renard lui a donné une nouvelle dimension, un soupçon de modernité en plus, tout en gardant les fondamentaux : de la cuisine cuisinée, un savoir-faire classique pour des assiettes bien actualisées, comme la beuchelle tourangelle, mais aussi le tourteau tomate ananas et pickles de légumes, la queue de lotte rôtie à l'huile de basilic, l'épaule d'agneau confite et ris d'agneau céleri rôti aux figues et oignons rouges, la pêche rôtie au thym sorbet au thé yuzu de chez Mariage. Bon menu déjeuner à 29 €.

Au Bouchon Lyonnais 11/20

25 rue des Violettes - T. 02 54 74 12 87 - Carte 12 € - Menu(s) 26 €

On affiche la couleur, à carreaux rouge et blanc, pour symboliser les traboules et leurs bouchons par ce bistrot lyonnais qui fait une belle passerelle entre Loire et Rhône. L'esprit est bien là, et l'assiette suit le mouvement avec la salade lyonnaise, la tête et langue de veau ravigote ou le foie de veau poêlé au vinaigre de cidre d'une bonne formule à 26 €, en terminant par la tatin ou l'île flottante, extraits d'une large carte où toutes les spécialités sont bien là (rognons, quenelle, gras double, tablier de sapeur...).

BOESCHEPE 59299

Auberge du Vert Mont 15/20

CHEF : FLORENT LADEYN

1318 rue du Mont Noir - T. 03 28 49 41 26 - Menu(s) 50 €

Florent Ladeyn à la campagne ? Pourquoi c'est le rêve ? Parce que c'est là, dans l'auberge familiale, que tout a commencé (et que Gault&Millau a été le premier à découvrir), parce que le chef est donc totalement dans son élément, près de ses producteurs et de l'environnement naturel des Flandres, parce qu'il développe la plus belle des cuisines rustiques où la saison impose son rythme et ses trésors. Enfin, parce que, le succès aidant, tout le monde est à l'aise, et fier de travailler ici pour transmettre le bon message : duo de carottes crues croquantes, asperges de la baie de Somme grillées au barbecue, turbot de la pêche de Boulogne fleurs et épinards, canard et saucisse sur lit de graines et lentilles, un plat bien terrien aux saveurs très justes avant la brioche à la rhubarbe. La découverte et les bonnes surprises, c'est aussi à la cave avec ces accords sur des vins nature et sur des bières artisanales locales. Les 3 toques vont bien pour un moment d'exception.

BOISMORAND 45290

Auberge des Templiers 15/20

CHEF : MARTIN SIMONART

Les Bézards - T. 02 38 31 80 01 - Carte 119 € - Menu(s) 64-160 €

Cette gentilhommière luxueuse qui fut pendant longtemps une forte destination de week-end pour les Parisiens ou un retour de vacances bien organisé, à une heure de la capitale, maintient son standing Relais & Châteaux dans la plupart de ses prestations. Martin Simonart, jeune chef belge bien formé, tient le piano depuis quatre ans et orchestre une carte où les produits de prestige sont nécessaires, mais se renforcent et s'honorent de sardine, de lieu jaune ou de truite. Des tarifs conséquents pour une carte bien équilibrée aux assiettes joliment dressées : foie gras poché chou frisé escargots bouillon au jambon de Parme, barbue en marbré végétal huître pochée marinière à la berce, ris de veau au sautoir champignons jus à l'ail noir. Pas de prise de risque énorme, mais une belle gastronomie sous contrôle pour le bien-être de tous. Et 650 références des plus grands flacons à la cave.

BOISSY MAUGIS 61110

Le Bistrot des Écuries 12/20

La Grande Maison - T. 02 33 25 46 06 - Menu(s) 25-37 €

Un très joli site isolé, en hauteur, sur la route de Cour-Maugis en venant de Rémalard. La maison, très fréquentée le week-end, offre un beau décor rustique, pierre et bois, prolongé par une vaste terrasse ouvrant sur le domaine, avec son écurie et sa carrière de saut d'obstacles. La cuisine est simple mais bien travaillée et variée, dans une vision actuelle aux parfums lointains, à travers le menu à 37 € : saumon gravlax condiment betterave, filet de merlu sauce satay, butter chicken riz parfumé sauce cardamome et curry, profiteroles... Cave bien variée aimant le bio et le nature.

BOMMES 33210

Lalique - Château Lafaurie-Peyraguey 16/20

CHEF : JÉRÔME SCHILLING

Lieu-dit Peyraguey - T. 05 24 22 80 11 - Menu(s) 135-190 €

Du cristal en objets d'art, du luxe et du confort partout, un service pléthorique au costume étudié, une salle seigneuriale prolongée d'une véranda ouvrant sur les vignes de la propriété : le Lalique de Silvio Denz en version bordelaise ne craint pas d'afficher l'opulence ou la démesure. À l'image d'un énormissime livre de cave de plusieurs kilos, faisant trompéter la cavalerie de tout ce qui est grand dans ce monde, particulièrement avec des verticales de tous les grands crus de bordeaux. Dans ce contexte un brin étouffant, l'intègre et talentueux Jérôme Schilling parvient à s'exprimer, même si cette abondance enlève çà et là un peu de lisibilité à sa cuisine. On trouve de belles sensations dans la variation sur le petit pois (à la française, au brillat-savarin et raifort, en sorbet avec l'anguille fumée) ou les asperges crayons qui jouent la simplicité avec une hollandaise à la tanaisie et kumquat. Ce chef très technique sait aussi s'effacer quand le produit est aussi magnifique que la truite de Banka, à peine caressée par la chaleur, radis et ail des ours. Une très bonne cheffe pâtissière, Héloïse Château, montre un talent prometteur pour délivrer une belle fraîcheur pomme fenouil en prédessert et une composition réussie au chocolat Jivara, citron vert et feuille d'huître.

BONIFACIO 20169

Le Voilier 13/20

81 quai Comparetti - T. 04 95 73 07 06 - Carte 83 €

Cette grande terrasse abritée donnant sur le port, en bas de la citadelle, est la plus cossue de la station. On y travaille le poisson de pêche locale, et des plats sudistes d'inspiration corse ou italienne, comme l'arancini mozza et crème citronnée, avant la belle bouillabaisse à l'assiette (langoustine, dorade, loup, pagre...) et jus émulsionné à la rouille et un sympathique dessert fraise basilic huile d'olive. La situation, le soin à l'assiette, le service prévenant et attentif, correspondant au standing revendiqué, permettent de garder les 2 toques.

Aria Nova 12/20

4 rue Fred Scamaroni - T. 04 95 73 19 85 - Carte 76 €

Bien placée, et déjà dotée d'une 1re toque, cette table bien avisée tient son rang, employant à bon escient les produits insulaires dans une ligne plutôt actuelle, même si l'on mesure un peu trop la tentation du prestige qui épate (langouste, homard, truffe, foie gras) et de l'exotisme (filet de saumon mangue et sumac) : une bonne séquence avec le taboulé de rougets et foie gras poêlé, l'aïoli de cabillaud, filet mignon de cochon au jus, la tarte citron yuzu. Les produits sont de qualité et le chef Laurent Broussier a une bonne main.

Da Passano 12/20

53 quai Comparetti - T. 04 95 28 10 90 - Carte 31 €

Au milieu de la douzaine d'adresses qui jouent des coudes sur le port, Da Passano se distingue à la fois par son concept (les clients saisissent leurs choix sur un menu papier et les plats arrivent ensuite par vagues, pour favoriser le partage... et sans doute accélérer le turnover) et par son ambiance chic et branchée. Les assiettes font mieux que de la simple figuration, avec l'aubergine à la bonifacienne, un excellent tartare de loup et crumble de noisette de Cervione et un poulpe aux agrumes et boutargue au caractère marqué.

BONNE 74380

Baud 14/20

181 avenue Léman - T. 04 50 39 20 15 - Menu(s) 59-99 €

À un quart d'heure de Genève, cet intérieur contemporain respire le luxe discret et le bon goût. Pour séduire encore davantage son élégante clientèle et lui jouer l'air de la tendance, Christophe Morel ne propose plus que des menus surprises en 3, 5 ou 7 plats, ce qui lui octroie un confort de travail certain par rapport à l'offre traditionnelle d'une carte qui donne le choix à tous. L'assiette est techniquement irréprochable (la daurade d'entrée fut une merveille, le cerf de chasse bien fait aux coings et châtaignes avec un jus concentré et le dessert de cuisinier plus anecdotique), les sensations agréables, le service classique et dévoué. La carte des vins cultive le même esprit, références consacrées avec quelques très belles étiquettes et représentation régionale correcte.

BORDEAUX 33000

Maison Nouvelle 17,5/20

CHEF : PHILIPPE ETCHEBEST

11 rue Rode - T. 05 33 09 46 90 - Menu(s) 210 €

Philippe Etchebest a mis tellement de lui-même dans ce projet fou, pour lequel il se bat depuis cinq ans ! Avec son épouse Dominique, ils ont bravé tous les vents contraires pour ouvrir cette année leur Maison Nouvelle, qui est tout simplement la traduction de son nom basque. Sur la place si animée des Chartrons, il a aménagé une ancienne menuiserie avec beaucoup de goût, en y disposant nombre d'objets et de souvenirs, qui font un cadre à la fois chaleureux et personnel. Pour renforcer cette touche maison d'hôtes, l'accès est régi par une sonnette d'entrée : le maître d'hôtel vous accueille et vous conduit à votre table, au premier ou second étage. Chaque pièce est joliment habillée et offre une vue sur les Chartrons et l'église. À table, vous aurez donc l'âme, mais aussi le talent, de l'aubergiste. Cela faisait bien longtemps que nous n'avions vu Philippe Etchebest, le cuisinier aux 4 toques, à ce niveau de forme : la mise en scène est réussie, le service complice, et les idées franchement waouh ! Après avoir visité le potager et le verger (maïs, aubergine, abricot, salade de haricots verts framboise harissa maison et la tomate rhubarbe anchoïade), on donne les grandes orgues avec des plats brillants et personnalisés, chacun précédé d'une bouchée évocatrice, placée sur un «arbre» central pour renforcer les sensations de dégustation. La raviole de champignon au foie gras, parfaite et inédite dans cette interprétation, la soupe de coquillages, huîtres coques et couteaux avec la laitue braisée, une merveille de grand classique (un «gimmick» présent dans chaque menu) en version Etchebest avec la sole bonne femme qui nous a transportés dans un grand siècle gourmand, avant la carabinero grillée au charbon mayonnaise de corail et jus de tête au merlot d'une harmonie et d'une précision incroyables. Certes, le plus médiatique des chefs actuels fait bien quelques selfies avec gentillesse, mais celui que nous avons rencontré ici est l'aubergiste sincère qui met son cœur sur la table et fait plaisir à ses convives, si heureux avec ce menu du moment, unique, dévoilé au fil du repas. Permettant de découvrir encore un amour de cochon sur paille «retour de Chine», aubergine confite et girolles et un jus subtilement aromatisé, avant de flamboyants desserts, dont la «Turbulence», aussi percutante que savoureuse, chocolat praliné amande citron, très intense en chocolat et relevé d'un sorbet jalapeño. Cave puissante, soutenue par une sommelière très engagée, qui peut vous accompagner avec un pairing adapté.

La Table d'Hôtes — 16,5/20

CHEF : PHILIPPE ETCHEBEST

2 place de la Comédie - T. 05 56 02 49 70 - Menu(s) 180 €

Un lieu privilégié dans les sous-sols de l'opéra de Bordeaux, une salle voûtée avec pierre apparente, un chef médiatique que l'on peut croiser en toute simplicité (ce n'est pas garanti, mais Philippe Etchebest fait le maximum pour s'évader quelques minutes de sa Maison Nouvelle, place des Chartrons, enfourchant sa moto pour venir saluer ses convives à la Table) et des assiettes de haute volée... on ne peut être qu'impressionné par l'expérience. On y aime la convivialité (il faut bien sûr adhérer à ce modèle table d'hôtes, où tout le monde est servi en même temps), les produits, d'une qualité exceptionnelle et cuisinés dans un mélange de tradition et de modernité, avec des moments de show qui plaisent aux clients (flambage, azote...). Au hasard de la soirée, la mousse légère de tomate, cœur crémeux burrata et pastèque, focaccia, les copeaux de cèpe cru mandolinés sur le dessus et crémeux au vin jaune réalisé avec les parures de champignons et versé devant les convives, le foie gras des Landes de M. Dupérier, dans l'esprit d'un canard à l'orange, le rouget barbet en écailles soufflées, kimchi chou rave pêche, chips d'arêtes au foie de rouget, jus d'arêtes au Tio Pepe et le ris de veau, petits pois iodés et jus de veau au foin, raviole terre-mer. Parmi les desserts, une superbe composition chocolatée, une variation autour de l'amande et l'abricot. Belle carte avec des flacons prestigieux, avec honneur au bordelais. Vins au verre à partir de 8 €, servis par un bon sommelier.

L'Observatoire du Gabriel — 16/20

CHEF : ALEXANDRE BAUMARD

10 pl de la Bourse - T. 05 56 30 00 80 - Menu(s) 54-165 €

Dans le cadre luxueux, mais accessible du Gabriel, Alexandre Baumard ouvre grand cette salle à l'étage dominant la Garonne. La vue à 180° sur le fleuve est une invitation au voyage dans un confort souverain. Exigeant et passionné, le chef se concentre sur les produits marins. L'iode est ainsi le marqueur principal de sa cuisine. On aime la clarté et la sincérité dans les assiettes, avec des ingrédients identifiables et bien travaillés, des parfums bien présents avec des jeux de textures étudiés et pertinents. Le résultat est abouti, précis, on sent une belle maîtrise, les jus et sauces sont savoureux et puissants. La carte se déploie en 5 temps (115 €) ou 9 temps (165 €), avec l'incontournable oignon à l'anguille fumée, qui connaît un succès émérite, l'huître façon terre-mer est remarquable, le turbot envoie du lourd... Les desserts de Damien Amilien sont d'un excellent niveau et, au service, l'équipe attentive et très professionnelle reste discrète et bienveillante. Le choix des vins est judicieux, avec une très belle cave pour amateur éclairé.

Le Pressoir d'Argent Gordon Ramsay 15,5/20

CHEF : GORDON RAMSAY

2-5 place de la Comédie - T. 05 57 30 43 04 - Carte 221 €

Le plus célèbre hôtel de la capitale bordelaise offre logiquement l'une des meilleures tables de la ville. Par une signature fiable et reconnaissable, celle de Sir Gordon Ramsay, une brigade fournie et surqualifiée, un service irréprochable et des intérieurs d'architecture néo-classique qui flattent le prestige français. La carte est dans l'hommage aux grands fleurons du répertoire national, mis à jour par un chef averti : éclades, laitue de mer, pineau des Charentes, turbot Wellington, pintade étouffée, asperges landaises, tartine aillée, abattis au cognac, au baba au vieux rhum agricole, vanille de Tahiti et orange sanguine. Très belle cave de plus de 550 références.

Soléna 15/20

CHEF : VICTOR OSTRONZEC

5 rue Chauffour - T. 05 57 53 28 06 - Menu(s) 39-98 €

Nouveau changement de déco, sobre et de très bon goût, pour Victor Ostronzec, qui insuffle ainsi une nouvelle dynamique en gardant ses qualités. Dans l'assiette, tout est toujours aussi sûr et bien construit : céleri confit entier à la noisette, truffe, bouillon de peaux caramélisées, citron Meyer dans un bel équilibre de textures, ormeaux de Bretagne rôtis et déglacés d'une sauce Périgueux, royale de foie gras, radis noir, noix de ris de veau glacée truffe (belle cuisson du ris de veau), condiment pistache et crème de parmesan, oignon doux confit, avant de très bons desserts de cuisinier, les agrumes confits ou la crème brûlée chocolat. La cave est belle, affirmant ses choix sur le Bordelais. Les 3 toques sont solides !

Bô-tannique 14,5/20

2 rue Tustal - T. 05 56 81 34 92 - Menu(s) 21-42 €

Passés chez Savoy et Robuchon, Florent et Romain ne manquent ni d'expérience ni de technique, les mettant au service d'une cuisine qui leur est personnelle, avec une belle tendance fusion et des épices asiatiques. Les plats, plus qu'élégants, témoignent d'un sens esthétique sûr et à jour, les cuissons sont précises, les condiments ne sont pas en trop, sur une entrée de betterave feuilletée au sapin, sésame et aneth, fromage frais de brebis, sur une raie meunière à l'algue nori, poireaux au beurre blanc, coques et poutargue, sur une volaille rôtie au beurre de sauge, compotée de butternut aux châtaignes et sauce poulette à l'oursin. Les desserts font voyager, une marmelade de mandarine crue et confite au kombu, espuma et granité citron verveine. Pour la liaison entre les assiettes et la cave, on pourra compter sur Guillaume et ses beaux accords.

Akashi 14/20

45 rue du Loup - T. 05 57 99 95 09 - Menu(s) 21-68 €

Lauréat du trophée Cuisine de la Mer lors d'un Gault&Millau Tour, le chef Akashi Kaneko a su démontrer son talent sur ce thème, qui lui sert à l'élaboration d'une cuisine française délicate et singulière. L'endroit est marqué par le minimalisme, tout en blanc avec parquet gris et assises foncées pour le contraste, laissant émaner un soin du détail éloquent. Le menu découverte à 49 € fait ses preuves, avec la fricassée de poulpe et purée de topinambour, la joue de lotte grillée et laquée sauce vermouth aux algues et spaghetti de légumes, le moelleux à la châtaigne, coulis de noisettes grillées et espuma au rhum, huile de vanille.

Le Bistrot du Gabriel 14/20

10 place de la Bourse - T. 05 56 30 00 30 - Carte 14 € - Menu(s) 27-46 €

Cette version bistrot du Gabriel profite du même cadre idyllique, avec une vue imprenable sur l'une des plus belles places de la ville, en face de la Garonne, et d'une cuisine à la hauteur du spectacle, par Alexandre Baumard. Le chef met en scène de grands standards au-delà de tout soupçon, un pâté de canard farci au foie gras, une dorade rôtie et sauce vierge à l'huile d'olive, une souris d'agneau 8 heures, un pigeon en tourte, un classique paris-brest. Service bien tenu.

Au Bonheur du Palais 14/20

72-74 rue Paul-Louis Lande - T. 05 56 94 38 63 - Carte 44 € - Menu(s) 45 €

Référence ultime pour la cuisine chinoise du côté de la bourse du travail, la table des frères Shan est la rencontre des traditions cantonaises (et un peu sichuanaises) et du raffinement à la française. C'est à la fois un voyage et un moment d'exigence, tant l'expérience et le savoir-faire élèvent les habituels au-dessus du commun, une carte efficace et lisible, avec les écrevisses pochées à la sauce insolite, les crevettes croustillantes accompagnée d'une délicieuse sauce, sirupeuse et pas collante, le bœuf braisé aux piments, dans une sauce avec un mélange d'épices et de gingembre, le canard aux épices à la sauce prune... Desserts classiques (pavlova moyenne, mais on ne vient pas ici pour le dessert), très bon accueil de Tommy Shan, qui passe à chaque table prodiguer les bons conseils. On boit plutôt du thé ou de la bière.

Cent33 14/20

133 rue du Jardin Public - T. 05 56 15 90 40 - Carte 10 € - Menu(s) 65-192 €

Sur le concept des assiettes à partager, placée au centre de la table, la cuisine de Fabien Beaufour séduit par sa simplicité et sa précision une belle clientèle de foodies locaux : petits pois à la menthe, lait de coco et crémeux de homard pour une entrée fraîche, parfumée et bien travaillée, morue charbonnière laquée au feu de bois, morilles et Tio Pepe, ou le ris de veau, frit, avec ses girolles et nage de petits pois à la marjolaine, gourmand et savoureux. La salle est un brin bruyante, le service minutieux, courtois et sympathique, et la cave s'est étoffée depuis notre dernière visite, avec davantage de références et un choix plus étendu au verre.

L'Oiseau Bleu 14/20

127 avenue Thiers - T. 05 56 81 09 39 - Menu(s) 35-80 €

Légèrement excentrée, dans le quartier de la Bastide, sur l'avenue Thiers, l'adresse des époux Lafon et du chef François Sauvêtre est un point de chute rassurant et chaleureux, où la gastronomie se pare d'un charme bucolique en terrasse et d'une élégance française en salle. Idéale pour les déjeuners d'affaires et les dîners en habit, la maison propose une assiette calibrée, avec une attention toute portée sur le produit, systématiquement sourcé et bio : le chou-fleur, curry, haddock, thym-citron, le cabillaud, héliantis, ail noir et kiwi, le canard, endive, sobacha et vieille mimolette, ou encore l'orange sanguine, sablé breton, baie rose et chocolat blanc, dans un menu à 50 € tout à fait juste. Belle cave de plus de 350 références.

Le Pavillon des Boulevards 14/20

120 rue Croix-de-Seguey - T. 05 56 81 51 02 - Menu(s) 50-150 €

Institution emblématique ouverte en 1986 et reprise en 2015 par Thomas et Célia Morel, c'est le rendez-vous classique et inusable de la haute sphère bordelaise, qui a su reconnaître ici les qualités d'une belle cuisine bourgeoise, où les produits nobles règnent en maître. Les prix débutent à 50 €, mais la matière première, les idées et la précision des cuissons les justifient largement, sur un caviar de Sologne, rémoulade de panais et pommes vertes au king crabe, crackers soufflés, mousse panais chocolat blanc et crème de tourteau, sur un homard bleu, bisque au sauternes, minilégumes glacés et tarama de homard et truffe, un fameux lièvre royale, une douceur de mandarine, chocolat et lait de soja en siphon, crème glacée yuzu-miso. On ne manquera pas d'aller jeter un coup d'œil à la cave, splendide catalogue bordelais.

Sens 14/20

93 rue de Soissons - T. 09 83 45 52 29 - Menu(s) 24-65 €

Alexandre Bru, le chef propriétaire, et Lauren, son épouse pâtissière, font appel aux sens dans ce décor chaleureux teinté de bleu profond et jaune moutarde. Si le manque de personnel les oblige à être au four et au moulin, l'atmosphère n'en est que plus intime et l'expérience aussi agréable : l'oursin bien travaillé gel iodé au dashi, chou-fleur, poutargue, coques et main de bouddha, la truite des Pyrénées, variation autour de la butternut et de la mélisse, œufs de truite, épices tandoori et sabayon au miso parfumé à la cardamome, le veau de lait légumes racines, saké, sarrasin, clémentines au thym, de délicates sensations de torréfaction, un jus très réussi et un puissant parfum de truffe... Bon dessert chocolat glace shiso et chocolat, carte de vins assez courte, tarifs toujours sages pour une note à la hausse.

Son' Restaurant 14/20

14 rue Paul Louis Lande - T. 05 57 67 10 46 - Menu(s) 25-55 €

Une nouvelle progression pour Sylvain Renzetti, jeune chef prometteur qui fourmille d'idées au point de changer son menu trois fois par semaine, prenant des risques calculés pour un résultat plutôt enthousiasmant. Dans cette grande salle avec cuisine ouverte, moulures au plafond et déco contemporaine, le tout-Bordeaux accourt pour goûter cette carte audacieuse, mais lisible, présentée avec sourire et compétence par Sarah, tout aussi efficace que le chef : huître comme un minestrone: eau de petits pois et petits pois croquants, kiwi, d'un bel équilibre, julienne en croûte de citron noir, épeautre lié à la mousseline de carottes, porc confit 66 heures à 66 °C (subtilement nommé «Porcifer»), salsifis au grué de cacao, sauce passion et bourgeons d'estragon, sabayon kumquat pimenté. S'il peut se garder de la multiplication des ingrédients, ce chef n'a pas fini de nous étonner. Amusants desserts sur le thème des bonbons de l'enfance, cave bien variée.

La Table de Montaigne - Le Palais Gallien 14/20

144 rue Abbé de l'Epée - T. 05 57 08 01 27 - Menu(s) 69-87 €

Une équipe de choc pour la table de ce bel hôtel 5 étoiles du centre-ville, prête à donner le meilleur à chaque étape du voyage. Voilà une promesse ambitieuse et des résultats franchement convaincants, surtout pour le travail de Younesse Bouakkaoui, qui offre à cette salle d'architecture néoclassique une cuisine de produits précise et actuelle. Le menu en 5 chapitres débute à 69 €, avec la burrata en fine tarte, le rouget avec les petits pois, la myrtille sauvage et l'oxalis, le veau avec l'artichaut et le lard de Colonnata, ou encore le rhubarbe glacée et croustillante. Service irréprochable.

Influences 13,5/20

36 rue Saint-Sernin - T. 05 56 81 01 05 - Menu(s) 33-80 €

Ils se sont rencontrés à San Francisco au restaurant La Folie, et sont revenus à Bordeaux pour nous offrir le fruit d'une expérience autour du monde. Ronald Patterson et Aliénor Delrue sont dans la nouvelle vague des tables globales, qui aiment faire voyager sans bouger de chez soi, et qui font primer la créativité sur les traditions. Les menus sont évidemment à la discrétion du chef, qui, de 33 à 80 €, propose ses idées avec une amplitude modulable. L'expérience et la technique assurent le confort du moment.

Lauza 13,5/20

5 rue du Hâ - T. 05 56 52 76 59 - Carte 48 € - Menu(s) 19-65 €

Dans la fameuse rue du Hâ, Romain Schlumberger s'est imposé comme l'un des chefs de file de la nouvelle scène bordelaise, avec sa jolie table à la façade bleue, son intérieur lumineux et ses assiettes inspirées. Les associations sont voyageuses et la technique assure la liaison, celle de salsifis avec une croûte de noisette, une mayonnaise à l'ail noir et roquette, un modeux lieu jaune de ligne aux topinambours, poireaux, shiitakés, bouillon katsuobushi, fromage blanc et coriandre, ou encore un filet mignon de porc de montagne, beignets de carottes aux épices, cresson, piment et jus à la sauge. Bonne direction en salle, choix sages en cave.

Mets Mots 13,5/20

98 rue Fondaudège - T. 05 57 83 38 24 - Menu(s) 25-62 €

C'est la stabilité d'un concept qui fonctionne bien chez Léo Forget, le maître artilleur de cette ancienne imprimerie, avec son épouse Marion, et Romain Grenet qui dirige la salle avec aisance. Le chef, passé chez Gagnaire, possède le savoir des assiettes bien dressées, d'apparence simple, mais d'une excellente technique : lichette de mulet assaisonné et fumé, poireaux fondants et crème aigre au foin, avec une poutargue maison, quasi de veau rôti, condiment oseille framboise, navets glacés, fèves et olives noires, belle cuisson et vrai jus, fraises et céleri branche confit à la vanille, arlette craquante, mousse au chocolat blanc. De l'engagement dans le choix des produits (démarche éco), carte des vins également bien ciblée et dans les meilleurs tarifs.

Le Quatrième Mur 13,5/20

2 place de la Comédie - T. 05 56 02 49 70 - Menu(s) 38-54 €

Dans le Grand-Théâtre de Bordeaux, les magnifiques colonnes et les lustres scintillants plantent un décor inoubliable pour un soir, l'occasion de découvrir les assiettes généreuses supervisées par Philippe Etchebest. La carte est placée sous le signe de la gourmandise, avec des idées d'aujourd'hui bien arrondies, une raviole de fricassée de champignons, foie gras poêlé et crémeux de champignons, un maigre snacké, purée d'artichaut et olives noires, tomate, gel de citron brûlé et émulsion ajoblanco, picanha de veau rôti, petits pois et asperges, gel fruits rouges au tandoori, jus de veau corsé et, pour finir, un baba au limoncello, agrumes et chantilly à la mélisse. Service professionnel.

Symbiose 13,5/20

4 quai des Chartrons - T. 05 56 23 67 15 - Carte 37 € ♿

Sur les quais, le bar-restaurant de Félix Clerc est sans aucun doute l'un des lieux favoris de la jeunesse bordelaise, qui s'y retrouve pour toutes les occasions, boire une bière en terrasse, découvrir les nouveaux cocktails élaborés par l'équipe, se rassasier d'une assiette ouverte sur le monde, aussi technique que bien construite. Une influence franco-américaine plane sur les idées du chef, des plats qui se mangent avec les doigts, qui associent autant le sucré que le salé et l'acide, un cromesquis de tapioca et cheddar et une salade chou rouge, un tartare de bœuf au satay avec des patates douces et une mayonnaise aux herbes du jardin, des cœurs de canard grillés au paprika, mezcal, taloa de maïs, sauce amashi et pickles d'oignons rouges. On y appréciera l'efficacité du service, sorte de chaos organisé où tout semble toujours arriver au bon endroit. Ambiance très conviviale, davantage pensée pour les sorties entre amis que les dîners au calme. Prix compétitifs.

Zéphirine 13,5/20

62 rue Abbé de l'Epée - T. 09 72 45 55 36 - Menu(s) 24-49 €

L'espace, naguère occupé par Tanguy Laviale, a été bien repensé : Marie-Zéphirine et Bertrand Arnauld sont des hôtes bienveillants et disponibles, et la brigade emmenée par Romain Corbière assure une prestation qui ne dépare pas les lieux, dans ce cadre pratique et naturel, tout en sobriété. La jolie brandade de haddock au curry et chou-fleur, aussi gourmande qu'inventive, le merlu de ligne plancha, rôti au four, fumet de poisson réduit, citron vert citron jaune et orange pressé, comme l'épaule de porcelet confite, cuite doucement 24 heures avec une garniture soignée, un gratin de topinambours et pommes de terre, cuit dans un bouillon de volaille, assurent les 2 belles premières toques de cette nouvelle aventure. Sympathique zéphirin à l'orange en dessert, cave correcte.

Arcada 13/20

13 rue de la Rousselle - T. 05 56 23 08 61 - Menu(s) 20-45 € ♿

La table de Sofiane Bouhabib est l'une des bonnes découvertes de ces dernières années, pour sa situation dans le centre-ville, son ambiance chaleureuse et ses assiettes dans l'air du temps. Rouverte après huit mois de fermeture, elle retrouve son rythme, avec des formules qui fonctionnent, une vichyssoise, jaune d'œuf fermier et poireau brûlé, un merlu confit, mousse et billes de butternut, gel citron, un filet de canette rôti, composition de carottes sable et aigre-doux porto-balsamique, ou encore un chou à la pistache, crémeux chocolat blanc Cluizel et pistaches. Prix plus que décents avec un premier menu le midi à 20 €.

C'Yusha 13/20

12 rue Ausone - T. 05 56 69 89 70 - Menu(s) 38-68 €

Notamment passé chez Ducasse, Loiseau et Guérard, Pierrick Célibert présente un CV à la hauteur des assiettes. Les fourneaux délivrent une cuisine d'aujourd'hui à la rigueur d'hier, à la fois technique et inspirée, qui se décline dans des menus bien étagés, de 38 à 68 €. Le chef travaille l'œuf avec un condiment d'ail noir et crémeux de chou-fleur à la truffe, le dos de cabillaud est poudré de shiso avec une embeurrée de chou au galanga, tandis que le magret de canard est laqué au miel de litchi avec un gastrique à la clémentine de Corse et panais à la fève tonka. Les desserts sont du même acabit. Cave bien assortie.

Le Chapon Fin 13/20

5 rue Montesquieu - T. 05 56 79 10 10 - Carte 97 € - Menu(s) 40-87 €

Ah ! le cadre exceptionnel du Chapon Fin, ce chaos rocheux digne des folies du début du siècle dernier, cette opulence discrète, ce bien-être à table... Nous y avons vécu de grandes heures, que chaque Bordelais aimerait retrouver. Cette année encore, nous sommes restés un peu sur notre faim dans l'assiette, même si les efforts sont patents, avec de belles idées tout en restant classiques. L'émietté de tourteau avocat en guacamole, fruit de la passion, pamplemousse et radis rouge fait une entrée agréable et fraîche, le pavé de maigre aux cocos de Paimpol bénéficie d'une sauce crémeuse au haddock et l'on oubliera le dessert. Belle et forte cave, avec tous les grands châteaux et un choix également en petits à travers les 1200 références.

Le Clos d'Augusta 13/20

339 rue Georges Bonnac - T. 05 56 96 32 51 - Carte 68 € - Menu(s) 30-75 €

Une bonne table qui a finalement peu changé en vingt ans, dans son répertoire bourgeois solide et bien installé. Samuel Zuccolotto a du savoir et de la maîtrise, ses assiettes plaisent toujours à sa clientèle d'affaires qui apprécie d'avoir ses aises dans cette agréable table de quartier. Si la déco mériterait peut-être un petit coup de blush, on ne fait pas la fine bouche devant le thon rouge juste saisi, crème vermouth perlée à l'ail des ours, tomate zebra et anguille fumée ou le duo de ris de veau et ravioles de langoustines, voile de pistache (une tuile), avec une sauce néanmoins un peu fade. Bon chariot de desserts, à l'ancienne, au déjeuner. Cave bordelaise étendue.

Le Davoli 13/20

13 rue des Bahutiers - T. 05 56 48 22 19 - Menu(s) 24-56 €

Non loin de la place de la Bourse, la table de David Grangier, ancien second de Christopher Coutanceau, et Olivier Rouland, ancien sommelier d'Alain Ducasse, est une valeur sûre, facilement reconnaissable à sa devanture bordeaux, pour ses assiettes professionnelles et son service bien pensé pour les repas d'affaires. L'endroit, qui fait la liaison entre l'ancien et le moderne, bois mouluré et pierre contre lignes épurées et tons de gris et d'indigo, dégage une atmosphère sérieuse et élégante, qui introduit comme il faut le beau menu de saison à 49 €, centré sur le produit, avec la saint-jacques poireau céleri et mignon de cochon fumé, le poulet fermier avec le cannelloni d'épinard, blette et ricotta, ou encore l'intéressante tatin de fenouil, chocolat ivoire et crème brûlée réglisse. Belle cave avant tout bordelaise.

Ishikawa 13/20

22 rue du Hâ - T. 05 57 99 71 69 - Menu(s) 38 €

Formé dans un restaurant classique de Tokyo, Yugo Ishikawa donne des gages d'assurance quant à son savoir-faire et sa rigueur, qui se ressentent d'emblée dans cette belle cuisine japonaise, authentique et recherchée, sélectionnant avec le plus grand soin ses poissons pour rester dans la tradition nipponne. La sobriété zen des lieux exprime bien l'idée d'un lointain fantasmé, tandis que la formule du midi, déclinable de 20 à 38 € en fonction du plat du jour et de l'option des 5 «kobachis», restitue avec exigence ce que l'on pourrait vivre à 10000 km de Bordeaux. On pourra démarrer sagement avec le tataki de thon, très réussi, puis les classiques, chirashi-sushi, tonkatsu de porc ibérique ou magret grillé à la japonaise. Bon choix de sakés et bières japonaises, traditionnel umeshu à l'apéritif. Service agréable, attentionné et souriant

Julien Cruège 13/20

245 rue Turenne - T. 05 56 81 97 86 - Carte 52 €

Terrasse verdoyante en ville, salle contemporaine et colorée : cette jolie maison traverse les années sereinement. L'adresse de Julien Cruège est un plaisir renouvelé, avec ses inspirations croisées qui mêlent terroir local et touches voyageuses. La carte énonce des idées bistronomiques qui fonctionnent bien, à la façon d'un velouté de topinambour, saint-jacques, châtaignes et noisettes, d'un filet de rouget snacké, boudin grillé et haricots tarbais, des saint-jacques et tête de veau snackées, cru de chou-fleur aux noix de cajou, ou encore du fondant chocolat agrumes et crème au poivre du Sichuan. Cave bordelaise accessible.

Loco By Jem's 13/20

293 rue d'Ornano - T. 05 56 55 99 37 - Menu(s) 25-59 €

En face du stade Chaban-Delmas, Loco By Jem's est une belle petite adresse bordelaise. Le chef Jérémy Prévost est passé par de très belles maisons (Marx, à Cordeillan-Bages, Bruno Oger, Pierre Gagnaire, à Londres) et est resté très attaché à la cuisine française, qu'il affectionne mais retravaille avec spontanéité et précision. Point fort sur les assaisonnements et les sauces, jus, soutenus par des herbes, condiments... Ambiance cool et décontractée le midi avec une cuisine de bistro et de bonnes formules, plus cosy le soir avec des plats plus gastronomiques. Foie gras mi-cuit classique et bien fait, pigeonneau, caviar d'aubergine, crème persil moutarde, condiment cerise, belle cuisson et bel équilibre, macaron myrtilles, mousseline vanille, crème glacée mascarpone, un dessert agréable avec un joli visuel. Carte de vins de 140 références à des prix très corrects.

Lume 13/20

3 rue des Faussets - T. 05 47 79 47 56 - Menu(s) 65 €

Non loin de la place de la Bourse, Riccardo Suppa s'est imposé comme l'un des chefs de file de la cuisine italienne à Bordeaux. Avec sa table cosy et ses assiettes vénitiennes qui tendent vers la gastronomie, il montre la gastronomie transalpine sous une perspective moderne et sophistiquée, largement éclairée par son menu «Percorsi» en 6 temps, avec par exemple les gnocchis au safran, guazzetto de jus d'arêtes, langoustine juste saisie à la flamme, tagète, carbonara à la façon du chef avec des spiralottis aux asperges vertes des Landes fumées au bois d'olivier et guanciales, un bar de ligne aux asperges blanches de Saint-Symphorien et émulsion de salsa veneziana. En dessert, la fraise ciflorette à l'huile d'olive infusée à la mélisse, sbrisolona et crème anglaise montée.

Le M 13/20

53 rue Lafaurie Monbadon - T. 05 56 79 01 64 - Menu(s) 20-48 €

À deux pas de la place des Quinconces, la table d'Arno Busquet et David Personnaz gagne à être connue, pour sa salle chaleureuse entre pierre et végétation, qui donne un cadre à la fois vaste et intimiste, avec sa lumière tamisée et sa bonne organisation des espaces. Le menu à 48 € offre une belle interprétation des traditions, avec des recettes intemporelles revisitées avec talent et technique, un élégant velouté de navet, un œuf parfait et champignons idéal pour une entrée d'hiver, un exemplaire cabillaud en croûte grenobloise ou encore une douceur finale pleine d'exotisme, à la mangue et fruit de la passion. La cave est bien construite, avec des idées sur toute la France, du Jura à Bordeaux en passant par la Bourgogne. Bon service.

Porte Quinze 13/20

15 rue Émile Duployé - T. 09 61 65 60 19 - Menu(s) 25-55 €

Adresse discrète, mais qui ne compte plus ses fidèles, la table de Gilbert Okoin est une aventure toujours mystérieuse, un moment d'élégance et de créativité seulement connu des initiés, qui savent ici la surprise permanente et la certitude d'un sourire satisfait. Le chef y construit une œuvre en mouvement, en fonction du marché, et qui s'expose en quatre menus cachés : déclinaison sur la betterave, bon travail sur la lotte pois gourmands olives noires, avec une sauce puissante, meringue italienne, crème glacée maïs... Service attentionné, cave généraliste.

Tentazioni 13/20

59 rue du Palais Gallien - T. 05 56 52 62 11 - Menu(s) 32-105 €

Un italien distingué, une ambition gastro marquée pour Giovanni et Johanna Pireddu, loin du registre de trattoria et plus proche de Casadelmare, où Giovanni a travaillé. Du beau et du bon, avec beaucoup de technique. L'exigence a un prix, mais le menu gastronomique est impressionnant, le gambero rosso légèrement grillé avec une hollandaise et à la livèche, un primo piatto de fusilli, oursin de Galice et cardamome, un beau saint-pierre de ligne, coques et sabayon à l'huile d'olive, des raviolis de lapin cuisiné à la cacciatora, langoustine et jus tranché à l'huile de fleur de romarin ou encore un pigeon de Racan, thon rouge de Méditerranée laqué et condiments. Grande cave italienne.

Bouchon Bordelais 12,5/20

2 rue Courbin - T. 05 56 44 33 00 - Menu(s) 30-41 €

Un bouchon qui n'a de canaille que le nom, tant le chef Frédéric Vigouroux fait la preuve d'une sophistication dans ses plats, qui donnent un coup de neuf au répertoire. Ce bistrot coloré et animé défend une ardoise toujours renouvelée et inspirée, qui expose une créativité innovante, avec la fricassée de petits gris à l'entre-deux-mers, tomates et lard gascon sur une agata rissolée, un filet de cabillaud avec une élégante tempura de chou-fleur au curry noir, une poitrine de canette de Challans, condiment salsifis, patates écrasées et truffées. Cave dans le bon esprit.

Luna 12,5/20

15 rue Albert Pitres - T. 05 56 52 13 69 - Carte 49 € - Menu(s) 20-24 €

Petite révolution au bout de l'avenue de Verdun, puisque le bon Air de Famille a cédé la place à Luna. La déco est refaite dans l'air du temps (parquet, pierre brute, fleurs séchées, dame-jeanne et bocaux pour un air bohème) et la cuisine ripolinée, mutine et créative. Eva est en salle et s'en débrouille très bien, avec le sourire, et Micael en cuisine, pour un bon rapport prix-plaisir et des assiettes réussies : raviolis pecorino pistaches petits pois mulet blanc, daurade royale leche de tigre passion fenouil citron, cabillaud asperges blanches haddock fumé. C'est un peu la foire aux saveurs, tout en gardant l'équilibre jusqu'au chocolat noisette granola. Une 1re toque intéressante, une courte carte des vins à étoffer.

Mampuku 12,5/20

9 rue Ausone - T. 05 56 81 18 75 - Menu(s) 19-39 €

Dans le vieux centre, non loin de la place de la Bourse, la bande du Miles a récidivé pour proposer une cuisine multiculturelle. Le résultat final est un moment branché et d'une convivialité certaine, entre des murs en pierre de taille, avec un mobilier épuré et une décoration minimale, son comptoir à la japonaise et ses menues tables en bois. Les assiettes restituent les influences avec brio, une entrée sous formes de mezzés qui célèbrent le Moyen-Orient et l'Asie, une terrine de joue de porc à la vietnamienne ou encore un pain pita frit et labneh pastis, puis un délicat veau braisé à la citronnelle et au gingembre, bouillon aux épices et nouilles de riz, chou grillé et herbes vietnamiennes... La cave vaut le détour, avec une sélection autour du monde, de Grèce, de Géorgie, du Portugal et d'Allemagne, mais encore des beaux sakés. Très bon rapport qualité-prix avec un premier menu à 19 €.

Memes'tra 12,5/20

249 cours de la Somme - T. 05 56 75 55 72 - Menu(s) 20-50 €

Bien installés dans le quartier Nansouty, Maxime Le Lay et sa compagne Leslie ont su séduire une jolie clientèle avec une cuisine franche, gourmande et généreuse. C'est à la fois précis, simple et bien exécuté, avec une mention spéciale pour la qualité des cuissons : le cabillaud bien nacré avec les conchiglioni farcis artichaut, ricotta, roquette, asperges et jus d'asperges, suivant un bon tartare de veau condimenté par le hareng fumé clémentine, avec des lamelles de betterave. Desserts très corrects (plaisant Oréo maison), cave bien construite, variée et assez complète, dans une ambiance bien conviviale.

Le Petit Atelier des Faures 12,5/20

48 rue des Faures - T. 09 86 42 45 45 - Carte 36 €

Au cœur du quartier Saint-Pierre, le «Petit Atelier» de Roman Winicki n'a de petit que l'étroitesse du lieu. La salle chaleureuse et conviviale prime sur la simplicité, les assiettes sont sobres mais toujours soignées, avec la petite touche en plus qui sait faire la différence. Les célèbres gyozas qui ont fait la réputation du restaurant dès son ouverture sont toujours présents à la carte du soir, et on y ajoute une sélection de plats sympas qui se déclinent avec les saisons : anguille fumée au chou, dorade marinée riz curcuma lait de coco, bien réalisé et savoureux, crémeux chocolat dulce de leche shortbread... Service dynamique et actif tout en étant souriant et attentif. Cave bien composée.

La Zoologie 12,5/20

151 cours de la Marne - T. 05 33 06 99 17 - Menu(s) 25-38 €

Un hôtel 4 étoiles installé dans l'ancien institut zoologique qui combine un héritage architectural remarquable avec une rénovation contemporaine harmonieuse et qui propose une restauration hôtelière de bon niveau. La carte reprend des standards d'ici et d'ailleurs, dans une réalisation soignée : nems de langoustine à la coriandre, carpaccio de thon et mâche, bar rôti au fenouil et écrasé de pommes de terre, côte de bœuf, os à moelle et frites, un mi-cuit au chocolat. Service du standing requis.

L'Atelier des Faures 12/20

15 rue des frères Bonie - T. 09 86 42 45 45 - Menu(s) 24-54 €

Bar à manger chic et bien situé à côté de la place Meynard, c'est une charmante maison en pierre de Bordeaux, façon comptoir, qui propose une cuisine sur le pouce à midi et des développements plus poussés le soir. En 24 € le déjeuner et 44 ou 54 € au dîner, le chef prouve sa capacité à produire du simple comme du plus élaboré tout en conservant un esprit bistrot, des assiettes efficaces et joliment dressées, avec la soupe à l'oignon, la caille purée de céleri et cresson, la tartelette aux chanterelles et sabayon d'anguille, des agnolotti et épinards ou encore une douceur de pomme, feuilletage et cédrat.

Le Bordeaux 12/20

2-5 place de la Comédie - T. 05 57 30 43 46 - Carte 61 € - Menu(s) 40 €

Annexe du Pressoir d'Argent de Gordon Ramsay, cette emblématique brasserie pilotée par François Durand et Clément Laurent assure une prestation haut de gamme sur la célèbre place de la Comédie, avec des classiques à la réalisation irréprochable. La carte reprend les standards attendus revisités, avec l'os à moelle, l'œuf mollet et compotée d'endives au magret fumé, les linguine alle vongole, les saint-jacques poêlées, déclinaison de panais, jus des bardes au Noilly Prat, l'épaule d'agneau confite 12 heures et potimarron rôti. Desserts de même esprit, un entremets chocolat caraïbe, ou encore un galet vanille et noix de pécan. Cave mahousse.

La Brasserie Bordelaise 12/20

50 rue Saint-Rémi - T. 05 57 87 11 91 - Carte 59 €

L'institution est centrale et canaille, pour les amateurs d'huîtres et de bonnes viandes, qui pourront soulager leur faim dans une humeur familière et complice. La compagnie fait du bistrot joyeux et gourmand, avec des classiques qui rassemblent : les belles huîtres de chez David Hervé, incontournables, le tartare de thon en entrée, puis la lamproie bordelaise, la joue de bœuf au bordeaux, le poulet rôti, le magret de canard, le faux-filet et l'entrecôte, une généreuse côte de bœuf. Bon service. Cave très fournie.

Ganache 12/20

43 rue Saint-Rémi - T. 05 57 83 99 02 - Carte 44 €

C'est un nouvel espace gourmand qui se propose aux Bordelais, restaurant et chocolaterie pour Nicolas et Marie (la chocolatière) Barbé-Salenave. Au restaurant, ils ont mis la main sur un bon chef, Stéphan Lopez, pour produire la cuisine actuelle qui convient à ce décor jungle urbaine bien imaginé par un cabinet nantais : ceviche de dorade, agrumes et lait de coco assez classique, ris de veau croustillants, risotto aux champignons, panais confit, déjà un plat signature, et bien sûr un dessert chocolaté, comme l'emblématique «Tablette» jouant sur les textures. Service agréable, cave correcte.

Mama Shelter Bordeaux 12/20

19 rue Poquelin Molière - T. 05 57 30 45 45 - Carte 44 €

On adore ou on dénigre, mais on ne peut nier que ce grand foutoir sur six niveaux a de quoi occuper les sens, entre l'hôtel bohème chic, le rooftop du sixième, le bar central, les concerts, la décoration ultra-léchée, sorte de fausse brocante pop arty et toujours cool, et le restaurant, avec des propositions bistrots remaniées pleines de fantaisie. La formule ne rate pas sa cible et l'on revient sans rechigner pour des arancini, un poulpe et pak-choï, un ceviche de daurade marinée au yuzu, un cheeseburger «de la mama», un bon tiramisu.

Le Petit Commerce 12/20

22 rue du Parlement Saint-Pierre - T. 05 56 79 76 58 - Menu(s) 16 €

La salle et la terrasse sont toujours bondées, dans un bistrot qui n'a plus à prouver les raisons de son succès. Une équipe au top, souriante et efficace, une carte simple qui marche quoiqu'il arrive, parce qu'elle est sans chichis et que les produits sont de bonne qualité, et voilà la clé du bonheur qui rassemble les Bordelais depuis des années. Au menu, saumon fumé, œuf cocotte, des assiettes et plateaux de fruits de mer, un médaillon de lotte, un pavé de maigre, un jarret d'agneau confit, une poire amandine...

Racines 12/20

59 rue Georges Bonnac - T. 05 56 98 43 08 - Menu(s) 28-58 €

La table de Daniel Gallacher est un repaire bien connu des Bordelais, qui viennent en fidèles prendre leur pause déjeuner ici. Situé du côté de Mériadeck, ce bistrot raffiné défend une cuisine franco-écossaise bien exécutée et une cave qui suit la route, avec des propositions en bordeaux mais également d'ailleurs. Pour un rapport qualité-prix intéressant, on y découvrira une assiette de saison pertinente, une entrée de topinambour au café, lait végétal et champignons, un élégant merlu aux brocolis, noisettes et anchois, ou encore une douceur de chocolat, pruneaux, miso et gingembre. Service moins en jambes cette année.

Soif 12/20

35 rue du Cancera - T. 09 86 10 42 40 - Carte 43 €

Petite surprise entre la place du Parlement et la place Camille-Jullian, ce joyeux bar à manger animé par Cécile et Nicolas fait autant plaisir dans le verre que dans l'assiette. Nicolas Lefevre aligne quelque 350 références, de bonne sélection de bon conseil, tandis que Cécile Lambré développe une cuisine élégante et inventive, qui fait croiser les cultures et les textures. On pourra se laisser tenter par le haddock avec la croustillante gaufre de pommes de terre et la touche iodée de l'algue, l'étonnante bouchée à la reine au ris de veau et aux coques, supplément gourmandise d'une truffe noire de Dordogne, une caille karaage avec les cuisses confites et des scorsonères rôtis.

A Cantina 11,5/20

14 rue des Bahutiers - T. 07 87 04 28 97 - Carte 41€ - Menu(s) 19-35€

Dans le vieux Bordeaux, une balade corse chaleureuse et bien fournie, dans l'assiette comme dans le verre. La décoration est à l'ancienne, avec un mélange un peu brocante de chaises de café et d'assises rembourrées, dans un cadre jaune et bleu ciel ensoleillé. C'est un bon approvisionnement en produits du terroir qui fait la renommée, mais aussi une compréhension aboutie des traditions insulaires. Cave très complète sur tous les coins de l'île.

Le Chien de Pavlov 11,5/20

45-47 rue de la Devise - T. 05 56 48 26 71 - Carte 52€ - Menu(s) 48€

Ouvert en 2014 par Mary Henchley et Maxime Rosselin, cet établissement tamisé du côté de la place du Parlement offre une bistronomie d'aujourd'hui, aussi belle que bonne, avec des propositions à l'ardoise en phase avec les saisons. Dans l'idée, un intéressant maquereau grillé et houmous à la coriandre, bien équilibré, une ballotine de pintade aux champignons et crème de patate douce, un filet mignon de veau, pommes de terre au ras el-hanout, navets violets. Pour terminer, une brioche perdue et glace cognac. À partir de 27 €.

Le Comptoir des Saveurs 11,5/20

5 place des Martyrs de la Résistance - T. 05 56 15 53 85 - Menu(s) 23-39€

Vincent Pichodou tient bien sa place du côté de Mériadeck avec ce joli comptoir à dominante boisée, qui a su fidéliser sa clientèle pour le soir et le midi, par une ardoise compétitive et adaptée. La formule du midi à 23 € est un bon choix, avec le tartare de veau iodé, la pluma de cochon et un kouign-amann, tandis que le chef développe pour le soir des menus carte blanche à partir de 39 €. Cave orientée biodynamie.

Le Regallien 11,5/20

77 rue du Palais Gallien - T. 05 56 44 70 93 - Menu(s) 18-21€

Un bistrot dans la bonne vogue signé Thierry Froment, aussi à l'aise sur les cuissons que les présentations et qui propose une bistronomie de bon niveau. Pas loin de la place des Grands-Hommes, dans une jolie maison en pierre bordelaise avec terrasse à l'arrière, l'ambiance est agréable et la carte consensuelle, avec un carpaccio de saint-jacques à l'huile de noix ou un croustillant d'agneau aux herbes et caviar d'aubergines fumées, un filet de turbot, épinards frais et gnocchi au safran, un suprême de pintade et truffe noire, pleurotes et agata. Bons desserts.

A Cantina Mare 11/20

Rue Mably - T. 06 49 76 71 27

Petite sœur d'A Cantina - Comptoir Corse, cette adresse du côté du quartier des Grands-Hommes affiche un style plus baroque et branché, avec des contrastes de rouge, de blanc et de noir, sièges rembourrés et tables de bistrot. Les terroirs sont bien mis en avant, au travers des storzapretti, du tartare de veau tigré à la corse, de la lotte fumée au bois d'olivier et fine tranche de bulagna. Le fiadone et le moelleux à la nuciola sont évidemment au rendez-vous. Même répertoire en cave avec des références sur toute la Corse.

Baston 11/20

50 rue du Hâ - T. 05 57 83 77 10

De nouveaux propriétaires pour un nouveau concept. L'adresse est désormais à la fois une microboulangerie, celle de Pauline Celle, et un restaurant, celui de Julien Borie, tandem complémentaire ici comme à la ville. L'idée est moderne, l'endroit lumineux, Pauline fournit les particuliers et les professionnels, tandis que Julien défend une cuisine de marché personnelle et innovante. La carte est courte et de saison, des saint-jacques sauce XO, gelée de bergamote et cédrats confits, potimarron, shiitakés fermentés, oignons caramélisés et jus d'oignon, filet de canette de Barbarie sur le coffre, cuisse confite et pressé de céleri au saté.

Comptoir Cuisine 11/20

2 place de la Comédie - T. 05 56 56 22 33 - Carte 16 € - Menu(s) 20,40-42 €

Sur l'incontournable place de la Comédie, dans un splendide bâtiment d'architecture classique, Laurent Mougenot orchestre la partition d'une grande brasserie contemporaine, qui allie standards du genre et nouveautés bien senties. Le service est coordonné, les assiettes bien exécutées, comme un œuf mollet, fricassée de champignons, crumble de pignon et parmesan, une seiche en carbonara de haddock et tagliatelle de céleri, un veau en osso buco à l'orange et au cumin, purée de pommes de terre, ou encore un riz au lait caramel beurre salé. Cave à prix corrects.

Le Comptoir de Sèze 11/20

23 allée de Tourny - T. 05 56 14 16 12 - Menu(s) 24-33 €

Discrète restauration d'hôtel, ce comptoir à deux pas de la place des Quinconces est une belle occasion bistronomique, avec une carte étonnamment travaillée, des idées recherchées et bien exécutées. On y retrouve des classiques revisités, avec des variations, un œuf parfait, déclinaison autour du panais, espuma à l'ail, un filet de bar grillé, mousseline de topinambour, poireaux braisés au vin blanc et espuma de chorizo, une ballotine d'agneau de l'Aveyron, poitrine fumée, polenta aux légumes et morilles. Bon service. À partir de 24 €.

CRU 11/20

33 rue des bahutiers - T. 05 24 72 24 14 - Carte 41 € - Menu(s) 17 €

CRU pour «cuisine raffinée et urbaine». Le nom de l'établissement correspond à l'identité du travail d'Élodie Pichard, axé sur les tartares. De l'entrée au dessert, le frais et le mariné sont au rendez-vous, avec de belles idées sous la contrainte : un tataki d'agneau de lait des Pyrénées mariné au romarin, un intéressant tartare Rossini, un carpaccio de bœuf à la truffe, ou encore une tarte sans cuisson au chocolat 38%. Bon service.

Hortus 11/20

114 cours de Verdun - T. 05 57 59 90 63 - Carte 36 €

Après quinze ans à L'Ôde l'Hâ, dans le quartier Pey-Berland, le chef Nicolas Nadau s'est expatrié aux Chartrons pour suivre ses idées, entre attirance pour le végétal et nostalgie des grands classiques. Il en résulte une formule à 23 € le midi pour la fantaisie et une carte plus sage et réconfortante, comme une rigolote bavette de cochon avec un tajine végétal, un plus convenu gravlax de saumon ou encore un très français demi-pigeonneau aux girolles.

Mazal 11/20

4 rue du Puits Descujols - T. 05 57 83 45 32 - Carte 62€ - Menu(s) 55€

L'ancien Millésime a fait la place, fin 2021, à ce Mazal qui démarre bien, très apprécié de la jeunesse bordelaise pour sa cuisine franco-israélienne gourmande et son concept de bistrot dancing qui ferme à 2 h du matin. Festif dès l'arrivée, il offre un moment de convivialité, bien aidé par l'espace ouvert, le comptoir sur la cuisine qui crée une proximité de corps et d'esprit. La carte est assez sage mais sait convaincre, un houmous, tahini et sumac, un txangurro, bisque, Noilly Prat et citron vert, une caille à la truffe, une feuille de brick, fruits à coque, fleur d'oranger, miel et crème onctueuse.

L'Originel 11/20

35 rue du Loup - T. 05 56 44 21 19 - Menu(s) 35€

Une enseigne récente qui a su s'imposer avec une sage bistronomie, bien ramassée dans une carte à six plats qui ne triche pas. Portée par Jonathan et Benjamin, la maison ne prend pas de risques : salle sobre et classique, parquet, petite déco discrète, banquette et lignes scandinaves. Les saisons et les envies guident sans complication les recettes, bœuf braisé au vin rouge en entrée, des saint-jacques juste snackées avec chou-fleur et vinaigrette aux amandes, un joli lapin farci, légumes rôtis et jus et, pour finir, une tartelette aux agrumes et crémeux. Formule du midi à 21 €.

Le Siman 11/20

7 quai de Queyries - T. 05 56 67 49 90 - Carte 12€ - Menu(s) 18-34€

Un toit-terrasse quai rive droite, et l'une des plus belles vues de Bordeaux, sur la Garonne et la place de la Bourse. L'endroit est attrayant et l'ambiance, selon les tables, festive ou romantique. Les plats assurent, sans trop de prise de risque, le bon déroulement de la soirée. On pourra mentionner les assiettes de coquillages, un ceviche de maigre, un cabillaud rôti et marmelade fenouil chorizo, un merlu à l'espagnol, un magret de canard condiment patate douce. Desserts classiques.

La Table de Bécassine 11/20

32 cours Pasteur - T. 06 63 30 94 36 - Menu(s) 58€

Fief viandard du côté du musée d'Aquitaine, c'est le rendez-vous des amateurs de chair justement cuite et de bonne origine, déclinée à toutes les sauces. L'idée est simple, mais le résultat fonctionne toujours, une côte de bœuf rubia gallega, black angus d'Écosse ou des États-Unis, wagyu ou kobe du Japon, des entrecôtes d'Argentine, des magrets de canard et de veau français, et une cave qui fait bien l'affaire.

BORMES LES MIMOSAS 83230

L'Estagnol 13/20

1631 route de Léoube - T. 04 94 64 71 11

Ah, les vacances ! Les pieds sur le sable, à 10 m d'une plage magnifique et privée, la paillote de Geneviève, Patrick et leurs enfants constitue la destination plaisir pour tous les estivants, la fête d'un soir, ou de plusieurs, en alternant avec le grand pique-nique du déjeuner. Carte quasi immuable, spécialités savoureuses en adéquation avec le lieu, on vient de partout, de Marseille comme de Nice, pour la bouillabaisse et les pâtes aux langoustes, les deux grands classiques de L'Estagnol, avec les poissons de la pêche du jour et la côte de bœuf. Service enthousiaste qui réussit à absorber les 100 à 200 couverts comme qui rigole, cave des vignerons locaux, ambiance farniente et régalade sans égal sur cette partie de côte.

BOULIAC 33270

Le Saint-James 15,5/20

CHEF : *MATHIEU MARTIN*

3 place Camille Hostein - T. 0 57 97 06 00 - Carte 133 € - Menu(s) 59-170 €

L'histoire de cette belle maison sur les hauteurs de Bordeaux se poursuit avec Mathieu Martin au piano. Tous les Bordelais retrouvent le plaisir de la terrasse et de la salle contemporaine du Saint-James, d'où le regard descend vers le fleuve. Le chef, discret, exprime son talent autant sur le homard que sur le maquereau ou le maigre. Le végétal prend une place marquée dans chaque plat, tout comme les fruits, qu'il aime intégrer dans des assiettes justes et équilibrées : haricots verts du Conservatoire, nectarine salade marine et huître, homard bleu, carotte et sabayon végétal feuille d'amarante, ris de veau, betterave boulangère noir de Bigorre et truffe d'été, pigeon Le Guen maïs et myrtilles fermentées.... Des saveurs franches, une cuisine qui s'épanouit, les desserts créatifs et bien travaillés de Sébastien Bertin, une équipe dynamique et efficace, sans oublier une carte des vins complète et bien étoffée.

BOULOGNE BILLANCOURT 92100

Jean Chauvel 16/20

CHEF : *JEAN CHAUVEL*

33 avenue du Général Leclerc - T. 01 55 60 79 95 - Menu(s) 68-110 €

Tout est rentré dans l'ordre après les deux confinements, et Jean Chauvel a retrouvé le plaisir de concocter des plats singuliers et sincères avec les produits de fidèles producteurs. Dans ce cocon bourgeois aux murs et plafonds blancs, il propose une cuisine contemporaine de haute tenue tout en restant à la portée de tous. Nous nous sommes régalés du foie gras confit à l'hibiscus, asperge verte et anguille, une agréable trilogie avec son velouté d'asperges blanches ciboulette. Original, le sandwich parisien à boire, avant la sole, farcie d'une fine mousseline de champignons, navets rôtis et sauce safranée. L'agneau de lait (cuit à basse température) en croûte d'un crumble végétal, carotte à la mélisse, sauce à l'encre de seiche, fait un très beau terre-mer avec une fine purée et un macaron à la moutarde de Charroux. Les desserts en deux services valent aussi leurs toques : île flottante, coulis de kiwi et une composition autour de la fraise. Cave bien pourvue, service impeccable sous l'œil avisé de la femme du chef.

La Table de Cybèle 13/20

38 rue de Meudon - T. 01 46 21 75 90 - Carte 13 € - Menu(s) 36 €

Comment ne pas se sentir bien chez Cybèle ? La cheffe trouve les petits producteurs, les met en avant avec talent dans une carte qui évolue au fil des saisons : asperges blanches morilles et vichyssoise, paillard de poulet «cou nu» de Luteau, asperges vertes, petits pois, gremolata au kumquat, et pour finir tendrement, des ciflorettes, crème diplomate et sorbet rhubarbe. Pour accompagner cette cuisine maligne et pleine d'à-propos, une carte des vins bio et nature découverts par le mari de la cheffe, garnissant un catalogue de 300 références. Accueil et service aimables et détendus.

Mano 12,5/20

46 rue de l'Ancienne Mairie - T. 07 88 62 81 49 - Menu(s) 42-58 €

Au rez-de-chaussée d'un ancien immeuble, avec sa façade gris anthracite, Maximilien Kuzniar, passé par la Plantxa de Juan Arbelaez et l'Acajou de Jean Imbert, a planté son couteau de cuisine pour commencer un «mano a mano» culinaire avec lui-même. Le jeune chef est plein d'idées, qui lui ont d'ailleurs valu la Dotation Gault&Millau. Dans cette salle toute blanche, il offre une courte carte et le choix entre un «P'tit Kiff» en 4 temps à 45 € ou un «Grand Kiff» en 7 temps pour 62 €. Intéressant et frais, le ceviche «kiwinouil» sur du quinoa, des lamelles de dorade, des dés de kiwis, de la betterave rouge et jaune, le tout arrosé d'une sauce au fenouil, citron vert et huile d'olive, avant le carpaccio de saint-jacques au vinaigre de xérès, petits dés de chorizo, accompagné d'une mousseline de carottes acidulées et d'un condiment au citron amer et le gigot d'agneau confit en forme de rouelle avec des champignons de Paris poêlés et en mousseline. Tout est plaisant, cohérent et plutôt prometteur. Avec le dessert ananas basilic, une carte des vins appropriée et à prix sages, un accueil aimable, le chef se chargeant lui-même des assiettes, on trouve d'emblée une belle toque qui en appelle d'autres.

La Salle à Manger 11/20

193 rue Galliéni - T. 01 41 10 88 13 - Carte 48 €

Une curiosité pour Boulogne, dans une déco seventies surprenante où les collectionneurs de figurines sont à la fête, détonnant avec la carte des vins présentés sur une tablette. Pas de menus, mais un large choix à la carte avec l'œuf poché, compotée de pommes golden et chou pak-choï, émulsion sauce soja et chips de pomme, le filet mignon de porc, risotto de petit épeautre aux abricots secs et gel d'ananas et un bon paris-brest, dans une séquence autour de 60 €. Personnel décontracté, petite carte des vins suffisante pour les plats proposés.

BOULOGNE SUR MER 62200

La Matelote 13/20

70-80 boulevard Sainte-Beuve - T. 03 21 30 17 97 - Menu(s) 36-82 €

Un classique boulonnais, face à Nausicaa. Ambiance bourgeoise et bonnes manières dans cette bâtisse des années 1960 toujours bien tenue par le chef Tony Lestienne, mais où l'on a perdu un peu le Nord en voulant suivre la mode, avec des tatakis de thon, de la légine australe et du poulpe poêlé qui viennent perturber les choix traditionnels. On pourra néanmoins garder confiance avec les langoustines et la sole meunière, le filet de merlan et le maigre vapeur au hasard des propositions. Les tarifs sont assez redoutables, mais la formule semaine à 36 € est un bon choix.

Le Châtillon 11/20

6 rue Charles Tellier - T. 03 21 31 43 95 - Menu(s) 28,90 €

Dans les halles de Boulogne, un comptoir marin pour connaisseurs et aussi pour lève-tôt, puisque vous pouvez profiter de l'arrivage de la nuit dès 5h du matin (4h30 ou 5h30 selon les jours). Les habitués profitent de ce service en continu pour se restaurer à tout moment, dans la fraîcheur et le naturel qui n'excluent pas un peu de cuisine : pavé de lieu jaune et spaghettis à l'encre de seiche, duo de filets de lotte et haddock fumé au bois de chêne crème de chou-fleur sur l'ardoise des suggestions, qui augmentent une carte où figure tout ce qu'on aime dans la formule à 28,90 € : les lisettes marinées, les croquettes de crevettes, la sole meunière et même le «Max Fish», le burger du Boulonnais au poisson blanc.

L'Ilôt Vert 11/20

36 rue de Lille - T. 03 21 92 01 62 - Menu(s) 29-65 €

Un îlot distingué dans une belle maison au calme d'une rue semi-piétonne. Mieux qu'un menu à l'aveugle, le chef propose un menu «Spontané» et publié (65 €), ce qui permet de choisir en connaissance de cause. Et les autres formules sont aussi bien composées, à l'image du menu «Plaisirs mesurés», qui fait une séquence intéressante à 39 € : croquette de tourteau beurre battu sucrine, caille topinambour café noisette, riz au lait nougatine, au hasard d'une carte toujours intéressante, travaillée en légèreté et fraîcheur. De bons choix en cave, un service efficace.

BOURG CHARENTE 16200

La Ribaudière 16/20

CHEF : JULIEN VERRAT

2 place du Port - T. 05 45 81 30 54 - Carte 103 € - Menu(s) 55-125 €

Thierry Verrat demeure évidemment fidèle au poste, lui qui, il y a plus de trente ans désormais, avait racheté cet établissement avec son épouse Patricia. Mais depuis quelques années, il prépare activement sa succession, incarnée par son fils Julien, passé notamment chez Christopher Coutanceau. Le duo père-fils fonctionne à merveille et cette Ribaudière nous semble plus vivante que jamais, dans un registre qui conjugue tradition et modernité avec beaucoup d'intelligence : tarte de bar de ligne mariné au soja et agrumes, fenouil aux algues fraîches, maigre de la Cotinière, fricassée de légumes à l'estragon et figue violette rôtie au miel de sapin et pineau rosé. Belle cave de grands crus et de petites découvertes, avec notamment un excellent choix de cognacs.

BOURG SAINT MAURICE 73700

La Folie Douce - Les Arcs 11/20

Espace Mille8 - T. 04 79 40 25 95

Sur le domaine skiable, un nouvel exemplaire de La Folie Douce, concept montagnard festif sur les pistes. L'architecture façon chapelle de Ronchamp est originale, l'accueil courtois, la truite fumée de mise en bouche sans grand intérêt, mais le pâté en croûte est satisfaisant avec une bonne gelée, la poitrine de cochon du cantal est «crousti-fondante», même si finalement manquant un peu de mâche, et la profiterole caramel beurre salé bien généreuse. Les provenances sont bien indiquées et les tarifs plutôt justes.

BOURG EN BRESSE 01000

L'Auberge Bressane 13/20

166 boulevard de Brou - T. 04 74 22 22 68 - Menu(s) 29-90 €

Le monastère de Brou vaut déjà le détour. Si vous en profitez pour passer par la table du chef Jean-Pierre Vullin, alors une belle journée s'annonce. Le foie gras mariné au vin pêches de vigne, le turbot vapeur au beurre d'échalotes, la poularde de Bresse Miéral dans tous ses états, rôtie, mitonnée au savagnin et à la crème et accompagnée des champignons de saison sont toujours un régal. Produits bien choisis, cuissons réussies et, sous la direction de madame Vullin, service courtois et impeccable.

Restaurant Place Bernard 12,5/20

19 place Bernard - T. 04 74 45 29 11 - Menu(s) 25-62 €

Tradition et respect du terroir de rigueur, c'est la signature Georges Blanc, et cette brasserie chic sait depuis plus de vingt ans en décliner les principes avec élégance et compétence. Dans cette fort belle salle ornée de portraits d'antan, on se plaît à déguster le pâté en croûte marbré de foie gras, la truite dans une marinière d'aromates et d'herbes servie avec une compotée de fenouil mais aussi veau, poularde ou cuisses de grenouille dans tous leurs états. Une carte conçue par le maître des lieux et joliment exécutée par le chef Benoit Boone. Les desserts sont classiques, le carte des vins honore le terroir, le service est précis et actif.

Mets et Vins 12/20

11 rue de la République - T. 04 74 45 20 78 - Menu(s) 19-106 €

Dans le centre-ville de la préfecture, la table de Stéphane Prévalet est le bon rendez-vous des locaux, une adresse semi-gastronomique où les affaires et les dîners à deux se font naturellement. Le chef travaille une saveur actuelle, avec des alliances parfois recherchées ; le menu à 35 € est une première introduction avec la terrine de truite de la Petite Montagne, les gambas risotto au caviar de courgette et chorizo doux, le filet de canette ratatouille...

BOURGES 18000

Aux Petits Plats du Bourbon 12/20

60-62 avenue Jean Jaurès - T. 02 48 70 79 90 - Menu(s) 22-34 €

La brasserie de l'hôtel de Bourges 4 étoiles ne manque ni d'atouts, ni d'originalité, avec sa cuisine signée Pascal Chaupitre et Christophe Lot, et sa salle installée dans une incroyable abbaye du XVIIe siècle. Le chœur impose avec ses fresques contemporaines, sa pierre historique et sa grande hauteur sous plafond, tout en ne nous détournant pas des belles assiettes de la maison, des plats canailles réussis, un gravlax de maquereau et salade de mâche, un colvert de Sologne au genièvre, poire rôtie et choucroute, un paleron de porc à l'anchois, poireaux et ravigote de noisette, des petits pots de crème brûlée et langue de chat.

BOUZE LÈS BEAUNE 21200

Restaurant la Bouzerotte 13/20

R.N - T. 03 80 26 01 37 - Menu(s) 28,90-42,90 €

Sur les hauteurs de Beaune, Olivier Robert tient cette adorable auberge bourguignonne, qui s'apprécie autant en intérieur que sur la jolie terrasse. Le cadre est assez simple, un esprit champêtre et sobre, pour une ambiance décontractée et complice. On y retrouve des relectures bien faites du répertoire bourguignon, les œufs en cocottine et sauce petit vougeot, des filets de rougets avec un risotto de tempestine, un braisé de bœuf 36 heures avec un jus réduit aux agrumes et pommes paillasson... Cave nourrie aux crus locaux. Menu «Truffe Noire» en saison.

BOUZIGUES 34140

Le Grand Bleu 11/20

13 avenue Louis Tudescq - T. 04 67 78 72 09 - Menu(s) 27,50-66 €

Le site de Bouzigues, au bord de l'étang de Thau, est très apprécié et propice à la dégustation du fruit local, l'huître, et de tous ses amis, à saisir au naturel. Cette table classique propose bien sûr les huîtres et coquillages, ainsi que les poissons en direct de la criée de Sète, et quelques amusettes bienvenues, comme les croquettes de gambas, avant une sole plancha bien préparée, à la juste cuisson. La soupe de poisson est un peu liquide, les desserts simples et classiques.

BRANTÔME 24310

Moulin de l'Abbaye 13,5/20

1 route de Bourdeilles - T. 05 53 05 80 22 - Menu(s) 55-120 €

Le cadre est toujours agréable et reposant sur les bords de la Dronne, et la maison a bien du charme. La cuisine n'a pas, pour le moment, retrouvé son lustre après le départ du chef Ramsès Navarro, mais nous pouvons faire confiance à cette institution périgourdine qui doit rebondir rapidement. Et puis, dans ce menu à 90 €, les assiettes ne déméritent pas, même dans ces portions minimalistes, conservant 2 toques avec la lisette et le risotto d'épeautre, le bar rôti croustillant pleurotes, l'agneau en croûte de chorizo, figues rôties huile de noix et glace pain grillé. Service appliqué, dans un bon rythme, cave classique, petit choix au verre donné par le sommelier.

BREM SUR MER 85470

Les Genêts 14,5/20

21 bis rue de l'Océan - T. 02 51 96 81 59 - Menu(s) 58-80 €

Les Vendéens ont l'occasion de respirer l'océan en de nombreux sites attrayants, de Saint-Jean aux Sables, en passant par Saint-Gilles. Les plus gourmands vont souvent faire un tour à Brem. La mer et ses produits y sont toujours des refuges essentiels : la table de Nicolas Coutand offre un réconfort iodé qui fait du bien, pour son entrée de langoustine, algue, tomate et poivron, son poisson à l'ail doux, son pigeon de Vendée. Accords mets et vins possibles.

BRESSIEUX 38870

Auberge du Château 13/20

67 montée du Château - T. 04 74 20 91 01 - Menu(s) 24-76 €

L'auberge, idéalement située au pied du château féodal avec vue sur la vallée de la Bièvre, offre une charmante ambiance champêtre. Xavier Vanheule, en cuisine, et Christèle, son épouse en salle, bichonnent cet univers familial et gastronomique, avec des plats généreux à la présentation particulièrement réussie : dos d'omble chevalier, risotto aux blettes, beurre blanc à la reine-des-prés, agneau d'Aveyron rôti à l'ail, caviar d'aubergine, jus court au serpolet de nos collines... Bon dessert chocolat bio Los Ancones, streusel noisettes, sorbet cassis, sauce chocolat, cave à prix doux.

BREST 29200

Le M 16/20

CHEF : PHILIPPE LE BIGOT

22 rue Commandant Drogou - T. 02 98 47 90 00 - Menu(s) 55-120 €

Une adresse discrète entourée de hauts murs nichée dans un quartier tranquille... L'imposante maison «bourgeoise» et son agréable parc arboré et fleuri abrite la meilleure table de la ville.

Si Philippe Le Bigot n'est pas le chef le plus médiatique du Finistère, il nous est apparu au meilleur de sa forme confirmant solidement ses 3 toques, avec même une note en hausse. Ses fournisseurs, prioritairement locaux, peuvent être fiers de la valorisation de leurs produits au gré d'une cuisine d'une extrême précision, aux saveurs pointues, et qui tient en éveil permanent des clients fidèles réjouis de se retrouver dans une lumineuse et confortable salle où le rouge, le gris et les fleurs jouent les premiers rôles. Il faut goûter l'ormeau sauvage, tendre et délicat aux saveurs contrastées (laitue de mer, tamarin...) et subtiles à l'instar de ce jus au cidre qui s'associe parfaitement aux notes marines. Le saint-pierre hausse encore le niveau. Sa pureté est mise en valeur par d'heureuses et délicates alliances (gingembre, confit orange-citron...), par une tombée de légumes (crosnes, navets boule d'or...) complétée d'une purée de cerfeuil tubéreux... Le tout arrosé d'un jus de carotte-orange au piment d'Espelette, vif et dense. Quant au dessert, il est remarquable de légèreté et de fraîcheur autour des agrumes : tuile à l'orange, mousse de citron kalamansi, gelée d'orange sanguine, sorbet mandarine... Ajoutons, pour fermer le ban, la qualité du service orchestré par Bruno Diabaoui et le sérieux de la carte des vins qui se singularise également par un éventail de prix qu'il faut louer.

L'Embrun — 14,5/20

48 rue de Lyon - T. 02 98 43 08 52 - Carte 84 € - Menu(s) 32-89 €

Finaliste de l'édition 2019 de «Top Chef», Guillaume Pape a immédiatement hissé la grand-voile et mis le cap à l'extrême Ouest, sa terre natale où il a grandi et s'est ensuite formé auprès d'Olivier Bellin. Dans le quartier gourmand des halles Saint-Louis, il a choisi le bon endroit. À l'avant de la salle (plus lumineuse) ou au fond, au plus proche des cuisines semi-ouvertes, dans cette sobre et jolie salle aux tons doux, c'est l'assurance de passer tout simplement un bon moment dans une ambiance reposante et décontractée. C'est peu dire que la Bretagne inspire le chef perpétuellement en quête de beaux produits sourcés avec grand soin. Elle est omniprésente au fil d'une courte carte qui épouse le rythme des saisons. L'entrée vous plonge instantanément dans le bain avec des ravioles d'araignée au cresson associées pour le meilleur à des carottes de sable (en salade et sous la forme d'un jus bien vif). Le plat suivant fait honneur aux saint-jacques en deux assiettes apportées, hélas, concomitamment : un carpaccio servi dans un agréable bouillon de persil, mais surtout de belles noix cuites à la perfection légèrement croûtées d'herbes, accompagnées de jeunes poireaux confits et d'une sauce typiquement nord-finistérienne, plus précisément léonarde, qui accompagne l'emblématique pot-au-feu (le kig ha farz) à base de beurre et d'oignons fort heureusement très allégée, sans en perdre la typicité. Très joli plat ! Quant à la «tatin revisitée», elle est une belle expression de la gourmandise toute «simple». Le service est assuré par une équipe très jeune et impliquée. Carte des vins rassurante : saint-aubin de Patrick Miolane, beaujolais de Laurence et Rémi Dufaitre, par exemple.

L'Étage by Olivier Bellin — 12,5/20

15 avenue Georges Clemenceau - T. 02 98 80 25 73

La signature Olivier Bellin, forcément, ça en jette ! Le chef des Glazicks supervise cette bonne table dont les cuisines ont été confiées à Francis Nyebe Tomo. C'est au premier étage de cette vaste brasserie en forme de rotonde aux stores orangés, entre la gare et la salle de spectacle Le Quartz, que les Brestois aiment à se retrouver. Lumineuse, confortable et chaleureuse, la salle ne manque pas d'atouts, d'autant que le service y est dynamique, fort aimable, mais parfois un peu imprécis. Si le menu déjeuner à 26 € est une bonne affaire, les suggestions de la carte, fréquemment renouvelées, sont sacrément tentantes. Les produits, majoritairement locaux, sont bien sourcés. Les langoustines poêlées font bon ménage avec un avocat rôti et une brunoise de légumes de saison confits. L'épaule d'agneau, également confite, fondante à souhait, est relevée d'épices, d'un jus de cuisson concentré et d'un risotto de butternut. Les pommes rôties, crumble et crème au pommeau assurent une très plaisante fin de repas. La cave tient la route, de 20 à... près de 500 € ! Valençay rouge du Domaine Bardon, chablis «La Manufacture» de Benjamin Laroche, côte-rôtie La Turque, Guigal...

Ripailles 12/20

40 rue de Lyon - T. 02 98 00 75 18 - Carte 38 €

L'enseigne claque comme des verres qui s'entrechoquent avant de boire un bon canon. On se presse dans ce repaire chaleureux à deux pas des halles Saint-Louis. Si le zef joue les méchants garçons, si l'humeur est chagrine alors, l'amical brouhaha, les plats du marché et les petites pépites de la cave balaieront tout ça ! Le décor est naturellement raccord : simple et chaleureux. Bref, ici, c'est la vie en toute décontraction. Bistrotière dans l'âme, la cuisine est franche et généreuse et non dénuée de malice comme le montrent de petits poireaux «brûlés» soulignés d'un amusant ketchup de shiitakés-pleurotes et d'un granola agrémenté d'algues nori. Si la joue de bœuf braisée au vin rouge et purée de pommes de terre n'est pas en soi spectaculaire, le plat est bougrement réjouissant. Quant au simple crumble pomme-poire, il fait parfaitement le job. La sélection pointue de vins français et étrangers constitue l'une des attractions du lieu : savenières du château de Chamboureau, bourgueil de Bertrand Galbrun, aloxe-corton du Domaine Naudin-Ferrand, arbois de Jérôme Arnoux, irouléguy du domaine Gutizia... Même sans gros budget, on peut se faire plaisir !

La Maison de l'Océan 11/20

2 quai de la Douane - T. 02 98 80 44 84 - Menu(s) 22,50-50 €

Tout est dit ou presque dans le nom ! On y vient et revient aussi sûrement que le rythme des marées pour se régaler de produits de la mer de la plus belle fraîcheur dans un environnement marin, extérieur (sur le port face au bassin du remorqueur de haute mer) et intérieur (aquarium, agencement rappelant le bastingage...). Si les plateaux de fruits de mer sont spectaculaires, le chef tient également bon la barre en proposant des plats cuisinés où les coquillages et poissons ultra-frais tiennent la vedette. Ainsi, les pétoncles sont nappés d'une sauce curry heureusement pas trop marquée. Le superbe filet de merlu, parfaitement cuit et très légèrement croûté au chorizo est agréablement associé à une très légère sauce crémée. En revanche, il y a un petit effort à réaliser côté légumes (les petits pois en hiver... bof, bof !). Service dynamique et complice. Petite carte des vins passe-partout.

BREUIL EN AUGE 14130

Le Dauphin 13/20

2 rue de l'Eglise - T. 02 31 65 08 11 - Menu(s) 79 €

Au sud de Pont-l'Évêque, cette adresse mythique qui fut celle de Régis Lecomte et qui accueillit notamment la reine d'Angleterre continue de faire vivre aujourd'hui une tradition normande et bourgeoise de bon niveau. Le chef Mathieu Le Guillois, notamment formé chez Franck Quinton, prouve un vrai savoir-faire, permettant de retrouver des saveurs intemporelles, les ravioles d'escargots du Pré d'Auge et mousseline de volaille, émulsion aux cèpes, le tartare de bœuf normand et huîtres grillées, le bar en écailles de pomme de terre et émulsion à la cardamome, un suprême de pintade contisé aux pommes, jus aux aromates, embeurré aux choux et nems croustillants d'abats. Desserts classiques.

BREUILLET 17920

L'Aquarelle 14,5/20

71 route du Montil - T. 05 46 22 11 38 - Carte 85 € - Menu(s) 56-86 €

Xavier Taffart aime les voyages, ceux qui l'ont conduit à l'étranger lors de sa formation, et ceux qu'il continue donc de faire dans l'assiette, aimant conjuguer les inspirations au présent. Son bel hôtel 3 étoiles, qu'il tient avec son épouse Aurélie, lui offre une bonne base pour se projeter, un lieu contemporain et lumineux, en phase avec l'élégance des assiettes. Le menu à 88 € tient ses promesses, des crevettes impériales, céleri confit, olives noires et vinaigrette orange-curcuma-pomme verte, un crabe dormeur, gelée de courge et orange, jus au miso de feuille de poivre sancho, un bar de ligne en cuisson lente, mogettes, pamplemousse, safran et jus d'arêtes, le carré de veau rôti, aubergine à la flamme, jus à l'anguille fumée, ou encore une nage de mirabelles à l'hydromel. Le menu homard est également recommandé.

BRIANÇON 05100

Le Péché Gourmand 13/20

2 route de Gap - T. 04 92 21 33 21 - Menu(s) 39-75 €

La grande maison massive, postée au bord de la Guisane, est la référence des gourmets briançonnais. Reprise il y a une dizaine d'années par Sharon et Jimmy Frannais, la salle s'est modernisée. Ambiance cosy, fauteuils confortables, nappages blancs et murs colorés. Un alléchant esprit gastro gâté par une irrégularité des plats. Rien à reprocher au délicieux éventail de pain maison et à la pléthore de mises en bouche. La suite est en dents de scie. Présentées dans une noix de coco, des saint-jacques (l'une glacée à l'intérieur) avec l'émulsion lait de coco-rhum ambré annoncée qu'on sent à peine. Le skrei est un peu cuit et les spaetzles croustillants ne le sont pas. En revanche, les poivrons infusés à l'huile de sésame et le bouillon miso sont exemplaires, tout comme le pavé de cerf rôti qui suit, cuit rosé avec son jus court, accompagné d'une purée caramélisée de légumes racine et des chips de topinambours. On termine sur l'amusant «cigare, cognac, tabac fumée sous la cloche», avec cendre épicée, allumette à croquer, confiture de lait, crème glacée infusée à la feuille de tabac ; dommage que la fumée dégage un goût de tabac froid, mais l'ensemble a le mérite d'être original. Il faut louer l'accueil et le service souriant du patron et la carte des vins à prix sages qui parcourt l'Hexagone. Entre autres, le beau côte-rôtie 2011 de Franck Villard, le viognier et le condrieu «Caresse» de Christophe Pichon, quelques vins piémontais frontaliers avec un clin d'œil à l'Australie, dont la cheffe est originaire.

BRIANT 71110

Auberge de Briant 12,5/20

Le Bourg - T. 03 85 25 98 69 - Menu(s) 34-65 €

Une jolie table, bien tenue et agréablement décorée dans une grande et chic maison bourguignonne, chez le maître restaurateur Filipe Pereira et son épouse. Filipe a fréquenté quelques belles maisons, en montagne et sur la Côte (Mas du Langoustier, à Porquerolles, la Barbacane, à Carcassonne...), connaît l'art de la belle assiette et du dressage soigné. Ses menus sont bien composés, notamment une attrayante formule à 45 €, avec la longe de veau coupée au couteau façon tonnato et pois gourmands, le cabillaud en croquant vert écume céleri amande ou le suprême de pintadeau farci sous peau écrevisse coriandre et coulis de crustacé. Service bien contrôlé, ambiance élégante et cave généraliste.

BRIGNOLES 83170

Le Jardin 12/20

18 ter avenue Dreo - T. 04 94 77 00 75 - Menu(s) 15-20 €

Avec cette table, le Brignoles de la gastronomie entre enfin dans le XXIe siècle. Formé chez Ducasse au Byblos de Saint-Tropez, Julien Tosello, après avoir monté son affaire à Bordeaux et beaucoup voyagé, est, à l'instar des saumons de l'Adour, revenu à la source, dans le village qui l'a vu naître, pour offrir une synthèse de toutes ses expériences. Il nous délivre une bistronomie sans chichis où, dans chaque assiette, le produit est bien centré, accompagné de ce que tous les champs des alentours peuvent lui donner, comme, ce soir, des haricots crissant sous la dent, des pois chiches dans un houmous électrique, des tomates à peine confites. Au jardin, ça cuisine sévère, les jus sont précis et denses, les sensations sont pensées avec des textures, des sonorités en bouche et de petits éclats. Atmosphère de guinguette joyeuse sur cette terrasse d'été.

BRISCOUS 64240

Maison Joanto 12/20

Chemin du village - T. 05 59 20 27 70 - Carte 38 € - Menu(s) 34 €

Jean-Martin Etcheverry et son épouse Monique défendent leur terroir avec énergie et générosité. Derrière la discrète façade contemporaine, c'est bien le Pays basque et la bonne humeur qui s'expriment sur les deux grandes ardoises. Monique supervise tout, y compris les commandes, et réalise une cuisine de partage, franche et abordable, qui pourrait même gagner en simplicité : œuf parfait, champignons de deux façons et padrón, turbot basse température, risotto à l'encre, fenouil rôti et pamplemousse, sphère chocolat, chocolat en ganache, café en deux façons. Carte de vins basque au sens large, tournée vers le bio, Jean-Martin approvisionnant et commentant avec gentillesse.

BRISSAC 34190

Le Jardin aux Sources 13/20

30 avenue du Parc - T. 04 67 73 31 16 - Menu(s) 27-69 €

Jérôme Billod-Motrel est un chef plein d'idées qui entend rassembler et faire plaisir à tous, y compris aux veggies, sans-gluten et sans-sucre. Sa cuisine est une recherche perpétuelle (parfois un peu trop) pour surprendre et séduire, dans cette agréable maison à salle voûtée et pierres apparentes. Du travail sur une entrée terre-mer, foie gras, lieu en terrine avec une mousse foie gras éclats de noisette et betterave en carpaccio, le confit de joue de bœuf confite et paleron de bœuf cuit à basse température, fondant et savoureux, avant l'arbre des desserts, original et varié. Produits de qualité choisis dans la région, comme 70% de la cave, bien renseignée.

BRIVE LA GAILLARDE 19100

La Table d'Olivier 14/20

3 rue Saint-Ambroise - T. 05 55 18 95 95 - Menu(s) 55-75 €

Dans cette petite salle aux pierres apparentes, Pierre Neveu concocte une cuisine délicate aux cuissons millimétrées sur des assiettes bien présentées. Même si le menu gastronomique à 55 € comporte quelques suppléments, il reste d'un bon rapport prix-plaisir. Lotte et homard de

Bretagne, betterave-poivre timut pour un plat iodé et coloré ; filet et ris de veau, citron-câpres, oignons des Cévennes à la cuisson impeccable ; yuzu, poire, pain d'épices, un trio très agréable en dessert. Service attentionné, carte des vins bien fournie sur toutes les régions.

Chez Francis 13/20

61 avenue de Paris - T. 05 55 74 41 72 - Carte 26 € - Menu(s) 30 €

La table de Francis Tessandier est un classique de la ville, un hommage aux bistrots parisiens à quelques pas de la halle Georges-Brassens. Le décor est sûrement l'une des choses les plus remarquables, une brocante nostalgique où se mêlent vieux mobilier en bois, chaises Thonet, vieilles réclames, dessins, dédicaces, miroirs Art nouveau, et une ambiance inimitable. En cuisine, le chef réalise des classiques à la réalisation juste, un beau turbot, un tartare de veau aux truffes, une délicieuse tarte aux fruits de saison. La cave suit comme il faut.

Bistrot Chambon 12,5/20

8 rue des Echevins - T. 05 55 22 36 83 - Menu(s) 18-36 €

Un incontournable du centre-ville, un bistrot plutôt contemporain et lumineux, tout en respectant les codes du genre, avec le comptoir, les banquettes rouges et une convivialité qui fidélise. La carte rassemble avant tout les grands standards du répertoire, pour un plaisir jamais déçu : escargots en petits pots, foie de veau poêlé, poulet aux écrevisses, effeuillé de bœuf au poivre, une pomme du Limousin à la cannelle. Service efficace.

BRON 69500

La Table de Guy 12,5/20

58 avenue Salvador Allende - T. 04 78 26 55 72 - Menu(s) 34-49 €

Au risque de voir le lieu se dégrader, un peu comme à Lascaux, en raison d'une trop forte affluence pour admirer les antiquités, nous ne nous étendrons pas trop sur cette adresse traditionnelle et sa cave fabuleuse. Restons discrets, pour respecter les amateurs lyonnais, et signalons simplement cet endroit improbable du côté de l'aéroport, avec ses assiettes un brin scolaires autour de produits de bonne facture. Guy Jandard a bien relancé l'établissement dans les années 2000, avec Fanny, sa fille, en salle, et Thierry, le petit frère, désormais en cuisine. Et le patron s'occupe de la cave, dont le contenu et les prix font écarquiller les yeux des plus blasés...

BUCHY 76750

Auberge Bucheoise 11/20

110 Grande-Rue - T. 02 35 34 41 22

Un travail de pro depuis vingt-cinq ans. Christophe Hardier est à la manœuvre dans son auberge traditionnelle, dont la façade change régulièrement de teinte (bleu cobalt actuellement) sans perdre ses valeurs. Son grand mérite est d'animer avec fidélité ce bourg agricole célèbre pour son marché, le plus couru du pays de Bray, sous les belles halles anciennes, pour une clientèle locale reconnaissante. Il travaille avec conscience des produits assez bien choisis, en variant l'accompagnement selon la saison, avec simplicité mais non sans quelques manières. Saumon et saint-jacques à cru sur le thème du poireau vinaigrette, pintade de bonne qualité avec les légumes du moment, poire et jus corsé, tartelette pomme façon tatin. Service efficace et sûr par la patronne, carte des vins à la normande, basique, sans noms de domaine ni millésimes.

BUSNES 62350

Château de Beaulieu - Christophe Dufossé 16/20

CHEF : *CHRISTOPHE DUFOSSÉ*

1098 rue de Lillers - T. 03 21 68 88 88 - Carte 54 € - Menu(s) 90-220 €

Prendre la succession d'un cuisinier aussi charismatique que Marc Meurin n'est évidemment pas un petit défi. Pour le relever, il fallait au moins quelqu'un de la trempe de Christophe Dufossé qui, pendant plus de quinze ans, avait tenu à Metz, au sein de la Citadelle, l'une des plus belles tables de Lorraine. Avec son épouse Delphine, le Calaisien de naissance est revenu sur ses terres, dans ce bel ensemble châtelain où il a rapidement su trouver ses marques, en s'appuyant notamment sur les cadres de l'ancienne équipe. Sa cuisine est aussi belle que dans la préfecture de Moselle, toujours très personnalisée, et on sent que l'ancien chef du Royal Champagne s'éclate plus que jamais en travaillant les produits de la région : tourteau Côte d'Opale, vapeur d'algue, caviar de Sologne Baeri, fleurette yuzu et eau de bouillabaisse tremblotante pour une entrée pleine d'élégance et d'iode, saint-jacques de Boulogne-sur-Mer, lentilles noires beluga, persil plat en déclinaison, bergamote et jus de cochon, blanc de canard colvert cuit sur la peau, betterave et sorbet betterave et eau-de-vie de mûre... Desserts d'excellent niveau, cave très complète, démarche écoresponsable totale qui permet une autarcie bientôt complète sur la majorité des produits utilisés.

CADENET 84160

La Cour de Ferme 13/20

Route de Cadenet - La Fenière - T. 04 90 68 11 79 - Carte 10 € - Menu(s) 50 €

Le petit domaine de Nadia Sammut est calibré pour un tourisme haut de gamme, où Parisiens en goguette, vacanciers anglais et amoureux se retrouvent dans un Luberon essentialisé, entre paysage champêtre, fausse nonchalance, vieilles pierres et mobilier de brocante, chic et nature. À La Fenière, les chambres d'hôte font des merveilles, et les pensionnaires pourront tous les midis se régaler à La Cour de Ferme, le bistrot provençal, où les productions locales sont réunies dans un menu à 50 €, avec des assiettes simples et efficaces, un joli carpaccio de veau et sauce aux anchois, un mulet de Méditerranée mémorable, lié au haricot blanc par une poutargue dont on ne se lassera jamais. Cave un peu courte. Dans la Cour de Ferme, menu gastronomique unique, du mercredi au dimanche soir.

CADILLAC 33410

AGA 13/20

7 rue Porte de la Mer - T. 05 56 27 47 63 - Menu(s) 24-55 €

Alexandre Goniak et sa compagne Gerie ont investi les lieux d'une ancienne pizzeria à Cadillac pour poser leurs valises et créer un restaurant à leur image. AGA (les initiales de leurs prénoms et de celui de leur fille) a ouvert en mai dernier, gagnant rapidement la confiance de la clientèle locale. Une déco épurée et zen avec mur en pierre, des tables bien espacées avec des fauteuils confortables et, côté food, une proposition de menu déjeuner à 28 € et, pour le soir, 45 € en 4 temps et 55 € en 6 temps. Seul au piano, Alexandre privilégie les fournisseurs régionaux pour une cuisine bien maîtrisée, instinctive, créative et de saison, modelant et diversifiant son offre en fonction des produits frais et des arrivages : cèpes et courge, belle cuisson du magret de canard grillé, mousseline de courgette et carpaccio courgette, mini-poivron farci au caviar d'aubergine avec condiment citron confit moutarde, pressé de pommes de terre, jus de volaille, abricot et fenouil, frais et bon. Service prévenant de Gerie en salle. Cave de vignerons proches.

CAEN 14000

Ivan Vautier 14,5/20

3 avenue Henry Chéron - T. 02 31 73 32 71 - Carte 93 € - Menu(s) 48-117 €

Ivan Vautier n'a pas attendu la mode locavore pour privilégier l'arrivage et l'élevage proches. Ses produits sont toujours de qualité, le savoir-faire est bien là, et sa table reste l'une des plus solides de la région, tout près du périph'. Les idées s'appuient sur la tradition, avec une bonne dose d'inventivité. Le classique anguille foie gras marié avec le filet de veau, le cabillaud au sel avec une nage glacée de langoustines et le caviar, le homard avec un houmous de blé noir ou encore le filet d'agneau rôti à l'huile de seiche, gras de seiche et condiments prouvent autant la signature d'un chef qu'une élégance certaine dans cette séquence bien avantageuse pour 117 € en 7 services, achevée en douceur avec le pop-corn et la tomate framboise vanille et crème glacée au balsamique. Service de belle tenue, cave généraliste riche en toutes régions.

À Contre Sens 13,5/20

8-10 rue des Croisiers - T. 02 31 97 44 48 - Menu(s) 68-78 €

Entre tradition et innovation, Anthony Caillot ne choisit pas. Son bagage et son savoir-faire lui permettent de proposer une carte bien tournée sur des produits nobles, aux fondements solides, tout en apportant ses envies, sa personnalité et son tournemain. Le saumon de Cherbourg et farce fine au combava, avec une soupe de tomate acidulée et fromage frais ou le veau «orientalisé» avec son aubergine farcie et chermoula ont aussi belle allure que bon goût, avant un dessert framboise et sablé chocolat. Ambiance de connaisseurs dans cette salle intime du centre-ville. Cave bien pourvue.

Stéphane Carbone Restaurant 13,5/20

14 rue de Courtonne - T. 02 31 28 36 60 - Menu(s) 30-110 €

Il y a de l'exploration en cuisine pour proposer des plats qui chamboulent un peu. Et, pour les visiteurs, novices ou habitués, c'est bien le concept qui prime, avec des associations, des enrobages, des assiettes qui cherchent à séduire, quitte à multiplier un peu les ingrédients et à mélanger les parfums : cannelloni de pintade en fine gelée de céleri crème au pommeau, escalope de foie gras poêlée courgettes grillées mousseline de maïs à la moutarde gel de poivron et pastèque dés de sablé à la tomate confite… Ce menu à 65 € est ainsi bien construit, riche, et montrant un travail approfondi. Sur la lotte, la panna cotta de livarot, le crémeux noisette et la pêche mousse amaretto. Service bien organisé et souriant, bonne formule à 35 € au déjeuner, menu homard à 110 €.

Le Dauphin 13/20

29 rue Gémare - T. 02 31 86 22 26 - Menu(s) 29-65 €

Table d'affaires réputée depuis des décennies, Le Dauphin trouve depuis peu une seconde jeunesse, collant davantage à l'actualité par l'utilisation plus appuyée de produits locaux et de saison dans une cuisine bourgeoise bien évoluée : homard bleu velours de concombre du pays au cumin, turbot de Grandcamp huile vierge au basilic du jardin, agneau de la baie du Mont-Saint-Michel et miel du pays virois polenta, sans oublier l'incontournable millefeuille pour une séquence de plaisir qui vaut bien ses 2 toques. Service pro, cave généraliste, bon menu «Instantané» à 36 €.

L'Accolade 12,5/20

18 rue Porte au Berger - T. 02 31 80 30 44 - Menu(s) 29-75 €

Le bon choix pour visiter le quartier du Vaugueux : Pierre Lefebvre, ancien musicien professionnel, apporte son enthousiasme et sa personnalité à une cuisine qui rend justice aux producteurs locaux, bien sollicités. La maison est idéalement placée, les tarifs encore bien cadrés. L'offre se fait en menus cachés, avec des possibilités d'accord pour chaque service, les vins, mais aussi sur les cidres et sakés.

L'Aromate 12/20

9 rue Gémare - T. 02 31 85 30 30 - Menu(s) 17-50 €

Inès et Axel ont fait évoluer leur jolie table centrale, au cadre de bistrot contemporain soigné, vers une démarche toujours actuelle, mais davantage en phase avec la production locale, le végétal et l'écoresponsabilité. Un bon menu déjeuner à 23 € et des plats bien construits dans la carte du soir : saumon gravlax purée carotte condiment petit pois genièvre échalote et citron confit, volaille élevée au lait herbes et noisettes ketchup abricot caviar d'aubergine, crémeux de fraise siphon jasmin dans un menu façon dégustation, en 5 ou 7 étapes, à 42 ou 50 €.

Fragments 12/20

2 rue Léon Lecornu - T. 07 71 69 29 76 - Menu(s) 23-53 €

Le coin, légèrement excentré, n'est pas le plus rieur de la ville, mais, ne vous en faites pas, cela se réchauffe à l'intérieur. C'est la jeune garde caennaise qui s'exprime en Fragments, offrant cette cuisine de marché de saison qui sent toujours un peu l'impro, mais prône justement l'inspiration du moment et l'instantané. Le soir, tout se structure par grande famille, la terre, l'iode, les céréales, la viande, la pâtisserie. Sept temps pour 53 €, on aimerait avoir davantage de liberté, mais les idées sont bien traduites. Bon choix en vin nature.

Magma 12/20

24 rue Saint-Manvieu - T. 02 50 53 69 86 - Menu(s) 22-75 €

C'est un gros challenge pour Olivier Barbarin, que l'on a connu chef distingué au somptueux Hôtel Château d'Audrieu. Il repart pratiquement de zéro à l'assaut des Caennais dans ce qui fut l'une des révélations des années passées, l'Initial de Yohann Lemonnier, puis de Vincent Vidal. Le chef est attentif à tous ces paramètres et, pour ses débuts, n'hésite pas à venir lui-même au contact de la clientèle pour seconder un service encore timide. La cuisine se met en place, et si nous avons le souvenir d'une main brillante, la donne n'est bien sûr plus la même quand il faut tout réinventer. Une 1re toque dans ce nouveau statut et dans ce joli cadre aux beaux matériaux (bois, cuir) pour l'œuf poché champignons, carré de porc fumé en lardons, émulsion huile d'olive, le lieu poudré de sumac, petits pois frais, brocolis frais sauce soja, huile d'olive, crème d'aubergine brûlée, le veau basse température juste rôti, girolles et pommes de terre revenues au beurre, jus de rôti, et un tout-chocolat qui fut aussi le meilleur. Les tarifs semblent assez élevés pour les produits proposés, mais tout va sans doute se mettre en place au fil des mois, notamment la cave, très nature pour le moment, avec un choix limité. On encourage, évidemment.

Le Bouchon du Vaugueux 11,5/20

12 rue Graindorge - T. 02 31 44 26 26 - Menu(s) 24-37 €

Un bistrot classique au seuil du quartier animé du Vaugueux. L'offre est régulière et solide, et on peut piocher les yeux fermés dans ce menu complet à 37 €, qui propose une vraie cuisine : nage safranée et escargots aux carottes des sables et beurre d'herbes, saumon d'Isigny bouillon tomate et kalamansi, trilogie autour du cochon abricot et romarin, baba au rhum mangue. De belles idées tradi dans les suggestions du moment (foie gras, bœuf maturé...), petite cave simplifiée par tranches tarifaires (25, 30, 35 €...).

La Vraie Vie 11,5/20

102 rue Saint Martin - T. 02 14 40 51 54 - Carte 54 € - Menu(s) 35-50 €

Un néobistrot qui s'inscrit dans le renouveau gastro de la ville. Des produits locaux, une ambiance cool, le soin dans le choix de chaque élément (très bon pain, cave engagée) pour offrir une cuisine de l'instant en 3 services au déjeuner et en 6 services le soir. De la chaleur, de l'empathie dans l'accueil et une jolie découverte pour ce lieu de progrès : moules de Normandie céleri rémoulade émulsion jus de moules, tataki de bœuf normand cacahuète chou rouge épinards et carottes, soufflé chaud au chocolat manjari pour une séquence qui se tient bien et mérite sa 1re toque, dans un agréable espace contemporain.

Le Carlotta 11/20

16 quai Vendeuvre - T. 02 31 86 68 99 - Menu(s) 19-41 €

Une brasserie chic et réputée, un repaire pour les affaires et le plaisir, un cadre bourgeois pour une carte traditionnelle bien suivie et régulière. On peut faire tradi un peu canaille avec l'os à moelle, les bulots mayo et les tripes, un peu plus glamour avec le pata negra et les huîtres de Marc Vivier, savourer le tartare frites, mais aussi le croustillant de ris de veau aux morilles ou la sole meunière. Enfin, bonne tarte tatin avec la crème d'Isigny.

En Voiture Simone 11/20

17 rue de l'Oratoire - T. 02 31 50 19 94 - Menu(s) 18 €

Dînette entre copines le midi, tapas en fin de semaine le soir, cet endroit frais, girly et personnalisé nous plaît bien. Des petites assiettes, des tartines, un univers avec des saveurs simples ou plus exotiques, totalement dans le mood, en légèreté et finesse.

Les Mets Chai 11/20

17 rue des Équipes d'Urgence - T. 02 31 24 68 86 - Carte 32 € - Menu(s) 16-19 €

L'un de nos coups de cœur de l'année à Caen, sélectionné dans notre livre «109» Gault&Millau. Le lieu est convivial et bien placé. Le patron est un grand connaisseur dès qu'il s'agit de manier un tire-bouchon, et la cuisine se fait simple et directe. Il suffit de lire l'ardoise : houmous, pounti, poisson pané, crumble chèvre et ratatouille, bœuf haricot et caramel. Tout se tient bien, c'est vivant, un peu exotique (l'autre midi, c'était salade thaïe et thiéboudienne), toujours sympathique. Les 400 références de vin participent à la bonne soirée.

Le P'tit B 11/20

15 rue du Vaugueux - T. 02 31 93 50 76 - Menu(s) 27-39 €

Un bistrot agréable et bien placé, avec une terrasse attrayante, et que les Caennais connaissent par cœur (ancienne Bourride de Michel Bruneau). L'offre a bien changé et s'est adaptée, vers plus de simplicité et d'actualité, au flot touristique. Pour une première, le menu à l'ardoise à 27 € sera la bonne option, proposant un large choix : pressé de tête de veau gribiche, plie meunière et mousseline de panais, tartelette vanille café brownie et grué de cacao. Jeune service actif, cave classique.

Ty Gibus 11/20

17 rue des Tilleuls - T. 02 31 86 01 33 - Menu(s) 25-49 €

Ce bistrot excentré et rassembleur, du côté du jardin des plantes, est à la fois un rendez-vous de copains et une base d'animation. Sa terrasse est conviviale, sous les parasols, et la salle bien décorée et personnalisée. On s'y retrouve pour un déjeuner simple, mais pas anodin pour autant, tracé par un maître-restaurateur : les tapas, la cocotte de tripes ou la pêche du jour, accommodée selon l'humeur, les fromages normands ou un café gourmand, pour une séquence à 25 € bien agréable. Petits vins pas chers, accueil dans le bon ton.

CAGNES SUR MER 06800

Fleur de Sel 14/20

85 montée de la Bourgade - T. 04 93 20 33 33 - Carte 77 € - Menu(s) 38-59 €

La sûreté de main, l'atmosphère plaisante d'habitués confiants et heureux, un environnement de bien-être dans cette maison typique du haut de Cagnes, au cœur du vieux village. Pascale et Philippe Loose briquent leur cocon chic avec le même soin qu'au premier jour, comme le chef peaufine ses assiettes dans une pure tradition de bonne confection : foie gras mi-cuit condiment framboise, écrevisses en salade et petits violets marinés à l'huile de truffe, saint-jacques snackées purée d'artichaut aux brisures de châtaigne jus de poire monté au beurre vinaire de safran, glace marrons au lait frais sorbet myrtilles façon mont-blanc. Plusieurs formules alléchantes autour de 50-60 €, bonne cave régionale et classique.

La Table de Kamiya 13,5/20

52 promenade de la Plage - T. 04 93 89 71 54 - Menu(s) 29-75 €

On repère de loin ce lieu posé sur la promenade de la plage de Cagnes-sur-Mer avec un pin parasol centenaire jaillissant du toit. Takayuki Kamiya et son épouse Claire, la cheffe pâtissière, continuent d'ébouriffer une cuisine du marché qui se renouvelle tous les mois. On aime les dressages précis et les cuissons justes, même si certains assaisonnements manquent parfois de caractère. Les menus en trois, quatre ou six étapes de 39 € à 68 € sont bien étagés en fonction de votre temps et envie de découverte : saumon mariné à l'algue nori, œuf de truite, wasabi et dashi froid à la citronnelle ; œuf parfait, mesclun et espuma de pomme de terre, anguille fumée et vinaigrette aux noix ; canette rôtie basse température, endive caramélisée au miel, orange, miso et cacahuète. On termine avec les douceurs de Claire : verrine au citron, noisette et meringue, le crémeux au chocolat, coco, mangue et poivre japonais, et surtout le baba au rhum en version «Do it yourself», avec son rhum vieux et sa crème à la vanille de Madagascar à utiliser selon votre goût. La carte des vins est bien répartie sur les régions, une petite carte à sakés et quelques bons whiskys japonais.

Josy Jo 13/20

2 rue du Planastel - T. 04 93 20 68 76 - Menu(s) 29 €

Cyril Mendjinsky, chef-artiste passionné et adoubé par un certain Jacques Maximin, a repris le flambeau de cette table emblématique depuis cinq ans. La cuisine est simple, le mode de cuisson remonte aux origines : le feu de bois. Et lorsque le produit est bon, le résultat est limpide. La Provence dans l'assiette : les poivrons à l'huile, les petits calamars sautés au basilic, les petits légumes farcis, la soupe de poisson... Évidemment, ici, on mange de la viande, elle vient de l'Aubrac, du Limousin, de Salers ou de Sisteron. On la grille au feu de bois, le filet, l'entrecôte, les ris et rognon de veau, l'épaule d'agneau, le tout accompagné en toute simplicité d'un gratin dauphinois et de courgettes et épinards à la crème. On se laisse tenter par l'ardoise des desserts, la célèbre mousse au citron et la légendaire tarte fine aux pommes. La cave est petite mais chantante, le service est ensoleillé.

Le Cagnard 12/20

54 rue sous Barri - T. 04 93 20 73 22 - Carte 27 € - Menu(s) 45 €

La maison, historique, au cœur du vieux village, offre un intérieur superbe et authentique. Une incitation à se plonger dans cette ambiance solennelle, mais aussi pleine de charme, pour goûter une cuisine provençale plutôt classique, réalisée avec application : tarte fine de rouget à la niçoise, pavé de loup en croûte d'herbes, paleron de veau cuit en basse température champignons et risotto. Les formules proposent un choix restreint, mais sont bien conçues. La cave est traditionnelle.

Bistrot de la Marine 11/20

96 boulevard de la Plage - T. 04 93 26 43 46 - Menu(s) 25-29 €

À deux pas de la mer, ce bistrot marin a bien des atouts, une terrasse idéalement située avec une vue agréable, un service efficace et une cuisine de bonne facture, sur le thème local. Les assiettes ne prennent pas trop de risques, mais on peut croiser quelques relectures plus actuelles : des langoustines rôties en papillon et beurre yuzu estragon, une lotte marinée au combawa et citron vert, légumes thaïs et lait de coco curry rouge... Plus conventionnel, on pourra retrouver le filet de loup sauvage et sauce vierge à l'aneth ou les abricots rôtis au miel et au romarin. Cave classique négoce avec une dominante provençale (Sainte-Marguerite, Minuty, Louis Latour, Jolivet, Lalande-Borie...).

CALLAS 83830

Hostellerie les Gorges de Pennafort 13/20

RD 25 - T. 04 94 76 66 51 - Menu(s) 89-410 €

Cette mythique institution vit sur un héritage noble et forcément un peu pesant, tant il exige pour la mémoire de Philippe Da Silva de faire perdurer son œuvre avec respect et constance. C'est à Anthony Salliège qu'incombe la lourde tâche de nourrir cette transmission, au travers d'une cuisine puisée dans le souvenir d'une longue amitié, tournée vers la Nouvelle Cuisine et les alliances sucré-salé. Le menu Découverte dévoile ses hommages, le foie gras et la cerise, une association rouget, jambon ibérique et melon, des raviolis de foie gras et parmesan, un onglet de veau, poulpe et réduction de groseilles, une douceur au chocolat au lait. En salle, Martine Da Silva sait toujours aussi bien accueillir, et l'ambiance est à la complicité. Cave remarquable de plus de 600 références, notamment en champagnes.

CALUIRE ET CUIRE 69300

Restaurant Fond-Rose 13,5/20

25 chemin de Fond Rose - T. 04 78 29 34 61 - Menu(s) 27,90-56 €

Mickaël Pelletier, qui était le second lors de la reprise en 2012 de l'auberge, est passé chef cette année et continue vaillamment de perpétuer l'idée originale de Monsieur Paul (Bocuse) d'en faire sa brasserie haut de gamme, tournée vers la grande cuisine bourgeoise, avec le foie gras poêlé pain d'épice, la quenelle sauce homardine, les noix de saint-jacques et risotto, la volaille aux morilles... C'est d'ailleurs l'établissement, parmi ses cousins, où l'on trouvera le menu le plus chèrement facturé, à 56 €. Un peu à l'écart, avec son jardin et sa terrasse très prisée en été, il offre un côté cosy et feutré. Quelques travaux bienvenus ont insonorisé cette salle au départ bruyante pour laisser place à une atmosphère plus apaisée. Tout est très bien fait, les jus sont là, les clients aussi, et le service est toujours bien géré quel qu'en soit le personnel. Qui est capable de faire cela en France sur une dizaine d'établissements où les menus oscillent entre 30 et 50 € ? Personne.

O Capot 11/20

51 montée des Forts - T. 04 78 72 97 17 - Carte 53 €

Stéphane et Aurélie Fioc ont repris en 2017 cette affaire, exploitée de manière ininterrompue depuis 1863. L'établissement est situé au sommet de la montée des forts, avec une vue superbe sur les monts d'Or, un coin apprécié des fêtards et des artistes, qui se produisent au Radiant, tout proche. Isolé de l'extérieur par des murs d'enceinte, ce lieu à l'atmosphère de club chic se conjugue à une gastronomie plutôt pas mal ficelée, portée par une solide carte des vins. Les tartares de poisson et viande, les linguines au citron côtoient les pièces de bœuf et les quenelles. Ambiance détendue et luxueuse, grande proportion d'habitués.

CALVI 20260

La Signoria 13,5/20

Route de la forêt de Bonifato - T. 04 95 65 93 00 - Carte 111 € - Menu(s) 155-170 €

Nichée en pleine campagne, loin de l'agitation de la citadelle et du quai Landry, La Signoria joue depuis toujours la carte de la discrétion et de l'exclusivité. Les chefs n'y font souvent que quelques saisons et le dernier titulaire du poste, Romain Masset, a été choisi pour travailler dans la continuité de ses prédécesseurs, avec comme principal objectif, semble-t-il, de ne surtout pas troubler une clientèle essentiellement internationale, venue pour découvrir une version sage et accessible (gastronomiquement) de la cuisine méditerranéenne. Il n'est donc pas impossible de s'ennuyer légèrement, (heureusement, le cadre est valorisant et le confort réel) avec cette cuisine qui finit par ressasser ses thématiques produits : tomate fraîche, confite et sèche, olive picholine, sorbet et eau rafraîchissante, mérou confit et peau rôtie, betteraves multicolores aux baies de sureau avant le cochon de lait (le carré est rôti, la poitrine et confite) associé à une laitue (un peu trop) braisée et glacées aux poivrons. Desserts dans le même esprit (pêche jaune et pêche blanche, abricot rôti, poché, en tartare et en sabayon). Cave vaste, service un peu trop effacé.

Casa Vinu 11/20

15 boulevard Wilson - T. 04 95 31 37 09

L'extrême concurrence qui règne à Calvi ne rend pas la tâche facile à nos enquêteurs. Parmi les (trop) rares adresses recommandables, il faut citer ce restaurant-caviste (la table n'est ouverte qu'au dîner) installé boulevard Wilson. Pas de vue sur les yachts, donc, mais une cuisine bien léchée, dans un registre à la fois bistrotier et soigné : poêlée d'encornets à l'ail doux, cervelles d'agneau poêlées aux câpres, fricassée de ris de veau aux morilles, risotto de gambas sauvages... Pour les vins, on pioche directement dans les rayons de la boutique, en profitant éventuellement des conseils (distillés au compte-gouttes si vous avez trop l'apparence d'un touriste) de la patronne.

CANCALE 35260

Le Bistrot de Cancale 12,5/20

5 rue Eugène et Auguste Feyen - T. 02 99 89 64 76 - Carte 76 €

Depuis juin dernier, sur la plage de Port-Mer, la famille Roellinger a installé ses quartiers marins, avec ce bistrot qui rappelle un peu le Coquillage des débuts lorsque le haut gastro des Rimains existait. La différence est dans la vue sur mer, un peu plus proche, directe, populaire dans le bon sens. Dans le contenu, fraicheur marine revisitée par Hugo, avec l'aide des épices et des twists maison, les moules tonkinoise, les huîtres épices et aromates, le turbot hollandaise, la sole et son jus pincé, la tatin et la profiterole. C'est un registre naturellement beaucoup plus chic que les bars à fruits de mer et à fish and chips, mais l'assiette correspond globalement aux 70 € environ engagés à la carte.

Le Bout du Quai 11,5/20

Route de la Corniche - T. 02 23 15 13 62 - Menu(s) 70 €

Depuis juillet, l'établissement a revu complètement son offre à l'arrivée de son nouveau chef, Romain Roland. Après avoir fait ses armes dans de prestigieux établissements (A casa di Mà à Lumiu, Hôtel Royal Monceau à Paris), ce dernier a choisi de prendre le large et d'écrire un nouveau chapitre à l'Ouest. On se sent tout de suite apaisé par le calme ambiant et ce décor sans vis-à-vis qui offre la mer pour soi (même si la route n'est qu'à un pas). Terminé donc les sempiternels défilés crevettes, langoustines et bulots, place désormais à une cuisine gastronomique qui fait la part belle au terroir armoricain avec une touche méditerranéenne inspirée de son expérience passée sur l'Île de Beauté. L'intérieur se veut nettement moins bucolique avec du mobilier moderne et des tables nappées. Si la volonté de bien faire et la technicité du chef se ressentent indéniablement dans ce menu unique à 70 €, le repas dessine quelques disparités notamment sur les entrées manquant d'assaisonnement et de goût, bien rattrapées par la selle d'agneau et un bar confit cuits à la perfection aux accompagnements savoureux, avant «La légèreté de chocolat», pas aussi aérienne qu'attendu et néanmoins délectable. Cave classique avec un choix au verre à partir de 6 €.

CANNES 06400

La Palme d'Or - Hôtel Martinez 18/20

*CHEF : **CHRISTIAN SINICROPI** - CHEF PÂTISSIER : **JULIEN OCHANDO** - DIRECTEUR DE SALLE : **PIERRE-MARIE RAGON** - SOMMELIER : **DOMINIQUE VION***

73 boulevard de la Croisette - T. 04 92 98 74 14 - Menu(s) 168-240 €

L'art de Christian Sinicropi remonte à la Genèse, à l'origine du vivant. Plus près de nous, à l'âge du feu, à la terre et à l'eau, à l'organique. Le Gault&Millau d'Or 2022 est autant théoricien qu'artisan. Comme son épouse Catherine, qui sculpte toutes les céramiques de la maison, il moule, façonne, modèle, crée des formes et des saveurs, générant des émotions. La clientèle du Martinez, celle qui se pose avec naturel, comme chez elle, sur cette terrasse des stars au-dessus de la Croisette, se laisse gentiment entraîner dans les menus en «Mouvements» privilégiant des goûts «subtils», «prononcés» ou un mix des deux. Si la grande subtilité des compositions peut parfois échapper au goûteur, il reste que Christian Sinicropi est un sacré cuisinier, un chef majeur, dont la science apparaît en chaque bouchée : la gamberoni fleur de mimosa et corail, le thème pin maritime en deux services soutenu par une sardine d'une grande noblesse, la truite magnifique, avec une émulsion au Lagavulin et morue fumée assurant la partition rivière avec une vive élégance, avant un petit bonheur fermier, le lapin en trois versions remarquables et gourmandes, flanqué de trois sauces à puissance progressive (cactus, moutardée, pimentée). Chaque assiette est précédée d'une infusion passant pour un préambule idéal, algue nori, fleur de mimosa... ou d'un jus. Desserts aussi brillants du chef pâtissier Julien Ochando, qui harmonise depuis dix ans ses réalisations dans la trace du chef (le chocolat également séquencé, sarrasin, noisette, cactus, à boire...). Vaste cave typée palace, avec des grands flacons d'un peu partout, y compris hors frontières, mais beaucoup moins show off que ce que l'on pourrait craindre, plutôt même raisonnable dans son approche, sa dimension et même ses tarifs (à titre d'exemple, le très bon rully de Jacqueson à 70 €), servie par l'expérimenté chef sommelier Dominique Vion, qui promène en toute gentillesse et compétence sa silhouette de Monsieur Hulot, personnage étonnant et détonant au milieu d'un service de grande maison, policé et organisé.

La Cave 13/20

9 boulevard de la République - T. 04 93 99 79 87 - Menu(s) 18-23 €

Pascal et Alison Sucheta ont de quoi être fiers, leur Cave est devenue au fil du temps un incontournable du bien-manger cannois. On y vient pour l'ambiance bistrot à deux pas de la rue d'Antibes, on y vient aussi pour le sourire et les doigts de fée d'Alison, cheffe des fourneaux et saucière émérite ; enfin, on y vient pour l'accueil de Pascal, toujours prompt à dégainer une bonne bouteille pour accompagner le repas. Les assiettes copieuses sont à choisir sur les grandes ardoises qui ornent les murs : les escargots gros-gris préparés par Véronique à Villars-sur-Var avec leur coquille de gaufrette, la souris d'agneau cuite pendant 7 heures à basse température avec sa sauce au vin blanc, vin rouge, gelée de groseille, miel et chocolat sur une purée de pommes de terre fumées, la tarte tatin d'anthologie aux pommes pink lady de chez Emmanuel Orso... La cave est profonde et Pascal saura éclairer votre chemin à travers les quelque 300 références. Un pincement cependant sur les prix très azuréens qui s'éloignent à regret de l'âme bistrotière.

Le Jardin du Martinez 13/20

73 boulevard de la Croisette - T. 04 92 98 74 12 - Carte 106 €

Comme pour les grands bordeaux, le second est souvent un premier chez les autres. Ainsi, ce délicieux jardin, auquel son grand frère de la Palme d'Or ne fait pas d'ombre, est bien l'une des tables les plus chics de la Croisette et de la station, offrant, sous la direction du 4-toques Christian Sinicropi, une prestation de haute volée, dans le standing comme dans l'assiette : superbes sardines gratinées, pâté en croûte de concours, ravioles ricotta et épinards, volaille fermière à la broche et jus de cuisson, poisson grillé entier. Service palace, de toutes les attentions, cave bien étoffée.

Le Pompon 13/20

4 rue Emile Négrin - T. 04 93 30 31 23

Loin des paillettes, du tapis rouge ou encore du folklore du Suquet, il y a encore des lieux à découvrir à Cannes, un peu authentiques et joyeux. Comme ce Pompon pas pompeux, qu'on a la joie de décrocher pour un tour, sinon gratuit, du moins peu coûteux pour le bon moment. Le chef, pâtissier de formation, a le sens de l'assiette juste, actuelle, du produit bien travaillé et pas dénaturé... Dans ce décor bien étudié, parquet brut, mur taloché, béton et bois, on goûte une vraie cuisine avec la crème de chou-fleur brûlé, la dorade marinée crème aux œufs de truite et citron confit, le rumsteak grillé crème de champignon à l'anguille fumée, un plat percutant et gourmand, et un dessert citron-olive bien travaillé pour ce même sens du goût et de l'harmonie. Bonne cave orientée bio et local, accueil et service d'un chef impliqué qui sait détendre l'atmosphère.

Table 22 13/20

22 rue Saint-Antoine - T. 04 93 39 13 10 - Carte 73 €

Parmi la multitude de restaurants sur la montée du Suquet, la Table 22 de Noël Mantel est un îlot de bon goût. L'endroit fait recette auprès d'une clientèle internationale et locale exigeante. La carte s'invente au gré des saisons autour de produits essentiellement locaux. Des cuissons justes, ponctuées de jus corsés précis, le chef offre le Sud dans l'assiette. On aime les propositions de plats à partager, les arancini à la truffe, les beignets de fleurs de courgette... On se laisse tenter par la spécialité, le risotto à l'italienne à la truffe noire d'hiver et jus de veau (sauf au printemps et en été, où la tuber aestivum fera son apparition). Le carré d'agneau d'alpage simplement rôti avec son jus corsé au thym et ses légumes du marché est un incontournable, la pêche du jour et purée de carotte jaune, carottes tempura et sa sauce grenobloise méritent de l'intérêt. Enfin, les desserts qui pourraient être plus audacieux n'en sont pas moins gourmands, la tarte au citron et sa meringue craquante, la pavlova aux fruits frais et parfum jasmin... La cave, quant à elle, est celle d'un collectionneur, bien servie par la sommelière, parmi un service parfois un peu en roue libre.

Affable 12,5/20

5 rue Lafontaine - T. 04 93 68 02 09 - Menu(s) 30-48 €

Au cœur de Cannes, proche de la rue d'Antibes, le restaurant de Jean-Paul Battaglia ne désemplit pas. Les tables prises d'assaut au déjeuner et au dîner créent une ambiance très chaleureuse ; tout le monde connaît tout le monde. On se rassemble ici pour célébrer la générosité à prix sage. Le menu déjeuner à 30 € permet des choix multiples en trois services, le velouté de potiron et son espuma de foie gras, les œufs mollets à la florentine, le tartare de bœuf traditionnel et ses frites, la joue de bœuf en cocotte et ses légumes ne sont que quelques aperçus. Cave bien mise avec quelques pépites. Le service est à l'image du lieu, (très) affable. Réservation obligatoire.

L'Antidote - Christophe Ferré 12,5/20

60 boulevard d'Alsace - T. 04 93 43 32 19 - Menu(s) 39-45 €

Le chef Christophe Ferré a eu la bonne idée d'investir cette belle demeure bourgeoise du début XXe, un peu à l'écart de la frénétique rue d'Antibes. Il officie en famille, que ce soit en salle ou aux fourneaux, et tout le monde met la main à la pâte avec enthousiasme. Pâtissier de formation, le chef cisèle ses plats comme des desserts. Le menu à 39 € en trois services donne le ton, carpaccio de saint-jacques sur une rémoulade de fenouil et vinaigrette d'agrumes, pluma ibérique de cochon pata negra à la plancha et pommes de terre de Noirmoutier sautées, filet de bar poêlé croustillant et sa poêlée de gnocchis au basilic... Très bons desserts confectionnés par Jade, la cheffe pâtissière et fille du chef, tel son implacable soufflé au Grand-Marnier, ou la pomme rôtie façon Tatin... Belle cave et service familial.

Bistro Les Canailles 12/20

12 rue Jean Daumas - T. 04 93 68 12 10 - Carte 51 €

Un bistrot moderne, vivant, engagé, qui aime tous les styles et ne se cantonne pas, ne se prive pas, donnant le choix dans le plaisir : rouleaux de printemps au crabe, croustillant d'escargots, terrine maison, onglet de veau à l'échalote, raviolis façon daube, magret sauce orange gingembre. L'assiette est bien présentée, soignée dans la réalisation et l'accueil est sincèrement souriant, avec naturel.

Le Bistrot Gourmand 12/20

10 rue du Docteur Pierre Gazagnaire - T. 04 93 68 72 02 - Carte 11 € - Menu(s) 25-50 €

La bonne expérience bistrotière du côté du marché Forville. Une typique cuisine à base traditionnelle renforcée par la présence d'un vrai chef, Guillaume Arragon, régulier tout au long de l'année sur des plats bien travaillés. Produits de saison et pêcheurs locaux fournissent le plus clair de la carte du moment, et notamment le très bon menu de saison en 4 plats pour 50 € : fleur d'artichaut au parmesan, tartare de saint-jacques au litchi, pigeonneau en deux cuissons et tatin d'endives, bavarois passion, une séquence impeccable et d'un bon rapport prix-plaisir. Le menu déjeuner est à 31 €.

Fouquet's Cannes 12/20

10 boulevard de la Croisette - T. 04 92 98 77 05 - Menu(s) 35-99 €

La signature Fouquet's englobe tout le confort du Majestic Barrière et la situation privilégiée au cœur de la Croisette, face au Palais des festivals. On comprend l'engouement légitime et le plaisir multiple de s'offrir ici une salade César, un fish and chips, un tartare, mais aussi un suprême de volaille fermière à l'estragon et pois gourmands ou un navarin d'agneau. Les tarifs n'ont d'ailleurs rien d'alarmant, même si le menu à 99 € n'est bien sûr pas donné pour une séquence complète. Desserts classiques.

Le Park 45 - Le Grand Hôtel 12/20

45 boulevard de la Croisette - T. 04 93 38 15 45 - Carte 93 €

Après une longue fermeture, ce splendide hôtel sur la Croisette a rouvert son restaurant pour redonner un peu de lustre dans ce joli cadre chic. Pour cette première saison, la carte s'est montrée prudente, en travaillant avec simplicité des standards en entrée (vitello tonnato, risotto à l'encre, burrata et légumes...), des poissons sauvages, grillés aux herbes, rôtis ou braisés au jus de fenouil bio, et la bouillabaisse en spécialité.

Uva 12/20

13 boulevard de la République - T. 04 93 68 57 01 - Carte 44 €

Un bar à vin de potes, autant pour le client que de l'autre côté du comptoir. Noël Mantel participe aux bons choix côté vins comme côté carte, avec nombre de bonnes assiettes provençales ou chic classiques pour accompagner les flacons (artichauts violets en anchoïade, beignets de poisson, risotto aux truffes, cannellonis de tourteau sauce homardine, entrecôte angus...). Formule du midi à moins de 20 €.

Aux P'tits Anges 11,5/20

4 rue Marceau - T. 04 93 39 82 67 - Menu(s) 34 €

Nous aimons bien ces petits anges qui veillent sur une carte bien fichue et présentée avec le sourire. Ce qui retient l'attention, et mérite la mention, c'est un certain engagement pour défendre une cuisine française d'aujourd'hui, à travers un bon travail de chef : cappuccino de cèpes escalope de foie gras poêlé, daurade entière désarêtée huile d'olive et citron, souris d'agneau confite aux épices, forêt-noire chocolat compotée griottes. Bon petit menu «Diablotin» à 34 €, sympathique cave personnelle (Peirecèdes, Les Valentines...).

Auberge Provençale Da Bouttau 11/20

10 rue Saint-Antoine - T. 04 92 99 27 17 - Menu(s) 38 €

Une table à motif régionale, à défendre bien sûr dans ce quartier emblématique de la ville Au fil du temps, la carte s'est heureusement simplifiée, insistant sur les grillades au feu de bois, le poisson, également grillé ou rôti au four à la graine de fenouil (12 € les 100 g) et conservant les bonnes habitudes d'une soupe de poisson ou d'une sole meunière. Bon menu Découverte à 38 €, qui ne change guère au fil des saisons.

Le Caveau des années 30 11/20

45 rue Félix Faure - T. 04 93 39 06 33 - Menu(s) 33 €

Une grande terrasse, un étage avec une belle vue, surtout depuis le balcon, et une cuisine qui fait quelques efforts dans l'élaboration comme dans la confection, voilà une table touristique qui mérite mention, arborant sa prédilection pour les fruits de mer travaillés (salade de homard, moules farcies, huîtres chaudes au curry) et des assiettes au goût provençal bien exprimé : salade niçoise, calamars frits, sardines grillées, loup grillé aux herbes, mêlés à un vaste choix de brasserie d'aujourd'hui. Bon menu à 33 €.

Le Grain de Sel 11/20

25 rue Hoche - T. 04 93 38 83 65 - Menu(s) 19 €

Un bistrot brasserie en plein centre qui fait correctement le travail, en ne cherchant pas à sortir du cadre d'exercices classiques soignés : salades, fritures, tartare, burger et quelques exotismes de circonstance, le chirashi saumon, le tataki de bœuf, le donburi au cochon ibérique laqué, le poulpe sauté au wok. Pâtisseries et glaces en dessert, cave d'allure anodine, mais qui témoigne d'une certaine recherche (Sauta Roc, Les Bosquets, la Monardière...).

Plage Ondine 11/20

64 boulevard de la Croisette - T. 04 93 94 23 15 - Carte 76 €

Une offre de plage toujours intéressante, variée et techniquement sous contrôle. L'addition est assez sévère, mais pas au-delà de la concurrence, et les places sont chères, ce qui explique le succès de ce lieu et de sa carte tous azimuts, permettant de grignoter comme de faire bombance sous les parasols : blinis foie gras et saumon mariné, soupe de poisson de roche, salade César, escalope milanaise, cheeseburger, dorade grillée, bouillabaisse et plusieurs plats, très prisés, au homard ou à la langouste. Minuty ou Peyrassol dans les verres, sans vraiment de recherche d'originalité.

Scalini 11/20

50 boulevard de la Croisette - T. 04 92 99 70 92 - Carte 29 €

Chic restaurant italien dans le cadre du Marriott pour coller à la tendance et à la demande. On aligne bien sûr les classiques d'un ristorante de haut niveau, avec les antipasti, carpaccio, scampis, bresaola ricotta, avant les gnocchis della nonna, la pizza aux truffes ou les spaghettis au homard, l'escalope milanaise ou la joue de bœuf au barolo. Un bon chef italien s'acquitte de ces préparations avec zèle, dans une atmosphère grand tourisme.

CAPBRETON 40130

Goustut 13,5/20

Quai de la Pêcherie - T. 05 58 42 18 38 - Menu(s) 54 €

Incontestablement, Patrice Lubet, avec son pack de costauds qui tournent à moins de 30 ans, fait souffler un vrai vent de jeunesse à Capbreton. Dans cette jolie salle sur le thème de la pêche, bois clair, murs irréguliers, belle vaisselle de céramique locale et de couteaux espagnols, les générations se retrouvent pour apprécier une cuisine influencée par l'océan et les voyages. Une expérience festive et savoureuse, dès les falafels maison, en abordant les saint-jacques en carpaccio ail noir et navet mariné, le poulpe gratiné et burrata basque, les nems de seiche avec une réduction de grenade graine de moutarde et oignon rouge ou les rouleaux de printemps au maquereau fumé sauce César. Le plein d'idées de partout et la valse des sushis, avant une farandole de desserts classiques revisités (tatin, tarte citron, île flottante) donnent d'agréables vertiges. Comme pour le sourcing des produits, la cave va rechercher les bonnes quilles dans les recoins du vignoble sud-ouest ou plus lointain.

M.B. Restaurant 13,5/20

17 avenue Georges Pompidou - T. 05 58 72 12 02 - Menu(s) 25-65 €

Dans ce cadre qui appelle la quiétude, tout se passe avec douceur et professionnalisme. L'intérieur contemporain, sobre et élégant, se prolonge d'une terrasse à l'arrière, récemment refaite, les tables abritées par le platane centenaire et les parasols blancs. Une équipe au carré, une cuisine de qualité, aux assaisonnements justes, sur des produits locaux travaillés dans un esprit actuel : crevettes sautées à l'ail et à la citronnelle, padrons confits, sablé à la laitue de mer, sauce raïta au curry de madras, un ensemble équilibré et agréable, os de dorade sébaste en croûte de sésame, sucrines et cébettes braisées au miel et à la sauce soja, pistou coriandre-gingembre dans le même esprit exotique bien maîtrisé, blanc-manger à la noix de coco, tuile au basilic et coulis de fraise... Bonne cave généraliste avec un petit choix au verre.

Le Regalty 13/20

Port de Plaisance des Mille-Sabords - T. 05 58 72 22 80 - Menu(s) 25-75€

Tout est calé avec efficacité dans cet établissement de longue réputation. La déco bateau, les tables orientées vers la baie vitrée pour profiter de la vue sur le port et la cuisine sérieuse qui tient bien ses 2 toques dès le premier menu à 35 €. Les attentions sont nombreuses, le pain maison, la soupe de poisson fait aussi bien l'affaire que les gambas au kari gosse curry et piña colada un peu en trop, le pavé de maigre en croûte de chorizo est bien cuit avec sa sauce «4/4» huile d'olive, fumet, vin blanc, beurre. Desserts classiques réussis (crêpe au sarrasin, crème de whisky et caramel), cave de grands bordeaux et service très prévenant.

La Cuisine 12,5/20

26 rue du Général de Gaulle - T. 05 58 43 66 58 - Carte 52€ - Menu(s) 55€

Les occasions de se distraire sont nombreuses à Capbreton. Il est un peu plus rare de bien manger. Si l'environnement est moins riant qu'au bord de l'océan, cette maison montre de l'énergie et de la sincérité, et Isabelle Dubernet mène la séquence avec sourire et à-propos. La cuisine ne ronronne pas, cherchant même à surprendre avec les compositions très personnelles de Johann Dubernet : chinchard au soja, yuzu, crémeux et agrumes confits, chou rouge pour une mise en bouche pleine de fraîcheur, soupe froide de petits pois à l'anis, bruschetta de maquereau au citron, graines de moutarde, poisson du port, carottes, fèves, pommes de terres, courgettes, poivron, petits oignons, basilic, fuit de la passion avec légumes cuits al dente. Tarifs justes, bonne carte de vins qui ne se disperse pas trop.

La Petite Table 12/20

7 quai de la Pêcherie - T. 05 58 72 36 72 - Carte 52€

Une cuisine simple et bien travaillée façon bistronomique dans une maison avenante dont la terrasse donne en partie sur le port. Accueil empressé, bon service à table pour ces assiettes sincères qui montrent les efforts du chef : gnocchis de potimarron, émulsion au lard et parmesan, praline de pignons de pin et courge, potimarron au citron confit, tagète, avant le cabillaud, cuit avec précision, translucide, polenta crémeuse aux olives taggiasche, artichaut barigoule sauce Choron et tomate confite. Desserts aussi recherchés (pomme confite au caramel vanillé, crème glacée au mélilot, biscuit noisette sans gluten, siphon yaourt) et 1 première toque méritée. Service fluide et sans stress, cave classique centrée sur la région.

CARANTEC 29660

Hôtel de Carantec - Restaurant Nicolas Carro 15/20

CHEF : NICOLAS CARRO

20 rue du Kelenn - T. 02 98 67 00 47 - Carte 38 € - Menu(s) 35-123 €

La salle panoramique offre une vue époustouflante sur un paysage maritime en mouvement permanent. Impossible de ne pas y succomber. Pour autant, l'essentiel n'est sûrement pas là, mais à coup sûr dans l'assiette ! Nicolas Carro s'affirme bien comme un cuisinier fort talentueux. Ses fournisseurs - locaux pour la plupart - sont choisis avec une exigence pointue. Il ne veut que le meilleur et le plus frais. Sa maîtrise des cuissons et son sens des alliances font le reste. Comment pourrait-on en douter après s'être régalé d'un plat de caractère, totalement abouti : une splendide lotte rôtie accompagnée de coques super iodées et d'une fricassée de petits pois au lait ribot et de chips d'échalote. Il remet le couvert avec un bel agneau pré-salé, servi en filet (rosé à souhait), mais aussi en panoufle roulée et glacée. Les brocolis se hissent au même niveau, travaillés sous différentes formes (crémeuse, en sommités, en concassé à l'échalote... Une sauce vierge aux graines de Yoann Gouéry (un Costarmoricain spécialisé dans les graines «gourmandes») vient au final électriser l'ensemble. Il est alors temps d'entonner l'hymne à la rhubarbe de Carantec déclinée en différentes textures que viennent escorter pour le meilleur, meringue et fève de tonka givrée. La carte des vins est bien pensée. Elle repose sur des valeurs sûres à des tarifs bien raisonnables. Citons, côté Loire, François Chidaine, Jo Landron, Philippe Gilbert ou encore le domaine Vacheron... mais aussi l'irouléguy du domaine Arretxea et les côtes-du-marmandais d'Elian Da Ros... Quant au service, il est jeune, pas toujours parfaitement coordonné, mais souriant et chacun semble faire au mieux.

CARCASSONNE 11000

La Table de Franck Putelat 17/20

CHEF : FRANCK PUTELAT - CHEF PÂTISSIER : ALEXIS POCINHO - DIRECTEUR DE SALLE : LOIC LOPEZ - SOMMELIER: CYRIL THEVENET

80 chemin des Anglais - T. 04 68 71 80 80 - Carte 163 € - Menu(s) 70-195 €

Chaque cuisinier laisse son empreinte. Celle de Franck Putelat ne tergiverse pas. Comme tout le monde, le chef se pose des questions mais, une fois la décision prise, il va droit au but : ses assiettes sont inspirées, balisées par les expériences et le savoir, donnant de l'assise à l'Imagination. Ainsi, sa version de la bouillabaisse, foie gras aïoli et rouille safranés, mozza régionale séchée et râpée porte autant la technique que le plaisir, à l'image de son désormais classique caviar osciètre purée enrichie de palourdes ou les langoustines, cuites avec précision dans une coque de «sel vivant» et jus concentré. Franck Putelat fait partie de ces rares scénaristes discrets qui laissent parler l'assiette sans se mettre en scène. Chez lui, il y a du vrai beurre sur la table et pas seulement des mousses aromatisées. Et le simple intitulé du plat peut suggérer qu'il fait le boulot. Son rouget fleur de courgette farcie pistou jus d'arête, son pigeon cuit dans une cocotte de haricots, adaptation personnelle et très gourmande du cassoulet, avec sa cuisse en saucisse et un jus bien relevé, ou son «Bœuf-Carotte» paleron d'une tendreté incroyable et plat de côte à dévorer sont «juste» des interprétations brillantes de standards tournées vers la gourmandise sans fard. Service en phase, n'en rajoutant pas mais ultra-attentif. Carte des vins en deux volumes : une section régionale captivante, qui met tout le monde en avant, grands et petits, offrant découvertes et tarifs exacts sur toutes les appellations, et un second livre, «Ailleurs», assez consensuel et suffisamment fourni. Un dernier dessert pour la route ? Cela se nomme «Melon-Jambon», et c'est du Putelat ! Avec une pointe de vin jaune, clin d'œil à sa région d'origine.

La Barbacane 15/20

CHEF : JÉRÔME RYON

Place Auguste-Pierre Pont - T. 04 68 71 98 71 - Menu(s) 47-135 €

Le cadre historique de cette hostellerie seigneuriale se prête à un exercice classique contrôlé. Jérôme Ryon, en place depuis quinze ans après avoir succédé à Franck Putelat, a su faire évoluer la carte vers un régionalisme de bon aloi, participant lui aussi à la promotion du terroir sans sombrer dans le cassoulet pour touristes. La manière reste noble, l'addition altière, le service au-dessus de toute erreur. La mise en bouche n'est pas tout à fait pétaradante, mais les saint-jacques de la baie de Seine embeurrée de topinambours font le bon niveau et le veau de l'Aveyron est d'excellente qualité, avec ses macaronis farcis au bethmale et malgré des brocolis restés froids. Le coing, rôti sur un sablé au caramel et confiture de lait, est de saison, pour un ensemble un peu convenu qui garde encore cette année les 3 toques dues à son rang. Cave riche donnant la parole aux vignerons de tout le département, et au-delà.

Comte Roger 12,5/20

14 rue Saint-Louis - T. 04 68 11 93 40 - Carte 55 €

L'une des tables chics de la Cité, jolie terrasse à l'abri, cadre et service élégants grimpant d'un cran par rapport au tout-venant touristique. Sur des thèmes classiques, l'assiette montre du soin dans la composition, la finition et le dressage : foie gras et millefeuille de pomme verte abricot céleri éclats de chocolat noir, filet de volaille de Belpech petit épeautre et champignons velouté aux herbes fraîches, gigot d'agneau saisi minute aux légumes printaniers. Cassoulet réputé, bons desserts classiques (finger Valrhona, parfait glacé au muscat-de-saint-jean-de-minervois) et cave régionale bien fournie.

La Table d'Alaïs 12/20

32 rue du Plô - T. 04 68 71 60 63 - Menu(s) 24-55 €

Pour se détacher de la masse, Jérémy Thomann mise sur l'emplacement, privilégié, en bordure de remparts, avec une terrasse sur l'arrière, mais surtout sur son talent à personnaliser chaque assiette, dès le menu du déjeuner, à 25,50 €. En confiance sur le menu-carte à 41 €, qui permet d'explorer l'offre du moment : œuf à 64° truffe et fricassée de champignons, risotto au riz de Marseillette asperges fondantes et bouillon végétal, épaule d'agneau fricassée de morilles jus court, finger fruits rouges chocolat ivoire griottes confites. Service appliqué et de bonne pratique, cave choisie sur le département.

À 4 Temps 12/20

2 boulevard Barbès - T. 04 68 11 44 44 - Menu(s) 18-31 €

Managée depuis son fief au pied de la Citadelle, la brasserie de Franck Putelat est sans doute la meilleure affaire dans la ville basse. Bien placée sur la promenade du boulevard, elle offre qualité et professionnalisme, confort et qualité d'assiette sur les fondamentaux. On partage un aïoli de bulots ou une palette ibérique, avant d'attaquer la bourride, la quenelle de brochet, le rognon de veau moutarde ou l'agneau de 7 heures semoule et petits pois. Du sérieux et de la générosité, en terminant par le chocolat framboise et sésame noir et en arrosant d'aussi bonnes références (Laguerre, Pithon) dans les verres.

L'Écurie 12/20

43 boulevard Barbès - T. 04 68 72 04 04 - Menu(s) 19,90-30 €

C'est une adresse ancienne et à l'ancienne, un rendez-vous des belles soirées carcassonnaises qui se terminent dans la bonne humeur, quitte à déborder un peu de la modération préconisée. Car l'Écurie, c'est un lieu de vie où il ne faut pas trop se retenir. Desserrez la ceinture d'un cran et profitez de ce cadre rustique à peine retouché, des bonnes viandes, de l'accueil chaleureux et du cassoulet. Le midi, un petit menu à 19 € vaut sa toque.

Bloc G 11/20

112 rue Barbacane - T. 04 68 48 58 20 - Carte 11 € - Menu(s) 16 €

Le rendez-vous cool et solidaire au bas de la Cité, histoire de se souvenir que Carcassonne est une accueillante ville languedocienne et pas seulement un aimant touristique. On rejoint donc les locaux dans une franche camaraderie, les bouteilles et les petites assiettes de saison faisant le reste : moules de bouchot persillade, presa de cochon noir, wok de bœuf nouilles chinoises, moelleux à la crème de marron, en toute simplicité, et pour 18 €. Quelques suggestions du jour sur l'ardoise (un wok d'encornets à notre venue) et de bons amis en cave, comme Gilles Azam, La Baronne, Benjamin Taillandier...

Le Jardin en Ville 11/20

5 rue des Framboisiers - T. 04 68 47 80 91 - Menu(s) 18-22 €

Dans un faubourg résidentiel, un lieu de détente privilégié pour les Carcassonnais qui, installés dans ce beau jardin clos de murs, ont vite l'impression d'une partie de campagne gourmande. La cuisine, à base traditionnelle, ne déçoit pas, en se concentrant sur les classiques actualisés. Charcuterie ibérique et foie gras à partager, coques persillées au muscat, côtelettes d'agneau au thym, côte de veau fermière...

CARHAIX PLOUGUER 29270

Erasmo 12/20

4 rue Général Lambert - T. 09 73 89 46 47 - Carte 39 € - Menu(s) 34 €

De la Mostra aux Vieilles Charrues ! C'est un raccourci «ciné-musical» quelque peu brutal pour saluer un heureux événement : la naissance d'un nouveau restaurant porté par Matteo Vianello sur l'artère principale de la ville. Le parcours professionnel de ce jeune chef vénitien en dit long. Après une formation initiale dans sa ville natale, il se perfectionne dans des établissements prestigieux, puis en France auprès d'Alain Ducasse (au Jules Verne) et Jean-François Piège (époque Thoumieux). En 2018, Thibault Sombardier lui confie les cuisines du Sellae. La pandémie aidant, l'amour aidant... le voici aujourd'hui en Centre-Bretagne. La salle est vaste (une quarantaine de couverts), lumineuse à l'entrée, plus sombre au fond, mais les murs sont d'un vert très élégant. Dans ses cuisines vitrées, Matteo se concentre sur une courte carte (3 entrées, 3 plats et 3 desserts). Les propositions aux intonations transalpines sont simples et consensuelles. Le geste est précis, les saveurs bien marquées. C'est efficace. La preuve avec ces fines asperges vertes grillées, relevées d'un sabayon à l'orange et de speck croustillant. Le risotto aux morilles est terriblement séduisant (même si les morilles manquent d'un peu de caractère). Il accompagne un tendre suprême de pintade fermière. Ensuite, comment ne pas succomber au tiramisu «nouvelle version» ? Un dessert de compétition (crème montée au siphon) d'une incroyable légèreté accentuée par un «sponge cake». La glace café est intense... Le service est souriant et dynamique. Attention toutefois au tempo, soutenu. Vingt-sept minutes montre en main pour un repas complet. Cela ne laisse guère de temps pour se plonger dans la carte des vins, où l'on peut pourtant choisir quelques flacons de bonne compagnie : chinon de Fabrice Gasnier, moulin-à-vent de Jean-Paul Brun, languedoc du Château Paul Mas, mâcon du Domaine Giroud, luberon du Domaine Novi... en attendant l'arrivée de vins italiens.

Les Bonnets Rouges — 11/20

12 rue des Ursulines - T. 02 98 27 48 36

«Ar Bonedoù Ruz», Les Bonnets Rouges en breton, c'est LE bistrot à connaître. Des produits du cru et des idées foisonnantes pour une carte alléchante et bien traduite dans l'assiette : «Tartibreizh», un gratin d'andouille de Guémené, pommes de terre oignon confit à la tomme fermière bio de Plévin, «El Arroub», plat palestinien riz long aubergine bœuf haché, ou encore le «Papatez Ar Balp» au fromage de chèvre de Plouyé miel et crème de ciboulette. Également des viandes classiques, et même des pizzas, du vin argentin, corse, en pichet. Le tout dans la bonne humeur.

CARIGNAN 08110

La Gourmandière — 14/20

19 avenue de Blagny - T. 03 24 22 20 99 - Menu(s) 40-90 €

Une bien belle table pas loin de la frontière belge tenue par la cheffe Nathalie Gérard qui officie en famille avec Thierry Gérard, sommelier et leur fils Maxence, maître chocolatier, en tant que chef pâtissier, qui possède désormais sa propre boutique en ville. Cet équipage de haut vol satisfait l'hôte de passage comme les nombreux habitués grâce au choix des produits, au classicisme assumé de recettes parfaitement maîtrisées et en tous points réussies. Des desserts magnifiques, une très belle carte des vins et un service actif et agréable.

CARMAUX 81400

Le Bœuf Marin - La Tour de Ciron — 12,5/20

32 avenue Bouloc Torcatis - T. 05 63 80 40 39 - Carte 30 € - Menu(s) 22-75 €

Le goût et de la générosité, voilà ce que l'on trouve chez Hélène et Éric Tubeuf. Il suffit de goûter l'indétrônable foie gras aux zestes d'agrumes : la bonne texture, le soin, la finition, ce n'est pas le foie gras de tout le monde, tout simplement. Dans cette maison bourgeoise où leur fille Cécile est venue les rejoindre pour animer cette agréable et paisible salle parquetée, le mode classique évolué transparaît dans une cuisine de cœur, avec le filet de sole en croûte de noisette et légumes du moment, ou le filet de canette jus de carcasse en réduction de banyuls. Desserts aussi soignés, le millefeuille framboise prouvant que tout ici est bien fait avec cœur.

CARNAC 56340

Côté Cuisine 14,5/20

36 avenue de la Poste - T. 02 97 57 50 35 - Menu(s) 35-80 €

La table de l'hôtel Lann Roz, tenue par Stéphane et Laëtitia Cosnier, profite de cette maison cossue sur la route de la plage, qui offre une véranda splendide, ainsi qu'une jolie terrasse à la fois contemporaine et d'inspiration japonisante. Le chef, qu'on a connu à Angers, a pris en maturité et propose une vraie cuisine gastronomique, de saison et parfaitement dans son époque. Le menu carte à 58 € fait un beau voyage, avec la daurade à l'huile d'herbe, concombre et kiwis de l'Adour iodés et crème aux œufs de poissons fumés, avec le rouget et seiche à la plancha, grenailles et fenouils fondants, sucs de poissons de roche au safran de Vilaine. Les desserts sont tout aussi succulents, comme la douceur de fraises de Saint-Goustan au parfum de thé jasmin et crumble à la fleur de sel. Très belle cave.

Itsasoa 13/20

1 rue de Ker Anna - T. 02 97 52 17 72 - Menu(s) 25-86 €

De sa vie antérieure comme machiniste sur les plateaux de cinéma, Erwann Le Pogam semble avoir hérité l'art de la mise en scène, déployé avec un soin permanent apporté à chaque détail. De la salle à la cuisine, rien n'est laissé au hasard. Pourtant, jamais la sensation de contrôle ne prend le dessus, au contraire, celle de fluidité prédomine, comme si tout était évident. Cuisine de la mer et cuisine végétale, c'est un mur de lierre qui accueille le client et un nom basque qui veut dire «mer». Tout est logique pour ce Breton qui a connu Biarritz un peu et les rivages toute sa vie. Les assiettes sont d'une présentation limpide, garnies de couleur, de fleurs sauvages et de produits soigneusement choisis, qui expriment idéalement les saisons et la Bretagne, avec technique, modernité et recherche. L'huître est braisée à part avec des pommes et des navets primeurs, tandis qu'un petit ceviche aux petits pois vient rincer la bouche, avant un dernier tour en mer sur la crème glacée à l'huître et au yuzu, bon compromis entre l'acide et l'iode. Le fameux cochon breton est tendre, généreux après ses 40 heures de cuisson, un artichaut barigoule ensoleillé, des petits pois maraîchers d'une fraîcheur formidable, et un bel échange terre-mer sur le jus de viande et l'oursin. La tarte vanille-rhubarbe et crème glacée rhubarbe prouve les talents du chef aussi dans le sucré, avec cette tarte délicate et un fruit puissant. La cave, engagée, compte une petite quarantaine de références, toujours en bio, biodynamie et nature, principalement en vallée de la Loire, mais aussi en Bourgogne et Beaujolais ; les bulles sont bien représentées grâce à une belle sélection de champagnes et équivalent (Bruno Paillard, Vincent Couche) et des bières artisanales de la région, de La Trinité-sur-Mer et de Saint-Malo. Menus à partir de 25 €, jusqu'à 86 €.

L'Eskell - Hôtel le Diana 12/20

21 boulevard de la Plage - T. 02 97 52 05 38 - Menu(s) 64-115 €

La baie de Quiberon en majesté... La salle très largement vitrée de ce grand hôtel de plage n'offre pas qu'une vue d'exception. L'assiette mérite qu'on s'y pose également. Alexandre Tête et Vincent Pallier (pour les plaisirs sucrés) exécutent une partition qui témoigne d'un savoir-faire évident, dans un registre très largement iodé. Alors oui, bien sûr, il y a parfois la tentation d'en faire trop au risque de détourner l'attention gustative de l'essentiel. Le tourteau «en trois temps» (émietté, en mousse et en sorbet) constitue une entrée plaisamment fraîche pour se mettre en jambes tout comme le tartare de bar, même si le granité au champagne perturbe un peu la dégustation du vin. Le ris de veau est parfait de qualité et bien mis en lumière par un simple jus de cuisson très sapide. La sucrosité apportée par l'accompagnement à base de cerises est un peu moins convaincante. Le dessert tout en délicatesse autour du citron apporte la vivacité attendue en fin de repas. Le service est jeune et souriant. Écouter le sommelier évoquer les belles bouteilles de la cave est un réel plaisir. Écouter et... goûter les jolis vins de François Villard, de Fanny Sabre, de JC Lapalu, Jo Landron, Michel Redde...

Auberge le Râtelier 11/20

4 chemin du Douet - T. 02 97 52 05 04 - Menu(s) 25-63 €

Adorable corps de ferme pris sous les lierres au bout d'une allée discrète, cet hôtel 2 étoiles propose également une table pleine de simplicité, avec sa grande cheminée en pierre, son petit sol en dalle et ses murs de pierre nus où sont accrochées quelques peintures. Le chef y réalise une cuisine traditionnelle bretonne, un peu sophistiquée tout de même, idéale pour les repas de famille : des saint-jacques poêlées et en carpaccio fumé, marinade d'agrumes et tartare de légumes, une salade de homard aux pépites de foie gras poêlées et asperges, un filet de sébaste aux asperges et tagliatelles fraîches, un filet de bœuf Rossini... Service aimable.

Restaurant Panoramique du Tumulus 11/20

Chemin du Tumulus - T. 02 97 52 08 21 - Carte 18 € - Menu(s) 35-60 €

Un splendide hôtel 1900 sur le point culminant de Carnac, offrant une vue panoramique sur l'océan à deux pas du tumulus Saint-Michel. Pour régaler les pensionnaires, le chef Jérôme Berthelot met à profit son expérience pour offrir une cuisine de saison, à la fois graphique et travaillée. Les formules se déclinent en trois, du menu du jour à 35 € au menu «Signature» à 60 €. Service attentionné. Thon rouge tataki soja, maigre rôti algues courge, filet de bœuf romarin aubergine, ou encore un mont-blanc, meringue, marron et confit d'orange. Service professionnel.

CARPENTRAS 84200

Chez Serge 14/20

90 rue Cottier - T. 04 90 63 21 24 - Menu(s) 19-32 €

Il est l'incontournable de la vallée du Rhône Sud. Sur la vigne comme sur l'assiette, Serge Ghoukassian est un expert, au sens où il reconnaît le talent et sait le valoriser. Sa cave est un régal à savourer à petites gorgées et, en cuisine, il a mis la main sur une perle, Émilie Villon, qui sait manier la truffe aussi bien que le thon entier ou la pintade fermière. Dans cette maison de caractère au seuil du quartier ancien et charmant, la générosité et la truculence s'accompagnent aussi de finesse et de bon goût, tout en valorisant la production locale, comme le tofu artisanal avec le petit épeautre de Sault, la raviole de truite avec le pesto de spiruline, mais aussi de superbes cannellonis de poireaux aux truffes et parmesan ou la longe de veau en croustillant dans ce menu truffes toujours bien inspiré, qui met aussi à l'honneur la brouillade ou les pâtes. Conseils avisés sur toute la cave, au verre ou en bouteille.

CASALABRIVA 20140

Le Frère 13/20

Pont de Calzola - Domaine Kiesale - T. 04 95 24 36 30 - Carte 48 €

La Corse est ainsi dessinée que certaines tables ne s'ouvrent qu'aux plus courageux, ceux que la perspective de rouler à 35 km/h de moyenne pendant deux heures n'effraie pas. La maison d'Henri Abbatucci (le frère de Jacques, l'éleveur qui a créé la fameuse vache tigrée, et de Jean-Charles, le viticulteur) est de celles-ci, nichée en plein maquis, non loin du site préhistorique de Filitosa. Ancien pilote d'hélicoptère dans les forces spéciales, celui qui a grandi à Porto Pollo s'épanouit désormais aux fourneaux, rendant quotidiennement hommage aux plus beaux produits corses, et notamment à ceux de ses frères : charcuterie du Haut-Taravo, terrine froide de courgettes, velouté froid de blettes, veau tigre sous plusieurs déclinaisons (en sauté à la châtaigne, en tripes à la clémentine, en foie poêlé...). La cave pioche exclusivement dans la production du domaine Comte d'Abbatucci (avec un choix varié au verre), la magie du site, au calme absolu, achevant de rendre le moment forcément spécial.

CASSIS 13260

La Villa Madie 17/20

*CHEF : **DIMITRI DROISNEAU** - CHEF PÂTISSIER : **YOAN DESSARZIN** - DIRECTEUR DE SALLE : **JULIAN GENTAIRE** - SOMMELIER : **DAVID PIQUET***

Avenue du Revestel - T. 04 96 18 00 00 - Menu(s) 160-295 €

«Qui a vu Paris et non Cassis n'a rien vu.» C'est avec les mots de Frédéric Mistral que Dimitri Droisneau nous offre la découverte de la région. Nichée dans l'anse du Corton, la Villa Madie domine la mer et on aperçoit depuis la terrasse les vignes qui lui donnent son vin. L'accueil chaleureux de Marielle Droisneau en maîtresse de maison accomplie est déjà une ode au voyage gourmand et iodé. En cuisine, le chef nous balade, à la rencontre des merveilles de la nature environnante. Les quelques mises en bouche, et notamment un feuille à feuille de rouget au pistil de safran bio de Céline Ceccaldi avec son émulsion d'oursin à l'estragon, donnent le ton d'une cuisine lisible et intuitive. La découverte des plats qui s'ensuivent à travers le déjà beau menu «Cap Canaille» en 6 actes à 230 € confirme cette limpidité dans l'action de cuire et d'y assortir des sauces. On réapprend le goût des choses à travers l'anchois de pays fumé et ses tagliatelles de seiche posées sur un caviar d'aubergines grillées à l'âtre avec sa crème glacée à la coriandre ; même l'arête se mange. Ou le loup des rivages cassidains flanqué d'une écume iodée avec un petit trésor dans l'assiette, une huître de Pascal Migliore, ostréiculteur sur l'étang de Thau, pochée et enveloppée dans une feuille de chou pak-choï. La justesse des cuissons se confirme avec le saint-pierre grillé, assorti de quelques artichauts poêlés, une émulsion de feuilles d'artichaut brûlées, des câpres frits et un coulis de cédrat. La viande aussi a droit à son privilège d'être travaillée par ce magicien, le pigeon des Costières de Nîmes, rôti sur son coffre et massé aux épices douces, la cuisse désossée aux éclats de pistache, le navet daikon et quelques cerises, en dessous une purée de chou romanesco parfumée à l'huile d'amandon et deux condiments, un praliné de pistache et un gel de feuilles de cerisier sakura au vinaigre, un jus de rôti sur une dominante de la fève tonka. Après un tel voyage magnifié par un personnel empathique, les desserts de Yoan Dessarzin terminent le repas en légèreté, les myrtilles sauvages travaillées avec une mousse de yaourt, un sorbet et un coulis à la coriandre ou la prune d'Eygalières en pleine maturité, pochée à la fenouillette enlacée dans une gavotte croustillante, à l'intérieur une mousse à l'épine-vinette et au verjus et le jus de la prune relevé au vinaigre de vin barolo. Un vin d'Italie qui se retrouve d'ailleurs dans l'un des sept livres de cave dont le chef sommelier David Piquet peut être fier. Qui n'a pas connu la Villa Madie n'a rien vu...

CASTELNAU DE MONTMIRAL 81140

Le Ménagier 15/20

CHEF : GÉRARD GARRIGUES

Place des Arcades - T. 05 63 42 08 35 - Menu(s) 65 €

Pour Gérard Garrigues, pour sa faconde et sa sûreté de main, on irait bien tous les jours les yeux fermés sur cette belle place des Arcades, à la rencontre d'une cuisine authentique, une cuisine de maître. Le Sud-Ouest généreux emplit ces assiettes dans cette salle rustique où point n'est besoin de longs discours. On s'assoit et l'on savoure, le velouté de girolles aux noisettes, l'escabèche de lisette au caviar d'aubergine et le fameux cassoulet, le meilleur de la région, travaillé dans les règles de l'art, avec la saucisse de couenne, comme il se doit. La tarte aux figues et glace verveine redonne fraîcheur et fruité pour cette séquence mémorable à 65 €. Cave d'accompagnement de connaisseur, dans une simplicité certaine et requise.

CASTELNAU LE LEZ 34170

Domaine de Verchant 14/20

1 boulevard Philippe Lamour - T. 04 67 07 26 00 - Menu(s) 75-115 €

Le cadre est splendide (le domaine a accueilli le dernier Gault&Millau Tour Occitanie), propice à développer une cuisine inventive, qui se manifeste dans le beau menu «Découverte» à 115 €. On peut néanmoins se faire plaisir avec une formule plus calme, dans le contenu comme dans le tarif, à 75 €, en bénéficiant de nombreuses attentions dignes du standing de la maison : truite marinée à la betterave rouge, asperges vertes et pois assaisonnés d'une huile d'olive du Domaine de l'Olivier, selle d'agneau de Ségala cuite à basse température, saisie au sautoir et nourrie au beurre, aubergine perlina grillée, compotée de cerises et poivrons, jus d'agneau et cerises, bonne technique et goût équilibré avec un jus gourmand, rhubarbe pochée au shiso et son sorbet rafraîchissant, fraises en différentes textures pour une association classique et correctement traduite. Service élégant, gentiment guindé. Belle carte des vins.

CASTÉRA VERDUZAN 32410

Le Florida 14/20

2 rue du Lac - T. 05 62 68 13 22 - Carte 69 € - Menu(s) 28-75 €

Au cœur de la Toscane française, Marc Abramovici fait vivre un terroir qu'il aime et qu'il comprend, une Gascogne qui se vit autant dans l'atmosphère de cette auberge de 100 ans que dans l'assiette. Le chef fait ainsi des beaux menus de 28 à 75 €, ainsi que des plats de tradition, pour mieux retrouver le Gers, le foie gras de canard mi-cuit et pêche blanche du Tarn, le cochon de lait du Pays basque basse température, floc blanc de Gascogne et paillasson de pommes de terre... Cave évidemment d'abord du pays.

CESSON SÉVIGNÉ 35510

Cueillette 12,5/20

54 route de Fougères - T. 02 99 62 00 13 - Menu(s) 25-49 €

La transmission s'annonce sous les meilleurs auspices. Le Sarment de Vigne des époux Ollivier, véritable institution de la région rennaise durant plus de deux décennies, a tout à la fois changé de propriétaires et d'enseigne. Il s'est aussi offert une rénovation fort réussie. La salle-véranda qui ouvre sur la route est toujours la plus lumineuse, mais la salle «aveugle» bénéficie d'un bel éclairage. La sobriété de la décoration et les tons clairs à dominante vert céladon apportent un réel confort visuel. Aux beaux jours, la terrasse au bord du petit jardin est un refuge très prisé. Fanny, qui a l'expérience de la sommellerie dans de belles maisons, assure un accueil et un service d'une gentillesse et d'une efficacité exemplaires. Quant à Armand, cuisinier aguerri (passé notamment chez Rostang), il s'appuie largement sur les ressources locales au fil d'une courte carte dans laquelle les plats rivalisent de légèreté et de sapidité. Les délicieux escargots de Liffré sont ainsi associés à une tombée d'épinards et à un crémeux d'ail équilibré, la touche de galanga apportant l'étincelle gustative. Une variation autour de jeunes carottes (rôties, en purée...) accompagne un beau pavé de lieu jaune qu'une sauce au géranium rosa bonifie. Profitons encore des fraises mariées au gros lait et vivifiées au combava. La carte des vins ne demande qu'à s'étoffer, mais la sélection raconte déjà de bien jolies choses, notamment en bio et biodynamie. Par exemple, en Alsace, les cuvées d'une bande de copains «Les Funambules» ou bien encore en Rhône le domaine Richaud ou La Ferme des 7 Lunes. Dans le Sud-Ouest, on retrouve l'excellent Laurent Cazottes, ainsi qu'Elian Da Ros. Quelques cidres de gastronomie également.

CESTAYROLS 81150

Lou Cantoun 12/20

4 route d'Albi - T. 05 63 53 28 39 - Carte 33 €

Dans la campagne non loin d'Albi, la table de Bernard Gisquet est le rendez-vous amical des environs, où tous les amis se retrouvent, entre initiés ou non, pour apprécier la bonne humeur de la maison, et les assiettes bistronomiques du chef, qui font la promotion des terroirs locaux. La carte est efficace, bien équipée, une chiffonnade de jambon de pays, un foie gras mi-cuit, une queue de lotte aux agrumes, un filet de bœuf de l'Aveyron et sauce poivre du Sichuan. Prix honnêtes.

CHABLIS 89800

Hostellerie des Clos 14/20

18 rue Jules Rathier - T. 03 86 42 10 63 - Carte 49 €

Cette bonne hôtellerie 3 étoiles à l'entrée de Chablis a le charme des vieilles maisons, à la fois chic et historique. On y retrouve le chef Guillaume Collet, qui tient, pour la table gastronomique de l'hôtel, une cuisine bourguignonne et traditionnelle, où les classiques sont déployés avec une belle technique. À la carte, on pourra retrouver les incontournables œufs en meurette et lard confit au miel, la truite bio de Prégilbert aux amandes, le carré de porc avec une sauce chablisienne et petits légumes, avant des desserts classiques. La cave, pilotée par Thomas Charlut, est très riche, avec plus de 900 références, dont pas moins de 400 chablis.

Au Fil du Zinc 13/20

18 rue des Moulins - T. 03 86 33 96 39 - Menu(s) 42-74 €

Une très belle évolution pour cette adresse qui s'est imposée dans Chablis depuis l'arrivée de Mathieu Sagardoytho, notamment passé chez Éric Frechon et à l'Agapé. La belle salle en pierre de Bourgogne dégage une impression de raffinement contemporain, à la fois chic et rustique. Le ton naturel des lieux rend bien compte de l'intérêt du chef pour les beaux produits, qui sont au départ d'une cuisine inventive, autant sur le fond que sur la forme. Le menu à 42 € est une première balade entre terre et mer, des asperges vertes grillées, fraises et fleur de sureau, un merlu de Quiberon en croûte de pain de campagne, asperges blanches fumées, ail des ours et vin jaune, une pintade de la ferme des Chocats à la seiche de Quiberon, fenouil, aillets et bonnotte de Noirmoutier, un beau dessert de rhubarbe de l'Yonne, sapin blanc et amaretto. Service impeccable. Très belle cave.

Les Trois Bourgeons 13/20

10 rue Auxerroise - T. 03 86 46 63 23 - Menu(s) 24 €

Cet étonnant bistrot du centre de Chablis a en effet la particularité d'être tenu par un Japonais qui, loin d'être intimidé par la tradition bourguignonne, ou désireux de promouvoir sa culture, fait du pur régional dans un cadre sobre et amical. Ainsi, portée par Takeshi Otomura, la table restitue ainsi les classiques du pays, avec une technique remarquable (le chef est notamment passé chez Dutournier, au Trou Gascon), sur un œuf en meurette, des escargots à la bourguignonne, une pôchouse à la truite, un bœuf bourguignon, une clémentine style mont-blanc. Cave bien équipée.

CHAGNY 71150

Lameloise 17,5/20

*CHEF : **ÉRIC PRAS** - CHEF PÂTISSIER : **NICOLAS TURIN** - DIRECTEUR DE SALLE : **PATRICK MANIÈRE** - DIRECTEUR DE SALLE: **CÉDRIC SERVAIN** - SOMMELIER: **SÉBASTIEN REYMOND***

36 place d'Armes - T. 03 85 87 65 65 - Menu(s) 205-305 €

Le charme discret des grandes maisons ? Faites un tour à Chagny ! En divisant le nombre de couverts par deux, tout en gardant sa magnifique équipe en salle, Éric Pras donne à cette institution une dimension d'exclusivité qui rallonge encore le délai de réservation (comptez un bon mois), mais apporte ce confort ineffable, ce feutré distingué qu'une telle institution doit cultiver. Sa cuisine reste elle aussi fidèle à la glorieuse lignée Lameloise-Pras : une lecture à la fois fidèle et astucieuse du terroir bourguignon, par les produits comme par les clins d'œil (l'œuf de caille frit et sa crème anglaise façon meurette en mise en bouche, par exemple...), à piocher dans un unique grand menu, avec cette capacité permanente de séduire par une création de saison. Son tourteau en raviole champignon foie gras, filet de rouget et confit d'orange, pleurotes acidulés et jus champignon monté à l'huile de cassis est une merveille de délicatesse iodée, fine et aiguë comme un pizzicato. Les escargots et rattes, plus rustiques, mais plaisamment amarinés par le fumet de roche et le cannelloni d'encornets aux herbes potagères, annoncent le pigeon Miéral, cuit en feuille de cerisier, flanqué de diaboliques cerises à l'ail noir sur encre de seiche, cuisse effilochée en tempura, jus à la bière de Bourgogne, un modèle d'acidité subtile et de chair gourmande, dans une harmonie sans faille. Le chef est visiblement aussi attentif aux réalisations des desserts, comme le montre la très belle composition sur la fraise et angélique, complexe, fraîche et adroite. Service assuré par des cadres de haute tenue, sans aucune faille, cave bourguignonne exactement comme on peut l'espérer, tous climats, grands noms et d'autres plus furtifs, et la possibilité de boire bon de 70 à 17000 €, conseillée avec modestie, justesse et érudition par Sébastien Reymond, présentant un choix au verre également large et conséquent.

Pierre et Jean 12,5/20

2 rue de la Poste - T. 03 85 87 08 67 - Menu(s) 19,50-35 €

La belle maison bourguignonne de pierre et à toit de tuiles réserve un espace à la fois chic et rustique qui n'est pas un simple faire valoir pour la grande Maison Lameloise toute proche. Les équipes d'Éric Pras font un très beau travail pour valoriser le terroir, dans une prestation de très bon niveau et à prix serré : escargots pommes darphin, râble de lapin aux olives polenta courgettes jus romarin, joues de porc braisées pois chiches artichaut jus aux dattes dans le bon menu à 35 € qui s'achève joliment avec les fraises marinées au Timut crème amande riz soufflé. Un extrait de la grande cave de la maison mère permet un bel approvisionnement avec la même justesse tarifaire (le hautes-côtes-de-beaune Chevrot à 36 €).

Le Grenier à Sel 12/20

4 rue Marc Boilet - T. 03 85 87 09 10 - Menu(s) 20 €

«Ah, c'est une institution !» Telle fut l'exclamation complice d'un Chagnotin informé de notre venue au Grenier à Sel, à la fois jaloux et heureux de nous savoir entre de bonnes mains. L'expérience fut à la hauteur de la promesse, une messe réunissant tout le village, dans une salle seigneuriale si conviviale qu'on aurait cru être tous à la même table, des voûtes en pierre remarquables d'histoire, une cave à vin vitrée infiniment séduisante, une spectaculaire rôtisserie ouverte, d'où se dégage des odeurs culpabilisantes. Ici, pas de chichis, que des classiques et de bonnes viandes, une anthologie gourmande, comme cette andouillette de Troyes, aussi simple qu'efficace, un pied de porc à l'ancienne encore fumant, un confit de canard d'école idéalement confit et fondant, mettant l'eau à la bouche, une crème brûlée vanille qui rivalise avec nos souvenirs d'enfance. La maison aligne d'autres spécialités, les fondues, bourguignonne, vigneronne, bressanne, à la viande de canard. La cave est pleine des crus locaux, le pichet de mâcon blanc est imbattable.

CHAINTRE 71570

La Table de Chaintré 15/20

CHEF : SÉBASTIEN GROSPELLIER

72 place du Luminaire - T. 03 85 32 90 95 - Menu(s) 75 €

À un petit quart d'heure de Mâcon, dans un bourg viticole, Sébastien Grospellier possède à coup sûr la bonne formule, celle du succès depuis près de vingt ans, en gardant son identité et sa belle technique. Un seul menu, mais il n'est pas caché, des produits qui ne viennent pas tous du potager, mais de la noblesse de tradition qui s'habille dans le XXIe siècle ; pour les locaux comme pour les voyageurs, il s'agit bien d'un excellent choix. Avec Floriane, son épouse, ils mènent cuisine et service en toute fluidité pour leur quinzaine de couverts tout au long de l'année et font défiler, après la mise en bouche régionale (friture de Saône, gâteau de foies de volailles), les bêtes de concours toujours bien escortées : la tartelette de langoustines, artichaut et vinaigrette fraise, le turbot, carotte et bouillon de crevettes grises, le veau parfaitement rosé, avec les fèves et courgettes d'Annie Bertin, à laquelle la maison est fidèle depuis des années. Bon dessert classique sur les thèmes de saison (fraise rhubarbe, cerise chocolat...), cave de connaisseur, large sur le vignoble proche et les vignerons amis, pointue en de nombreuses régions (beaujolais et jura, notamment), avec une franche tendance aux apôtres du naturel, et de nombreuses découvertes en vin de France, qui font regretter le choix si mince en vins au verre.

CHALON SUR SAÔNE 71100

Le Bistrot 13/20

31 rue de Strasbourg - T. 03 85 93 22 01 - Menu(s) 29-52 €

Producteur et cuisinier, Patrick Mézières assure pour lui-même et ses clients le circuit complet du potager à l'assiette, pour une bistronomie convaincante et des produits de belle fraîcheur.

L'adresse s'est imposée sur l'artère comme l'une des plus appréciées, pour l'accueil chaleureux et les bons conseils de Marie-Laure, notamment sur les vins de Bourgogne, et les assiettes recherchées du chef. Le menu du soir à 45 € est d'un bon rapport, avec par exemple une entrée d'asperges vertes, morilles, œuf poché, truffe d'été et tuile de pain aux céréales, un lieu jaune à l'huile d'olive et sarriette, tarte maraîchère, poulpe rôti à l'ail et citron, macération de fenouil, une noisette de gigot d'agneau, saucisse aux herbes, l'épaule en crépinette au gingembre, jus à l'ail et au gingembre. Desserts du même niveau.

Aromatique 12/20

14 rue de Strasbourg - T. 03 58 09 62 25 - Menu(s) 26-55 €

On vient chez Émilie et Fabien Denisot pour l'élégance et le minimalisme du projet, qui est tout aussi soigné sur la forme que sur le fond. La table bistronomique du couple arbore un style épuré un peu loft avec des couleurs discrètes et des belles matières, du bois, du cuir, un peu de patine, et des assiettes qui démontrent un même sens du graphisme. Le chef a élaboré une belle carte, simple et en slash, faisant la part belle aux produits comme une raviole de homard, œuf, tandoori et céleri, une lotte aux petits pois, fumet grillé et salade d'herbes, un filet de bœuf, carottes et sarrasin, une douceur aux fraises, safran et chocolat blanc.

La Forge 12/20

21 rue de Strasbourg - T. 09 83 99 05 58 - Menu(s) 40 €

À mi-chemin de la rue de Strasbourg, la plus gourmande des rues de Chalon, la sobre devanture de l'établissement pose le sérieux de l'adresse, qui défend une bistronomie soignée et engageante. L'intérieur est élégant, comme un atelier d'artisan, les poutres et les murs en chaux, les tons doux et un mobilier discret. La carte en slash dévoile des associations logiques et attractives, mises en avant par une réalisation soignée ; on y apprécie le ris de veau doré au sautoir avec une sauce ivoire, le saumon en croûte comme un koulibiak, le suprême de poulet, sauce crème et morilles, crêpes vonnassiennes, le flan à la parisienne.

Le Clown Gourmand 11/20

13 rue de Strasbourg - T. 03 85 93 64 61 - Menu(s) 24-35 €

Ce bistrot lumineux et coloré est à l'image de sa bonne humeur, qui réunit les amis le soir pour une bonne assiette d'aujourd'hui. Les chaises de couleur contrastent avec le blanc des murs et les assiettes ont aussi de la fantaisie, le foie gras avec la mangue et la passion, le saumon avec des carottes et une crème de citron confit, le presa de porc avec une polenta à la tomate et sauce soubressade. Service amène.

Les Gourmands Disent 11/20

59 rue de Strasbourg - T. 03 85 48 75 21 - Menu(s) 29-40 €

Tout au bout de l'île Saint-Laurent, la dernière étape gourmande de la rue avec ce bistrot tout en blanc et pierre brute, qui marque une modernité également présente dans l'assiette. La carte associe les saveurs dans la bonne tendance, comme la bûche d'asperges blanches et vertes, ail des ours et vinaigrette noisette, le filet de dorade, mousseline de chou-fleur, coques marinées et pâte de citron, le râble de lapin farci à la tomme de Savoie, gaufre de pommes de terre et épinards. Menu du soir à 40 €.

CHAMBÉRY 73000

L'Orangerie du Château de Candie 14,5/20

533 rue du Bois-de-Candie - T. 04 79 96 63 00 - Menu(s) 82-97 €

Sur les hauteurs de Chambéry, le Château de Candie est une jolie maison forte de Savoie. Le parc est accueillant, et les contreforts du bâtiment magnifiques. Toutefois, les aménagements intérieurs nous plongent dans une maison bourgeoise des années 1980, dont les matériaux et arts de la table manquent de charme. Heureusement, côté cuisine, le jeune et talentueux David Loisel sait nous faire voyager entre sa Bretagne natale et les produits locaux des vergers savoyards. Les plats s'enchaînent avec beaucoup de délicatesse et de charme, avec des clins d'œil dédiés aux mentors du chef : l'incontournable restaurant Paul Bocuse ou le sémillant Sylvestre Wahid. Les sauces sont parfaitement réalisées, goûteuses et généreuses (on peut toutefois regretter qu'il n'y ait pas de cuillères pour mieux les déguster). Quant aux desserts, ils sont également de bonne facture (le melon, fin septembre, est peut-être un peu hors sujet). Signe des temps difficiles, le service de salle manque de structure et de formation. Un maître d'hôtel-sommelier de très bonne volonté reste bien seul pour parer à toutes les situations. Il saura toutefois vous préconiser de belles trouvailles et des accords mets et vins originaux (des nuits-saint-georges en blanc, aux coteaux de Provence, en passant par la Savoie, avec un crochet par Rivesaltes) et très aromatiques. Les deux menus sont proposés en 5 et 7 services, à 82 et 97 €.

Onze Grandes et Trois Petites 13/20

16 rue Jean-Pierre Veyrat - T. 04 79 62 66 74 - Carte 11 € - Menu(s) 21 €

On revient dans ce qui vaut pour l'un des meilleurs bistrots de Chambéry, pour l'accueil toujours aussi souriant, le charme convivial de la maison et la qualité impressionnante des assiettes, capables de restituer le marché avec une technique au-dessus des standards. La nouvelle carte prouve encore une fois que la simplicité fait des miracles, une tarte fine de volaille, confits de champignons de Paris et émulsion de champignons au gingembre, une lotte rôtie et poireaux vinaigrette, un filet de bœuf et pommes de terre, légumes de saison.

Pinson 13/20

22 place Monge - T. 04 79 70 96 40 - Carte 52 €

Cette maison fleurie va bien à Adrien et Maud, qui font chaque jour la démonstration d'une cuisine de marché parfumée et tournée vers la naturalité. Passé chez Lasserre et Ducasse, Adrien Trouilloud a les armes pour produire à l'envi des compositions actuelles et bien pensées, qu'on retrouvera dans une bonne carte de saison : sériole marinée à cru, pois chiches chermoula, légumes en gremolata, halloumi et poulpe grillé à l'ail et au citron, tranches de boudin noir poêlées et piperade ou encore une épaule de cochon à partager.

La Maniguette 11,5/20

99 rue Juiverie - T. 04 79 62 25 26 - Menu(s) 39 €

Une jolie maison ancienne dans le quartier le plus pittoresque de la ville, une enseigne régulière où il fait bon s'arrêter le temps d'un repas. Une restauration où tout est sage, la cuisine comme les tarifs, avec notamment un menu-carte à 39 € qui offre un large choix : ravioles de joue et queue de bœuf cochon fumé jus de cuisson estragon, bar plancha riz marin wok de légumes jus de marinade, filet de bœuf purée truffée jus porto, fruits rouges et mascarpone en dessert. Cave équitable avec les régionaux.

Folie, Cuisine d'Émotions 11/20

23 rue Bonivard - T. 04 85 86 03 65 - Menu(s) 39-119 €

Dans la cité des ducs de Savoie, le Petit Hôtel Confidentiel s'est inscrit comme l'une des meilleures adresses de la ville, à la situation parfaite, dont le restaurant Folie est une juste déclinaison. La terrasse extérieure est aimable, avec ces jolis petits oliviers, et la décoration intérieure noire et blanche est réussie. La carte présente aux happy few des tarifs très copieux, même pour le déjeuner, pour des assiettes qui peuvent et doivent encore progresser, malgré de belles entrées végétales (bonnes carottes de sable, agréable chou-rave pastrami). Desserts simples (la pomme de Savoie tout de même un peu rudimentaire). Service de bon niveau et cave bien diversifiée.

Restaurant le Savoyard 11/20

35 place Monge - T. 04 79 33 36 55 - Menu(s) 19-31,50 €

C'est la brasserie rassembleuse et identitaire qu'il faut connaître, un rendez-vous de la ville qui mêle générations et CSP pour le bon motif avec les roboratives spécialités régionales : raclette, diots et pommes de terre au lard, berthoud, tartiflette, ravioles de la Mère Maury, complétée par une bonne carte actuelle et un menu du déjeuner imbattable pour moins de 20 €. La carte de vins régionaux est correctement approvisionnée, le service est pro et efficace, avec un patron qui veille au grain. Un point de plus et 1 toque !

CHAMBOLLE MUSIGNY 21220

Le Millésime 13/20

1 rue Traversière - T. 03 80 62 80 37 - Carte 65 € - Menu(s) 24,50-59 €

Derrière la façade en pierre de cette jolie maison bourguignonne se cache une table contemporaine et épurée. Bien installé dans ce village au nom si prestigieux, l'établissement met bien évidemment en avant une cave remarquable, qui vient accompagner les assiettes de Matthieu Mazoyer. Ce dernier propose une cuisine actuelle et travaillée chic, langouste croustillante et riz soufflé et tartare, caviar du Périgord, délicate lotte cuit à la nacre et sauce vierge acidulée, cœur de ris de veau, jus de coquillages et condiment couteaux.

CHAMBRETAUD 85500

La Table du Boisniard 14,5/20

Le Boisniard - T. 02 51 67 50 01 - Carte 87 € - Menu(s) 33-105 €

La jeunesse est au pouvoir dans cette belle demeure faite pour les cérémonies familiales du côté du Puy du Fou. Plus besoin de sonner pour que la grille s'ouvre, on a déjà gagné en simplicité. Une fois dans le petit salon cosy, sous le magnifique lustre, c'est à Valentin Morice que vous allez confier vos économies. Par chance, elles sont en de bonnes mains : le jeune chef met en avant la Vendée et ses produits avec beaucoup de talent : betterave au vin de Mareuil tout en inventivité, turbot et filet de bœuf maturés cuits avec précision, œuf bio coulant parfait, risotto d'orge et poireau, sabayon au citron noir d'Iran, desserts aussi construits, sur la rhubarbe comme sur le petit pois. Le service a aussi gagné en décontraction, un peu moins amidonné, les tarifs sont logiques et la cave s'étoffe, notamment en local, servie par un jeune sommelier enthousiaste.

CHAMESOL 25190

Mon Plaisir 14/20

22 lieu-dit Journal - T. 03 81 92 56 17 - Menu(s) 49-110 €

Si la façade ne dit rien du trésor qu'elle dissimule, il ne faut pas hésiter à franchir la porte pour découvrir les plaisirs discrets, mais certains de Christian Pilloud. Sagement installé ici depuis plus de vingt ans, il fait vivre une gastronomie régionale et bourgeoise avec une constance rare. Le lieu est élégant et bien tenu, nappes blanches, beau service et mobilier en bois verni, accueillant des menus bien construits à partir de 49 €, où l'on verra passer par exemple un dos de truite saumonée, pappardelle de céleri et crème de savagnin, un beau suprême de pigeonneau royal laqué à la confiture de pinot noir. Cave complète.

CHAMONIX MONT BLANC 74400

Restaurant Albert 1er 16/20

CHEF : DAMIEN LEVEAU

38 route du Bouchet - T. 04 50 53 05 09 - Menu(s) 85-176 €

Cette grande maison évolue dans le bon sens, dans une déco contemporaine qui honore l'histoire et dans cette atmosphère rajeunie et pourtant très respectueuse, à l'image d'un service qui entretient le mythe. Le jeune chef Damien Leveau a trouvé son équilibre : en apportant un zeste de fantaisie à une prestation très codifiée, il s'inscrit dans l'histoire de la Maison Carrier, ardente promotrice du terroir Savoie-Piémont associant noblesse et rusticité. La très agréable mousseline de brochet dans une présentation arlequin, en vert persil et grenat modeuse, du meilleur effet, précède l'omble chevalier semoule de chou-fleur et citron confit œufs de brochet et bouillon de cresson, deux plats identitaires qui portent, comme le céleri pomme en pressé bouillon des pluches du menu végétal, la marque d'un véritable saucier. Qui peut aussi s'appuyer sur un excellent pâtissier (très bon dessert chocolat cazette) et sur une cave supérieure, aux verticales impressionnantes (Yquem, parcellaires de Guigal), permettant, par ses tarifs, de se faire le plaisir d'un grand flacon sans traquenard.

Auberge du Bois Prin 15/20

69 chemin de l'Hermine - T. 04 50 53 33 51 - Menu(s) 65-95 €

Une bonne surprise cette année dans l'auberge chic et familiale dirigée depuis Megève par Emmanuel Renaut, dans un coin un résidentiel un peu ingrat de la station : il a trouvé et formé une équipe bien performante, et surtout un chef, Xavier Aubel, qui permet de hisser la table à 3 toques. Une exécution au laser des préceptes du boss, du grand art sur le carpaccio de cerf, coupé très fin, crème légèrement parfumée au raifort gel citron pour l'acidité, quelques girolles et pickles d'oignons rouges. On suit avec l'omble chevalier, tatin d'endive et beurre blanc au chignin-bergeron, une signature typique Emmanuel Renaut, dans une version impeccable, cuit rosé à l'arête, pour allier la tension du produit ultrafrais et la tendreté flattant la langue. Excellent dessert chocolat praline noisette crumble chocolat, là encore au millimètre, cave bien organisée et service parfaitement coordonné, sachant naviguer sur la carte comme sur la cave, avec de bons régionaux et de belles étiquettes.

CHAMPAGNE SUR OISE 95660

Les Épis d'Or 12/20

12 bis place du Général de Gaulle - T. 01 30 34 08 21 - Menu(s) 49 €

Une belle régularité dans cette auberge du Vexin au cadre rustique et aux assiettes gourmandes et plaisantes : un foie gras mi-cuit «comme un vin chaud» accompagné de brioche cacao, amandes et miel ; une cotriade revisitée par le chef avec un blésotto à l'encre de seiche et coulis de piquillos, gambas, seiche, bar, turbot et une tuile à l'encre de seiche ; et, pour finir, une sphère cacao garnie de crème pâtissière, de morceaux de poire confits dans de l'eau-de-vie à la poire et de caramel au beurre salé. Carte des vins assez basique, personnel jeune et sympathique. Au premier étage, une salle pour des réceptions. Pour les beaux jours, une terrasse donnant sur l'église.

CHAMPILLON 51160

Le Royal - Royal Champagne Hotel & Spa 15/20

CHEF : JEAN-DENIS RIEUBLAND

9 rue de la République - T. 03 26 52 41 04 - Carte 152 € - Menu(s) 140-190 €

À la table royale de Jean-Denis Rieublanc, des produits superbes préparés comme sur la Riviera, chic et enjôleurs, le MOF - qui tint les cuisines de Negresco avant de s'installer en Champagne - ne cherchant pas à cacher l'influence méditerranéenne : veau et espadon façon vitello tonnato câpres de Pantelleria et copeaux de parmesan, rouget poché au consommé de bouillabaisse fenouil à l'huile d'olive et pommes rattes grillées, sans oublier quelques notes locales comme le porcelet de Champagne-Ardenne cuisiné de la tête aux pieds pomme de terre au persil, petits oignons glacés au miel de châtaigne… Le service a aussi de la majesté, comme la grande cave de champagnes, et la nouvelle cheffe pâtissière, Claire Andreux, fait aussi vibrer les bulles avec des compositions agréables, comme la poire en croûte de sucre miel et pollen. Le menu signature, avec sa batterie de produits de luxe (caviar, langoustine, turbot, ris de veau…) est à 190 €.

CHANTEMERLE 05330

Le Loup Blanc 12/20

1 route Neuve Serre-Chevalier - T. 04 92 24 14 27 - Carte 63 €

Ambiance chic au rez-de-chaussée d'une maison de village avec terrasse au bas de la piste Luc Alphand. Salle tout en bois, grande cheminée, fauteuils confortables et coussins de montagne à tête de loup. Le décor est planté. En dehors des habituelles fondues et raclettes chères aux aficionados de la station, on s'attarde sur la cuisine gourmande de Bruno Le Bolch. Foie gras de canard marbré au discret parfum de pain d'épices, pommes des Alpes pochées purée de coing et madeleines tièdes. Le saumon Bomlo fumé maison s'accompagne d'une compotée de poires à la pointe de moutarde à l'ancienne, julienne de betterave chioggia, pomme vinaigrée et savoureuse crème fouettée au génépi. La souris cuite longuement au four est fondante, avec un bon jus corsé, servie avec légumes mijotés, olives toscanes, citron, et herbes aromatiques. On termine sur la bénéfique fraîcheur d'une tarte au citron meringuée revisitée sur un sablé breton, crémeux de bergamote parfumé, suprêmes orange pamplemousse, coulis d'orange sanguine et sorbet citron vert. La carte des vins couvre les terroirs à prix sages, de l'IGP hautes-alpes Domaine de Tresbaudon à 25 € au chambolle-musigny premier cru «Les Charmes» à 110 €. Et pour préparer une sieste bien méritée, le maître d'hôtel sympa vous propose la petite liqueur de mélèze biologique ou, plus costaud, un joli choix de rhums.

CHANTILLY 60500

La Table du Connétable - Auberge du Jeu de Paume 13,5/20

4 rue du Connétable - T. 03 44 65 50 05 - Menu(s) 85-125 €

Les chefs se succèdent à La Table du Connétable, le dernier en date n'étant pas un inconnu : Pierre Meneau, fils de Marc, que l'on a déjà suivi à Paris au Crom'Exquis. L'ambition est naturellement présente dans ce cadre noble et historique, et les plats ont belle allure : émietté de tourteau, chou-fleur, caviar osciètre et velouté à l'oxalis, «bouchée de Madame Leczinska» (rappelant que la femme de Louis XV était aussi la fille de ce grand gourmand de Stanislas, le roi de Pologne), bar de ligne en ikejime, en anchoïade, câpres croustillantes, poutargue, émulsion d'olives vertes et tomate confite, le meilleur plat du repas, colvert sauvage, pomme Anna, sauce coing, agnolotti au canard dans son bouillon ; et bon dessert avec la mousse d'avoine en coque de dulcey, nougatine de malt, caramel de verjus. Le service peut encore progresser dans le timing et la fluidité, la cave de grands crus est logiquement coûteuse.

CHARLEVILLE MÉZIÈRES 08000

La Table d'Arthur 12,5/20

11 rue Pierre Bérégovoy - T. 03 24 57 05 64 - Menu(s) 17-34 €

Une de ces tables aussi bien fréquentées des touristes que des locaux, qui en ont fait leur cantine de prédilection. La maison cossue est en retrait de la rue, pour une plus grande discrétion et un sentiment agréable d'entre-soi, idéal pour les repas d'affaires. Au choix et selon la météo, on pourra choisir entre la jolie terrasse sur cour, le rez-de-chaussée contemporain ou la cave voûtée en sous-sol, chic avec ses belles étagères de vins et sa pierre d'époque. Dans l'assiette, on se concentrera sur des standards de brasserie, d'une réalisation convaincante : cassolette d'œuf mi-cuit, jambon et tomme des Ardennes, orecchiette, crème de foie gras et sot-l'y-laisse, canard fumé, sole meunière, suprême de poulet et crème moutarde... Bon menu à 34 €.

CHARNAY LÈS MÂCON 71850

Le Moulin du Gastronome 11/20

540 route de Cluny - T. 03 85 34 16 68 - Menu(s) 28-70 €

Ce charmant hôtel 3 étoiles au sortir de Mâcon est bien équipé, avec ses 8 chambres, sa piscine et son agréable jardin. On y retrouve Philippe et Mathieu, qui défendent une cuisine de marché à quatre mains, de belle composition. Les idées suivent les saisons, sur une truite fumée avec un blanc-manger de coquillages et vinaigre de sureau, sur un maigre de ligne aux petits pois à la française et guanciale, ou encore un filet de bœuf charolais flambé au marc de Bourgogne et carottes des sables. Formules à partir de 23 €.

CHAROLLES 71120

Restaurant Frédéric Doucet 16,5/20

CHEF : FRÉDÉRIC DOUCET

2 avenue de la Libération - T. 03 85 24 11 32 - Carte 113 € - Menu(s) 45-145 €

Frédéric Doucet mène l'ensemble de cette maison du bonheur comme elle a toujours été et comme elle doit le rester : comme une très belle auberge familiale. En l'amenant vers l'excellence, sans jamais oublier ses racines, à la façon de La Côte d'Or (à Saulieu) ou de La Côte Saint-Jacques (à Joigny), pour utiliser des références régionales. Chez les Doucet, il y a cette âme et cet attachement au Charolais qui transcende tout un univers, celui de cette belle demeure devenue si élégante et raffinée qu'elle rivalise en confort avec les plus prestigieuses. Quant à la cuisine du chef, elle n'a bien sûr plus de barrières ; elle est plurielle, parfois primesautière, parfois enracinée, avec cette finesse et cette justesse qui caractérise un chef à maturité. Son menu «Essences de ma Bourgogne» est à cet égard exemplaire : fleur de courgette et sorbet estragon pour se faire la bouche en fraîcheur, jambonnettes de grenouilles qui prennent un accent champêtre d'une grande intensité, comme la fleur de brochet œufs fumés et oxalis, dans la suavité d'un goût enveloppant, le homard bleu à l'élixir de suc charolais, la volaille de Bresse aux morilles pour le plaisir... Les desserts ont trouvé aussi la même veine, gourmandise et haute technicité, ainsi la finesse de chocolat grand cru et glace à la sauge, et le service dans son ensemble est bien celui qui convient à la Bourgogne comme aux Relais & Châteaux. Grande cave de grands crus, de beaux millésimes, mais aussi de bouteilles accessibles en mâconnais, beaujolais et côte chalonnaise.

Le Bistrot du Quai 12/20

1 avenue de la Libération - T. 03 85 25 51 75 - Menu(s) 31 €

L'annexe de la grande maison Doucet, juste en face, fait un bistrot étape de belle tenue. Dans le cadre comme dans le service, la prestation est solide et professionnelle, et «l'Inspiration du moment», à 31 €, vaut son pesant de charolais, toujours inscrite dans la fraîcheur saisonnière : tarte tomate et poivrons salade d'artichauts du jardin et scampis, aïoli de morue confite à l'huile, fricassée de rognons de veau, beurre de pamplemousse à la coriandre et mousseline de pomme de terre. Desserts légers et bien pensés, bon choix vinicole sur toute la région, jusqu'en beaujolais.

Le Charolles 11/20

1 place Charles Le Téméraire - T. 03 85 24 03 20 - Menu(s) 21-34 €

La table de Dominique et Caroline jouit d'une situation idéale dans la capitale du charolais, sur cette place centrale où elle peut installer sa terrasse et ses bonnes idées. L'intérieur, rénové dans un style contemporain, offre un cadre désigné pour les affaires, avec ses lignes sobres, ses tons harmonieux entre nappes blanches, parquet et murs gris, poutres au plafond et luminaires design. Le chef y réalise des classiques de brasserie, mettant évidemment en avant les bons produits d'ici, les escargots de Bourgogne, un burger à l'époisses, l'entrecôte et le rumsteck de viande charolaise. Desserts classiques.

CHARRECEY 71510

Le Petit Blanc 11,5/20

Le Pont Pilley - T. 03 85 45 15 43 - Menu(s) 18-31 €

Au bord de la route entre Charrecey et Mercurey, cette petite auberge qui ne paye pas de mine est une bonne étape sur la route des vins ou des vacances, avec ses plats typiques et traditionnels. La maison veille à restituer une atmosphère d'authenticité, avec ses charmantes nappes vichy et son service souriant, qui délivre ainsi un répertoire maîtrisé : œufs en meurette, quenelle de brochet à l'oseille, coq au vin ; et bien sûr, dans le verre, les crus de la région. Premier menu à 18 €.

CHARTRES 28000

Le Georges - Le Grand Monarque 15/20

CHEF : THOMAS PARNAUD

22 place des Epars - T. 02 37 18 15 15 - Menu(s) 59-126 € Ⓟ

Le vaisseau amiral de la flotte porte pavillon haut sur la place des Épars. Le Grand Monarque, c'est un symbole pour toute la ville, et Bertrand Jallerat en a maintenu l'aura durant toutes ces années avec passion et brio. Thomas Parnaud assure depuis quatre ans une brillante partition, qui lui a valu un titre de Grand de Demain et la 3e toque. Son talent propre s'accompagne d'une réelle adaptation au lieu, respectant les valeurs, travaillant le pâté de Chartres et le lapin du Perche tout en apportant le prestige nécessaire (gambas au caviar, langoustines royales) et des plats flirtant avec la tradition bourgeoise de haute volée, comme la côte de veau aux cèpes ou le pithiviers de colvert et foie gras. Bons desserts dans une carte aujourd'hui réduite à travers quelques menus, service bien appliqué et belle cave de grands crus soutenue par le chef sommelier Nicolas Duclos.

Le Moulin de Ponceau 11,5/20

21-23 rue de la Tannerie - T. 02 37 35 30 05 - Menu(s) 33 €

C'est l'heure du renouveau pour ce beau moulin XVIe des bords de l'Eure. Franck, Mickaël et Stéphane en font tourner les ailes avec leur chef - Paul Defrance, qui vient de laisser sa place à son second, Vital Rozet - à la recherche d'un terroir un brin maniéré, mais plein de bonne volonté, qui plaît à l'évidence aux Chartrains. Dans cette salle aux tables serrées sur un joli pavé inégal sous les poutres, on aime les mousses et les mousselines, et les produits originalement transformés. Le lapin en gelée glace moutarde crème de lentilles beluga avant la mousseline de Brême shiitakés et pleurotes confirment cette volonté, avant la tartelette panais chocolat qui fonctionne un peu moins bien. Service sérieux, jeune, appliqué et bien dirigé, cave assez modeste et classique avec un petit choix au verre.

CHASSAGNE MONTRACHET 21190

Ed.em 14/20

4 impasse des Chenevottes - T. 03 80 21 94 94 - Menu(s) 40-90 €

Émilie Rey et Édouard Mignot ont conservé à cette belle maison son caractère et sa singularité dans un village de si haute réputation viticole. Ils ont surtout gardé leur gentillesse et une forme de modestie pas si généralisée alentour. La cuisine de saison est subtile, totalement maîtrisée en texture et cuisson, alternant les trouvailles sur le marché du moment. Cave de connaisseur, aux grandes références locales.

CHASSELAY 69380

Guy Lassausaie 16/20

CHEF : GUY LASSAUSAIE

1 rue de Belle Cise - T. 04 78 47 62 59 - Carte 90 € - Menu(s) 76-120 € Ⓟ

Guy Lassausaie représente la quatrième génération de cuisiniers de la famille. Il hérite de la longue tradition culinaire et viticole française, tout en amenant sa grande connaissance de l'Asie, approchée lors de sa formation à L'Oasis, à La Napoule, puis à Osaka, où il conseille depuis une dizaine d'années une table en vue. La citronnelle, le gingembre, le citron vert et les cheveux d'ange savent trouver leur place autour des langoustines et des homards. Les produits sont excellents, les sauces et les jus toujours réussis, les cuissons sont justes, le travail bien fait, la note presque invariable, cette année pour l'araignée de mer et champignons d'automne en marinade acidulée au vinaigre de citron, avec sa royale de petits pois, ou les saint-jacques et topinambour (la morille était un peu hors sujet au mois de janvier). Supervision efficace et rassurante de Madame Lassausaie, comme à l'accoutumée, et très bons desserts. La cave est sérieuse, les prix aussi, avec un focus particulier sur la Bourgogne, ou l'on peut trouver un superbe rully de Jacqueson à 70 €.

CHÂTEAU ARNOUX 04160

La Bonne Étape 16/20

CHEF : JANY GLEIZE

Chemin du Lac - T. 04 92 64 00 09 - Carte 37 € - Menu(s) 95-155 €

Une image de la Provence éternelle et traditionnelle dans cette belle demeure, réputée depuis des décennies, que Jany Gleize a fait grandir au fil du temps. C'est la stabilité, le confort dans le classique qui prévalent aujourd'hui, autour d'une cuisine de produits nobles avec quelques accents sudistes à l'occasion : saumon fumé maison gel noir de réglisse, lamelle orange de carotte blanchie, tourte de canard colvert sauce Séchouan et tilleul, corolle de chocolat givré, fumé et mousseux, dans une proposition à 95 € qui inclut un beau service en salle et des attentions multiples. Cave de grands crus régionaux et nationaux.

CHÂTEAUNEUF DU PAPE 84230

La Mère Germaine 14,5/20

3 rue du Commandant Lemaître - T. 04 90 22 78 34 - Carte 89 € - Menu(s) 70-130 €

Une belle machinerie anime le village viticole et papal : celle forgée au fil des mois Mère Germaine depuis la reprise en mains, en 2019, par Isabelle Strasser. Entre le comptoir pour tous les jours, contemporain et pratique, et le gastro de la maison mère, à quelques dizaines de mètres, le combo est redoutablement efficace. Dans cette salle chic, provençale et arty, aux murs entièrement parcourus d'une fresque sur le thème du cirque, aménagé comme un bistrot de village respirant l'aisance, le chef Jérémy Scalia offre une carte très courte permettant de garnir quelques menus étagés selon le nombre de plats et de séduire les touristes en saison et les acheteurs de vin toute l'année. Les mises en bouche raffinées (très bon velouté châtaigne-haddock), l'aïoli tout en finesse, à l'ail confit sur un maquereau à la flamme, le colvert cuisiné avec justesse (magret sur coffre, cuisse confite et snackée), betterave coulis et croquante, le dessert chocolat-cacahuète-anis moins craquant dessinent un repas sans faute, où l'on retrouve encore ici la patte et le talent d'Antoine Pétrus, parfaitement animé par une jeune équipe pleine d'allant, répondant avec précision et brio à toute demande. Cave très forte en toutes régions (grandes étiquettes, références pointues), très riche sur son aire d'appellation.

Le Comptoir de La Mère Germaine 12/20

4 rue des Consuls - T. 04 28 69 00 60 - Menu(s) 38 €

À quelques dizaines de mètres de la maison mère, ce bistrot dont la terrasse ouvre sur les vignes est une bonne alternative, moins coûteuse et affichant un professionnalisme équivalent. Dans cette salle sage et lumineuse, on retrouve hors saison les collègues et les habitués profitant d'une cuisine simple, cadrée et de circonstance : poireaux vinaigrette, noisettes et mimosa d'œuf, un classique dans une version fignolée, porcelet rôti aux poivres rares, une belle viande à la cuisson précise, carottes et chou romanesco, bien taillés, avant le chocolat façon comptoir, biscuit, ganache et crumble cacao à la fleur de sel, un gâteau de mamie bien exécuté. Cave évidemment pléthorique, forgée par Antoine Pétrus, regorgeant de suggestions appropriées au verre.

CHÂTEAUROUX 36000

Jeux 2 Goûts 13/20

42 rue Grande - T. 02 54 27 66 28 - Menu(s) 19-32€

C'est toujours la bonne humeur dans cette table du centre-ville, où Christophe Marchais anime une cuisine de marché et un moment de convivialité reconnu. La salle, chaleureuse et bien tenue, entre pierres, bois et couleurs, accueille des assiettes ludiques et bien faites, où les jeux de texture et d'harmonie sont sans cesse renouvelés. Au menu-carte, on retrouve la tartelette soufflée au chèvre frais, et les tomates sont marinées à la framboise. Le homard bleu est au paprika fumé avec une purée très beurrée et du pamplemousse, le ris de veau de cœur s'accompagne d'une fregola sarda à la ricotta, citron et tomate en trois façons... Desserts dans le même esprit.

CHAUMOUSEY 88390

Maison Grandclaude 12,5/20

37 rue d'Epinal - T. 03 29 66 80 77 - Menu(s) 30-78€

La banlieue, ce n'est pas toujours rieur. Mais lorsqu'elle entoure Épinal, au cœur des Vosges, le paysage alentour est forcément une belle nature. Nicolas Grandclaude, que l'on suit dans ses multiples pérégrinations, a posé ses dernières valises où se trouvait la gentille auberge Le Calmosien. En aménageant à sa manière, salle contemporaine aux beaux matériaux, parquet, plateau bois pour chaque table, prolongée d'une cour-terrasse accueillante. Il s'est vite remis dans le rythme, avec ce qu'il aime faire, une cuisine d'aujourd'hui, de néobistrot sans prestige superflu, visant le goût et les harmonies. Un menu déjeuner à 30 € et un menu-carte modulable selon le nombre de plats. Et si les compositions sont simples, la confection est bien celle d'un chef, qui a du métier et du toucher, sur le maquereau déclinaison de chou parfum café, l'agneau avec son conchiglioni farci d'effilochée et courgette au chèvre frais. Un dessert de saison franchement bon (pêche pochée passion meringue praline rose), cave modeste et raturée, avec un petit choix au verre sous couvert d'accord, mais qui ne cherche pas à valoriser la région.

CHÊNEHUTTE TRÈVES CUNAULT 49350

Le Castellane 12/20

Rue Comté de Castellane - T. 02 41 67 90 14 - Menu(s) 39-54€

Dans un château qui domine la Loire, restauré par un passionné, agréable rencontre avec la cuisine de Richard Prouteau autour d'une carte de saison qui fait la part belle aux producteurs locaux. Les tomates du potager qui accompagnent des filets de sardine cuits au citron sur un sorbet fenouil sont une composition harmonieuse, tout comme le maigre et ses girolles sur une minicourgette confite. Les desserts sont aussi de belle facture, avec une proposition de framboises en charlotte d'une grande légèreté ou une déclinaison de pêches qui nous donne envie de lézarder sur la terrasse à la tombée de la nuit. Cave classique assez coûteuse.

CHENONCEAUX 37150

Auberge du Bon Laboureur 14/20

6 rue Bretonneau - T. 02 47 23 90 02 - Menu(s) 37-93 €

L'auberge d'Antoine Jeudi, c'est l'essence de l'art de vivre à la française. Situé à quelques pas du château de Chenonceaux, cet ancien relais de poste du XVIIIe siècle est depuis cent ans un établissement digne et valeureux qui cultive un charme d'époque authentique, le service d'un hôtel 5 étoiles et une cuisine bourgeoise de très bon niveau. Installée dans l'un des salons de l'enfilade, la clientèle pourra se délecter d'une expérience maîtrisée de bout en bout, où les classiques sont délivrés avec une touche de modernité et toujours ce qu'il faut d'exécution. Le menu à 62 € est un excellent choix, avec le tartare de daurade, basilic et citron vert, petit maquereau parfumé aux herbes, concombre et radis roses, le quasi de veau et jarret confit au thym et coriandre, le dessert chocolat-caramélia, abricots caramélisés à l'estragon et sarrasin. Belle cave régionale.

CHERBOURG EN COTENTIN 50100

Le Pily 15,5/20

CHEF : PIERRE MARION

1 Pont Tournant - T. 02 33 10 19 29 - Menu(s) 66-89 €

Pierre et Lydie Marion ont profité des divers confinements pour se remettre en question. Ils ont quitté le petit centre historique de Cherbourg et cet espace tout en longueur qui manquait de charme pour s'installer, pari osé, dans l'ancienne capitainerie, abandonnée depuis des années, sur le fameux pont tournant. Une importante campagne de travaux a accouché d'une superbe salle, entre matériaux bruts (fauteuils confortables, belles tables tendues de cuir) et vue imprenable sur le port de commerce. En passant le cap de la quarantaine, l'ex-élève de Jacques Le Divellec a aussi profité de ces mois de crise pour repenser sa cuisine, aujourd'hui tournée vers l'Asie. Le virage opéré par le chef est remarquable, et la réussite totale : dés de maquereau marinés, rhubarbe et betterave, kéfir de lait au yuzu et sansho, huile de mitsuba et riz grillé pour une entrée qui donne le tempo, lieu jaune en ikéjimé, sauce chimichurri aux coques, blettes et asperges, un plat magnifique, saint-pierre, shiitakés, légumes verts et radis, nage «ginger beer», une assiette impressionnante d'équilibre et de saveurs, avant un rassurant, mais gourmand, homard aux «patates». Desserts dans le même esprit (dont une parfaite association cerises, crème légère à la cardamome verte, sorbet aux herbes et tsukemono de choux, un plat à plusieurs niveaux de lecture), carte des vins assez courte mais pertinente (même si nous ne trouvons pas vraiment pratique le support choisi). Service pro. Une 3e toque cette année.

Carabot 14/20

55 place de la Révolution - T. 02 33 04 78 26

L'OVNI Carabot scintille plus que jamais. Aux commandes, l'infatigable Brice Moncuit ne compte ni ses heures ni ses efforts et a su s'entourer d'une équipe qui lui ressemble, jeune, impliquée, décontractée. La jeunesse cherbourgeoise se donne régulièrement rendez-vous sur cette petite place de la Révolution, pour simplement prendre un verre en terrasse ou découvrir l'ardoise du jour, qui évolue au gré du marché tout en proposant un vrai choix. Dans cette salle au confort sommaire et à l'ambiance soutenue (il n'est pas rare que les soirées se terminent très tard, et en musique), l'ancien élève du Plaza Athénée délivre des assiettes toujours percutantes, à la fois gourmandes, joyeuses et équilibrées : tartare de bœuf aux algues et coquillages, salicorne, mesclun et espuma Savora, merlu de ligne meunière, écrasée de pommes de terre aux herbes, beurre blanc, cives et tombée d'épinards, biscuit dacquoise amande, marmelade mangue passion, ganache chocolat blanc et croustillant praliné. La cave est pleine de bonnes quilles à tarifs d'amis (avec un choix au verre varié), et le service est parfaitement dans le ton, à la fois proche et efficace.

CHEVREUSE 78460

Le Clos de Chevreuse 12/20

33 rue de Rambouillet - T. 01 30 52 17 41 - Menu(s) 56 €

Du tradi de bon ton dans une jolie maison de pierre blonde à toit de tuile cachant une terrasse fort agréable sur l'arrière. On n'échappe pas à la mode avec le tataki de thon et les gambas, mais la main est ferme et tourne bien dans ce menu-carte à 56 € qui laisse le choix : œuf parfait salpicon d'anguille fumée mousseline de petits pois, côte de cochon frottée au thym gnocchis soufflés au parmesan purée d'artichaut camus, tartare d'ananas et sorbet rafraîchi au citron vert espuma pina colada. Service plaisant dans une atmosphère d'habitués.

CHILLE 39750

Au Verbe Aimer - Hôtel-restaurant La Parenthèse 11/20

186 chemin du Pin - T. 03 84 47 55 44 - Menu(s) 32-42 € Ⓟ

Non loin de Lons-le-Saunier, l'ancien hôtel des Guyot a été repris en 2018 par Élodie et Christophe Bassard. Le couple lui a donné une nouvelle figure, plus jeune et contemporaine, avec de beaux espaces épurés en matières naturelles et une élégante décoration végétale. Le chef y propose une gastronomie de saison, inspirée des traditions jurassiennes, assurant de beaux jours à l'établissement. À la carte par exemple, les quenelles de sandre, émulsion de crème langoustine et râpé de truffes, une volaille de Bresse avec un risotto aux morilles, comté et vin jaune, un intéressant flan vanille et vin jaune. Cave accessible avec une trentaine de références en Jura.

CIBOURE 64500

Ekaitza 15,5/20

CHEF : GUILLAUME ROGET

15 quai Maurice Ravel - T. 05 59 51 29 51

Notre lauréat du dernier Gault&Millau Tour Trophée de la mer se sent aussi pousser des ailes pour continuer à voler, chaque fois plus haut. La 3e toque arrive déjà pour Guillaume Roget, passé de la salle à la cuisine avec une aisance remarquable et poursuivant sur sa lancée, dans son Ekaitza («tempête» en basque), à régaler de nouveaux adeptes. Dont nous sommes de plus en plus, avec ces dernières expériences très réjouissantes : le thon rouge, fleur de sel fumé, condiment d'olives Kalamata, glace basilic et eau de tomate, comme le foie gras à la plancha accompagné d'un échaillon confit, anguille fumée, jus à la réglisse, fenouil confit, agastache et armoise montrent l'attachement du chef à valoriser les produits locaux avec une forte empreinte personnelle. Une belle fraîcheur et un poisson très bien traité, le turbot, écrevisse snacké, raviole de tourteau, bouillon à la cardamome, jus safrané, zestes de pamplemousse, un bon wagyu artichaut barigoule condiment pistache comme le dessert autour de la fraise mettent en évidence cette capacité à créer et à rechercher de nouveaux parfums sur des bases solides. Cave bien orientée bio et nature, servie avec talent par le sommelier Maxime Delevay, au sein d'une équipe de salle attentive et efficace.

Mattin 13,5/20

63 rue Baignole - T. 05 59 47 19 52 - Carte 52 €

Il n'y a qu'un Mattin sur toute la côte basque et tout le monde le connaît. Ou les connaît, car Michel et Céline Niquet sont les deux moteurs indissociables de la réussite du lieu. Certes, au fil du temps, la maison s'est embourgeoisée et l'on trouve aujourd'hui dans les assiettes du chef quelques fioritures et finesses inattendues dans une telle tradition. Mais tout est bon, fait avec loyauté et application, et on appréciera autant ces tartines d'anchois marinés avec le fameux boudin de chez Pantxoa, les dés de chipirons façon tartare ou le saint-pierre asperges blanches bouillon langoustines, toutes suggestions annoncées à la cantonade par Céline en début de repas, ce qui crée aussi cette connivence bienveillante sous les poutres séculaires. On le sait, on reviendra toujours, finalement pour les chipirons à l'encre et ce fameux et inimitable ttoro (soupe de poissons basque) qui fait aussi la gloire de Mattin. Cave bien pourvue, avec quelques beaux flacons accessibles.

Arrantzaleak 12,5/20

18 avenue Jean Poulou - T. 05 59 47 10 75 - Menu(s) 38 €

Sur les bords de la Nivelle, une table réputée, égale et sans faille, consacrée à la pêche locale, avec un succès régulier. Les habitués ne se posent pas trop de questions, se contentant de demander de quoi se compose l'arrivage du jour. Le poisson est toujours bien respecté et d'une fraîcheur exemplaire. Pour les amateurs de menu, la formule à 38 € fait l'affaire, avec les sardines grillées et le «coup de pêche du jour». On peut toujours faire diversion avec le cochon grillé de chez Ospital. Desserts classiques, cave sympa avec l'irouléguy, mais aussi le morgon de Lapierre ou le côtes-du-lot du Clos Siguier.

CLAIREFONTAINE EN YVELINES 78120

Les Terrasses de Clairefontaine 12,5/20

1 rue de Rambouillet - T. 01 30 59 19 19 - Menu(s) 39-90 €

La bien jolie terrasse est l'une des plus prisées autour de Rambouillet. Calme et élégance dans ce jardin de verdure sous les arbres ou l'appentis, au bord d'un ruisseau gazouillant. Pour profiter du lieu et prendre son temps, le menu «Terrasse» à 60 € permet de mesurer la qualité du travail du chef Éric Voiron à travers une séquence complète, de préférence sur des produits locaux : après les mises en bouche, une fraîche salade de poulpe et pois gourmand, le filet de bœuf glace de vin et aubergines, la cervelle des canuts et les fruits rouges avec une glace verveine citron, l'ensemble servi avec précision et savoir-faire. Et le pain est fait sur place avec une farine de la haute vallée de Chevreuse.

CLERMONT FERRAND 63000

Apicius 14,5/20

Marché Saint-Pierre - T. 04 73 91 13 61 - Menu(s) 39-135 €

Juste à côté des halles Saint-Pierre, Marguerite et Arkadiusz Zuchmanski tiennent l'une des tables les plus en vue de la préfecture, un sommet de modernité et d'épure, avec sa façade cubique et ses intérieurs en teintes de gris. Le chef d'origine polonaise y réalise une cuisine bourgeoise haut de gamme, qui se prête aux repas d'affaires comme aux belles occasions, et démontre une technique remarquable. Les incontournables sont évidemment à découvrir, le cru et cuit de légumes du moment, le risotto à la truffe blanche et champignons de la région, un élégant lièvre à la royale. Cave en adéquation avec le style de la table.

Jean-Claude Leclerc 14/20

12 rue Saint-Adjutor - T. 04 73 36 46 30 - Menu(s) 32-125 €

L'institution clermontoise s'il ne fallait qu'en garder qu'une, la table d'Angélique et Jean-Claude Leclerc mène la danse depuis près d'un quart de siècle sans prendre une seule ride, offrant chaque année une expérience renouvelée et repensée, sur le fond comme sur la forme. Les beaux produits servent ici une cuisine bourgeoise impeccable, avec trois menus à 40, 105 et 125 €, ainsi qu'une carte de saison : pied de cochon, truffe noire, foie gras et lard paysan, turbot, pommes de terre et truffe noire, canard Rossini, mandarine et crémeux à la vanille de Madagascar. Service professionnel.

L'Ostal 13,5/20

16 rue Claussmann - T. 04 73 27 77 86 - Menu(s) 35-89 €

À la lisière de la vieille ville, cette grande maison surplombant la rue Montlosier est le fief d'Emmanuel Hébrard, qui propose une expérience auvergnate et contemporaine. L'alliance de la nature et de la civilisation moderne y est équilibrée, dans une décoration épurée, où le bois et le blanc dominent, tandis que les assiettes, très bien dressées, mettent en scène le terroir régional. Au menu dégustation, on retrouve le chou cabus d'Auvergne lactofermenté avec de la poitrine de porc laquée et du raifort, une truite de la pisciculture des Monts d'Aubrac confite, endive meunière, échine séchée et pâte de citron confit, ou encore un filet de marcassin rôti, salsifis et jus pamplemousse café.

La Maison du Gaucher 12/20

32 rue du Cheval Blanc - T. 09 70 97 81 00

Cantine favorite des Clermontois, celle-ci est désormais pilotée en cuisine par Lionel Roux, qui a conservé l'esprit de la maison, dans un genre contemporain et confortable, en couleur taupe et lignes épurées. On y retrouvera une cuisine de marché plaisante, à la façon d'une cassolette d'écrevisses et saint-jacques, un mijoté de veau grain de soie au bouillon thaï et riz sauvage, ou encore un far breton. Prix justes.

Le Polypode 12/20

6 place du Champgil - T. 04 73 19 37 82 - Menu(s) 32-58 €

Quentin Brunet et Cyril Pinon, deux anciens du Spoon, se sont installés voici quelques années à la lisière du centre historique, dans un quartier négligé par les touristes. Si le décor de leur néobistrot manque à la fois de charme et de chaleur, leur cuisine réchauffe gentiment les corps en allant droit à l'essentiel. Une belle association œuf/pomme de terre fumée et saint-nectaire pour une entrée gourmande et régionale avant une intéressante version de la truite rose, courgette et kalamansi, à la fois moderne et épurée, qui précède un cochon plus neutre, malgré un accompagnement artichaut, chou blanc et abricot bien pensé. Desserts soignés (mention spéciale au mariage framboise, pêche et estragon), cave assez courte mais aux références bien choisies. Ambiance feutrée.

Le Saint-Eutrope 12/20

4 Rue Saint-Eutrope - T. 09 67 19 80 52

Bistrot très en vue dans le centre-ville, l'adresse des Anglais Alexandra et Harry Lester est un rendez-vous jeune et dynamique, où le bar en formica, les petites tables en bois et les œuvres encadrées jouent la partition d'un vintage cool. Dans l'assiette, Harry Lester et Mike Hazlewood font de la bistronomie à l'ardoise, souvent renouvelée et toujours engageante, comme des cigarettes d'anguille, une entrée de saint-jacques, topinambour et truffe noire, une pintade sautée au vinaigre, une tarte tout chocolat. Côté cave, la maison mise sur le vin naturel, avec des petits producteurs de partout, pas mal d'Auvergne, mais aussi de France, d'Espagne, d'Allemagne, d'Italie et d'Australie.

Smørrebrød 12/20

10 rue des Archers - T. 04 73 90 44 02 - Menu(s) 24-62 €

Jérôme Bru, dans le cœur de Clermont-Ferrand, outre sa table de Lempdes (B2K6), propose une expérience entre assiette et verre, où la cave joue autant son rôle que la cuisine. L'esprit est original, une maison à la décoration ultra-minimaliste, dans un blanc immaculé et où un mobilier scandinave blanc et bois occupe l'espace dans une harmonie respectée, tapisserie d'Aubusson contemporaine au mur pour la référence locale, et un bel étalage de vins sous verre pour assécher les gorges. Le chef y élabore des idées bistronomiques et de saison, qui ont la flexibilité idéale pour servir autant une table réunie pour la grande occasion qu'un grignotage entre amis, ou bien encore pour un dîner en amoureux. À l'ardoise par exemple, pour l'hommage scandinave, un tartare de saumon Bomlo tout en texture, un coffre de canard poché et rôti qui rend un bel hommage à l'hiver, avec son accompagnement de légumes de saison et de persil racine. Desserts régressifs, très belle cave nationale de plus de 250 références.

En/Vie 11,5/20

18 rue du Cheval Blanc - T. 04 73 31 11 52 - Menu(s) 18 €

Jeune adresse ouverte en 2020, elle a su vite conquérir son public avec son esprit bistrot nature, où le parquet blond et les murs blancs répondent à une cuisine simple et centrée sur le produit. Aux manettes, Simon Pénin et Audrey Gaillet, champenois d'origine et fiers de l'être, qui allient ainsi des petites assiettes réussies à une belle cave dominée par les champagnes nature. À l'ardoise, endive braisée, balsamique et sablé, filet de truite du Sancy et sauce foie gras, côte de cochon au poivre de Madagascar, crémeux chocolat blanc et agrumes. Service aimable.

Le Restaurant Bath's 11,5/20

Place Saint-Pierre - T. 04 73 31 23 22 - Menu(s) 47 €

Dans l'extrême centre, la table de Stéphane Bath et son épouse est un rendez-vous idéal au déjeuner, pour se retrouver en famille ou pour un déjeuner d'affaires réussi. La décoration, sobre et dans l'esprit d'une brasserie contemporaine, avec ses espaces séparés et son joli comptoir, se prête universellement à toutes les situations. Le chef y propose au choix une cuisine de brasserie légèrement revisitée ou des idées d'inspiration ibérique, qu'on pourra notamment retrouver dans un menu à 47 € bien calibré. À la carte, les relectures sont intéressantes, un œuf meurette à la truffe, un dos de cabillaud, navet, granny et coquillages, ou encore un cheesecake à la mangue et citron vert. Cave correctement pourvue, accessible à la bouteille comme au verre, avec une petite sélection venue d'Espagne. Bon service. Prix justes.

L'Écureuil 11/20

18 rue Saint-Adjutor - T. 04 73 37 83 86 - Menu(s) 34 €

Près du palais de justice, on retrouve Benoît Piedpremier et Monica dans cet élégant bistrot ouvert en 2011, à la façade en bois mouluré. Le chef, notamment passé au Royal Monceau et chez Bruno Cirino, élabore une cuisine de bistrot soignée et bien sourcée. Le menu à 34 € est un bon compromis, avec la crème de panais au foie gras, le pavé de cabillaud en croûte d'herbes, écrasé de pomme de terre à l'huile d'olive, un magret de canard de Limagne, sauce au vin rouge, olives noires, shiitakés poêlés et purée de pommes de terre. Ambiance plaisante.

CLESSÉ 71260

Château de Besseuil 14/20

Château de Besseuil - T. 03 85 36 92 49 - Carte 60 € - Menu(s) 42-66 €

Au milieu des vignes de viré-clessé, ce splendide château en pierre du XVIIe siècle est aujourd'hui un hôtel 4 étoiles avec piscine, un petit éden de luxe avec une agréable table d'aujourd'hui. Le chef applique ses bonnes techniques à une assiette convaincante et actuelle, où l'on croisera le poulpe, leche de tigre et ravioles de betterave, le sandre de Saône, houmous, vinaigrette de fenouil et boulgour, un ris de veau braisé, asperges vertes en viennoise de morilles et jus au vin jaune, une déclinaison de chocolat et framboises. Les vins du domaine sont évidemment sur la table.

CLIOUSCLAT 26270

La Fontaine 11/20

Le Village - T. 04 75 63 07 38 - Carte 11 € - Menu(s) 34 €

Le village est charmant et la petite terrasse de La Fontaine, installée dans une jolie ruelle ombragée, n'est pas le moindre des atouts dont bénéficie Pierre-Jean Lattier. Son menu à 34 € est une excellente affaire, avec la terrine de pintade aux pistaches et pickles d'oignons rouges, un cristivomer des Sources de l'Archiane à l'unilatérale, risotto de petit épeautre aux champignons et une gourmande déclinaison sur le thème des marrons de la maison Imbert, en mousse et millefeuilles, marrons confits et chocolat chaud. Service souriant et disponible. Une toque cette année.

CLUNY 71250

Hostellerie d'Héloïse 11,5/20

7 rue de Mâcon - T. 03 85 59 05 65 - Menu(s) 25-55 €

À l'écart de la ville, un modeste Logis de France en bord de route, qui cache pourtant une cuisine valeureuse d'un bon professionnel. Dans une ambiance un brin moderne, on se concentre sur l'assiette et ses bonnes réalisations traditionnelles, la ballottine de volaille farcie aux morilles avec une mayonnaise épinard et persil, le rond de veau rôti ratatouille rattes sautées et jus de veau au foie gras, le crumble en tartelette rhubarbe compotée fraises et sorbet fraise d'un bon menu de saison à 35 €.

Café du Centre - Chez Sissis 11/20

4 rue Municipale - T. 03 85 50 01 63 - Menu(s) 14 €

C'est la bonne pioche, tout près de l'abbaye, que ce simple café de potes devenu une destination touristique pour la cité abbatiale. Grâce à l'accueil, la variété et la modernité de l'ardoise, un ensemble qui contente tout le monde : une terrine généreuse, un tartare de charolais de 180 g, une andouillette lyonnaise, mais aussi le burger falafel et avocat, la blanquette de veau et la faisselle d'Etrez. Et même une bonne gibelotte de lapin aux champignons et linguine dans la formule du jour, des crêpes et des glaces à toute heure.

COCURÈS 48400

La Lozerette 13/20

Route du Pont de Monvert - T. 04 66 45 06 04 - Menu(s) 32-49 €

Sur le chemin de Stevenson, dans cette vallée du Tarn qu'il affectionnait tant, cette maison familiale aux accents presque montagnards est une halte tout confort, avec ses chambres, son salon, sa terrasse et son jardin, ainsi que sa belle table gastronomique. L'endroit est d'un charme suranné, bien conservé par les trois générations qui ont succédé à sa direction, et l'on y retrouve des menus régionaux, d'une réalisation exemplaire. Au menu à 49 €, la tartelette aux cèpes, épinards et crème de pélardon rôti, une truite bio de Florac, épinards aux châtaignes et lard de montagne, une épaule d'agneau de Lozère confite comme un tajine, un crumble d'automne aux pommes confites. Atmosphère chaleureuse.

COLLIOURE 66190

Le 5e Péché 14/20

16 rue Fraternité - T. 04 68 98 09 76 - Menu(s) 55 €

Dans le vieux village, bien au-dessus du port, une ruelle charmante et cette façade fleurie qui annonce délicatesse et raffinement. Masashi Iijima s'exprime sur le marché de saison, toujours avec des idées, de la précision, du doigté. Sa lecture du poisson, issue de sa double culture, est un bonheur, même sur le simple menu déjeuner, avec le maquereau mariné au vinaigre de riz tartare de tomate au sansho, le pavé d'espadon mi-cuit et vermicelles transparents sauce miso, la tartelette aux fruits rouges chantilly de thé vert signée par Cédric en dessert. Cave régionale bien avisée, sur le local (Coume del Mas, La Rectorie, La Tour Vieille), comme alentour (Roc des Anges, Gardiés...).

La Casa Figuères 11,5/20

14 rue du Dr Coste - T. 04 49 01 39 16 - Menu(s) 32 €

Une bonne surprise vous attend dans cette jolie maison traditionnelle, chez Vincent Figuères. Une cuisine classique sincère et authentique dans une ambiance qui l'est tout autant : caillette catalane, pressé de tirabuixo (porc catalan cuit à basse température) au banyuls, bouillinade de lotte et crème catalane en dessert dans un impeccable menu à 32 €. On adopte aussi la carte des vins, avec La Rectorie, Laguerre, Piquemal, Abbé Rous...

Le Neptune 11/20

9 route de Port-Vendres - T. 04 68 82 02 27 - Carte 72 € - Menu(s) 39-109 €

L'emplacement, juste au-dessus de Collioure en arrivant du sud, est privilégié. Raison de plus pour jouer les dieux de la mer en fréquentant cette adresse de longue réputation, plutôt dans sa simplicité (huîtres, anchois de chez Desclaux, turbot meunière sauce hollandaise, parillada) que pour ses essais plus sophistiqués. Le menu «Retour du Marché» (29 € le midi, 39 € le soir) est une bonne formule, avec des plats sobres et soignés.

COLLONGES AU MONT D'OR 69660

Paul Bocuse 18/20

*CHEF : **GILLES REINHARDT ET OLIVIER COUVIN** - CHEF PÂTISSIER : **BENOIT CHARVET** - DIRECTEUR DE SALLE: **JEAN-PHILIPPE MERLIN** - SOMMELIER: **MAXIME VALÉRY***

40 quai de la Plage - T. 04 72 42 90 90 - Carte 249 € - Menu(s) 220-330 €

Le restaurant français qui vous fait le plus saliver ? C'est Bocuse, c'est Collonges, c'est cette maison de légende où chaque Français s'intéressant de près ou de loin à ce qu'il met dans son assiette a forcément envie de manger un jour. Un fantasme de la grande école française, d'une haute gastronomie imperméable à tout effort de destitution, renvoyant au terminus des prétentieux tous les «hundred best» de la Terre. Ici, le carrelage est d'époque, Olivier Couvin et Gilles Reinhardt portent le col tricolore des MOF, Jean-Philippe Merlin assure désormais la direction de la salle, après quarante-deux ans d'exercice, et Vincent Le Roux orchestre la maison avec un tact et une empathie inégalables. Les deux chefs ont la mission de propulser le nom de Bocuse dans le futur interstellaire tout en gardant le patrimoine centenaire de cette maison mythique. Si l'on applaudit le conservatoire toujours aussi bien défendu, la soupe aux truffes, la sole Fernand Point, remaniée à la marge, les pâtes fraîches se substituant aux «nouilles», la gageure de créer en rendant hommage constitue un grand écart à faire claquer les adducteurs. Deux plats nous ont pourtant semblé à la distance idéale : le rouget comme en bouillabaisse, surmonté d'une viennoise d'agrumes avec ses pommes de terre en aïoli, qui ne remplace pas, mais s'ajoute au fameux rouget en écailles de pomme de terre, et le ris de veau, majestueux, en pomme entière avec une magnifique sauce Marengo. Pour le reste, la féérie Bocuse fonctionne à plein et rend finalement un peu magique toutes les assiettes, la nage de homard, l'omble de fontaine concombre et granny, un plat très peu «bocusien», la quenelle de sandre de homard, l'agneau allaiton... Au dessert, Benoît Charvet prend la main. Le chariot est très alléchant, le framboisier merveilleux au milieu de gâteaux de grand pâtissier, qui surpasse, à notre avis (sans doute à cause du lieu, de l'histoire) les compositions originales. Enfin, cette maison de champions a trouvé le sommelier parfait, Maxime Valéry, qui fut Sommelier de l'Année 2019, lorsqu'il officiait à La Vague d'Or aux côtés d'Arnaud Donckele, et qui apporte sa vista, son érudition et son contact à la fois pédagogique et humain.

COLMAR 68000

JY'S 16,5/20

*CHEF : **JEAN-YVES SCHILLINGER***

3 allée du Champ de Mars - T. 03 89 21 53 60 - Menu(s) 72-204 €

Il y a deux ans, Kathia et Jean-Yves Schillinger ont quitté l'agitation touristique de la Petite Venise pour s'installer dans le tout nouvel hôtel design niché au calme du Champ de Mars. Dans cet écrin exclusif, au décor signé Olivier Gagnère, avec ses patios ornés de boules de verre et de plantes grimpantes, la magie opère et chaque repas est une vraie fête. Voilà vingt ans que les Schillinger sont revenus de leur expérience new yorkaise et la cuisine de retour de voyage, aux notes fusion de Jean-Yves, demeure intacte. L'expérience peut être différente selon la formule choisie : si on opte pour un repas à la carte, on bénéficie d'une assiette principale entourée d'assiettes satellites avec un réel travail de composition tandis que dans le menu-dégustation à rallonge, ce sont au minimum six plats uniques et plus minimalistes qui s'enchaînent. Cette année nous avons succombé au menu-dégustation à six plats (147€), qui comprend un poireau-vinaigrette, revisité avec jus de pomme-céleri à la mode et joliment décoré d'une audacieuse sauce kimizu, même si le légume nous a semblé assez quelconque. Nous avons préféré la langoustine à peine cuite, avec une vinaigrette à la carotte et aux épices bien dosées. Les calamars juste snackés sur un espuma au wasabi, servis avec une sauce thaï fort goûteuse, plaisent même s'il est difficile de couper le calamar dans un bol. Quant à la sériole, à peine snackée en tataki, son accompagnement pomme-mangue-papaye, souligné par une émulsion de concombre au ponzu, est plein de fraîcheur végétale. La coupe longitudinale de la canette de Barbarie confère à ce plat beaucoup de classe tandis que le gel au caramel de yuzu lui donne vraiment du peps. Tout cela s'arrose d'une très belle sélection de vins au verre conseillée par un sommelier plein de verve. On conclut avec un millefeuille entièrement réalisé à la main, modèle de légèreté, tandis que les noisettes torréfiées, le caramel onctueux à l'ail noir et la sauce au café fort viennent se confronter à la vanille. En bouquet final de cette fête, on nous offre de jolies pâtisseries présentées sur un chariot bien fourni et bien expliqué. Le point fort de cette scène, ouverte par des baies vitrées sur la fontaine de Bruat, réside dans le ballet de l'une des meilleures brigades de salle d'Alsace, supervisée par la maîtresse de maison, Kathia Schillinger.

L'Atelier du Peintre — 15/20

CHEF : LOÏC LEFEBVRE

1 rue Schongauer - T. 03 89 29 51 57 - Carte 87 € - Menu(s) 45-120 €

Notamment passé chez Jacques Chibois, à Grasse, et les frères Pourcel, à Montpellier, Loïc Lefèbvre n'est ni un inconnu ni un novice qui a, par son expérience et ses talents, su s'imposer à Colmar depuis plus d'une dizaine d'années. Tenue avec sa compagne Caroline Cordier, cette table gastronomique du centre-ville est un incontournable, une maison à l'intérieur étudié, feutré et contemporain, tout en blanc et panneaux rembourrés, d'une très belle élégance. Le chef y produit une cuisine personnelle et graphique, qui révèle d'elle-même son passage méditerranéen, au détour de billes de butternut et chèvre, caramel calamondin et bouillon, un pavé de maigre et tartare de crevettes, jus de bouillabaisse, fregola sarda en risotto, une pavlova ananas citron vert sésame grillé et sorbet shiso. Cave bien équipée.

À l'Échevin — 14/20

4-6 place des Six Montagnes Noires - T. 03 89 41 60 32 - Menu(s) 50-110 €

Institution alsacienne, cet hôtel 4 étoiles installé dans une maison du XVIe siècle et tenu par la famille Bomo depuis plus de quarante ans est une référence incontournable. Splendide demeure alsacienne dont la salle offre un moment quasiment les pieds dans l'eau au bord de la Lauch, elle accueille depuis peu le jeune chef Paul Fabuel, ancien d'«Objectif Top Chef». Ce dernier mise sur une cuisine en cohérence avec le charme des lieux, des assiettes élégantes et plutôt bourgeoises, qui associent l'Alsace et la France avec un bel équilibre, et des beaux produits tout du long. La formule à 50 € en 4 plats est franchement une bonne affaire, avec le foie gras autour du citron, le beau millefeuille de pintade et morilles, gnocchi à l'ail noir, la formidable déclinaison à la poire pour terminer. Très belle cave de plus de 200 références, surtout en Alsace. Service impeccable.

Bord'Eau — 14/20

17 rue de la Poissonnerie - T. 03 89 21 53 60 - Menu(s) 41-51 €

Au bord de la Lauch, la façade en trompe-l'œil de cette maison alsacienne intrigue et invite à pousser la porte, des ornements peints comme un décor de théâtre, comme pour rappeler que la cuisine est aussi un art de la mise en scène. C'est très clairement le cas pour celle de Benoît David, qui, sous l'égide de Jean-Yves Schillinger, élabore des assiettes qui se mangent d'abord avec les yeux. Les recettes convoquent un tour du monde, des gambas aux moules et légumes thaï, crémeux safrané au lait de coco, un omble chevalier, jeunes poireaux, gnocchi, carottes au gingembre et lard, une selle d'agneau au romarin, lentilles à la moutarde de Meaux et fenouil confit, un citron en texture, crumble huile d'olive et cake yaourt sorbet citron et basilic. Menu-carte à 53 €.

Brasserie Historique - La Maison des Têtes 13,5/20

19 rue des Têtes - T. 03 89 24 43 43 - Menu(s) 21-25 €

Brasserie de la Maison des Têtes, hôtel 5 étoiles, c'est l'occasion de redécouvrir les grands classiques de la cuisine alsacienne tout en profitant du cadre absolument unique de cette luxueuse bâtisse du XVIIe siècle, et des bons conseils du chef Éric Girardin, 3 toques au restaurant gastronomique de l'hôtel. Dans ce splendide cadre régional et d'époque, avec bois sculpté, authentique poêle à bois en faïence et mise en table bourgeoise, on pourra ainsi réapprendre les traditions locales, un splendide pâté en croûte avec une petite salade, une énorme choucroute huit viandes, aussi exemplaire que démesurée, réservée aux plus affamés d'entre nous. La très belle cave alsacienne est tout à fait conseillée.

Maison Rouge 13/20

9 rue des Ecoles - T. 03 89 23 53 22 - Carte 66 €

La jolie maison rouge et fer forgé de Jean Kuentz, alias «Petit Jean», s'est imposée comme l'une des plus prometteuses de la ville. Depuis son retour en Alsace, le chef prouve sa belle technique (il a fait ses armes chez Jean-François Piège), défend des idées inspirées de la tradition qu'il met très élégamment en scène, a mis en place une expérience professionnelle et exemplaire. La carte aligne les beaux classiques, le pâté en croûte foie gras et volaille, le risotto safrané aux coquillages et asperges blanches, le jarret de veau 72 heures et truffe noire, pommes de terre en purée, les profiteroles pistache, marmelade d'orange et sauce chocolat. Cave bien pourvue.

Quai 21 13/20

21 quai de la Poissonnerie - T. 03 89 58 58 58 - Carte 61 € - Menu(s) 27-50 €

On retrouve Frédéric Tagliani au bord de la Lauch, juste en face du marché central, pour une cuisine semi-gastronomique, dans un cadre élégant en pierre brut, bois et bleu nuit. Le chef, notamment passé chez Marc Haeberlin, Olivier Nasti et Jean-Yves Schillinger, prouve une vraie technique et un bel amour du produit, décliné dans des compositions jouant sur les textures et les équilibres, des lanières de thon rouge mi-cuites au sésame, fenouil, pommes vertes et crabe, caramel de crustacés, une aile de raie, mousseline de pommes de terre, ail noir et parmesan, un filet d'agneau, pâte de citron confit, fromage blanc et écrasé de pommes de terre, un cylindre chocolat, framboise et crémeux thé matcha. Bonne sélection de vins, notamment en Alsace avec du domaine Ginglinger ou encore Albert Mann.

Les Racines 11,5/20

20B rue d'Alspach - T. 03 89 41 09 01 - Menu(s) 36 €

Légèrement excentrées du centre-ville, ces Racines sont bien accrochées à leur ville, se sont assurées un cercle de fidèles et des bonnes années. La maison est sage, assez constante dans son entreprise, avec des assiettes bistronomique bien dressées. À partir de 36 €, croquette de boudin, choucroute et pommes, omble chevalier, chou farci, carottes et champignons, onglet de bœuf et jus à l'estragon, une torche aux marrons. Belle sélection de spiritueux.

Restaurant L'Incontournable 11,5/20

23 rue d'Alspach - T. 03 89 23 45 57 - Carte 49 €

Au bout de la tranquille rue d'Aspach, Xavier Koenig commence à bien trouver son tempo et sa cuisine se fait chaque jour intéressante et nette. Du produit local bien sûr, mais aussi du poisson et tout ce qui est de qualité pour une cuisine de chef : foie gras aux épices et pêche confite à la marjolaine, lotte cuite en feuille de figuier blette confite au curry jus aux figues, agneau en trois cuissons pressé de légumes d'été jus corsé au romarin. La carte change tous les quinze jours, les desserts sont aussi inventifs (poivron confit au shiso fromage blanc sorbet poivron framboise) et la cave progresse.

Aux Trois Poissons 11,5/20

15 quai de la Poissonnerie - T. 03 89 41 25 21 - Menu(s) 30-67 €

La jolie maison à colombage installée au coin d'un quai de la Petite Venise propose une cuisine marine dans un cadre plutôt chic et traditionnel. L'institution ouverte en 1965 associe recettes d'aujourd'hui et d'hier dans trois menus bien calibrés, à 30, 47 et 67 €, où l'on pourra naviguer entre baeckeoffe aux trois poissons, tataki de thon, choucroute et sandre rôti, quasi de veau et mousseline butternut, soupe de quetsches. Cave principalement alsacienne.

Restaurant du Marché 11/20

20 place de la Cathédrale - T. 03 89 41 58 20 - Menu(s) 28,50 €

Sous les arcades d'une jolie maison de ville du vieux Colmar, cette table de marché est tout indiquée pour une pause traditionnelle sur le circuit touristique. Avec son charme bien gardé, un peu paysan avec son petit mobilier, son lustre et ses fleurs, l'ambiance est à la nostalgie d'une authenticité alsacienne, redéployé dans l'assiette avec le foie gras de canard maison, la choucroute, le baeckeoffe aux trois viandes, les filets de pigeonneaux garnis et sauce pinot noir, le précieux chocolat et coulis fruits rouges. Cave régionale.

L'Épicurien 11/20

11 rue Wickram - T. 03 89 41 14 50 - Menu(s) 19-40 €

Caviste, bar à vin et aussi table bistronomique qui n'hésite pas à aller chercher les beaux produits pour un moment vraiment bon vivant. Les idées sont assez bonnes, des classiques bien réalisés qui sauront attirer le gourmand, un œuf en meurette, une verrine d'œufs de truite de chez Petrossian, un filet de veau et gambas de Patagonie, légumes rôtis, purée de patates douces, jus de veau et homard parfumé à l'angostura... La cave est remarquable, une bonne sélection en Alsace et sur toute la France avec quelques grands noms de la vigne (Romanée-Conti, Jean-Louis Chave, Jamet, La Grange des Pères, Mas Jullien, Yquem...).

COLOMBEY LES DEUX ÉGLISES 52330

Restaurant Natali 14/20

10 rue Pisseloup - T. 03 25 01 51 69 - Menu(s) 35-115 €

Preuve en est qu'il existe une autre raison de venir à Colombey, l'hôtel-restaurant 4 étoiles de Jean-Baptiste Natali et de son épouse Hélène valent rien que pour eux le détour. Cette splendide maison champenoise accueille autant les charmes régionaux que ceux de la Toscane, chers au cœur de Jean-Baptiste, qui les fait ainsi conjuguer en toute subtilité, mariant les deux terroirs avec expérience et amour. Le très gaullien menu «Je vous ai compris» à 77 € fait la démonstration de cette belle harmonie, avec la tomate confite 14 heures, le saint-pierre de ligne rôti, pomme confite à la bisque et courgette violon, le ris de veau au sautoir, aubergine confite et jus réduit, la fleur de pêche sur un chou, compotée et crémeux mascarpone vanille. Cave bien construite.

COLOMBIÈRES SUR ORB 34390

Granit- La Mécanique des Frères Bonano 14/20

Lieu-dit La Mécanique Sainte-Colombe - T. 04 67 97 30 52 - Menu(s) 65-110 € Ⓟ

L'esprit de partage anime toujours les frères Bonano, qui font de leur auberge un lieu de plaisir et de détente. Aucune fausse note, des cuissons maîtrisées, des arômes joliment conservés et un mariage des saveurs bien étudié. On se régale à prix justes dans ce lieu chic et chaleureux qui possède en outre une splendide cave vitrée au milieu de la salle : thon rouge du Grau-du-Roi mariné et légèrement fumé poireaux vinaigrette orange miso pain Melba, très bien construit avec un caviar de chez Petrossian, cochon de Millas, le mignon rôti aux épices zaatar, les pieds fondants, un bonheur gourmand avec la mousseline de petits violets au praliné noisette et un bon jus «pégous», ganache montée amande rhubarbe confite sorbet brebis et genièvre, un dessert parfumé, rafraîchissant et fruité. La carte des vins est très fournie et le service dans le ton. La 3e toque n'est plus très loin.

COLOMBIERS 34440

Au Lavoir 11,5/20

Rue du Lavoir - T. 04 67 26 16 15 - Carte 52 € - Menu(s) 34-65 €

Au bord du canal du Midi, l'occasion est belle de lâcher prise et de s'accorder un moment de détente campagnarde. Au Lavoir, le linge est frais et les assiettes sont sincères. De la rillette d'oie d'accueil au soufflé chaud Grand Marnier, la cuisine se montre généreuse et pratiquée avec soin : un bon foie gras servi avec la brioche maison, moelleuse et servie tiède, le filet mignon de porc et son écrasé de pommes de terre à la juste cuisson rosé, que l'on accompagne de verres bien choisis dans une carte intéressante à prix justes. Service fluide et souriant, dans un bon timing.

COLOMIERS 31770

Des Roses et des Orties 14/20

28 chemin de Gramont - T. 05 61 15 55 55 - Carte 63 € - Menu(s) 29-63 €

Ce qui frappe avant tout lorsqu'on entre dans la salle, c'est ce sentiment de convivialité et de simplicité, avec ce grand four à bois, cette pièce ouverte sur l'extérieur, son mobilier 50's à la mode et son atmosphère profondément complice. L'endroit est ainsi sans doute à l'image du chef, Yannick Delpech, qui cherche avant tout à réaliser une cuisine autour du terroir et de l'humain, des produits locaux et issus du développement durable. Le menu à 63 € résume bien l'esprit de la maison, avec le foie gras mi-cuit, crème à l'ail à l'encre de seiche, gel dashi et tartare d'algues, le merlu de ligne rôti et panini de soubressade, fenouil et crémeux poisson, ou encore le bœuf grillé, daube de poulpe, condiment moutarde violette et croq' vitelotte. Belle cave orientée nature.

COLY 24120

Manoir d'Hautegente 11/20

Manoir d'Hautegente - T. 05 53 51 68 03 - Carte 60 € - Menu(s) 58 €

Le cadre est superbe, celui d'un grand manoir à la façade recouverte de verdure, avec une forêt en arrière-plan, une pelouse impeccable, un cours d'eau et sa petite cascade. Pour le reste, notre expérience cette année fut à tous égards décevante, le charme des lieux et la gentillesse du service, malgré ses imperfections, permettant de maintenir 1 toque. La cuisine a pour le moment un peu oublié ses fondamentaux, mais, nous en sommes certains, un tel lieu refleurira.

COMBEAUFONTAINE 70120

Le Balcon 12/20

2 Grande Rue - T. 03 84 92 11 13 - Menu(s) 33-70 €

Sur la route entre Langres et Vesoul, pour aller en Alsace ou en Bourgogne, faire une halte pour le repas ou la nuit chez Jean-Philippe Gauthier n'est jamais une mauvaise idée. La jolie maison sur le bord de la nationale propose une expérience traditionnelle réconfortante, avec à la carte des classiques qui ne déçoivent jamais, un œuf poché, crémeux de champignons et chips de lard, une étuvée de homard, poêlée de champignons et petite nage au savagnin, un classique poulet au vin jaune et aux morilles. Équipe dévouée.

COMBLOUX 74920

Au Petit Cuchet 11,5/20

3800 route de la Cry Cuchet - T. 04 50 58 67 07 - Carte 55 €

Un vieux chalet d'alpage bien rénové, où l'on pratique avec succès une cuisine savoyarde et bourgeoise qui plaît aux habitués de Combloux, plutôt CSP++, autant que la vue sur le mont Blanc : œuf cocotte avec une compotée d'oignon et lardons fumés à la truffe un peu évanescente, ris de veau bien cuit, interface croustillante et à peine rosé à l'intérieur, un petit jus intéressant persil estragon et une purée roborative, feuilleté nectarine manquant un peu de fruit face à la crème pâtissière et la glace vanille. Carte de vins bien équilibrée.

COMBRIT 29120

Villa Tri Men - Les Trois Rochers 14,5/20

16 rue du Phare - T. 02 98 51 94 94 - Menu(s) 65-125 €

Le petit port de Sainte-Marine est l'expression de la Bretagne telle qu'on en rêve. C'est charmant. À l'embouchure de l'Odet, sur les hauteurs, la maison aux formes généreuses, construite en 1913, entourée d'un parc de 4 ha, fait face à Bénodet. De la salle lumineuse, épurée et chaleureuse, vous ne perdez rien du panorama. En cuisine, Frédéric Claquin tient bon la barre. Sa carte, exclusivement marine, est ultra-courte. C'est l'assurance de compositions fraîches et totalement maîtrisées. Son plat emblématique, les ravioles de langoustine, en est une belle illustration. La pâte est légère, ni trop fine, ni trop épaisse. Les langoustines sont splendides et l'émulsion de crustacés est un modèle de suavité et d'équilibre. La bonne idée supplémentaire : un condiment yuzu pour la vivacité. Prise de risque un peu plus importante avec l'assiette suivante : du homard remarquablement cuit et servi en deux services (corps et pinces) autour de la betterave en pickles, en compotée et pochée. Un condiment au cassis apporte une acidité fort bien venue et la sauce au saké et bouillon de dashi épouse subtilement l'ensemble. Les desserts assurent et rassurent, comme le soufflé aux fruits de la passion rafraîchi par un sorbet poire. Service efficace et très agréable. La carte des vins surfe sur des valeurs éprouvées : vouvray de Vincent Carême, menetou-salon de Van Remoortere. Le Rhône est représenté par François Villard, le domaine Gramenon, Alain Voge, Mathieu Barret... Quelques grands bourgognes du domaine de Belleville, de Jobard, de Rossignol-Trapet...

CONDRIEU 69420

Hôtellerie Beau Rivage 13/20

2 rue du Beau Rivage - T. 04 74 56 82 82 - Menu(s) 45-88 €

Sur les bords du Rhône, au pied du vignoble de Condrieu, ce havre de paix 4 étoiles est idéal pour un week-end à la campagne, en habit du dimanche et bien accompagné. La table de Ludovic Mounier est d'abord celle d'une vue imprenable sur le fleuve et son ballet de péniches, qui nous berce dans une atmosphère volontairement bourgeoise et presque solennelle. L'esprit est celui d'une maison protocolaire d'inspiration classique, qui continue de faire vivre une habitude française mûrement réfléchie célébrant le meilleur de nos terroirs. Les assiettes restituent ainsi des saveurs iconiques, parfaitement travaillées, la langoustine à la fleur de sel avec un tartare d'algues et quelques grains de caviar, un pigeon de Châteauneuf avec des petits pois frais, un élégant dessert au chocolat Valrhona. La cave est à la hauteur des environs, avec une très belle sélection en vallée du Rhône nord et sud, ainsi qu'en Bourgogne, principalement des grands domaines. On ne manquera pas les fameux condrieus et viogniers de la vallée. Service impeccable.

CORENC 38700

La Corne d'Or 13,5/20

159 route de Chartreuse - T. 04 38 86 62 36 - Menu(s) 26-68 €

Sur les hauteurs de Grenoble, cette anodine maison aux murs ocre révèle un lieu contemporain unique, et une salle épurée avec vue panoramique sur la vallée du Grésivaudan et les monts de Belledonne. On y retrouve Gérard Borrel et son épouse qui, depuis maintenant vingt ans, font vivre une cuisine de terroir, dominée par les herbes et les fleurs aromatiques. Le travail est fin, intelligent, créatif, propose des assiettes de produits, d'une belle identité locale. Pour 36 € au déjeuner, on croisera dans l'idée suivant les envies un confit de joue de cochon et lentilles en salade, un dos de lieu jaune, pissenlit, pourpiers et poireaux, émulsion de persillade, un fondant noix chocolat, ganache à la menthe et mascarpone aux noix. La cave, tournée vers les vins nature, est pointue, bien pourvue, et bien racontée par le sommelier.

COSNE COURS SUR LOIRE 58200

Le Chat 13/20

42 rue des Guérins - Villechaud - T. 03 86 28 49 03 - Menu(s) 21,50-47 €

Posée au bord de la Loire, à côté de Sancerre et Pouilly, cette table aux apparences très discrètes cache une belle assiette de chef et une cave fort intéressante. Pour accompagner les crus proposés, le chef défend une bistronomie actualisée et plaisante sur la technique, une raviole de petits pois, hareng, cumin, olives et oignons frits, une brandade de lieu, salade de légumes, basilic et graines de courge, une polpette de volaille, fusilli, artichauts, champignons noirs, poivrons, fenouil et tomate confite, un clafoutis chocolat-cerise. Carte souvent renouvelée.

COULOMBIERS 86600

Auberge du Centre-Poitou 13/20

39 rue Nationale - T. 05 49 60 90 15 - Menu(s) 34-92 €

Quand on allait vers la Méditerranée, on passait par Saulieu, et quand on allait vers l'Atlantique, on passait par Coulombiers. L'étape n'a évidemment plus la fréquence d'autrefois, mais elle fait perdurer une authenticité qu'on regrette presque. On se régale des idées du fils, Mathias Martin, qui pratique les maquereaux flashés, concombre, coriandre et nuage de citron jaune, le filet de canette Apicius, betterave du potager confites et fumées, poivre et réduction de cassis, le millefeuille au cognac.

COULON 79510

Le Central 13,5/20

4 rue d'Autremont - T. 05 49 35 90 20 - Menu(s) 19,50-48 €

Une maison qui vit depuis trois générations au cœur de la Venise verte et qui a su conserver l'âme qui l'a vue naître. Le bel hôtel-restaurant travaille ainsi sur la tradition, qu'il revisite au gré des saisons pour lui redonner du sens, à l'image du pâté en croûte, repris avec un ketchup de butternut au miel épicé, du dos de cabillaud rôti au lard pour un effet terre-mer réussi, crème de haricot et moules, scamorza fumée, du filet de bœuf parthenaise snacké façon bœuf carottes. Desserts classiques.

COURBAN 21520

Château de Courban 14/20

7 rue du Lavoir - T. 03 80 93 78 69 - Menu(s) 69-129 €

La charmante demeure de la famille Vandendriessche se mérite. Située à une bonne heure de Dijon, à la limite de la Champagne, cette fière maison de maître se découvre idéalement le temps d'un week-end, en profitant des chambres cossues et de prestations d'ensemble vraiment soignées. Au restaurant, Takashi Kinoshita fait preuve d'une volonté permanente de progresser, même s'il peine encore, parfois, à s'écarter de son parcours de formation ultra-classique. Il travaille de beaux produits, maîtrise parfaitement cuissons, assaisonnements et dressages, mais on aimerait qu'il se lâche un peu, qu'il sorte de sa zone de confort et des produits de luxe. La troisième toque qu'il appelle tant de ses vœux est à ce prix. Le service est parfaitement huilé et la cave, plutôt classique, permet de jolis accords.

COURBEVOIE 92400

L'Expérience Pierre Lambert 13,5/20

215 boulevard Saint-Denis - T. 01 43 33 25 35 - Menu(s) 55-95 €

Désormais rebaptisé Expérience, le Bistrot Pierre Lambert est aujourd'hui une belle table à maturité. Dans son menu à 55 € en mode tapas, le chef s'amuse avec les produits du jour et dévoile tout son savoir-faire en éveillant la curiosité, dans une invitation culinaire originale qui interpelle et qui ne laisse pas indifférent : dès les mises en bouche, lait à la cacahuète, sorbet à la bière et jambon-beurre, le ton est donné. Dans une boîte à pizza, une petite part de pizza revisitée sur une feuille de brick ketchup ananas, avant une vraie signature, l'œuf de cent ans, le jaune emprisonné par une fine gelée glacée et accompagné d'huître sous du charbon végétal, raifort et sésame noir ; un pavé de cabillaud à la thaïlandaise, cuisson nacrée, pamplemousse, gingembre, cacahuètes et citronnelle ; suprême de coquelet rôti, avec une frite et condiment basilic épicé. Desserts aussi inventifs : une quenelle de sorbet oseille, framboises et yaourt, et une imposante barbe à papa poudre de yaourt et poudre d'olive noire pour le contraste ; un esquimau rhubarbe-chocolat ; un financier noix de coco. Personnel cool et aimable, carte des vins abordable.

COURCHEVEL 73120

Le 1947 - Hôtel Cheval Blanc 19/20

*CHEF : **YANNICK ALLÉNO** - CHEF : **GÉRARD BARBIN** - CHEF PÂTISSIER : **BORIS ALLIÈS** - DIRECTEUR DE SALLE: **FANNY PERROT***

Rue du Jardin Alpin - T. 04 79 00 50 50 - Carte 303 € - Menu(s) 395 €

La pureté et l'exclusivité. Tout ici est unique, et le Cheval Blanc, tel Pégase, plane au-dessus de la plus chic station alpine. Gérard Barbin est lui-même incomparable, bien au-delà du rôle d'interprète des pensées de Yannick Alléno. Un exemple symbolique : cette assiette sous-bois nommée «Gérargouillou», clin d'œil malicieux à la maison Bras, qui provoque des sensations précieuses d'osmose avec la nature, composée d'une cueillette forestière et montagnarde racontant les saisons, mousse, écorce, sapin, pommes de pin, truffe, poire... L'ensemble, intrigant visuellement, rare et grandiose à la dégustation, mêle réminiscences et plaisir avec une grande puissance suggestive. Dans ce cocon luxueux qui n'accueille que cinq tables d'une clientèle internationale parfois plus aisée qu'avertie, la brigade comme la salle emmenée par Fanny, trophée Gault&Millau l'an passé chez Yoann Conte, tendent à l'unisson vers l'excellence. Toutes les histoires sont belles dans ce cadre immaculé ouvrant sur la neige intacte : la saint-jacques sur sa coquille, cuite par la vapeur des légumes de la délicieuse «soupe cultivateur», la magie de cette volaille en trois services, cuite par un secret de cuisinier, entre peau et chair pour donner un récital sans égal, tartine façon rôtie au foie blond grattons et osciètre, filet au vin jaune et épinards racines, cuisse en salade de pomme de terre à la livèche et truffe. Pour chaque étape, la même impression de puissance apprivoisée, de virtuosité, d'inventivité bluffante et charmeuse, dans le désormais classique biscuit de brochet extraction céleri (qui a un peu changé cette année) ou même dans les desserts, les ravioles à la frangipane de courge ou l'extraction de sapin en gelée glacée au café et crème chaude au chocolat, un prodige de plus. Cave bien sûr immense pour les moyens de même nature de la clientèle, avec le Cheval Blanc 1947 toujours à 47000 €.

Le Chabichou 17,5/20

*CHEF : **STÉPHANE BURON** - CHEF PÂTISSIER : **OLIVIER PONTICELLI** - DIRECTEUR DE SALLE : **MAGALI MONTHEIL** - SOMMELIER: **EMMANUEL LETOURNOUX***

90 route des Chenus - T. 04 79 08 00 55 - Menu(s) 70-305 €

L'apanage d'une maison mythique, l'avantage de l'expérience : le Chabichou est un bijou dont Stéphane Buron fait beaucoup plus que maintenir l'éclat. Dans la cuisine qu'il occupe depuis bientôt trente-cinq ans, sous l'œil autant malicieux que bienveillant de Michel Rochedy, dans un portrait étonnant, il offre ce sentiment rare, dans un 4 toques aussi prestigieux, de participer à un repas de famille, empli de chaleur et de rires, dans une forme de simplicité montagnarde qui s'accorde mystérieusement à l'opulence luxueuse de Courchevel. Le nouveau décor, chic contemporain aux notes sixties, s'intègre dans la vision du chalet douillet qu'incarne l'établissement depuis des années. La salle, si brillamment animée par Rony-Fred Gildard, donne le tempo en toute fluidité, magnifiant ainsi la séquence idéale (5, 7 ou 9 plats). Le champignon (tartelette, tuile, cappuccino) ouvre le bal avant l'artichaut, sensible souvenir d'enfance, en vinaigrette et en royale, le chef déroulant la symphonie en alternant avec brio les produits de seigneur (langoustine, turbot rôti remarquable mettant l'oignon en valeur, chevreuil betterave hibiscus) et les évocations pastorales qui vous dessinent un territoire (tartare d'omble chevalier, pain de brochet pied de cochon fumé et escargots en cromesquis émulsion à l'ail des ours). Jouant de toutes les cordes, il peut aussi vous embarquer pour de bon dans son univers (une merveille de saint-jacques avec son maïs en déclinaison, l'extraction de crevette grise huître et foie gras grillés sauté de chou) avant les desserts savants (miel, excellent chocolat noisette, citron mirabelle), offrant ainsi une palette vaste et passionnante. Cave de grands crus qui s'ouvre petit à petit grâce au travail du nouveau très bon sommelier Emmanuel Letournoux, venu des Lodges Sainte Victoire.

Kintessence 16,5/20

238 rue des Clarines - T. 04 79 40 08 80 - Carte 204 € - Menu(s) 200-250 €

Dans cet univers de luxe, tout est méthodiquement sécurisé, depuis l'arrivée dans ce superbe chalet de bois gris (le code K2), pour découvrir un salon onctueux où se côtoie le gotha du ski international. Jean-Alain Baccon, directeur remarquable et attentif, a mis en place une prestation digne des plus hautes toques. À la barre des fourneaux, Jean-Rémi Caillon et le chef pâtissier Sébastien Vauxion déroulent avec aisance une séquence qui frise les 4 toques, aidés par une jeune équipe très bien conditionnée pour adopter la bonne distance, très chic, en gardant l'esprit chalet et l'axe délibéré du rustique sublimé. La betterave belle Oréade, palets laqués au jus, anguille fumée et salade rouge aigrelette est en deux services pour un brillant exercice, les «carottes-bœuf, bonnet au consommé» s'accompagnent de crozets au carvi de Pralong que le chef va lui-même chercher dans la montagne, la truite au sel est portée par l'endive et les chips de peau de poisson tiennent la vedette, et les produits nobles sont astucieusement mis en lumière, comme le homard bleu sapinette, aux bourgeons de sapin de Cospillot, tartifles, estragon et échalotes, en trois assiettes très réussies. On croit avoir tout vu quand le pâtissier entre en action, toujours inspiré, virevoltant avec la région, le salé, le sucré, l'acide l'amer pour des compositions de virtuoses (pamplemousse à la berce, sorbet d'écorce à la bière locale, crème de berce au miel, pamplemousse cru et confit, chocolat Artemisia, mousse de chocolat Cuba, sorbet herbacé et vanille, condiment d'écorces de citron macérées au génépi...). Cave grande, aux millésimes nombreux sur les domaines les plus extraordinaires de la planète.

Le Sarkara 15,5/20

CHEF : SÉBASTIEN VAUXION

238 rue des Clarines - T. 04 79 40 08 80 - Menu(s) 250 €

C'est une expérience peu commune que fait vivre Sébastien Vauxion aux visiteurs du Sarkara. On doit d'ailleurs y joindre toute l'équipe qui œuvre à ses côtés, et le directeur du K2, Jean-Alain Baccon, qui n'est pas pour rien dans cette innovation remarquable. Car, à l'heure où certains avalent un kebab et d'autres un cassoulet, le chef pâtissier du K2 vous emmène vers des rivages très exclusifs, extrayant le sucre des légumes, élaborant les associations fruits, agrumes, racines, herbes, feuilles dans des compositions végétales d'une grande recherche, mais qui font l'effort, par l'unité et la précision, de ne pas perdre en route les goûteurs. Ces derniers sont forcément séduits, par l'artichaut cédrat, la très bluffante betterave crapaudine et gentiane, le chou-fleur ananas truffe noire sauce vin rouge ou le cerfeuil tubéreux pamplemousse lait de coco gel et sorbet cerfeuil. À chaque étape, un gros travail sur les harmonies et les textures, encore rehaussées par des accords avec des thés rares aux vertus de légèreté, de finesse et de conjugaison idéales. Le service est bien celui du K2 Palace, les dernières assiettes, franchement «desserts», sont aussi étonnantes, comme le chocolat façon expresso, qui peut conclure cette pause déjeuner au tarif certes redoutable (250 € pour le grand menu 8 services), mais unique.

Le Strato 14/20

Route de Bellecôte - T. 04 79 41 51 60 - Menu(s) 190-245 € Ⓟ

Dans la partie la plus huppée de Courchevel, la table du Strato, menée à distance par Jean-André Charial, et surnommée, pourquoi pas, Baumanière 1850, se veut légitimement la plus altière possible, pour ne pas dire stratosphérique. Engagement tenu du côté de l'addition, l'assiette pilotée par le chef Thomas Prod'homme montrant 2 belles toques et des promesses. Avec la blette nacrée truffe noire et crème double, la saint-jacques à la flamme algue et petit lait foisonné, la côte d'agneau «immersion terre ou mer» oseille et caviar faisselle de brebis avant un malin céleri coque meringue café condiment citron pour une séquence à 245 € qui fait preuve d'un certain cran. Le tout dans un cadre approprié, avec une vaisselle choisie (pratiquement les plus beaux couteaux de la station), un service de haut niveau et une cave d'étiquettes consacrées, l'un des points forts des tables Baumanière.

Azimut 13/20

Le Praz - T. 04 79 06 25 90 - Menu(s) 45-108 €

Tout est propre ici. La musique est en sourdine, Sandrine Moureaux mène l'affaire tout en amabilité et la cuisine de son époux François est sous contrôle. Jusqu'à la carte des vins, pétrie de bonnes intentions et d'étiquettes consacrées, bien pourvue sur sa région et dans son offre au verre, avec les conseils avisés de la patronne. Le chef affectionne le travail bien fait, et sa mise en bouche crème de panais émulsion coco pose le niveau à 2 toques confirmées par la séquence : omble chevalier juste et savoureux crème de chou-fleur caviar de Neuvic, tendre pintade fermière à basse température, artichaut laitue en texture sauce reine-des-prés, parfait génépi crème praliné pâtissière au café. À une altitude raisonnable, dans ses menus de 45 à 90 €, à 10 minutes de la station 1850, la mire est bien ajustée et l'Azimut bien réglé.

CROIX 59170

Arborescence 15/20

CHEF : FÉLIX ROBERT

76 rue de la Gare - T. 03 20 00 01 82 - Menu(s) 40-80 €

Arborescence, c'est d'abord l'histoire d'une rencontre, à la fois professionnelle et personnelle, entre deux jeunes gens qui partagent les mêmes valeurs personnelles et la même vision du métier de restaurateur. Nidta a grandi en Thaïlande, dans une vaste exploitation fruitière, avant de franchir les océans pour rejoindre le lycée hôtelier du Touquet, où elle fera la connaissance de Félix Robert, lui-même féru de jardinage. Les deux jeunes gens sont de très gros bosseurs (Nidta ne parle pas un mot de français à son arrivée en France et va s'astreindre à tout apprendre, tout goûter, elle qui n'a jamais bu une goutte d'alcool jusque-là), ils vouent chacun une passion aux fruits, aux légumes, le courant passe immédiatement. Ils passent six ans chez Alexandre Gauthier, où Félix occupe le poste de sous-chef après y être rentré comme chef pâtissier («une rencontre déterminante pour nous», avouent-ils) et rejoignent ensuite la famille Troisgros, à Ouches. Déjà, le projet de s'installer ensemble a mûri et, fin mai 2022, ils ouvrent leur propre restaurant, dans un ancien château textile réhabilité, décoré et réaménagé par François Muracciole et Alice Munk. Dans cet espace à la fois moderne, zen et chaleureux, le jeune couple propose une cuisine pleine de liberté, fusionnant adroitement les influences thaïes et flandriennes, s'amusant à marier la langoustine et le riz torréfié, osant le crabe avec une sauce maturée, associant la caille au tamarin (Nidta a grandi au milieu des tamariniers)... Chaque plat, d'une précision, d'une imagination et d'une élégance folles, est une découverte (le riz vinaigré qui farcit les fleurs de courgette, quelle magnifique inspiration !), les assiettes s'enchaînent sans jamais faire retomber la pression et le service, à la fois efficace et (trop ?) feutré, est dans le bon tempo. La cave est encore assez courte (on y retrouve Terrebrune, Zind-Humbrecht ou Marcel Richaud), mais cette jeune maison, assurément très bien née, n'a pas fini de faire parler d'elle.

CROLLES 38920

Le Tonneau Gourmand 11/20

441 rue Charles de Gaulle - T. 06 79 67 71 80 - Carte 9 € - Menu(s) 18,50 €

Sur la route des Alpes, une sympathique halte à boire et à manger dans une zone commerciale, où l'on pourra interroger avec envie les belles étagères de quilles qui encerclent toute la pièce. Le cave fait des petites planches et terrines qui vont bien, pour une bonne soirée entre amis, qu'on égayera dans le verre en allant se promener parmi les plus de 400 références en vin et la bonne cinquantaine de propositions en bières.

CROZANT 23160

L'Auberge de la Vallée 13,5/20

14 rue Armand Guillaumin - T. 05 55 89 80 03 - Carte 60 € - Menu(s) 21-65 €

Sur les pas des peintres de la vallée de Crozant, on pourra faire une halte en face de l'hôtel Lépinat, chez Marie-Pierre et Sébastien Proux, dont la gentillesse n'a d'égal que leur goût des bonnes choses. Dans ce cadre où la peinture ne pouvait pas manquer, et où l'architecture rappelle l'engouement pour la région au début du siècle, on retrouvera une cuisine française généreuse et bien exécutée, un filet de canette gravlax sur une salade de haricots verts du jardin, des filets de rouget avec une fine ratatouille et sauce poivron, une noix de veau rôtie minute au romarin et purée au beurre d'Isigny. À partir de 21 €.

CUERS 83390

Le Mas du Lingousto 11/20

934 avenue Majastre, lieu-dit l'infirmerie D14 - T. 04 94 28 69 10 - Menu(s) 49 €

C'est un classique, une maison qui a inscrit ses lettres de noblesse il y a bien longtemps, et qui est presque indispensable. Les toques ne brillent plus comme jadis, mais Arnaud Bouxirot, conseillé par Fabrice Giraud (le nouveau chef du Beslay, à Paris), se débrouille pour maintenir 1 toque et un niveau convenable, qui fera plaisir aux habitués. Du traditionnel rassurant après les mises en bouche un brin pataudes, avec le carpaccio de poulpes sauvages de Palamos, aïoli au wasabi, tobiko au yuzu, qui donne de la mâche et du sens, le dos de maigre de Corse Label rouge rôti sur le plat, pulpe de patate douce, sauce vierge à l'huile d'olive du moulin Partégal. Dessert travaillé (dans l'esprit de la piña colada, crémeux chocolat ivoire et coco vierge d'ananas...), accueil et service appliqués et gentils, cave régionale correctement fournie (les étoiles de 1 à 3 pour la puissance du vin, c'est un peu étrange), peu renseignée quand c'est le jour de repos du sommelier.

CUGAND 85610

L'Arôme 11/20

8 place de l'Eglise - T. 02 51 07 08 99 - Carte 12 € - Menu(s) 35-50 €

Sur la place de l'Église, une maison accueillante, à l'intérieur chaleureux et pierre apparente. Les efforts du chef Dany Bachelier sont réels pour produire une cuisine actuelle, qui se cherche encore un peu mais montre de la personnalité : foie gras et ris de veau avec une pointe d'ail noir, une assiette végétarienne où se mêlent des saveurs variées, salsifis, champignons, pommes..., poire rôtie et pollen torréfié pour une bonne idée de dessert manquant un poil de goût. Une table qui va à coup sûr évoluer, au service gentil et au rapport prix-plaisir intéressant. Cave généraliste assez vaste.

DAMPMART 77400

Le Quincangrogne 15/20

CHEF : FRANCK CHARPENTIER

7 rue de l'Abreuvoir - T. 01 64 44 44 80 - Menu(s) 45-99 €

Une table au long cours, menée sagement et sûrement par un Franck Charpentier expérimenté et confiant. Cette noble demeure du bord de Marne est une œuvre de confort, une belle maison où le temps est pris de bien choisir les produits et de bien les faire, dans des menus pointus et soignés. Pour 70 €, le foie gras est travaillé avec la lisette, le vin blanc, le gel de crevette citronné et l'algue nori, le cabillaud sauvage pré-salé arrive avec le coco de Paimpol, la salicorne, le lard paysan et le pesto de roquette, le veau est poêlé au thym du jardin, accompagné de blettes et de pommes Macaire, et oignons des Cévennes, tandis que la poire, le chocolat, le chiboust et le biscuit joconde sont rassemblés dans l'esprit d'un Pim's avec un sorbet gewurztraminer.

DANJOUTIN 90400

Le Pot d'Étain 15/20

CHEF : PHILIPPE ZEIGER

4 avenue de la République - T. 03 84 28 31 95 - Carte 114 € - Menu(s) 45-110 €

Installé depuis près de quinze ans, Philippe Zeiger ne change pas une virgule à l'esprit maison : rigueur, produit, finesse. On trouve, chez cet ancien de Bernard Loiseau, Jean Bardet et Christian Willer, moins d'omnivores en quête de découvertes que de gourmets en mal de repères. La gastronomie, au classicisme éprouvé, s'installe en quatre menus, changeant au gré du marché et annoncés à table par Florence Zeiger. Au menu «Balade savoureuse» : marbré de caille et foie gras élégamment présenté, langoustines bretonnes poêlées soulignées par une admirable bisque enrichie par une touche de vin jaune et de poudre de cazette, divin carré de veau de lait à la chair fondante servi avec de fins légumes et un jus bien réduit. Pour finir, un joli croustillant chocolat-cacahuètes, petite émulsion au lait avec une touche de badiane. On aime la régularité de cette table campée sur ses fondamentaux. Tous les produits sont transcendés, les jus sont bien réduits (on aurait préféré qu'ils soient versés à table), le chef privilégie la distinction aux cumuls. Florence Zeiger participe activement au service, tandis qu'un jeune sommelier conseille avec verve une cave bien armée. Le Pot d'Étain demeure sans conteste une véritable institution belfortaine.

DAX 40140

Le Bistrot des Vignes 11/20

40 rue Neuve - T. 05 58 58 45 39 - Menu(s) 16 €

Convivialité et bienveillance dans ce bistrot tourné vers les vignes : dans la salle, Stéphane s'occupe de tout, y compris du vin, et passe le bon message d'une cuisine simple et généreuse en donnant du rythme et de l'animation. Dans la salle du bas comme à l'étage, le cadre se prête à la bombance sans façon, avec la crème de brebis, crevettes marinées et son coulis de piquillos, et le pot-au-feu de canard et foie gras avec ses petits légumes de saison. Desserts classiques, cave effectivement forte et variée.

DEAUVILLE 14800

Restaurant Maximin Hellio 15/20

CHEF : MAXIMIN HELLIO

64 rue Gambetta - T. 02 31 49 19 89 - Menu(s) 52-135 €

Après six ans de pratique, Maximin Hellio maîtrise bien son sujet et connaît sa clientèle deauvillaise. Pour plus de confort, il s'est, comme nombre de confrères, lancé dans l'impro avec des menus cachés qui évitent les cartes et le choix, de 52 à 135 €. Déclinaisons sur les thèmes terre ou mer, avec une pincée de caviar pour les amateurs sur chaque menu. Il a également développé une gamme à emporter, qu'il a maintenue après la crise sanitaire et qui réjouit les adeptes, qu'ils soient de passage ou locaux. Beau cadre contemporain, cave pourvue en toutes régions.

L'Essentiel 14/20

29/31 rue Mirabeau - T. 02 31 87 22 11 - Menu(s) 69-79 €

Charles Thuillant a trouvé depuis longtemps la bonne vitesse de croisière dans son restaurant fusionnant France et Corée. Sa table est l'une des rares sur Deauville à proposer une cuisine de personnalité, aussi bien signée. Au fil des ans, l'addition a pris un peu d'embonpoint, mais cette rareté fait aussi le prix, et l'inventivité ne le quitte pas après ces presque quinze ans d'exercice : poulpe cocos de Paimpol vinaigre de mangue, dorade sébaste girolles condiment citron vanille, porc ibérique maturé trente jours, artichauts jus mostarda, avant un savoureux dessert chocolat tonka. Accueil pro et aimable, joli menu déjeuner à 37 €.

La Belle Époque Hôtel Barrière 13/20

38 rue Jean Mermoz - T. 02 31 98 66 22 - Carte 93 € - Menu(s) 38-65 €

Le magnifique ensemble anglo-normand du Normandy est l'âme de Deauville et un repaire de tradition. La cuisine est à la fois moderne et classique, efficace, construite sur des produits sans défaut, comme le service palace. Coquillettes à la truffe, tourte feuilleté de ris de veau et foie gras, sole meunière, risotto au homard, et même un burger «Belle Époque» au camembert. Du bon travail, bien présenté, jusqu'à l'omelette norvégienne flambée au calvados en salle.

Côté Royal 12/20

Boulevard Cornuché - T. 02 31 98 66 33 - Carte 85 € - Menu(s) 67 €

C'est la table de l'un des palaces Barrière de la station, à goûter dans ce salon chamarré et stylé. La cuisine s'adapte à la clientèle casino et balnéaire avec une proposition soignée aux bases simples : œuf parfait persillade de girolles et jus de volaille, mi-cuit de thon légumes au soja et coriandre beurre nantais ou épaule d'agneau confite aux épices caviar d'aubergine, cake crème pistache et fruits rouges dans une séquence très bien servie pour 67 €. Cave classique avec une offre au verre sur les régions phares.

La Flambée 11/20

81 rue du Général Leclerc - T. 02 31 88 28 46 - Carte 30 € - Menu(s) 36 €

Une vaillante maison qui maintient la flamme deauvillaise dans un cadre de tradition recherchant l'authenticité. La carte se met au goût du jour mais conserve ses positions sur le fond, avec le foie gras et le saumon fumé, les fruits de mer, la sole meunière, l'entrecôte à la cheminée. Il convient de viser simple, par exemple avec le menu à 36 €, les huîtres normandes, le mignon de porc sauce porto au romarin, le blanc-manger pêche.

DÉCINES CHARPIEU 69150

La Table de Vartan 11,5/20

45 route de Vaulx - T. 06 63 52 78 14 - Menu(s) 19-24 €

Juliette Gindre, formée à l'École de mines de Saint-Étienne, s'est réorientée vers la cuisine en passant un CAP dans la foulée de son doctorat en mécanique à l'INSA de Lyon. Elle a fait ses armes pendant quatre ans à L'Institution, restaurant branché de la Presqu'île. Là, seule aux commandes de ce restaurant de poche planté au cœur des serres des Jardins de Vartan (à prononcer «var-tanne», comme en Arménie), à Décines, elle n'a qu'à se baisser pour ramasser les top légumes du maraîcher star d'une grande partie de la scène bistronomique lyonnaise (Substrat, Le Kitchen, En Mets Fais ce qu'il te Plaît...). Les assiettes sont vives, colorées, bien balancées entre la nervosité des acides et cette pointe de douceur toujours recherchée, comme dans cette vinaigrette mangue sur son tataki de bœuf, dans ce beignet croustillant de fleur d'acacia plongé dans la vivacité d'un gaspacho de cosse de petit pois et concombre. La salade de pois gourmands ciselés est épatante, le pain maison dingue, les canons d'amis vignerons bien sélectionnés : jamais le concept de «Farm to Fork» n'aura aussi bien porté son nom !

DÉOLS 36130

Relais Saint-Jacques 13/20

1 bis avenue Marcel Dassault - Autoroute A20 - T. 02 54 60 44 44 - Carte 27 € - Menu(s) 35-60 €

Ce relais situé au bord de l'Occitane depuis 1982, constitue une halte de choix, un hôtel 4 étoiles tout équipé et rénové, où les chambres et la piscine chauffée s'accompagnent également d'une belle table bistronomique, signée Aurélien Lagorsse. Ce dernier profite cette année d'une salle entièrement repensée, dans un style élégant et bourgeois, avec moquette, assises larges et bois, pour une atmosphère chic et feutrée. Le chef y trouve le bon écrin pour défendre ses idées, une cuisine régionale et actuelle de bon niveau, à l'image de la salade de homard aux légumes d'automne et vinaigrette à l'huile de pépins de courge, du dos de lotte en croûte d'herbes, garbure de haricots et sauce légère au curry, des ris de chevreau poêlés, sauce fleurette aux morilles et au vin jaune. Belle cave avec plus de 300 références.

DIEPPE 76200

Bistrot du Pollet 13/20

23 rue Tête de Bœuf- T. 02 35 84 68 57 - Carte 34 € - Menu(s) 19-32 €

Bon rapport prix-plaisir, qualité de l'arrivage et traitement respectueux. Dans ce bistrot bien tenu de l'ancien quartier des pêcheurs, la marée a toujours bon goût même si, au fil du temps, la pêche est un peu plus noble et travaillée que dans le temps : lotte au poivre du Timut, filet de saint-pierre aux girolles, homard aux pâtes fraîches. On peut néanmoins trouver de la simplicité sur l'ardoise (rémoulade de haddock, limande sole au beurre de ciboulette...), et l'ambiance demeure familiale. Bon menu à 32 €, un muscadet à 24 €, le quincy de Bourgeois à 34 €.

À la Marmite Dieppoise 12/20

8 rue Saint-Jean - T. 02 35 84 24 26 - Carte 48 € - Menu(s) 21,90-45 €

Depuis des décennies, cette maison traditionnelle défend sa spécialité, la «Marmite Dieppoise», toujours présente sur la carte, au milieu d'une offre orientée vers le large et accessible au menu à 45 €, qui rassemble aussi la choucroute du pêcheur et les poissons d'arrivage. C'est d'ailleurs plutôt vers la carte qu'il faut se tourner pour saisir les fruits de mer au naturel, les huîtres, la soupe de poisson, les coquilles saint-jacques, le turbot à la dieppoise. Tarte aux pommes au calvados en dessert, bien sûr, et cave classique.

Le Bistrot des Barrières 11,5/20

5-7 arcade de la Poissonnerie - T. 02 35 40 46 83 - Carte 42 € - Menu(s) 20,50 €

Sous les arcades, un bistrot dynamique qui sait varier son ardoise et travailler l'assiette avec professionnalisme. La terrine maison est excellente, les huîtres bien choisies, et la souris d'agneau braisée vaut bien la suggestion de filet de bar aux graines de fenouil, servi avec une bonne crème et un accompagnement standard. Tarifs logiques pour des plats plutôt généreux et, comme ailleurs, des problèmes de personnel qui désorganisent le service. Vin au pichet.

Le Comptoir à Huîtres 11/20

12 cours de Dakar - T. 02 35 84 19 37 - Carte 14 € - Menu(s) 39,80 €

Amir van Rooijen a conservé l'esprit qu'avait insufflé son prédécesseur dans cet ancien hangar situé dans la partie industrielle du port, très peu fréquentée par les touristes. C'est donc la clientèle locale qui fait le gros de la troupe, remplit la salle et investit le comptoir. Le chef vient présenter le monde marin du jour, poissons déjà en filet, céphalopodes, coquillages. Les préparations sont assez simples (sauce vierge, crème, au four, grillé...) et l'addition pas si tendre. Une mention pour les huîtres, toujours bien choisies (Veules, Boutrais) et le bon tiramisu maison. Service gentil, efficace et un peu gouailleur.

La Musardière 11/20

61 quai Henri IV - T. 02 35 82 94 14 - Menu(s) 23-56 €

Sur ce quai très passant de la cité côtière, l'adresse d'Élodie et Christopher Goasguen est une sympathique table semi-gastronomique à l'air légèrement désuet des plus charmants, avec ses voiles blancs translucides aux fenêtres, ses réclames d'époque aux murs, son parquet et ses petites lampes d'appoint, sa mise en table bourgeoise et soignée. Côté cuisine, le chef fait du régional traditionnel, du généreux et du classique en bonne forme, une vraie soupe de poisson, une très belle choucroute de la mer pour deux personnes, une sole meunière, des rognons de veau flambés au whisky, un beau filet de bœuf aux morilles. Desserts plus traditionnels. La cave est standard mais assez pourvue, avec une petite sélection de cidres et plus d'une cinquantaine de références en vins.

DIGOIN 71160

Les Diligences 11/20

14 rue Nationale - T. 03 85 53 06 31 - Menu(s) 32 €

Actualisé dans un style plus contemporain, avec un mobilier aux lignes plus épurées et aux couleurs plus sobres, l'ancien relais de poste du XVIIe siècle continue d'occuper ses fonctions en bonne évolution. Le chef y délivre une cuisine bourgeoise classique et universelle, un foie gras au torchon, des escargots de Bourgogne en persillade, un suprême de sandre au basilic, un magret de canard au cassis, une charlotte aux fraises. Bonne formule à 32 €.

DIJON 21000

Restaurant William Frachot 16,5/20

CHEF : WILLIAM FRACHOT

5 rue Michelet - T. 03 80 50 88 88 - Menu(s) 65-182 €

Comme le dit William Frachot en confidence souriante, «en 23 ans, j'ai eu le temps d'évoluer». En fait, si le temps n'a pas de prise sur ce toujours jeune homme à peine quinqua, le chemin nous semble de mieux en mieux tracé. Moins de Japon - voire plus du tout -, plus de Bourgogne, de cassis, d'anis de Flavigny, et surtout de produits proches, comme la truite de Crisenon ou les légumes de maraîchers. Dans le même temps, la carte s'est raccourcie et le travail s'est rallongé. Chaque plat est lentement mûri, parfois plusieurs années, pour atteindre l'objectif, pour passer le cut : ainsi la betterave au barbecue et croûte de sel, ainsi la tomate, harissa et ketchup maison, qui restitue le fruit pratiquement sans artifices, dans une interprétation finalement très proche du naturel. L'omble de fontaine avec ses parfums d'absinthe, les grenouilles au cresson de fontaine et cazette du Morvan, comme le ris de veau à l'anis, marquent cette volonté d'occuper le territoire. Une mention supplémentaire pour le pigeon à la graine de berce, magnifiquement cuit et accompagné, une autre pour la cave, naturellement axée bourgogne, mais présentant, en grand comme en petit, une variété pointue qui donne du plaisir à tous les prix, parmi les plus cléments de la catégorie grande table. Car oui, le Chapeau Rouge est bien devenu une grande table de Bourgogne, dont le cuisinier devient aussi Gault&Millau d'Or dans notre édition régionale du Gault&Millau Tour 2022.

L'Aspérule — 15/20

CHEF : KEIGO KIMURA

43 rue Jean-Jacques Rousseau - T. 03 80 19 12 84 - Menu(s) 42-110 €

C'est aujourd'hui le quartier général de Keigo Kimura, maître de la rue avec ses trois adresses en quelques dizaines de mètres. L'Aspérule en est le vaisseau amiral, et c'est ici que vous ferez les grands repas en sa compagnie, dans cette atmosphère très chic d'un cadre épuré et de grand confort, tables espacées, ambiance douce et raffinée. On peut ainsi opter pour le menu en trois plats à 42 € ou opter pour la grande fête d'un menu dégustation où le chef mène avec brio ses deux cultures française et japonaise : chawanmushi au navet, maquereau oeuf mariné, encornet miso basilic et asperges blanches, volaille aubergine jus moutarde cassis, noir de Bigorre et umeboshi riz rouge... Les assiettes s'enchaînent, les goûts sont nets et justes, avec les textures et les assaisonnements variés pour un éventail à 3 toques très réussi.

Cibo — 15/20

CHEF : ANGELO FERRIGNO

24 rue Jeannin - T. 0380288076 - Menu(s) 55-105 €

Grand de Demain l'an passé (2021), défenseur intègre et passionné du terroir, mais avant tout des producteurs, Angelo Ferrigno s'inscrit dans cette lignée des jeunes chefs à haut potentiel, qui décident de leur avenir en pensant à celui de la planète. Dans ce très beau décor nature en plein centre, sa démarche est donc tournée vers le durable, incluant le plaisir et le raffinement. Dès les mises en bouche (avec la langue de veau et chou-rave), en continuant avec le silure de Saône betterave fermentée et œufs d'omble, on goûte avec acuité cette mise en avant pleine de vertu et de saveurs parfois oubliées. Les plats végétaux sont remarquables (asperges blanches, sabayon champignon et cazette), la truite de l'Yonne (de la ferme aquacole de Crisenon) est en ikejime fenouil confit herbes et Pontarlier pour un subtil goût anisé ; le pigeon de Corton est au cassis de Bourgogne, comme le caillé de brebis et meringue. Tous les producteurs sont cités et participent à la fête, le grand menu dégustation à 90 € est tout simplement princier, et populaire à la fois. Le service, jeune, rapide, engagé, est dans la bonne note pour accompagner toute la soirée, la cave de même, toujours affûtée et curieuse de découvertes vers les nouvelles tendances, en Bourgogne comme ailleurs.

DZ'envies — 14,5/20

12 rue Odebert - T. 03 80 50 09 26 - Menu(s) 23-42 €

Ce pourrait être un bistrot de plus, mais celui qui signe DZ à la pointe de son épée est un vrai chef. Qui prend le lead et mouille la chemise pour que son bistrot soit tout simplement une référence, pour que chaque assiette respire le travail soigné d'un cuisinier de haute caste. Il suffit parfois de peu, mais l'offre dans cette maison accueillante face aux halles n'est jamais banale, chaque assiette reflétant une volonté, un sens, une signature. Celle de l'artificier David Zuddas, qui sait rendre attrayant confit de veau anchois et câpres avec une petite pissaladière, un thon rouge de ligne, boosté par les condiments pimentés, carotte orange cumin et le fumet de poisson, le sorbet roquette avec la pavlova fraise. À chaque occasion, le geste utile, le sens du goût, qui réjouit ici de nombreux habitués et initiés. Belle cave, intéressante et attrayante en tarifs, choix au verre correct, jeune service dans le tempo juste.

Origine 14,5/20

10 place Wilson - T. 03 80 67 74 64 - Menu(s) 39-125 €

La troisième toque n'est plus très loin pour Tomofumi Uchimura qui, avec son épouse Seiko, propulse son Origine au rang des meilleures tables de la ville. L'ancien fief de Stéphane Derbord tient donc son rang, dans une modernité affirmée, et grâce à une cuisine inspirée de saveurs asiatiques subtiles mêlant la tradition hexagonale : foie gras anguille fumée asperge passion et curry fumé, l'arrivage du jour aux asperges vertes ail des ours orange et paprika, le duo carré et ris de veau de Bresse sucrine brillat-savarin polenta Colonnata, sauce courte et précise, chaque ingrédient ayant sa juste place pour créer l'harmonie. Bon menu 4 services pour 75 €, extensible en 5 ou 6, avec le vieux comté à la cazette du Morvan et un joli dessert fraise rhubarbe sureau mascarpone et verveine. Grande cave bourguignonne.

Loiseau des Ducs 13/20

3 rue Vauban - T. 03 80 30 28 09 - Carte 110 € - Menu(s) 40-120 €

Louis-Philippe Vigilant, déjà primé par nos soins, ayant rejoint la maison mère à Saulieu, c'est Jean-Bruno Gosse, venu du tout proche Pré aux Clercs qui lui succède. La transmission s'est faite dans l'harmonie, en ce bel hôtel particulier XVIe, grâce aux qualités globales de l'équipe, qui maintiennent à l'évidence le niveau requis. La cuisine du nouveau chef se met en place, un court menu «Vauban» en 3 services permettant de donner un premier cadre à cette nouvelle expression : œufs et asperges vertes, le blanc en nuage, le jaune confit et fumé au foin, cabillaud et artichaut poivrade sauce César, rhubarbe confite crémeux fromage blanc sorbet hibiscus. La cave et le service demeurent évidemment des points forts.

La Maison des Cariatides 13/20

28 rue Chaudronnerie - T. 03 80 45 59 25 - Menu(s) 26-58 €

Cette belle maison au cadre historique est définitivement une bonne adresse. Sylvain Gauthey y poursuit cette aventure d'une cuisine de saison, pleine d'idées, moderne dans l'esprit comme dans la traduction, nourrie d'excellents produits : crevette sauvage plancha crème et concassée de courgette à la ricotta, brunoise de chorizo et encornet, impeccable canette des Dombes petits pois amande rhubarbe à l'hibiscus groseille et jus réduit, mousse vanille pomme verte pochée à la verveine sorbet framboise. La courte carte se retrouve à peu près entière dans le menu du soir à 58 €, la cave est intéressante, pour ses découvertes en région notamment.

Le Pré aux Clercs by Georges 13/20

13 place de la Libération - T. 03 80 38 05 05 - Carte 14 € - Menu(s) 27 €

Sur la magnifique place historique face au palais des Ducs, une terrasse convoitée et une maison de longue réputation. Le registre moins gastro est aujourd'hui celui d'une brasserie haut de gamme et actuelle. Selon son envie, on versera vers la tradition (escargots, œufs meurette, faux-filet jus au pinot noir) ou dans l'aventure moderne : maquereau au saké, Savora et pickles, dos de maigre et salsa verde, burger au cheddar... Le tout plutôt bien fait et servi avec professionnalisme, enrichi de quelques idées du marché. Du classique en dessert, profiteroles, pavlova, île flottante cassis.

L'Un des Sens 13/20

3 rue Jeannin - T. 03 80 65 75 58 - Carte 22 € - Menu(s) 28-78 €

Voilà une petite table qui monte, à l'image de son chef Sébastien Mortet, de plus en plus à l'aise avec sa clientèle d'habitués, celle qui vient les yeux fermés pour le menu dégustation à l'aveugle du soir, mais aussi celle qui bosse et apprécie le très bon rendement de la formule déjeuner à 28 € : un bon pâté croûte de veau à la gelée de porto et pistache, le paleron de bœuf confit déclinaison autour de la carotte, le chou craquelin compotée d'abricots et mousse verveine. Bon service dans un cadre simple et accueillant au cœur de ville, cave régionale bien triée (Claire Naudin, Hubert Lignier...).

L'Arôme 12,5/20

2 rue Jean Jacques Rousseau - T. 03 80 31 12 46 - Menu(s) 23-40 €

Keigo Kimura étend son empire du Soleil-Levant à toute la rue, avec désormais trois restaurants proches. Avec son second Tusuke Kadoguchi, il a relancé cette adresse bien placée près de la place de la République, avec la même veine que dans ces Aspérule (à Dijon et Auxerre), une cuisine française métissée de Japon, dans la finesse et la précision. Ce qui donne ici une formule à 40 € tout à fait bien cadrée, 4 services sans failles : crème de maïs froide gambas et bellota, poisson du jour sauce provençale et risotto de riz noir, épaule d'agneau sauce yakiniku soja edamame et ananas, fraise et glace earl grey tuiles au grué de cacao. Sans oublier la petite gougère d'accueil (une marque de fabrique pour Keigo) et un service gentil, courtois, gentil et attentif. Cave sérieuse, aux bonnes références en toutes régions (Goisot, Tollot-Beaut en bourgogne, Gonon, Gauby...) à des tarifs très intéressants (le Montcalmès 2015 à 49 €).

Parapluie 12,5/20

74 rue Monge - T. 03 80 28 79 94 - Menu(s) 30-70 €

Dans le quartier animé de la rue Monge et de la place Zola, un néobistrot totalement dans la tendance d'une cuisine à la fois simple et complexe, précise et engagée, par Chern Hwei Gan, chef inventif passé par l'Institut Bocuse et la Mère Brazier pour offrir aux Dijonnais une table du XXIe siècle. Le soir, on déguste les idées du moment (48 €, 5 services), le midi, on s'offre un bel aperçu avec les mariages en vogue : houmous merlu sésame, escargots céleri et petit épeautre, ou porc pomme de terre haricots, dans de subtiles associations de texture, jusqu'à l'abricot cacahuète yaourt en dessert. Accueil d'une grande gentillesse, service aux nombreuses attentions, cave fort bien pourvue.

Masami 12/20

79 rue Jeannin - T. 03 80 65 21 80 - Menu(s) 19-48 €

Une référence de cuisine japonaise, depuis une dizaine d'années au bout de la rue Jeannin : c'est ici que vous goûtez les standards pour une bonne initiation : karaage de poulet fermier, anguille caramélisée, tempuras, et toute la batterie classique de sushis, sashimis, makis auxquels s'ajoutent le yakitori de poulet et le tataki de charolais.

Restaurant L'évidence 12/20

53 rue Jeannin - T. 03 80 67 69 37 - Menu(s) 29-53 €

Une table aimable et traditionnelle, dans une veine actualisée, aux prix serrés. Le menu déjeuner, en version complète à 29 €, s'avère performante, avec les rillettes de poissons fenouil au curry madras et moelleux de coquillages, le parmentier de lapin émulsion pomme de terre, la mousse d'abricot et abricots poêlés au miel. Le soir, à 35 €, des propositions différentes, mais dans le même esprit de régionalisme d'aujourd'hui. Sélection de vins bourguignons à prix justes.

Rôtisserie le Central 12/20

3 place Grangier - T. 03 80 30 44 00 - Menu(s) 25-30 €

La relative froideur d'un restaurant d'hôtel, mais une réputation viandarde qui permet de se régaler à la bourguignonne dans une prestation pro et en plein centre. En profitant des classiques œufs meurette ou foie gras (très bon) ou encore des cochonnailles sélectionnées par la maison pour se mettre en jambes, avant de planter les crocs dans un morceau de charolais bien affiné, entrecôte, filet ou côte, avec une sauce au choix, béarnaise, poivre, crème d'époisses. En dérivatif, d'autres standards du lieu, poulet morilles et savagnin, rognon flambé au cognac ou sole meunière.

La Table des Climats 12/20

12 parvis de l'Unesco - T. 03 80 41 74 98 - Menu(s) 39-71 €

À l'entrée de la Cité de la gastronomie, un vaste cadre dédié aux produits et à la cuisine bourguignonne, Éric Pras (Maison Lameloise, 4 toques) supervise avec attention la carte produite par une jeune équipe volontaire menée par l'un de ses lieutenants, Kévin Julien. Le menu déjeuner à 39 € offre peu de choix, la bonne formule est à 59 €, avec un accord vins à 30 € sur des appellations villages ou à 70 € avec premiers et grands crus. Le bon filet de truite de Crisenon confit avec un poivre de cassis et haricots verts, les escargots avec le crémeux à l'ail sauce persil, les côtes d'agneau rôti poudré citron safran avec une marmelade poivron rouge portent la marque du travail bien fait. Joli dessert abricot avec une crème diplomate, cave évidemment forte.

Chez Léon 11,5/20

20 rue Godrans - T. 03 80 50 01 07 - Menu(s) 16,90-33 €

Toujours le même succès mérité pour ce chantre de la pure cuisine bourguignonne, celle des maisons bourgeoises et des bistrots heureux. L'emplacement, à deux pas de halles, est un atout, mais l'assiette, généreuse et bien servie, est un complément très appréciable. Suivez les yeux fermés les recommandations de la tradition, les escargots, les œufs meurette ou même la simple et excellente terrine, à faire suivre selon l'appétit par les rognons, la tête de veau, le suprême de volaille sauce aux cèpes ou le bourguignon à la joue de bœuf. L'andouillette de chez Bobosse à la moutarde Fallot est une alternative crédible, la tatin et les crêpes Suzette font une issue cohérente. Service aimable et attentif, cave régionale dans la droite ligne, à prix justes.

La Closerie 11,5/20

18 rue Sainte-Anne - T. 03 80 30 73 52 - Menu(s) 19-24 €

Le bâtiment XVIe de cette Maison Philippe Le Bon est superbe, prêtant à de nobles soirées habillées et un brin de tralala. On se détend néanmoins avec une carte variée et actuelle, ouverte aux tendances et aux divers terroirs : truite du Jura en basse température oignons nouveaux, croustillant de jambon persillé, volaille en ballottine beurre d'ail des ours, saumon confit lentilles beluga... L'ambiance s'avère plaisante et le brunch du dimanche très prisé au bistrot.

Betterave 11/20

17 rue Lamonnoye - T. 09 51 13 30 48 - Menu(s) 25-50 €

Dans ce coin paisible proche du centre, une petite table délurée qui pratique en soirée le menu à l'aveugle pour faire le marché sans souci et offrir pêle-mêle toutes les idées du moment (50 €, 10 services). Le midi, on rationnalise avec un menu unique sans choix qui fait du bien pour 25 € : chou-rave en rémoulade oignons verts œuf et fromage frais aux herbes, pomme de terre fumée au foin chou-fleur rôti sauce BBQ, crème brûlée à l'asperge blanche sorbet peau de pomme rhubarbe fraise et hysope...

Le Bistrot des Halles 11/20

10 rue Bannelier - T. 03 80 35 45 07 - Carte 10 € - Menu(s) 26 €

Pourquoi ? Oui pourquoi celui-là alors que, tout autour de la place des halles, les bistrots, brasseries et pubs pullulent ? Pourquoi choisir cet endroit qui, comme tout le monde, fait tout en même temps, des risottos et des burgers, des poke bowls et des samossas, tout, à part les pizzas et les crêpes ? Pour trois raisons simples : la machine est drivée par deux pros, Nicolas Isnard et David Lecomte, qui savent former des équipes ; la terrasse des deux côtés de la rue Bannelier a de la surface ; enfin, si le persillé est juste moyen, les plats sont tout de même bien travaillés, à l'image de ce tajine d'agneau de Clavisy, avec de très bons légumes de saison, bien frais et bien relevé pour un plat à moins de 20 €. Pâtisseries de Pascal Caffet en dessert, cave bien entretenue, avec un honnête choix au verre.

Carte Blanche 11/20

1 boulevard de Champagne - T. 03 80 28 97 58 - Menu(s) 19-42 €

Au rez-de-chaussée de la tour Elithis, une restauration pour cadres pressés qui apprécient la formule vite fait à 23 €, avec le carpaccio de veau, le lieu noir yuzu ou la bavette d'Angus grillé, le cheesecake abricots, une affaire rondement menée et bien servie. On revient le soir pour des contrats de plus longues négociations avec le menu à 42 € plus élaboré mais dans un même esprit de cuisine d'aujourd'hui cadrée et maîtrisée.

Au Gré de Mes Envies 11/20

15 rue Berbisey - T. 03 80 41 15 42 - Menu(s) 27-35 €

Dans ce coin peu animé, on passe sans rien deviner devant cette table installée depuis trois ans. Pourtant, la cuisine mixte - asiatique au sens large, chinoise, taïwanaise, japonaise - est plutôt intéressante, bien placée en tarifs et assez savoureuse dans un style classique : makis et sushis, crevettes à l'ananas, canard rôti à la taïwanaise, beignets de poisson sauce aigre-douce, noix de veau au poivre noir. On revient dans nos contrées au moment du dessert (royal chocolat, tiramisu), et l'affaire est entendue dans un menu complet à 35 €.

Peppuccio 11/20

10 rue Odebert - T. 03 80 49 95 09 - Carte 34 € - Menu(s) 14 €

Aucun doute sur le sérieux de l'entreprise : la pâte à pizza, à la fois moelleuse et élastique, et surtout sortie du four au bon moment, est bien la meilleure de la ville. Les produits qui composent la garniture, comme sur la large variété de pâtes, sont plutôt du haut de gamme de la Botte. Il manque juste çà et là un petit degré de finition à atteindre, dans l'assaisonnement, les sauces ou les textures, mais le choix est suffisamment vaste pour viser juste et les vins de toutes les régions d'Italie, Sicile comprise, sont bien choisis. Jeune service efficace et bien encadré, sous la supervision toute proche du boss, David Zuddas, juste à côté dans son DZ'envies.

DINARD 35800

Ombelle 13/20

19 boulevard du Président Wilson - T. 09 88 03 35 35 - Carte 55 €

Installé depuis peu dans un superbe immeuble en demi-cercle et en briques rouges, à deux pas de la mer, Alexandre Frin nous régale d'une cuisine océane où le légume est ultra-présent et peut parfois être l'élément central de l'assiette. Laissez-vous séduire ainsi par sa cœur de bœuf confite, yaourt à la laitue de mer accompagnée d'une salade de haricots verts au nori. Le thon de ligne tout juste snacké sur un bouillon glacé au basilic est également un plat à 2 toques, surtout quand il est accompagné d'un collioure du domaine de la Rectorie. Bon accueil de Ludivine, carte de vins de toutes régions.

DOLE 39100

La Chaumière 15/20

CHEF : JOËL CESARI

346 avenue du Maréchal Juin - T. 03 84 70 72 40 - Menu(s) 75-140 €

On aime l'élégance discrète de cette vaste salle, judicieusement compartimentée, son plafond haut, ses panneaux, ses luminaires tubulaires, ses œuvres d'art et ses tables rondes. Plaisir des yeux, mais aussi plaisir des papilles. Réputé pour sa créativité, Joël Cesari vénère les produits de saison et possède une solide culture de la haute cuisine acquise dans les grandes maisons, dont il s'inspire pour imaginer des variations modernes et savoureuses, fort bien présentées. Les petites attentions sont nombreuses en début de repas, tels cet œuf à la coque associé à une crème de champignons et huile d'argan, cette fine tarte friable, poireaux Morteau absinthe, ou ce fin millefeuille de truite fumée, verts de blette. Le foie gras miniature associé à l'absinthe et à un gel de pommes nous a semblé un peu fade. Si la saveur des belles saint-jacques marinées dans une vinaigrette mangue-passion est un peu écrasée par les épices de Cochin, au contraire celle de la lotte laquée au vin jaune est en équilibre avec le café et le citron brûlé. La longe de veau, réellement fondante, est accompagnée de deux sauces, sésame et duxelles de champignons ; elle est coiffée d'une envolée de champignons crus râpés. La crème de citron de Nice confit pas trop sucrée rattrape l'austérité du quinoa (quel en est l'intérêt hormis la mode ?). La crème brûlée à la châtaigne avec son sablé noisettes renoue avec la vraie gourmandise. Dommage qu'aucune petite attention ne soit servie en fin de repas, un déplaisir compensé par le ballet du personnel élégant et la richesse de la cave.

Iida-Ya 14/20

18 rue Arney - T. 03 84 70 98 73 - Carte 61 € - Menu(s) 19-130 €

On ne peut s'empêcher d'être transporté par le regard un peu sévère du chef Junichi Iida, qui semble concentrer l'idée d'une cuisine japonaise fière et perfectionniste, entièrement engagé dans la quête d'un idéal d'être et de savoir. Le geste du couteau est précis, technique sans être mécanique, conjugue le travail et la volonté au presque parfait, pour une cuisine qui régale les Dolois depuis maintenant douze ans. La maison est à la mode nippone, les tatamis sont évidemment recommandés pour une immersion totale, impression zen où rien n'est laissé au hasard : un assortiment de sashimis exemplaire, une tranche de thon mi-cuit superbement fondant et d'une longueur remarquable, avec une sauce soja caramélisée et une julienne de légumes, une élégante crème brûlée au sésame. L'accord mets-sakés est fortement conseillé. Menus à partir de 17,50 € jusqu'à 55 €.

Le Gustalin 12,5/20

1 rue Antoine Brun - T. 03 84 71 38 80 - Menu(s) 18-38 €

Il faut passer par une petite rue étroite en quittant la grande rue pour découvrir cette charmante table, avec sa terrasse accolée au marché couvert. Du nom d'un des romans de Marcel Aymé, enfant du pays dolois, c'est un hommage qui invite au retour aux racines, aux produits locaux et aux traditions d'antan. La carte permet ainsi une promenade gourmande et régionale, en passant par la salade franc-comtoise à la saucisse de Morteau et au comté, les filets de perche saisis à l'ail et au persil, pommes de terre vapeur, cancoillotte maison, un soufflé chaud au vin jaune. Et si vous voulez plus moderne, le «Menu de Louis» à 38 € est une bonne option. Cave pourvue sur tous les vignobles.

La Romanée 12/20

11 rue Vieilles Boucheries - T. 03 84 79 19 05 - Carte 49 € - Menu(s) 32 €

À l'entrée de la vieille ville, cette table sans prétention a pourtant tout pour réussir, un cadre chaleureux sous de splendides voûtes médiévales, un service souriant et empathique, une cuisine qui, sous ses airs simples, réussit à délivrer l'impression d'un chef heureux de faire plaisir. Du simple bien fait, avec la crème d'œufs aux asperges vertes et vinaigrette d'aromate, pour la belle cuisson des asperges et l'équilibre de la crème, le filet mignon de porc aux champignons à l'écume de lard et pomme de terre rôtie, une rondeur et des textures qui poussent à la récidive. La cave a franchement des atouts, une bonne sélection de vins du Jura, de la Fruitière vinicole d'Arbois, du poulsard, du Béthanie, du trousseau, du saint-véran, du mâcon, et des crozes-hermitage de chez Laurent Combier.

DOUVAINE 74140

Ô Flaveurs 15,5/20

CHEF : JÉRÔME MAMET

Château de Chilly - Route du Crépy - T. 04 50 35 46 55 - Menu(s) 88-165 €

Vous mourrez d'envie de réviser vos bases classiques façon grande cuisine ? La table de Jérôme Mamet est pour vous, et surtout pour tous ceux, vrais connaisseurs, qui savent apprécier la noblesse d'un poisson de petite pêche et la finesse d'une sauce travaillée avec élégance, un beau foie gras fumé en gelée de porto et madère, les saint-jacques topinambour et truffes, des noisettes de chevreuil jus armagnac... On se plaît à goûter le cadre historique et magnifique, le service parfaitement orchestré par Agnès Mamet, l'épouse du chef, jusqu'à la cave, plus fouineuse qu'il n'y paraît.

DRACY LE FORT 71640

La Garenne 11/20

4 rue du Pressoir - T. 03 85 87 81 81 - Menu(s) 27-50 €

Entre Givry et Chalon, à quelques minutes de l'autoroute du Soleil, cette hostellerie-restaurant constitue une bonne escale sur le chemin des vacances. Le chef Sébastien Di Noto y réalise une cuisine de marché accessible et de bonne facture : marbré de sandre aux petits légumes, espuma d'écrevisses, mousse betterave et pesto roquette, filet de merlu, langoustine et épinards frais, billes de légumes, onglet de veau basse température, pommes boulangères, morilles et compotée de légumes, enfin un crémeux mascarpone, vanille, persil et fraises.

DRUSENHEIM 67410

Au Gourmet 14/20

4 route de Herrlisheim - T. 03 88 53 30 60 - Menu(s) 34-69 €

Moquette bleu Klein, voilages blancs, grandes tables rondes bien espacées : plutôt chic la salle de cette auberge rénovée en 2018 et en retrait de la départementale. Ludovic Kientz apporte la sagesse et la stabilité d'un cuisinier expérimenté qui fut chef au Crocodile jusqu'en 2017. Il propose une cuisine discrètement bourgeoise, plus rassurante qu'étonnante mais sûre dans ses goûts et ses cuissons. En Alsace, nous observons souvent deux écoles. Ludovic Kientz travaille les produits à la française, ce qui signifie qu'ils sont très bien sélectionnés, bien mis en valeur par des cuissons expertes et ainsi transcendés. Chaque plat est souligné par une sauce de qualité. L'œuf parfait «bio» cuit à 64°C à la truffe d'été est servi avec une délicate mousseline de pomme de terre et sa sauce Albufera qui tient ses promesses. Très beau foie gras de canard garni de streusel de cacao, servi en escalope bien épaisse, de laquelle se dégage beaucoup de gourmandise, amplifiée par une sauce bigarade et contrebalancée par la fraîcheur de la pastèque. Remarquable filet de truite des Sources du Heimbach cuit en vapeur douce, avec un risotto aux asperges vertes et une sauce curry-coco très gourmande. Le carré de veau fermier français est coupé épais à souhait, son jus à saucer aurait pu être un peu plus réduit. Le vacherin glacé à la fleur de sureau, accompagné de framboise et de rhubarbe, à la présentation subtile, aurait pu valoir 3 toques si les glaces n'avaient pas été congelées. Les nombreuses petites attentions servies tout au long du repas rendent l'expérience encore plus festive. Sandie Ling, jadis commise sommelière chez les Bras à Laguiole, conseille des vins de qualité au verre et veille avec bonne humeur sur un service professionnel. Cette cuisine est en net progrès depuis notre dernière visite. Un point de plus.

DURTOL 63830

Le Pré Xavier Beaudiment 15/20

CHEF : XAVIER BEAUDIMENT

Route de la Baraque - T. 04 73 19 25 00 - Menu(s) 39-168 €

Xavier Beaudiment est aujourd'hui pleinement épanoui dans cette demeure qu'il a peu à peu façonnée à son idée. Les récompenses gastronomiques s'accumulent et ce n'est que logique lorsqu'on mesure les progrès accomplis depuis le titre de Jeune Talent 2011. Sa cuisine s'est affirmée, simplifiée en même temps qu'elle gagnait en maturité, toujours plus proche du produit, plongeant ses racines au plus profond de l'Auvergne et mettant toujours plus en avant les légumes, reléguant presque viandes et poissons au rang d'aimables comparses. Le menu «Automne dans nos Montagnes», en 7 étapes, est idéal pour bien appréhender cette belle cuisine végétale et séduisante. Cave très complète, service soigné.

EAUCOURT SUR SOMME 80580

Le Saltimbanque - Auberge du Moulin 14/20

1500 rue du 8 Mai - lieu-dit du Moulin - T. 03 22 27 08 94 - Menu(s) 35-80 €

Comme beaucoup (trop) de ses confrères sans doute, Sébastien Porquet a fait le choix, dès l'ouverture de son restaurant, de ne fonctionner qu'avec des menus à l'aveugle. Tout juste sait-on que les produits travaillés sont issus de productions agricoles des environs, qu'il y aura du poisson et de la viande, voire un plat «surprise» si l'on prend la formule «Toqué» à 60 €, mais il faut ensuite accepter de se laisser guider. Heureusement, dans cette auberge contemporaine offrant une vue imprenable sur la campagne environnante, le chemin que nous trace l'ancien chef de La Table de la Corderie est toujours pavé de roses. Ses assiettes sont gourmandes, ont du caractère, toujours dans cet esprit à la fois champêtre et contemporain qu'on lui connaît depuis ses débuts. La cave est chaque année plus intéressante et cherche aussi à faire découvrir les vignerons méconnus, y compris locaux, comme le tout jeune La Cour de Bérénice et son chardonnay de la Somme.

ÉCOUVIEZ 55600

Les Epices Curiens 14/20

3b place de la Gare - T. 03 29 86 84 58 - Carte 64 € - Menu(s) 35 €

Cela fait maintenant quinze ans que Valérie et Pascal Mertz tiennent ce charmant hôtel-restaurant au cœur de la Lorraine gaumaise, juste en face de la Belgique. Le chef y développe une cuisine de marché et de saison, qu'il fait évoluer au gré des années avec des petites touches de fusion bienvenues. Le menu-carte tient ses promesses, avec par exemple un délicat gravlax de bœuf lorrain à l'asiatique, prunes, miso et sorbet wasabi, des noisettes de lotte, moules de bouchot et curry bengali, risotto, épinard et parmesan, ou encore un filet mignon de cochon rôti au poivre noir, échine fondante au thym, grenailles et ail confit. Cave assortie.

ÉPINAL 88000

Les Ducs de Lorraine 14,5/20

5 rue de Provence - T. 03 29 29 56 00 - Carte 162 € - Menu(s) 55-130 €

Face au Champ de Mars, cet hôtel particulier du XIXe siècle, construit en 1873 par Victor Peters, riche propriétaire d'une usine de filature, a été converti en restaurant en 2001. Esprit Belle Époque des salons en enfilade aux volumes majestueux, plafonds hauts, boiseries, tables joliment dressées, porcelaine signée Coquet et service professionnel enthousiaste : tous les éléments sont réunis pour que la fête soit au rendez-vous. En cuisine, Stéphane Ringer et Rémi Gornet élaborent une cuisine classique basée sur les déclinaisons tel ce festival de foie gras de canard du Domaine de la Limagne où l'on dénombre pas moins de trois terrines toutes préparées de façon différente, comme cette crème brûlée ou même ce «yaourt». Les coquilles saint-jacques cuites à la plancha, fraîches et bien traitées, sont accompagnées d'une crème de cèpes et d'une mousse de Charlotte, auxquelles il manque un brin d'audace. La maison est par ailleurs spécialisée dans les combinaisons de produits, avec ce dos de saint-pierre cuit à la plancha accompagné d'une demi-queue de homard rôti en carapace, purée de panais et jus de rôti. Le filet de pigeon de Colombier est associé au foie gras poêlé et aussi curieusement à du ris de veau, servi dans un consommé de canard, artichauts, copeaux de truffe melanosporum. Deuxième point fort après le décor, le chariot de pâtisseries, délicieusement régressif, constitué de gâteaux frais et gourmands, même si les glaces et sorbets un peu trop fermes proviennent directement du congélateur. En cave, les meilleurs domaines bourguignons font honneur à cette gastronomie généreuse.

ERBALUNGA 20222

Le Pirate 15/20

CHEF : JERRY MONMESSIN

Le Port Brando - T. 04 95 33 24 20 - Carte 88 € - Menu(s) 55-195 €

Les années passent, Le Pirate reste la table indépendante la plus chic du cap et sans doute de l'île, une des plus coûteuses aussi, mais dans des proportions logiques, au regard de la prestation et de ce cadre d'exception, face aux vagues qui viennent lécher les rochers de ce petit port plein de charme. La cuisine est plutôt traditionnelle, nourrie de pêche et produits locaux, à l'accent corse et à la volonté gastro évidente. Dès la mise en bouche avec la rillette de denti, yaourt fumé, voile fenouil-estragon, gel citron et caviar, avant de se régaler du filet de denti, déclinaison autour de l'artichaut, à la juive, en purée, joues de denti, légumes croquants, artichaut en barigoule, bien pensé et équilibré en saveurs, comme le veau bio de chez Abbatucci, de trois manières, en médaillon, en effiloché sous la forme d'un cromesquis, en saucisse maison, accompagnée d'une asperge verte cuite sur braises, coco et tomme de brebis corse. Au service, une équipe nombreuse, disponible et attentive, un bon dessert autour du chocolat, et une carte des vins qui est sans doute la plus fournie de l'île, avec plus de 300 références, sur toute la Corse et les grandes régions.

ESCOURCE 40210

La Table d'Escource 11/20

Route d'Escource - ZA Cap de Pin - T. 05 58 04 31 15 - Menu(s) 14 €

La cuisine traditionnelle landaise, roborative et sans chichis, telle qu'on l'attend, tout près de l'autoroute, entre Mimizan et Sabres. Sur la terrasse calme et ombragée ou dans la salle abritant une collection de coqs et autres objets chinés, on nage dans la convivialité et on se régale dans la simplicité : gaufre butternut truite fumée et en pavé, pigeon grillé accompagné d'une écrasée de pommes de terre aux herbes et salade verte, en gardant un peu de place pour savourer sans remords le pastis du chef en dessert. Carte de vins locaux, petits prix.

ESPELETTE 64250

Choko Ona 14,5/20

155 rue Xerrendako Bidea - T. 05 59 15 71 65 - Menu(s) 36-72 €

Dans cette jolie maison basque, l'atmosphère et la déco sont en harmonie, bien pensées, avec des touches anciennes et un mobilier élégant. Le raffinement gagne aussi la cuisine proposée par Flora Le Pape et Clément Guillemot, empreinte de modernité et de respect des saisons, offrant une bien agréable balade gustative : carpaccio de courgettes du jardin, crème glacée basilic et grains de framboise, noisettes fraîches et crème anglaise au lait d'amande et cardamome noire, une entrée pleine de fraîcheur avant des plats et des produits de haute qualité, sur le thon rouge, le bœuf wagyu (sauce yaourt et jus de bœuf ou en tartare aux anchois et sarrasin torréfié) et un beau dessert de saison (melon au verjus, crème au safran, jus de carotte, sorbet capucine). Cave bien organisée, avec une forte identité régionale et une sommelière de bon conseil. La 3e toque est en vue.

Brenti 12/20

65 Plazako Karrika - T. 05 59 15 70 67 - Carte 49 € - Menu(s) 28 €

De l'originalité au cœur du piment basque avec cette bistronomie sarde signée par Matteo Giua, une bien plaisante et dépaysante nouveauté. Le soleil d'Olbia dans une grande maison basque à l'imposant escalier et l'accueil souriant d'Aurore contribuent à séduire les visiteurs, avec, lors de notre passage, la passatina de pois chiche et crevettes bleues en crème très onctueuse, les raviolis del plin farcis au lapin et sumac aux saveurs bien harmonisées, le classique et bon tiramisu «d'antan». Courte cave italo-basque à tarif juste évoluant chaque semaine.

ÉTANG SUR ARROUX 71190

Restaurant Les Gourmets 11/20

45 rue Gabriel Bouthière - T. 03 85 54 11 75 - Menu(s) 27-37,50 €

Dans un petit village à l'entrée du Morvan, cette auberge de grand passage est prisée des touristes étrangers qui descendent en Espagne, en camping-car comme à moto, et qui s'arrêtent ici le temps d'une assiette morvandelle bien calibrée. Le menu à 37.5 € fait bien l'affaire, avec une salade gourmande de foie gras poêlé et œuf poché, un encornet farci à la sétoise, une poitrine de veau farcie aux escargots de Bourgogne et fondant de patates douces. Service sympathique.

EUGÉNIE LES BAINS 40320

Les Prés d'Eugénie - Michel Guérard

*CHEF : **MICHEL GUÉRARD** - CHEF : **HUGO SOUCHET** - CHEF PÂTISSIER : **SÉBASTIEN PERBOST** - SOMMELIER : **LAETITIA ANDREWS***

Place de l'Impératrice - T. 05 58 05 06 07 - Menu(s) 275-310 €

Un nouveau «scénario» ? L'évolution a toujours été dans le sens du progrès, et l'on peut faire confiance à Michel Guérard et à ses filles pour continuer l'aventure de la plus élégante des manières dans la plus belle maison de France. Michel Guérard, doyen de notre académie Gault&Millau, a bâti à Eugénie une vie d'épicurien et offert à chaque visiteur la plus merveilleuse histoire possible. Un soir, une nuit à Eugénie, ne s'oublie jamais. Aujourd'hui, de nouveaux espaces sont mis en valeur, comme les salons de l'Impératrice, autour d'un «grand menu» orchestré par le chef Hugo Souchet, qui élabore des assiettes d'un caractère stylé avec des produits nobles ou plus simples, et si bien choisis : asperges des sables au suc de poire, poireau à la flamme fritto misto d'oseille, œuf poule au caviar fouetté de banane verte oignon et vodka, merlan à la nacre aïoli léger salmis de poisson de roche, homard «tourne-feu» bouillon marin de crevettes au lait de coco, et toujours, heureusement «le meilleur de la pintade» et l'entremets «nuage» du marquis de Béchamel. Ce renouveau, sans carte, restreignant un peu la liberté du client, va sans doute dans le sens de l'histoire, et nous nous réjouissons que la nouvelle génération porte avec le plus bel enthousiasme l'avenir de cette maison mythique. Service sans faille, de grande maison, cave énorme avec quelques bons coûts sur les vieux millésimes.

Auberge de la Ferme aux Grives 16/20

CHEF : HUGO SOUCHET

Lieu-dit Les Charmilles - T. 05 58 05 05 06 - Menu(s) 55 €

La plus grande ferme de France est peut-être à Paris pendant le Salon de l'agriculture, mais la plus belle, pour les épicuriens, est bien à Eugénie-les-Bains. La plus épatante, la plus authentique, la plus jouissive aussi, avec le cochon de lait comme en Castille, l'agneau des Pyrénées, cette ambiance médiévale de festin bucolique qui se propage à toute la salle et à cette terrasse idyllique. Le terroir landais dans un lieu et un menu unique et parfait à 55 € : le pâté en croûte cuit dans un pain de campagne façon Marthe-Alice Pouypoudat (un clin d'œil malicieux de Michel Guérard lui-même), le poulet de ferme à la broche et la «crème au chocolat de la Reine d'Espagne», rien de moins, sont des bonheurs du jour que l'on n'oublie pas, pas plus que l'extrême gentillesse d'un service autant heureux que les clients. Cave impeccable, avec des choix régionaux (les vins du patron).

ÉVREUX 27000

La Gazette 13/20

7 rue Saint-Sauveur - T. 02 32 33 43 40 - Carte 45 € - Menu(s) 30-45 €

La table la plus chic de la ville, et sans doute la seule à prétention gastro. Dans une salle de restaurant sobrement contemporaine, c'est dans l'assiette qu'il faut rechercher l'originalité grâce au savoir-faire précis et efficace du chef Xavier Buzieux : tartelette potagère aux rillettes de sardines, filet de lieu noir gâteau de courgette crémeux poivron, cheesecake abricot et thym citron dans un bon menu à 30 €. La carte des vins est bien équilibrée, courte et intéressante. Service prévenant et actif.

La Vieille Gabelle 11/20

3 rue La Vieille Gabelle - T. 02 32 39 77 13 - Carte 45 € - Menu(s) 19,50-38,50 €

Il faudrait dans chaque préfecture au moins une Vieille Gabelle. Alors que, tout autour, dans Évreux, ne sont que woks et tatakis, pizzas et burgers, on peut encore goûter ici quelques recettes hexagonales. Il ne s'agit pas pour autant d'une supplique nationaliste défendant le village d'Astérix. Le plaisir d'avoir une carte aux intitulés familiers, de pouvoir y choisir ce dont vous avez envie, est devenu une rareté qui n'a rien de typiquement français. Et puis elle n'a pas que des qualités, cette table tradi, avec ses produits pas tous de saison et son catalogue trop long. Mais on y trouve des huîtres de connaisseur, de Saint-Vaast ou d'Isigny, du homard pour faire riche et du bœuf normand maturé pour faire moderne, un foie gras servi un peu mou mais de bon goût, un filet mignon de veau vallée d'Auge correctement cuit rosé, un moelleux au chocolat moyen, mais pas à plus de 8 €. Les deux menus, à 28,50 et 38,50 €, offrent un large choix. La cave est mince et peu folichonne, mais à des prix si bas qu'on peut prendre la colonne des demi-bouteilles pour celle des vins au verre. Le service est attentif et plein de bonne volonté, à l'ancienne, sous l'œil exercé du patron.

EYBENS 38320

La Table du 20 12,5/20

20 avenue Jean Jaurès - T. 04 76 24 76 93 - Menu(s) 25,50 €

Le coin n'est pas franchement touristique, mais force est d'admettre que Franck et Luc ont réussi à bâtir un vrai lieu de plaisir, confirmé par un franc succès, une décoration moderne bien faite, des assiettes maîtrisées et une cave remarquable. La terrasse en été est un argument supplémentaire, et les ardoises qui changent régulièrement aligne une cuisine de marché bien calibrée, à des prix justes.

EYGALIÈRES EN PROVENCE 13810

Maison Hache 15,5/20

*CHEF : **CHRISTOPHER HACHE***

30 rue de la République - T. 04 90 95 00 04 - Carte 79 € - Menu(s) 80-150 €

Il est bien sûr important qu'une maison comme celle-ci fonctionne à plein régime dès que les touristes arrivent, c'est-à-dire de nos jours un peu toute l'année, compte tenu de la forte attractivité des Alpilles. Mais la grande réussite de Christopher Hache, c'est d'offrir une atmosphère à dimension familiale, éloignée d'un snobisme ou de privilèges qui sont parfois en vigueur. La maison est ouverte, les producteurs sont à l'honneur et une forme de simplicité s'installe pour partager la soupe au pistou, la pièce d'agneau de La Crau et paquets en millefeuille d'aubergine ou le pigeon des Costières duo de blettes et rhubarbe et gâteau de foies. Agréable dessert abricot verveine, menu en 4 séquences à 80 €, cave fouineuse avec de bonnes idées en région.

ÈZE 06360

La Chèvre d'Or 17,5/20

*CHEF : **ARNAUD FAYE** - CHEF PÂTISSIER : **JULIEN DUGOURD** - DIRECTEUR DE SALLE: **YANN VAYÉ** - SOMMELIER : **PHILIPPE MAGNE***

Rue du Barri - T. 04 92 10 66 61 - Menu(s) 90-280 €

Imperturbable depuis près de soixante-dix ans, la Chèvre d'Or toise de son regard impassible le temps qui passe et les flots de cette Méditerranée qui lui est chère. En haut des marches du château médiéval, Arnaud Faye est là pour vous accueillir tout en étant concentré sur la partition qu'il va jouer dans un instant. Le menu «De Roche et d'Eau», en résonance avec l'emplacement privilégié du lieu, est un hommage à la cuisine «nissarde», à commencer par ces mises en bouche typiques, la pissaladière, le stockfish, le tartare de loup... Les assiettes qui s'ensuivent sont lumineuses et inventives, elles portent la marque d'un des MOF les plus talentueux de sa génération, le maquereau en escabèche, saisi au chalumeau sur la fin avec le sorbet fenouil et moutarde, les gamberonis pêchées dans le golfe de Gênes simplement cuites d'un voile de chaleur et le melon rôti sans cuisson et jus de tête réduit, la pêche locale du jour et les artichauts snackés au barbecue japonais, le pigeon en trois propositions avec son suprême paré de thé vert Genmaicha au riz fumé croustillant, l'oignon grelot avec sa farce à l'ancienne aux abats et lard de Colonnata et les blettes niçoises avec le petit filet juste saisi. La limpidité se poursuit dans le dessert et les mignardises de Julien Dugourd, le chocolat Nyangbo à 68% et le travail fait autour de la fleur de sel «Bienveillance», puis l'incontournable citron de Menton en version mini que le maître d'hôtel vous recommande de couper dans sa longueur. Le service de haute volée prolonge le bonheur d'être ici, et la cave, domaine du chef sommelier Philippe Magne, est évidemment digne du lieu avec des cols légendaires, mais également quelques belles découvertes de la région.

La Table du Cap Estel - Patrick Raingeard 15,5/20

CHEF : PATRICK RAINGEARD

1312 avenue Raymond Poincaré - T. 04 93 76 29 29 - Menu(s) 145-220 €

Cette terrasse est délicieusement romantique et Cap Estel, palace à dimension humaine, est un repaire charmant pour une soirée estivale. Patrick Raingeard est à la manœuvre et l'ordonnancement est sans défaut. Cette cuisine Riviera personnalisée par un chef de cette stature ne réserve que de bonnes surprises. À travers quatre menus, dont un veggie, il donne une vision claire et joyeuse des plus beaux produits de saison et de la pêche : tartare d'huîtres de Camargue et gelée de petits pois frais, soupe d'araignée de mer raviole de céleri et mascarpone, turbot à l'arête badiane et grain de café, brocolettis rôtis, filet de veau du Limousin au citron confit travers de veau en salade de pois chiche et coriandre. Ces assiettes brillantes, à 3 toques sûres, s'inscrivent dans une formule certes coûteuse à 190 €, mais justifiée par le niveau de cuisine et l'exclusivité du lieu. Cave de grands crus, service agréable de belle maison, gardant une dimension de proximité.

Château Eza 15/20

CHEF : JUSTIN SCHMITT

Rue de la Pise - T. 04 93 41 12 24 - Menu(s) 70-140 €

À l'évidence, ça bouge dans le «Château», et la venue de Justin Schmitt n'y est pas étrangère. Le jeune chef au parcours déjà bien rempli - Le Grand Véfour de Guy Martin, Les Prés d'Eugénie de Michel Guérard, le Crillon et Le Laurent... - s'est forgé une réputation solide. Un tour du monde a élargi ses horizons culinaires. Et c'est nourri de ces expériences que le cuisinier propose des plats aux saveurs plurielles venant des quatre coins de la planète, tout en ayant la Méditerranée et les produits de la région comme base du propos. Le poulpe rôti au satay et le crémeux de maïs aux essences de whisky fumé est un argument de départ convaincant, la volaille fermière de l'Ardèche, contisée d'épinard, de noisette et de pistache avec des pommes de terre fondantes, une sauce suprême infusée à l'agastache montre le savoir-faire d'une cuisine bourgeoise «du Sud», on sera plus attentif cependant aux températures de service. Les desserts de Ludovic Gambini terminent avec brio l'expérience déjà riche. Le chef a remisé son laboratoire au port de Nice pour se consacrer pleinement ici à l'aventure du renouveau, son chocolat Apurimac, crémeux chocolat Apurimac 72% origine Pérou, sorbet eucalyptus, compotée de mirabelle donne le tempo juste. La cave est relativement modeste pour un établissement de ce niveau, mais les étiquettes de belles provenances côtoient habilement les vins ensoleillés de la région. Une mention enfin pour le service de qualité.

FAULQUEMONT 57380

Toya 17/20

CHEF : ***LOÏC VILLEMIN*** *- CHEF PÂTISSIER :* ***ERIN PARISOT*** *- DIRECTEUR DE SALLE:* ***MATHIEU BOTZUNG*** *- SOMMELIER:* ***NICOLAS EUSTACHE***

Parc d'Activité - Route du Golf - T. 03 87 89 34 22 - Menu(s) 52-120 €

Les 4 toques sont parfois un peu fragiles, mais nous sommes toujours finalement emportés par l'énergie déployée et la gentillesse ressentie dans toute la maison, de l'accueil au départ. Loïc Villemin est un chef à part, qui sort peu, toujours dans sa maison et construisant sa propre histoire et sa propre géographie culinaires. Avec ses fournisseurs, avec son ressenti, avec ses envies et ses émotions. Alors on adopte, bien sûr, et on applaudit à ces associations audacieuses, magnifiquement maîtrisées : un pressé de champignons (enoki, pleurote, rosé-des-prés, shiitaké) et une émulsion de gribiche, le ruban de chou-rave et les fines lamelles d'omble chevalier accompagnées d'œufs de brochet fumés, de caviar, le tout parfumé avec une huile à l'aneth ; les tortellinis farcis de marcassin, du fromage blanc truffé et des copeaux de viande de biche séchée et fumée. Tout ici est pensé, inventé, complexe et néanmoins assumé, comme la truite d'une pisciculture voisine, fumée et laquée au vinaigre d'échalotes et whisky alsacien ou le pigeon avec sa déclinaison de betterave. Et les desserts ne déparent pas cette furia créatrice, avec une composition alliant myrtilles, betterave, réglisse, arrosée par un kombucha au miel et thé noir, et une surprenante mise en scène autour du topinambour. Service charmant et compétent, cave de découverte autour de ses richesses régionales.

FAVIÈRES 80120

La Clé des Champs 11,5/20

13 Rue des Frères-Caudron - T. 03 22 27 88 00 - Carte 13 € - Menu(s) 35-59 €

Au cœur de la baie de Somme, à quelques kilomètres de la mer, cette délicieuse maison de campagne, ancien relais de poste, s'est modernisée depuis qu'Adeline et Nicolas Chamoin l'ont reprise, en 2016. Le coup de jeune est réussi, le confort est au niveau attendu et la cuisine fait sens, même si elle gagnerait à se simplifier parfois : langoustines marinées au citron vert et gingembre, crémeux de chou-fleur, agneau pré-salé en deux cuissons (avec une tranche d'aubergine un peu grossière et un jus ras el-hanout vraiment puissant), avant un baba au gin arrangé et figue assez bien fait. Service un peu trop empressé, cave classique.

FERRIÈRES EN BRIE 77164

Le Baron - Château de Ferrières 15/20

CHEF : ***YANNICK QUEMIN***

Rue du Château - T. 01 81 16 27 78 - Carte 79 € - Menu(s) 92 €

Michel Roth fait partie du cercle très fermé des MOF ayant également remporté le Bocuse d'Or. Pour faire bonne mesure, il peut ajouter le Prix Taittinger obtenu au milieu des années 80. L'homme a pourtant su rester modeste et accessible, lui qui est tellement attaché au Ritz où il passa une grande partie de sa carrière. Le voici désormais aux commandes du Château de Ferrières, élégante demeure à 40 minutes de Paris où il est épaulé par Yannick Quemin, un ancien de chez Meneau et de Christian Le Squer période Ledoyen. À la fois technique et raffinée, leur cuisine s'amuse à revisiter les classiques, avec le bar mariné au naturel, navet daikon, gel de citron et dulse, le homard rôti, aubergine fumée et barbajuan, le filet de bœuf, côtes de blettes rôties et pommes soufflées et le soufflé Grand-Marnier aux fruits confits. La cave est bien ciblée et pas trop chère et le service est parfaitement dans le ton.

FERRIÈRES LES VERRERIES 34190

La Cour - Mas de Baumes 11/20

Mas de Baumes - T. 04 66 80 88 80 - Carte 55 € - Menu(s) 20,50-54 €

Le lieu est magnifique et la balade en Haut-Languedoc trouve ici sa récompense, avec des vues plongeantes saisissantes, aux confins du département, près des Cévennes. La maison est idéale pour les réceptions et fêtes de famille, mais on l'apprécie aussi en randonnée touristique. La cuisine est assez simple, un peu modeuse et correctement menée, avec le tataki de thon mariné soja et mousse de brandade glace au sésame noir, le filet de daurade royale sur une raviole de bar à l'encre de seiche, beignet de fleur de courgette et crème de laitue à l'émulsion de fenouil, le craquelin à la crème de mascarpone fraise, framboise. Cave construite sur les vignobles proches, comme le pic-saint-loup, choix réduit au verre. Jeune service dévoué.

FILLÉ 72210

Maison Nipa 12/20

13 rue des Gesleries - T. 02 43 87 40 40 - Menu(s) 37-69 €

Sharon et Jason, passés tous deux par de belles maisons, proposent dans ce qui fut le célèbre Rallye de Fillé un voyage franco-philippin d'un bel exotisme. Les influences se mêlent, les goûts sont plaisants, la découverte est grande pour les habitués de la bonne cuisine tradi d'antan. Le lieu a été complètement revu, affichant un style épuré et boisé, pour accueillir cette cuisine originale et initiatique : poulpe de Bretagne, longanisse haricots langue de feu edamame et patate douce, lieu jaune de petit bateau courge et riz fermenté chayotte et beurre blanc coco... Un bon dessert chocolat cajou kumquat glace jasmin pour un menu découverte bien intéressant à 54 €.

FIXIN 21220

Chez Jeannette 12/20

7 rue Noisot - T. 03 80 52 45 49 - Menu(s) 22-40 €

Juste au-dessus de Gevrey-Chambertin, l'hôtel-restaurant d'Alexandra et Fabrice Bigolet est une étape de charme sur la route des vins, avec sa décoration traditionnelle et champêtre, où le bois et la pierre dominent. Le chef revisite la cuisine de Bourgogne dans des menus de saison, avec par exemple les fameux escargots en coquille, une daurade sébaste au lard de Colonnata et des tomates confites ou, plus gourmand, un filet de bœuf avec une poêlée d'oignons compotée au pinot noir, un traditionnel coq au vin. Cave bien équipée sur la région.

FLAYOSC 83780

Le Nid 12,5/20

37 boulevard Jean Moulin - T. 04 94 68 09 96 - Menu(s) 56 €

Davy Jobard fait d'abord ce qu'il lui plaît. Il propose ainsi une cuisine personnelle et moins tournée vers les considérations régionales que celle de ses voisins. L'élégante maison avec murs en pierre brute fait du beau et du bon suivant les saisons, mettant en avant de magnifiques produits de toute la France, dans des assiettes graphiques et épurées. Le menu à 56 € est d'un excellent rapport prix-plaisir, avec l'émietté de crabe de casier, tomate plein champ et gaspacho de favouilles, les escargots aux girolles, ail noir et persil, la pintade des Dombes, pois chiches, butternut et abricots, un dessert de fraises, sarrasin et verveine. Petite cave avec des idées (La Calisse, Agnès Paquet...).

L'Oustaou — 11,5/20

5 place Brémond - T. 04 94 70 42 69 - Menu(s) 39 €

Cet ancien relais de poste du XVIIIe siècle est installé dans un village sur les hauteurs de Draguignan, avec l'avantage d'une terrasse centrale. La jolie maison provençale est tenue par Clément Euvrard et Pauline Le Gal, qui proposent une cuisine semi-gastronomique, entre plats français et provençaux. La carte est bien composée, de belles tomates en tartare, eau de tomate à la verveine et sablé au parmesan, une poêlée de couteaux en persillade, une lotte et gambas avec une soupe de poisson de roche, une côte de veau à la truffe d'été. Bons desserts.

La Salle à Manger — 11/20

Place de la République - T. 04 94 84 66 04 - Menu(s) 29-49 €

Sur la place du village, un charmant bistrot implanté là depuis plus de vingt ans, avec une ligne d'inspiration traditionnelle. De 29 à 49 €, on pourra trouver des assiettes bien exécutées, des taglionis à l'encre de seiche dans un ragoût de langoustines et langoustine grillée minute, un filet de cabillaud au safran, champignons eryngii et carottes fanes, un filet de bœuf et pleurotes à la crème de truffe blanche. Desserts classiques.

FLORAC 48400

Restaurant l'Adonis — 13/20

48 rue du Pêcher - T. 04 66 45 00 63 - Carte 56 € - Menu(s) 23-49 €

Au cœur du parc des Cévennes, cette sympathique étape Art déco propose le gîte et le couvert, dans un esprit familial et traditionnel. Le menu à 43 € offre un beau panorama des richesses du terroir local, avec la belle raviole ouverte de pélardon des Cévennes à la farine de châtaigne, le filet de truite rose et coulis de piquillos, les belles assiettes de gibier, la daube de chevreuil mijotée au vin du pays d'Oc et cèpes, le pavé de cerf sauce au poivre torréfié et airelles ou encore le filet mignon de sanglier sauce châtaigne et miel. Desserts classiques.

FONTAINEBLEAU 77300

L'Axel — 14,5/20

43 rue de France - T. 01 64 22 01 57 - Carte 148 € - Menu(s) 140 €

La table de Kunihisa Goto et Vanessa est certainement l'une des plus belles de Fontainebleau, à tout le moins l'une des plus ambitieuses. Avec son cadre chaleureux et contemporain, propice aux repas d'affaires, et sa cuisine inventive qui convoque autant les richesses du Japon que les promesses du terroir français, elle met la barre haut, et tient ses promesses. Le menu «Inspiration au voyage» à 140 € aligne autant de beaux produits qu'il les assemble bien, le tourteau et le caviar cristal, avocat et huile de basilic, un œuf cuit «onsen», raviole de champignons et crémeux aux cèpes, un homard bleu, artichauts, coriandre, sauce coco, citronnelle-curry et brioche vapeur, un pigeon rôti, betterave et vinaigre de myrtilles, un bœuf wagyu A4, croquette bintje, sauce wasabina et poireaux fumés, un dessert à la pomme et passion. Service impeccable.

FONTEVRAUD L'ABBAYE 49590

Fontevraud Le Restaurant 15/20

*CHEF : **THIBAUT RUGGERI***

38 rue Saint-Jean de l'Habit - T. 02 46 46 10 10 - Menu(s) 89 €

Ce site historique et spirituel est naturellement inspirant pour une cuisine créative. La majesté de l'abbaye impressionne, la déco zen des lieux rassure. L'accueil est courtois, la clientèle tournée vers la découverte offerte par Thibaut Ruggeri : rituel fontevriste «de la soupe et du pain sec», moules de l'île de Groix, tapenade de courgette et algues, chips de pomme de terre à l'encre de seiche, champignons de Paris, duxelle et royale infusés au bois, sabayon café, vinaigrette moût de raisin en plat signature, dorade en ceviche, fumet de poisson, blettes, framboise fourrée à la crème d'ail, très bon paleron de veau laqué cuit basse température, rhubarbe et betterave, cerise et shiitakés. Carte des vins, surtout régionale, bien documentée. Service globalement un peu en dessous de l'attendu.

FONTJONCOUSE 11360

Auberge du Vieux Puits 19/20

*CHEF : **GILLES GOUJON** - CHEF PÂTISSIER : **AXEL GOUJON** - DIRECTEUR DE SALLE : **VINCENT LABARSOUQUE** - SOMMELIER: **JULIEN TEYSSANDIER***

5 avenue Saint-Victor - T. 04 68 44 07 37 - Menu(s) 225-255 €

Fontjoncouse, trente ans plus tard... Trente ans d'ascension et de succès, et les 5 toques, le col tricolore, la récompense maximale chez tous nos confrères. Que peut faire d'autre Gilles Goujon, éternel bon vivant, mais aussi éternel inquiet, toujours soucieux du bien-être de ses convives et de leur motivation à venir une fois de plus dans ce minuscule village perché dans les Corbières ? Se réinventer, oui, mais sans perturber. Renouveler sans renoncer, garder l'énorme Tarbouriech et sa perle, l'œuf «pourri» à la truffe, revisiter le «Poupeton» de Vergé, avec la fleur de courgette et le homard, l'oignon de Citou en croûte de sel, petits pois de son maraîcher William Saury et pointes de gariguettes, quelques lamelles d'espardeigne pour souligner. Mais, quand même, bousculer les codes, à commencer par le rituel : plus de carte, deux menus, le premier mémoriel, l'autre en liberté, pour une offre certes plus resserrée, mais ouvrant tout autant le champ des possibles. En travaillant les belles pièces, un turbot de 5 kg, un thon mastodonte. Le premier à basse température (50°C au cœur) et un savant montage sur la laitue celtuce, feuille fourrée de seiche et tentacules ; le second, dans sa partie ventrale, avec son buisson de bucatini enserrant les légumes d'une soupe au pistou et sorbet tomate. Enfin, en innovant, comme seul Gilles Goujon sait le faire, avec deux plats grandioses, une sériole cuite à la perfection dans un pain de cire façon bougie et une crème qui concentre les sucs légèrement relevée de cumin, et une énième version du pigeon, renversante, le filet très subtilement roulé dans une chapelure «pain du cul du pigeon» et peau, tartelette d'abats purée de céleri cerise livèche et samossa de cuisses. Desserts dans l'esprit, variation autour d'un fruit, telle la cerise, cuite et crue, coque mascarpone et jus. Grand service, avec ce qu'il faut de préparations et découpe en salle, les cadres, dont l'indispensable Vincent Labarsouque aux commandes d'une excellente jeune équipe, et Claudio, décrivant de son inimitable accent transalpin le plus beau chariot de fromages de France, qui fait honneur aux producteurs de la région. Cave engagée sur les chemins de Corbières et, par extension, de tout le Languedoc-Roussillon, qui représente les 4/5e des références, avec de grandes verticales sur les cuvées nobles, servies par un nouveau chef sommelier, Julien Teyssandier, que l'on a connu chez Marc Veyrat.

FONTVIEILLE 13990

Le Patio 13,5/20

117 route du Nord - T. 04 90 54 73 10 - Menu(s) 50-56 €

Il est bien joli ce Patio, au calme et rafraîchissant, même les soirs de canicule. Jean-Pierre Côte a toujours la main ferme et de nombreux habitués locaux se pressent tout au long de l'année, renforcés par les touristes à la belle saison. Une fois de plus, il n'y a rien à redire, mais, au contraire, louer la technique et se faire le plaisir d'une cuisine maîtrisée à base tradi : velouté de champignons au muscat brousse du Rove à la truffe, filet de daurade royale beurre d'agrumes au gingembre, croustillant d'épaule d'agneau des Alpilles et polenta parmesan, dans un plaisant jeu de textures. On termine par un dessert tout aussi régional (fougasse d'Aigues-Mortes sorbet pomme) dans une séquence à 50 € fort juste pour cette prestation sans faille, service compris. Les vins des Baux sont bien sûr à l'honneur dans la cave.

L'Ami Provençal 12,5/20

35 place de l'Eglise - T. 04 90 54 68 32 - Carte 8 € - Menu(s) 35 €

C'est une joie et un privilège que de se poser sur cette jolie terrasse de village sous les platanes pour y retrouver les amis chez Fanny et Yoann Palmero. L'ardoise est toujours appétissante et l'assiette confirme que le chef a la main solide et ensoleillée : tatin d'endives au mascarpone tomate cerise et patanegra pour une entrée salade de saison, encornets sauvages sautés meunière émulsion de fumet de poisson maison, agneau en deux cuissons, épaule confite et selle sautée jus d'agneau au vin rouge (une franche hésitation pour choisir et renoncer aux petits farcis de la suggestion du jour !) avant un délicieux soufflé au chocolat. Salades et burgers pour manger sur le pouce, bonne cave régionale (Éole, Romain, Vallongue...).

Villa Régalido 12,5/20

118 avenue Frédéric Mistral - T. 04 90 54 60 22 - Menu(s) 39 €

La villa est nichée au cœur du village, offrant son charme et son calme. Et Emma nous invite à sa table, fort aimablement, proposant un menu à deux choix par niveau, qui a pris un peu d'embonpoint, passant en une saison de 39 à 45 €, mais demeure intéressant et bien maîtrisé : carpaccio de taureau au citron vert, trilogie de poissons poivron farci jus de bouillabaisse, pêche rôtie aux épices douces glace au lait d'amande. Et toujours, en totem provençal, l'épaule d'agneau pour deux à la carte. Bon service, cave régionale et généraliste bien pourvue (Estoublon, Lauzières, Roc d'Anglade...).

FORCALQUEIRET 83136

Auberge des Tuileries 11/20

Rond-point des Tuileries D43-D15 - T. 04 94 86 60 71 - Menu(s) 24-51 €

Alors que de nombreuses adresses éphémères se créent et disparaissent aux alentours, l'auberge des Tuileries demeure, fidèle, enracinée et pro. À l'image du patron et de sa jeune équipe de salle, motivée et dévouée, et d'une bonne organisation qui fédère le canton, pour les cérémonies comme pour les repas de labos, dans ce cadre rustico-provençal de poutres et de pierre brute avec sa cheminée monumentale. Les tarifs ne sont pas tendres, avec des menus à 39 et 58 €, mais la cuisine est honorable, cadrée et aboutie, la cave se concentrant justement sur la région dans une veine très classique.

FOUESNANT 29170

Hôtel de la Pointe du Cap-Coz 13/20

153 avenue de la Pointe du Cap Coz - T. 02 98 56 01 63 - Carte 28 € - Menu(s) 35-79 €

Concentré d'expérience bretonne, cet hôtel 3 étoiles vit entre deux mers, le grand large d'un côté et l'anse de Penfoulic de l'autre, pour le vertige des grands espaces ou le charme des criques abritées. Pour nourrir une si belle occasion, le chef Ludovic Le Torc'h est tout désigné, pour donner vie à une expression vivante du terroir, où les saisons amènent ses produits et leur régionalisme. Forcément, la mer est omniprésente, notamment dans ce beau menu à 62 €, où la crème d'artichaut et le foie gras fondu habillent des langoustines rôties, où le risotto de fregola sarda vient ensoleiller des filets de rougets avec un beurre de truffes, où les croquettes de pommes de terre au jambon cru, parmesan et romarin, viennent mettre un peu de Méditerranée autour d'une pièce de veau. Les desserts ne sont pas en reste, à l'image d'un estival parfait verveine et citronnelle avec quelques fraises. Très belle cave, notamment en Loire.

FRANQUEVILLE SAINT PIERRE 76520

Le Vert Bocage 11,5/20

864 route de Paris - T. 02 35 80 14 74 - Carte 55 € - Menu(s) 19-52 €

Une ambiance, des espaces accueillants, une brasserie d'aujourd'hui qui annonce la couleur et tient ses promesses. Sur le simple (bulots mayo, huîtres, onglet, burger, andouillette...) comme sur un répertoire bourgeois maîtrisé, à l'image du pâté en croûte, de la sole meunière aux câpres ou de la côte de veau et son jus bien réduit. À un quart d'heure du centre-ville, Olivier Da Silva mène l'affaire avec professionnalisme, à distance ou sur place, et le service est franchement très bon, souriant, à l'aise, efficace. Cave correcte, verres un peu coûteux.

FRICHEMESNIL 76690

Au Souper Fin 15/20

CHEF : ÉRIC BUISSET

1 route de Clères - T. 02 35 33 33 88 - Carte 77 € - Menu(s) 64 €

Le don paisible d'Éric Buisset n'est pas un roman russe, mais une réalité brayonne. À Frichemesnil, qu'il pleuve (c'est rare) ou qu'il vente (cela arrive), on est entre de bonnes mains. Celles de Véronique, à l'accueil, toujours vive et souriante. Puis celles du chef, qui pilote la cuisine avec la précision d'un marinier dirigeant sa péniche entre deux écluses. L'ardoise du moment est faite des meilleurs produits que les pêcheurs, mareyeurs, agriculteurs et éleveurs ont cueillis dans l'instant. C'est ce que l'on voudrait trouver dans toutes les auberges, des plats sans fioritures, loin des assiettes clonées d'Instagram. Ici, tout est clair : le tourteau et homard en rémoulade avec une mayonnaise acidulée, la belle barbue de Dieppe, cuite meunière avec une panure à l'amande et un beurre de yuzu. Et puis, la côte de veau, toujours un modèle, le jus de cuisson crémé au vin d'Arbois. Desserts sous contrôle, avec le millefeuille en spécialité et une bonne déclinaison sur l'abricot, cave honnête à prix justes et une vingtaine de vins au verre. Après trente-cinq ans de Souper Fin et une subtilité égale, la maison a plus que fait ses preuves.

FRONTIGNAN 34110

In-Fine 13/20

2 rue de l'Hôtel de Ville - T. 04 67 24 97 14 - Carte 10 € - Menu(s) 29-63 €

C'est peu dire que Grégory Doucey s'investit à fond dans son affaire, en vissant chaque boulon, en construisant autour de lui une équipe de choc (un second de cuisine et un pâtissier embauchés depuis peu) et en restant sur une ligne locavore qui permet de tisser les meilleurs liens de confiance avec les producteurs comme avec la clientèle. Avouons-le, nous avons été conquis cette année par tant de belle énergie et par ces assiettes au cordeau, même dans une certaine simplicité : œuf parfait crémeux de champignons et émulsion aux lardons, omble chevalier accompagné de courge, choux et cromesquis de vieux Rodez au riz noir ; une cuisson parfaite et la bonne association des textures pour du croustifondant, une agréable déclinaison de poire en dessert pour une deuxième toque méritée. Très belle carte des vins avec un choix au verre très intéressant et large (10 vins blancs, 9 rouges, 5 rosés), service précis assuré par le chef lui-même dernièrement.

FUISSÉ 71960

L'O des Vignes 13/20

129 rue du Bourg - T. 03 85 38 33 40 - Menu(s) 36-89 €

C'est au pied de la roche de Solutré que l'on retrouve le MOF Sébastien Chambru, qui a ouvert sa maison à tous les bons vivants. La belle bâtisse du XIXe siècle abrite un restaurant, un bistrot-bar à vin ainsi qu'un fumoir pour les amateurs de cigares, mais encore une épicerie, pour prolonger les plaisirs toujours un peu plus. La table offre un bel aperçu des savoir-faire du chef, mis au service d'un produit choisi et d'une cuisine actuelle bien conçue. Le menu à 60 € est une réussite, avec l'omble chevalier servi froid, jus lacté au genièvre et aubergine confite, condiment au piment de Bresse, le dos de merlu au naturel, petits pois, fraise et basilic, socca et beurre nantais, une selle d'agneau sur la peau et panoufle confite, pommes nouvelles et olives de Kalamata, pistou d'ail des ours, enfin un vacherin fraise et rhubarbe. Cave pointue et bien lotie en vins du Mâconnais.

GAMBSHEIM 67760

Fleur de Sureau 13/20

22 rue du Chemin de Fer - T. 03 88 21 85 22 - Carte 63 € - Menu(s) 19,50-67 €

Posée face à la petite gare de Gambsheim, cette table tenue depuis plus de dix ans par Marie-Laure et Louis Ciolfi plaît pour les soins que les patrons portent à la fois à la cuisine et à la salle. Entouré d'une jolie collection de toiles de Daniel Gasser et sous le regard bienveillant de Marie-Laure, on savoure la cuisine de Louis, qui a appris la clarté de goût et le professionnalisme dans les grandes maisons. Au menu en 4 temps à 57 € : l'œuf de la ferme du grand chêne en cuisson «parfaite», avec une onctueuse purée de chou-fleur à laquelle les noisettes apportent un peu de peps, alors que les lamelles de truffe demeurent peu sensibles. Épais foie gras de canard poêlé, agréablement ferme mais un brin fade (le sel a été complètement oublié) : il est posé sur une tranche de pain d'épices, coiffé d'une quenelle de sorbet à la courge butternut et flanqué d'un puissant gel de myrtilles. Le filet de canette un peu trop cuit est accompagné d'une purée de panais ainsi que d'un jus bien réduit et gourmand. Le choco-amande est une composition à l'assiette où la mousse au chocolat, puissante, équilibrée et pas trop sucrée est contrebalancée par la fraîcheur du sorbet à la mangue. Bien plus qu'un buffet de gare, cette table demeure attractive pour son homogénéité et ses tarifs démocratiques.

GARONS 30128

Restaurant Alexandre 18/20

*CHEF : **MICHEL KAYSER** - DIRECTEUR DE SALLE : **VINCENT MAZURIER** - SOMMELIER : **LIONEL DELSOL***

2 rue Xavier Tronc - T. 04 66 70 08 99 - Carte 169 € - Menu(s) 115-235 €

Éloge et avantage de la modestie : Michel Kayser est un grand chef, l'un des meilleurs de ce pays. Mais au lieu de fanfaronner, il bosse. Avec son bras droit, Arnaud Bresteau, il crée, révise, reproduit, remet sur le métier. Il ne connaît peut-être pas l'enthousiasme de ces jeunes cuisiniers qui improvisent à 11h à partir du marché du matin, mais, pendant que ces derniers «subliment» la carotte en déposant sur l'assiette trois rondelles crues, Michel Kayser invente l'huître sans huître apparente, en la restituant avec une puissance incroyable à travers une mousseline posée sur une tombée d'épinard et huître en brunoise, gelée de cardamome, velouté d'huître et une croustille aux «bijus» (les violets de Camargue). Elle suit avec bonheur le radis rose, le céleri et gruyère d'Étivaz morilles et jus aux morilles, dans l'exigence du produit cuisiné pour s'exprimer dans la quintessence. Dans le même esprit, il rend justice à la baudroie (asperge blanche, asperge verte et kalamansi, sabayon au vinaigre de sureau) comme à l'agneau Allaiton avec un superbe jus, un bonbon de ris et une tartelette artichaut. Le jeune service se montre tout à fait dans la partie, disponible et précis, apportant à chaque table naturel et personnalisation, tandis que Monique Kayser passe avec élégance s'assurer du bien-être de ses convives. Frais dessert fraise et sauge, belle variation rhubarbe en baba crème oseille glace verveine (une diabolique eau de rhubarbe pour finir). Cave magnifique, majuscule, 46 pages sur l'écran de la tablette, affichant tout le Languedoc, grands, petits, modernes, classiques... Un régal pour l'amateur, et de grands crus à tarifs justes.

GARRIGUES SAINTE EULALIE 30190

Maison Lavandet - Le Domaine de Privardière 14,5/20

20 avenue de la Privadière - T. 04 66 75 69 59 - Carte 73 € - Menu(s) 60-90 €

De l'élégance, une ambiance sereine et une cuisine au petit poil. Voilà le souvenir qu'on conserve en quittant la grande terrasse avec vue plongeante sur les vignes. Le maître d'hôtel vous met à l'aise, épaulé par un personnel féminin qui vous bichonne. Puis on passe aux choses sérieuses. Julien Lavandet n'est pas un débutant. En 2018, il avait fait partie des Jeunes Talents de l'année. Dans son élément, il monte la barre très haut avec des produits glanés chez les paysans des alentours. Il y a le foie gras rôti, fraises, rhubarbe et crumble au thym, les crevettes en kadaïf, curry vert et chorizo poêlé. La carte affiche une tarte fine façon niçoise. Voyons l'adaptation faite de ce monument. De minces tranches de courgettes crues, pignons, tataki de thon, graines de sésame torréfiées, anchois fumé et mayonnaise à la crème de raifort, plus quelques fleurs colorées, bourrache, capucine et fleur d'ail. Pari gagné ! Ajoutons un ravissant dressage qui donne envie. L'irréprochable pavé de turbot beurre blanc au yuzu, crémeux petits pois, artichaut et huîtres en tempura précède un filet de canette parfaitement cuit, poireaux et coques toutes fraîches vivifiés par un bouillon de crevettes grises très parfumé, arancini farcis à la sicilienne, le tout arrosé d'un jus de cerise qui apporte à l'ensemble une belle acidité. L'ananas pistache est présenté comme un maki, accompagné d'un riz au lait pistache, espuma coco, cheveux d'ange et sorbet coriandre. Là encore, tout est cohérent, sans aucune faute. La carte des vins privilégie les domaines de la région : Chabrier 2020 (les vignes sont à nos pieds), costières-de-nîmes Château l'Ermite d'Auzan «Epicuria», languedoc Mas d'Espanet «Chacun son Chenin» et un montlouis de François Chidaine. On n'a qu'une envie, revenir.

GÉMENOS 13420

La Magdeleine - Mathias Dandine 16/20

CHEF : MATHIAS DANDINE

2 rond-point des Charrons - T. 04 42 32 20 16 - Menu(s) 105-160 €

Mathias Dandine est bien là où il a toujours voulu être, libre de sa cuisine et de ses pensées, toutes dédiées à la chère Provence, apprise il y a bien longtemps du côté de Bormes-les-Mimosas, auprès des dépositaires de la tradition comme Gui Gedda, et aujourd'hui en pleine confiance, dans le charme de cette bastide de l'arrière-pays, entre Toulon et Marseille. Du vrai et du beau dans ce parc aux essences odorantes, du terroir magnifié et travaillé dans le fignolage dans une carte un peu débarrassée de la tentation Riviera au profit d'une authenticité accrue : le rouget juste saisi et l'aïoli de légumes, les raviolis céleri et châtaigne dans un bouillon de raviolis caramélisés, le râble de lapin «comme un jambinoti» (une très vieille recette citée par Mistral et reprise par Gedda, entre autres), crème d'olive et casserole de blettes, avant un élégant dessert autour de la pomme. Le service est bien dans le ton, la cave régionale pas donnée. Les deux menus à 105 et 160 € sont intéressants.

GEVREY CHAMBERTIN 21220

Table d'Hôte - Lucie & Thomas Collomb 14/20

6 rue du Chambertin - T. 03 80 34 33 20 - Menu(s) 58-90 € Ⓟ

La table d'hôte de Lucie et Thomas Collomb, avec ce vieux bois et cette sobriété dans les tons, déploie une atmosphère de nature et de minimalisme. Le chef reste sur ses appuis avec une cuisine personnelle et éclectique, qui associe les traditions régionales à des idées plus actuelles, avec toujours ce sens de l'équilibre et du goût. Les menus cachés sont à 58 € le midi et 90 € le soir, et le sommelier a tout ce qu'il faut en cave pour offrir des accords mets-vins convaincants.

Bistrot Lucien 13/20

6 rue du Chambertin - T. 03 80 34 33 20 - Menu(s) 29-39 €

L'annexe bistrotière de l'hôtel est l'occasion pour Thomas Collomb de proposer une cuisine bourguignonne plus accessible et qui profite en même temps de son savoir-faire éprouvé. L'endroit joue la carte de l'authenticité avec les rangées de bouteilles, le petit mobilier en bois et la pierre nue. La carte touche à tout, avec des classiques et des idées plus personnelles, comme un carpaccio de maigre au fenouil, gingembre et oseille, un retour de pêche avec des haricots verts en persillade, une volaille de Bresse rôtie à la verveine, pommes de terre de l'île de Ré et échalotes, une exemplaire crème brûlée.

GIGONDAS 84190

L'Oustalet 13/20

Place Gabrielle Andéol - T. 04 90 65 85 30 - Menu(s) 70-130 €

La belle table de la famille Perrin, le seigneur de Beaucastel, domine fièrement la plaine depuis les hauteurs du village. De chics soirées s'y déroulent autour d'une cuisine fine, faite de produits régionaux et de truffe en saison, réalisée avec soin par le chef Laurent Deconinck : coques et couteaux racine et écorce de citron de pays, ravioles aux truffes, agneau de Provence blettes pignons et crépinettes, pamplemousse rose meringué. Des menus de 70 à 90 € le midi, de 90 à 130 € le soir. Et la sélection viticole affûtée, dont les vins des domaines Perrin.

GIVERNY 27620

Le Jardin des Plumes 15/20

CHEF : DAVID GALLIENNE

1 rue du Milieu - T. 02 32 54 26 35 - Menu(s) 65-135 €

Désormais complètement chez lui depuis qu'Éric Guérin lui a cédé l'établissement début 2020, David Gallienne a mis à profit les périodes de confinement et sa victoire dans Top Chef pour à la fois capitaliser sur sa nouvelle notoriété, qui déborde désormais largement des seules frontières de l'Eure, et repenser son restaurant, avec l'aide précieuse et discrète de Marie Vercruysse-Gallienne. Leur grande villa néo-normande déborde de charme et l'architecture intérieure, signée Philippe Papy, s'accorde à merveille avec la cuisine à la fois élégante, mais jamais sophistiquée, et ancrée dans son terroir que propose l'enfant de la région : son cornichon lacto-fermenté, langue de bœuf et estragon est un modèle d'équilibre, la déclinaison de tomates et homard aux herbes du jardin forme un mariage heureux et la volaille fermière (cuisson parfaite, viande fondante et goûteuse) en croûte de cire d'abeille, cèpes et mûres est d'une gourmandise absolue. Beau dessert autour de la pomme et du coing, service (auquel le chef participe volontiers, en passant au moins une fois à chaque table) sachant trouver la parfaite distance avec le client.

GIVET 08600

L'Auberge de la Tour 12,5/20

6 quai des Fours - T. 03 24 40 41 71 - Carte 71 € - Menu(s) 25-105 €

Aux confins du pays, dans cette adorable vallée de la Meuse aux portes de la Belgique, Julien Ricail enchaîne les réussites, avec sa table d'inspiration gastronomique et son bistrot à côté (Giv' & Mouettes). Avec son épouse Élise, il tient une auberge raffinée et bien tenue, avec de beaux contrastes entre épure et ancien, de la grosse pierre et des murs bien lisses, un service impeccable et des beaux menus français. La formule à 70 € donne un bel aperçu des capacités, une entrée de coquille saint-jacques, cèpes, crème de coco et œuf 63°C, un dos de cabillaud, écrasé de pommes de terre à l'huile d'olive, un forestier filet de marcassin, airelles, potimarron et sauce poivrade, un baba au ratafia de champagne.

GLAINE MONTAIGUT 63160

Auberge de la Forge 11,5/20

Place de l'Eglise - T. 04 73 73 41 80 - Menu(s) 30-40 €

À une quinzaine de kilomètres à l'est de Clermont-Ferrand, on retrouve Éric Guémon, qui tient cette adorable auberge de village, située juste à côté de l'église romane. Le chef travaille une cuisine de pays simple et engageante, dans un cadre conforme à l'image qu'on se fait de ces tables rurales, avec le petit mobilier en bois, les nappes dentelles et la grande cheminée. Au menu «Terroir» à 37 € : petit flan de bisque, tartare de couteaux et crème de rouille, pavé de lieu noir aux morilles, rôti de veau cuit au lait et romarin. Service aimable.

GORDES 84220

L'Orangerie - Airelles Gordes, La Bastide 14,5/20

Le Village - T. 04 90 72 12 12 - Carte 39 € - Menu(s) 120 €

Pour Gault&Millau, l'assiette s'impose. Mais, à La Bastide de Gordes, ce principe devient relatif, à tout le moins questionnable. C'est-à-dire qu'il est impossible de faire abstraction du cadre. Cette bâtisse provençale suspendue à une paroi est une ancienne demeure seigneuriale du XVIIIe siècle, avec des jardins pentus, chacun offrant une vue panoramique grandiose. Devant soi, la Provence à perte de vue, et le monde dans l'assiette. Des produits nobles qui poursuivent le voyage, un lieu jaune en gravlax et du caviar (il fallait), le bar en croûte de pain, une splendeur technique, avec son château de carottes et d'agrumes, le pigeon, plus simple, sur le coffre, mais essentiel, avec un artichaut glacé, et un dessert solitaire, une réussite qui fonctionne toujours, de tomate et de fraise. La cave est remarquable.

Clover Gordes 13/20

Le Village - T. 04 90 72 12 12 - Carte 115 €

On retrouve Jean-François Piège dans cet écrin d'exception pour une expérience provençale exhaustive. Le chef transmet ses souvenirs d'enfance drômoise, ressuscités ici, en Luberon, avec une vue imprenable sur les environs, une décoration typiquement locale, d'un charme authentique, et des assiettes inspirées de la région, pleines de soleil et de poésie. On commence par le buffet provençal, de petits hors-d'œuvre qui mettent en appétit, des tomates du pays, des aubergines à la flamme, un loup de Méditerranée mariné au fenouil sauvage, puis l'on pourra découvrir le plat signature, une carbonara de calamars, ou bien sûr la braise, la tarte de légumes de Provence grillés au parmesan, le paillard de volaille, pistou, mozzarella et roquette, des pâtes au pistou. Pour aller plus loin, on pourra tenter le menu autour des huiles d'olive de Provence, pour toute la table.

Le TIGrr Gordes 12,5/20

Le Village - T. 04 90 72 18 94 - Carte 71 € - Menu(s) 65-120 €

Pour aller plus loin, il faut sortir de La Bastide. Pas très longtemps, mais assez pour arriver en Asie. Le ton est aussi majestueux, avec une vue qui donne le vertige même sans être au bord de la terrasse... c'est l'effet Bastide de Gordes. La carte vaut plus pour sa réalisation, des sashimis, des nems, des tempuras d'anthologie, une daurade royale qu'on n'oublie pas, cuite en feuille de bananier. Service professionnel.

GRANGES LES BEAUMONT 26600

Les Cèdres 15/20

CHEF : JACQUES BERTRAND

25 rue Henri Machon - T. 04 75 71 50 67 - Menu(s) 115-175 €

Un modèle d'auberge traditionnelle organisant la fête gastronomique à chaque service. Tout le canton vient célébrer l'anniversaire, la demande en mariage, le Noël du grand-père, et toute la maison est là pour répondre par les bonnes manières, les zakouskis et les mignardises. Choisissant les produits nobles, Jacques Bertrand sait faire plaisir avec du prestige et des préparations sans faille, la bonne cuisson du homard, les saint-jacques et endives, le cerf de chasse avec une impeccable sauce grand veneur. Le dessert chocolat noisette judicieusement baptisé «l'écureuil». La grande cave classique regorge de belles étiquettes consacrées, les menus se déclinent en 2 ou 3 plats, à 115 et 145 €, et le service est gentil, nombreux et bien formé. Le sensible Jean-Paul Bertrand mène son monde avec aisance et reçoit avec toute la maîtrise de ses trente-trois années passées aux côtés de son frère.

GRANVILLE 50400

La Citadelle 13/20

34 rue du Port - T. 02 33 50 34 10 - Menu(s) 28-90 €

C'est l'incontournable de Granville pour retrouver les saveurs marines. La table traditionnelle d'Anne et Cyrille Doraphé est une valeur sûre, une belle table sur le port où l'on pourra retrouver les grands classiques, des produits de première qualité, les huîtres de la Manche, les beaux plateaux et les homards de Chausey. La carte ne manque de rien, la salade de homard, huile de basilic, persil plat et lentilles, les huîtres chaudes, crème d'Isigny, épices saté et yuzu, la choucroute de la mer, la sole meunière et légumes bio, les filets de cailles et sauce foie gras... Tarifs honnêtes.

Edulis 13/20

8 rue de l'Abreuvoir - T. 02 14 13 45 88 - Menu(s) 40-75 €

Notamment passé chez Quinton ou encore Marcon, Jonathan Datin prouve une très belle technique, qu'il a mis au service d'une cuisine de marché convaincante et étudiée. À partir de 40 € et jusqu'à 75 € pour la formule à 7 plats, on pourra découvrir, selon les saisons, le tartare de bœuf guacamole tomate et tuiles ras el-hanout, un tournedos de lotte cocos de Paimpol et moules de bouchot bouillon de coquillages, un carré de veau millefeuille de pommes de terre et échalotes confites, ou encore une variation autour du chocolat.

GRASSE 06130

La Bastide Saint-Antoine 17/20

*CHEF : **JACQUES CHIBOIS** - CHEF : **JEAN-FRANÇOIS MARRE** - CHEF PÂTISSIER : **PASCAL PICASSE** - DIRECTEUR DE SALLE : **SÉBASTIEN VAROQUIER** - SOMMELIER : **NICOLAS FRETARD***

48 avenue Henri Dunant - T. 04 93 70 94 94 - Carte 166 € - Menu(s) 72-190 €

Cette Bastide a des amis de trente ans, qui viennent régulièrement, parfois même chaque semaine, par plaisir. Oui, car c'en est un de retrouver ce lieu de plein charme, d'une grande et vénérable maison provençale dominant la plaine, déroulant au bas de la terrasse l'oliveraie qui fournit l'huile essentielle à la cuisine du chef. Jacques Chibois le Limougeaud, formé chez Delaveyne et Guérard, imbibé de culture provençale grâce à Outhier et Vergé, a désormais la Provence des cigales, de la lavande et de l'olivier au cœur. Sa cuisine, celle de son chef Jean-François Marre, que l'on a connu au Park 45, est une ode aimable et souriante à cette région qu'il connaît par cœur. Avec des standards gourmands qui séduisent toujours, comme le mitonné d'épeautre aux gamberonis et bisque de homard, la daurade pomme de terre au pistou de roquette condiment moule et sauce vierge, et les viandes d'excellente provenance cuisinées dans l'esprit, comme le veau et cannelloni de champignons ou l'agneau rôti et confit, socca roulée au gigot, tomate confite crémeux gingembre. Au-delà de l'assiette, il entretient avec tous ses convives cette relation si rare de l'aubergiste qui vous accueille chez lui. Après ces bientôt trente ans à Grasse, Jacques Chibois nourrit désormais un projet grandiose pour sa chère bastide, qui va beaucoup évoluer et s'agrandir dans les prochaines années. Et si, aujourd'hui, les 4 toques vont à l'ensemble de cette maison du bonheur, avec un service associant les générations pour une bonne transmission, et une vaste cave aux grandes références consacrées, plus encore qu'à la cuisine, l'avenir devrait emmener la Bastide vers de nouveaux sommets.

Lougolin 12,5/20

381 route Plascassier - T. 04 93 60 14 44 - Menu(s) 24-39 €

Il y a peu d'endroits sur la Côte d'Azur où, d'un seul regard depuis la terrasse ombragée par un tilleul centenaire, vous avez la mer, Mouans-Sartoux et Grasse. Voici en préambule ce que nous offre Xavier Malandran, l'ex-finaliste de «Masterchef» 2011, qui a troqué les ciseaux pour les spatules. Sa cuisine est d'ici, mais, en chimiste du goût, il n'hésitera pas à sortir des sentiers battus. Le menu déjeuner à 31 € est très convaincant, celui du soir à 59 € l'est encore plus. L'œuf parfait à la fregola sarda, champignons, tartufata, crémeux de parmesan 24 mois et jus de viande à la tuber aestivum, le pavé de maigre et son beurre blanc aux coques et légumes verts avec son condiment de crevette fermentée, sont parfaitement maîtrisés, tandis que le dessert phare, le cheesecake à la rose est incontournable, les amateurs de fromages pouvant aussi tenter l'expérience du chèvre d'Escragnolles au chocolat 75% de la Maison Duplanteur, confit d'orange, poivre timut et l'huile d'olive du Château de Caladroy. La cave à vin est ludique, visible dans sa cage de verre depuis l'entrée, elle offre un panorama des goûts et des couleurs assorti d'un petit descriptif sous chaque référence. Enfin, le service, bien que très souriant, pourrait tellement gagner en efficacité si les serveurs connaissaient à minima les produits qui composent les plats ou simplement le nom du vin que l'on vous apporte sans être obligés de retourner en cuisine pour demander.

GRAUFTHAL 67320

Au Vieux Moulin 14/20

7 rue du Vieux Moulin - T. 03 88 70 17 28 - Menu(s) 35-76 €

Il y a d'abord cet emplacement de choix face à l'étang et à la forêt des Vosges du Nord. Il y a ensuite Guillaume Kassel rentré au bercail depuis cinq ans. Ce chef, passé par Maison Lameloise (Éric Pras), Franck Putelat et Christophe Bacquié, rend savoureux tout ce qu'il touche. Jamais à court d'inspiration, cette cuisine en mouvement est l'une des plus généreuses que nous ayons rencontrées. Dans le menu «Découverte en quatre séquences» (60 €), qui laisse carte blanche au chef, on commence avec de belles saint-jacques crues, luisantes, coupées en tranches fines et reposant sur de la chair de tourteau. Dans un deuxième récipient se trouve une belle noix de saint-jacques bien charnue, croustillante, au curry noir, avec un coulis de mâche : une entrée fort gourmande et pleine de fraîcheur apéritive où tous les aromates et épices sont bien équilibrés. Un peu trop richement garnies, les asperges vertes bien croquantes sont mises en valeur par un sabayon à la menthe très gourmand. D'abord présentée entière, l'épaule d'agneau de lait des Pyrénées est ensuite servie en deux façons : d'une part, la chair particulièrement tendre, rôtie à l'ail des ours, avec des asperges blanches, une pomme de terre soufflée, et un jus d'agneau monté au beurre d'anchois ; d'autre part, en amusant kebab sur une salade de pissenlits. Une cuisine foisonnante avec des assiettes généreuses, parfois un peu surtravaillées, comme cet anchois posé sur la pomme de terre soufflée. Servi dans un bol, le dessert composé de chocolat, de citron de Menton, de noisettes du Piémont et d'un sorbet à la roquette nous a semblé moins structuré et un brin en dessous du reste. Le service est supervisé avec bienveillance par la mère du chef, Sylvie Kassel, qui conseille également les vins. Les fidèles ne s'y trompent pas : avec cette cuisine épatante de goûts, cette table est l'un des meilleurs rapports qualité-prix des Vosges du Nord.

GRAVIGNY 27930

Le Saint-Nicolas 11/20

38 ter avenue Aristide Briand - T. 02 32 38 35 15 - Carte 49 € - Menu(s) 19-68 €

Une table traditionnelle à laquelle les Ébroïciens restent très attachés pour fêter un contrat ou un baptême. De beaux produits, bien travaillés et servis avec attention et prévenance : foie gras, escargots au sauternes, magrets de caille au cidre choucroute de la mer et profiteroles dans un généreux menu «Saveur» à 38 €. Le homard du vivier entre dans la formule «Prestige», à 48 €. Cave classique.

GRENOBLE 38000

Le Fantin Latour 17/20

CHEF : ***STÉPHANE FROIDEVAUX*** *- CHEF PÂTISSIER :* ***OLIVIER MAZODIER*** *- DIRECTEUR DE SALLE:* ***STÉPHANIE DESVIGNES*** *- SOMMELIER:* ***SOPHIE***

1 rue Général de Beylié - T. 04 76 24 38 18 - Menu(s) 90-130 €

Nous l'avions déjà relevé l'an passé, mais voir Stéphane Froidevaux, l'un des plus discrets disciples de Marc Veyrat, aussi épanoui et heureux, donne très envie de s'asseoir à sa table, pour un moment de quiétude et de gourmandise dans une belle maison bourgeoise au seuil du centre-ville. Sa passion pour sa région, les montagnes qu'il parcourt en tous sens, la Belledonne pour le sapin, le Trièves, la Chartreuse ou la route du Lautaret où il va chercher la berce et l'oxalis, vous pouvez la vivre dès l'entrée au restaurant, avec la végétalisation de l'escalier qui se poursuit dans les salles décorées de tableaux d'arbres assortis de vraies branches. En saison, vous pouvez profiter du jardin où circulent librement les poules, avec vue sur le potager et, toute l'année, vous goûterez cette cuisine vivifiante inspirée par la nature. Un travail autour des textures, des harmonies avec les plantes, comme sur la ratatouille d'automne : légumes croquants, fondants, moelleux, confits... vinaigrette tonka et argousier, émulsion châtaigne... Un plat très technique réunissant les légumes de saison crus ou cuits tous différemment (carotte, tomate, aubergine...). Le chef en profite aussi pour réinventer ses souvenirs d'enfance et transforme les chamallows cuits au feu de bois en brochette de lotte citronnée sauce aux baies de genièvre, avant d'autres plaisirs comme le foie gras poêlé, purée maïs, maïs croquants et bouillon parfumé au vin jaune et des desserts bien inventifs («de la lune à la terre», coque meringuée, myrtille, coulis de pêche). Pour une séquence aussi percutante, en 9 services, l'addition reste douce à 115 €, le service est efficace et agréable, la carte des vins très complète mettant aussi en avant les vignerons proches.

L'Amélyss 14/20

3 boulevard Gambetta - T. 04 76 42 35 84 - Menu(s) 25-38 €

Gabriel Utecht, Jeune Talent Gault&Millau 2015, a créé une bien belle adresse qui s'installe dans le temps dans le centre de Grenoble. La salle est claire, l'accueil est discret et rapidement chaleureux, les connaissances des produits, des vins et de la gastronomie sont grandes. Les assiettes sont bien troussées avec un saumon mi-cuit hypermoelleux, un agneau en fines tranches et acidulé par des pickles d'oignon, un canard très bien cuit avec une polenta crémeuse. La carte des vins, faite en collaboration avec Benoit du Zinc (Ze Independant Natural Cellar) tout proche, élu meilleur bar à vin de France, est assez unique et très peu chère : on trouve en Loire du Alexandre Bain en 2014 et 2015 autour des 50 €, du Philippe Valette en mâconnais, un chablis premier cru Clos des Lys 2003 de Daniel-Étienne Defaix à 55 €, des Rayas autour de 200 €...

Brasserie du Fantin 13,5/20

1 rue du Général de Beylié - T. 04 76 24 38 18 - Carte 10 € - Menu(s) 32-42 €

La deuxième unité de Stéphane Froidevaux fait passer un moment délicieux dans ce cadre de sérénité. Passé la réception, un très amusant spectacle s'offre à nos yeux. Quelques volatiles lâchés en liberté occupent l'espace, et complètent à merveille le ballet des serveurs et les verres choisis par les sommeliers. Une atmosphère joyeuse et conviviale met en appétit, autour des produits locaux. Le chef s'amuse, et ses convives avec lui, mariant ici quelques légumes du jardin aux plantes de montagne plus rares... au goût subtil. Cette carte du déjeuner (poivrons marinés à la fleur d'acacia, filet de rougets sauce au chèvre et curry, dame blanche du Lautaret) donne une belle occasion de découvrir la cuisine du chef, à un tarif très juste.

L'Escalier 13/20

6 place de Lavalette - T. 04 76 54 66 16 - Carte 74 € - Menu(s) 26-89 €

Valeur sûre de la scène locale, la table d'Alexandre Aymard reste, pour le midi comme le soir, une adresse adaptée à toutes les situations. Efficace pour les repas d'affaires au déjeuner comme pour les dîners aux chandelles, elle propose dans une atmosphère lounge et tamisée, une cuisine bourgeoise et pro, qui célèbre les beaux produits. Entre la carte et les différents menus, à partir de 32 € jusqu'au fameux menu «Cuillère» à 89 € (7 assiettes avec deux déclinaisons d'un même plat), les possibles sont nombreux : un beau bouillon de volaille avec un foie gras poêlé et une brunoise de légumes superbement équilibrée, une généreuse et exemplaire volaille de Bresse farcie aux salsifis rôtis, ou encore un élégant baba flambé à la chartreuse jaune. La cave est remarquable, avec des références incontournables sur tout le pays, ainsi que des propositions au verre exceptionnelles (bâtard-montrachet, coulée-de-serrant...). Le chevalet des digestifs avec les nombreuses chartreuses est évidemment conseillé pour conclure l'expérience.

La Girole 12,5/20

15 rue du Dr Mazet - T. 04 76 43 09 70 - Menu(s) 26-57 €

Ouverte depuis 1991, cette table est une référence sage et certaine, où l'on est sûr de son plaisir. Une maison bien située dans le centre, sur deux niveaux, une décoration sobre qui se prête bien aux repas d'affaires, accueillant une cuisine bistronomique plutôt traditionnelle, d'une exécution qui justifie la réputation. Les suggestions font ainsi tourner les recettes avec une belle régularité, pour croiser la route de l'œuf coulant dans une jolie vichyssoise à l'écrevisse et au cresson, ou encore une volaille tendre et parfaitement cuite, dans un jus aux trompettes et aux chanterelles. Cave bien adaptée, avec une dominante sur la vallée du Rhône.

L'Inattendu

12,5/20

52 avenue Félix Viallet - T. 04 76 47 29 64 - Carte 18 € - Menu(s) 55-85 €

Non loin de la gare, ce bistrot s'est fait le chantre d'une cuisine de saison, typique et personnelle. Derrière le piano, Alexis Busso travaille ainsi ses produits suivant l'époque, privilégiant systématiquement le frais, qui se traduit par des menus uniquement imposés, à partir de 25 € et jusqu'à 85 €. Les assiettes sont simples et techniques, dans la bonne alliance du poireau et de la truffe, un tendre quasi de veau et légumes de saison en purée, un paris-brest personnel et réussi. Cave courte mais pas inintéressante, sur toute la France.

Jeanette

12,5/20

3 rue Genissieu - T. 09 54 61 61 54 - Menu(s) 21-26 €

Manon et Thaïs vous accueillent chez Jeanette avec l'envie de vous faire partager leur passion pour les produits locaux et de saison qu'elles transforment au gré de leurs envies. Tour à tour en cuisine ou en salle, elles proposent une cuisine raffinée dans une ambiance conviviale avec des plats à partager pour le menu du soir offrant davantage de saveurs qu'un service à l'assiette. Tout est bon et bien fait, à l'image du tartare de veau à l'italienne, haricots verts yaourt aux herbes, de la déclinaison sur l'aubergine, particulièrement réussie, œuf mollet, crème d'ail, condiment cacahuète basilic et d'une honnête panna cotta finale. Petite cave orientée nature, avec quelques verres proposés.

Madam

12,5/20

34 rue Thiers - T. 04 76 50 12 50 - Menu(s) 62 €

La nouvelle table d'Alexandre Zdankevitch (Jeune Talent 2017) est une vraie réussite et profite d'un cadre exceptionnel en plein centre-ville. Splendide demeure de maître de la fin du XIXe siècle, cette maison présente, après son joli jardin, de grands espaces luxueux, parquetés, avec belle hauteur sous plafond, marbres scintillants, banquettes et assises en velours, de beaux miroirs et des lignes épurées style Art déco d'un goût exquis. Le service est attentionné du début à la fin et annonce d'emblée une expérience prometteuse, confirmée dans l'assiette par des compositions originales et bien dressées. Le chef fait preuve d'une belle technique, sur le fond comme sur la forme, en sucré comme en salé. Les formules défendent une cuisine de saison élaborée, bien étagées à partir de 25 €, où l'on retrouvera des idées slash convaincantes : oursin potimarron châtaigne, saint-jacques céleri cresson pomme, veau oignons doux champignons, une douceur de litchi coing et thé matcha... Cave un peu courte mais bien pensée.

Le Bistrot Parisien

12/20

34 avenue Alsace Lorraine - T. 04 76 46 10 16 - Menu(s) 18-22 €

L'institution de Philippe Cartillier poursuit son chemin avec, à la barre, Andrea et Guillaume qui tiennent le cap avec une belle assurance. Ce nouveau bistrot perpétue la promotion d'une belle cuisine de tradition, surtout française mais parfois un peu italienne, toujours exécutée avec des produits locaux et de saison, d'une fraîcheur saisissante. Les assiettes, qui changent tous les jours en fonction des arrivages et des envies, réussissent l'exploit finalement assez rare de faire du très très bon avec du très très simple, un élégant gratin aux oignons des Cévennes au parmesan, une remarquable cuisse de canard confite au poivre vert, un mi-cuit au Valrhona, très précisément mi-cuit (et ce n'est pas si facile). La force de la maison ne se résume pas seulement à sa cuisine, mais aussi à son ambiance chaleureuse et complice (les Grenoblois ne sont pas rares à en avoir fait leur QG) et sa petite cave, courte et vaillante, qui ne jure que par le bio et le vin nature. Prix compétitifs.

Les Jardins de Sainte-Cécile 12/20

18 rue de l'Alma - T. 04 76 24 85 85 - Carte 19 € - Menu(s) 38-85 €

Dans l'hypercentre, ce remarquable couvent du XVIIe siècle prête aujourd'hui ses murs à une belle table bistronomique, qui jouit ainsi d'un jardin en ville assez exceptionnel, et d'une salle avec une impressionnante hauteur sous plafond. La décoration est contemporaine, et se prête bien à une cuisine dans l'air du temps, signée par le chef Romaric Pessey, qui suit les saisons et propose des alliances à la mode, comme un velouté de potimarron, boudin noir croustillant, focaccia et lard de Colonnata, un filet de truite confit, gnochetti aux citron vert et topinambours rôtis, une ballottine de râble de lapin, croustillant de polenta, chou rouge confit en deux textures... Desserts plaisants. Bon service.

Le Rousseau 12/20

3 rue Jean-Jacques Rousseau - T. 04 76 14 86 75 - Menu(s) 23-55 €

Dans l'hypercentre, la jeune table d'Élie Michel-Villaz est bien en vue, dans ses tons naturels, bois, bleu indigo, gris et blanc, papier peint à motifs géométriques, assiettes esthétiques en intitulé slash. La réalisation est satisfaisante et les associations sont justes, une entrée de truite de Beaufort et lentilles blondes, un poisson d'arrivage, carottes et beurre blanc, ris de veau et céleri, jus réduit, un financier aux noix, citron Meyer et pralin. Très belle cave de plus de 300 références.

Brasserie Chavant 11/20

2 cours Lafontaine - T. 04 76 87 61 83 - Carte 13 €

Brasserie familiale institutionnelle, à Voiron et Grenoble, on y retrouve un cadre standard élégant, qui mêle tons contemporains, lignes épurées et un esprit Louis XVI un peu pompier, ainsi qu'un service aux épingles. La carte est bien positionnée, avec des classiques français qui rassemblent, des escargots aux cèpes, des ravioles de langoustine, sauce foie gras et truffe, un magret de canard, des crêpes Suzette. Prix un peu lourds.

Au Clair de Lune 11/20

54 rue Très Cloitres - T. 04 76 24 61 17 - Menu(s) 22-25 €

Dans la vieille ville, c'est ici qu'on vient pour se dépayser, avec ce décor de paillote exotique, cette couleur qui évoque davantage les tropiques, que l'on retrouve également dans l'assiette, avec des idées fusion assez lointaines de l'Isère. Suivant les envies du chef, on pourra y croiser le rougail, les gnocchis de patates douces, purée de chou-fleur et champignons sautés, le poulet sauce satay. Prix compétitifs.

Et Si 11/20

16 rue de Strasbourg - T. 09 83 91 55 95

Bonne table bistronomique dans le centre-ville, on y retrouve les ingrédients d'un bon déjeuner entre amis ou collègues, d'une bonne adresse pour le soir, avec la cuisine inspirée de Maïwenn Feron et la décoration pas trop chargée. Les assiettes changent au gré des semaines et présentent une belle patte locale, avec des produits locaux bien évoqués, une truite arc-en-ciel, beurre aux câpres et poivre du Sichuan, vitelottes vapeur, des ravioles des grands goulets, crème au bleu de Sassenage et saucisses artisanales... Bon service.

À Ma Table 11/20

92 cours Jean Jaurès - T. 04 76 96 77 04 - Menu(s) 39 €

À l'écart du centre-ville, non loin de la gare au croisement de l'avenue de Vizille et du cours Jean-Jaurès, cette charmante table de marché à la façade bleue propose des assiettes de saison bien menées, qui visent l'efficacité. À l'ardoise, pour des prix raisonnables, un œuf parfait aux cèpes, un dos de morue, croûte d'amandes, crème de raifort et riz vénéré, des ravioles au bleu de Sassenage et noix... Service aimable et atmosphère chaleureuse.

GRIGNAN 26230

Le Clair de la Plume 15,5/20

Place du Mail - T. 04 75 91 81 30 - Menu(s) 155 €

Il est un peu le chouchou du département, des médias locaux ou nationaux : Julien Allano sent le bon vent du terroir bien compris tourner en sa faveur : plus de poisson de mer, encore plus de végétal, voilà du locavorisme comme on l'apprécie. L'expérience y est authentique et luxueuse, entre le bel hôtel situé dans une maison de maître du XVIIe siècle, la table gastronomique, le bistrot, le salon de thé, la boutique et la piscine naturelle. C'est un voyage dans tous les sens au cœur d'un territoire, avec l'endive gratinée sabayon au vin de noix et râpée de truffe, le cochon du mont Ventoux rôti, laqué au caramel d'épices, moutarde de puntarelle, pommes vertes, avant le très beau dessert truffe et cacao. Service impeccable avec un directeur très compétent, cave s'intéressant à tous les vignobles des alentours. L'arrivée du chef 4 toques Glenn Viel en décembre 2022 promet de maintenir cette table au plus haut niveau.

Le Pied de la Lettre 13/20

7 Montée du Tricot - T. 04 75 01 12 12 - Carte 23 €

Voilà pourquoi on aime notre pays, nos villages, nos sorties de route le long de l'A7 surchargée en plein été, pour ce type d'endroit, référencé pratiquement nulle part, ouvert il y a peu par Adrien Godard, un ancien du Clown Bar, à Paris, et sa compagne Camille Vial, styliste de formation et férue de vins nature. Modestement annoncée comme une cave à vin ou l'on grignote de petites assiettes sans prétention, c'est tout l'inverse qui se passe, une magie des lieux, des vins et plats qui sont comme des évidences, on se prend tout ça en pleine figure ! De la simplicité non feinte, de la culture, de l'intelligence, du partage, voilà la quadrature du cercle que recherche tout gastronome, avec la cuisine de Bruno Begani cette saison : délicieux haricots croquants petite crème très douce aromatisée à la noisette, tartare de bœuf au couteau, glissant et rebondissant à la mâche, quelques sides pour agrémenter comme ces pickles d'oignon bien acidulés, assaisonnement ketchup, moutarde, soja et échalote bien dosé, filets de maquereaux hyperfrais, comme en escabèche avec une sorte de chutney de fenouil remarquable... Simple et bon fondant chocolat beurre salé, beau choix de vin nature de 25 à 40 €.

GUER 56380

Maison Tiegezh 15,5/20

CHEF : BAPTISTE DENIEUL

7 place de la Gare - T. 02 97 22 00 26 - Menu(s) 39-99 €

Auréolé du titre de Jeune Talent en 2015 alors qu'il n'avait que 23 ans, Baptiste Denieul ne cesse de confirmer tout le bien que nous pensions déjà de lui. Humble et volontiers discret, il n'est pas du style à jouer des coudes pour poser aux premiers rangs sur la photo des chefs bretons. Il le mérite pourtant largement. Secondé par Marion, qui illumine la salle et anime un service impeccable, il a fait de l'ancienne crêperie familiale un lieu de gourmandise apaisant, désormais ouvert sur un petit jardin. Son attachement à ce que la Bretagne produit de meilleur n'est pas une simple posture. C'est une ligne de conduite. Comme il aime à le marteler, sauf cas très exceptionnel, «100% de ses producteurs sont à moins de 200 km, 90% à moins de 100 km et 50% à moins de 50 km». Cette interprétation culinaire de la région repose sur l'authenticité, de judicieuses associations, des cuissons exemplaires... C'est ainsi que le chou-fleur rôti au curry, jaune d'œuf confit et vinaigrette celtique constitue une entrée qui fleure bon le printemps et la légèreté. Le plaisir va crescendo avec une seconde entrée fringante sous forme d'un croque-champignon «d'ici» relevé d'un beurre monté aux huîtres du golfe du Morbihan, dont l'effet iodé est prolongé par du caviar d'Aquitaine qui ne joue pas les utilités princières. Les jeunes ormeaux du Finistère Nord, rôtis dans un beurre d'algue, sont étonnamment mariés, pour le meilleur, à de petits toasts d'os à moelle portés par un bouillon de pot-au-feu. Le pigeon en deux cuissons témoigne à nouveau du brio de Baptiste, tout comme le dessert «Signature» autour de la vanille de Madagascar (l'une des rares infidélités à la Bretagne). La lecture de la carte des vins laisse augurer de bons moments : Venturi, Fosse-Sèche, Luneau-Papin, Muré, Tertre Roteboeuf, lirac du Domaine Boudinaud, Pontet-Canet, Jo Landron...

GUÉRANDE 44350

La Tête de l'Art 12,5/20

11 rue de la Porte Calon - T. 02 40 88 53 40 - Menu(s) 43-63 €

L'enseigne de Marie et Hugo est une maison typique à l'intérieur sobre sous les poutres, dans un bâtiment ancien joliment réhabilité qui abrite plusieurs commerces, à l'entrée de la cité. De l'allant et de la modernité, dans le service de jeunes gens dégourdis comme dans la cuisine, un peu assembleuse, mais bien inspirée : huîtres quinoa crème au lard, chou farci au pigeon (manque de cuisson pour le premier, excès pour le second) avec une bonne sauce whisky, pavlova marron et clémentine jus pamplemousse, légère et bien faite. Cave généraliste à renforcer.

GUÉTHARY 64210

Briketenia 14/20

142 rue de l'Eglise - T. 05 59 26 51 34 - Carte 90 € - Menu(s) 44-108 €

C'est la maison de famille, celle des parents Ibarboure de la première génération, où Martin est aujourd'hui entouré de toute sa famille, son épouse Marie-Claude, son fils David qui l'escorte en cuisine, sa fille Camille, véritable fée de la maison, qui anime réellement la salle, un peu plombée par un service tellement protocolaire et guindé que l'on se réjouit lorsque le bistrot attenant est en dispo et qu'une ou deux jeunes filles s'en échappent pour servir augastro en s'exprimant avec liberté et naturel. La cuisine est jolie, précise, fière de ses racines (une très belle variation sur le ttoro en mise en bouche), même s'il nous a manqué cette année quelques éclairs. L'acidité passe volontiers par les agrumes, la gelée gingembre et citronnelle booste le maquereau et tartare de bœuf sauce escabèche orange et fenouil, la mousse yaourt citronnée et paprika kumquat accompagnant une excellente volaille aux asperges vertes. Dessert chocolat velouté et bien équilibré avec un bon caramel salé, cave bien épaisse, avec de belles références partout et quelques noms plus récents (Bobinet, Fumey Chatelain en arbois...). Également une collection de gins, whiskys et armagnacs...

Getaria 11/20

360 avenue du Général de Gaulle - T. 05 59 51 24 11 - Carte 12€ - Menu(s) 45€

Une tranquille maison basque au centre du village, offrant dans un cadre simple et net une cuisine régionale bien posée et plutôt élaborée : croustillant de boudin noir et chipirons, tournedos de merlu de Galice en viennoise d'algues asperges vertes artichaut pak-choï et bouillon crémeux de coquillages, cocotte de moelleux au chocolat cœur de praliné de maïs Grand Roux crème glacée vanille, dans un menu-carte à 45 € bien équilibré.

GUICHE 64520

Le Gantxo - Laurent Miremont 13/20

Quartier du Port - T. 05 59 56 46 63 - Menu(s) 35-49€

Escorté par les hérons, vous suivez l'Adour une vingtaine de kilomètres avant d'arriver à Guiche, au pied du trinquet et aux portes de cette bonne maison. Laurent Miremont déploie une imagination et un savoir-faire bien conjugués, plats de saison, produits d'ici et d'ailleurs, en revisitant les classiques. À l'image de la soupe à l'oignon à la tomme des Pyrénées, puissante et gourmande, le maquereau laqué au miso, endives et bihia de maïs Grand Roux, citron confit et jus d'arêtes réduit, la clémentine en meringue craquante, crémeux à l'eau de rose, yuzu et pain d'épices maison, un dessert onctueux et savoureux. Un ensemble maîtrisé, harmonieux, qui a le goût du revenez-y. Cave centrée sur la région, bières locales, service disponible et attentif.

HAGETMAU 40700

Les Lacs d'Halco 13/20

1066 route de Cazalis - T. 05 58 79 30 79 - Carte 54€ - Menu(s) 24-66€

Au milieu des bois et au bord du lac, s'y avançant comme la proue d'un navire, une table distinguée qui revendique et maintient ses toques. Le service aux petits soins navigue aussi dans le bon sens pour mettre en valeur les assiettes de la cheffe Annie Demen, qui tient le piano depuis vingt ans. Ce classique de l'époque bénéficiant d'une très bonne technique et de produits tracés apporte la sécurité dans le plaisir : saumon confit à l'arachide, parfum de soja et sésame, noisettes de veau sauce basilic, un produit de qualité bien accompagné, poire pochée façon Belle-Hélène sur un biscuit coco. Cave régionale avec des références connues ailleurs, service disponible et efficace.

HAGONDANGE 57304

Quai des Saveurs 15/20

CHEF : FRÉDÉRIC SANDRINI

69 rue de la Gare - T. 03 87 71 24 98 - Menu(s) 50-125 €

Face à la gare, le Quai des Saveurs vous tend les bras et on y découvre une grande salle épurée aux tons foncés et égayée par un très long aquarium sur le mur face à l'entrée. Frédéric Sandrini travaille avec de bons produits : le thon vient de Saint-Jean-de-Luz, le homard de la criée de Saint-Quay-Portrieux, les rougets du Grau-du-Roi, le pigeon des Vosges et les fruits de Moissac. Ces produits de qualité sont mis en valeur avec effort et effet : tartare de thon, recouvert d'une fine gelée d'eau de tomates, quenelle de caviar, huître pochée et graines de moutarde, homard juste étuvé, accompagné d'une raviole au lait fumé garnie de chair de homard, d'une quenelle de tartare de homard recouverte d'une chips d'algue. Les rougets sont légèrement rôtis, shiso en tempura, pomme de terre, fenouil et un jus court bien puissant, le pigeon en deux cuissons est accompagné d'une ratatouille éclatée... quelle finesse ! Après l'imposant chariot de fromages, un ouvrage artistique en forme de fleur, composé de nectarine de vigne sur une tartelette en meringue, fromage frais et framboises. Service courtois et belle carte des vins.

HASPARREN 64240

La Maison de Pierre 14/20

Quartier Urcuray - D10 - T. 05 59 93 40 49 - Carte 15 € - Menu(s) 25-90 €

Nicolas Montceau est un chef engagé qui a autant le souci de ses clients que de ses producteurs. La maison est belle, et toute l'équipe est à l'écoute des convives pour offrir une cuisine gourmande et curieuse, de sourcing essentiellement local, avec à la fois des surprises et des saveurs familières : lotte rôtie déclinaison de tomates anciennes marinées toast olive et eau de tomate au basilic, un ensemble harmonieux, bœuf, artichaut, barigoule en condiment (carotte, oignon...) sauce au vin rouge douce et parfumée pour un plat de caractère, île flottante inversée, un dessert plaisant, magnifié par la framboise, qui nous a davantage conquis que les abricots rôtis et breuil de brebis. La cave montre une volonté de déployer une carte de vins haut de gamme, au verre comme à la bouteille, en visitant les grandes régions viticoles française et en s'appuyant sur l'Espagne, le Portugal, l'Afrique du Sud et l'Italie... Les 150 références devraient encore se renforcer avec l'arrivée d'un sommelier venu de chez Ibarboure.

Berria 11,5/20

68 rue Francis Jammes - T. 05 59 29 11 10 - Menu(s) 30-38 €

Une belle maison pour revisiter les classiques du Pays basque avec Peio Donapetry, qui manie des produits du cru, de préférence en circuit court. Dans cette bâtisse typique, l'accueil est chaleureux, l'équipe restreinte et les touristes nombreux. Nous avons retrouvé avec plaisir cet esprit de recherche, qui ne demande qu'à s'affiner : œuf parfait (un peu imparfait par la cuisson), artichaut, condiment barigoule, siphon parmesan et salade d'épinards, médaillons de thon blanc, conchiglionis farcis d'une fine ratatouille et pistou, soupe de pêche et abricot, cheesecake vanille citron vert. Bonne carte de vins régionale.

HAUTELUCE 73620

Ferme du Chozal 13/20

361 route des Combes - T. 04 79 38 18 18 - Carte 20 € - Menu(s) 52-98 €

Les charmes d'une ferme savoyarde dans sa simplicité alliés à une recherche culinaire sans trop de fioritures, mais efficace et savoureuse. Le cadre de chalet bourgeois est agréable, avec le poêlé autrichien et l'attention d'un service bien à l'écoute. Après la frite de polenta en mise en bouche, la papillote de foie gras sur un bouillon de bœuf bien parfumé, et la blanquette de lotte aux crevettes grises, s'ils s'échappent de la région, font bonne impression pour les skieurs avisés, et la glace levure est bien plaisante sur la brioche toastée. Belle sélection en cave autour du mont Blanc.

HONFLEUR 14600

Les Impressionnistes - La Ferme Saint-Siméon 14/20

20 route Adolphe Marais - T. 02 31 81 78 00 - Carte 147 € - Menu(s) 110-175 €

Ce Relais & Châteaux 5 étoiles est l'un des plus beaux hôtels de la côte, une ancienne maison d'artiste du XVIIe siècle, où les rêveurs trouvaient idéalement refuge. Le charme historique de ces pièces boisées à tomettes délivre une atmosphère bourgeoise et réconfortante, une retraite normande où le luxe et le terroir vont bien ensemble. En cuisine, le chef Matthieu Pouleur célèbre la région au travers d'assiettes pleines de noblesse, compilées dans un menu démarrant à 110 € pour sa version courte, jusqu'à 175 € pour sa version longue, où se croiseront une entrée de cèpe et d'andouille de Vire, un turbot au curry et à la courge, un homard bleu au vin rouge et à la sauge, du veau avec le coco de Paimpol et des coquillages, les incontournables fromages de Normandie et un dessert au sarrasin et whisky normand. Le service est à la hauteur du programme.

Le Bréard 13/20

7 rue du Puits - T. 02 31 89 53 40 - Carte 60 € - Menu(s) 40-68 €

Le gastro des connaisseurs de la station, un peu à l'écart, toujours régulier. Dans ce lieu bien actuel d'une charmante maison à colombages, Fabrice Sébire offre un travail de chef dès la formule à 40 €. La manière est sobre, l'assiette bien dressée, et la formule à 58 €, avec le fromage, une belle approche : saumon saisi au barbecue chou rave et frisé vinaigrette fumée oignon et salicorne, saint-jacques de la baie de Seine topinambour émulsion arabica, châtaigne orange brownie glace châtaigne et cointreau dans un choix de desserts gourmand, l'un des points forts du repas.

Sa.Qua.Na 13/20

22 place Hamelin - T. 02 31 89 40 80 - Carte 82 € - Menu(s) 20-38 €

Alexandre Bourdas a conservé la même «pâte» de grand chef, mise au service d'une cuisine nette et sobre, enracinée dans ses deux terroirs, normands et aveyronnais, avec la pascade, cette galette soufflée qui sert de base à maintes garnitures. Le menu déjeuner se compose au jour le jour en fonction du marché, introduisant les bons gestes et les bons goûts : maquereau frit fromage blanc herbes et poireau, saumon étuvé, fideua au jus de crustacés piment d'Espelette aïoli et chorizo, pâtisserie du moment à choisir sur le plateau. Vins au verre sélectionnés par un connaisseur, dans une cave étendue et intéressante. En soirée, une carte très étoffée, et le même talent.

La Table des Impressionnistes 13/20

23 route de Trouville - T. 02 31 81 63 00 - Carte 71 €

Une escapade normande n'a pas la même saveur sans un détour par Honfleur, joyaux de la côte où les beaux manoirs offrent leurs charmes historiques et une vue imprenable sur la Manche. Celui-ci ne déroge pas à la règle, une belle bâtisse du XVIIIᵉ siècle tout en pierre et colombages, avec ses beaux salons d'époque et sa table régionale. Les produits sont sourcés et choisis avec attention, servent un propos simple et local, des produits dénaturés le moins possible, à la manière d'un saumon fumé d'Isigny, un foie gras de la ferme de la Houssaye, un homard bleu du Cotentin grillé, riz sauvage et légumes de saison, une côte de bœuf normand avec des pommes de terre sautées, une tarte au chocolat. Grand cave classique, avec plus de 1000 références et des noms mythiques.

L'Âtre 12,5/20

25 cours des Fossés - T. 02 31 88 30 82 - Carte 72 € - Menu(s) 35-80 €

C'est, depuis quelques saisons, l'une des belles promesses de la station. Julien Lefebvre cuisine, réfléchit, choisit les produits, se tourne vers le local, et donc colle à son époque avec un bon bagage technique. Une fois de plus, on se rapproche de la 2e toque, avec une carte intelligente qui éveille la curiosité et les sens : blanc-manger au cœur coulant et sardines marinées coulis de petits pois, salmigondis de coquillages et crustacés mousseline de chou-fleur (le condiment mangue passion est moins évident), une sympathique et gourmande carbonade à la normande et un autre détournement en dessert pour le paris-honfleur clémentine et crème pralinée noisette. On pioche dans ce joli menu-carte selon son appétit, de 2 à 6 plats, de 35 (déjeuner) à 80 €. Cave en devenir, bon service dans un gentil décor contemporain.

L'Absinthe 12/20

10 quai de la Quarantaine - T. 02 31 89 39 00 - Carte 77 € - Menu(s) 25,80-55 €

Une table devenue incontournable qui diffuse son romantisme et ses séduisants menus depuis des décennies. Le modèle de cette grande maison aux parois d'ardoise n'a pas varié, enveloppant dans des formules bien construites les charmes locaux. Le menu à 39 €, dédié à Erik Satie (le compositeur honfleurais, qui déclarait que le homard était son animal préféré), est une bonne recommandation, avec les huîtres d'Isigny, le carpaccio de saint-jacques vinaigrette au curry, le suprême de faisan crème de cèpes, le soufflé mangue passion glace gingembre. Cave classique avec une vingtaine de propositions au verre ou au pichet, service bien formé.

La Fleur de Sel 12/20

17 rue Haute - T. 02 31 89 01 92 - Menu(s) 35-78 €

Stabilité et bonnes manières sont de mise dans cette salle contemporaine d'une belle maison à colombages. Les efforts sont toujours nombreux en cuisine pour apporter de la personnalité et de l'élégance à des assiettes bien travaillées : nage d'huîtres caviar et pourpier, saint-jacques pak-choï grillé épinard et bouillon thaï coco curry vert, cochon fermier grillé mousseline et carottes jus de cochon fumé. Un bon menu à 35 € reprend les plats de la carte, jusqu'à la panna cotta et mousse glacée reine-des-prés. Cave classique, accueil soigné dans un climat feutré.

Tourbillon 12/20

26 place Sainte-Catherine - T. 02 31 14 49 49 - Carte 75 € - Menu(s) 45 €

Ce splendide ensemble des Maisons de Léa abrite une table à la fois chic et simple, qui offre détente et élégance autour d'assiettes raffinées sur des produits choisis : œuf parfait du pays de Caux potimarron orange piment d'Espelette, saint-jacques pomme caramélisée endive émulsion champagne, suprême de poulet fermier en cocotte linguine parmesan et safran de Normandie bio... Les tarifs restent sages compte tenu du cadre, et le parfait glacé est au chocolat noir grand cru «De chez Michel Cluizel», caramel beurre salé et confiture de lait. Brunch le dimanche à 45 €. Cave classique avec un bon choix au verre.

L'Écailleur 11/20

1 rue de la République - T. 02 31 89 93 34 - Carte 51 €

Ce n'est pas juste un banc d'écailler, 3 huîtres et 5 bulots, mais un véritable restaurant consacré à la mer, qui propose une cuisine réfléchie et fait son effet auprès des touristes avec une légitimité certaine (à condition de ne pas trop vouloir fusionner les saveurs). Une toque cette année pour le bar mariné cresson wasabi oignons frits brebis frais, le lieu jaune céleri braisé beurre blanc pamplemousse riz bambou, la mousse chocolat mascarpone vanillé sablé tonka.

Entre Terre et Mer 11/20

12-14 place Hamelin - T. 02 31 89 70 60 - Menu(s) 37-69 €

Un emplacement en or qui rend l'établissement inévitable pour les promeneurs, une carte marine qui se tient bien, un peu chantournée avec quelques effets pour séduire les visiteurs, une prestation au cordeau dans l'accueil et le service : crémeux de saint-jacques blé vert croustillant au jambon de la Manche, pêche du jour légumes racines au curry noir et cumin, rose de pomme tatin aigre-douce à l'aneth dans un menu bien vissé à 37 €. À la carte, les ormeaux et coquillages, les grosses langoustines, la sole et crème de corail de homard, mais on change de registre tarifaire.

La Lieutenance 11/20

12 place Sainte-Catherine - T. 02 31 89 07 52 - Carte 62 € - Menu(s) 36-50 €

Une valeur sûre depuis toujours sur la jolie place Sainte-Catherine. Une maison bien tenue à la vaste terrasse, accueil pro, service efficace. On ne cherche pas à finasser dans l'assiette, se consacrant à de bons produits travaillés dans un esprit de tradition actualisée : croustillant de tourteau bisque de homard, filet de daurade risotto sauce chorizo, cuisse de canard à l'orange gratin dauphinois, tarte aux pommes caramel beurre salé. La formule à 36 € rassemble l'essentiel de la carte.

Au P'tit Mareyeur 11/20

4 rue haute Honfleur - T. 02 31 98 84 23 - Menu(s) 32-38 €

Sympathique et modeste, concentré sur des recettes sûres et du plaisir à table, Le P'tit Mareyeur de Julien Domin à la pimpante façade bleu Klein ne nous déçoit pas. Avec ses classiques et sa Normandie, les huîtres de pleine mer, la soupe de poisson de roche, la matelote honfleuraise, mais aussi la généreuse bouillabaisse, un blockbuster servi ici depuis vingt ans ! Bon menu-carte à 32 € le midi et 38 € le soir.

HOSSEGOR 40150

Les Hortensias du Lac 15/20

CHEF : PHILIPPE MORENO

1578 avenue du Tour du Lac - T. 05 58 43 99 00 - Menu(s) 88 €

Tout près de l'océan, un site privilégié au bord du lac, un havre moderne, complexe touristique multiloisir géré par le groupe des Domaines de Fontenille et table ambitieuse confiée au chef Philippe Moreno, venu de chez Passedat. Le soir, le seul menu à 88 € éclaire facilement sur le standing du lieu, dans ce décor très chic jouant sur les couleurs, les matières, l'architecture intérieure, prolongée d'une terrasse à fleur d'eau. Le chef s'est bien approprié le terroir et jongle avec adresse sur des terre-mer intéressants. Les mises en bouche reprennent les refrains à la mode (foie gras anguille, espuma d'oursin et caviar...), les ingrédients de prestige sont de sortie et même de mariage (langoustine et foie gras bouillon des pinces de langoustines marinées gingembre citronnelle), l'araignée de mer est superbe avec le guacamole, les herbes et le gaspacho, le cabillaud en feuille de blette et bouillon safrané étant plus convenu. Desserts de qualité (un excellent «tout chocolat»), cave de grands crus sur France et Espagne, avec un bon nombre de régionaux.

Le Jean des Sables 14,5/20

121 boulevard de la Dune - T. 05 58 72 29 82 - Carte 92 € - Menu(s) 55-80 €

Quel terroir bien compris, entre fermes et océan, que de justesse, de saveur, de beau métier ! Si l'abord est anodin, l'intérieur affiche beaucoup de goût, avec vue sur le large, de la salle comme depuis la terrasse, en contrebas. L'accent est marin, mais pas que, comme le montre la truite en gravlax ou l'arancini d'amuse-bouche, avec des incursions voyageuses. On déguste avec bonheur le tourteau, fleurs de shiso, miso, crème de corail maison, parmesan et raviole, le retour de pêche (du maigre ce soir-là) de Capbreton, tagliatelle de céleri, bouillon à l'oignon et cébette, avant un très bon dessert chocolat-pistache, crémeux chocolat, mousse pistache, biscuit et sorbet chocolat agastache, alliant puissance et légèreté. En salle, un bel entrain, de l'enthousiasme et de l'énergie pour une jeune équipe baskets nœud pap' très dévouée. Cave très large, des bouteilles du monde entier, un choix intéressant et bien conseillé par le nouveau sommelier.

HYÈRES 83400

La Colombe 13/20

663 route de Toulon - La Bayorre - T. 04 94 35 35 16 - Carte 70 € - Menu(s) 35-69 €

Cela fait trente-cinq ans que les Bonamy, Pascal en cuisine et Nadège en salle, tiennent le haut du pavé de la restauration hyéroise. Une longévité rare dans ce métier. Un peu excentré, leur établissement est devenu au fil des années la table incontournable. Dans le jardin d'été ou le bel intérieur bourgeois gris et blanc modernisé depuis peu, on prend plaisir à déguster le carpaccio de daurade, baies roses, vinaigrette au citron, pickles et salade d'herbes, la côte de porcelet rôtie à la plancha, jus à l'ail noir et légumes croquants, les gambas rôties, crème curry coco, pommes de terre et granny smith ou l'escalope de ris de veau, jus corsé de Rivesaltes et citron confit. Un dessert fraîcheur avec une tartelette au yuzu, lemon curd et sorbet citron. La carte des vins est bien pensée, le service irréprochable. Il manque peut-être un brin de folie en cuisine.

Le Marais 12/20

1366 boulevard de la Marine - T. 09 54 12 72 09 - Carte 55 €

Légèrement à l'écart de la ville, ce superbe restaurant de plage d'inspiration italienne, à proximité de l'aéroport, est un petit havre de paix, avec pour horizon la mer et le sable fin, pour cadre une élégante architecture de type scandinave et fifties, tout en bois, mobilier Mid-Century Modern et larges voiles suspendues au-dessus des têtes. L'endroit fait guinguette branchée comme un camp bohème épuré, idéal pour une pause gourmande au cœur de l'été. On y retrouve une belle carte transalpine, des plaisirs simples et bien réalisés, un joli tartare de thon frais, une pizza à la truffe, des spaghettis alle vongole, un poulpe à la plancha, un généreux pain perdu. Cave assez séduisante, qui reste classique mais avec quelques idées intéressantes (une quinzaine de vins italiens, du Château Léoube, du vin de Porquerolles, et autres bonnes références, Vincent Girardin ou Combier).

Sachi 11/20

10 rue du Soldat Ferrari - T. 04 94 23 41 77

Proche du centre-ville, cette petite table familiale (toute l'équipe est japonaise) ne paie pas de mine. Il ne faut cependant pas s'arrêter à la première impression (un décor et un confort minimalistes) et se laisser porter par une cuisine à la fois authentique et soignée, goûter l'excellent karaage don (du poulet frit, une sauce sucrée, le tout dans un bol de riz avec de la mayonnaise), oser l'unadon (anguille grillée sauce sucrée), sans oublier les sushis et makis, qui n'ont rien à voir avec les ersatz issus des grandes chaînes. Desserts standards (zenzai, mais aussi de délicieux pancakes), cave plus anecdotique avec quelques bonnes bières japonaises et un petit choix de sakés, service adorable assuré en tenue traditionnelle.

IGUERANDE 71340

La Colline du Colombier 14/20

Le Colombier - T. 03 85 84 07 24 - Carte 86 € - Menu(s) 49 €

La salle est réellement magnifique, l'environnement aussi, à la lisière du Brionnais, au milieu de vertes collines parfaitement vallonnées. Sous la haute charpente, pierre brute, grosses poutres et grande cheminée plantent le décor d'un grandiose pique-nique paysan orchestré par la famille Troisgros. Sous ce label, on se doute que la ripaille n'est pas engoncée dans un terroir ni même un peu popu. Et si l'on est accueilli comme à la ferme par la soupe du jour, on est ici loin du café de village, réservant sa table bien à l'avance en laissant une empreinte bancaire, la relative modicité du menu unique à 49 € amenant néanmoins une clientèle locale bien représentée. Ce parti pris chic rustique a de nombreux bons côtés pour apprécier sereinement le menu du moment proposé par Léo Troisgros avec sa jeune équipe, la battuta de veau aux anchois et herbes, la julienne en saltimbocca, à l'acidité bien présente et maîtrisée, accompagnée d'un riz vinaigré, des assiettes qui ne cachent pas les prédilections italo-japonaises de la famille, avant la gentille et simple arlette sur fraise et pomme. Cave bien vue, variée et intéressante, dans une zone tarifaire bien ciblée.

ILLHAEUSERN 68970

L'Auberge de l'Ill

*CHEF : **MARC HAEBERLIN** - CHEF PÂTISSIER : **FRANCIS BELLICAM** - DIRECTEUR DE SALLE : **DANIELLE BAUMANN** - SOMMELIER : **SERGE DUBS***

2 rue de Collonges au Mont d'Or - T. 03 89 71 89 00 - Carte 240 € - Menu(s) 170-225 €

L'Auberge de l'Ill, c'est d'abord un jardin d'un romantisme fou qui borde l'Ill avec ses barques à fond plat, ses saules pleureurs, son séchoir à tabac du Ried, son charme d'un raffinement attachant. C'est ensuite une enfilade de salles aux baies ouvertes sur la rivière, décor chic aux teintes douces, sans cesse amélioré par Jouin & Manku, qui classe la maison dans le peloton de tête des plus beaux restaurants de province. Un repas chez les Haeberlin est une fête. Pour les yeux, pour le palais, mais aussi pour le cœur. Une grande et belle maison, un trésor et à sa tête, le plus adorable des hommes, Marc Haeberlin, Académicien Gault&Millau et 5 toques d'Or. Chez lui, le bonheur n'est pas bridé et se prodigue largement à tous ses convives. Certains viennent depuis cinquante ans, donc oui, il y aura quelques têtes chenues, mais souvent, ils en connaîtront un rayon bien plus large que tous les foodies instagrammeurs, distinguant au doigt mouillé de sauce une poulette ou une Albufera. Ici, ils s'offrent le luxe de choisir. D'échapper au diktat d'un menu imposé en 4 heures et 11 plats pour (quelle folie !) se faire plaisir avec le foie gras d'oie, la mousseline de grenouille, la magnifique volaille Miéral avec son baeckeoffe truffé, en 2 services, un délice traditionnel et gourmand avec un jus parfait. Il y a bien quelques détails que l'on pourrait moderniser (enlever les étuis argentés des bouteilles d'eau par exemple), mais il ne faut surtout pas toucher à l'essence même de cette table légendaire, aller au bout, jusqu'au soufflé grandiose ou à la pêche Haeberlin et profiter pleinement de ce moment unique. Conseillée par un sommelier expert, la carte des vins comprend tout ce qui se fait de mieux entre Marlenheim et Thann, alliée à un grand service dans cette atmosphère qu'il faut avoir humé au moins une fois dans sa vie.

IRISSARRY 64780

Art'Zain 13,5/20

Le Bourg - T. 05 59 37 23 83 - Menu(s) 35-44 €

Le Pays basque est au cœur de l'histoire de la maison. On le retrouve dans chaque parcelle, chaque bouchée et chaque pierre de cette ancienne commanderie. Henri Amestoy peaufine son terroir avec passion, tandis qu'Alexandra déploie son talent en salle pour passer le message : le pressé de lapin, Arto Bihia, gravlax de truite et pickles de légumes fait un «terre-rivière» très intéressant, y compris en texture, le quasi de veau rosé, citron confit, Arto Gorria et pâtisson vanille est quasi parfait, et la mousse de haricots tarbais légèrement alcoolisée, abricot, glace à la verveine, n'a rien à envier aux desserts japonais à base d'azuki (la pâte de haricots rouges). Cave régionale bien inspirée.

ISNEAUVILLE 76230

Sous la Toque d'Olivier 13/20

604 rue de l'Eglise - T. 02 35 61 96 93 - Menu(s) 26-46 €

Cette valeur sûre du côté de la Forêt verte est tenue par Olivier Mascré depuis bientôt dix ans, avec une même constance et un plaisir sincère d'accueillir. Cette jolie bâtisse en briques rouges, typiquement normande, qui fut autrefois Le Silveison, héberge une cuisine de produits très pro jouant avec les saisons et les modes dans une veine actuelle. Le menu à 46 € fait un bel étalage des techniques, des ravioles de langoustines laquées au jus avec une mousseline d'artichauts et crème de bacon crispy, un très estival tronçon de lotte au jambon cru et tomates confites, linguine aux câpres capucine et salsa de tomates, une noix de veau parfaitement rosée rôtie à la poêle avec un mijoté de fèves aux oignons nouveaux et pommes dauphine maison. Côté douceurs, les profiteroles sont d'une gourmandise régressive. Cave généraliste (domaine Nudant, domaine des Bernardins, Lalande-Borie...).

Préambule 12/20

1370 route de Neufchâtel - T. 02 32 19 44 86 - Menu(s) 26-49 €

À 10 minutes de la ville, cette nouvelle table est une alternative heureuse aux bars d'amateurs qui constituent l'essentiel des créations de la région. Thibault Foulogne, passé chez Michel Kayser à Nîmes, Pierre Caillet à Valmont, et surtout Éric Buisset à Frichemesnil, a bien appris et bien retenu. Ses assiettes joliment dressées ont le mérite de la sobriété et de la justesse de goût. Son bon foie gras nous rappelle effectivement celui du Souper Fin, avec des asperges croquantes, le veau basse température est bien cuit, avec un beau travail sur la blette et un jus réduit à la réglisse et jusqu'au dessert (pomme façon tatin, éclair chocolat), la manière est propre et soignée, justifiant une forte 1re toque. Au fil du temps, les points plus faibles (le pain de collectivité, la cave pauvrette...) s'amélioreront, incitant sans doute le jeune chef à passer une tête en salle à la rencontre des convives. L'atmosphère de cette salle bourgeoise contemporaine, bien confortable, avec ses tables à large banquette, est d'ailleurs propice aux échanges, avec deux jeunes très à l'aise, naturels et efficaces.

ISSOUDUN 36100

La Cognette 14/20

6 boulevard de Stalingrad - T. 02 54 03 59 59 - Menu(s) 44-110 €

Cette adresse mythique, notamment évoquée par Balzac, reste pour les Berrichons et ceux qui la connaissent un passage obligé, autant pour l'histoire que pour les plaisirs d'une cuisine classique intemporelle. Les familles locales s'y rendent pour les grandes occasions, pour retrouver ce charme bourgeois et chargé, le réconfort des choses qui ne changent pas. La cuisine est maîtrisée, immuable, une couronne de canard fumé et jeunes pousses, un homard aux ris de veau de cœur, émulsion à l'estragon, un coffre de pigeon rôti et sauce à la pistache, des ravioles de pomme à l'orange confite. Cave classique.

ISSY LES MOULINEAUX 92130

Manufacture 12/20

20 esplanade de la Manufacture - T. 01 40 93 08 98 - Menu(s) 34-41 €

Dans l'ancienne usine à tabac transformée façon loft, une fois la porte à tambour franchie, on découvre une grande salle au décor moderne. Le chef propose un menu-carte à 41 € avec un large choix dont certains plats avec un léger supplément : ravioles au citron, daurade royale rôtie à la pimentade et huile d'olive aux herbes, suprême de pintade rôti et tian de légumes provençaux, gâteau moelleux au chocolat, pommes confites au gingembre. Mais on croise aussi des plats plus canailles, plutôt plus plaisants aussi, comme les oreilles de cochon servies tièdes et croustillantes, la joue de bœuf braisée au vin de Graves et purée de pois cassés, la tête de veau, cervelle et langue ravigotées et, pour finir, la brioche façon pain perdu au caramel et sa glace. Cave classique, service peu attentionné.

La Passerelle 12/20

172 quai de Stalingrad - T. 01 46 48 80 81 - Menu(s) 70-95 €

Sur cette Passerelle au cadre agréable, avec un balcon-terrasse donnant sur la Seine et le parc de l'île Saint-Germain, le jeune chef Mickaël Meziane fait vibrer la corde créative sur des idées et des ingrédients à la mode : thon crémeux de betteraves chou pak-choï, rougail réunionnais, auquel nous avons préféré le quasi de veau cannelloni d'aubergine, avant une barre de choco-noisette mousse chocolat moins emballante. Une grande animation pour un lieu souvent complet et un brin bousculé malgré tous les efforts du directeur et de son personnel. Cave classique.

ITXASSOU 64250

Restaurant du Chêne 11/20

Près de l'Eglise - T. 05 59 29 75 01 - Carte 35 € - Menu(s) 35 €

Depuis la reprise en main, cet établissement de tradition ouvre un nouveau chapitre, avec des produits sourcés localement et dans une optique assez différente de l'ancien Chêne. La ligne directrice en cuisine reste ouverte, un peu moins basque, un peu plus actuelle : tartine guacamole, ail et fines herbes, tomates cerises, crème de chèvre, filet mignon, sauce moutarde, purée de carottes et mangue, chips de patates douces, pois mange-tout, un plat un peu mode avant le «bora-bora» final, mousse vanille de Tahiti et de Madagascar, crémeux vanille et fève tonka, pain de Gênes, croustillant amande. Accueil agréable, service efficace et cave régionale.

JOIGNY 89300

La Côte Saint-Jacques 17/20

*CHEF : **JEAN-MICHEL LORAIN** - CHEF PÂTISSIER : **BRICE BÉCHARD** - DIRECTEUR DE SALLE: **MATTHIAS LEMERCIER** - SOMMELIER : **THOMAS NOBLE***

14 faubourg de Paris - T. 03 86 62 09 70 - Carte 230 € - Menu(s) 94-258 €

Un accueil de grande maison marquée par le naturel, l'enthousiasme et la prévenance. Tout cela met les clients dans des conditions optimales pour savourer intensément tous les instants passés dans cette institution familiale de grand confort surplombant les rives de l'Yonne. Jean-Michel Lorain en est toujours le capitaine en chef, désormais secondé par la nouvelle génération, en l'occurrence son neveu, Alexandre Bondoux. Comme le marqueur de la tradition et de la simplicité, l'amuse-bouche boudin-purée-pomme n'a rien d'incongru dans cet établissement de prestige. C'est ça aussi la gastronomie ! C'est aussi cette très esthétique composition printanière autour d'une association asperges (vertes et blanches) et morilles relevée d'un sabayon au café qui contrebalance tout en finesse la légère et agréable amertume des asperges. Très belle idée ! Pour suivre, un filet d'omble (cousin du chevalier) de la ferme aquacole de Crisenon d'une cuisson exemplaire. L'accompagnement tout en douceur est remarquable de fraîcheur avec de délicieux petits pois un poil croquants, de l'amande fraîche nature et en émulsion... L'ensemble étant nimbé d'une heureuse touche anisée apportée par l'agastache. Quant au spectaculaire bavarois coco, crème légère au jasmin et fruits exotiques, il constitue un modèle d'équilibre dans tous les sens du terme. Il nous faut encore saluer toute l'équipe de salle, et notamment l'excellent sommelier Thomas Noble qui sait si bien faire vivre les vignerons et les vins, avec une profonde connaissance, mais sans afféterie. Il puise avec discernement dans une immense cave dans laquelle la Bourgogne se trouve en majesté incarnée par de prestigieux domaines et de jeunes vignerons prometteurs.

JONGIEUX 73170

Auberge les Morainières 16/20

CHEF : MICHAËL ARNOULT

Route de Marétel - T. 04 79 44 09 39 - Menu(s) 148-220 €

Calme et volupté... Pour le luxe, il est bien là, assez discret, sans ostentation. Michaël Arnoult a sa clientèle, savoyarde, suisse parfois, régulière et fidèle, la salle est belle (pas encore climatisée, cela peut être un peu dur, un repas de 3h40 quand il fait 35°C dehors). Tout est bien cadré, les mises en bouche, les entrées de fraîcheur, la féra au sel cumin citron où la carotte est un peu trop présente, l'excellent tartare d'écrevisses, avant des plats très chics, comme l'omble chevalier du Léman haricots verts et reine des prés, à la cuisson exacte, ou le pigeon, magnifique, une chair et une saveur d'exception. Un agréable dessert local, lait bio vanille et épeautre soufflé, une vaste carte des vins répondant à la plupart des envies, régionales comprises. Menus à 148 et 220 €, à tarifs justes pour le secteur et le niveau. Service professionnel, sans omission.

JOSSELIN 56120

Chez Simon 12,5/20

9 rue Olivier de Clisson - T. 02 30 91 98 79 - Menu(s) 19,50-38 €

Le scénario se répète encore et encore... Le parcours de Simon Jouët est celui de bon nombre de jeunes cuisiniers bretons. Une formation en Bretagne au plus proche de ses racines puis «l'exil», avant l'appel du pays, toujours irrésistible ! Ses premiers pas professionnels l'ont conduit en région lyonnaise où il s'est aguerri au cœur de la galaxie Bocuse avant le retour et l'installation avec sa petite famille dans la si séduisante ville médiévale de Josselin. La maison à la très esthétique façade en blanc et gris clair face à la basilique a été entièrement restructurée. Les cuisines vitrées, tout au fond, ouvrent sur une salle chaleureuse aux couleurs douces. C'est le domaine de la souriante Mounia qui va rapidement y prendre ses marques. Simon a le geste sûr et précis. Le sens des alliances aussi. Il peut compter sur un approvisionnement local de qualité qu'il valorise au mieux. Il n'est pas du style à «faire genre». Sa cuisine est authentique et la simplicité des plats cache de bien jolies choses. Comme ces «huîtres en nage» à l'estragon, pointe de yuzu, céleri, chou-fleur... Un plat très iodé et ultrafrais associant douceur, acidité, croquant... Même plaisir avec la côte de veau et le ris réuni autour d'une polenta poêlée, de légumes grillés et d'un jus au romarin. Quant à la crème brûlée, elle nous réconcilie carrément avec ce dessert tellement galvaudé. C'est techniquement irréprochable et puissamment vanillé. Si la carte des vins reste modeste, vous pourrez néanmoins vous régaler avec le sancerre blanc d'Aurore Dezat ou le chinon du Clos de la Lysardière.

JOUCAS 84220

La Table de Xavier Mathieu 16/20

CHEF : XAVIER MATHIEU

Route de Murs - T. 04 90 05 78 83 - Menu(s) 130-190 €

Toujours superbement inspiré par sa chère Provence, la cueillette du Luberon et les producteurs éleveurs qu'il connaît si bien, Xavier Mathieu a vécu une saison riche, avec une clientèle enfin libérée qui pouvait profiter totalement de cette maison au charme idyllique, dans les paysages de bois et de garrigues qui encadrent un confort souverain. Le talent innovant du chef est tel qu'entre ses incontournables, créés au fil des ans, et les dernières livraisons de son imagination, le palais balance. Il serait dommage, néanmoins, si l'occasion est rare, de ne pas goûter sa lecture des pieds et paquets, sa ratatouille au sirop d'oignon brûlé, sa merveille de soupe au pistou et, bien sûr, son gigot d'agneau. Pour une seconde visite, vous ouvrirez grand le nouveau catalogue... Service de belle prestance, dans le ton juste sans trop de solennité, cave vaste comptant les meilleures étiquettes de la région.

JUAN LES PINS 06160

La Passagère 15,5/20

*CHEF : **AURÉLIEN VÉQUAUD***

33 boulevard Edouard Baudoin - T. 04 93 61 02 79 - Menu(s) 135-195 €

L'hôtel Belles Rives, c'est un peu «la lumière verte à l'horizon» de tous les nostalgiques de la Riviera d'autrefois, lorsqu'on y entre, on s'entoure d'un cocon d'histoire. Sur la belle terrasse de La Passagère d'où l'on domine la Méditerranée, le chef Aurélien Véquaud propose la région dans l'assiette dans ce qu'elle a de meilleur : du végétal et du marin. La «Mer en Héritage» en 5 séquences à 195 € est une immersion très convaincante dans la découverte d'un savoir-faire indéniable, la sériole de pêche locale simplement grillée et laquée à la tomate avec ses quelques artichauts violets en barigoule et son anchoïade, la raviole d'esquinado (le tourteau, en provençal), cuite parfaitement et simplement recouverte de caviar platine à la texture veloutée et d'une écume de verveine... Un menu «Green Light» à 145 € met les légumes à l'honneur. Puis, au tour des desserts du chef pâtissier Steve Moracchini, «Myriades et Étoiles» : le melon charentais, caviar platine et gel de menthe, la carotte en terres de chocolat et gingembre, les myrtilles, glace à la vanille de Madagascar, poivre long et chèvre frais, le chocolat noir infusé à la criste marine (un travail d'une finesse inouïe), la tarte soufflée aux citrons de nos collines et perles de yuzu, la pêche, sorbet shiso et vinaigre balsamique blanc et l'opaline framboise et poivron grillé. On quitte la table avec des étoiles dans les yeux en vidant les quelques gouttes de vin que le chef sommelier Aymerick Verdy nous aura conseillé avec justesse. Le service est élégant, à l'image de la Riviera qu'on aime. Au loin, la lumière verte est plus scintillante que jamais.

JUILLAN 65290

L'Aragon 13/20

2 ter route de Lourdes - T. 05 62 32 07 07 - Carte 58 € - Menu(s) 22 €

Depuis vingt ans, rien ne change dans cette bonne maison, et c'est très bien ainsi. Le chef ne s'enferme pas pour autant dans la routine. Il fait vivre et progresser son terroir en entourant du plus grand soin les produits de saison. Dans cette vaste bâtisse, les ambiances sont différentes d'une salle à l'autre, mais le service est partout prévenant et souriant. Tout est bien réglé, depuis le petit chou à l'œuf mimosa en guise d'amuse-bouche jusqu'au gratin de fruits de saison final, en passant par un ceviche de truite de Banka, le croustillant de sole bien soutenu par le piment d'Espelette, le bon pressé de porc avec son ragoût de petits pois frais. Cave assez large et généraliste.

JUVIGNY SOUS ANDAINE 61140

Au Bon Accueil 13/20

23 place Saint-Michel - T. 02 33 38 10 04 - Carte 15 € - Menu(s) 19,50-65 €

Avec sa façade Art déco et situé non loin de Bagnoles, l'hôtel d'Aurélie et Gaëtan Crespin évoque d'emblée ces films des années 1960, de Verneuil à Lelouch, dont s'ensuit un souvenir engageant et un certain savoir-vivre. Récemment rénové, l'hôtel a pris encore plus de charme ; les assiettes du chef s'y découvrent encore plus agréablement, des jolies langoustines rôties et émulsion des carapaces, un dos de cabillaud, huîtres et tomates, un cœur de ris de veau, poivron et aubergine, un dessert au chocolat et au calvados. Service aimable.

KAYSERSBERG 68240

La Table d'Olivier Nasti 19/20

CHEF : ***OLIVIER NASTI*** *- CHEF PÂTISSIER :* ***JORDAN GASCO*** *- DIRECTEUR DE SALLE :* ***ALEXANDRE WALKE*** *- SOMMELIER :* ***JEAN-BAPTISTE KLEIN***

9-13 rue du Général de Gaulle - T. 03 89 47 10 17 - Carte 233 € - Menu(s) 230-305 €

Chez Olivier Nasti, la différence se fait d'abord sur la technique. Car poussée aussi loin, aussi précisément, on peut chercher longtemps. Prenez un de ses plats phares l'anguille, fermez les yeux et pensez juste à la texture, la température, au dixième de degré près, cette insertion de brochet herbue, ni trop présente, ni trop absente... Autant de travail, autant de raffinement - et on ne parle même pas de l'harmonie des goûts, du persil, de l'agrume, de l'équilibre en acidité, de l'évocation subliminale de l'anguille au vert -, cela ne concerne, comme ceux qui peuvent vous expliquer les théorèmes d'incomplétude de Gödel, que quelques personnes en France. C'est cela, Olivier Nasti, ce concentré de bonhomie et de rigueur totale, celle d'un passionné de nature et de chasse, d'un chef de famille dévoué qui pousse vers le haut toute une équipe, en cuisine comme en salle, avec le même degré d'exigence. Bon, d'accord, dites-vous, c'est un virtuose de technicité, mais cette fameuse créativité, l'arme absolue des génies qui est aussi le refuge piteux des improvisateurs, en garde-t-il un peu dans sa gibecière ? Tiens, voilà en exemple la truite sauvage pêchée - comme les perchettes qui sont venues pointer le museau précédemment avec le zist de cédrat et mélisse - par Éric Jacquier dans le lac Léman, flanquée de sa copine écrevisse et d'un duo très étonnant, et détonnant, rhubarbe goliath et oseille, une rencontre entre deux acmés d'acidité ici totalement en phase et dosées dans l'équilibre des saveurs pointues. Les hommages à l'Alsace sont très présents dans ce vaisseau emblématique de Kaysersberg depuis des décennies, dans la déco de la nouvelle salle sous les grosses poutres soutenues par des piliers de grès, dans la vaisselle ancienne chinée par le chef lui-même, dans la serviette de kelsch posée pour le dessert. Fleischnacka et tarte flambée inspirent quelques mises en bouche, la choucroute nouvelle truffe noire et jus de livèche sert d'intermède après les exploits de rivière, permettant de passer à gué vers ce diabolique tartare de cerf et caviar osciètre, la terrine de chamois et foie gras ou la «chimère» inspirée de Passard et créant une bête étrange «siamoisant» une caille, une pintade et un pigeonneau cuits ainsi ensemble avec un jus concentré. Voilà, pour l'exclu et la signature, de quoi rassasier les assoiffés. De ce côté aussi, cette maison est dans les premières : Jean-Baptiste Klein, encore bien jeune et déjà bardé de récompenses, dont un titre de MOF et un autre de Sommelier de l'Année Gault&Millau, déploie une carte éblouissante, rangée intelligemment par géographie, terroirs, appellations, puis propriétaires et millésimes. Tout est beau et grand dans cette cave, sans être trop dégoulinante de richesses, pouvant escorter chaque assiette jusqu'aux desserts, forcément alsaciens, forcément généreux, gourmands, fruités et lactés.

Alchémille 15,5/20

CHEF : JÉRÔMEJAEGLE

53 route de Lapoutroie - T. 03 89 27 66 41 - Menu(s) 80-140 €

Après les confinements, c'est le moment de redécouvrir l'une des meilleures tables de la route des vins d'Alsace, tenue depuis 2015 par Jérôme Jaeglé. Comme beaucoup de grands chefs, cet ancien de Christian Têtedoie a profité des fermetures pour refaire son décor, plus net et plus pro, avec des tables de bois brut et des suspensions en forme de clarines. Cette cuisine de recherche plaît par sa libre expression et repose sur des achats exclusifs. Le chef passe en salle et raconte sa démarche, son engagement pour les produits, les légumes de ses cinq jardins de permaculture qui escortent les meilleurs poissons du Rhin provenant du tout dernier pêcheur, Jérémy Fuchs. Cette volonté pédagogique s'affirme aussi dans le livret remis au convive en début de repas pour expliquer et détailler les herbes sauvages. Cette fougue du végétal se traduit dans l'assiette par une symphonie de légumes, de racines, de plantes, de feuilles et de fleurs. La brème servie en amuse-bouche est traitée telle une carpe frite du Sundgau. Le silure, maturé comme une viande pendant 20 à 30 jours, est servi avec une salade de fenouil mariné depuis la veille dans une vinaigrette de lierre terrestre. Cuit au barbecue, le chou-rave du jardin est accompagné d'une amusante sauce inspirée de la garniture à tarte flambée contenant du magret de canard fumé, de la berce et de la ciboulette. La tranche de poitrine de cochon fondante est flanquée d'une purée de coriandre, de haricots verts poêlés. Des saveurs végétales nouvelles qui percutent, tout en finesse et cohérence, y compris dans les desserts avec ces quetsches un brin trop acides, infusées dans un sirop de lavande et servies avec de la crème glacée au lait de brebis et une feuille de bouillon blanc. Voilà peut-être la table la plus en phase avec nos envies et nos prises de conscience du moment. Cette convivialité culinaire et l'enthousiasme de Jérôme Jaeglé en font l'une des maisons les plus prisées de la région.

Winstub du Chambard 13/20

9-13 rue du Général de Gaulle - T. 03 89 47 10 17 - Menu(s) 29-34 €

Peut-on vraiment parler de winstub ? Si la déco et l'ambiance ainsi créées peuvent effectivement évoquer une taverne alsacienne, le propos, la carte, le service sont plutôt ceux d'une deuxième adresse, et pour tout dire la meilleure «petite table» de KB. Par la qualité des produits, par l'exigence siglée Nasti pour faire de ces plats de tradition les meilleurs possibles, le baeckeoffe comme l'excellente choucroute, particulièrement bien garnie avec des charcuteries de concours. D'ailleurs, la carte elle-même ne reprend pas l'ordinaire winstubien, même si la tarte à l'oignon et les lawerknepfle sont bien là, prolongée sur l'ardoise par des suggestions très «nastiennes», grâce au gibier, la tourte de chevreuil et foie gras et autres plats de caractère, avant l'indispensable kougelhopf glacé au marc de gewurz. Service bien organisé, presque un peu trop policé, cave évidemment passionnante, issue de l'immense catalogue maison.

L'Î LE BOUCHARD 37220

Auberge de l'Ile 14/20

3 place Bouchard - T. 02 47 58 51 07 - Menu(s) 42-62 €

Geneviève et Pierre Koniecko sont toujours là pour vous accueillir avec le sourire et vous préparer à un moment généreux sur cette petite île de la Vienne où l'on se sent entre de bonnes mains. L'auberge est élégante, bien tenue et augure d'agréables choses. Le chef est aussi à l'aise avec la tradition qu'avec la création. Selon l'envie, on pourra se tourner vers les classiques, les sardines grillées et la mousseline de choux-fleurs, le poisson du marché aux lardons et petits croûtons, ou bien, au contraire, découvrir l'œuf mollet frit et coulis de petits pois, une pomme de ris de veau braisée aux moules et risotto verde... Les formules sont bien étagées, de 42 à 62 €.

L'ISLE JOURDAIN 32600

L'Échappée Belle 13/20

2 place Gambetta - T. 05 62 07 50 05 - Menu(s) 28-34 €

On revient chaque année, pour le plaisir de cet hôtel 3 étoiles contemporain et la cuisine de Thierry Lair, simple et efficace, des assiettes qui prouvent parfois qu'un peu de bon sens et beaucoup de travail «suffisent» pour faire plaisir. L'équipe, jeune et dynamique, occupe un lieu lumineux à une demi-heure à l'ouest de Toulouse, où l'on pourra ainsi autant profiter des chambres que d'une brasserie chic et constante, où l'on retrouvera le ceviche de daurade aux nectarines, jus d'herbes fraîches et crumble à l'ail, les linguine aux gambas liées au parmesan, le pied de cochon désossé et farci, pommes grenailles, champignons et moutarde à l'ancienne, la pêche melba revisitée. Cave tout à fait décente.

LA BOUILLE 76530

La Maison Blanche 12/20

1 quai Hector Malot - T. 02 35 18 01 90 - Menu(s) 28-38 €

Grégory Derasse aime la Normandie mais pas que, associant à ces paysages du XIXe siècle littéraire les horizons exotiques d'une cuisine aux multiples inspirations. La maison, blanche comme son nom l'indique, est posée sur le rivage et offre une vue relaxante sur le lent débit du fleuve, en terrasse ou par la fenêtre, dans un cadre élégant et plutôt bourgeois. Le menu à 38 € a ses mérites, avec les huîtres gratinées au beurre d'ail persillé, le tartare de tomate et chèvre, le fish and chips sauce tartare, le wok de volaille et gambas, riz coco épicé, un ris de veau à la crème de whisky aux champignons, une tarte normande ou à la passion. Bon service.

Les Gastronomes 11/20

1 place du Bateau - T. 02 35 18 02 07

Cette jolie maison blanche à deux étages est aisément reconnaissable à son nom peint en lettres gothiques sur toute la longueur, dans un style historique qui situe le ton traditionnel de l'enseigne. On y retrouve Francis Forestier, constant et appliqué, qui depuis des années présente une cuisine française classique, pleine de réconfort et de souvenirs. La carte ne bouge pas beaucoup, pour le bonheur des habitués et des touristes en quête d'authentique, une fricassée de crevettes aux asperges vertes et caramel à l'orange, un saumon rôti au beurre blanc au Noilly, une entrecôte de bœuf sauce bordelaise, une tarte tatin à la crème fraîche de Normandie.

LA BUSSIÈRE SUR OUCHE 21360

Le 1131 - Abbaye de la Bussière 15/20

CHEF : FRANÇOIS PELLETIER

RD 33 - T. 03 80 49 02 29 - Menu(s) 105-145 €

Ravissante demeure cistercienne du XIIe siècle posée au cœur d'un parc de 7 ha planté d'arbres centenaires, L'Abbaye de la Bussière, restaurée et transformée en hôtel il y a quinze ans avec l'arrivée de Clive et Tanith Cummings, est devenue une halte obligée pour les amateurs d'étapes de charme. Dans la chapelle où se côtoient art néo-gothique et gastronomie, on goûte, sous les croisées d'ogives, dans une atmosphère de paix et de sérénité, un brin british, la cuisine du nouveau chef François Pelletier qui s'est immédiatement glissé sans tapage dans l'esprit de la maison, visant avec adresse entre le terroir et la modernité. Cela commence fort avec cette asperge verte cuite et crue, réellement transcendée, au goût végétal inouï, escortée d'un œuf de poule fumé et confit, un peu d'oxalis et des noisettes qui apportent du peps à ce plat. Le dos de sandre cuit fort délicatement, bien fondant, fait partie des meilleurs sandres que nous ayons goûtés, il est accompagné d'endives rehaussées par une subtile note d'agrumes, même si le jus au pinot noir aurait pu être plus réduit. La volaille fermière de Saulon, dont le filet est un peu trop cuit, est farcie sous la peau de truffes, accompagnée d'un subtil rouleau de pommes de terre confit et d'un jus de volaille truffé. Préparée à la minute, la tartelette au chocolat est basée sur une très fine pâte sucrée sur laquelle se trouve un soufflé rehaussé de fève de tonka et escorté d'une glace au chocolat aux notes à la fois puissantes et équilibrées, grand classique dont on ne se lassera jamais. On aime cette clarté de goût, cette précision, ces saveurs nettes et tranchées où chaque produit a le goût de ce qu'il est, voilà qui n'est pas aisé, mais si cher à la cuisine française fondamentale. La Bussière demeure une adresse homogène qui conjugue tous les plaisirs. La véritable adresse pour week-ends romantiques.

LA CADIÈRE D'AZUR 83740

René' Sens par Jean-François Bérard 15/20

CHEF : JEAN-FRANÇOIS BERARD

6 rue Gabriel Péri - T. 04 94 90 11 43 - Carte 105 € - Menu(s) 42-159 €

Jean-François Bérard, dans la maison de famille, raffinée et cossue, du cœur de ce typique village provençal à un quart d'heure de la mer, sait exactement où mettre le curseur entre terroir et prestige. Ces dernières années, il a orienté son travail sur la valorisation des produits et des producteurs locaux, ce qui s'inscrit parfaitement dans le mouvement de sa cuisine, plus simple et plus engagée tout en maintenant plaisir et raffinement : sériole et chair de crabe ventrèche de bonite à la marjolaine, rouget doré sur peau calamaretti et fregola aux coquillages, pigeon épeautre fruits rouges cuisse confite au porto, et bonne déclinaison sur la figue en dessert d'une séquence aménageable en 4, 6 ou 7 services de 89 à 159 €. Un menu déjeuner à 42 € pour sentir l'ambiance de la maison. Cave méditerranéenne intéressante, riches en beaux bandols.

LA CIOTAT 13600

Roche Belle 13/20

455 corniche du Liouquet - T. 04 42 71 47 60 - Menu(s) 24-38 €

On croit se perdre sur la route étroite de la corniche du Liouquet, jusqu'à ce qu'on aperçoive les nombreuses voitures garées devant le restaurant. L'accueil d'Edwige est au top, les produits sont de qualité, parfaitement maîtrisés par Damien Arnaud, formé chez les frères Pourcel et Régis Marcon le «Menu de la Corniche» à 38 € est très raisonnable, et la carte mêle agréablement une rafraîchissante entrée, tourteau crevette, avocat pamplemousse, les moules de Tamaris en salade, velouté safrané glacé et rouille, le demi-homard rôti, ravioli aux herbes potagères sur un bouillon mousseux ou le pavé de veau black angus et purée de fèves à la sarriette. Au dessert, une déclinaison de citron, en vacherin, crémeux de citron vert et sorbet. À conseiller, le menu de déjeuner à 24 €, pris à l'ombre des oliviers centenaires qu'on accompagne d'un verre de rosé du Domaine de Cagueloup.

La Table de Nans 13/20

126 corniche du Liouquet - T. 04 42 83 11 06 - Menu(s) 59-120 € Ⓟ

Posée sur la route surplombant la mer, cette maison sans grand charme architectural mais bien placée offre un cadre sobre et des tables nappées permettant d'apercevoir un coin de calanque. L'accueil est souriant, le service bien managé, rompu aux affluences répétées des habitués, qui plébiscitent la cuisine de Nans Gaillard. Une bonne entame avec le ceviche de bar confit aux agrumes bavaroise d'avocat et caviar d'Aquitaine, davantage un carpaccio qu'un ceviche, avec une remarquable qualité de fraîcheur, avant le lieu jaune, bien cuit, frotté au curry huître pochée, sauce au vert un peu épaisse, et le beau quasi d'agneau, mijoté de pois chiches aux herbes fraîches, panisses croustillantes, crème légère à l'ail de Lautrec, à la chair tendre, juteuse, la cuisson rosé et un jus de cuisson aux herbes très agréable. Bon équilibre sur le dessert, praliné sur fond sablé ganache gianduja et sorbet yuzu, cave régionale bien fournie, jusque dans l'offre au verre.

LA CLAYETTE 71800

La Clé Toise 11/20

62 rue Centrale - T. 03 85 28 02 80 - Menu(s) 25 €

La bonne adresse d'aujourd'hui en centre-ville. Après la visite du château, empruntez cette longue rue de traverse aux maisons bourguignonnes bien alignées. La façade grise moderne inspire confiance, Loïc Froizy confirme dans l'assiette avec une cuisine d'aujourd'hui autour de son terroir, simple et régionale : terrine de canard, tranche de charolais, cuisse de lapin crème moutarde fromage blanc, dans un équitable menu à 25 €.

LA CLUSAZ 74220

L'Écuelle 12/20

388 route du Col-des-Aravis - T. 04 50 23 67 91 - Menu(s) 38 €

Dans le centre-ville de La Clusaz tout le monde connaît L'Écuelle, notamment pour la richesse de sa cave. Et c'est une toute nouvelle équipe qui est aux commandes depuis cette année, dont une jeune cheffe qui a fait ses classes auprès de Daniel Baratier, le vibrant chef de L'Auberge Sur-les-Bois, à Annecy. La cuisine hésite un peu entre tapas et plats, mais offre d'étonnants mélanges plutôt végétaux. Inutile de citer des plats ici, car vous n'aurez que peu de chances de les découvrir. La cheffe préfère l'inspiration aux classiques... et change très souvent ses propositions, voire trop. Mais on vous conseille de lui faire confiance pour deux raisons : primo, c'est une cuisine résolument originale loin des standards d'Instagram, dans une salle animée par une troupe dynamique et sympathique, secundo car, pour l'instant, les prix demeurent sages pour La Clusaz, y compris pour la sélection des vins, remarquable.

LA COLLE SUR LOUP 06480

Alain Llorca 15/20

CHEF : ALAIN LLORCA

350 route de Saint-Paul - T. 04 93 32 02 93 - Menu(s) 59-180 €

Profitant de son panorama de carte postale ouvrant sur Saint-Paul-de-Vence, la bastide qui abrite l'hôtel-restaurant d'Alain Llorca a de quoi réjouir. Ce grand de la Riviera sait magnifier avec brio les beaux produits de la mer et de la terre. Une cuisine d'une apparente simplicité, fruit d'une longue expérience qui se montre inspirée pour le menu déjeuner à 59 € autant que dans les jolies envolées du dîner : les belles huîtres d'Oléron marinées au yuzu, posées sur un granité de granny, recouvertes d'une mousse d'eau de mer, le quasi de veau cuisiné au sautoir, sa mousse de xérès et sa pomme de terre cuite au beurre de chorizo, la pêche du jour... La saison offre aussi de charmantes propositions : le foie gras à l'anguille fumée, les coquillages et jambon ibérique, les ris et filet de veau rôtis, en brunoise de céleri-rave truffée. Les desserts sont signés par Jean-Michel Llorca, le frère du chef : forêt noire au chocolat Manjari, couronne de fruits exotiques, vienneta praliné-amandes-noisettes.

LA CÔTE SAINT ANDRÉ 38260

Hôtel de France 12/20

16 place de Saint-André - T. 04 74 20 25 99 - Menu(s) 25-75 €

Au cœur du village, le bel hôtel de Laëtitia et Rodolphe est le rendez-vous local, la belle auberge pour une halte sur la route, un petit moment de plaisir, autant pour les chambres que les assiettes du nouveau et prometteur jeune chef, Benjamin Henner : pressé de foie gras de canard et chutney d'algues, bar de ligne basse température concombre mariné au sel et agastache, veau fumé au foin, Baileys et betterave en crapaudine. Un bon choix en vins de toute la vallée du Rhône.

LA CROIX VALMER 83420

Lily of the Valley 15/20

CHEF : VINCENT MAILLARD

Colline Saint-Michel Quartier de Gigaro - T. 04 22 73 22 09 - Carte 105 €

Festif façon tropézienne et bon dans l'assiette, a priori, c'est antinomique. Et pourtant, le lauréat du trophée Excellence Gault&Millau Provence-Alpes-Côte d'Azur 2022 tient la gageure. Cette paillote de luxe d'une maison où le farniente luxueux est un prérequis apporte tout d'un gastro au bord de l'eau : le soleil, la mer, et les plats superbement tournés par Vincent Maillard, à la fois colorés, frais, enjôleurs et toujours précis dans les saveurs, que les produits soient nobles ou pas, locaux ou d'ailleurs. Sériole marinée, fenouil et huile d'olive, filet de saint-pierre cuit doucement, mijoté de haricots coco aux moules de bouchot et safran d'ici, épaule d'agneau de Sisteron braisée à la sarriette. Desserts gourmands et classiques (figue rôtie au miel de la Madrague, amande, glace Suzette, saint-honoré aux marrons de Collobrières...), cave assez vaste qui va plus loin que le catalogue d'hôtel chic attendu (La Calisse, Myrko Tépus, Clos de l'Ours en région) et beaucoup, beaucoup de champagne.

LA FLÈCHE 72200

Le Moulin des Quatre Saisons 14/20

Rue Gallieni - T. 02 43 45 12 12 - Menu(s) 34,90-74 €

La magnifique bâtisse du XVIe siècle posée sur l'eau offre un souvenir mémorable, une image poétique qui convoque l'histoire autant que les prouesses architecturales. Ce cadre idyllique, à la fois calme et bucolique, introduit parfaitement la cuisine de Camille Constantin, proche de ses racines et fier de leur apporter ses lettres de noblesse. Le menu à 74 € restitue une cuisine de produits sage et technique, avec un homard en fraîcheur et crème au jus d'agrumes, le filet de barbue breton meunière, sauce champagne et légumes printaniers, une pièce de bœuf, pommes de terre mitrailles confites et sauce aux girolles, une douceur aux pêches de vigne, verveine et framboises. Très belle cave.

LA FLOTTE EN RÉ 17630

Chai Nous comme Chai Vous 13/20

1 rue de la Garde - T. 05 46 09 49 85 - Carte 70 € - Menu(s) 55 €

L'ancien chai a bien grandi, une aventure de quinze ans qui n'a pas pris une ride, et qui a fait de Laurent Favier l'un des chefs les plus appréciés de l'île. La jolie bâtisse en pierre brute accueille une cuisine régionale et de saison, des plats signature qui nous poussent à revenir chaque année, le foie gras pané aux algues d'Ars-en-Ré et salicornes, le bar en croûte de sable, le sablé breton et la crème à la pistache. La cave est une autre très bonne raison de s'y arrêter, des sélections en bio et assez vastes, de la Bourgogne à la Vendée en passant par la Charente et le Languedoc.

LA JARRIE 17220

L'Hysope 13,5/20

25 rue de l'Aurore - T. 05 46 68 52 21 - Menu(s) 53-145 €

La table de Nicolas Durif est une étape appréciée en Charente, une table gastronomique à 10 minutes de la Rochelle. L'endroit mêle un style légèrement campagnard avec des couleurs actuelles et un mobilier épuré, pour une cuisine aussi près de son terroir que désireuse de se réinventer. Le chef travaille sur le mode du menu imposé, avec des formules à partir de 4 services, jusqu'à 8 plats pour le menu dégustation à 116 €. Le menu homard rend un bel hommage au produit en 6 services. Cave de bonne escorte.

LA MADELAINE SOUS MONTREUIL 62170

La Grenouillère 19/20

*CHEF : **ALEXANDRE GAUTHIER** - CHEF PÂTISSIER : **ALIX MARQUANT** - DIRECTEUR DE SALLE: **PRISCA MONTUY** - DIRECTEUR DE SALLE: **JÉRÉMY MOREIRA** - SOMMELIER: **RODOLPHE PUGNAT***

19 rue de la Grenouillère - T. 03 21 06 07 22 - Menu(s) 185-245 €

Pour un goûteur non averti, l'entrée en salle, à l'intérieur de cette gentille chaumière de famille dans la campagne montreuillaise, est un choc enchanteur : cette grande véranda verrière, cette immense cuisine ouverte évoquant les fourneaux d'antan dans une version ultramoderne, où le jeu d'éclairage crée une scénographie théâtrale, plongent les mangeurs dans un univers unique, celui d'Alexandre Gauthier, l'un des très rares véritables créateurs de ce métier d'offrande. À lui, et beaucoup plus qu'à d'autres, on peut faire confiance pour cette virée dans l'exceptionnel. Les prouesses sont si nombreuses que l'on ne saurait les citer toutes. Mais quelle claque avec la butternut, un velours avec la langoustine comme un condiment, le prodigieux «origami végétal», une beauté graphique, mais surtout une douceur, une délicatesse, le très léger croquant du radis, l'incroyable justesse du bar, adouci et aromatisé par la caresse de l'huile de feuille de figuier, ou encore les variations sur le tourteau, blini au lait entier, gâteau d'épinard et terrine de feuilles avec un garum de homard et une feuille de capucine comme une aumônière ! Pas le temps de s'attendrir que vient l'éblouissant travail sur la saint-jacques de plongée, en 5 assiettes, avec l'endive brûlée et le bouillon de seiche, la mini-huître de Blainville, le petit ragoût coque et bigorneau ; et puis l'ormeau et la châtaigne et le fusilli de pomme de terre avec un jus aux entrailles d'ormeau, avant une fable iodée et fruitée qui pourrait s'appeler la lotte, la prune et le bulot... Difficiles à imaginer par une simple description, qui ne peut rendre compte de ce qu'ils évoquent vraiment, de sens et d'émotion ; les plats s'enchaînent dans une grande harmonie, quelques petits sketches bienvenus (l'amusant cérémonial gourmand sur la coque, la brioche et l'oursin, le soufflé snacké, le coton de poisson, les gnocchis de câpres avec cette merveille de feuillet de bœuf à la tanaisie...) offrant de plaisantes diversions. La «table sucrée» conclut l'affaire avec son lot de friandises toutes originales (le miel, la poire, la bille de pomme, la remarquable «timbale de chèvre»...).. Il faut aussi applaudir l'esprit qui anime la brillante jeune équipe, en salle comme auprès du chef, dans leurs tabliers rayés, à la fois complice, cool et terriblement pro - un style très moderne, finalement supérieur, dans l'agrément qu'elle procure, à une bonne brigade de palace. La cave, menée par Rodolphe Pugnat, est exemplaire à plusieurs égards : une cohorte de jeunes vignerons représentant toute la vigne moderne des dernières décennies, respectueux de la terre et du fruit, une gamme très vaste avec de grands flacons (une grosse force en Bourgogne) et des bouteilles qui font saliver, dans tous les budgets, à partir de 60 €.

LA MADELEINE 59110

Saisons - Cave à Manger 13/20

2 place Massenet - T. 03 20 06 04 20 - Menu(s) 19-39 €

Une belle ambiance de néobistrot vivant et de connaisseurs règne à cette adresse distinguée l'an passé dans le «109». Les deux jeunes instigateurs du projet, Antoine Dacquin et Pierre Bleuzé, se sont rencontrés chez Florent Ladeyn, et l'on ne s'étonne donc pas de cette décontraction qui cache un sacré travail de sourcing et une connaissance pointue du produit. Salle animée et terrasse sur la placette pour profiter du menu du moment, unique et caché, ce qui facilite l'approvisionnement : sucrine braisée, labneh, sauce pesto, ciboule, crumble de pain, une entrée vive et sans ennui, bien équilibrée, volaille et ketchup de tomate, courgette rôtie, purée de courgette, pommes de terre frites et mayo fumée pour un bon plat du jour, gaufre bruxelloise, crème montée, vinaigre de sureau, capucine et myrtilles, simple, mais bon, pour un ensemble tourné vers le naturel, petite cantine gastro au déjeuner, plus recherchée le soir. Cave nature avec de belles signatures, bières d'ici, gin de chez Milan et autres spiritueux sélectionnés. Une activité cave vous permet d'ailleurs d'emporter les meilleures affaires du moment.

L'Épicure 11/20

54 rue du Général de Gaulle - T. 03 20 51 45 69 - Carte 48 €

Une jolie table de périphérie, aimable bistrot tiré à quatre épingles qui rassemble les cadres et les locaux au déjeuner. Au quotidien, la toque est méritée, et le week-end, c'est gala avec un menu à 50 € qui la confirme largement : ceviche de lieu noir, bœuf en marinade de tomate basilic citron, pavé de thon pastèque snackée émulsion wasabi, montrant une veine actuelle et bien pensée jusqu'au millefeuille chocolat et caramel beurre salé. Service attentif et cave généraliste.

LA MÉZIÈRE 35520

Les 2A 12,5/20

7 place de l'Église - T. 02 99 84 10 47 - Menu(s) 28-55 €

Les deux A ? Entendez par là, Alexis Lionnais et Alban Gardien. Chacun a d'abord mené sa barque, ici ou là, en France et à l'étranger, avant un retour sur leurs terres natales et de travailler auprès de David Etcheverry lorsqu'il était au Saison, à Saint-Grégoire. Ils sont désormais chez eux, Alexis en salle et Alban en cuisine. Face à l'église, ils ont entièrement rénové un ancien bar de nuit. La salle, en deux parties, est très agréable. Contemporaine et chaleureuse, la décoration tout en sobriété invite à passer un bon moment. Si à l'heure du déjeuner, les propositions s'articulent autour d'un menu à 28 €, le soir, le niveau monte d'un cran sous la forme d'un menu unique sans choix (sauf pour le fromage). Pour s'en convaincre, rien de tel que ces filets de maquereau à la peau joliment brillante que dynamise une gelée subtilement parfumée à la menthe et un trait de vinaigre de rhubarbe. C'est très frais et ça claque bien. De son côté, le merlu de ligne tient son rang. Il est servi avec un bouillon émulsionné au curry (sans excès), un risotto au sarrasin très iodé grâce à l'apport d'algues et une palourde toute fraîche. La Méditerranée s'invite ensuite à table avec l'agneau souligné d'un jus corsé à l'harissa, qu'escortent des dattes, pois chiches et de petites carottes fondantes. L'intérêt gustatif ne faiblit nullement à l'heure des douceurs. L'alliance des cerises avec du chocolat noir et de l'amaretto tape dans le mille ! Quant à la carte des vins, façonnée et commentée avec gourmandise par Alexis, elle met en valeur des vignerons adeptes du bio et de la biodynamie et qui ont fait leurs preuves : sancerre du domaine Delaporte, anjou du domaine Delesvaux, champagne d'Olivier Horiot, vins du Jura du domaine Fumey Chatelain, d'Alsace du Vignoble du Rêveur...

LA MURE 38350

L'Atelier des Saveurs 11,5/20

7 place de la Liberté - T. 04 56 56 26 12

Les tables de bonne qualité sont trop rares dans le coin pour que l'on oublie de mentionner ce valeureux Atelier, oasis réconfortante ouverte par deux copines pour animer la commune. La verrerie, le cadre et l'accueil sont élégants, la cuisine respecte les goûts et les textures des produits. Une belle réalisation pour les ravioles de lapin, asperges et morilles, bouillon végétal, joues de porc bien fondantes, servies avec une belle sauce thaïe, dessert de même veine, croquant, fondant, croustillant...

LA PLAINE SUR MER 44770

Anne de Bretagne 17/20

*CHEF : **MATHIEU GUIBERT** - CHEF PÂTISSIER : **JÉRÉMIE BOUSSEAU** - DIRECTEUR DE SALLE : **CLAIRE BÂCLE** - DIRECTEUR DE SALLE: **ANGÉLIQUE BOUDET** - SOMMELIER: **STEVE GELLOT***

Port de Gravette, 163 boulevard de la Tara - T. 02 40 21 54 72 -

Carte 114 € - Menu(s) 90-170 €

Morne Plaine-sur-Mer ? Tout le contraire ! Quand le soleil brille sur le petit port de la Gravette, c'est un véritable enchantement. Et si, par hasard, le temps est maussade, c'est dans l'assiette que vous trouverez les couleurs vives et les parfums poivrés d'un éternel été. Mathieu Guibert conjugue l'océan au présent avec les meilleurs produits de la terre, et sa carte, bien détaillée en menus étagés (le 115 € est très bien) se fait belle en toute saison. Avec les rigadeaux et margates, il s'approprie le terroir, mais aussi le dialecte (les bigorneaux et la seiche), avec le céleri bien iodé et une écume marine, la sole sur l'arête, noisettes torréfiées pousses d'épinard et sabayon au vin jaune, le risotto à l'anguille fumée et carpaccio de langoustines émulsion parmesan. On le croit cantonné à son paysage, mais il montre autant d'acuité sur un ris de veau au sautoir blattes et poitrine de veau confite infusion réglisse... Les desserts de Jérémie Bousseau sont modernes et bien construits, sans excès de sucre, comme la figue en crémeux et marmelade sorbet granny et estragon lait de chèvre. La cave, animée par Steve Gellot, est historiquement (depuis Michèle Vételé) remarquable et continue de très bien s'approvisionner.

LA ROCHELLE 17000

Restaurant Christopher Coutanceau 17/20

*CHEF : **CHRISTOPHER COUTANCEAU** - CHEF PÂTISSIER : **BENOÎT GODILLON** - DIRECTEUR DE SALLE : **NICOLAS BROSSARD** - DIRECTEUR DE SALLE: **BRIEUC GRENET** - SOMMELIER: **MANON BRAS***

Plage de la Concurrence - T. 05 46 41 48 19 - Menu(s) 260-310 €

Il fut l'un des premiers, et surtout parmi les plus connus, à tourner le dos à la viande. Aujourd'hui, et plus que jamais, Christopher Coutanceau se pose en véritable passeur d'océan, engagé et passionné, respectueux d'une pêche durable et responsable. Mais il ne cherche pas à imposer sa vision de la cuisine comme le ferait un donneur de leçons, préférant diffuser la bonne parole par l'exemple, celui d'une cuisine pleine d'iode et de sincérité dans laquelle les saveurs sont justes, précises, et immédiatement identifiables : thon rouge (de ligne évidemment), pistache, courgettes et citron confit, très beau travail sur la sardine, sublimée dans sa totalité avec sensibilité, saint-jacques, céleri et jus de volaille à l'estragon en deux services, et élégante revisite de l'anguille et du poireau, mariés à un jaune d'œuf confit dans une distillation d'hélichryse, une technique que le chef maîtrise et apprécie. On aimerait sans doute, çà et là, un peu plus de renouvellement dans les associations de saveurs, plus de simplicité parfois dans cette cuisine qui alterne l'enthousiasmant et quelques plats plus banals. Le service, sous la direction de Nicolas Brossard, est celui d'une grande maison, et l'immense cave s'ouvre à tous les budgets ou presque, avec également un vaste choix au verre.

Impressions 14,5/20

7 rue Saint Michel - T. 05 46 09 03 98 - Menu(s) 33-78 €

Des décennies de travail et d'expérience, ce n'est pas qu'une impression dans l'assiette de David Etcheverry, qui est revenu sur la côte avec Christine après vingt ans passés à Rennes. La rigueur du chef primé se ressent dans la précision du travail, des cuissons impeccables, un amour du produit qui s'imprime dans la lisibilité des assemblages, le céleri d'une belle cuisson au foin avec de la truffe noire «tout simplement», une lotte rôtie avec la carotte et un original jus de sangria, un carré d'agneau des Pyrénées qui rappelle les origines basques du chef, bien entouré du navet, des dattes et des olives. Le feuille à feuille de chocolat et cerfeuil tubéreux prouve que le chef a la main dans le sucré comme le salé. Très jolie cave et bon service en salle sous la direction de son épouse.

Restaurant les Flots 14,5/20

1 rue de la Chaîne - T. 05 46 41 32 51 - Menu(s) 37-110 €

Située idéalement au pied de la tour de la Chaîne, la maison de Grégory Coutanceau, l'aîné de la fratrie, offre l'une des plus belles terrasses de la ville en été, et toute l'année l'une des meilleures adresses locales pour redécouvrir les plaisirs de la mer. Un cadre et une cuisine bourgeoise, qui profite d'une expérience certaine, de produits de première qualité et d'un chef à la technique éprouvée, voilà ce qui en fait l'endroit tout indiqué pour les dîners chics, entre parquet, nappes blanches et service digne des grandes enseignes. Le menu à 69 € est parfaitement calibré pour le soir, avec son remarquable carpaccio de saint-jacques marinées à la betterave et crème d'Échiré au shiso pourpre, son impeccable lieu jaune snacké aux graines de fenouil, poireau, navet et chorizo ibérique... On ne manquera pas d'aller fouiller dans la cave ou de se faire conseiller, pour ce qui est l'une des plus belles sélections de la région. Ambiance raffinée.

L'Astrolabe 12,5/20

35 rue Gambetta - T. 05 46 41 52 55 - Carte 58 € - Menu(s) 30-60 €

Au cœur de la ville, cette table contemporaine et lumineuse est l'occasion de voyager sans bouger de sa chaise, à la découverte des cuisines et des épices du monde. Dans ce cadre d'un beau volume en bois, blanc et cuisine ouverte, les assiettes cultivent une identité ouverte, où les produits locaux servent à l'élaboration de recettes de tous les continents, un lieu jaune à la plancha sauce de cranberries et déclinaison de carottes comme au Canada, un laksa de lotte dans un bouillon d'épices comme en Malaisie, un tigre qui pleure, ou encore un filet mignon de veau farci aux dattes et aux pistaches comme en Iran, avec un boulghour aux agrumes confits, menthe et fenouil. La cave suit le mouvement avec autant de vins français que d'ailleurs, d'Afrique du Sud, d'Australie, de Nouvelle-Zélande, de Grèce ou encore d'Allemagne. Service impeccable.

La Yole de Chris 12,5/20

Plage de la Concurrence - T. 05 46 41 41 88 - Carte 74 €

Par sa situation avantageuse en surplomb de la plage de la Concurrence, le bistrot canaille de Christopher Coutanceau s'impose déjà pour la vue formidable et l'ambiance marine qui y règne. Le chef multitoqué sait faire plaisir et sait conjuguer ses talents à tous les registres, offrant ici une expérience accessible et chaleureuse. Les bonnes ressources de la côte viennent garnir des assiettes calibrées et d'une exécution sans faute, pour ces classiques qui reviennent à notre bon souvenir : friture d'éperlans, soupe de poissons de roche, sole de petit bateau, croustillant de lotte, une entrecôte VBF pour les plus terriens, un très joli dessert au chocolat, café et fleur de sel. Cave adéquate.

Opaline 12/20

20 rue Rambaud - T. 06 21 12 39 44 - Menu(s) 19-59 €

Alexis Guillon et Charlotte Troi, lauréats de la Dotation Gault&Millau, ont brillamment lancé leur restaurant rochelais proche de la grande place de Verdun au seuil de la vieille ville. Avec de l'engagement et du caractère. Charlotte en salle administre avec énergie la jolie salle contemporaine d'une quinzaine de couverts. Alexis en cuisine a pris le parti des «séquences» (végétal, poisson...) par un triptyque pour chaque thème sur des produits locaux. C'est assez audacieux et plutôt réussi, à l'image de l'aillet coulis d'épinard œufs de truite, la pomme de terre dans une texture assez inédite et le tacos végétal, ou encore l'attelage lieu jaune céleri beurre blanc au charbon végétal, bulot et Colonnata, roll de crabe et obione. Des idées qui vont s'affiner, avec un peu de précision sur les saveurs, et quelques détails à régler, notamment une cave à créer au fil du temps. Les atouts sont bien là, une offre originale, bien cadrée en tarifs (5 ou 6 services pour 49 € ou 59 € dans le format dégustation) et deux jeunes professionnels pleins de volonté.

Thiers Temps 12/20

26 rue Thiers - T. 05 46 34 31 81 - Menu(s) 19-32 €

La table de Loïc Valet est une adresse recommandée pour un déjeuner entre amis, une bonne assiette de marché où les poissons d'arrivage sont à l'honneur des menus du jour. L'endroit est simple, engageant, expliquent la bonne humeur et la convivialité qui s'en dégage. On y apprécie la compétitivité des menus, avec une première formule à 19 €, où l'on pourra croiser la tartine de terrine de jambon et tapenade de champignons, le filet de daurade sébaste aux épices douces et risotto aux céréales, un savarin à l'ananas et passion. Service des plus aimables.

Les 4 Sergents 11,5/20

49 rue Saint-Jean du Pérot - T. 05 46 41 35 80 - Menu(s) 28-39 €

Installée sous une magnifique verrière signée Gustave Eiffel, cette table portée par la famille Gilbert depuis quasiment quarante ans maintient son ton gastronomique avec constance. Les assiettes délivrent une cuisine semi-bourgeoise de bonne exécution, à la manière d'un risotto de homard et crème au jus de carcasse, d'une élégante lotte confite à l'huile de noix, émulsion de champignons, raviole de trompettes-de-la-mort, chou kale et fricassée de chanterelles, un pigeon à la truffe sauce grand veneur et millefeuille de céleri à la truffe, cromesquis d'abats. Cave classique.

L'Aunis 11,5/20

14 rue Saint-Jean du Pérot - T. 05 46 41 03 00 - Menu(s) 26,50 €

Dans la rue des restaurants, une table qui ne se repose pas sur ses lauriers et qui ne profite pas de sa trop belle situation pour faire peu, maintenant une assiette à un niveau franchement honorable, des compositions solides et une exécution sérieuse. L'esprit y est traditionnel, avec des jolis classiques dans un cadre boisé et rassurant ; on pourra s'y satisfaire d'une fricassée de homard et gambas aux petits légumes, d'un dos de maigre rôti à la plancha, sauce vierge à l'estragon et purée de potimarron, ou encore d'un filet de bœuf Rossini et crème de champignons truffée. Bonne formule du marché à 26,50 €.

André 11/20

5 rue Saint-Jean du Pérot - T. 05 46 41 28 24 - Menu(s) 24,50-35,90 €

Maison rochelaise incontournable depuis 1947, cette institution de la rue Saint-Jean-du-Pérot est le port d'attache des amateurs de fruits de mer, qui en auront ici pour leur plaisir et leur porte-monnaie. La formule de la brasserie est simple mais rudement efficace, avec sa puissante capacité d'accueil, sa proximité avec les deux tours et sa carte bien pourvue : huîtres, plateaux de 20 à 62 €, assiettes de coquillages, couteaux ou seiches en persillade, bar grillé, choucroute de la mer... Service dynamique.

Boute en Train 11/20

7 rue des Bonnes Femmes - T. 05 46 41 73 74 - Carte 10 € - Menu(s) 19-32,50 €

Sympathique cabane de pêcheurs à côté des halles, on y apprécie l'ambiance familiale et côtière, avec le lambris et la décoration comme à la maison, qui met dans l'humeur pour une assiette de marché à l'ardoise. C'est simple et bien fait, et pour 32,50 € l'entrée-plat-dessert, on y revient volontiers, pour l'os à moelle à la fleur de sel, la queue de lotte rôtie à la crème de carottes et beurre noisette, l'onglet de veau à l'estragon, le coulant chocolat cœur framboise. Personnel aimable.

Le Comptoir Italien 11/20

22 rue Saint-Jean du Pérot - T. 05 46 50 62 60 - Menu(s) 24-30 €

Assez bien calibrée pour le flot habituel des touristes, cette maison franco-italienne se tient de part et d'autre des Alpes dans un cadre chic et feutré, où la lumière tamisée éclaire un intérieur boisé et des tables en nappes blanches. Pour les plus patriotes, les huîtres fines, le filet de maigre aux pleurotes et l'entrecôte sauce gorgonzola font l'affaire, tandis que les amateurs de la Botte pourront piquer leur fourchette dans un vitello tonnato ou encore des raviolis au bœuf braisé dans un jus à l'huile de truffe blanche. Prix cohérents.

Le Mail 11/20

16 Allée du Mail - T. 05 46 34 12 52 - Menu(s) 23,50-35 €

Tout en longueur sur cette belle allée boisée sur le bord du rivage, la maison rénovée de Patricia et Hervé Brandt offre un cadre moderne et lumineux, avec toute une façade vitrée pour mieux apprécier le paysage. Les cuisines y délivrent une assiette de brasserie bien élaborée, par exemple des jolis couteaux en persillade, des assiettes de fruits de mer, une dorade sébaste à la plancha, une généreuse pintade au farci charentais, lard et crème de chabichou, ou encore un financier bourdaloue à la poire. Cave bien fournie localement.

Le Panier de Crabes 11/20

9 place de la Fourche - T. 09 53 56 59 97 - Menu(s) 35 €

Sur cette charmante placette derrière le Vieux-Port, ce bon vieux Panier de Crabe ne change pas de recette, pour le plus grand plaisir des habitués, qui trouvent ici les bonnes assiettes régionales et les classiques côtiers. L'offre est simple et le plaisir toujours le même, celui d'un roboratif plateau de fruits de mer à 35 €, du demi-tourteau mayo et des coquillages, mais encore celui du grillon charentais et du fagot charentais au pineau.

LA ROQUE GAGEAC 24250

O'Plaisir des Sens 13/20

D709 - Sous la Grande Vigne - T. 05 53 29 58 53 - Menu(s) 35-85 €

L'endroit est vraiment charmant, à l'écart du village pittoresque de La Roque-Gageac, avec une terrasse arborée apaisante et des salles épurées aux couleurs douces. Le chef Bruno Marien propose une cuisine bien construite que l'on retrouve dans ses trois menus. Asperge blanche de Calviac, joue de porc du domaine de Saint-Géry, merlu de ligne de Saint-Jean-de-Luz, noix de pays, arabica et fèves du jardin, agneau du Quercy, noisette de gigot rôti et son jus de serpolet sauvage, artichaut et légumes printaniers au sautoir et un dessert autour de la noix, praline, chou et crème glacée. Service aimable, cave bien construite et bien résumée par la sommelière. Deux toques cette année.

LA SEYNE SUR MER 83500

Chez Daniel et Julia 12,5/20

Plage de Fabregas - T. 04 94 94 85 13 - Menu(s) 38-65 €

Une solide adresse à la longue réputation, dont les fans ont patiemment attendu la réouverture en avril. Dans le cadre typique d'une maison provençale XIXe dominant la plage de Fabrégas, Julia Viglietti cuisine avec passion de beaux produits dans une manière assurée et traditionnelle, tandis que Pierre en salle passe le bon message : les fameuses moules Daniel sont toujours là, avec la brouillade de truffes, le poisson sauvage, la bouillabaisse et l'omelette norvégienne. Des classiques que l'on aime retrouver à ce niveau de qualité, un accueil très souriant.

LA TANIA 73120

Le Farçon 14/20

Immeuble le Kalinka - T. 04 79 08 80 34 - Menu(s) 58-160 €

Proche, mais loin des fastes, de Courchevel, La Tania est une petite station gentiment familiale. Julien Machet y développe, au bord des pistes, une restauration revendiquant son terroir (la Savoie historique, un peu de Suisse, le Piémont et la Sardaigne) et sa modernité à travers des menus à l'aveugle, de 58 à 160 €, et une présentation par une jeune équipe qui joue la chanson locavore avec conviction. Les provenances sont citées, les producteurs vantés, et les assiettes montrent autant d'équilibre que de finesse : truite façon bagna cauda, très plaisante avec ses pickles de chou-fleur, cochon bien tendre avec ses légumes glacés et sa sauce savoureuse façon blanquette, beau dessert chocolat du Piémont noisette d'Alba glace café blanc. Cave puissamment savoyarde, au grand choix, animée par un jeune sommelier dynamique. Service bien dirigé.

LA TRINITÉ SUR MER 56470

L'Azimut 13/20

1 rue du Men Du - T. 02 97 55 71 88 - Menu(s) 19-68 €

Cette maison bretonne, de longue réputation, a été fondée en 1965. Elle est aujourd'hui sous la direction de Rudy Deniaud et de son épouse Véronique, qui font vivre là une belle saveur régionale, entre tradition et modernité. Le menu marin à 49 € fait la démonstration des savoir-faire sur le terroir côtier, un déshabillé de tourteau dans son bouillon, pousses de mesclun et croquant sarrasin, un poisson noble, poireaux grillés, nage de palourdes et vague iodée au curry de Madras, enfin une brioche chocolat, croustillant de fruit sec et glace pralinée.

LA TRONCHE 38700

La Maison Badine 13/20

2 rue du Pont Prouiller - T. 04 76 01 03 33 - Carte 18 € - Menu(s) 22-68 €

Du nom de l'arrière-arrière-grand-père du chef, cette jolie maison aux accents contemporains, lumineuse et épurée, est l'occasion de découvrir la cuisine de Florian Poyet, à quelques minutes de la capitale des Alpes. Adresse élégante et plutôt bourgeoise, elle se fait une destination privilégiée des repas de belle occasion, pour des agapes familiales ou un sérieux dîner aux chandelles. À la carte, de beaux produits et une exécution sans faute : foie gras poêlé, champignons et huile d'herbes, un cabillaud skrei au bouillon d'estragon, salsifis, poires et truffe noire, un jarret de veau pressé et snacké, légumes d'un pot-au-feu et jus de cuisson lié. Beaux desserts. Cave bourguignonne bien équipée.

LA TURBALLE 44420

MAJU 12,5/20

18 Quai Saint-Paul - T. 02 40 23 30 29 - Menu(s) 45-70 €

Maju, pour Marine et Julien, qui ont trouvé sur le port l'affaire qui leur convenait et pour la création de laquelle ils ont obtenu la Dotation Gault&Millau pour les Jeunes Talents. Julien Baradel, le Parisien, formé chez Ferrandi, a suivi Marine jusqu'à La Turballe, où il peut travailler la pêche locale en direct, mais aussi les autres produits de saison. L'accueil est simple et naturel, la cuisine guidée par l'océan : une belle entrée avec l'œuf mollet parfait en croûte de charbon végétal, champignons et saucisse fumée, lié au muscadet, avant la lotte rôtie cèpes, courges et châtaigne, sauce à l'ortie, poisson cuit à la perfection et légumes croquants, et un dessert pas trop sucré, juste et équilibré, citron, noisette, sorbet à l'oseille. Cave encore assez courte, en développement, avec quelques bio, service gentil et un peu timide.

LA TURBIE 06320

Hostellerie Jérôme 18/20

*CHEF : **BRUNO CIRINO** - CHEF PÂTISSIER : **FILIPPO MASSANO** - DIRECTEUR DE SALLE : **MARION CIRINO** - SOMMELIER : **MARION CIRINO***

20 rue Comté de Cessole - T. 04 92 41 51 51 - Menu(s) 139-185 €

De la grande cuisine simple ! Une juste mise en lumière du produit, car c'est lui qui dicte tout, le type de cuisson, son temps idéal, le jus ou la sauce qui lui convient le mieux... Cela doit être ainsi que Bruno Cirino raisonne pour donner jour après jour cette cuisine limpide, d'une justesse évidente. Ses amis producteurs et maraîchers savent l'exigence du cuisinier et ne pourraient penser lui montrer moins que l'excellence de leurs produits, une pêche locale, une volaille de l'arrière-pays, des champignons fraîchement cueillis, c'est tellement bon un cèpe cru, un légume qui prend le temps de pousser, un fruit qui offre tout le soleil dans son jus savoureux... Installé dans son Hostellerie du XVIIe siècle dans une petite ruelle du vieux village de La Turbie, ancienne voie romaine à l'époque de l'empereur Auguste, la cuisine intuitive du chef se livre à nous, généreuse et authentique. Les deux menus à 139 € et 185 €, en 6 et 11 services, s'offrent à la découverte et, déjà, les seules mises en bouche nous font comprendre l'essence même du propos, eau végétale de tomate et sorbet céleri, moule et sanguin au jus safrané, cèpes et amanite des césars à cru, tomates cerises confites au thym et basilic... la compotée d'ail grillé à l'huile d'olive avec une tranche de cèpes crus, accompagnée d'une focaccia grillée et imbibée d'huile d'olive. On entame par le tourteau cuit à la vapeur, poulpe élédone, mousse de coco, cocos blancs et jus de tourteau, ou le homard rôti avec les mirabelles à l'eau-de-vie et la brioche au beurre, les filets de rouget de roche à la cuisson nacrée, les courgettes dans tous leurs états, en fleurs, en feuilles, et le foie du rouget posé sur une généreuse lamelle de truffe, le jus de poissons de roche parfumé aux feuilles de basilic et de blettes légèrement safrané, le soleil de Méditerranée dans l'assiette. Le chef saucier et rôtisseur de génie continue de nous ébouriffer avec les viandes, le pigeonneau rôti avec sa réduction de jus de carcasse et olives noires déglacée au bandol, par exemple. Et puis vient le temps des desserts, créés avec la même intuition du goût franc, la pêche rôtie et sa croûte d'amande et verveine cristallisée, le simple sorbet à la framboise posé sur un jus de grenadier (cousin du fruit de la passion) et le chocolat avec son café brûlé. Cette même justesse de ton est également présente chez Marion Cirino, qui couvre de sa bienveillance un service des plus agréables et qui, forte de ses 45000 bouteilles sourcées au gré du temps et des belles rencontres, peut se targuer d'avoir créé une cave remarquable.

Café de la Fontaine 12,5/20

4 avenue du Général de Gaulle - T. 04 93 28 52 79 - Carte 28 €

Entre la grande table de l'Hostellerie Jérôme à La Turbie et Racines, le restaurant potager à Nice, Bruno Cirino a de quoi être occupé, mais il n'abandonne pas pour autant son cher Café de la Fontaine bordant l'ancienne voie romaine, temple immuable de la cuisine bistrotière provençale. Humble et discrète, à l'image du chef, elle se met au service des beaux produits du marché. Sur des propositions simples, l'ardoise du jour offre le meilleur de la région. La soupe de légumes au pistou, qui accueille le printemps, l'entrecôte de race piémontaise fondante et son beurre maître d'hôtel, l'escalope de saumon juste snackée aux moules, la tarte aux pommes caramélisées crème d'amande, un délice encore meilleur qu'une tatin. La carte des vins est courte mais triée avec passion par Marion Cirino. Jolie terrasse au soleil et service attentif.

LA VANCELLE 67730

Auberge Frankenbourg 15,5/20

CHEF : SÉBASTIEN BUECHER

13 rue Général de Gaulle - T. 03 88 57 93 90 - Carte 85 € - Menu(s) 45-100 €

Dans ce village montagnard dominé par les forêts de mélèzes et les ruines du château fort, se cache le Frankenbourg des frères Buecher, l'escale la plus dépaysante du centre de l'Alsace. Il fait bon s'installer sous la nef à charpente de la salle à manger de grand volume où s'active une pléthore de serveurs jeunes et toniques sous l'œil attentif de Guillaume. Sébastien, quant à lui, signe des plats tantôt élaborés à partir de produits simples mais transcendés, tantôt distingués par la générosité des détails et les associations inspirées. Le chef n'est jamais à court d'idées, comme en témoigne cet audacieux onglet de bœuf cuit au sel puis séché, mis en valeur par la richesse équilibrée de nombreux aromates. On apprécie la simplicité de ces asperges blanches glacées à l'hydromel, soulignées par cet étonnant yaourt de peaux d'asperges, même si le légume aurait pu être davantage sublimé par une cuisson plus concise. Certes laquée par un caramel d'aspérule et accompagnée de blette infusée au malt, la barbue nous a semblé un brin dénaturée par cette cuisson poêlée. Au contraire, nous avons préféré la technique à basse température qui amplifie la tendreté de la chair de ce pigeon de Nordhouse, accompagné d'un savoureux croustillant d'abattis et de cuisses : plat clair, abouti et distingué. On finit en beauté avec la gourmandise rare de cette superbe tartelette aux fraises montée à la minute, mousse légère à la mascarpone, ce cœur délicieusement coulant et ce sorbet moelleux. Les attentions proposées tout au long du repas sont nombreuses. On aime ces miches de pain cuites au feu de bois mises en scène au milieu de la salle et découpées devant les convives. Le système Coravin permet de goûter des vins de qualité au verre. Guillaume à l'accueil ne manque pas de prestance. Grâce à leur parcours, les deux frères sont des professionnels de grande expérience et leur maison demeure l'adresse de référence de la région de Sélestat.

LA WANTZENAU 67610

Le Jardin Secret 15/20

CHEF : GILLES LEININGER

32 rue de la Gare - T. 03 88 96 63 44 - Carte 14 € - Menu(s) 42,50-90 €

Derrière la façade anodine de cette maison située face à la petite gare de La Wantzenau, se cache un élégant cocon entièrement blanc, épuré, contemporain, avec ses nombreux espaces, sa moquette profonde, ses tables élégamment nappées et agréablement espacées. Gilles Leininger, bête à concours et notamment vainqueur d'un Bocuse d'or, s'inspire de la tradition bourgeoise pour l'adapter au goût du jour. Les assiettes impressionnent par leur distinction et leur clarté de goût. Parmi les nouveaux plats dégustés cette année, nous nous sommes régalés avec cet admirable filet de lieu jaune de petit bateau magnifié par une cuisson précise, associé à la chair de tomate de la ferme Riedinger à Hoerdt, déshydratée puis réhydratée à l'eau de tomate. Le chef a une tendresse particulière pour les déclinaisons, comme en atteste ce remarquable travail autour de la langoustine, panna cotta, carpaccio, voile et bisque d'une puissance aromatique rare. La maison ne dispose d'aucune carte et, lorsque les visites se répètent, le menu surprise imposé n'est pas toujours épargné par des plats-refrains comme cette fine déclinaison d'artichauts ou cette tourte de pigeon et foie gras dont la gourmandise reste toutefois intacte. Les instants sucrés sont réglés sur les saisons avec cette «Vision du chef sur la tartelette à la mirabelle d'Alsace» subtilement associée au gingembre et à la sauge qui n'écrasent pas le fruit ; on regrette que le sorbet qui l'accompagne soit trop ferme. Depuis l'année dernière, le rythme du repas a progressé grâce à une équipe de salle renforcée, toujours plus attentive. Le nouveau sommelier conseille avec bienveillance ses dernières découvertes provenant de vignerons certifiés en biodynamie à l'instar de ce pinot noir 2019, cuvée «Mathieu» du domaine Kirrenbourg.

LABARDE 33460

Nomade 14/20

3 route des Châteaux - T. 05 56 35 92 38 - Menu(s) 39-85 €

Une table moderne et atypique dans l'ancienne gare de Labarde, où Manon Garet et Thibault Guiet ont fait évoluer l'espace, mais aussi la cuisine de manière bénéfique. On s'y sent très bien, devant la cuisine ouverte, pour profiter du carpaccio de saint-jacques passion butternut harissa, délicat et joliment dressé avec œufs de truite et émulsion de lait ribot, le thon rouge mi-cuit, blinis, confiture betterave, cassis, hibiscus en condiment, spirale de betterave, crème double au caviar, tout aussi bien dosé, le magret palet de patate douce confite aux épices, crémeux orange piment, oignons grillés avec un très bon jus réduit aux parfums de gingembre et citronnelle, cannelé et noisettine du médoc pour un dessert de cuisinier, régressif, assumé et bien traduit. Cave juste et bien pourvue, menu unique le soir à 85 €.

LACAUNE 81230

Relais de Fusiès 12/20

2 rue de la République - T. 05 63 37 02 03 - Menu(s) 16,90-41 €

Depuis des générations, on vient passer les dimanches en famille dans cette vaste demeure de maître au cœur de la ville. Le chef y exprime sa prédilection pour une tradition soignée, mettant à l'honneur le jambon de Lacaune et la bière tarnaise «Montéliote» dans sa sauce accompagnant le châteaubriand, s'en remettant à de bons produits et des préparations classiques : poêlée de ris d'agneau porto et cèpes, foie gras poêlé, aloyau de veau tatin d'endives au citron vert, pavlova mangue ananas.

LACAVE 46200

Château de la Treyne 16/20

*CHEF : **STÉPHANE ANDRIEUX***

D43 - T. 05 65 27 60 60 - Carte 137 € - Menu(s) 50-140 €

Formé chez le regretté Marc Meneau, auprès de qui il dit avoir tout appris ou presque, Stéphane Andrieux est resté fidèle depuis un quart de siècle à ce magnifique château qui semble toiser de toute sa superbe la Dordogne, à ses pieds. C'est ici qu'il a gagné ses galons, ceux de Grand de Demain en 2002, et ses 3 belles toques plus brillantes que jamais. Une technique au-dessus de la moyenne, du prestige, ses assiettes magnifient le répertoire classique : escalope de foie gras poêlée, marmelade, gel et sorbet rhubarbe-café, ris de veau aux aromates, oseille, cresson et gratin d'amandines aux morilles avant un joli dessert autour de la poire, du thé earl grey et des baies de sumac. Cave naturellement orientée vers le Bordelais et le Sud-Ouest.

Le Pont de l'Ouysse 16/20

*CHEF : **STÉPHANE CHAMBON***

D43 - T. 05 65 37 87 04 - Carte 91 € - Menu(s) 65-95 €

Cette maison familiale, aujourd'hui représentée par la cinquième génération de Chambon, exerce un charme immédiat sur tous ceux qui la découvrent pour la première fois. La bâtisse brille d'un indéniable cachet et tout y est à sa place, à commencer par l'accueil, orchestré par Mathieu Chambon. À ses côtés, son frère Stéphane a su se glisser avec intelligence dans les pas de son père Daniel, auquel il a succédé en 2010. Sa cuisine rend hommage à la région, à ses beaux produits, les truffes en saison, le foie gras bien évidemment, le safran du Quercy, le rocamadour, dans une carte qui fait honneur à la cuisine classique : carpaccio de canard, foie gras de canard dans un bouillon aux champignons et gingembre, lotte pochée et grillée et légumes d'été, pigeonneau rôti, mousseline de petits pois et fricassée de girolles. Délicieuse terrasse, site magique, au pied du château de Belcastel.

LAGUIOLE 12210

Bras, le Suquet 18/20

*CHEF : **MICHEL ET SÉBASTIEN BRAS** - CHEF PÂTISSIER : **CLAUDIA DEL FRATE** - DIRECTEUR DE SALLE : **SERGIO CALDERON** - SOMMELIER : **SERGIO CALDERON***

Route de l'Aubrac - T. 05 65 51 18 20 - Menu(s) 170-245 €

Le visiteur qui découvre pour la première fois ce Suquet, sur les hauteurs de la station, au cœur d'une nature à la fois rude et majestueuse, ne peut que ressentir l'émerveillement devant cette construction d'une élégance folle, jamais prétentieuse mais au contraire parfaitement intégrée à son environnement. Le soir, lorsque le soleil inonde une dernière fois le vaste salon vitré où les heureux clients du jour profitent d'une coupe de champagne ou d'un apéritif maison, le spectacle est grandiose, le moment rare. Une fois installé dans la superbe salle à manger, ouverte elle aussi sur les collines de l'Aubrac et rafraîchie par le petit cours d'eau qui serpente derrière les tables, on a réellement l'impression de faire corps avec la nature, de ressentir la caresse de l'air et l'odeur des fleurs des collines. C'est justement cette terre d'Aubrac qui sert d'inspiration à Sébastien Bras, lui qui a grandi auprès de son père, au milieu des casseroles. Et s'il a conservé l'incontournable gargouillou de jeunes légumes, herbes et graines germées de son père, un plat tellement emblématique qu'il semble impossible à supprimer, sa cuisine écrit depuis longtemps sa propre histoire. La lotte de Méditerranée poêlée au safran (cuisson parfaite), chou cœur de bœuf et bouquet anisé est un très grand plat malgré son apparente simplicité, le ris de veau poêlé au citron et lentilles lactofermentées réussit l'exploit d'être à la fois gourmand, suave et léger, et le bœuf d'Aubrac grillé et piqué au lard, peau de cochon soufflée, carottes et petits pois rend un hommage vibrant à ce produit phare (l'aligot qui l'accompagne tirerait des larmes au plus blasé des clients). Desserts de haut niveau, dont l'inévitable hommage au «coulant de 1981», proposé cette fois à la figue et accompagné d'un sorbet au raisin muscat. Service absolument parfait d'aisance et de disponibilité. Cave magnifique, avec la possibilité de se faire plaisir sans se ruiner.

Restaurant Gilles Moreau 14/20

2 allée de l'Amicale - T. 05 65 44 31 11 - Carte 56 € - Menu(s) 42 €

Du produit local, une cuisine variée qui montre dans l'assiette autant d'élégance que de gourmandise, nous sommes évidemment fan. Et d'autant plus lorsque nous lisons sur la carte «menu GM», ce qui nous fait plaisir, même si nous savons bien que Gilles Moreau, chef de talent et de conviction, ne fait qu'y apposer ses initiales. À 49 €, les habitués de GM apprécient le ris d'agneau en persillade, la truite d'Aubrac bio et risotto de pépinette à l'écir légumes et bœuf séché écume de polypode, ou le quasi de veau au caramel amer. Desserts de saison, côte de bœuf de chez Conquet à la carte. Le marcillac de Laurens est à 26 €.

LAMBERSART 59130

La Laiterie 15,5/20

138 avenue de l'Hippodrome - T. 03 20 92 79 73 - Menu(s) 39-138 €

La Laiterie des années 20, c'est un mélange du chic passé, de la cuisine brillante de toujours, et d'une modernité joviale et sans cravate d'aujourd'hui. Cet heureux cocktail est aussi la réussite d'un jeune chef, Édouard Chouteau, qui a su faire l'amalgame en gardant la belle clientèle, celle qui signe les contrats et déplace sa famille pour un anniversaire, tout en se rendant accessible aux nouvelles générations. Et dans l'assiette, le haut niveau est bien sur les rails, avec des plats réellement brillants, comme le homard et bœuf, texture parfaite en fines tranches, pastorale (un délicat parfum de menthe) crème crue et caviar Kristal ou un autre terre-mer de la même famille, homard et ris de veau, où la sauce diable avait tendance à s'imposer, mais où la préparation avec le parfum de tagète final est très réussie. Un succulent dessert soufflé pistache d'Iran crème glacée au safran, onctueux et gourmand, pour une séquence rythmée et sans faille. Carte des vins bien ordonnée, pédagogique, avec des trouvailles et des vins au verre au juste prix, service bien fait, par une jeune équipe en plein effort.

Empreinte 14,5/20

170 avenue de l'Hippodrome - T. 03 20 44 00 21 - Menu(s) 39-87 €

Pour une ville de quelque 30000 habitants, Lambersart ne manque franchement pas de belles tables. Empreinte, celle d'Ismail Guerre-Genton et Inès Rodriguez, vient compléter le paysage, accompagner la dynamique d'une région au carrefour de l'Europe qui n'a de cesse de se réinventer depuis vingt ans, et de s'imposer comme l'une des scènes les plus enthousiasmantes de la gastronomie hexagonale. S'élançant depuis 2016 vers des horizons toujours plus distincts et raffinés, l'établissement s'invente aujourd'hui une image de nature, d'une épure toujours plus travaillée, dans un décor minimaliste en vert forêt, lambris et plantes grimpantes, chaises en bois patiné et paille, pour une expérience loin de la ville. Le ton, résolument sobre, s'appuie sur une approche essentialisante du produit, des compositions végétales où rien n'est jamais dénaturé, laissant chaque élément jouer sa partition sans jamais être à l'ombre d'un autre, une entrée de tomate et cassis fermenté, liés par un basilic subtil, un damier de betterave en texture relevé par un jus de moules remarquable, un jeu de crosnes et d'épinard. Les cuissons sont légères, afin de garder au maximum le goût originel des choses, un tronçon de lieu jaune presque cru, avec un équipage de salicorne et concombre, une très belle selle d'agneau aux figues et à l'ail noir. Le dessert associe la myrtille et l'estragon avec plein de délicatesse. Côté verre, Clément Delécluse, lauréat du trophée Sommelier Gault&Millau et primé meilleur jeune sommelier de France, a construit une petite cave de champion, des sélections élégantes et concises, sur lesquels il apporte un conseil indispensable. On y trouvera, entre autres bonnes idées, des vins de chez Bonnardot, Jolivet, Pilon, Domaine Duseigneur ou encore David Reynaud. Et Nord oblige, des bières locales peuvent s'immiscer en parcours. À partir de 39 €.

Le Quai — 13/20

2 avenue Hyppolyte Peslin - T. 03 20 18 38 66 - Carte 45 €

Un agréable bistrot de brique, avec sa terrasse près du canal et, aux commandes, Christophe Scherpereel qui fut l'un de nos Grands de Demain lorsqu'il officiait à l'Esplanade. Le chef n'a rien perdu de sa verve culinaire et, chez lui, on trouve la fraîche simplicité, les moules marinière, les huîtres, les crevettes mayo, mais aussi le régional, avec l'andouillette de Cambrai à la fraise de veau et du tradi de qualité, comme la sole ou la barbue meunière aux girolles, et des viandes de compétition, comme la côte de froment du Léon maturée.

La Cense — 11,5/20

27 rue Auguste Bonte - T. 03 20 92 22 74 - Menu(s) 23-58 €

L'élégante maison de brique menée par Stéphane Lefèvre rassemble volontiers la belle société de Lambersart. La table est belle, le ton tradi actualisé sur des produits nobles de préférence, mais surtout choisis avec pertinence : burrata à la truffe, langoustines rôties crème de maïs fenouil confit, lotte rôtie fregola sarda vierge au shiso, cochon chou-fleur ail noir. Les tarifs sont justes, avec un attrayant petit menu de semaine, le service compétent et la pavlova framboise plutôt originale avec son smoothie cerise concombre.

LANDERNEAU 29800

Le Jardin des Saveurs — 11,5/20

10 boulevard de la Gare - T. 02 57 52 55 80 - Menu(s) 30-62 €

À deux pas de la gare, la belle demeure, témoin de l'âge d'or de la ville au temps des marchands de toiles au XIXe est désormais devenue un lieu de gourmandise. Laurent Brault, quasiment le régional de l'étape, entend bien y tisser une réputation flatteuse. L'ambition est en tout cas clairement affichée. Les beaux volumes et l'élégance de la salle aux couleurs harmonieuses constituent un atout majeur. La mise en avant des produits essentiellement locaux permet des compositions qui ne manquent pas d'à-propos, comme cette entrée froide sous forme d'un filet de maquereau posé sur une association de chou rouge et de mangue, ou bien encore ce tronçon de cabillaud relevé de dashi et flanqué d'une kyrielle de bons légumes. Quant aux framboises encerclant une onctueuse crème et une quenelle de chocolat, elles tiennent leur rang. Service particulièrement souriant et carte des vins consensuelle : Bouchard, Louis Tête, Bichot, Schlumberger... et quelques plus petites maisons : valencay du domaine Francis Jourdain, saint-nicolas-de-bourgueil de Thierry Germain, corse du domaine Yves Leccia...

LANGUIMBERG 57810

Chez Michèle 15/20

CHEF : BRUNO POIRE

57 rue principale - T. 03 87 03 92 25 - Carte 80 € - Menu(s) 75-180 €

Une confortable et chic auberge située dans un petit village de Moselle entouré de nombreux étangs. Aux commandes, le fils de la maison, Bruno, propose une cuisine chic et savoureuse avec un large choix de menus, aidé par un personnel bienveillant dans une salle lumineuse : tartare de homard et caviar accompagné de deux émulsions goûteuses ; gourmandise crémeuse de poireaux, émulsion coco et saint-jacques snackées, ris de veau braisé aux câpres, pommes rita aux cébettes et jus de veau. Une pavlova aux litchis et pomelos rose en dessert, un large choix dans la carte des vins avec des prix pour tous les budgets.

LANNION 22300

L'Anthocyane 15/20

CHEF : MARC BRIAND

25 avenue Ernest Renan - T. 02 96 38 30 49 - Menu(s) 33-90 €

Un des cuisiniers les plus discrets de Bretagne... Mais pas le moins talentueux ! 10 ans que Marc Briand au riche parcours jalonné de belles maisons s'est enfin installé chez lui avec son épouse Marie qui assure avec autant d'efficacité que de discrétion un accueil et un service confondant de gentillesse. La jolie salle lumineuse est très prisée d'une clientèle fidèle qui aime s'y poser avec l'assurance de se faire grand plaisir au prix le plus juste. Comment ne pas applaudir cette entrée estivale qui associe homard, coulis de tomates, sorbet tomate (green zebra), pêche, huile de menthe et gelée de citron kalamansi pour le peps ultime ? La cohérence gustative est également au rendez-vous du plat suivant. Un superbe filet de bar cuit à la perfection qu'accompagne une onctueuse purée d'aubergine fumée, une raviole à l'encre de seiche au chèvre frais et une émulsion de fenouil. De belles framboises s'invitent à l'heure du dessert. Leur délicate acidité est tempérée par une douce émulsion de faisselle et un sorbet pistache au goût bien tranché. En feuilletant la carte des vins (pas démesurée mais parfaitement adaptée) on se dit qu'on est en terrain connu : Anjou du domaine Ogereau, Cheverny de Philippe Tessier, Pouilly-Fuissé du domaine Gilles Morat, Beaujolais de Jean-Paul Brun, Saint Joseph d'Yves Cuilleron...

LARAGNE MONTÉGLIN 05300

L'Araignée Gourmande 13/20

8 rue de la Paix - T. 04 92 65 13 39 - Menu(s) 35-48 €

La grosse maison de village donne envie de s'installer dans un décor cossu. Mickaelle Chouin est une hôtesse parfaite et Thierry, son mari, prépare une cuisine de sincérité à base de beaux produits. Des asperges croquantes à l'œuf parfait (pas tout à fait parfait) fine lamelle de betteraves crues jaune et chioggia, radis noir et fleur de bourrache au dressage comme un dessin d'enfant ; le pavé de merlu sur purée d'artichaut, sucrine et grattons de canard ; puis ce râble de lapin, moelleux, farci à la brousse, quelques tronçons d'encornets, sur un excellent jus de cuisson aux kumquats. La petite carte des vins est à prix raisonnables. Des locaux à 20 € (cuvée «Manon» rouge 2018 d'Olivier Ricard), terrasses-du-larzac rouge 2018 «Paresse» de Guillaume Gangloff, condrieu «Les Cassines» 2013, et un verre de côtes-catalanes blanc «Cadireta» domaine Lafage à 6 € pour accompagner un joli dessert de fin de repas, coulis de mangue, ananas, crémeux d'avocat et petits rochers de coco.

LAROQUE DES ALBÈRES 66740

Côté Saisons 11,5/20

10 avenue de la côte Vermeille - T. 04 34 12 36 51 - Carte 46 € - Menu(s) 37 €

Une salle accueillante, une atmosphère familiale dans cette maison de maître au cœur des Albères, qui propose aussi des chambres d'hôtes. Un raffinement certain qui prévaut dans l'ambiance comme dans la cuisine de produits locaux, le foie gras mi-cuit au marc de banyuls, le cochon confit miel gingembre ou la noix de veau des Pyrénées aux oignons nouveaux et jus à la bière La Canya. Bon menu «Terroir» à 35 €, qui s'achève avec la tomme de brebis ou la gaufre à la pomme de Laroque.

Les Enfants Terribles 11/20

33 rue Louis et Michel Soler - T. 04 68 89 40 51 - Menu(s) 34 €

Anthony Arnould et son épouse Valérie ont le mérite de faire revivre une adresse de légende (Les Palmiers) qui fut, il y a une dizaine d'années, l'une des grandes tables du département. Leurs Enfants Terribles ont bien le vent en poupe, l'esprit est jeune et enthousiaste, et l'atmosphère bistrot cool et actuel s'accompagne d'une cuisine de même esprit : œuf parfait crème de maïs, poulpe à la galicienne, cabillaud au jus de poisson de roche, risotto aux asperges, confit de basse côte en cuisson lente. Pas de complication majeure, mais une assiette garnie avec soin et précision, qui vaut une première toque. Cave régionale bien vue et pas chère (Les Sorcières à 32 €).

LASTOURS 11600

Le Puits du Trésor 15,5/20

CHEF : JEAN-MARC BOYER

21 route des Quatre-Châteaux - T. 04 68 77 50 24 - Menu(s) 60-120 €

Sourire, élégance et bienveillance. Le ton est tout de suite donné, et la patronne, comme le service, bien briefé, assure une prestation sans faute dans le plaisir d'une expérience bien menée. Jean-Marc Boyer travaille en confiance avec ses producteurs et vignerons, et la séquence glorifie le terroir, avec des assiettes pleines de justesse dans les textures et les associations. Dès la belle mise en bouche (pastèque infusée au romarin, panna cotta crémeuse à l'anguille fumée accompagnée d'un pain aux céréales), les 3 toques sont en ordre de marche et se confirment à chaque étape : maquereau mariné dans l'alcool de riz, puis confectionné dans l'esprit d'une escabèche et quelques légumes pickles, en fond d'assiette betteraves et carottes violettes, crème de raifort et cerfeuil, merlu de petit bateau girolles boutons et abricots de Méditerranée, coriandre, tagète, cerfeuil anisé, agneau confit 12 heures, d'abord cuit dans un bouillon aromatique, entièrement désossé, puis snacké et servi avec une déclinaison d'aubergines, un plat équilibré et savoureux avant un très délicieux dessert fraises, avec crème anglaise, tuiles croustillantes aux amandes, meringues, parfait glacé au yaourt parfumé au gingembre. Carte de vins bien fournie où toutes les régions sont représentées.

LATTES 34970

Le Mazerand 13/20

Mas de Causse - T. 04 67 64 82 10 - Menu(s) 27-71 €

Un bel endroit à l'écart de la ville, loin de la rumeur. On goûte ce luxe nouveau qu'est l'espace, et une forme de tradition bienvenue, où le client est accueilli et choyé. On pardonne ainsi la saint-jacques hors saison pour la mise en bouche afin de mieux apprécier une séquence si bien menée, le carpaccio de lotte subtilement fumé, tartelette d'une bolognaise d'encornet, crème de chou-fleur, le rouget-barbet, légumes printaniers sautés, glace de viande acidulée et févettes, et «La grande assiette gourmande du Mazerand», qui finalement déçoit (peut-être faudrait-il revoir l'intitulé). Service efficace et professionnel, carte de vins de la région très fournie.

Renaldo 12,5/20

1 rue des Chevaliers de Malte - T. 04 99 92 47 18 - Menu(s) 29-89 €

Avec le soufflé en spécialité, Renaldo Cavaletta apporte un vent de tradition aux Montpelliérains, produits nobles et belles façons incluses. Dans la véranda lumineuse et nappée, la clientèle férue de coutume et de plats sous cloches savoure les attentions. C'est le chef lui-même qui vient servir ses trésors bien montés, comme ce soufflé truffe et parmesan (qui prenait un peu le pas sur la melano) qui suivait un bon tartare de tourteau mousse d'avocat sauce vierge. Le coulis caramel perce le soufflé caramel sans qu'il ne s'effondre, prouvant une technique totalement maîtrisée. Petite cave adéquate, service agréable, un peu joueur et bien pro.

Le Bistrot d'Ariane 11,5/20

5 rue des Chevaliers de Malte - T. 04 67 20 01 27 - Carte 52 €

Une petite faiblesse en cuisine nous conduit à écorner d'une toque en moins cette adresse qui nous a si souvent régalés. Mais l'ambiance reste XXL comme la cave, et l'on trouve toujours son bonheur en trinquant avec les amis, grâce à des pépites et raretés à prix tendre bien dénichées par un vrai connaisseur. La tatin d'endive au jambon parfumé à la truffe nous a bien plu, davantage que la lotte lardée à la crème de potimarron, et avant une bonne tarte au citron meringuée. Service gentil et sans tralala.

LAUBACH 67580

La Merise 15,5/20

CHEF : CÉDRIC DECKERT

7 rue d'Eschbach - T. 03 88 90 02 61 - Menu(s) 92-165 €

La demeure typiquement alsacienne, aménagée avec beaucoup de soin par Christelle et Cédric Deckert, poursuit son évolution et se transforme résolument en un lieu d'esthétique et de délicatesse. Rien n'est jamais trop beau pour ce jeune couple passionné, lorsqu'il s'agit de rendre plus confortable et plus accueillante la coquette maison ouverte sur la campagne. Dernière création en date : cette nouvelle bâtisse jouxtant des pieds de vigne d'un côté et un jardin léché de l'autre. À l'intérieur, une cave théâtralisée et un salon qui est utilisé pour les apéritifs et les fins de repas. Dans la salle à manger, essentiellement dotée de tables rondes et ouverte sur les vergers, le service au guéridon de grande maison sait comment mettre en valeur la cuisine de Cédric Deckert. À défaut d'idées, la cuisine poursuit son évolution dans la pureté et la concentration des saveurs. Superbe carpaccio de langoustines d'une fraîcheur inouïe, escorté de caviar Osciètre servi au guéridon et de crème, dont la saveur de vinaigre de framboise n'est pas du goût de tout le monde. Accompagnée par un chutney de fruits exotiques, la terrine de foie d'oie est bien relevée, ce qui la rend encore plus gourmande, même si la présentation en tranche épaisse nous semble un brin rustique. La noix de ris de veau au foin, servie dans une cocotte Staub, est réellement transcendée, et le manque de puissance du bouillon est compensé par la gourmandise de cette purée robuchonnienne garnie de croûtons. Depuis l'ouverture de la maison, les desserts ont évolué vers plus de finesse, à l'image de la tarte au chocolat servie chaude, rehaussée d'une râpée de fève tonka et d'une glace à la vanille de Tahiti fondante ou de ce fin feuilleté aux abricots rendu gourmand par une crème mousseline de kirsch et une fine quenelle de glace au yaourt. Le luxe est aussi dans les détails et les innombrables petites attentions, allant des bouchées apéritives jusqu'au bouquet final des tiroirs à chocolats. Présentée sur tablette, la jolie cave classique est désormais conseillée par Joël Brendel, venu du Cheval Blanc à Lembach.

LAURET 34270

L'Auberge du Cèdre 12,5/20

969 route de Cazeneuve - T. 04 67 59 02 02 - Carte 45 € - Menu(s) 38-44 €

Une aimable auberge dans les vignes du pic Saint-Loup. L'accueil est avenant et les locaux se pressent dans cette belle maison du XVe siècle aux tables nappées jusque sur la terrasse. Les touristes et les vignerons s'y retrouvent pour une cuisine classique d'aujourd'hui, élaborée par l'ancien second Aladin Gury, avec l'effilochée de joue de cochon à basse température, la galette de lentilles wok de légumes, comme un sandwich, parfumé et épicé, le cake aux fruits et crème de gingembre, original et de bon goût. Un choix énorme sur les vins de la région, beaucoup de sincérité et de spontanéité dans le service.

LAVAL 53000

L'Esprit Cuisine 13/20

8 rue Mazagran - T. 02 43 56 78 51 - Carte 55 € - Menu(s) 25-60 €

Dans le centre-ville, la table d'Alexandre Arnaud s'est imposée comme une valeur sûre, pour son décor sobre et contemporain, adapté aux diverses occasions, et sa cuisine de marché solide, à la technique éprouvée et aux idées engageantes. Le menu aligne ainsi trois entrées, quatre plats et trois desserts, des assiettes bien dressées qui mettent en scène l'espadon en croustillant avec des légumes thaïs au soja, le dos de merlu à la pulpe d'artichauts, flûte de fenouil et courgette, une noix de veau marinée aux épices, bouchées de radis, pulpe de topinambours et escargots en persillade. Menu du déjeuner à partir de 25 €.

LE BOURGET DU LAC 73370

Atmosphères 16/20

CHEF : ALAIN PERRILLAT-MERCEROT

618 route des Tournelles - T. 04 79 25 01 29 - Menu(s) 74-128 €

Il n'a pas une gueule d'atmosphère, mais c'est un chef qui cuisine. Alain Perrillat-Mercerot, issu de la filière Marc Veyrat, est un cuisinier discret, mais aux énormes qualités : précision, inventivité, mais surtout autonomie, liberté, fulgurances... Tout ce qu'on aime, dans une maison perchée qui s'apprivoise, avec une belle vue sur le lac et le mont Revard. Coup de cœur pour cette tomate en trois services parfaitement acidulée. Il est impossible de résister aux poissons de lac, que le chef sait cuisiner à la perfection, sans trop de gras ni d'artifices. Le lapin Miéral et girolles des Bauges est quant à lui succulent. On en oubliera l'accompagnement de pois chiche avec l'omble, un brin plat. Desserts inégaux, mais une très bonne pêche du Tremblay sirop et crémeux de tagète, un excellent menu 6 services gentiment tarifé 102 €. Service aimable, un peu récitant, mais précis, supervisé par une patronne très à l'aise.

Restaurant Lamartine 15,5/20

CHEF : VALENTIN MARIN

Route du Tunnel du Chat - T. 04 79 25 01 03 - Carte 112 € - Menu(s) 75-120 €

Face au lac du Bourget, sur la route du tunnel du Chat, trône depuis 1967 le Restaurant Lamartine. Jean, Pierre et maintenant Valentin veillent sur cette maison de famille qui aurait pu s'endormir sur les lauriers des habitudes. Pourtant, depuis quelques mois, un vent de fraîcheur souffle sur la carte, qui a gagné en légèreté et en travail de précision. Ici, les sauces sont courtes, les goûts francs et directs. Alors que les haricots du jardin s'amourachent de petites framboises accompagnées d'une vinaigrette au géranium, les poissons d'ici et d'ailleurs attendent sagement d'être cuisinés, et seront cuits à la perfection. Chez les Marin, le taillage des légumes n'est pas une corvée, mais plutôt une philosophie. En mirepoix, en julienne, en passant par la brunoise, ces techniques confèrent aux plats des textures et mâches intéressantes, que Valentin exécute avec attention. Les desserts sont un cran en dessous et mériteraient plus d'inventivité. Une montée en gamme réelle, et des prix également revus à la hausse, sans que la clientèle habituelle ne semble affectée, le regard plongeant sur ces immensités lacustres. Service professionnel et affable, cave classique, héritage d'une grande maison bourgeoise.

LE BOUSCAT 33110

Maison Pavlov 13,5/20

199 avenue de la Libération Charles de Gaulle - T. 05 56 01 05 00 - Menu(s) 60-78 €

La Maison Pavlov vient de fêter sa première année d'existence, et ce dernier bébé de Mary Henchley et Maxime Rosselin (déjà propriétaires du Chien de Pavlov) se distingue par l'attrait de cette terrasse au calme, tout près du centre-ville de Bordeaux, mais à l'écart de l'agitation. C'est le chef basque Kevin Alsuguren qui s'active au piano. Sa cuisine s'affirme et il gagne en assurance, proposant de belles idées, soignées et généreuses : tomate comme une piperade et bellota, thon rouge de Méditerranée fumé, millefeuille de légumes, émulsion scamorza gourmande et de bon goût, agneau de lait des Pyrénées, saveurs du Moyen-Orient, une assiette élégante, bien construite et qui fait voyager. Agréable dessert abricot curry noir et framboise, cave courte, principalement sur la région.

LE BROC 63500

Origines 15/20

CHEF : ADRIEN DESCOULS

Rue du Clos de la Chaux - T. 04 73 71 71 71 - Menu(s) 100-170 €

L'évolution est nette et la progression d'Adrien Descouls, récent lauréat du dernier Gault&Millau Tour Auvergne-Rhône-Alpes, est indéniable. Dans cette belle salle mêlant la pierre du pays au cadre contemporain et dominant la vallée, l'ambiance est détendue autant que l'affaire est sérieuse : la tarte fine aux champignons, escargots, persillade, fait une vraie balade dans les sous-bois, l'omble ikejime confit dans une huile d'agrumes, berlingots de caillé de chèvre, betterave épicée est un vrai plat à 3 toques et le salmis de perdrix rouge, vaporeuse de salsifis et sauce corsée, façon lièvre à la royale, montre aussi une remarquable aisance sur la grande cuisine classique actualisée. Le monocle thym citron et mélisse, comme le «monolithe cacahuète» autour du chocolat ferment la séquence avec habileté, confirmant que l'Auvergne possède bien un champion de plus. Jolie cave à prix justes, service attentionné.

LE CANNET 06110

Villa Archange 17/20

*CHEF : **BRUNO OGER** - CHEF PÂTISSIER : **MAXIME SIMONOT** - DIRECTEUR DE SALLE : **ERIC DESCAZAUX** - SOMMELIER : **AXEL DERVIEUX***

Rue de l'Ouest - T. 04 92 18 18 28 - Carte 242 € - Menu(s) 90-350 €

La légende raconte que deux sœurs qui aimaient le même homme avaient fait construire chacune sa maison l'une en face de l'autre. L'histoire ne dit pas comment cela se termine, en revanche, plus de deux siècles après, Bruno Oger commence la sienne dans ce bel environnement classé, au Cannet sur les hauteurs de Cannes, ville qu'il a bien connue pendant sa période palace au Majestic. Le chef des stars s'inspire de sa terre natale, la Bretagne, pour offrir une diagonale parfaite entre l'iode de l'Atlantique et le soleil de Méditerranée. Des assiettes pleines de vie, le rouget de pêche locale cuit au gril avec son sorbet de sardines, tartare de sériole et couteaux et harissa de tomate, les ormeaux de l'île de Groix, massés à la main pour qu'ils restent tendres, jus de coquillages et artichaut cuit et cru, le turbot rôti et son jus vert au céleri, raifort et noix fraîche... Les desserts prolongent l'identité avec le blanc-manger au lait d'amande douce et compotée de myrtilles et les délices des anges avec l'incontournable traou mad, ici recouvert d'une crème brûlée à la vanille. Le chef sommelier Axel Dervieux source ses cols parmi les belles étiquettes et les domaines à découvrir. Le service est à l'image du lieu, élégant et décontracté. La table d'hôte devant les fourneaux participe de cette même âme hospitalière que le chef entretient avec ses clients lorsqu'il vient en faire le tour avant et après le repas.

Le Bistrot des Anges 13/20

Rue de l'Ouest - T. 04 92 18 18 28 - Menu(s) 30-59 €

La splendide terrasse sous la tonnelle est le lieu idéal pour un dîner entre amis, pour sa convivialité et son charme méditerranéen. L'annexe bistrotière de la maison Oger met les petits plats dans les grands, et permet d'introduire aux talents locaux à moindre prix, notamment sur un beau carpaccio de sériole, un maquereau à la flamme et concombre yaourt au citron vert, des petits farcis de la Riviera, sauce florentine au pistou. Service impeccable.

LE CRÈS 34920

Mas des Filles 11/20

D. 67 Chemin du Mas du Pont - T. 04 67 14 00 00 - Menu(s) 43 €

Aux portes de Montpellier, le chef du Cigory, transformé en centre de formation et d'application, a retrouvé un lieu pour s'exprimer, consacré à de nombreux événements et réceptions. Dans cette déco baroque, on vient chercher une cuisine actuelle de la même veine que naguère, un peu cumulative et sympathique : crème de panais, croquettes d'escargot, jus de viande à l'ail doux et persil, poudre de pistache, filet de bar saisi sur la peau, purée de safran, sauce comme une bouillabaisse, crème de citron et clémentine fraîche, chantilly à la fleur d'oranger. Service efficace, cave régionale étendue.

LE GRAU DU ROI 30240

Le Spinaker 14/20

Voie de la Pointe du Môle - T. 04 66 53 36 37 - Carte 65 € - Menu(s) 45-67 €

C'est la grande table du coin, toujours fidèle au poste, dans cet environnement contemporain propice aux vacances réussies. L'heure est à la détente chic, les assiettes sont belles, dans une tendance bien marquée, voire un peu modeuse, ce qui n'empêche pas la qualité de réalisation : tataki de thon sauce ponzu, risotto aux asperges et saint-jacques à l'huile de pistache et quelques bons classiques, comme la sole meunière ou le filet de bœuf et foie gras. Bons desserts classiques, cave très large, les meilleurs de la région et de grandes références.

L'Amarette 11/20

8 avenue Jean Lasserre - T. 04 66 51 47 63 - Menu(s) 43-54 €

En position privilégiée, l'Amarette prend un peu de hauteur, dans tous les sens du terme, pour offrir aux touristes la vue sur le port et une cuisine sincère, composée avec soin sur les produits locaux. Pour une première visite complète, le menu à 47 € est un bon choix proposant du produit plus ou moins travaillé, avec justesse : huîtres, foie gras, croustillant de saint-jacques fondue de poireaux, avant le turbot hollandaise ou le cabillaud à la réglisse et risotto. Desserts classiques (crème brûlée, gratin de fruits, brioche perdue), cadre agréable dans une architecture contemporaine des années 1970.

Le Dauphin 11/20

48 Quai du général de Gaulle - T. 04 66 53 91 44 - Menu(s) 24-31 €

Une table touristique classique et sérieuse sur le port, régulière dans son offre avec son menu à moins de 30 € qui donne satisfaction en jouant une simplicité bienvenue : brandade, rouille, marinade de poulpe, tartare, fougasse sucrée... Également les huîtres de Bouzigues et le poulpe à la plancha à la carte. À la cave également, on propose de bons choix à petits prix, le picpoul-de-pinet, le costières et le sable-de-camargue au pichet.

LE HAVRE 76600

Restaurant Jean-Luc Tartarin 17,5/20

*CHEF : **JEAN-LUC TARTARIN** - DIRECTEUR DE SALLE : **ANNABELLE TARTARIN** - DIRECTEUR DE SALLE : **VINCENT BRIDOUX***

73 avenue Foch - T. 02 35 45 46 20 - Menu(s) 49-143 €

Alors ? À la mode ou pas Tartarin ? Si l'étalon est le goût, et c'est plutôt notre mantra, alors la réponse est cent fois oui. Jean-Luc Tartarin, Cauchois de toujours, Havrais depuis vingt ans, est d'abord un cuisinier, un rôtisseur, un maître du feu, un maître du jeu, et un maître du goût. S'il sait flatter son auditoire avec cette précision des grands sur les produits de prestige, le homard rôti sur carcasse poudré de grué de cacao, la fameuse langoustine «léchée» par la braise de romarin et cappuccino à l'encre de seiche, il a toujours dans sa manche deux ou trois plats grandioses qui font dire à ceux qui savent lire : «ça, c'est du 4 toques !» La saint-jacques de baie de Seine avec la rare alose voile de raifort et vinaigre de kalamansi, le rouget enrobé d'herbes, cuisson très respectueuse, chair savoureuse avec une émulsion roquette et salicorne et une décisive râpée de combava, ou son «hors piste» découvert l'autre jour, une sole magnifique sur une diablerie de sauce ortie oseille, claquent comme des éclairs dans un ciel plutôt marin, mais aussi paysan à son heure, avec le ris de veau pané panko, blette mirabelle et un délicat jus bigarade au cassis. Pas d'effet de manche ni d'excès de protocole animé avec élégance par Annabelle Tartarin, qui sait donner ton et personnalité à ce cadre bourgeois au service bien formé. Desserts aussi bien construits (boule chocolat betterave passion citronnelle et gingembre), cave franchement intéressante, par les tarifs comme la variété, avec un choix honnête au verre (IGP de Stéphane Montez à 15 €).

La Tablée 12,5/20

69 rue Guillemard - T. 02 76 25 86 66 - Menu(s) 39-77 €

L'endroit est tranquille, à 10 minutes du centre, mais l'adresse est maintenant bien connue et l'on repère de loin la devanture bleu roi. À l'intérieur, climat feutré et bonnes manières. La carte de Jonathan Grayon sonne juste dans un convaincant menu à 39 € : foie gras poêlé mogettes glacées au jus de viande cecina de Léon, lieu jaune rôti beurre monté aux agrumes poireaux et condiment citron, suprême de pintade rôti crème de topinambour oignon rôti jus crémé... Desserts aussi soignés, cave classique avec un choix un peu moindre au verre.

Le Bouche à Oreille 12/20

19 rue Paul Doumer - T. 02 35 45 44 60 - Menu(s) 31-52 €

Une bonne et fidèle table près du centre, dans une rue calme. La maison compte ses habitués, dans une ambiance doucement familiale, et le chef applique un savoir-faire indéniable sur chaque assiette : bisque de crevette gyoza façon bao, tartare de crevettes au gingembre, pintade rôtie à l'huile de citron et yuzu thym frais, crozets au sarrasin et jus de citron confit au thym, sablé pomme dans un équitable menu à 31 €. Cave classique, bière normande De Sutter, de Gisors.

Le Quint&Sens 11,5/20

98 rue du Président Wilson - T. 02 35 41 18 28 - Menu(s) 50 €

Une gentille table de quartier qui fait sa vie sans souci. Et si nous avons cru un temps à un peu plus d'ambition, nous nous réjouissons néanmoins que la toque se maintienne et que les habitués trouvent leur contentement à petits prix, comme dans ce menu déjeuner, avec une délicieuse brandade, une blanquette de dinde et le sablé façon tatin. Agréable terrasse abritée.

À deux pas d'ici 11/20

69 rue Dauphine - T. 02 35 43 44 81 - Menu(s) 19-40 €

Dans une rue calme du quartier Saint-François, Raynald Piquenot montre ses qualités de maître-restaurateur. Des produits bien choisis, des menus parfaitement conçus, une maîtrise de l'assiette, sans effets farfelus ni défauts majeurs, même s'il reste quelques manières pour faire joli : terrine de joue de bœuf poireau tiède et mousse de raifort, magret pommes et calvados pommes grenailles façon sarladaise, chaud-froid de chocolat au praliné dans une formule bien menée à 28 €.

Les Enfants Sages 11/20

20 rue Gustave Lennier - T. 02 35 46 44 08 - Carte 43 € - Menu(s) 12 €

Cette grande maison particulière, avec son jardin et sa terrasse, en plein centre-ville, possède beaucoup de charme. L'offre est assez modeste, attendrissante, dans sa présentation de cahier d'écolier, et honnête dans ses tarifs : tatin de magret fumé, saumon gravlax, huîtres de Saint-Vaast, coquillettes jambon à la truffe et comté, cocotte de pintade sauce crème et gentils desserts régressifs, comme le riz au lait d'Antoine ou les profiteroles «des Enfants Sages». Service attentif, petit choix au verre.

La Petite Brocante 11/20

75 rue Louis Brindeau - T. 02 35 21 42 20 - Menu(s) 17-21 €

Elle a connu plusieurs vies, cette Petite Brocante, bistrot précieux et bon genre qui attire les Havrais depuis une quarantaine d'années sous divers pavillons. Aujourd'hui, c'est l'efficacité qui prime, dans une veine actuelle, avec un large choix dans chaque proposition. On peut faire simple à 27,90 €, avec l'assiette de bulots ou les escargots, l'aile de raie aux câpres pommes vapeur, le tartare frites, la pavlova coulis de fruits rouges.

LE LAVANDOU 83980

Chez Jo 12/20

Quartier Layet Plage du Layet - D559 - T. 04 94 05 85 06

C'est toujours l'expérience ultime de cette partie de côte que propose cette paillote au seuil d'une plage naturiste. On saute de joie lorsqu'on a obtenu une table (il faut souvent attendre quinze heures pour le deuxième service ou s'y prendre très à l'avance pour le premier, et patienter encore parfois près de deux heures avant que votre assiette n'apparaisse), permettant d'entrer dans le cercle des initiés. Le service est en total speed, les faouques défilent dans l'opulence, tandis que, Manu, imperturbable maître des horloges, fend le crâne à la machette de dizaines de langoustes chaque jour avant de les enfourner, et plus encore de beaux yeux, de rougets ou de saint-pierre selon l'arrivage des bateaux de pêche dédiés à la maison. Car tous ceux qui sont là (pas loin de 200 entre midi et cinq heures) ne viennent que pour les immuables trois piliers de chez Jo (le reste, c'est de la déco) : le poisson, servi avec les incontournables pommes de terre, oignons et échalotes, la langouste et la bouillabaisse. La qualité de ces trois éléments ne baisse pas, le succès et le rush n'améliorant évidemment pas la prestation globale, même si la fille de Jo et son équipe font toujours le maximum, dans la gentillesse, l'authenticité et le pittoresque de cette adresse unique.

Bô 11/20

8 avenue des Commandos d'Afrique - T. 09 80 67 62 37 - Carte 24 € - Menu(s) 30 €

Une agréable enclave thaïe sur l'avenue vers la plage, l'une des rares adresses lavandouraines ouvertes à l'année, un bon signe pour une table pro et régulière. Des potages, des beignets de crevettes, des sauces et currys variés entourent des produits de qualité, crevettes, porc, canard, bœuf dans une gamme établie, avec un riz très correct en accompagnement. Thé, bière thaïe et vins de Provence pour suivre, bon service.

LE MANS 72000

Beaulieu La Suite 14/20

34 place de la République - T. 02 43 87 78 37 - Menu(s) 28-41€

L'ancien Le Beaulieu est devenu Beaulieu La Suite, et si le chef Olivier Boussard et son épouse Laurence n'ont pas bougé, les lieux ont pris un petit coup de jeune. Bien rénové, dans une veine toujours élégante mais plus contemporaine, l'endroit est plus ouvert à une cuisine renouvelée, qui permet au chef d'exploiter sa technique avec plus de liberté. La carte tient ses promesses, avec ses langoustines rôties et chair d'araignée de Saint-Malo, asperges vertes et jambon ibérique truffé, un poisson noble aux morilles et légumes de saison, des ris de veau braisés aux asperges ou encore un macaron au thé vert matcha.

Le Grenier à Sel 13/20

26 place de l'Éperon - T. 02 43 23 26 30 - Menu(s) 25-59€

Institution mancelle, la très belle maison de Jérôme Foulard à l'entrée de la cité médiévale est une étape incontournable de la vie locale, qui vient dans cet écrin bourgeois et feutré célébrer les grands moments. Sérieuse, réconfortante et minutieuse, la salle est digne du chef, qui travaille des produits soigneusement choisis, locaux le plus souvent, et cuisinés d'après une inspiration de grande tradition française. L'œuf de Loué, emblème régional, est évidemment à l'entrée, sur une généreuse mousseline de pommes de terre, en cuisson à 64°C, avec les asperges et le foie gras, avant les ravioles de langoustines revisitées dans une veine asiatique avec le saté et la sauce soja. Le carré d'agneau français est quant à lui orientalisé par un bel accompagnement de légumes couscous, pour une version plus ensoleillée et parfumée. Très belle cave, avec de grands classiques pour les belles occasions.

L'insouciant 13/20

6 rue de la Mission - T. 02 43 40 00 58 - Menu(s) 20-62€

Doublement récompensée par Gault&Millau début 2022, la table de Madeline Blais et Corentin Courtien poursuit son bout de chemin avec une égale constance. Décorée avec sobriété et élégance, dans une veine actuelle, la salle est dirigée par Madeline, qui parle mieux de la cuisine du chef que quiconque, et toujours avec le sourire. Le chef, quant à lui, a développé une belle cuisine bistronomique avec une attention toute portée sur les condiments, qui donnent à ses compositions des parfums complexes et équilibrés. Le menu du soir à 48 € offre un joli éventail des possibles, la raviole de radis noir à l'anguille fumé et berlingot au shiso, panna cotta origan et shiso, carpaccio de maquereau, le carré de cochon fumé au foin, croûte des cosses de petits pois et sarrasin tartelette à l'andouille de Guémené et salicornes, pour finir un cristal de mangue, espuma de réglisse et sorbet mangue. Cave de bonne escorte.

L'épi'Curieux 12,5/20

4 rue de la Vieille Porte - T. 02 43 77 15 63 - Menu(s) 17,90-40,70€

Une équipe bien dans son époque pour du bon bistrot, voilà le projet de cette table à l'entrée de la vieille ville, avec une belle modernité et un sens de la présentation. Simple d'abord, l'endroit cache sa jeunesse, loin des traditions, pour offrir produits de saison et technique véritable. La cuisine ouverte montre un vrai chef et un beau travail, sur une ardoise du jour bien constituée, prolongée par la carte de saison, une salade de tomates au mignon de porc séché, un ceviche de cabillaud à la rhubarbe, un pavé de julienne rôti à la cuisson parfaite et une fondue de chou à la crème aux pleurotes avec beaucoup de gourmandise, un pigeonneau Rossini et risotto à la scarmoza pour les grands soirs. Petite cave. Service très aimable.

Le Tablier de Jaurès 11,5/20

138 avenue Jean Jaurès - T. 02 43 78 93 81 - Carte 67 € - Menu(s) 25-72 €

Une bonne bistronomie sur cet axe un peu éloigné du centre-ville, œuvre de Jérôme Lair, qui propose dans un cadre boisé et plutôt chic des idées travaillées et actuelles. À la carte, panna cotta de petits pois sur un biscuit de pain, chèvre au raifort, petits pois et œufs de poisson, un filet mignon de porc laqué, caviar d'aubergine, artichauts poivrade et émulsion barigoule. Desserts dans la même veine. Service souriant.

LE PERREUX SUR MARNE 94170

Les Magnolias 14/20

48 avenue de Bry - T. 01 48 72 47 43 - Carte 68 € - Menu(s) 41-94 €

La salle est décorée d'œuvres d'artistes, les tables sont bien espacées et on y est confortablement installé. Dans ce cadre choisi et réputé, Pierre-Henri Morel propose des assiettes originales à sa façon : un cube de foie gras mi-cuit au soja, des croûtons, du lard, des champignons enokis arrosés d'un jus de volaille au dashi un poil salé, un bon turbot avec une étuvée de poireaux aux amandes torréfiées émulsion au lait d'amande cédrat, et une selle d'agneau (un brin chiche en quantité) en croûte de cacao qui amène beaucoup d'amertume et une fine mousseline de céleri à la truffe. Bon dessert chocolat blanc cube mangue-passion et crème coco-vanille, service compétent et aimable, carte des vins bien fournie.

LE PETIT PRESSIGNY 37350

Restaurant Dallais 16,5/20

CHEF : FABRICE / JACKY DALLAIS

11 rue du Savoureulx - T. 02 47 94 93 52 - Menu(s) 58-127 €

Un conseil indispensable ? Avant de réserver à la Promenade, pensez à réserver une chambre dans les proches environs. Parce que chez les Dallais, on ne fait pas que (très) bien manger. La cave, sur laquelle veille le brillant Xavier Fortin depuis des lustres, est parmi ce qui se fait de mieux à des centaines de lieues à la ronde, et ce sommelier passionné saura forcément dénicher la quille qu'il faudra parmi ses plus de 600 références. En cuisine, même si l'infatigable Jacky Dallais n'est jamais bien loin, c'est son fils Fabrice qui est aux commandes depuis une dizaine d'années. Formé notamment chez Barrier, Savoy et Gagnaire, il a su progressivement moderniser la cuisine de son père tout en conservant les grands classiques de la maison, le lièvre à la royale façon «Sénateur Couteau» ou le brochet en croûte de pommes de terre. Une cuisine indémodable, un service aussi discret que prévenant et des tarifs toujours aussi raisonnables.

LE PIN LA GARENNE 61400

La Croix d'Or 11/20

6 rue de la Herse - T. 02 33 83 80 33 - Menu(s) 15,50-49,50 €

Un classique dans le village, sur cette route très fréquentée entre Mortagne-au-Perche et Bellême. On marque volontiers l'arrêt pour retrouver cette cuisine traditionnelle, travaillée avec effort, aimant les alliages sucrés-salés et offrant un choix suffisant dans son menu à 32,50 € : truite marinée façon gravlax caramel de soja, poule confite en crépinette mousseline de fèves jus à la cardamome, teurgoule maison avec sa brunoise de pommes et caramel de boudin noir.

LE PUY SAINTE RÉPARADE 13610

Hélène Darroze à Villa la Coste 14,5/20

2750 route de la Cride - T. 04 42 28 35 59 - Menu(s) 85-170 €

Thomas Pezeril est arrivé en 2014 dans la galaxie Darroze, après deux ans chez Pic, et a fait un break de quatre ans à La Bijouterie de Lyon avant de revenir en 2021 pour l'ouverture du restaurant de la Villa La Coste, dont il est désormais le chef exécutif. Cette table fait partie du domaine appartenant à Patrick McKillen, homme d'affaires irlandais qui possède le Connaught, et la boucle est bouclée. L'intention première est d'introduire la verdure environnante de l'arrière-pays aixois dans les assiettes, en s'appuyant sur toute une série de producteurs mis en avant, en gras, sur la carte. Le risotto à la milanaise, condimenté de crustacés et de traits d'encre de seiche est emballant, la vinaigrette d'abricot au balsamique blanc et à l'huile d'olive transforme totalement le dessert et la trouvaille de la poudre de noyaux déshydratés de petites niçoises donne une profondeur géniale aux tomates. La carte des vins livrera sa pleine mesure au-delà des 200 € le flacon. Service précis et attentionné, cadre idyllique pour une soirée d'été.

LE PUY EN VELAY 43000

Comme à la Maison 11/20

7 rue Séguret - T. 04 71 02 94 73 - Menu(s) 13-40 €

Lorsqu'on vient du cœur de ville à pied, la grimpette est sévère pour parvenir à la cathédrale, dans le très joli vieux quartier où loge cette enseigne réputée. Qui maintient sa renommée grâce à une cuisine régionale bien personnalisée, des recettes adaptées de la tradition avec succès : royale de champignons crème d'ail noir, pressé de bœuf de Haute-Loire gratin aux cèpes, moelleux au chocolat Weiss pour constituer un bien sympathique «Menu du terroir» à 25 €. Quelques bons vins de la région, certains en bio. Menus découverte à l'aveugle à 30, 40 et 50 € selon le nombre de plats.

LE TOUQUET PARIS PLAGE 62520

La Table du West Hôtel Barrière Le Westminster 12/20

5 avenue du Verger - T. 03 21 06 74 95 - Menu(s) 34-44 €

Le gastro étant mis en sommeil pour une durée indéterminée, les résidents du Westminster prennent donc leurs quartiers à la brasserie, qui ne déçoit pas sans emballer vraiment. Le travail est propre, dans ce lieu rafraîchi, avec sa petite verrière, ses banquettes en cuir avec vue sur la cuisine ouverte, plutôt calme (à deux, on ne fait pas trop de bruit) : maquereau simplement poêlé, fraises curry coriandre, un peu terne pour 24 €, cabillaud fenouil citron confit coques marinière de légumes du marché, roquette, belle cuisson et très bon jus crémé pour 38 €, millefeuille vanille correct. Une toque méritée, mais l'addition est sans doute un frein pour une assistance plus fournie. Cave légère et passe-partout, service aimable et appliqué.

Pérard 11,5/20

67 rue de Metz - T. 03 21 05 13 33 - Menu(s) 28-38 €

Le poissonnier-traiteur le plus connu de la ville offre aussi son restaurant et son bar à huîtres, avec service au comptoir et à table pour profiter des préparations du moment. Une grande carte axée mer, poissons, huîtres, fruits de mer, crustacés, bien présentés et travaillés avec sérieux, auxquels s'ajoutent le saumon fumé, les croquettes de crevettes, la soupe de poisson, les salades, le bar entier, la sole meunière, la choucroute de la mer, la blanquette de poisson et un grand choix de desserts.

Côté Sud 11/20

187 boulevard Docteur Jules Pouget - T. 03 21 05 41 24 - Menu(s) 42,50 €

Une table sincère face à la mer, belle exposition, simplicité et professionnalisme chez Églantine et Sébastien Desrousseaux. À la carte, un peu moins de produits de la mer que prévu, mais un bon choix dans une gamme bistrotière : pressé de paleron de bœuf et carottes sorbet cornichon, filet de daurade royale, aubergine tomate et basilic, pavé de quasi de veau aux morilles et moutarde à l'ancienne. Fromages, glaces, petit choix de desserts, cave de négoce, une autre formule plus ambitieuse à 42,50 €.

La Dune aux Loups 11/20

214 avenue de la Dune aux Loups - T. 03 21 05 42 54

Une auberge forestière au milieu des belles résidences du Touquet, rendez-vous chic d'un entre-soi convivial. La cuisine fait ce qu'il faut pour réussir ce challenge, à la fois sélective par les tarifs et rassurante par le contenu sans paraître trop tradi : huîtres Gillardeau, cassolette d'escargots aux girolles et à l'ail frais, filet de bar plancha beurre blanc au champagne, ris de veau crousti-moelleux jus truffe. Le menu à 65 € est une bonne introduction.

Le Village Suisse 11/20

52 avenue Saint-Jean - T. 03 21 05 69 93 - Menu(s) 36-70 €

Du tout simple, mais un petit charme pour cette bâtisse typique à laquelle on peut accéder par un escalier de pierre, et une pointe de personnalité bien plaisante. Suivez l'inspiration du moment avec le menu à 36 € qui dit l'essentiel de la production maison, avec les ravioles de petits-gris, le cabillaud épeautre et sauce chorizo, la joue de porc confite sauce thaïe et noix de cajou, l'éclair mirabelle et tonka. Service attentif, cave d'appoint.

LÈGE CAP FERRET 33970

Pinasse Café 12,5/20

2 bis avenue de l'Océan - T. 05 56 03 77 87 - Menu(s) 38,50-47 €

Véritable institution de Cap-Ferret, le Pinasse Café est un restaurant de bord de mer au cadre idyllique, avec une vue sur le bassin, face à la dune du Pyla et aux parcs à huîtres. Un lieu sobre et élégant avec des matériaux et couleurs en harmonie avec l'environnement. Plusieurs ambiances pour déjeuner ou dîner, sur la terrasse à fleur d'eau (à privilégier), sous la verrière ou à l'intérieur. La carte est naturellement branchée mer, la bonne affaire restant le «Menu du Pinasse» à 47 €. Ceviche de mule au lait de coco, piment doux, coriandre et gingembre, bien frais, filet de dorade, caviar de tomate, chou-fleur rôti au tandoori, burrata fumée, simple et bonne crème brûlée vanille bourbon. Le service est conséquent pour faire face à l'affluence estivale et s'en sort bien, toujours avec le sourire. Carte des vins correcte, sushi bar en saison. Il convient de réserver avec un temps d'avance pour obtenir le meilleur spot en première ligne !

LEMBACH 67510

Auberge du Cheval Blanc 15,5/20

CHEF : PASCAL BASTIAN

4 rue de Wissembourg - T. 06 09 53 30 86 - Menu(s) 95-165 €

Voilà 115 ans que le Cheval Blanc écrit sa légende gastronomique. Cet ancien relais de poste, c'est l'Alsace du Nord dans toute sa splendeur : une arrivée toujours aussi spectaculaire dans la cour à gros pavés, où semble encore résonner le fracas des diligences ; des dépendances ouvragées, puis une succession de salons monumentaux. Depuis qu'ils l'ont acquis en 2008, Carole et Pascal Bastian n'arrêtent pas d'améliorer, par petites touches, le décor de ce joyau. Beaucoup de bon goût, un peu d'audace et une recherche de l'épure permettent de mettre en valeur le volume châtelain de cette salle dotée d'une cheminée monumentale. Dernière modification en date : les chaises design. La cuisine de Pascal Bastian évolue tout aussi prudemment dans un style qui conjugue passé et présent. On commence avec un grand classique : la raviole de foie gras de canard poêlé aux champignons des bois, qui est servie avec un fond puissant mais crémé et une émulsion de truffes noires ; la truffe est, hélas, râpée en cuisine. Les amateurs de fraîcheur préféreront la belle déclinaison de thon rouge en carpaccio selon une façon méditerranéenne, en tartare avec une émulsion à la tomate grappe et enfin aux épices indiennes bien dosées. Quant à l'omble chevalier d'Alsace du Nord, il brille davantage par sa savoureuse sauce au vadouvan et les petites carottes d'Éric que par la précision de la cuisson. Les associations terre-mer semblent inspirer le chef, tel ce lapin aux coques servi avec des asperges de chez Claude, des petits pois, des rognons de lapin, et un sabayon aux agrumes doublé d'une sauce brune un brin trop salée. Comme souvent en Alsace, on finit le repas en gourmandise avec une composition autour de la fraise et de l'aspérule odorante, les différents produits gourmands sont posés dans l'assiette de manière distinguée. Les menus sont toujours bien composés, même si les deux premiers services annoncés comme des entrées sont en réalité des amuse-bouche, compensés en fin de repas par un généreux chariot de petits fours. Même si le service jeune, quoique abondant, balbutie de temps à autre, l'ensemble de l'expérience demeure largement une fête que nous aimons renouveler chaque année.

LEMPDES 63370

Le B2K6 13,5/20

6 rue du Caire - T. 04 73 61 74 71 - Menu(s) 36 €

Diablement efficace, cette discrète adresse à l'est de Clermont-Ferrand est le fief de Jérôme Bru (que l'on peut aussi retrouver au Smorrebrod), qui propose une bistronomie lumineuse et colorée, à la fois personnelle et fière de son terroir. Les assiettes délivrent une vision très personnelle du produit, qui est choisi soigneusement et incorporé dans des alliances toutes en contrastes, comme un œuf moelleux avec un croustillant de queue de bœuf, crémeux de champignons et croûtons, de belles saint-jacques en confrontation avec une coppa marine et un lait de lard fumé, ou encore l'exotisme d'un ananas rôti et la rondeur d'un streusel aux noisettes. La cave interprète également bien cette jeunesse et cette modernité, avec des producteurs de référence (Olivier Pithon, Julien Pilon, Anne Gros...). Service très aimable.

LES ARCS SUR ARGENS 83460

Le Relais des Moines 15/20

CHEF : SÉBASTIEN SANJOU

77 route de Sainte-Roseline - T. 04 94 47 40 93 - Menu(s) 68-128 €

Sur les hauteurs des Arcs-sur-Argens, la table de Sébastien Sanjou est un petit trésor caché, une maison discrète et infiniment provençale, qui se conclut sur sa terrasse et sa vue imprenable sur les Maures. Dans cet écrin de luxe, la sensation du privilège commence au coucher du soleil, quand la Provence offre ses couleurs uniques, et que les amuse-bouche affluent en concentrant tous les plaisirs du terroir, le thon rouge et la poutargue. Le menu à 98 € fait de belles escales le long de la Méditerranée, la crevette sauvage, la courgette et le basilic, les tomates du pays simplement cuites et crues, un saint-pierre en papillote avec des légumes primeurs en minestrone, huile d'aneth, un final doux et parfumé sur la pêche de Taradeau au jasmin et au poivre du Sichuan. Jolie cave provençale (Patricia Ortelli, Valcolombe, Clos de l'Ours...).

LES BAUX DE PROVENCE 13520

L'Oustau de Baumanière 18,5/20

CHEF : GLENN VIEL - CHEF PÂTISSIER : BRANDON DEHAN - DIRECTEUR DE SALLE : LAURENT SOUSTELLE - SOMMELIER: ANTOINE CAZIN

Mas Baumanière - T. 04 90 54 33 07 - Carte 51 € - Menu(s) 175-310 €

Étonnant bonhomme, ce Breton quadra qui cache sous sa stature de troisième ligne de rugby une sensibilité de novateur. En sept ans, Glenn Viel a marqué de son empreinte ce site exceptionnel. C'était l'homme qu'il fallait : celui qui assure, comme personne, l'harmonie entre la cuisine et le lieu, celui qui, avec grande habileté, imprime à chaque plat une personnalité forte, celui qui nous livre l'interprétation la plus contemporaine du terroir provençal. Débarrassé de tout ce qui est inutile, chaque plat d'apparence simple est l'aboutissement d'un travail de recherche de longue haleine, accentué par une volonté évidente de concentration des parfums. Cet enfant prodige excelle dans le maniement des contrastes souvent mis en scène par des déclinaisons : chaque préparation est constituée d'une assiette principale entourée d'assiettes satellites. Au jeu des saveurs s'ajoute une démarche esthétique. Tout ce qui sort des cuisines a fait l'objet d'une mise en forme graphique poussée. Dès le premier plat, on frappe fort avec ce travail du rouget où deux textures diamétralement opposées viennent se confronter. À l'arrivée du plat, on dirait un crustacé. La mousse élaborée avec le foie sert de condiment pour compenser la fraîcheur et la quasi-fadeur du filet. On se délecte ensuite de ce crémeux de sardines que l'on tartine tel un gosse sur le pain de laurier et l'on goûte, comme si de rien n'était, les têtes grillées avec un jus de sardines corsé. Le croque-cabillaud est déjà un plat de légende, l'idée du croque-monsieur revisité est pourtant simple, mais il fallait y penser. C'est cela le grand art. Chaque proposition n'est jamais à court de gourmandise, celle du homard bleu associé à la betterave flétrie nous a semblé le point d'orgue de notre repas. Pour le pigeonneau «19 kilomètres à vol d'oiseau», cuit en croûte de foin, les abats un brin trop poivrés sont roulés dans une feuille, avec un jus à la lavande. Après ce déferlement de plats de légende, place aux douceurs : le millefeuille tradition revisité sous forme de gaufre avec ses alvéoles est, chose devenue rare de nos jours, un dessert gourmand. Tout est réfléchi jusque dans le moindre détail, tel cet accord mets-pains. Les amateurs de grands et moins grands flacons trouvent leur bonheur dans la cave aux trésors, l'une des meilleures du Sud-Est. Émerveillés par les saveurs, nous allions oublier l'autre spectacle qui se joue à l'extérieur : cette ancienne bergerie blottie dans le Val d'Enfer, sans cesse améliorée depuis trois générations, dominée par le village perché et l'imposant chaos de pierres blanches sculptées par le temps, bénéficie d'une mise en scène presque naturelle. Il ne faut pas bouder la terrasse ombragée, entourée d'un jardin, prolongée par une piscine et limitée à l'arrière par un solide mas du XVe siècle.

L'Aupiho - Domaine de Manville 15/20

CHEF : LIEVEN VAN AKEN

Domaine de Manville - T. 04 90 54 40 20 - Menu(s) 60-145 €

Au pied du château des Baux, l'exploitation agricole créée en 1908 par Louis-Alexandre Blanc de Manville, transformée avec passion en hôtel de charme par Édith et Patrick Saut en 2014, est l'une des plus belles réalisations hôtelières des Alpilles. Dans cet univers préservé, posé au milieu d'un golf, on joue la fraîcheur rurale paisible grâce à l'utilisation judicieuse de matériaux naturels. Dans la salle à manger ouverte sur un jardin orné de grands platanes, l'Anversois Lieven Van Aken, passé par Lionel Rigolet, Michel Guérard et Olivier Brulard, transcende les légumes bio de la ferme, qui campent les rôles principaux, poissons et viandes assumant les seconds. Ainsi, les petits artichauts, glacés au corail de homard et à la mélisse citronnée, sont complétés de médaillon de homard grillé et de taureau séché. On aime aussi le beau jeu de saveurs terre-mer pour ce cœur de ris de veau grillé avec sa langoustine et une sauce à base d'œufs de poisson fumé. Toutes les entrées goûtées impressionnent par leur forme géométrique, telle cette élégante préparation autour de la squille en tartare et du caviar Osciètre, un brin dominée par la betterave travaillée en plusieurs textures. On termine le repas avec une gavotte à la chicorée présentée sous forme de fine timbale, accompagnée par une glace au café grillé, des pois de crémeux à la chicorée et de crémeux yuzu pour la fraîcheur. Une cuisine qui a du punch, très bien mise en valeur par un personnel de service professionnel et dynamique, essentiellement masculin, et une cave conseillée par une équipe féminine. Très belle collection de corton-bressandes de chez Tollot-Beaut.

La Cabro d'Or 14,5/20

Mas Baumanière - T. 04 90 54 33 21 - Carte 110 € - Menu(s) 59-95 €

Hors du temps, mais pas figé pour autant, ce magnifique domaine 5 étoiles est un havre de paix à 20 minutes d'Arles. L'architecture d'époque, les jardins et les fontaines, accueillent pour un moment privilégié et résolument tourné vers la Provence, embaumant l'atmosphère d'un parfum d'éternité. Michel Hulin, qui a connu Les Prés d'Eugénie et Les Crayères, est un homme de conviction, qui transmet depuis vingt ans son amour du terroir, au travers d'une continuité régionale identifiable, à la fois dans le produit et la technique. La démarche est assurée par le savoir-faire et le talent de recomposition, qui s'applique à la crevette sauvage revisitée dans un ceviche comme un tartare, acidulé par un fenouil et un concombre au sudachi, adouci par un charmant sorbet aux herbes givrées, au beau thon rouge de Méditerranée saisi à la plancha et son aérienne compression de pastèque à la verveine, à la fraise marinée à l'huile des Baux, élégante et gourmande, avec un jus concentré et une tartelette amandes et olives confites. La cave a quelques mérites. Menu du déjeuner à 59 €.

LES EYZIES DE TAYAC 24620

Le 1862 - Hôtel Les Glycines 14,5/20

4 avenue de Laugerie - T. 05 53 06 97 07 - Menu(s) 75-129 €

Les Glycines offrent deux points de restauration, bistrot et gastro, tous deux menés par le chef Pascal Lombard. Celui-ci propose une cuisine créative et gourmande qui privilégie les produits locaux et les légumes, les herbes cultivées dans le potager de l'établissement. Le menu à 109 € invite à une belle aventure régionale qui commence naturellement par le tourin périgourdin revisité. On peut alors suivre le terroir avec le foie gras et sa gelée de Pécharmant, tartare de canard, fraises et gelée de fleur de sureau. Jolie suite avec la truite des Eyzies au caviar avec des asperges arrosées d'un beurre blanc, avant le pigeon cuit en cocotte, fumé au genièvre présenté en deux services. Un bon dessert chocolat grand cru manjari et sorbet aux pétales de roses. Agréable véranda prolongée d'une terrasse surplombant un parc arboré, personnel professionnel, la très belle carte des vins apportant un plaisir supplémentaire.

LES HERBIERS 85500

Civilisations 11/20

9 avenue de l'Arborescente - T. 02 51 61 21 57 - Menu(s) 18,90-22,50 €

Une cuisine de bistrot juste et efficace, pratique pour tous les locaux, travailleurs ou en détente. Le lieu est facile d'accès, souvent bondé, mais le service reste zen même quand on dépasse la centaine. Une terrine de foies de volaille savoureuse, avec la cervelle de canut, des crevettes marinées au ponzu et taboulé de fèves, un dessert rafraîchissant et étonnant, concombre confit granité d'estragon et biscuit citron. Cave assez complète, homogène et cohérente.

LES MATELLES 34270

Le Pic Saint-Loup 13/20

176 route de Montpellier - T. 04 67 84 35 18 - Menu(s) 32-78 €

Une table chaleureuse au pied des beaux vignobles du pic Saint-Loup. Dans une ambiance de grande convivialité, avec le grand buffet rustique et la gentillesse du patron, le travail du jeune chef Clément Briand-Seurat (ex Burgundy, Gilles Goujon...) attire les visiteurs, de Montpellier et d'ailleurs. On se régale dès l'entame avec le pâté croûte en mise en bouche, avant le chou de Bruxelles en variation, la déclinaison sur l'huître Tarbouriech, le beau travail sur la lotte et la carotte, montrant toute l'étendue du registre d'un chef bien créatif dans ce menu 5 plats pour 48 €. Pomme, cidre et aneth bien travaillés en dessert, avec la glace yaourt pour une touche de douceur lactée. La cave n'est pas énorme, mais bien ciblée sur les bons domaines de l'appellation.

LES PONTS DE CÉ 49130

Les 3 Lieux 11,5/20

10 Port des Noues - T. 02 14 03 03 53 - Carte 16 € - Menu(s) 35-75 €

Dans cette jolie demeure des bords de Loire, la clientèle vient chercher un certain protocole qui lui convient, sur un mode de solennité traditionnelle. Le chef y propose une dégustation de qualité, de base classique avec une touche de modernité, sur des produits rares (pied de cheval en tartare, saint-jacques de plongée...). Le saint-pierre posé sur une poêlée de champignons et noisettes est une réussite. On attend cependant une prise de risques dans le choix et le travail des produits pour cette table, qui dispose d'un réel potentiel. Jeune service précis et bien briefé. Carte de vins de toutes régions, avec une bonne sélection dans la Loire.

LES VANS 07140

Likoké 17/20

SOMMELIER : ***CYRIEL HUYSENTRUYT*** *- DIRECTEUR DE SALLE :* ***CYRIEL HUYSENTRUYT*** *CHEF :* ***GUIDO NIÑO TORRES***

7 route de Païolive - T. 04 75 88 09 74 - Menu(s) 54-155 €

La page Piet Huysentruyt, créateur de Likoké, est définitivement tournée. C'est désormais son fils, Cyriel, qui est aux commandes avec son chef et associé colombien Guido Niño Torres, un ancien de chez Wout Bru (à Eygalières) notamment. Le jeune duo a beaucoup travaillé pour donner à Likoké une identité culinaire plus nette, plus marquée, plus identifiable, là où les assiettes des années précédentes nous laissaient parfois à bout de souffle, entre plats de haut niveau et d'autres plus dispensables. Le menu dégustation d'aujourd'hui rassemble une douzaine d'assiettes (environ, on ne les compte plus au bout d'un moment !) qui vous portent immédiatement vers les sommets sans jamais en redescendre, entre influences ardéchoises et colombiennes parfaitement équilibrées : truite de Villefort, maïs et poivrons, coquillages, riz, lentilles, pastis et XO, bœuf fin gras du Mézenc maturé et oignons (le duo a fait installer une impressionnante cave de maturation qui accueille viandes et poissons) parmi quelques assiettes inoubliables, avant des desserts qui ne laissent pas retomber la cadence (l'association abricot, verveine et fanes de carottes est remarquable). Cave pleine d'excellentes découvertes (Cyriel Huysentruyt est un vrai passionné), service totalement impliqué.

LESNEVEN 29260

Au Grain de Sel 12,5/20

1 place du Château - T. 02 30 82 57 16 - Carte 26 €

Un restaurant comme nous les aimons. On a follement envie d'y poser à demeure son rond de serviette. L'aménagement de la petite salle (20-22 couverts) est simple, mais c'est chaleureux et de bon goût. Lumineux également. La souriante Céline y accueille les clients avec entrain. Emmanuel, passé notamment pas la Butte à Plouider, renouvelle l'ardoise toutes les semaines. Il fait son marché au plus proche et ses suggestions ont de l'allure dans un registre bistrotier de saison avec toujours cette petite touche qui lui permet de hisser le niveau : velouté de céleri et foie gras très onctueux et parfumé, saucisson à l'ail local servi dans un impeccable feuilleté que dynamisent une très courte sauce marchand de vin et une endive parfaitement braisée... et la séquence régression est assurée avec émotion par une crème caramel au beurre salé. La carte des vins toute riquiqui naguère s'est quelque peu étoffée.

Le Coq en Pâte 12,5/20

34 place du Château - T. 02 98 83 02 94 - Menu(s) 23,50-46 €

Au fil des ans, le coq ne s'empâte pas. Le temps n'a pas de prise sur cette institution incontournable de la côte des Légendes. La longue façade en pierres, les cuisines ouvertes et la décoration simple, mais chaleureuse ne peuvent qu'inspirer confiance. Yann Kermarrec est un cuisinier discret qui s'efface volontiers derrière tous ses bons fournisseurs dont les produits l'inspirent au quotidien. Si le soir, en fin de semaine, les menus montent en gamme, la formule du déjeuner en dit déjà long sur la précision des cuissons et les saveurs percutantes. C'est ainsi le cas avec ce taboulé de choux rehaussé d'encornets ou bien encore ce plat un brin exotique sous forme de thon mi-cuit en tempura accompagné d'un riz légèrement croustillant et d'un jus de persil bien marqué. Il ne reste plus qu'à conclure par une belle part de tarte tatin gourmande comme il faut. Petite carte des vins ponctuée de maisons qui ont fait leurs preuves : Yannick Amirault, Clément, Martine, Pierre-Marie et Jean-Étienne Chermette, Jean-Paul Brun, Yves Cuilleron...

LEUCATE 11370

Le Grand Cap 15/20

CHEF : ERWAN HOUSSIN

Chemin du Phare - T. 04 68 48 13 73 - Menu(s) 45-115 €

Tous deux passés chez Franck Putelat, puis au Meurice pour Erwan et au Bristol pour Pamela, le couple Houssin porte un bagage bien rempli, qu'il a porté au Diapason à Avignon, jusqu'à Leucate et son Grand Cap. Le retour aux sources a fait des miracles, une cuisine ambitieuse et régionale, d'une parfaite complémentarité entre les assiettes d'Erwan et les pâtisseries de Pamela. À partir de 68 €, le voyage fait un tour nature et exigeant du terroir occitan, le thon rouge de Méditerranée en gravlax sur un tartare d'huîtres de Leucate, concombre et vinaigre d'algues, un turbot cuit vapeur poudré à l'estragon, pieds de cochon condimenté, oignons nouveaux et haricots verts, un bœuf des Pyrénées frotté aux baies de genévrier, dauphines aux olives et jus aux herbes. Pamela Houssin conclut avec un égal talent, la pêche du Roussillon à l'huile d'olive de Leucate et crème glacée aux amandes de Montady, ou encore l'abricot de Rivesaltes, coco et safran des Aspres. Service impeccable.

LEVERNOIS 21200

Hostellerie de Levernois 16,5/20

CHEF : PHILIPPE AUGE

Rue du Golf - T. 03 80 24 73 58 - Menu(s) 90-150 €

En lisière de Beaune, mais déjà à la campagne, dans un cadre verdoyant avec rivière qui serpente en paressant, cet établissement de luxe est particulièrement confortable et séduisant. La vaste salle de restauration, lumineuse, élégamment épurée, aux tons clairs, constitue le cadre propice aux émotions culinaires. Nous suivons avec la plus grande attention l'évolution extrêmement prometteuse de Philippe Augé, dont la cuisine de haute précision est tout simplement vibrionnante ! Le «galet» de foie gras de canard au cassis et pain d'épices donne un sacré coup de jeune aux entrées à base de foie gras, d'autant que celui-ci est subtilement associé à la betterave, jaune et rouge, sous des formes variées (en raviole, par exemple). L'exceptionnelle truite élevée par Guillaume Baudry dans l'Yonne se bonifie encore telle qu'associée à la ventrèche et à des œufs de brochet fumés. La sauce d'accompagnement parfumée au vin jaune est un modèle de gourmandise haute couture. Quant au pigeon de Corton rôti en cocotte accompagné des premières girolles et d'amandes fraîches, il tient tout son rang. Ensuite, il serait coupable de ne pas succomber au plateau de fromages (exclusivement fermiers de tout le pays) qui nécessite d'être porté par deux serveurs ! Effet garanti en salle... Le soufflé au Grand Marnier, flanqué d'un sorbet mandarine, à défaut d'être ébouriffant d'inventivité, est parfaitement réalisé. La cave regorge de flacons à la hauteur de la table. Belle sélection de vins au verre. Service efficace et mention toute particulière à l'excellent directeur de salle.

LÉZARDRIEUX 22740

Le Lézard 13,5/20

2 allée des Marronniers - T. 02 96 20 18 36

Y'a pas de lézard ? Si, justement ! Et c'est une bien agréable surprise que cette jolie table lovée dans la verdure au bord du port de plaisance si cher à Georges Brassens. Alors, vivons-y heureux ! Nous devons cette pépite à la famille Charlemagne. Sacrée famille ! Je demande le père, Luc : caviste parisien, il est désormais en salle et à l'accueil, où sa passion et sa convivialité font merveille ; il s'occupe aussi de la cave, cela va de soi. Une cave riche de 150 références dénichées au fil de ses pérégrinations dans le vignoble : beaujolais Château Thivin, chablis Domaine Gueguen, pommard Domaine Joillot, muscadet Domaine Günther-Chéreau, châteauneuf-du-pape Domaine Roger Sabon... Maintenant, je demande la mère, Édith : céramiste (vous aurez d'ailleurs un aperçu de son art), elle troque volontiers l'argile... pour la farine, où elle seconde sa progéniture, rayon pâtisserie. Le fils, justement, parlons-en. Lorsque le talentueux Félix pose ses casseroles sur les bords du Trieux une moitié de l'année, il n'est pas là pour la figuration. Il excelle dans la mise en valeur des produits locaux parfaitement sourcés. Les cuissons sont d'une justesse sans faille, les associations coulent de source, les saveurs et textures s'harmonisent en toute délicatesse. Le tataki de thon (breton) est agrémenté d'une délicieuse mayonnaise à la coriandre, de graines de sésame, d'un soupçon de piment, de riz soufflé et de feuille de shiso. C'est léger et vif. Le lieu jaune, pêché au large quelques petites heures auparavant est posé sur l'assiette, en majesté, «simplement» porté par une sauce vierge, une variation autour de la courgette (confite, en pickles et sous forme de mousse) et une brunoise de poivrons. Quelques touches de cassis viennent titiller l'ensemble complété par des graines de courges caramélisées. Le dessert prend la forme d'une tarte au citron «déstructurée». Pas de révolution en vue, mais c'est gourmand. La crème citron est souple et tonique, la pâte façon crumble est irréprochable et la glace à la crème maison offre une belle onctuosité. Oui, la vie peut être belle ! D'autant que le cadre est simple, mais tellement charmant et très lumineux. Le mobilier dépareillé (chaises et fauteuils de couleur) assure une ambiance décontractée.

LILLE 59000

Clarance Hôtel Lille - La Table 15/20

CHEF : THIBAUT GAMBA

32 rue de la Barre - T. 03 59 36 35 59 - Menu(s) 45-135 €

Lille est une scène si vivante qu'il faudra bientôt établir des catégories pour les divers styles de mangeurs. Au chapitre du classique, dans le cadre de cette maison au charme vieille France, l'ambiance et même la cuisine, à travers ses ingrédients nobles, Thibaut Gamba peut postuler au podium. Pourtant, son style est bien plus proche de ses collègues de la nouvelle vague, par son approche résolument «produit» et «local» de préférence. Sauf quand il trouve, en fouineur passionné, des pépites comme les huîtres de Veules avec un tartare d'algues, ou les coquillages de Chausey, avec le rouget en escabèche à l'agastache. Précision et bonnes manières, mais créativité sans cesse renouvelée avec, par exemple, la langoustine caramel de carotte émulsion tagète et deuxième service avec chutney de carotte et bisque au thym citron. La maîtrise technique (le saint-pierre parfaitement rôti, avec les oignons confits à l'olive noire de Kalamata sauce pilpil et huile de basilic, justement relevé et le meilleur du repas) est présente jusqu'aux desserts (sur la mûre ou la figue, toujours dans la saison), pour des séquences bien formulées et plutôt abordables (105 € le menu 5 séquences). On pourra juste lui reprocher parfois de vouloir trop bien faire en ajoutant le petit plus qui fait finalement un petit moins, mais l'envie et l'enthousiasme sont bien dans l'assiette. Service en phase avec la maison, cave classique aux références validées.

Les Toquées 15/20

CHEF : BENOÎT BERNARD

110 quai Géry Legrand - T. 03 20 00 12 46 - Carte 76 € - Menu(s) 35-75 €

Il a toujours le pif pour choisir de bons cuisiniers et surtout de bons produits car, dans la région, sa connaissance et sa réputation parlent d'emblée et on lui donne le meilleur. Lui, c'est Benoît Bernard, une légende vivante, un pionnier dans le renouveau de la gastronomie nordiste. Dans cette maison tranquille sur les quais, il y a des jours de moins bien, mais aussi pas mal de hauts quand les planètes s'alignent : il suffit d'un homard avec ses tomates, d'une brouillade de tourteau, d'une belle pièce de veau avec une mousseline de pommes de terre à la truffe et tout va bien. Et au quotidien, on peut faire simple avec le menu du jour à 35 €.

Bloempot 14,5/20

22 rue des Bouchers - Menu(s) 60 €

C'est un bouillonnement, une histoire, le réveil d'une région, que l'on doit à Florent Ladeyn, à son équipe, à ses potes. Alors dans ce drôle d'endroit, ouvert et secret en même temps, au fond de la cour, il s'y passe toujours de belles. Les producteurs mis en avant, le cœur et la richesse du Nord, la proximité (on a même un peu l'impression de manger sur les genoux du voisin) et pour tout dire la chaleur humaine. Une belle brioche, estragon et foie de morue pour démarrer, les moules de Dunkerque poivrons, petit bouillon parfumé, léger et sympathique, le pastrami d'agneau, menthe, et aubergines fumées au green egg, un très joli plat qui valait 3 toques par sa précision et sa saveur. Entremets caramel et quinoa frit pour conclure par une bonne idée, produits impeccables et démarche locavore jusqu'au-boutiste (pas de café, seulement de la chicorée), cave pointue, service cool et souriant, avec ce soupçon de désinvolture qui met tout le monde sur un pied d'égalité.

Rouge Barre 14,5/20

50 rue de la Halle - T. 03 20 67 08 84 - Menu(s) 25-75 €

Adresse fameuse, la maison de Steven Ramon est de celles que les foodies recherchent, un lieu de grande élégance, avec ses murs bleu foncé, sa lumière tamisée, ses petites tables et ses confortables assises rembourrées. Les assiettes sont toujours aussi belles, un vrai travail de pro qui allie technique et créativité, dans des assiettes superbement dressées, et qui réinventent toujours justement le produit dans des triptyques où le produit central est valorisé : haddock concombre groseille, barbue combava aneth, veau aubergine ail nouveau, en donnant aux desserts le même relief (abricot, amande sauge...). Cave intéressante, avec des bonnes références d'aujourd'hui, service enlevé, précis et souriant.

Le Braque 14/20

45/47 rue de la Monnaie - T. 03 20 04 25 38 - Menu(s) 20-25 €

Marcel, le braque de Damien Laforce, dort paisiblement à côté de la cuisine. Il peut se reposer un peu, il a beaucoup couru le week-end précédent pour qu'il y ait du chevreuil à la carte ce soir-là. Parfaitement préparé, d'un fondant et d'un goût remarquables, avec ses groseilles, petits pois et une grand veneur classique et appropriée. Il prend place dans une séquence de mieux en mieux imaginée et maîtrisée, de plus en plus travaillée. Cette salle très vivante et toujours comble a l'air d'un bistrot de potes, mais les toques sont bien là et le chef n'a pas encore tout dit. L'effilochée d'épaule d'agneau coques et salicornes fait une entrée très gourmande après la salade braisée et tomme, le bar ikejime épinard et soupe de poisson réduite reine-des-prés ou le très original, et même gonflé, cœur d'agneau émincé et préparé en escabèche avec un jus à l'ail noir, montrent autant de précision dans les cuissons que de finesse dans les accords, introduisant à bon escient acidité et fermentations. La très bonne et jeune équipe de salle répond à toutes les attentes, y compris sur la carte des vins, gavée de nature et de naturel, et les desserts, pour prolonger l'expérience en harmonie, peuvent encore monter d'un cran.

Le Cerisier 14/20

14 avenue du Peuple Belge - T. 03 74 49 50 51 - Menu(s) 90-150 €

Un immeuble contemporain, un intérieur très chic au style épuré, et un chef dont on parle, Mathieu Boutroy, qui propose des assiettes modernes, en accord avec le cadre, dans la sobriété et la finesse. Si les propositions démarrent à 59 €, l'expérience mérite de s'intéresser au menu à 105 € en 5 services, sans compter les mises en bouche et mignardises, alternant produits nobles et plus rustiques, terre et mer, élevage et sauvage à travers des attelages bien personnels : cèpes et sarrasin, homard chou pointu baies sauvages, cochon aubergine vitello tonnato. Bons desserts sur le même modèle, suivant la saison (pêche miel shiso), cave bien étoffée.

Pureté 14/20

79 rue de la Monnaie - T. 03 59 51 87 91 - Menu(s) 34-79 €

C'est un sacré tandem qui s'est installé rue de la Monnaie, là où Diego Delbecq et Camille Pailleau avaient planté leur Rozo. Gérald Guille est un chef prometteur, de très bonne formation, et qui nous a épatés dès sa première saison. Dans ce décor à la fois chaleureux et élégamment régional, il compose sur la région sans rogner sur sa personnalité. Originaire d'Étaples, il connaît parfaitement la pêche de Boulogne et ses trésors, mais aussi les maraîchers, en respectant les saisons : œuf de poule cèpe oseille, langoustine pomme main de Bouddha chou-fleur, homard tomate verveine, veau ratte salicorne, quelques attelages précis de formules bien séquencées changées par quinzaine en suivant le marché. Au moment du dessert, sa cheffe pâtissière, Clémence Ringard, prend le relais pour des desserts qui vont dans le droit fil, ajustés et savoureux, comme dernièrement figue bière coriandre, dans la finesse et le goût juste. Bonne équipe de salle, créant une ambiance jeune et énergique.

Octopus 13/20

2 place Sébastopol - T. 03 20 57 14 39 - Menu(s) 23-28 €

En quelques années, Stéphanie et Nicolas Choquet ont hissé leur Octopus dans la nouvelle vague lilloise pour ne plus la quitter. Le chef, qui a longtemps travaillé avec Benoît Bernard, connaît bien la cuisine du Nord, mais maîtrise tout autant la mer et ses céphalopodes. Il dédie, pour suivre l'enseigne, une déclinaison sur le poulpe (4 entrées, 1 plat), pour donner l'étendue du registre, et travaille la saison avec allant, à 31 € le midi et 48 € le soir en menu caché. Le déjeuner donne un bel aperçu, avec l'œuf parfait courgette mimolette, la volaille de Landas navet et myrtilles, les figues pain d'épices et chocolat caramélisé. Bières locales, petite cave bien ajustée.

La Bottega 12,5/20

8 bis rue Péterinck - T. 03 20 21 16 85

Le repaire de Gilberto et son équipe, une pizzeria authentique, souvent imitée, jamais égalée. Parce que les produits utilisés sont sourcés en direct par un spécialiste du cru, parce que la pizza est une affaire trop sérieuse pour qu'on la confie à des inconnus, on trouve ici une liste délicieuse de pizzas blanches, calzones et sans lactose à la composition remarquable, sur des produits principalement locaux, du potager de la maison et d'une mozza produite par Enzo, le fils de Gilberto, en Flandres. Bon choix de desserts maison, cave naturellement italienne.

Aux Ephérites 12,5/20

17 rue Nicolas Leblanc - T. 09 81 31 55 24 - Menu(s) 26-59 € ♿

Alexandre Suergiu prouve toujours et encore sa belle capacité à se réinventer, offrant semaine après semaine des idées toujours pertinentes et impertinentes, des assiettes dans l'air du temps, celui des saisons et des nouvelles modes. Le petit bistrot cultive un air débonnaire et cool, avec son parquet et ses chaises Thonet, ses plats inscrits simplement à l'ardoise, dissimulant un travail en amont qu'on peut constater après dans l'assiette, une belle piémontaise de bulots, glace raifort poudre d'estragon, un élégant tartare de homard et tourteau, homardine et fleurs, une volaille en basse température, aubergine rôtie aux herbes et sauce yaourt, un carrot cake et glace marron. Ambiance chaleureuse.

Restaurant Club Marot 12,5/20

16 rue de Pas - T. 03 20 57 01 10 - Carte 13 € - Menu(s) 25-57 € ♿

La salle au rez-de-chaussée de ce typique immeuble de fine brique a toujours belle allure, et l'esprit club de connaisseurs est bien maintenu. On vient à l'apéro grignoter les tapas, on fait affaire au déjeuner avec la formule à 37 €, on revient au dîner pour un menu carte blanche en 4 services pour 50 €, en gardant son choix et ses envies à travers une carte consensuelle : ceviche de bar et fruits rouges, pastrami de bœuf et coleslaw, saumon mi-cuit déclinaison de courgettes et tagètes, ris de veau petits pois et girolles. La réalisation est soignée et la toque est haute.

Le Restaurant Sébastopol 12,5/20

1 place Sébastopol - T. 03 20 13 13 38 - Carte 11 € - Menu(s) 25-49 € ♿

Cette maison à la longue histoire est belle et fière. L'aventure du Sébastopol, campée sur la place entre le centre-ville et Wazemmes, au style préservé, entre Belle Époque, Art déco et fifties, couverte de lierre, continue dans son siècle. Avec une cuisine qui a bien évolué, moderne et accessible pour donner l'image d'une vie lilloise jeune et engagée : tartare de truite d'Artois guacamole mayonnaise au wasabi et avocat brûlé, échine de cochon fermier à basse température écrasé de pomme de terre espuma miel et romarin, compotée de reine-claude et ganache montée au chocolat pour une séquence qui dépasse à peine les 40 €. Cave assez riche alternant les belles références et les découvertes.

Archives 12,5/20

74 rue Jacquemars Giélée - T. 03 20 04 14 92 - Menu(s) 30-35 €

Un lieu atypique et hors du temps, artistique assurément, dans l'ancienne annexe des archives, aujourd'hui galerie d'art, bar et cantine chic. La déco oscille entre années 1960 et contemporain, dans un style affirmé et coloré comme dans un clip gainsbourien ou une scène pour Jacques Demy, avec de beaux matériaux, bois, verre, métal, marbre, créant une ambiance raffinée. Pour déguster une cuisine aussi précieuse, déclinée en menus dégustation dans l'air moderne : œuf parfait comté girolles, poisson de la pêche courgettes aux herbes, pigeon de Flandres crème de céleri au miso raisin et verjus, déclinaison pêche et verveine pour achever en fraîcheur un menu 4 temps à 60 €. Un déjeuner à 35 € pour profiter des lieux, une belle terrasse entourée de verdure.

Le 49R 12/20

49 rue Royale - T. 03 74 09 07 09 - Menu(s) 28-70 €

Une offre singulière rue Royale dans ce très chic hôtel particulier, au joli décor contemporain inspiré des sixties et prolongé d'une terrasse. Constance et Alexandre en ont fait un rendez-vous glamour, pour un cocktail qui se prolonge d'un repas raffiné. Menu déjeuner à 34 €, le soir à 70 € en cinq services autour de produits choisis : gambas et tomate ananas, saté et kimchi, lotte arroche asperge et fumet de poisson au ras el hanout et safran, volaille girolles brocolettis et béarnaise de crustacés...Cave bien fournie avec un choix intéressant au verre, desserts autour des fruits de saison, millefeuille miel caramel vanille de Madagascar.

Le Compostelle 12/20

4 rue Saint-Etienne - T. 03 28 38 08 30 - Menu(s) 38-58 € ♿

Le chemin vertueux vers la tradition, dans un cadre à la fois historique, régional (brique, colonnes à arcs et chapiteaux) et contemporain dans le mobilier, petits prix dans les formules, aux assiettes bien dressées, comme dans le bon menu à 24,90 € : rillettes de saumon aux agrumes, poisson du moment riz à l'hibiscus tomates framboises, tartelette aux pêches. Le burger a du succès, le foie gras en conchiglioni à la mimolette, les saint-jacques et le filet de bœuf sont dans le menu à 48 €.

Crêperie Saint-Georges 12/20

19 rue Bartholomé Masurel - T. 03 28 05 36 50 - Menu(s) 11,20 €

L'esprit breton infuse jusqu'à Lille, dans un joli cadre au cœur de la vieille ville. Comme à Rennes, où se trouve la maison mère, des galettes de très bon niveau et une offre bien cadrée, bière et cidre, vins de négoce. On reprend le thème Georges pour les dénominations, la fantaisie n'empêchant pas la qualité de la confection : la «George Clooney» est au sainte-maure épinards tomates basilic sorbet concombre, la «Georges Lautner» aux saint-jacques andouille et pomme de terre. Parmi les sucrées, quelques rappels d'enfance avec la «Chamallow», la «Carambar», la «Kinder»...

In Bocca al Lupo 12/20

1 rue des Vieux Murs - T. 03 20 06 39 98 - Carte 12 €

De l'italien authentique dans cette incitation gourmande à se jeter dans la gueule du loup. C'est pour la bonne cause, celle des antipasti de connaisseurs avec le carpaccio de bresaola ou la caponata stracciatella, et des classiques impeccables en pâtes, tagliatelle al ragu, spaghetti vongole, rigatoni norma, que l'on pourra prolonger d'un très bon osso buco, d'un tiramisu ou d'une tarte citron. Cave bien explorée sur la plupart des régions.

Jour de Pêche 12/20

2 rue de Pas - T. 03 20 57 60 59 - Carte 16 € - Menu(s) 39 €

Le bateau va bien, la mer n'est pas trop houleuse et la pêche est régulière tout près de la Grand'Place, dans ce lieu depuis longtemps dédié au poisson. La maison s'offre aux beaux jours une petite terrasse sur rue et régale de ses réalisations sérieuses qui ne dénaturent pas le produit, dans une veine sage et actuelle utilisant les influences en vogue : tataki de thon rouge au sésame crémeux d'avocat vinaigrette gingembre, saint-jacques crémeux salsifis émulsion haddock, lotte pochée dans un bouillon thaï risotto au chorizo.

Lakson 12/20

21 rue du Curé Saint-Etienne - T. 03 20 31 21 96 - Menu(s) 19-42 €

Ici, c'est le Nord, mais le Grand Nord. Lakson, depuis des lustres, représente le meilleur des fumaisons de poisson façon nordique, mettant à l'honneur les saumons, les harengs (de huit façons différentes, maatjes, rollmops, à l'aneth, aux oignons rouges...), les œufs de poisson. Pour l'initiation, choisissez à votre convenance l'une des grandes assiettes maison servies avec les blinis, la mousse de concombre et les pommes de terre rôties, et présentant les spécialités, saumon, crevette, truite, thon, anguille, rillettes de tourteau...

Monsieur Jean 12/20

12 rue Pierre Mauroy - T. 03 28 07 70 72 - Menu(s) 27-65 €

Proche de tout, la gare, l'opéra, la Grand'Place et le Vieux-Lille, cette table de tradition occupe une position privilégiée. Des fenêtres de ce premier étage, on regarde passer la ville sur la place du Théâtre, en profitant d'une prestation rodée. Quelques standards bien faits, d'autres moins (le poisson du jour, une dorade sébaste, honorable avec son risotto d'orge et son gâteau d'aubergine, un filet mignon trop cuit et sec avec ses nouilles soba) pour un ensemble convenant aux habitués du menu du marché. Carte des vins à l'image de la maison, très classique.

N'Autre Monde 12/20

1 bis rue du Curé Saint-Etienne - T. 03 20 15 01 31 - Carte 48 €

Le joli bistrot fusion de Renaud Germonprez profite d'une situation idéale et d'une cuisine à l'horizon large, un vieil hôtel particulier en pierre à 20 m de la rue Esquermoise, et des assiettes du monde à la réinvention sans fin. Parfait pour un dîner en ville, au cœur du Lille historique, l'établissement défend une assiette moderne et travaillée, décidément tournée vers l'avenir, travaillant avec les épices et les recettes d'ailleurs pour repenser nos habitudes. Le loup de mer se retrouve en samossas au basilic avec un condiment curry vert équilibré, le thon est snacké et accompagné de salsa verde, de pastèque et de melon mariné, le poulet Korma est grillé au barbecue japonais avec une tapenade d'olives noires au cumin et un accompagnement de taboulé frais et purée de carottes. Côté dessert, on retrouvera des classiques revisités, tel que le tiramisu ou le brownie. Cave également internationale avec, en plus des classiques français, des bouteilles du Chili, d'Argentine, d'Australie ou encore de Nouvelle-Zélande. Bières locales également proposées («PVL», «Mongy», Moulins d'Ascq...).

Suzanne 12/20

4 place Philippe Lebon - T. 03 20 00 81 21

Le démarrage est réussi et confirme tout le bien que nous pensions de Lucas Tricot, lauréat de la Dotation pour les Jeunes Talents, qui a trouvé un bel emplacement près de Solférino et Sébastopol. La salle parquetée est sobre et agréable, avec cuisine ouverte au fond, l'accueil et le service portent la marque de la jeunesse et du partage dans une franche attitude. Les premières assiettes montrent un chef de bonne technique, qui force encore un peu le trait par certains aspects, (un peu trop acide ici, un peu trop glacé là) mais montre déjà une belle personnalité dans l'inspiration de saison : truite séchée fenouil à l'huile de sésame sorbet gingembre, gourmande croquette de cantal, courgette un peu massive et mayo chipotle qui «arrache» bien, bon lieu noir poivron rouge et bacon, plaisant dessert figue framboise et romarin. Cave en développement, avec de bons partis pris, vin au verre à la voix.

Au Goût du Jour 11,5/20

22 rue de la Barre - T. 03 20 51 23 45 - Menu(s) 38 €

Fiable et régulière adresse du Vieux-Lille, un peu à l'écart de l'agitation et très bien placée. Cette cuisine d'artisans consciencieux est toujours bien faite, sur du frais, et si les intitulés semblent familiers, le goût est bien celui attendu : tartare de thon et veau, fenouil et abricots, en clin d'œil au vitello tonnato, suprême de volaille fermière Label rouge, poivron polenta et pimenton, pêche melba revisitée par le chef. Un bon menu à 38 € révisé en fonction du marché dans un cadre agréable mêlant ancien et contemporain

Bistrot Brigand 11,5/20

23 rue de l'Hôpital Militaire - T. 09 88 00 46 29 - Menu(s) 19-24 €

Cette adresse bien connue des Lillois a été reprise avec succès par Florine Verhellen et Frédéric Le Bordays, qui y proposent une expérience bistronomique réussie. Ces anciens d'Artisan ont emporté avec eux le savoir-faire du cocktail (Frédéric Le Bordays, une figure reconnue dans le domaine, a écrit plusieurs ouvrages sur le sujet) et le savoir-faire d'une cuisine moderne et évolutive, associant des inspirations des quatre coins du monde. La carte est volontairement courte, pour garantir la fraîcheur et la liberté de renouveler régulièrement, pour découvrir, au gré des passages, des idées toujours fraîches : des langoustines au beurre d'algues et combava, des poivrons marinés, ricotta, huile d'aneth et herbes fraîches, du poulet frit coréen, mayo togarashi et crème de maïs, des pêches rôties à la verveine, yaourt fouetté et shortbread au fenouil. Petite cave nature intéressante et bières locales.

La Fleur de Lille 11,5/20

19 rue de Gand - T. 03 20 40 26 93 - Menu(s) 15-37 €

Dans cette rue pittoresque dédiée au régionalisme, Fleur de Lille prend le parti d'un néobistrot qui s'affranchit de cette dilection pour proposer des assiettes de saison, et de mode, généreusement garnies : poulpe fumé et mariné et pâtes italiennes, tartare de veau aux algues harissa et vinaigrette à l'ail des ours, filet mignon en croûte d'herbes caviar d'aubergine au piment d'Espelette jus au thym et romarin. Desserts également bien inspirés (ricotta aux mûres framboise, pastèque et melon mariné, accueil souriant dans un cadre parqueté en rouge et gris, avenant et soigné.

L'Assiette du Marché 11/20

61 rue de la Monnaie - T. 03 20 06 83 61 - Carte 9 € - Menu(s) 16-28 €

Dans la bouillante rue de la Monnaie, une cour intérieure au fond de laquelle les Lillois trouvent un lieu festif où ils peuvent se réunir pour des agapes joyeuses grâce à une carte traditionnelle qui ne fait jamais défaut. Des formules adaptées (à partir de 16 € au déjeuner) et une grande variété de plats dans l'air du moment (œufs cocotte, croquettes aux crevettes, burger au saint-nectaire, onglet béarnaise os à moelle), augmentées d'un menu du marché hebdomadaire à 28 €, toujours performant : croustillant d'agneau à la mode de Pézenas, araignée de porc sauce chorizo, sauté de canard à la kriek, parfait glacé à la nougatine et chocolat au lait...

Le Barbier qui Fume 11/20

69 rue de la Monnaie - T. 03 20 06 99 35 - Menu(s) 18,50 €

Dans un bel immeuble au coin de la rue Péterinck, un espace bien aménagé, qui attire les passants et les carnivores. Après les travers de porc fumé en apéro sauce BBQ, on attaque les charcuteries, l'os à moelle, la terrine, avant de passer aux choses sérieuses : les viandes (éventuellement le fish and chips), fumées au bois de hêtre, sur les aiguillettes de canard, le filet d'Anvers et camembert, le tartare, l'onglet, le short ribs, la souris d'agneau. Ajoutez le potjevleesch, la carbonade et le welsh, mais aussi la choucroute, pour cette vaste carte de caractère. Service précis et engageant, desserts du moment. Sélection de bières locales, cave à whiskys et autres bonnes idées épaulent une carte de vins classique.

Le Barbue d'Anvers 11/20

1 rue Saint-Etienne - T. 03 20 55 11 68 - Carte 10 € - Menu(s) 15-46 €

Le lieu est vraiment superbe, un immeuble de brique du XVIe siècle qui a été intelligemment aménagé en brasserie festive et nordiste. Un jeune personnel bien actif, dynamique et motivé, aide à passer le meilleur moment possible autour de valeurs traditionnelles : potjevleesch à la bière, carbonade, croquettes de crevettes grises, andouillette Bobosse, prolongés par quelques fantaisies actuelles, comme la tomate burrata ou le risotto d'épeautre aux courgettes. Tarifs contenus, cave d'appoint, bière locale.

La Bellezza 11/20

126 rue Esquermoise

Autant de créations du groupe Big Mamma, autant de réussites. Plus de succès, plus d'impératifs de rentabilité, et donc quelques moins en contrepartie : moins de qualité dans le service, malgré le délicieux accent italien qui entretient la séduction, moins de choix à la carte et un peu moins de soin dans l'assiette, même si la recette de la vraie Margherita est bien contrôlée et que les pâtes aux truffes sont bien réalisées. Et d'ailleurs, peu importe pour le moment, puisque la foule est là, à attendre sur le trottoir, que le cadre est superbe et l'emplacement, idéal. Carte de vins également réduite.

La Brasserie André 11/20

71 rue de Béthune - T. 03 20 54 75 51 - Carte 14 €

Presque un emblème lillois que cette brasserie stratégique sur la rue de Béthune, dans le cœur commerçant de la ville. Le catalogue d'une brasserie du Nord, l'ambiance, le service, en font un incontournable. Le programme est quasi immuable et c'est tant mieux : œuf mayo, welsh, croquettes aux crevettes grises, filet américain, potjevleesch, et de bonnes viandes sélectionnées. Bonne cave classique aux solides références.

Brasserie de la Paix

11/20

25 place Rihour - T. 03 20 54 70 41 - Carte 17 € - Menu(s) 21,50-26 €

Ce bon classique coincé dans un angle de la place Rihour est une valeur rassurante. Le cadre rétro soigné, le service appliqué et bien organisé annoncent les talents d'une brasserie de tradition : fruits de mer, à la pièce ou sur plateaux généreux, moules marinière ou crème, choucroute ou blanquette de poissons, mais aussi le pad thaï ou la souris d'agneau de 7 heures pour changer, les profiteroles et l'omelette norvégienne pour revenir aux classiques.

Chez Brigitte

11/20

13 rue des Bouchers - T. 09 83 80 89 61 - Menu(s) 18-55 €

Une adresse d'aujourd'hui qui a ses partisans dans la gourmande et animée rue des Bouchers. Le chef Clément Richevaux suit la mode et adapte son propos à son public, avec des menus à l'aveugle midi et soir, mais aussi une carte large et rassembleuse dans un décor bien chaleureux : thon mariné soja sésame, cocotte d'escargots à l'ail «de mamie Brigitte», poulpe grillé risotto d'épeautre, poitrine de porc basse température pomme de terre girolles et vin jaune...

Comptoir 44

11/20

44 rue de Gand - T. 03 20 21 03 63 - Menu(s) 22-25 €

Un lieu bien pensé pour apporter une satisfaction globale, avec notamment un excellent jeune service dans ce bistrot d'angle bien ouvert et accueillant. En mode bistrot-brasserie de tous les jours, cette cuisine fait mieux que se défendre, avec des produits respectés : gravlax de saumon, tartare concombre, yaourt grec, sauge, huile d'olive, sarrasin, nori, une entrée fraîche, mais qui fait plus d'effet visuel que gustatif ; bon pressé de joue de porc, purée fine à la carotte, siphon haddock fumé, jus réduit montrant un travail fignolé, figue rôtie sarriette crémeux huile d'olive plus basique. Des références assez inattendues et de qualité en cave (Coulée de Serrant, Senat, Montcalmès, Abbatucci...) et les bonnes bières régionales (Thiriez, Cambier...).

Le Lion Bossu

11/20

1 rue Saint-Jacques - T. 03 20 06 06 88 - Menu(s) 45-58 €

La belle et cossue maison de brique tout près de la place Louise-de-Bettignies est une promesse de tradition. Elle est bien là, mais dans un registre évolué, à travers des menus construits et intéressants : champignons farcis réduction crémée amandes tomates et saumon confit, crapaudine de caille farcie au chèvre et au cassis poivrade et chou croquant, tartelette feuilletée aux abricots et aux amandes crème anglaise au gingembre confit, dans une proposition à 45 € bien servie, dans une ambiance un brin solennelle, mais qui garde un caractère familial.

Les Oiseaux

11/20

7 rue d'Inkermann - T. 07 66 15 95 79 - Carte 34 €

Une adresse à suivre, néobistrot en plein centre qui insiste sur l'atmosphère et la déco avec une réussite certaine. Cuisine ouverte, esprit de liberté avec les produits du moment pour créer des plats clins d'œil à la région, agréablement personnalisés : pressé de pomme de terre, espuma à l'encre de seiche, salade haricots verts et haddock, volaille de Licques en basse température crème de butternut, sauce butter chicken, pêche pochée au sirop de verveine, glace yaourt, biscuit cuillère et gel thé glacé... Le menu change chaque quinzaine.

L'Omnia 11/20

9 rue Esquermoise - T. 03 20 57 55 66 - Menu(s) 14€

Les Lillois de toujours dont les aïeux ont connu les grandes heures de ce music-hall - qui fut aussi, dit-on, un peu maison close et cinéma érotique - retrouvent un Omnia festif, cabaret et restaurant, dans un décor alliant la légende et le contemporain. Au restaurant, l'esprit brasserie prévaut dans les assiettes de Cédric Duriez, à la mode actuelle avec quelques bonnes racines flamandes : planches de charcuterie ou de fromage pour se mettre en jambes, tarte au maroilles, croquettes de crevettes, tartare, burger de l'Omnia, linguine tomate burrata, welsh et carbonade. Desserts classiques, dont les «Merveilleux» de Fred, «Mort Subite» à la pression.

Ripaille 11/20

4 rue des Bouchers - T. 03 20 37 38 53 - Menu(s) 24€

Une jolie et jeune table à l'entrée de la célèbre rue des Bouchers. Le cadre dépouillé donne envie de s'attabler et les ripailles promises sont plus raffinées qu'un festin barbare : gua bao au thon crudités et pickles, lotte et lingots façon pistou, paleron de bœuf purée légumes rôtis. Une cuisine simple et juste, des petits prix et de bonnes idées jusqu'aux desserts. Bon choix de vins du moment au verre et de bières locales.

LIMOGES 87000

Le Versailles 11/20

20 place d'Aine - T. 05 55 34 13 39 - Menu(s) 27-34€

Un petit coin de Paris malgré son nom, avec sa belle devanture et son style typique, avec tous les éléments essentiels du bistrot parisien. La maison se fait ainsi le lieu, depuis 90 ans, d'une expérience bien perpétuée avec des classiques toujours au niveau, une tête de veau façon gribiche, une poêlée de saint-jacques à la provençale, un authentique filet de limousine française, une classique crème brûlée. Cave adaptée.

LIMONEST 69760

La Caborne 12,5/20

455 avenue du Général de Gaulle - T. 04 26 85 06 56 - Menu(s) 33€

Du Bouvier abordable dans ce coin plutôt chic de la périphérie, en plein centre de Limonest. On sent qu'il y a un vrai cuisinier derrière le superbe gravlax, l'omelette forestière impeccablement baveuse et la petite tarte tatin «revisitée» sur un sablé, boule de glace avec du caramel au beurre salé, dans ce cadre de frais bistrot de village. Service sans fantaisie, mais efficace, cave basique et peu digne de la maison.

LONDINIÈRES 76660

Relais du Lion d'Or 11/20

4 rue du Général de Gaulle - T. 02 35 93 81 31 - Menu(s) 16,50-43 €

Ce beau relais de poste au cœur du pays de Bray fait perdurer l'esprit de tradition de ces élégantes maisons normandes, tout en colombages, poutres et cheminée, dans un style classique et bourgeois. Chez Murielle et Arnaud Vautier, on mange local avec des idées plus contemporaines, comme un œuf parfait un peu modeux, un incontournable trou normand, un pavé de cabillaud rôti sur la peau et pesto, un sablé breton à la cannelle, pomme tatin et caramel. Formules de 14,50 à 43 €.

LONS LE SAUNIER 39000

La Petite Auberge 11/20

1985 route de Besançon - T. 03 84 47 23 35 - Menu(s) 29-42 €

Véronique et Nicolas Narbey tiennent cette maison légèrement excentrée depuis 2004 avec une constance remarquable. Notamment passé à la Pyramide et au Château de Germigney, le chef a su mettre son expérience au profit d'une cuisine jurassienne renouvelée, à l'image du menu à 29 € et sa terrine aux foies de volaille et marc du Jura, son merlu rôti aux écrevisses et sauce homardine, ou encore son paleron de bœuf façon bordelaise et jus au trousseau. Son épouse Véronique s'occupe avec succès de la partie pâtisserie.

La Table de Perraud 11/20

11 place Perraud - T. 03 84 86 49 68 - Carte 6 € - Menu(s) 15,90 €

Dans le centre-ville, cette jolie brasserie en poutre et pierres est un bon repaire pour les déjeuners d'affaires, avec son service pro et son cadre soigné, où l'on pourra découvrir une cuisine traditionnelle et bien faite. La carte en donne pour tous les goûts, une croûte au morbier, oignons confits et jambon sec, un bar en portefeuille, une cancoillotte maison au vin jaune et jambon cuit fumé du Haut-Doubs, une crème brûlée au macvin du Jura. Tarifs bien cadrés.

LORGUES 83510

Le Jardin de Berne 16/20

CHEF : LOUIS RAMEAU

Chemin des Imberts - T. 04 94 60 49 79 - Menu(s) 140-295 €

À la frontière des deux mondes culinaires, l'italien et le français, la Provence émerge avec sa douceur et ses contrastes, avec la promesse fantasmée et dangereuse de bâtir un pont au-dessus des Alpes. C'est ainsi que le grand domaine viticole du Château de Berne, niché dans la vallée de l'Argens, accueille une table qui pourrait relever le défi, sous la direction de Louis Rameau et d'Éric Raynal, à l'instinct territorial. Dans cet écrin de luxe à l'esprit méditerranéen, le chef travaille son produit dans une approche duelle, simple d'apparence et profondément technique, en trompe-l'œil, à la fois double et rassembleuse, d'ici et d'ailleurs. Ainsi, les olives n'en sont pas vraiment, tout en rejouant avec la fougasse et la polenta une version irréductible de l'apéritif provençal. Les tomates sont parfois en sorbet, parfois véritables, en tout cas marinées à la verveine, et pourtant ramenées à l'essentiel : de l'acidulé et du fruit, frais et authentique. La fameuse truite à la cire d'abeille est un classique, un croquant de radis colorés et une sauce aigrelette, puis une variante du confit d'agneau qui pourrait passer pour une tranche de pâté croûte, avec son liseré de pain et son jus d'agneau au céleri, une tomate confondue avec une fraise, à moins que ce ne soit l'inverse, confite six heures, avec un jus de fraise au jasmin et la tomate en galette croquante, pour rappeler la paille du fond des paniers de cueillette. Pour terminer, une écorce d'olivier, en réalité un chocolat aux noisettes du Piémont, et des mignardises exemplaires. La cave est belle et on recommandera bien sûr les vins du domaine. Service parfait.

Le Chrissandier 11,5/20

18 cours de la République - T. 04 94 67 67 15 - Carte 48 € - Menu(s) 32-86 €

Dans cette maison fière et tournée vers la belle tradition, on retrouve Christophe et Sandra Chabredier, pour une expérience à l'ancienne, avec une jolie mise en table et des classiques reproduits avec la plus grande attention. La carte aligne des standards, soit en menu bistrot, soit au choix dans des tarifs plus conséquents, selon l'importance des occasions : bocal de farce de crabe et mousse d'avocat, escalopine de saumon au beurre blanc, pommes de terre écrasées et petits légumes de saison, un suprême de pintade à la crème de cèpes et gratin de tagliatelles, spaghettis de courgette, un moelleux au chocolat et cœur coulant au chocolat blanc. Service aimable.

La Table de Pol 11,5/20

18 boulevard Georges Clemenceau - T. 04 94 47 08 41 - Menu(s) 16-25 €

Ce bistrot animé au cœur du village est un petit plaisir apprécié des locaux, pour sa jolie terrasse ombragée, sa bonne humeur permanente et son ardoise de petits plats. L'esprit est avant tout au partage, des assiettes qui laissent la place à une conversation enjouée autour de quelques verres bien remplis, entre amis ou en famille. L'offre est régulièrement renouvelée, pour suivre les saisons et donner de la nouveauté aux habitués, un tartare de daurade royale et gaspacho de concombre, une salade césar et poulet pané, un risotto terre-mer, un gigot d'agneau de Sisteron confit, une soupe de pêche et mousse combawa. Menu «Canaille» à 25 €.

LORIENT 56100

Sources 14,5/20

1 cours de la Bôve - T. 02 97 78 76 25 - Menu(s) 44-98 €

Sur le port, juste à côté du palais des congrès, la table de Nicolas et Mathieu s'impose depuis deux ans comme l'une des adresses incontournables de la ville. Chacun des deux frères Le Tirrand possède un riche parcours. Le chef a travaillé chez Jacques Thorel, Ducasse, Alléno, tandis que Mathieu s'est formé auprès de Dutournier et Stéphanie Le Quellec. Ils offrent ainsi à eux deux une expérience et un savoir-faire qui justifient le bon moment. Les assiettes montrent une Bretagne authentique et actuelle, déclinée dans de beaux menus cachés, à partir de 29 € et jusqu'à 98 € pour le service en 9 temps. Belle cave complète.

Louise 14/20

4 rue Léo le Bourgo - T. 02 97 84 72 12 - Menu(s) 29-85 €

Après être passé chez Jean-Paul Abadie et quatre ans chez Henri et Joseph, Julien Corderoch offre ici à Lorient sa vision de la cuisine bretonne. Délicate, travaillée, graphique et viscérale-ment régionale, sa carte marine démontre un sens du produit et une créativité qui tient ses promesses. Les menus à l'aveugle lui permettent une plus grande liberté en réduisant celle des clients, ainsi étagés de 29 € (3 plats) jusqu'à 85 € (8 plats). Service professionnel.

Le Tire Bouchon 14/20

45 rue Jules Le Grand - T. 02 97 84 71 92 - Menu(s) 23-69 €

Derrière cette adorable façade, avec son petit toit en tuile, on retrouve une table sérieuse, sous la direction de Karine et Guillaume Mahé. Feutrée et raffinée, avec sa moquette, ses murs et sa cheminée en pierre, la salle accueille pour les belles occasions une cuisine d'inspiration traditionnelle et régionale. Les compositions sont simples et superbement exécutées : un carpaccio de lieu, pickles, coques et harenga, un beau demi-homard grillé au beurre Kari Gosse, des cœurs de ris de veau braisés à la langoustine, un plus qu'efficace sablé breton à la fraise et vanille de Tahiti. Cave généraliste bien fournie.

Le 26 28 13,5/20

26 rue Poissonnière - T. 02 97 50 29 13 - Menu(s) 43-68 €

L'une des tables les plus élégantes de Lorient. L'établissement d'Arthur Friess annonce le sens du détail dans un intérieur raffiné et contemporain où le bois domine, une belle expression abstraite sur le mur et des lignes épurées, pour une atmosphère chic et zen. Le chef y réalise des assiettes graphiques et compréhensibles, avec de beaux produits et le sens des équilibres. Tout fait envie sur la carte : un tartare de fèves aux algues du Croisic et crème au raifort, un lieu de ligne, asperges vertes, pistache et obione, un carré de cochon, épinards et croustillant de bulots, une tartelette chocolat et pralin fleur de sel, glace lierre terrestre. Cave bien composée.

Le Jardin Gourmand 13,5/20

46 rue Jules Simon - T. 02 97 64 17 24 - Menu(s) 38-54 €

Toujours au four et au moulin, Nathalie et Arnaud Beauvais tiennent une maison d'édition, font des plats à emporter, donnent des cours de cuisine et, quand ils trouvent encore du temps après les services au restaurant, vont tourner quelques vidéos. Cela donne une idée de l'enthousiasme qui anime l'équipe et que l'on retrouve dans les assiettes passionnées de Nathalie, qui ne cesse de se réinventer autour de son terroir. On se laissera tenter par la rafraîchissante fondue de courgettes à la pomme au curry, le très breton filet de merlu en papillote de sarrasin, fondue de blettes et jus de chair d'araignée au Kari Gosse à la coriandre, une généreuse andouille de Guémené et saucisse de Molène sur une écrasée de pommes de terre fondue d'oignons. Desserts dans le même esprit. Cave bien pourvue.

Karantez 13/20

36bis rue Lazare Carnot - T. 02 97 64 26 54 - Carte 15 € - Menu(s) 25 €

Une élégante maison de style années 1930 qui accueille depuis 2020 la table de Jonathan Reine, dans un esprit semi-gastronomique. Passé par les plus prestigieuses maisons, le Bristol ou encore le Ritz, le chef marque sa cuisine d'une technique certaine, au service de belles assiettes, des langoustines justes raidies, chutney ananas au poivre du Sichuan et bouillon des pinces, une sole farcie et arancini aux morilles, sauce au vin jaune, ou encore l'agneau de prés salés rôti et confit, petits pois, carottes fanes, anchois et chèvre fumé. Service sans faute.

Le Débonnaire 12/20

11 boulevard Franchet d'Esperey - T. 02 97 76 45 28 - Carte 34 €

Notamment passé chez Jean-Paul Abadie et Yannick Alléno, le jeune Lucas Bahuon n'en est pas à sa toute première expérience, mais il s'agit bien de son premier restaurant. En remplacement du Palo Alto, sa table a fait peau neuve des anciens locaux, un cadre contemporain et actuel, entre bois et noir pour le contraste, un style un peu cosy et lumineux qui plaira à une clientèle versée dans l'esthétique. Le chef travaille des compositions graphiques et recherchées, dans l'esprit d'une bistronomie personnelle, comme l'œuf parfait, fromage de brebis et ail des ours, le lieu jaune à la braise, blettes et beurre blanc aux algues, la volaille aux oignons grillés, groux de sarrasin et sauce au chouchen, enfin un crémeux vanille et nougatine pécan. Prix très compétitifs. La maison est ouverte dès 10h le matin pour prendre un café.

Gare aux Goûts 12/20

26 rue Blanqui - T. 02 97 21 19 79 - Menu(s) 21 €

Après un passage dans les grandes cuisines, Vincent et Lucia ont décidé de s'installer ici et de reprendre les anciens locaux du Sabayon. Le chef travaille les produits locaux dans une veine bistronomique actuelle, tandis que Lucia gère sa salle avec une belle maîtrise des espaces et un vrai sens de l'accueil. L'endroit est sobrement décoré, un poil daté, mais sans aucune faute de goût, et met à l'aise une clientèle d'affaires qui s'y retrouve comme à l'évidence. Le chef propose une ardoise en rotation pour une fraîcheur optimale, avec de beaux produits et une technique certaine. On commence sur une salade de lentilles aux gésiers assez ample qui ouvre l'appétit, puis une bonne poitrine de cochon, fondante et grasse, avec un accompagnement de grenailles et chou-fleur et, pour terminer, une régressive brioche façon pain perdu au caramel et à la banane. Prix compétitifs.

Le Grenadin 11,5/20

7 rue Paul Guieysse - T. 02 97 64 30 01 - Carte 42 € - Menu(s) 26-59,50 €

Bonne table d'affaires à quelques minutes de la gare, l'adresse d'Isabelle et Jean-Yves Mallet assure sa place depuis des années pour sa cuisine professionnelle et traditionnelle, et son sens raffiné de l'hospitalité. L'atmosphère se prête aux conversations posées, ponctuées de quelques réjouissances : un dos de saumon confit aux herbes, pickles de légumes, crème citron et ciboulette, des goujonnettes de grondin, caviar d'aubergine, piquillos farcis au chèvre frais ou encore un filet de canard poêlé à la mangue, purée de patate douce au jus de romarin. Bons desserts. Service amène.

LORMONT 33310

Le Prince Noir 16/20

CHEF : VIVIEN DURAND

1 rue du Prince Noir - T. 05 56 06 12 52 - Menu(s) 66-145 €

Une grande table qui a de la personnalité, à l'image de son chef, Vivien Durand, franc-tireur échappant aux canons bordelais dans son château de Prince Noir, si bien aménagé, avec un espace réorganisé, la verrière étant utilisée à bon escient pour l'apéritif et les mises en bouche. Vivien exprime à travers ses assiettes un caractère et une philosophie, par la bonne humeur, la joie de vivre et surtout la passion de la cuisine. La trilogie d'entrées est un premier bonheur, excellent bœuf mariné soja, gingembre, feuille de blette séchée et caviar de Biganos, carpaccio de bar, chou-fleur rôti, foie gras confit entier, grillé au BBQ, betterave rôtie au café. Un remarquable plat végétal, des aubergines taillées très finement, confites, montées comme un millefeuille et un jus réalisé avec les parures additionnées du jus de cuisson des aubergines, retravaillé avec de l'ail noir, puis comme un jus de viande. La truite ikejime est soutenue par une sauce ventrèche façon ttoro, très bien cuite et condimentée, le homard très naturel avec un beurre de homard et pinces au basilic, ou le ris de veau croustillant, dans la graisse de bœuf sauce blanquette, sont au même haut niveau. Enfin, le crémeux chocolat et mûres au vin rouge, glace huile d'olive estragon, mousse chocolat au siphon servie à la cuillère, cacao et streusel cacao, fait un joli dessert de cuisinier. Beaucoup de plaisir aussi en cave où toutes les régions sont représentées. Service cool et professionnel.

LOUGRATTE 47290

La Table des Sens 13,5/20

63 route de Villeneuve sur Lot - N21 - T. 05 53 36 97 04 - Menu(s) 23 €

Un restaurant de village, une salle colorée et chaleureuse, une terrasse pour la saison, et surtout un très bon chef, Hervé Sauton, que l'on connut il y a bien longtemps au Castellet. L'atmosphère rustique est pleine de naturel, Chrystelle anime avec bienveillance et professionnalisme. Un détail de la franchise du lieu ? Cette carafe d'eau directement posée sur la table à votre arrivée, sans la fameuse question pour vendre un peu d'eau minérale... Cette cuisine à forte base traditionnelle est éclatante de vérité : ceviche de crevettes au combava, onctueux de brocoli, noix de ris de veau entière caramélisée, galette de pommes de terre (simplicité d'une assiette classique, mais excellente et bien maîtrisée), pain de Gênes aux écorces de citron yuzu, crème vanillée et fraises mara des bois, de bon goût, confectionnée par le pâtissier Jean-Yves Tholly. Carte de vins assez courte et accessible. Bonne formule déjeuner à 23 €.

LUDRES 54710

Les Canailles 11,5/20

Route de Fléville - T. 03 83 22 65 35 - Menu(s) 24 €

Dans une zone industrielle, cet établissement improbable est pris d'assaut par les amateurs de cuisine bistrotière, et il faut absolument réserver pour cette cuisine canaille. L'os à moelle est généreux et accompagné de focaccia au romarin et échalote confite, les pattes de poulpe partagent l'assiette avec un carpaccio de betteraves rouges et de betteraves jaunes rôties, un simple et fade baba au rhum avec de la chantilly termine les agapes. Simple carte des vins à prix sages, mais correspondant bien à la cuisine proposée.

LUMIO 20260

La Table di Mà - A Casa di Mà 15/20

Route de Calvi - T. 04 95 60 61 71 - Carte 127 € - Menu(s) 145-185 €

La meilleure table de Haute-Corse ? Cela ne fait plus aucun doute, elle est à Lumio, de l'autre côté de la baie de Calvi et, si elle ne devait avoir qu'un seul défaut, ce serait cette route qui passe à ses pieds (même si le propriétaire des lieux a tout fait pour réduire au maximum les bruits de circulation). Joseph Fondacci, le maître de maison, a la réputation d'être exigeant auprès de ses équipes (il est toujours présent au moment du service et veille sur tout), mais il fait surtout preuve d'un vrai talent pour choisir ses chefs. Vincent Champ et Ludivine Pineau, le duo en place depuis l'an dernier, est ainsi le premier à accrocher une 3e toque au fronton de l'ancien Chez Charles. Leur mérite ? Avoir imaginé une cuisine sobre et luxueuse, moderne et pleine de personnalité, où les (splendides) langoustines s'acoquinent avec un sorbet tomate et miel et un riz au lait froid à la réglisse et poivre timut, où le saint-pierre (nacré à la perfection) est cuit au binchotan et marié à de divines fleurs de courgettes farcies et où le cabri Nustrale est magnifié par une addictive brousse aux herbes et un houmous de haricots tarbais, moutarde, cumin des prés et citron d'un remarquable équilibre. Desserts à 3 toques eux aussi (le café en texture, citron amer, praliné noisette et granité à la cardamome est bluffant de justesse), service au niveau, à la fois détendu, nombreux et compétent, cave classique avec tous les bons vignerons de l'île. Coucher de soleil magique sur la citadelle.

LUXEUIL LES BAINS 70300

Hôtel Beau Site 11/20

18 rue Georges Moulimard - T. 03 84 40 14 67 - Menu(s) 20-32 €

On aime ces retraites champêtres d'un confort sage et plein de promesses. La belle maison compte des chambres bien rénovées et équipées, ainsi qu'une cuisine compétente, pour le plus grand plaisir des pensionnaires. Pas besoin de sortir dans la jungle pour s'offrir un tartare de gambas roulé à l'algue nori, pêcher une truite rosée saisie à la sauge avec purée de fenouil à l'orange, un médaillon de veau sauté, jus acidulé au café, grenailles rôties et rhubarbe. Vin adéquat.

LUZY 58170

Hôtel-Restaurant du Morvan 14/20

26 rue de la République - T. 03 86 30 00 66 - Menu(s) 43-87 €

À l'entrée du Morvan, cette grande bâtisse apparaît comme le dernier avant-poste à la frontière de la civilisation, un pont entre le formalisme des grandes tables et la rusticité d'une contrée encore protégée du chichiteux. On apprécie chez Jérôme Raymond la conscience du terroir et le sens de l'accueil, qui donnent à voir un lieu feutré et chic bourgeois, la grande amphore de Mas Amiel au milieu de la salle, la moquette feutrant le bruit des sabots, des lignes épurées pour s'accrocher à la fuite en avant du temps, des belles tables en bois brut pour marquer l'attachement au naturel. Le menu «Mes Racines» est un hommage sincère, vrai, jusqu'au générique de fin énumérant les noms de tous les artisans ayant mis la main à l'œuvre, pour faire exister le persillé de lapin et la mousse à la moutarde à l'ancienne, le dos de sandre sur peau, échalote confite, petit épeautre et réduction de pinot, voile de lard de Colonnata, le filet de canette Miéral en basse température, les cuisses en cromesquis, écrasé de pommes de terre à l'ail des ours, jus au poivre de verveine et vinaigre de sureau, un financier, fraises fraîches et crème à la vanille. Le service est discret, bienveillant. Cave très bien pourvue.

LYON 1 69001

La Mère Brazier 16,5/20

CHEF : MATHIEU VIANNAY

12 rue Royale - T. 04 78 23 17 20 - Menu(s) 95-215 €

De la belle, de la très belle ouvrage, tout simplement. Un excellent chef, un lieu de mémoire, des recettes et du travail. Tout sort nickel des cuisines de ce musée vivant, aux délicates faïences, aux salons chaleureux, aux multiples détails si bien préservés depuis Eugénie Brazier. Bientôt un siècle et nous continuerons encore longtemps à aimer La Mère Brazier, à la flamme entretenue par ce cuisinier adroit et réfléchi qui adapte à sa manière, pour des touristes conquis, l'artichaut au foie gras, ou le brochet, remarquable en pain écrevisses toutes fraîches sauce Nantua et par ailleurs confit avec une grenobloise. On voudrait parfois un déclic supplémentaire, un chou farci au gibier à plumes (poule faisane et colvert ce soir-là) un peu plus gourmand, un soufflé à la mandarine impériale un peu plus aérien, mais nous sommes bien tous d'accord, visiteurs d'un soir comme adorateurs du lieu : La Mère Brazier reste l'une des grandes et belles tables de la ville. Jeune service qui apprend et progresse avec application, vaste cave classique, cumulant les étiquettes de prestige en toutes régions, particulièrement forte en vallée du Rhône septentrionale, pas excessive en tarifs, comme d'ailleurs l'ensemble de la prestation, avec ce menu hommage très consensuel à 155 €.

Prairial — 15,5/20

CHEF : GAËTAN GENTIL

11 rue Chavanne - T. 04 78 27 86 93 - Menu(s) 64-98 €

Il y a chez Gaëtan Gentil quelque chose de touchant, une envie irrépressible de bien faire, d'être sur le bon chemin, d'aller jusqu'au bout de sa conviction profonde qui est de mettre en scène les émotions qu'il ressent quand il se balade en forêt, regarde un lac ou une rivière et, il faut le reconnaître, tout cela fonctionne assez bien. Pétri de technique, dans ce restaurant de poche, il fait mouche avec sa tomate de 36 heures, d'une texture, d'une jutosité confondante, le tout mis en contraste avec cette petite salade d'herbes et de fleurs très puissante. Ce plat est une synthèse du lieu, de la douceur, de la longueur et des goûts très intenses, partant assez souvent sur une trame amère, comme dans cette glace composée en partie de thym donnant de la rectitude à la crème acidulée de courgette jaune. Cuisson parfaite du cristivomer avec un jus à base de carotte et huile de sapin, belle quenelle de brochet où la verveine tient peut-être un peu trop de place, bon pigeon en deux services, desserts un demi-ton en dessous. Le cuisinier, qui aime beaucoup les mousses (sept dans une seule séquence), peint, d'une certaine façon, avec ses assiettes, les plaines, les vallées et les montagnes qui l'entourent. La carte des vins elle aussi mérite le détour.

Chez Pimousse — 14,5/20

27 quai Saint-Vincent - T. 09 82 47 73 60 - Carte 71 € - Menu(s) 75 €

C'est la découverte du moment. Pierre-Michaël Martin, alias «Pimousse», que tout le monde a connu lorsqu'il était en cuisine ouverte au Bistrot du Potager, boulevard Stalingrad, avait déjà un fond solide, acquis chez Mathieu Viannay à La Mère Brazier, quand il a décidé de se lancer cet été en bord de Saône. Pierre-Michaël a fait une sorte de synthèse du bistrot et de La Mère Brazier : des produits sérieux, comme le pigeon, la truffe, le ris de veau, la saint-jacques, l'araignée, adossés à une carte des vins à tomber par les références et les prix, le tout twisté par une herbe, un zeste, un éclat, comme pour faire mouche tout de suite. Ces noodles d'encornet ont à peine effleuré la plancha, pour en garder le fondant, la pomme de ris de veau est secouée par le grué et l'anguille fumée, la mousse au chocolat transportée par un peu de truffe. Tout simplement brillant !

Culina Hortus — 14/20

38 rue de l'Arbre Sec - T. 04 69 84 71 08 - Menu(s) 35-70 €

Elle est quand même diablement passionnante, cette cuisine végétale voulue par Thomas Bouanich (que l'on retrouve aussi juste en face, avec Victoire et Thomas) et si bien imaginée et traduite par Adrien Zedda et son équipe. Sourcing du produit, choix de tous les ingrédients avec la même rigueur, compositions variées pour éviter la systémique de la salade, les formules ainsi proposées sont très divertissantes : siphon œuf et céleri fumé, concassé de céleri rôti et algues fraîches, sorbet saké, mousse de riz, jus corsé miso et mirin, riz soufflé, poudre de miso, endive confite au soja, jus corsé cacahuète, huile de livèche, soupe de tomates et poivrons, huile de livèche, et tant d'autres (champignons noix vin jaune, courgette myrte...), jusqu'à la figue foin noix et le géranium pêche verjus. Cette superbe séquence à 70 € fait un très beau voyage dans la nature, avançant vertueusement dans la saison et ses trésors, entouré de douceur boisée et d'une équipe épatante de spontanéité.

Mojgan 14/20

20 rue Royale - T. 0983726667 - Menu(s) 21-43 €

Ce fut l'une des révélations de l'an passé, qui permet à la rue Royale de compter un plaisir de plus, original et raffiné comme la cuisine de la cheffe Mojgan Tashvighi, qui mêle son Iran natal à des compositions bien personnelles : fondant d'aubergine à la menthe frite et noix concassé au kashk (petit lait), souris d'agneau safranée riz basmati à l'aneth et aux fèves, épaule de veau dans une excellente sauce céleri persil et menthe iranienne avec un riz basmati au safran. Un très bon menu à 43 €, une ambiance douce et dépaysante, et le vin perse à découvrir.

Quintessence 14/20

31 rue du Bât d'Argent - T. 04 72 00 08 08 - Menu(s) 24-98 €

Anthony Baud, qui est passé par Le Caro de Lyon, Têtedoie et Les Fermes de Marie, maîtrise ses classiques, qu'il retravaille depuis six ans dans ce vieux réfectoire jésuite superbement mis en valeur. Son menu à 62 € est une bonne affaire : truffe, œuf parfait, bouillon corsé de crevettes grises, côte de veau rosée, jus dense parfumé au thym, tout y est pour profiter d'un agréable moment. Quelques petites imperfections sur les températures, les finitions de cuisson et les assaisonnements l'empêchent d'atteindre les 3 toques, mais elles sont à portée de spatule. Cave assez courte, mais offrant du choix autour de 50 €, service convivial avec un passage du chef à chaque table.

Morfal 13,5/20

16 rue Hippolyte Flandrin - T. 04 78 08 14 03

La Bijouterie est fermée, vive Morfal ! On prend les mêmes et on recommence. Le Covid-19 n'a pas changé la restauration, il en a accéléré la mutation. Les assiettes n'ont plus d'ordre, de classement entre entrées ou plats, parce que la puissance immédiate et accessible à tous sans aucune connaissance est plébiscitée. Le passage de La Bijouterie avec un menu unique vers Morfal, où toutes les compositions sont possibles, associées à un service rapide, en est une preuve supplémentaire. Tout le monde prend plaisir, de vraies fulgurances, et parfois quelques regrets de voir les produits s'effacer derrière toute une japonaiserie redondante.

Sapnà 13,5/20

7 rue de la Martinière - T. 09 81 77 27 25 - Menu(s) 21-27 €

La petite sœur de La Bijouterie (aujourd'hui Morfal) se porte très bien, et toutes ces mini-assiettes à moins de 10 € qui s'apparentent à de la street ou à de la finger food sont toujours réjouissantes, quelle que soit la saison, quelles que soient les idées : onigiri haddock œuf de truite mayo wasabi, champignons pickles cébette, bœuf braisé poivre malabar navet coriandre, bao de poisson pané gribiche oseille aneth... Et tout ce qu'il y a à boire est bon, avec de belles références (Overnoy, Milan, Pellé...). Décor de vieux café bien préservé avec carrelage, chaises Thonet, plateau bois nu.

Léon de Lyon 13/20

1 rue Pleney - T. 04 72 10 11 12 - Carte 16 €

Il faut considérer cette maison dans son présent et non dans son passé glorieux : voilà une belle brasserie lyonnaise, avec une équipe solide et un excellent service, pro et disponible, emmené par un directeur, Matthieu Coffineau, très attentif. Nul besoin alors d'évoquer les décennies antérieures. Le pâté en croûte est bien réalisé, le pain de brochet plaisant, et les saint-jacques, pour sortir du registre local, de bonne provenance et traitées avec égard. L'addition est copieuse, certes, mais correspond à une prestation soignée sur une cuisine plus qu'honorable. Grande cave classique, avec les références de belles maisons et certains tarifs avantageux. L'avenir sera désormais écrit par Laurent Gerra, qui a repris la totalité des parts et va se consacrer à redonner toute sa place à cette immense enseigne.

Regain 13/20

3 rue d'Algérie - T. 09 81 10 65 08 - Menu(s) 21-49 €

Benjamin Sanchez, le cuisinier qui est passé par David Toutain à l'Agapé et par Mathieu Rostaing au Café Sillon, Thomas Rolland, qui a connu Benjamin à La Piscine, à Paris, et Pierre-Armand Blanco, marchand de vin en Bourgogne, se sont associés pour monter ce Regain, comme un clin d'œil aux origines provençales des deux premiers. Ce néobistrot, dans le quartier Bas des pentes de la Croix-Rousse, en pleine gentrification, est l'un des derniers nés de la nouvelle scène culinaire lyonnaise, qui vient apporter autre chose que des plats. Regain envoie certes une cuisine précise, avec des touches évidemment méditerranéennes, sous influence asiatique, mais offre surtout une très bonne combinaison entre l'accueil, l'ambiance, le lieu, le vin et les assiettes. Si la bonite était un ton en dessous, la tomate, le risotto avec son caviar d'aubergine brûlée et le dessert «paille d'or» donnent un rapport prix-plaisir excellent.

La Table Wei 12,5/20

13 rue Neuve - T. 04 78 28 58 79 - Carte 43 €

L'associée de Sun Ruijun est partie il y a quelque temps, et l'époque de l'équipe sortant vaillamment de l'Institut Paul Bocuse est bien révolue. Fini aussi l'ambition de délivrer une bistronomie haut de gamme. La pandémie est passée par là, la cuisine à emporter révolutionne en accéléré les nouveaux modes de consommation, et c'est ce virage que ne veut pas rater Sun Ruijun, qui va bientôt ouvrir un deuxième établissement dédié. Aujourd'hui, sa réflexion porte sur l'élaboration de plats qui soient aussi bons sur place qu'à emporter, et elle fait donc évoluer son restaurant dans ce sens. Ce qui n'enlève rien à la qualité proposée. L'aubergine est géniale, le poulpe fondant, la ganache au chocolat puissante et enrobante. Carte des vins assez quelconque.

Ultimo 12,5/20

4 rue Giuseppe Verdi

Paul, qui est passé par Têtedoie, puis par le très VIP bar Le Pas Sage, où le tout-Lyon se retrouvait, a ensuite créé Mamma Osteria, rue Pleney, et s'est associé avec ses deux derniers cuisiniers pour ouvrir Ultimo, qui met en avant tout l'arsenal du restaurant moderne :

réservation uniquement à midi par internet, produits et vins bio et locaux, sauf la farine pour les pâtes, qui vient de Sicile. Derrière cette succession de plats nature et cet intérieur travaillé, on se sent bien comme à la maison, de 7 à 77 ans. De 15 à 45 €, tout marche merveilleusement bien : les assaisonnements sont volontaires, les entrées plantent très vite le décor pour une cuisine simple, percutante, actuelle. Les pâtes fabriquées maison ont de la mâche, les cacio e pepe sont divines, les antipasti klaxonnent, comme ces œufs mayo au raifort et fenouil cru ou avec ces arancini au contraste chaud-froid de cette sauce yaourtée. Carte des vins bien ciblée.

Arvine 12/20

6 rue Hippolyte Flandrin - T. 04 78 28 32 26 - Menu(s) 55 €

Au cœur de l'arrondissement, dans un quartier animé, la table de Benjamin Capelier est l'occasion d'une bistronomie personnelle et inventive, où les beaux produits français sont servis dans des associations inattendues. Plutôt à l'aise sur la technique, le chef joue ainsi sur les textures et les cuissons pour les faire redécouvrir, tantôt en mousse, comme le foie gras, ou en crêpe roulée, comme la betterave, ou encore la truffe au dessert avec la noisette et la langoustine dans une assiette sucrée-salée. Le cadre cosy et contemporain détend, avec sa lumière tamisée et son service humain, qui aligne aussi les belles cuvées, au verre ou à la carte, avant tout tournées vers le bio et la nouveauté. Menu à 55 € le soir en 5 temps.

La Boname de Bruno 12/20

5 Grande-Rue des Feuillants - T. 04 78 30 83 93 - Menu(s) 20-39 €

Fidèle au poste au pied de la Croix Rousse, Bruno Didierlaurent garde toute sa singularité et son allant dans sa maison, à la fois simple et raffinée, à deux pas de la rue Royale. L'offre est courte, les intitulés sobres, cachant un belle maîtrise technique : céleri-rave confit crevettes et sauce cacahuètes, potée de chapon haricots et légumes de saison, riz au lait caramel noisette dans une formule accessible et d'un bon rendement à 35 €. Menu déjeuner à 23 €.

Carré Royal 12/20

16 rue Royale - T. 04 78 28 33 98 - Menu(s) 39 €

Tendance cool et sans cérémonie dans le Carré Royal d'Albéric Colas et Dorothée Aschehoug. L'emplacement est idéal, l'intérieur joliment aménagé et tous les deux, en cuisine comme en salle, ont le bagage professionnel pour maintenir un bon niveau. Le menu à 42 € fait une bonne séquence à 3 choix par poste, la polenta au thym escargots roquette et mimolette, le bon et gourmand risotto fruits de mer avec un petit supplément et le fondant amande ananas rôti aux épices sauce caramel beurre salé. La carte bouge chaque semaine. La cave est bien alimentée en valeurs sûres, au verre, au pot et en bouteille, bien impliquée sur la région (beaujolais, bugey, rhône...).

Le Cochon qui Boit 12/20

23 rue Royale - T. 04 78 27 23 37 - Menu(s) 39 €

Du bio, des légumes d'ici, une démarche éco : voilà du néobistrot de qualité dans la mythique rue Royale. Du végétal mais pas que, un délicieux carpaccio de céleri noisettes, les escargots chou vert comme une ravigote, le magret au navet ou le potimarron crème d'oseille, tout est bien ajusté en saveur, jusqu'au chaud-froid de chocolat de Cocoa Valley au foin. La séquence complète à 39 € est un bon choix, dans une ambiance intime et chaleureuse.

Le Potager des Halles 12/20

3 rue de la Martinière - T. 04 72 00 24 84 - Menu(s) 32 €

Un lieu de rassemblement de la bonne humeur, des tapes dans le dos et des agapes entre potes. Pour les nouveaux venus comme pour les habitués, la convivialité est immédiate. On peut commencer par grignoter les tapas à l'apéro, suivre avec les plats plus costauds de la carte, le mix grill de la mer et risotto safrané, le faux-filet d'angus d'Argentine au poivre vert et gratin dauphinois, les ravioles du Royans. Une belle liste de desserts classiques et une cave bien rembourrée de quilles de partout et d'un peu plus loin : Chili, Sicile, Portugal...

Bouchon Authentique Lyonnais - Chez Hugon 11,5/20

12 rue Pizay - T. 04 78 28 10 94 - Menu(s) 29 €

L'un des plus célèbres bouchons de Lyon, fidèle et régulier. Les touristes japonais font la queue pour trouver un coin de chaise, au coude à coude sur les nappes vichy, dans un décor authentique. Il suffit ensuite de dérouler le catalogue, complet et, bien sûr, maîtrisé : pieds de veau, gras-double, poulet au vinaigre, sabodet en civet, tablier de sapeur, rognons de veau, poulet aux écrevisses... Le menu à 29 € offre tout, alors pourquoi se priver ?

Le Garet 11,5/20

7 rue du Garet - T. 04 78 28 16 94

On ne présente plus «Manu», Emmanuel Ferra, figure des bouchons lyonnais, qui s'est offert une barbe grisonnante aussi fournie que celle du capitaine Haddock, comme pour laisser entrevoir qu'ici c'est du solide et du liquide. Il a commencé en tant que commis chez Paul Bocuse, puis second chez Léon de Lyon, Larivoire, et il a toutes les bases, bien ancré dans son terroir. Le Garet, c'est une institution à Lyon, la table de Jean Moulin, qui a désormais sa plaque, toujours les 6 mêmes plats à la carte, la quenelle, le tablier, l'andouillette, la cervelle, l'une des meilleures de Lyon, la tête de veau, et pour les douillets, une bavette. Un ou deux plats du jour bousculent cette carte figée, comme au printemps dernier les grenouilles en deux passages, des tétines de vaches, et lors de notre venue une fricassée de rognons. Avec son épouse, il offre un vrai accueil d'aubergiste sincère et une carte des vins centrée sur des étiquettes bien sélectionnées et très accessibles.

Balthaz'Art 11/20

7 rue des Pierres Plantées - T. 04 72 07 08 88 - Menu(s) 21-39 €

L'endroit est agréable, le service bien présent, la carte des vins très au-dessus de la moyenne, avec de vraies pépites. La clientèle d'habitués pardonne tout tant que l'accueil, le cadre, le style et les vins sont là. En revanche, les assiettes nous ont paru cette année moins tranchantes : cette envie de mettre le légume au centre est louable, mais il faudrait en tirer un meilleur parti (flan d'aubergine sauce cacio e pepe, croque-monsieur de navet avec des carottes un peu ternes). Service attentif qui connaît bien la maison.

Bouchon Bât-d'Argent 11/20

23 Rue du Bât d'Argent - T. 04 72 27 18 66 - Menu(s) 23-29,50 €

Un néo-bouchon, par l'équipe du Bouchon des Cordeliers et de Bouchon Tupin, qui adopte la bonne ligne à un emplacement idéal, au cœur de l'animation touristique de la presqu'île. Dans la quête de l'authenticité, il ne peut guère se prévaloir d'ancienneté, mais le propos est juste et la réalisation mérite 1 petite toque : délicieux pâté en croûte, andouillette Bobosse, quenelle au brochet sauce homardine. Le brin d'actualité, c'est d'ajouter les couteaux topinambour en purée et la poitrine de cochon grillée carbonara de céleri. Cave classique bien vue, vin au verre, au quart et au pot.

La Gargotte d'Ivan 11/20

15 rue Royale - T. 04 78 28 79 20 - Menu(s) 25-28 € ♿

Elle en a vu défiler, cette Gargotte d'Ivan, des touristes, des habitués, des voyageurs extasiés devant cette rue Royale, au pied de la Croix-Rousse, qui découvre Lyon en profondeur. Ils en profitent pour explorer l'ardoise du moment, calée dans un menu simple, où la cuisine s'exprime : terrine de lentilles aux foies de volaille et pistache, filet de dorade houmous au citron confit, poitrine de cochon braisée sauce barbecue aux figues, financier au miel de fleurs glace yaourt...

Au Petit Bouchon - Chez Georges 11/20

8 rue du Garet - T. 04 78 28 30 46 - Menu(s) 19-25 €

Du pur bouchon dans le quartier idoine. Les touristes ne manquent pas de s'attabler pour l'authentique, le mâchon du matin, les spécialités. Et les locaux les rejoignent, attendris, devant l'assiette de grattons de bienvenue, le gâteau de foies blonds, pas trop mixé, comme il faut, l'andouillette moutarde généreuse, avec les rattes qui servent d'accompagnement pour le moment, et le baba au rhum hélas pas sélectionnable. Il reste la sincérité, la gentillesse et l'esprit bouchon qui ne se perd pas.

LYON 2 69002

Rustique 16/20

CHEF : MAXIME LAURENSON

14 rue d'Enghien - T. 04 72 13 80 81 - Menu(s) 90 € ♿

Tout cela sent le Grand de Demain, tel que nous l'avons décelé il y a maintenant deux ans, ce que Maxime Laurenson confirme à grands pas, avançant allègrement vers la 4e toque. Dans ce coin d'Ainay très lyonnais, la salle aux matériaux bruts, accueillante et nature, est propice aux assiettes percutantes et d'une précision de grande toque : le velouté de lentilles, d'un soyeux exceptionnel, est une révélation, préparant le silure, en deux textures, fumé et en tartare. Le pigeon est admirablement cuit et cuisiné entier, avec sa tartelette aux abats et pommes cuites au foin, une réduction parfaite avec une note aigre-douce. Tout fonctionne dans le bon tempo avec un service qui se fond dans l'enthousiasme autour des créations du chef, jusqu'à la «simple» mousse chocolat en deux services au parfum de lavande. Jolie cave, qui serait mieux valorisée encore avec un choix au verre plus conséquent.

Burgundy by Matthieu 14/20

24 quai Saint-Antoine - T. 04 72 04 04 51 - Menu(s) 35-100 €

Sur le quai Saint-Antoine, face au marché, la façade passe presque inaperçue. Il serait pourtant dommage de manquer la marche vers ce lieu de création. Si la salle à l'étage est vraiment sans grâce, le bar est agréable et permet de goûter dans les meilleures conditions aux réalisations de Matthieu Girardon, que l'on remarque dès l'entrée face aux cuisines. Il joue avec prestance sur les saveurs acides autour d'une carpe fumée cerfeuil pommes de terre et oignons rouges et trouve encore le bon assaisonnement sur le rouget de petit bateau, avec une sauce relevée au jus de veau et ciboulette. Enseigne oblige, la Bourgogne est bien présente à la cave. Les desserts sont gourmands et le service attentif. Une belle progression cette année.

Thomas 13,5/20

6 rue Laurencin - T. 04 72 56 04 76 - Menu(s) 22-47 €

De trublion du paysage lyonnais, Thomas Ponson est passé au fil des ans au rang d'institution. On réserve, on fréquente assidument les autres lieux de la rue qui lui est quasi dédiée (le café, le bouchon, le bistrot), et l'on profite ici d'excellentes soirées avec la meilleure société, pour retrouver cette cuisine maligne et éclectique, toujours bien menée et fignolée dans le détail, un zeste de mode, un autre de tradition : ravioli ouvert à la daube de joue de bœuf façon niçoise, dos de biche grillé, variation sur la butternut jus réduit à la cardamome noire, saint-marcellin de la Mère Richard et déclinaison de citron crémeux praliné dans un impeccable menu à 47 €, qui donne du choix et du plaisir. Service en harmonie avec cette ambiance de sortie chic, belle cave avec les régionaux et des étiquettes de référence.

L'Établi 13,5/20

22 rue des Remparts d'Ainay - T. 04 78 37 49 83 - Menu(s) 37-88 €

Station Louis-Ampère, à quelques minutes de Bellecour, la table de Louis Fargeton est certainement l'une des plus courues de l'arrondissement, pour son atmosphère branchée où les gens d'affaires et les foodies se retrouvent en terrain connu. L'atelier se fait le chantre de l'artisanat, dans le choix des produits, les légumes des Jardins de Vartan, les meubles de l'ébéniste Damien Fargeton, les beaux couteaux de Jean-Loup Balitrand. On entre ainsi dans cette maison vintage, parquet et pierre, style scandinave années 1950, un comptoir d'époque où s'alignent les jéroboams de chartreuses, le brouhaha d'une clientèle occupée et bien nourrie. Le chef défend des menus imposés et de saison, où la tradition se mêle à la modernité à travers un subtil équilibre, comme une perdrix aux topinambours bien relevée au café, un jeu de textures et une cuisson remarquable sur la lotte au nori et à la poire de terre, d'une belle harmonie sucrée-salée, un exemplaire lièvre à la royale, parfaitement dans sa période, une prise de risque réussie sur l'association Guanaja et girolles. Les accords mets et vins révèlent une jolie recherche, des cuvées régionales et actuelles. Bon service.

Monsieur P 13/20

8 place des Célestins - T. 04 82 31 87 63 - Menu(s) 34-98 €

Sur cette jolie place calme, Monsieur P, alias Florent Poulard, ne fait pas grand mystère de sa prédilection pour une cuisine bourgeoise, sage et maîtrisée. L'adresse est belle, le service avenant, mais on aimerait aussi qu'un cuisinier aussi talentueux, comme il nous l'avait montré naguère rue Royale, s'engage encore davantage et développe sa personnalité. L'aubergine cristal, shiitaké et grué de cacao ne nous a qu'à moitié convaincus, le travers de cochon est bien préparé, haricots coco et xipister, avant un bon dessert fraise. Belle cave, avec un excellent sommelier, assez agile entre rhône, savoie et bugey.

Le Bistrot de Lyon 12,5/20

64 rue Mercière - T. 04 78 38 47 47 - Carte 11 € - Menu(s) 19-26,50 €

Une belle brasserie installée dans la fameuse rue Mercière, l'adresse des touristes comme des locaux, les premiers pour découvrir, les seconds pour l'habitude. Les éléments du genre sont bien réunis, le sol en dalles blanches et noires, les moulures et les banquettes 1900 et, à table, les spécialités, bien incarnées : salade lyonnaise, quenelle de brochet, andouillette Bobosse, suprême de volaille fermière au vinaigre gratin de macaronis. Bon service, large choix de vin au verre et au pot.

Le Nord 12,5/20

18 rue Neuve - T. 04 72 10 69 69 - Menu(s) 24,90-27,50 €

C'est la première brasserie de Paul Bocuse. Elle se laissait doucement dépérir avant qu'un grand coup de frais ne la remette sur les rails en 2012, complété par toute une série de travaux effectués en 2020. Le service est efficace et la salle chaleureuse. La choucroute de Reynon, l'andouillette Bobosse et la salade lyonnaise sont là. Comptez entre 15 et 20 € l'entrée, entre 25 et 35 € le plat et 10 € le dessert, le prix à payer pour le nom Bocuse, la tranquillité et le côté feutré en centre-ville.

Le Vivarais 12,5/20

1 place Gailleton - T. 04 78 37 85 15 - Carte 17 € - Menu(s) 23-39 €

Une appréciable adresse de toujours, transmise de père en fille avec succès, pour maintenir une tradition lyonnaise à laquelle chacun est fortement attaché. Audrey Jacquier en connaît tous les secrets et applique les préceptes pour la bonne cause : pâté en croûte Richelieu, quenelle de brochet sauce Nantua, joue de bœuf de 7 heures, boudin blanc aux girolles, fricassée de rognons de veau à la graine de moutarde. Impossible de goûter tout en un seul repas, et pourtant, on tenterait bien des gibiers, la biche, le colvert ou la grouse en saison, et le lièvre à la royale sur réservation... Desserts et cave classiques.

L'Atelier du Square 12/20

10 rue Claudia - T. 04 78 71 00 25 - Menu(s) 34-75 €

Une carte ambitieuse, des menus dégustation à 59 et 75 €, on navigue à une certaine altitude dans la chic rue Claudia, mais le chef sait mener sa barque dans des compositions sur trois lignes où les produits nobles participent volontiers à la fête : le maki de poulpe avec son jus laqué au sauternes constitue l'un des piliers de références, la raviole de langoustine s'accompagne de ris de veau fumé au café, les saint-jacques sont contisées à la truffe en coque de noix, le râble de lapin est préparé à la royale. Des formules bien modulables au déjeuner (de 18 à 34 €), un cadre et un service agréables.

Cuisine et Dépendances 12/20

68 rue de la Charité - T. 04 78 37 45 02 - Menu(s) 25-68 €

Le modèle lancé par Fabrice Bonnot il y aura bientôt vingt ans garde tout son intérêt. Le chef-patron l'a fait évoluer dans son temps, l'endroit est joli, le choix est assez court, les menus recouvrant la carte, mais suffisant pour se faire plaisir à prix juste. La formule de base à 50 € convient bien, avec le méli-mélo de coco chorizo grillé gorgonzola et coulis tomaté, la souris d'agneau de 7 heures retour des Indes polenta crémeuse et le financier torréfié aux noisettes miroir chocolat blanc passion et crémeux café, montrant vraie cuisine et inventivité réelle. Ambiance complice, cave intéressante.

Le Mercière 12/20

56 rue Mercière - T. 04 78 37 67 35 - Menu(s) 19,50-29,50 €

Depuis que Jean-Louis Manoa a repris cette table en 1978, il a tout mis en œuvre pour en faire ce qu'elle est devenue, une institution lyonnaise dans une rue à touristes qui n'en demandait pas tant. Les produits sont très bien sourcés, la carte des vins admirable. Sa fille, Marie-Victorine, venue à la rescousse mais désormais chez Ducasse aux Lyonnais, a laissé la place à César Ponsonnet, son gendre, qui a un beau pedigree : formation chez Ferrandi, Rech chez Ducasse et six ans comme maître d'hôtel au Bernardin, à New York. La quenelle est émouvante, l'endroit est typique, voire incontournable, et il y a de bons canons depuis quarante-quatre ans...

Pléthore et Balthazar 12/20

72 rue Mercière - T. 04 72 16 09 21 - Menu(s) 30-39 €

Cette salle contemporaine qui ouvre largement sur la rue est l'une des fiertés du coin, une immense terrasse et de grandes baies vitrées derrière lesquelles les traditions traversent le temps en s'habillant mode. L'alliance est une réussite et fait de l'adresse l'une des plus sûres de l'artère, avec sa superbe carte de vins et gins (pas moins de 600 références, dont 150 en nature), des plats classiques, comme le régressif croque truffe ou un velouté de champignons et ravioles de romans aux morilles, ou encore plus actuels, comme un tataki de thon, marinade au soja et salade de chou chinois ou un filet de bar rôti, crème de cidre et pommes grenailles. Prix honnêtes. Service cool et efficace.

Le Sud 12/20

11 place Antonin Poncet - T. 04 72 77 80 00 - Menu(s) 27,50 €

La brasserie Bocuse proche du Rhône qui descend vers le Sud et de la touristique rue des Marronniers. De quoi construire une carte qui, tout en restant mesurée, se teste sur une destination clairement méditerranéenne, avec la pizza aux légumes, le risotto carnaroli aux gambas, le tajine de volaille et l'épaule d'agneau en couscous. Le tout en gardant la tenue et la maîtrise du groupe, donc une assiette bien fignolée servie par des professionnels. Cave des amis de la maison (Jaboulet, Combier), bières artisanales, menus moins intéressants que la carte.

La Table d'Ambre 12/20

46 Rue Franklin - T. 04 72 56 12 76 - Menu(s) 24-62 €

Florent Gilibert mène sa Table d'Ambre avec professionnalisme et sûreté de geste. Un lieu contemporain décoré avec soin et sobriété où le maître-restaurateur, formé à belle école (Troisgros, Trois Dômes...), montre une aisance évidente sur une cuisine bistronomique bien comprise, alléchante et tenant ses promesses : mousseline de poisson crème de vin blanc au caviar de hareng fumé betterave et pickles de radis, suprême de pintade crémeux de panais aux châtaignes torréfiées embeurrée de chou vert jus truffé, mont-blanc crème et croquant aux marrons fruits noirs et sorbet cassis dans un menu du soir à 50 € qui offre du choix pour toutes les envies.

La Tassée 12/20

20 rue de la Charité - T. 04 72 77 79 00 - Carte 48 € - Menu(s) 18-40 €

Grande maison historique à quelques minutes de la place Bellecour, l'établissement fait vivre une tradition française et lyonnaise depuis maintenant près de soixante ans sans jamais frémir. Aujourd'hui aux mains de Romain Borgeot, la table perpétue un vrai savoir-faire, qu'on retrouve sur un art du service indéniable, un cadre feutré et bourgeois irréprochable, des assiettes techniques qui tiennent leurs promesses. Pour un repas d'affaires ou un dîner un amoureux, on pourra s'installer sur les banquettes chics de la maison pour un élégant saumon fumé mariné au citron vert, une superbe volaille fermière aux champignons. Cave bien adaptée, avec principalement des références sur la vallée du Rhône et la Bourgogne.

Brasserie Georges 11,5/20

30 cours de Verdun Perrache - T. 04 72 56 54 54 - Menu(s) 23,50-28,50 €

Cela fera bientôt deux siècles que les Lyonnais se restaurent chez Georges, à côté de la gare de Lyon-Perrache. Ce qui vous pose une institution, donne des droits et des devoirs, à commencer par celui de la pérennité. Car rien ne change ici, et c'est tant mieux. En hiver, ce sont les plateaux de fruits de mer avec des Utah Beach et des Gillardeau, les trois os à moelle pour 9 €, une choucroute avec un chou clair et croquant pour une vingtaine d'euros et de la bière maison pour accompagner. Le service est alerte, parfaitement organisé par rangées et par allées, dans une ambiance unique, bruyante mais aussi très affairée, capable de délivrer plusieurs milliers d'assiettes dans une journée. Carte des vins simple et abordable, de bon rendement autour de 25 €, adapté à la cuisine.

Café Terroir 11,5/20

14 rue d'Amboise - T. 09 53 36 08 11 - Menu(s) 23-32 €

Cet endroit a tout pour faire un succès. Une belle adresse à quelques pas de la place des Célestins, une clientèle branchée et une sélection de vins au verre de très bon niveau, à prix bien étudiés, même s'il nous a semblé cette année que les plats mériteraient davantage d'attention. Le meilleur, comme souvent, est aussi le plus simple, la superbe «Terrine de Maman» et les généreuses pièces à partager, la côte de veau, les poulets et volailles de la maison Miéral. La cave est un point fort, présente pour toutes les régions. Le service peut vite être débordé lorsque toute la jeunesse locale arrive en même temps.

Bouchon Comptoir Brunet 11,5/20

23 rue Claudia - T. 04 78 37 44 31 - Menu(s) 28 €

Adresse mythique des Cordeliers, cette maison ouverte dans les années 1930 traverse les années, avec son décor de faïences, ses banquettes, ses chaises d'époque, son comptoir en bois verni et son atmosphère d'antan qui se prolonge jusque dans le brouhaha de la petite salle, qu'on imagine inchangée depuis les débuts. Le chef y réalise les mêmes assiettes, une tradition lyonnaise soigneusement conservée et qui remplit toujours son office et son estomac, un gourmand gâteau de foies de volaille, de belles grenouilles fraîches persillées et, pour les gros mangeurs, un remarquable «Caquelon du Bon Bourgeois», avec son andouillette à la fraise de veau, son lard paysan, son saucisson chaud, sa sauce meurette, ses toasts aillés et son œuf poché. Service très aimable.

Café Arsène 11/20

2 rue Vaubecour - T. 04 78 05 41 68 - Menu(s) 19-24 €

Un néobistrot de très bon niveau, l'un des rares de la ville à pratiquer cette street food moderne qui ne se prend pas au sérieux tout en gardant goût et précision : sticks de mozza, nems crevettes, couteaux en persillade et boudin, pâté croûte, grenouilles en persillade et grenailles, et de vrais plats complets, comme le skrei soupe de poisson pleurote ou la côte de bœuf, dans une ambiance jeune et connaisseuse, avec un bon choix sur le vin d'aujourd'hui.

La Mère Léa 11/20

11 quai des Célestins - T. 04 78 42 01 33 - Menu(s) 24-39 €

Qu'on le regrette ou non, la coupure architecturale entre le bouchon Le Comptoir de Léa et le restaurant La Mère Léa a scellé une rupture définitive avec le passé, avec cette fusion entre tradition lyonnaise et tradition tout court. Ne pleurons pas trop les plats d'antan, car Christian Têtedoie a su redonner vie à cette maison qui se languissait, avec des assiettes adaptées à l'époque et au passage touristique, avec des standards familiers qui sortent dans le bon format, presque automatisés : œuf meurette, foie de veau persillé au vinaigre balsamique, purée maison, œuf à la neige aux pralines, crème anglaise vanillée. Carte des vins convenable et un peu chère.

Le Poêlon d'Or 11/20

29 rue des Remparts d'Ainay - T. 04 78 37 65 60 - Menu(s) 18-33 €

Le Poêlon d'Or, c'est la tradition lyonnaise, une sorte de musée du patrimoine discret qui poursuit les bonnes œuvres depuis des lustres. On salue le cadre et l'ambiance préservés ainsi que cette carte quasi immuable qui fait du bien. Elle étend le répertoire à quelques cousinages, comme l'œuf meurette ou le hareng pommes à l'huile, qui complètent le tableau impeccable du gâteau de foies de volaille et de la salade lyonnaise, de la quenelle de brochet en gratin sauce écrevisses ou béchamel et de l'andouillette sauce moutarde.

LYON 3 69003

L'Alexandrin 14/20

83 rue Moncey - T. 04 72 61 15 69 - Menu(s) 40-105 €

Des maisons de caractère, un chef qui a une personnalité, on n'en trouve finalement pas dans toutes les traboules. Alors, saluons une fois de plus Laurent Rigal, ce vrai pro au goût acéré (un cuisinier qui sait ce qui est bon, ça aide) et qui, avec sa petite équipe (un second adroit et bien formé), reste l'un des piliers solides entre la Part-Dieu et le fleuve. Belle cuisson des saint-jacques chou-fleur pickles et caviar d'Aquitaine, maigre de Corse panais béarnaise acidulée, aimable dessert poire dans une séquence sans faille offrant un bon rendement prix-plaisir. Avec la sélection viticole, toujours affûtée sur rhône et bourgogne, notamment, on profite du moment dans cette salle douce et contemporaine, du service de Chloé et du passage bienveillant du chef.

Daniel et Denise 13,5/20

156 rue de Créqui - T. 04 78 60 66 53 - Carte 53 € - Menu(s) 38 €

Quand Joseph Viola «himself» se met aux fourneaux, c'est la vraie régalade rue de Créqui. Car le boss MOF justifie en un tournemain sa réputation de meilleur bouchon de la ville. Dans cette longue artère à cinq minutes des halles, il donne, dans un espace typé et typique, un récital de savoir-faire lyonnais, avec le pâté croûte de champion, foie gras et ris de veau, la tête de veau avec une ravigote parfaite et addictive (ne la finissez pas avant l'arrivée de l'assiette !) et tout le répertoire qui ressemble à des plats majuscules. Surveillez aussi les suggestions du moment, comme l'omelette aux truffes, qui faisait de l'œil à toute la salle. Ambiance bon enfant, cave classique, qu'on aimerait voir un peu plus développée en direction de vins de copains. Le jeune service doit progresser, mais Maxime Soufflet, qui s'occupe de tout, assure l'essentiel avec brio et justesse.

Danton 12,5/20

8 rue Danton - T. 04 37 48 00 10 - Menu(s) 30 €

Ancien de chez Pierre Orsi, cet habitué des grandes institutions a décidé de reprendre ce petit bistrot de quartier en 2017, avec la réputation qui est la sienne aujourd'hui. L'adresse de Benjamin Besse est un rendez-vous canaille et cool, où des gourmands bien informés se retrouvent pour le plaisir du vrai. Ici, on travaille les saisons avec une recherche sincère de l'authentique, délivré dans des assiettes franches, simples et exécutées avec un soin remarquable. Vissée sur les petites chaises de ce bistrot à l'ancienne, la clientèle pourra se régaler d'une belle entrée de moules de bouchot à la salicorne, artichauts poivrade, champignons de Paris, carottes à la grecque, tartare entre terre et mer, comme d'une régressive et incontournable poêlée de cèpes d'octobre, déclinée sans erreur, ou encore une fondante basse côte de veau d'Aveyron en 50 heures, avec une purée de céleri et choux-fleurs à l'huile de noix. Cave bien composée. Prix justes.

Noé Atelier de la Mer 12,5/20

22 quai Victor Augagneur - T. 09 81 44 28 65 - Menu(s) 26 €

Ismael Adam Drissi-Bakhkhat est terriblement attachant. Après avoir été consultant pour des chefs, éleveur d'huîtres à Maldon dans la foulée de sa thèse en philosophie du langage en Angleterre, il connaît à peu près tout du paysage gastronomique français. Il a compilé pendant les trois dernières années ce savoir, tout en mûrissant le projet d'ouvrir une échoppe avec sa femme, Douchka. Aujourd'hui, le poissonnier-restaurateur nous offre une longue série de recettes, et c'est très bon ! Tout ici est enveloppant, twisté par un acide, une herbe, une épice, qui livrera ses secrets dans un second temps : les crevettes de Méditerranée avec une brunoise d'oca du Pérou, la coquillette détournée qui fait mouche, avec ces blancs de seiche compacts, laissés en sous-cuisson, comme des petits cubes de neige fraîche, le tout lié avec une réduction de fumet de poisson et de crème d'oursin maison, de sauge, de sumac, de poivre blanc et de citron noir. Desserts tout aussi inventifs et malins. Le midi, formule à 24 € et, le soir, possibilité de commander un poisson entier servi ensuite à table. La carte des vins, qui comporte plus de 400 références, est solide et très orientée nature.

La Table 101 12,5/20

101 rue Moncey - T. 04 78 60 90 23 - Menu(s) 22,50-57 €

Tout près des halles Bocuse, le savoir-faire d'Olivier Delbergues au service d'une cuisine bistronomique de bon niveau, propice à de fructueux déjeuners d'affaires, comme le montre le menu «Business» à 28 € : truite des fjords façon gravlax focaccia et crème citronnée, filet de canard rôti sur la peau, petit épeautre du Ventoux, petit pois et courgettes, fromage blanc ou saint-marcellin... La formule du soir, à 36 €, défend d'autres arguments avec la même maîtrise. Atmosphère et service agréable supervisé par Maryline Delbergues.

Yuzuya 12,5/20

226 rue Duguesclin - T. 04 72 60 95 51

Un izakaya de haute tenue, qui propose une cuisine japonaise pure et délurée, loin de la froideur des kaisekis de luxe, en offrant personnalité et caractère à une clientèle de connaisseurs. Salle comble régulièrement pour goûter l'œuf Onsen sur un lit d'aubergine mariné sauce soja agrumes, les tentacules de poulpe vinaigrette yuzu, l'okonomiyaki au cochon frit et polenta, amusante passerelle entre le Japon et le val d'Aoste, et le mochi, à la pâte bien onctueuse, chocolat et sorbet yuzu. Beau choix de saké, très bon rapport prix-plaisir.

Piquín 12/20

16 rue d'Essling - T. 04 72 32 98 48 - Carte 26€

Hugo Boissin, en salle, et Sandra Alvarez, en cuisine, tous deux diplômés de l'Institut Paul Bocuse, ont ouvert ce restaurant mexicain au cœur de l'un des quartiers les plus ingrats de la ville, entre Garibaldi et Vivier-Merle, au milieu d'immeubles sans âme. Ce rayon de soleil n'en est que plus éclatant. Ici, tout est citronné, pimenté, relevé. Le ceviche a de la mâche, le tartare de bœuf assaisonné de coriandre est superbe, le poulpe fondant. Les tacos et les chips de tortilla sont maison, avec ce merveilleux goût doucereux de maïs. Pour une première fois, ne pas hésiter à prendre la formule avec 3 ou 4 tacos. La carte des mescals et tequilas mérite le détour, et Hugo sera de bon conseil.

L'Arsenic 11,5/20

132 rue Pierre Corneille - T. 09 62 39 85 55 - Menu(s) 25-52€

L'initiative de Christian Têtedoie, qui permet à des chefs en herbe de produire le meilleur d'eux-mêmes dans un espace dédié, est aussi sympathique que prolifique. Cet Arsenic est un rendez-vous de jeunesse (les «pas de souci» fusent) et, en même temps, un lieu tendance qui anime ce quartier calme, entre Saxe et fleuve. Les tables sont serrées, la salle assez bruyante, créant une dynamique qui correspond aux assiettes, plaisantes et bien imaginées, la tatin de champignons, au feuilletage ramolli par le jus, la bonne truite confite avec sa déclinaison de patate douce, le dessert agrumes aux nombreuses variations (crumble citron, gel kumquat, suprêmes orange pamplemousse). Service agréable, cave de nouveaux vignerons, bien fouillée, avec un choix au verre qui part à la découverte.

Ravigote 11,5/20

76 rue Mazenod - T. 04 72 15 45 54 - Menu(s) 28-52€

Dans un coin de rue d'un quartier industrieux, les jeunes cadres se retrouvent dans cette cantine branchée et bien achalandée, où les amis et les collègues partagent la bouteille d'un vigneron confidentiel et profitent d'une assiette modeuse signée Xavier et Marie-Laure Radojewski. Épaulés par Philippe en salle, ils proposent une cuisine de marché inventive et audacieuse tournée vers les saisons, qui guident une créativité élargie. Au menu lors de notre passage, une entrée de betterave, d'omble chevalier, raifort et framboise, un filet de cochon d'Auvergne au topinambour et noisettes du Piémont, champignons et ail des ours. Service aimable.

L'Âme Sœur 11,5/20

209 rue Duguesclin - T. 04 78 42 47 78 - Menu(s) 29-54€

Entre L'Âme Sœur et Le Morgon, le cœur gourmand des Lyonnais balance, pour une même philosophie, celle d'Olivier Paget, chef-patron épicurien qui cajole sa clientèle, même si la cuisine, cette année, nous a semblé moins fringante, hormis la prestation remarquable d'un jeune pâtissier prometteur. La carte est toujours alléchante, avec les saint-jacques et cerfeuil tubéreux (la mer est loin de Lyon), la poularde de Bresse Miéral cuite à basse température, largement garnie de champignons et lardons (un peu cuits) et la très bonne orange sanguine de Corse et crème légère aux zestes, sablé et gelée d'orange aux épices, tuile au cacao, d'une belle harmonie et d'un travail propre et net. En cave, des choix éclairés sur toute la France et des conseils appropriés d'un sommelier faisant fonction qui se débrouille plutôt bien.

Le Bistrot du Palais — 11/20

220 rue Duguesclin - T. 04 78 14 21 21 - Carte 10 € - Menu(s) 26,50 €

Un classique de la vie de l'arrondissement du côté du palais de Justice. Aucun doute, et c'est ce qui fait majoritairement son succès, on y pratique une vraie cuisine bistrotière, en offrant un vaste choix dans une bonne formule à 26,50 € : rillettes de sardine, terrine de chevreuil, salade de lentilles et langue de bœuf, tête de veau, poêlon de tripes, saucisson chaud de Lyon, fromage blanc coulis de myrtilles. Personnel impliqué et actif, cave correcte.

Le Petit Ogre — 11/20

15 rue de la Bannière - T. 04 78 60 28 93 - Menu(s) 32 €

Après quelques années à bas bruit, on commence à monter en gamme chez ce sympathique Petit Ogre, qui régale le quartier à tarifs serrés, grâce notamment à sa formule «Trio» du déjeuner, à 32 € (trois choix à chaque étage), sur des idées variées et du temps présent, avec ce twist d'exotisme qui n'est pas un simple gadget : mijoté de cerf frites de banane plantain condiment coriandre cajou, bar riz concassé fumé ou paleron de bœuf de 56 heures pommes de terre bleues d'Artois jus de cuisson au parfum d'épice ou encore le plat végétarien du moment avant le gourmand chou vanille crème pâtissière cacahuète caramel beurre salé sorbet yuzu. Le service est agréable, la cave bien orientée avec une bonne sélection au verre et des propositions d'accord. 1 toque cette année.

Le Val d'Isère — 11/20

64 rue de Bonnel - T. 04 78 71 09 39 - Menu(s) 15-25 €

Malgré son nom évoquant les cimes, un bon bouchon terre à terre au niveau des halles Paul Bocuse, pratiquement en face. Et une carte loyale et fidèle qui vous emmène davantage dans les traboules que sur les pistes noires. Avec son chapelet de spécialités, l'andouillette à la fraise de veau, la quenelle de brochet coulis d'écrevisses et le cervelas à la beaujolaise, sans oublier la tête de veau et le gratin de ravioles. Le pot de beaujolais est autour de 11 € et on trouve à peu près toutes les appellations aux vignerons connus (Foillard, Dubœuf, Chermette...).

LYON 4 — 69004

Opaline — 14/20

8 rue Pailleron - T. 04 78 28 80 86 - Menu(s) 25-38 €

Fabrice Roche, que nous suivions auparavant à Villefranche-sur-Saône, au Juliénas, s'est installé à la Croix-Rousse en 2018, entraînant son épouse Carine dans l'aventure. Le duo n'a rien perdu de l'enthousiasme des débuts et, même si la salle manque un peu de charme, l'ancien élève de Pierre Orsi, Christian Willer et Patrick Henriroux (notamment) n'a pas à rougir devant la nouvelle génération. Sa cuisine aux bases classiques actualisées garantit un joli moment autour d'un veau aux aromates, tomates, suc de roquette, un omble chevalier, carottes et moules à la cuisson millimétrée et un gourmand dessert sur le thème des agrumes. Service plein d'esprit, sous la direction de Carine Roche, cave complète mais un poil chère.

Substrat 13,5/20

7 rue Pailleron - T. 04 78 29 14 93 - Menu(s) 18-48 €

La table d'Hubert, qui a aussi ouvert son «corner» dans la galaxie Food Traboule, dans le vieux Lyon, a connu diverses périodes, comme Picasso : les basses températures, puis les fermentations, puis le brûlé, puis on change tout et on asiatise, avant finalement de se recentrer. Bref, une table bouillonnante et salutaire, où il se passe toujours quelque chose. Ce soir, les planètes se sont à nouveau alignées pour offrir un repas hallucinant à 48 € ! Alors oui, il y a quelques trous d'air pas bien graves, mais quelle claque sur cette ventrèche, quelle réussite de la cuisson, du jus et de la fleur de courgette sur l'agneau, quelle bonne idée, ce concombre en pickles inversé et cette glace au genièvre en dessert !

36 Le Cosy 12,5/20

36 rue du Mail - T. 04 78 28 98 40 - Menu(s) 39 €

Beaucoup de fraîcheur et de dépaysement à la Croix-Rousse avec cette cuisine franco-brésilienne de Fernanda Ribeiro, la plupart du temps sur des produits locaux travaillés comme elle le sent et comme elle le sait : un crudo de poisson avec des fruits de saison, un bleu d'Auvergne avec les œufs de truite, la ricotta et la courge, le cochon rôti fumé cresson et carotte aux agrumes, et bien d'autres idées qui changent presque tous les jours, dans le beau menu 5 temps à 39 €. Accueil cordial, ambiance cool et souriante.

Le Canut et les Gônes 12,5/20

29 rue de Belfort - T. 04 78 29 17 23 - Menu(s) 19-34 €

Franck Blanc a pris les commandes du Canut et les Gones voilà plus de vingt-cinq ans, après être passé chez Orsi pour apprendre les bases classiques. Depuis 2010, il travaille avec Junzo Matsuno et de nombreux aides japonais. Ne pas se prendre au sérieux et manger sérieusement pourrait être un bon résumé de cette table, où chaque assiette est colorée, avec toujours une petite touche venue d'Asie, comme cette huile de combava sur une pleurote marinée comme un shiitaké, ou ce chou pak-choï qui avance intelligemment avec son confrère bruxellois presque croquant. Les cuissons sont réussies, les plats copieux, et le rapport qualité-prix à midi impressionnant. La cave comporte des centaines de références avec un focus particulier sur les beaujolais avec de vieux millésimes en 13/14/15. Ambiance très conviviale.

Chez Lucien 12,5/20

0 rue de Belfort - T. 04 26 07 35 76 - Menu(s) 36 €

Benjamin Nieto, venu de L'Auberge Basque de Saint-Pée-sur-Nivelle, est en train de faire son petit bonhomme de chemin à la Croix-Rousse, le succès lui permettant d'ouvrir une nouvelle adresse depuis 2020 dans le 6e, Le P'tit Lucien. La technique et les racines du Sud-Ouest sont bel et bien là, à vérifier dans l'architecture des plats, modernes dans leur conception, avec des ajouts de produits et d'assaisonnements hérités des Pyrénées. Léa, qui a aussi travaillé dans de grandes maisons, a réalisé une très belle carte des vins qui comporte quelques millésimes anciens à des prix rares et une série de quilles plus accessibles et très malignes. L'été, la jolie terrasse, calme et à l'esprit guinguette, est un petit bijou dans ce quartier très animé.

Daniel et Denise Croix-Rousse 12,5/20

8 rue Cuire - T. 04 78 28 27 44 - Menu(s) 33 €

Le petit dernier des trois Daniel & Denise de Joseph Viola fête cette année ses 7 ans, l'âge de raison, ce qui se traduit par des assiettes abouties, dans un décor chaleureux et bien pensé. Si la table fait partie de l'association Les Bouchons lyonnais, on est ici davantage dans la grande cuisine bourgeoise française qui modernise les classiques de la capitale des Gaules plutôt que dans le sabodet ou le pied de veau vinaigrette. La volaille manchonnée est légèrement crémée, l'échine est fondante avec un jus puissant, et la soupe aux artichauts est bien sûr garnie de cubes de foie gras, comme pour s'inscrire définitivement dans le passé culinaire de cette ville. Délicieuse île flottante aux pralines en dessert, cave sérieuse et sans histoires, service courtois et en bonne intelligence.

Cocozza 12/20

2 cours d'Herbouville - T. 04 78 30 13 00

Julien Fouin s'est associé avec deux de ses collaborateurs, Paul et Massimo, pour ouvrir à Lyon Cocotte et Cocozza, un néobistrot et une pizzeria italienne haut de gamme, où tout est modernisé et concocté maison. La fausse simplicité des assiettes cache une vraie culture gastronomique, une connaissance et un sourcing pointu des produits, des savoir-faire et des dressages dans l'air du temps. La jeunesse et la bonhomie des équipes rendent immédiatement l'endroit sympathique, convivial et gourmand. Les antipasti sont travaillés comme de petits bijoux, les pizzas réalisées à base de blé moulu à la meule de pierre peuvent facilement concourir dans le top 3 des meilleures pizzas de Lyon et le tiramisu est vite devenu un incontournable.

Alebrije 11,5/20

1 rue Justin Godart - T. 04 72 00 03 02 - Menu(s) 34-48 €

Ouvert il y a tout juste un an par Carla Kirsch Lopez, de l'Institut Paul Bocuse, qui officiait chez Monsieur P, et par son compagnon Vincent Gerbelli, cette table de type néobristronomie mexicaine complète le trio lyonnais d'Amérique latine et du Sud avec le Miraflores et Piquin. L'acide, le pimenté et le doux s'entrechoquent dans toutes les assiettes, avec le gaspacho, le rouget jus de cacahuète, la glace coriandre un peu amère, fraise et jus de fraise. Si l'on veut profiter pleinement de l'expérience, le soir sera préférable, avec une carte plus étoffée et un menu 5 plats à 48 €. La carte des cocktails, des tequilas et des mescals est très impressionnante. Quelques vins mexicains à découvrir, unique à Lyon.

L'Aromatic 11,5/20

15 rue du Chariot d'Or - T. 04 78 23 73 61 - Menu(s) 18-47 €

Frédéric Taghavi et Pierre-Julien Gay se sont associés en 2017 pour former un tandem assez rare, après être passés chez Guy Lassausaie et Christian Têtedoie. Ils délivrent une cuisine colorée, condimentée, avec de belles intentions et des fournisseurs de qualité, sans réelle identité ni parti pris. Néanmoins, cette table mérite qu'on la mentionne pour ses assiettes familières et toujours bien garnies, un cadre somme toute agréable et décalé, une carte des vins classique, où l'on relève Pibarnon et Jadot.

Brasserie Lyon Plage 11,5/20

85 quai Joseph-Gillet - T. 04 72 10 44 30 - Carte 56 €

Dans cet hôtel prestigieux, en bord de Saône, se trouve l'une des plus vastes piscines privées de Lyon, où le monde des affaires local se presse dès les premiers rayons de soleil. Georges Desriaux, qui était aux manettes début 2000, a fait un passage dans la brasserie Jols pour travailler majoritairement du poisson. Il est revenu au poste et délivre une cuisine agréable, simple mais précise, avec une carte des vins assez courte mais réussie pour ce type d'établissement. Clientèle haut de gamme, un incontournable des beaux jours.

Gárri 11/20

8 place Tabareau - T. 04 78 72 08 51 - Menu(s) 20,50-32 €

Frédéric d'Ambrosio et Anaïs Fourignon, du Balthaz'Art, sur les pentes de la Croix-Rousse, ont ouvert à peu de temps d'intervalle Les Boulistes, puis Garri, qui lui est mitoyen, pour servir une cuisine méditerranéenne avec des accents levantins, grecs et marocains. Les tajines, les beignets de pois chiche, le poulpe à l'aïoli libanais sont pétris d'épices, de saveur d'Orient et dressés de manière moderne, selon les codes actuels de la bistronomie, très centrés dans l'assiette. Il y a des goûts, du pep, dans cette cuisine très facile et consensuelle pour les 7 à 77 ans. Tous les vins sont étrangers sauf un «Grand Rouge» Revelette 2015 bien positionné à 47 €.

LYON 5 69005

Au 14 Février Vieux Lyon 15/20

CHEF : TSUYOSHI ARAI

36 rue du Bœuf- T. 04 78 92 91 39 - Menu(s) 110 €

On sait l'importance du détail au Japon, qui, dans chaque interstice de l'instant, à la manière des grains de sable remplissant le vide entre les rochers, sert à parachever une quête de l'excellence. Tsuyoshi Arai n'est pas indifférent à ce perfectionnisme, qui s'illustre dans son œuvre par la hiérarchie inversée des produits, mettant d'abord en avant les sauces et les accompagnements, puis les viandes et les poissons. Car le sujet n'est pas ici l'essentiel, mais l'ornement : ce qui complète, ce qui distingue sa langoustine, son pigeonneau, de tous les autres. Ainsi, son menu se déroule dans un métissage toujours maîtrisé, une déclinaison de poulet Miéral par ordre d'importance, le foie, le cœur et la peau, la chair et la crête, le bouillon et l'œuf, et seulement après, le suprême et les cuisses. C'est ensuite une crème de courgette à l'estragon et un consommé de ratatouille en gelée et poivrons, qu'une langoustine et une cuillère de caviar viennent flatter, un croquant de fenouil et citron main de Bouddha, chorizo ibérique, broccolini et sauce au vinaigre de citron kalamansi et huile aux herbes fraîches, accompagné d'un poisson parfaitement cuit, des pickles de cerises, de la feuille de cerisier en saumure, des fèves, de la purée de pistache et de la sauce à la cerise, qu'un pigeonneau cuit au feu de bois de cerisier veut bien divertir. L'abricot en trompe-l'œil est un régal en tous points. Cave remarquable, surtout en bourgogne, rhône et champagne. Service impeccable.

Restaurant Christian Têtedoie 15/20

CHEF : CHRISTIAN TÊTEDOIE

4 rue Professeur Pierre Marion - T. 04 78 29 40 10 - Carte 92 € - Menu(s) 48-136 €

Plus rassembleur qu'avant-gardiste, plus transmetteur que franc-tireur, Christian Têtedoie est un modèle pour de nombreuses générations. Et sa table des hauts de Fourvière a toutes les qualités pour rassurer, cajoler, dorloter une bourgeoisie de tous les âges, jeunes et moins jeunes se retrouvant dans ce temple contemporain très chic offrant la plus belle vue sur Lyon. La cuisine est sous contrôle, faite de modernité bien appliquée, dans les associations comme dans le choix des ingrédients, avec la goujonnette de grenouille panée au panko, qui se double d'une rémoulade de grenouilles, céleri en pickles et feuille capucine pour une entrée graphique et flatteuse, le fameux «HTV», homard et tête de veau, une pièce à deux vedettes où l'on aimerait un peu plus de dialogue (la tête de veau s'exprime peu), avant un très bon dessert noisette, café, mandarine, tout en finesse. Service organisé et briefé comme il faut, sans empathie excessive, superbe cave avec nombre de vieux millésimes, servie par un excellent sommelier, pédagogue et intéressant.

Les Terrasses de Lyon — 14,5/20

25 montée Saint-Barthélemy - T. 04 72 56 56 02 - Menu(s) 49-130 €

Les visiteurs, touristes, locaux, s'arrachent les places pour bénéficier du cadre chic et de la vue sublime sur l'ensemble de la ville depuis le haut de la colline de Fourvière. La cuisine a cessé d'être un labo d'expériences diverses pour devenir simple comme une petite robe noire, le chef trouvant le beau produit à habiller avec sobriété : langoustines au miso infusion glacée, quenelle d'omble chevalier émulsion citron, pigeon fermier sur coffre cuisse confite, tarte Bourdaloue de belle confection, respectueuse et gourmande. On grille peut-être un billet de 100 €, mais ce moment a quelque chose d'exclusif.

La Sommelière — 13/20

6 rue Mourguet - T. 04 78 79 86 45 - Menu(s) 87 €

Suivant le bon précepte de la maison dont elle est issue (Au 14 Février), Shoko Hasegawa dresse avec son chef Takafumi Kikuchi un grand menu unique qui nécessite un peu de temps et d'argent (87 €), mais qui apporte son lot d'originalité et de plaisir : black tiger et jus de carapaces concentré, foie gras et maïs, pintade en deux façons ratatouille, pêche et fleur de sureau, quelques jolies perles d'un collier qui se déroule chaque soir, avec bien sûr les meilleurs conseils pour accorder les verres (proposition de pairing à 4 verres pour 48 €).

Daniel et Denise Saint-Jean — 12,5/20

36 rue Tramassac - T. 04 78 42 24 62 - Carte 17 € - Menu(s) 40-48 €

Deuxième unité dans l'ordre chronologique pour Joseph Viola, qui met son col MOF au service de la cuisine lyonnaise et plus particulièrement de bouchon, ce qui n'empêche pas quelques digressions dans ce cadre et à cet emplacement bien touristique, comme le bon velouté de petits pois à la menthe ou le cochon aux épices douces et cocos de Paimpol, qui entourent le saladier lyonnais, la quenelle de brochet, l'andouillette 5A et le foie de veau au vinaigre.

Le Rooftop Têtedoie — 12,5/20

4 rue Professeur Pierre Marion - T. 04 78 29 40 10 - Menu(s) 40-60 €

Table d'été de la Maison Têtedoie, on vient autant profiter des assiettes joliment dressées, pleines de soleil et d'idées, que d'une vue imprenable sur la capitale des Gaules. Le moment est délicieux, dans cet environnement et cette ambiance chic et complice, et le menu à 40 € remplit parfaitement son office, avec le suprême de volaille en chaud-froid de sucs et légumes, la truite avec le fenouil et la groseille, la bavette à la plancha, pommes dauphines, oignons et sauce vinaigrée, un baba framboise et fromage blanc. Service professionnel.

Le Bistrot Têtedoie 12/20

4 rue Professeur Pierre Marion - T. 04 78 29 40 10 - Menu(s) 38 €

Ou comment bénéficier de cette situation privilégiée de ce bel ensemble dominant la ville depuis Fourvière en mode accessible, avec une cuisine de chef. Le «Menu Bistrot» à 38 € servi midi et soir remplit bien son rôle, avec le jambon persillé, le merlu piperade sauce vierge, la volaille confite sauce suprême au porto et l'éclair façon paris-brest en dessert. Cave puissante qui laisse du choix pour tous les budgets, très bon service, bien organisé et bien formé.

Café Épicerie des Loges 12/20

2 rue du Bœuf- T. 04 72 77 44 44 - Carte 54 € - Menu(s) 19,50-35 €

La fermeture du gastro Les Loges jusqu'au printemps prochain permet à Anthony Bonnet de se recentrer sur ce qu'il préfère, traquer le très bon produit pour le mettre en valeur dans des recettes simples à partager, comme ce qu'il propose pour le Café Épicerie. Dans ce cadre plaisant attenant à l'une des plus belles maisons du vieux Lyon, la truite des Sources marinée au cidre, le pâté croûte, la pintade Miéral aux morilles ou le plat veggie de légumes et d'épeautre offrent le parfum et le goût de l'originel. Bons petits desserts, cave bien triée, service de bonne humeur.

Les Téléphones 12/20

23 rue Roger Radisson - T. 04 74 70 07 00 - Carte 71 €

Blaise Volckaert, ancien professeur de cuisine, au Ritz époque Michel Roth puis, à partir de 2013, à l'Institut Paul Bocuse, est aux manettes de ce nouvel établissement, un ancien couvent de bonnes sœurs qui a été transformé en hôtel de luxe. L'endroit est ébouriffant, et quelle rénovation ! Le personnel est stylé, l'accueil haut de gamme et la cuisine très classique avec quelques pointes de modernité, des influences d'Amérique du Sud et d'Asie, où le chef a accompli de nombreuses missions d'audit. Les ceviches de daurade, le poulpe citron vert, le yuzu en dessert, les tatakis de thon côtoient les veloutés de petits pois, les fraîcheurs d'artichauts et les filets de bœuf sauce porto. Tarifs en conséquence.

LYON 6 69006

Le Neuvième Art 17/20

CHEF : CHRISTOPHE ROURE

173 rue Cuvier - T. 04 72 74 12 74 - Menu(s) 130-200 €

Cette cuisine, c'est de l'orfèvrerie. C'est ainsi que notre enquêteur résume son passage. Il est vrai que Christophe Roure, dans son perfectionnisme et sa fidélité à une ligne sans cesse sur le fil, offre un travail ciselé, qui émeut et transporte. Les mises en bouche tiennent déjà de la performance, le ragoût crustacés huîtres couteaux coques et moules à peine pochées, dans un jus de cuisson monté en hollandaise magnifique, donne un édifice puissant et presque musical, l'omble chevalier, cuite en cire d'abeille, est magnifique, entre cru fondant et cuit, d'une sapidité incroyable, avec l'artichaut et un léger laquage au vinaigre de miel. Dans cette salle reposante et feutrée, où chaque chose est à sa place, avec la présence rassurante de Nati, la femme du chef, tout permet de se concentrer sur la dégustation, le wagyu au BBQ avec la sauce cacahuète twistée par le gin et le céleri cuit en croûte de sel et saupoudré de livèche avant la panna cotta, pain de Gênes et crémet d'Anjou, un dessert aussi audacieux que précis. Grande et belle carte des vins. Service très prévenant, parfois empressé, tarifs ajustés sans extravagance. La 4e toque cette année.

Le Gourmet de Sèze 15/20

CHEF : BERNARD MARILLER

125 rue de Sèze - T. 04 78 24 23 42 - Menu(s) 75-118 €

Dans le panthéon de la cuisine bourgeoise lyonnaise, Bernard Mariller et son Gourmet de Sèze sont en bonne place, comme nous l'avons souligné par un prix d'Excellence lors du dernier Gault&Millau Tour. La sûreté de main, le geste ample, la qualité de la confection ne sont jamais pris en défaut. La saisonnalité est respectée, le trio magique «un produit, une purée, un jus ou une sauce» est garanti pour toutes les assiettes : si l'omble chevalier est un peu effacé par la purée de céleri, lisse et puissante, les saint-jacques snackées sont très justes avec une émulsion acidulée parfaite, le foie poêlé purée de topinambour joue la sûreté, comme la noix de veau aux chanterelles carottes confites tuile de fane. Les desserts sont davantage dans la modernité, mousse de thé granité litchi, tarte tatin comme un millefeuille croustillant et belle glace vanille. Cave intéressante, riche en beaux flacons à prix intéressant et en petites quilles autour de 40 €. Service plutôt jeune qui respecte bien les codes.

Miraflores 15/20

CHEF : CARLOS CAMINO

112 boulevard de Belges - T. 04 37 43 61 26 - Carte 12 € - Menu(s) 150 €

C'est une expérience péruvienne authentique que l'on vit en s'asseyant au Miraflores. La musique, le décor, ces tables installées autour de canapés, la lumière tamisée, le menu mystère, tout a été pensé pour être immédiatement projeté en Amérique du Sud. Rien n'est comme ailleurs avec, dès l'entrée, un foie gras en forme de piment qui donne le ton : le visuel, le goût, la maîtrise technique. Comme en avion, les sensations sont fortes : un trou d'air avec un risotto de quinoa servi avec une râpée de truffe, des bruits bizarres, comme cette sèche fumée à la sauce nikkei dont le passage en BBQ lui donne une odeur de maison brûlée, mais aussi et surtout, des émotions incroyables avec ce ceviche dingue à base de lamelles de poisson raidies par la marinade et accompagné d'un jus de langue d'oursin profond. Le canard, sa cuisson et sa peau croustillante, sa fine couche de gras sont bouleversants. Et que dire de cette meringue évanescente de céleri au citron séché, insaisissable et d'une durée infinie. Le tacos rempli d'une brunoise de betterave est fait d'une couche d'herbes qui, une à une, par mâches successives, apparaissent comme pour donner des éclats. La carte des vins sud-américains est large et les conseils sont bons. Le chenin argentin de la région de Mendoza apporte des pointes de fumé et de gras, la syrah du chili est fine.

Pierre Orsi 15/20

CHEF : PIERRE ORSI

3 place Kléber - T. 04 78 89 57 68 - Menu(s) 70-230 €

Certes, Pierre Orsi pourrait sans doute passer la main, après des décennies à faire de son nom le plus vénéré de la place. Mais cette longévité est aussi devenue une sorte de marque de fabrique qui conforte les Lyonnais : on ne va pas chez Pierre Orsi comme on va chez le boucher ou chez le coiffeur. On va chez Pierre Orsi, chez lui et à sa rencontre. Et le digne maître, toujours impeccable et l'œil vif, assure par sa présence que le théâtre de la place Kléber est prêt dès le lever de rideau. La séquence n'a guère de raison de varier : foie gras, homard, ris de veau... Puisque l'on vient pour cela, pour le ballet, pour l'atmosphère, pour l'excellence d'une réception à la française, pas question de déroger au ris de veau. On pourra ajouter le carpaccio de langoustine et le tournedos marchand de vin pour faire bonne mesure.

Les Apothicaires 14,5/20

23 rue de Sèze - T. 04 26 02 25 09 - Menu(s) 44-105 €

Que de travail dans chaque assiette ! On sent que tout a été réfléchi en ce sens, pour tout baliser, penser aux contrastes chaud-froid, croustillant-fondant ferme-collant, velours éclat poudre, et cette recherche fonctionne bien, comme sur cette glace au café avec les quatre textures de cerise, ou sur la mise en bouche, avec cette sphère de blinis chaude et cette crème acide froide de brochet fumée. Mais elle va aussi parfois un poil trop loin, comme si cette envie de démontrer annihilait un peu les efforts : les minces feuilles surpuissantes de thym frais et graines de moutarde sur les cubes de gelée de soupe de poisson plein de subtilité avec la finesse de la petite rouille, ou la très belle lotte avec un siphon de pois cassé moins pertinent. C'est une évidence, mais les 3 toques sont à portée des talents conjugués de Tabata et Ludovic. Il faut juste épurer encore davantage. Rapport prix-plaisir excellent à 58 € le menu. Cave assez jeune avec quelques pépites cachées (Rayas 2009 à 300 €).

Maison Clovis 14/20

19 boulevard des Brotteaux - T. 04 72 74 44 61 - Menu(s) 42-105 €

Une valeur sûre du quartier des Brotteaux où Clovis Khoury déploie une technique éprouvée au service de beaux produits : langoustines en salade d'herbes sauvages, homard breton poché minute légumes et riz noir à la mimolette, ris de veau en croûte d'herbes jus tête de veau, filet de bœuf maturé jus syrah... «Menu du marché» à 42 € et «Découverte» à 79 € (3 plats) et 105 € (5 plats), dans un décor chic à l'ambiance d'habitués.

Le Passe Temps 14/20

52 rue Tronchet - T. 04 72 82 90 14 - Menu(s) 39-105 €

La précision coréenne au service d'une cuisine française bien appliquée dans ce restaurant feutré et intime, tout près des halles. Le chef travaille au petit point du végétal malin (haricots verts et blanc quenelle de fromage œufs de truite cecina), du classique très personnalisé (foie gras snacké qui reste juste cuit dans un magnifique bouillon à base d'arêtes de sardines séchées, d'ail noir et de feuille d'algues), le poisson juste (une lotte snackée de qualité, qui disparaissait un peu par les garnitures et les sauces) et un pigeon très bien cuit jus ail noir et gel de de vinaigre de riz, soja et ail noir. Même personnalité sur les desserts (fraise crue, sirop de fraise, bergamote et sureau), service sérieux, élégant et prévenant. Bonne connaissance des plats et de la carte des vins, superbe en vallée du Rhône et bourgogne.

Le Président 14/20

11 avenue de Grande-Bretagne - T. 04 78 94 51 17 - Carte 16 €

Un président pour tous les Lyonnais ! Christophe Marguin, le très influent chef de file des Toques blanches lyonnaises, a l'esprit aussi affûté que ses couteaux. La cuisine lyonnaise, comme la cuisine tout court, urbi et orbi, il les connaît très bien. Et, dans cette maison accueillante comme un bistrot et distinguée comme doit l'être une belle table, entre Tête d'or et Rhône, il rassemble le bon goût. D'une superbe terrine de saint-jacques, d'un pâté en croûte du meilleur savoir-faire, à l'instar des grenouilles gourmandes et grouillantes, et s'appuyant sur les produits des amateurs, les volailles Miéral, le pigeon fermier, cette table présidentielle fait naturellement l'unanimité. Service supervisé avec talent par Nicole Marguin, forte cave classique sur Rhône et Bourgogne.

Cazenove 13,5/20

75 rue Boileau - T. 04 78 89 82 92 - Menu(s) 52 €

Ce n'est pas l'arrière-boutique d'Orsi, mais plutôt la seconde entrée, par laquelle se faufilent tous les admirateurs venus célébrer, avec le même talent et un peu plus de simplicité dans les appellations, cette délicieuse cuisine bourgeoise si bien pratiquée : ravioles de foie gras jus au porto et truffes, nage de saint-jacques beurre citronné, crépinette de pied de porc farcie grillée, sans oublier le saint-marcellin «des deux Renée». Le menu à 52 € est un exemple à suivre. La cave est classique, le service exactement dans le ton.

Le Café du Peintre 13/20

50 boulevard des Brotteaux - T. 04 78 52 52 61 - Menu(s) 25 €

Tout près des Brotteaux, le bouchon de Maxime Périer et de sa maman Florence fait toujours partie de nos préférés sur la ville. La cheffe est une vraie mère lyonnaise qui connaît tous les secrets du bon goût, et l'ardoise fait chaque jour saliver les très nombreux habitués : lentilles vertes et pied de veau en salade, quenelle de brochet de chez Sibilia, cervelle d'agneau meunière, tête de veau croustillante, et bien sûr l'indispensable saint-marcellin de la Mère Richard. Service et ambiance au top.

Chez Terra 13/20

81 rue Duguesclin - T. 04 78 89 05 04 - Carte 34 €

Il est assez rare de croiser en province un restaurant tel que Terra, avec cette cuisine japonaise familiale, essentiellement chaude, mijotée, qui nous parle immédiatement car elle se base sur des produits qui nous sont très familiers, comme ce ragoût de porc, ces moules de bouchots à peine ouvertes, une salade d'épinard froide, de simples aubergines, un gratin de coquillages au beurre d'ail. Les cuissons sont précises, et la régularité de ce restaurant pourrait s'apparenter à de l'horlogerie suisse. Rien n'est masqué, tous les produits sont accompagnés, rehaussés. La carte des sakés est très large avec des Junmai, des Ginjo et des Daiginjo servis dans des cubes en bois de cerisier vernis.

M Restaurant 13/20

47 avenue Foch - T. 04 78 89 55 19 - Menu(s) 32-46 €

Un bistrot de belle tenue sur l'avenue menant à la Tête d'or, rendez-vous d'affaires au déjeuner, table bourgeoise pour le dîner, avec la même qualité de service et un menu-carte à 44 € qui offre choix et qualité : effilochée de cabillaud et pomme de terre purée de cresson mayonnaise à l'ail noir, noix de basse côte de bœuf rôtie os à moelle navet boule d'or rôti et acidulé viande bœuf séchée jus au poivre, ananas poché aux épices sorbet ananas brioche et citron vert... Sélection correcte en cave, mâcon blanc au verre à 8 €.

La Mutinerie 13/20

123 rue Bugeaud - T. 04 72 74 91 51 - Menu(s) 55-80 €

Une enseigne qui bouscule, intéressante et moderne grâce à Nicolas Seibold et à cette cuisine du moment. De l'audace, du talent, et une découverte permanente. Selon la formule consacrée, il faut faire une confiance aveugle au chef avant de lâcher 55 € au déjeuner (vendredi et samedi) et 80 € au dîner pour des plats encore inconnus et qui, nous l'espérons, vous conviendront. La cave, moins secrète, est bien orientée : propriétaires, jeunes vignerons engagés, avec quelques figures représentatives (Darnaud, Lescure, Berlioz...).

33 Cité

12,5/20

33 quai Charles-de-Gaulle - T. 04 37 45 45 45 - Menu(s) 24,50-27,90 €

Le 33 Cités, brasserie créée par Berthod, Marguin et Vianney, a été une très belle bouffée d'air frais dans cette nouvelle réalisation qu'est la cité internationale. C'est l'adresse à toujours avoir sous le coude, où l'on sait que le service sera jeune, efficace et élégant, que la cuisine sera du niveau d'une belle brasserie et que, grâce au parking sous terrain, on sera toujours sûr d'avoir une place. La terrasse, les beaux jours, est calme, sans aucun passage de véhicule, en bordure du parc de la Tête d'or, un emplacement magique et dépaysant. Le menu à 24,50 € est pratiquement imbattable si l'on tient compte de l'ensemble de la prestation.

L'Argot

12,5/20

132 rue Bugeaud - T. 04 78 24 57 88 - Carte 16 €

Émilie en salle et son mari Sylvain Jacquenod, chef depuis la création, en 2015, de L'Argot, ont racheté en avril le restaurant à Philippe et Audrey Chouquet, les fondateurs du lieu. Pas question de changer un concept gagnant : des viandes d'exception, comme cet aubrac, prix d'honneur du festival des bœufs gras de Pâques à Laguiole, en passant par les pie rouge, wagyu espagnol, cochons noirs de Bigorre, le tout maturé de quelques semaines à plusieurs mois. En entrée, une dizaine de charcuteries différentes, un pâté en croûte et un os à moelle pour patienter et, en cherchant bien, en tout petit dans le coin droit de la carte, une salade à 4 €, seul légume vert toléré. Les viandes ont du goût, les cuissons sont parfaites, les garnitures simples, avec une carte des vins disparate, mais pour tous budgets. Ambiance joyeuse, service efficace.

Le Bistrot du Potager Stalingrad

12,5/20

163 boulevard de Stalingrad - T. 04 78 93 19 75 - Menu(s) 28 €

Franck Delourme, fort gaillard originaire d'Aubagne passé par les brasseries Bocuse, et Florian Rémont, son chef de cuisine basque, ont débuté ensemble l'aventure des Bistrots du Potager. Aubagne et le Pays basque se retrouvent dans leurs assiettes : la maîtrise technique, les assaisonnements poussés, les mélanges terre-mer fréquents, l'envie de partager l'amitié, la gastronomie et les bons canons font le charme de cette table où la viande maturée sourcée à L'Argot se découpe au kilo, le poulpe grillé avec le chorizo et la saint-jacques se recouvre de truffes. Cave sérieuse et accessible.

Brasserie l'Est

12,5/20

14 place Jules Ferry - T. 04 37 24 25 26 - Menu(s) 25,90-28,70 €

Dans l'ancienne gare des Brotteaux, cette brasserie grands voyageurs est une institution du quartier, un rendez-vous dans le temps des grandes brasseries du début des années 1920, où tout le monde se retrouvait pour célébrer les bonnes recettes françaises. Tout en admirant le petit train électrique qui fait le tour de la salle, le folklore du répertoire se met en scène, avec les grandes banquettes et chapelières, la brigade de service en habit et les classiques français, l'œuf parfait velouté de butternut, un tartare de bœuf au couteau et pommes nouvelles, une crème brûlée d'anthologie. Service efficace.

L'Inattendu - Marc Boissieux 12,5/20

95 rue Bossuet - T. 04 37 24 13 44 - Menu(s) 24-54 €

Fidèle et sincère adresse du côté des Brotteaux, où Marc Boissieux déploie son savoir-faire avec rigueur et scrupule. Pas d'extravagance, mais des assiettes tirées au cordeaux, toujours le goût juste et le bon assaisonnement : saint-jacques et foie gras poêlé endives et pomme kumquat et cédrat, filet de daurade royale sauce teriyaki navets et carottes glacées, veau pomme fondante champignon condiment aux huîtres fumées dans un menu bien pensé (3 plats pour 39 €, 4 pour 47 €) s'achevant par un joli dessert de fraîcheur (agrumes verveine sureau). Autre proposition à 26 €, cave bien orientée sur vallée du Rhône et Bourgogne (Robin, Thévenet, Dubreuil-Fontaine...).

Jour de Marché 12/20

14 rue Molière - T. 04 78 24 74 59 - Menu(s) 32-70 €

Le cadre est celui d'un bistrot élégant d'aujourd'hui, affichant de légitimes ambitions, par la prestation comme par la cuisine, à travers des menus bien travaillés, 32 € le midi, 55 € le soir (et un menu Dégustation à 70 €). Rien n'est négligé, ni le dressage ni l'assaisonnement, dans ces plats modernes, de bonne gourmandise : escargots en tempura fumés minute ail noir mousseux pommes de terre ail persil, blanquette de veau retour d'Asie lait coco cacahuète bento de riz rouge condiment eryngii, chocolat et sésame noir crémeux à la sauge crumble avoine cranberries chocolat blanc glace chocolat. Carte de cocktails, cave correctement triée.

Le Théodore 12/20

34 cours Franklin Roosevelt - T. 04 78 24 08 52 - Carte 58 €

Brasserie haut de gamme reprise en 2017 par l'ancien directeur de la Brasserie L'Est, Marco Chopin, ce dernier profite du cadre exceptionnel de cette maison aux apparats luxueux, tandis que la première profite de l'expérience du second. L'alliance est un succès et l'on découvre une version très élégante du genre, dans ce décor en velours rouges, beaux lustres et service en habit, qui voit passer des assiettes de beaux produits, le pâté en croûte Théodore au foie gras maison, les sardines de Galice, le tataki de thon et la volaille de Bresse crème champignons. Prix logiques, vaste choix d'une douzaine de desserts classiques, bonne sélection en cave, sans surprise et efficace (Montez, Cuilleron, Combier, Jaboulet...).

Le Morgon 12/20

2 rue Baraban - T. 04 78 24 06 23

Un bouchon à l'ancienne du côté de la Part-Dieu, dont on savoure autant la décoration pure, avec son rare comptoir en formica venu des sixties, que la cuisine franche, très peu vegan attitude et si généreuse. Le service, également un peu rugueux, fait partie du spectacle, adouci par la présence d'une jeunesse plus conciliante. L'endroit est naturellement bondé et, si les effluves de cigarettes n'enfument plus la pièce, les odeurs de cochonailles et de vins du Rhône font persister une expérience populaire en voie de disparition. On recommandera la quenelle de brochet dans le caquelon, qui vient avec sa belle sauce Nantua, l'extraordinaire terrine et l'inégalable tablier de sapeur. Cave simple remplie de pots de beaujolais.

L'Antr'Opotes 11,5/20

118 rue Bossuet - T. 04 81 65 29 78 - Menu(s) 32 €

Julien Le Guillou a débuté dans les cuisines de Ledoyen, du Plaza et du Bristol et est membre des Toques blanches lyonnaises depuis dix ans. Anciennement aux commandes du Bistrot Jul, dans le 5e, il a ouvert en 2020 dans le 6e, près des Brotteaux, cette table dédiée à la «bouchonomie», comme il la désigne. Elle rappele son attachement aux plats lyonnais, depuis son passage dans les brasseries Bocuse (Nord, L'Est, puis Argenson), mais aussi son envie de faire une sorte de synthèse entre le bouchon lyonnais et le bistrot canaille. Il a repris la devise «bon appétit et large soif» du pape lyonnais, avec des bouteilles de vin disséminées un peu partout, pour bien faire comprendre qu'ici on est là pour s'amuser, boire de bons canons, et que les assiettes suivront. Ça mâchonne très tôt le matin, les repas du midi peuvent pousser jusqu'à l'apéro du soir, beaucoup d'habitués et de gens du quartier qui se partagent terrines, gratin de ravioles, tablier de sapeur, côte de bœuf et rognons de veau entier au porto.

Le Poivron Bleu 11,5/20

12 rue du Pr Weill - T. 04 78 24 86 66 - Menu(s) 26-35 €

Une table anodine dans le quartier des Brotteaux qui parvient néanmoins à se distinguer, et pas seulement par la couleur de son poivron. Même si chaque assiette est toujours un peu trop assemblée, avec une accumulation d'ingrédients qui brouillent le goût juste, le propos est sincère et l'ardoise a des idées : effilochée de jarret de bœuf charolais confit aux herbes fraîches et moutarde à l'ancienne, filet de dorade grise sauvage poêlée mousseline de carotte au curry fumet réduit, baba au rhum crème de mascarpone brunoise de kiwi au citron...

PY Restaurant 11,5/20

16 cours Vitton - T. 04 78 52 71 30 - Menu(s) 25-35 €

Dans les beaux murs de ce qui fut Le Trocadéro, les Lyonnais trouvent une expression bourgeoise de la cuisine contemporaine dans un salon zen et confortable. «P» pour Pierre Mercier, «Y» pour Yuko Matsumoto, le tandem se complète pour le bien-être de tous avec des plats travaillés et de bonne technique : pot-au-feu froid de joues de cochon en chapelure épicée, poireau et radis riz vinaigré yaourt mentholé, pavé de turbot rôti aux endives crémeux de butternut et pressé de pomme de terre shimeji jus de volaille au soja et caramel de miel, eau de litchi et velours de framboise granité au thé matcha. De la délicatesse à prix serrés pour une jolie séquence à 35 €. Menu déjeuner à 25 €.

La Table de Charles 11,5/20

42 rue Duguesclin - T. 04 78 89 35 22

Charles Nallet, passé au 33 Cité, à Richerences et chez Steff, connaît bien les codes et les habitudes de ce quartier «upper class». Il y ajoute le métier et le réseau. On vient chez lui pour ce luxe discret qu'affectionnent tant les Lyonnais, la possibilité d'un salon privatif, des planches d'apéro avec du caviar, du bellota, de la truffe et une belle boîte de sardines. On prolonge les verres de vin au comptoir, avec ses amis, ou les amis de ses amis, passant à table de façon presque anecdotique pour une brouillade aux truffes ou la paleron de veau, malgré une sauce poivre un peu doucereuse. Cave adaptée aux circonstances, avec quelques bons vins de la vallée du Rhône de Chapoutier.

Bistro B 11/20

90 rue Duguesclin - T. 04 78 89 12 21 - Menu(s) 22,50-41,90 €

Un bistrot de plus à Lyon. Certes, cela y ressemble, mais Thomas Nicolle, passé par de grandes maisons (Lignac, Astrance, entre autres) connaît la musique et sait mener une affaire avec bonhomie et professionnalisme. Et il sait compter sur Arthur, jeune Nantais passé chez Saudeau et Guého, pour travailler, le midi comme le soir, un menu au choix court mais bien mené et efficace : fleur de betterave et crème wasabi, vol-au-vent de poisson champignons et échalotes, joue de bœuf braisée et gnocchis aux herbes, profiteroles pistache et chocolat, dans la séquence du soir à 35,90 €. Cave à petits prix.

Le Bouchon Sully 11/20

20 rue Sully - T. 04 78 89 07 09 - Menu(s) 24-28 €

Le coin est calme, entre Vitton et la Tête d'or, et le quartier en profite pour s'approprier ce bouchon tranquille, bien mené, plutôt gouleyant en tarifs comme en contenu. La planche lyonnaise à 12 € met bien en jambes, comme les maquereaux en escabèche, le pâté en croûte a de la tenue, comme la quenelle de brochet sauce Nantua et le vol-au-vent ris de veau quenelles de volaille crevettes champignons sauce suprême... Du plat en sauce, des assiettes généreuses, la cervelle de canuts ou la salade de fruits, sauf pour les ogres, qui finiront avec le soufflé chartreuse. Dans une petite cave pas bien étonnante, on trouve néanmoins l'excellent saint-péray de Julien Pilon à 36 €.

Le Splendid 11/20

3 place Jules Ferry - T. 04 37 24 85 85

Le Splendid vit désormais sa vie sans Georges Blanc et ressemble à une brasserie de son époque, avec toutes les constantes voulues, ni plus ni moins. Pour rester dans le local, on a gardé la salade lyonnaise et le pâté en croûte, et on a ajouté le poke bowl, le caviar, les coquillettes au jambon truffé et les ribs de porc fermier laqué. Il faut un peu de temps pour se forger une identité, alors faisons confiance à cette institution en évolution face à la gare des Brotteaux. Cheesecake citron vert et myrtille ou île flottante aux pralines roses en dessert.

Yka 11/20

112 boulevard des Belges - T. 04 78 24 49 71 - Carte 43 €

Bien moins coûteux que le grand frère Miraflores, ce bistrot péruvien qu'on pressent modeux s'avère sincère et sympathique, avec l'authenticité espérée, depuis le dessert jusqu'aux cocktails, dans une belle déco et une bonne ambiance. On passe un excellent moment avec la musique latino, les empanadas généreux en viande hachée, le ceviche de bar (qui manque un peu de piment) et une très bonne tarte cacao, pas faite minute, mais bien agréable. Carte de vins franco-latino-argentine cohérente, même si on est plutôt là pour les cocktails.

Le Zeste Gourmand 11/20

93 rue Bossuet - T. 04 78 26 07 97 - Menu(s) 26-55 €

Derrière la façade grise anodine, un bistrot bien constitué où l'on passe un agréable moment grâce aux préparations de Benjamin Bouvard, bien formé (Bocuse, Henriroux) et bien adapté à cette cuisine de tradition personnalisée. Son menu à 37 € est adroit et sans faille dans l'exécution : œuf parfait et velouté de courge musquée pesto de roquette ou saumon Bömlo en marinade japonaise algue nori chou chinois aux agrumes écume citronnelle, volaille des Dombes en deux cuissons jus de viande aux morilles, chocolat en texture nuage de lait vanillé sorbet fromage blanc fève tonka. Menu signature à 55 €. Membre des Toques blanches lyonnaises.

LYON 7 69007

En Mets Fais ce qu'il te Plaît 13/20

43 rue Chevreul - T. 04 78 72 46 58 - Menu(s) 25-38 €

Cela fait déjà plus de vingt ans que Katsumi Ishida ancre sa cuisine autour d'une quête permanente des meilleurs produits et légumes. Ici, le plaisir peut se cacher derrière un sobre radis et une mayonnaise à l'oseille. Les cuissons, assaisonnements et compositions sont archimaîtrisés, dans cette cuisine pour gastronomes 7e dan, ceux qui ne se laissent pas amadouer par la simple évocation d'une sauce chimichurri, d'un soupçon modeux de zaatar ou d'une quelconque japonaiserie de circonstance. Chez le chef, ça sent la terre et les effluves marines, comme sur ce maquereau de caractère associé à une framboise fraîche qui apporte un peu de douceur, et la même en vinaigre pour l'électriser. Et que dire de cet encornet dont la mâche ressemble à s'y méprendre à celle d'une boule de neige, compacte, accompagné d'asperges au parfum surpuissant. Tout transpire l'intelligence, l'intense réflexion menée dans un joyeux désordre, à l'image de cette salle principale toujours mal rangée, de cette carte de vins, tous nature évidemment, écrite à la main, illisible et raturée, et du service déroulé dans une sorte d'espéranto franco-japonais incompréhensible. On en ressort à chaque fois groggy, heureux, les compteurs du goût remis à zéro, prêt pour de nouvelles expériences.

Le Suprême 13/20

106 cours Gambetta - T. 04 78 72 32 68 - Menu(s) 25-30 € ♿

Suprême comme un filet de volaille, suprême comme l'excellence : voilà un engagement qui nécessite une certaine sûreté de main, et que nous retrouvons au hasard des menus, même si la formule déjeuner à 30 €, certes agréable et bien maîtrisée, est un peu moins folichonne que celle du soir à 51 €, avec un plat de plus et davantage de variété. Il n'empêche que la réalisation est nette et le rapport prix-plaisir avantageux, avec les foies blonds carottes pruneau et poivre vert, la caille et crème de champignons épinard jus à la sauge et la crêpe soufflée au Grand Marnier.

Veronatuti 13/20

122 rue Montesquieu - T. 04 37 66 16 22 - Menu(s) 34-40 €

Veronatuti est l'acronyme de Vérone, Rome, Naples, Turin et Tivoli, pour bien marquer cette envie de voyage et de découvertes, et pour prendre un peu partout ce qu'il y a de meilleur en Italie. Tout est finement sourcé : aujourd'hui, les artichauts et les agrumes viennent d'un ami producteur en Sicile, la roquette et la passata d'un autre fournisseur en Italie. Benjamin Bugand-Ydais en cuisine et Christophe Cocco en salle ont fait leurs classes dans de belles maisons et se sont associés il y a six ans pour monter cette table moderne où tout le monde se croise, jeunes, moins jeunes, homme d'affaires, chef de chantier en bleu de travail, étudiants, familles. La rue est calme, le restaurant bien agencé, le service heureux. Quelques mots d'italien, une cuisine familiale bigrement bien foutue, comme cette tartelette sablée, artichaut et roquette juste prolongée par une huile très douce, et cette polpette de compète aux pignons et aux raisins secs, d'un moelleux hallucinant vivifié par un coulis de tomate sarde, ou cette glace aux citrons siciliens parfumée, enrobée de chantilly pour apporter un peu de longueur.

L'Écume

13/20

119 avenue Jean Jaurès - T. 04 78 58 70 48 - Menu(s) 26-49 €

Laurent Bonnet qui a passé sept ans à La Bouitte, puis qui a rencontré à Maison Clovis son associé sommelier Xavier Lamandé, délivre une cuisine percutante, avec des jeux d'acides bien trouvés. La touche de vinaigre de basilic et les feuilles d'oxalis twistent les rouleaux de courgette, le gel de citron électrise la dorade sébaste et les morceaux de cerise désucrent la glace enrobante au pain perdu. C'est vif, simple, c'est très bien cuit, joliment assaisonné, et le tout est diablement bon, dans une ambiance détendue et une richesse de carte des vins jusque-là inconnue dans ce quartier émergeant. Le rapport prix-plaisir est excellent.

L'Art et la Manière

12,5/20

102 Grande-Rue de la Guillotière - T. 04 37 27 05 83 - Menu(s) 24-45 €

Une douzaine d'entrées, 5 plats snackés, crus ou confits, dont 4 de viande, des bouteilles un peu partout sur les murs, l'accueil de Frédéric Marx, au souvenir de Carlos, bretelles incluses, dès que l'on passe la porte de ce restaurant mi-caviste, mi-gastronomique, le ton est donné ! Cela va être du sérieux, pas du chichiteux. La carte des vins est massive en Beaujolais et vallée du Rhône, monte à peine en Bourgogne et fait un léger écart en Champagne et Jura, aucune mention bio ou nature, on ne discute pas, je vous dis ! Le lieu est élégant, pierre, bois, chaises au velours mauve, jolie verrerie, les codes du bel endroit moderne et confortable sont respectés. Et, petit à petit vient la cuisine, elle aussi avec la volonté de percuter, par les assaisonnements, par la mise en avant d'une sorte de mix Lyon-Méditerranée, avec cette quenelle frite comme un churros sur laquelle Fabrice Chaffardon, aux commandes, va déposer une vierge à base d'anchois et d'olives. C'est exactement cela, c'est élégant, réconfortant, bien assis sur ses convictions tout en étant à l'écoute de l'air du temps. C'est la cuisine d'un cuisinier qui aime la manger et la partager, avec des vins du Beaujolais.

Le Kitchen

12,5/20

34 rue Chevreul - T. 06 03 36 42 75 - Menu(s) 22-35 €

Connie et Laurent, ce couple d'aubergistes modernes, qui refusent d'ouvrir le soir, cherchent à garder un lien simple avec leurs clients : dès 8h30, on prend un café avec les viennoiseries maison, puis une collation à midi dans des assiettes bien tournées, créatives, et dans l'après-midi, avant la fermeture à 18h30, un tea time, avec les pâtisseries de Laurent. Connie a des origines polonaises, et cela se ressent dans sa cuisine, où des influences d'Europe centrale ressurgissent parfois, comme en hiver avec un bortsch réactualisé, ou l'ajout de cacahuète sur ce maquereau. Y avoir une table demande un peu d'organisation, car l'adresse fait le plein, mais la récompense est au bout.

Imouto

12/20

21 rue Pasteur - T. 04 72 76 99 53 - Menu(s) 27-47 €

Fusionnante franco-asiatique et même parfois un peu au-delà, la carte d'Imouto n'est jamais banale et le succès perdure (réservez en soirée). Le chef Guy Kendell renouvelle son offre pour être toujours surprenant et attractif : risotto au dashi à l'encre carpaccio de saint-jacques et katsuobushi, ormeau sauvage sauce Tom Yum noix de coco et champignons asiatiques, ris de veau au jus de viande Nikka panais et nashi oreille-de-Judas et marron torréfié. Desserts bien construits également. Tarifs logiquement assez élevés, bons choix de vins et de sakés.

La Table de Max

12/20

46 avenue Jean Jaurès - T. 04 78 72 09 73 - Menu(s) 49 €

Maxime Stafrach est passé par Orsi, Le Faisan doré, Marc Veyrat époque Yoann Conte, Les 3 Dômes, s'est associé avec Thomas Ponson, rue Laurencin, pendant quinze ans, a participé à «Koh-Lanta», puis a monté seul cette table en reprenant le Café Sillon de Mathieu Rostaing. C'est peu dire qu'il connaît la musique. Il ne voulait surtout pas ouvrir une table qui puisse se comparer à ses précédents établissements mais, au contraire, tout de suite jouer le côté décalé dans l'assiette et dans la salle, qui est davantage son domaine. Le soir, il enflamme les lieux en tournant une roue qui offre des cadeaux aux clients, il passe pour adresser un mot à chacun avec une bonne intelligence dans la relation, toujours en proposant, jamais en s'imposant. Bref, c'est une sorte de repas spectacle, un grand moment de chaleur humaine qu'il prodigue, autour d'une carte des vins un peu jeune mais très étoffée et une cuisine somme toute dépaysante, avec des cuissons respectées : couteaux à peine ouverts, chapelure faite de graines de tournesol, de pistaches torréfiées, d'herbes fraîches, avec une pointe d'estragon, avant le plat signature du restaurant, plus amusant qu'étonnant, un homard canadien et sa carapace molle, très bien cuit, dans un jus de bœuf, avec un onglet de 200 g et une namelaka en dessert.

Saku Restaurant

11,5/20

27 rue Rachais - T. 04 78 69 45 31 - Menu(s) 22-45 €

Littéralement planqué dans une rue où l'on circule peu, du côté de la Guillotière, cette table franco-asiatique a pourtant des atouts, à commencer par un chef qui sait où il va dans son menu à 34 € à choix court, mais toujours bien balancé : croquettes de cabillaud et moules coulis de mâche, maki de pak-choï et dinde, blanquette de veau aux citrons confits, pomme caramélisée glace au poivre du Sichuan. Une autre proposition aux produits plus nobles à 45 €, et un bon menu déjeuner à 22 €.

LYON 8 — 69008

Marguerite

12/20

57 rue des Frères-Lumière (8e) - T. 04 37 90 03 00 - Menu(s) 27,90-56 €

Dans cette galaxie Bocuse forte d'une dizaine de restaurants et brasseries, Marguerite est l'une des dernières nées. Dans le 8e arrondissement, plutôt excentré, l'ancienne (et magnifique !) demeure de Marguerite et Auguste Lumière réhabilitée par Alain Vavro joue la carte du standing, avec ses salons cossus, son service nombreux (mais pas toujours très impliqué) et sa délicieuse terrasse au calme. Les assiettes, signées Jean-Marie Le Rest, n'offrent guère de surprises, fidèles à l'esprit Bocuse, avec une belle poêlée de cèpes, échalotes et cerfeuil, une volaille fermière pochée, sauce fleurette et morilles braisées réalisée dans les règles de l'art et un baba au rhum bien gourmand. Cave orientée sur la région, avec un choix au verre assez varié.

LYON 9 — 69009

Racine

12,5/20

1 rue du Chapeau Rouge - T. 04 26 18 57 15 - Menu(s) 19-24 €

Gabriel Delhomme, Bourguignon, a déjà un joli parcours. Il est passé chez Stéphane Derbord, à Dijon, puis a été chef de cuisine à Lyon dans le restaurant L'Escarcelle (maintenant Chez

Pimousse), en 2012, qui avait fait un peu de bruit à l'époque. Il s'est ensuite installé à Vaise en tant que chef propriétaire et, depuis cinq ans, sa table cartonne. La cuisine a du punch, le légume toujours centré, tout est très droit dans la construction des assiettes avec une volonté militante d'aller chercher les produits à côté (quasiment tout est à moins de 100 km), de mettre en avant des vins nature. Le brocoli est percutant, le maquereau épatant.

Brasserie de l'Ouest 12/20

1 quai du Commerce - T. 04 37 64 64 64 - Menu(s) 25,90-28,70 €

Du pro-bocusien dans les grandes dimensions, la plus vaste et la plus fréquentée des brasseries du groupe. Sur les bords de Saône, facile d'accès, à l'écart du centre-ville, les 500 couverts par jour sont régulièrement franchis avec une qualité de prestation qui force évidemment le respect. Certes, les puristes peuvent penser qu'une assiette un peu plus travaillée serait encore meilleure, mais l'exploit est de conserver 1 toque avec une carte aussi large et aussi bien tenue pour cette énorme clientèle, qui veut tout bien et tout de suite. Un bon petit grignotage pour commencer, un pâté en croûte honorable, une ballottine de volaille un peu sèche avec les cuisses confites en garniture, une sauce crémée et un joli chou braisé, avant une crème brûlée d'école. Carte des vins adaptée, pas taillée pour la découverte mais pour se rassurer en se faisant du bien.

Le Tiroir 12/20

20 Grande Rue de Vaise - T. 04 78 64 75 96 - Menu(s) 19,90-55 €

Rémi Charvet, qui a repris seul en 2019 cette table de poche sur deux étages, a fait les bonnes maisons (Pic, Bocuse, Ramsay), toujours en salle, montrant sa maîtrise des codes du restaurant de quartier moderne. Ambiance cosy, mélange d'anciens carreaux avec une décoration très actuelle, belle verrerie. La cuisine est tenue par Alexis Lauriac, passé chez Laurent Petit et Christian Têtedoie, qui lui a ouvert ensuite les portes d'Arsenic. De la bistronomie accessible, assez classique et sûre, avec des formules gagnantes : radis en textures, navet boule d'or mariné, purée de navet et siphon moutarde, araignée de veau, vinaigrette de pomelos, jus de viande avant la bonne poire au vin rouge, sorbet fromage blanc, réduction d'orange. En cave, Lapalu, Lapierre et Dutraive en beaujolais et une petite vingtaine de vins au verre.

Le Moment 11/20

33 rue de Saint Cyr - T. 04 78 83 23 71 - Menu(s) 20,50-52 €

Dans ce bout de Vaise qui s'est totalement transformé ces quinze dernières années en quartier d'affaires, en dehors de la brasserie L'Ouest, de Paul Bocuse, on est plutôt dans le règne de la street food et du sushi à la chaîne. Depuis 2018, Grégory Félix, au pedigree sérieux (apprentissage au restaurant L'Étage, place des Terreaux, à 14 ans, Jean Brouilly, à Tarare, Christian Sinicropi au Martinez, Éric Ripert dans les îles Caïmans, brasseries Paul Bocuse, à L'Est et à Marguerite), a posé ses couteaux rue de Saint-Cyr, dans ce lieu qui ne paie pas de mine mais qui abrite un patio enchanteur, avec un grand figuier très odorant en été. Les bases sont là (un gâteau de foies fin et savoureux, un veau bien juteux aubergine et touche de poivron dans un ensemble manquant un peu de relief, compotée de rhubarbe biscuit pistache chantilly), le rapport qualité-prix est bon, la carte des vins honnête, et le moment peut devenir très agréable si toutes les planètes s'alignent.

LYONS LA FORÊT 27480

La Licorne Royale 12,5/20

27 place Isaac Benserade - T. 02 32 48 24 24 - Carte 72 € - Menu(s) 69-152 €

Cette table provinciale n'évolue pas trop, pour la plus grande satisfaction des habitués, qui aiment retrouver nappe blanche, moquette épaisse, chaises tapissier et musique jazz en sourdine dans une maison de longue réputation. La maison, dans son offre, est revenue à une partition réduite, avec très peu de choix, pas de carte et deux menus l'un dans l'autre, produisant un petit nombre de plats alternant produits nobles (homard, langoustines) et plus communs (déclinaison de betterave en première entrée, colin risotto à la truffe d'été en plat principal), pour rester dans une fourchette tarifaire propice (deux menus à 85 trois plats et 105 cinq plats). Les casques et ornements napoléoniens égayent toujours le décor, et le service est principalement assuré par un maître d'hôtel actif et de bon niveau. Cave chère, classique, peu étendue.

Restaurant de la Halle 11,5/20

6 place Isaac Benserade - T. 02 32 49 49 92 - Carte 25 € - Menu(s) 29-38 €

C'est un modèle de bistrot de village où tout est bon et professionnel. L'accueil de la patronne, sûr et élégant, annonce l'agréable moment, le pâté en croûte de volaille est fort bien exécuté, et l'épaule d'agneau, bien confite, avec de délicieux haricots verts, fait un plat de campagne idéal sur la jolie et célèbre place des halles. En été, la terrasse est pleine, le service bien coordonné, et même le cidre normand au pichet sort de l'ordinaire des crêperies. Des produits frais de saison bien utilisés dans des recettes fiables, des desserts plus anecdotiques, un excellent rendement prix-plaisir.

MÂCON 71000

Restaurant Pierre 14/20

7-9 rue Joseph Dufour - T. 03 85 38 14 23 - Menu(s) 36-108 €

Depuis plus de trente ans déjà, la maison d'Isabelle et Christian Gaulin s'est imposée à Mâcon comme l'une des adresses les plus incontournables de la scène culinaire locale. Idéalement situé dans une rue piétonne du centre, l'établissement avec terrasse est le lieu d'une gastronomie bourgeoise de belle évolution, capable de se réinventer dans les formes et le fond ; les savoir-faire développés par le chef au contact de Paul Blanc et Jean Ducloux n'y étant sans doute pas étrangers. Le menu «Terroir» à 62 € est un bon premier contact, avec une poêlée d'escargots extirpée de sa tradition par une émulsion de topinambour et un croustillant de kadaïf, une probante version de la volaille de Bresse de chez Miéral en déclinaison aux morilles et oignons cébettes, purée à l'huile de noisette, tuile sarrasin et jus de cuisson réduit à la crème d'Étrez. Les desserts sont du même niveau. Pour une grande occasion, les menus «Gastronomique» et «Découverte» poussent l'expérience un cran au-dessus, à des tarifs au niveau des attentes. Très belle cave bourguignonne.

Cassis 13/20

74 rue Joseph Dufour - T. 03 85 38 24 53 - Menu(s) 43-60 €

Ambiance chic et branchée pour la table d'Aymeric et Célie Buiron, qui nous accueille avec une élégante façade anthracite et mystérieuse. L'intérieur se révèle feutré, contemporain, à l'image de la cuisine du chef, qui cultive le sens de la réinvention et des dressages étudiés. Le menu du déjeuner offre un premier aperçu du style, personnel et actuel, à la façon d'un saumon Bomlo en gravlax et rillettes, avocat et betterave, d'une lotte au curry vert et petits légumes, d'un médaillon de lapin, pommes nouvelles et carottes, un dessert citron framboise. Le soir, le chef passe au menu caché, jusqu'à 7 séquences pour 60 €.

Ma Table en Ville 12,5/20

50 rue de Strasbourg - T. 03 85 30 99 91 - Menu(s) 20-59 €

Ce bistrot moderne et branché est le fief de Gilles Bérard et son épouse, qui défendent un lieu lumineux au cœur du centre-ville, à la fois lumineux et porté par les matières nobles. Le chef y travaille une cuisine de marché personnelle, où les saisons et les envies guident des envies colorées, à la manière d'une aubergine confite à l'huile d'olive, chèvre frais et jambon Serrano, coulis au basilic, d'un filet de bar, légumes confits, sauce vierge au brocoli, ou encore d'un veau poêlé, petits pois et carottes, pommes de terre et jus de viande. Belle cave bourguignonne. Formules de 20 à 59 €.

L'Ambroisie Mâconnaise 12/20

103 rue Marcel Paul - T. 03 85 38 12 21 - Menu(s) 21,50-58 €

La table de Sébastien David est un incontournable mâconnais, pour ses bonnes assiettes de tradition, et sa cave de champion, pleine de trésors bourguignons. Installée dans ce coin excentré qui la rend immanquable, elle attire à elle depuis quinze ans les bons dîners, d'affaires ou en amoureux, avec sa décoration contemporaine et neutre, et sa constance dans la qualité, sur un foie gras de canard mi-cuit et rhubarbe confite, une sole meunière entière, un faux-filet de bœuf fumé et purée au beurre frais. À partir de 21,50 € jusqu'à 58 €.

Le Poisson d'Or 11,5/20

Allée du Parc - T. 03 85 38 00 88 - Menu(s) 28-52 €

Fief de la famille Calloud depuis plus de trente ans, cette jolie maison posée au bord de la Saône donne à voir un cadre contemporain et une vue imprenable sur le fleuve. Le contraste de la modernité et de nature dégage un air bucolique et raffiné, qui se poursuit dans l'assiette, avec des relectures travaillées sur le répertoire traditionnel. Ainsi, la carte pose des dilemmes, entre le pâté croûte de volaille et le saumon fumé maison et sa crème mascarpone-combava, entre le filet de sébaste, fenouil confit et le tournedos de charolais avec une sauce madère aux morilles. Service amène.

L'Ethym Sel 11/20

10 rue Gambetta - T. 03 85 39 48 84 - Menu(s) 20-42 €

À l'entrée du centre piétonnier, cette maison grise bénéficie d'une situation facilement accessible et d'une terrasse en teck toute trouvée pour les beaux jours. On y retrouve Nicolas et Lucie Pagnon, qui ont repris l'enseigne pour faire vivre une cuisine bistronomique dans l'air du temps et très soignée. Le chef fait l'effort d'une cuisine de saison bien dressée et qui témoigne d'une certaine recherche, à l'image de ce dos de silure confit au poivre tchuli, courgettes et mayonnaise aux agrumes, de cet espadon passé au barbecue avec une jardinière de légumes. Les formules sont établies de 20 à 56 €. Cave bien pourvue sur la Bourgogne.

MAGESCQ 40140

Relais de la Poste 15/20

CHEF : JEAN COUSSAU

24 avenue de Maremne - T. 05 58 47 70 25 - Menu(s) 110-150 €

La maison ne bouge pas et les habitués s'en réjouissent. Assise depuis des décennies sur les certitudes d'un terroir généreux, elle offre toujours les plus beaux canards et la viande de Chalosse, ainsi que l'accueil légendaire de la famille Coussau. Suivant l'adage, cette régularité, qui frise parfois l'immobilisme, fait doucement glisser la note sans pour autant qu'il y ait vraiment à redire : les mises en bouche et attentions sont nombreuses, le homard bleu en salade de potimarron bio, salicornes et corail est plaisant, le foie gras à la truffe d'été, froid et poêlé, aux figues, est impeccable, comme le carré d'agneau rôti à l'ail rose, tous les légumes de saison, racines et fanes, poêlés, grillés. Tout est bien fait, jusqu'à l'abricot et basilic, en marmelade et en crémeux, glace à la bière, la très vaste carte de vins aux 850 références prolongeant le bonheur.

Côté Quillier 11/20

26 avenue de Maremme - T. 05 58 47 70 25 - Carte 41 € - Menu(s) 39 €

Des assiettes généreuses et de bons produits, voilà l'image landaise d'une cuisine aboutie telle qu'on l'espère dans cette annexe de la grande maison Coussau. C'est la fête au village dans un cadre rénové (préférez la deuxième salle ouvrant sur la forêt) qui mériterait même un peu moins de sophistication, de cabillaud beurre d'agrumes ou du soufflé de gambas, pour rester simplement dans le registre du foie gras et du bœuf de Chalosse. Délicieuse pavlova en dessert, service de bon niveau.

MALBO 15230

La Femme du Barbu 11,5/20

1 rue des Cassalouts - T. 09 52 69 41 07

Au milieu de rien, un petit miracle que cette auberge accueillante avec le barbu, Julien, et sa compagne Victoria, rayonnante en salle dans ce minuscule village qui s'anime et devient une destination grâce à eux. Ayant quitté La Rochelle et l'océan pour la rudesse des montagnes du Cantal, ils ont trouvé en revanche toute la chaleur auvergnate et la confiance des locaux. On se fie aux bonnes idées du moment, en commençant par se partager une assiette fromage et charcuterie régionale, avant un délice de velouté de champignons, cèpes et trompettes ramassés à l'automne, un bon foie gras, le saumon, fumé sur place et cuit doucement avec une tombée de chou, le bœuf de Salers façon carbonade avec ses grenailles, et la forêt-noire en dessert, pour un repas à la fois généreux, enraciné et finalement moderne dans son propos. L'excellent accueil ajoute un atout, comme la terrasse d'été, la petite cave permet quelques vins au verre plaisants, comme le rasteau de propriétaire.

MANDELIEU LA NAPOULE 06210

Bessem 14,5/20

183 avenue de la République - T. 04 93 49 71 23 - Menu(s) 83-135 €

Le chef Bessem Ben Abdallah est un alchimiste et sait de manière intuitive transformer les produits de la région en plats savoureux. Au gré des deux menus à l'aveugle en 3 et 5 services (83 € et 135 €), le chef concocte une cuisine bourgeoise de haut niveau rythmée au hasard des trouvailles du marché et aussi de ce que ses amis, pour certains membres du Collège culinaire de France (comme lui), lui auront fourni depuis l'arrière-pays - à l'image de ce poulet fermier «pattes bleues» de Valberg, en cuisson basse température, servi avec une polenta fumée, une purée de céleri-rave confit, des minigirolles et de quelques lamelles de truffe du moment, ou bien de cette truite de pêche locale en cuisson également basse température avec son cercle de rougail d'aubergines, un crumble de paprika fumé et un jus vert acidulé dont la composition est secrète... La pâtissière du restaurant façonne un excellent pain sur place que l'on n'oubliera pas de tremper dans l'huile d'olive issue d'une parcelle d'oliviers, la n°26, que détient le chef en Tunisie. Elle pâtisse également de succulents desserts, comme cette pêche pochée dans un sirop léger posée sur un fond de chocolat blanc et de ganache à la vanille avec un insert de coulis à la framboise, surmontée d'une crème glacée à la vanille parsemée de poudre de framboise et d'une dentelle de biscuit. Que ce soit en salle ou en terrasse, le moment passé ici n'est que plaisir, on se laisse conseiller par Grégory pour le vin, il est intarissable sur l'histoire des cols qu'il propose, et Samuel en maître d'hôtel hors norme sera le guide de cette belle aventure culinaire.

MANIGOD 74230

Châlet Hôtel La Croix-Fry - La Table de Marie-Ange 14,5/20

4910 route du Col de la Croix Fry - T. 04 50 44 90 16 - Menu(s) 75 €

Toujours autant de bonheur à fréquenter le délicieux chalet d'Isabelle Loubet et Éric Guelpa, niché à trois lacets du col de la Croix-Fry. La déco d'alpage, le sens des valeurs des montagnes appliqué à un confort souverain, tout concourt à la quiétude et aux repas chaleureux. À table, le soir, les belles assiettes préparées par Éric s'adaptent à leur environnement, produits d'ici, idées du moment, aussi bien sur les viandes d'élevage que sur des produits de la mer. Les desserts sont amoureusement préparés (la tarte aux myrtilles !), la cave complice, avec le meilleur de la Savoie et l'accueil idéal.

MANOSQUE 04100

Restaurant Pierre Grein 15/20

CHEF : PIERRE GREIN

180 avenue Régis Ryckebusch - T. 04 92 72 41 86 - Menu(s) 70-140 €

Une fois qu'on s'est battu comme un beau diable avec son GPS pour trouver ce restaurant, niché dans une allée commerciale, et qu'on s'assied confortablement dans l'élégante salle cosy, on ne regrette pas le détour. Le décor est accueillant, le service compétent. Au piano, Pierre Grein met en application son credo, «Le produit brut, accompagné d'un bon assaisonnement et d'une cuisson parfaite, suffit pour que ça fonctionne.» Comme il a raison ! D'un bout à l'autre du repas, les produits sont magnifiques et les cuissons, exemplaires. C'est la délicieuse mousse d'asperges à l'émulsion de parmesan, le généreux tronçon de homard breton cuit à la perfection, morilles et pointes d'asperges de chez Blanc à Villelaure, les queues en pesto de pignons torréfiés et un intéressant beurre blanc au citron brûlé. Le pavé de bar rôti à l'unilatéral devant vous sur une pierre de Durance, s'accompagne d'un consommé de légumes du jardin, un irréprochable risotto de petit épeautre, et un beurre monté aux agrumes. Suit un remarquable pigeonneau du pays, la poitrine laquée d'un miel de lavande et jus de betterave, la cuisse confite, artichaut poivrade à la fleur de thym, qui partage l'assiette avec une selle d'agneau en croûte persillée cuite au sautoir, et jus réduit. Là encore les cuissons sont irréprochables. La carte des vins à prix sages affiche un régional Domaine de la Blaque et un givry premier cru 2020 «La Grande Berge» à 75 €. Au final, Pierre Grein s'amuse avec des desserts en trompe-l'œil, comme cette fraise qu'on coupe en deux pour la découvrir en pulpe et granité et à côté un tube transparent contenant un gel fraise et citron.

Sens et Saveurs 12,5/20

43 boulevard des Tilleuls - T. 04 92 75 00 00 - Carte 23 € - Menu(s) 39-72 €

La grande salle voûtée de cet ancien couvent a de l'allure. Devenu plus tard une filature, puis le restaurant de Dominique Bucaille, c'est à présent Sylvain Nowak qui mène la barque. Depuis sa cuisine ouverte, l'ancien chef du Vieux Colombier (Les Mées) délivre un bon tartare de thon et tomates avec une vinaigrette aux herbes et fleur de bourrache, un filet de saint-pierre rôti accompagné d'asperges vertes et d'un beurre à l'ail des ours, l'agneau de pays souligné d'un jus à l'orientale et un irréprochable soufflé au Grand Marnier et sorbet à l'orange. Les vins s'affichent à des prix raisonnables, coteaux-du-layon 2018 Château Soucherie, pouilly-fumé 2018 de Joseph Mellot, sancerre 2019 de La Clef du Récit, servis par un maître d'hôtel irréprochable.

Le Petit Lauragais 12/20

6 place du Terreau - T. 04 92 72 13 00 - Menu(s) 15-29 €

Sur une grande place où l'on peut se garer, un bistrot avec terrasse. La salle en longueur ressemble à une brocante avec un peu partout des objets souvenirs, photos et miroirs qui rappellent une déco fellinienne. Lucette Di Biase, propriétaire et chef opérateur de cette étonnante maison, instille l'esprit de son village, Saint-Félix-Lauragais. Un peu bourrue, mais chaleureuse, elle veille au grain. Ce qui ne l'empêche pas de papoter avec les clients. Mozart, son complice, vous porte avec gentillesse un ravioli ouvert au confit de canard et crème de cèpes (un peu gras) et la spécialité maison, le cassoulet du Lauragais, parfaitement maîtrisé, cuit longuement sur le coin du feu comme à Toulouse, qu'on accompagne d'un bon verre de madiran (5 €). Un régal. Puis vient un délicieux fromage frais de Saint-Michel-l'Observatoire, roulé dans un mélange du miel de châtaigne et baies roses. La courte carte des vins balance entre Provence et Sud-Ouest, du Château La Verrerie en Lubéron, au cahors de chez Vigouroux.

Le Petit Provençal 11/20

6 rue du Bon Repos - T. 04 92 87 63 80 - Carte 34 €

Sur la ravissante petite place Marcel-Pagnol, ce charmant bistrot a remplacé l'Aromavin. Jolies chaises et tables en terrasse, grande véranda ouverte sur trois côtés, c'est cossu et cool. Comme le patron, débonnaire avec bretelles et chapeau de paille qui dispense l'empathie comme un bon vin. Autre surprise, la cuisine mêle adroitement les recettes du terroir à une adaptation plus moderne : œuf mollet en croûte d'herbes comme un cromesquis, le jaune bien coulant, champignons sautés, julienne croquante de betterave chioggia et velouté de champignons ; poulpe à la plancha sauce chorizo ; souris d'agneau confite longuement, jus corsé et légumes légèrement croquants. La rafraîchissante soupe de fraises fraîches, émincé de menthe au moment et chantilly citronnée clôt cette belle découverte. Le service féminin est bien dans la note et la belle petite carte des vins est séduisante (ventoux «Un Autre Regard», luberon Château de Clapier «Soprano», Domaine des Bergeries «Cuvée Via Domitia» élevé en amphore...).

MARCOLÈS 15220

Auberge de la Tour 14,5/20

Place de la Fontaine - T. 04 71 46 99 15 - Carte 18 € - Menu(s) 88-118 €

Il paraît presque difficile d'imaginer, au bout de ce chemin du Cantal, que nous attend un hôtel 4 étoiles et une table gastronomique. Pourtant, derrière cette jolie maison auvergnate en pierre flanquée d'une tour, se cache une adresse contemporaine et vivante, qui récompense à raison celles et ceux qui viennent jusqu'à elle. Le chef Renaud Darmanin, Jeune Talent Auvergne 2014, fait la démonstration continue d'une énergie débordante, mise au service d'une cuisine en constante évolution, faisant vivre un terroir et des saisons dans une perpétuelle modernité. Les menus, cachés, restent ainsi des espaces de liberté où le chef peut pleinement s'exprimer au gré des saisons et de ses envies. On les retrouvera à partir de 88 € jusqu'à 118 € pour les 9 services. La cave est bien équipée.

MARCQ EN BARŒUL 59700

Rozó 15/20

34 rue Raymond Derain - T. 03 62 27 72 52 - Menu(s) 37-105 €

Ils ne sont pas partis bien loin de la place du Concert et pourtant, cet espace, ce cadre superbe, cette perspective changent tout. Diego Delbecq et Camille Pailleau ont donc transporté leur Rozó dans une ancienne imprimerie qu'ils ont aménagée à leur goût, avec l'aide d'un cabinet d'architecture lillois, en laissant toute la hauteur, une mezzanine aménagée comme un salon dominant la salle principale devant la cuisine ouverte, au style loft avant-garde, matériaux nobles, élégance épurée. Le chef est heureux, et s'épanouit, malgré les difficultés pour recruter et les contraintes de cette nouvelle aventure. Dans l'assiette, c'est du Diego en grande forme que nous avons croisé, dès les mises en bouche avec un pétillant et croquant daikon thonine nori, une gourmandise d'escargots ail et jalapenos, le lieu jaune confit, nacré, voluptueux avec son riz Koshihikari émulsion algue sauce bonite et l'agneau en trois façons sur un thème tomate, ris et parmesan, selle et tomate farcie à l'agneau, un plat qui symbolise l'esprit de la maison, toujours autant dans le plaisir que dans la finesse, à l'image du dessert figue noix glace à la feuille de figuier, ou de son désormais célèbre plat de champignons crème de pleurotes. Très belle cave avec tous les bons, Zusslin, Pilon, Dureuil-Janthial, des prix serrés, du talent dans toutes les régions, des bières locales, des gueuzes des meilleures brasseries d'ici ou d'outre-Quiévrain (Cambier, Cantillon). Une belle et jeune équipe de salle, au dress code parfait et réglementé, cool de la tête aux pieds, assure le ballet avec sourire et naturel.

MAREUIL SUR LAY DISSAIS 85320

Maison Desamy 12/20

2 rue Herve de Mareuil - T. 02 51 52 69 43 - Menu(s) 29-64 €

Dans cette maison bourgeoise de style Empire, l'intérieur est beaucoup plus contemporain et chaleureux. Le jeune service se montre dévoué et l'assiette ne manque pas d'allure, utilisant les produits du cru : les asperges de la ferme Langevine, sabayon et kumquat, le maquereau grillé poireau et coques, un très beau plateau de fromages, le tout apportant une 1re toque, dans un excellent rapport prix-plaisir. Carte des vins bien classée et claire.

MARLENHEIM 67520

Le Cerf 14,5/20

30 rue du Général de Gaulle - T. 03 88 87 73 73 - Menu(s) 51-132 €

Dans cette demeure à l'âme alsacienne, les Husser maintiennent l'hospitalité et l'esprit de famille depuis plus de 90 ans. Au bord de l'ancienne nationale 4, Clara, Melina et Luca veillent sur cette imposante auberge à colombages qui fut jadis relais de poste. Ils n'ont cessé d'améliorer leur salle pour en faire un lieu au confort classique avec moquette, tables juponnées, chaises néo-Louis XVI à médaillons, bouquets, meubles anciens et dessins de l'Alsace naïve. On est en pays de Hansi, donc en terre d'identité et de fort terroir qui se lisent sur les cartes et menus dont Joël Philipps maintient l'héritage. La plupart des plats du répertoire ont l'accent d'ici, telle cette bouchée à la reine de l'arrière-grand-père Paul Wagner, maintes fois primée. Nous avons succombé à la dorade marinée au macvin, avec sa déclinaison autour du melon et le granola aux noix épicé : voilà une entrée pleine de fraîcheur apéritive. Grâce au dernier pêcheur du Rhin, Jérémy Fuchs, le silure est un poisson devenu à la mode, ici travaillé avec recherche, même si les billes de choucroute primeur contiennent un jus un brin trop acide. Le pavé de maigre sauvage, bien épais, plaît pour la délicatesse de sa chair, due à la cuisson douce, tandis que le carré d'agneau d'Alsace, élevé par Charles Balzer, tendre à souhait, est accompagné d'un tian de légumes provençaux ainsi que d'un condiment olive-anchois. Les desserts sont en progrès par rapport à notre repas précédent - ils atteignent les 3 toques - et plus particulièrement ces abricots du Roussillon servis en différentes textures avec un bon crémeux à la fève tonka, ainsi qu'avec une glace à l'orge fort plaisante. Ambiance bon enfant, service décontracté et cave bien fournie en vins d'Alsace.

MARSEILLE 1 13001

L'Aromat 14/20

49 rue Sainte - T. 04 91 55 09 06 - Menu(s) 19-65 €

Sylvain Robert va bientôt boucler ses 20 ans à la tête de son restaurant qui domine le cours d'Estienne-d'Orves (et le parking juste en dessous). Dans cette rue Sainte où le meilleur et le pire se côtoient, on loue, au fil des années, la pureté de cette salle en parfaite harmonie avec la cuisine de ce maître cuisinier qui, loin de s'encroûter dans la routine, sort des plats jubilatoires, tels son hamburger de bouillabaisse frites en panisse et soupe de poissons en verrine, dont on ne se lasse pas, ou sa pièce de bœuf d'Aubrac, fumée minute aux herbes de Provence, servie avec un amusant «long drink» de pommes de terre et jus de viande corsé. Cette année encore, un irréprochable filet de merlu cuit à basse température, linguine à l'encre de seiche, jus de moules et étuvée de fenouil, et une poitrine de porc confite associée à une crème de pommes de terre fumées. L'accueil et la compétence de Virginie Robert s'alignent avec délice, tout comme la carte des vins qui affiche de belles bouteilles à prix sages (faugères rouge Château La Liquière «Cistus» 2017, savennières «La Coulée de Serrant» 2012 de Nicolas Joly, 115 €). Quant au menu du marché comprenant entrée et plat du jour, dessert, café et un verre de vin pour 24 €, c'est une bénédiction.

La Mercerie 14/20

9 cours Saint-Louis - T. 04 91 06 18 44 - Menu(s) 31-62 €

Quartier porteur, cours Saint-Louis Noailles, chef inventif, sommelière experte, le cocktail est assurément gagnant pour La Mercerie, qui reste en tête de la bistronomie marseillaise ou, tout simplement, à la pointe de la cuisine moderne, débridée et sans œillères. En fonction de l'approvisionnement, Harry Cummins tricote des menus équilibrés et excitants, notamment dans son menu du soir à 62 € : ceviche de maigre et leche de tigre, poireau grillé au BBQ shiitakés et ricotta, céleri cerfeuil fond de volaille et le poisson d'arrivage fenouil kumquat et olives taggiasche... Le dessert n'est jamais banal (courge confite panna cotta sorbet mandarine) et la cave, constituée par Laura Vidal, qui fut Sommelière de l'Année, offre une exploration passionnante, engagée dans le naturel et au service des nouveaux vignerons.

Lauracée 13,5/20

96 rue Grignan - T. 04 91 33 63 36 - Menu(s) 22-90 €

Christophe Négrel, le retour. Ce chef compétent retrouve le chemin d'une cuisine affirmée délicieusement bourgeoise. L'ambiance rappelle un peu ces anciennes brasseries parisiennes, avec argenterie et belles assiettes. Bref, du bon vieux classique. Le midi, c'est la cantine des avocats du palais de justice tout proche qui se jettent sur le très sage menu à 27 € incluant deux mini-entrées, un plat et un dessert. Le soir, on aime ce côté cosy, feutré, propice aux dîners d'amoureux. Sous la fourchette, terrine de pied de cochon croustillante au saké, jeune pousse au vinaigre de cerise, tête de veau ravigote, capron, crostini et fine betterave crapaudine ; puis une remarquable joue de bœuf cuite longuement, avec des haricots tarbais et jus de réduction au chorizo, pour finir sur un bon cannoli croustillant aux amandes, bruccio citronné dans l'esprit d'un fiadone et crémeux bergamote. La carte des vins propose de belles références (château Revelette 2017 de Peter Fischer, châteauneuf-du-pape Château de Beaucastel 2012) et le bon rapport qualité-prix du Morgon 2017. Autre constat, le service rajeuni cultive l'empathie et le partage.

Madame Jeanne - Maison Buon 12,5/20

84-86 rue Grignan - T. 04 86 26 54 16 - Menu(s) 49 €

Le lieu est quasi confidentiel. Un hôtel particulier avec surprise à tous les étages, boutique, espace bien-être et tout en haut un superbe loft qui accueille concerts, expos, conférences et événements privés. Mais ce qui nous intéresse se passe au restaurant du rez-de-chaussée où Pavel Hug et sa sous-chef Elys Hannah viennent de poser leurs sacs. Lui a été formé par quelques grands du métier (Gagnaire, Colagreco,) elle c'est la folie brésilienne. Ces deux-là mettent le feu avec une cuisine originale qui ne manque pas de piquant. Poulet laqué au soja, poire pochée pomme verte ; panisse sauce yaourt citronnée menthe fraîche, déclinaison d'huîtres, cidre et granny-smith, chantilly citron confit, radis grenade et sésame noir ; couteaux au BBQ condiment thaï, mayo poutargue ; millefeuille à l'orange, huile verte et sorbet lime. Côté vin, la Cave des Papilles est attenante et côté service : de la bonne humeur.

Les Réformés 12,5/20

125 La Canebière - T. 09 71 16 35 90 - Menu(s) 24-29 €

On en prend plein la vue en sortant de l'ascenseur, au dernier étage d'un complexe comprenant 7 salles de cinéma, lieux culturels, etc. Face à l'église des Réformés, tout en haut de la Canebière, le rooftop bordé d'une terrasse sur trois côtés en jette ! On pourrait s'attendre à du bling-bling, pas du tout. Beaucoup de charme, ambiance décontractée, et un aménagement intelligent organisé comme un open space avec des parties plus intimes, des meubles de récup des années 1970, des tables hautes et basses en bois de hêtre, des toiles aux murs, de beaux objets et, sur la terrasse, des fleurs et des arbustes. Tatiana Halimi, la patronne du lieu, a su s'entourer d'une équipe jeune et efficace. Derrière sa cuisine ouverte, Victor Thoueil, passé chez Jean-François Piège, change sa carte chaque semaine en fonction du marché. Servi dans une belle vaisselle d'artisans, on y trouve la fraîche stracciatella un cœur de burrata, accompagnée de fines tranches de lard de Colonnata et des lamelles de kaki grillé ; des huîtres à la gelée de kalamansi et julienne de granny smith. Parmi les plats, le poulpe tendre à souhait, betterave en fines tranches à l'huile fumée et, plus classique, un remarquable quasi de veau à la cuisson parfaite, jus corsé, champignons et délicieuse crème de topinambour. Côté desserts, du yaourt grec battu, glace aux herbes et pomme verte. Pour rester dans l'harmonie, Valentin développe une astucieuse carte de vignerons, la plupart en biodynamie avec des prix entre 24 et 120 €.

La Côte de Bœuf 12/20

35 cours Honoré d'Estienne d'Orves - T. 04 91 33 00 25 - Carte 96 € - Menu(s) 24-79 €

La place aux huiles sans la Côte de Bœuf serait inimaginable, car cette institution créée par Paul Léonard il y a des lustres est le refuge des carnivores de tous poils ! La liste impressionnante des races de viande sont affichées : Argentine, noire de Baltique, simmental, holstein, Aubrac, blonde de Galice et minhota-galega portugaise. Les amateurs y trouvent le tomahawk et, cette année, l'indispensable wagyu japonais. À table, pas besoin d'entrée. Sur une grande planche de bois, le menu à 43 € se compose d'une belle côte de bœuf Angus, de grosses frites juste rôties avec une sauce au poivre vert, un os à moelle et un bout de salade. La carte des vins accompagne le repas avec un choix délibéré sur les rouges.

La Tête de Chou 11,5/20

11 rue du Théâtre Français - T. 09 81 87 31 97 - Carte 26 €

Dans le style bouchon lyonnais, ce bistrot monté par trois copains face au théâtre du Gymnase est une pépite. Carpaccio de haddock acidulé chipirons poêlés, persillade, aïoli, couteaux au beurre d'estragon, poulpe laqué au caramel japonais, patatas bravas et une belle carte des vins de vignerons d'un peu partout. Les prix sont attractifs, la bonne humeur est le maître mot du service et, en été, la terrasse au soleil ne désemplit pas.

Le Bistrot 13B 11/20

13 rue de Breteuil - T. 04 91 33 08 67

La déco s'est affinée, plus intimiste, rappelant que le Marseillais Édouard Balestier a grandi au Gabon. En cuisine, Rafal Petelczyc, son chef, propose des plats de voyageur : carpaccio de loup yuzu framboise et mangue, œuf cocotte crème de poireaux et chorizo déglacé au soja, carré de cochon du sud-ouest aux épices chinoises, sans oublier le plat signature de la maison, le bibimbap, un sauté de bœuf émincé et mariné, riz japonais et œuf au plat ! Les vins ne sont pas en reste, (Menetou Salon cuvée des Bénédictins 2019 Prieuré de Saint-Céols ; Saint-Joseph Fruit d'Avilleran de François Villard; Côte de Provence Château du Pas du Cerf, cuvée Diane.

MARSEILLE 2 13002

Alcyone 16,5/20

CHEF : LIONEL LÉVY

1 place Daviel - T. 04 13 42 43 43 - Menu(s) 105-145 €

Adieu la salle bourgeoise de palace, les grandes tentures masquant le plaisir de la vue et le personnel un tantinet guindé. L'Alcyone s'est refait une jeunesse avec une déco moderne, plus en harmonie avec la cuisine revivifiée de Lionel Lévy et son second, Cédric Mery, qui jonglent avec les produits entre tradition et modernité comme ces simples pois chiches de Rougiers juste épaulés par une vinaigrette à la truffe du Haut-Var. Il y a bien sûr la nouvelle version de son plat signature, la bouillabaisse, présentée comme un milk-shake. Une couche de pomme de terres rouille et safran, puis mascarpone et morceau de loup et, dessus, une émulsion de poissons de roche. Le goût de la vénérable recette est intact. Partant d'un plat marseillais, le loup à la Montredon, il le remplace par un rouget désarêté, cuit à l'étouffé entre des briques rouges de Toulouse montées à 250 °C. En accompagnement, un petit pain cuit à la vapeur au fumet d'arêtes et sauce corail. C'est soyeux, pas agressé par la chaleur. Suit un surprenant «pigeon sous la mer», le filet mariné aux algues, ce qui lui donne un curieux goût iodé, sur un jus de citron lié à la marinade, les cuisses farcies de fines lamelles de céleri-rave, à côté de pickles et crème de céleri truffé. L'ensemble matche parfaitement. Repas sans faute conclu par le magnifique dessert du pâtissier Clément Pouillotte, une sphère en sucre à l'intérieur de laquelle on trouve du riz rouge de Camargue caramélisé et glace au riz, kalamansi confit. Le service, dirigé par le parfait Richard Pico, ajoute au plaisir d'une soirée réussie.

Une Table, au Sud 15/20

CHEF : LUDOVIC TURAC

2 quai du Port - T. 04 91 90 63 53 - Menu(s) 49-168 €

Nous l'annoncions l'an passé, la cuisine de Ludovic Turac a retrouvé ses marques. Le menu «Marseille» met en scène une magnifique interprétation de l'aïoli de daurade rafraîchie aux agrumes, lamelles de légumes crus relevés d'un excellent aïoli, et la bouillabaisse déstructurée dont l'élément principal est un filet de maigre (on pourrait lui reprocher un manque de caractère), juste rôti à l'huile d'olive, la pomme de terre fondante découpée comme un calisson, pochée dans un bouillon safrané et recouverte d'un gel de citron ; on monte en gamme avec la puissance d'un croustillant farci d'une mousseline de poissons de roche et la soupe de poisson, très concentrée. Tout est juste, parfaitement maîtrisé. Bluffant, enfin, un dessert en trompe l'œil, une navette, disons des Accoules pour rester dans le quartier. Une coque en chocolat blanc, parsemée de brisures de navette qui renferme une mousse aérienne à la fleur d'oranger. À côté, dans un bol, des épices orientales, raz el hanout, segments d'orange, menthe ciselée et yaourt. Ce qui fait le lien avec le menu «Passeport» du chef, qui nous transporte aux quatre coins de la planète. La carte des vins, composée par le nouveau sommelier, Thierry Sauvanot, vous fait découvrir, entre autres, le surprenant «Vega», un blanc aux notes d'agrumes issu de la cave Microcosmos au cœur du Panier. Une curiosité de Fabienne et Lukas Völlmy qui se basent sur une sélection parcellaire. Si le jeune maître d'hôtel manie un peu trop l'emphase en déclinant les plats, le service est irréprochable.

Les Fenêtres 13/20

1 place Daviel - T. 04 13 42 42 40 - Carte 75 € - Menu(s) 38-45 €

C'est la brasserie de Lionel Lévy face à la Bonne mère. Le chef y joue une cuisine de simplicité plus détendue qu'à l'Alcyone, qui respecte la région (pissaladière de sardines et anchois, confit d'oignons, chips d'ail et câpres frits ; tartare de loup au pistou, toast à la tapenade). Mais on le connait, il envoie aussi, l'œil gourmand, des «gyozas» aux cèpes et noisettes, un tataki de bœuf vinaigrette au gingembre et arachide, des linguine à la bolognaise de homard et un burger, bacon et cheddar. On termine sur une tarte soufflée au chocolat. Le service a parfois quelques faiblesses mais bon... la vue est sublime.

Bistrot Mimi 11/20

6 place Daviel - T. 04 88 86 15 27 - Carte 39 €

Un authentique bistrot marseillais niché sur une charmante petite place au pied du Panier. Ici règne gentillesse et bonne humeur. On y retrouve les plats traditionnels de Provence mais pas que... On adore les ravioles maison de cochon au bouillon de volaille, l'œuf parfait, crémeux carotte coco, pignons torréfiés, le rouget en papillotes, topinambours, émulsion au lard paysan, et le moelleux cochon confit à l'écrasé de pommes de terre. Côté vins, une carte courte mais judicieuse, Beaujolais Petit Grobis de Nicolas Chemarin ; Piaugier, cote du Rhône village Sablet rouge 2000 de Jean-Marc et Sophie Autran et l'AOP Jeff Carrel- Mamettes des Cote Catalane.

MARSEILLE 4 13004

La Table Cinq 13/20

13 boulevard Blancarde - T. 04 91 34 85 22 - Carte 42 €

Au milieu du quartier Cinq-Avenues (d'où le nom du restaurant), la porte monumentale en acier rouillé conduit à un ancien appartement privé restauré par deux copains d'enfance, Jean-Claude de Lanfranchi, chef du salé, et Pierre Lamour, chef du sucré. Belles salles aux plafonds hauts, murs couverts de tableaux végétalisés, objets chinés et, tout au fond, une grande terrasse bordée d'oliviers. Les deux garçons vous délivrent des plats aux portions généreuses, comme ce délicieux foie gras poêlé et légumes racines, des salsifis très légèrement croquants, avec un jus poire-gingembre. Même démarche pour la poitrine de cochon confite aux épices douces, chou pak choï rôti et jus de braisage. Du simple, du savoir-faire, du goût. La tarte au caramel, pavot et sésame noir, ganache montée, chocolat blanc est tout aussi précise et tranchée. On accompagne tout ça avec un bien joli verre des collines rhodaniennes «Les Petites Bêtises» de David Reynaud ou de la Bastide du Claux du formidable Sylvain Morey. Vous l'aurez compris, le chichiteux n'est pas le genre de la maison. Les produits sont bruts, les cuissons au petit point, comme le service qui va avec.

MARSEILLE 5 13005

Regain 11,5/20

53 rue Saint-Pierre - T. 04 86 68 33 20 - Menu(s) 21 €

La petite devanture jaune vif a ouvert ses portes en fin d'année et dévoile quelques belles surprises. L'ancien Ca Blanca d'Édouard Giribone a fait peau neuve avec sa longue salle bistrotière prolongée aux beaux jours d'un séduisant jardin de curé. Derrière sa cuisine ouverte, Sarah Chougnet-Strudel, adepte des restaurants éphémères et des dîners insolites d'Emmanuel Perrodin, pratique avec bonheur des menus courts en fonction du marché. Une démarche toute personnelle qui aligne des associations contemporaines, un pain perdu-betterave rôtie et mont-d'or, des rillettes d'espadon, un réjouissant ris d'agneau yaourt à la rose céleri branche et sarriette, un délicieux ragoût de pois chiches, fregola sarda, cébettes sur un sabayon café-anis vert et, au dessert, biscuit au miel, pomme au vinaigre et poivre du Sichuan. En salle, son associé, Lucien Salomon, propose une carte de vins nature. Virevoltant d'une table à l'autre, il prend plaisir à faire goûter ses découvertes (Luberon «Grabuge» d'Alexandre Dalet, Jura Domaine Labet «Fleur de Savagnin», Savoie Ton Rouge du Lac «Ça boit libre», Morgon «Granitic» de Fabien Forest et quelques inévitables vins orange). Si Regain évoque le roman de Giono, c'est aussi le nom donné à cette herbe qui reprend vie dans les prés après qu'on l'a fauchée. Un bon signe.

MARSEILLE 6 13006

Ourea 14,5/20

72 rue de la Paix Marcel Paul - T. 04 91 73 21 53 - Menu(s) 24-52 €

La cuisine claire, précise et maitrisée de Mathieu Roche explique les difficultés à réserver une table dans la petite salle pimpante toute en longueur, proche du palais de justice. D'autant que les avocats en ont fait leur cantine. On se régale d'un gravlax de maigre pomelo et gelée de citron vert, le carpaccio d'orange sanguine, cacahuète et beignet de patate douce, un fondant cochon noir fermier, gnocchis de pommes de terre pak-choï grillé pesto menthe pignons, et kiwi corse glace yaourt fleur de sureau et châtaigne fumée. Et comme un bonheur ne vient jamais seul, il y a en prime le lumineux sourire de Camille Fromont et sa jolie carte des vins en biodynamie à prix raisonnables. Le Sancerre de chez Vacheron, l'IPG corse d'Yves Leccia, le Morgon de chez Thévenet Et le cote du Rhône Chaume-Arnaud.

Restaurant Saisons - Julien Diaz 14/20

8 rue Sainte-Victoire - T. 09 51 89 18 38 - Menu(s) 29-129 €

Malgré quelques réaménagements récents, la salle au curieux papier peint vert aux motifs psychédéliques ne laisse pas filtrer la joie de vivre. Et pourtant, derrière la belle cuisine ouverte, Julien Diaz, entouré de ses girls, réalise un remarquable travail d'artiste. Le foie gras mariné au rappu et sa gourmande réduction café, le risotto au safran, huile de cyprès et mélasse de grenade sont un vrai bonheur. Son ris de veau cuit à la perfection s'associe à des kumquats rôtis. On termine sur un nuage de brousse, ail noir et herbes sauvages et une délicieuse tartelette de céleri-rave au lait d'amande, pommes caramélisées et sorbet pommes-amandes. Guillaume Bonneaud, aussi jovial que compétent, sort une carte intelligente pailletée de magnifiques étiquettes, du Temps des Rêveurs blancs «En Surface» de Jérôme Maillot au pied de la Sainte-Victoire, au surprenant IPG Alpilles cuvée «Aupiho» blanc 2020 du Domaine Fontchêne. Service féminin sans problème gêné par la mauvaise sonorisation de la salle.

Bubo 13/20

34 rue Jean Fiolle - T. 09 50 13 58 28 - Carte 12 € - Menu(s) 50-69 € ♿

C'est un lieu qu'il faut savourer dans son ensemble, sans se limiter à l'assiette, rouage important mais pas unique d'une expérience réussie. Avec le service adorable et impliqué, la carte des vins vraiment faite pour en profiter (du bon à prix juste sur tout le Sud), dans une déco épurée, fraîche et réussie pour une clientèle complice et connaisseuse. Le midi, l'excellent rapport prix-plaisir du bento convainc la majorité, avec la tartelette hareng fumé-poireaux-œufs de truite, l'artichaut barigoule d'oignons noisettes torréfiées, le veau très tendre et juteux, bien accompagné et condimenté tomate-anchois, et un dessert chocolat-estragon-clémentine un peu plus en retrait. Les 2 toques sont bien là, et Grégory, en salle, comme Fabien, en cuisine, font tout pour faire progresser la barque.

La Cantinetta 12,5/20

24 cours Julien - T. 04 91 48 10 48 - Carte 37 €

Une adresse incontournable depuis plus de dix ans pour l'amitié franco-italienne à Marseille. Plus qu'un restaurant de pâtes, c'est une ode au rassemblement et au partage sur fond de Méditerranée : burrata pugliese, linguine vongole, rigatoni all'arrabbiata, escalope du jour...

Car c'est surtout dans les préparations du moment - et elles sont nombreuses - que les habitués se tournent pour constituer leur menu, en accompagnant d'un pichet (moins de 10 €) ou d'un montepulciano-d'abruzzo.

Caterine 12,5/20

27 rue Fontange - T. 04 91 67 72 85 - Carte 31 €

Marie Dijon et son équipe - un groupe totalement indissociable - font vivre une aventure assez passionnante à leurs visiteurs : celle d'une restauration différente, plus solidaire, plus responsable, et totalement actuelle. Cette cantine-épicerie, selon les mots mêmes de la maison, est toujours excitante dans son contenu, piochant dans tous les coins de la planète des idées de préparations et d'associations : le chawanmushi de seiche shiitakés pleurotes persil œufs de saumon, la bonne focaccia «perdue» au jus de poisson coques moules à l'estragon fenouil pois chiche, et le flan orange confite tonka pour clore ce repas si plaisant. Et comme vous avez dépensé moins de 30 € pour toutes ces gâteries (ou si vous êtes trop pressés pour vous asseoir), vous aurez sûrement envie de glaner quelques produits d'épicerie du moment, un kebab de poulpe ou un sandwich pastrami avec la bonne baguette de House of Pain.

Cédrat 12,5/20

81 rue Breteuil - T. 04 91 42 94 41 - Carte 7 € - Menu(s) 24-58 €

L'une des belles adresses du quartier, que nous avions découverte et encouragée il y a trois ans. La vitesse de croisière est atteinte, le jeune chef a les bons réflexes et situe son travail dans la fourchette tarifaire qu'il faut : ceviche passion coriandre agrumes endives, selle d'agneau pak-choï betterave condiment tamarin, choco miso en texture sésame noir riz soufflé, une séquence plaisante et actuelle pour une quarantaine d'euros, dans un agréable décor de bistrot d'aujourd'hui ou au patio chauffé.

Les Trois Coups 12,5/20

44 rue Saint-Suffren - T. 09 81 08 83 84 - Carte 12 € - Menu(s) 20 €

Eugénie Flipo, chaleureuse, souriante, est attentive au bien-être de ses clients. Dans la longue salle, ou au soleil sur la petite place Edmond-Rostand, défilent les plats de copains de Giovanni Graziani. Copieuse tempura d'artichauts, mayonnaise à l'estragon et salade de roquette ; un morceau de lotte (un soupçon trop cuit) avec une ribambelle de légumes, lentilles, brocoli, oseille, le tout relevé par de la Nduja, une saucisse calabraise de porc épicée ; au dessert, un demi-pamplemousse passé au gril avec un jus d'orange sanguine, des morceaux de pâte brisée et une quenelle de mascarpone. Côté liquide, Eugénie déroule sa palette de vins naturels. Plus d'une centaine d'étiquettes puisées chez les vignerons de l'Ardèche et d'ailleurs, le Fleurie «Coup de Foudre» de la famille Bertrand en beaujolais, la syrah «Biou» de Paul Estève et Chrystelle Vareille au Domaine des Miquettes et le petit vin nature «Tombé du Ciel» de la formidable Pauline Maziou, ou le surprenant Jajatoès blanc de Lori Haon au Domaine du Petit Oratoire dans le Gard. Et comme il n'y avait plus de place pour ranger tout ça, Eugénie vient d'ouvrir une cave au 197, boulevard de la Libération.

Lacaille 12/20

42 rue des 3 Mages - T. 09 86 33 20 33 - Menu(s) 40 €

Dans ce joli bistrot planté à 50 m de La Plaine (la place Jean-Jaurès, entièrement rénovée), on va de surprise en surprise. Un accueil exemplaire truffé de gentillesse, un petit patio tout au fond avec quelques tables pour respirer le soleil... La carte évoque ces plats de ménage qu'on allait manger chez nos grands-mères le dimanche : escargots, bœuf purée et crème caramel. C'est là qu'intervient la cuisine pleine de malice de Marc Ouvray. Car derrière ces appellations qu'on pourrait qualifier de banales, se cachent d'autres surprises. Quelques escargots sur un coulis de cresson, un espuma de beurre d'ail et un léger feuilletage en croissant de lune. On loue la cuisson du paleron de bœuf qu'on pourrait déguster à la cuillère tant il est tendre ; sur son jus de cuisson réduit est posé un effeuillé d'endives dont la petite amertume est maîtrisée par des lamelles de poire. Enfin, la crème caramel «retour des îles» est dressée à l'emporte-pièce avec une tranche d'ananas Victoria rôtie, une glace malaga rhum-raisins et une opaline caramélisée. La carte des vins est raisonnable bien qu'un peu courte, on remarque le vouvray «Troglodyte» d'Alain Robert, un viré-clessé Domaine de la Verpaille et le vertueux saint-joseph «Les Pierres Sèches» d'Yves Cuilleron.

La Bonne Mer — 11,5/20

13 rue Fort du Sanctuaire - T. 07 88 31 25 89

Tout beau tout neuf, ce bistrot marin-poissonnerie a pris la place d'une ancienne boulangerie du quartier Vauban, face à la pizzeria La Bonne Mère. Déco de bois clair, banc de poisson au fond et, pour l'apéro avant le déjeuner, belle petite terrasse à la façade bleue au soleil, huîtres de Tamaris, délicieuse tempura de joues de lotte et un bon petit blanc des Bouches-du-Rhône. Le soir, la carte, plus élaborée, propose des couteaux déglacés au vin blanc, pesto d'ail des ours, quelques pignons torréfiés et zestes d'agrume ; aiglefin fumé, betterave-échalote et une amusante émulsion mayonnaise-cacahuète et sel fumé de salish. Ou bien l'excellent terre-mer, avec du filet de bœuf comme un tataki, mariné dans une sauce ponzu et, dessus, un tartare d'huîtres et un émincé de basilic. Un plat généreux qu'on accompagne d'un bon Viognier «Secret de Famille» (IGP Méditerranée, 2019).

Jogging Jogging — 11/20

103 rue Paradis - T. 04 91 81 44 94 - Menu(s) 25-49 €

Une épicerie-bistrot au style bobo bio assumé et agréable pour passer un moment comme chez soi avec des produits choisis et une ambiance de quartier. On discute avec le patron des résultats de l'«Ohème» ou des dernières cuvées dénichées chez les vignerons proches, on trinque sans façon dans cette bienveillance naturelle qui permet de mieux apprécier la bonne tielle de seiche, fraîche et légère, et un honnête dessert chocolat avec une glace coco maison.

MARSEILLE 7 — 13007

Passedat - Le Petit Nice — 18/20

CHEF : GÉRALD PASSEDAT - SOMMELIER : STÉPHANE MESNIER

Corniche J. F. Kennedy, Anse de Maldormé - T. 04 91 59 25 92 - Menu(s) 145-390 €

C'est peu dire que Le Petit Nice est une maison à part. Par la géographie, cette avancée dans l'anse de Malromé face aux îles du Frioul reçoit une lumière blanche éblouissante, tranchant avec le bleu profond des vagues qui s'écrasent sur les rochers en contrebas. Par la personnalité de son chef, Gérald Passédat, l'un des plus grands connaisseurs de la côte en matière halieutique. Pour une fois, les mises en bouche servent à quelque chose, on peut même les qualifier de hors-d'œuvre. Elles installent le convive dans l'univers marin de Gérald Passedat, et plus précisément de «sa» Méditerranée, celle d'une pêche exclusivement locale, magnifiant par le jeu des textures, des alliances et des morceaux choisis, chair, tête, arêtes, le pagre ou le congre, le poulpe, la rascasse ou le thon. En même temps, elles révèlent le toucher et le talent du cuisinier, unique détenteur d'un savoir régional extrême qui se développe dans les services suivants. La caravane est un faire-part de mariage entre le denti et le maigre, grattons de poisson, poutargue et caviar osciètre, le chou-fleur en compagnon végétal, avec une deuxième coupelle en variation sur le même thème et des tuiles de poisson diaphanes. C'est très esthétique, et remarquable de subtilité et d'équilibre. On remonte vers la surface pour la composition sur les coquillages, biou, pointu, palourde, moule, couteaux, assiette et compléments (le petit beignet d'anémone de mer, un bonbon !) créant un tableau primesautier et charmant, parfumé avec délicatesse de criste marine. Le «poisson du jour», ici un rouget, est à consonance végétale, fenouil confit parfumé de sauge et citron Meilleur et un puissant jus réduit de légumes du moment, la glace en satellite semblant moins probante. Excellent dessert sur le thème du nougat, conception mousseuse des ingrédients, glace et joli jus curcuma et miel de lavande clôturant une séquence dont vous pouvez faire varier le volume (en tout, 8 plats sont répartis dans les menus). Bon travail du nouveau directeur Sébastien Ferrier-Lafargue, venu du Byblos, sérieux et précis, équipe de salle dans le ton juste. Carte de vins de grands crus, sans défaut et sans manques, plaçant en tête les régionaux, fortement tarifés (comparativement au reste de la carte), comme pour en souligner la qualité, et vins au verre cachés énumérés par le jeune sommelier.

Tabi 16/20

CHEF : IPPEI UEMURA

165 corniche J. F. Kennedy - T. 04 91 22 09 33 - Menu(s) 50-125 €

Le menu «Le Voyage» («Tabi», en japonais) porte bien son nom. Ippei Uemura, établi à Marseille depuis vingt ans, nous entraîne dans son japon natal. Même si la terrasse de son nouveau lieu, qui domine le vallon des Auffes, et la salle à la déco zen sont séduisantes, c'est au comptoir, face à la cuisine ouverte, qu'il faut s'installer pour déguster l'éblouissant travail d'artiste de ce chef virevoltant. C'est une déferlante de plats, telle la vague d'Hokusai, dressés au cordeau sur une multitude d'assiettes d'artisans. Fine galette croquante de riz kamameshi, dés de foie gras misozuke mariné dans une pâte de chou vert fermenté, navet au vinaigre sucré et micro-pousses de moutarde. Le chef a formé deux pêcheurs à la technique japonaise de l'ikejime, qui ne dégrade pas sa chair. Le goût est époustouflant. Loup de mer sur un émincé de navet mariné dans une sauce amazu-zuke au vinaigre doux, sashimi de sériole au parfum délicat, un peu épicé, feuille de shiso. Le homard est grillé au charbon, caviar Petrossian, feuille de shiso et gelée de Ponzu pour l'acidité. Un bœuf mijoté est accompagné de daïkon, carotte sauvage, mange-tout et d'un incroyable sorbet cornichon. Pour le clin d'œil, le chef lance un pont entre le japon et la Méditerranée avec sa «Umamiabaisse». Les poissons en sushi, les pommes de terre remplacées par du riz safrané, et la rouille cède sa place au wasabi. Le tout servi avec un bouillon de bouillabaisse très concentrée. On termine avec une carotte sucrée, pâte sablée miel d'acacia, confiné de fanes de carotte, glace carotte à la fève de tonka, meringue et une longue goutte de glucose. Un florilège.

L'Épuisette 15/20

CHEF : GUILLAUME SOURRIEU

Vallon des Auffes - T. 04 91 52 17 82 - Menu(s) 90-160 €

Le poisson de la pêche du jour est heureux de sauter dans l'Épuisette de Guillaume Sourrieu, Neptune local depuis plus de vingt ans. La salle est superbe, s'avançant face aux îles du Frioul, dans un site privilégié au bout du vallon des Auffes. Les menus et diverses propositions sont fort bien composés, pour donner le meilleur dans une gamme étagée. Nos préférences pour le menu bouillabaisse («Marius») à 115 € et pour la formule «Vallon des Auffes» à 90 € : aspic de soupe de poisson de roche et safran de l'arrière-pays, pélamide du vallon au sésame, fricassée d'artichaut, cèpes et jus tranché aux épices, poisson d'arrivage sauce au vin jaune, coquillages et girolles clous... Bons desserts chocolat, cave très étendue, forgée par un connaisseur sur toute la région et le Sud par extension.

Sépia 14/20

2 rue Vauvenargues - T. 09 83 82 67 27 - Menu(s) 43 €

Sur les pentes de Notre-Dame de la Garde, à l'ombre des grands pins de la colline Puget, Paul Langlère a accompli un rêve, créé un lieu de rencontres autour de ses passions : la cuisine, les bons produits et la musique. Le cocktail est réussi, et Sépia est devenu une belle adresse rassemblant tous les horizons. Sa cuisine est en mouvement, à l'image des ingrédients utilisés, mais on retrouve toutefois un mariage fort heureux entre la terre et la mer : pain de tomates rôties, coquillage et son jus iodé, une entrée très parfumée et équilibrée, entre le jus de coques et la coriandre, tapilla de veau broutard, riz noir acidulé iodé cuit au jus de poulpe et jus vert, avec une jolie sauce, longue et acidulée, mousse au chocolat 75% crumble chocolat fleur de sel, sorbet coco mango pour un dessert léger et gourmand. La sélection des vins et cocktails est juste, tout comme les tarifs, et le jeune service est parfaitement dans le ton.

L'Eau à la Bouche 13/20

120 corniche J. F. Kennedy - T. 04 91 52 16 16 - Carte 24 €

Formé chez Guy Savoy et au Louis XV à Monaco, Rodolphe Bodikian avait créé à Malmousque il y a une dizaine d'années cette incroyable pizzeria, l'une des meilleures de la ville. Rodolphe est parti mais la relève est assurée. On y retrouve cette pâte fine, croquante, et les grandes pizzas standards de la maison : «Angelina», mesclun, oignons, jambon cru, parmesan, huile d'olive, citron, «Éducation Nationale», poulet rôti, camembert, légumes, romarin, et «Capucine», mesclun, oignons, brousse, cœurs d'artichauts, anchois, parmesan, huile d'olive et citron.

Qasti Bistrot 13/20

71 boulevard Charles Livon - T. 04 88 00 46 00 - Carte 43 €

Un nouveau Qasti pour Alan Geaam, qui s'installe ainsi pour la première fois à Marseille, une bonne nouvelle pour tous les fans de cuisine libanaise, détaillée avec tout le savoir-faire du chef à 3 toques (AG Restaurant, à Paris). On y retrouve tous les standards, shawarma végétal, taboulé, rouleaux de halloumi, poulpe laqué à la mélasse, labneh, houmous, falafels... Avec la qualité que l'on connaît à Paris sur ces standards, l'aventure marseillaise commence bien.

Restaurant Michel 13/20

6 rue des Catalans - T. 04 91 52 30 63 - Carte 80 €

Cette Brasserie des Catalans, ouverte en 1946, figure depuis des lustres dans le carnet d'adresses de la bourgeoisie marseillaise. On y vient pour la soupe de poisson, les supions poêlés à l'ail et au persil, la bourride, mais en premier lieu pour la bouillabaisse. Le matelot vous propose les poissons sauvages installés dans l'ancien pointu à l'entrée de la salle, le service est parfaitement rodé, les plats immuables et Michèle Visciano, troisième génération de la famille, assure la gestion de la cuisine. Un brin de nostalgie un peu coûteux, mais quand on aime...

Nestou 12,5/20

43 rue de Suez - T. 09 87 08 17 00 - Menu(s) 19-32 €

Une belle petite adresse proche de la plage des Catalans. Un lieu d'empathie qui allie la dextérité des deux chefs, Jeanne et Jean-Philippe Garbin. La bonne humeur règne au sein du personnel, quelques tables en terrasse permettent d'avoir un œil sur la mer. Les plats sont classiques, mais avec un petit plus. Le melon frais est servi avec une nage de menthe, gingembre et prune, le risotto est au poulpe et courgettes, le hamburger avec cheddar et sauce tartare. Et le cake à la figue avec chantilly et sucre complet. Le menu de déjeuner à 32 € est un peu à marée haute...

Ékume 12,5/20

139 rue Sainte - T. 04 91 73 46 91 - Menu(s) 27-72 €

En quelques mois, Edgar Bosquez, Panaméen bien acclimaté au climat provençal, a conquis le Vieux Port qu'il domine depuis la rue Sainte. Le jeune chef, lauréat de la Dotation Gault&Millau travaille le produit en allant à l'essentiel, comme il l'a appris, depuis son arrivée à l'Institut Paul Bocuse, entre autres chez Joseph Viola, Julien Dumas, Gérald Passedat et Mathias Dandine. Un beau bagage technique au service du naturel, dans la fine tartelette au miel, tomates et olives, le poisson de pêche locale au feu de bois moelleux de kabocha (potiron japonais) sésame et citron confit, la pavlova aux figues de Solliès dans un menu convaincant à 52 € et quatre temps. Nul doute que la trajectoire est la bonne et que la deuxième toque devrait arriver rapidement. Bouillabaisse sur commande, cave en développement.

Péron 12/20

56 corniche J. F. Kennedy - T. 04 91 52 15 22 - Menu(s) 55-65 €

Camille Gandolfo, ancienne second de Lionel Lévy, a pris en main les rênes de la mini-cuisine au bout de cette salle étroite un peu froide, posée à ras de l'eau, qui ressemble à une coursive de paquebot. C'est la belle vague du tartare d'oursins blinis tièdes, le maquereau en escabèche, harissa tomate et vinaigrette au curry, le poulpe grillé, semoule façon tajine et bouillon de couscous et une meringue croquante, confit de pêches, ganache verveine. Les vins, bien sûr, du Domaine de Fontenille, propriétaire des lieux, et quelques autres comme l'AOC chablis «Dame Nature».

Matière Brut 11,5/20

4 boulevard Bompard - T. 07 85 62 61 00 - Carte 14 €

Le talent de Jérémy Julien en cuisine et le travail magnifique de trois jeunes architectes d'intérieur en salle font de cette maison branchée un lieu à ne pas manquer. Mais pas que. Assis sur de longues tables d'hôtes entre un mur végétal et les étagères de la cave à vin disposées en chevron comme une œuvre d'art, on se régale d'un tartare de daurade royale marinée aux agrumes et gingembre, de tentacules de poulpe et céleris grillés, fumet crémé, bonite séchée, citron vert et poivre du Sichuan, de courgettes farcies brousse et figatelli, coulis de tomate fraîche, d'un tartare de bavette de bœuf en teriyaki, amandes et noix de pécan, d'une saucisse aux herbes, polenta crémeuse. Après l'été, retour de fête pour les carnivores, promis juré.

La Poule Noire 11,5/20

61 rue Sainte - T. 04 91 55 68 86 - Carte 15 € - Menu(s) 45 €

Ce sympathique gallinacé caquette de plus en plus thaï et qui s'en plaindrait ? D'autant que Damien Delgado, formé à l'école Ferrandi, nous fait profiter de ses voyages en Asie avec un agréable terre-mer, poulpe de Galice laqué, confit de joue de bœuf, pulpe de pomme de terre à l'ail pickles d'oignon rouge, ou une intéressante déclinaison autour du thon, le tataki en croûte de sésame, le nem en vinaigrette exotique et le tartare sauce soja. Retour aux bases classiques avec une tendre pluma de cochon Iberico, pommes grenailles, panais rôti oignons caramélisés et jus de soubressade qu'on partage avec un côtes-du-rhône Clos du Caillou. Et pour conclure, un fondant chocolat, cœur praliné et fèves tonka servi avec une amusante glace à la cacahuète. Le tout accompagné du grand sourire de Fanny Sauvage.

Alivetu 11/20

145 rue Sainte - T. 09 83 70 38 94 - Menu(s) 26-54 €

L'ancien «Couteau» a cédé sa place à un jeune couple, Marie et Timothée Aumont. La rue étroite qui mène à l'abbaye Saint-Victor embaume la fleur d'oranger (le Four des Navettes est juste en face). Elle, Italienne, lui, Corse, ont baptisé leur lieu «Alivetu» (oliveraie) du nom du domaine familial de Lumio, en Balagne. Le troisième larron est le chef, Hugo Konter, qui maîtrise le circuit court grâce à une plateforme paysanne locale basée dans le 14e arrondissement de Marseille. À table, l'œuf parfait est… parfait, quelques légumes de saison (mange-tout, petits pois), chips d'ail et un délicieux espuma d'oignon doux. Rôti de bœuf légumes. Simple, classique, mais d'une recette banale le chef sort un plat harmonieux, minces tranches de rôti tendreté et cuisson au top, haricots verts et jaunes, pickles d'oignons et crème légère, à côté une salade d'herbes. Le dessert est tout en fraîcheur, dés de poire fondants, jus de poire, glace coriandre et une fine tuile pour faire joli. La carte des vins, encore un peu courte, offre une bonne sélection de vignerons, parmi lesquels des corses, bien sûr. Au verre, un Château des Ferrages «Mon Plaisir» (6 €).

MARSEILLE 8 13008

AM par Alexandre Mazzia 19/20

CHEF : ***ALEXANDRE MAZZIA*** *- CHEF PÂTISSIER :* ***ALESSANDRO MORETTO*** *- DIRECTEUR DE SALLE:* ***JEAN-PHILIPPE ROCK*** *- SOMMELIER:* ***KEVIN BARDEAU***

9 rue Rocca (8e) - T. 04 91 24 83 63 - Menu(s) 135-385 € Ⓟ

Alexandre Mazzia manie les saveurs à la manière d'un artiste qui se rue sur la toile et y jette fougueusement des couleurs, avant de passer à la suivante. Même chez les plus créatifs de nos grands chefs, il n'en est pas un dont la boulimie puisse se comparer à la sienne. L'ancien chercheur chez Martin Berasategui puise son inspiration dans les voyages. Si la mythique association anguille-chocolat provient d'un séjour sur l'île de Ré, le chef s'inspire essentiellement du Congo, où il a vécu les quinze premières années de sa vie. Il aime le jeu des épices, du piment, du fumé et de la torréfaction. Parmi les produits, les viandes sont rares, il privilégie ceux issus de la «mer-veille». On opte pour un voyage en 3 ou 5 séquences. Chacune d'entre elles comporte une assiette entourée de 3, 4 ou 5 satellites. Le déferlement de plats sidère, par leur composition, le foisonnement des préparations, la variété inouïe des produits, les mariages de saveurs et de textures, épatants de précision. La métamorphose des matières premières enchante les becs fins, amateurs de cuisine créative. Chaque service est un numéro de haute voltige et chaque serveur impressionne par sa performance. L'apparition du pâtissier

Marc Altenburger en plein service des plats salés nous laisse pantois d'admiration. Voici par exemple ce qui vient en 2e séquence : chair d'araignée au jus animal, dorade marinée saké betterave et garum, semoule aux agrumes et fleurs d'oranger, raifort et jus de carapaces dans l'esprit d'une bisque, moules, maquereau, hareng, noix de coco, condiment mojito estragon et jus vert du chef, qui est un «lait de roquette» contenant par ailleurs du diplotaxis, une plante aux saveurs de moutarde que l'on trouve dans les calanques ainsi que sur le pourtour méditerranéen et qui renforce le côté épicé et poivré de la roquette. Lors du raz de marée des annonces, on ne suit pas toujours. Puis, en dégustant, tout s'éclaire, des parfums inédits fusent, éclatent et en fin de compte, tout est cohérent. Car, dans cette cuisine hallucinante, les goûts finissent par se superposer et se détacher. On nous explique que dans l'association framboise harissa, un classique d'ici, les saveurs sont libérées dans un ordre différent selon la température du condiment. On est bouche bée devant ce torrent de connaissances, ce maelström de trouvailles. Dans ce vaisseau de la création, nous bénéficions de toute l'assistance psychologique : «Votre voyage se passe-t-il bien ?» nous demande-t-on régulièrement. Dès notre retour sur terre, nous découvrons, sur la page qui nous a été remise, pas moins de 120 produits et saveurs dégustés en 2h30 dans la formule à 3 séquences, au point que nous n'avons pas eu le temps de prêter attention à cet intérieur de petit volume à la déco minimaliste : paroi de béton, chaises et tables signées Jérôme Dumetz.

Le Siam 12,5/20

25 promenade du Grand Large - T. 04 91 73 91 08 - Carte 45 € - Menu(s) 80 €

Installé sur la terrasse de cette belle maison située dans une avenue calme de bord de mer, il faut goûter le kaï baï-toey, un poulet mariné enveloppé dans des feuilles de pandanus, le curry jaune aux fruits de mer, le wok de bœuf sauté gingembre et la délicieuse soupe de mangue et billes de tapioca vert. Malheureusement, même constat que l'an passé, le service laisse à désirer, avec une patronne occupée avec des amis et un jeune serveur de bonne volonté qui fait ce qu'il peut...

Otto 12/20

150 rue Jean Mermoz - T. 04 91 71 16 52 - Carte 43 €

Dans le quartier chic du 8e arrondissement, ce petit bistrot était l'ancienne cantine de Marcel Pagnol, dont les bureaux étaient à deux pas. Pierre-Antoine Denis, patron de La Cantinetta, en a fait il y a cinq ans un lieu d'émotion et de joie de vivre avec des plats tapas à l'italienne : caponata d'aubergines et mousse de thon, superbe salade d'artichauts frits, linguine alle vongole en persillade, escalope de veau, sauce estragon et tagliatelles, sans faire l'impasse sur le tiramisu, la panna cotta et la glace fior di latte au coulis de fruits. On choisit, bien sûr, un montepulciano ou un chianti classico pour accompagner le tout.

MARTAILLY LÈS BRANCION 71700

La Montagne de Brancion 12/20

Les Grands Crays - T. 03 85 51 12 40 - Menu(s) 35-45 €

L'été, au coucher du soleil, la terrasse qui ouvre sur les collines et les vignobles environnants est sans aucun doute l'une des plus belles de la région. Calme absolu, tables bien espacées, aménagements soignés, le charme opère instantanément. Dans l'assiette, l'heure n'est plus à la glorieuse époque des 3 toques, mais plutôt à celle d'une cuisine difficilement identifiable (mais bien réalisée), comme tiraillée entre un registre bistrotier (le gravlax de saumon, les escargots en coquille, le tartare de bœuf, la coupe Colonel ou le baba au rhum) et un cadre finalement pas tout à fait raccord avec cet esprit un peu canaille. Cave plutôt intéressante, service décontracté.

MARTILLAC 33650

La Grand'Vigne, Les Sources de Caudalie 17/20

*CHEF : **NICOLAS MASSE** - SOMMELIER : **AURÉLIEN FARROUIL** - CHEF PÂTISSIER : **ANTHONY CHENOZ** - DIRECTEUR DE SALLE: **CAMILLE RICHARD***

Chemin de Smith Haut Lafitte - T. 05 57 83 83 83 - Menu(s) 165-205 €

Les Sources de Caudalies, associées au domaine Smith Haut Lafitte, constituent l'un des symboles brillants du prestige français et du vignoble bordelais. Dans cette très belle salle, rénovée avec chic, confort et sobriété, face aux vignes, le discours millimétré de chaque intervenant est une preuve de professionnalisme, à défaut d'un peu de naturel, mais chacun tient sa place avec enthousiasme et précision. Nicolas Masse mène avec aisance les cuisines de ce paquebot à deux étages (avec la Table du Lavoir, seconde table du domaine), proposant des séquences à l'aveugle bien équilibrées, où la cueillette végétale de saison tient une bonne place : très enjôleuse tartelette de petits pois à cru, caviar Sturia et chèvre frais, artichaut poivrade farci de blette, chapelure de fines herbes jus à l'estragon. Chaque élément est choisi et mignoté avec un soin énorme, comme le saint-pierre de Saint-Jean-de-Luz, confit à 48°, nappé d'un beurre au vin blanc aux coques et rehaussé d'une huile de capucine et de baragane, le poireau des vignes, subtilement alliacé. Le plus beaux graves de Smith s'accordent à l'agneau des Pyrénées, si gourmand avec ses morilles, son jus réduit et son douillon d'agneau confit, tandis que le chef pâtissier Michaël Boivin rivalise d'adresse avec sa composition de saison sur la rhubarbe et la fraise. Carte des vins équilibrée, animée avec brio par le chef sommelier Aurélien Farrouil, mettant bien sûr les graves à l'honneur, et plus particulièrement Smith Haut Lafitte, et pas si déraisonnable, avec, sur les petits, des tarifs inférieurs à la moyenne (cuvées «Laïs» de Pithon ou «Faustine» d'Abbatucci autour de 40 €).

La Table du Lavoir 12,5/20

Chemin de Smith Haut Lafitte - T. 05 57 83 83 83 - Carte 66 € - Menu(s) 45 €

Un bel aménagement pour cette halle à la magnifique charpente de bois du Médoc, offrant un chic rustique assez inégalable dans la région : le «bistrot» de Caudalies, juste à côté du prestigieux Grand'Vigne (4 toques pour Nicolas Masse) donne l'occasion de fréquenter ce beau domaine avec une carte accessible aux saveurs familières et de bon ton : pâté en croûte, carpaccio de truite des Pyrénées, vol-au-vent de légumes et morilles, échine de cochon des Pyrénées confite et petits pois à la française. Une carte équilibrée, bien française jusqu'aux desserts (île flottante, profiteroles maousses justifiant leur réputation) pour un ticket autour de 60 €. Cave évidemment large en bordeaux.

MAUSSANE LES ALPILLES 13520

Ou Ravi Prouvençau 13/20

34 avenue de la Vallée des Baux - T. 04 90 54 31 11 - Menu(s) 75 €

Nous avons toujours un léger pincement, au milieu de ces Alpilles parfois un brin galvaudé, en entrant dans ce petit temple de la Provence authentique. Ici, les valeurs des maisons de village où l'on cuisine la région sont conservées avec sincérité. Certes, cette table ne rajeunit pas, ce qui ne serait pas souhaitable, même si un peu de gaieté ne ferait pas de mal dans l'atmosphère. Le principal étant évidemment de retrouver avec un plaisir intact les artichauts barigoule, la daube de bœuf, le carré d'agneau à l'ail et à la sauge et les incontournables pieds et paquets, qui demeurent dans le top du genre. Bons desserts maison, dont le flan caramel, tarifs élevés, ce qui est bien sûr une norme acceptable dans le coin.

Le Clos Saint-Roch 11/20

87 avenue de la Vallée des Baux - T. 04 90 98 77 15 - Menu(s) 36 €

Emmanuel Billaud, bien formé (Ducasse, Robuchon) et chef solide, mène avec conviction cette belle maison tranquille des Alpilles. Maître restaurateur, c'est aussi un témoin de son époque qui sait varier les plaisirs entre tradition et modernité : ceviche de gambas et couteaux, terrine de lapin aux morilles et noisettes, filet de dorade risotto au curcuma, filet de bœuf pommes paillasson... Bons desserts classiques actualisés (millefeuille caramélisé), menus bien construits d'un bon rapport.

MAYENNE 53100

L'Éveil des Sens 13,5/20

429 boulevard Paul Lintier - T. 02 43 30 42 17 - Menu(s) 44-72 €

Le parcours de Nicolas Nobis est impressionnant : Loiseau, Jeunet, Blanc, ce qui se ressent à travers une cuisine de saison qui privilégie la qualité et la précision dans l'assiette. Les goûts sont francs, mettant en valeur le produit sans le dénaturer, à travers des alliances classiques, girolles et œuf, homard et tomate, que le chef peut sublimer avec une laitue celtuce. La carte des vins nous fait voyager chez des vignerons reconnus et la sélection est rigoureuse. On apprécie enfin les desserts, loin d'être oubliés, avec la pêche pochée et ses fines tuiles au miel.

MEGÈVE 74120

Flocons de Sel 19/20

CHEF : **EMMANUEL RENAUT** - *CHEF PÂTISSIER :* **AURÉLIE COLLOMB-CLERC** - *DIRECTEUR DE SALLE :* **KRISTINE RENAUT** - *SOMMELIER :* **LUDOVIC NAMUR**

1775 route du Leutaz - T. 04 50 21 49 99 - Menu(s) 210-280 €

Un idéal dans la restauration moderne, celle qui cherche la quadrature du cercle entre menus cachés et carte à rallonge. Le rêve du client comme celui du chef dans le contrat de confiance. Emmanuel Renaut a pris cette dimension des chefs des années 1960, où il suffisait d'annoncer un thème en laissant faire le professionnel. D'un mot, le dialogue est établi : un champignon, un veau, un agneau, un chevreuil... Tout le reste est un agrément entre le cuisinier et le goûteur. Et même s'il propose une vraie carte avec une dizaine de plats, le chef complète avec la chasse ou la cueillette du jour, souvent rare et précieuse. Vous voulez un poisson ? Ce soir, il y a féra, omble, brochet... La préparation ? Ce sera du Renaut, 5 toques, 19/20. Un sommet, de saveur, de technique, d'ingéniosité. À peine besoin d'en savoir plus, tout se découvre dans l'assiette, et c'est toujours le très haut niveau. Autant il y a tout à redouter de ces apprentis qui vous imposent leur menu «surprise» à 8 assiettes pompeuses, autant ici, le gage d'excellente simplicité est une assurance bonheur. Il faut voir comment il s'amuse avec ces cèpes du matin, dans un feuilletage, ou à cru, ou sous une croûte fine avec du beaufort, comment il magnifie la féra en trois manières, cuite au sel, puis légèrement fumée et séchée avec une sauce berce ou sous un pain de seigle, purée de carotte citronnée et un beurre blanc au carvi, ou encore en mince bande sous la salamandre avec une sauce délicate à la fleur de persil. Dans la salle, éblouie par la neige ou le soleil d'été de ce luxueux chalet, Kristine Renaut apporte avec une équipe tout en fluidité le supplément de douceur et de bien-être dans un cocon ouaté qui vous enveloppe jusqu'aux desserts d'Aurélie Collomb-Clerc, brillante technicienne qui intègre ses compositions dans l'environnement, à l'image de son beau soufflé à la gentiane. Cave très large, en deux livres très complets, l'un pour les Alpes, en passant par la Savoie, la Suisse et l'Autriche, l'autre pour le reste du monde.

La Dame de Pic - Le 1920 16,5/20

CHEF : ALEXANDRE ALVES PEREIRA

373 chemin des Follières - T. 04 50 78 62 65

Il y a La Dame de Pic de Paris et la grande maison de Valence, déjà à 4 toques. On ne peut jurer que toutes les saisons seront identiques à Megève, mais, une chose est certaine, nos expériences de l'hiver, puis de l'été, montrent bien une progression. Technique parfaite, sens du goût, bon dosage pour permettre à chaque ingrédient de s'exprimer, Alexandre Alves Pereira, qui suit avec constance, mais aussi caractère, les préceptes d'Anne-Sophie Pic, est bien de la race des champions, et la carte ainsi forgée est très séduisante, dans ce cadre sublime d'une grandeur savoyarde pure nature qui n'oublie pas ses racines. Le panais aux noix de Grenoble est superbement rôti, avec la mayonnaise chaude au curry, les saint-jacques d'un beau gabarit, meunière, d'une extrême fraîcheur, et le travail sur le brocoli épinards algues est exceptionnel, autant que le bœuf avec sa purée châtaigne yuzu et son infusion soja, le céleri délicatement valorisé par le rhum et la vanille. Les desserts auraient pu paraître un ton en dessous (le millefeuille bien connu), mais les gavottes chocolatées, mousse légère au café d'Éthiopie, crème glacée à la fleur de cannelier ont ramené à nouveau le plaire dans les hautes sphères. Le service est celui d'une grande maison, le sommelier passionné décline ses accords, avec ou sans alcool, avec des thés, des sakés, du cidre, dans une imagination sans frontières, piochant dans une cave de 12000 bouteilles dans lequel le local se taille la part d'un chamois affamé.

La Table de l'Alpaga 15,5/20

CHEF : ANTHONY BISQUERRA

68 allée des Marmousets - T. 04 50 91 48 70 - Carte 46 € - Menu(s) 100-200 €

C'est un palace qui ne se prend pas pour un palace : au-dessus de la route des Praz, le coin est tranquille, et la table, qui se nomme La Table, affiche dans ce déficit d'imagination une forme de modestie. On y accède par le même chemin que le Bistrot, dont elle est le prolongement. Le chef compose des plats issus de la carte de saison. Laveine rustique chic et durable offre de grandes vertus, dans le bouillon aux épluchures de légumes torréfiées, la revisite du farcement ou l'omble chevalier citron bergamote chou farci émulsion safran de Savoie. Mais l'essentiel, c'est la précision, la finesse de cette cuisine précieuse et bien coiffée, qui fournit peu de prise à la critique : des saint-jacques topinambour avec un jus de coquillages au verjus, le cochon fermier et son jus à la bière, orge et mousseline de salsifis, pour chacun un petit satellite complémentaire bien imaginé, le carpaccio vinaigrette sapin pour le premier, le boudin noir pour le second, avant des desserts aussi parfaitement contrôlés signés par le pâtissier Pierre Ouvrard. Cave digne d'un palace des neiges, assez maligne et éclectique, peu d'options sous les 100 €, mais un choix plutôt équilibré entre références consacrées et grands flacons. Service pointu, souriant et plein de sollicitude pour chaque table.

Nous 14,5/20

206 impasse de la Madone - T. 06 48 77 25 42 - Menu(s) 250 €

Peut-on (doit-on ?) juger une table d'hôte, qui n'est pas un restaurant, où les contraintes sont très différentes (pas de personnel, un repas pour une dizaine de convives), même si c'est un grand chef qui se met aux fourneaux ? Dans tous les cas, il n'est pas interdit d'y aller voir, même si le ticket d'entrée, à 250 €, est déjà très sélectif, sauf pour Megève, bien sûr. Situé sur les hauteurs, le chalet de Julien Gatillon et de Sonia, son épouse, est un repère dédié à la gourmandise. Vous êtes chez eux et presque comme chez vous. Héritage de ses années passées à travailler dans des palaces (Alléno, Violier, Four Seasons dernièrement), les plats sont élégants, soignés, et les équilibres sont justes. Les entrées sont des tableaux d'inspiration, et les assiettes sont très abouties, avec de belles sauces généreuses et savoureuses, même si l'absence d'un vrai pâtissier se fait un peu sentir au regard du crabe espuma tomate et pistou (la gamberoni apporte peu), du turbot vin jaune, gingembre ou de l'agneau en deux services. La carte des vins est bien structurée.

Le Saint-Nicolas 14/20

252 route de Rochebrune - T. 04 50 21 04 94

Nicolas Grivet, dont les racines sont depuis longtemps ancrées dans ces vallées savoyardes, a repris il y a huit ans cet hôtel-restaurant de Megève, qui appartenait à la famille Sibuet. Un coup de cœur, confie-t-il. De formation médecin urgentiste à Marseille, passionné de vins et de gastronomie, il a réussi, en total autodidacte, à s'entourer au fil des années d'une équipe de jeunes ambitieux et volontaires qui se sentaient un peu à l'étroit ou bloqués dans leurs maisons étoilées. Marvin Lance, 27 ans, ancien second et formé par Julien Gatillon, précédent chef exécutif du Four Seasons de Megève, a la dextérité et la concentration des jeunes loups, avec une envie de prendre ses aises, de créer, de trouver ses marques. Cette maison est émouvante, touchante, avec cette énergie des débuts, ou personne n'a de certitudes bien établies, juste le sentiment d'être sur la bonne voie, de progresser, de mettre petit à petit les choses en place. La tomate langoustine est bouleversante et vaut un bon 4 toques, la sélection de fromages de Savoie et Haute-Savoie est unique. La carte des vins, brouillonne et peu chère, est pétrie de passion et de rencontres avec les vignerons.

Le Bistrot du M 12,5/20

15 route de Rochebrune - T. 04 50 21 41 09 - Carte 17 €

Si l'ambiance et le style n'en font pas l'un des hot spots de la station, la carte malignement déclinée sur les thèmes chers à Édouard Loubet a du répondant, parfums de bergerie et d'authenticité pour une clientèle principalement résidente. Racines et légumes «fou d'herbes» pour une entrée végétale séduisante, filet de veau rôti à la sauge, oignon confit et champignons grillés pour un repas agréable qui s'enrichit d'une cave bien faite et d'une forte sélection d'alcools, de rhums en particulier.

L'Alpette 12/20

Massif de Rochebrune - T. 04 50 55 81 26

Ce n'est bien sûr qu'un restaurant de piste, mais il faut suivre Maxence Baruffaldi, passé chez Marc Veyrat, dans un parcours régional qui le mène aujourd'hui dans les neiges. Ce chalet cossu accueille les skieurs chics pour une pizzetta aux truffes et une côte de bœuf, mais, même dans la simplicité, on perçoit une goutte de personnalité à promouvoir. Beau chariot de desserts, jeune service sympathique, prix élevés.

Le Café Megève 11/20

196 place de l'Eglise - T. 04 50 21 02 60 - Carte 78 €

En pole position face à l'église, le «café Brémond», comme disent les initiés, qui suivent le groupe sur tous les lieux festifs, déploie une machinerie bien huilée. Service pléthorique, immense terrasse, salle colorée au style colonial, carte brasserie répondant aux besoins de l'époque, luxe mégevan compris, tout est bien calculé : le pâté en croûte est correct, et si les plats dépassent allègrement les 30 €, ils sont réalisés dans les règles de l'art et agréablement présentés dans les poêlons, comme le parmentier de canard ou le ris de veau grand-mère. Le semainier permet d'ailleurs de limiter le budget. La cave est simple, avec un petit choix au verre.

Indie Mountain 11/20

170 route Edmond de Rothschild - T. 04 50 78 44 59

À la sortie, vers le mont d'Arbois, comme un chalet privé pour une jeunesse dorée venue assister aux créations de Diego Alary, golden chef à qui tout réussit. Avec la cuisine un étage en dessous, les «runners» ont du boulot, mais tout se passe bien pour savourer le ceviche de saint-jacques clémentines et leche de tigre, l'osso buco de veau aux tagliatelles et les gentils churros dans une carte de desserts un peu maigre. La carte de vins est aussi à étoffer.

MENDE 48000

La Safranière 14/20

52 rue du Lavoir - Chabrits - T. 04 66 49 31 54 - Menu(s) 32-42 €

Rares sont les chefs en Lozère à avoir le CV de Sébastien Navecth, lui qui est passé chez Alain Chapel et Jacques Le Divellec. La chance nous sourit de le retrouver ici, en compagnie de son épouse Cécile, qui l'épaule dans l'édification d'une expérience locale et personnelle, portée par une passion commune du terroir. Dans ce cadre doux et humain, les assiettes du chef évoquent une nature heureuse et sans défaut, une truite du Frézal légèrement fumée et julienne de radis noir, un salpicon de ris d'agneau et petits légumes, crème de champignons, une poitrine et cuisse de pigeon grillées, réduction de corbières et caramel d'épices, une crème brûlée au curry et citron vert, sorbet citron basilic. Cécile fait aussi le conseil sur le vin, et elle le fait bien.

MENTON 06500

Mirazur 18/20

CHEF : *MAURO COLAGRECO* - SOMMELIER: *MAGALI PICHERIE*

30 avenue Aristide Briand - T. 04 92 41 86 86 - Menu(s) 320 €

Mauro est aujourd'hui une marque internationale, déclinable en tous points de la planète. Il peut ouvrir un sushi-bar à Zanzibar, un kebab à Ushuaïa ou une pizzeria à Ginza, le succès sera là, porté par son nom. Mais, s'il lui arrive de parcourir le monde pour chapeauter d'autres établissements, c'est bien le Mirazur qui lui sert de navire amiral. Désormais équipé d'une cuisine rénovée, immense et ouverte sur la Méditerranée, Mauro Colagreco propose des menus calqués sur le calendrier lunaire, autour de quatre variations (racines, feuilles, fleur et fruits), jonglant avec les plus beaux produits du large et des fruits et légumes de son propre potager. Notre menu «Fleur» du jour n'a fait que confirmer le talent de ce chef chaleureux, tant dans l'association des saveurs ou la précision des cuissons que dans le dressage d'assiettes minutieuses et en parfaite adéquation avec le thème. Rose de betterave et fines lamelles de carpaccio de bœuf, douceâtre et acidulée à l'hibiscus, un ragoût des mers d'anthologie où pistes, langoustines et gamberonis nagent dans un jus mousseux à la reine-des-prés, un carpaccio fondant d'escargot des mers fleuri à la tagète, et surtout accompagné d'une sauce liée aux foies du gastéropode, ou encore une fleur de courgette farcie d'une mousseline de veau aérienne et son jus provençal sirupeux et parfumé. Les mets sucrés sont aussi soignés par une brigade de 8 personnes entièrement dédiée : son très grand dessert signature depuis des années, le «Naranjo en flor», où safran, orange et campari s'équilibrent à merveille, mais également une déclinaison de fenouil, mariné, en crumble, jus et confit avec une mousse vanille légère et onctueuse. Un service enfin à la hauteur de la cuisine, enjoué et super pro, et une carte des vins dans laquelle il est possible de trouver des flacons abordables sur les bons conseils d'un sommelier avisé et pointu.

MERCUÈS 46090

Le Duèze - Château de Mercuès 15,5/20

CHEF : *JULIEN POISOT*

Château de Mercuès - T. 05 65 20 00 01 - Menu(s) 160 €

Le splendide château de Mercuès a parfois connu des périodes compliquées avec ses chefs. Depuis une petite dizaine d'années, c'est Julien Poisot qui est aux commandes de ce château du XIIIe siècle, ancienne résidence des comtes-évêques de Cahors. Une 3e toque en 2019, un titre de Grand de Demain en 2020, l'ancien élève de Bernard Loiseau est parfaitement à l'aise dans cet environnement châtelain où sa cuisine fine et distinguée trouve un terrain d'expression favorable : fricassée de légumes printaniers aux escargots et bouillon parfumé aux herbes, langoustine rôtie et mitonnée de coquillages, spaghettis de betterave, barbue de ligne, asperges et sauce sauvignon estragon avant un gourmand crémeux aux agrumes, feuillantine de chocolat noir, gâteau citron craquant et pamplemousse confit... Service impeccable, cave d'excellent niveau.

MÉRIBEL LES ALLUES 73550

L'Ekrin by Laurent Azoulay - Hôtel Kaïla 14,5/20

124 rue des Jeux Olympiques - T. 04 79 41 69 20 - Menu(s) 115-215 €

Laurent Azoulay, le Gardois que l'on connut longtemps à côté d'Avignon, au Saule Pleureur, s'est parfaitement acclimaté aux cimes de Méribel. Plus que la Provence, plus que la Savoie, sa terre d'adoption est un palace des neiges, le Kaila, où est déployé un service important et policé pour raconter sa double culture dans un aimable récit. À travers la longue séquence de mises en bouche, passant de l'olive en bille à la soupe à l'oignon et crème au lard, puis d'assiettes dans le style du chef, à la fois malignes et gourmandes : l'escargot et la courge en déclinaison sur une chlorophylle aillée, le biscuit de brochet, aujourd'hui si répandu, mais toujours agréable quand il est comme ici aussi bien travaillé, avec l'épeautre de Sainte-Jalle, dans les Baronnies et avec une émulsion d'œufs fumés un poil trop citronnée, le cochon bien détaillé, longe fumée au foin, lard laqué miel et pomme, tartelette boudin noir jus à l'huile de foin, la poire pochée au jus infusé au safran et à la noix de Grenoble. Comme les menus (2 séquences à 115 et 165 € en 4 ou 6 plats), les tarifs de la vaste cave classique (la belle verticale de Beaucastel rappelle les liens du chef avec les châteauneuf et la famille Perrin) n'ont rien d'exagéré, pour une prestation globale réussie dans une ambiance un brin guindée, mais de grand confort.

Le Cèpe — 11,5/20

Immeuble Les Merisiers - Route du plateau - T. 04 79 22 46 08

Alain et sa femme Cathy Plouzané ont repris cet établissement il y a une dizaine d'années, sur les hauteurs de Méribel, en direction de l'altiport et en ont fait un endroit bonbonné, sur des tons pastel, accueillant et chaleureux. La carte est large, pour tout type de clientèle, avec un fil conducteur, le cèpe, qui est traité en pain perdu avec des escargots, crémé pour en faire une sauce enrobante pour des rognons rosés ou bien en cappuccino, leur recette phare. Les tarifs à la carte sont assez appuyés, avec de grands vins dans leur jeunesse, suffisamment d'ingrédients pour passer une bonne soirée.

MÉRIGNAC — 33700

Blisss — 14,5/20

98 avenue de Magudas - T. 05 56 98 66 72 - Menu(s) 94 €

C'est le même esprit familial qui règne dans cette maison moderne aux fauteuils confortables et à la très belle vaisselle, mettant en lumière une cuisine vive et pleine d'esprit, qui fait participer le client, cochon sur la liste des ingrédients dans un esprit ludique. Anthony Aycaguer est bien secondé - par son épouse en salle et par son fils aux fourneaux - pour produire des séquences délicates : granny smith haricots coco poutargue, champignons œuf parfait aux saveurs iodées, homard cochon et sucrine dans un terre-mer classique et bien mené, avec un délicieux palet de pied de cochon, et on applaudit aux associations osées, comme les coques et le foie gras ou le pigeonneau et le kiwi offrant une viande tendre et juteuse. Belle carte des vins, service agréable et prévenant.

MÉRY SUR OISE — 95540

Le Chiquito — 14/20

3 rue de l'Oise - T. 01 30 36 40 23 - Menu(s) 72-84 €

Dans leur maison bourgeoise très confortable, Stéphanie et Alain Mihura accueillent chaleureusement une clientèle fidèle, dans la salle ou bien sous la véranda couverte. Toutes les occasions sont bonnes, surtout les plus festives, pour venir célébrer les classiques du chef : la tête de veau laquée, œuf mollet bio fumé, la lotte et le turbot, l'agneau des Pyrénées, le ris de veau au beurre mousseux et, bien sûr, l'incontournable paris-brest. La carte n'a guère de raison d'évoluer beaucoup, le chef conservant le même enthousiasme pour ces standards plébiscités, tout en proposant néanmoins quelques propositions du jour. Très bon accueil, service soigné et une carte des vins classique orientée sur le Bordelais.

MESNIL SAINT PÈRE 10140

Au Vieux Pressoir 13/20

5-7 rue du 28 Août 1944 - T. 03 25 41 27 16 - Carte 105 € - Menu(s) 58-118 €

La Maison Gublin propose une expérience haut de gamme sur les bords du lac d'Orient, avec son hôtel de charme, installé dans une vieille maison champenoise, et sa table gastronomique, bourgeoise et raffinée. Dans un écrin de vieilles pierres et de colombages, le chef Patrick Gublin travaille les produits nobles avec sérieux, qu'il décline dans des menus commençant à 58 €. Les dressages, étudiés, suivent une idée bien reproduite, un pressé de foie gras aux fruits rouges, un filet de bar et fenouil, une rosette d'agneau rosé, filet rosé au romarin, une sphère chocolat-fruits rouges. Belle cave, notamment en Champagne.

METZ 57000

2'Moiselles 12,5/20

3 rue du Grand Wad - T. 03 87 62 13 72 - Menu(s) 45 €

C'est en Suisse qu'est née l'amitié entre Caroline et Élodie, et qui les a conduits à ouvrir un restaurant à deux, dans un coin du centre-ville de Metz. La façade à petits carreaux vitrés introduit une élégante table de marché, où Élodie tient la salle, et Caroline les fourneaux. Les idées sont celles d'un bistrot d'aujourd'hui, avec des associations dans la bonne mode, avec un dressage étudié. À la carte, ceviche de bar, mangue, avocat et yuzu, lotte gratinée au sésame noir, risotto à la patate douce, déclinaison de lapin à la moutarde... Menu à 45 €.

Brasserie des Arts et Métiers 12,5/20

2bis rue Gambetta - T. 03 87 55 94 95 - Menu(s) 29-60 €

Une grande brasserie institutionnelle au cœur du quartier impérial, qui profite d'un cadre exceptionnel, celui de l'ancienne maison des corporations artisanales et son style néoroman parfaitement conservé. Dans cette grande salle début XXe avec ses banquettes, son bois sculpté, ses miroirs massifs et sa grande hauteur sous plafond, on retrouve le maître restaurateur Fabrice Arnould, qui propose une cuisine de tradition, aussi bien orientée vers la terre que la mer, avec des beaux plateaux de fruits de mer, mais encore une cassolette d'escargots, une terrine de porcelet, un œuf basse température, une choucroute de la mer, une formidable poule au pot. Sélection en cave en adéquation avec le standing des lieux, ainsi qu'une bonne vingtaine de références en champagnes.

La Fleure de Ly 12,5/20

5 rue des Piques - T. 03 87 74 01 23 - Menu(s) 32-65 €

Aujourd'hui sous la direction de Nicolas Rapenne, cet hôtel particulier du XVIe siècle retrouve son nom initial, pour un retour aux sources rafraîchissant et réussi. Le cadre, élégant - moquette, beau mobilier, lignes épurées, jolie terrasse dans la cour -, accueille une cuisine semi-gastronomique avec un travail convaincant sur les assaisonnements. À la carte par exemple, le tataki de thon est en chapelure de pistache et coriandre, mangue et wakamé, le filet de bar poêlé est servi avec une sauce champagne et combava, accompagné de patates douces et papaye en textures, le suprême de volaille est farci aux noix, et la mousseline de rattes est parfumée à la vanille, jus corsé. Beaux desserts également. Les formules vont de 25 à 80 €.

Terroirs de Lorraine 12,5/20

Gare de Metz - T. 03 87 66 64 03 - Carte 11 € - Menu(s) 23-41 €

Dans la vogue des tables de gare, Michel Roth supervise celle de Metz, qu'il anime d'une cuisine de marché régionale et traditionnelle. Installés dans une véranda contemporaine et lumineuse sur le devant de la belle gare messine, on profite d'une carte bien amenée, qui reste fidèle à ses bonnes idées : une quiche lorraine, une soupe à l'oignon, une bouchée à la reine, un beau biscuit de brochet sauce crustacés à l'anisette, champignons des bois et épinards, ou encore un régressif dessert aux deux chocolats. Service aimable. Cave trop lacunaire. Formules du midi à 23 €, menu du soir à 41 €.

Derrière 11,5/20

17 rue de la Chèvre - T. 03 87 66 23 63 - Menu(s) 26-75 €

Ce très beau cadre loft aux airs d'appartement privé est le royaume de Marine et Johan, qui proposent une cuisine semi-gastronomique à la fois esthétique et actuelle. La maison située au cœur de la ville se présente en parquet, avec deux espaces mêlant végétation, mobilier nature et petite décoration. Des assiettes de saison et plutôt recherchées, à la manière de l'œuf avec un tartare de topinambour, épinards, oignons doux, siphon soubise et truffe, d'un pigeonneau en deux façons ou encore d'un classique soufflé à la mirabelle. Un menu pour le déjeuner à 26 €, deux menus pour le soir en 4 ou 6 services à 57 ou 75 €. Cave à la hauteur.

Le Local 11,5/20

26 rue Pasteur - T. 03 87 63 93 06 - Carte 10 € - Menu(s) 22 €

Une adresse qui renouvelle un peu la scène messine depuis quelques années, avec sa décoration rafraîchissante, en matière brute, et sa cuisine de cantine urbaine, graphique et bien pensée. La façade en lambris brut laisse place à une salle épurée, où l'on choisit à l'ardoise, un cromesquis de sanglier et sauce tartare, une truite rose des Vosges en papillote comme une potée lorraine au lard, une poitrine de porc confite, jus gras de cochon, millefeuille de pommes de terre et déclinaison d'oignons. Formule du midi à 22 €.

83 Restaurant 11/20

83 rue Mazelle - T. 03 87 75 20 20

Derrière cette devanture toute noire se cache l'un des bars à vin les plus appréciés de la ville, une enclave italienne tenue par Gerome Cristofaro (l'oncle) et Jérôme et Kathy, qui s'assurent d'une assiette de terroir et d'un service au point. Les assiettes restituent les grands classiques de la cuisine transalpine, tandis que la cave, qui propose également à la vente à emporter, aligne une belle sélection de crus du pays.

Le Carré 11/20

1 rue des Jardins - T. 03 87 17 34 66

Dans l'extrême centre, non loin de la place d'Armes et juste derrière la cathédrale, ce bistrot coche toutes les cases de la table de quartier, avec sa décoration un peu à la parisienne, son comptoir et ses chaises Thonet, qui met en jambes d'emblée pour une néobistronomie bien trouvée. Les propositions sont évidemment à l'ardoise, des œufs marbrés à la betterave et farcis à la crème de fourme d'Ambert, un pavé de saumon aux poivrons en papillote, une bavette de bœuf sauce cancoillotte et poêlée de légumes, enfin une tarte crumble, pomme et fruits rouges. Service souriant.

Le Chat Noir 11/20

30 rue Pasteur - T. 03 87 56 99 19 - Menu(s) 42-62 €

Situé dans le quartier impérial, ce Chat Noir à la devanture mystérieuse révèle pourtant une table marine assez bourgeoise, qui saura faire le bonheur des amateurs. L'atmosphère y est feutrée, nappes blanches, lumière tamisée, chaises en osier et bois verni, tandis que la carte aligne de très nombreuses propositions, des remarquables plateaux de fruits de mer, des assiettes de coquillages et d'huîtres, ainsi que des plats cuisinés, des cuisses de grenouilles poêlées, un homard à l'estragon et salicornes sautés, un pavé de skrei, déclinaison de betteraves et sauce aux fruits de mer, une sole meunière, ou encore un filet de bœuf pour les plus terriens. Service attentionné.

El Theatris 11/20

2 place de la Comédie - T. 03 87 56 02 02 - Menu(s) 29-48 €

C'est un splendide palais en pierre de Jaumont qui accueille ce bistrot raffiné, dont un des salons occupe l'ancien bureau du marquis de Lafayette. Dans sa première adresse, idéalement située à côté de l'opéra-théâtre, Nicolas Rapenne offre une cuisine de brasserie plutôt haut de gamme, avec une réalisation honorable, sur un cannelloni de truite fumée, un dos de skrei basse température, poireaux rôtis et purée de céleri, huile de jambon, un suprême de volaille aux morilles, polenta et légumes de saison. Menus à partir de 24 € jusqu'à 62 € (avec deux verres de vin inclus).

La Goulue 11/20

24 place Saint-Simplice - T. 03 87 75 10 69 - Carte 25 € - Menu(s) 40 €

Ce n'est pas la Goulue de Paris, mais le style y est quand même, une magnifique façade Art nouveau, en bois mouluré, toute en courbes et fleurs. L'intérieur est autrement plus sobre, ton sur ton avec des chaises Louis XVI, mais les cuisines y délivrent une assiette tout à fait plaisante, des classiques bien réalisés et bien dressés, qui justifient sa bonne réputation : une terrine de campagne comme il faut, un joli de cœur de saumon fumé, un turbot sauce hollandaise, des rognons de veau au poivre vert, un baba au vieux kirsch et griottes de Fougerolles. Un menu à 40 € est également proposé.

MEURSAULT 21190

Bistrot du Potager - Château de Cîteaux 12,5/20

18 rue de Cîteaux - T. 03 80 20 62 80 - Menu(s) 35 €

Seconde table du château, réservée aux déjeuners, elle est idéalement située dans les anciennes cuisines, pour une atmosphère plus décontractée et terroir, avec l'imposante cheminée en pierre, les voûtes et un petit mobilier de bistrot avec chaises Thonet pour la continuité. Le chef y réalise une bistronomie d'aujourd'hui, déclinée dans un menu à 35 € de bonne composition, avec des produits de saison, un velouté d'asperges, œuf parfait et haddock fumé, un retour de pêche avec un simple écrasé de pommes de terre au piment d'Espelette et sauce haranga, ou encore un navarin d'agneau au vadouvan et purée de pois cassés.

La Cueillette - Château de Citeaux 12,5/20

18 rue de Citeaux - T. 03 80 20 62 80 - Menu(s) 55-95 €

Au cœur de l'un des plus beaux villages vignerons de France, ce splendide château accueille aujourd'hui une hôtellerie spa 4 étoiles ainsi que deux restaurants, un bistrot pour les déjeuners et une table installée dans le grand salon. L'expérience dans ce décor Louis XV est mémorable, un instant princier entre les dorures où les traditions ne sont jamais oubliées. Le chef Alexandre Dutat remplit parfaitement sa mission avec des assiettes techniques, sur le fond comme la forme, tourteau émietté et crème Dubarry, poulpe de roche bien rehaussé d'épices, un condiment kumquat et une émulsion tandoori, ou encore le veau en basse température avec un crémeux d'artichaut. Cave très riche sur le village et alentour.

Le Soufflot 12,5/20

8 route Nationale 74 - T. 03 80 22 83 65 - Menu(s) 40-80 €

Du bel ouvrage imprégné de Bourgogne, de vignes et de bonne tradition dans une vaste demeure de bord de route. Les tarifs sont copieux, mais les assiettes également, dans une certaine simplicité : truite bio du Crisenon petits pois aux herbes ketchup betterave et ail noir, tartare de charolais pomme de terre, dessert tout chocolat pour un menu à 60 €. Et vous bénéficierez d'un très grand choix de meursault des meilleurs propriétaires. Sur les autres régions, également de belles références (Chidaine, Cotat, Foreau...).

Au Fil du Clos 11,5/20

1 rue de Mazeray - T. 03 80 20 40 82 - Menu(s) 33-98 €

La cave est belle, le chef Jean-Christophe Moutet est bien connu dans la région, après dix ans chez Lameloise et autant à Pommard (Auprès du Clocher) où il eut 1 toque, et cette noble propriété est digne du prestige du village. Un menu régional assez simple à 45 €, une offre plus élaborée à 64 €, avec les escargots, royale et jus d'asperges, le merlu de ligne rôti sur peau et asperges blanches ou le filet de bœuf sucrine sauce morilles, le blanc-manger amandes amères jus et sorbet fraises. On attend un peu plus d'engagement et de caractère pour passer à l'échelon suivant.

MOIRAX 47310

Auberge du Prieuré 16/20

CHEF : BENJAMIN TOURSEL

Le Bourg - T. 05 53 47 59 55 - Menu(s) 35-95 €

Quelle belle maison que cette auberge de village tenue par l'adorable couple Agathe et Benjamin Toursel ! Dès l'accueil, on ressent cette ambiance familiale et chaleureuse qui assure de passer un excellent moment, loin des chichis et faux-semblants. Cette cuisine ultraprécise est celle d'un cador qui ne fait pas de concession, ne copie personne et travaille le meilleur avec une rigueur scrupuleuse : courgettes, crémeux citron vert, nage verveine, glaçon huile d'olive et vanille tout en fraîcheur et inventivité, cœur de thon rouge laqué d'une gelée rose et cerise, géranium rose citron et ajoblanco, subtil mariage de la sardine et du ris de veau, avec un yaourt beurre blanc citronné, belle idée de l'agneau en condiment (on inverse les rôles) sur l'aubergine croustillante, poivron et caillé de chèvre ou le filet de bœuf swami raifort gingembre, cresson wasabi pour une viande d'exception au persillé intense. Bons desserts fruités de saison (tartelette abricot, crème mélilot, glace au miel...). La cave est également le reflet d'une maison qui respire la douceur, avec une majorité de quilles d'une accessibilité rare.

MOLITG LES BAINS 66500

Château de Riell 14/20

Route des Bains - T. 04 68 05 04 40 - Menu(s) 39-52 €

Sorte de Neuschwanstein catalan, cette folie néogothique de la fin du XIXe siècle est un hôtel 5 étoiles niché au sommet d'une colline boisée, portée par Biche Barthélémy pour le compte de la maison Guérard. Fleuron hôtelier, avec son spa thermal, ses piscines, ses magnifiques suites chinées et sa végétation luxuriante, il fallait nécessairement une table à sa hauteur, installée dans un décor d'hacienda entre les patios. Benoît Janet y a conçu une cuisine proche de son terroir, tournée vers la nature et les compositions, dans la lignée d'une retraite sobre loin des tracas. Par exemple, le menu du marché, avec son entrée de chou rouge et estragon, son cochon maturé laqué au sapin, sa douceur de brebis et menthe sauvage. Comptez 75 € pour le menu en 6 services.

MONACO 98000

Alain Ducasse à l'Hôtel de Paris

*CHEF : **ALAIN DUCASSE** - CHEF : **EMMANUEL PILON** - CHEF PÂTISSIER : **SANDRO MICHELI** - DIRECTEUR DE SALLE : **CLAIRE SONNET** - SOMMELIER: **MAXIME PASTOR***

Place du Casino - T. +377 98 06 88 64 - Carte 280 € - Menu(s) 180-350 €

Force 4 ! Car c'est un quatuor de grand talent qui s'est reconstitué pour offrir le plus haut niveau possible dans le symbolique et emblématique Hôtel de Paris. Le Louis XV, c'est l'étendard triomphant de la galaxie Alain Ducasse, une suprématie française étendue à la principauté. Après la promotion de Dominique Lory au rang de chef exécutif (Franck Cerutti glisse vers une retraite bien méritée), Claire Sonnet, la remarquable directrice, s'entoure de nouvelles perles issues de la maison : Emmanuel Pilon, venu du Plaza, prend les commandes des cuisines, toujours épaulé par le brillant pâtissier Sandro Micheli, et Maxime Pastor succède à Noël Bajor à la sommellerie. Dans ce somptueux décor de théâtre XVIIIe, la patte du chef s'exprime par petites touches, l'éclat de la prestation n'en étant que renforcé, en gardant les fondements, les légumes tout frais de la cueillette matinale, les gamberonis gelée de poisson caviar gold, et même le célèbre stockfish de Cerutti. Car le loup tomate tapée ail pil pil concombre de mer, comme l'agneau aux senteurs de figue dans les sucs de cuisson et courgette trompette ou l'excellent veau et pissalat avec sa gourmandise de fraise de veau suscitent des sensations et des plaisirs nouveaux. La fameuse cassolette chocolat a été remplacée par une proposition cacaotée savoureuse signée Sandro Micheli, qui donne comme d'habitude de passionnantes et charmeuses lectures fruitées, la framboise maïs Grand Roux en polenta et glace à l'huile d'olive ou la pêche en cru et cuit pickles et sorbet, poudrée de quinoa rouge et pousses de tagète. Le service orchestré par Claire Sonnet est tout simplement le plus exact du monde, et la cave, bien maîtrisée par Maxime Pastor, si elle atteint comme on peut s'y attendre des coefficients redoutables, a l'avantage de compter tous les grands noms de France et d'ailleurs.

Yoshi 16/20

CHEF : TAKÉO YAMAZAKI

Hôtel Metropole - T. +377 93 15 13 13 - Carte 45 € - Menu(s) 149-220 €

Le haut niveau japonais, sans doute le plus élevé du sud de la France, dans cette enclave du Métropole où tout est chic et coûteux. Dans ce contexte, le chef Takeo Yamazaki trouve l'extrême fraîcheur nécessaire à ses réalisations, proposant une grande carte traditionnelle autour de tous les poissons en sushis et sashimis, des marinades et carpaccios, des gyozas et des soupes, et les teppanyakis de crevette, langouste, wagyu... Desserts français et mochis, bon menu à 149 €.

Blue Bay 15/20

CHEF : MARCEL RAVIN

40 avenue Princesse Grace - T. +377 98 06 03 60 - Menu(s) 135-245 €

Le «Rocher» est aujourd'hui une étape de choix dans l'univers de la gastronomie, et le chef Marcel Ravin venant lui-même d'un autre rocher, fait briller ici la synthèse d'une cuisine aux embruns de Martinique et aux beaux produits de la région. On ne vient pas seulement au Blue Bay pour faire «un bon manger», mais aussi pour vivre un moment de grande générosité. Ses menus, «L'Agoulou de Marcel» (le gourmand de Marcel) à 245 € en 12 services ou «Le Solstice d'Automne» à 180 € en 9 services, rendent hommage aux femmes de sa famille, elles lui ont transmis l'amour des choses bien faites, une cuisine de cœur. Tout ici relève d'une expérience singulière, à commencer par la vue depuis la terrasse sur la Méditerranée, puis par les arts de la table soigneusement orchestrés, enfin par la découverte des plats, du plus simple au plus élaboré. On est conquis par un bonbon de patate douce, émerveillés devant une quenelle d'igname qui provient du potager du chef situé dans l'hôtel, avec son gamberoni du golfe de Gênes à peine poêlé sur un jus de têtes au shiso et caviar, émus face à ce blaff de triton au lait de coco, fregola sarde à l'encre de seiche, œufs de poisson et huile de cébette. Même le pain du lendemain raconte une histoire et les plats continuent à dire la leur, le loup de pêche locale cuit à l'unilatéral avec une chapelure de panko très croustillante, une sauce terre-mer faite d'un fumé de poisson et de jus de viande, et son tartare de loup en deuxième service avec du tassergal préparé ici comme une charcuterie, travaillé à la manière d'un souskay, un disque de pain sur le dessus et un râpé de poutargue ; et le plat hommage dont la recette provient de la grand-mère du chef, le porcelet fermier cuit longuement en ragoût à basse température pendant 5 heures autour du cèpe, rôti, cru, en cappuccino... Le voyage se poursuit avec les desserts de Floriane Grand, son trois-tiers au chocolat et figues du jardin au rhum arrangé de la Martinique, les délicatesses du Blue Bay, la dentelle à la cannelle, la pâte de fruits carotte-orange et gingembre et le clin d'œil à la tourte de blettes dans une version plus ensoleillée contenant des raisins confits au vieux rhum. La «modeste» cave de 250 références permet au chef sommelier de garder une fraîcheur dans les choix et de partir à la découverte. Le service est celui des grandes maisons, mais pourrait se décravater un peu. Le Monte-Carlo Bay Hôtel & Resort est incontestablement l'écrin parfait pour cette cuisine du bout du monde.

Elsa 15/20

CHEF : MÉLANIE SERRE

Avenue Princesse Grace - T. +377 98 06 50 05 - Carte 141 € - Menu(s) 68-138 €

Nous ne sommes plus à l'époque où Elsa Maxwell organisait ses «murder parties» et bals costumés, mais il reste ici un petit grain de cette folie. La piscine olympique, les cabanons au bord de l'eau et l'architecture revisitée par India Mahdavi offrent un écrin naturel à la table gastronomique que Mélanie Serre a rejoint en mai dernier. La cheffe ardéchoise qui ne voulait pas être cheffe a été convaincue par Joël Robuchon et Christophe Cussac de changer de cap. Ainsi, après une belle expérience à Paris avec Le Louis Vins, elle décide de revenir dans le sud pour un nouveau souffle. Elsa lui donne l'occasion de proposer une cuisine un peu à part, avec le parti pris de faire du 100% biologique. C'est d'ailleurs le premier établissement du genre à être certifié par Écocert en pêche sauvage. Les fruits et légumes proviennent du Domaine d'Agerbol, à Roquebrune-Cap-Martin. Dans l'assiette, la promesse de goûts authentiques, les palourdes cuites en marinière avec un crémeux de chou-fleur à l'huile épicée et choux croquants, le thon rouge de Méditerranée mi-cuit, houmous de pois chiches, légumes croquants et jus corsé à la harissa... On peut noter ici et là quelques dressages approximatifs et des préparations qui manquent parfois de conviction, des détails importants lorsque les prix à la carte profitent de la vue mer. Le soufflé aux noisettes du Piémont et chocolat Gianduja adoucit l'avis. La cave conjugue les belles étiquettes dorées sur tranche avec la collection «haute couture» et les vins de propriétaire. Le service, sous la bienveillance de Pierre-Jean Ricardoni, est un modèle de courtoisie. Le menu du marché en semaine à 68 €, avec café et mignardises, est inspirant.

Pavyllon Monte-Carlo - Hôtel Hermitage 15/20

CHEF : GUILLAUME BELLAYER

Square Beaumarchais - T. +377 98 06 98 98 - Carte 148 € - Menu(s) 68-235 €

Pour Yannick Alléno, «la sauce est le verbe de l'assiette», et c'est avec cette synthèse évidente que le chef a construit l'univers gustatif de ses Pavyllon. Après Paris, c'est au tour de Monaco de faire briller la cuisine bourgeoise autant que solaire, de valoriser ce que la Méditerranée offre avec générosité. Les légumes du potager de l'Hôtel Hermitage sont mis à l'honneur dans des recettes décomplexées et voyageuses, les petites courgettes et tomates en chermoula marocaine, la gelée délicate de jambon ibérique et coques à la basquaise. La technique s'efface pour laisser place à l'émotion de la découverte d'un plat que l'on pensait connaître, le soufflé au fromage à la vapeur et son coulis de laitue à l'anguille fumée, le grenadin de veau et sa viennoise au plat, gratiné aux oignons de printemps et parmesan. La belle terrasse aménagée comme un jardin à la vue imprenable sur les yachts et le Rocher, la salle aux tonalités de bleu azuréen et le comptoir «à manger» face aux cuisines sont autant d'ambiances différentes pour autant d'occasions de venir. Le menu déjeuner à 68 € permet de manger en une heure tandis que le menu «Monte-Carlo» à 145 € montre les savoir-faire. Un mot sur les desserts de Maxime Vaslin, qui bouleversent l'univers du sucre en étant sans sucre, enfin pas tel qu'on le connaît. La cristallisation d'eau de sureau ou de bouleau pour les chocolats est une avancée majeure dans le «mieux manger», et ce n'est pas la feuillantine croustillante glacée au lait d'amande et fraises des bois ni les pralines de noisette et chocolat noir de la chocolaterie Alléno & Rivoire qui contrediraient le propos. La cave du Pavyllon est vaste, les vins au verre sont au jéroboam et le service est sans cravate, précis et agréable.

MONSWILLER 67700

Restaurant Kasbür 15/20

CHEF : YVES KIEFFER

8 rue de Dettwiller - T. 03 88 02 14 20 - Menu(s) 65-115 €

Sans cesse amélioré depuis bientôt vingt-cinq ans par les Kieffer, le décor ouvragé de cette douce maison est prolongé par une terrasse ouverte sur la vivifiante campagne savernoise.

Passé par la Tour d'Argent et Marc Meneau, Yves Kieffer réussit des plats de fraîcheur et plein d'élan qui font de lui une valeur sûre. On aime le marbré de foie gras de canard, relevé à souhait et fort bien présenté sous forme de cubes, accompagné de cerises et d'une crème à l'amande douce. Grâce à une technique de cuisson parfaitement maîtrisée, la délicatesse de la chair du sandre est préservée ; il est pané avec une amusante chapelure de bretzel et souligné par un sabayon de cédrat, même si la saveur un peu âpre de la poudre de bourgeons de sapin a tendance à dominer ce plat. Quant aux ris de veau, traités avec une grande attention, ils sont accompagnés par un gâteau de morilles coiffé de petits pois et un jus à la livèche un poil trop salé. À défaut de distinction, les desserts ne manquent pas de gourmandise, telle cette «Union entre la fraise gariguette du midi et la verveine de notre jardin» préparée avec des fruits très goûteux et une glace moelleuse. L'un des temps forts de l'expérience sont les accords mets-vins, conseillés avec passion par Christophe Ziegler, tel ce Niderwind assemblé au fond d'un garage dans le quartier du Neudorf à Strasbourg ! Sous l'œil souriant de Béatrice, le service est aux petits soins, et les attentions servies tout au long du repas sont nombreuses. Kasbür est sans conteste la meilleure table de la région de Saverne.

MONT DE MARSAN 40000

Mirasol 14,5/20

2 boulevard Ferdinand de Candau - T. 05 58 44 14 14 - Carte 17 € - Menu(s) 25-45 €

Cette grande et belle maison Belle Époque honore aujourd'hui l'hôtellerie montoise, mais aussi la restauration grâce à Philippe Lagraula, que nous suivons toujours avec le même plaisir depuis des années. Parfaitement à son aise dans ce cadre landais si proche de la nature, celui qui fut formé chez Bras et Troisgros, entre autres, reste fidèle à ses principes : du goût, du respect pour le produit, de la personnalité. L'encornet au piment jaune, la truite de Geloux au safran, le pigeon cèpe et maïs ont bien la marque régionale, mais avant tout celle d'un chef qui les valorise, en finesse et loyauté. La table est belle, les desserts pleins d'inventivité (rhum chocolat blanc caviar d'Aquitaine...) et la cave soigneusement remplie, avec une bonne participation du sud-ouest et un choix de vins au verre autour de 10 €. On trouve aussi sur place le Bistrot 1912, qui mêle plats de terroir et inspiration péruvienne si chère à notre chef.

MONTAGNAC 34530

Côté Mas 13/20

D5 route de Villeveyrac - T. 04 67 24 36 10 - Menu(s) 39-65 €

Un chic espace dans cette salle à l'étage avec son grand comptoir où sont présentées les bouteilles du domaine. L'atmosphère est gentiment guindée, l'accueil un peu raide, surtout si vous ne prenez pas d'apéritif, et le service se révèle appliqué. Ce qui permet au chef de s'exprimer dans un registre actuel, un peu convenu (des espumas, des émulsions) et efficace : cromesquis de joue de bœuf, foie gras espuma d'oignon grillé, médaillon de lotte juste grillé au piment d'Espelette, filet de bœuf d'Aubrac grillé avec une émulsion de potimarron, crémeux de châtaigne chips de pomme de terre et une réduction du jus de viande. Les cuissons sont nettes, le bon entremets pistache framboise maintient également les 2 toques.

MONTAIGU 85600

La Robe 14/20

3 place La Reveillère Lepeaux - T. 02 51 47 79 27 - Menu(s) 24-78 €

Dans cette demeure de caractère au confort bourgeois, l'ambiance est feutrée. Les affaires se traitent sans bousculade et la cuisine de Xavier Giraudet convient à tous les appétits, s'appuyant sur des produits nobles et de saison : risotto d'épeautre œuf parfait et truffe, saint-jacques elles aussi accompagnées de mélano (nous étions en fin de saison, il fallait en profiter !), avant un délicieux dessert chocolat noir et au lait glace truffe. Il manque peut-être comme un supplément d'âme dans l'accueil et le service pour rendre le moment joyeux, mais l'affaire est toujours sérieusement menée. Cave classique abordant toutes les régions.

MONTAUBAN 82000

Au Fil de l'Eau 12/20

14 quai du Dr Lafforgue - T. 05 63 66 11 85 - Menu(s) 20-24 €

Une jolie maison sur la rive gauche du Tarn qui présente une offre sérieuse et une prestation pro, fruit de la longue expérience du chef Jean-François Pech. De jolis plats classiques avec une touche d'exotisme dans un cadre agréable et calme : escalopes de foie braisées à l'ananas, omelette aux truffes, ris de veau morilles et pointes d'asperge, saltimbocca de veau aveyronnais tomme du ramier et épinards. La même veine sur des desserts variés (croquant au pomme et safran de Montauban), une cave classique avec le local Domaine de Montels. Un point de plus cette année.

Antoine 11/20

10 rue d'Auriol - T. 05 63 03 03 91 - Menu(s) 38-46 €

Dans le cœur de ville, tout près des halles de la place Nationale, un bistrot de son époque, bien gourmand, et qui se présente comme «restaurant omnivore». On veut donc manger de tout, dans cette plaisante ambiance, dans un cadre nature aux tables sans nappe : du foie gras et du gravlax de daurade au leche de tigre, du paleron en bourguignon ou du canard en deux façons, cannelloni de cuisse confite et filet rôti, de belles viandes grillées au feu de bois. Et la cave suit bien le mouvement jusqu'au cœur coulant au chocolat glace macadamia.

MONTBÉLIARD 25200

Le Saint-Martin 13/20

1 rue du Gén-Leclerc - T. 03 81 91 18 37 - Menu(s) 29 €

Derrière une façade au style traditionnel en briques rouges, fenêtres à petits carreaux et police gothique, se révèle une table bourgeoise et bien fréquentée. La mise est soignée, nappes blanches et argenterie, l'atmosphère feutrée, douce, maîtrisée, la décoration est actuelle et classique. Les assiettes d'Olivier Prévot-Carme, en place depuis 1986, offrent aux produits nobles le premier rôle. On appréciera la délicatesse d'un rectangle de truite marinée et d'une grosse asperge croquante, un imposant turbot qui prolonge le plaisir et purée de patate douce, un lait de coco et une touche de curry vert, ou une trilogie de taureau charolais. Les tarifs sont assez costauds, mais le menu affaires du déjeuner est à 29 €. Très belle cave de plus de 400 références.

MONTCEAU LES MINES 71300

Jérôme Brochot 14/20

7 place Beaubernard - T. 03 85 67 95 30 - Menu(s) 30-75 €

On revient toujours chez Jérôme Brochot avec le plaisir d'une cuisine technique et inventive, qui prouve que le chef n'a rien perdu de son envie et de son talent. L'hôtel-restaurant a toujours la prééminence sur la scène locale, par son cadre à la fois raffiné et légèrement modernisé, qui se prête ainsi aux grandes occasions comme aux déjeuners moins formels. Le «Menu du marché» à 30 € est plein de créativité, un homard en consommé gélifié, fenouil et émulsion à l'anis vert, un exemplaire pressé de foie gras et volaille de Bresse, ou encore un suprême de volaille aux légumes et jus de cuisson, parfaitement exécuté. Le soir, le chef propose un grand menu à 75 € pour 6 services. Service impeccable. La cave est une des plus belles de la région.

MONTCENIS 71710

Le Montcenis 13/20

2 place du Champ de Foire - T. 03 85 55 44 36 - Menu(s) 36-65 €

À l'ouest du Creusot, la table de Laurent Dufour se démarque par sa créativité, apportant un vent de fraîcheur dans une région où les traditions sont fortes. L'ancien relais de chasse est bien tenu, avec un mobilier plutôt discret et une lumière bien répartie ; le ton est légèrement bourgeois et des petites touches de couleur apportent un peu de chaleur. De 36 à 65 €, les idées du chef sont plus ou moins élaborées avec un beau travail sur le produit : opéra de chair de cabillaud et une gribiche de lentilles et chou vert mariné, dos de merlu et fenouil braisé, grenailles et bouillon d'artichauts barigoule, poitrine de poulet au lard fumé, pleurotes et carottes, jus acidulé au thym frais, tiramisu à la noix concassée, pain d'épices et pruneau d'Agen. Cave bien équipée.

MONTCY NOTRE DAME 08090

Auberge du Laminak 12/20

Rue de Nouzonville - T. 03 24 33 37 55 - Menu(s) 17-32 €

André Vaquero assure la liaison entre le Pays basque Laminaket les Ardennes, avec cette belle auberge en lisière de forêt, où ses origines viennent travailler le terroir local. Le chef et son épouse Florence, bien des Ardennes quant à elle, orchestrent une expérience joyeuse et généreuse, où l'on pourra retrouver les saint-jacques au lard noir de Bigorre, des langoustines aux cèpes des Ardennes et coulis de butternut, des poissons en bonne cuisson. Bonne saisonnalité.

MONTEILS 82300

Le Clos Monteils 14,5/20

7 chemin du Moulin - T. 05 63 93 03 51 - Menu(s) 21-58 €

Depuis presque vingt-cinq ans, Bernard Bordaries évolue discrètement et conserve sa maison pour des initiés, qui se retrouvent ici en toute complicité. Car derrière la façade anodine de cette maison de campagne se cache un joli trésor, une cuisine régionale et de saison d'une technique irréprochable, qui assure le plaisir de chaque passage. Le menu à 36 € est imbattable, avec son entrée de poivrons grillés, œuf parfait, feta et gelée de tomate safranée, son dos de merlu poêlé, sa poitrine de canard légèrement laquée, cuisse en pastilla et sauce citron, ses fruits rouges cuits dans un sirop au banyuls.

MONTHION 73200

Les 16 Clochers 12,5/20

91 chemin 16-Clochers - T. 04 79 31 30 39 - Menu(s) 29-55 €

Pour les foodies d'Alberville et des environs, en moins de deux ans, cette table qui a ouvert en plein Covid est devenue «the place to be», avec une créativité, une bistronomie de voyage qui fait l'unanimité. Joris Greiffemberg, qui a travaillé dans nombre d'adresses haut de gamme dans les Alpes et sur la Côte, comme la Saulire ou Les Airelles à Courchevel, maîtrise bien tous les codes de la gastronomie moderne. Originaires de Lyon, Joris et sa compagne ont précédemment travaillé un an en Australie et fait des incursions au Japon, pays dont ils se sont nourris pour en délivrer quelques touches dans leur cuisine. Les assiettes bouillonnent, percutent, les dressages sont contemporains et tous les produits sont locaux sauf les épices et les poissons de mer. Un carton plein pour 43 € !

MONTMARAULT 03390

Hôtel de France 13/20

1 rue Marx Dormoy - T. 04 70 07 60 26 - Menu(s) 27-90 €

Une aventure familiale bien commencée et qui se poursuit sans accroc, depuis 1991 jusqu'à aujourd'hui, au cœur du Bourbonnais. C'est aujourd'hui le fils Matthieu Omont et son épouse Anne qui tiennent l'hôtel-restaurant, avec un sens de la modernité conjuguant terroir et création, avec harmonie et savoir-faire. Le menu à 37 € joue sur un ton bistronomique engageant, une terrine de lapin à la vieille eau-de-vie, mousse d'aubergine au curry de Madras, un filet de merlu et wok de légumes, bouillon de poisson aux épices douces, une pièce d'agneau saisie au barbecue, courgettes poêlées et coulis de poivrons rouges ; enfin, un entremets chocolat blanc et pamplemousse. Menus bien étagés à partir de 27 € jusqu'à 90 €.

MONTNER 66720

Auberge du Cellier 14/20

1 rue de Sainte-Eugénie - T. 04 68 29 09 78 - Menu(s) 27-86 €

Pierre-Louis Marin est le genre d'homme qui aime aller à contre-courant et qui, dans sa résistance, attire vers lui ceux qui apprécient la différence. Le chef et son auberge préfèrent les bonnes aux belles assiettes et bien penser plutôt que penser bien. Ici, les plats sont avant tout ceux d'un produit choisi et local, sublimé dans son essence et simplement accompagné, un foie gras et un cake curcuma et jus de persil, un pavé de morue vapeur et un wok de légumes, bouillon dashi, une trilogie de cochon et escalivada de légumes d'automne et jus à la verveine, un soufflé brûlant-glacé aux prunes. De 27 à 86 €.

MONTPELLIER 34000

Le Jardin des Sens - Hôtel Richer de Belleval 17/20

CHEF : JACQUES ET LAURENT POURCEL

Place de la Canourgue - T. 04 99 66 18 18 - Carte 157 € - Menu(s) 190-240 €

Ils sont talentueux, intelligents, et la maison est magnifique. Jacques et Laurent Pourcel ont traversé une génération en éclairant le chemin et, plus qu'aucun autre, ils ont imprimé à la gastronomie hexagonale le sens de la fête. Que ce soit dans une paillote de plage, dans leur loft Terminal ou dans le magnifique hôtel Richer de Belleval de la place de la Canourgue, le moment chez eux - et chez Olivier Château, leur indéfectible associé - est toujours magique, l'atmosphère électrisante, le charme intégral. Ce lieu historique à la déco somptueuse permet toutes les audaces, incite à la transgression, tout ce que la cuisine raconte : le maquereau en gravlax, betterave confite au miel citron, caviar d'Aquitaine, le tronçon de homard bleu, carotte, clémentine et amande, le loup, artichauts, coulis de fleur de courgette, confit de poulpe pour les premiers temps marins d'un magnifique menu en 10 étapes, plein de surprises, de paillettes et de colifichets que sont ces superbes mises en bouche et les nombreuses attentions d'un jeune service tout à fait dans le mood. On goûte les vins de la plus belle cave languedocienne qui soit, trouvant bien sûr de quoi accompagner le pigeon en croûte de noisette, maïs et galet de patate douce, jus aux épices et compotée de mirabelle et les beaux desserts de saison, la poire au citron vert, figues, sorbet sauge ananas ou le mariage hardi rhubarbe, chocolat, nougatine de tournesol, sorbet menthe chocolat.

Reflet d'Obione 14,5/20

29 rue Jean-Jacques Rousseau - T. 04 99 61 09 17 - Menu(s) 51-110 €

Une fort belle expérience cette année dans la cuisine de Laurent Cherchi, qui nous étonne et nous ravit de plus en plus. Ses menus sont tous intéressants, exprimant créativité et maîtrise, et le service sait détailler, expliquer et commenter chaque assiette. Après les agréables mises en bouche, l'iode est en force sur les coques, couteaux, kumquat, perles de brocoli en sashimi, radis et quelques feuilles d'obione dans un bouillon bien parfumé. Et la pêche est réussie : muge de Méditerranée avec une barigoule revisitée au vin rouge et pimientos, crémeux de haricots blancs tarbais. Bon dessert de cuisinier (avoine lactée chocolat toasté), cave régionale et généraliste conseillée avec talent par les deux sommeliers.

Le Pastis 14/20

3 rue Terral - T. 04 67 66 37 26 - Menu(s) 26-62 €

La cuisine de Daniel Lutrand, en menus cachés, est toujours une découverte et, dans ce cas, plutôt une bonne surprise. Dans cette ruelle typique, cette jolie maison non moins pittoresque du quartier ancien, tout près de l'agitation, est un havre de paix gourmande dans une atmosphère chic et élégante. Sur une pâte aux agrumes est déposée une tuile aux herbes travaillée avec des asperges, le tout accompagné d'une vinaigrette aux œufs et aux herbes, onctueuse et savoureuse. La pintade de Candillargues est bien préparée, autour de l'artichaut poêlé à l'huile de noix avec un superbe jus à la feuille de capucine, tandis que la cuisse, confite, est légèrement farcie, avec un jus de viande plus concentré et des mange-tout, avant un sympathique dessert dans l'esprit du Pim's, fraise et chocolat blanc. Service plein de douceur, bienveillance et professionnalisme. Belle carte des vins sur toutes les régions.

Restaurant Ébullition 14/20

10 rue du Pila Saint-Gély - T. 09 86 10 84 84 - Carte 72 € - Menu(s) 49-92 €

Un cap a été franchi cette année dans cette jeune maison que Coralie Semery et Boris Caillol font monter à gros bouillons. De l'énergie à revendre pour ce couple au joli parcours (Troisgros, Pic et Sulpice, chez qui ils se sont rencontrés), dans une belle salle, très sobre, proche de la charmante place de la Chapelle-Neuve. Le chef sait trouver les bons produits et son bagage technique lui permet de mettre en avant aussi bien le céleri et la seiche qu'un beau turbot roulé et farci de purée, en viennoise, avec un jus d'arête, ou le pigeon asperges vertes purée de haricots rouges sauce café. Les 2 toques se confirment (beau dessert chocolat). Bon menu déjeuner à 49 €, accueil très compétent et souriant de Coralie, cave de mieux en mieux axée sur la région.

Terminal #1 — 14/20

1408 route de la Mer - T. 04 99 58 38 38 - Carte 77 € - Menu(s) 29-55 €

Les frères Pourcel ont eu la bonne inspiration au moment de baptiser leur beau loft hangar, excentré et rassembleur. Ils pouvaient l'appeler «Terminus», où tout le monde descend, ils ont choisi Terminal, et tout le monde s'envole. Car l'expérience est bien de cette espèce-là : un cocktail et des tapas, un repas animé entre amis, ou tout simplement une belle faim devant cette carte follement appétissante et qui se concrétise plus ou moins dans l'assiette. Les mises en bouche en rafale augurent cette énergie déployée pour la gelée de clémentines sur une mousse de fenouil, piqué de saint-jacques au saumon fumé, émulsion de pamplemousse, vinaigrette crustacés, le filet de loup au four risotto d'épeautre au fenouil, émulsion à l'encre de seiche, acras de coques, le magret de canard rôti aux dragées, purée de topinambour, gnocchis à la romaine truffés, samoussa de ses cuisses confites, compote de coings et jus aux épices. Ce calibrage enjôleur a parfois ses limites, mais on retient aussi le professionnalisme qui assure le petit mot à chacun dans un speed permanent, et la brillante carte de vins qui peut servir de guide dans toute l'Occitanie.

Ånga — 13,5/20

10 rue Saint-Firmin - T. 04 67 02 71 62 - Menu(s) 25-56 €

La fine équipe d'Anga s'est déplacée de quelques dizaines de mètres pour occuper une position encore plus stratégique dans la bouillonnante rue Saint-Firmin, mais l'énergie et la finesse demeurent, sur des produits de saison malignement interprétés, au bistrot comme au gastro. Dans ce décor postindustriel contemporain de très bon goût, le chef Cyril Garcia entraîne son équipe dans la créativité et la passion. Dans son menu «Omnivore» en 7 services, que de l'étonnement et du plaisir, le maquereau à cru et son bouillon coco citronnelle, le filet de loup grillé crêpe de sarrasin, savoureux et aromatique, le subtil et puissant gyoza bœuf agneau coriandre ciboule chinoise émulsion curry rouge, ou l'araignée de porc crème de pomme de terre liée au vieux Rodez... Le voyage s'achève avec une nouvelle surprise de la mousse à l'ail noir, l'équipe de salle se montre aussi active, réactive et passionnée, et la cave a bien des atouts, avec un sommelier autodidacte qui sait jouer et orienter. Un nouveau cran franchi, et une deuxième toque.

La Canourgue - Hôtel Richer de Belleval — 13,5/20

Place de la Canourgue - T. 04 99 66 18 18 - Menu(s) 39-50 €

La brasserie du Jardin des Sens, dans ce lieu grandiose et historique, n'est donc pas une table ordinaire. La carte, à quelques détails près, ne semble pas extravagante. Pourtant, à goûter le maquereau en sashimi avec, entre autres, un amour de tomates, les premières de ce début de printemps, entièrement mondées, à mesurer la qualité des gambas sur les gnocchis et la bisque, ou encore le baba limoncello ananas, tellement gourmand, le constat est identique à celui de tous les «concepts» créés par les frères Pourcel et leur éternel complice, Olivier Château : on n'a jamais eu autant besoin, dans le paysage gastronomique national, de ce combo professionnalisme et plaisir qu'ils parviennent à instiller dans un gastro comme dans un bar de plage. Ici, c'est aussi le chic du décor, la qualité du service, le choix toujours juste des vins régionaux qui séduisent naturellement la ville entière, les notables comme les jeunes épicuriens. Et quand la salle est pleine (elle l'est toujours), on déborde sur le bar, tout aussi accueillant.

Abacus 13/20

26 rue Terral - T. 04 34 35 32 86 - Menu(s) 27-43 €

Le chef prend de l'assurance et confirme la vitalité de ces nouvelles adresses en ville. Pierrick Xueref a su au fil des saisons affiner sa technique, dans ce coin populaire du quartier ancien. Servie avec énergie par une jeune femme qui connaît aussi bien les vins que les plats, cette cuisine montre de l'inventivité dans une veine bien actuelle : filet de maquereau grillé à la flamme topinambour poireau oignon huile infusée au café après de jolies mises en bouche, cabillaud chou-fleur moelle de bœuf jus de poisson de roche dans un agréable terre-mer onctueux et gourmand, ananas rôti romarin sorbet citron vert caramel au rhum, un dessert aussi original et bien équilibré. Cave intéressante, bien variée, hors région et commentée avec précision. Deux toques cette année.

L'Arbre 13/20

10 parvis Oscar Niemeyer - T. 04 34 76 96 96 - Carte 12 € - Menu(s) 28-38 €

L'immeuble est magnifique, évoquant l'arbre et ses branches, la salle est lumineuse, feutrée, ancrée dans le lieu. De l'accueil au dessert, tout est cadré, efficace, pour les repas d'affaires comme les réunions de famille. Avec un menu à 38 € qui ne fait pas de vagues, bien traité, bien dressé, bien amené. Le marbré de daurade piment d'Espelette condiment citron se tient bien, l'encornet soupe de poisson pommes grenailles et rouille a du goût et de la mâche, et la pavlova agrumes apporte fraîcheur et acidulé. Service bien ajusté, cave large pour un ensemble qui reste plaisant, sans doute un peu trop formaté pour charmer vraiment.

L'Artichaut 13/20

15 bis rue Saint-Firmin - T. 04 67 67 91 86 - Menu(s) 24-42 €

Une valeur sûre au cœur de l'Écusson, près des halles Castellane. La cuisine de Sébastien Perrier séduit en nous embarquant dans ses voyages. Avec les encornets et couteaux, les poireaux et la mascarpone harissa tandoori vinaigrette de crustacés donnent un beau relief, la lotte saisie au saindoux, carbonara de salsifis, pomme au cidre, Noilly Prat, montre une belle cuisson et de la personnalité, le dessert est aussi original, sur le crémeux vanille poire à la fleur d'oranger caramel vanille, conjuguant textures et fraîcheur acidulée. Service efficace mais un peu minimal dans sa relation client, bonne cave régionale.

La Diligence 13/20

2 place Pétrarque - T. 04 67 66 12 21 - Carte 20 € - Menu(s) 30-220 €

Un cadre superbe dans la salle voûtée d'ogive, une belle cave, un grand choix de whiskys, au point que l'établissement a sauté le pas en proposant un accord complet plat et whisky, voilà les atouts bien connus de cette Diligence, qui poursuit sa route avec régularité. Ajoutez l'accueil très pro, les produits irréprochables (Les Jardins de Costebelle, Fromagerie Bou, Pêcherie Cettoise) et une cuisine précise du nouveau chef, qui se décline désormais en menus surprises (4 services pour 65 € au dîner). Vous pourrez aborder la maison par un bon menu déjeuner

(40 € en entrée-plat-dessert). Sur notre dernière expérience, et en laissant le temps à toute cette jeune équipe de s'installer (la pâtissière Bertille Canard est remarquable), la 2e toque est méritée.

Restaurant Leclère 13/20

8 rue André Michel - T. 04 67 68 96 85 - Menu(s) 50-75 €

Changement d'adresse et de cadre pour Guillaume Leclère, qui a renforcé son staff pour une nouvelle aventure prometteuse. Sa cuisine, faite d'arrivage et de produits locaux de saison, est restée bien en phase, dans un cadre contemporain étonnant où le noir s'expose, avec cuisine ouverte. Le végétal a toute sa place, dans les mises en bouche comme dans les fleurs de courgette enroulées à la Colonnata, huile de pistil, crumble basilic et échalotes ou la tomate pelée sorbet à la tomate et huile d'aneth, lait d'amande fraîche. La main est toujours ferme, la baudroie juste snackée, posée sur un lit d'épinards, accompagnée de spaghettis de pomme de terre au romarin et soupe de poisson, avant deux bons desserts fruités dans ce menu à 50 €, dont la pêche jaune rôtie, fève de tonka, opaline transparente et sorbet feuille de figuier et prune. Les 2 toques reviennent naturellement, même si l'on attend une montée en puissance et de la rectitude pour les prochaines saisons. Cave régionale bien pourvue, service agréable qui laisse peu de choix au client (menu caché imposé).

La Réserve Rimbaud 13/20

820 avenue Saint-Maur - T. 04 67 72 52 53 - Menu(s) 36-120 €

Ici, tout invite à la détente et au plaisir, la terrasse surplombant le Lez, la jolie salle de restaurant, la niche de verdure alentour et la cuisine bien imaginée du chef Charles Fontès, qui puise dans les racines occitanes, même si, cette année, nous avons ressenti comme un léger effet de stagnation. Les asperges de pays, avec le gaspacho et le maquereau en escabèche, font envie, le rouget cuit à la plancha risotto de pomme de terre, jus concentré au vin rouge peut se passer du crabe, que l'on sent à peine, et le pigeon vaut surtout pour son accompagnement de petits pois et infusion hibiscus, ainsi que pour les abats au foie gras et salade d'herbes. Dessert fraise intéressant mais moins abouti, belle cave, tarifs costauds. Service actif et courtois.

Le Petit Jardin 12,5/20

20 rue J-Jacques Rousseau - T. 04 67 60 78 78 - Carte 77 € - Menu(s) 36-59 €

La cuisine, actuelle, futée, bien ajustée dans ses associations et tendances, se marie très bien à ce joli cadre où la bonne société aime se retrouver pour une soirée intime en centre-ville. Les tarifs sont cadrés, les parfums font voyager et la technique, soignant le dressage, est solide : millefeuille de carpaccio de saint-jacques et tartare de gambas brunoise de kaki et radis noir gel passion, petit chou farci au paleron de bœuf confit, pavé de veau en basse température déclinaison artichaut jus de veau à la noisette. Soufflé Grand Marnier au chocolat chaud en dessert phare, comme le paris-brest maison, bon menu à 43 €, cave étendue sur toutes les régions.

Alter Ego 12/20

Rue Elie Wiesel - T. 04 67 82 09 87 - Carte 53 €

Romain Salamone a depuis longtemps acquis une réputation de chef inspiré qui sait jouer et développer sa carte personnelle. Une partie bistrot, une partie gastro (avec un menu fixe à

62 €), une clientèle jeune, détendue, à l'aise, qui correspond à l'ambiance bohème chic dans ce lieu spacieux et lumineux. Du classique actuel dans l'assiette, bien imaginée, avec le velouté de butternut à la châtaigne, le quasi de veau basse température puis grillé au barbecue, la brioche perdue au caramel glace vanille. Service prévenant, cave très orientée région, avec des découvertes.

Artisane 12/20

19 rue du Palais des Guilhem - T. 04 99 06 50 80 - Carte 67 € - Menu(s) 47-66 €

En lieu et place d'Anga, qui a déménagé un peu plus loin, un resto de cheffes qui ont bien l'intention de faire vivre le lieu avec autant de bonnes vibrations. Marina pour le salé et Lætitia pour le sucré ont pris le parti de la gourmandise et de la vertu, circuits courts, zéro déchet et, bien sûr, produits de saison. Les premières cartes vont dans le bon sens, avec la lotte citronnelle risotto poireaux salicorne et cresson ou la caille confite au zaatar gnocchis et déclinaison d'asperge. On termine sur le fruit avec les pommes caramélisées brioche façon pain perdu réglisse et glace vanille, pour une 1re toque encourageante.

Le Ban des Gourmands 12/20

5 place Carnot - T. 04 67 65 00 85 - Carte 12 € - Menu(s) 16-18 €

Dans un coin tranquille proche de la gare, un bistrot avenant sur la place, avec sa petite terrasse, qui réunit ses habitués autour d'une cuisine simple et directe basée sur le marché de saison : couteaux persillade, poulpe rôti au piment d'Espelette, pavé de merlu bouillon au lait de coco et citronnelle, souris d'agneau confite haricots blancs jus de cuisson... L'ardoise du jour est toujours prodigue en suggestions, les desserts sont classiques (crème brûlée, tarte orange, millefeuille...) et la formule du déjeuner est à 17 €.

Le Bistro Urbain 12/20

5 rue Alexandre Cabanel - T. 06 60 94 96 16 - Menu(s) 24-48 €

Un bistrot «plus» qui continue à nous séduire, un jeune chef, Cédric Sangenito, qui rend accessible une belle cuisine de caractère dans un lieu chaleureux où tout le monde est aux petits soins pour valoriser le travail des fourneaux. Agréable, le poulpe de Méditerranée, chou rouge avec son concentré glacé de mâche et yaourt ail noir, comme le merlu de ligne cuit à basse température, légumes d'hiver avec un condiment bergamote et un jus de crevette grise qui relève fort bien l'ensemble. De beaux produits en circuit court, comme la pomme locale en dessert, sablé noix de pécan et caramel beurre salé. Carte des vins restreinte mais suffisante pour faire son choix. Le Bistro, à l'heure où nous publions, déménage pour une nouvelle adresse.

Bistrot Maison de la Lozère 12/20

27 rue de l'Aiguillerie - T. 04 67 66 46 36 - Carte 57 €

Le cadre de cette maison ancienne est très attirant, le terroir toujours présent grâce à l'aligot, mais en retrait par rapport à la carte, généraliste et actuelle, offrant tous les genres, le tartare de daurade mangue et coriandre vinaigrette au yuzu et le chuck flap d'Angus purée de panais sauce vin rouge, le magret aux épices et le filet de bar risotto vénéré aux asperges... Service de bon niveau, desserts classiques et belle carte languedocienne. Grignotage au comptoir avec croquettes de cèpes, houmous, jambon cortado, moules farcies...

Le Bourdon 12/20

35 rue Saint-Guilhem - T. 04 48 79 64 64 - Carte 34 €

Une jeune équipe très motivée qui met son savoir-faire en commun. Pauline (en salle), Arsène (le pâtissier) et Than (le cuisinier), cela ne donne pas le bourdon, mais plutôt la patate ! Cette toute nouvelle table située dans l'une des rues les plus animées de l'Écusson offre une cuisine altruiste avec des plats faits maison et bien mijotés. Bonne humeur, générosité et authenticité autour du pâté en croûte de belle qualité (on pourrait se passer de la crème citronnée), de l'aile de raie sauce citron vert et risotto d'épeautre ou de la volaille confite 3 heures, pleurote et thym frais avec les petits pois et fèves de saison. Bon millefeuille monté minute vanille bourbon et framboise. Cadre agréable et varié dans les trois salles, dont une avec voûtes, pierre apparente et grand comptoir. Accueil tout en contrôle et fluidité de Pauline.

Chez Delagare 12/20

21 rue Jules Ferry - T. 06 20 76 51 55 - Menu(s) 24-50 €

Au sein de l'hôtel Belaroia, juste en face de la gare, un cuisine relativement ambitieuse qui s'inscrit dans la modernité avec sa «street food artisanale», la poitrine confite bo bun maison coriandre aigre doux, ou les «intemporels», comme l'entrecôte simmental échalotes au vin rouge. Une courte carte, une ambiance sérieuse qui favorise les déjeuners d'affaires, d'autant que la formule complète du jour à 29 € est incitative : déclinaison d'asperges en panna cotta, salade, glace, dorade sauvage mousseline de fenouil topinambour artichaut, clafoutis fraise crème cardamome...

Soulenq 12/20

469 rue de la Thériaque - T. 04 67 41 38 74 - Carte 49 € - Menu(s) 21-24 €

Une association de talents, entre la cuisine, la cave et même la déco, dans une philosophie du plaisir partagé, d'un carpe diem épicurien qui profite des largesses de la nature. La maison est agréable à toute heure, plutôt tranquille et détendue le midi, plus animée le soir, avec sa grande terrasse à pergola qui laisse de l'espace pour goûter pleinement le gaspacho de concombre menthe et piment d'Espelette, le cochon grillé gingembre et citronnelle basilic thaï et vermicelle de riz, la marmelade fraise rhubarbe. Jeune service appliqué, carte des vins fournie avec les meilleurs coûts en région.

Umami - La cinquième saveur 12/20

15 rue Jean-Jacques Rousseau - T. 04 67 92 75 95 - Carte 51 €

De l'originalité et de la découverte dans cette petite maison qu'il faut savoir dénicher. Peut-être aurez-vous la chance de goûter le tteokgalbi, le plat du roi, puisque seule la famille impériale coréenne mangeait de la viande. C'est un mets raffiné composé de bœuf et porc marinés, puis hachés, avec des légumes et une vinaigrette yaourt. Il vaut la visite, après la soupe miso et avant la crème citron vert yuzu et sponge cake, framboise et praline rose. Service simple et efficace, bon rapport prix-plaisir.

Les Vignes 12/20

2 rue Bonnier d'Alco - T. 04 67 60 48 42 - Menu(s) 18-22 €

Une enseigne fidèle et typique qui rend hommage à la région à travers ses produits, mais surtout ses vins, avec de nombreux coups de cœur de petits domaines, ou de petites appellations IGP, offrant des pépites, à la bouteille ou au verre, volontiers en bio. Dans l'assiette, des préparations soignées, une toque régulière et solide : pâté en croûte de veau foie gras et pistache, ballottine de chapon au pesto jus aux épices risotto de fregola sarda aux poireaux et potimarron rôti, galet de Villeneuve mousse aux marrons compotée de poires ganache chocolat et glaçage chocolat blanc. Bonne formule pour le déjeuner à 18 €.

Les Bains de Montpellier 11,5/20

6 rue Richelieu - T. 04 67 60 70 87 - Menu(s) 34-44 €

Non loin de la place de la Comédie, un restaurant qui a du cachet, installé dans les anciens bains publics, et une cuisine bistronomique signée Emmanuel Lecampion et Sébastien Marini. Avec sa pierre historique, sa terrasse centrale, son charme bourgeois et son beau mobilier chic vintage, l'endroit est le lieu idéal pour un verre le soir, une bonne assiette partagée, le carpaccio de poissons marinés, au combava, gingembre, piment doux et guacamole, l'aïoli de cabillaud et petits légumes, le tataki de thon aux graines de sésame torréfiées, un magret de canard laqué au miel, une tarte tatin déstructurée. Cave bien équipée.

Blackeys 11,5/20

17 rue Saint-Firmin - T. 06 60 83 18 87 - Carte 61 €

Dans la tendance des produits locaux et du fait maison, cette table récente à l'allure chic et sobre donne une bonne image de la néogastronomie régionale, avec une petite carte originale, exécutée proprement : croquettes de poulet fermier Label rouge ratatouille aux parfums d'Asie jus court à la citronnelle, poisson sauvage et fenouil rôti rafraîchi au yuzu caviar de céleri-rave et avocat grillé, galet de miel doux mangue et citron vert sablé agrumes et cacahuètes...

Mahé 11,5/20

581 avenue de la Pompignane - T. 04 67 20 25 26 - Menu(s) 25-55 €

Richard Juste, le Montpelliérain qui n'a jamais vraiment quitté sa région (après 17 ans chez Michel Alexandre à la Grande-Motte et la belle aventure d'Idées Saveurs, à Montpellier) se sent bien depuis quelques saisons à la Pompignane. Dans l'agréable décor de cette maison de bord d'avenue avec sa terrasse sur l'arrière, il montre tout simplement ce que sait faire un cuisinier, sur des idées simples, des cuissons justes, des goûts qui s'accordent, une finition impeccable qui vaut bien sa toque : les ris d'agneau façon nuggets, le rouget artichaut avocat chips de pimenton émulsion olive, le café gourmand paraissant plus modeste dans ce menu déjeuner à 35 €. Le soir, davantage de produits dans un menu à 47 ou 57 €. On apprécie l'attention, au déjeuner et au dîner, d'un jeune service bien formé. Carte de vins locale, petite mais bien détaillée et commentée.

Le Bistrot du petit Jardin 11/20

20 rue Jean-Jacques Rousseau - T. 04 67 60 78 78 - Carte 46 € - Menu(s) 27 €

Le cadre est très plaisant, l'ambiance détendue et le choix vaste. On grignote tapas, finger food et entrées avec appétit, avec les acras, les fingers de pied de cochon, la brochette de poulet, en se laissant tenter par la suite, plus consistante et aussi bien vue, l'aile de raie à la grenobloise ou le bœuf mijoté façon bourguignon citronnelle et rigatoni. Desserts classiques (tel le paris-brest), tarifs ajustés, service rapide et cave adaptée.

Chez Boris 11/20

17 boulevard Sarrail - T. 04 67 02 82 38 - Menu(s) 18 €

La longue histoire de Boris et de Montpellier se poursuit avec bonheur près de la Comédie. En mode brasserie pour tous les jours, ce lieu est à la fois accueillant et pratique. Pas de révolution en cuisine, toujours la viande, la cochonnaille et le gros appétit. Les vignerons et les habitués se retrouvent en discutant grenache et carignan, autour d'un os à moelle et d'un onglet de Holstein aux échalotes, bien cuit, tendre et juteux, avec des frites à la graisse de canard. Service détendu et même un peu gouailleur, tarifs assez costauds, à l'image des assiettes.

La Closerie 11/20

3 rue du Clos-René - T. 04 67 12 32 32 - Carte 51 € - Menu(s) 41 €

Un hôtel distingué, entre gare et centre-ville, offrant une table lumineuse ouvrant sur un jardin d'agrément. Le chef montre des velléités créatives, et le dressage est soigné, sur des assiettes composées, les asperges du Tarn sauce tzatziki, la carbonara de calamar, œuf à basse température, œufs de saumon sauvage, shiitaké, lard de Colonnata. Il manque juste un peu de liant et de caractère pour élever le plaisir des convives et un petit effort sur les desserts (poire pas assez confite avec le sorbet, crumble aux amandes, porto). Service discret et bienveillant, cave hôtelière.

Ripailles 11/20

6 rue des Ecoles Laïques - T. 04 67 60 29 71 - Carte 37 € - Menu(s) 26-30 €

Une jolie place à l'écart de l'agitation du centre et un fidèle du Guide qui arbore ses plaques Gault&Millau avec fierté. L'assiette est franche, la rôtissoire tourne bien et les viandes et volailles sont de qualité pour de saines ripailles. Sur l'ardoise, la régalade s'annonce avec les planches, le pithiviers de porc et de veau, les cœurs de canards en persillade, le faux-filet de Simmental sauce bordelaise, tandis que l'épaule d'agneau tourne sur la broche... Accompagnements simples et soignés, belle sélection en cave, avec Sauta Roc et Chabanon, par exemple. Menu complet à 32 €.

Trinque Fougasse O'Sud 11/20

148 rue de Galata - T. 04 99 23 27 05 - Menu(s) 26-31 €

L'enseigne est claire : un lieu d'échange et de partage où les verres s'entrechoquent dans la bonne humeur, avec un mâchon régional généreux et sans fard. Le bar est encombré, mais vous trouverez un coin pour déguster les vins de la semaine et apprécier les tapas en quantité, la charcuterie, les falafels et les généreuses planches, de fromage notamment. Plus de 500 références en cave, du choix et des petits prix au verre.

MONTRABÉ 31850

L'Aparté 15/20

CHEF : JÉRÉMY MORIN

21 rue de l'Europe - T. 05 34 26 43 44 - Carte 93 € - Menu(s) 50-95 €

Pro et consciencieux, Jérémy Morin continue d'avancer dans la bonne direction. Sa maison est classique extérieurement, dans un environnement assez quelconque, mais la personnalité point dès l'arrivée, dans la déco recherchée sur des matériaux naturels. La cuisine met en valeur les saveurs, jouant avec justesse sur l'équilibre et la finesse, les textures et les associations : crémeux de tomme de vache, espuma de potimarron en mise en bouche, belle entrée sur la tomate sorbet vadouvan espuma de riz, râpée de poutargue avant une très belle expression du bar, un filet nacré, steak de pastèque, feta avec son cœur basilic, artichaut et jus barigoule monté à l'huile d'olive. Desserts bien construits (tartelette aux olives taggiashe et marmelade de figue, glace yaourt), une équipe au service, un accueil cordial et attentif, le chef et son épouse ayant le mot agréable en fin de partie. Carte des vins complète, vous promenant aussi en Corse, Espagne, Italie, au Liban, aux États-Unis ou en Argentine.

MONTREUIL SUR MER 62170

Anecdote 13,5/20

1 rue des Juifs - T. 03 21 86 65 80 - Menu(s) 26-95 €

En plein centre, la seconde table d'Alexandre Gauthier (tout ce qui est bon sur la ville dépend de lui) n'est pas un simple jouet en mode brasserie, mais une jolie table à part entière dans une belle maison ancienne avec une charmante terrasse. La cuisine, confiée à Samuel Pesquet, fait de la jolie bistronomie sur des classiques remis en 2022 : calamars frits sauce gribiche, daurade au couteau et cœur de bœuf, steak angus au poivre, lotte en barigoule... Desserts du patrimoine, bons et bien faits, la pavlova, les crêpes Suzette, le vacherin, le baba...

Froggy's Tavern 13/20

51 bis place du Général de Gaulle - T. 03 21 86 72 32 - Menu(s) 26,50-35 €

La taverne de l'enfant prodige de la ville, Alexandre Gauthier, le chef 5 fois toqué de La Madeleine. L'endroit a du charme, au fond de la cour pavée, dans cette maison de brique décorée avec soin. L'argument principal, c'est la broche, conviviale et gourmande, dans un menu à 35 € bien vissé. Après les escargots ou l'os à moelle, les gros mangeurs s'attaqueront au coquelet de Licques, à la côte de cochon gras fermier ou à l'épaule d'agneau persillée. Les fromages viennent de Caseus, les desserts vont dans le cadre (cheesecake, riz au lait, fondant...), belle cave de connaisseur à petits prix.

Grand'Place Café 12/20

7 place du Général de Gaulle - T. 03 21 86 26 88

Alexandre Gauthier a donc investi la place pour ouvrir son troisième concept de bistrot, un café pour tout le monde où chacun trouve son compte. Comme à son habitude, il veut rassembler en étant populaire dans le bon sens, donc la qualité sur des basiques, le fish and chips, le croque ou le welsh, préparés avec soin par son chef Carsten Dirschauer dans un espace très bien décoré comme un café d'antan en version actuelle. Semainier alléchant (venez le samedi pour le cordon bleu !). Bon choix de vins en bouteille autour de 25 €, mais aussi de pichets et de verres.

MONTSOREAU 49730

Ververt 13/20

7 place du Mail - T. 02 41 52 34 89 - Carte 47 €

La 2e toque arrive dès cette année pour Romain Butet. L'ancien second de Pascal Favre d'Anne vole de ses propres ailes dans ce magnifique village des bords de Loire. Dans une bâtisse d'époque proche du château, il nous régale à travers une cuisine inventive, bien ancrée dans son terroir, entre une tarte tatin à l'échalion ou un esturgeon au beurre blanc à la bergamote, agrume percutante et précise. Bon dessert orange sanguine en mousse onctueuse, pain de Gênes et amandes, animation impeccable de la salle par Hélène Guibrenet. Une rencontre vivifiante autour d'une cuisine bien dans son temps, une carte des vins très bien construite issue de l'ensemble des vignobles de France.

MORLAIX 29600

Le 21ème Commis 13/20

23 rue du Mur - T. 02 98 63 50 27 - Menu(s) 30 €

Il a la gnaque, il incarne une forme de renouveau et il anime Morlaix et sa région avec beaucoup d'énergie : Antoine Foezon, lauréat de la Dotation Gault&Millau, membre à part entière du «109» Gault&Millau 2022, prouve qu'il existe bien une nouvelle génération de jeunes chefs bretons. Ceux qui savent prendre un terroir à bras le corps, le mettre en avant tout en démontrant une belle technique (ses jus, ses gelées, ses bouillons sont remarquables) sur des menus qui semblent improvisés, mais sont le fruit d'une belle réflexion. Des dressages qui participent à la gourmandise, une ambiance très entraînante pour un restaurant d'aujourd'hui.

MOUGINS 06250

La Place de Mougins 15,5/20

*CHEF : **DENIS FÉTISSON***

41 place du Commandant Lamy - T. 04 93 90 15 78 - Menu(s) 29-130 €

La Place de Mougins, c'est tout l'esprit gastronome de ce village pittoresque où Denis Fétisson règne en maître incontesté. Le créateur du menu «Le Produit à l'Honneur» - qui, de la mise en bouche jusqu'au dessert, va composer sa partition autour d'un produit, morille, truffe noire, citron de Menton, asperge de Mallemort - propose une cuisine limpide rythmée autour de quatre menus et d'une carte réduite. Golden egg au caviar, perle du Japon à la Dugléré, petits croûtons de pain de seigle, bouillabaisse de pêche locale servie en consommé, vapeur de baudroie aux feuilles de citronnier, saint-pierre et rouget, gnocchis à l'araignée de mer, rouille craquante, l'agneau de la ferme des Palets de la famille Capolino, le gigot confit aux gousses d'ail, l'épaule fondante à l'huile d'olive et le pied en cromesquis, garniture pascale, jus au thym de Saint-Julien. Bons desserts, la madeleine croquante à la fleur d'oranger, écorces de chocolat du Pérou 72 % de la manufacture Duplanteur, café frappé, crémeux fève tonka, sarrasin torréfié... Notons l'excellent service et la cave remarquable pour boucler la boucle d'une maison qui est l'honneur de son village et de sa région.

L'Amandier de Mougins 12,5/20

48 avenue Jean-Charles Mallet - T. 04 93 90 00 91 - Menu(s) 25-58 €

Picasso aimait déjà l'endroit en 1966, il y fit une dédicace pour l'occasion. Roger Vergé a donné à ce lieu ses plus belles heures. Aujourd'hui, le chef Sébastien Zunino et son équipe revisitent la Méditerranée d'une manière très affirmée. Pour s'en rendre compte, un premier menu «Musée» (qui est à deux pas) à 38 € en trois services au choix, le canard en cuisses confites effilochées en cannelloni de chou vert et crémeux de haricots coco, les coquillages cuits en marinière, crémeux parmentier et tuiles dentelle à l'encre de seiche, la volaille en deux cuissons, florentine et gnocchis de potimarron (on sera plus attentif à leur cuisson)... Profitez aussi de la formule déjeuner à 25 € avec vin et café gourmand et les plats du semainier. Très belle cave, terrasse avec vue sur la vallée à la belle saison, service très avenant qui pourrait gagner en précision.

MOUTIERS AU PERCHE 61110

Fol Avril 12/20

2 rue des Fers Chauds - T. 02 33 83 22 67 - Menu(s) 31-36 €

Une très belle maison au ton ocre, posé au cœur du village, ancien relais de poste au cadre élégant au coin de la cheminée, et prolongé d'un jardin, avec piscine, pour une agréable villégiature. La table met en avant les produits du cru, cultures et élevages, dont la volaille Culoiseau et l'agneau de la Cotillère. Le restaurant fonctionne en fin de semaine, à partir du jeudi soir, privilégiant les clients de l'hôtel.

MUR DE BARREZ 12600

Comptoir du Barrez - Auberge du Barrez 13,5/20

Avenue du Carladez - T. 05 65 66 00 76 - Menu(s) 12,50-42 €

C'est une authentique auberge au nord de l'Aveyron, un hôtel-restaurant de passage que l'on fait souvent bien de choisir comme destination finale. La grande maison n'a pas à rougir de ses très belles chambres, bien rénovées, et encore moins de sa table, célébration chaleureuse des plaisirs régionaux. On y retrouve des reproductions exemplaires de la tradition, arrangées avec un esprit très actuel par Uri Pinchas-Naor, la tête de veau de l'Aveyron sauce gribiche, l'aligot, le pavé d'Aubrac, les tripous à la rouergate, le gâteau au fromage blanc. Cave vaillante.

MÛR DE BRETAGNE 22530

Auberge Grand'Maison 15/20

CHEF : CHRISTOPHE LE FUR

1 rue Léon le Cerf - T. 02 96 28 51 10 - Menu(s) 35-96 €

Certes, on est en Bretagne et la maison n'offre pas de panorama sur l'océan. On est au cœur de la région, loin des principaux circuits touristiques, et le mérite de Christophe Le Fur n'en est que plus remarquable. Presque vingt ans après avoir succédé à Jacques Guillo, il a réussi à hisser cette grande maison parmi nos 3 toques, grâce à un travail de sourcing acharné guidé par la volonté permanente de rendre hommage aux producteurs de la région. Piochez directement dans le menu «Plaisir» qui, pour 79 €, propose 4 plats, le dessert et un rapport qualité-prix presque imbattable. Service souriant, cave généraliste, quelques chambres pour prolonger le séjour.

NANCY 54000

La Maison dans le Parc 15,5/20

CHEF : CHARLES COULOMBEAU

3 rue Sainte-Catherine - T. 03 83 19 03 57 - Menu(s) 50-110 €

Charles Coulombeau se trouve de mieux en mieux dans cette maison à laquelle Françoise Mutel avait donné une classe à part et bouscule, dans l'impudence de sa jeunesse, la hiérarchie et la tradition nancéiennes. Peu de choix dans le beau menu à 78 €, mais tout est minutieusement pensé et réalisé avec talent. Le ris de veau de lait rôti est accompagné de comté, de panais, de wasabi, d'anchois (en extrême discrétion) et d'une béarnaise à la bonite fermentée et fumée, une belle préparation terre-mer qui prépare à la sole, enroulée par une feuille de nori, feuilles d'huîtres et brocoli, des billes de gin et un beurre blanc au gin. Parmi les desserts signature, le soufflé à la banane creusé par un bouchon glacé au cidre et arrosé d'un caramel au beurre salé, un bel équilibre très savoureux, qui varie les fruits selon les saisons. Le personnel est attentif et aimable, le sommelier commente avec zèle une carte bien fournie en toutes régions et même en vins étrangers.

Transparence 15,5/20

CHEF : PATRICK FRECHIN

28 rue Stanislas - T. 03 83 32 20 22 - Menu(s) 40-90 €

On ne présente plus la table de Patrick Fréchin, figure tutélaire de la scène culinaire nancéenne, et qui s'est imposée depuis des années avec sa cuisine contemporaine toujours renouvelée. Le chef, qui aime le beau, est bien évidemment installée près de la place Stanislas, et poursuit sa recherche dans l'assiette en travaillant les meilleurs produits, dans des compositions aussi belles à voir que bonnes à manger : un risotto au noir et coquillages avec une délicate écume d'iode et mascarpone, un maigre et algues aux couteaux relevés au pamplemousse chou-fleur, une caille désossée et millefeuille de légumes, enfin un aérien vacherin mandarine et perles de caviar, crème acidulée et glace charbon végétal. Le soir, deux menus surprise au choix, en 4 ou 6 services, à 50 ou 90 €. Cave remarquable.

La Toq 14/20

1 rue Mgr Trouillet - T. 03 83 30 17 20 - Menu(s) 25-78 €

Juste à côté de la basilique Saint-Epvre, Bertrand Heckmann tient une de ces tables d'affaires auxquelles on se rend les yeux fermés, pour le cadre d'un goût raffiné et les assiettes gastronomiques imbattables. L'endroit est d'une humeur feutrée, avec des tons taupe déclinés, un mobilier d'inspiration scandinave aux lignes très épurées, idéal pour retrouver les plus beaux produits du terroir. Le chef les travaille avec professionnalisme, dans un style de grande tradition : saint-jacques snackées, scorsonères, cresson de fontaine et jeunes pousses, viennoise de sandre, dauphine, poireaux, cecina de León et persil plat, ris de veau en croûte de polenta, jus de carottes à l'orange et épinards, millefeuille minute. Menus de 25 à 78 €.

Le Capucin Gourmand 12,5/20

31 rue Gambetta - T. 03 83 35 26 98 - Carte 74 € - Menu(s) 49 €

À deux pas de la place Stanislas, Le Capu accueille les clients dans une grande salle cosy et chaleureuse, à la moquette chatoyante, aux fauteuils enveloppants, un cadre propice aux belles œuvres d'Hervé Fourrière, sans prise de risque inconsidéré. Le tourteau est servi en effiloché avec céleri et pickles d'oignon rouge. Les saint-jacques sont accompagnées d'une mousseline de céleri et de pleurotes poêlés, en terminant par une composition autour de la mandarine. Chacun à son poste est aimable et attentif, petite carte des vins décomposée en deux parties, classique et prestige.

V'Four 12,5/20

10 rue Saint-Michel - T. 03 83 32 49 48 - Menu(s) 27,50-66 €

Au cœur du vieux Nancy, Bruno Faonio et son épouse Michelle tiennent cette charmante table fuchsia, d'obédience bistronomique et actuelle. Le chef retravaille les produits phares de la cuisine française dans des alliances plus actuelles et créatives, dans quatre menus bien composés de 27,50 à 66 €. Le menu «Saint-Michel» à 35,50 € est une bonne introduction médiane, avec son œuf en cuisson lente, émulsion de champignons, poudre de cacao et noisettes terrifiés, son filet de truite d'Heimbach cuit à basse température, légumes au wok, bouillon miso, civet et ciboulette, un suprême de volaille jaune, fricassée de topinambours et sauce Albufera. Réservation conseillée.

Le 27 Gambetta 12/20

27 avenue Gambetta - T. 03 83 35 81 33 - Menu(s) 23-38 €

Avec ses grandes fenêtres en arrondi, son intérieur bois et moquette et ses lignes contemporaines, la table propose un cadre élégant et intimiste, en phase avec une clientèle de voyageurs et d'habitués. Si la ligne est aujourd'hui franchement celle d'un bistrot, les bonnes habitudes ne se perdent pas et, dans ce registre, on peut néanmoins parler de cuisine de chef. Comme en témoigne le bon gaspacho de concombres et truite façon gravlax, la poitrine de porc, bien cuite mais malheureusement pas assez relevée, laquée miel et épices, et un honnête dessert abricot. Bon service par un jeune directeur plein d'assurance et qui fait aussi office de sommelier avec à-propos.

Au Bistronome 11/20

19 rue Saint-Michel - T. 09 67 60 59 17 - Carte 40 €

À côté de l'université, un sympathique petit bistrot de ville, avec sa devanture à l'ancienne en bois et police Art nouveau, son intérieur épuré en bois et éléments rétro. L'adresse mise sur une cuisine de marché et une expérience plutôt populaire, avec des propositions du jour à l'ardoise. Les assiettes du chef Julien Picard sont assez simples et efficaces, manquent parfois un peu de cohérence, mais les promesses sont globalement tenues, un très beau foie gras poêlé, un risotto au poulet et au jambon cru, un fondant au chocolat. Service aimable.

L'Eden 11/20

45 Grande Rue - T. 03 83 31 44 63 - Carte 50 €

Tout près du parc de la Pépinière, cette jeune adresse bistronomique a su s'imposer dans le paysage local pour son cadre élégant en parquet, chaises Louis XVI et lumières tamisées, et sa cuisine contemporaine propice aux repas d'affaires. Les assiettes suivent les saisons et sont dans la bonne mode, avec un travail honorable sur le produit, des dressages recherchés, quelques idées comme des encornets en carbonara, un filet de dorade, noisettes, espuma de topinambour et poireaux braisés, un onglet de bœuf, sauce marchand de vin, croustillant de brocolis et pommes dauphine, un chou crémeux, citron meringué, pistache et basilic. Service amène.

Au Grand Sérieux 11/20

27 rue Raugraff - T. 03 83 36 68 87 - Menu(s) 24-28,50 €

Ce bistrot canaille est une quasi-institution à Nancy, une maison à la bonne franquette qui respire la nostalgie et les ambiances d'antan, avec son zinc des années 1950, ses chaises Thonet et son atmosphère rétro qui n'a rien d'une reconstitution. On y mange à l'ardoise des assiettes simples et bien faites, cuisses de grenouilles et asperges vertes, lieu jaune aux fèves, rognons de veau crème à l'ail noir, mousse au chocolat framboise. Et le dimanche, c'est brunch !

Les Pissenlits 11/20

27 rue des Ponts - T. 03 83 37 43 97 - Carte 45 € - Menu(s) 34 €

La table de la famille Mengin est un bel hommage à l'école de Nancy, représentée ici par une façade décorée et un mobilier choisi. Le bois sculpté et le marbre font ainsi la salle du restaurant, où l'on pourra découvrir une cuisine traditionnelle en cohérence, avec le gâteau de sandre aux herbes et fondue de pleurotes, le dos de cabillaud, compotée de poireaux et carottes au curry, un parmentier de bœuf façon bourguignonne à la patate douce, un fondant au chocolat extra bitter. Cave adéquate.

La Table de Béa 11/20

23 rue Grande Rue - T. 03 83 35 51 94 - Menu(s) 34 €

Non loin de la place Stanislas, Béatrice Tanésy propose une jolie cuisine diététique d'inspiration orientale, développée dans un menu à 34 € de bon rapport qualité-prix. Dans l'idée, on pourra se laisser tenter par la purée de pois cassés au raifort et à la coriandre, lard fermier grillé, la purée de céleri, crème café réglisse et crumble amande-noisettes à la farine de petit épeautre, un pulled pork avec des pommes de terre au four au curry, ou encore une crème brûlée au safran d'Alsace. Service souriant.

La Table du Bon Roi Stanislas 11/20

7 rue Gustave Simon - T. 03 83 35 36 52 - Menu(s) 44 €

C'est un voyage dans le temps qui est proposé par cette maison située non loin de la place Stanislas, non par la décoration, mais par les assiettes, qui offrent un tour d'horizon des grandes traditions de l'époque. En plus de la réalisation et d'une carte des vins plaisante (une vingtaine de crus lorrains, des vins de chez Gros et Naudin, une sélection hongroise), on retrouve donc les grands classiques de l'époque du Roi, les fameuses «bouchées Marie Leszczynska», le filet de poisson aux herbes, fromage frais et citron, le porcelet braisé, basilic et parmesan, le filet de canard rôti à l'abricot, miel et romarin, le baba au vin de Tokaji et neige de safran. À partir de 44 €.

Le Tém 11/20

17 Grande Rue - T. 03 83 32 52 62 - Menu(s) 18-38 €

Près de la place de la Carrière, une cantine-terrasse de copains qui fait du bien, pratique et efficace pour partager un casse-croûte entre collègues et un bon verre de vin. L'endroit est sobrement décoré, dans une veine actuelle plaisante, petites banquettes, tables en bois à la parisienne avec façade vitrée. La carte assure son office, avec des œufs meurette pour la tradition, un saumon gravlax pour la mode, un fish & chips pour la jeunesse, un quasi de veau et carottes glacées au jus d'orange, crème de carottes pour les aînés. Beau buffet de desserts.

Vins et Tartines 11/20

25 bis rue des Ponts - T. 03 83 35 17 25 - Carte 28 €

Installé dans une magnifique cave du XVIIe siècle aux colonnes sculptées, cet établissement à l'esprit canaille réunit une cave exceptionnelle de près de 500 références, signée Clotilde

Mengin, et une carte régressive de plats en tartine. Les deux font parfaitement la paire et les Nancéens viennent se régaler de mâchons, de tartine feuilletée de ris de veau et sauce aux morilles, de polenta croustillante, brandade de morue aux poireaux, chips de chorizo et sauce au poivron rouge, ou encore d'une tartine finger au chocolat noir et cacahuètes.

NANTES 44000

L'Atlantide 1874 - Maison Guého 16,5/20

CHEF : JEAN-YVES GUÉHO

5 rue de l'Hermitage - Butte Sainte-Anne - T. 02 40 73 23 23 - Carte 101 € - Menu(s) 50-120 €

À la fois une grande maison et une maison de famille : le secret de l'Atlantide est là, la belle pierre d'une demeure cent cinquantenaire, la cuisine rigoureuse d'un maître de l'océan et du terroir nantais, la passion d'une équipe unie pour le bien-être des convives toujours subjugués par un repas chez Jean-Yves Guého, et d'autant plus par les tarifs, toujours les plus doux de France pour un tel niveau : queues de langoustines en panko coco citron kalamansi et céleri, lotte du Croisic persil racine pomme verte et fumet vin rouge, autant de plats révélant la maîtrise des cuissons et des présentations, autant que la gourmandise classique d'une poitrine de colvert rôtie à la broche coing et girolles et des bons desserts, comme la poire pochée au thé rooïbos croustillant de cacahuète et gin d'une formule imbattable à 80 €. Cave à l'image des menus, intéressante par son contenu comme par ses tarifs, très érudite sur la région du muscadet et toute la vallée par extension.

LuluRouget 15/20

CHEF : LUDOVIC POUZELGUES

4 place Albert Camus, Zéro Newton - T. 02 40 47 47 98 - Menu(s) 55-115 €

Dans ce coin actif, loin du centre historique, mais animé et recherché, Ludovic Pouzelgues donne le ton de l'actualité, le tempo d'une ville en mouvement permanent. Sa maison, sa cuisine, l'ambiance créée avec cette équipe de jeunes si bien formés, forment une réussite certaine collant avec son temps. Un cadre de bistrot chic, une clientèle de connaisseurs qui adhèrent au projet cuisine de produits + vins de vignerons, détaillés en formules variées, toutes à l'aveugle, de 55 à 115 €, pour une expérience toujours intéressante et jouissive.

Sources 15/20

CHEF : INGRID DEFFEIN & GUILLAUME DECOMBAT

22 rue de Verdun - T. 02 40 89 42 42 - Menu(s) 20-58 €

L'énergie coule de Sources ! Ingrid et Guillaume sont déjà des grands d'aujourd'hui. Leur cuisine est la quintessence d'une proposition moderne et responsable, et leur maison ne fait qu'attirer de plus en plus de connaisseurs. Le menu «carte blanche» est ancré dans son époque, travail juste sur les textures et les saveurs, précision et délicatesse. L'amuse-bouche autour d'une huître et galanga accompagné d'un velouté poireaux épinards et le fromage à raclette en siphon sont un régal, et on en redemande. Tout est harmonie entre les assiettes, un pied sur terre, l'autre à fleur d'océan, pour goûter la déclinaison de betterave, les saint-jacques de Normandie en carpaccio, purée de navets, encre de seiche, cacahuètes sauce au fumet de poisson et un divin saint-pierre purée carotte, chou pak-choï cuit à la seconde, sauce matelote. Excellent millefeuille vanille mélilot avec une pâte d'anthologie, service courtois et attentif sans aucune négligence, cave de la Loire enthousiasmante menée par un sommelier passionné.

Le Manoir de la Régate 14,5/20

155 route de Gachet - T. 02 40 18 02 97 - Menu(s) 40-110 €

Mathieu Pérou porte dans ses veines le passé familial de la maison, les recommandations et préceptes de son papa Loïc, qui fit grimper avec son frère Pascal Le Manoir sur le toit de Nantes. Mais sa grande chance, c'est aussi d'avoir du caractère, de la technique et une histoire personnelle à raconter. Sur les bords de l'Erdre, il s'inspire de ce terroir retrouvé avec de magnifiques poissons de rivière. Il rafraîchit la recette briéronne de la bouilliture d'anguilles pour en faire un beau plat, bien équilibré par les notes végétales, avec l'anguille fumée au bois de hêtre et laquée sauce vin rouge et farce de champignons, il transcende le sandre, en ikejime, maturé 17 jours avant d'être cuit en croûte d'argile avec les asperges de Saint-Julien-de-Concelles et une sauce infusée à l'armoise, et il se permet encore avec son pâtissier quelques audaces en dessert, sur le céleri par exemple. Le service, naguère un peu timide, prend progressivement de l'assurance, grâce aussi à l'aisance d'Anne-Charlotte Pérou, la sœur du chef, en salle. Cave érudite sur toute la région, débordant sur l'Anjou et la vallée de la Loire.

Pickles 14/20

2 rue du Marais - T. 02 51 84 11 89 - Menu(s) 25-55 €

La chance de Nantes, c'est que le dynamique et inventif Dominic Quirke ait eu envie d'y poser ses valises. Car, depuis huit ans, il a essaimé et fait des émules sur sa quête de produits locaux, sur sa connaissance du vin, sur l'ouverture sur le monde et sur sa cool attitude pour montrer que l'on peut faire de la très belle cuisine sans style guindé et sans chabada. D'autres l'ont suivi, mais il reste un pionnier et l'on se régale toujours autant dans sa cambuse du vieux Nantes, avec des formules affichées diablement intéressantes dès le déjeuner à 25 € : gyoza de volaille fumée carotte citronnelle sauce thaïe daikon gingembre, le sar de Noirmoutier chou pointu riz japonais shiitaké avant un petit dessert simple rhubarbe amande et herbes. On boit régional ou de plus lointain, avec un choix au verre qui fait chaque fois saliver.

Roza 14/20

3 place de la Monnaie - T. 02 40 54 01 87 - Menu(s) 40-80 €

Jean-François Pantaléon a appris, à Paris, aux côtés de Beatriz Gonzalez, à quoi doit ressembler un bistrot urbain d'aujourd'hui pour attirer une clientèle à la fois jeune et connaisseuse. Le pari est donc globalement gagné, même si l'on aimerait encore plus de naturel dans cette jolie salle de la place de la Monnaie, en léger retrait de l'animation du centre-ville. Le chef a la main sûre et les idées actuelles, et l'on navigue à 2 toques dans la zone gastro : araignée de mer fenouil passion fine gelée de carapace, rouget barbet artichauts violets olive de Kalamata cacao et jus de viande, pigeonneau de Pornic navet betterave crapaudine sarrasin sauce diable. De la technique, de belles sauces, des desserts savoureux qui gardent de la légèreté (tarte praliné kalamansi meringue à l'italienne). Cave bien construite, sans faille.

Les Chants d'Avril 13,5/20

2 rue Laënnec - T. 02 40 89 34 76 - Menu(s) 23-45 €

Un passeur de bonheur, tout simplement ! Dans sa cuisine pas bien grande, où ça fume et ça se bouscule, Christophe François sort les assiettes de son cœur, pour le plaisir de tous. Son bistrot est un chant de toute l'année et pas seulement en avril. Une ode à la bonne vie, à ce qui nous rassemble : bon vin, bonne chère, son épouse Véronique assurant le lien avec tous les convives devenus des amis le temps d'un repas. Avec des délices de partout, la charcuterie, la «meilleure andouillette de France», comme le promet le chef (c'est vrai que c'est une merveille et une rareté), mais aussi les premières langoustines vivantes, le lieu jaune, le cochon de compétition, le très sympathique dessert rhubarbe, tout le marché du jour dans des menus à prix tendus et grande valeur ajoutée. En salle, tout le monde déborde d'activité et de gentillesse, et Lucie apporte la précision utile sur le malbec de La Calmette, qui se goûte si bien.

La Maison Baron Lefèvre — 13,5/20

33 rue de Rieux - T. 02 40 89 20 20 - Menu(s) 32-38 €

L'enseigne n'a plus tout à fait la même aura et, pourtant, cette adresse pionnière est plus que jamais à la mode : du produit, de la fraîcheur, des recettes anciennes ou actuelles traitées avec simplicité et justesse, on en reprend volontiers tous les jours, de cette marchandise-là : quenelle de brochet sauce crustacés, ceviche de langoustines, aile de raie beurre de câpres, dos de sandre beurre blanc, poitrine de veau farcie, entremets pistache fleur d'oranger, tout est bon, pas bien cher, et le muscadet est choisi en connaisseur.

Omija — 13,5/20

54 rue Fouré - T. 02 40 74 81 05 - Menu(s) 20-85 €

Menus cachés pour le dîner, la chasse en hiver, il y a à l'évidence des Nantais qui aiment les surprises. Et les bons chefs bien formés, comme Romain Bonnet, ex-Saudeau et Gagnaire. Pour choisir, venez au déjeuner avec une séquence à 25 € séduisante et éloquente sur le travail du chef : maquereau à l'escabèche fenouil confit et vert de mâche, gigot d'agneau confit 72 heures patate douce acidulée crème de mogette, praliné noisette biscuit et fraîcheur de rhubarbe et quelques plats à supplément en suggestion. Cave intéressante, bien renseignée en vins de Loire.

Vacarme — 13/20

5 rue des Bons Français - T. 09 87 34 18 82 - Menu(s) 17,50-24 €

Même quand Sarah Mainguy est absente (elle l'était alors pour cause de maternité, toutes nos félicitations !), tout se passe bien, et le vacarme n'est pas si feutré. Car il y a toujours de l'entrain dans ce cadre rudimentaire, mais chaleureux et authentique, où ni l'accueil ni les sourires ne sont feints. À table, tout va piano et sano, avec les amusettes de départ qui font du bien, oignons caramélisés tapenade, raviole de poireaux crème d'anchois, flatbread aux herbes, hareng fumé et betteraves, tout en équilibre et bon goût. Du produit de qualité, même si la purée de navet est un peu amère sur l'onglet de bœuf, et des desserts de cuisinier osé, avec le chèvre frais cresson céleri anis et une plus sage et gourmande tarte chocolat sarrasin. Cave axée nature, comme il se doit.

Les Cadets — 12,5/20

15 rue des Hauts Pavés - T. 09 86 57 01 46 - Menu(s) 23-55 €

Charles Bernabé en cuisine, Tristan Bernabé et Lucas Badé en salle, une belle aventure commence pour les deux frères et leur pote dans cette gourmande rue des Hauts-Pavés, juste au-dessus de Talensac. Charles a œuvré quelques années aux côtés de Christophe Hay à La Maison d'à Côté et Tristan, qui est passé chez Greg Marchand, à Frenchie, connaît bien le monde du vin. Les voilà, tête bien faite et pleins d'ambition raisonnée, chez eux, à Nantes, installés en partie grâce à la Dotation Gault&Millau. Les fondamentaux sont là : une cuisine simple et précise, un produit une sauce, un accompagnement, le bon geste, la sobriété dans l'assiette et la rigueur sur les cuissons et les textures, ce qui donne de premières sensations positives, sur le rouget grondin chou-rave croquant et mayo au jus de tête, le lieu jaune fumet au muscadet asperges grillées jambon de Vendée olives de Kalamata ou encore la basse côte un jus court et les légumes du moment. Du goût, de la finesse jusqu'au dessert, un baba d'enfance joliment actualisé, à la rhubarbe, un restaurant d'aujourd'hui, comme une belle plante qu'il suffit désormais d'arroser pour qu'elle grandisse. Cave déjà bien constituée, choix de vin au verre réparti entre vignoble régional et autres terroirs.

Le Canclaux 12,5/20

7 place Canclaux - T. 09 52 76 27 62 - Menu(s) 21,90-23,50 €

Un bistrot de quartier qui est aussi et surtout une table de potes où tout le monde se retrouve pour partager des canons et profiter des excellents plats : terrine maison pickles, filet de dorade sauce vierge purée de patate douce, cuisse de poulet fermier jus réduit et pommes de terre de Noirmoutier, mousse chocolat crumble choco et noisettes. Du non-stop jusqu'à 20h avec des petites assiettes et planches, et ce, dès le petit déjeuner.

Lamaccotte 12,5/20

7 rue Saint-Denis - T. 02 85 37 42 30 - Menu(s) 19-40 €

Dans une rue calme, au pied de la cathédrale, une jolie terrasse ombragée et une réputation à tenir pour ce bistrot bien actuel, encensé par les habitués depuis près de cinq ans. Dans cette déco douce, tout en pastel et arrondis, la cuisine s'avère soignée, esthétique et goûteuse : une bonne assiette végétale autour de l'artichaut, crème de vache pie noire et roquette, le homard bleu en trois façons, toujours incontournable, avant la poulette de ferme, suprême rôti et tomate bio, puis l'île flottante abricot. Comme dans la mode urbaine, le service se fait assez distant, limitant la relation à l'essentiel, mais reste précis et efficace. Cave régionale intéressante.

La Mandale 12,5/20

32 rue Léon Jamin - T. 02 28 44 21 34

C'est un peu la révélation récente que cette Mandale, bien placée du côté de Talensac. Une clientèle jeune, amatrice de cuisine vraie à prix doux, se presse chez Maximilien et Léo. Ce dernier offre une vision actuelle de la cuisine de bistrot, avec des idées personnelles et de la maîtrise : soupe froide de courgette, olive Kalamata et menthe, gravlax de maquereau et coriandre, une entrée subtile, fraîche et originale, boudin noir déstructuré, fenouil confit bien relevé, lentilles beluga et miso, herbes fraîches pour un ensemble bien séduisant, parfait glacé à la fraise, aneth, crème au chocolat beurre de cacahuète et caramel au beurre salé réconfortant. En salle, Maximilien connaît bien son affaire, commentant avec aisance les plats et les produits utilisés. Bonne cave, des flacons en bio et biodynamie, du cidre, du kombucha...

Restaurant Ici 12,5/20

1 rue Léon Blum - T. 02 40 48 62 27 - Menu(s) 20-56 €

Ici, c'est Nantes ! Au seuil des vieux quartiers, cette table accueillante a bien progressé pour flirter désormais avec les 2 toques. Impression confirmée avec les belles assiettes du menu 5 temps, de plus en plus net et précis : maquereau fumé rouille radis, teriyaki de bœuf champignon câpre, poisson de la criée asperge pamplemousse, suprême de pintade artichaut rhubarbe et sésame noir yuzu poire en dessert. Le service aussi a gagné en maturité et les vins régionaux sont à l'honneur à juste prix (Amphibolite à 29 €).

Les Bouteilles 12/20

11 rue de Bel Air - T. 02 40 08 27 65 - Menu(s) 29 €

D'autres belles caves se sont ouvertes sur la ville, mais Les Bouteilles gardent une position de choix, par la sélection considérable en toutes régions, à des prix intéressants, et par la variété de son offre sur une cuisine bistrotière toujours alléchante : terrine de lapin, poulpe du Croisic grillé et houmous, lieu jaune de ligne légumes et bisque de langoustines, poitrine de cochon fermier de l'Aveyron, confite, légumes et jus corsé... Desserts maison, grosse ambiance en fin de semaine.

Brasserie Félix 12/20

1 rue Lefèvre Utile - T. 02 40 34 15 93 - Menu(s) 22-29 €

Une brasserie essentielle dans le paysage, pratique, d'un bon niveau, qui plaît aux cadres autant qu'à la jeunesse. La carte fait tout pour rassembler, le service est pro et rapide pour que tout se passe bien et dans la détente : saumon mariné, pâté grand-mère au foie gras, dos de lieu riz vénéré champignons et asperges sauce bonne femme, épaule d'agneau roulée cuite doucement aux épices... En prime, de nombreuses idées pour le grignotage d'apéro, fruits de mer, charcute, des pâtes artisanales, un choix de desserts classiques. Cave bien constituée, forte en vins de Loire, avec de belles références autour de 30 €.

Imagine 12/20

12 rue Gresset - T. 02 40 34 06 11 - Menu(s) 24-50 €

Il faut suivre l'imagination de la cheffe Anne-Lise Genouël, qui a toujours de belles histoires à raconter, des produits sourcés avec passion dans ce restaurant-cave-épicerie tout proche du centre. Le menu du soir se décline de 36 à 50 € selon le nombre de services, et la formule du midi est appréciée dans le quartier, avec par exemple le croustillant de champignon asperge houmous et ail des ours, la dorade au fenouil pomme de terre basilic émulsion langoustine et une île flottante rhubarbe romarin en dessert. Très bonne équipe en salle.

Meraki 12/20

2 rue Menou - T. 02 40 74 57 10 - Menu(s) 19-48 €

L'offre est limitée, mais ce qui est fait est bien fait dans ce joli bistrot au seuil de la place Viarme. Avec une vision simple et précise de la cuisine de tous les jours, le chef s'inspire du marché de saison pour créer ses propres associations : encornets et morilles au muscadet, poisson de la criée, navets et gremolata, brebis cresson tournesol, rhubarbe et betterave en dessert dans une formule 4 temps du soir pour 40 €. Choix de vin au verre à 6 €.

Sépia 12/20

1 quai Turenne - T. 02 51 82 71 59 - Menu(s) 25-69 €

L'emplacement sur le quai vaut de l'or et la terrasse se remplit tout l'été. Lucie Berthier Gembara est de plus en plus à l'aise dans cette cuisine d'aujourd'hui et laisse courir son imagination. Le jeune service est à la fois disponible et amical, et chaque séquence, entourée de simplicité, mais aussi d'originalité, finit toujours par séduire : sébaste crue marinée, patate douce et herbes, raviole végétale à la brousse et ail des ours, œuf parfait féta sardines au pesto de livèche, labneh maison olives vertes Baklava orange au miel... Bio et nature dans les verres, gin et bières artisanales.

Art'N Blum 11,5/20

10 rue Léon Blum - T. 02 40 89 41 56 - Menu(s) 17-38 €

C'est une richesse dont les Nantais ne sont peut-être pas conscients : cette flopée de jeunes tables où l'on peut manger original et bon pour une vingtaine d'euros le midi. Cette petite maison en apporte la preuve avec un menu déjeuner à 20 € qui vaut largement sa belle toque et qui apporte plaisir et diversité : langue de bœuf confite poireau grillé avocat snacké jus de cuisson sauce acidulée mangue câpre gingembre, poisson de la criée jus de coquillage mousseline de panais cumin cannelle gnocchis panais, blanc-manger fraise et gel rhubarbe sorbet rhubarbe. Et le verre de muscadet à 4 €, servi avec le sourire, ce n'est pas si courant non plus.

Brasserie la Cigale 11,5/20

4 place Graslin - T. 02 51 84 94 94 - Menu(s) 25,90-29 €

Écrire chaque année sur La Cigale est un honneur. Nos enquêteurs sont toujours heureux d'en franchir le seuil, d'admirer ce cadre de théâtre sur la place Graslin et de fouler le sol de cette maison mythique. Du haut de ses 120 ans, la brasserie vous offre un plaisir sans cesse renouvelé et à toute heure (l'option salon de thé est une bonne idée, avec les belles réalisations du chef pâtissier Stéphane Rubeillon). Mais on vient aussi, et surtout, à La Cigale pour les huîtres et les fruits de mer, pour la cuisine actualisée avec la tarte de maquereau, les couteaux émulsion avocat et oignon frit, le délicat saumon de Normandie, le tartare ou le ris de veau poêlé avec son pressé de pomme de terre. On vient, enfin, pour l'excellent service et la cave considérable.

L'Océanide 11,5/20

2 rue Paul Bellamy - T. 02 40 20 32 28 - Menu(s) 25-98 €

Les habitués de L'Océanide, et ils sont nombreux, apprécient ce climat à l'ancienne d'une tradition parfois oubliée. Des menus bien établis, du choix dans la marée du jour, une vocation poissonnière qui ne s'est pas altérée, un travail à l'assiette de maître restaurateur : ravioles de langoustines en bouillon, pavé de lieu jaune rôti au beurre de thym jus d'arêtes au champagne, baba au rhum aux oranges sanguines sorbet agrumes dans ce «Menu du marché» à 35 € auquel on ne peut rien reprocher. Le service ne rend pas l'atmosphère festive et débridée, mais il s'applique avec gentillesse.

Le Bouchon 11/20

7 rue Bossuet - T. 02 40 20 08 44 - Menu(s) 19-36 €

Dans la tranquille rue Bossuet, une belle maison au calme où les habitués apprécient l'ouverture sur le monde avec un solide fond traditionnel : ceviche de saumon d'Écosse, «pot-au-phô» minute, saint-jacques mousseline de patate douce yuzu sauce vierge, paleron d'angus sauce au poivre de Kampot beurre persillé ou gorgonzola. Desserts de même veine (parfait glacé au kalamansi), fromages de chez Beillevaire.

L'Ourse 11/20

1 rue Montesquieu - T. 02 40 73 06 69 - Menu(s) 21€

Nous aimons bien ce bistrot singulier en coin de rue, au calme, qui rassemble ses habitués. Ils goûtent la formule du moment et profitent de la terrasse si le soleil est de la partie. L'atmosphère est amicale, la cave de la Loire offre un bon choix, y compris au verre (muscadet de la Pépière à 4 €), avec une sélection personnelle, pour accompagner les coques en jus thaï, le filet mignon aux aubergines rôties sauce satay et le cheesecake au citron vert.

OBBO 11/20

10 allée des Tanneurs - T. 02 55 10 39 23 - Carte 43€ - Menu(s) 20-26€

Un nouveau concept, sur les desserts d'Antoine Gaudin, jeune et brillant pâtissier formé chez Alexandre Couillon, et les vins sélectionnés par Guillaume Claireau, qui remporta le trophée Sommelier Grand Ouest 2020 quand il officiait à Pickles. OBBO, c'est un objet de restauration pas si facile à faire entrer dans une case, mais intéressant et bien mené. Brunch le matin, apéro le soir et, à toute heure, une jolie préparation d'Antoine sur les fruits de saison ou dans des mariages inattendus (ananas mariné mélisse et fenouil, céleri cacahuète et glace fumée, rhubarbe citron, thym serpolet...), tandis que Guillaume proposera un accord ou la découverte d'un cru.

Le Petit Boucot 11/20

3 rue Lekain - T. 02 53 97 04 04 - Menu(s) 19-22€ Ⓟ

Dans une rue piétonne au coin du théâtre Graslin, ce Petit Boucot compte de nombreux adeptes, d'autant plus ravis de trouver, aux beaux jours, une terrasse au calme. L'ardoise varie un peu entre le déjeuner et le dîner, mais les idées restent proches, avec dernièrement les croquettes de poisson crémeux de fenouil et algues, le pagre risotto d'orge perlé artichaut émulsion oursin, la pavlova kiwi gingembre pour une séquence globale autour de 45 €. Service aimable et compétent, cave régionale.

Le Reflet 11/20

4 rue des Trois Croissants - T. 02 40 20 33 86 - Menu(s) 14-30€ ♿

Une belle initiative et une table en vue dans le quartier ancien. L'enseigne annonce à juste titre un restaurant «extraordinaire», où le service, assuré par des jeunes atteints de trisomie 21, est justement pro et dans le bonne norme. Flore Lelièvre anime le lieu avec efficacité et propose avec son chef une cuisine bien soignée : œuf mollet asperges marinées cream cheese et tomate séchée, aïoli de cabillaud à la truffe légumes de saison, tarte rustique à la rhubarbe pour une séquence qui mérite 1 toque.

Simone 11/20

2 rue Suffren - T. 02 40 33 52 13 - Carte 35€

Un joli bistrot vert amande en plein centre, une terrasse agréable, un accueil cordial, les bons ingrédients pour passer un moment zen et plaisant. Avec une carte d'aujourd'hui, pas très compliquée mais tout à fait adaptée, croque à la truffe, bouchées de thon mi-cuit sauce teriyaki, ceviche de saumon, «Simone Bowl», «Burger de Simone» et «Brioche d'amour» au caramel beurre salé et crème d'Isigny. Pette cave variée avec une dizaine de choix au verre.

Sóng 11/20

5 rue Santeuil - T. 02 40 20 88 07 - Menu(s) 22-40 €

Un voyage au Vietnam avec cette table fusionnante au cœur de la ville qui propose des classiques (banh, bo bun) et autres dans des versions personnalisées. Il y a de la recherche, le cadre est agréable et dépaysant, et les tarifs toujours doux : ravioles de dorade dans une soupe Tom Kha, filet mignon de porc à basse température sauce aux épices crumble châtaigne et orge. Également des nems, gyozas et samossas sous forme de tapas.

Le Square 11/20

14 rue de Jemmapes - T. 02 40 35 98 09 - Menu(s) 18,90-35 €

Une brasserie classique et bien placée, qui rassemble largement avec un grand professionnalisme et qui propose une cuisine de chef, dans l'actualité. De bonnes idées à piocher dans la carte d'Emmanuel Bigliardi, les escargots farcis en caquelon, le risotto de moules chèvre frais et basilic, la brochette d'aiguillettes de volaille façon salade César, le mignon de porc wok de légumes et nouilles chinoises. Menu-carte à 35 €, desserts classiques.

NARBONNE 11100

Maison Saint Crescent La Table Lionel Giraud 17/20

*CHEF : **LIONEL GIRAUD** - DIRECTEUR DE SALLE : **JÉRÉMY LIEVENS***

68 avenue Général Leclerc - T. 04 68 41 37 37 - Menu(s) 80-160 €

La Table de Lionel Giraud, à la Maison Saint-Crescent est une halte gastronomique incontournable de l'Occitanie. C'est d'ailleurs exclusivement dans cette région que le chef, natif de Narbonne, source les produits qu'il sublime à sa table par une cuisine très évoluée et réfléchie. Une salle à la belle hauteur de plafond, résolument moderne et épurée où s'active une brigade soudée et enthousiaste. Après des amuse-bouche de haute volée, place aux assiettes magnifiquement dressées : surprenante déclinaison de pois chiches, frais, fermentés et en crème façon houmous léger et graphique, magnifique merlu fumé aux aiguilles de pin et navet, où deux produits somme toute communs sont ici exceptionnels, navet en émulsion et en fine tranche marinée qui souligne parfaitement la finesse du poisson. D'autres produits de la mer comme le thon ikejime à cru maturé quelques jours d'une mâche et d'une finesse exceptionnelles et accompagné d'une vinaigrette au jus des têtes sont aussi très bien mis en valeur. Carte des vins consacrée aux plus beaux vignobles de la région à tarifs raisonnables.

Méditerranéo - Château Capitoul 14,5/20

Avenue de Gruissan - T. 06 65 74 93 43 - Carte 68 € - Menu(s) 70-90 €

Un lieu luxueux, une suite de bâtiments dans l'esprit régional autour de la maison originelle, offrant à Valère Diochet la possibilité de pleinement s'exprimer. Le brillant chef, ex-Grand de Demain, que nous suivons depuis ses débuts à Strasbourg il y a vingt ans, a désormais l'esprit bien tourné vers le Sud, les produits de la mer et du Languedoc : les crevettes du golfe lentilles du Lauragais poire bisque poudre d'orange, le rouget pistou à la pistache et «parmesan de Rodez», le canard laqué au miel de carotte, marmelade de clémentine et concombre. Desserts inventifs, service qui se met au diapason des lieux, appliqué et constant. Au gril, l'Asado, une vaste carte de plats mi-tradi mi-festifs complètement maîtrisés : la brasucade de moules à l'apéritif, le tataki de thon ou l'os à moelle, les viandes et poissons sur le gril.

L'Art de Vivre - Château de l'Hospitalet 13,5/20

D168 - T. 04 68 45 28 50 - Menu(s) 29-99 €

Extension du domaine de Gérard Bertrand, son art de vivre se diversifie du vin à la table, pour poursuivre encore plus l'expérience d'une aventure mythique. Le célèbre domaine abrite aujourd'hui un hôtel 5 étoiles, pour un moment hors du temps au cœur de la garrigue et des vignes du Languedoc, avec au loin la plage et la Méditerranée, tout un programme de la terre à la mer. Le chef Laurent Chabert l'a bien compris et donne ainsi à voir une assiette enracinée dans son terroir, avec des produits toujours sourcés, et des intentions méridionales bien appliquées. Le menu à 99 € est ambitieux, les cuissons sont réussies et des produits respectés, un loup de ligne ikejime en carpaccio et spaghettis de betterave marinés à l'huile d'amande, vinaigre de shiso pourpre, un homard bleu en trois façons, queue en gelée de carapaces, salade de homard et herbes fraîches sur un tacos de pois chiches, une pince en tempura de basilic et ail, un veau des Pyrénées au feu de bois, condiment tomates séchées, olives et câpres, fleur de courgette farcie au veau et mousserons, un beau dessert de framboise et poivron. Beaux accords mets-vins, évidemment locaux.

Les Grands Buffets 12/20

Rond Point de la Liberté - T. 04 68 42 20 01 - Menu(s) 52,90 €

La concentration la plus prodigieuse de tous les produits et de toutes les recettes, la plus grande exposition de cuisine de toute la France. Et une expérience inoubliable pour les centaines de milliers de visiteurs annuels. Il faut prendre sa réservation bien à l'avance, mais quelle joie et quel spectacle que ce buffet gigantesque, démesuré et si gourmand, présenté avec beaucoup de soin dans un cadre reconstitué Belle Époque. Tout est remarquablement aménagé, le personnel pléthorique qui encadre chaque table participe à la fête en rendant tout possible et facile, et seul l'embarras du choix est une contrainte pour cette régalade à volonté pour 52,90 €. Charcuteries, viandes, rôtisserie, poissons, coquillages, crustacés, un éblouissant plateau de fromages, une pâtisserie gigantesque, le plaisir des yeux est presque aussi fort que celui de profiter de cette abondance. Cave tout aussi extraordinaire, avec une quantité unique de grands vins à déguster au verre. En août 2022, le propriétaire de l'établissement a annoncé que les Grands Buffets déménageraient dans une autre ville d'ici la fin de l'année.

Maison Bébelle 11/20

2 rue Emile Zola - T. 04 68 49 90 18 - Carte 35 €

Fort de son succès dans les halles, et de ses légendaires lancers d'entrecôte, Bébelle a ouvert ce comptoir moderne dans un ancien couvent, où il réunit ses amis et tous les curieux séduits par la sincérité du propos. Face aux halles, Gilles Belzons continue donc à régaler, d'une façon un peu différente, plus posée, plus «restaurant», même si le bon esprit demeure : les salades et les belles viandes, le magret, le porc noir de Bigorre, les brochettes de poulet, le boudin, tout pour régaler jusqu'au baba au rhum, la crème catalane ou la tarte citron. Et la cave est bien remplie, bien sûr.

Maison Saint Crescent - La Cave 11/20

68 avenue Général Leclerc - T. 04 68 41 37 37 - Menu(s) 25 €

À côté de la maison mère, Lionel Giraud a aménagé cette cave à manger bien gourmande qui permet de goûter produits et recettes régionales en format tapas à partager, avec la patte d'un chef à 4 toques, dans le cadre d'un réfectoire moderne autour d'une cave bien pourvue.

Charcuteries, cecina de bœuf, huîtres Migliore, friture de calamars sauce tartare, club brioche de homard, et de vrais plats de caractère, comme le vitello au vieux Rodez ou le ris de veau croustillant sauce gribiche, le cochon de lait ou l'épaule d'agneau confite.

NAVOUR SUR GROSNE 71520

Moulin de Brandon 11/20

Le Grand Moulin - T. 03 85 32 97 62 - Menu(s) 33-43 €

Simple, rustique et pourtant chic, ce beau moulin dans la campagne est un havre délicieux, surtout en été avec sa terrasse ouvrant sur un beau paysage de verdure. On vient de Mâcon ou de Chalon, et même de Belgique pour rencontrer les compatriotes, Sarah et Joeri, Gantois d'origine tombés en amour pour la région et ses richesses bovines. Car c'est bien là que vous savourerez de belles pièces grillées : après la caille grillée ou le vitello tonnato, l'entrecôte charolaise sauce chimichurri est presque incontournable, à moins de se laisser tenter par les côtes d'agneau ou le saumon d'Écosse. Desserts simples, «Menu du Chef» à 43 € et, last but not least, quelques chambres pour l'étape.

NEUFCHÂTEL SUR AISNE 02190

Le Jardin 13/20

22 rue Principale - T. 03 23 23 82 00 - Menu(s) 19-66 €

Le genre de table qui rappelle pourquoi la cuisine française a un sens. On connaît la cuisine régionale, les poissons de Bretagne, les volailles de Bresse, les légumes du Midi. Mais il faut rappeler qu'avant les côtes et les rivières, il y a eu aussi une terre collective, avec ses traditions unies, celui du risotto de coquillages et homard, du filet d'agneau feuilleté, du filet de bœuf de chez Denis à la vigneronne, avec les girolles et les escargots. Belle cave.

NEVERS 58000

Jean-Michel Couron 14/20

21 rue Saint-Etienne - T. 03 86 61 19 28 - Menu(s) 25,50-61 €

Une impression d'intemporel se dégage de cette maison du vieux centre, où tout semble protégé des affres du temps. La table de l'ancien second de Michel Bras est un refuge de bon sens, avec son immortelle salle voûtée, ses intérieurs d'un style contemporain en dehors des modes, sa cuisine professionnelle dont la première signature est une technique au-dessus du risque, et qui permet au chef d'élaborer, année après année, des menus irréprochables. Le menu à 61 € est une chance pour son tarif, avec son tentacule de poulpe, crème d'amandes, abricot et olives vertes, le filet de sandre est cuit à la perfection, dans une infusion des arêtes à la sauge, artichauts et gnocchi. La soupe de chocolat est peut-être un peu trop simple, quoique les matières premières sont d'une qualité certaine. Service poli et souriant.

NÉVEZ 29920

Le Restaurant d'Ar Men Du 15/20

CHEF : EMANUELLI PHILIPPE

47 rue des Îles - T. 02 98 06 84 22 - Menu(s) 59-150 €

Lorsque la mer est d'huile ou lorsque les vagues furieusement se fracassent, cette maison blanche offre le plus beau des points de vue ! Pierre-Yves Roué en a patiemment fait une vigie accueillante. Dans la salle principale d'inspiration marine (plancher, boiseries, fauteuils bleutés), intimiste et baignée de lumière ou dans la salle-véranda (esprit «restaurant de plage»), on prend plaisir à goûter une cuisine engagée, puissamment iodée et locavore jusqu'au bout des doigts. Même si les derniers plats goûtés nous semblent légèrement en retrait (lassitude de fin de saison peut-être ?), la cuisine de Philippe Emanuelli foisonne de bonnes idées, à l'instar de ces petits raviolis de homard au fenouil, oignons nouveaux et jus de carapaces. La pâte des ravioles maison est parfaite de texture, mais le homard apparaît toutefois bien terne. L'association fenouil et petits oignons nouveaux fonctionne bien, et la délicieuse sauce carapace relevée de colatura (condiment italien à base d'anchois) vise juste. Pour suivre, la très belle lotte cuite à basse température pour en préserver toute la fraîcheur et la saveur est portée par une brunoise de céleri et un dashi aux algues kombu. Le dessert pleinement de saison met la pêche à l'honneur (infusée à l'armoise et en sorbet) sur un air de Gavottes pour la note croustillante. La lecture de la carte des vins est un vrai régal ! C'est un concentré d'excellents vignerons (Yves Cuilleron, Matthieu Barret, Jean-Michel Stéphan, Stéphane Montez, Vincent Gaudry...), mais on y trouve aussi des appellations beaucoup plus confidentielles comme ce marcillac Domaine du Cros... L'éventail des prix permet de se faire plaisir sans nécessairement donner un coup de chaud à la carte bancaire.

NICE 06000

Flaveur 17,5/20

*CHEF : **GAËL ET MICKAËL TOURTEAUX** - CHEF PÂTISSIER : **NATHALIE RAGOT** - DIRECTEUR DE SALLE : **MICKAËL LYOUBI** - SOMMELIER : **MICKAËL LYOUBI***

25 rue Gubernatis - T. 04 93 62 53 95 - Menu(s) 130-200 €

Quel plaisir de retourner chez les frères Tourteaux, dont le talent est inversement proportionnel à la taille de leur restaurant de poche ! Idéalement situé au cœur de Nice, face à un jardin rue Gubernatis, leur établissement ne comporte que quelques tables toujours occupées par les connaisseurs et amoureux de la Riviera. Les amuse-bouche, nombreux et méticuleusement dressés, donnent immédiatement le ton d'un grand repas, comme le boudin noir maison assaisonné de lardo di Colonnata et pointe de combava. Le reste est tourné vers la Méditerranée, avec ce qu'elle offre de meilleur : risotto al onda de calamars translucides, parfumé à la courgette et fenouil, langouste puce d'une extrême finesse sur son beurre de crustacés et sauce béarnaise revisitée minutieusement décorée de fleur de concombre et basilic, ou encore un retour de pêche composé de rouget et supions dans un bouillon de moules au fenouil. Chaque poisson est parfaitement cuit, d'une extrême fraîcheur et toujours souligné par des jus et sauces précis et profonds. Desserts autour des classiques de la maison, comme les agrumes et sorbet piment oiseau ou encore ananas, vieux rhum et sorbet banane tout en fraîcheur pour terminer le repas. Très belle carte des vins avec un choix impressionnant de champagnes et une belle mise en valeur des vins de la région.

Le Chantecler - Le Negresco 16/20

*CHEF : **VIRGINIE BASSELOT***

37 promenade des Anglais - T. 04 93 16 64 10 - Carte 99 € - Menu(s) 175-220 €

Virginie Basselot, c'est l'histoire de l'un des Meilleurs ouvriers de France - et seulement la deuxième femme à atteindre ce niveau d'excellence - qui ne voulait pas venir travailler à Nice. Mais une fois la porte du Negresco franchie, la magie a opéré. Cette vieille dame plus que centenaire est sûrement le seul musée au monde où vous pouvez dormir et manger. Les quelque 6000 œuvres disséminées dans chaque recoin de ce patrimoine vivant sont les témoins silencieux de la majesté du lieu à travers les époques et il fallait bien un diamant pour illuminer cet écrin prestigieux d'une cuisine sincère. Ses maîtres, Guy Martin et Éric Frechon, lui ont transmis la rigueur et l'excellence, les beaux produits de la région et les rencontres avec les producteurs ont fini de convaincre la Deauvillaise. Depuis 2018, le lieu se transforme sans brusquerie, il se modernise sans changer d'âme. La cuisine, directe et simple, est pensée autour de deux menus à 175 € et 220 € en 5 ou 8 services et d'une carte minimaliste. Avec le loup sauvage de Méditerranée et huîtres de Normandie en tartare, crème citron et caviar de Sologne, le foie gras de Vendée laqué au pain d'épices, polenta aux asperges vertes du Var, le cabillaud de pêche locale nacré en écume de beurre citron, mélisse et topinambours fondants, le ris de veau rôti aux câpres, fine mousseline de brocolis… les desserts du chef Charles Bernard, l'huile d'olive de Champsoleil et le crémeux léger rafraîchi d'eau de fleur d'oranger et les fines feuilles de chocolat réalisées par Mona Mäkinen ou la carotte de Christophe Latour, terre sableuse et sorbet coriandre. La cave bien sûr est vaste et le chef sommelier en connait tous les secrets.

Jan Restaurant 15/20

CHEF : JAN HENDRIK VAN DER WESTHUIZEN

12 rue Lascaris - T. 04 97 19 32 23 - Menu(s) 91-145 €

C'est une table déjà consacrée, avec tous les codes de la grande restauration française comme Jan, le plus niçois des Sud-Africains, sait les appliquer avec aisance et précision. Il compose aujourd'hui des séquences remarquables, dans la fraîcheur saisonnière, avec des produits hautement respectés. Il met ainsi en valeur les saint-jacques, souvent mal connues au bord de la Méditerranée, avec concombre, buchu (une plante aromatique de son pays) et caviar, compose sa propre salade niçoise avec la saison, associant chorizo, haddock pomme et tête de moine au poisson du jour. Il étonne encore en deuxième partie, avec le grand moment du fromage (il faut traverser la rue) et des desserts bien inventifs, la rose et le litchi, le hertzoggie (biscuit local fourré) à l'ananas et passion. Du dépaysement dans une atmosphère chic bourgeoise, voilà 3 toques bien affirmées. Cave ouverte sur tous les vignobles d'Afrique du Sud.

Les Agitateurs 14,5/20

24 rue Bonaparte - T. 09 87 33 02 03 - Menu(s) 59-125 €

Les infatigables trublions de la rue Bonaparte tracent avec assurance le chemin qu'ils ont commencé ensemble sur les bancs de l'institut Paul Bocuse. Le trio d'agitateurs, Juliette, Samuel et Pierre-Jean déploient tout leur savoir-faire autour d'une cuisine inventive qui se renouvelle toutes les six semaines et met les produits de la région à l'honneur, elle se décline en 3 menus pour toutes les envies à 59 €, 75 € et 125 €. L'aubergine confite au jus de cochon, sauce tonnato, coriandre et condiment acidulé, pêche du jour grillée avec des tortellini au maquereau fumé et sauce Dugléré, tourte au pigeon, foie gras et figue violette de Solliès, jus court de carcasse parfumé aux feuilles de figuier. Les desserts de Juliette, pêche acquarelle, verveine et vanille, crème glacée au petit lait avec sa compotée de pêche à la verveine et éclats de dragées finissent l'expérience avec brio. Pierre-Jean a constitué une cave de belle qualité et propose aussi une carte de vins précieux et rares sur allocation, ce sont les domaines qui décident combien de bouteilles le restaurant recevra. La réservation semble incontournable au déjeuner comme au dîner, le service est aimable, mais doit gagner en précision (à ce niveau, je ne peux pas entendre un serveur me dire qu'il ne sait pas de quoi est composé le plat). Le Garde-Manger sur le même trottoir, à quelques mètres, est le lieu idéal pour faire emplette de bonnes choses à ramener chez soi, mais aussi pour prendre un brunch très convaincant le dimanche. Et pour les amoureux de l'art, le café Sous les Pins au sein de la fondation Maeght à Saint-Paul-de-Vence est la dernière création de nos agitateurs avec une carte qui invite au partage, au voyage et à la géométrie... La suite ? Pourquoi pas une plage??

Keisuke Matsushima 14,5/20

22 ter rue de France - T. 04 93 82 26 06 - Menu(s) 30-130 €

La table de Keisuke Matsushima est un refuge du bon goût depuis vingt ans. Quelle que soit la décennie ou la saison, sa cuisine est toujours juste et inventive. Elle est le trait d'union entre deux cultures du soleil, le Japon et la Méditerranée. Une simple brouillade aux oursins à la confiture d'algues nori et wasabi, présente dans le menu déjeuner à 35 €, est un exemple aussi probant que cette jolie passerelle avec la grande cuisine bourgeoise, le lièvre en tourte et sa sauce royale avec une délicate mousseline de céleri-rave, comme la cuisson subtile d'un faux-filet de bœuf wagyu de Kagoshima de grade 5. Les desserts sont dans le même esprit d'unité, le yuzu de Saint-Jeannet en tiramisu ou le potimarron en biscuit coulant et sa glace au café. La cave est insoupçonnable et regorge de merveilles pour toutes les envies et toutes les bourses. Service cordial autant que discret.

Racines Bruno Cirino 14/20

3 rue Clément Roassa - T. 04 93 76 86 17 - Menu(s) 19-45 €

Au cœur du marché de la «Libé», parmi les étals de fruits et légumes, Bruno Cirino, le pape de la Turbie, Gault&Millau d'Or l'an passé, offre sa vision du végétal, avec la même rigueur dans le choix des produits que dans son gastro à 18/20. L'endroit est toujours pris d'assaut par «ceux qui savent», mais pour les indécis ou les solitaires, il y a la table du partage. Dans les assiettes, de la couleur et du parfum avant tout, sur les gnocchis sardes à la truffe noire, la puntarelle, févettes, petits pois à l'anchois ou l'œuf bio et sa compotée de légumes et racines aux truffes en saison, la tarte au citron et le sorbet à la mandarine confite, ou encore la poire et orge en feuilletage. Service de belle maison, cave parfaitement triée par Marion Cirino elle-même.

By PM L'Atelier Restaurant 13,5/20

4 bis quai Papacino - T. 04 93 26 05 80 - Menu(s) 98-134 €

Du côté du port, la table de Pierre (Lesterle) et Marco (Raponi) est bien l'une des plus intéressantes. Et si l'on attend encore un peu plus d'étonnement et de waouh, les 2 toques ainsi portées dans ces séquences bien variées et équilibrées sont tout à fait solides : rosace de sériole marinée poireaux cuits au feu de bois gelée de balsamique, rascasse et soupe de poisson de roche safranée, artichaut épineux sauce truffée, filet mignon de veau au sautoir brocoletti jus aux condiments au hasard d'une proposition à 98 € en 9 services, rondement et impeccablement menée. Atmosphère chic et paisible, service précis, cave de bons choix.

Pure & V 13,5/20

15 rue Bottero - T. 06 19 88 68 90 - Menu(s) 90-130 €

En plein milieu du quartier des fleurs, le Pure & V de Vanessa Massé trace toujours plus loin le sillon d'une cuisine épurée et en même temps sophistiquée. On part à l'aveugle sur les deux menus que comporte la carte, en 5 ou 7 temps à 90 € et 130 €, qui marquent les saisons avec justesse. On se laisse séduire par l'entrée signature, le tartare de bœuf au couteau paré d'une déclinaison de topinambour, en chips, confit ou en pickles, on sacre le printemps avec quelques broccolini et petits pois encore croquants, sourcés chez Sandrine au marché de la Libé, juste revenus dans un peu de graisse d'oie et illuminés d'un beurre blanc tranché à l'huile d'olive. La lotte rôtie à l'ail noir (attention à la cuisson trop appuyée), aux amandes fumées, sauce au xérès et compotée de poivron rouge est de la belle ouvrage, le cochon braisé avec son lard confit, son chou kale et sa sauce au persil et à l'aneth termine bien la séquence. Le sponge cake patate douce avec son crémeux à l'amaretto et sa glace à la peau de pomme de terre rôtie est une belle fin écoresponsable. Pour les vins, Vanessa Massé est intarissable sur les 600 références potentielles que compte sa cave, vous orientant vers les flacons à maturité.

Le Bistro Gourmand 13/20

3 rue Desboutin - T. 04 92 14 55 55 - Menu(s) 39-98 €

Le rendez-vous idéal pour le «business lunch» ou pour siroter un cocktail signature en début de soirée. La carte est classique dans son ensemble avec quelques touches modernes : velouté de carottes blanches, crème de coco et chips de panais ; saint-jacques saisies, beurre à l'orange et endives caramélisées ; joues de porc confites au gingembre et cidre ; fondant au chocolat noir servi tiède, crème anglaise, chantilly et coulis caramel. Du travail soigné qui nous a semblé légèrement plus ronronnant cette année, mais qui vaut toujours bien ses 2 toques. La cave est solide et le premier menu à 39 € est engageant. Une agréable terrasse au soleil, un service efficace.

Le Canon 13/20

23 rue Meyerbeer - T. 04 93 79 09 24 - Carte 55 €

Depuis bientôt neuf ans que Le Canon se pose en chef de file du locavorisme à Nice, le tandem Sébastien Perinetti et Elmahdi Mobarik œuvre pour une cuisine dictée par les saisons, la mer et les beaux produits. Une ardoise de bistrot qui évolue donc très vite et qui parfois change du déjeuner au dîner. Le chef ne brusque rien, ne contraint pas, laisse le produit s'exprimer : tataki de maquereau de pêche niçoise et sa crème d'artichaut, tripes de veau de Puget-Théniers, la saucisse de cochon bio de Saint-Cézaire et sa purée de pommes de terre de montagne, fiadone au citron du pays et ricotta bio de brebis Roschina... Pour le vin, on laisse faire Sébastien, véritable carte vivante des vins nature, ils répondent aux noms de «La Bonne Pioche», «Le Poil de la Bête», «L'Ailleurs», «La Châtelaine»...

Mallard 13/20

6 rue Maraldi - T. 09 85 04 99 17

Dans un quartier de Riquier en pleine mutation, quelques bourgeons gourmands fleurissent et la locomotive Mallard arrive en gare avec le projet d'apporter de la joie et de la bonne humeur. Aux manettes, Guillaume Tran-tu et Nino Vergez, aux parcours déjà bien remplis, Le Louis XV, le Jules Verne, Le Grand-Hôtel du Cap-Ferrat... Dans leur bistrot à la déco bien sentie, une cuisine qui s'encanaille avec les produits de la région. Les grosses asperges blanches des sables des Landes savoureuses dans leur habit de tomme de vache fraîche, kumquats confits, jus d'orange réduit et noisettes torréfiées, le bel os à moelle gratiné au raifort, la saucisse maison et sa purée au jus, et puis le vol-au-vent «Grande Tradition» avec ses ris de veau braisés quelques morilles (pas des fraîches, mais ça fonctionne aussi), et de belles asperges vertes de Provence. On peut aussi, à l'heure de l'apéritif autour d'un verre de vin nature dont la cave regorge, se partager un scotch egg avec son ketchup de kaki-pommes, un pâté croûte de canard et foie gras et quelques barbajuans d'été. Au dessert, jolie mise en scène de la gourmandise du moment par la serveuse tout sourire, la tarte au chocolat cacahuète posée devant vous avec l'ardoise des douceurs, baba à l'armagnac, riz au lait, vacherin clémentine...

La Merenda 13/20

4 rue Raoul Bosio - Carte 38 €

La Merenda fait partie des légendes niçoises, intouchable et indémodable. Un conservatoire du vrai parler nissart, des plats de référence qui peuvent porter des majuscules tant ils sont emblématiques, la ratatouille, les tripes de veau à la niçoise, les farcis. Sur l'ardoise du moment, tout est à goûter, à sentir, à graver dans sa mémoire. L'usage local veut qu'on se plie à certaines contraintes pour mériter. Emmenez du cash et savourez.

Olive et Artichaut 13/20

6 rue Sainte-Réparate - T. 04 89 14 97 51 - Carte 45 € - Menu(s) 33 €

À l'entrée du Vieux-Nice, une échoppe qui cache une bien jolie table où Thomas Hubert, sans forfanterie, assume ces 2 toques avec aisance tout en respectant de près les traditions locales. La tarte fine façon pissaladière, carpaccio de saint-jacques, vinaigrette passion renouvelle le genre avec subtilité, le denti piqué à l'anchois, rôti, beurre blanc et poireaux fondants offre une cuisson nette, le poisson délicat souligné par un crémeux d'artichaut, avant le moelleux au chocolat Valrhona, gel de coing et riz soufflé. Les touristes se réjouissent de l'excellent rapport prix-plaisir et de cette ambiance de conviviale simplicité. Cave adaptée, avec des découvertes régionales et des partis pris.

La Petite Maison 13/20

11 rue Saint-François-de-Paule - T. 04 93 92 59 59 - Carte 50 €

Tout ce que Nice compte de politiques, médias et sportifs passe par la Petite Maison de Nicole Rubi pour vivre un moment d'entre-soi à nul autre pareil. La salade d'artichaut, les superbes viandes, le filet au poivre et maintes spécialités ont fait la renommée, mais aussi l'incroyable réseau tissé aujourd'hui par cette adresse sur toutes les lèvres. Entre quelques vedettes - de l'OGC Nice ou du dernier film en tournage -, vous aurez de la chance si vous trouvez un coin de chaise. La rançon d'un éternel succès...

Le Bar de la Dégustation 12,5/20

7 rue de la Préfecture - T. 04 93 81 48 90

Le mythique «Bar de la Dégust» renaît sous les meilleurs auspices, ceux du bistrologue Armand Crespo (Bar des Oiseaux, Bistrot d'Antoine...) associé au chef Carlos Gomez (Peixes). Puisant dans ses racines colombiennes, ce dernier nous propose une cuisine du marché bien mise. Sous la forme de plats à partager, un tataki de betterave, piment rouge, artichaut et cacahuètes, un subtil tartare de saint-jacques et sa mayonnaise à la vanille, l'incontournable tiradito de bœuf à l'algue nori, purée de féta et échalote, ou le simplissime taboulé de chou-fleur, pignons de pin et raisins de Corinthe. Les desserts suivent l'inspiration du moment, patate douce confite et chocolat blanc ou espuma de rose et litchi. Cave modeste mais bien sourcée. Formule petit déjeuner avec gaufres maison.

Bar des Oiseaux 12,5/20

5 rue Saint-Vincent - T. 04 93 80 27 33 - Carte 33 € - Menu(s) 20 €

Au cœur du Vieux-Nice, ça gazouille toujours aussi fort dans le Bar des Oiseaux d'Armand Crespo (Peixes, Le Bistrot d'Antoine, Type 55...). Les habitués et les autres viennent s'encanailler le temps d'un déjeuner à 20 € (entrée, plat, dessert) : calamars sautés à l'ail et pâtes casarecce (sautées aussi) de chez Barale, la volaille en suprême, sa sauce poulette aux shiitakés et ses gnocchis poêlés et, pour finir, la crème de café au lait. Le choix est vaste à la carte pour les touristes du soir, doublé d'une cave affûtée sur toute la Provence.

Le Bistrot Marin 12,5/20

11 bis rue Grimaldi - T. 04 97 20 55 36 - Carte 39 € ♿

Dans une petite rue calme, cette charmante enclave bretonne tient fièrement le cap. D'entrée, la petite salle affiche ses origines, avec photos de loups de mer, livres d'aventure, maquettes de bateaux et, déjà, ce parfum iodé qui vous tend les bras. À la carte, les huîtres de Cancale servies chaudes avec une petite sauce hollandaise citronnée, la salade de haddock, coquilles saint-jacques au naturel, turbot sauvage au beurre blanc et, pour l'exotisme, un délicieux pavé de thon à la plancha au «tigre qui pleure» sauce soja, coriandre, citronnelle et gingembre. La qualité des produits est remarquable, traité avec élégance par le chef, Nicolas Mendjisky. En salle, un personnel adorable qui signe un sans-faute.

Chez Davia 12,5/20

11 bis rue Grimaldi - T. 04 93 87 91 39 - Menu(s) 34 € ♿

Pierre Altobelli, la troisième génération, est à la manœuvre de ce petit morceau d'histoire niçoise. Dans cette ambiance de bistrot purement local, le chef fait honneur au savoir-faire légué par sa grand-mère pour ce qui est des recettes maison, et par ses maîtres (Ducasse, Maximin, Alléno) pour la technique classique. Une cuisine labellisée nissarde, rythmée entre terre et mer, les sardines farcies au vert de blettes, les supions du pays en friture, la ratatouille du comté de Nice, le chou farci ou les tripettes de veau. De cuissons réussies en dressages élégants, vous terminerez par la table des desserts, la tarte aux pommes, le baba au rhum, la tarte au citron de Menton. Cave régionale bien sentie. Un menu à 34 € le midi.

Le Clin d'Œil 12,5/20

2 rue Chauvin - T. 06 44 13 29 78 - Carte 54 € - Menu(s) 24-65 €

Derrière la place Masséna, les tables de ce bistrot chic ne désemplissent pas depuis son ouverture. La recette est simple : l'accueil souriant de Jessica Barbotte et son intarissable connaissance des vins nature d'ici et d'ailleurs, et le chef Julien Rives, puisant dans son passé aux côtés de Michel Hulin de la Cabro d'Or ou de Jean-André Charial à l'Oustau de Baumanière, s'associent pour nous offrir une cuisine bien pensée, aux cuissons précises et aux saveurs harmonieuses. Les beaux produits de Méditerranée sont soigneusement sélectionnés : l'œuf bio cuit à basse température, purée de potimarron, marrons braisés, guanciale, jus au vin rouge ; la volaille fermière de Pierlas en deux façons, mousseline de céleri, chanterelles, pommes grenailles, jus au romarin... On termine sur le clin d'œil de la tarte au citron revisitée, avec le citron de Menton en crémeux façon lemon curd et sorbet citron, sablé sarrasin et feuille de meringue. Intéressants menus déjeuner en trois services à 29 € et menu dégustation en quatre services à 49 €.

Le Comptoir du Marché 12,5/20

8 rue du Marché - T. 04 93 13 45 01 - Carte 47 €

On arrive par la «Porte Fausse» ou par la pittoresque rue du Marché pour pénétrer de plain-pied dans le Vieux-Nice. L'ardoise vous accueille avec sa vingtaine de propositions, tout à la carte. Une cuisine de bistrot bien léchée et très solaire : le poulpe légèrement pané et sa mayonnaise à la bisque, les artichauts en barigoule et la saucisse de Morteau, la joue de bœuf avec ses raviolis à la ricotta. Les suggestions du jour méritent le coup d'œil, comme le tataki de gambas Black Tiger avec des haricots coco et leur bisque ou le punta de lomo et sa purée de pommes de terre à la mélisse. De bons desserts classiques, le mont-blanc du Comptoir, la crème brûlée aux pommes... Pour le vin, d'après la patronne, «Il est bon là où il y a une belle aubergiste.» Donc il est bon ! Le service est fluide et souriant.

Les Deux Canailles 12,5/20

6 rue Chauvain - T. 09 53 83 91 99 - Menu(s) 23-62 €

Il ne reste plus qu'une seule canaille ici, mais le chef Tsumoru Takano, en bon technicien, continue d'assurer une cuisine sincère aux cuissons justes. Deux réflexions pour notre dernière expérience, les dressages d'un autre temps qui prêtent à la feuille de salade une valeur décorative universelle et un millefeuille de crabe moyennement convaincant. Cela mis à part, le menu découverte à 62 € en 5 services offre un bel aperçu, foie gras poêlé, salade printanière, espadon mi-cuit, jus de bouillabaisse, pavé de bœuf japonais wagyu de grade 5, fondant chocolat cœur coulant matcha, glace à la vanille. La cave est modeste, mais bien diversifiée, le service manque parfois de vigueur et pourrait gagner en précision.

L'Eau de Vie 12,5/20

11 rue Delille - T. 04 93 87 92 32 - Menu(s) 22-26 €

Dans ce coin calme proche de Garibaldi, de l'autre côté du boulevard, Antoine Sacré aux fourneaux et Quentin Burylo en sommelier-serveur forment un duo bien complémentaire. Des tapas de qualité pour l'apéritif, un menu déjeuner à 26 € bien construit, velouté froid de chou-fleur au lait de coco et palourdes, pavé de lieu jaune sur son risotto d'orge perlée aux pousses d'épinards, nougat glacé aux agrumes et poire pochée, un dessert signé Mélanie Péroux. Le soir, quelques plats plus élaborés, une carte de vins sérieuse avec une bonne offre au verre, un service global efficace mais manquant un peu de chaleur.

Epiro 12,5/20

53 boulevard Stalingrad - T. 04 83 39 51 89 - Carte 41 €

Epiro, la petite sœur pop de la trattoria romaine du même nom à deux pas du Colisée, se trouve ici au port, non loin des bateaux en partance pour la Corse. Alessandra Viscardi et Marco Mattana nous servent une Italie authentique ; dès les antipasti, le culatello 24 mois, le jambon de Barbagia, burrata panée, friture de calamars... et puis les pâtes, tréfilées sur place au bronze, les mafalde au ragoût bolognaise et mousse de parmesan vieux, les spaghettonis à l'amatriciana, les linguine avec moules et poutargue, sans oublier les pâtes farcies, les raviolis à la ricotta et anchois, noisette et citron ou la version cacio e pepe avec sauce de queue de bœuf. Les desserts sont dans la bonne note, le millefeuille minute au citron et sorbet pamplemousse, la tartelette gianduja et fruit de la passion, la glace à la ricotta, citron et pistache. Vins nature en provenance des meilleures propriétés de la Botte.

Franchin 12,5/20

10 rue Massenet - T. 04 93 87 15 74 - Carte 57 €

En vitesse de croisière depuis son arrivée au seuil de la rue de France, Antoine Gandon montre du professionnalisme et un sens aigu de la demande clientèle, forcément touristique à cet emplacement, mais jamais loin des réalités pour les habitués du quartier. Le tradi niçois attendu (la soupe de poisson, la terrine du grand-père...) est donc épaulé par des assiettes bien dans leur temps (burrata riz rouge de Camargue grenade kiwi coriandre kumquat, poulpe braisé chorizo...) et des produits nobles bien travaillés : saint-jacques embeurrée de chou lard fumé sauce citron noir ou pigeon royal farci au foie gras pruneaux à l'armagnac et girolles. Sympathique gâteau fondant au chocolat Marie José, glaces de chez Fenocchio.

Lavomatique 12,5/20

11 rue du Pont Vieux - T. 04 93 55 54 18 - Carte 10 €

Ça rince fort pour les lauréats du guide «109 Gault&Millau 2020». Les frères Loubert, en blanchisseurs de talent, offrent une cuisine toujours aussi précise et tournée vers le Sud, dans l'ambiance la plus cool du Vieux-Nice. Hugo, le frère-cuisinier, s'attelle à régaler la galerie, les anchois frais vinaigrés, les croustillants falafels ou quelques tranches de culatello de Parme découpé à la Berkel. On partage (ou pas) la caille et potimarron rôti au four coréen, la saucisse maison et les lentilles ou les régressifs ribs de cochon au BBQ et le ketchup maison. On termine bien avec les desserts, la pomme confite, châtaigne et streusel noisette, le moelleux au chocolat et sa crème anglaise... Tandis que Grégoire, le frère-sommelier, procède au rinçage avec de nombreuses pépites glanées chez les purs vignerons, donnant à chacun l'envie d'une prochaine lessive.

Origines 12,5/20

15 rue Tonduti de l'Escarène - T. 09 86 34 36 85 - Carte 15 € - Menu(s) 27-35 €

Le leitmotiv d'Antoine Michon et France Hanson : générosité, partage et savoir-faire. Forts d'une expérience acquise dans des lieux prestigieux (la Tour d'Argent, le George V ou le Mas Candille), le tandem propose une cuisine bistronomique qui revient aux origines du plaisir et du goût des choses bien faites. Le menu déjeuner à 27 € en trois services se réinvente chaque semaine au gré du marché : l'œuf pané, légumes et mayonnaise aux herbes, le risotto de céleri aux champignons de Paris et éclats de noisettes, l'agneau braisé en cuisson longue, son taboulé de chou-fleur et houmous, le filet de lieu noir, embeurrée de chou vert et sauce normande... Une carte des vins modeste, mais bien structurée. Un menu plus étoffé à 35 € pour le midi ou le soir.

Peixes 12,5/20

4 rue de l'Opéra - T. 04 93 85 96 15 - Carte 14 € - Menu(s) 20 €

Le petit bistrot marin d'Armand Crespo (Bar de la Dégustation, Bistrot d'Antoine...) tient le cap d'une cuisine qui se réinvente régulièrement. À la barre, le chef Pierre Lorenzo et son équipe revisitent les spécialités sud-américaines et leur donnent un accent de Méditerranée : le ceviche de sériole à l'huître, crevettes, lait de coco et jus de kiwi ; la cassolette de praires aux poivrons piquillos et jus d'orange... On mange avec les doigts la friture du moment, des rougets de pêche locale, on s'orientalise avec le tajine de poulpe aux légumes et à la compotée de dattes medjool. Pour le vin, on se laisse faire, la cave est petite mais de belle provenance. Un doux menu déjeuner à 20 €. Pas de réservation.

La Réserve de Nice 12,5/20

60 boulevard Franck Pilatte - T. 04 97 08 14 80 - Carte 104 € - Menu(s) 70-110 €

La Réserve, c'est un peu le deuxième phare à l'entrée du port de Nice, on repère de loin ce bâtiment Art déco qui offre certainement la plus belle vue sur la baie des Anges. Jérôme Cotta, en bon capitaine ayant navigué aux côtés de Dominique Le Stanc ou Christophe Leroy, connaît les bons produits et les cuisine simplement, même si certaines cuissons ou propositions manquent parfois la cible. Le menu «Canon de Midi» en 3 services à 45 € est une belle alternative aux deux autres menus, «Réserve» et «Grande Réserve» à 85 € et 110 €, en 3 et 4 services, aux tarifs ayant pris un coup de soleil. De bonnes sensations avec l'œuf surprise fermier à la poudre de noisette torréfiée, morilles étuvées au porto, légumes primeurs de producteurs locaux, bouillon parmesan, le loup braisé accompagné d'une soupe de roche du pêcheur Steve Molinari, courgettes trompettes, fleur croustillante et condiment aigre-doux oignon rouge, miel, gingembre, la tartelette aux framboises fraîches, sablé breton à la fleur de Guérande et crème vanille. La cave est bien sourcée, le service un peu mécanique. À la belle saison, rooftop en soirée avec bar à champagne, cocktails et DJ.

Type 55 12,5/20

1 rue de la Préfecture - T. 09 73 60 49 82

Insatisfait des pizzas niçoises, Armand Crespo (Bistrot d'Antoine, Bar des Oiseaux, etc.) a décidé d'inventer la sienne, avec toute la rigueur de fabrication possible. Il a mis sur le projet Joackim Salliot (que l'on suit depuis son passage au Jardin des Plumes de Giverny) et Daniele Lamboglia pour créer les meilleures pizzas de la ville. Elles sont élaborées devant vous dans un four de compétition, le Morello, et prennent le nom de péchés capitaux, la Gourmande avec son porcelet confit, la Colérique au tataki de thon, la Paresseuse aux calamars sautés, la Luxurieuse à la mortadella et pistache... Également des plats bien élaborés (côte d'agneau à la moutarde et la crème d'épinards, panais rôtis et pieds-de-mouton) et de bons desserts à l'assiette.

Zorzetto 12,5/20

3 rue Dalpozzo - T. 04 89 24 83 14 - Menu(s) 23 €

À deux minutes de la Prom', Maryan Gandon, chef au parcours international (Fairmont à Monaco, Majestic à Cannes, Fauchon Pékin...), pose les jalons d'une cuisine de bistrot qui se réinvente au quotidien sous la forme de son menu déjeuner «Fonds de Casseroles» à 26 €. Les dressages sont élégants, mais ne visent pas la sophistication, les cuissons sont justes : velouté de marrons, fricassée de pleurotes et escalope de foie gras poêlée ; saumon d'Écosse Label Rouge, émulsion de lentilles vertes, pois gourmands et soja poêlé, confit niçois et bacon grillé ; filet de poulet, mousseline de patate douce, fèves de soja et chips... Côté pâtisserie, on reste calme lorsque l'immense plat de tiramisu fait son apparition ou le panettone maison, cuit dans la boulangerie du coin, est proposé comme un «perdu de vue» avec sa glace caramel demi-sel. Petite carte du soir aux plats élaborés, cave un peu mince mais bien trié, service attentionné.

Le Bistrot d'Antoine 12/20

27 rue de la Préfecture - T. 04 93 85 29 57 - Carte 31 €

C'est la maison mère, presque au sens vinaigrier du terme. De la réussite de ce lieu, Armand Crespo a tiré les enseignements pour essaimer avec le Comptoir du Marché, Peixes et d'autres, comme récemment Type 55 et le Bar de la Dégustation. Le principe de base s'exprime parfaitement ici : des plats qui ont un sens familier, qui touchent à notre imaginaire gourmand, simples, bien faits, dans une ambiance aussi chaleureuse que possible. Bien sûr, l'emplacement compte et il est idéal, mais il faut assurer sur le contenu de l'ardoise : boudin noir et compote de reinettes, salade de veau façon vitello tonnato, lentilles vertes et saucisse pérugine, cocotte de cochon à l'ancienne. Et les verres se remplissent tout seuls, avec un bon choix régional.

Les Épicuriens 12/20

6 place Wilson - T. 04 93 80 85 00 - Carte 63 €

Du tradi de bon niveau en plein cœur de la ville active, la terrasse bien encadrée et abritée, le voiturier disponible sont des signes extérieurs de confort bien appréciés, la cuisine montrant à tous égards sa régularité : les bons et authentiques barbajuans, le foie gras au gomasio de fruits secs et figues, les calamars plancha ou la souris d'agneau de 8 heures confite, autant d'assiettes de bon goût dans une carte variée, sans oublier les poissons sauvages du moment, portionnés pour un ou deux. Bon menu à 43 €, cave régionale bien équipée.

Fine Gueule 12/20

2 rue de l'Hôtel de Ville - T. 04 93 80 21 64 - Carte 52 € - Menu(s) 17,50 €

Un super emplacement, un décor soigné avec une agréable véranda, les atouts sont nombreux dans la manche de cet établissement régulier. L'ardoise mêle habilement la mode et la culture locale, sans rien oublier, ni la betterave avec la burrata, ni le carpaccio de saint-jacques, ni la pissaladière... Des plats construits avec attention et une bonne qualité de finition : quasi de veau au petit épeautre courge de Nice condiment citron confit, cabillaud rôti aïoli et écrasé de pomme de terre.

Influence 12/20

31 rue Bonaparte - T. 09 82 57 39 66 - Menu(s) 35-65 €

Aurèle Gasperoni fait partie de cette jeune génération ouverte sur le monde, qui puise ses influences en Méditerranée et plus loin. Son restaurant niché dans la vivante rue Bonaparte lui sert d'écrin pour une cuisine du marché d'une justesse prometteuse. Son menu déjeuner à 35 € annonce la couleur : tostones (bananes plantains frites) et guacamole, poitrine de cochon cuit 36 heures à basse température à l'asiatique et son dessert signature, le crémeux chocolat à la fève de tonka. Pour le dîner, un menu en 5 ou 7 influences (45 € et 65 €) qui se rapproche des 2 toques. Bon choix en cave conseillés par le sommelier, Alexandre Prignon.

Nespo 12/20

48 boulevard Victor Hugo - T. 06 03 81 14 81 - Carte 130 €

Dans le longiligne et verdoyant boulevard Victor-Hugo se trouve, accolé à l'hôtel La Malmaison, le restaurant dont tout le monde parle : Nespo. Le jeune propriétaire, Sébastien Nespolo, n'est pas nouveau dans le monde du bien-manger niçois, il est l'héritier du savoir-faire de sa nonna et de son célèbre restaurant, Lou Pantail. Nourri de cette expérience, il a créé un univers sans équivalent à Nice, attirant people, footballeurs, comédiens et tous les curieux de nouveauté. Dans l'assiette, le chef nantais Victorien Duchesne (passé un temps au Negresco) propose une cuisine de brasserie chic et revisitée dans l'air du temps : crevettes croustillantes, coco, citron vert ; tartare de langoustines au foie gras ; pâtes au homard et sauce secrète ; ris de veau doré, lard, oignons grelots et jus de viande ; sole meunière, loup en croûte de sel de

Guérande... Les desserts sont élégants et classiques : tarte au citron meringuée, cheesecake (malheureusement avec des fruits rouges en plein hiver), cookie minute, et le dessert phare, le Sexy Sundae, une glace à la vanille minute, des cacahuètes caramélisées, du popcorn, de la feuille d'or et un nappage au caramel beurre salé. La cave est modeste en taille et assez belle en qualité. Service irréprochable. DJ et voiturier le soir.

Nice Art Bistro 12/20

16 bis rue Delille - T. 04 93 91 57 98 - Carte 45 € - Menu(s) 20-32 €

Marc Laville a toujours la main ferme et habile pour ses nombreux supporters. Sur l'ardoise du moment fleurissent les bonnes idées, des parfums familiers personnalisés avec talent : fricassée d'escargot, crème d'ail doux jus persillé, saint-jacques rôties gnocchis maison au citron coppa et jus de crustacés, le chef ayant toujours le goût des produits qui font chic, comme la truffe, bien utilisée sur des classiques, comme le ris de veau avec ses pâtes farcies aux blettes. Bons desserts, parmi lesquels les nems au chocolat, cave solide et animation régulière.

Le Safari 12/20

1 cours Saleya - T. 04 93 80 18 44 - Menu(s) 29-52 €

Sur le cours Saleya, les enseignes rivalisent, pour le plus grand choix des nombreux touristes. Le Safari, c'est l'assurance d'une bonne chasse, orchestrée avec professionnalisme. Le gibier n'est pas le client, mais la multitude de plats niçois toujours bien maîtrisés, à un niveau égal, qui garantit de ne pas rentrer bredouille ou déçu : salade niçoise, farcis, salade d'artichaut, pâtes et pizzas, morue à la niçoise, daube et raviolis, lapin rôti au feu de bois, tripes à la niçoise... Service efficace et rapide, quelques suggestions supplémentaires chaque jour.

Les Sens 12/20

37 rue Pastorelli - T. 09 81 06 57 00 - Menu(s) 19-29 €

L'essence se fait rare, les Sens se font précieux : une bonne adresse semi-gastro au cœur de la ville, un lieu de standing où les assiettes sont bien dressées et au goût sûr de réalisations à bon fond tradi : crème brûlée au foie gras sorbet et artichaut confit, loup rôti au citron vert conchiglioni farci aux blettes et crème de févettes, souris d'agneau confite galette aux épices millefeuille de légumes en tajine. Une bonne formule à 29 € en soirée, 26 € au déjeuner.

YOSE 12/20

20 rue Bonaparte - T. 09 83 46 43 21 - Carte 52 €

C'est l'histoire de deux amis qui se sont rencontrés sur les bancs de l'école hôtelière de Nice et qui, chemin faisant, ont atterri dans le parc national de Yosemite, en Californie. Voilà pour le nom du restaurant. Poussant plus au sud, ils arrivèrent en Amérique du Sud et furent séduits par le Pérou et ses richesses culinaires. Voici pour la cuisine. De retour chez eux, Benjamin Rollin et Thomas Porcu ont eu la brillante idée d'ouvrir cette cantina péruvienne, et la cheffe Eva Gonzalez apporte toute sa caution et son savoir-faire dans l'aventure. Elle a l'intelligence des saveurs et aime à jouer avec les codes en empruntant à la Méditerranée sa cuisine solaire. Les ceviche ou les tiraditos se parent de marinade bien parfumée à l'image du leche de tigre au lait de coco, coriandre et piment amarillo qui réveille les papilles. Les plats de poissons ou de viandes sont préparés avec cette même constance, le suprême de poulet au lait de coco et son riz noir et noix de pécan avec une touche de parmesan, la paella péruvienne aux fruits de mer, le bœuf et sa sauce chimichurri... Les bons accompagnements méritent la visite, le pépian de maïs, ce velouté légèrement relevé et parsemé de cancha (maïs grillé), les frites de yuka au parmesan... Enfin, les desserts et les indétrônables churros avec le dulce de leche maison. La cave est courte, mais les flacons d'Argentine, du Chili ou du Paraguay font mouche. La formule déjeuner à 19 € avec un ceviche, un accompagnement et un café est une aubaine. Le service est souriant et efficace.

La Rotonde - Hôtel Le Negresco 11,5/20

37 promenade des Anglais - T. 04 93 16 64 11 - Carte 85 € - Menu(s) 39-65 €

La brasserie du Negresco est un lieu agréable à la cuisine maîtrisée, supervisée par Virginie Basselot. Pas d'erreur dans les préparations coutumières, fignolées avec adresse dans ce cadre chic et rénové, idéal pour le velouté Du Barry haddock fumé et cerfeuil, les saint-jacques plancha risotto crémeux à la trévise, ou la volaille fermière en vol-au-vent sauce vin jaune. En revanche, les desserts desservent, pas réellement au niveau. Tarifs normaux pour ce lieu de légende, service à l'écoute.

L'Atelier 11/20

17 rue Gioffredo - T. 04 93 85 50 74 - Carte 56 €

Stéphane Chenneveau compte sur ses habitués, dont nous sommes : dans la partie calme du Nice commerçant, son bistrot de quartier fait plaisir. On commence par se partager une socca à l'apéro, avant d'enchaîner sur des assiettes de cuisiniers flirtant avec une ligne gastro : poulpe et saint-jacques sur le gril ravioli crabe et avocat, côte de veau au sautoir ravioli de ris et paleron de veau aux morilles cèpes et chanterelles sauce vin rouge. Les raviolis et gnocchis, en effet, c'est l'autre spécialité du chef, qui les travaille avec finesse et imagination. Bon et vaste choix de desserts (tarte coulante à la datte medjoul glace fleur de lait), bon choix au verre avec des cuvées personnelles.

Babel Babel 11/20

2 cours Jacques Chirac - T. 04 93 55 74 19 - Menu(s) 19,50 €

L'ancienne petite maison de pêcheur à la façade ocre du bout de la promenade des Anglais est devenue en quelques années une adresse qui compte parmi les lieux de partage. On aime, pendant la journée, la terrasse ou le balcon à l'étage pour profiter de la vue mer, le soir, le bar du rez-de-chaussée se fait plus cosy, tandis que la salle du haut transporte les voyageurs dans un quartier typique de Tel-Aviv ou d'Istanbul. Les plats sont à l'image de l'itinéraire, un peu surprenants, parfois un peu loin de l'intitulé, mais souvent plaisants : rillettes de barracuda et de pomme de terre pousses de moutarde, carpaccio de saupe navets marinés et rôtis gel de cédrat, ris de veau artichauts émulsion hollandaise estragon et café... Quelques bons desserts, cheesecake brûlé à la basque, marmelade d'orange, millefeuille de pâte filo, crème noisettes du Piémont caramélisées. La cave est en vins nature de France, d'Italie, d'Espagne, de Slovénie, du Portugal, de Grèce, et les cocktails sont à expérimenter.

Café Paulette 11/20

15 rue Bonaparte - T. 04 92 04 74 48 - Carte 56 €

Sympathique et très en vogue, le Café Paulette reçoit désormais toutes les générations, attirées par la réputation instagrammée du lieu. Si la part de la cuisine véritable reste modeste, il n'empêche que les assemblages (de nombreuses assiettes s'apparentent à des salades) sont bien trouvés, que les assiettes sont fraîches et colorées, que la burrata de Cuneo ou le crudo de thon témoignent d'une recherche de qualité de produits. Jeune service attentif et dynamique, cave pas mal vue, avec là aussi des noms d'aujourd'hui, comme Agnès Paquet pour son aligoté au verre, qui augmente un peu une addition déjà bien copieuse.

Chez Pipo 11/20

13 rue Bavastro - T. 04 93 55 88 82 - Carte 7 €

Une fois allumé, le four n'a jamais vraiment le temps de refroidir : la socca est tellement demandée qu'entre le maître artilleur, qui enfourne et défourne, et celui qui taille à la vitesse de la lumière, le temps passe très vite pour délivrer la délicieuse galette à la farine de pois chiche pour les centaines d'habitués qui passent chaque jour déguster leur portion avec un verre de rosé. On peut varier les plaisirs avec d'autres spécialités, comme la pissaladière ou la tourte aux blettes.

Le Comptoir de Nicole 11/20

20 rue Saint-François de Paule - T. 04 93 01 59 59 - Menu(s) 29 €

L'annexe de la Petite Maison, si bien placée, n'est évidemment pas qu'un faire-valoir. La maison mère étant souvent bondée, il n'est pas déplaisant de s'installer sur cette terrasse abritée aux nombreuses plantes vertes, en profitant des idées du moment, simples et chics, évidemment siglées Nicole Rubi. La salade d'artichaut, la salade niçoise le carpaccio et l'escalope milanaise sont bien dignes de leur signature.

Le Grand Balcon 11/20

10 rue Saint-François de Paule - T. 04 93 62 60 74 - Carte 18 € - Menu(s) 25-69 €

Grand balcon pour une situation imprenable, plutôt en fauteuil d'orchestre, mais regardant passer toute la ville et ses visiteurs d'autres contrées. Pour leur plaire se déroule un vaste catalogue de spécialités intemporelles, focaccia et houmous, salade d'artichaut, pizzas et ceviches (il y a quand même beaucoup de touristes), risottos et pâtes, poulpe grillé, quasi de veau à la mandarine... Tiramisu, tarte citron et glaces en dessert, cave régionale et généraliste.

Ma Yucca 11/20

26 rue de la Buffa - T. 04 93 88 39 84 - Carte 12 € - Menu(s) 23-30 €

C'est une cuisine asiatique fusionnante qui est présentée ici depuis des années, dans une maison qui semble avoir retrouvé un peu d'énergie cette année. Les plats mêlent des influences japonaises, chinoises et niçoises sans déchoir, aménageant selon l'humeur du jour des idées plus ou moins classiques : rouleau de printemps au poulet teriyaki et mayonnaise, échine de porc pané frite sauce sésame aux légumes, sushis à la niçoise, gyudon, katsudon, magret sauce teriyaki... Bon menu déjeuner à 23 €.

Marcel 11/20

11 rue de l'Abbaye - T. 04 97 20 14 84 - Carte 41 €

Il faut s'enfoncer dans les ruelles du Vieux-Nice, trouver l'obscurité même en plein jour pour découvrir Marcel, qui donne une belle impression d'authenticité aux touristes et fait le boulot avec conviction. La terrasse est jolie et accueillante, aux tables nappées, et l'ardoise est riche :

cuisses de grenouille, farcis niçois, daube de joue de bœuf et gnocchis, boudin aux pommes, brandade, risotto, linguine au pesto... Pour tous les goûts, jusqu'aux desserts classiques.

Le Panier 11/20

5 rue Barillerie - T. 04 89 97 14 37 - Carte 34 € - Menu(s) 65 €

Une petite terrasse agréable juste derrière Saleya, une ardoise qui n'en fait pas des tonnes dans le folklore local pour séduire le chaland, mais qui se concentre sur de l'arrivage et de la cueillette locale pour faire correctement le job : endive jambon truffe parmesan, cabillaud chou anchois fregola sarda, longe de veau panais moelle et réglisse. Service plein d'entrain, petit choix de vins à petit prix.

La Table Alziari 11/20

4 rue François Zanin - T. 04 93 80 34 03 - Carte 12 € - Menu(s) 29 €

À l'orée de la vieille ville, une table familiale, tendre et authentique, où l'on s'assied toujours avec plaisir. Parce qu'elle n'est pas envahie par les meutes, parce qu'elle ne cherche pas plus que cela à agripper le touriste, et surtout parce que l'assiette a le goût du sincère, dans ses plats de mémoire. Particulièrement les alouettes sans tête, les aubergines à la provençale, la poche de veau braisée, la daube d'agneau... Prix mini, gentillesse maxi.

NÎMES 30000

Jérôme Nutile 16/20

CHEF : JÉRÔME NUTILE

351 chemin Bas du Mas de Boudan, parc Georges Besse - T. 04 66 40 65 65 - Carte 154 € - Menu(s) 58-195 € Ⓟ

Maître chez lui, Jérôme Nutile a aménagé son Mas de Boudan dans le sens du confort contemporain et de la sobriété, tout en faisant plaisir à sa clientèle bourgeoise traditionnelle par des attentions de tous les instants. Le décor est seigneurial, marbre au sol, plafond avec voûtes d'ogive et une élégante terrasse elle-même prolongée de quelques tables ombragées d'arbres et les pieds dans l'herbe. L'atmosphère est celle de belles tables classiques, dans un service prévenant mené avec flegme et distinction par un très bon maître d'hôtel. La cuisine montre du caractère et de la recherche : un travail intéressant sur les asperges (thème noix soutenu par l'ail des ours, le savagnin, les champignons), comme sur les dernières saint-jacques (topinambour et céleri, ail noir et foie gras, en bouillon), une ligne un brin démonstrative appréciée de tous les convives (des ingrédients multipliés, des textures, un pain différent avec chaque assiette...) qui fournit d'excellentes séquences, à construire soi-même en piochant dans la carte pour des formules en 3, 4 ou 6 services. Le col MOF inspire de vrais plats de concours culinaire, tel le chaud-froid de loup et cannelloni de calamar, les produits sont de haute tenue (côtes et selle d'agneau superbes, vaste cave à fromages, l'une des curiosités du lieu), et les desserts rafraîchissent en beauté (ananas Victoria, parfait passion baba). Cave complète, digne des lieux, grandes bouteilles, en châteauneuf et bourgogne (DRC) et bien équipée en région, sur les costières et alentour (Clos Maïa, La Grange, Peyre Rose...).

Duende - Pierre Gagnaire 15,5/20

CHEF : JULIEN CALIGO

15 rue Gaston Boissier - T. 04 66 21 94 34 - Menu(s) 180-225 €

Avec un nom si suggestif et un lieu à l'histoire si marquée, les attentes étaient forcément élevées pour cet Imperator sauce Albar, récemment rénové par Marcelo Joulia. Le résultat est à la hauteur des promesses, un magnifique hôtel 5 étoiles que ne renierait pas Hemingway, qui serait ravi de voir que les charmes Art déco sont toujours là, revivifiés par des lignes plus épurées, des tons pastel et des matières nobles qui dépoussièrent le genre sans le dénaturer. Côté table, on a convoqué Pierre Gagnaire, qui s'en est remis à l'esprit de grâce ibérique, le «duende», allant ainsi du flamenco aux fourneaux, avec la même intention d'élégance et de transcendance. Le chef cultive une assiette flamboyante et nomade, parcourant la côte méditerranéenne de la Catalogne aux Pouilles, alliant dans un beau menu en 6 temps tous les plaisirs du Sud. La tomate, le thon rouge et la stracciatella se rencontrent en 3 petites entrées harmonieuses, les gambas de Palamos s'acoquinent avec les girolles et les carottes, le loup reste authentique, simplement saisi dans un beurre blanc au laurier avec une béchamel de courgette à la menthe, on se dégraisse avec une marinière de moules à l'aubergine, on repart sur un beau quasi de veau aux senteurs de garrigue avec une fondue d'épinards et roquette à la moutarde de Crémone. Pour finir, une splendide farandole de desserts (6 tout de même), qui referme le menu en apothéose, avec les pêches blanches et jaunes, une tarte muscovado aux myrtilles sauvages, une marquise chocolat manjari ou encore un soufflé à l'orgeat et glace calisson. Cave remarquable, surtout sur le Languedoc avec notamment des verticales Mas Jullien ou encore La Grange des Pères. On y retrouve aussi du Mylène Bru, du Olivier Pithon ou encore du Léon Barral. Château d'Yquem, La Romanée-Conti ou encore Château Margaux sont également de la partie.

Rouge - Margaret Hôtel Chouleur 14,5/20

6 rue Fresque - T. 04 48 27 08 00 - Menu(s) 69-119 €

L'une des six Grands de Demain 2022, après avoir été Jeune Talent, Georgiana Viou ne s'arrête pas en si bon chemin. Ce ne sont pas tant les récompenses qu'elle recherche, mais la progression, le mouvement, l'énergie. Dans ce lieu aux si bonnes vibrations, à la terrasse intérieure pleine de charme, elle entraîne toute son équipe dans le tempo d'une salsa tourbillonnante. Avec Suzanne Cochran, sommelière émérite qui connaît le terroir languedocien, et François Josse, champion de France du dessert, il est patent que les ambitions sont désormais en «no limit». Pas d'extravagance dans ce menu 8 plats (vous pouvez en piocher 5 pour 69 €), que du talent : l'œuf mollet chou-fleur advieh, les calamars tout frais, en direct de Grau du Roi, roquette et noisette, la queue de lotte cocotte et curry, l'échine de porc noir de Bigorre condiment anchois... Le pâtissier prend le relais avec talent, la tarte chocolat cardamome noire et cacahuète est très addictive. Et ce n'est pas tout, il y a cette belle ambiance, les cocktails, les planches apéro et, dans toute cette modernité, un lieu qui reste un vrai restaurant, où l'on ne reçoit pas de coup de bâton, mais seulement des effluves de bonheur.

Restaurant SKAB 14/20

7 rue de la République - T. 04 66 21 94 30 - Menu(s) 45-123 €

Un lieu, un univers, créé par Damien Sanchez tout près des arènes. L'atmosphère correspond au décor contemporain, axé sur la détente et le bien-être. Le chef met pour sa part l'accent sur le terroir, des idées, de la technique, un bon rendu dans des présentations très soignées : une belle variation sur le haddock qui réhabilite ce poisson galvaudé, le saint-pierre rôti, beurre battu à la truffe, conchiglionis farcis au poireau truffé, pintade basse température cuisse confite farcie marron noisette crémeux de marron au whisky jus de volaille, dans un menu à 85 € très bien équilibré. Des produits nobles à foison dans la proposition à 118 €, des desserts inventifs (autour de l'ananas, le soufflé signature...), cave vaste et régionale.

Restaurant Vincent Croizard 14/20

17 rue des Chassaintes - T. 04 66 67 04 99 - Carte 98 € - Menu(s) 32-77 €

En quelques années, Vincent Croizard a affiné son propos vers une gastronomie durable, proposant un menu végétarien, et peaufinant son credo d'une alimentation locavore qui lui apporte l'imagination au pouvoir : racines étuvées et quenelles de topinambour truffées, bar rôti au foin et fumé beurre blanc au fenouil cerfeuil tubéreux au beurre noisette, canard rôti aux épices effiloché confit à la réglisse sauce soja et sésame compotée d'ail noir. Desserts de même ton, bien composés, cave éclectique bien renseignée sur la région.

L'Impé 13/20

15 rue Gaston Boissier - Quai de la Fontaine - T. 04 66 21 90 30 - Menu(s) 38-68 €

Le bistrot brasserie de la Maison Albar est un lieu chic pour les rendez-vous de notables et les soirées intimes et confortables. Le menu complet n'est pas donné, à 50 €, mais à ce tarif, vous avez une prestation de haut niveau et des assiettes sans fausse note, des cuissons justes et des produits irréprochables : tartare de daurade jus de pamplemousse au cerfeuil, poulpe grillé au corbières topinambour et potimarron, blanc de volaille fermière à la crème, oignons doux des Cévennes au curry vert. Large choix de desserts gourmands et originaux (le «Mont Ventoux» à la crème de marron et confiture de mûre...), cave complète.

Menna 13/20

7 rue de Bernis - T. 04 66 21 04 45 - Menu(s) 45-65 €

Face au Rouge de Georgiana Viou, une nouvelle table à connaître, ouverte depuis l'été 2021, au coin de la rue de Bernis. Un emplacement de choix, au cœur de l'animation, pour Clémence (la pâtissière) et Jonathan Coute (ex Kayser), qui ont joliment décoré la salle et la terrasse. Pascal, le papa de Clémence, est aux fourneaux pour proposer une cuisine fraîche inspirée de la région et de la Méditerranée. Bonne tartelette coques, graines de moutarde, crème d'artichaut en mise en bouche, pressé de taureau AOP au vieux comté, anchois, asperge des sables, un peu confus mais aux bons ingrédients avec une excellente mousseline d'anchois, loup rôti mousseline d'artichaut en barigoule montrant une très belle technique avec une cuisson juste. De belles idées bien traduites, comme le lapin façon lièvre à la royale, à la Carême avec un jus corsé truffé, un dessert audacieux (granola à la graine de courge sorbet betterave rouge) un peu moins convaincant. Cave régionale qui vise bien les petits prix et les costières-de-nîmes (d'Or et de Gueules, Campuget...), belle animation de salle de Jonathan, toujours dans le bon ton sur chaque table.

Aux Plaisirs des Halles 13/20

4 rue Littré - T. 04 66 36 01 02 - Carte 58 € - Menu(s) 20-48 €

Un classique pour les connaisseurs qui ont leur rond de serviette dans cette salle animée avec son agréable patio tout proche des halles. Le style est plutôt traditionnel, la carte issue du marché de saison, la cave très riche, un atout consacré du lieu. Parmi les classiques, la brandade, la blanquette de homard ris de veau et cèpes, la côte de bœuf ou la parillade de poissons. Desserts classiques et menu du jour toujours intéressant.

Lou Mas Café 12/20

583 rue Michel Debré - T. 04 28 70 85 35 - Carte 49 € - Menu(s) 36 €

Un vaste espace contemporain en zone commerciale qui permet aux patrons du Lisita de se rendre accessibles et locavores, grâce au proche Mas des Agriculteurs. Dans un cadre chic et actuel, produits de saisons et recettes classico-actuelles nourrissent une carte solide et éclectique : feuilleté d'asperges sauce hollandaise revisitée copeaux de taureau, saint-jacques plancha purée de pomme de terre truffée jus de volaille, tartare de taureau AOP de Camargue au couteau. Une sélection de viandes d'exception, des desserts classiques et une cave bien fournie sur toutes les appellations gardoises. Bon menu complet à 36 €.

La Table du 2 - Musée de la Romanité 12/20

2bis rue de la République - T. 04 48 27 22 22 - Menu(s) 21-34 €

Le lieu, ultra-contemporain, à deux pas des arènes bimillénaires, est un choc culturel. Il abrite un restaurant qui trace un lien entre les traditions et les codes d'aujourd'hui, à l'instigation de Franck Putelat, le Franc-Comtois de Carcassonne aux 4 toques. L'œuf meurette côtoie le saumon gravlax, la quiche au morbier et truffe voisine avec le burger tomate confite comté et lard fumé, les ris de veau au maury avec la souris d'agneau quinoa jus épicé. Tarifs bien calibrés, bonnes crêpes Suzette et cave de pro, avec nos domaines préférés (Gournier, Mourgues du Grès, Chabanon, La Garance...).

Le Nocturne 11,5/20

29 bis rue Benoît-Malon - T. 04 66 67 20 28 - Carte 18 € - Menu(s) 25-75 €

Cet appétit entre chien et loup, plutôt côté loup, se traduit ici en produits de prestige, de la truffe, du homard, du foie gras. Les habitués apprécient, mais les bons produits des halles ou de la criée de Toulon peuvent aussi servir une cuisine plus simple et franche. Le menu à 35 € permet ces petites fantaisies tout en restant sage, avec le carpaccio de saint-jacques, le confit de canard et la tarte cévenole aux marrons.

Wine Bar le Cheval Blanc 11/20

1 place des Arènes - T. 04 66 76 19 59 - Carte 7 € - Menu(s) 15-30 €

Michel Hermet est une figure incontournable, et un vrai supporter du vignoble languedocien. Cette seule référence suffit à justifier que nous défendions ce bar à vin, qui fut l'un des premiers de la ville, au large répertoire classique et à la cave unique. Quel bonheur de retrouver cette carte brasserie de plaisirs coutumiers, quand on nous tord le bras à longueur d'année avec des menus cachés et imposés. Ici, le client peut encore choisir : charcuterie, huîtres et sardines pour les grignotages, et tant de bonnes choses ensuite, brandade, pied de cochon, andouillette, viandes maturées, Rossini... Un bonheur, et un privilège désormais. Une quinzaine de vins au verre, dans une carte considérable.

NIORT 79000

La Belle Étoile 13/20

115 quai Maurice Métayer - T. 05 49 73 31 29 - Menu(s) 24-53 €

C'est une référence privilégiée en ville, pour l'élégance de ses espaces, la terrasse ombragée idéale en été et les intérieurs chics, avec parquet, bien trouvés pour les repas d'affaires. La maison est une valeur sûre où les locaux se pressent toujours, pour les assiettes du marché du chef, dans le bon ordre des choses. La carte suit les saisons avec une parfaite cadence, à l'image du tartare de daurade royale en gravlax, condiment citron vert et gingembre, crémeux mangue et gel passion, du thon snacké, maïs grillé et chips de riz, tomates confites multicolores rôties au four ou encore de la pintade fumée au sapin et rôtie au beurre, avec une purée de pommes de terre tartufata. Personnel à l'écoute.

NITRY 89310

Auberge de la Beursaudière 11/20

9 chemin de Ronde - T. 03 86 33 69 69 - Menu(s) 40-55 €

Cette splendide maison de campagne offre le gîte et le couvert, pour un moment de chic paysan, sous les poutres ou la charpente massive. À 3 minutes de la sortie de l'A6, la cuisine est régionale et personnelle, pleine d'agrément. Le menu à 40 € est une bonne option : œufs en meurette, salade de tomates au chèvre frais, bavaroise de tomate au raifort, maquereau mariné passé au grill et pommes de terre persillées, andouillette de Chablis, fraisier...

NOIRMOUTIER EN L'ÎLE 85330

Restaurant la Marine 19/20

CHEF : ALEXANDRE COUILLON - DIRECTEUR DE SALLE : CÉLINE COUILLON

Port de l'Herbaudière - T. 02 51 39 23 09 - Menu(s) 140-230 €

Les jeunes qui escortent Alexandre Couillon autour du piano ou ceux qui officient en salle vivent une expérience unique. Après leur passage dans cette maison lumineuse posée sur le port de l'Herbaudière, ils auront appris à la fois le haut niveau et l'humilité, l'engagement durable et la responsabilité, et seront imprégnés de cette lumière rare d'un phare sur l'Atlantique, comme Roellinger le fut en son temps. Depuis son titre de Cuisinier de l'Année, en 2017, Alexandre Couillon réécrit les travailleurs de la mer et nous fait réfléchir à notre relation aux ressources naturelles. Tout paraît net, abouti, indiscutable, et pourtant l'artiste est en perpétuelle création, dans une permanente révolution marine. L'asperge saumurée, croquante, avec une lame de mulet confite, est une révélation, du jamais goûté, une perfection de mise en bouche. Le maquereau suit, cuit sur la braise, une écume de persil et une betterave magnifique, sucrée, qui a oublié d'être bête. La julienne a été cuite à doux, au-dessus de la grille, tandis que la courgette en fleur profitait de la flamme. Cette cuisine est tellement limpide et marquante que vous vous souvenez de tout, de l'émulsion à l'ail des ours, des feuilles d'arroche rouges, de la rhubarbe confite et de toute la cueillette du potager du matin, petits pois, fèves et fraises sur le merlan cuisiné au beurre de petit lait, ou du turbot splendide avec sa blette «ligotée» sous un beurre d'œufs de poisson d'une gourmandise extrême. Les desserts, tout autant signés, évoquent la légèreté et la douceur : meringue mousse chocolat et crème glacée au panais, sarrasin croquant caramel et sorbet laitue de mer. Céline, maîtresse de maison attentive, à la gentillesse non feinte et sans condescendance, orchestre un jeune service dévoué qui mesure sa chance. La cave est à l'image du reste, assez universelle par tous ses bons choix en toutes régions, mais se garde du clinquant de bouteilles trop prestigieuses et inabordables qui servent si souvent d'affichage. Une belle représentation sur la Vendée, le Muscadet et, par extension, la Loire.

La Table d'Élise 14,5/20

5 rue Marie Lemonnier - T. 02 28 10 68 35 - Menu(s) 22-33 €

La meilleure table de Noirmoutier après La Marine, autrement dit la maison mère, juste à côté ? Oui, c'est à peu près cela. Respect de la marée, recettes classiques mais originales, fraîcheur et personnalité, exécution au-dessus de la vague, la patte d'Alexandre Couillon est bien transmise et le carnet de réservations est presque aussi rempli : lames de mulet à la japonaise, poulpe à l'huile pâte de haricots de Vendée, merlan de ligne petits pois basilic...

Le Grand Four 12,5/20

1 rue de la Cure - T. 02 51 39 61 97 - Menu(s) 44-87 €

La belle demeure couverte de vigne vierge accueille les touristes avec un savoir-faire éprouvé. Le homard fournit le prétexte à deux menus (74 et 87 €), les assiettes montrant un bon classique sur des produits attendus : langoustines rôties écrasée de pomme de terre fumée, sole de Roscoff façon meunière, tournedos de bœuf façon Rossini, pour finir baba au rhum, ravioles d'ananas et mangue. Service bien organisé et efficace.

NOLAY 21340

Midupi 13/20

35 rue de la République - T. 09 80 39 95 35 - Menu(s) 27-45 €

À la lisière de la Côte-d'Or, ce joli restaurant qui s'annonce par ses grands voiles blancs en devanture est une adresse sûre et bien tenue, où l'on pourra autant apprécier le charme rural du décor que les assiettes de marché du chef. Avec son parquet vernis et ses nappes blanches, la salle pose une atmosphère à la fois élégante et légèrement bourgeoise, annonçant la tradition. Au menu à 45 €, on retrouvera le filet de caille avec une persillade d'aubergines et duo de foies gras, un dos de sandre, purée de persil et asperges, une pièce de veau avec un jus au porto, pommes de terre et asperges, enfin un mi-cuit chocolat caramel.

NOYAL SUR VILAINE 35530

Auberge du Pont d'Acigné 17/20

*CHEF : **SYLVAIN GUILLEMOT** - DIRECTEUR DE SALLE : **MARIE-PIERRE GUILLEMOT** - CHEF PÂTISSIER : **THOMAS HARDY** - SOMMELIER : **ISABELLE JUMEL***

D 392 Le Pont d'Acigné - T. 02 99 62 52 55 - Menu(s) 40-115 €

Le virage vers une forme de simplicité, avec l'introduction plus systématique de produits locaux, a été pris par Sylvain Guillemot depuis un moment. Mais la période postpandémie et la réflexion sur une restauration au service de la clientèle de proximité amène aussi le chef a toujours plus de sincérité et de clarté dans son propos. La carte est donc ramassée, détaillée en deux menus très plaisants qui racontent la cueillette et l'arrivage du moment : saint-jacques et purée de patate douce pimentée, coques de pêche à pied écume de yuzu et obione, veau de lait sous la mère et harissa... Tous les artisans, éleveurs, agriculteurs, sont cités et mis en avant, le chef apportant ainsi une contribution sincère et engagée pour son terroir. Délicieuse ambiance bourgeoise au bord de la Vilaine, cave pleine de bons coûts avec des références légitimes sur toutes les régions.

NUITS SAINT GEORGES 21700

Le Chef Coq 13/20

13 vallée de la Serrée - T. 03 80 61 12 06 - Menu(s) 39-59 €

Cette splendide maison bourgeoise au milieu des vignes est un havre de paix et de luxe, idéalement situé pour partir à la découverte des grands crus de Bourgogne. Le bel hôtel en pierre accueille une table au décor historique, poutres, dalles et assises d'inspiration Louis XVI, où l'on pourra découvrir une cuisine réactualisée, d'inspiration régionale. À la carte, ragoût d'escargot au citron sel, estragon en risotto de petit épeautre à la truffe d'été, aiguillettes de dorade snackées avec une brandade de courgettes à la provençale, une dodine de volaille façon Gaston Gérard. Desserts classiques.

La Cabotte 12/20

24 Grande-Rue - T. 03 80 61 20 77 - Carte 18 € - Menu(s) 42 €

Thomas Protot ne manque pas de lignes à son CV, dont un passage chez David Zuddas, un autre chez Lameloise, ainsi qu'un titre de Jeune Talent Bourgogne. Sobre et contemporaine, l'adresse défend une cuisine bourguignonne revisitée, dans une bonne mode ; avec les escargots de Bourgogne et les œufs en meurette sauce chardonnay, l'incontournable bœuf bourguignon, tandis que le pigeon de Corton vient accompagné de betteraves et d'un jus à l'ail noir. La cave est bien pourvue, avec près de 500 appellations.

OBERNAI 67210

La Fourchette des Ducs 16/20

CHEF : NICOLAS STAMM

6 rue de la Gare - Place Anne-Sophie Pic - T. 03 88 48 33 38 -
Carte 174 € - Menu(s) 165-215 €

C'est la maison voulue par Bugatti, c'est la maison de Lalique et de Spindler, c'est la maison d'Alsace par excellence. Cette excellence, dans le détail comme dans le fond, est portée avec un tel degré de professionnalisme par Nicolas Stamm et Serge Schaal qu'elle est la suite naturelle, artistique et gastronomique, de l'histoire de la Fourchette. Les ducs et les manants sont traités à égalité, c'est-à-dire comme des princes dans cet intérieur tout en splendeur, et l'assiette est un prolongement naturel de l'artisanat d'art développé tout autour : le foie gras est une œuvre, comme les grenouilles ou le sandre et ses schniederspättle à la choucroute, mais Nicolas Stamm sait aussi surprendre et séduire sur d'autres rivages, avec le homard en salade «façon Waldorf» et le daurenki de Petrossian, le saint-pierre poivrade beurre blanc agrumes et vanille ou l'agneau de l'Aveyron à la royale condiment ail noir... La carte des desserts est vaste et mémorable, les classiques brillamment interprétés et personnalisés, comme le baba, la tarte au chocolat, la poire pochée... Cave de grands crus, d'Alsace et d'ailleurs, très grandement fournie, le menu «Libre Émotion» à 215 € fait une belle fête.

Thierry Schwartz, Le Restaurant 16/20

CHEF : THIERRY SCHWARTZ

35 rue de Sélestat - T. 03 88 49 90 41 - Menu(s) 124-159 €

Dans ce décor de colombages à claire-voie, avec ces poutres, cette cheminée qui crépite et cette cave à vin, Thierry Schwartz a, en vingt ans, fait de son auberge une adresse incontournable de la cité de sainte Odile. Grand voyageur, ce chef ne s'en tient pas aux refrains du terroir, mais au contraire conjugue modernité et retour aux sources en cultivant un esprit locavore dont on aime la sincérité et l'engagement. Quête de l'origine, produits d'artisans, annonce à table de la distance qui sépare le producteur du restaurant, voilà quelques-unes des manifestations de ce véritable festival d'authenticité qui s'exprime dans un menu unique à 5 ou 9 plats. Dans la «Bacchanale de radis de Saint-Blaise», l'austérité du légume cru est rehaussée par la gourmandise du même légume en purée ainsi que par l'avoine torréfiée à la chlorophylle d'épinard. L'œuf dans l'œuf, plat signature du chef, est cette fois revisité avec son émulsion de choux aigre-doux et exalté par une amusante poudre de saint-jacques. L'époustouflante truite des fameuses Sources du Heimbach, cuite 35 minutes à basse température et associée à une incroyable sauce blanquette contenant des œufs de truite ainsi qu'une râpée de poutargue, est une véritable démonstration de la transcendance en cuisine. Au contraire, le quasi de veau à la cuisson certes contrôlée nous a semblé un peu trop ferme et son dashi carné un peu fade quoique associé à d'amusantes quenelles de moelle. Comme d'habitude, les desserts sont toujours aussi gourmands et fort inspirés avec ce chou au sarrasin fourré de sa crème pâtissière et accompagné de pop-corn et d'une glace au pourpier d'hiver simplement fondante. Outre le pain dont la miche est présentée crue en début de repas puis cuite pendant l'apéritif, on assiste désormais à la cérémonie de barattage du beurre en salle. La cave de 1500 références - belle collection de rieslings - est l'une des premières de la région. On regrette que, aux heures de forte affluence, on puisse être guidé dans la petite salle d'appoint de deuxième classe située au premier étage et se retrouver privé d'une partie du spectacle. Notre astuce : n'hésitez pas à appeler et à réserver une table dans la salle du rez-de-chaussée.

L'Osmose 14/20

18 rue du Général Gouraud (entrée par avenue de Gail) - T. 03 88 99 38 89 - Menu(s) 32-89 €

C'est un coin caché à l'extérieur du centre-ville, une adresse confidentielle. Antoine Botter a bourlingué à Bruxelles, Lausanne, Strasbourg et Lembach. Dans un décor zéro blabla où aucun superflu ne distrait de l'assiette, on mise tout sur les saveurs. Ce chef séduit les appétits chevronnés comme les jeunes découvreurs de talents et de modernité. Il remet au goût du jour de vieilles recettes, telle cette vichyssoise rendue gourmande par une galette de vieux parmesan et de caviar Baeri. Antoine Botter trace droit son chemin et n'hésite pas à prendre des risques dans la recherche personnelle, à l'image de cette sardine que la fumaison de 8 heures a un peu tendance à dessécher, heureusement compensée par un audacieux velouté d'épinards. Le chef fait appel à la technique basse température dernier cri, qui sublime la chair de ce lieu jaune, soulignée par ce friand beurre blanc au yuzu : véritable plat à 3 toques ! Quant au filet d'agneau mariné 12 heures puis juste poêlé, il est présenté sous forme d'une composition graphique pleine de clarté. La chair un peu dure de la viande est équilibrée par cet amusant Wellington d'asperges au jambon de Bayonne. Les instants sucrés sont de la même veine avec ce taco sucré, élaboré avec de la mangue en vinaigrette acidulée ; il est accompagné d'une tuile à la banane, d'un gel de piment d'Espelette bien dosé et d'un espuma d'avocat pour la gourmandise. Membre à part entière de l'aventure, le sommelier Frédéric

Voné improvise, au pied levé, de beaux accords avec cette cuisine de l'instant. À Obernai, où les tables gastronomiques bon marché ne sont pas légion, cette maison discrète fait figure de table off.

ORLÉANS 45000

Le Lièvre Gourmand 15/20

CHEF : TRISTAN ROBREAU

28 quai du Châtelet - T. 02 38 53 66 14 - Menu(s) 52-95 €

Un lieu privilégié, intime, qui semble réservé aux initiés, dans l'accueil et l'atmosphère. Mais la maison où officie aujourd'hui Tristan Robreau depuis dix ans a bien du charme, bord de Loire et belle architecture ligérienne traditionnelle, pour des repas toujours raffinés et intimes. La cuisine est précise, raffinée, sensible, dans des mariages modernes et de bon ton à dominante asiatique : saint-jacques daikon mirin, bar tom-kha huîtres, rouget kimchi miso, agneau miang kham, blanc-manger maïs noix de coco. Le service joue le jeu d'une certaine solennité, la cave a du répondant.

Eugène 13,5/20

24 rue Sainte-Anne - T. 02 38 53 82 64 - Menu(s) 32-61 €

La table bourgeoise de référence, rue calme, intérieur chaleureux, atmosphère traditionnelle pour bons mangeurs sérieux. On ne finasse pas, l'essentiel est dans le goût de ces assiettes bien construites et généreuses : rouelle de lapin au chorizo poêlée de girolles et asperges vertes, tronçon de turbot au petit épeautre émulsion iodée à l'agastache, infusion de pêche au sureau dans ce menu-carte solidement traduit pour 61 €. En suggestion du jour, un homard aux girolles sauce vin jaune bien tentant.

Le Lift 13/20

5 rue de la Poterne - T. 02 38 62 40 00 - Menu(s) 34-66 €

Le côté chic mode de cette adresse peut éventuellement provoquer quelques réticences, comme les multiples ingrédients qui cohabitent dans chaque assiette, mais Philippe Bardau et son équipe ont tout le talent qui convient pour réellement transformer le moment au Lift en fête moderne. D'autant que les tarifs ne sont pas effrayants, le service dynamique et le choix bien varié : sériole marinée gingembre et verveine, joues en tartare à la flamme, araignée aux épices tandoori et cédrat lentilles béluga et lait ribot fumé, angus en trois services ; faux filet tataki, langue gribiche façon panko et onglet rôti melba de moelle en persillade jus au porto. Bonne déclinaison de chocolat Sao Tomé en dessert, brunch le dimanche à 48 €. Cave intéressante, bien pourvue en région, avec des étiquettes connues à prix justes.

MAGA 12,5/20

136 rue de Bourgogne - T. 02 38 54 30 80

C'est tellement agréable de trouver un gars aussi passionné que Gauthier Venter, qui vous raconte la carte en la vivant, en évoquant ses producteurs, le caviste à bières où il va se fournir, les vignerons, les bouteilles qu'il a ramenées, et puis la cuisine qu'il prépare la main dans la main avec Marine, sa compagne, qui partage tout avec lui, élaboration des plats et service selon le moment. Maga, c'est une chance de réveiller la ville, en montrant qu'on peut faire simple et travaillé, bon sans concession. Le poireau en quatre manières avec l'œuf façon mimosa et en neige, la mousse de volaille (une farce fine façon boudin blanc) juste colorée croustillante avec une aubergine caramélisée houmous et une drôlerie de jus vert sur les cosses de petits pois marjolaine et livèche, voilà de la cuisine qui ne joue pas les pimbèches ni les tatakis de poissons volants. Du perso jusqu'au dessert (faisselle de chèvre prune et sablé breton) dans le naturel et déjà une ambiance de connaisseurs qui ciblent l'adresse comme un nouveau trésor.

L'Hibiscus 12/20

175 rue de Bourgogne - T. 02 38 72 74 11 - Menu(s) 38 €

Dans la populaire et touristique rue de Bourgogne, les enseignes sont nombreuses, délivrant des cuisines du monde et du français d'aujourd'hui. Cet Hibiscus montre qu'il y a la place pour une cuisine française de son époque, bien fichue dans une carte courte détaillée dans des menus à prix justes. Comme la proposition à 38 €, avec la ballottine d'aile de raie sorbet poivron ravioli de rouille et aïoli, l'onglet de veau rosé frites et purée de patate à la moutarde, la tartelette fraise rhubarbe ganache chocolat blanc wasabi sorbet yaourt fraise. Service enjoué, appliqué, cave ligérienne correcte.

La Parenthèse 12/20

26 place du Châtelet - T. 02 38 62 07 50 - Menu(s) 18-35 €

La brasserie la plus demandée du côté des Halles, bénéficiant de la situation, de l'exposition en terrasse et d'un service bien coordonné pour une cuisine d'aujourd'hui, plutôt recherchée et méritant sa toque : tartelette de haddock poireau et cheddar au beurre nantais, fricassé de ris d'agneau braisés au vin jaune en croustade feuilletée, poire caramélisée tuile caramel, glace à la vanille de Tahiti dans un menu-carte éloquent, varié et bien tenu à 35 €. Le Saint-Nicolas d'Audebert ou le Menetou de Clément sont à moins de 30 €.

L'Ardoise 11/20

27 rue de la Bretonnerie - T. 02 38 53 51 66 - Carte 8 € - Menu(s) 29-49 €

Derrière la vitrine couleur ardoise, un joli bistrot contemporain, bien tenu, dans un quartier calme et facile d'accès. Le chef, maître restaurateur, y développe une bistronomie également accessible, au contenu toujours intéressant dans une séquence complète à 29 € : maquereau mariné aux agrumes crème brûlée aux lentilles corail, piccata de veau à la concassée de tomate mousseline de patate douce à la noisette, ananas poché au citron vert sablé viennois au piment d'Espelette coulis mangue passion. Un menu gastronomique à 49 € avec des ingrédients nobles, un service de bonne tenue.

OSTHOUSE 67150

Restaurant à l'Aigle d'Or 13/20

14 rue de Gerstheim - T. 03 88 98 06 82 - Menu(s) 36-92 €

Dans les salles boisées, chaleureuses et bourgeoises de cette solide institution de la plaine du Ried, qui célèbre plus de 110 années de convivialité, un repas est toujours une fête. Toutes les générations de la tribu Hellmann sont aux petits soins : Marie-Rose, sa belle-fille Brigitte et sa petite-fille Anna en salle ont le don de distribuer autour d'elles le bonheur. En cuisine, Jean-Philippe, relayé par son fils Pierre, et le gendre Pietro sont les gardiens de la tradition. On comprend qu'ils aient un bataillon de fidèles, avec leur généreux menu à 68 €. Savoureux foie gras d'oie maison, gelée au porto dont on ne se lassera jamais. Joli filet de loup de mer rôti avec précision, escorté d'une étuvée de fenouil citronné et de tomates séchées qui lui confère un caractère méditerranéen. Parmi les viandes, nous avons un faible pour le Pojarski de pigeon en habit vert de la Ferme Kieffer, une réplique du plat servi à l'Auberge de l'Ill, mais ici avec moins de foie gras. Le pavlova au chocolat pur Caraïbes et aux fruits rouges, avec son sorbet framboise, est moins gourmand que certains desserts servis à la carte. Cave bien composée en vins d'Alsace. En semaine on propose une alléchante carte de winstub dans la première salle.

OTTROTT 67530

La Table du 6717 13/20

17 route de Klingenthal - T. 03 67 68 67 17 - Menu(s) 69-85 €

L'ancien couvent des sœurs bénédictines, blotti dans le bucolique vallon de l'Ehn, poursuit sa métamorphose. Désiré Schaetzel a profité du confinement pour réaliser des travaux de grande ampleur. Les deux bâtiments historiques ont été reliés par un lobby aux habits blancs, des suites spacieuses au décor épuré et par un spa inédit. Comme une bonne nouvelle n'arrive jamais seule, Frédéric Lefèvre crée la surprise. Ce chef, qui officiait jadis à la Carambole, à Schiltigheim, désormais chef-consultant, supervise une équipe gagnante. Audray Stippich et Régis Dell donnent punch et saveurs aux plats servis chaque soir à La Table du 6717, ou le dimanche midi au Garden, une salle annexe ouverte sur les cascades. En dépit d'un service pas toujours bien coordonné, cette cuisine jeune, primesautière et fraîche, exalte des saveurs d'une grande clarté. On débute le repas en fraîcheur avec ce joli maquereau mariné au soja, escorté de betteraves de la ferme et une douceur de pommes et céleri. Les amateurs de foie gras ne seront pas déçus avec cette classique terrine épicée de manière équilibrée, escortée d'un audacieux cannelloni fraise-rhubarbe. Bien épais à souhait, quasi transcendé, le sandre grillé avec précision repose sur une savoureuse raviole végétale de céleri et de champignons, qui est soulignée par une plaisante émulsion aux herbes. Quant à l'épais carré de veau rôti, accompagné d'asperges blanches d'Alsace et de gnocchis à l'ail des ours, il est mis en valeur par une classique mais non moins savoureuse sauce crémeuse aux morilles. Les desserts sont de la même veine avec ces fraises goûteuses recouvertes d'une glace fondante à souhait et accompagnées d'une arlette un peu rustique. Tout cela s'arrose de l'un des nombreux vins de propre récolte, car Désiré Schaetzel est aussi vigneron.

OUCHES 42155

Troisgros 17,5/20

*CHEF : **MICHEL TROISGROS** - CHEF : **CÉSAR TROISGROS** - CHEF PÂTISSIER : **ROMAIN PUYBAREAU** - DIRECTEUR DE SALLE : **JEAN-PHILIPPE TACAIL** - DIRECTEUR DE SALLE : **PATRICE LAURENT** - SOMMELIER : **CHRISTIAN VERMOREL***

728 route de Villerest - T. 04 77 71 66 97 - Carte 220 € - Menu(s) 120-540 €

Début 2017, la famille Troisgros quittait sa maison historique, mais dont elle n'était pas propriétaire, face à la gare de Roanne. La promesse d'une nouvelle ère, celle aussi de l'émergence définitive du fils aîné, César, appelé à progressivement remplacer la figure paternelle. Dans ce lieu à l'architecture magique et magnifique, dont la vaste salle organisée en forme de U autour d'un jardin central n'offre finalement que des bonnes tables, tout semble réuni pour atteindre l'excellence. Un personnel nombreux et parfaitement (trop ?) rodé, des tables bien espacées garantissant la quiétude de chacun, un éclairage savamment orchestré, variant en intensité au même rythme que la lumière extérieure, même le client le plus blasé ne pourra s'empêcher de se sentir vraiment privilégié. Pourtant, le charme des premiers instants s'évanouit assez vite, parce que le service, certes souriant et ultra-disponible, se montre parfois trop mécanique, mais surtout parce que la cuisine manque de lisibilité, d'unité, comme si chaque plat avait été conçu et imaginé par un chef différent. Il reste bien sûr quelques très belles fulgurances, comme ce «trait pour trait» parfait de croquant et d'acidité, ou le dessert autour du riz et du saké, poétiquement baptisé «feuille blanche», mais certaines assiettes nous ont laissé comme un goût d'inachevé, tels les escargots à la menthe et beurre safrané, des gastéropodes recouverts de fines tranches de chou-rave, un plat manquant d'acidité et de légèreté qui précède les aiguillettes de saint-pierre «à la plante sacrée» (le poisson est recouvert de feuilles de shiso) baignant dans un beurre noisette pas vraiment dans l'esprit de la maison (même si le raisin blanc apporte croquant et fraîcheur). Faiblesse passagère ? Transition difficile ? Cinquante ans après que Henri Gault et Christian Millau ont déclaré avoir découvert à Roanne «le meilleur restaurant du monde», au temps de Pierre et Jean, nous sommes persuadés que l'ADN Troisgros demeure intact. Il faudra simplement réussir la mutation qui s'annonce.

PALAVAS LES FLOTS 34250

Le Saint-Georges 13/20

4 boulevard Maréchal Foch - T. 04 67 68 31 38 - Menu(s) 35-62 €

La table tradi-actuelle qu'il faut à Palavas, qui n'a pas vraiment besoin de changer d'une saison à l'autre en accueillant de nouveaux touristes ou des habitués fidèles. Sur les tables sans nappes, sobres et élégantes, la cuisine classique et raffinée de Paul Courtaux fonctionne parfaitement : œuf de Lozère cuit mollet, mousse légère de topinambour, truffe noire, pressé de raie au beurre noisette céleri-rave poire noix, fumé légèrement crémé, dans une association heureuse en texture et bien maîtrisée, avant un dessert intéressant autour du citron et du basilic, meringue, sablé. Service efficace, sans superflu (on énonce les plats en les posant, mais sans les décrire). Belle cave variée qui permet à tous les budgets de se faire plaisir, avec des noms solides (Chabanon, La Garance, Canet Valette...).

PARADOU 13520

Le Bistrot du Paradou 13/20

57 avenue de la Vallée des Baux - T. 04 90 54 32 70 - Menu(s) 63 €

Les Alpilles, l'huile d'olive des Baux-de-Provence, le chant des cigales, les platanes séculaires et Le Bistrot du Paradou. En ce lieu vénérable qui régale ses fans et les vacanciers des Alpilles depuis près de quatre décennies, la recette est simple et n'a pas bougé : un menu qui change quotidiennement et où tout est compris, l'entrée, le plat, les fromages, le dessert, le vin et le café. Vincent Quenin a repris les rênes voilà plus de dix ans avec la même constance, les ravioles de foie gras ou les escargots au beurre d'ail côtoient l'agneau de pays délicieux, l'aïoli, c'est vendredi, tandis que le lapin fermier et ses pâtes fraîches et la volaille de Bresse à la broche se font languir les mercredis et jeudis. Mais le chemin ne s'arrête pas là, car sa majesté le fromage fait son entrée et les 11 variétés affinées avec soin s'offrent à vous, les tommes de Provence et de Corse, les chèvres dans tous leurs états, le comté, le camembert, le livarot, le roquefort... pour nous amener aux desserts, l'île flottante, le baba au rhum, la crème brûlée, le clafoutis aux cerises (avec les noyaux). Côté vins, la carte est petite mais propose de belles étiquettes de la région, Trevallon, Hauvette... Le service est un modèle du genre.

Nancy Bourguignon - Du Côté des Olivades 12/20

Chemin de l'Ancienne Voie Ferrée - T. 04 90 54 56 78 - Carte 30 € - Menu(s) 94-128 €

Chic provençal ajusté au tourisme du côté des Olivades, avec la cuisine raffinée de Nancy Bourguignon, inspirée par les beaux produits et la Provence. Ici, on aime les truffes, le foie gras, les langoustines, dans une atmosphère de maison de famille plutôt agréable, mais la cheffe sait aussi composer, avec adresse, sur le maquereau à la flamme, poireau gingembre soja, les asperges et les crevettes grises, le skrei beurre blanc et un bon vacherin dans une séquence adaptée à 94 €.

PARAY LE MONIAL 71600

L'Évidence 13/20

69 avenue Charles de Gaulle - T. 03 85 25 07 26 - Menu(s) 34-84 €

L'Apostrophe (désormais installée avenue de la Gare) est devenue une Évidence avec Nicolas Martin, jeune chef bien décidé à faire bouger les lignes dans la cité abbatiale. Cette cuisine moderne, soucieuse du produit, de la saisonnalité et de la rigueur dans l'exécution nous plaît beaucoup, à l'image du «simple» menu «de l'Instant», à 34 €, qui révèle déjà beaucoup : avec le filet de truite à basse température façon grenobloise gel de câpre et vichyssois froide, la longe de porc fermier mousseline de courgettes et cébettes grillées, la rhubarbe pochée et relevée au piment d'Espelette crème amande sorbet rhubarbe piment. C'est maîtrisé, technique et en même temps emballant, donnant envie de revenir pour la formule à 49 €, ou l'opulent menu dégustation à 84 €, qui inclut notamment les excellents escargots de Corinne Rubod à Briant, mais aussi la langoustine, le ris de veau, le faux filet de charolais.

PARCEY 39100

Les Jardins Fleuris 11/20

35 route Nationale - T. 03 84 71 04 84 - Menu(s) 20-53 €

Au sud de Dole, au bord de la route nationale, cette auberge jurassienne est une bonne étape régionale et traditionnelle. La maison assure une expérience conforme aux attentes avec des assiettes de bonne réalisation, une soupe de grenouilles au savagnin et crémeux de petits pois au cerfeuil, un dos de bar rôti, épeautre, asperges et vinaigrette Morteau, un quasi de veau avec une tartelette champignons et amandes. Menus bien étagés de 20 à 53 €.

PARENTIS EN BORN 40160

Chez Flo 12/20

9 rue Saint-Barthélémy - T. 05 58 78 40 21 - Menu(s) 17 €

Du classique revisité qui connaît un succès mérité. La terrasse donne sur la belle église, l'esprit est bistrotier, sans façon mais non sans soin, et tout est en place au service, malgré le rush. Houmous pour s'amuser, marbré d'aile de raie à la coriandre, radis red meat, mayo crémée et shiitaké en escabèche pour l'entame, tataki de bœuf béret noir sauce ponzu et tobiko pour la mode, pavé de lieu crème de coco citron vert, bon dessert chocolat, à la fleur de sel en tartelette, fruit de la passion et grenade. Les produits sont bien sourcés, bio pour la plupart. Cave vaste avec une intéressante sélection régionale, grand choix de cocktails et alcools locaux. Un point de plus cette année.

PARIS 1 75001

Plénitude - Cheval Blanc Paris 19,5/20

CHEF : ***ARNAUD DONCKELE*** *- CHEF PÂTISSIER :* ***MAXIME FRÉDÉRIC*** *- DIRECTEUR DE SALLE:* ***ALEXANDRE LARVOIR*** *- SOMMELIER:* ***EMMANUEL CADIEU***

8 quai du Louvre - T. 01 79 35 50 11 - Menu(s) 340-415 €

Dans la Plénitude de ses moyens, Arnaud Donckele, qui a sur ses épaules les plus grandes responsabilités, parvient à les assumer toutes et même au-delà. Une partie de la semaine à Saint-Tropez, une autre à Paris, à faire tourner les assiettes, comme un équilibriste, de trois restaurants, dont le navire amiral, où tout doit être extasiant, ébouriffant et parfait. La tâche est rude, mais rien n'est insurmontable pour le si généreux et talentueux chef normand, perfectionniste jusqu'au bout de la spatule, virtuose des sauces, capable d'effectuer un patient travail de recherche et d'approfondissement pour un ingrédient d'un millimètre dans une composition qu'il jugerait encore inaboutie. Chaque plat est ainsi travaillé, retravaillé (avec la garde rapprochée, Bertrand Noeureuil, Clément Bécherel, chefs fidèles et accomplis), chaque sauce explorée dans le moindre aspect, composition, texture et surtout accord. Avec le lapin, haricot vert et girolle, la vinaigrette est dite «successive», car les saveurs s'en dévoilent au fil de la dégustation, consommé de lapin lard fumé et sauvignon, miel de romarin moutarde de Callas, vinaigre de xérès, infusion de romarin, huile d'olive Bouteillan, mousseron, girolle, livèche ciselée, tomate confite, pignon de cèdre, poivre originel, soit 14 ingrédients nécessaires, dosés, analysés, synthétisés pour la réussite d'une vinaigrette ! Multipliez ces efforts pour les 8 à 10 services d'un menu entier pour comprendre ce qu'un repas ici a d'exceptionnel : l'envoûtant sabayon «Shahia» avec la langoustine artichaut et agrume, le délice de la sauce «à manger», dite «byzantine» par ses parfums mystérieux d'haliotis, coriandre, orange confite... sur le bar haliotis tomate, et le veau dans son potager d'été et amande, porté aux nues par la fricassée «dévoyée» où vient le zeste de bigarade et yuzu, l'essence de gingembre et de citronnelle, l'infusion de sauge et laurier. Un ballet digne de ce cadre exceptionnel, Cheval Blanc Paris, résidence de l'hyperluxe international dominant la Seine au Pont-Neuf, contribue à la plénitude heureuse des convives, jusqu'aux desserts racés et dans l'exacte ligne du repas, signés par Maxime Frédéric, visionnaire comme Arnaud d'une gastronomie qui se renouvelle dans la finesse et le talent le plus élevés. «Ronce charnelle» à la framboise, rose et verveine, «Souvenir affectif» à la rhubarbe, vanille et beaumes-de-venise, qu'escorte un jus «d'élixir enfantin». Cave évidemment grandiose, avec des Cheval Blanc et des Romanée Conti comme s'il en pleuvait, les grandes fortunes de ce monde ayant bien sûr, avec de tels plats, très envie que la fête soit au sommet.

Kei Kobayashi 17/20

CHEF : ***KEI KOBAYASHI*** *- CHEF PÂTISSIER :* ***TOSHIYA TAKATSUKA*** *- DIRECTEUR DE SALLE:* ***LOUIS-MARIE ROBERT*** *- SOMMELIER:* ***KEVIN DIGONNET***

5 rue du Coq Héron - T. 01 42 33 14 74 - Menu(s) 98-385 €

Cette salle close dépourvue de couleurs (cuir gris, marbre, verre, Murano, moquette grise) crée les conditions d'un omakase où tout est caché jusqu'à la découverte. Kei Kobayashi a mis dix ans pour imposer les rites de son pays dans un modèle de haute gastronomie française à sa façon. Plus personne ne se demande si un chef français amoureux du Japon s'installerait à Ginza pour y produire un sommet de cuisine japonaise à la française, tant la cuisine de Kei montre aujourd'hui de personnalité et même d'exclusivité. Le luxe est dans les produits, dans leur rareté et dans leur traitement singulier, dans la crevette de Palamos en ceviche, pomme et caviar comme dans le homard en chapelure de panko, gribiche et caviar, mais aussi dans le simple jardin de légumes et d'herbes, plat signature comme il est convenu de dire, avec son émulsion citron, sa mayonnaise et dés de saumon fumé, qui pousse loin le curseur de l'harmonie végétale. Dans cette atmosphère de cocon précieux, et logiquement un peu bruyant (25 couverts pour 60 m2), l'excellente technique de ces assiettes reproduites à de nombreuses reprises est une évidence pour tous, de la grosse langoustine d'Écosse, sa bisque et une diablerie de condiment pimenté au bar en écailles soufflées citron caviar et pesto à l'encre jusqu'à l'excellent pigeon laqué au miso, figue et tapenade de foie, et la tarte au chocolat remarquable. Le service masqué est en ordre, parfois éprouvant tant il est empressé, néanmoins sincèrement gentil et fortement impliqué. La cave très classique est sage en contenu et redoutable en tarifs, sauf pour la clientèle internationale, bien représentée.

Sur Mesure par Thierry Marx - Hôtel Mandarin Oriental 17/20

CHEF : ***THIERRY MARX*** *- DIRECTEUR DE SALLE :* ***DAVID BIRAUD*** *- SOMMELIER :* ***DAVID BIRAUD*** *-*
CHEF PÂTISSIER : ***ADRIEN BOZZOLO***

251 rue Saint-Honoré - T. 01 70 98 73 00 - Menu(s) 255 €

Il est aujourd'hui, et depuis de nombreuses années déjà, l'un des rares cuisiniers immédiatement reconnus par le très grand public. Mais Thierry Marx est évidemment beaucoup plus qu'un homme de médias, à la fois entrepreneur, formateur, boulanger, conseiller... et toujours aux commandes de ce vaisseau futuriste qu'est Sur Mesure, la table phare du Mandarin Oriental. Dans ce décor étonnant, signé Patrick Jouin, un peu froid trouveront certains, notre Cuisinier de l'Année 2006 fait ce qu'on attend de lui, concevoir une cuisine évidemment semblable à aucune autre, élevant le principe du trompe l'œil au rang de philosophie. On reste parfois sur le bord du chemin, essayant de se persuader sans vraiment y parvenir que le lieu de ligne, coquille d'huître végétale et pesto salicorne est un grand plat, tout en étant conquis par le désormais classique risotto de soja aux huîtres et champignons ou le formidable bœuf de Miyazaki, livèche et shiso, une merveille de gourmandise peut être un peu trop chargée en wasabi. Les desserts sont évidemment imaginés dans le même esprit (avec notamment un saint-honoré complètement détourné), la cave est parfaitement adaptée à cette cuisine aux confins de la France et du Japon, et le service, malgré la présence discrète de David Biraud, peine à réchauffer cette ambiance d'entre-soi.

Restaurant Le Meurice - Alain Ducasse 16,5/20

CHEF : ***AMAURY BOUHOURS***

228 rue de Rivoli - T. 01 44 58 10 55 - Menu(s) 280-340 €

L'accent est mis, dans tous les restaurants d'Alain Ducasse, sur l'excellence de l'équipe, ce que nous appelions il y a peu le carré magique, chef, directeur, sommelier et pâtissier. Au Meurice, comme au Louis XV ou à Versailles, cette excellence est bien palpable avec le tandem de choc Amaury Bouhours et Cédric Grolet. Le lieu, qui bénéficie aussi d'un bel espace salon de thé, est admirablement porté par une brigade de haute tenue, en salle comme autour du piano, la salle dirigée par Olivier Bikao et la cave très vaste confiée à Gabriel Veissaire. Dans le resplendissant salon XIXe, grands lustres, dorures, moulures jusqu'à plus soif, on écarquille les mirettes et on ouvre les écoutilles. Pour profiter, des langoustines et bœuf fumé avec le lard de chez Duler, du bar de la Côte d'Opale blette raisin et noix, de la poularde de Culoiseau oignon rouge et morilles des pins (sparassis). Tout, jusqu'aux desserts au sommet (baba crème montée, noix de coco poivre des cimes...), porte la marque du très grand prestige français. Cinq services seulement par semaine, c'est tout de même très peu, mais les 4 toques devraient arriver en toute logique dans peu de temps.

Granite — 15,5/20

CHEF : *TOM MEYER*

6 rue Bailleul - T. 01 40 13 64 06 - Menu(s) 65-140 €

Précision, énergie, modernité, c'est du Granite pur ! Et Tom Meyer est sans doute déjà le «Manigolden boy» le plus flamboyant de la galaxie parisienne. Avec Substance, Contraste et d'autres, Stéphane Manigold a en effet montré sa science du casting. Avec Granite, c'est de la voyance pure ! Dans l'équilibre des acidités (berce et saint-jacques sous un voile de navet fumé), dans la relecture du végétal (détonant charbon de topinambour épine vinette polypode et mousse café), comme dans la qualité des finitions (une cuisson éblouissante du ris de veau avec la cacahuète fumée patate douce et passion), le jeune chef jurassien s'inscrit dans la short list de ce qu'il faut avoir goûté dans la capitale. Le très bon pâtissier Anthony Chenoz joue avec les textures et les agrumes, la salle est dans la cadence, comme la cave, un poil modeuse, mais pas trop chère, avec une offre au verre intéressante, et le grand menu en 5 ou 7 plats est servi midi et soir.

Yam'Tcha — 15,5/20

CHEF : *ADELINE GRATTARD*

121 rue Saint-Honoré - T. 01 40 26 08 07 - Menu(s) 150 €

La passerelle entre la Chine et la France d'Adeline Grattard est toujours aussi innovante et même impressionnante, dessinant l'univers unique de la cheffe. C'est sans doute ce qui nous plaît depuis tant d'années, cette indépendance et cette liberté qui fait d'un dîner chez elle une expérience unique. Pionnière également, sans fanfaronner pour autant, en matière de pairing plats et thés, elle rassemble dans son menu dégustation à 150 € le fruit d'un travail personnel toujours aussi prodigue : la salade de maigre asperges et agrumes, les saint-jacques au wok émulsion ail des ours, le siu maï de poulette au foie gras et œufs de truite et le tataki de jersiaise avec les aubergines à la sichuanaise forment un tout cohérent, que l'on déroule avec délice jusqu'aux baos maison (stilton et cerise amarena par exemple) et les desserts toujours subtils et savants. Accueil tout en distinction et simplicité, belle cave et conseils sur le thé d'une grande pertinence.

La Dame de Pic — 15/20

CHEF : *JORDAN THEURILLAT*

20 rue du Louvre - T. 01 42 60 40 40 - Menu(s) 90-165 € ♿

Il faut saluer le travail en profondeur d'Anne-Sophie Pic, qui maintient dans toutes ses adresses la quête de l'excellence autant qu'une signature. La Dame de Pic du Louvre ne déroge pas, salon feutré de haut niveau où chaque détail est étudié de près. Des produits choisis, des recettes qui semblent familières, mais qui comportent chacune leur dose de complexité et d'originalité, voilà la bonne formule pour une soirée réussie et singulière : avec le maquereau de Vendée grillé à la flamme mayonnaise tiède au thé lapsang souchong et sésame noir, la sole bretonne cuite au barbecue japonais pomme de terre aux épices douces et bouillon iodé, le veau normand mariné au miso et géranium rosat chou de Pontoise et algues marines. De la délicatesse et aussi de la légèreté jusqu'aux desserts bien parfumés, comme le kumquat de chez Bachès, frais et confit avec un crémeux infusé à la feuille de cannelier. Service de haut niveau, sélection viticole assez classique, très complète, avec une dizaine de choix au verre.

Langosteria - Cheval Blanc Paris 15/20

8 quai du Louvre - T. 01 79 35 50 33

Au 7e étage du Cheval Blanc Paris, Langosteria est une brasserie italienne de luxe pleine de vie, de chic, de personnalité. Dans ce cadre enchanteur avec vue sur les toits de Paris, modulable entre le coin bar, les tables en terrasse ou les banquettes confortables, un large choix d'assiettes mettent en valeur le terroir méditerranéen, sur mer comme sur terre : fruits de mer du banc de l'écailler, magnifiques et subtiles gambero rosso crues, servies sur des mini-endives confites dans une huile d'olive au gingembre qui balancent entre le suave et le sucré, friture de supions sur une sauce piquante all'assassina, inévitables linguine au homard aux riches sucs du crustacé. Les propositions d'accords avec les vins au verre sont judicieuses, jusqu'aux desserts, comme le «Muffato della Sala» sur le léger tiramisu. Carte des vins impressionnante, tant par le choix italien que par les pépites du groupe propriétaire LVMH. Service preste et chantant par une team quasi exclusivement italienne.

Palais Royal Restaurant 15/20

CHEF : PHILIP CHRONOPOULOS

110 galerie de Valois - T. 01 40 20 00 27 - Carte 197 € - Menu(s) 110-225 €

C'est sans doute aujourd'hui la plus belle table du Palais-Royal. L'accueil est raffiné, jusque dans les moindres détails du service, et les assiettes de Philip Chronopoulos, enjôleuses, jouent dans la cour des très grands avec des tarifs autour de 160 € à la carte. Pour ce moment de plaisir, aucun élément n'est négligé, et ce, dès les mises en bouche, avec de brillantes compositions autour des produits nobles attendus : saint-jacques oseille pomme verte et endive, bar céleri estragon et truffe noire, agneau de lait artichaut pois chiche origan. Les desserts sont nets, même si leur variété est limitée, dans le choix comme dans la création, et la cave, classique, propose suffisamment de grands crus pour plaire à tous, avec une petite offre au verre. Pour avoir une bonne idée de ce lieu idyllique à bon compte, opter pour le menu déjeuner, à 85 €.

Le Baudelaire - Hôtel Le Burgundy 14,5/20

6-8 rue Duphot - T. 01 71 19 49 11 - Menu(s) 64-160 €

On le sait, Le Burgundy est une jolie pépinière pour l'épanouissement des jeunes chefs en devenir. Cette année, c'est Anthony Denon, venu du Jeu de Paume à Chantilly, qui est chargé de reprendre les cuisines à la suite de Guillaume Goupil, le chef pâtissier Pierre-Jean Quinonero restant à ses côtés. Le lieu est superbe, très chic et plutôt discret pour une belle clientèle, amatrice de faste sans débordements. Les premières cartes montrent de la finesse et des idées, comme attendu, frisant les 3 toques comme son prédécesseur, à confirmer et - on l'espère - amplifier. Nous conservons les toques pour l'anguille, vin jaune et fleur d'artichaut, le saint-pierre céleri et caviar, le bœuf maturé et aubergine confite, le bon dessert chocolat chipotle et huile d'olive noire.

Le Grand Véfour 14,5/20

17 rue de Beaujolais - T. 01 42 96 56 27 - Carte 86 € - Menu(s) 58 €

Située au seuil du jardin du Palais-Royal, la mythique maison bicentenaire offre toujours un cadre magique. Son histoire est imprimée sur les banquettes, cette atmosphère ineffable du café de Chartres du XVIIIe siècle. Moins de falbalas qu'à la grande époque, mais une partition sérieuse orchestrée par le talent de Guy Martin dans une tradition appropriée : foie gras, saumon fumé, saint-jacques purée de céleri, onglet de veau oignon rouge rutabaga et une bonne forêt-noire. Le semainier aide à ne pas trop réfléchir tout en profitant de ce cadre illustre, dans un menu sans choix, mais changeant, autour de 48-58 € avec le dessert. Tea time de 15 à 18 h.

Halle aux Grains 14,5/20

2 rue de Viarmes - T. 01 82 71 71 60 - Carte 100 € - Menu(s) 54-108 €

Un cadre somptueux au cœur de la Bourse de commerce Pinault Collection, écrin idéal pour bousculer les codes à travers la cuisine nature de Sébastien et Michel Bras. Une réussite architecturale signée par Tadao Ando, un agencement lumineux et la belle vue depuis le troisième niveau. Pour en profiter pleinement, le menu déjeuner à 54 € et trois temps est une bonne introduction à l'univers Bras : thon blanc de Saint-Jean-de-Luz grillé croustillant de sésame et haricots verts, merlu poêlé boulgour d'épeautre pâte de roquette émulsion estragon haricots et fèves, tartelette aux cerises pochées dans un jus infusé à l'orange sorbet agastache... À la carte, les magnifiques produits de l'élevage aveyronnais, ris d'agneau, côte de veau, filet d'Aubrac et même les escargots...

Jin 14/20

6 rue de la Sourdière - T. 01 42 61 60 71 - Menu(s) 180-550 €

La table japonaise la plus secrète de Paris, et sans doute la plus chère avec l'Abyss de Yannick Alléno. Très souvent, vos seuls voisins seront Japonais, et le menu «Omakase», évidemment caché, est une succession de délices ébouriffants et subtils, de 180 à 500 € suivant le nombre de services choisis. Et comme on ne peut pas ici être à 100 € près, on se laissera tenter par l'accord mets et saké, à 100 ou 150 €, selon le format.

Mumi 14/20

14 rue Sauval - T. 01 40 26 27 54 - Menu(s) 39-79 €

Un design très réussi pour ce Mumi, contraction de Museum Mile, le quartier des musées de New York. On est donc dans le gastro arty, plutôt sans concession. Pablo Sabariego, jeune chef passé chez Ledeuil et L'Assaggio, intègre les bonnes données dans une séquence adroite, en légèreté et finesse, à 79 €, où l'on a apprécié la truite de Banka pesto d'oseille pomme et nori, la lotte au fino moules de Galice et asperges ou la presa «5J» soubressade et chou kale. Une recherche intéressante en cave et sur les vins au verre, avec un très bon douro blanc à 12 €.

La Poule au Pot 14/20

9 rue Vauvilliers - T. 01 42 36 32 96 - Carte 23 € - Menu(s) 46-79 €

On ne peut que remercier Jean-François Piège de redonner du sens à cette cuisine bourgeoise et parisienne qui réunit tous les terroirs en un seul. Les vrais hors-d'œuvre à partager, l'œuf mimosa, le radis beurre ou le céleri rémoulade, l'os à moelle et les escargots, tout fait sens et vire au bon goût dans ce décor idoine façon brasserie des halles repensée. On ne se prive pas d'un brin de nostalgie avec la poule au pot ou la gratinée à l'oignon, les grenouilles un poil fades, la bonne quenelle de bar, le hachis parmentier ou le chou farci. Bons desserts attendus (île flottante, profiteroles...), cave avisée et prix logiques.

La Régalade Saint-Honoré 14/20

106 rue Saint-Honoré - T. 01 42 21 92 40 - Menu(s) 47 €

C'est devenu une antienne autant qu'une recommandation : régalez-vous ! Ce n'est peut-être pas le cas partout, mais Bruno Doucet maintient le cap sans sourciller, en faisant taire les modes - et il en a vu passer - pour garder l'essentiel, la quintessence de la bonne bouffe. Du produit, de la connaissance, de la générosité. Voilà ce qui fonctionne pour faire apprécier, au cœur de Paris, les escargots et champignons rôtis et lentilles vertes cuisinées comme un petit salé, le paleron avec sa purée et sa garniture de bourguignon, le cochon du cantal, moelleux et croustillant embeurré de chou vert. Où mange-t-on aussi bien à Paris pour moins de 50 € ? On termine avec le baba ou la bonne tarte chocolat, repu et content. La cave est également celle d'un connaisseur.

Le Dali 13,5/20

228 rue de Rivoli - T. 01 44 58 10 44 - Carte 123 €

Sur la rue de Rivoli, dans l'un des plus beaux hôtels du monde (le Meurice), ce Dalí accueille toute la journée, pour une halte au sommet, un tea time avec les pâtisseries de Cédric Grolet, ou bien un déjeuner sous une toile d'Ara Starck. La belle salle à colonnes qui succède au lobby a été redécorée par Philippe Starck, modernisant l'endroit sans dénaturer l'esprit français et classique de la maison, une ode à l'élégance nationale que ne renient pas les touristes, comblés du spectacle. On y sert une belle cuisine française, de saison et d'une technique irréprochable, qui met en scène la morille des pins dans une fantastique entrée forestière, avec une sauce de compétition, des raisins au verjus et condiment chèvre et noix, un beau filet de bœuf cuit comme il faut avec une relecture de la pomme de terre en tagliatelles franchement convaincante. Pour finir, les desserts de Cédric Grolet font toujours la magie, tel un généreux paris-brest à la pistache, réminiscence d'un souvenir d'enfance. Cave volontairement limitée, avec quelques grands noms (Clos des Fées, Clos Rougeard, Carillon d'Angélus...).

Goumard 13,5/20

9 rue Duphot - T. 01 42 60 36 07 - Menu(s) 53-73 €

C'est un temple poissonnier qui vit un peu sur son glorieux passé, mais qui garde de nombreux habitués. On s'y retrouve dans un grand confort, dans un entre-soi d'amateurs de plateaux chics, fruits de mer, huîtres et autres délices au naturel. Pour davantage de cuisine de Philippe Dubois, on tâte du tataki de thon, du carpaccio de daurade, du saint-pierre beurre blanc ou de la lotte à l'américaine pour revisiter quelques classiques devenus trop rares. Service déférent, quelques viandes pour compléter et une cave traditionnelle.

Liquide 13,5/20

39 rue de l'Arbre Sec - T. 01 42 36 50 05 - Menu(s) 29 €

Aucun doute, Jarvis Scott est le très bon choix de cette adresse, un nouveau succès pour Stéphane Manigold, tout près du Granite mené par Tom Meyer. Dans ce lieu animé et moderne, venu prendre la place de Racines 2, on se laisse griser par les multiples propositions, le cocktail, la cave bien affûtée, et ces assiettes au laser qui portent la marque d'un savoir-faire plutôt brillant sur les associations et les textures : tomate, katsuobushi et garum d'anchois, tomahawk de cochon pois chiche carotte fumée et yorkshire... Le jeune chef semble parfaitement à l'aise, la jeune clientèle jubile et le service se fond avec fluidité dans ce mouvement d'enthousiasme.

Nhome 13,5/20

41 rue de Montpensier - T. 01 89 33 48 43 - Menu(s) 105 €

Après être passé par de belles maisons comme Frenchie, Le Cinq ou encore Saturne, le jeune chef Matan Zaken s'installe dans le berceau des restaurants parisiens, le Palais-Royal. Là, une cuisine ouverte devant laquelle on passe avant d'arriver dans la salle principale voûtée aux pierres apparentes mais à la décoration résolument moderne : larges miroirs au plafond, tables contemporaines assemblées en une grande table d'hôte autour de laquelle les convives se rassemblent. Le menu est lui aussi unique, et décline de belles compositions, à commencer par une belle tranche d'aubergine confite et laquée avec une sauce soja et prune au barbecue, à la texture et croquant surprenant. Ou encore une barbue nacrée accompagnée de cèpes rôtis et en purée, pimpée avec un jus de seigle et miso du plus bel effet pour une assiette parfaitement équilibrée. Le jus accompagnant le pigeon rosé est lui aussi habilement relevé avec une réduction de riz noir et une pointe de betterave. Chaque fois, des assiettes qui mettent en avant sauces et jus au service du produit. Dessert autour des céréales croustillantes et d'une glace au pollen tout en finesse, qui démontre que l'on peut manger des graines tout en restant dans la gourmandise. Un bon moment, à condition de vouloir connaître de nouveaux amis en mangeant à leur rythme. Carte des vins intelligente, avec quelques pépites abordables et de belles étiquettes pour se faire plaisir. Service souriant, rythmé et sympathique.

Pirouette 13,5/20

5 rue Mondétour - T. 01 40 26 47 81 - Carte 50 €

Si Pirouette n'a plus le privilège de l'avant-garde, il reste l'un de nos favoris dans le genre table évoluée sur base de néobistrot. Si l'offre sur l'ardoise déjeuner est plutôt basique, c'est dans les assiettes du soir que les pirouettes sont les plus probantes, avec le poulpe grillé mousseline de pois chiche et chorizo, la daurade plancha panais en déclinaison sauce chimichurri, la poitrine de cochon confite céleri et eryngiis. Desserts d'appoint, cave correctement pourvue.

EnYaa 13/20

37 rue de Montpensier - T. 01 40 26 78 25 - Carte 81 € - Menu(s) 60-90 €

Raffinement nippon au Palais-Royal, dans cet antre discret qui réunit les habitués. Ceux qui font confiance de façon immuable au menu dégustation à 120 €, au déroulé complet de la tradition, incluant soupe, sashimi, tempura et sushi autour d'un plat principal, ou les tenants d'un déjeuner un peu sur le même principe, en plus compact, autour de ces réalisations très soignées : anguille grillée au binchotan et okonomiyaki, saumon grillé au miso blanc et aubergine dengaku, morue grillée façon yuan...

Kinugawa Vendôme 13/20

9 rue du Mont Thabor - T. 01 42 60 65 07 - Carte 83 € - Menu(s) 48-68 €

C'est désormais la ligne fusion imposée à tous les «Kinu», des endroits chics et à la mode dans le vaste et beau monde. L'exemplaire, feutré, moderne et très zen, de la rue du Mont-Thabor, ne fait pas exception, avec sa carte bien formatée, mais originale dans sa conception, avec carpaccio «new style», rouleau de printemps au king crab, salades étonnantes, steak de wagyu au wasabi, crevettes grillées spicy au lait de coco et miso coréen. Les tarifs ne sont ni tendres ni ruineux, environ 60-70 € selon les produits choisis.

Balagan 12,5/20

9 rue d'Alger - T. 01 40 20 72 14 - Carte 17 € - Menu(s) 25-30 €

Le «joyeux bordel» de Balagan poursuit son aventure pour les «yuppies» de 2020. Ils prennent la vie du bon côté et profitent de cette adresse ouverte sur le monde, avec une cuisine méditerranéenne qui plaît à tous : des mélanges parfumés et savoureux, des textures enjôleuses. Les idées de base ont beau être simples, le résultat est probant, sur le carpaccio «à la Beber», le tartare de poisson blanc aux jalapenos et labneh à l'oseille, la fattoush au yaourt muhammara ou l'agneau al-ha'esh et son chimichurri de tomates brûlées… Les idées d'Assaf Granit sont bien traduites avec le concours du chef Elior Benaroche et une équipe toujours aussi performante en salle pour faire virevolter les verres et les cocktails.

Baltard au Louvre 12,5/20

9 rue Coquillère - T. 01 44 82 03 76 - Menu(s) 24,90 €

Cadre Art nouveau avec sa large verrière métallique, cuisine d'aujourd'hui, axée sur le produit, mis en valeur par des parfums et accompagnements de bonne tendance : maquereau fumé cornichons frais et tahina, champignon farci et caponata de légumes anciens, côte de cochon sauce chimichurri et pavlova coco-vanille pour faire bonne mesure finale. En petit comité, on aimera aussi partager une grosse pièce, poisson d'arrivage ou épaule d'agneau… Une formule déjeuner correcte pour 30 €, une sélection d'une quinzaine de vins au verre, dont des champagnes bien choisis (Leclerc Briant, Laurent Perrier).

Juveniles 12,5/20

47 rue de Richelieu - T. 01 42 97 46 49 - Carte 49 €

Pas de changement de cap, et c'est tant mieux, dans ce modèle de bistrot à vin, consciencieux et gouleyant. La vision est juste dans tous les choix, solides comme liquides, avec des assiettes d'aujourd'hui adaptées à tous les verres : coques et shiitakés au soja crème de topinambour, poulpe plancha écrasée de pomme de terre au citron, gigot d'agneau de la Ferme de Clavisy frites de polenta artichauts poivrade. Tout ce qui fait plaisir est là et bien traité, jusqu'au saint-nectaire fermier ou au cheddar du plus célèbre fromager londonien, Neal's Yard Dairy. Avec, pour chaque plat, des conseils de «pairing» judicieux, extraits d'une carte majuscule.

Odette 12,5/20

25 rue du Pont Neuf - T. 01 44 88 92 78 - Carte 59 € - Menu(s) 26 €

Voilà ce qu'on peut appeler un bon produit de restauration. Une table chic, calibrée pour réussir, des pros aux manettes pour un restaurant d'hôtel qui se tient bien sans faire de vagues. Avec une carte au carré qui offre le répertoire bourgeois modernisé avec les œufs meurette et le filet de bœuf jus de viande, ou qui muscle son jeu avec le foie gras en coque de chocolat, les ravioles de homard et le turbot aux endives jus d'arête carotte cacahuète et gingembre. Menu du marché à 26 €, petit choix plaisant au verre, avec le quincy, le viognier de Stéphane Ogier, le côtes-d'auxerre de Goisot…

L'Absinthe 12/20

24 place du Marché Saint-Honoré - T. 01 49 26 90 04 - Carte 49 €

C'est un rendez-vous classique et coutumier, une table pour les amis qui se retrouvent, même assez tardivement, pour célébrer bonnes manières et traditions. Pas besoin de carte à rallonge et d'intitulés précieux, la confiance règne sur ces standards bien actualisés, une délicieuse soupe de poisson, des acras de légumes sauce chien, les saint-jacques gratinées en coquille et soubressade bellota, l'araignée de cochon Duroc au saté ou le chuck flap d'angus... Service diligent, ambiance parisienne.

Baan Boran 12/20

43 rue Montpensier - T. 01 40 15 90 45 - Carte 32 €

Pour explorer toute la Thaïlande en une seule visite, l'immense catalogue de Baan Boran devrait convenir. À condition de venir à plusieurs, sauf à posséder un appétit démesuré. Les soupes, tom yam entre autres, les salades multiples et parfumées, le pad thaï, les currys, plats vapeur et riz, trouvent leur variété dans les nombreuses épices, parfums, sauces et accompagnements, s'articulant autour des crevettes, du porc, du poulet ou du bœuf. La confection est sûre, le service rapide et très gentil.

Le Camélia - Hôtel Mandarin Oriental 12/20

251 rue Saint-Honoré - T. 01 70 98 74 00 - Carte 87 €

C'est typiquement un deuxième restaurant de palace, donc ni un bistrot ni une brasserie, mais un lieu pour rendez-vous d'affaires qui semble plausible et pratique. L'addition vigoureuse éloigne les rodeurs, la patte Thierry Marx s'exerce à distance sur une carte simple et saisonnière où le végétal et la légèreté dominent (les petits pois et l'huître en gelée, le maquereau et l'asperge) dans un menu entrée-plat à 48 €. On peut en effet se passer du paris-brest mollasson que nous avons ajouté en dessert à 15 €, et même du verre de vin très coûteux d'une sélection assez banale.

Les Cartes Postales 12/20

7 rue Gomboust - T. 01 42 61 23 40 - Menu(s) 30-50 €

Fidèle d'entre les fidèles, Watanabe a lui-même ses habitués, qui ne lâcheraient pour rien aux monde leurs chères Cartes Postales, un peu jaunies mais tellement attachantes et nostalgiques. La cuisine française est ici admirablement bien récitée par un chef japonais passionné de recettes classiques. Elle se savoure à travers les diverses formules, avec les maquereaux marinés aux herbes, la salade de gésiers, la joue de bœuf braisée, mais aussi le ris de veau caramélisé, le croustillant de langoustines ou la pintade au four risotto aux truffes. La bonne idée de proposer des demi-portions, et donc de goûter davantage de recettes, est maintenue.

Macéo 12/20

15 rue des Petits Champs - T. 01 42 97 53 85 - Menu(s) 35-40 €

Une jolie table festive, ni avant-gardiste ni passéiste, pour passer une soirée parisienne dans le bon tempo. Tout est juste dans l'assiette comme dans la prestation. Les plats sont bien tournés, dans la tendance, ceviche de bar, tortellini de joue de bœuf jus corsé cacao, ribs de cochon bio, magret rôti et carottes à l'orange. Ajoutez les fromages de chez Bordier, le rhum de La Havane sur le baba et une belle cave pour accompagner le tout.

Maison Plisson Saint Honoré 12/20

35 place du Marché Saint-Honoré - T. 01 83 97 96 96 - Carte 49 €

Le concept gagnant de Plisson - du produit, des idées du moment, une bonne technique - s'est bien acclimaté au marché Saint-Honoré, et la terrasse est pleine dès les beaux jours.

Chiffonnade de mortadelle et pâté croûte Lastre pour lancer la grignote, œuf mayo, salade César pour suivre, risotto de coquillettes à la truffe, quasi de veau sauce morilles pour de la belle résistance. Le riz au lait ou la profiterole finissent les débats sans sourciller. Jeune service dynamique, happy hour entre 17 et 20 h.

Ristorante Fellini 12/20

47 rue de l'Arbre Sec - T. 01 42 60 90 66 - Carte 62 €

Ce tradi transalpin près des Halles est une adresse vaillante et fidèle. On peut y vanter le néoréalisme italien et savourer ses standards : les artichauts à la romaine, le vitello tonnato, les penne all'arrabbiata, les spaghettis vongole et le risotto à la milanaise, parmigiano reggiano 24 mois avant le semifreddo maison. Service et accueil empreints de douce componction. Cave italienne classique.

Saudade 12/20

34 rue des Bourdonnais - T. 01 42 36 03 65 - Carte 44 € - Menu(s) 28 €

Un représentant historique de la cuisine portugaise à Paris, présent depuis des décennies. Les spécialités n'ont pas changé, l'accueil y est un peu plus gai cette année, et le travail demeure soigné sur les standards : beignets de morue, lulas grelhadas (calamars grillés), l'impeccable bacalhau à brás, le grand classique, et, parmi les viandes, le plaisir de retrouver le fameux porc à alentejana, aux palourdes et vin blanc. Le flan au porto ou les pasteis en dessert, et de très bons vins à découvrir.

Taokan 12/20

1 rue du Mont Thabor - T. 01 42 61 97 88 - Carte 50 €

L'exemplaire asiatique classique et rassembleur autour d'une vaste carte qui offre la plupart des spécialités chinoises issues de toutes les régions : dim sum, bouillons et potages, rouleaux de printemps, nombreuses déclinaisons sur les crevettes, le cabillaud, le saumon, des currys, et la sauce Taokan avec le bœuf spicy. Un grand choix de desserts et une atmosphère dépaysante qui ne se prend pas trop au sérieux.

La Tour de Montlhéry 12/20

5 rue des Prouvaires - T. 01 42 36 21 82 - Carte 40 €

Indéboulonnable tour régnant sur les Halles. Chez Denise, c'est le temps des copains, une époque qui vous replonge au ventre de Paris et à ces petits caboulots qui fleurissaient autour des chevillards. On peut encore y arriver affamé et en repartir repu, avec une carte qui répond aux envies d'un vrai Paris : terrine, frisée aux croûtons, os à moelle, raie aux câpres, haddock au beurre blanc, onglet échalote et une partie abats qui se tient toujours aussi bien, avec la tête de veau, les rognons, les tripes au calvados, l'andouillette grillée. Accueil sincère et franc, canons peu chers.

Zébulon Palais Royal 12/20

10 rue Richelieu - T. 01 42 36 49 44 - Carte 47 €

Au départ de la rue de Richelieu, derrière le Palais-Royal, une table de son époque, même si l'enseigne et les allusions («tournicoti tournicoton»...) s'adressent plutôt aux enfants des années 1960 qui ont un peu grandi. L'assiette, quant à elle, est bien siglée 2020, avec sa focaccia tête de veau sardines et kalamansi, sa betterave en texture et mont-d'or, son ris d'agneau croustillant rouget émulsion bouillabaisse. Une carte courte, des desserts bien imaginés, par exemple sur le cerfeuil tubéreux, pour une dînette plutôt originale.

À l'Épi d'Or 12/20

25 rue Jean-Jacques Rousseau - T. 01 42 36 38 12 - Carte 58 € - Menu(s) 29-39 €

Une version simple et bien gouleyante de la Poule au Pot, que Jean-François Piège a voulu plus proche d'un bouillon ou d'un bistrot des halles plus populaire. La cuisine en est le reflet, intitulés simples et familiers, salade mimosa, pâté croûte, steak à cheval frites, hachis parmentier, la meilleure idée étant de se laisser guider par l'affriolant semainier à 39 € la séquence complète : le vendredi, c'est raie aux câpres, après la salade d'endives tomme betterave et noix, et avant les fraises et chou chantilly.

Marietta 11,5/20

14 rue Bertin-Poirée - T. 01 40 26 67 19 - Menu(s) 21-38 €

Plus de Pique-Nique, mais toujours Laura Portelli aux commandes de ce bistrot moderne à la cuisine italienne authentique, familiale et pourtant bien actuelle. Le lieu est vaste et accueillant, et il suffit de cocher les cases pour faire son choix et établir son budget, de 21 à 38 € selon le nombre d'assiettes : betterave et stracciatella, carpaccio de mulet fenouil et cédrat, polpette au 'nduja et chou-fleur, poulet à la milanaise et épinard. C'est bon et bien fait, jusqu'au tiramisu et crostata al limone. Choix de vins au verre judicieux, d'Italie et de France.

A Casaluna 11/20

6 rue de Beaujolais - T. 01 42 60 05 11 - Menu(s) 24,50-45 €

Une table corse régulière, à l'atmosphère douce, un peu fatiguée ou plus remuante selon le moment et la clientèle. Les produits et les recettes de l'île de Beauté sont bien là, travaillés avec une indéniable recherche (quand on voudrait parfois juste la simplicité) et un effort certain dans la finition : lonzo en carpaccio et tomme de brebis fermière, châtaigne en velouté toast au foie gras et Cap Corse, cannelloni confit de tomate et bon stufatu de veau aux olives. Dans les verres, les références classiques sont bien choisies (Orenga, Arena, Capitoro, Peraldi...), délicieux dessert à la châtaigne.

L'Ardoise 11/20

28 rue du Mont Thabor - T. 01 42 96 28 18 - Menu(s) 39 €

Une enseigne discrète, proche des Tuileries et de la place Vendôme. Si vous avez fait une folie chez Cartier, l'aventure sera ici plus sage et moins dispendieuse, le menu-carte à 39 € ayant de quoi régaler sans arrière-pensées. De la variété classique, dans les produits à la mode (carpaccio de poulpe, tartare de thon au gingembre, calamar plancha) comme dans les standards (foie gras au torchon, escalope de veau au sautoir, caille farcie au foie gras et chou braisé). Service aimable et assez rapide, cave d'appoint.

Café 52 11/20

4 rue de Valois - T. 01 42 96 72 20 - Carte 56 € - Menu(s) 80 €

Pas de grandes ambitions gastro, mais la vision claire d'une restauration d'hôtel actuelle et de bon niveau, en version détox, healthy et bio, avec le concours d'un chef expérimenté, Maxime

Raab, passé notamment par le Fouquet's. Un certain raffinement, dès les assiettes à partager avec le tarama truffe ou le winter roll au crabe, les dim sum, le smorrebrod avec un pain sans gluten et quelques plats bienvenus, comme la volaille jaune de Vendée à l'estragon carotte bio et granola salé. Le lieu, caché derrière le Palais-Royal avec une petite terrasse, est tranquille et accueillant.

Laï'Tcha — 11/20

7 rue du Jour - T. 01 40 26 05 05

Troisième entité pour Adeline Grattard, ce Laï Tcha parfaitement placé dans ce quartier des Halles qu'elle ne quitte pas fait l'initiation aux plats populaires chinois revus par une cheffe de talent et d'expérience. Qui de mieux qualifié à Paris pour vous faire apprécier, en jouant sur les deux cultures et en experte du produit, les nems de légumes, les dim sum variés (wontons, bouchon réunionnais, siu mai de poulet...), mais aussi les suggestions du moment, le riz aux fruits de mer ou la marmite de paleron aux cinq parfums et butternut ? Et, bien sûr, les thés de la sélection maison pour accompagner.

Le Louis — 11/20

31 rue Coquillière - T. 01 42 33 56 17 - Carte 50 € - Menu(s) 23 €

À deux pas des Halles, une table exemplaire de bonne tradition française, dressant un catalogue des classiques que les touristes nous envient : cuisses de grenouilles à la provençale, croustillant d'escargot et beurre d'ail, que l'on peut faire suivre dans la même veine avec le tournedos Rossini sauce Périgueux ou le magret rôti polenta croustillante sauce miel. Du travail propre, sans surprise, qui vaut sa toque aussi pour les prix justes et le service aimable qui n'en rajoute pas. On termine avec la crème brûlée tonka ou la mousse chocolat.

Le Petit Bouillon Pharamond — 11/20

24 rue de la Grande Truanderie - T. 01 40 28 45 18 - Carte 19 €

Le Petit Bouillon Pharamond, ou quand les Normands débarquent à Paris, avec leurs pommes et leurs tripes. C'était il y a longtemps, mais l'établissement demeure une figure sympathique des Halles, un bistrot franc qui fait vivre la tradition des provinces dans le ventre de Paris. Une carte large comme un tonneau de cidre, pour choisir les bulots sauce tartare ou le foie gras au calva, les tripes à la mode de Caen ou l'escalope de poulet à la normande, dans un catalogue où ne subsistent que peu de plats typiques (et qui s'autorise quelques sacrilèges, tels le camembert rôti au miel ou le «tiramisu normand»). Cave d'appoint, cidre et poiré.

Le Soufflé — 11/20

36 rue Mont-Thabor - T. 01 42 60 27 19 - Carte 46 € - Menu(s) 39 €

Il faut aimer beaucoup les soufflés pour en faire un repas entier, mais la diversité crée l'envie dans cette simple échoppe fort bien placée. Du salé comme du sucré, sur des thèmes qui se renouvellent selon la saison, toujours bien montés, toujours bien garnis, tout en légèreté et goût : roquefort et poire, brochet et écrevisses, soufflé Henri IV, vanille et rhum, pomme et calvados... Quelques plats classiques pour égayer, saint-jacques au vin jaune, bœuf bourguignon, et un menu «tout soufflé» à 39 €.

Au Vieux Comptoir 11/20

17 rue des Lavandières Sainte-Opportune - T. 01 45 08 53 08 - Carte 50 €

Du bistrot classique qui se nourrit de produits bien tracés, une offre vaste pour faire le tour des terroirs sur les tables décorées de réclames anciennes. Après les bonnes planches à partager, le poulpe à la galicienne et ratte fumée, le pâté en croûte aux quatre viandes et foie gras, la saucisse maison cochon et comté, la cocotte de poulet de Challans et pattes noires oignon lard et champignons de Paris... Et le catalogue classique de desserts de bonne composition, riz au lait bio, profiterole chocolat et vanille de Madagascar, baba... Quelques idées supplémentaires sur l'ardoise du jour.

Willi's Wine Bar 11/20

13 rue des Petits Champs - T. 01 42 61 05 09 - Menu(s) 23-37 €

Un café-restaurant qui fait l'animation dans le quartier depuis des lustres, et toujours à la page. François Yon mène cette cuisine bistrotière sur mesure, évoluant avec son époque : croque-mademoiselle appenzell et bellota, gambas grillées aux agrumes et salsa verde, filet de lapereau fumé jus au fino, fregola sarda... Le petit pot ganache moka, avec sa langue de chat, est incontournable. Ambiance très agréable, très bon choix en cave d'une quinzaine de beaux crus d'un peu partout (condrieu, santenay, chianti, «Les Sorcières» d'Hervé Bizeul) en bouteille, en 50, 15 ou 10 cl.

PARIS 2 75002

Pur - Jean-François Rouquette - Park Hyatt Paris Vendôme 17,5/20

*CHEF : **JEAN-FRANÇOIS ROUQUETTE** - CHEF PÂTISSIER : **NARAE KIM** - DIRECTEUR DE SALLE: **JEAN-BAPTISTE JOURDAN** - SOMMELIER: **JAMES BARNETT***

5 rue de la Paix - T. 01 58 71 10 60 - Menu(s) 210-435 €

Calme, précision, générosité, trois mots qui définissent aussi bien la personnalité culinaire de Jean-François Rouquette que l'impression laissée par un repas dans ce luxueux salon du Hyatt. Une des étapes les plus prestigieuses du tourisme international à Paris qui est aussi une table de grande confiance. Et l'on peut dire que le Gault&Millau d'Or du palmarès Hauts-de-France-Ile-de-France 2021 porte en lui la sérénité des grandes signatures. Sa carte n'est pas qu'un défilé de produits magnifiques, car le couturier créateur possède un sens inné du bon plaisir qui l'accompagne : avec les langoustines crues et cuites butternut passion et tonka, les ormeaux iodés et subtilement aromatisés, marinés au vieux mirin, flan algues et brocolis, matelote aux œufs de brochet fumé... L'impression est vive, les saveurs nettes et rondes dans d'harmonieux échanges, comme les jalapenos et l'abricot sec qui escortent la poitrine de cochon confite et grillée. Enfin, on sait tout le talent du chef Rouquette pour s'entourer des meilleurs. Il a ainsi mis la main sur une perle, Naraé Kim, jeune cheffe pâtissière d'origine coréenne qui joue avec légèreté, et peu de sucre, sur des textures magiques et des parfums suaves, crème glacée aux pruneaux, cristalline de peaux de prunes, caramel de reine-des-prés ou la glace caramel miso, crème foisonnée au café et orge... Cave de grands crus, complète en toutes régions, à tarifs bien étudiés, service nombreux, zélé et fluide.

Sushi B 16/20

CHEF : ISAO HORAI

5 rue Rameau - T. 01 40 26 52 87 - Menu(s) 85-250 €

Les meilleurs sushis de Paris ? Voilà un débat bien compliqué, à l'image de la meilleure pizza de France ou du monde et, pour tout dire, bien vain. L'évidence en tout cas, même pour le béotien, c'est que ces sushis, évidemment préparés à la façon japonaise traditionnelle, n'ont pas grand-chose en commun avec ceux des chaînes spécialisées (le montant de la facture n'est pas non plus tout à fait comparable). La meilleure affaire est sans doute au déjeuner, avec un menu initiatique à 120 € incluant les fameux sushis.

Accents Table Bourse 15/20

CHEF : ROMAIN MAHI

24 rue Feydeau - T. 01 40 39 92 88 - Menu(s) 52-85 € ♿

Sobriété et chic sombre, un cadre très masculin, des menus cachés de 52 à 85 €, on entretient le suspense savamment pour les connaisseurs initiés qui acceptent de parier. Ils ont raison et nous n'avons aucune réserve à mettre l'accent sur cette valeur en hausse, avec le chef Romain Mahi et la cheffe pâtissière et gérante Ayumi Sugiyama. Des associations bien trouvées sur l'arrivage et la cueillette de saison, aux produits de haute tenue, associant le végétal aux poissons et aux viandes avec une belle imagination : sous un nuage d'une émulsion au hareng fumé, un risotto de céleri-tapioca accompagné de seiche crue, œufs de truite fumés et un shot poire-whisky ; le bar est cuit sur les écailles soufflées et endive, flanqué d'un triptyque, beignet crème aigre et caviar, crevette cristallisée potimarron et ail fermenté. Le filet de colvert maturé est caché sous un nid de barba di frate, avocat et coques et, en dessert, une composition clémentine thym et gingembre, glace au sel et yuzu confit montre la même technicité pointue, dans une vaisselle personnalisée par le chef lui-même, potier à ses heures. Cave bien variée, avec des classiques du monde. La 3e toque dès cette année.

Fleur de Pavé 14,5/20

5 rue Paul Lelong - T. 01 40 26 38 87 - Carte 94 € - Menu(s) 55-120 €

Niché dans une petite rue proche de la Bourse, le restaurant du chef Sylvain Sendra offre une cuisine végétale et sensible. Que vous soyez dans la petite salle à l'étage ou au comptoir dévoilant une partie de la cuisine, vous profiterez d'assiettes joliment dressées et savoureuses, comme cette tartelette parfaitement équilibrée de petits pois croquants et en crème légère assaisonnée de poutargue, ciboulette et balsamique ; ou encore un pavé de cabillaud et ses champignons de Paris en deux textures avec une sauce au vin riche et savoureuse, dont la pointe d'acidité comble bien le suave terreux du champignon. Desserts un peu plus convenus, comme la pavlova de fruits exotiques, mais une superbe carte des vins pour accompagner un repas tout en finesse.

Marcore 14/20

1 rue des Panoramas - T. 01 45 08 00 08 - Carte 24 € - Menu(s) 36-120 €

Une belle table, des produits nobles ou roturiers bien utilisés, des grillades au binchotan et un accueil tout en bonnes ondes. On aime se retrouver dans cette ambiance de raffinement détendue, chez Aurélie et Marc Favier ; la burrata à la truffe ou la pissaladière pour grignoter, les saint-jacques poireau bisque ou le faux-filet de noire de Baltique béarnaise, le financier noix crémeux pamplemousse glace aux noix font une séquence solide et gourmande. Bon menu déjeuner à 36 € qui montre aussi l'aisance du chef sur des assiettes du moment. À l'étage, on monte d'un cran avec les menus plaisirs à l'aveugle à 95 ou 120 € en 5 ou 7 séquences.

Mori Venice Bar 13,5/20

27 rue Vivienne - T. 01 44 55 51 55 - Carte 103 €

Face à la Bourse, un italien de bonne valeur sur lequel on peut placer ses économies. L'investissement est d'ailleurs de bonne taille, mais les plats proposés, de haute tradition transalpine, ont bien la qualité de finition à 2 toques : araignée de mer à la vénitienne, plins à la crème d'artichaut jus de veau blanc au parmigiano reggiano affiné 30 mois, côte de veau beurre et sauge avec un beau numéro sur le balsamique de 50 ans d'âge dans son tonnelet de rouvre. Pour une première visite, le menu «CAC 40» à 44 € est une bonne introduction. Service onctueux et sans faute, grande cave italienne.

Pantagruel 13,5/20

24 rue du Sentier - T. 01 73 74 77 28 - Menu(s) 52-100 €

C'est un saut qualitatif certain pour Jason Gouzy, qui prend de l'assurance et règle la mire avec justesse. Dans ses assiettes en trois temps, déclinant le produit de saison avec habileté - la betterave en mousse, fumée, chips avec le haddock en pickles et mousse - et fignolant l'assiette avec autant de bonnes idées que de précision : superbe grondin perlon, la galinette des Marseillais, blettes et moules sauce anchois, également en variation. Le nouveau pâtissier est dans la bonne ligne (très agréable riz au lait kumquat fromage grec), le service bien coordonné, et la cave dans l'air du temps ; un sommelier ou au moins un passionné de vin pourrait être un atout supplémentaire.

(V)ivre 13/20

3 rue de la Michodière - T. 01 58 22 89 90 - Carte 57 € - Menu(s) 19-66 €

Une table qui vous incite à bien vivre, en dégustant et partageant, voilà un programme auquel on ne peut que souscrire avec enthousiasme, tout près du théâtre de la Michodière. Les produits sont tracés, le pain vient de chez Thierry Breton, les ingrédients sont détaillés sur chaque plat, et l'Arbre à Café apporte la dernière touche. Après les tagliatelles de seiche fumet de coco et sumac, la volaille roulée avec sa farce fine sauté d'épinard et espuma au comté et la baklava feuille de brique pralin noisette chouchou et praliné gel citron et glace yaourt. La cave, assez classique de l'époque, est de bon conseil avec des suggestions sur chaque plat et un très large choix au verre, particulièrement en vins de Loire (Gendrier, Cotat, Pinard...).

A.Noste 13/20

6 bis rue du 4 Septembre - T. 01 47 03 91 91 - Menu(s) 45 €

Si Julien Duboué (Boulom) a lâché l'affaire en la cédant à Guy Martin, ce dernier en a intelligemment gardé l'esprit copains partageurs (A Noste, c'est «chez nous») aimant la cuisine du Sud-Ouest, les bons produits et la générosité dans l'assiette. Ces valeurs perdurent à travers une carte à peine retouchée, faite de grignotages consistants à l'apéro (charcuterie ibérique, croustillants de polenta bio au magret fumé, tomme basque...) et de plats de partage, recettes de terroir et autres : les chipirons frits au piment d'Espelette, le tentacule de poulpe snacké et chimichurri, la pluma de bellota, les cœurs de canard en persillade... Une bonne cave aux nombreux crus du Sud-Ouest.

La Bourse et la Vie 13/20

12 rue Vivienne - T. 01 42 60 08 83 - Carte 60 €

Sobriété et précision, l'image de Daniel Rose est intacte et perdure pour les fans. Dans ce cadre sobre, à l'enseigne presque cachée, une dînette tranquille mais de haut niveau, soignant le détail dans des standards éprouvés, le poireau vinaigrette et noisettes du Piémont, le tartare de bœuf et anchois, l'escalope de magret et foie gras en salade vinaigrette aux abats. On se reportera bien sûr aux suggestions du moment, toujours intéressantes.

Clémentine 13/20

5 rue Saint-Marc - T. 01 40 41 05 65 - Carte 28 €

Charmante Clémentine à la couleur du fruit en face du passage des Panoramas. Un petit air rétro de bon goût, avec les lettres d'or sur le mica noir, situant le style d'une carte bistrotière de bon ton déclinée sur l'ardoise du jour : terrine de saumon et courgette au basilic, suprême de volaille aux champignons, daube de joue de porc polenta, aux portions relativement généreuses et à prix justes. Desserts attendus (baba, profiteroles, fondant chocolat).

La Fontaine Gaillon 13/20

1 rue de la Michodière - T. 01 47 42 63 22 - Menu(s) 49 €

Assurément un bel endroit, un lieu festif plein de charme à 5 minutes de l'Opéra, le cadre idéal pour passer une soirée très parisienne en bonne compagnie. On fait aisément s'envoler un billet de 100 €, mais tout le monde autour de vous est aux petits soins pour vous faire apprécier la salade de homard à l'ache des montagnes, le carpaccio de langoustines, la côte de veau aux chanterelles et le baba de légumes oubliés chartreuse et coulis de verveine. Il y a une bonne imagination dans cette carte festive supervisée par Marc Veyrat, et le service qui doit l'accompagner est dans le bon rythme.

Les Jalles 13/20

14 rue des Capucines - T. 01 42 61 66 71 - Menu(s) 60-120 €

Le coin est animé, principalement grâce à ce bistrot fédérateur qui regroupe les bons vivants et les connaisseurs. Une large carte d'aujourd'hui répond à la plupart des humeurs gourmandes : pata negra, foie gras, escargots, tartare pour le produit quasi brut, mais aussi des assiettes plus élaborées comme le tartare de gambas et crémeux d'avocat, le pavé de thon rouge mi-cuit escabèche de courgettes et carottes au fenouil, souris d'agneau façon tajine, aux côtés des grands classiques, sole meunière et côte de bœuf. Les tarifs se tiennent plutôt sagement, autre raison du succès. Desserts comme attendus, cave plutôt classique pas très passionnante, avec un petit choix au verre.

Jugaad 13/20

17 rue Favart - T. 01 40 55 03 33 - Carte 52 €

Il y a tant d'inventivité dans cette cuisine indienne réinventée et décomplexée que l'on n'a pas la moindre tentation d'installer Jugaad dans sa case ethnique prédestinée. Manoj Sharma connaît les cuisines de toutes les régions sur le bout de la cuillère et les mixe à son gré dans une farandole bien entraînante. Après le grignotage d'houmous au curry et de salade de thon, on se promène dans un monde parfumé d'épices avec la côte de porc vindaloo, les côtelettes d'agneau betterave labneh et noix, l'incontournable version du chef du poulet tikka massala, que l'on ne peut que conseiller avec les pommes de terre ou le «bollywood burner» copieusement épicé. Le voyage n'est guère ruineux et l'expérience est même enrichissante, avec un très bon accueil.

Aux Crus de Bourgogne 12,5/20

3 rue Bachaumont - T. 01 42 33 48 24 - Carte 56 €

La façade de bistrot tradi annonce les plats de répertoire et l'enseigne promet le liquide de qualité. On ne se trompe donc pas d'endroit en piochant dans cette carte rédigée à la Japy, l'œuf mayo, les escargots, la frisée aux lardons, avant l'onglet échalotes, le poulet au vin jaune, le pied de cochon à la Sainte-Menehould ou les quenelles de brochet méritant bien de la patrie forte en gueule. Après avoir tout goûté, il ne reste plus qu'à faire passer avec les cerises à l'eau-de-vie ou l'omelette norvégienne. Venez évidemment sans conduire pour profiter de la cave.

Drouant 12,5/20

18 rue Gaillon - T. 01 42 65 15 16 - Carte 74 €

La consolidation est effective dans la maison des Académiciens et la carte, diserte sans trop d'effets de manche, sérieusement menée, devrait à terme redonner les 2 toques à cette institution. Le pâté en croûte aux trois viandes est de bonne composition, le cabillaud butternut chorizo est soigné, et l'on peut se faire plaisir avec le vol-au-vent façon frères Goncourt ou le cannelloni à la truffe et foie gras. Belles pièces de viande, service précis sans trop en rajouter, tarifs sérieux mais logiques dans ce cadre historique.

Aux Lyonnais 12,5/20

32 rue Saint-Marc - T. 01 42 96 65 04 - Carte 13 € - Menu(s) 28-35 €

Les nostalgiques des bouchons lyonnais se retrouveront aussi bien dans ce décor authentique, que dans la cuisine proposée par Marie-Victorine Manoa, la fille du célèbre Jean-Louis du Mercière, avec les classiques évidemment bien interprétés dans un cadre idoine : pâté en croûte, tête de cochon en deux façons (sabodet brioché et oreille grillée), l'artichaut et le foie gras en hommage à la Mère Brazier, le saint-marcellin de la Mère Richard, les fraises au beaujolais et d'autres propositions du moment. Le tout arrosé de beaujolais bien sûr (tous présents dans la carte), avec, plus largement, un choix convaincant en provenance de Bourgogne et de la vallée du Rhône. Service sans chichis et personnel aimable.

Tekés 12,5/20

4 bis rue Saint-Sauveur - T. 07 81 42 54 74

Difficile de ne pas se laisser embringuer dans cette promenade méditerranéenne réglée par Assaf Granit et ses équipes. En l'occurrence grâce aux assiettes réglées avec la cheffe Cécile Lévy, à quelques mètres de son autre comptoir sur la rue, le Shabour, qui n'en finit pas de connaître le succès. On peut prédire le même avenir à Tekes avec cette flopée de petites assiettes dont on raffole, le «brûlé de Cécile» crème de topinambour et tartare de céleri, la pasta pesto poireau feta fumée et céréale, le séduisant «choriso» freekeh chocolat noir et mousse d'artichaut. Partout, la culture israélienne et levantine vient twister et piocher des idées originales. Une belle équipe, «une bande» devrait-on dire, anime le lieu avec la même énergie que chez Shabour et fait virevolter assiettes et verres.

Les Amis des Messina 12/20

81 rue Réaumur - T. 01 42 61 13 73 - Carte 51 €

La famille sicilienne reconstituée dans ce bel espace, très complet, comptoir et restaurant, s'ajoutant à l'adresse du Faubourg-Saint-Antoine. Tout est beau, bien rangé, avec de nombreux délices transalpins à emporter et une vaste carte à déguster sur place : pizzas et focaccias, pâtes du jour toujours délicieuses, aux côtés des classiques (norma, carbonara pesto...), quelques plats du moment et une belle liste de desserts maison, dont le tiramisu.

L'Apibo 12/20

31 rue Tiquetonne - T. 01 55 34 94 50 - Menu(s) 22-47 €

Cuisine française bien arrangée, déroulant le catalogue des idées en vogue à partir d'ingrédients choisis comme autant de marqueurs de l'époque : encornet snacké et Morteau, œuf parfait mousseline de panais, carpaccio de saint-jacques, épaule d'agneau confite polenta, cochon confit 8 heures. Ce cadre bien formaté est aussi bien exécuté, ce qui rend attractive la formule complète à 47 €. Cave de bonne composition, avec les noms appréciés et un petit choix au verre.

Bistro Volnay 12/20

8 rue Volney - T. 01 42 61 06 65 - Menu(s) 35-68 €

L'occasion est trop belle, rue Volney, de ne pas flirter avec l'appellation bourguignonne. Ce bistrot bien né est un repaire de bons amateurs, et la cuisine va avec le vin, assez technique et sérieuse sur un fond tradi actualisé de bon ton : ceviche de maigre, pressé de queue de bœuf guindillas et pickles, poulpe grillé chorizo et tahini, filet de salers pommes grenailles jus corsé. Bons desserts (chou à la crème pralin et noisettes glace liqueur de café), cave bien vue, bonne formule à 40 € en évitant les suppléments.

Le Mesturet 12/20

77 rue de Richelieu - T. 01 42 97 40 68 - Carte 9 € - Menu(s) 28-34 €

Rassembleur, gouailleur, parisien, si le Mesturet n'existait pas, il faudrait l'inventer. Voilà un bistrot tout ce qu'il y a de respectable, qui fournit son catalogue en plats de répertoire, ajoute ce qu'il veut, selon l'humeur et la saison. Les habitués regardent l'ardoise du jour, les visiteurs s'en tiennent à ces classiques devenus rares, les harengs marinés et choucroute tiède, la cervelle de veau panée, l'araignée de porc, le parmentier de pintade, la brandade, la blanquette de veau. L'ambiance est bonne et solidaire, le «canardburger» plaît bien, et la cave a du répondant, en attendant la brioche perdue ou la tarte chocolat au sirop de coquelicot.

L'Oseille 12/20

3 rue Saint-Augustin - T. 01 45 08 13 76 - Carte 50 € - Menu(s) 25 €

Cette façade en noir et blanc impressionne comme un restaurant japonais. À l'intérieur, tout est plus chaleureux et direct, façon bistrot et chaises Thonet, ce qui n'empêche pas la cuisine d'être élaborée et même fignolée. La formule entrée-plat du déjeuner à 25 € est convaincante, mais la carte est suffisamment vaste pour attirer la gourmandise avec du classique de l'époque (saint-jacques crème de topinambour, ris de veau aux truffes et salsifis), mais aussi des assiettes plus inattendues, comme la bonne cervelle de veau en meunière d'amande et câpres, le saumon fumé à l'oseille ou le curry de légumes. Service appliqué dans une atmosphère un peu précise mais agréable. Petit choix au verre dans une cave plutôt sage.

Le Rubis 12/20

14 rue Léopold Bellan - T. 09 84 39 42 49 - Menu(s) 24€

Mixant le tradi et le nouveau avec finesse, ce bistrot tranquille au cadre pur jus avec sa petite terrasse nous plaît bien. Pas chochotte pour deux sous, il offre une courte ardoise dans laquelle on trouve facilement son plaisir. Les bulots mayo ou la terrine de lapin à la pistache, mais aussi la puntarelle aux anchois, la poitrine d'agneau jus à l'ail noir et topinambour ou le risotto aux asperges petits pois et ricotta dans une bonne formule déjeuner à 24 €.

Daroco 11,5/20

6 rue Vivienne - T. 01 42 21 93 71 - Carte 52€ - Menu(s) 28-35€

L'exemplaire Daroco dans le quartier de la haute couture est une bonne nouvelle, trattoria délurée et tendance dans l'ancienne boutique Jean Paul Gaultier. On y pratique les bons classiques le petit doigt en l'air pour déguster le vitello tonnato, la burratina et salade d'agrettis, les pizzas sorties toutes chaudes du four à bois, les linguine poutargue et la côte de veau au citron. On peut commencer la soirée avec un cocktail au bar Danico dans la galerie Vivienne.

Ibrik Kitchen 11,5/20

9 rue de Mulhouse - T. 01 70 69 42 50 - Carte 42€ - Menu(s) 24-29€

Une originale adresse d'Europe de l'Est pour vous promener autour des Carpates dans un décor lumineux prolongé d'une petite terrasse. La carte est assez courte, mais bien dépaysante, avec le börek déstructuré à l'effiloché d'agneau, le chou-fleur et paprika fumé pané à la livèche citronnée, le poisson danubien au barbecue légumes brûlés saumure à l'ail et soja ou la viande hachée aux herbes condiments moutarde sauce au kaymac (un fromage crémeux), le baklava en dessert, une formule bien variée à 29 € au déjeuner.

Arty 11/20

17 rue Daunou - T. 01 42 61 20 01 - Carte 38€

Une table de quartier qui vit bien dans son époque, se laissant porter plus que réellement moteur. L'ardoise donne dans le tataki de thon et le burger pour un service rapide et efficace. Les habitués se satisfont d'une offre au déjeuner à 24,90 €, l'arancini ou la burrata, la canette et purée de topinambour, la tarte citron meringuée. On accompagne avec un Moretti ou un verre de viognier de chez Paul Mas, le spécialiste des monocépages.

Bagnard 11/20

7 rue Saint-Augustin - T. 09 86 17 63 17 - Carte 16€ - Menu(s) 10€

On pourrait aisément classer le Bagnard de Yoni Saada dans la catégorie «Alimentation» tant il est vrai que les habitués viennent chercher leur pan bagnat pour le déguster au bureau ou chez eux. Mais il n'empêche que le chef du Phenice, qui nous subjugue par son imagination et son sens du goût, mérite bien la mention «vrai» restaurant, tant ce répertoire thématique se montre adroit et enjôleur. Avec la pissaladière, la mini-chakchouka, la «salade goulettoise» (entre Nice et la Tunisie), la pasta della mamma, les 7 propositions de pan bagnat (dont «Gigi le pastrami», «Riton les yeux bleus» à la ventrèche de thon et «harissa de Mamie Nelly»). Une régalade qu'on arrose de bière Bapbap ou de rosé du moment.

Bissac 11/20

10 rue de la Bourse - T. 01 49 27 01 90 - Carte 47 €

Propre, aimable, dans son époque, ce bistro-resto dans ses habits bien soignés propose des entrées légères et végétales (pleurotes sautés, asperges vertes vinaigrette dijonnaise...) et des plats classiques soignés (côte de cochon, queue de lotte braisée beurre blanc, vol-au-vent ris de veau et champignons...), faisant du Bissac une table de quartier très fréquentable. On termine avec le financier ou le macaron ganache chocolat pomme confite, ou encore un «champagne gourmand».

Caffè Stern 11/20

47 passage des Panoramas - T. 01 75 43 63 10 - Menu(s) 20-36 €

On retrouve de l'ambition dans ce beau «caffè» à l'italienne, et pas seulement dans les tarifs, qui grimpent gentiment autour de 80 € la séquence complète. Mais vous bénéficierez du charme ineffaçable du passage, d'un accueil distingué et enthousiaste, et d'assiettes au cordeau au bon goût de la Botte : carpaccio de saint-jacques au sésame poutargue et cumin, tagliolini à l'aneth homard calamar denti sauce pistache, foie de veau à la vénitienne et polenta frite. Bien gourmande, la tasse de chocolat noisette et café en dessert.

Canard et Champagne 11/20

57 passage des Panoramas - T. 09 81 83 95 69 - Menu(s) 29-66 €

Parce que le lieu a du charme, que l'enseigne est amusante (mais nullement parrainée par Canard-Duchêne) et que, sans se prendre vraiment au sérieux, cette cuisine d'allègre bistrot, mais qui ne change guère sa carte au fil des saisons, mérite une mention. Pour la bonne terrine (de canard), le magret ou le parmentier, la tarte citron ou le crumble. La formule entrée-plat-deux coupes pour 46 € fait passer un bon moment.

L'Entente 11/20

13 rue Monsigny - T. 01 47 42 92 35 - Carte 62 €

L'Entente est évidemment cordiale dans ce coin aussi touristique que très parisien dans son ambiance d'avant ou d'après spectacle. Pour le breakfast, le lunch ou le tea time, la «british brasserie» est toujours prête à rendre service, dans son agréable décor et avec sa petite terrasse sur rue. Avec ses salades aux bons ingrédients, ses plats «homecooked» et un brunch parmi les plus prisés du week-end.

Le Grand Colbert 11/20

2 rue Vivienne - T. 01 42 86 87 88 - Carte 62 € - Menu(s) 23,50-32,50 €

Face à la bibliothèque Richelieu toujours en travaux, un classique des soirées spectacles qui fonctionne en continu de midi à minuit. Dans ce beau cadre parisien de tradition, le menu «Bistrot» à 31 € est très prisé, sur un mode classique (escargots, fondant de bœuf de 7 heures purée, île flottante crème anglaise), et la vaste cave classique répond à toutes les soifs, jusqu'aux rares épineuils ou fiefs-vendéens de Mourat.

Le Minet Galant 11/20

8 rue Monsigny - T. 01 40 20 42 16 - Carte 51 €

Une jolie table à la parisienne dans le quartier des théâtres, un lieu animé de jour comme de nuit, avec sa terrasse sur rue et sa grande ardoise aux plats du moment, expressifs d'un tempérament parisien rassembleur : œuf mollet façon meurette, escargots, confit de canard haricots blancs, burger frites et sole meunière, on est dans le bon standard pour mangeurs de tradition, qui gardent une petite place pour l'île flottante ou la tatin. Service attentif et efficace, cave classique.

O'Bergine 11/20

32 Rue Tiquetonne - T. 09 71 51 12 72 - Menu(s) 30 €

Un joli petit néobistrot levantin de la dynamique rue Tiquetonne, compilation à orientation méditerranéenne de ce que la tendance nous propose : aubergine «comme à Beyrouth», déclinaison de houmous, falafel de fèves et pois chiches, blanquette de veau revue à la crème de kechek de brebis bio champignons et risotto au jus de veau. Desserts très orientés (cheesecake au labneh, osmalieh de cheveux d'ange à la mascarpone et mozza...), le tout coincé avec bonheur dans une avantageuse formule à 30 €. Vins français et libanais.

La Petite Régalade 11/20

14 rue Daunou - T. 01 42 60 11 00 - Carte 46 € ♿

L'ex-Pascade est devenu une agréable grignote proche de l'Opéra, parquet et bois clair pour accueillir les amateurs de cuisine nature et paisiblement roborative, incluant encore les pascades (au jambon parmesan en salé, au chocolat en sucré), encadrant le tartare frites, le thon mi-cuit au quinoa et le suprême de volaille jus corsé au romarin purée de patate douce et navet glacé. Un petit choix au verre à l'appui, dont le côte-roannaise bio de Giraudon et Paire.

Le Vaudeville 11/20

29 rue Vivienne - T. 01 40 20 04 62 - Carte 43 € - Menu(s) 29 €

La brasserie traditionnelle en face du palais Brongniart mêlant traders, touristes et habitants du quartier pour un choix vaste correspondant à la demande. Fruits de mer, huîtres de Saint-Vaast, Cadoret et Gillardeau, bonne gamme de classiques avec l'os à moelle, les escargots et les œufs meurette, le foie de veau en persillade, la tête de veau et la choucroute en spécialités. Et rareté d'aujourd'hui, on sait faire ici un steak au poivre. Desserts classiques et, sur le pouce, on peut aussi profiter d'un croque-monsieur de niveau professionnel. Sur le semainier, la quenelle de chez Giraudet le mercredi, la brandade le vendredi.

PARIS 3 75003

Restaurant Anne Hôtel Pavillon de la Reine 15/20

CHEF : MATHIEU PACAUD

28 place des Vosges - T. 01 40 29 19 19 - Carte 89 € - Menu(s) 49-59 € ♿

Quel bel endroit ! Sur la place historique la plus charmante qui soit, on passe sous les arcades à ogives pour entrer dans une cour intérieure majestueuse et accéder au Pavillon couvert de lierre. Mathieu Pacaud, à quelques mètres de l'Ambroisie paternelle, y développe son savoir si sûr en matière de cuisine de prestige, offrant aux touristes comblés une lecture moderne des produits nobles : tartelette au caviar risotto de blettes, homard spaghettis girolles bisque à l'estragon, côte de veau à la grenobloise beignet de fleur de courgette à la ricotta citron confit. Laurent Dubois fournit les fromages, le soufflé chocolat glace chartreuse est parfait. On mange très bien à la carte pour environ 200 €, et une dégustation est proposée pour 140 €. La 3e toque cette année.

Acte II 14,5/20

93 rue Vieille du Temple - T. 01 43 56 50 50 - Carte 80 €

La crise sanitaire avait mis un coup d'arrêt à cette table à peine ouverte sur un des toits du Marais par Jean-Philippe Nikoghossian, patron du Café La Perle, situé en face. Il a eu la bonne idée de la relancer en Acte 2 avec une brigade de cuisine toute japonaise menée par le talentueux chef Masahide Ikuta. Une vue à couper le souffle sur les toits de Paris et ses monuments les plus emblématiques, des tables alignées face à un bar et son coin cuisine ouverte, où le chef prépare quasiment tout sur un gril Josper. La carte imposante change des menus imposés autour de très beaux produits principalement de la mer : ormeaux sauvages, araignée de mer, poulpe, maquereau, sardine en tempura ultra-croustillante avec sa mayonnaise à l'encre de seiche, gambas de la Costa Brava à se lécher les doigts, thon ikejime, turbot de ligne ou encore lotte du Finistère émulsion moule et gorgonzola... Les carnivores ne sont pas oubliés grâce au carpaccio de tête de veau, cervelle en tempura, ris de veau à la braise ou encore cochon cul noir rôti à la sauge. Précisions des cuissons, qualité des produits, service jeune et sympathique et une carte des vins tendance bio nature racontée par une jeune sommelière enjouée tout juste arrivée du Japon.

Auberge Nicolas Flamel 14/20

51 rue de Montmorency - T. 01 42 71 77 78 - Menu(s) 55-130 €

Grégory Garimbay, ancien second de Sylvestre Wahid chez Thoumieux, s'affirme dans ces lieux historiques que l'on présente comme la plus vieille auberge de Paris. Si les murs sont respectables, l'assiette proposée par le jeune chef s'affirme aussi, produits nobles, traitements élégants dans une courte carte de saison : asperges vertes quinoa noir citron ail des ours, langoustine et caviar Kristal, homard bleu haricots verts girolles cassis, poularde de Culoiseau romaine grillée morilles anchois... Certains mariages sont osés, mais la partie est gagnée, jusqu'aux desserts, tout aussi inventifs, avec la rhubarbe gin de fleur de sureau et caillé de chèvre. Bon service, cave bien vue qui peut encore se renforcer.

Au Bascou 13,5/20

38 rue Réaumur - T. 01 42 72 69 25 - Menu(s) 19-25 €

Un de ces repaires, et repères, fétiches pour les tradi, pour les accros de recettes de patrimoine, pour les amateurs de gibier et d'abats, pour les adorateurs du lièvre à la royale. Renaud Marcille entretient la flamme, souffle sur les braises, ravive le chaudron magique sur une ardoise qui n'a que des bons côtés : le foie gras de chez Dupérier artichaut et sésame, axoa de veau façon Espelette, boudin de Christian Parra purée maison, ris de veau de lait de chez Desnoyer. On boit correctement, le millefeuille est léger, la tourtière un peu moins, mais tellement bonne. Et le lièvre dresse les oreilles dès la fin de l'automne...

Dessance 13,5/20

74 rue des Archives - T. 01 42 77 23 62 - Menu(s) 64-72 €

Tout est à part, ici. Le lieu, un hôtel particulier XVIIe de grand charme ; la salle, design un peu indus corbusière tout en longueur comme un réfectoire pour adultes consentants ; le propos, néovégétal et hédoniste, l'un ne gâchant pas l'autre, en deux menus distincts, végétarien 6 temps pour 64 €, terre et mer en 8 temps pour 72 €. C'est caché mais pas inaccessible, toujours inattendu, souvent bon.

Ambassade d'Auvergne 13/20

22 rue du Grenier Saint-Lazare - T. 01 42 72 31 22 - Menu(s) 22,50 €

Depuis des décennies, le temple de la franche ripaille à la gloire des terroirs auvergnats et de leurs trésors. Aujourd'hui, la maison a pris une tournure plus policée, les dîners de l'ambassadeur sont plus raffinés, et les forts en gueule d'hier ont laissé place à une clientèle qui apprécie le veau du Ségala comme un vitello tonnato avec des aubergines marinées à la coriandre, l'assiette «VG» (ici, c'est presque une offense) ou le filet de bar avec un tian de légumes. Heureusement, quelques fondamentaux demeurent, comme la saucisse aligot, la charcuterie et la viande de Salers. La belle cave, avec quelques fleurons, reste un point fort.

Anahï 13/20

49 rue Volta - T. 01 48 87 88 24 - Carte 74 €

Désormais sous la supervision intercontinentale de Mauro Colagreco, cette adresse «AmSud» a changé de registre, toujours accueillante et chaleureuse, mais un peu plus ambitieuse et chic. On grignote pour commencer le poulpe à la gallega, le crudo de sériole et les empanadas, on embraie sur les papillotes de poisson, la picanha ou le filet de pintade et on choisit sa sauce, chimichurri, oignon ponzu, jalapenos gingembre poivron coriandre... y compris pour le bœuf de Kobe, pas si cher (180 € les 200 g). Bon service, engagé et engageant.

Elmer 13/20

30 rue Notre-Dame de Nazareth - T. 01 43 56 22 95 - Carte 69 €

Du néobistrot à 2 toques, toujours régulier, par Simon Horwitz, que Gault&Millau suit depuis ses débuts en 2016. Le chef a une jolie patte pour mêler les cultures, entre France et Levant, dans la fraîcheur et les saveurs légèrement épicées : gaspacho de concombre épinard yaourt au zaatar cassis et tagète, merlu courgette et aubergine à la sarriette ail noir et parmesan, abricots brûlés espuma cream cheese crumble spéculoos basilic, une séquence plaisante et sans faille pour un déjeuner bien fait. Le soir, la carte s'étoffe avec des produits nobles et de belle provenance, langoustines oseille et abricots, queue de lotte, pigeonneau de Pornic, homard en deux services...

Les Enfants Rouges 13/20

9 rue de Beauce - T. 01 48 87 80 61 - Menu(s) 45-100 €

Rouges les enfants du marché tout proche, comme la devanture de cette table d'aujourd'hui menée avec brio par Dai Shinozuka, que l'on connut il y a un bail aux Linottes Gourmandes de Tours. Sa connaissance profonde des produits et recettes françaises lui permet de tourner une carte adroite et variée, précise dans la qualité de ses mariages avec quelques influences attendues : terrine de blonde d'Aquitaine salade de radis et shiso gelée de tomate, tempura de merlu de ligne asperges, haricots verts sauce grenobloise et girolles, blanquette de veau basque morilles au vin jaune et asperges vertes. Desserts de belle imagination sur des thèmes familiers (perles du Japon au jasmin, pavlova fraises, île flottante au poivre), bonne ambiance d'initiés. Sélection viticole assez classique, mais solide.

Le Mazenay 13/20

46 rue de Montmorency - T. 06 42 83 79 52 - Carte 11 € - Menu(s) 20-25 €

Un bistrot de son époque dans un cadre légèrement décalé, un peu vintage et une ambiance tranquille. Les amateurs sérieux s'y retrouvent en terrain de sûreté, car cette cuisine, bien menée, s'appuie sur des fondamentaux, recettes familières et beaux produits : escargots, foie gras mi-cuit aux pruneaux, turbot agrumes concombre et feta, pigeon rôti aux cerises condiment main de Bouddha. Desserts classiques de l'époque avec la même exigence (mousse au chocolat de Saint-Domingue, millefeuille à la vanille Bourbon), service attentif.

Parcelles 13/20

13 rue Chapon - T. 01 43 37 91 64

Sarah Michielsen, qui a acheté l'ancien Taxi Jaune en plein confinement avant de se lancer dans une importante campagne de travaux, évidemment ralentis par la crise du Covid, est loin d'être une inconnue. L'ancienne épouse de Sylvain Sendra fut notamment aux commandes d'Itinéraires, leur restaurant installé à deux pas de la Mutualité. La voici désormais de l'autre côté de la Seine, dans ce Marais qui regorge de tables passionnantes et décomplexées. Épaulée par un sommelier hyperpointu, Bastien Fidelin, qui veille sur une cave pleine de (bons) partis pris, elle a su aussi dénicher un chef capable de séduire l'assistance avec une cuisine à la fois contemporaine et bistrotière. Julien Chevallier, un ancien de chez Semilla et de chez Justine, délivre ainsi des assiettes pleines de malice et de couleurs, jouant toujours sur un délicat fil tendu entre la gourmandise et l'acidité : très bel artichaut confit, légumes de saison, stracciatella, noisettes et gelée d'orties, un plat bourré de personnalité, lieu jaune (de ligne, à la cuisson parfaite) au beurre noisette servi avec une jolie et légère purée de carottes blanches et une sauce vierge au citron confit et belles côtes d'agneau (de la ferme de Clavisy), haricots verts et ricotta (le chef est aussi passé par l'excellente Trattoria Uno et affiche son penchant pour l'Italie). Desserts de cuisinier bien réalisés (un bon clafoutis à la rhubarbe et sorbet fraises maison, une croquante tartelette aux fraises, mascarpone et sureau), service souriant et disponible, dans une ambiance bruyante et joyeuse.

Qasti 13/20

205 rue Saint-Martin - T. 01 42 76 04 32 - Menu(s) 39-46 €

Annexe de son gastro de la rue Lauriston, cette deuxième adresse d'Alan Geaam est une bonne option pour connaître la cuisine libanaise traditionnelle faite par un pro et adaptée à notre époque et à une clientèle parisienne à laquelle on n'explique pas ce qu'est le baba ganoush ou le labneh. Mezzés végétariens, carnivores et marins bien variés, avec pas moins de 25 assiettes différentes et des plats plaisants, comme le kharouf et cocotte de freekeh ou le poulet taouk.

Fulvio 12,5/20

4 rue du Poitou - T. 01 42 71 62 80 - Menu(s) 18,50 € ♿

Depuis des lustres, Fulvio régale le quartier d'une cuisine italienne familiale et authentique, à l'image des plats de pâtes, selon l'inspiration du moment. Après l'assiette «Fulvio» qui rassemble charcuterie mozza et parmesan, les choses sérieuses peuvent suivre avec les penne trevigiana (speck, brocolis, tomate et crème), les tagliatelle aux girolles, les très bons malloreddus comme en Sardaigne et les classiques linguine alla puttanesca. D'une expérience à l'autre, Fulvio demeure l'une des adresses transalpines les plus franches et régulières de Paris.

Grand Duc - Les Chouettes 12,5/20

32 rue de Picardie - T. 01 44 61 73 21 - Menu(s) 25-30 €

Un coin agréable du haut Marais et une cuisine distinguée, bien dans la tendance d'une collection de mode, en légèreté et fraîcheur, comme une brasserie de dernière génération : tartare de dorade citron et gingembre, poulpe mariné serrano piquillos et houmous, aubergines miso figues et pousses d'épinards, tataki de bœuf mariné au soja purée sésame, pavlova fraise et soufflé lavande citron. Le tout servi avec délicatesse dans un joli décor club.

404 12/20

69 rue des Gravilliers - T. 01 42 74 57 81 - Menu(s) 19-25 €

Derrière la devanture anonyme, une des vedettes de l'arrondissement, où les habitués se rendent rituellement, et parfois de très loin dans Paris, pour la pastilla traditionnelle, la brochette de kefta, le tajine de poulet fermier aux poires ou le fameux couscous «404» brochette de volaille, agneau et merguez. La qualité est bien régulière, l'ambiance excellente, on boit du guerrouane en rouge ou en gris.

Chez Nénesse 12/20

17 rue de Saintonge - T. 01 42 78 46 49 - Carte 6 € - Menu(s) 26 €

La carte ne s'embarrasse pas de falbalas et c'est bien ce qu'on aime chez Nénesse, au programme sans ambiguïté : poireaux vinaigrette, harengs pommes à l'huile, œuf mayo, céleri rémoulade. Une fois bien campé devant ce décor de vrais hors-d'œuvre, on examine de près les 3 plats du jour avant de déterminer : foie de veau meunière, aile de raie aux poireaux, entrecôte haricots verts... Le cœur et l'estomac balancent, mais il faudra garder une place pour l'œuf à la neige, la compote ou le gâteau de riz. Et prévoir la bagatelle de 26 € pour la séquence. On peut même se permettre de rajouter un gorgeon de brouilly ou de mâcon.

Glou 12/20

101 rue Vieille du Temple - T. 01 42 74 44 32 - Carte 43 € - Menu(s) 17-22 €

Déjà bientôt quinze ans que Julien Fouin a installé son «demi Glouglou» au cœur du Marais, avec la réussite que l'on sait, et qui perdure. Avec une carte riante, adaptée à son époque, se renouvelant pour être toujours dans le bon mood : tartare de thon rouge sucrine lait ribot ciboulette, poulpe grillé houmous courgette, quasi de veau basque pomme de terre... Tout fonctionne bien, on ajoute la glace sureau à la tartelette rhubarbe fraise, on sert avec le sourire et l'addition reste sage, autour de 40 €. Large choix de vins au verre.

ISTR 12/20

41 rue Notre-Dame de Nazareth - T. 01 43 56 81 25 - Carte 83 €

Sur un concept d'apéro prolongé et réussi, un bistro-resto qui tient le cap avec débrouillardise et sans trop raconter la messe. On attaque sur les huîtres très bien choisies (Cadoret, Kermancy, creuses de Riec), sur les couteaux et lard de Colonnata ou le vitello tonnato, et on enchaîne sur le burger ou le ceviche de lieu noir gambas et leche de tigre. Desserts sans surprise, bonne idée du vaste plateau pour deux à moins de 100 €, cave intéressante.

Maison Plisson 12/20

93 boulevard Beaumarchais - T. 01 71 18 19 09 - Carte 15 € - Menu(s) 29 €

Bien placé sur le boulevard, avec un grand linéaire et une petite terrasse qui court le long de la façade prolongeant la véranda, ce lieu de produits traités simplement touche son public. Produits sains, frais, de saison, peu retouchés : pâté en croûte de chez Lastre, escargots, ventrèche de thon dans sa boîte, salade César, lieu jaune croustillant au miso, poireaux et lard, poitrine de cochon grillée, purée de patate douce...

Soma 12/20

13 rue de Saintonge - T. 09 81 82 53 51 - Carte 8 €

Une sorte d'izakaya tranquille, bien paisible et typique à la fois, sur la base d'assiettes à partager façon mezzés que l'on aligne gaiement devant soi avant de se mettre à picorer en famille cette cuisine plutôt fusionnante : aubergines agedashi, ceviche de poulpe concombre et yuzu, tempura de gambas et asperges sauce soja, tataki de bœuf, pluma ibérique caramélisée. On boit la Kirin, le thé ou le saké (4 choix au verre).

Des Gars dans la Cuisine 11/20

72 rue Vieille du Temple - T. 01 42 74 88 26 - Carte 16 € - Menu(s) 24,50 €

Les Gars qui se mêlent de cuisine ont eu le mérite de durer et même de se développer. Aux fourneaux, Gil Rosanha a fait évoluer sa carte, toujours dans la bonne tendance, toujours dans la simplicité, soignant les accompagnements et les sauces dans une veine plutôt tradi : tataki de saumon mariné au ponzu, «hamburger des Gars» sauce Savora, entrecôte grenailles et beurre maître d'hôtel, pavlova, poire pochée... Bonne petite cave classique, formule déjeuner en entrée-plat à moins de 20 €.

Malro 11/20

7 rue Froissart - T. 01 42 77 38 47 - Carte 46 €

Ce Malro-là n'est pas l'auteur de «La Condition humaine», mais sait offrir aux pèlerins un réconfort méditerranéen de fort bon goût, grâce au savoir-faire et à la supervision de Denny Imbroisi. La fête est inspirée et joyeuse, avec la chakchouka aux poivrons rouges, le labneh betterave grillée cumin zaatar et grenade ou encore le vitello tonnato, avant la kefta de veau taboulé et tzatziki, les encornets grillés ou la souris d'agneau braisée et légumes à la provençale. Cette cuisine simple et savoureuse n'est pas donnée, mais le choix est large, les équipes sont très motivées pour faire plaisir, jusqu'à la crème de citron à la fleur d'oranger ou le cœur coulant à la pistache glace yaourt. Également des pizzas et un large choix franco-italien au verre.

PARIS 4 75004

L'Ambroisie 17,5/20

CHEF : BERNARD PACAUD - DIRECTEUR DE SALLE : PASCAL VÉTAUX - SOMMELIER : CHRISTOPHE SPONGA

9 place des Vosges - T. 01 42 78 51 45 - Carte 271€

Tout a été dit, ou presque, sur le salon intemporel des Pacaud sur la place des Vosges. Il ne reste plus qu'à goûter l'expérience, mesurer la chance, que tout le monde sait vous faire comprendre, de vous asseoir sur ces fauteuils où tant de majestueux séants vous ont précédé. Tout ici est privilège : bénéficier d'un siège, d'un échange de politesse avec le personnel rompu aux exercices les plus nobles, et même lire la carte, sont des prémices qui permettent d'en goûter la profondeur. Ensuite, se saisir des couverts, contrôler ses émotions, parler à voix basse, se persuader que l'on mérite ce qui arrive : la feuillantine de langoustines aux graines de sésame, sauce au curry, les escalopines de bar à l'émincé d'artichaut, caviar Kristal, les suprêmes de pigeon laqués à la Montmorency, méli-mélo de betteraves confites, les figues de Solliès melba, crème glacée à la verveine. À chaque bouchée, on remercie, on s'incline avec respect, en manifestant son enthousiasme avec retenue. Et l'on reste chevalier jusqu'au bout, jetant un regard presque absent, poker face, pour l'addition apportée avec tant de naturel discret. Cave classique à hauteur des lieux, où n'entrent que des vignerons de haute caste.

Le Sergent Recruteur 15/20

CHEF : ALAIN PÉGOURET

41 rue Saint-Louis en l'Île - T. 01 43 54 75 42 - Carte 124€ - Menu(s) 49-98€

Nous avons trouvé cette année un Alain Pérouget en pleine forme, sachant parfaitement mettre en valeur ses produits, à travers des assiettes fines, au graphisme délicat, harmonieux jusque dans les tons. La bonne idée du pot-au-feu revisité en mise en bouche met tout le monde à l'aise : un morceau de poireau moutardé est caché sous un espuma de pot-au-feu, une fine tranche de paleron de bœuf, gelée de bœuf et chips de carotte et pomme de terre. Et les 3 toques sont bien là, avec les saint-jacques marinées sur un lait soyeux au goût légèrement fumé, pana cotta granny smith, un beau contraste entre cette belle caresse lactée et le goût iodé, notamment de la feuille d'huître. Le sot-l'y-laisse fondant est emprisonné dans une onctueuse polenta taragna, une gelée de parmesan en guise de blanc d'œuf, un jaune d'œuf bien coulant et des lamelles de truffe pour une assiette aussi gourmande que sa suivante, volaille de Culoiseau rôtie à l'ail noir sous sa peau croustillante, fine mousseline d'artichaut, fleurette d'herbes fortes et thé matcha... Desserts du même registre (dacquoise litchi, clémentine, crème légère mangue, sorbet clémentine), cave assez belle et coûteuse, service impeccable.

Benoit 14/20

20 rue Saint-Martin - T. 01 42 72 25 76 - Menu(s) 42€

Le départ de Fabienne Eymard n'a pas réellement perturbé la bonne marche de cette brasserie ducassienne et légendaire du genre, au seuil du Marais. C'est Kelly Jolivet qui a repris le flambeau avec efficacité, permettant aux touristes du monde entier de goûter cette cuisine parisienne de toujours, illustrée par une carte d'allure rétro, mais aux plats discrètement rajeunis : pâté en croûte, escargots en coquilles, boudin aux deux pommes, tête de veau tigre en ravigote, filet de bœuf au sautoir sauce bordelaise, cassoulet de belle tenue, soufflé glacé et les fameuses profiteroles, dans les règles de l'art. Service comme attendu, immergé dans l'ambiance.

Restaurant H 14/20

13 rue Jean Beausire - T. 01 43 48 80 96 - Menu(s) 85-105 €

Lauréat de la Dotation, Grand de Demain, Hubert Duchenne n'est pourtant pas le genre de chef à occuper les réseaux à toute force et à montrer ses tatouages. Dans cette rue tranquille, cette façade bleu nuit est presque trop discrète, cachant une véritable fête gourmande, à l'intérieur de cette salle douce et zen, qui tourne à deux vitesses, un menu «Itinéraire» en 5 temps à 85 €, un autre baptisé «Évasion» en 7 temps pour 105 €.

Capitaine 13/20

4 impasse Guéménée - T. 01 44 61 11 76 - Menu(s) 34 €

Une enseigne discrète dans une impasse planquée entre Bastille et la place des Vosges, un bistrot de chef aux mains de Baptiste Day, qui montre rigueur et imagination dans une carte où chaque élément est à sa place dans un bel équilibre de saveurs et de textures : aile de raie courgettes pomme de terre sauce curry poulpe grillé dhal de lentilles épinards, joue de cochon confite pommes de terre carottes blettes nduja. Les desserts sont un peu moins intéressants, mais la pavlova est impeccable, et le menu déjeuner à 34 € est une bonne affaire.

Claude Colliot 13/20

40 rue des Blancs Manteaux - T. 01 42 71 55 45 - Carte 71 €

Toujours singulier, toujours unique, et comptant toujours nombre de fidèles dans Paris, Claude Colliot résiste aux modes en amenant sa table toujours dans le bon mouvement, le sien. Le respect du produit et la mise en avant de ceux qui ont le savoir-faire, il l'a toujours pratiqué et le prouve encore avec cette carte simple et expressive : œuf au plat et girolles feuille de tagète, coquelet rôti au four, pluma de cochon grillé, crème de chocolat amande grillée caramélisée... Rien de spectaculaire, mais que du bon.

Bistrot de l'Oulette 12/20

38 rue des Tournelles - T. 01 42 71 43 33 - Menu(s) 39,90 €

Conservant la belle tradition de bistrot de qualité lancée il y a bien longtemps par Marcel Baudis, le chef Sylvain Tracard mène avec conviction cette adresse de pro dans la bonne direction. Un brin de fantaisie sur les recettes coutumières, et voilà un bon moment qui passe, dans la salle typique aux tables sagement alignées, avec les escargots céleri et amande bouillon de persil, le cassoulet au confit, le magret rôti sauce porto et la crème brûlée caramel beurre salé.

Chez Julien 12/20

1 rue du Pont Louis-Philippe - T. 01 42 78 31 64 - Menu(s) 29 €

La brasserie parisienne par excellence, celle que l'on est tenté de citer parmi les lieux historiques. Au bord de la Seine, au seuil du Marais, l'emplacement et la maison évoquant la Belle Époque correspondent à un fantasme de touriste. Pour rester dans les rêves, dans l'image et le goût, évitez les intitulés ronflants ou à la mode et tentez la modestie. Pas facile mais possible avec un gaspacho ou un œuf mimosa (truffé), le velouté de champignons et l'épaule d'agneau du menu du déjeuner.

Jaja 12/20

3 rue Sainte-Croix de la Bretonnerie - T. 01 42 74 71 52 - Menu(s) 21-25 €

Un bistrot de plus qui donne dans la mode, si importante pour le quartier (tataki de thon, aubergines et stracciatella...), avec des provenances qui parlent (cochon du Perche, veau basque, agneau de la ferme de Clavisy) et un bon niveau de réalisation sur des recettes bien imaginées : figues rôties et ventrèche, porcelet aux blettes et mousseline de chou-fleur, tartelette fraise rhubarbe et pistaches bien évidemment de Bronte glace au fromage blanc. Une bonne toque pour moins de 50 €, dans un agréable recoin au bout de l'allée pavée.

La Table Cachée 12/20

55 rue de la Verrerie - Carte 62 € - Menu(s) 31 €

Il faut être diablement bien renseigné pour découvrir cette table au 5e étage du BHV, planquée au fond du rayon lingerie, derrière le corner des collants. Un amusant speakeasy qui offre une belle vue, surtout depuis la petite terrasse abritée pour quelques privilégiés. La cuisine de Valentin Krawczyk, sous l'égide de Michel Roth, est dans la bonne norme citadine, avec quelques inspirations de l'époque, le tarama et jalapenos en amuse-bouche, le pâté en croûte volaille et gambas un peu sec, avant un très bon, et plus classique, maigre petits pois couteaux écume d'iode au gingembre. Le service est de bon niveau, jeune et bien organisé, les desserts encore perfectibles, comme la cave en construction, avec une offre suffisante au verre.

Tavline 12/20

25 rue du Roi de Sicile - T. 09 86 55 65 65 - Carte 42 € - Menu(s) 30 €

La cuisine israélienne, roots et retouchée, à petits prix et avec de bonnes formules initiatiques autour de 30 €. On peut bien sûr construire son itinéraire soi-même, avec l'aubergine brûlée condiment piquillos et framboises, le houmous maison, la chakchouka, les boulettes de poisson grillées et lentilles au yaourt. De savants mariages d'épices, des desserts un peu moins épatants, le vin bio grec ou la bière israélienne pour accompagner.

Au Bourguignon du Marais 11/20

52 rue François Miron - T. 01 48 87 15 40 - Carte 53 €

Une brasserie coutumière en angle, réunissant touristes et habitués pour un agréable repas en terrasse, mêlant des standards du terroir (œufs meurette, escargots, jambon persillé et bœuf bourguignon) à des étrangetés censées réveiller la tradition, comme le tiramisu au tourteau ou le vol-au-vent de bar et coquillages, aux côtés des indispensables de l'époque, poke bowl, burger et croustillant de gambas. Desserts classiques, cave pas mal vue avec des étiquettes qui parlent (Dubreuil-Fontaine, Tortochot, Girardin...).

Le Colimaçon 11/20

44 rue Vieille du Temple - T. 01 48 87 12 01 - Carte 52 €

Un air aguicheur de vieux bistrot, une ardoise bien expressive de la tendance, faisant suivre le gaspacho, le tempura de gambas et la tomate burrata à la truffe d'un tartare frites, d'une entrecôte ou d'une côte de veau aux girolles. Une vision un peu standardisée du bistrot parisien d'aujourd'hui (on n'échappe pas au «tataki de thon aux deux sésames»), mais l'esprit est bon enfant et dans la bonne humeur. On termine avec le «pain perdu de la grand-mère».

Don Giovanni 11/20

19 rue François Miron - T. 01 48 87 01 02 - Carte 40 €

En quelques saisons, cet italien tradi a fait son chemin et créé une clientèle. Rien qui bouleverse les traditions, mais au contraire des standards retrouvés à un très bon niveau, le carpaccio, les penne alla Norma, les spaghettis vongole, la saltimbocca alla romana... Du classique encore au dessert avec la panna cotta fruits rouges, le tiramisu, l'affogato café. Service aimable, cave italienne pas trop chère.

Vins des Pyrénées 11/20

25 rue de Beautreillis - T. 01 42 72 64 94 - Carte 46 €

Une jolie table dans une rue calme, une déco de maison de campagne vintage en plein Paris, un accueil tout en gentillesse et une carte qui se tient bien, avec du choix et de la tradition revue au goût de l'époque : cromesquis d'agneau de 7 heures, ajo blanco, croque-monsieur de Prince de Paris au gouda truffé, poulpe plancha, ballottine d'agneau de 12 heures à la bière et de gentils desserts, comme le chou crème mousseline glace vanille sauce pralinée. Des huîtres et des vins bien choisis.

PARIS 5 75005

Oka 16/20

CHEF : RAPHAËL REGO

1 rue Berthollet - T. 01 45 30 94 56 - Menu(s) 130 €

Aucun doute, l'expérience proposée par Raphaël Rego dans cette salle qui se transforme en initiation amazonienne est un des voyages les plus excitants de Paris. Au pied de la montagne Sainte-Geneviève, le chef brésilien trace un road trip plein de rebondissements, de découvertes, de rencontres, et surtout d'étonnements de plaisir. Le triptyque sur l'asperge plonge dans l'ambiance, avant la mousseline de carottes épicées crème de jambu, saint-jacques nacrées et boulettes de langoustines frites, dans un ensemble harmonieux et bien relevé. Le talent du chef est aussi celui-ci, utiliser les produits du terroir hexagonal et les adapter, comme sa poularde «pattes bleues», accompagnée d'un crémeux de céleri, de rutabaga et d'un poireau crayon, le tout boosté par un condiment açaï olives noires. Desserts brillants et originaux, sur les agrumes avec un sorbet coriandre-citron et crumble épicé, ou la désormais fameuse sphère maracuja garnie de passion. Excellent service, beau parcours de pairing de la part du sommelier, dans une carte vaste et chatoyante.

Alliance 15,5/20

CHEF : TOSHITAKA OMIYA

5 rue de Poissy - T. 01 75 51 57 54 - Menu(s) 59-220 €

Le duo Toshitaka Omiya, le chef, et Shawn Joyeux, le directeur, forme une formidable Alliance pour le bonheur des clients. Derrière sa cuisine vitrée, le chef et son équipe composent des assiettes élégantes et raffinées. Dans le menu «Résonance» à la libre inspiration du maestro, après une multitude d'amuse-bouche, on croise le foie gras et ses légumes de pot-au-feu, l'artichaut cru, cuit et fondant brûlé à la flamme et notes de coriandre, un plat tout en finesse, le homard bleu à la cuisson millimétrée accompagné de maïs à la badiane et son jus corsé des carapaces, le suprême de palombe cuit sur son coffre, racines de persil, pistaches concassées et un risotto d'épeautre, et un dessert pêche en plusieurs textures. Atmosphère conviviale, relation client très au point avec un directeur qui sait aussi parler de la cave, riche et vaste sur toutes les régions.

Restaurant A.T 15,5/20

CHEF : ATSUSHI TANAKA

4 rue Cardinal Lemoine - T. 01 56 81 94 08 - Menu(s) 85-150 €

Rien ne laisse imaginer que derrière cette devanture vitrée plutôt discrète se cache un chef des plus étonnants, Atsushi Tanaka, fournissant un concentré de saveurs dans des préparations finement élaborées et irréprochables. Dans cet espace de couleur ciment au mobilier scandinave, le service passe la déferlante : poireau, beurre noisette, minitarte travaillée au charbon de bois, moules-laurier ; une grosse huître, purée de chou-rave, huile de livèche, dynamitée par un granité d'oseille ; thon cru, tomates de couleurs, melon, framboises, groseilles, noisettes fraîches, le tout arrosé d'eau de tomate. Vient alors le plat signature du chef, l'araignée de mer aux fèves tonka et petites touches de carotte, avant les tagliatelles d'encornets, châtaignes et cèpes pour une note de sous-bois, le homard breton, courgette jaune parfumés d'huile de figue, l'agneau du Quercy, aubergine, shiso et citron noir d'Iran. Jusqu'à la mirabelle timut et la pêche verveine, tout un programme culinaire savamment orchestré par un chef inventif et un service efficace. Carte des vins bio et nature se mariant bien avec la cuisine proposée, avec une ouverture sur des vins du monde.

Mavrommatis 15/20

CHEF : ANDRÉAS MAVROMMATIS

42 rue Daubenton - T. 01 43 31 17 17 - Carte 104 € - Menu(s) 105-145 €

En quarante ans, la maison Mavrommatis, grâce à Andréas et ses frères, a pu donner à la cuisine grecque une tout autre image que celle des tavernes du Quartier latin. Celle de la légèreté, de la finesse, aux saveurs très variées comme on les croise à Chypre, l'île natale de la famille. Aujourd'hui reconnu comme le fleuron de la culture culinaire hellène, le nom de Mavrommatis s'est étendu à des comptoirs traiteurs, des concepts de restaurants et take away (les derniers en date, Thessalia, à la Madeleine, et Laurier, aux Galeries Lafayette Champs-Élysées) tout en maintenant les 3 belles toques de la maison mère, au bas de la montagne Sainte-Geneviève. Vous goûterez là les plus beaux produits du marché assaisonnés de Méditerranée, les saint-jacques avec la poutargue de Missolonghi, les langoustines en kadaïf avec la mousseline de chou-fleur à l'ouzo, le saint-pierre et son jus au yaourt de brebis et le superbe agneau de Lozère, avec la selle rôtie au halloumi, les dolmades de blette et condiment aux olives de Volos... La vaste carte permet de se faire plaisir (mais oubliez les classiques, que vous trouverez dans les bistrots du groupe) sur des plats construits, élégants et savoureux. Service très souriant, et bien sûr la plus vaste cave de vins grecs de la capitale, avec toutes les vedettes.

Sola 15/20

CHEF : KOSUKE NABETA

12 rue de l'Hôtel Colbert - T. 01 43 29 59 04 - Menu(s) 85-130 €

La plongée en apnée dans l'univers gustatif de Kosuke Nabeta est une expérience qu'il faut absolument tenter. Cette cuisine de fusion franco-nipponne se découvre à travers un menu unique, proposé à l'aveugle. La présentation orale des plats s'effectuant a posteriori. La petite salle du rez-de-chaussée est agrémentée d'une cuisine autour de laquelle quelques places au comptoir sont disposées. Quelques tables aux très jolis plateaux en bois complètent le tableau. L'ensemble est non seulement chaleureux, mais également d'une grande élégance tout en légèreté. Pour une immersion encore plus aboutie, la salle-caveau du sous-sol offre des tables tatami. Il faudra donc vous déchausser. Kosuke déroule son savoir-faire autour de nombreuses séquences dont l'intérêt ne va jamais faiblir. Tout est pensé avec une précision horlogère suisse, chaque pièce, chaque élément du plat participant pleinement à la partition finale. Retenons, par exemple, ce bel exercice autour d'une tendre seiche cuite au charbon, accompagnée de maïs et livèche en tempura relevée d'un dashi de maïs, d'eau d'huître, de concombre et courgettes. Et encore ce plat très droit : l'association du homard cuit au chalumeau, des cèpes et de l'artichaut qui nous emmène très loin dans le plaisir. La viande est traitée avec la même acuité. Pour soutenir de tels plats, il faut une carte des vins à la hauteur. C'est bien le cas : vins d'Alsace de Céline Loberger, de Jean Ginglinger, d'André Ostertag, côtes-du-jura de Nicolas Jacob, vins de Savoie de Gilles Berlioz, mâcon du domaine Guillot-Broux, condrieu du domaine Chambeyron... Saluons enfin le service qui fait preuve d'un bel enthousiasme !

Baieta 14,5/20

5 rue de Pontoise - T. 01 42 02 59 19 - Menu(s) 55-115 €

D'origine niçoise, Julia Sedefdjian parfume avec à-propos la cuisine raffinée qu'elle maîtrise déjà si bien. L'ancienne cheffe des Fables de la Fontaine s'affirme d'année en année, en dessinant une carte déjà très personnelle, garnie de ces fameux plats signature que les primo-arrivants cherchent tout naturellement : le jaune d'œuf croustillant qui, une fois cassé, coule sur des copeaux de haddock cru-cuit et sur le poireau en vinaigrette d'algues ; la «Bouillabaieta 2.0», interprétation par la cheffe d'une bouillabaisse, mousseline de fenouil, pomme de terre safranée, lotte, rascasse et lieu jaune sur un jus réduit, avec une salade de fenouil cru, du poulpe en persillade et un toast melba à la rouille. Le quasi de veau servi rosé, accompagné de chou-rave, chou pointu et d'un condiment aux câpres fait une belle liaison avec le dessert, un sablé fenouil, crème citronnée, crème de mascarpone vanillé, et un sorbet citron-pastis rafraîchit le tout. On se verrait bien enchaîner avec la sieste et la partie de boules, surtout si l'on a exploré un peu la cave de patrimonio, bandol, cassis... Service sympathique et disponible.

La Table de Colette 14/20

17 rue Laplace - T. 01 46 33 18 59 - Menu(s) 39-89 €

La démarche écoresponsable de Josselin Marie trouve une brillante application dans l'assiette. Comme partout, impossible de savoir ce que l'on va manger, mais la promesse d'un bon bilan carbone et le talent naturel du chef, sélectionné dans le «109» en 2022, permet une relative confiance, augmentée par les tarifs plutôt amènes (69 € pour le menu en 5 services) proposés dans cet espace élégant et sympathique de l'ancien Chantairelle, à deux pas du Panthéon.

Affinité 13,5/20

33 rue de Bièvre - T. 01 42 02 41 71 - Menu(s) 75 €

Les compositions de Steven Rouquier, le nouveau chef du lieu (ex-Le Dali, Les Fous de l'Île...), qui a rejoint l'entreprise menée par Shawn Joyeux et Toshitaka Omiya pour l'aventure Affinité. Bien sûr, vous ne saurez pas ce que vous allez manger, et vous pouvez donner 75 € pour parier sur les produits présentés : tomate, poulpe, pintade, chou-fleur, pastèque... Déjeuner également à l'aveugle, à 29 et 35 €, dans un joli cadre, élégant et contemporain.

Kitchen Ter(re) 13,5/20

26 boulevard Saint-Germain - T. 01 42 39 47 48 - Menu(s) 29-34 €

Certains habitués ne jurent que par ce Kitchen voulu par William Ledeuil, troisième exemplaire de ses Kitchen Galeries. Et il est vrai que tout est bon, affriolant, dans une certaine simplicité aux saveurs variées, de la Méditerranée à l'Asie, avec cette science des condiments et des bouillons qui est la marque de fabrique de toutes les adresses de l'ancien Cuisinier de l'Année : tartare de veau condiment harissa gingembre, mini-casarecce (le thème du lieu est céréalier) poulpe grillé tomate gingembre kalamata, abricots rôtis glace chocolat blanc torréfié chips de riz vénéré, dans un cadre épuré bien chaleureux. Jolie sélection viticole de connaisseur (Bruguière, les Ormes-Sorbet, la Janasse...).

Vent d'Armor 13,5/20

25 quai de la Tournelle - T. 01 46 34 50 99 - Menu(s) 30-70 €

Le propos est plutôt classique dans cette élégante salle marine aux éclairages façon hublot, aux tables nappées, aux fauteuils bleus confortables. Le chef Nicolas Tribet, qui a passé près de quinze ans chez Le Divellec, connaît la marée et le montre dans une carte respectueuse : les huîtres de Marennes, le gravlax de lieu jaune et cœur de haddock fumé, les couteaux gratinés beurre aillé piment d'Espelette, la sole grillée crème petit pois ou la raie façon meunière aux «baies d'épine Vinette» témoignent d'un savoir-faire et de la rigueur dans la préparation. Desserts simples, cave classique.

Atelier Maître-Albert 13/20

1 rue Maître Albert - T. 01 56 81 30 01 - Carte 50 € - Menu(s) 39,90-89 €

C'est la rôtisserie traditionnelle signée par Guy Savoy, dans une grande salle un peu sombre à la grande cheminée pour les jours d'hiver. Les clients aiguisent leurs envies en contemplant les volailles, les côtes de veau, les carrés d'agneau et les côtes de bœuf dans l'immense rôtissoire, puis se régalent avec ces belles pièces accompagnées de gratin dauphinois, d'aubergines grillées au parmesan ou d'une poêlée de courgettes. Les entrées sont classiques (saladier de foies de volaille, velouté de l'Atelier...), comme les desserts (riz au lait, fruits rôtis à la broche...), en adéquation avec la maison. La carte des vins est large, volontiers bordelaise et le service est tout en amabilité et fluidité.

Baca'v 13/20

6 rue des Fossés Saint-Marcel - T. 01 47 07 91 25 - Menu(s) 26-59 €

La cave à manger d'Émile Cotte est un bon prétexte à déployer le solide talent classique de l'ancien chef de chez Drouant et du 110 Taillevent. Dans ce cadre de bistrot sincère, il régale son monde avec des assiettes qui vous tirent par la manche de la gourmandise, le boudin noir à tartiner, le canon d'os à moelle, le croustillant de volaille fermière avocat suprême de tomate et fenouil, et ces délices que sont le pâté en croûte et le vol-au-vent, ou encore la gridouille (andouille et poitrine) plancha Espelette et grenailles. L'ardoise est toujours éloquente, offrant un vaste choix jusqu'à la flognarde mirabelles. Le foie gras, le confit ou la terrine de magret aux châtaignes sont à emporter.

Flocon 13/20

75 rue Mouffetard - T. 01 47 07 19 29 - Carte 51 €

Discret et efficace, ce Flocon blanc comme neige devant lequel on peut passer sans le voir, et qui mérite pourtant l'attention du quartier. Car les habitués apprécient cette courte carte de saison, toujours bien inspirée, produits sans luxe mais de première fraîcheur, travaillés par Josselin Flocon dans un esprit d'aujourd'hui : tatin d'oignon, thym et anchoïade, poulpe breton aux légumes d'été, épaule d'agneau ravioles d'aubergine et citron brûlé jus réduit au foin, tartelette rhubarbe romarin glace amande. La séquence complète dépasse à peine les 50 €.

Le Réminet 13/20

3 rue des Grands Degrés - T. 01 44 07 04 24 - Carte 15 € - Menu(s) 25-65 €

Un vaillant petit bistrot, cher à nos cœurs depuis des lustres pour sa franchise, ses petits prix et sa bonne cuisine française actualisée, travaillée, généreuse : langue de bœuf espuma de pommes de terre et pain frit, pavé de morue en basse température coulis de tomates, poitrine de cochon pommes au raifort et blettes. La séquence complète à 55 €, avec un large choix de desserts (crème brûlée lavande et sorbet melon, tartelette citron et fraise), n'est pas donnée, mais vaut bien ses 2 toques, dans une ambiance animée et typique.

Hébé 12,5/20

15 rue Frédéric Sauton - T. 01 46 34 08 91 - Menu(s) 29-177 €

Supervisée avec attention par Michel Portos, cette table joint l'utile (la densité n'est pas forte dans le coin) à l'agréable, avec les réalisations tout en fraîcheur de Clément Courtemanche, qui surveille la saison et l'accommode avec talent sous des influences variées, volontiers méditerranéennes : tomate en salade gaspacho ail noir nougatine de pignons, truite en gravlax framboise céleri concombre, thon rouge mi-cuit coulis de chakchouka tomate poivron ail confit, onglet de veau grillé houmous au citron confit courgettes marinées et chimichurri. Cave intéressante et bien ordonnée, avec un très grand choix au verre.

Narro 12,5/20

72 rue du Cardinal Lemoine - T. 09 73 24 07 95 - Carte 55 € - Menu(s) 26-32 €

À n'en pas douter, Kazuma Chikuda a une bonne marge de progression, et son beau bistrot au cadre nature épuré est une promesse déjà tenue d'un repas à la fois distingué et plein de gourmandise. Le jeune chef - formé, entre autres, dans le fameux groupe japonais Hiramatsu - connaît fort bien la cuisine française et adopte les bonnes pratiques pour des assiettes parfumées et subtiles : poulpe de roche poivron et ricotta, déclinaison de légumes tempura de fleur de courgette cèpe et skyr aux herbes, magret fumé butternut rôti au romarin girolles chutney de coing jus corsé... Le soir, la carte est un peu plus élaborée, mais les tarifs restent sages pour une belle palette, bien variée, sans aucune banalité, jusqu'aux desserts de saison.

Chez René 12/20

14 bd Saint-Germain - T. 01 43 54 30 23 - Carte 33 €

Un bon coup de revival dans ce lieu sexagénaire qui fait oublier le ceviche de daurade. Avec tout l'attirail dans le décor - les banquettes grenat, les chaises Thonet, les nappes blanches et les gravures d'antan -, les touristes sont plongés dans le décor parisien fantasmé, renforcé par les cartes façon dactylo en rouge, dont on soupçonnerait presque que les fautes d'orthographe (comme «Juliennas», par exemple) sont voulues. Dans l'assiette, tout ce qu'il faut pour rappeler le bon vieux temps, salade de lentilles, œuf mayo, harengs pommes à l'huile, tartare, canard confit, rognon de veau sauce moutarde, et le semainier des bonnes occases (le pot-au-feu le jeudi !). Agréable terrasse sur Saint-Germain.

Les Délices d'Aphrodite 12/20

4 rue de Candolle - T. 01 43 31 40 39 - Menu(s) 27,50 €

Mavrommatis en version «taberna», c'est l'occasion de réviser les classiques de la cuisine grecque réalisée par un maître du genre. Un petit goût de Pláka dans les tzatziki et dolmades, le taboulé, les taramas, les keftedes, pittas, et des plats plus élaborés, comme l'épaule de veau au fromage de brebis ou le sheftalia, sans contourner les yaourts Mavro et les baklavas. Vaste cave de vins grecs, service actif et prévenant.

Bonvivant 11/20

7 rue des Ecoles - T. 01 43 26 51 34 - Carte 48 €

Un agréable bistrot de quartier qui affiche la couleur dans une carte d'aujourd'hui, piochant un peu dans tout ce qui marche pour offrir du choix à une clientèle régulière : burrata tomate, ceviche de daurade, chou-fleur au miso chimichurri de salicorne, pavé de veau basque courgette carotte béarnaise... L'atmosphère de néocafé des anciens est plaisante, le service amical. Les desserts sont classiques et variés.

PARIS 6 75006

Restaurant Guy Savoy

CHEF : ***GUY SAVOY*** *- CHEF PÂTISSIER :* ***GUILLAUME GODIN*** *- DIRECTEUR DE SALLE :* ***CHRISTOPHE LEBOURSIER*** *- SOMMELIER :* ***SYLVAIN NICOLAS***

11 quai de Conti - T. 01 43 80 40 61 - Menu(s) 530 €

On sait Guy Savoy très féru d'art contemporain, ce qui n'est pas antinomique avec la brillante et généreuse cuisine qu'il déploie pour les connaisseurs du monde entier. Non seulement, une fois de plus, il tutoie les sommets avec la carte proposée à la réouverture, mais il nous a semblé qu'il montrait encore davantage de recherche dans cette harmonie secrète - et pour tout dire souvent impossible - entre le beau et le bon, l'un l'emportant souvent sur l'autre. Chaque composition est nouvelle, et chacune est une splendeur. La tomate, tant de fois interprétée, devient un tableau végétal d'une telle puissance évocatrice qu'on en séparera pas l'œuvre et sa saveur, l'huître est magnifique, comme la langoustine «à la tête pleine». Et voici le homard en majesté, et l'incontournable artichaut en sa soupe truffière et sa brioche diabolique. Et le saint-pierre «polychrome», et l'énorme dos de veau rôti entier... Chaque millimètre carré de chaque assiette a un sens et une destination, qui coïncide avec le plaisir du goûteur. Le meilleur service de France, avec le malicieux Sylvain Nicolas, sommelier expert et passionné, vous accompagne tout au long de cette visite émouvante dans les salons artistiques de l'historique hôtel de la Monnaie, un site unique pour un cuisinier unique. Autant d'émerveillement sur les desserts, la rhubarbe, la fraise qui «rencontre la fraise» ou la «tomate framboise» aussi délicieuse que malicieuse. Le moment est rare, il n'en a que plus de valeur, car cette maison, à l'image de son maître, débordante d'humanité, a tant à offrir qu'il convient de ne pas en galvauder les bienfaits. Cave pléthorique qui ne fait pas l'économie de la découverte et de la curiosité, tout en ne tarissant pas d'éloges sur les grands flacons.

Ze Kitchen Galerie 16/20

CHEF : WILLIAM LEDEUIL

4 rue des Grands Augustins - T. 01 44 32 00 32 - Menu(s) 41-115 €

Définitivement un lieu à part : un gastro évolué, une cuisine personnelle attirée par l'Asie, dans une ambiance urban chic assez inégalable. William Ledeuil ne compte que des amis et connaisseurs, qui savent à quel point il est pointu, dans son savoir sur les herbes et épices, de Thaïlande et d'ailleurs, dans sa science du bouillon et des accords de saveurs, même si un certain nombre sont désormais bien connus. Le service fait tout pour que chacun, anonyme comme grand habitué, soit à son aise dans le meilleur des mondes possibles. Et séduits, tant que faire se peut, par la truite de Banka, condiment kumquat crème citronnée, l'excellent agneau de lait, taggiasche aux olives et lime et le classique wasabi chocolat blanc en dessert. Cave jolie et curieuse, bien aidée par un bon sommelier, aux judicieux conseils pour les accords.

Marsan 15,5/20

CHEF : HÉLÈNE DARROZE

4 rue d'Assas - T. 01 42 22 00 11 - Menu(s) 95-225 €

Sur la fin des années 2010, cela ronronnait un peu dans les beaux salons d'Hélène Darroze. Certes, on y servait une belle cuisine à une clientèle de fans et de fidèles, mais il n'était pas impossible, çà et là, de ressentir une pointe d'ennui dans l'assiette. La médiatique cheffe landaise a décidé en 2019 de faire table rase du passé, de repenser entièrement son restaurant et il est aujourd'hui évident que c'était une excellente décision. On s'y amuse beaucoup plus, le service est à son aise et les assiettes, plus que jamais orientées vers le Sud-Ouest, mêlent adroitement classicisme et espièglerie : beau travail sur les tomates anciennes de Madame Dondaine, certaines crues, d'autres confites légèrement ou en pickles (élégant dressage, beaucoup de fraîcheur), beau travail sur le rouget grondin cuit au binchotan, courgettes blanches, olives et basilic, aïoli au yuzu kosho avant un régressif et addictif pigeonneau de Magescq en Wellington, d'une extrême gourmandise avec ses navets à la fleur de thym et pollen. Les desserts évoluent dans le même esprit, avec notamment le baba qu'on imbibe d'un armagnac de la famille Darroze (raffinement ultime, c'est le client qui choisit son millésime parmi ceux qu'on lui présente sur chariot) et qui est accompagné de figues rôties au miel et d'une chantilly à la cannelle. Cave très complète, très belles mignardises (dont une glace réalisée avec les restes de pain au levain vraiment étonnante), service dans le bon ton, additions élevées, mais justifiées.

Relais Louis XIII 15,5/20

CHEF : MANUEL MARTINEZ

8 rue des Grands Augustins - T. 01 43 26 75 96 - Menu(s) 70-175 €

Une adresse incontournable pour les nostalgiques de cette cuisine de grand train et de tradition. Manuel Martinez en est l'un des derniers représentants. Le menu carte blanche commence par un de ses classiques : la quenelle de bar glaçage au champagne, qui précède la raie aux cocos de Paimpol et billes de courgette, le veau de lait servi rosé, fricassée de légumes et son émulsion au vin jaune et, pour finir, un autre plat signature, le sublime millefeuille et sa légendaire légèreté. Cuisine classique, dites-vous ? Oui, mais tellement bien réalisée et facturée à un prix des plus sages qu'elle donne envie d'y revenir pour le ravioli de homard et foie gras, le pâté en croûte façon Alexandre Dumaine et la tartelette chocolat légèrement soufflée. Personnel attentif. Carte des vins imposante et classique.

Quinsou 15/20

CHEF : ANTONIN BONNET

33 rue de l'Abbé Grégoire - T. 01 42 22 66 09 - Menu(s) 75-95 €

L'agitation urbaine n'est pas très loin mais la rue se révèle plutôt bien calme, notamment le soir. La façade est discrète et l'aménagement intérieur joue la sobriété décorative. Rien de spectaculaire mais l'ensemble est plaisant et les miroirs donnent l'impression de pousser les murs. La cuisine d'Antonin Bonnet illustre parfaitement son attachement viscéral aux beaux produits qui l'inspirent au quotidien, signant des assiettes si justes en saveurs et qui «donnent envie». Ce soir-là, le thon blanc de Saint-Jean-de-Luz resplendissait de fraîcheur, à peine cuit par une marinade et relevé d'une tapenade de cèpes et d'un citron-caviar confit. La mer toujours avec un saint-pierre irréprochable de cuisson, flanqué de cocos de Paimpol et souligné d'une légère et vive bisque tempérée par un trait de lait de coco. Quant à sa poulette gersoise de chez Béatrice Pasa associée aux cèpes, elle démontre que le travail de la terre, c'est aussi son affaire! Le plaisir ne faiblit pas avec un roulé au chocolat et crème tiramisu. C'est tout à la fois de caractère et aérien avec des notes d'huile de mélilot (saveur mi vanillée mi-tonka) et un soupçon de miel de châtaignier. La carte des vins mérite une attention soutenue. On y trouve de grands vignerons champenois engagés: Emmanuel Brochet, Jérôme Prévost, Flavien Nowack... Même sélection pointue dans les autres régions françaises ou étrangères : en Savoie, les vins d'Adrien Berlioz, de Coraline Boget ; Savennières de Thibaut Boudignon et d'Éric Morgat. En Bourgogne, la maison Valette, François de Nicolay, domaine René Bouvier; Bandol du château Sainte-Anne, Cornas de Mickaël Bourg... Service souriant et décontracté.

KGB 14,5/20

25 rue des Grands Augustins - T. 01 46 33 00 85 - Carte 18 € - Menu(s) 36-75 €

Continuons à louer et à fréquenter cette annexe qui vaut bien des premiers de cordée. Les «zors-d'œuvres» sont toujours délicieux, et les plats inventifs : la courgette farcie de cochon tomates grillées et fèves ou l'aile de raie de Port-en-Bessin poivrons courgettes, jus de bouillabaisse. Beaucoup de distinction, sans parler de hiérarchie avec le Ze Kitchen Galerie du boss William Ledeuil, à un jet de lentilles de là. Desserts plus simples mais agréables, cave intéressante et bien conseillée.

Lapérouse 13,5/20

51 quai des Grands Augustins - T. 01 43 26 68 04 - Carte 100 €

On ne peut que saluer les efforts du Benjamin Patou et de son Moma Groupe pour faire revivre cette table mythique au coin des Grands Augustins. L'architecture, la déco, cette enfilade de petits salons dont on n'ose imaginer la destination première, tout concourt à cette impression de délices secrets de la Troisième République. Avec un peu de champagne, on picore un peu de caviar, le carpaccio de saint-jacques, le saumon fumé, avant de poursuivre d'un homard «Victor Hugo», d'un châteaubriand sauce poivre ou des rigatonis à la truffe. Souvenirs, souvenirs, avec les éternels de Lapérouse, la sole meunière ou le bœuf Wellington.

Allard 13/20

41 rue Saint-André des Arts - T. 01 43 26 48 23 - Carte 83 €

Charlotte Bringant a repris en main les cuisines de cette vénérable maison désormais ducassienne. Le décor, immuable, est une beauté du passé, avec ses banquettes rouges, son papier peint chamarré et ses cadres d'antan. Les plus anciens versent une larme et commandent, comme il y a un demi-siècle, les grenouilles façon Fernande Allard, la joue de bœuf et le poulet rôti du Bourbonnais, s'ils sont (bien) accompagnés. Profiteroles, île flottante ou glace plombières aux griottines en dessert, carte type manuscrite et cave idoine, avec un petit choix au verre.

Anicia 13/20

97 rue du Cherche-Midi - T. 01 43 35 41 50 - Menu(s) 36-82 €

François Gagnaire affiche la couleur de sa «table nature» et gagne les Parisiens à la cause auvergnate. Les produits sont superbes, bien utilisés, avec des idées et du respect : le bon pâté en croûte maison, les tomates à la moutarde de Charroux, la pièce de Vedelou (le veau du Velay-Forez), le bœuf fin gras du Mézenc ou encore le sandre au petit épeautre, sans oublier sa recette exclusive de «Caviar du Velay», aux lentilles vertes et bisque de crustacés. Bonne cave régionale et généraliste.

Azabu 13/20

3 rue André Mazet - T. 01 46 33 72 05 - Menu(s) 32-62 €

Nous continuons à louer, et même à féliciter, ce japonais. Caché tout près du boulevard Saint-Germain, il s'astreint à une cuisine personnelle, familiale et pourtant racée, à petits prix et affichant la couleur, une rareté parmi ses compatriotes. Le client peut ainsi décider de son menu, choisir l'aubergine miso ou les racines de lotus fromage et ail, le chawanmushi, le sashimi ou l'idée du jour (un steak de thon wasabi, par exemple), et goûter en spécialité l'okonomiyaki, au porc ou aux crevettes. Amusant tiramisu au sésame noir en dessert. Service également discret et courtois.

Emporio Armani Caffè 13/20

149 boulevard Saint-Germain - T. 01 45 48 62 15 - Carte 118 € - Menu(s) 150 €

Un chic mais, avant tout, très bon restaurant italien. Les moyens accordés sont en accord avec le prestige de la marque pour que cette table griffée Armani soit au niveau de l'excellence des collections. Massimo Tringali fait ce qu'il faut pour réussir. Son menu «Défilè» à 150 € est une belle tarentelle, et chaque produit est de grande qualité : le vitello tonnato aux câpres de Pantelleria et anchois d'Anzio, le risotto à la tomate jaune des Pouilles et fleur de courgette farcie à la ricotta sicilienne, les tagliatelles al ragù et médaillons de homard bleu. Et, bien sûr, un cannolo sicilien savoureux en dessert, à la crème de pistache de l'Etna glace ricotta.

Evi Evane 13/20

10 rue Guisarde - T. 01 43 54 97 86 - Carte 53 €

La Grèce rieuse et enchanteresse, vous la trouverez plus facilement ici que dans les détours du Quartier latin. Le sourire et un travail sérieux, des produits bien importés et des idées nombreuses. Le tarama est incontournable, les classiques méritent des majuscules, tzatziki, houmous, kalitsounia crétois, salade de poulpe, l'agneau sauce tomate, l'excellente moussaka, et même le pain pita. Menu déjeuner initiatique, avec beaucoup de choix, pour 27,50 €. La large carte de vins grecs permet aussi de jolies découvertes.

Joséphine - Chez Dumonet 13/20

117 rue du Cherche-Midi - T. 01 45 48 52 40 - Carte 74 €

C'est une sorte de conservatoire du bon goût parisien, indémodable et indéboulonnable, la référence traditionnelle qui compte pour toute la rive gauche. Le cadre de boiseries va avec l'ambiance et la carte de «chez Dumonet», ses harengs, son foie gras, son bourguignon, son cassoulet, sa côte de veau... Des assiettes généreuses comme on n'en voit plus (il faut juste y mettre le prix), des cuissons respectées, comme celle du châteaubriand béarnaise, et le fameux gigot Duranton le mercredi.

Le Petit Verdot 13/20

75 rue du Cherche-Midi - T. 01 89 33 81 18 - Carte 9 € - Menu(s) 60 €

Un classique du bistrot parisien mené avec savoir par les chefs japonais successifs. Quelques influences çà et là, l'esprit reste avantageusement à la tradition, avec les cromesquis de pied de porc et foie gras, le carré d'agneau aux herbes, la compote de pêche de vigne et gratiné de liqueur de cerises d'une formule à 60 € qui donne le plaisir du choix. Quelques petits suppléments pour des plats alléchants, le croustillant de peau d'anguille crème de wasabi ou le ris de veau.

Yoshinori 13/20

18 rue Grégoire de Tours - T. 09 84 19 76 05 - Menu(s) 68-120 €

Du classique français incarné par l'excellent Yoshinori Morié, qui maîtrise aussi bien la cuisson du ris de veau que la préparation du foie gras. Il donne sur chaque assiette le coup de pouce personnel qui qualifie une cuisine de chef, avec le maigre en contraste bleu et rouge betterave radis bergamote ou le pigeonneau de Mesquer datte et concombre. Cave remarquable (Savart en champagne, Overnoy, Deiss, Pinard, Mortet...). Menus à l'aveugle et prix stables, de 68 à 120 €.

La Brasserie Lutetia - Hôtel Lutetia 12,5/20

45 boulevard Raspail - T. 01 49 54 46 90 - Carte 77 €

Ce lieu historique continue à fasciner. Les touristes, qui se pressent pour obtenir une (très) petite table en terrasse sous la verrière façon Art nouveau, savourent leur privilège. Ils en profitent pour flâner dans les superbes salons de ce bâtiment vieux de plus d'un siècle, rénové avec soin, tout en appréciant la large carte brasserie, tout à fait dans son époque : tomates burrata fraise et basilic, tarama d'oursin, escargots beurre persillé, tataki de thon et sole meunière, linguine vongole et piccata de veau au citron et à la sauge, parmi la cinquantaine de propositions incluant des desserts classiques. Vin au verre coûteux, service efficace.

Casa Bini 12,5/20

36 rue Grégoire de Tours - T. 01 46 34 05 60 - Carte 13 €

Agréable maison au décor sobre de trattoria des amis, bien tenue et accueillante. La carte est celle qu'on attend, dépendant un peu des saisons et des humeurs, mais tournant autour des bons standards : bresaola roquette et grana, poêlée de seiche et bruschetta tomates pimentées, spaghettinis cacio et pepe au fromage de brebis, fettuccine aux artichauts poivrade et tomates, quelques plats du jour et une délicieuse panna cotta coulis de fruits rouges.

L'Avant Comptoir 12/20

3 carrefour de l'Odéon - T. 01 44 27 07 97

Que du savoureux au programme de ce comptoir tout en régalade, avec de la variété, du plus classique (œuf mayo, escargots, pied de porc pané, daube...) au plus actuel (tartare de thon aubergines marinées, penne homard et bisque, spaghetti de courgettes pistou raisin chèvre frais), en passant par de sympathiques relectures, comme le croque-monsieur artichaut jambon sucrine et noix de cajou. La cave est remplie de bons sentiments et de vrais vignerons.

L'Avant Comptoir du Marché 12/20

Marché Saint-Germain - 14 rue Lobineau - T. 01 44 27 07 97

Si Yves Camdeborde a cédé son gastro, il garde ses avant-comptoirs, pour le plus gros «ouf» de soulagement des habitués, qui peuvent continuer à se régaler de ces petites merveilles, charcutières, fromagères, poissonnières et saisonnières qui enjolivent la vie : de la terrine de boudin noir, de la brandade de morue, du sashimi de thon vinaigrette ponzu à la poitrine de veau purée carottes et betterave glacée. Beaucoup de choix et de bonne humeur.

Blueberry 12/20

6 rue du Sabot - T. 01 42 22 21 56 - Menu(s) 52 €

L'intérêt pour la cuisine fusion asiatique a peut-être un peu vécu et fini d'étonner, mais il reste dans Paris de bons exemplaires que nous continuons de saluer. À l'image de ce Blueberry, caché rue du Sabot, fidèle à lui-même et méritant sa toque : le ceviche de dorade, la «Geisha de la rue du Sabot» (crêpe thon et tarama à la truffe), les makis et les chirashis très inventifs, des mochis en desserts et une offre de sakés et de thés conséquente. Petite carte de vins d'appoint.

Brasserie Lipp 12/20

151 boulevard Saint-Germain - T. 01 45 48 53 91 - Carte 51 €

Passer devant sans être un peu titillés ? Impossible ? Et si l'on entrait mesurer la légende ? Finalement, c'est un café comme les autres, qui fonctionne quotidiennement, avec des spécialités séculaires qui collent à l'atmosphère du quartier. Se sentir comme chez soi, sans plus d'afféterie que cela, fait aussi partie du charme de cette institution, où il est d'usage de s'attabler pour les harengs et la choucroute, mais qui peut se faire plus moderne, avec les couteaux en persillade et le thon mi-cuit piperade. L'essentiel est bien sûr aux classiques, andouillette 5A, jarret de porc aux lentilles, rognons de veau à la graine de moutarde...

Le Christine 12/20

1 rue Christine - T. 01 40 51 71 64 - Menu(s) 35-69 €

Fidèle adresse protéiforme, qui s'adapte aux époques et résiste au dérèglement climatique. Quelle que soit la couleur de la façade (vert sapin aujourd'hui), cette table bourgeoise propose une cuisine actuelle de qualité égale : œuf parfait ratatouille sauce racine curcuma, suprême de volaille fermier polenta mousse de maïs ketchup maison yaourt grec huile d'estragon, millefeuille vanille Bourbon et pistache. On mange pour 70 € environ. Le menu dégustation est à 69 €, si vous avez un peu de temps.

Didon. 12/20

8 rue du Dragon - T. 01 81 69 63 72 - Carte 69 €

Coachée par Michel Portos himself, cette nouvelle table méditerranéenne fait florès dans le quartier. Les parfums, les produits, la manière, tout est en ordre pour augmenter encore davantage les attraits de la cuisine levantine. Pas de mezzés classiques, mais des plats bien imaginés et plutôt originaux : le maquereau à la flamme ratatouille caviar fumé d'aubergine et dashi, le carré d'agneau grillé patate douce poireaux sauce zaatar ou le poulpe fenouil câpres anchois citron confit salicorne dans un bon bouillon valent déjà une forte toque. Tarifs assez costauds et justifiés, desserts intéressants, comme l'ananas grillé et fiadone de brousse de chèvre.

Fish la Boissonnerie 12/20

69 rue de Seine - T. 01 43 54 34 69

La belle façade à l'ancienne de La Boissonnerie est une promesse de sincérité, comme la déco d'auberge en ville et la simplicité du propos. Cela cache pourtant une réalisation soignée, sur la carte du jour établie par le chef Mickael Janetzki à partir des produits de saison : soupe de concombre au lait de coco et menthe sorbet yaourt, tomates cœur de bœuf vierge fenouil au vinaigre de sureau et groseilles, ragoût de seiche polenta crémeuse au citron confit, volaille rôtie pulpe de courgettes et légumes verts grillés. La toque est solide depuis des années, le service toujours bien inspiré, les desserts personnels et bien imaginés. Bonne sélection, au verre, au pot de 50 cl ou en bouteille. Et la petite chartreuse qui va bien pour finir !

Aux Prés 12/20

27 rue du Dragon - T. 01 45 48 29 68 - Carte 61 €

Une tranquille et assez chic brasserie Lignac, au propos intelligent et varié. Sans copier ni inventer de nouveaux concepts, l'adresse garantit une cuisine experte sur des assiettes bien dessinées : crispy sushi saumon aux agrumes et chipotle, paleron de black angus confit à l'ail noir d'Aomori, paillard de volaille et condiments méditerranéens. Grosses pièces à partager (côte de bœuf, entrecôte) et bons desserts classiques, marque de fabrique du chef. Cave standard assez coûteuse.

Semilla 12/20

54 rue de Seine - T. 01 43 54 34 50 - Menu(s) 70 €

Toujours sémillante et dans la bonne tendance, cette adresse lancée il y a dix ans par l'équipe de Fish, en face, est devenue une valeur sûre. Sur le plateau de marbre des tables, les assiettes ont de l'allure, inspirées par la mode, ceviche de dorade rhubarbe, aubergines fumées grenade pistache pignons et crème crue, maigre de ligne coco de Paimpol au pesto et de belles pièces à partager, comme l'épaule d'agneau confite patate douce rôtie yaourt menthe et jus réduit. Desserts d'époque (panna cotta, paris-brest...), cave curieuse et intéressante, menu dégustation à 70 €.

Taokan 12/20

8 rue du Sabot - T. 01 42 84 18 36 - Carte 52 €

Un Taokan rive droite, rue du Mont-Thabor, et un autre rive gauche. Une duplication fidèle, avec ce qu'on attend d'un bon restaurant chinois : une vaste carte, certes, mais avant tout des standards soignés, ce qui est le cas sur tous les bouillons, les dim sum et autres plats vapeur, les salades, les nems et raviolis pékinois grillés, les riz, et même les desserts (beignets de banane sauce caramel).

Tsukizi 12/20

2 bis rue des Ciseaux - T. 01 43 54 65 19 - Menu(s) 23 €

Au comptoir, des connaisseurs du cru, qui goûtent avec sérieux une cuisine japonaise exacte et séduisante. Pas de recherche de show off ni de prix extravagants, mais des classiques et un très bon rapport prix-plaisir : sashimi de poissons blancs, tataki de chinchard, salade de fruits de mer, chawanmushi le soir. Tout est d'une extrême fraîcheur et tranché selon les règles. Sushis et chirashis variés, makis, cornets d'algues. Menu déjeuner à 23 €.

Alcazar 11/20

62 rue Mazarine - T. 01 53 10 19 99 - Menu(s) 37-44 €

Le cadre à la fois kitsch et moderne, la légende d'un lieu, tout apporte ici une part de magie. On pourrait se montrer négligent sur l'offre, mais ce n'est pas le cas. La carte est variée, assez soignée dans la réalisation sur des thèmes ultra-classiques d'aujourd'hui : poulpe plancha, escargots, foie gras, fish and chips, cuisses de grenouille sole meunière et pavlova, mais avec quelques twists malins qui font plaisir, comme le saumon teriyaki en feuille de bananier ou le suprême de volaille légumes au satay et gingembre.

Le Bon Saint-Pourçain 11/20

10 bis rue Servandoni - T. 01 42 01 78 24 - Menu(s) 31 €

Bien lancé il y a sept ans, ce bistrot d'angle a ses chauds partisans, et surtout un chef qui sait faire tourner l'ardoise avec des plats familiers travaillés avec soin. Nous y avons croisé de bons maquereaux à l'escabèche, une dorade marbrée courgettes d'Albenga émulsion marinière et le quasi de veau artichauts purée de céleri jus de rôti. Pas de philanthropie dans les tarifs (comptez autour de 60 €), mais du régulier qui vaut sa toque, dans un cadre pur (banquettes rouges, vieux carrelage, nappes blanches...).

Desi Road 11/20

14 rue Dauphine - T. 01 43 26 44 91 - Carte 46 €

La route des Indes s'ouvre à deux pas de la Seine, au bout de la rue Dauphine. Du très classique qui ne dénotera pas par rapport à vos meilleures adresses londoniennes, avec beaucoup de courtoisie et de typicité, dans ce cadre plaisant un peu Art déco oriental. Avec les naans à La vache qui rit, que vous accompagnerez du poulet tikka, des assortiments (thali) à l'agneau, au poulet ou végans, avant la glace pistache cardamome en dessert.

La Grande Crémerie 11/20

8 rue Grégoire de Tour - T. 01 43 26 09 09 - Carte 40 €

Le parti pris du terroir à Saint-Germain est bien pensé dans ce bistrot avenant, propre sur lui et bien tenu. On y joue la carte de la cuisine au laitage avec conviction et en multipliant les références et provenances, sur les charcuteries (de France, d'Espagne, d'Italie), les fromages ou même la viande de bœuf (de chez Polmard) pour le tartare. Après la stracciatella, le croque au jambon blanc truffé et morbier de Marcel Petite ou les raviolis ricotta épinard basilic, on termine par la tarte au citron de Sicile de La Tarte au Carré. Très bons maranges de Chevrot, à 12,50 € le verre, pour accompagner.

Lobineau 11/20

7 rue Lobineau - T. 01 40 46 06 88 - Carte 41€ - Menu(s) 17,90€

Dans un style bistrot soigné, cette table bien placée et bien tenue, à vocation marine, trouve son audience. Car l'ardoise est large, et les essentiels bien travaillés par un chef qui aime cuisiner des préparations familières : piquillos farcis et saumon mariné, couteaux marinière, pavé de raie pochée minute sauce crème, linguine aux fruits de mer. L'arrivage est direct depuis la Bretagne, le service souriant.

Le Petit Saint-Benoît 11/20

4 rue Saint-Benoît - T. 01 42 60 27 92 - Carte 6€

La rue n'est pas dépourvue de bonnes adresses et le choix est presque cornélien. Le Petit Saint-Benoît se montre fidèle et rassurant, respectant la tradition des escargots, grenouilles et foie gras qui séduisent les touristes. Outre les suggestions sur l'ardoise (céleri rémoulade et tête de veau ce jour-là), on pioche au quotidien dans l'os à moelle, le bourguignon ou le hachis parmentier, dans ce sage et rituel décor aux tables alignées et nappes vichy.

Le Procope 11/20

13 rue de l'Ancienne Comédie - T. 01 40 46 79 00 - Menu(s) 22,50-39,50€

Voltaire, Balzac et Danton l'ont fréquenté. Le Procope se présente ainsi comme le plus ancien café de France, donc du monde. Le lieu, tout près du boulevard, possède un charme incontestable et mérite que l'on y prenne place, après tous ces grands noms. La carte y est à la fois traditionnelle et actuelle, la soupe à l'oignon et le tartare de bar, l'aile de raie grenobloise et le vol-au-vent, le risotto, l'osso buco et la salade César... Service empressé et attentif.

Silencio des Prés 11/20

22 rue Guillaume Apollinaire - T. 01 40 41 20 20 - Menu(s) 39€

Quelle bonne idée de faire retravailler une carte de brasserie quasi traditionnelle par un chef aussi avant-gardiste que Guillaume Sanchez. Dans ce beau cadre classique aux notes Art déco, les propositions sont affriolantes, motivant les touristes et les habitants du quartier. Après un démarrage réussi, les expériences de l'année ont été moins convaincantes, comme si on tablait déjà sur un succès durable. Laissons une chance au produit, en continuant à le suivre, car il suffit d'un peu de soin et d'attention pour bien enrober les couteaux persillés, le tartare de thon et shiso rouge, le turbot palourde aubergine miso et le carré d'agneau purée citron confit et olives de Kalamata.

PARIS 7 75007

L'Arpège

CHEF : ***ALAIN PASSARD*** *- CHEF PÂTISSIER :* ***ENGUERRAND BERNARD*** *- DIRECTEUR DE SALLE :* ***AURÉLIE DUTRAMBLE*** *- SOMMELIER :* ***VINCENT COCHARD***

84 rue de Varenne - T. 01 47 05 09 06 - Carte 331 € - Menu(s) 185-490 €

La porte s'ouvre, vous entrez, le rideau s'est levé, la scène est prête et chacun est en place. Il est courant de comparer le restaurant à un théâtre. À ceci près que vous n'êtes pas, et particulièrement chez Alain Passard, un spectateur passif, mais vous faites partie de la distribution. À l'Arpège, dans ce salon ultra-parisien où les codes sont implicites, mais réels, chaque acteur joue son rôle avec conviction, l'avocat renommé, le sénateur habitué, les deux Anglaises venues pour la fashion-week et ce couple aux yeux énamourés qui vit sa première fois. Le metteur en scène passe saluer toute la troupe avec bienveillance, le célèbre œuf coque sonne les trois coups et l'on comprend enfin le privilège de goûter les entrées végétales parmi les plus célèbres du monde, les sushis de pleine terre, les ravioles à l'eau de source, l'oignon parmesan, la collection de tomates ou l'assiette façon gargouillou du potager du matin, en ratatouille dans une version chaude, dont on conserve le goût exact de chaque légume longtemps après la dégustation. Le poisson du jour sera peut-être la grosse sole de l'île d'Yeu, avec cette sauce vin jaune toujours meilleure quand elle a pu être rectifiée par le maître, ou vous choisirez la «chimère» du moment, qui réclame une grande précision dans la cuisson de cet étrange hybride (pigeon-agneau cette fois-là). Les ruches des jardins d'Alain Passard fournissent quelques idées au moment du dessert, telles les profiteroles au «caramel». La cave fait preuve d'une étonnante modestie, avec nombre de flacons plaisants en dessous de 100 €, et de jeunes millésimes accessibles. Certes, les amateurs de grandes étiquettes sauront trouver satisfaction, mais l'effort est fait grâce à des vignerons de qualité sur leurs petites cuvées, à l'image de l'«Abouriou» d'Elian Da Ros à 49 €.

Restaurant David Toutain 17/20

CHEF : ***DAVID TOUTAIN*** *- CHEF PÂTISSIER :* ***CÉDRIC LEFORT*** *- DIRECTEUR DE SALLE :* ***GAUTIER MICHAUD*** *- SOMMELIER :* ***FABIEN VULLION***

29 rue Surcouf - T. 01 45 50 11 10 - Carte 47 € - Menu(s) 130-280 €

David Toutain fait partie de ces chefs discrets, subtils et sensibles, dont les traits de caractère se retrouvent dans la cuisine. On s'y attable toujours avec plaisir et curiosité : d'abord pour le lieu, moderne et modulable en plein cœur de Paris, puis pour l'accueil, toujours très professionnel et efficace, enfin bien sûr pour le festival culinaire attendu. Les assiettes se succèdent à bon rythme, pour la plupart surprenantes aussi bien dans l'énoncé que dans leur dressage, faisant la part belle au végétal, légumes, herbes, racines, fleurs. Les mises en bouche, variées et originales, donnent le ton et augurent d'un repas enchanteur, avec les tartelettes chou-fleur, chèvre et coco ou encore la mousse d'huître parfumée à l'échalote et framboise. Tartare de thon dans un consommé à la cerise gourmand, frais et fin, grosse langoustine nacrée et sa compotée de poivrons confits et fondants, presque sucrés avec une tuile craquante ultrafine obtenue à partir des réductions du jus ou encore un très beau pigeon aux petits légumes jus court et corsé contrebalancé par une sauce à la livèche. C'est graphique et toujours très bien équilibré. Desserts un peu plus sages cette fois avec la raviole de fraises et orgeat ou la crème de burrata et pêche. Une carte des vins pointue extrêmement bien mise en valeur par le sommelier et un bon choix au verre, en accord.

Le Jules Verne 16/20

CHEF : FRÉDÉRIC ANTON

6 avenue Gustave Eiffel - T. 01 45 55 61 44 - Menu(s) 140-255 €

Paris en fête, Paris Tour Eiffel, Paris international : au 2e étage, comme dans la tour de Babel, on parle toutes les langues, à la différence près que tout le monde se comprend. La magie du lieu, sans doute, et aussi beaucoup des équipes réunies par Frédéric Anton, qui apportent, entre les cadres et la jeune garde, le liant et la bonne manière pour que ce moment unique, celui que vous réservez depuis des mois, se déroule de la meilleure façon possible. Là encore, alors que vous êtes en extase devant les plus beaux monuments sous vos pieds, la ville rayonnante le midi et illuminée le soir, le maître des lieux sait où placer le curseur pour que cette machinerie fonctionne dans la plus grande fluidité. Le menu unique (vous y piochez 5 ou 7 plats) reprend les thèmes antoniens avec toutes ses qualités (sauce, textures, précision robuchonienne, présentation grand style élégant), avec le tourteau tomate burrata, l'excellent bar artichaut caviar sur un dashi très juste, langoustine en ravioli gelée betterave, une épure avec ce cabillaud nacré à la perfection sur une merveille enjôleuse de jus de bouillabaisse corsé, l'agneau aubergine plus familier, et de bons desserts, dont le fameux soufflé chaud crème glacée et un fin biscuit galette évoquant en effet la Gavottes. On comprend bien que, la demande étant mondiale, vous ne serez pas seul et que, pour faire plaisir à un maximum de visiteurs, l'esprit festif est aussi apporté par cette affluence. Cave classique assez variée, avec un choix au verre correct.

Pertinence 15,5/20

CHEF : KWEN LIEW

29 rue de l'Exposition - T. 01 45 55 20 96 - Menu(s) 55-120 €

À deux, on fait beaucoup : dans cette petite salle intime de 14 couverts, Ryunosuke Naito et Kwen Liew forme un couple nippo-malais aussi complémentaire que talentueux. La cuisine raffinée proposée est délicate et tout en légèreté : risotto monté au beurre et parmesan, moules, coques, couteaux marinière et écume de poireaux pomme de terre, un plat iodé et parfumé, poisson du jour, cèpe rôti, poireau crayon grillé, condiment malais et émulsion chardonnay, cochon fermier des Landes, déclinaison de carottes cuites et crues, ail confit, fleurs de capucine, jus de cuisson au xérès, avant un bon dessert sur le fruit, mousse de mangue, prune marinée dans du rhum, sorbet fruit de la passion. Service impeccable, attentif et courtois. Pour le déjeuner, les menus (3 et 4 services) changent tous les jours. Cave très orientée vers la Bourgogne.

Garance 15/20

CHEF : BERTRAND CHAUVEAU

34 rue Saint-Dominique - T. 01 45 55 27 56 - Carte 63 €

Proche des Invalides et de l'Assemblée nationale, cette table bourgeoise et contemporaine se fournit auprès d'une ferme du Limousin. La salle épurée et sa cave vitrée sont situées au premier étage. C'est dans ce climat feutré que le chef propose son menu 5 services à 80 € ou une carte en fonction du marché, dans une manière créative et pleine de délicatesse : langoustines sauce rose, pieds de cochon très gourmands, homard, asperges blanches avec une percutante émulsion de sureau, ris de veau croustillant et moelleux simplement accompagné de petites pommes de terre de printemps rissolées à l'ail nouveau. On termine gentiment avec une pavlova fraises épicéa. Belle cave très engagée bio et service personnalisé, tout en fluidité. Tarifs d'ensemble plutôt accessibles pour la qualité de la prestation.

Auguste 14,5/20

54 rue de Bourgogne - T. 01 45 51 61 09 - Menu(s) 39-90 €

Dans une maison chic et discrète proche du musée Rodin, le chef Gaël Orieux propose une cuisine marine qui attire une clientèle connaisseuse. Une formule déjeuner en liberté à 39 € et un attrayant menu découverte à 90 € : deux entrées avec les huîtres de chez Cadoret embellies d'une gelée d'eau de mer, de mousse de raifort et comice ; puis les langoustines rôties, pistou de salicornes et ravioles au vieux parmesan de belle exécution ; un original turbot, artichaut breton en plusieurs textures, mousse aux noix et émulsion à la Chartreuse verte ; un plat terre-mer avec une caille rôtie et du poulpe, fenouillettes, purée et mousseline d'ail tout aussi réussi avant le dessert fruits rouges et betterave en sorbet. Cave bien constituée, personnel attentif.

Gemellus 14,5/20

37 avenue Duquesne - T. 01 45 55 87 57 - Menu(s) 27-79 €

Comme l'enseigne l'indique, Maxime et Clément Le Meur sont jumeaux ! Dans le fier 7e, tout près des Invalides, les deux frères ont ouvert une table au chic assumé sous le grand lustre et le plafond mouluré. Maxime a tout pour réussir. Passé chez Vigato et Le Squer, il maîtrise la cuisine des produits nobles. Les 2 toques sont déjà acquises, et la 3e est dans le viseur. Avec un trio d'asperges blanches, sardine fumée, caviar et sabayon de cresson (qui apporte une belle caresse végétale), en chaud-froid, des couteaux et du fenouil en salade rafraîchis par une crème glacée fenouil-gingembre et deux superbes huîtres gratinées, œufs de hareng fumé, un poulpe à la plancha, chou-fleur en plusieurs textures, condiment échalote et sauce onctueuse à l'encre de seiche, un ris de veau et sa jardinière printanière bousculé et boosté par du chorizo grillé et du ketchup de piquillos. En dessert, nous commençons par une panna cotta, meringues caramélisées à la rose, litchis, mûres, et un sorbet au citron. Pour finir, du kiwi confit, un crémeux au citron vert et un sorbet au fromage blanc, le tout réveillé par un coulis gin-kiwi pour un joli moment de dégustation. Cave en développement.

L'Atelier de Joël Robuchon Saint-Germain 14/20

5-7 rue de Montalembert - T. 01 42 22 56 56 - Menu(s) 149 €

Robuchon rive gauche, dans le code couleur rouge et noir requis, et le cadre très chic de la rue de Montalembert. Les mange-debout en cuir permettent de profiter du comptoir et de ses trésors, dans cette veine robuchonienne du classicisme personnalisé et parfait : foie gras chaud cerise confite dans un jus acidulé à l'hibiscus, black cod mariné au miso sur un velouté de daikon infusé au yuzu, noix d'entrecôte pommes grenailles et padrón grillé plancha, sans oublier l'inévitable merlan Colbert beurre aux herbes. Un beau menu Découverte à 149 € pour s'initier à l'univers de maître Joël.

Au Bon Accueil 14/20

14 rue de Monttessuy - T. 01 47 05 46 11 - Menu(s) 39-58 €

L'équipe a changé (avec désormais Shogo Kaneko et Sébastien Chantome aux manettes) dans la bonne maison Lacipière. L'accueil y est resté excellent et la cuisine possède le même talent, sur des bases traditionnelles mâtinées d'un peu de mode. Le menu-carte à 39 € limite les risques et la dépense, offrant un choix bien suffisant sans supplément : la soupe froide d'oignons nouveaux et mousse royale, le suprême de poulet rôti sauce chasseur ou l'échine de cochon rôtie sauce moutarde et miel témoignent de la pérennité de cette adresse attachante. Original et léger blanc-manger à l'eau de tomate en dessert, dans un cadre de bistrot élégant. Cave classique à l'image de l'établissement (Pabiot, Gallety, Vernay, Tissot...).

Chez les Anges 14/20

54 boulevard de la Tour Maubourg - T. 01 47 05 89 86 - Menu(s) 39-58 €

Un passé, une histoire. Et, incontestablement, une belle table. Même si l'on a changé d'époque, les réminiscences bourgeoises parfument allègrement une carte contemporaine pour rassasier les habitués de belle manière avec des saveurs justes. Le menu à 39 € possède son petit cachet, mais il est tout de même bien simple. C'est donc plutôt à la carte, avec les beaux plats du moment, que vous mesurerez les 2 toques : homard grillé guacamole épicé sauce vierge cerise et tomates, sole de Saint-Gilles-Croix-de-Vie meunière, agneau des Pyrénées grenailles et girolles. Très agréable l'été, en terrasse, quand les Parisiens sont en vacances...

Les Climats 14/20

41 rue de Lille - T. 01 58 62 10 08 - Menu(s) 56-140 €

La belle salle en surplomb, dans son précieux cadre bourgeois, donne le ton d'une cuisine d'élite. Si le maquereau et l'échine de porc ont droit de cité dans le menu déjeuner à 56 €, les produits nobles, aux mêmes tarifs que ce menu tout entier, entrent dans les plats de la carte avec vigueur : le saint-pierre au gril tomates et courgettes sabayon de pistache au citron vert ou le carré et ris de veau sous la mer girolles abricots et amandes jus réduit amaretto suivent avec exactitude le foie gras ou le homard. Il y a bien un chef d'envergure aux Climats. Les fromages sont de chez Androuet ou Antony, le dessert chocolat gingembre fait une belle conclusion. La cave est riche en bourgogne, avec un œil aiguisé sur les autres régions (Bellivière, Vaccelli...).

Nakatani 14/20

27 rue Pierre Leroux - T. 01 47 34 94 14 - Menu(s) 85-135 €

Derrière cette discrète façade blanche se cache un chef tout aussi discret, Shinsuke Nakatani, installé dans sa petite salle épurée aux colombages blancs. Il nous propose des compositions de produits nobles, revisitées par la technique nipponne : huîtres au sabayon de ciboulette, gelée de câpres ; seiche menthe bergamote cornichons et yaourt saint-pierre, chou de Bruxelles, chou-fleur et bouillon de poisson-basilic ; homard girolles épinards sous un édredon de mousseline d'aubergine fumée et de graines de coriandre. Un inattendu filet de cheval et ses carottes noires rôties, crème de noix de cajou, des abricots confits, crème à la bière Ketch canadienne, sauce caramel au beurre salé. Cave très bourgogne et bordeaux, personnel féminin efficace et aimable, tarifs redoutables, en concordance avec le quartier.

Le Violon d'Ingres 14/20

135 rue Saint-Dominique - T. 01 45 55 15 05 - Menu(s) 55-150 €

Le cadre a finalement peu bougé, et les habitués reviennent avec constance dans ce qui fut si longtemps le fief de Christian Constant. L'équipe mise en place par Bertrand Bluy et Alain Solivérès a gardé tous les marqueurs, y compris l'esprit d'une cuisine très solide au brillant fonds classique offrant des séquences cohérentes du chic parisien actuel : rémoulade de tourteau à l'aneth, épeautre en risotto aux champignons, thon grillé et caponata, pigeon fermier en feuilleté sauce salmis, tout un étalage d'assiettes techniquement abouties. Desserts de même veine, service digne des lieux, grande cave de belles étiquettes. Menu déjeuner attractif à 55 €.

L'Ami Jean 13,5/20

27 rue Malar - T. 01 47 05 86 89 - Carte 77 €

L'époque change, les amis aussi. Dans ce bistrot idéal maintes fois visité par nos enquêteurs avides de franchise, les tables serrées gardent leur convivialité, même si l'heure n'est plus aux déjeuners tout simples sur le pouce. L'addition flashe autour de 80 € sans problème à la carte, ce qui est également le coût du menu dégustation. Les 2 toques sont bien là pour le poulpe rôti au beurre demi-sel et potiron crémeux au café, l'agneau rôti du Pays basque d'Éric Ospital, toujours copieux et gourmand, quoiqu'un peu gras, et le riz au lait caressant de l'ami Jean. Carte des vins attrayante, service au taquet mais efficace.

L'Auberge Bressane 13,5/20

16 avenue de la Motte-Picquet - T. 01 47 05 98 37 - Carte 63 €

Peu de tables parisiennes peuvent se donner le titre d'auberge en toute légitimité. Cet exemplaire est une exception. Exemplaire, justement, comme ce «petit jardin» de la chanson de Dutronc. On y pratique un répertoire bourgeois sans concessions, on se passe de poulpe snacké et de ceviche de dorade pour se consacrer à l'essentiel : le chausson de ris de veau sauce Périgueux, le gratin d'écrevisses «Lucien Tendret», la bouchée à la reine sauce financière, le poulet à la crème vin jaune et morilles et, l'autre fois, la tête, langue et cervelle de veau en ravigote parmi les suggestions du moment. Un rêve qui se prolonge avec la liste considérable des desserts classiques, dont quatre soufflés, les sorbets et le saint-marcellin de la Mère Richard.

Racines des Prés 13,5/20

1 rue de Gribeauval - T. 01 45 48 14 16 - Menu(s) 45-78 €

C'est un peu la noblesse, ou plutôt la haute bourgeoisie du bistrot parisien, aux codes bien assimilés pour donner une ardoise huppée qui ne se satisfait que de très bons produits (peut-être pourrait-on, dans ce contexte, la faire rédiger avec une petite maîtrise de l'orthographe). Certes, l'addition glisse vite vers les 80 €, mais les connaisseurs apprécient autant la manière que la prestation globale, pro et amicale pour une séquence bien carrée : filets de chinchard marinés melon concombre chou-rave, volaille jaune des Landes polenta Grand Roux siphon maïs grillé, vacherin framboise et sorbet oseille citron vert.

Tan Dinh 13,5/20

60 rue de Verneuil - T. 01 45 44 04 84 - Carte 49 €

Institution bien connue des amateurs de cuisine vietnamienne, Tan Dinh semble immuable, que ce soit côté ambiance ou qualité des assiettes. Si le cadre paraît un poil suranné, Robert Vifian reste intraitable sur le choix des produits, comme les crevettes sur les nouilles fraîches délicatement pimentées, le filet de bœuf émincé dans une sauce gourmande sucrée salée ou encore le taro de ses superbes nems végétaliens. Mais c'est aussi, pour ne pas dire surtout, la carte des vins qui attire les clients, habitués ou non : les plus grands noms des vignobles sont accessibles dans de vieux millésimes à des tarifs, certes élevés, mais très compétitifs compte tenu de leur rareté.

Bistrot Belhara 13/20

23 rue Duvivier - T. 01 45 51 41 77 - Menu(s) 24-60 €

Un bistrot d'aujourd'hui qui anime cette rue calme, proche des Invalides, avec vaillance et intelligence. Et ce, en échappant aux cases, en ouvrant la cuisine aux diverses modes et influences, tout en soignant l'assiette dans un cadre basco-contemporain. Un menu déjeuner toujours attractif pour 36 € avec des choix sûrs (sauté de supions à la basque coriandre et câpres, dos de rascasse caponata de légumes chorizo pignons marjolaine, fraisier vanille pistache), enrichi de suggestions diverses, comme le ris de veau ou le homard et cocos de Paimpol. Le soir, Thierry Dufroux hausse encore le ton avec son menu Découverte de 4 à 6 plats. Bonne cave, assez classique et bien variée.

La Bonne Excuse 13/20

48 rue de Verneuil - T. 01 42 61 50 21

Sans montrer plus que nécessaire, cette table tient son rang avec régularité. José Cabado retient les visiteurs du musée d'Orsay avec une cuisine variée et intéressante, dans l'air du temps mais avec un bagage classique évident : poêlée de caille flambée calva raisin et pleurotes, turbot grillé épinards pois gourmands sauce acidulée à la betterave... Peu de choix en desserts, mais deux spécialités bien faites, la tarte aux pommes et le coulant au chocolat.

Brasserie Thoumieux 13/20

79 rue Saint-Dominique - T. 01 47 05 79 00 - Carte 60 €

La rue Saint-Dominique ne serait pas si gourmande et affriolante sans cette Brasserie Thoumieux, centenaire alerte qui succéda jadis à un bouillon Chartier. Les banquettes de velours rouge et les moulures Lalique offrent un cachet unique, accentué par un décor de charme associant les époques. La cuisine, qui mêle elle aussi tradition et modernité, ne devrait pas beaucoup varier, espérons-le, après la longue fermeture estivale de trois mois, permettant d'agrandir l'espace, avec le pub irlandais attenant.

Café des Ministères 13/20

83 rue de l'Université - T. 01 47 05 43 62 - Carte 67 €

En quelques mois, le Café des Ministères de Jean et Roxane Sevègnes, qui l'ont repris il y a deux ans, est devenu un phare local pour la sphère politico-médiatique. Du classique bien mené, une certaine idée de l'excellence française dans des assiettes au cordeau : foie gras chutney rhubarbe (le chef, qui a travaillé chez Pélissou, au Gindreau, a la bonne technique), tête de veau gribiche, vol-au-vent traditionnel, tripes façon basquaise... On boucle avec les profiteroles ou le flan parisien, dans une chaude ambiance, avec le savennières de Laureau au verre ou le marcillac de Laurens. Agréable terrasse sous les parasols.

D'Chez Eux 13/20

2 avenue de Lowendal - T. 01 47 05 52 55 - Carte 114 €

Ce fier bistrot demeure une vieille passion pour nombre d'adorateurs du classique éternel. S'il a gardé le rouge et blanc en signe de ralliement, il n'a pas non plus relégué aux oubliettes tout ce qui nous fait revenir, à commencer par les deux piliers de la maison, le chariot de hors-d'œuvre et les cochonnailles, joyeuse ripaille de pâté en croûte, rillons, jambon, saucisson, rillettes. À peine moins de profusion que dans le temps, une qualité qui se tient, un petit peu moins d'ambiance, mais arrêtons là les vaines comparaisons de nostalgie : ce lieu reste un totem. Après l'andouillette, le poulet fermier sauce morilles, le cassoulet ou le carré d'agneau, on desserre la ceinture, prêt pour le paris-brest ou les pruneaux à la vieille prune. Belle cave classique, avec de grands crus comme Clos de Tart en verticale, gevrey d'Armand Rousseau, chambolle de Sérafin.

Divellec 13/20

18 rue Fabert - T. 01 45 51 91 96 - Carte 121 €

Chacun se réjouit que cette enseigne de légende soit encore là, à cette même adresse. Si l'on fête cette année le 90e anniversaire de Jacques Le Divellec, il n'est pas inutile de s'offrir un moment nostalgie avec ce qui est devenu une brasserie de la mer, bien datée années 2020, avec ses sashimis, tartares et encornets carbonara. L'époque veut cela, ce qui n'empêche pas de se régaler en la jouant «regular» avec les huîtres, la soupe de poisson de roche, la sole meunière et le turbotin béarnaise. Tarifs considérables pour le poisson sauvage (18 € les 100 g), garnitures en sus.

Eclipses 13/20

27/29 rue de Beaune - T. 01 40 13 96 42 - Carte 101 € - Menu(s) 39-109 €

Cyril Choisne a trouvé un bel emplacement au coin de la rue de Verneuil, et son restaurant lui ressemble : sobre, discret, pro. Sa carte reflète sa personnalité (nous, on enlèverait bien le «by Cyril Choisne»), mais aussi son talent, celui d'un chef qui peut se permettre beaucoup, surfer sur les modes tout en attachant l'importance première au traitement du produit : langoustine bretonne façon chrysalide et poire en émulsion, un travail de fraîcheur et de naturel, bar ikejime et concombre aux épices, caille royale sur coffre pousses d'épinards en texture et, en dessert, pomme ardennaise choco sablé breton saveur cerisier. Le menu dégustation en 5 services à 79 € est intéressant, tout comme le menu à emporter, à 41 €.

Jaïs 13/20

3 rue Surcouf - T. 01 45 51 98 16 - Carte 73 € - Menu(s) 35 €

Une bistronomie bien appliquée, jamais vraiment ennuyeuse, même si elle suit les codes en vigueur, un peu de canaillerie, un peu de prestige, grâce aussi à une confection de qualité. On balance entre le pâté en croûte à l'anguille fumée et le carpaccio de dorade vinaigrette au gingembre, entre le pavé de thon mi-cuit salade de haricots violets basilic pourpre et vinaigre de mûre et le ris de veau jus corsé. Desserts classiques, tarifs assez élevés et justifiés dans l'ensemble. Menu déjeuner à 35 €, carte de vins de vignerons sérieux dans le naturel (Mosse, Dard et Ribo, Prieuré-Roch, Souhaut, Ganevat…) et sélection étrangère.

Les Parisiens 13/20

1 rue du Pré aux Clercs - T. 01 42 96 65 43 - Carte 65 € - Menu(s) 32-38 €

Le bel hôtel Pavillon Faubourg Saint-Germain accueillit en son temps James Joyce. Et, il y a une dizaine d'années, un restaurant, le Kult. Loin d'être un inconnu, le nouveau chef en place, le bouillonnant Thibault Sombardier (Mensae, Sellae), bénéficie d'un cadre idéal pour s'exprimer (joli décor club de gentlemen) et d'une enseigne rendant indirectement hommage à l'auteur des «Gens de Dublin». La cuisine est parisienne, mais aussi actuelle, un peu canaille, ménagère et mode à la fois. Tout ce qu'il faut pour honorer la Ville Lumière, avec un pâté en croûte bien envoyé, le tartare de veau, mais également les maquereaux grillés à la moutarde, le tataki de sériole, le «vol-au-vent Paris-Deauville», le risotto de fregola sarda ou le ris de veau façon Orloff. Le tout bien orchestré par un cuisinier qui semble savoir jouer de tous les instruments et de tous les genres avec la même aisance. Vaste choix de desserts de même trempe, cave bien inspirée.

Piero TT 13/20

44 rue du Bac - T. 01 43 20 00 40 - Carte 93 €

Pierre Gagnaire à l'italienne, comme il a du si bien le décliner ailleurs, trattoria chic avec des constantes de qualité poussée vers le haut. À l'image des produits, le jambon Sant'llario, les haricots borlotti ou la burrata qui offrent des antipasti de belle confection, le risotto carnaroli au rouget, la côte de veau milanaise à la moutarde de Crémone. Ambiance plutôt raffinée, vraie cassate à la pistache de Sicile en dessert.

Plume 13/20

24 rue Pierre Leroux - T. 01 43 06 79 85 - Carte 63 € - Menu(s) 55-80 €

Lorsqu'on est un chef talentueux et ambitieux comme Youssef Gastli, il ne faut pas avoir peur de s'afficher. Cette table accueillante, avec sa petite terrasse sur le trottoir, a bien des atouts, et en particulier celui de son jeune chef, qui mêle les influences de ses deux cultures avec bonheur. Des idées, de la précision et de beaux dressages pour des assiettes parfumées et variées : carpaccio de thon blanc au verjus quetsche et concombre, poulpe grillé chakchouka œuf parfait, quasi de veau girolles mirabelles oignon. Les fromages viennent de chez Marie Quatrehomme, le cheesecake pistache figue miel brioche est simple et plaisant pour conclure une agréable séquence autour de 70 €.

Pottoka 13/20

4 rue de l'Exposition - T. 01 45 51 88 38 - Menu(s) 23-70 €

Chipirons, charcuterie de la Maison Ospital, merlu, cochon Ibérique, gâteau basque, pour une agréable fête bayonnaise chez Sébastien Gravé. Et Louise Jacob, la cheffe, propose d'autres plats gourmands dans le menu-carte : asperges vertes juste croquantes, jaune d'œuf confit, brousse au malt, poutargue et ail des ours, cabillaud braisé au citron confit, bouillon d'étrille, écrasée de pommes de terre nouvelles, olives de Kalamata et câpres croustillantes, avant l'excellent ris de veau au lard de Colonnata, gratin de macaronis et vinaigrette truffée, suivi d'un dessert au café moins convaincant, dommage. On fait couler l'irouléguy à flots, et avec modération, cela va sans dire.

Le Poulpry 13/20

12 rue de Poitiers - T. 01 49 54 74 54 - Carte 24 € - Menu(s) 48 €

La table des polytechniciens distille une atmosphère aristocratique et exclusive qui s'accorde naturellement avec le bicorne. Les anciens X accueillent leurs amis dans la meilleure ambiance qui soit, et les assiettes ont la finesse d'une intégrale de Riemann : carpaccio de maigre crème montée Savora pickles de radis, bar risotto acquerello émulsion morilles, vacherin glacé fruits rouges et meringue. Très bon service, discret et efficace.

Restaurant Gaya 13/20

6 rue de Saint-Simon - T. 01 45 44 73 73 - Menu(s) 53-62 €

Cette jolie table inspirée par Pierre Gagnaire maintient le cap d'une cuisine à tendance marine, avec un service toujours aussi soigné. Le cadre est raffiné, tables en marbre, sièges rembourrés et sol parqueté, pour recevoir des assiettes dans la continuité, professionnelles et graphiques : tartare de thon rouge et glace huître, lichettes de saint-pierre au tandoori, moules de bouchot au poivron vert, sole meunière, nage de pêche et groseilles à la verveine glace vanille de Madagascar. Cave bien équipée, avec quelques très belles étiquettes.

Thiou 13/20

94 rue de la Tour Maubourg - T. 01 76 21 78 84 - Menu(s) 29 €

Un cadre élégant, une cuisine thaïe de haute tenue, avec de la recherche et des idées fusion qui mêlent les produits et préparation du cru dans des mélanges originaux : softshell crab en crispy avec une salade de mangue et herbes thaïes, mininems langoustines basilic, maki croustillant saumon tobiko cébettes, calamars poulpes légumes et saucisse thaïe à la citronnelle, et les incontournables de la maison, le pad thaï et le tigre qui pleure. Cave d'appoint. Tarifs élevés, excellent service.

Via Del Campo 13/20

22 rue du Champ-de-Mars - T. 01 45 51 64 59 - Carte 64 €

L'un des bons italiens de l'arrondissement. Salle agréable se prolongeant en terrasse sur le trottoir, tarifs assez élevés correspondant à une haute qualité de confection, notamment sur les pâtes : les classiques comme celles du moment, les tagliatelles vongole et poutargue, ou à la truffe noire, ce qui fait un peu moins sérieux au mois de juillet, ou les spéciales, comme les rares culurgiones sardes, qu'on trouve ici à leur meilleur, après le vitello tonnato ou avant la côte de veau milanaise. Bons desserts (la seada au miel moldave).

L'Affable 12,5/20

10 rue de Saint-Simon - T. 01 42 22 01 60 - Menu(s) 34 €

Du rétro moderne dans un coin chic, une jolie salle au cadre épuré de café parisien, une cuisine en mode slash qui réunit savamment et avec créativité les ingrédients de saison : salade de pois gourmands magret grenade, dorade coriandre lait de coco, cabillaud fenouil courgette et zaatar avec une sauce oseille. Desserts de même esprit, nectarine avec une crème à la badiane streusel amande et sorbet citron badiane, ou l'incontournable soufflé chocolat. Sélection viticole classique et sérieuse.

Café Lignac 12,5/20

139 rue Saint-Dominique - T. 01 47 53 73 34 - Carte 55 €

C'est fait, Christian Constant a cédé le cuir à Cyril Lignac. Le Montalbanais a fait la passe au Ruthénois et, entre pros, on se comprend. Le chef entrepreneur a gardé l'esprit d'une cuisine franche et distinguée à la fois, dans un décor de café parisien où l'on peut venir à toute heure et être bien reçu. Une vraie belle et large carte de classiques dont on a envie, des moules gratinées, des œufs mimosa, un tartare, un steak au poivre, une omelette aux girolles, un vol-au-vent de ris de veau sauce Albufera. Saint-nectaire de concours et soufflé au chocolat en conclusion. Cave traditionnelle et correcte.

Clover Green 12,5/20

5 rue Perronet - T. 01 75 50 00 05

Vous voulez du green, il vous sort l'œuf de poule truffé au sarrasin soufflé et la tourte végétale au savagnin. Vous voulez du bourgeois d'aujourd'hui, il ajoute les gnocchis de cerfeuil tubéreux, les saint-jacques ou le foie gras. Grâce à la richesse de son patrimoine et au talent des grandes toques dont il fait partie depuis vingt ans, Jean-François Piège, avec ses équipes, a tout compris de ce que pouvait être la cuisine actuelle. Ses Clover sont comme les autres établissements, marqués par un savoir et une vision. Tout ce qui est proposé régale.

Philippe Excoffier 12,5/20

18 rue de l'Exposition - T. 01 45 51 78 08 - Menu(s) 49 €

Un classique du 7e, où toutes les valeurs de la restauration bon genre sont respectées. Philippe Excoffier sait tourner un légume et cuire une volaille, un savoir-faire expérimenté de longue date, lorsqu'il cuisinait le ris de veau et le soufflé au chocolat pour l'ambassadeur des États-Unis, des plats toujours sur la carte. Testez le menu Découverte à 49 €, avec le carpaccio de haddock fumé et céleri rémoulade, le filet mignon de cochon polenta jus à l'estragon et l'un des soufflés du moment, au caramel, à la framboise ou au Grand Marnier.

L'Archestrate 12/20

34 rue de Bourgogne - T. 09 50 58 42 91 - Menu(s) 49-69 €

En lieu et place du Savarin, Shirley Duthilleux, jeune cheffe aperçue dans «Objectif Top Chef» il y a quelques années, a ouvert une très jolie table, à un jet de catapulte du mythique Archestrate (Alain Senderens), devenu L'Arpège (Alain Passard). Aux âmes bien nées... Elle a l'énergie, la volonté et le talent. La salle, simple et de style fifties, est agréable, les cartes prometteuses et la 1re toque méritée, pour le pâté en croûte terre mer et agrumes, le lieu de ligne confit et ail noir, le beau dessert abricot et violette. Le dressage est soigné, la manière sobre et l'évolution en marche. Cave en formation, avec un bon petit choix au verre (sancerre Vacheron, irancy Givaudin).

Chez Françoise 12/20

Rue Robert Esnault-Pelterie - T. 01 47 05 49 03 - Menu(s) 30-49,50 €

Niché sous l'aérogare des Invalides, cet établissement, qui existe depuis 1949, accueille des élus (c'est leur cantine...) et des hommes d'affaires. Le patron Pascal Mousset reçoit cette clientèle d'habitués dans la bonne humeur et avec convivialité. Si vous voulez faire partie de l'Assemblée nationale, foncez sur le «Menu parlementaire» à 38 € : barigoule d'artichauts poivrade et maquereaux, pavé de veau cuit à basse température, sauce au pain d'épices, gratin de courgettes, en terminant par une bonne pavlova aux fraises. Carte des vins classique, personnel aimable.

Les Cocottes Tour Eiffel 12/20

135 rue Saint-Dominique - T. 01 45 50 10 28 - Carte 11 € - Menu(s) 34-39 €

La thématique «cocotte», c'est tout simplement celle d'une cuisine cuisinée, qui revient aux fondamentaux en évitant l'assemblage et en restituant ce qui fait notre patrimoine, des jus, des sauces, des cuissons lentes, du mijoté bien travaillé. Une vraie bisque, un beurre d'herbes avec les escargots, et puis la daube de bœuf ou une béarnaise de champion avec l'entrecôte. On ne se prive pas de saucer, ce serait même pécher que de ne pas le faire. Grand choix de desserts, glace de Philippe Faur, semainier plaisant avec le cassoulet le samedi et le poulet du dimanche. De bonnes références en cave, avec La Reméjeanne, Les Entrefaux, Clos Marie, à des tarifs justes.

Le Florimond 12/20

19 avenue de la Motte-Picquet - T. 01 45 55 40 38 - Menu(s) 25-29 €

Une table fidèle, sur l'avenue, qui n'a rien à se reprocher et dont les habitués souhaitent garder l'adresse pour eux. Ménageant la chèvre et le chou, la maison fait la promotion de la profonde Corrèze, foie gras, chou farci, confit de canard, offrant aux nouvelles générations venues avec leurs parents le thon rouge mariné caponata d'aubergine, le houmous citron et feta ou la joue de lotte et saucisse de Cambridge snackée en brochettes girolles et coulis tomate-menthe.

Mantchouk par Petrossian 12/20

13 boulevard de la Tour Maubourg - T. 01 44 11 32 32

Un comptoir Petrossian pour grignoter très chic avec les caviars et les saumons. La carte s'étend à différentes préparations de type finger food plutôt plaisantes, dans un total raffinement : pizzette au saumon fumé et avocat, croque-monsieur au caviar maturé, huîtres en déclinaison, sans oublier les signatures, le koulibiac, la «Coupe du Tsar», les tagliatelles au caviar ou à la poutargue. Du bon dans les verres aussi, le pouilly de Pabiot, le saint-jo de Montez. Le «Caviar Daurenki» est facturé 84 € les 30 g, ce qui, en toute relativité, est au juste prix.

Marzo 12/20

5 rue Paul-Louis Courier - T. 01 43 35 08 05 - Carte 48 €

Armée de sa simplicité et d'un bon sens de l'accueil, la trattoria donne une première impression de chaleur, de proximité méditerranéenne, qui met en jambe pour les plaisirs transalpins. Bien serrés sur les petites tables alignées, on profite d'une expérience directe et populaire, d'une cuisine traditionnelle, pensée pour le partage et la convivialité. Les recettes sont sobres et les ingrédients sourcés, pour des antipasti de compétition, des charcuteries italiennes, une poêlée de moules, un vitello tonnato, puis de jolies pizzas, assez costaudes, avec un beau trottoir napolitain et une cuisson idéale, une margherita, une vraie calzone, une pesto. Les desserts sont pour certains originaux, notamment la pizza au chocolat. Cave italienne.

Le P'tit Troquet 12/20

28 rue de l'Exposition - T. 01 47 05 80 39 - Menu(s) 22-39 €

Entre Saint-Dominique et la tour Eiffel, un joli bistrot, carrelage damier plateau de marbre sur les tables, agrandi d'une petite terrasse mobile sur rue. Pour profiter au mieux d'un accueil et d'une prestation sans défaut, autour d'une formule à 39 € en menu-carte : kefta de veau et d'agneau confit de tomates à la coriandre aubergine et parmesan, pluma ibérique supions txistorra et piperade, moelleux au chocolat ganache et streusel pistache dans une séquence bien cadrée, agréable de bout en bout. Le tout est accompagné d'une carte de vins pro aux références incontestables (par exemple, en bourgogne : Confuron, Dubreuil Fontaine, Roux et Lumpp).

Vesper 12/20

81 avenue Bosquet - T. 01 45 33 81 25 - Menu(s) 32-50 €

Après Fitzgerald et Abstinence, que nous avions largement promus, voici Vesper, le nouveau restaurant ouvert et supervisé par Lucas Felzine. Comme ses deux cousins de la rive gauche, le concept est dans l'immersion, le plaisir d'une soirée tendance très parisienne et festive. Évidemment, cette maison bien lancée, d'une grande capacité et profitant d'une terrasse sur la rue, coche les bonnes cases. Dans l'assiette, du «para picar», des ceviches au leche de tigre et aji amarillo, des tiraditos, tempuras et gyozas, à la «robata», le black cod au miso, la poitrine de cochon ou le sumiyaki de wagyu, accompagné d'un cocktail maison, bien sûr. Sashimis, makis, temakis, nigiris pour une visite rapide.

Le Cinq Mars 11/20

51 rue de Verneuil - T. 01 45 44 69 13 - Carte 46 € - Menu(s) 23,50 €

Une bonne table classique de quartier qui sait faire bien pour pas cher, avec son menu déjeuner à 23,50 € en séquence complète, une performance pour le coin. Dans la vaste carte, on pioche sans crainte des assiettes bien travaillées, toujours au niveau de la toque : carpaccio de bar stracciatella et poutargue, sardines plancha, saucisse Conquet purée, filet mignon de veau légumes à la française. Choix de desserts classiques, agréable ambiance de café de village.

Le Comptoir de la Traboule 11/20

1 bis rue Augereau - T. 01 43 19 02 08 - Carte 37 €

Pas vraiment le parfum des traboules, mais, en bistrot d'actualité, ce comptoir tient son rang dans la paisible rue Augereau, non loin de la rue Saint-Dominique. Les incontournables marqueurs de la mode, tataki de thon, arancini et betterave ricotta yuzu framboise, escortent des assiettes plus tranquilles qui valent mention, comme l'araignée de veau et gnocchis ou le tartare os à moelle et ail des ours.

La Fontaine de Mars 11/20

129 rue Saint-Dominique - T. 01 47 05 46 44 - Carte 67 €

Nappes vichy, banne rayée rouge et blanc, emplacement privilégié face à la fontaine du Gros-Caillou, tous les atouts sont là pour tirer le touriste par la manche avec force spécialités bistrotières. L'exercice a ses limites, mais il est correctement fait, notamment sur les fondamentaux, œuf mayo, pâté de campagne, escargots, andouillette Duval, confit maison. En restant dans le registre, on passe un moment agréable, en accompagnant d'un verre ou d'un pot de brouilly. Semainier fidèle, blanquette le jeudi, gigot le samedi.

Mersea 11/20

53-57 rue de Grenelle - Beaupassage - T. 01 43 21 55 29 - Carte 30 €

Olivier Bellin se montre légitimement fier du concept Mersea, qui consiste à installer, avec ses principes sans concession (pêche durable, fraîcheur, simplicité bretonne), un comptoir de tapas marines dans un lieu aussi urbain que Beaupassage. À sa façon, et en toute loyauté, on déroule un catalogue amusant et bien traité, de «fish balls», de «fish de poulpe», d'«œuf thonthon» et autres réjouissances, comme la crème de maquereau ou le ceviche de saison, sans se prendre trop au sérieux, mais en restant appliqué dans la réalisation.

PARIS 8 75008

Pierre Gagnaire

*CHEF : **PIERRE GAGNAIRE** - CHEF : **THIERRY MECHINAUD** - CHEF PÂTISSIER : **JULIEN GUEZE** - DIRECTEUR DE SALLE : **HERVÉ PARMENTIER** - SOMMELIER : **PATRICK BORRAS***

6 rue Balzac - T. 01 58 36 12 50 - Carte 396 € - Menu(s) 165-375 €

C'est Gagnaire, c'est Paris et c'est unique. Par la clientèle, française et internationale, qui n'est pas là par hasard, pas là juste pour dépenser. Par le grand service de jeunes gens très justes dans le ton, élégants, sans faiblesse, dirigés avec souplesse par l'excellent Hervé Parmentier et ses trente ans de maison. Et puis,, bien sûr par la carte comme un roman, et par la cuisine qui en fait l'illustration, toujours flamboyante, toujours gagnairienne. Si Pierre Gagnaire avait quelques années de moins, peut-être alignerait-il ses créations une par une, égrenant 25 assiettes comme une exposition de lui-même. Mais, et c'est la marque du restaurant d'aujourd'hui, il préfère le spectacle total d'un tir en rafales, 6 par 6 au moins, les petites bouchées, les magnifiques préentrées avec lesquelles vous ferez waouh toutes les 3 secondes (mémorable bouillon de crevette grise et kig-ha-farz, joyeuse alliance sardine foie gras) et ces univers à satellites (une dizaine au total, soit une bonne soixantaine de plats) à la puissance évocatrice inégalable. Le «Jardin marin» est une œuvre. Plus vite avalé que «Les Travailleurs de la mer», mais pourtant en 7 chapitres, il en a la puissance iodée, la violence du ressac, ouvrant la fenêtre sur le large pour offrir les embruns, le cri des mouettes autour du chalutier, le chant des sirènes et le mystère des profondeurs (Ah ! cette marinière de coques et bigorneaux glace huître et plancton, la timbale de casserons, les gambas de Palamos crues macérées à l'amontillado et piment oiseau... !). Et le travail sur le veau n'est pas moins impressionnant, la côte cuite au romarin et déglacée à l'absinthe, accompagnée de pièces rares, l'oreille aux câpres ; l'amourette en feuilletage et échalote confite, le rognon blanc aux champignons et feuille de moutarde. Dans la liturgie aussi, l'accent est sur l'agrément et la détente : pas d'ordre imposé, ni même conseillé, et le confort du mode d'emploi avec tous les détails sur chaque thème, qui évite désormais de se sentir perdu dans la jungle. En fluidité et confiance, on peut aborder sereinement la marée du «Grand Dessert» ou succomber à l'une des 3 propositions, déclinées comme il se doit, fruits, chocolat, soufflé... Cave remarquable par sa constitution pour un 5-toques, fourmillant de petits canons accessibles (l'excellent «Ciste» du domaine Laguerre est à 57 €), grimpant en douceur et à tous les budgets jusqu'à Petrus et Romanée.

Alléno Paris - Pavillon Ledoyen 19/20

*CHEF : **YANNICK ALLÉNO** - CHEF PÂTISSIER : **AURÉLIEN RIVOIRE** - SOMMELIER: **VINCENT JAVAUX***

8 avenue Dutuit - T. 01 53 05 10 00 - Menu(s) 280-395 €

Chaque 5-toques affiche des qualités et une personnalité unique. Qui transparaissent dans la cuisine comme dans l'atmosphère du restaurant. Et, n'en déplaise aux inventeurs de classement en tous genres, il serait vain de comparer un Gagnaire et un Savoy, un Le Squer et un Anton. En pensant à Yannick Alléno, à sa cuisine, à sa finesse et à sa clairvoyance (qui a relancé les sauces il y a dix ans ?), mais aussi à l'utilisation très avant-gardiste de notre patrimoine culinaire, c'est peut-être l'élégance qui vient à l'esprit, cette façon tellement exclusive de rendre ultra-chic une «nonette d'esturgeon en surprise briochée», faisant paraître sublime un plat bourgeois transformé en majesté. Tout dans ce plat, avec le caviar et la crème fleurette aux sucs de bacon, est d'une infinie délicatesse, d'une subtilité profonde tout en apportant un goût tellement juste et équilibré. On passe ainsi du jardin avec les primeurs en «cueillette improvisée» où chaque légume a reçu une préparation particulière au tourteau dormeur marié au chou-fleur, deux princes associés pour le meilleur avant un bonbon délicieux, qui ferait grimper aux rideaux tous les amateurs de gibier, sous la forme d'un feuilletage de plumes (colvert, grouse, palombe) avec un jus de lièvre, nouvelle prouesse de précision et d'hommage, avant un très beau dessert sur la mangue, le miel, l'hydromel. Dans le cadre intime et soyeux de ce pavillon 1850 signé Jacques Hittorff, tout est glamour et excellence, le service tout aussi 5 toques, la cave splendide, référence moderne en carte de vins de palace, permettant à tous de rendre la fête encore plus grande.

Le Cinq 19/20

*CHEF : **CHRISTIAN LE SQUER** - CHEF PÂTISSIER : **MICHAËL BARTOCETTI** - DIRECTEUR DE SALLE : **YANN ROWLAND** - SOMMELIER : **ERIC BEAUMARD***

31 avenue George V - T. 01 49 52 71 54 - Carte 285 € - Menu(s) 530 €

La restauration du George V, c'est, comme le disent les réclames pour certaines marques automobiles allemandes, «pas de danger que cela tombe en panne». D'inspiration pour Christian Le Squer, chef souriant et glorifié d'un pôle à l'autre, de fluidité et d'efficacité pour l'un des plus grands services de la capitale, sinon le meilleur, d'approvisionnement pour combler de bonheur les convives de cette table dorée, éclatante et passionnante. Ni de liquide avec la cave gigantesque, mathusalémienne, forgée par Éric Beaumard, maître des lieux, maître du palais, tandis que son chef ami et complice contrôle la production dans les immenses cuisines du George V. Oui, jamais de panne dans ce temple du prestige parisien où s'arrêtent les fortunes de ce monde. Pour connaître la nouvelle version de la langoustine mayonnaise, le bonheur des cèpes rôtis au thym citron et croustillant de sarrasin et de cette gelée si subtilement et puissamment iodée avec sa quenelle de caviar Gold. Dans la cuisine de Christian Le Squer n'existent pas l'approximation, la faute et le défaut de goût. Vous croyez tout connaître du homard ? Goûtez cette merveille, pistache amaretto avec un riz bomba croustillant, un riz à paella si magnifiquement utilisé. Et il y aura peut-être la curieuse caille au Schweppes (un shot en gelée qui vient percuter la bête farcie avec une crème d'olive fermentée) et ces diaboliques panoufles d'agneau - un bonbon d'amour avec un jus vert pimenté. On peut enfiler ainsi tous les superlatifs, jusqu'aux desserts de la pâtissière Juliette (chocolat carambar, tout vanille et jus de mûre à l'infusion de café) sans vraiment exagérer, tant ce moment est sur un nuage, ou plutôt un tapis volant. Dans la salle, Éric Beaumard déplie son autorité, son érudition impressionnante, avec douceur et élégance, entraînant sur ce mode des jeunes conscients et heureux de faire partie d'une troupe d'élite.

Jean-François Piège, le Grand Restaurant 19/20

*CHEF : **JEAN-FRANÇOIS PIÈGE** - DIRECTEUR DE SALLE : **YOHAN JOSSIER** - SOMMELIER : **BAPTISTE CAVAGNA***

7 rue d'Aguesseau - T. 01 53 05 00 00 - Menu(s) 166-366 €

S'il ne fallait retenir qu'un des plats imaginés cette année par notre ancien Cuisinier de l'Année ? L'exercice est évidemment injuste et vain, parce que chaque assiette, chaque amuse-bouche, chaque mignardise vaut 5 toques au Grand Restaurant, mais il est impossible de ne pas évoquer le «meilleur de la pêche du jour» qui nous a été proposé sur l'une de nos dernières visites. Un simple lieu jaune (mais de compétition, et en ikejime), mijoté longuement comme l'enfant de la Drôme aime le faire, simplement saupoudré d'une fine couche de la peau séchée du poisson, réduite en poudre et servant d'épice, le tout accompagné d'un jus aux câpres qu'on vient saucer à l'envi avec le pain au pois chiche proposé avec ce plat. Le secret ? Avoir pensé à travailler les feuilles de câpre, donnant à cette sauce une puissance et une élégance folles. Chaque plat est du même niveau, cachant sous une apparente simplicité des trésors de technique et de réflexion (le veau frotté à l'eau de noix, puis laissé à mijoter sur des coques de noix, apportant du moelleux sans en altérer le goût, accompagné de girolles, est un concentré de gourmandise) et les desserts, dont l'incontournable blanc-manger qui précède une rafale de bouchées d'une inventivité rarement vue, naviguent eux aussi au plus haut niveau. Le service se tient à la juste distance et la cave, outre de magnifiques verticales pas forcément hors de prix, a la bonne idée de proposer un large de choix de vins au verre, y compris des cuvées d'exception.

Épicure - Hôtel Bristol 18/20

CHEF : **ERIC FRECHON** *- CHEF PÂTISSIER :* **PASCAL HAINIGUE** *- DIRECTEUR DE SALLE:* **THOMAS PFEIFFER** *- SOMMELIER :* **BERNARD NEVEU**

112 rue du Faubourg Saint-Honoré - T. 01 53 43 43 40 - Carte 252 € - Menu(s) 420 €

La question nous revient souvent, et y répondre est presque aussi impossible qu'injuste pour ceux qui ne seraient pas cités. Si nous devions conseiller une grande table, qui plairait au plus grand nombre, où l'on se sentirait à l'aise, sans être écrasé par le cérémonial tout en profitant d'un luxe hors norme, laquelle choisirions-nous ? Elles ne seraient qu'une petite poignée à émerger, et Epicure, la table amirale du Bristol, en ferait forcément partie, tant tout y est absolument parfait, depuis le moment où l'on vous accueille, après avoir serpenté dans les salons de l'hôtel, jusqu'au moment de quitter ce cocon d'excellence, forcément à regret, d'où l'on repart évidemment avec un (formidable) pain maison glissé au fond d'un sac siglé Le Bristol, Paris. Et au milieu ? Un spectacle à couper le souffle, un service d'école qui laissera pantois même le client le plus blasé, et des assiettes toutes parfaites si l'on excepte la première entrée, la mousseline de pommes de terre fumée au haddock où le caviar de Sologne ne joue qu'un rôle trop mineur pour justifier sa présence. Les autres plats sont immenses, facilement accessibles (mais cette apparente simplicité cache évidemment des trésors de technique), le saumon d'Écosse à basse température, fenouil et concombre à l'huile de menthe et vinaigre de riz est une merveille, les desserts sont d'un très haut niveau (notamment celui autour du chocolat et de la glace à la chicorée, une merveille d'équilibre et de légèreté) et la cave est une encyclopédie à elle seule. Bien sûr, tout cela a un coût (420 € pour l'unique menu, et 210 € minimum pour une séquence entrée-plat-dessert à la carte), mais c'est aujourd'hui le prix d'une telle excellence.

Le Gabriel - La Réserve Paris Hotel and Spa 17,5/20

CHEF : **JÉRÔME BANCTEL** *- DIRECTEUR DE SALLE:* **ALEXANDRE AUGÉ** *- SOMMELIER:* **GAËTAN LACOSTE**

42 avenue Gabriel - T. 01 58 36 60 60 - Carte 101 € - Menu(s) 96-278 €

Aller chez Jérôme Banctel, c'est faire un voyage sans bouger de sa chaise, découvrir des méthodes et des parfums du Japon, de Turquie et de Bretagne, dans le confort de l'une des plus belles maisons de Paris. La Réserve 5 étoiles, à deux pas des Champs-Élysées et décoré par Jacques Garcia, est un temple du bon goût, entre Second Empire et Belle Époque, qui sait néanmoins vivre avec son temps, offrant à sa clientèle le privilège d'une expérience au plus près des préoccupations actuelles. À l'heure du retour aux sources, de la valorisation de l'artisanat et de l'intérêt pour la technique, la cuisine du chef s'inscrit dans cette célébration du geste, qui vient rappeler l'importance des sauces, des cuissons, du choix du produit. Prenant le meilleur, chez son ami Desnoyers ou sous les conseils d'Olivier Derenne, il rassemble le monde dans et autour de son assiette, pour assister à la cuisson à la chaux de son cœur d'artichaut, quasiment confit mais l'essence concentrée, relevé par un vinaigre sakura d'un acidulé nécessaire, un homard bleu fumé au binchotan d'une minutie totale, avec un travail d'équilibre sur la butternut et la graine de courge, en texture et en saveur, lien de saison parfaitement à sa place. Le maquereau sur galet est un classique, cuit entre deux feuilles de cèdre sur un galet brûlant et arrosé de vin blanc, le faisant passer pour un poisson noble sans tricher, avec ces petites amandines gourmandes et cette superbe sauce à l'oursin, nappante et généreuse. En se rapprochant des terres et en quittant la côte, on retrouvera des contrastes connus et toujours aussi pertinents, un roulé de tête de cochon croustillant avec une sauce crème aux algues et coquillages, puis la belle volaille culoiselle avec une craquante tartelette à l'oignon de Roscoff. Et, pour rafraîchir le palais, une douceur de pamplemousse et iode de feuille d'huître, un régressif dessert de pommes et sarrasin. Cave exceptionnelle, avec les plus beaux crus de France et du monde, ainsi qu'une vingtaine de propositions au verre, dont quelques noms prestigieux. Service impeccable.

L'Abysse 17/20

*CHEF : **YASUNARI OKAZAKI** - CHEF PÂTISSIER : **THOMAS MOULIN** - DIRECTEUR DE SALLE: **JEAN-BAPTISTE BOSC** - SOMMELIER: **JEAN-BAPTISTE BOSC***

8 avenue Dutuit - T. 01 53 05 10 00 - Menu(s) 98-320 €

Une expérience à part, une immersion dans un monde lointain et souvent inconnu à ce niveau d'excellence. Yannick Alléno a réussi ce pari un peu fou de transporter le petit monde parisien qui fréquente ce magnifique pavillon entre les Champs-Élysées et la Seine dans un coin de Ginza, dans ces restaurants secrets où le nigiri est une forme d'art. Derrière la porte, un autre monde, un Soleil levant, avec le maître sushi à la précision et connaissance uniques. Le chef Taichi Megurikami contrôle chaque détail avec ses aides, dont une pâtissière française qui s'est totalement imprégnée de cette rare culture pour offrir de très jolis desserts en continuité, tel un crémeux chocolat sarrasin miso blanc caramélisé en tout point détonant. Mais avant, il y aura eu la cérémonie, les mises en bouche délicates, dont le tsukemono avec une extraction céleri garum d'anchois et saké, avant le grand festival, les sashimis qui lancent le bal, dont le thon (filet dorsal akami pour la précision du morceau choisi) concombre et caviar osciètre ou le turbot ikejiime sudachi panko, avant le défilé des sushis nigiris, les autres parties du thon, dont le merveilleux gras otoro du thon rouge, la seiche et la sériole pour les plus marquants dans une suite sans égal à Paris. Un parfait jeune directeur, Jean-Baptiste Bosc, mène la visite en permettant d'explorer notamment le monde des sakés ou des thés, avec une parfaite connaissance de chaque phase du repas.

Akrame 17/20

*CHEF : **AKRAME BENALLAL** - CHEF : **OSCAR RAINALDO** - CHEF PÂTISSIER : **KILLIAN LE HOUÉROU** - DIRECTEUR DE SALLE: **CYRILLE COMBIN** - SOMMELIER: **MARIANNA PALATELLA***

7 rue Tronchet - T. 01 40 67 11 16 - Menu(s) 85-200 €

Quelle vivacité, quel boulot, quelle intense réflexion dans chaque assiette ! Akrame reste en perpétuel mouvement, cherche a rendre le goût exact de chaque produit tout en le décalant un peu de sa zone de confort, comme le travail éblouissant sur l'amer, le caviar, la vodka avec la maîtrise du sel ou bien comment à la fois séparer un tourteau et un foie gras par du café pour finir par un accord évident. Il y a du jeu, de l'amusement, de l'envie de profiter à chaque fois que cela est possible d'introduire très justement une épice, un citron confit, un piment, comme pour faire une jonction entre les deux rives de la Méditerranée tout en intercalant de l'hyper classicisme comme ce homard tiède au jus de tête et cet autre froid avec une sauce mayonnaise à la verveine. L'absence de climatisation au cœur d'un été caniculaire et un service un ton en dessous de la cuisine ont néanmoins atténué l'enthousiasme des assiettes. La cave est bien équilibrée autour des 150 €, avec de nombreux grands noms tarifés logiquement, et quelques découvertes en cidres et poirés.

Jean Imbert au Plaza Athénée 17/20

*CHEF : **JEAN IMBERT** - CHEF PÂTISSIER : **ELISABETH HOT** - CHEF PÂTISSIER : **ANGELO MUSA** - DIRECTEUR DE SALLE: **DENIS COURTIADE***

25 avenue Montaigne - T. 01 53 67 65 00 - Carte 221 € - Menu(s) 296 €

Jean Imbert, et ses chefs Jocelyn Herland et l'opérationnel Matthieu Emeraud, le directeur François Delahaye et les équipes du Plaza, les architectes, les décorateurs et les marketeurs ont donc tiré un trait sur la naturalité pour décrire une nouvelle ère, d'or et de vermeil, à la gloire du Paris éternel. À dire vrai, il n'est pas certain que cette posture néoclassique soit la moins moderne des deux. Dans l'imaginaire des touristes du luxe planétaire, le Paris Grand Siècle gastronomique pourrait avoir cette allure, une carte courte avec de hauts classiques, un revival du Grand Véfour ou du Savoy d'Escoffier, de quoi ébaubir l'Arkansas en lui offrant une vision différente de celle de l'Ami Louis, plus proche de Versailles que de Ménilmontant. Si l'on démarre assez mollement - des mises en bouche assez anodines -, la mise en scène du «Bellevue» (langouste et homard) est amusante et expressive, le turbot sauce champagne huile de rhubarbe et ses asperges blanches croquantes, comme la poularde morilles sauce vin jaune, généreuse et gourmande, modèle de grand style, participent bien à construire la dialectique d'un festin de prince, appuyé par un jeune service virevoltant, multipliant les effets de manches et les déhanchés de podiums. Denis Courtiade, seul rescapé avec le chef sommelier Laurent Roucayrol de l'époque précédente, participe avec son immense savoir-faire à régler la musique, ouvrant par exemple comme une scène théâtrale le bal des pâtisseries. Un dernier challenge que ce «Grand Dessert» de 5 classiques préparés par Élisabeth Hot, dont le puits d'amour de Madame de Pompadour, un magnifique fraisier, la crêpe double soufflée à l'ananas et flambée au rhum de la Barbade. Cave de palace, qui évolue en s'ouvrant davantage, le bon Laurent étant toujours à l'affût pour vous faire découvrir ses dernières trouvailles, comme le Grand Blanc de Guissani Paoli, une merveille de vermentino.

La Scène 17/20

*CHEF : **STÉPHANIE LE QUELLEC** - CHEF PÂTISSIER : **PIERRE CHIRAC** - DIRECTEUR DE SALLE: **JOSEPH DESSERPRIX** - SOMMELIER: **MATTHIAS MEYNARD***

32 avenue Matignon - T. 01 42 65 05 61 - Carte 231 € - Menu(s) 135-335 €

Qui se souvient aujourd'hui que Stéphanie Le Quellec a remporté la deuxième édition de Top Chef ? Plus grand monde, et c'est sans aucun doute la preuve que l'ex du Prince de Galles a su s'imposer par la qualité de son travail. Désormais chez elle, dans ces beaux quartiers parisiens où se bousculent les tables de prestige, Stéphanie Le Quellec a choisi d'embarquer ses clients dans un véritable spectacle, avec évidemment une cuisine largement ouverte sur la salle (mais évidemment, on remarque tout de suite que la maîtresse de cérémonie n'est pas toujours aux commandes), un service nombreux et volontiers bavard et un écrin superbe qui n'a finalement que l'inconvénient d'être aveugle, car en sous-sol (le bistrot occupe le rez-de-chaussée). Le concept conçu autour d'un spectacle se poursuit jusque sur la carte (baptisée « L'affiche»), le client étant invité à suivre une représentation qui, effectivement, ne manque pas de panache même si, régulièrement, l'action faiblit un peu. Si le tourteau dans son bouillon de crevettes grises séduit, les tomates «fatiguées» dans leur jus manquent de présence, à l'image des tagliolinis aux cèpes, un peu tristes et isolés sur scène. On retient tout de même les passages remarqués de certains acteurs, le désormais classique et luxueux «pain mi-perdu, mi-soufflé» qui laisse s'écouler de la pomme de terre Pompadour lorsqu'on l'ouvre, et qui est surmonté d'une épaisse couche de caviar Kristal, mais aussi l'impeccable ris de veau, tomates, olives noires, truffes noires et artichauts, comme un hommage au répertoire classique. Les desserts ressemblent plutôt à une rafale de mignardises (mousse au chocolat, huile d'olive et fleur de sel, sorbet, une prune confite, un sorbet à l'oseille, un sorbet citron et citron caviar, un petit gâteau nantais...), la cave est intéressante et bien conseillée et le service s'adapte avec souplesse à une clientèle cosmopolite.

Apicius 16/20

CHEF : MATHIEU PACAUD

20 rue d'Artois - T. 01 43 80 19 66 - Menu(s) 95-250 €

Mathieu Pacaud ne manque jamais d'idées pour faire évoluer l'une des plus belles tables de Paris, dans ce luxe immense que représentent un hôtel particulier et son jardin. La cuisine évolue bien sûr en haute altitude, avec le magnifique homard bleu, mesclun et jeunes pousses à l'ail frais, lobster roll à l'avocat et mayonnaise foisonnée, la luxueuse langouste puce grillée au barbecue, pommes de terre nouvelles à la feuille de verveine, pattes et corail gratinés au beurre de sarrasin, un plat d'une grande noblesse, et le millefeuille croustillant, crème légère à la verveine, jubilé de fruits d'été au basilic pourpre. Les prix sont logiques, correspondant au lieu.

Le Clarence 16/20

CHEF : CHRISTOPHE PELÉ

31 avenue Franklin Roosevelt - T. 01 82 82 10 10 - Menu(s) 110-320 €

Le bel hôtel particulier tout proche des Champs respecte ses traditions, soigne son décor avec zèle, fait tout pour plonger le visiteur dans l'opulence parisienne. Plus de voiturier en ce moment mais du chic et du service partout ailleurs. La cuisine de Christophe Pelé, en surprise permanente (pas de menu publié, tout à l'aveugle) est influencée par son bagage et ses voyages (Hong-Kong) de façon assez discrète. Les produits sont splendides (rouget ikejime, ventrèche de thon, oursin...) les saveurs originelles étant le plus souvent estompées par excès de zèle, d'ingrédients (le gyoza ris de veau et cèpes avec la grouse tourbée au whisky et jus à l'anguille fumée), d'assaisonnements. Certes, les visiteurs en ont légitimement plein la vue, et l'addition confirme l'éblouissement, mais nous retiendrons pour notre part dans cette profusion les plus belles assiettes parmi les mieux équilibrées, le thon rouge ikejime crémeux pistache chou kale frit poutargue et jus acidulé au cassis, la Gillardeau oreille de cochon truffe blanche d'Alba et bouillon de bœuf bourguignon ou le simple et superbe sorbet framboise cassis le meilleur des desserts également très recherché. Service gentil et compétent, animation de salle parisienne chic en concordance avec le lieu, cave sérieuse et riche, avec des découvertes, et des vins au verre très coûteux, sans oublier les grands rhums.

Le Taillevent 16/20

CHEF : GIULIANO SPERANDIO

15 rue Lamennais - T. 01 44 95 15 01 - Carte 168 € - Menu(s) 90-245 €

L'institution parisienne créée par André Vrinat en 1946 tourne comme une horloge au milieu des lambris et des objets précieux. Dans cet ancien hôtel particulier, le chef Guiliano Sperandio, ancien second de Christophe Pelé, apporte un nouveau souffle avec sa touche transalpine, tout en conservant quelques plats emblématiques de la maison. Les cuisses de grenouilles en amuse-bouche donnent le ton, les langoustines se mettent en quatre : boudin de langoustines, crème d'artichaut et bisque, puis avec un petit artichaut frit à la juive comme à Rome, garni de sauce Choron ; la troisième est crue, gelée de fenouil, et la quatrième, rôtie avec corail posée sur une feuille d'artichaut. Une tourte gourmande et dorée est ouverte devant le client pour découvrir à l'intérieur canard, foie gras et épinards qui font des étincelles, avec une sauce de canard bien concentrée d'un gâteau de blettes, d'aubergine confite et d'anguille fumée et d'une pomme dauphine crémeux café. Le dessert, un poil moins maîtrisé, se décline en 3 services : soufflé au fromage blanc, chou chantilly-mirabelle et crème glacée café. Outre le service de grande maison traditionnelle, la cave reste un point fort depuis des décennies, se renouvelant au fil du temps avec une offre au verre cohérente.

Lucas Carton 15,5/20

CHEF : HUGO BOURNY

9 place de la Madeleine - T. 01 42 65 22 90 - Menu(s) 100-190 €

Comment éviter, au sujet de l'institution de la place de la Madeleine, de ressasser la même antienne, en invoquant les mânes des grands chefs qui y sont passés, pour souhaiter au nouveau chef arrivant de redonner «tout son lustre», selon la formule consacrée, à une si grande maison. C'est donc Hugo Bourny, ex-chef exécutif du Marsan, qui est d'astreinte entre les boiseries classées et les beaux miroirs de cette vénérable maison bicentenaire. Le chef a du bagage (passé notamment chez Arnaud Donckele et Anne-Sophie Pic) et le fait savoir, avec le brillat-savarin en fine raviole au vin jaune, champignon, noisettes et sapin Douglas baignant dans un consommé riche et profond ou encore la lotte nacrée frottée au katsuobushi et affinée plusieurs jours sur un lit de brocoli au poivre de Phu Quoc accompagnée d'une émulsion de thé lapsang souchong évoquant une salaison de la mer. Pour terminer, le citron Meyer en marinade et confit, sorbet amande et fleur d'oranger est bien plaisant quoiqu'un peu sucré. Art de la table renouvelé et contemporain, service très attentionné et carte des vins qui fait toujours rêver, aux nombreuses grandes étiquettes.

Le 39V 15/20

CHEF : FRÉDÉRIC VARDON

39 avenue George V - T. 01 56 62 39 05 - Carte 118 € - Menu(s) 39,50-145 €

Après de longs travaux, Frédéric Vardon a retrouvé son cockpit, un salon toujours plus confortable pour une clientèle triée qui ne veut que du beau. À l'instar de quelques-uns de ses confrères - comme Simonin, Pelé et Banctel -, le chef sait choisir le plus beau dans un style précis et pourtant personnel : langoustines tomate et verveine, soufflé de homard au cassis, veau courgette-fleur farcie grillée et crue, pigeon cerises et chanvre... Le menu découverte en soirée à 95 € est une belle porte d'entrée, les desserts sont aussi séduisants, surtout sur les fruits, la cave fait également l'éloge du savoir-faire de nos grands producteurs vignerons.

L'Arôme 15/20

CHEF : THOMAS BOULLAULT

3 rue Saint-Philippe du Roule - T. 01 42 25 55 98 - Menu(s) 79-190 €

Ingrédients rares et à la mode, ambiance chic 8e assumée, avec le service adéquat, Thomas Boullault se sent parfaitement dans son élément et le prouve dans une cuisine à 3 toques qui ne bouge guère en note, mais évolue avec son époque. Le pressé de tourteau breton, l'avocat hass et le riz koshihikari sont sublimés par une eau de tomate au pimenton de la Vera. Le bar aux parfums de sakura partage l'assiette avec une déclinaison sur l'artichaut en barigoule, et des lamelles de cecina de León, le tout rehaussé d'un jus court bien concentré. Un nuage de Baileys au café de Birmanie, caramel soja, algue et kombu confit fait une caresse gourmande en guise de conclusion. Cave importante et bien présentée par un sommelier sérieux.

Le Chiberta 15/20

CHEF : IRWIN DURAND

3 rue Arsène Houssaye - T. 01 53 53 42 00 - Carte 116 € - Menu(s) 135-220 €

Le plaisir est toujours le même : Le Chiberta est une maison à part, car elle consacre autant la vie parisienne brillante et affairée que l'univers, méticuleux et généreux à la fois, de Guy Savoy. Et sa science pour bien déléguer et superviser un 3-toques qui fonctionne toujours aussi bien. À deux pas de l'Étoile, les produits nobles se succèdent avec délicatesse dans une carte vertueuse : pommes de terre et caviar, langoustines verveine et petits pois, saint-pierre rôti poire aux algues et sarrasin, selle d'agneau parfaitement cuite avec ses petits légumes farcis. Desserts au plaisir régressif (flan parisien à la vanille de Madagascar) ou inventifs (maïs estragon parfait glacé confit de pommes). Très bon service, cave classique étendue.

Il Ristorante - Bulgari Hôtel Paris 15/20

30 av George-V - T. 01 81 72 10 80 - Menu(s) 115 €

C'est au chef transalpin Niko Romito, véritable star dans son pays, qu'incombe la gestion de la carte de tous les restaurants gastronomiques des hôtels Bulgari dans le monde. Dernière antenne parisienne, Il Ristorante n'échappe pas à la règle. Dans une déco qui manque peut-être d'identité, l'accueil et le service très palace, ultra-pro, sert avec zèle les classiques italiens, dont certains sont admirablement réussis, à commencer par les pâtes : forcément al dente, une mantecatura de haut vol, pour obtenir une sauce crémeuse à souhait et des produits luxueux pour les accompagner ; truffe d'Alba enivrante ou crustacés nacrés, milanaise d'école à partir d'une côte de veau sur os, rosée et croustillante, tandis que le cochon sauce à l'orange offre un jeu de texture des plus intéressants entre le fondant du gras et le croustillant de la peau. Une des plus belles cartes des vins italiens à Paris et un service enthousiaste font de ce restaurant déjà un spot luxe transalpin très convoité.

Maison Ruggieri 15/20

11 rue Treilhard - T. 01 45 61 09 46 - Menu(s) 200-300 €

Il faut avoir les épaules pour se lancer ainsi dans l'ancien antre de Dominique Bouchet, avec une carte de visite certes affriolante (Bocuse d'Or Italie) et la bénédiction de Yannick Alléno, chez qui Martino Ruggieri fut chef au Pavillon Ledoyen. Néanmoins, le jeune chef italien frappe fort d'entrée, comptant sur le chic quartier pour aligner sans broncher un ticket d'entrée à 200 € (le «petit menu», l'autre est à 300) et une carte où les plats flirtent et dépassent les 100 €. Pourtant, à l'heure des bistrots à tout-va et du take away, le panache du jeune chef italien a de quoi séduire. De son mentor, il a l'audace, la précision dans les jus et les sauces, la maîtrise du classicisme dans les deux cultures française et italienne. Après la mise en bouche gourmande - une tartelette cèpe moules foie gras -, une entrée brillante et vénitienne - artichaut seiche et foie de seiche avec un délicieux bouillon - en annoncent d'autres d'imagination et de plaisir bourgeois, avec les rognons et la sardine et un régal de vinaigrette relevée de sardine, ou les oursins et algues avec un jus de lièvre. Les dressages ont l'élégance italienne, délicate et chic, que les saveurs ne démentent pas, et les plats d'école emportent les suffrages, comme la sole, une meunière bien acidulée, chips de pomme Anna et un délicat «lait de sole» (un jus filtré lié à l'œuf) et couteaux. Desserts de belle inspiration (la tatin sans pâte), service dans le classique attendu, précis et disponible, un peu à l'ancienne, carte des vins en évolution, coûteuse au verre et ne proposant pas un seul vin italien à moins de 100 €, mais offrant pourtant quelques flacons accessibles (le «Chante Coucou» d'Elian Da Ros à 55 €, par exemple).

L'Orangerie - Hôtel George-V 15/20

CHEF : ALAN TAUDON

31 avenue George V - T. 01 49 52 72 24 - Menu(s) 180-235 €

Longtemps L'Orangerie a été la deuxième table brillante du George V, porte-étendard d'une cuisine bourgeoise et surtout d'une haute restauration à la française où l'on venait profiter du savoir-faire tous azimuts d'une brigade excellement préparée par Christian Le Squer et répondant à toutes les envies classiques ou modernes dans une large carte. Si l'excellent Alan Taudon a tout le bagage et le talent qu'il faut pour assurer la prestation, la destination a changé, s'adressant davantage à une clientèle de passage ou aux résidents : plus de restauration le midi, deux menus en tout et pour tout le soir, en 5 ou 7 plats, à 180 € ou 235 €. Plus question donc de se régaler à l'avance d'un bon pâté croûte ou d'un lièvre à la royale ou d'autre chose que vous pourriez choisir. Reste l'excellente cave et un service de palace.

Origines 15/20

CHEF : JULIEN BOSCUS

6 rue de Ponthieu - T. 09 86 41 63 04 - Carte 87 € - Menu(s) 49-92 €

Il semble bien que Julien Boscus ait franchi une marche cette année, car toutes nos expériences vont dans le même sens, d'une plus grande maîtrise et d'assiettes mieux abouties dans la même profusion aromatique, canalisée pour la bonne cause. Si le menu déjeuner à 49 € est une aubaine pour le secteur, le menu dégustation à 92 € est un pur bonheur. Les oursins de Galice méritent deux services : un crémeux de fenouil, gelée de jus d'oursins et langues d'oursin entourées d'un fin granité de clémentines corses, une entame gavée d'iode, d'agrumes, de fraîcheur, avant la seconde lame, des pâtes artisanales des Pouilles et langues d'oursin nageant dans une goûteuse bisque de jus d'oursin d'une franche gourmandise. On enchaîne avec le pavé de bar des côtes bretonnes, poché dans un beurre aux algues et recouvert d'un tartare d'huîtres d'Utah Beach relevé de gingembre, cébette et citron, dans un océan de cresson de Méréville, le filet de biche rôti dans une beurre parfumé au poivre sarawak, cannelle et ventrèche de porc noir de Bigorre, accompagné de spaetzle à la farine de châtaigne, de champignons sauvages, d'une sauce poivrade et d'une crème de betterave blanche au raifort qui bouscule tout en gardant l'harmonie. Desserts aussi subtils et frais, en revisitant le mont-blanc avec la clémentine, service aimable et attentif, dont celui d'une jeune sommelière qui sait lire entre les lignes d'une belle carte de vins.

Pavyllon 15/20

CHEF : YANNICK ALLÉNO

8 avenue Dutuit - Pavillon Ledoyen - T. 01 53 05 10 10 -
Carte 135 € - Menu(s) 68-248 €

Le monde de Yannick Alléno est à la fois moderne et gourmand, il réunit des courants apparemment incompatibles, la haute gastronomie classique à tendance bourgeoise et l'inspiration food, finger ou street, qui régale les jeunes urbains. Un comptoir de la régalade moderne où défilent de petites assiettes succulentes, au point qu'on ne peut s'empêcher de lorgner vers celles de ses voisins, la feuille de shiso croustillante, en tempura, crème de livèche, caviar et œufs de brochet fumés, les ravioles potagères dans ce subtil bouillon parfumé, la énième et toujours aussi enjôleuse version du soufflé au fromage sauce vin jaune croquant de céleri et râpée de noix, ou encore la royale de bonite algues kombu bouillon corsé. Après les grignotages, on tire encore le chapeau devant le bœuf homard et thon en chirashi en surf and turf très inspiré, ou le merlan à la Prunier, caviar et tartare de thon en fish and chips (sans chips) de luxe. Desserts de même esprit vivace, le «à la libanaise» avec sa pâte pistache et orange confite ou le «kapput chin» crème café glace amaretto. Service nombreux, empressé, très chic, cave chère et très large, offrant au moins un bon et vaste choix au verre.

Restaurant Tosca - Hôtel Splendide Royal Paris 15/20

CHEF : RAFFAELE DE MASE

20 rue du Cirque - T. 01 42 68 10 00 - Carte 75 € - Menu(s) 49-120 €

Toute l'équipe de Tosca s'est réjouie de la 3e toque obtenue l'an passé, consacrant une excellente cuisine italienne dans une prestation haut de gamme au cadre superbe orné de marbre de Carrare. Le chef Raffaele de Mase fait feu de tout bois à travers une carte sans complication et néanmoins personnelle, les toques se nichant dans les détails, qualité des cuissons et des finitions notamment : artichauts à la romaine, riz acquerello au cresson, stracchino et mélasse de cerise, seiche poêlée sauce de poivron et neige de kéfir, ou encore la côte de veau à la milanaise pour se rassurer. Bon menu dégustation à 90 €, desserts de bon goût et cave italienne fort large.

Lasserre 14,5/20

17 avenue Franklin D. Roosevelt - T. 01 43 59 53 43 - Carte 243 € - Menu(s) 170-210 €

Ce n'est bien sûr pas nouveau : Lasserre a toujours attiré les touristes du monde entier, alléchés par la perspective de (re)découvrir cette illustre maison proche des Champs-Élysées, émus à l'idée d'emprunter l'ascenseur qui les emmène à l'étage et impatients, une fois attablés dans cette salle sur deux niveaux, au décor flamboyant, d'assister à l'ouverture du mythique plafond électrique. Le personnel joue évidemment le jeu, prenant telle table en photo, apportant le cadeau d'anniversaire de madame à telle autre au moment du dessert ou flambant les crêpes Suzette devant 50 paires d'yeux évidemment enchantés. Depuis son retour au piano, Jean-Louis Nomicos n'a bien sûr pas voulu écorner le mythe. Sa cuisine est restée fidèle à cette institution, privilégiant les produits luxueux, le caviar, le foie gras, la truffe noire... les jus puissants, mais semble malheureusement restée bloquée au siècle dernier (le pigeonneau André Malraux, céleri-rave, figues rôties et girolles est un beau plat), à l'image de la cave, qui ne fait même pas semblant de s'ouvrir aux nouvelles générations de vignerons. Service en mode pilotage automatique.

L'Atelier de Joël Robuchon Etoile 14/20

133 avenue des Champs-Élysées - T. 01 47 23 75 75 - Menu(s) 49-99 €

Au sous-sol de l'immeuble Publicis, la tradition Robuchon à la française fait mieux que survivre. Elle apparaît comme un rempart de cuisine face aux assemblages et grignotages de légumes crus, elle est donc précieuse. À l'agneau de lait à la fleur de thym, au tournedos de filet de bœuf au poivre noir, à la côte de veau asperges et girolles béatilles de veau dorées qui font la fierté nationale, s'ajoutent quelques classiques du maître, à commencer par la gelée de caviar au chou-fleur qui nous a tant fait rêver, le saint-pierre au château-chalon, le ris de veau ou même le burger au foie gras. À table ou au comptoir (la meilleure place), on savoure un moment devenu si rare.

Contraste 14/20

18 rue d'Anjou - T. 01 42 65 08 36 - Menu(s) 45-89 €

Un Breton et un Catalan, Erwan Ledru et Kévin De Porre, deux jeunes chefs qui animent cette table en vue proche de l'Élysée, créée par Stéphane Manigold. Ils incarnent bien cette nouvelle génération, attachée aux produits de terroir, évitant les déchets, jouant avec les textures (d'une façon parfois systématique) et construisant des séquences cohérentes et conformes dans leur originalité : la variation sur l'œuf et royale de haddock, les excellents pleurotes relevés de café en sabayon, praliné et achillée millefeuille, les belles saint-jacques snackées bouillon de topinambour, bardes et moelle de bœuf (le terre-mer est un des marqueurs maison) avant le cochon en tataki puis cuit à cœur, la salinité apportée par les huîtres et les herbes marines de Jean-Marie Pédron représentent bien cette tendance recherchée et consensuelle à la fois. Dessert chocolat de même esprit (mucilage de cacao en sorbet, cascara), très réussi, cave riche et bien animée par un sommelier précis et attentionné.

Cèna 14/20

23 rue Treilhard - T. 01 40 74 20 80 - Carte 63 €

Une réalisation réussie de plus pour le duo Lahner-Plantier, qui a eu la malchance de voir son excellent chef Alban Chartron les quitter pour ouvrir son propre restaurant en Bretagne, et la chance inouïe de voir arriver en chef résident Pascal Barbot «himself», empêtré dans les travaux de la rue Lauriston et privé de piano depuis trop longtemps. Pas question bien sûr de juger cette table à l'aune de ses 5 toques, mais il faudrait être bien ingrat pour ne pas se précipiter rue Treilhard, goûter une patte, un savoir, une finesse. Au hasard de la salade d'artichaut yaourt agrumes, de la poitrine de veau en tranches thon à l'huile d'olive et câpres au sel, la légine marinée au miso (tiens, tiens...) et riz koshihikari beurre blanc sauce soja. On en profite évidemment, c'est du bonus.

Neva 14/20

2 rue de Berne - T. 01 45 22 18 91 - Carte 57 € - Menu(s) 46-76 €

Cette table semble isolée aux confins de l'arrondissement, c'est pourtant un rendez-vous majeur : Beatriz Gonzalez fut un peu la pionnière d'une nouvelle vague, il y a à peine dix ans, consacrant une cuisine métissée, ouverte et joyeuse. Cela n'a évidemment pas changé et chaque saison nous apporte de nouvelles belles sensations, mariant par exemple les asperges, l'ananas et le concombre avec une vinaigrette anisée, les petits pois avec l'anguille fumée, le secreto ibérique avec les aubergines laquées au miso abricots flambés et jus de volaille. C'est enlevé, précis et surtout savoureux, y compris les desserts, tout autant inventifs. Une petite terrasse sur la rue aux beaux jours.

Okuda 14/20

7 rue de la Trémoille - T. 01 40 70 19 19 - Menu(s) 158-198 €

Tokyo à Paris, avec le maître Toru Okuda : toute la philosophie du repas à la japonaise dans ce cadre aux matériaux nobles, choisis avec soin, quelques chaises au comptoir pour voir officier le chef Miyahara, qui fut longtemps le chef du restaurant Ginza Okuda, à Tokyo. Après une longue période de fermeture, on retrouve du kaiseki de très haut vol, le privilège d'assister à la cérémonie, tous les ingrédients sont là pour une expérience unique. La bonne nouvelle, c'est que les prix des menus uniques n'ont pas changé depuis deux ans : 158 € le midi, 198 € le soir.

Shirvan Café Métisse 14/20

5 place de l'Alma - T. 01 47 23 09 48 - Carte 69 €

Deuxième adresse plus personnelle et régionale pour Akrame, mettant en avant ses racines méditerranéennes dans une carte foisonnante, et un lieu forcément chic au seuil de la place de l'Alma. La carte est vaste, rassembleuse, et les plats se succèdent dans la gaieté, des classiques revus par le chef et déferlant comme autant de friandises orientales : chakchouka à l'œuf parfait, chermoula d'huîtres, crêpe à l'agneau façon azéri, couscous de poulpe, épaule d'agneau confite en croûte de lait... On pioche, on partage, on découvre, jusqu'au naan chocolat et au millefeuille. Nombreux cocktails, carte de vins classique.

Trente-Trois 14/20

33 rue Jean Goujon - T. 01 45 05 68 00 - Menu(s) 68-118 €

C'est la magie du triangle d'or : dites «33», et votre médecin vous conseillera sans doute la visite de ce superbe immeuble aux précieux salons lambrissés et à la belle marquise d'entrée. Sébastien Sanjou (Le Relais des Moines, aux Arcs) supervise la carte tout en sobriété chic, privilégiant le produit dans des préparations très fignolées : lisette de Méditerranée, petits pois, rascasse des côtes bretonnes, agneau de lait des Pyrénées. Dans cette atmosphère feutrée, un service efficace et discret vous accompagne jusqu'au très bon dessert abricot. Le menu du dîner à 88 € en 4 services est une bonne option.

Manko 13,5/20

15 avenue Montaigne - T. 01 82 28 00 15 - Carte 71 €

Un coin de Pérou dans le triangle d'or ? Avec plaisir bien sûr, puisque la carte signée Gastón Acurio rassemble le meilleur des influences péruviennes et nikkei à travers les classiques, les ceviches et les tiraditos, aux déclinaisons savantes et bien relevées par les marinades maison, leche de tigre aux différents ingrédients, mais aussi des viandes au wok, le poulpe au charbon sauce anticuchera, la côte de veau aux salsifis sauce chimichurri et vinaigrette de pamplemousse. Un lieu à la fois dépaysant et rassurant dans ce cadre privilégié.

Monsieur Dior 13,5/20

32 avenue Montaigne - T. 01 40 73 53 63

Jean Imbert agite une fois de plus les food médias en supervisant les cuisines du restaurant Monsieur Dior niché dans le flagship de la maison de couture, avenue Montaigne, ouvert après deux ans de travaux pharaoniques pour un résultat éblouissant à la gloire de la marque. On est dans le grand luxe, de l'accueil par des hôtesses et hôtes affables, en passant par le service cérémonieux et l'art de la table raffiné. Les assiettes oscillent entre de l'instagramable un peu facile comme cet avocat entier farci au crabe et recouvert d'une fine croûte de graines croustillantes ressemblant à s'y méprendre à sa vraie peau, du passe-partout comme les fines ravioles farcies au fromage de chèvre et consommé de tomate pimenté, ou encore du très bon turbot à la cubaine, laqué d'une sauce de sucs réduits et goûteux, parfumés au rhum. Desserts gourmands, carte des vins courte recelant quelques folies et une clientèle digne d'un défilé lors de la fashion-week.

Le George 13/20

31 avenue George V - T. 01 49 52 72 09 - Menu(s) 70-138 €

Le bien joli patio marbré est un écrin très plaisant pour la cuisine italienne du George V, pilotée par le dynamique Simone Zanoni pour une assemblée très variée, les résidents de l'hôtel qui ne vont pas goûter les 5 toques Le Squer à chaque repas, une clientèle d'affaires venue grignoter chic méditerranéen, et les touristes en balade sachant apprécier des pâtes bien préparées. Le chef va évidemment plus loin, avec de jolies fraîcheurs comme le crudo de sériole, de thon ou d'espadon présentées avec art, de beaux poissons (la sole avec une sauce légère et bien relevée poivron shiso kalamansi), et des idées bienvenues et bien traduites sur le risotto et la pasta, comme les agnolottis veau et pleurotes, avant les desserts attendus. Service «five stars», attentif, voire enthousiaste et un brin vendeur comme sur les réseaux («la focaccia maison, c'est un pain italien, vous allez voir, c'est à tomber !»), cave vaste et fort coûteuse, avec des vins au verre à partir de 20 € (les touristes étrangers se voient conseiller le meursault - «it's like chablis» - à 36 € le verre).

Les Jardins du Faubourg 13/20

9 rue d'Aguesseau - T. 01 86 54 15 15 - Menu(s) 45 €

Très très chic demeure tout près de l'Élysée, palace discret répondant à tous les critères d'exigence, le tape-à-l'œil en moins. La restauration suit la même ligne, dans une apparence classique correspondant à la restauration hôtelière de luxe : coleslaw de chou et tempura de gambas, lieu jaune aux herbes fraîches grenailles et haricots verts, la brigade étant menée avec efficacité par l'expérimenté Xavier Boireau, ex-Ducasse.

Le Joy 13/20

46 avenue George V - T. 01 40 69 60 60 - Carte 90 € - Menu(s) 95 €

Les nombreuses tentatives pour définir une «ligne éditoriale» au gastro du Fouquet's ont amené ses dirigeants, ainsi que le chef exécutif Bruno Guéret et le nouveau chef Clément Le Norcy, ex-Table du Connétable période Arnaud Faye, à concentrer la carte sur des produits 100% français et jouer donc la carte du terroir moderne avec le homard en gyoza carapace en sweet chili, le saumon de Cherbourg à la cacahuète de Soustons, le paleron du Limousin labneh rhubarbe millet. Donc, pas de chocolat au dessert, mais une belle pavlova, et tout de même un café gourmand en légère concession. Service bien en rangs, en continu, avec un snacking plutôt alléchant dès 15h.

La Luna 13/20

69 rue du Rocher - T. 01 42 93 77 61 - Carte 126 €

Un restaurant de poisson de juste réputation, que dirige avec doigté Catherine Delaunay, qui connaît toute sa belle clientèle amatrice de fraîcheur marine. À deux pas de Saint-Lazare, une table d'initiés, plutôt discrète, où le beau produit est roi, cuisiné avec savoir et respect : le turbot rôti sauce homardine, la sole de Noirmoutier meunière et l'arrivage du jour, simplement grillé, à 99 € pour deux, un choix souvent adopté par les habitués, qui font précéder éventuellement d'un carpaccio et suivre d'une assiette de fruits ou de fromages.

Marius et Janette

13/20

4 avenue George V - T. 01 47 23 41 88 - Carte 128 €

Un classique de longue date dans le giron du groupe Richard, une référence dans le monde des grandes brasseries parisiennes consacrées à la mer. Grands plateaux de fruits de mer, cinq variétés d'huîtres, et de la fraîcheur dans des recettes sûres à tarif logiquement solide : bar cru à l'huile d'olive, nems de langoustines, loup grillé en croûte de sel, linguine homard, turbot aux artichauts, la carte se renouvelant naturellement avec la pêche du jour. Desserts et cave classique, vaste terrasse.

Le Relais Plaza

13/20

21 avenue Montaigne - T. 01 53 67 64 00 - Carte 108 €

Les boulons sont serrés, comme il se doit, pour garantir dans chaque unité de restauration la qualité Plaza. Au Relais, la cuisine de «Mamie et Jean» (Imbert) trouve naturellement sa place dans un bel écrin : avec les terrines, l'œuf mimosa, les langoustines mayo, le ris de veau aux girolles et le bar en croûte sauce Choron, exemples parfaits d'une cuisine bourgeoise dépoussiérée et réussie, suivant un strict cahier des charges, jusqu'au millefeuille à la vanille de Madagascar. Sympathique semainier, service souriant, jeune, tonique.

Restaurant Maxan

13/20

3 rue Quentin Bauchart - T. 01 40 70 04 78 - Menu(s) 38 €

À deux pas des Champs et du George V, ce bistrot chic joue sa partition avec régularité, sur une carte à base traditionnelle réconfortante pour le quartier : foie gras pâte de coing, gaspacho de homard, sole meunière, carré d'agneau rôti aubergines et tomates confites dans le jus... À des tarifs plutôt amènes, la carte dépasse rarement les 60 €, incluant une bonne pavlova ou l'abricot rôti glace fromage blanc.

Le Sauvage

13/20

7 rue Roy - T. 01 45 22 22 46 - Carte 64 € - Menu(s) 69 €

La rue est calme, l'enseigne prometteuse, le décor plutôt épuré comme un bistrot moderne de quartier. Julien Piot, ancien caviste, sait faire marcher une affaire en conciliant avec bonheur assiette et verre. Son chef Yohann Trique, ex-ducassien, suit le mouvement avec la même énergie, choisissant le bon produit au bon moment, maturité, fraîcheur pour un rendement optimal : maquereau de ligne à la flamme courgettes petits pois guindillas et basilic, saint-pierre du Guilvinec panisse croustillante et artichaut poivrade mariné au vinaigre de Barolo, pluma ibérique et asperges blanches. On touche ainsi une belle séquence autour de 60 € avec un dessert sérieux comme le millefeuille aux pistaches siciliennes et framboises. De bons choix en cave, avec le rully de Jacqueson, le sancerre de Delaporte, le saint-joseph de Curtat...

La Cour Jardin

13/20

25 avenue Montaigne - T. 01 53 67 66 02 - Carte 98 €

Un plaisir et un privilège de partager cette Cour Jardin, le temps d'une saison, avec des convives triés sur le volet, dans un cadre de palace parmi les plus agréables de la capitale. On axe tout sur la fraîcheur, et même par temps de canicule on ressent aisance et bien-être avec ces préparations saisonnières aux justes produits : melon frappé au porto et piment, salade de haricots verts amandes fraîches pêches et girolles, tarte fine à la ratatouille et roquette, gambero rosso crue salsa verde, volaille à la diable. L'addition est certes très Plaza, mais qui s'en plaindrait ? Personne, en finissant le saint-honoré ou le carpaccio de fruits rouges.

Les Confidences - San Régis 12,5/20

12 rue Jean Goujon - T. 01 44 95 16 16 - Carte 67 € - Menu(s) 45 €

Ambitions à la hausse pour le San Regis, qui a recruté pour son restaurant Confidences un chef bien formé, Rémi Braflan, notamment passé chez Pierre Rigothier, à la Scène Thélème, et Jean-François Rouquette, au Hyatt. Il dresse donc une carte relativement sage, dans l'air du temps, pouvant convenir majoritairement à la clientèle triangle d'or : crudo de maigre bouillon de ponzu fenouil émulsion ail des ours, volaille rôtie déclinaison de carottes, selle d'agneau marinée et panoufle grillée condiment ail confit... Avec la tarte soufflée ou le riz au lait caramel beurre salé en desserts, un service de très bon niveau, on reste encore dans une ligne de restauration d'hôtel à personnaliser davantage, mais l'addition très correcte et les conditions de confort en font un choix cohérent.

Galanga - Monsieur George 12,5/20

17 rue Washington - T. 01 87 89 48 48 - Carte 72 € - Menu(s) 65-110 €

Un havre de paix au décor très élégant, tout en noir, vert et or, signé Anouska Hempel. Le chef Thomas Danigo offre désormais le soir (pour le déjeuner, on ira à la Table de Monsieur George, au bar) une carte dont la volonté est clairement de tirer le lieu vers le haut. En 3, 5 ou 7 temps, le chef peut enfin faire la preuve - les lieux ayant ouvert en 2020, il a dû patienter et freiner ses premières ardeurs pour commencer - de sa créativité, avec des propositions élégantes et colorées. Les vins sont à l'image du reste, bien choisis, peu nombreux (au prix du quartier...), et le service pas du tout compassé ni standardisé.

Lazare Paris 12,5/20

Parvis de la Gare Saint-Lazare - T. 01 44 90 80 80 - Carte 60 € - Menu(s) 22 €

Managé par Éric Frechon, Lazare est sans doute aujourd'hui le meilleur spot de gare de Paris, grâce à une carte moderne qui revisite la cuisine ménagère avec talent. Certes, les voyageurs qui arrivent de leur campagne normande sont un peu regardés de haut dans cet espace très parisien devenu aussi un rendez-vous d'affaires pratique, mais cela n'altère pas le fond de l'assiette, les calamars sautés à l'ail ou le saumon fumé, la saucisse purée, le fish and chips ou l'onglet sauce poivre. Un bon semainier (quenelles le lundi, brandade le vendredi) accompagne les débats.

Ratn 12,5/20

9 rue de la Trémoille - T. 01 40 70 01 09 - Menu(s) 25 €

La grande cuisine moghole dans un cadre feutré, intime, permettant de partager une culture dans l'ambiance adéquate. La carte gigantesque, incitant à demander conseil ou à suivre un menu en guise d'initiation (une quinzaine de choix, rien que pour les naans, galettes et apparentés...). Selon les parfums, plus ou moins relevés, on s'oriente vers l'inattendu sur les plats au tandoor, les biryanis, les variations de riz servies avec les ingrédients principaux, crevettes, poulet, agneau.

Le Bistrot du Sommelier 12/20

97 boulevard Haussmann - T. 01 42 65 24 85 - Carte 69 €

Le discret et érudit Philippe Faure-Brac mène toujours avec doigté cette adresse qui lui est chère. Au-delà des beaux et des grands flacons accumulés par le Meilleur sommelier du monde, il supervise de près la carte de son chef pour offrir une gamme bistrot-gastro de bon niveau, qui ne démérite en aucun cas : bonbons croustillants de ris et poitrine de veau, rouget barbet quinoa aux légumes jus de fenouil aux baies roses, épaule d'agneau et aubergines confites, filet rôti au piment d'Espelette. Le lieu respire la bonne tradition, dans une ambiance distinguée. On boit très bien, et les choix du maître en matière de vins au verre sont incontestables.

Le Boudoir 12/20

25 rue du Colisée - T. 01 43 59 25 29 - Menu(s) 44 €

Un bistrot pour clientèle d'affaires pressée, dont la carte est supervisée par le MOF Christophe Raoux. De beaux produits annoncés, comme les langoustines snackées et purée de chou-fleur au wasabi, le turbot salsifis coulis d'épinards et beurre blanc, ou encore le pigeon, pour des assiettes copieuses qui pourraient gagner en équilibre. Bonne tarte au citron meringuée, citron confit à l'Izarra et glace au thym, carte des vins courte, mais bien pensée et service diligent.

Casa Luca 12/20

82 avenue Marceau - T. 01 47 20 20 40 - Menu(s) 34 €

Une grande brasserie italienne au seuil de l'Étoile, pratique et de bon ton pour les déjeuners d'affaires sans trop se poser de questions devant la carte, large et classique, sur les tables nappées, en terrasse ou dans la salle bien agencée. Les antipasti de référence (vitello tonnato, aubergines à la parmigiana, carpaccio cipriani...), des salades, un risotto au homard, les habitués appréciant les tagliatelles aux poissons qui font tout le repas pour 34 €, ou le faux-filet à la milanaise.

Dos Almas - Melia Paris Villa Marquis 12/20

35 rue Jean Goujon - T. 01 53 93 63 00 - Menu(s) 28 €

Une adresse un peu caliente dans le fier triangle d'or : on goûte volontiers les festivités gourmandes offertes par cette table sans tralala, mais qui soigne bien ses effets hispano-latino par des tapas et plats familiers bien relevés : ceviche de maigre, gambas à l'ail, thon plancha, poulpe grillé au pimenton, pluma ibérique artichaut sauté au jambon. On pourra entamer les débats avec un cinco jotas à partager, et les clore avec le cœur coulant au touron.

Fouquet's Paris 12/20

99 avenue des Champs-Élysées - T. 01 40 69 60 50 - Carte 36 € - Menu(s) 45-96 €

Pour de nombreux touristes, l'expérience se limite à se prendre en photo sur les Champs devant la grande banne rouge. Il faut pourtant passer l'accueil, qui fait un peu service d'ordre, et s'imprégner de ce temple qui est un peu la mémoire du Paris festoyant. Et piocher, dans la grande carte, ce qui ressemble à des repères historiques - sole meunière, côtes d'agneau vert-pré et crêpes Suzette - plutôt que les modernités d'usage. En supervisant la carte, Pierre Gagnaire l'a naturellement dépoussiérée pour convenir à des visiteurs de tous pays et de toutes générations.

La Maison de l'Aubrac 11,5/20

37 rue Marbeuf - T. 01 43 59 05 14 - Carte 68 €

On respire le grand air des collines de l'Aubrac à travers cette viande sélectionnée parmi les meilleurs éleveurs, pour fournir le faux-filet, la bavette, l'entrecôte persillée ou le bourguignon, mais aussi les maturées, côte de bœuf ou onglet. Pour rester dans la tradition et le terroir, on entourera ces délices carnés d'assiettes appropriées, escargots, os à moelle, on les accompagnera d'aligot ou de frites, on terminera par la tarte Pierrette. En diversion, magret, ribs, saucisse au couteau...

Flora Danica 11/20

142 avenue des Champs-Élysées - T. 01 44 13 86 26 - Carte 59 € - Menu(s) 39,50 €

La restauration est désormais réunie sous une seule enseigne à la Maison du Danemark, celle de Flora Danica (Café) qui a donc absorbé l'espace du Copenhague (Restaurant). La foule des Champs se presse dans cet espace de fraîcheur nordique autour du saumon, des fumés et du hareng, à la carte consensuelle pour un public naturellement très varié : salade nordique, saumon mariné, smorrebrod de crabe, un peu de caviar pour faire bonne mesure, «plateau danois» réunissant les classiques, ou assiette «Flora Danica» à 37 €. La partie Flora Danica Restaurant offre une prestation très proche, avec une carte aux nombreux plats communs, un peu plus étoffée. La Carlsberg reste l'accompagnement idéal.

RAN 11/20

8 rue d'Anjou - T. 01 40 17 04 77 - Carte 73 € - Menu(s) 43 €

Du Japon franchement fusionnant comme on l'adore dans toutes les capitales et «high spots». L'ancien 1728 conserve bien sûr architecture historique et beau décor pour savourer les gyozas poulet et légumes, le california crabe et concombre, le saumon à la robata et vinaigrette piment vert, le tartare de thon au caviar... On accompagne d'un des nombreux cocktails originaux, dans une ambiance hautement parisienne.

PARIS 9 75009

Louis Restaurant 15/20

CHEF : STÉPHANE PITRÉ

23 rue de la Victoire - T. 01 55 07 86 52 - Menu(s) 51-125 €

Stéphane Pitré avance et cherche, il s'épanouit à cette adresse de poche, et son menu en 7 temps en apporte la preuve avec ses créations du moment, dans un superbe voyage culinaire. Après le crumble cacao, purée d'agria, poudre de cacao et truffe, il nous transporte sous les cerisiers japonais avec cette composition : saint-jacques snackées délicatement posées sur un tartare chou-rave, granny smith et huître, un beurre et une feuille craquante de sakura. Une petite escale en Italie avec ses noisettes torréfiées du Piémont qui accompagnent le cabillaud à la texture parfaite, le chou de Pontoise et le caviar, avant le veau élevé sous la mère, servi rosé avec une mousseline de butternut et kombu, praire en coque de pain au café pour un surprenant sandwich iodé. Un petit détour par le Mexique avec des graines de chia qui parfument une légère mousse d'hibiscus et son sorbet estragon-granny smith, voilà un tour de monde idéal pour les fans du 9e. La carte des vins est attractive, le service attentif et précis.

NE/SO 15/20

CHEF : GUILLAUME SANCHEZ

6 rue Papillon - T. 01 48 24 04 13 - Menu(s) 135-180 €

Une cuisine d'expérience singulière qui marque durablement le palais et l'esprit. C'est le but ! Guillaume Sanchez continue d'impressionner son monde, par la recherche, le travail, l'analyse si poussée pour obtenir le prototype voulu d'une assiette unique, graphiquement comme gustativement. La passion de la lactofermentation n'a pas faibli et la séquence est toujours frappante : on retiendra cette année son tartare de langoustines et avocat niché sous un voile gélifié et doux de lait d'amande, bousculé par le vert amer d'un assaisonnement livèche ; une assiette façon marqueterie de turbot nacré, condiment anchois, petits pois frais et jus corsé ; la cuillérée d'araignée de mer, citron et estragon à l'allure de shot iodé et végétal. En dessert, le chef tire le fil de la végétalité en proposant une évaporation de Chartreuse granitée où l'anisé se fond à la perfection dans un condiment huileux et herbacé de coriandre, oxalys et menthe. Cave de qualité qui laisse une large place aux petites cuvées précieuses.

La Condesa Paris 14,5/20

13 rue Rodier - T. 01 53 20 94 90 - Menu(s) 55-150 €

La rue Rodier est fort riche en tables variées et surtout en cuisines de personnalité et d'identité. Comme celle d'Indra Carrillo, sans doute la plus intéressante, avec son parti pris et son talent, qui lui permettent de mener l'expérience sous influences diverses, d'Amérique latine, d'Italie, d'Asie. La cuisine de ce jeune premier si bien formé (Pascal Barbot, Yannick Alléno, Éric Frechon...), lauréat de la Dotation Gault&Millau, est souvent surprenante et toujours brillante, de plus en plus proche de la 3e toque.

Bien Élevé 13,5/20

47 rue Richer - T. 01 45 81 44 35 - Menu(s) 19-39 €

Si les viandes «d'exception» ne sont présentes qu'à l'ardoise et font inévitablement grimper l'addition (35 € pour le filet de bœuf, accompagnement et sauce au choix compris), on ne saurait que vous conseiller de foncer les yeux fermés rue Rodier, parce que chez Bien Élevé, comme chez Bien Ficelé, son frère, on ne travaille qu'avec des producteurs français triés sur le volet (viandes de Châteauneuf, collectif noir de Bigorre, la Table de Solange...). Et comme, en cuisine, le chef et son équipe assurent, les esprits carnassiers (heureusement, il en reste ! mieux vaut réserver d'ailleurs) s'épanouissent entre les murs de ce bistrot branché. Le menu à 39 € fonctionne à merveille, avec les belles saint-jacques en tartare, oignons doux et crème d'endive tiède pour une entrée à la fois fraîche et équilibrée, avant le tartare de bœuf Angus avec son œuf fermier au jaune intense et brillant, sa crème de topinambour, ses noix de cajou délicatement torréfiées et ses crevettes grises (excellente idée), un plat qui n'a rien d'un ersatz préparé à la va-vite (malgré des frites fraîches un poil surcuites). Desserts rassurants, avec notamment une intéressante version de la tatin comme un millefeuille, avec sa généreuse crème tonka et sa glace caramel. Service ultra-efficace, cave resserrée, avec quelques valeurs sûres (Lucien Crochet, Pacalet, Mas Jullien) ou plus pointues (Renouard Scamandre en costières-de-nîmes).

Alleudium 13/20

24 rue Rodier - T. 01 45 26 86 26 - Carte 13 € - Menu(s) 31-77 €

Passé du côté obscur de la force, Keiichi Shinohara ne fonctionne plus que par menus cachés, ce qui n'enlève rien de son talent à intégrer sa culture dans une cuisine française de belle tenue.

Les cuissons sont nettes, les bouillons excellents, et l'épaule d'agneau au yuzu parfaite. Les menus restent sages en tarifs, avec une formule déjeuner à 31 € et un menu dégustation en 6 séquences pour 52 €.

Belle Maison 13/20

4 rue de Navarin - T. 01 42 81 11 00 - Carte 13 €

Une réussite de plus pour le groupe de la Pantruchoise (Pantruche, Caillebotte...), cette adresse se consacrant à l'océan et ses administrés. De l'arrivage de fraîcheur, un traitement dans l'air du temps, sans complication, une bonne recette, une sauce, un accompagnement, par exemple la purée de betterave jaune et l'émulsion moutarde condiment prune qui va à ravir sur le cabillaud comme sur l'échine de cochon. Belle ambiance de connaisseurs dans un coin presque tranquille de SoPi.

Bouillon 47 13/20

47 rue de Rochechouart - T. 09 51 18 66 59 - Carte 58 €

En descendant vers ce coin de SoPi, on croise cette jolie maison indigo tenue par Rémi Lazurowicz, qui remet ici au goût du jour la mode des bouillons. La salle est d'une élégance un peu plus noble que celle des vrais bouillons, des chaises en cannage, un beau parquet, et aussi une très belle terrasse bordée de végétation, agréable en été. La carte, respectueuse des saisons, aligne des classiques légèrement revisités sans être dénaturés, une poêlée de couteaux généreuse avec un condiment gingembre qui s'accorde bien avec l'iode et l'ail, une ratatouille fraîche parfaite par forte chaleur, avec un œuf poché pour la gourmandise, un peu de parmesan et de sarriette, une authentique mousse au chocolat comme à la maison. Cave bien organisée, avec de bonnes références sur tous les vignobles (Montez, Jobard, Milan...).

Caillebotte 13/20

8 rue Hippolyte Lebas - T. 01 53 20 88 70 - Carte 12 €

Cousin du Pantruche et de Belle Maison, Caillebotte fait partie d'un groupe de cinq néobistrots qui fonctionnent au même carburant, la justesse et le goût, celui des assiettes comme celui du travail bien fait. La carte du moment tourne autour de produits simples bien accommodés, une rémoulade de tourteau, une joue de bœuf bien confite, un risotto, et les desserts ont toujours de bonnes idées, la rhubarbe pochée et financier glace badiane ou le sorbet chocolat avec le beignet au sucre de sauge. Cave intéressante, jeune service détendu et plutôt impliqué.

Frenchie Pigalle 13/20

29 rue Victor Massé - T. 01 85 73 10 46 - Carte 63 € - Menu(s) 22 €

Grégory Marchand étend son territoire en donnant les bons codes. Frenchie Pigalle, c'est du Frenchie pur jus, belle cuisine, produits irréprochables, simples ou nobles, avec un petit ton SoPi qui ajoute encore une ambiance supplémentaire. Commencez dès le petit déjeuner avec la formule buffet à 22 €, restez jusqu'au dîner avec ces assiettes réjouissantes et tellement variées (ce serait dommage de venir tout seul, il faut goûter le maximum d'assiettes) : les huîtres et tigre de leche, le tartare à la flamme chou de Bruxelles ponzu et poutargue, la queue de lotte au binchotan, et le gourmand pithiviers de pigeon et foie gras carottes fumées au foin et jus de pigeon. Et surtout ne calez pas avant le banoffee ou la tarte tatin ! Cave très bien remplie, vin au verre, bière et cidre.

Le Pantruche 13/20

3 rue Victor Massé - T. 01 48 78 55 60 - Menu(s) 39 €

Le Pantruche fut le premier d'une série de bons bistrots entrés dans le XXIe siècle et réinventant le genre. Une belle assiette dans un mode cool, du fignolage sans se monter la tête et prendre un melon de chef, voilà le secret pour durer. Le programme du jour est toujours alléchant et correspond aux envies : filet de maigre de ligne fumé pissenlits et vinaigrette café sabayon amaretto, cuisses de canard braisées risotto de sarrasin condiment datte citron confit et bon soufflé Grand Marnier caramel beurre salé dans une impeccable formule à 39 € et quelques plats à suppléments. Cave maligne, service agréable et connaisseur.

Quelque Part 13/20

1 rue Ambroise Thomas - T. 01 83 97 22 65 - Menu(s) 38-108 €

La première table en tant que chef patron de Florian Barbarot mérite qu'on y vienne sans préjugés. Pas facile avec cette casserole de partis pris modeux imposés par la com, entre le «produit sublimé», le «voyage abyssal» et «l'expérience sensorielle», mais le jeune cuisinier formé chez Marc Haeberlin et Daniel Boulud, et connu des foodies par son passage dans «Top Chef», a autre chose à raconter dans l'assiette que ces fadaises pour réseaux. Ses mises en bouche par exemple, dont le saumon orange œuf de saumon citron caviar, son clam en sponge cake chorizo estragon joli en goût comme en texture, avant un chapelet marin qui montre de la technique et du respect, dans un registre à la fois actuel et un peu convenu : lieu noir noisette maïs crème froide whisky, sole en mousseline comme un biscuit petit pois et quinoa beurre monté aux herbes (la poitrine de porc qui sert de surf and turf est-elle vraiment indispensable ?). Le pâtissier compose des desserts plaisants avec l'huître, la betterave ou le tiramisu, et produit quatre sortes de pain dans l'atmosphère théâtrale de ce lounge au sous-sol, un peu sombre et meublé avec goût, ouvrant sur la scène des cuisiniers qui s'affairent autour du chef, le seul en vareuse noire, le dress code barbe et tatouages étant bien sûr de mise. Jeune service enthousiaste et bien réglé, cave mince et orientée nature, enrichie de cocktails et de gins, bande-son pop rock et tarifs incitatifs, étagés selon le nombre de plats.

Le 23 Clauzel 12,5/20

23 rue Clauzel - T. 01 48 78 74 40 - Carte 20 € - Menu(s) 36-42 €

Le quartier semble toujours en effervescence, la planète bobo est à l'affût de la dernière ouverture, mais Julie Rivière maintient le cap d'une tradition à son avantage. On se met au goût du jour avec la burrata et betteraves colorées, le tartare de daurade et le tataki de thon, mais les habitués foncent sur le chou farci à la volaille sauce vin rouge, le paleron mariné comme une daube et le suprême de volaille rôti sauce teriyaki et crémeux de potimarron. Ambiance distinguée, pavlova et tiramisu revisités, cave classique.

Les Affranchis 12,5/20

5 rue Henry Monnier - T. 01 45 26 26 30 - Menu(s) 40-60 €

Une plaisante table en descendant vers la Trinité, cuisine bourgeoise actualisée, atmosphère de «vrai restaurant» et pas simple bouchon, cuisine soignée frisant les 2 toques. Avec les saint-jacques à cru au gingembre et citron confit tarte fine d'avocat et sumac, les tortellinis à la crème d'héliantis moules à la fleur de thym et poutargue, le filet de veau à la truffe purée de céleri rave et kumquat. De bons desserts d'époque (millefeuille gelée de rhubarbe crème fouettée au matcha, tarte soufflée gianduja et framboises glace cacao...), cave bien adaptée.

L'Annexe 12,5/20

15 rue Chaptal - T. 01 48 74 65 52 - Carte 41 €

Un des rares bastions de la vraie cuisine traditionnelle qui valorise le produit et les recettes de la bistronomie française sans essayer de se démarquer par autre chose que la qualité et la sincérité. Dans ce cadre bistrotier typique, en coin de rue, le chef-patron est à la manœuvre et ne se repose pas plus que l'unique serveur, Laurent, pour satisfaire tout le monde : terrine de lapereau maison, filet de haddock au beurre blanc, bon et généreux ris de veau aux morilles (la pomme entière) qui comble les envies. Cave variée à prix corrects.

Ardent 12,5/20

40 rue Richer - T. 01 47 70 35 12 - Carte 48 €

Voisins et concurrents qui s'apprécient, les propriétaires de l'Office et du Bien Élevé se sont associés pour ouvrir une troisième table entre les deux autres, manière de sceller leur histoire partagée et désormais en partie commune le long de la rue Richer. Et pour se différencier, c'est une cuisson «brute» à la flamme qui donne le nom et le ton de ce joli bistrot baptisé Ardent. Une cuisson brute mais délicate à la fois, qui permet à la sucrine et au cochon de rester tendres et onctueux en voisins d'une belle purée de maïs, ou bien à un superbe morceau de lotte de fondre en bouche avec sa pulpe de potimarron torréfié et ses pleurotes, alors qu'il a bien pris un léger coup de feu en surface. Cette cuisson maîtrisée se double d'un savoir-faire certain en matière de desserts, illustré par une glace au poivre réussie et pas banale et sa sœur au sésame noir, moins typée mais agréable elle aussi. Autrement dit, pas un comptoir de viande grillée, mais bien une adresse lumineuse et gourmande où de francs sourires apportent avec entrain des assiettes travaillées et de saison. Très belle carte des vins, à des prix... 2022, comme les plats d'ailleurs, mais faut-il s'en étonner ?

Le Bon Georges 12,5/20

45 rue Saint-Georges - T. 01 48 78 40 30 - Menu(s) 21 €

Du bon bistrot à la française pour SoPi, une bonne image pour le quartier. Choix des produits, qualité des plats et des sauces, sincérité dans le propos, on comprend bien que l'adresse soit bondée, comme un emblème du bobo bistrot idéal. Pâté en croûte de porc noisettes trompettes bien fait (la tranche autour des 18 €), œuf mayo de bon niveau, entrecôte maturée cajolée et bien servie, tarte chocolat glace vanille de bonne gourmandise. La cave est une affaire aussi sérieuse, sur le choix viticole, vaste et affûté, comme sur les alcools et liqueurs.

Braisenville 12,5/20

36 rue Condorcet - T. 09 50 91 21 74 - Menu(s) 20-52 €

Cuisine à la braise et ses yeux doux. L'équipe chaleureuse et dynamique condimente à merveille une cuisine moderne, à l'audace maîtrisée et inspirée. Et un coup d'œil à la sélection des vins suffit à convaincre (notamment un orange, un oxydatif, un champagne en réserve perpétuelle bio, plusieurs grands noms de la biodynamie... disponibles au verre). Terrasse sur rue peu passante et, côté salle, un esprit rétro sans esbroufe. Vous y choisirez 3 à 4 assiettes de saison et d'origine «végétale», «terre», «mer» ou «douceur». Une petite ovation pour la spicy margarita légèrement pimentée et les couteaux aux agrumes et espuma crémeux : deux petits chocs, toujours en douceur. Les prix sont assez sages compte tenu du talent et du sourcing apparents.

Les Canailles 12,5/20

25 rue La Bruyère - T. 01 48 74 10 48 - Menu(s) 39 €

La canaillerie plaît évidemment quand elle aussi bien canalisée et civilisée. Sébastien Guillo, maître restaurateur, s'emploie à montrer la tradition sous un jour moderne avec même un brin de sophistication. Même si l'on aime chez lui les plats les plus proches de la promesse, le carpaccio de langue de bœuf sauce gribiche, le foie de veau au vinaigre de xérès pleurotes et épinards purée, le gigot d'agneau rôti au romarin. Desserts imposés par l'époque (baba, pavlova, soufflé), le menu complet est à 39 €.

Le Cellier 12,5/20

25 rue de la Victoire - T. 01 48 74 61 03 - Menu(s) 27-32 €

Un passage au Cellier de Stéphane Pitré permet de faire le plein de bonne humeur : pour les superbes entrées (bien que pas follement complexes techniquement), le bon sens permanent dans la composition des assiettes, une forme de joie de vivre communiquée par un service alerte et gentil. Avec les gros couteaux tout juste arrivés de la plage, l'épaisse tranche de pâté croûte, les ribs de bœuf façon BBQ un peu trop chargés en sucre avec l'oignon et la patate douce, l'andouille de Guémené rôtie en cocotte et une sauce elle aussi un peu sucrée. Carte de vins un brin brouillonne mais sympathique, l'essentiel étant aussi disponible au verre.

Phénice par Yoni Saada 12,5/20

9 rue du Conservatoire - T. 01 44 83 83 63 - Carte 47 €

Le chic hôtel de Nell, qui vous accueille avec sa marquise Art nouveau, a eu la bonne idée de confier l'espace restauration à Yoni Saada, qui fait souffler l'air méditerranéen sur sa cuisine inventive et toujours surprenante sans jamais se prendre trop au sérieux. On passe donc un moment ensoleillé en se laissant séduire par la poutargue imbibée de boukha et harissa, le green labneh concombres marinés et œufs de truite, les calamars rôtis et ratatouille au zaatar, le poulet fermier comme un tajine aux fruits secs. Cela change notablement de la restauration d'hôtel pour cadres supérieurs, en apportant détente et sourire, jusqu'aux churros caramel gianduja du dessert.

Wally le Saharien 12,5/20

36 rue Rodier - T. 01 42 85 51 90 - Menu(s) 38 €

Les décennies semblent glisser sur la maison de l'homme bleu du désert sans marquer leur poids. La semoule est toujours un must, les préparations sont les mêmes, la pastilla et les sardines farcies précèdent toujours le fameux couscous (vous pouvez y adjoindre la harira à la tomate, toujours excellente). Un peu moins d'entrain, un peu plus lénifiant, mais l'esprit et la gentillesse demeurent. Et les tarifs sont toujours aimables, avec ce menu bien complet à 38 €.

Le Beaucé 12/20

43 rue Richer - T. 01 72 60 97 72 - Menu(s) 23 €

Le coin est porteur, la devanture rouge pétant se voit de loin, le ton est sobre, cool mais sérieux, pour une croque parisienne faite de simplicité et de justesse. Le soir, la carte d'un répertoire bourgeois bon teint justifie pleinement la toque, tandis que l'ardoise du déjeuner offre le tour de force d'une séquence à 23 €, avec la salade d'endives au pesto d'ail des ours, le filet de merlan à l'embeurrée de chou blanc et carottes, la faisselle et sa gelée de coing.

CODA 12/20

15 rue de la Tour des Dames - T. 01 48 74 50 33 - Menu(s) 24-37 €

Cette adresse fut le Détour d'Adrien Cachot, faillit être celui d'Elis Bond, avant de devenir CoDa (préférable à Da Co) pour Pauline et Vincent Da Costa. Le cadre et la déco sont sérieux, un brin masculins, façon bistrot d'affaires, et la philosophie du lieu - direct producteur, respect du travail et passion du goût juste - s'exerce en confiance dans les deux formules, à 24 € au déjeuner et 37 € au dîner. Le pain vient de chez Farine & O, le vin de valeurs sûres, comme Richaud.

Le Garde Temps 12/20

19 bis rue Pierre Fontaine - T. 09 81 48 50 55 - Menu(s) 19-39 €

Un bistrot de quartier du côté de Pigalle qui soigne sa clientèle locale, avide d'épices lointaines et de baies rares, d'ingrédients sourcés et d'intitulés détaillés. Le Garde Temps offre tout cela, sans pour autant déployer trop d'artifice en cuisine, privilégiant la simplicité des assemblages : dorade grise marinée à cru jujube, gelée concombre et coriandre, avocat, sanguine, chips de banane plantain, lieu jaune à l'unilatéral purée d'aubergine ail noir tonka, coquelet fermier en croûte de tapioca et djansan condiment oignon rouge anchois cacahuète jus de veau à la sarriette mousseline de carotte. Les nombreuses saveurs se mixent gentiment, les desserts sont de même veine, le menu à 39 € donne ainsi un assez large choix. Cave de partis pris, dans une sélection intéressante en tarifs, autour de 30-35 €, avec une proposition suffisante au verre.

L'Office 12/20

3 rue Richer - T. 01 47 70 67 31 - Carte 56 €

Une bonne table de quartier, qui ne choque pas son public, avançant dans une tradition actualisée assez prudente, mais jouant des thèmes à la mode avec pertinence : œuf parfait topinambour et pissenlit, saint-jacques betterave fumée au foin, selle d'agneau farcie à l'ail des ours jus aux câpres, cheesecake mangue coulis coco. Une toque bien régulière, pour un ticket autour de 50 € en séquence complète.

Richer 12/20

2 rue Richer - T. 09 67 29 18 43 - Carte 49 €

Longtemps le fer de lance du quartier, le Richer est aujourd'hui davantage un sage bistrot d'habitués, mais qui a toujours bon esprit, une assiette de qualité sur des produits sûrs, un esprit de modernité qui respecte le travail des fermiers et des vignerons. Sur la bonne feuille du jour, on s'aventure sans crainte, car toutes les idées sont bonnes : araignée de mer chou romanesco, haricots noirs et beurre de corail, joue de bœuf braisée patate douce sauce diable, baba au rhum et glace au ras el-hanout crème citron gingembre. Et plusieurs points forts, le service toujours gentil et connaisseur, la carte des vins, dégourdie et pas très chère, avec beaucoup de bio, et le fromage, qu'il faut vraiment insérer dans une séquence bien menée, fourni par la fromagerie des Monts du Cantal (bravo pour le bleu de Laqueuille !).

Cuisine 11,5/20

50 rue Condorcet - T. 01 44 63 75 64 - Carte 52 €

Une allure anodine de boucherie de quartier ou de magasin de chaussures, mais l'enseigne banale cache une assiette qui vaut vraiment sa toque, et même un peu mieux, avec du produit bien traité et des idées de partout, surtout japonaises, pour rendre le moment plus dépaysant : pigeon de Racan façon karaage au poivre de Sichuan, sio mai au porc et crevette oursin de Galice, carré de veau de Normandie grenailles oignon calçot radicchio et shiitakés. La glace thé matcha mochi azuki fraise est la bienvenue avec une meringue yuzu. Au déjeuner, on mange pour 30 € à la carte. Petit et bon choix au verre (Rietsch en vin d'Alsace, Guy Breton en beaujolais), bière et cidre Zangs.

Le Comptoir Boutary 11/20

32 rue de la Rochefoucauld - T. 01 53 16 44 56 - Carte 47 €

Cette troisième unité Boutary adopte les codes couleurs maison, en noir et rouge flashy, et prône comme ailleurs une cuisine rassembleuse, aux ingrédients à la mode, et suffisamment variée pour faire consensus : supions poêlés lard de Colonnata et guindillas ou burrata à partager, maquereau granité hibiscus, la fameuse pomme de terre au caviar Boutary, la lotte rôtie ou le gigot fermier chou pointu braisé ail des ours feta fumée au foin. On ne se trompe pas davantage sur la fin avec le brillat-savarin marbré aux noix et le tiramisu café cardamome. Bon choix au verre avec Thévenet, Amirault, Gitton...

Hôtel Amour 11/20

8 rue de Navarin - T. 01 48 78 31 80 - Carte 44 €

Tendresse et intimité, l'amour dans la simplicité à travers une carte journalière de bonne tendance, du snacking, des salades, le tartare, la poulette rôtie Duplantier, la brandade à la nîmoise, la saucisse grillée et le semainier, dans un cadre mignonnet d'hôtel tranquille. Le soir, à peu près la même carte, une ambiance un peu plus festive et toujours un accueil plein de gentillesse. Bon brunch bien complet.

Mersea 11/20

6 rue du Faubourg Montmartre - T. 09 73 22 46 13 - Carte 34 €

L'essai est transformé pour Olivier Bellin, qui a trouvé des partenaires qui comptent sur lui et lui laissent carte blanche pour installer la marée, et pas n'importe laquelle, la sienne, au cœur de Paris, en plusieurs points stratégiques. La dînette de l'océan se fait de bon goût et de bonne humeur, assiettes à partager, tartare, nuggets, acras (fish balls) et fish and chips déclinés de diverses façons. À savourer aussi, le black burger à partir d'un bun au charbon végétal du MOF Frédéric Lalos sur un poisson blanc aux algues et ketchup maison.

Miznon 11/20

3 rue de la Grange Batelière - T. 09 71 43 71 96 - Carte 26 €

Troisième adresse pour la fine équipe de Miznon, qui installe là son barnum joyeux et populaire comme à Tel-Aviv pour une street food franchement maligne et réjouissante. Dans les pains pitas, tout ce qu'on veut ou presque, kebab, poulet, bœuf, falafel, ratatouille, poisson, quelques plats reprenant les garnitures, et des petits prix, encore plus minces quand on choisit le modèle réduit de la choura. La Peroni (pas un choix majeur de bières) accompagne à 6 €.

Passionné 11/20

17 rue Bergère - T. 01 42 28 58 14 - Carte 85 € - Menu(s) 85-110 €

Suffit-il aujourd'hui de placer un chef japonais dans de belles dispositions, un cadre agréable avec cuisine ouverte derrière un grand comptoir façon marbre dans un quartier branché pour attirer le succès ? Peut-être, après tout, et les promoteurs de cette nouvelle adresse de la rue Bergère y comptent bien. Le jeune chef Satoshi Horiuchi possède les bases de la cuisine française, ses cuissons sont nettes et à l'image de ce turbot meunière sur un risotto d'épeautre flanqué de feuille de chou kale et d'une petite tomate coupée en deux (rattrapant un tartare de thon bien frais, mais au bouillon de coquillages bien fade), produit d'aimables plats de brasserie à des tarifs de brasserie chic : comptez autour de 90 € à la carte avec un agréable dessert fraise gelée de verveine réalisé par une jeune pâtissière travaillant à côté du chef. Service appliqué, cave de classiques du négoce.

PARIS 10 75010

Eels 14,5/20

27 rue d'Hauteville - T. 01 42 28 80 20 - Menu(s) 29-74 €

Un repas chez Adrien Ferrand est un moment heureux. On en ressort persuadés d'avoir trouvé le restaurant idéal, celui qui n'est ni guindé ni familier, qui ne vous soûle pas avec des histoires de gastro et d'étoiles et qui combat l'idée trop répandue que, si l'on mange bien, on s'ennuie. Chez Eels, on est au bord des 3 toques (d'ailleurs, il faudrait y songer), et tout est pourtant servi avec simplicité et sourire : l'anguille fumée réglisse, comme un totem ici («eels», en anglais), vierge à la pomme sauce au beurre torréfié, ris d'agneau des Pyrénées petits pois et pois chiches yaourt grec citron noir et guindillas, volaille jaune roulée à la harissa haricots verts et épinards condiment tarama dans une séquence qui, parfois, tourne un peu en boucle, mais où les goûts sont toujours justes. Les desserts sont bien travaillés, la cave excitante.

Brigade du Tigre 13/20

38 rue du Faubourg Poissonnière - T. 06 72 01 81 81 - Carte 35 €

La deuxième adresse lancée par Adrien Ferrand (Eels) est une réussite de plus, beau bistrot à la cuisine sobre et précise sur les bases japonaises et thaïes, ce qui ne l'empêche pas d'être originale, variée, gouleyante. Dans l'ambiance cool de la jeune équipe formée par le chef, voilà une dînette de qualité avec les crevettes grises frites, onigiri sésame noir comté cresson ail noir, poulet croustillant caramélisé cacahuète, sushi de cochon laqué, cappelletti Tom Kha poule et épinards... Cave intéressante.

ChoCho 12/20

54 rue de Paradis - T. 01 42 28 26 03 - Carte 43 €

C'était Le Bel Ordinaire, la table de notre ami de cœur pour toujours, Sébastien Demorand. Nous sommes heureux que Boris et Émilie Bazin, les créateurs des Becs Parisiens, aient choisi l'excellent Thomas Chisholm, un ancien de chez Thierry Marx et Atsushi Tanaka, pour prendre les commandes de cette cuisine délurée, plébiscitée par une clientèle plutôt jeune et avide de nouveauté. Ici, pas de menus, pas même «d'entrées» ou de «plats», clairement séparés sur la carte, l'idée étant de piocher en fonction de ses goûts et de ses envies du moment. Le chef, qui anime les fourneaux, entouré de sa jeune équipe, s'amuse à bousculer les convenances (un dos de cerf avec des choux de Bruxelles, une tatin de navets avec une crème crue au raifort et un condiment kimchi), ce qui plaît à une assistance visiblement comblée. Ambiance joyeuse, encouragée par les grandes tables d'hôtes, cave maligne et moderne.

Dante 12/20

14 rue de Paradis - T. 01 45 23 57 98

Le chemin du Paradis est déjà bien connu des habitués du 10e, quartier porteur bien garni en néobistrots. Rebecca Beaufour y appose désormais son empreinte, dans ce qui fut naguère le 14 Paradis. La salle, redécorée dans une ambiance zen et boisée, semble plus lumineuse. La jeune cheffe, formée chez Passard, apporte ses propositions de saveurs autour du monde dans des plats simples, bien imaginés et assez réjouissants, dans leur conception comme dans leur réalisation, le leche de tigre autour d'un ceviche de daurade, les gambas grillées au Konro, le bao tendrement moelleux au porc confit ou le poulpe aux piquillos, autant de petites assiettes à partager mêlant entrées et plats sans distinction mais avec distinction. Pas vraiment de cave pour le moment (on vient d'ouvrir), quelques idées dans la nature qui vont sans doute se développer.

L'Avant-Poste 12/20

7 rue de la Fidélité - T. 09 81 41 01 07 - Menu(s) 16,50-18,50 €

Un néobistrot à l'allure sobre et avenante, bien mené, conforme à l'adresse par sa fidélité aux producteurs, tous référencés et mentionnés. Le melon en gaspacho vient du Vaucluse, le poulpe de la pêche quiberonnaise avec l'abricot royal du Roussillon fermenté, la betterave noire d'Égypte, la volaille à cou jaune est produite par Cindy Beghin, à Gouillons, dans la Beauce... Une cuisine engagée qui se place aux avant-postes de l'écoresponsabilité.

Les Résistants 12/20

16-18 rue du Château d'Eau - T. 01 42 06 43 74 - Menu(s) 16,50-26 €

La carte fourmille d'idées intéressantes chez ces résistants à l'uniformité, à la malbouffe et aux pesticides. Les provenances sont tracées, les producteurs mis en avant et l'assiette est suffisamment fignolée pour mériter une fois de plus la toque, même si les ingrédients ont tendance à s'accumuler : saupe de Saint-Jean-de-Luz fumée au bois de hêtre Gwell et rhubarbe, menthe, navet, kombu, pâté en croûte de volaille basilic gel au vinaigre de cidre et estragon, arancini au riz de Camargue champignons et lentin, bleu de Laqueuille crème à l'oseille... Et le pain vient de Levain, le vin.

Sur Mer 11,5/20

53 rue de Lancry - T. 01 48 03 21 38

L'idée de l'ex-Le Verre Volé sur Mer a été reconduite avec succès par la cheffe Olive Davoux dans ce lieu très marin qui sait transmettre le goût de l'océan, valorise le produit brut, met la nature en avant sans l'abîmer. Des huîtres d'Utah Beach, des coquillages, les coques et les palourdes de la baie des Veys, les rares pouces-pieds et de belles assiettes à partager : le ceviche de chinchard, le sashimi de dorade et dashi de langoustines, le merlu de ligne de Saint-Jean-de-Luz purée de céleri pickles de couteaux... Du vrai bon soutenu par du vrai vin.

Le Verre Volé 11,5/20

67 rue de Lancry - T. 01 48 03 17 34 - Menu(s) 22 €

L'un des tout premiers bars à vin de Paris, réputé de longue date pour ses choix et ses engagements. Devenu une institution, l'établissement a forcément un peu perdu de son énergie des premières années, mais demeure un lieu d'échanges très profitable pour apprendre les nouveaux vignerons. Et l'assiette ne démérite pas, mettant en avant les terroirs : coquillages de Port-la-Nouvelle et aïoli libanais, brochette kefta d'agneau fermier pain pita houmous de Borlotti harissa maison oignons rouges au sumac, pluma de cochon du Perche haricots verts carottes fanes et sauce rayu... Desserts anecdotiques, cave énorme.

Le Grand Amour - Hôtel Grand Amour 11/20

18 rue de la Fidélité - T. 01 44 16 03 30 - Carte 43 €

C'est le grand amour sous le ciel bleu de la façade, et on peut même se ravitailler avec les préparations d'épicerie fine, que l'on pourra se partager. La carte est néanmoins suffisamment ample pour ne pas vivre que d'eau fraîche, avec les classiques de l'époque, tartare de dorade, culatello et pissaladière, vitello tonnato, volaille rôtie jus corsé, penne alla norma, salade niçoise... Desserts du répertoire (pavlova, crème brûlée, mousse...), plaisant semainier aux propositions plutôt originales.

PARIS 11 75011

Qui Plume la Lune 14,5/20

50 rue Amelot - T. 01 48 07 45 48 - Menu(s) 35-130 €

Plus besoin de présenter Jacky Ribault, pas plus que son chef Jean-Christophe Rizet que nous avons eu maintes fois l'occasion d'encenser à La Truffière. Ces deux signatures permettent d'envisager sereinement le menu surprise aux délicats intitulés de héros classiques. «Iphigénie» au déjeuner pour 65 €, «Angèle» au dîner pour 95 €, vous ne savez pas ce que vous mangerez et nous non plus, mais il y a de fortes chances que l'on se rapproche des 3 toques. Le petit menu à 35 € est évidemment bien incitatif et la cave fait d'excellents choix en toutes régions, comme Géraldine Laval en Languedoc.

Fief 14/20

44 rue de la Folie Méricourt - T. 01 47 00 03 22 - Menu(s) 70-150 €

La démarche est honorable et au juste milieu, dans le cœur du 11e où l'on est à l'affût du moindre frémissement de mode. Victor Mercier a bien senti son époque, prenant l'engagement d'un «Fait ici en France» qui donne l'acronyme de son enseigne. Sa carte, vaillante et engagée, séduit aussi par les compositions où jouent la fraîcheur et la justesse : lapin artichauts et cerises sauce émulsionnée à l'origan, poulet de la Sarthe courgette farcie des cuisses panée à la peau sauce paloise coulis menthe et girolles, nectarines sorbet Gwell et pollen sauce cuillère. Accueil agréable dans une belle ambiance d'aujourd'hui, cave d'accompagnement encore à étoffer.

Maison by Sota Atsumi 14/20

3 rue Saint-Hubert - T. 01 43 38 61 95 - Menu(s) 65-140 €

C'est une expérience que de vivre le temps d'un repas dans cette maison d'hôtes avec la grande table en bois et quelques satellites. Sota Atsumi cuisine pour les initiés qui ont franchi la lourde porte de cargo rouillé pour pénétrer dans cet univers particulier où tout est codifié avec talent. Deux menus à la japonaise (faites-nous confiance) à 65 € le midi et 140 € le soir. Les fidèles adorent, évidemment, et il faut s'y prendre un peu à l'avance.

Auberge Pyrénées-Cévennes 13,5/20

106 rue de la Folie Méricourt - T. 01 43 57 33 78 - Menu(s) 29-39 €

Cette table à l'ancienne avait déjà un fameux pedigree avant que Pierre Négrevergne n'y pose les chaussons et les couteaux. De la belle tradition, léchée et enrobée dans des assiettes de pure réjouissance, voilà une promesse tenue à partir de sacrés produits : le foie gras de la maison Castaing avec la cazette et le pain de Poujauran, les cochonnailles de chez Sibilia, le cassoulet, la blanquette ou le ris de veau aux morilles, tout ici devrait prendre des majuscules, dans un ardent menu à 38 €. Le chef propose aussi un menu dégustation de son cru pour 75 € et 6 plats.

Clamato 13,5/20

80 rue de Charonne - T. 01 43 72 74 53 - Carte 68 €

Septime sur mer donne Clamato, un peu plus loin sur le même trottoir, dans la philosophie maison, celle de Bertrand Grébaut, capitaine assurant un arrivage vertueux et la meilleure fraîcheur au service d'une cuisine digne et directe dans un joli décor brut nature : bulots de Dieppe, huîtres d'Isigny et autres fruits de mer assurant un plateau relevé, thon pastèque vinaigrette hibiscus, courgettes marinées espuma de haddock fumé et basilic, quelques desserts frais et la goélette est toujours dans le bon vent.

Deux Restaurant 13,5/20

58 rue de la Fontaine au Roi - T. 09 74 97 47 52 - Carte 62 € - Menu(s) 35 €

Le 11e n'est pas que du bistrot tendance où l'on aligne les arancini et la betterave à toutes les sauces. Il y a aussi de la personnalité, voire de l'originalité, comme dans la maison à deux de Tiphaine Mollard et Romain Casas, l'une savoyarde, l'autre béarnais, qui unissent leurs efforts et leurs terroirs dans une carte toujours excitante qui mérite bien, par son enthousiasme et sa qualité, 2 belles toques. Après avoir partagé la friture d'éperlans et de perchots, on savoure en légèreté le gaspacho de courgettes, myrtilles et amandes, puis les sardines grillées au parfum méditerranéen de pistou menthe, haricots verts et pêche ou le travers de porc noir de Bigorre semoule courgette et poivron. Des jus, du goût, des desserts simples et efficaces, le tout servi avec le plein de gentillesse. Petite cave appropriée, brunch à 35 €.

Pierre Sang in Oberkampf 13,5/20

55 rue Oberkampf - T. 09 67 31 96 80 - Menu(s) 23-44 €

Le succès va bien à Pierre Sang et nous nous en réjouissons. Pas de carte, menus uniques et à l'aveugle, on ne va tout de même pas discuter alors qu'on a la chance de pouvoir s'y asseoir. Une constante néanmoins, c'est toujours bon et pas cher du tout, 44 ou 54 € le soir, 29 et 39 € le midi selon le nombre de plats.

Le 6 Paul Bert 13/20

6 rue Paul Bert - T. 01 43 79 14 32 - Menu(s) 25 €

L'annexe du Bistrot Paul Bert, ouvertement franchouille, donne dans la modernité et l'asiatisme. Le principal étant avant tout de se faire du bien, on se concentre surtout sur la qualité, toujours aussi élevée, des produits de base : andouille fumée, poulet karaage, bœuf en tataki sauce daikon ponzu, carpaccio de maigre pickles de céleri et rhubarbe, pluma de cochon et chou pak-choï purée d'anchois beurre d'algue, pavlova rhubarbe groseille fraise sorbet bière blanche. Réalisation au cordeau, bon rendement global, en solide (en dessous de 50 €) comme en liquide, avec les belles références de la cave.

Le Beslay 13/20

67 avenue Parmentier - T. 01 83 75 11 71 - Menu(s) 26-68 €

La table a beau être nouvelle, les visiteurs sont naturellement en confiance, car ils ne débarquent pas en terra incognita. Fabrice Giraud possède en effet un CV long comme le bras, et son arrivée dans ce coin plutôt branché du 11e suscite un engouement immédiat. Dans une complète sécurité, on goûte la séquence sans bouder son plaisir, entre le foie gras et la longe de veau «breton», artichaut et épinard avec une sauce blanquette au siphon à la poudre de morilles. Le chef a de la ressource, il sait aussi prendre sa part de risque avec un simple bulbe de fenouil flanqué d'une béchamel au roquefort légère et vaporeuse, jus d'aneth et grains de maïs soufflé. Petite carte des vins à prix doux avec quelques bio, personnel décontracté et aimable.

Bien Ficelé 13/20

51 boulevard Voltaire - T. 01 58 30 84 88 - Carte 9 € - Menu(s) 19-32 € ♿

Bien ficelés, le rôti ou le gigot ? Dans tous les cas, bien cuits, bien préparés, au juste point de cuisson, respectant le produit après avoir respecté l'éleveur, voilà un peu le crédit de ce bistrot rôtisserie où tout est bon, même la charcuterie à partager ou le brunch. On attaque, le couteau à la main, l'entrecôte d'angus ou l'épaule de porcelet, l'épaule d'agneau ou le faux-filet, que l'on accompagne de frites à la graisse de bœuf ou de légumes de saison. Bonne cave de valeurs sûres.

Fulgurances 13/20

10 rue Alexandre Dumas - T. 09 81 09 33 32 - Menu(s) 68 €

La déco est coquette, la cuisine ouverte et le style amical, presque familier, ce qui n'est pas un défaut dans un lieu fait pour la coolitude. La cheffe Laurène Barjhoux, en résidence pour quelques mois, a ainsi le bon contact avec ses convives et fait partager sa passion pour le naturel et le végétal. La gourmandise et l'originalité sont des constantes, sur des dressages très graphiques, d'un menu unique à 68 €, qui nous a permis de goûter le chutney de carottes et huile de figuier, la pastèque, poivrons grillés et réduction de pastèque huile d'olive et piment, véritable plat phare de la soirée, les haricots verts, fenouil et crème infusée au foin et le merlu, pomme de terre vitelotte, condiment fruits rouges. Dessert de saison (nectarine pochée crème de lait d'amande, riz shiso, riz soufflé, praliné pistache) vraiment fade. Pas de carte des vins, le choix se faisant avec la sommelière.

Massale 13/20

5 rue Guillaume Bertrand - T. 01 73 79 87 90 - Menu(s) 23 €

Ce bistrot de quartier aux allures de maison de campagne est un enchantement. Des produits frais et de saison, une bonne humeur communicative qui va bien avec l'assiette. Au déjeuner, le chef Olivier Caillon propose une formule à 25 €, ajo blanco, sébaste houmous et brocoli, bien agréable avec son huile infusée au cerfeuil, pêches pochées, espuma de yaourt grec et sablé au chocolat noir intense, variant les plaisirs et les saveurs, toujours dans la justesse. Bonne sélection de vin au verre, principalement jurassienne.

Pianovins 13/20

46 rue Trousseau - T. 01 48 06 95 85 - Menu(s) 34-64 €

La petite façade blanche, la petite salle, cette simplicité va bien avec les assiettes, généreuses et gourmandes. Le chef Michel Roncière derrière son comptoir élabore une cuisine bistrotière avec des menus qui changent chaque semaine. Pas de chichis, des plats simples mais goûteux. Du carpaccio de saumon, salade d'herbes et galette croustillante, une poêlée d'escargots de Bourgogne, pommes grenaille, lard sur un coulis de persil, du foie gras de canard poêlé, topinambour confit au four, pintade de Challans rôtie, épinards, salsifis et jus de cuisson. Desserts de même obédience, avec le riz au lait à la praline rose et la crème chocolat et orange. Éric Mancio, le sommelier que l'on connut naguère chez Savoy, vous dénichera des petits vins bio de la cave.

Le Repaire de Cartouche 13/20

8 boulevard des Filles du Calvaire ou 99 rue Amelot - T. 01 47 00 25 86 - Menu(s) 25 €

On y tient fort à l'adresse de Rodolphe Paquin, qui nous régale depuis un quart de siècle. Certains ne savent toujours pas qu'on trouve là une charcuterie maison d'anthologie et le meilleur pâté en croûte de Paris, mais est-il encore nécessaire de vouloir les instruire ? Rodolphe a sa clientèle de bons vivants, de fidèles viscéraux, d'accros d'une ambiance d'auberge de campagne en plein Paris, de quilles d'un collectionneur généreux. Dans le voluptueux menu à 45 €, il y a la terrine du jour, immanquable si vous lâchez le pâté croûte et le saucisson d'encornet, le turbot aux girolles, le ris de veau à la crème de mousserons, la côte de cochon fermier de Bayeux et le clafoutis aux cerises, que vous aurez pris la peine de commander. Desserrez la ceinture d'un cran et préparez-vous pour le décollage.

Le Saint-Sébastien 13/20

42 rue Saint-Sébastien - T. 06 49 75 27 90 - Carte 53 €

Finesse et précision dans cette cuisine bistrotière d'aujourd'hui, produit, accompagnement, jus et sauce dans des triptyques bien observés et bien menés. Du veggie pour ceux qui le souhaitent, de la pêche responsable ou une bonne volaille dans une carte toujours bien inspirée : maquereau aguachile de melon et amande fraîche, pleurotes adobo de lentilles tomate datterino et freekeh, poulet poché courgette rouille et coulis d'aubergine, abricot laurier glace sésame pour finir en fruité frais. Carte de vins bien constituée, service attentif.

Le Villaret 13/20

13 rue Ternaux - T. 01 43 57 89 76 - Carte 73 €

Trente ans de loyaux services de la part du Villaret, qui a su évoluer pour proposer aujourd'hui une carte bien trempée, autant dans l'arrondissement que dans l'époque. Qui aurait parié que l'on mangerait un jour ici de la bruschetta de sardines et des gyozas de langoustines dans un bouillon de crustacés au lait de coco ? Tout en gardant une belle qualité à la réalisation et un petit esprit gaulois, sur la salade de langue de veau, l'aile de raie pochée crème olive anchois et lard ou le bon ris de veau au sautoir, poivrades en fricassée et champignons de Paris. Baba, clafoutis ou riz au lait en dessert (toujours la mode !), cave intéressante.

Astier

12,5/20

44 rue Jean-Pierre Timbaud - T. 01 43 57 16 35 - Carte 60 € - Menu(s) 25 €

Voilà près de 40 ans que cette adresse de tradition nous régale. Les chefs se sont succédé, l'esprit est resté, de bonne ripaille, assiettes ajustées et vins de qualité dans une carte travaillée, où les sauces et les bonnes manières président : cuisses de grenouille en persillade mousseline de brocolis, pavé de maigre et salicornes oignons nouveaux crème de crustacés, quasi de veau au sautoir et petits pois à la française. Cette cuisine très française a toujours de la gueule et du goût, à tarifs justes. Bon soufflé chocolat et baba au rhum réputé, cave riche.

Bistrot Paul-Bert

12,5/20

18 rue Paul Bert - T. 01 43 72 24 01 - Menu(s) 22 €

Nous nous sommes tant aimés au bistrot Paul Bert, lorsqu'au tournant du siècle Bertrand Auboyneau a changé la face du bistrot parisien. Depuis, on se régale rituellement rue Paul-Bert avec les adresses du boss. Le temps de l'effervescence et de la salle pleine à craquer a un peu évolué, mais l'esprit demeure pour une vraie cuisine franche et amicale, le fromage de tête, l'os à moelle, la salade de légumes, la côte de cochon fermier rôti au jus et pommes grenailles, le parmentier de bœuf, les rognons de veau à la moutarde. Après tous ces bienfaits, on ne peut qu'enchaîner avec l'île flottante, la crème caramel ou, les jours de festin, avec le soufflé Grand Marnier. Et les verres ne restent jamais vides, grâce à une cave de patron qui connaît tous les recoins des vignobles.

Mansouria

12,5/20

11 rue Faidherbe - T. 01 43 71 00 16 - Carte 52 € - Menu(s) 36 €

Bientôt 40 ans que Fatéma Hal nous a réappris la cuisine du soleil, et Gault&Millau en fut le premier admirateur. La magie dure encore, et il y a toujours quelques leçons de saveurs orientales à venir chercher dans ce joli décor où l'on pratique un peu moins l'emphase. On fait ainsi le voyage encore plus volontiers, avec les kémias à partager, les briouates, les tajines et les couscous (réorthographiés au plus près de la langue «touagin» et «kascsou»). Très bonnes pâtisseries marocaines avec le «thé des gazelles».

Robert

12,5/20

32 rue de la Fontaine au Roi - T. 01 43 57 20 29 - Carte 8 €

Sans se prendre trop au sérieux, ce néobistrot fait son chemin dans un arrondissement déjà riche. Parce que les idées sont partout, dans les intitulés comme dans l'assiette. Le lapin Panpan devient «Bang Bang», le cannolo de rillettes de thon est savoureux, comme la daurade ail rose et sauge et la pastèque séchouan shiso et melon fermenté en dessert. La jeune équipe anime le lieu avec talent, le vin pétille naturellement, ou devient tranquillement nature ou bio (mais on peut préférer la bière ou le kombucha).

Vantre

12,5/20

19 rue de la Fontaine au Roi - T. 01 48 06 16 96 - Carte 10 € - Menu(s) 26 €

Avec les mêmes ingrédients que les autres (thon rouge betterave, lieu jaune, échine de cochon aubergine), c'est pourtant un bistrot pas comme les autres qui se dresse de sa devanture un brin fatiguée dans ce coin tranquille. À cause d'une bonne main qui, en finesse, donne la petite pincée d'imagination qui change tout et aussi parce que le rendement prix-plaisir y est constamment remarquable : les myrtilles avec les sardines, la nduja, les cocos et le fenouil avec le maquereau grillé, le chou crème reine-des-prés pour un repas de déjeuner tellement réussi pour 26 €. Service plein d'allant, cave limitée mais bien choisie dans un décor de rade à l'ancienne.

Le Dauphin 12/20

131 avenue Parmentier - T. 01 55 28 78 88 - Menu(s) 20 €

Si le Châteaubriand est le roi, le Dauphin est son dauphin, cultivant le même esprit de cuisine pointue sur des produits bien choisis, dans une version plus light. On se régale franchement avec un tartare, une sole meunière ou une entrecôte au poivre, et l'on peut même aborder la question en choisissant l'imbattable menu déjeuner à 20 € (bulots mayo, tartare de veau frites, pêche rôtie granité d'orgeat).

L'Écailler du Bistrot 12/20

22 rue Paul Bert - T. 01 43 72 76 77 - Carte 54 €

La petite salle est agréable avec ses lambris, la grande possède un peu moins de cachet, la maison semblant, un peu comme la rue, avoir perdu quelque peu de son entrain comme de son attrait. Les valeurs sûres valent néanmoins leur toque, la sole meunière, le homard bleu agrumes et gingembre, le cabillaud et les saint-jacques avec une belle purée truffée, et bien sûr les bonnes huîtres Utah Beach et les plateaux de fruits de mer de bonne fraîcheur. Cave bien fournie sur toutes les régions, service sans une énorme motivation, mais bien cool.

il Bacaro 12/20

9 rue Auguste Laurent - T. 01 43 79 16 66 - Carte 8 € - Menu(s) 18 €

«Autentica» qualité dans ce «ristorante» planqué derrière la place Léon-Blum. Pas de pizza ni de tiramisu, une carte courte, ça sent bon la trattoria de mamma et l'on ne se trompe pas en suivant les recettes classiques travaillées avec application : morue mantecato coulis de poivron, vitello tonnato d'école, linguine au jus d'arête courgette et poutargue, risotto pesto et haricots verts... La torta caprese conclut l'affaire à prix doux dans une ambiance presque villageoise.

Marchon 12/20

161 rue Saint-Maur - T. 01 47 00 63 97 - Menu(s) 21-88 € ♿

Un bel emplacement au coin de la rue Daguerry pour Alexandre Marchon, qui propose la terrasse et l'espace de son café-brasserie à une large clientèle, passante, habituée ou touriste. Déjeuner tranquille avec une courte carte néanmoins indicative de ce qui se trame ici, avec la tomate cœur de bœuf pêche blanche verveine, la selle d'agneau farcie aux figues poivron confit et courgette et une aimable tropézienne en dessert, dîner plus construit avec deux menus en dégustation surprise à 68 et 88 €.

Orgueil 12/20

6 rue Popincourt - T. 01 83 97 34 80 - Carte 35 €

Le jeune chef Eloi Spinnler est précédé d'une réputation qui ouvre l'appétit, après des passages chez Ducasse et à la Tour d'Argent. L'enseigne n'est pas non plus frappée par la modestie et il faudrait être bien casanier pour vivre dans le 11e aujourd'hui sans succomber au péché d'Orgueil. Provenances référencées, démarche engagée vers le zéro déchet, artisans de renom mis à contribution, incontournables bien traités (poulpe en teriyaki, ravioles de homard petits pois citronnelle, pithiviers de pigeon et foie gras...), il y a incontestablement du talent naissant dans l'assiette pour visiter ce lieu insolite, plutôt joliment décoré, partie bistrot animée et seconde salle façon speakeasy, boudoir intime pour initiés qui se laissent tenter par le menu dégustation en 7 temps. On boit juste et bien, cocktails, bières artisanales et vins de la bonne mouvance, aux partis pris assumés, avec par exemple Jérôme Arnoux en jura, Damien Bonnet et son «Anthocyanes», Bonnigal-Bodet et leur «Diabolicôt».

Osteria Ferrara 12/20

7 rue du Dahomey - T. 01 43 71 67 69 - Carte 50 € - Menu(s) 20-25 €

Une bonne et sérieuse adresse transalpine tout près du faubourg Saint-Antoine, ambiance simple de trattoria de quartier et cuisine soignée modernisée : tomates San Marzano et courgettes rôties pesto de basilic et ricotta, soupe de haricots borlotti et poulpe, spaghettoni à la raie, raviolis farcis ricotta et aubergines. Cocktails de circonstance (americano, negroni, spritz...) et vins italiens au verre.

Servan 12/20

32 rue Saint-Maur - T. 01 55 28 51 82

Ce n'est plus à proprement parler une découverte, mais le Servan tient son rang avec une carte large qui sort un peu de l'ordinaire des assemblages et trace sa route avec conviction : tête de veau croustillante pommes de terre nouvelles sauce gribiche au raifort, thon rouge beurre miso et légumes grillés, ris de veau petits pois à la française abricots marinés et amandes fraîches. Entre les zakouskis d'apéro et les sages desserts (financier fraises au sirop glace vanille), le moment est agréable dans un cadre et une ambiance de bistrot de son temps.

Korus 11,5/20

73 rue Amelot - T. 01 55 28 53 31 - Menu(s) 29-72 €

Un néobistrot récent dans un beau décor pierre, parquet et comptoir. La carte évolue selon la mode et le chef en place, offrant ses assiettes apéritives qui débouchent sur un menu en 6 services pour 62 € (ou 8 pour 72 €). Courgette anguille fumée raifort tagète, pigeon datterino confit olive taggiasche, melon blanc verveine yuzu, on est tout pile dans la tendance pour ce qui est des ingrédients, assemblés en slash et préparés avec attention dans l'assiette. Cave variée avec des choix nature et orange et les jeunes vignerons privilégiés.

Maison Bréguet 11,5/20

8 rue Bréguet - T. 01 43 38 04 31 - Menu(s) 34-39 €

Une maison élégante, un hôtel confortable et une table de bon niveau pour les résidents, mais aussi les extérieurs, qui profitent du cadre et d'un service de qualité. Les menus s'adaptent à l'époque, avec les ingrédients à la mode scrupuleusement rassemblés (falafel, ceviche de daurade, lieu jaune aubergine...) et une offre en soirée légèrement renforcée : beignets de fleurs de courgettes farcis à la feta, carré d'agneau piperade condiment harissa, tarte fine abricots glace lavande pour une séquence honorable autour de 65 €.

Le Chardenoux — 11/20

1 rue Jules Vallès - T. 01 43 71 49 52 - Carte 62 €

C'est une adresse mythique que ce splendide établissement début XXe qui prête aujourd'hui ses fresques, lustres, miroirs et comptoir en marbre aux talents de Cyril Lignac. Le chef y propose une cuisine de brasserie embarquée dans l'exotisme tendance, avec les coquillages et huîtres réadaptés, tourteau au curry et galette craquante, crevettes croustillantes épicées romaine et sésame, des ceviches et carpaccio de bar mangue et cacahuète, le lobster roll et le filet de bœuf aux épices saté. Les desserts sont très bien exécutés, tout comme à la pâtisserie Lignac juste en face.

Chez Aline — 11/20

85 rue de la Roquette - T. 01 43 71 90 75

Toujours les good vibes chez Delphine Zampetti où tout ce qu'il faut savoir est écrit sur le mur. L'approche cool et friendly, la justesse de cette cuisine en sandwichs ou sur pain rond est un délice modeste et juste : haddock crème aneth chou pickles, aubergine feta tapenade, lapin pignon carotte ou encore Prince de Paris pesto chèvre, on trouve dans cette ancienne boucherie chevaline (regardez bien l'enseigne !) une belle humeur parisienne.

East Mamma — 11/20

133 rue du Faubourg Saint-Antoine - T. 01 43 41 32 15 - Carte 36 €

L'incontestable réussite du groupe Big Mamma, qui a essaimé le concept si bien marketé à travers tout Paris (comme en province et à l'étranger, avec des adresses à Londres et Madrid), incite à revenir assez régulièrement. Pour faire le constat d'une qualité toujours égale, bonne pâte et belle garniture de produits italiens sourcés avec le plus grand soin et traités par des pros venus de la Botte, au savoir-faire sans égal. Grand choix en pizzas comme en pâtes et animation constante dans un espace accueillant.

Giorgio — 11/20

21 rue de Charonne - T. 06 44 64 34 86 - Carte 42 €

Une trattoria de quartier, avenante avec sa terrasse, appuyée sur une cuisine plaisante avec le four à pizza en star du lieu, un cadre chaleureux un peu girly derrière la façade rose bonbon, et un accueil tout en sourire. Les assiettes ont du goût dans une identité transalpine arrangée moderne, avec le poulpe frit au panko, sauce puttanesca et pommes de terre rôties au romarin, les garganelli au ragoût d'agneau mijoté pendant 7 heures, parmesan, le crumble au cacao, glace à la noisette du Piémont, gianduja coulant et espuma de lait. Cave italienne et cocktails.

Oxymore — 11/20

60 rue Saint-Maur - T. 01 47 00 73 24 - Menu(s) 15 € ♿

Pas bête le concept de «pizza française», pâte à partir de farines sélectionnées, fermentation longue et ingrédients made in France pour la garniture. Pas besoin de se donner des airs transalpins avec des margherita et des regina, ici les pizzas s'appellent «Pierrette», «Odette» ou «Albertine», la pâte est bonne, le service enjoué et la carte de cocktails bien pourvue. Quelques veggies, des salades et tout va bien.

Pépite

11/20

20 rue de Nemours - T. 01 43 38 28 02 - Menu(s) 24 €

Du bistrot de quartier jeune et bien sous tous rapports. Pas la peine de s'emballer en cherchant les pépites, mais une aimable ardoise de son époque, qui fait le job, notamment avec un menu déjeuner à 24 € qui ne craint personne : piment friggitello plancha émulsion parmesan et sablé, daurade royale purée de courgettes jaunes cœur d'artichaut camus et vierge de légumes, abricots rôtis crumble chantilly vanille et groseille dans une séquence où le végétal frais tient une belle place. Bon service, souriant et rapide, sympathique carte en format tapas pour le soir.

Unico Paul-Bert

11/20

15 rue Paul Bert - T. 01 43 67 68 08 - Carte 57 € - Menu(s) 17 €

Viande argentine cuite au charbon de bois dans les règles de l'art, le propos est simple et efficace dans cette rue où l'on mange. On démarre gentiment avec les empanadas ou l'assortiment d'entrées pour se dépayser d'entrée, on choisit ensuite son morceau préféré, l'entrecôte, le rumsteak, le faux-filet, le filet ou la picanha, préparés avec le plus grand soin pour le point de cuisson. Cave de vins argentins, très bon accueil.

PARIS 12 — 75012

Table

16/20

CHEF : BRUNO VERJUS

3 rue de Prague - T. 01 43 43 12 26 - Carte 235 € - Menu(s) 260-360 € ♿

Inénarrable et désormais inarrêtable Bruno Verjus, spécialiste pour tous les connaisseurs des produits d'exception et véritable amoureux de la cuisine, avec ce talent de pouvoir sourcer le meilleur de nos terroirs et rivages. Sa carte, aux énoncés poétiques, est une élégie gourmande : truffe, saint-jacques, homard, oursin, ormeau, sole, ventrèche de thon, agneau ou encore pigeon, la liste est enivrante et le spectacle au rendez-vous. Cuisson flash pour de très grosses coquilles saint-jacques baignées dans un beurre noisette et un jus des barbes corail et miso plein d'umami, sole géante de l'île d'Yeu cuite en deux temps à la perfection, posée sur une sauce gourmande au beurre, sotolon et céleri, ou encore un audacieux mariage de l'agneau longuement rôti à la broche avec un jus réduit de crabe vert. La cuisine entièrement ouverte permet de voir une équipe jeune, souriante et sympathique s'activer joyeusement sous le regard bienveillant du chef de cet orchestre entraînant. Service en salle lui aussi jeune et pro et carte des vins impressionnante. Le luxe a un prix, comme des premiers rangs à Garnier.

Restaurant Passerini

14,5/20

65 rue Traversière - T. 01 43 42 27 56 - Menu(s) 28-48 € ♿

Maîtrise de la pasta, de cette mantecatura qui assure la liaison finale entre la sauce et l'amidon de la pâte, de la cuisson qui doit prendre en compte le temps de repos jusqu'au service en salle : des qualités évidentes pour Giovanni Passerini, que tous les amateurs de cuisine transalpine à Paris connaissent. Des sauces parfaitement réussies, avec des associations parfois audacieuses, comme la poutargue râpée sur un ragu de cochon ou encore le guanciale avec sa pointe de menthe fraîche. Mais on peut aussi trouver de superbes ris de veau croustillants et moelleux accompagnés d'un jus citronné au citron Meyer ou son désormais classique pigeon à partager avec ses tagliatelles aux abats. Desserts gourmands, comme le semi freddo à la pistache, et carte des vins très nature à dominance italienne, comme il se doit.

Virtus 14,5/20

29 rue de Cotte - T. 09 80 68 08 08 - Carte 107 € - Menu(s) 39-85 €

L'équipe change, la vertu demeure dans cette maison proche du marché d'Aligre où l'on s'est habitué à très bien manger du temps de Marcelo di Giacomo. On peut, sans risquer de se fourvoyer, dire que le niveau est au moins maintenu avec Frédéric Lorimier et sa compagne Camille Gouyet, qui se sont rencontrés et ont travaillé assidument à Cheval Blanc Saint-Tropez avec Arnaud Donckele pour savoir à quoi ressemble une belle maison. Les conditions ne sont certes pas les mêmes, mais il se dégage de cette salle animée une belle sérénité, due à une maîtrise sur les cuissons et les sauces qui n'a rien d'étonnant avec un tel bagage : le thon rouge et vinaigrette au raifort, la daurade à la flamme fenouil braisé langue d'oursin «quintessence» de soupe de poisson, ou encore le suprême de pintade de la Cour d'Armoise tomate garnie des cuisses confites jus de rôti échalote et estragon approchant déjà les 3 toques, comme son prédécesseur. On attend la confirmation dans les prochains mois et, bien sûr, on encourage.

Nous4 14/20

3 rue Beccaria - T. 06 06 70 64 92 - Carte 12 € - Menu(s) 28 € ♿

Il est des lieux où, à peine la porte franchie, on pressent instantanément que l'on pourrait en devenir l'un des plus fidèles clients ! L'accueil et le service sont adorables, la convivialité y est naturelle, tout comme la générosité de la cuisine de Stéphane Browne (Jeune Talent 2017 et lauréat de la Dotation). La petite salle est fort sympathique avec sa cuisine semi-ouverte, son sol coloré façon mosaïque, ses murs blancs ou carrelés, sa touche de rouge, ses chaises hautes ou «style bistrot», ses 2 ou 3 tables en terrasse à même le trottoir... En cette chaude soirée estivale, rien de tel pour débuter que cette poêlée d'encornets au fenouil, salicornes et gaspacho. C'est frais et vif. L'esprit méditerranéen continue à souffler avec cette composition autour du thon blanc, de blettes, d'olives et de courgette. L'assaisonnement est bien là, les légumes sont fondants ou légèrement croquants. La tapenade affiche une belle vitalité. Quant aux fruits de saison (pêches, abricots, cerises), ils escortent une panna cotta coco aérienne que surmonte un crumble noisette. Courte carte des vins bien pensée avec, par exemple, ce joli mâcon-milly-lamartine du domaine La Pascerette des Vignes.

À La Frégate 13/20

30 avenue Ledru-Rollin - T. 01 43 43 90 32 - Carte 86 € ♿

Un navire bien amarré depuis des années, maintenant sa place avec une cuisine bourgeoise bien menée et un service à l'ancienne tout à fait réconfortant. La maison a gardé cet esprit intemporel, avec le bois vernis en caisson, les tables dressées avec sérieux, pour servir comme il se doit les classiques du répertoire français, la poêlée d'encornets en persillade, les œufs pochés à la crème de foie gras, le filet de bar au chorizo, les cuisses de grenouille à l'ail et au persil, les ris de veau aux morilles, les profiteroles maison. Bon menu à 44 €.

Bistro S 12,5/20

7 rue Saint-Nicolas - T. 01 43 43 49 40 - Menu(s) 27-58 €

Dans ce quartier gourmand gravitant autour du marché d'Aligre, la table de Shimpei Oïe est la combinaison parfaite d'un vrai savoir-faire sur le registre français et d'une appréciation toute japonaise de l'esthétique. Le bistrot canaille s'est défait de ses habitudes chargées et grossières pour s'habiller d'un minimalisme très élégant, ne conservant que le bois du parquet et des chaises Thonet, des murs tout blancs et des banquettes cuir qui restent dans la tonalité du bois. Dans l'assiette, le chef fait de la cuisine de produit, évidemment de saison, dans des menus courts et frais : une belle entrée de bonite fumée, une simple seiche avec un risotto noir, un suprême parfaitement cuit avec un accompagnement de céleri-rave, un exemplaire paris-brest. Cave adaptée. À partir de 29 €.

Restaurant Amarante 12,5/20

4 rue Biscornet - T. 07 67 33 21 25 - Carte 55 € - Menu(s) 27 €

Proche de la Bastille, une cuisine bistrotière traditionnelle où les adeptes trouvent les abats et les viandes de leurs choix dans la bonne humeur : fraise, langue, cervelle, ris de veau et bas-carré confit et rôti, ou alors du cochon, terrine, pied désossé et échine grillée, sans oublier la pièce de bœuf de Charolles. Des sardines fumées façon hareng pommes à l'huile et de la lotte se sentent perdues dans cette carte pour viandards repus. Pour accompagner cette cuisine riche et plutôt jouissive, une carte des vins de propriétaires bien conseillée par le patron.

PARIS 13 75013

Marso & Co 13/20

16 rue Vulpian - T. 01 45 87 37 00 - Menu(s) 22-42 €

À 5 minutes du métro Glacière, on prend la fraîcheur de cette table marine illustrée de poulpes sur les murs ivoire. Dans la salle claire, avec son comptoir-cuisine ouvert, la carte du chef Tomy Gousset trempe la Manche dans la Méditerranée, débute avec l'incontournable brochette de chorizo flambée à l'eau-de-vie, sucrine et olives, avant les saint-jacques snackées avec une compotée de fenouil et orange et une bonne tarte à la mangue, mascarpone au caramel et gingembre. Simple et plaisant menu déjeuner à 22 € en entrée-plat, service bien rythmé par une petite équipe, cave classique qui fait voyager à prix corrects.

Nosso 13/20

22 promenade Claude Lévi-Strauss - T. 01 40 01 95 17 - Menu(s) 31-95 €

La maison est à l'image de la table, un lieu ouvert sur l'extérieur, concrétisé par de grandes baies vitrées et une cuisine aux inspirations internationales. La table de la cheffe brésilienne Alessandra Montagne est un vrai plaisir des sens, un lieu moderne et lumineux, aux lignes épurées et aux couleurs naturelles, où s'exprime une créativité de tous les instants : de l'Italie au Jura sur une focaccia au poivron, crème de comté, crumble de tapenade et sardine ; un plat végétal autour de l'aubergine blanche rôtie, crème de haricot blanc et oignon confit ; une innovante noix de veau sauce framboise et mousseline de pommes de terre ; un aller-retour Bretagne-Provence sur une brioche poêlée, chantilly au lait ribot, lavande et abricot. Formules de 31 à 95 €.

Sellae 12/20

18 rue des Wallons - T. 01 43 31 36 04 - Menu(s) 42 €

Dans une petite rue entre le boulevard de l'Hôpital et le boulevard Saint-Marcel, une petite table bistrotière menée par Matteo Vianello, qui propose une carte plaisante et variée, même si nous avons eu cette année une petite impression de ronron. Ce qui n'empêche pas d'apprécier les ravioles d'escargots au beurre d'herbes, speck croustillant et bouillon d'ail doux, le lieu jaune rôti, purée de courgettes, courgettes snackées, sauce hollandaise ou le quasi de veau rôti, blé vert fumé, émulsion vin jaune, le meilleur pour la fin s'avérant la mousse au chocolat tiède, glace vanille, crumble fleur de sel. Carte des vins en adéquation, service cool et aimable.

PARIS 14 75014

Le Dôme 14/20

108 boulevard du Montparnasse - T. 01 43 35 25 81 - Menu(s) 45 €

Ouverte depuis plus de 120 ans, cette institution mythique de Montparnasse continue de régaler les touristes comme les riverains, sous la conduite du chef Yoshihiko Miura. L'intérieur du café a conservé son charme Art déco, nous transportant dans le monde intellectuel des années 1930, tandis que les assiettes nous conduisent près des côtes, avec une offre principalement marine, d'une exécution remarquable. Selon les arrivages, on pourra mettre les voiles sur une salade de homard bleu, une bouillabaisse à la marseillaise, un filet de bar de ligne aux pleurotes. Les plus terriens pourront se rabattre sur une noisette d'agneau persillade. Bonne formule à 45 €.

Augustin Bistrot 13,5/20

79 rue Daguerre - T. 01 43 21 92 29 - Menu(s) 23-42 €

Située dans une rue gourmande du quartier Montparnasse, cette brasserie emblématique est conduite par Vincent Deyres. Le café-bistrot, ouvert du matin au soir, est un rendez-vous apprécié pour chaque instant, petit déjeuner ou verre du soir. Et, si la faim vous prend, le chef défend une carte mensuelle dans la bonne veine : terrine de lapin, carpaccio de poulpe, filet de rascasse et risotto aux champignons, tartare de charolais au couteau, quasi de veau au sautoir et légumes de saison. Service efficace.

Les Petits Parisiens 13,5/20

49 avenue Jean Moulin - T. 01 45 43 72 97 - Carte 55 € - Menu(s) 25-41 €

Plus de Régalade du côté de la porte d'Orléans ? Mais bien sûr que si, l'aventure initiée au tournant du siècle par Yves Camdeborde peut se poursuivre avec Nathan Sindres, en place depuis février 2022 et ancien disciple de Gérald Passedat, auprès duquel il a travaillé pendant 10 ans. L'esprit convivial est toujours au rendez-vous autour de cette cuisine bistrotière bien faite : après la terrine d'accueil, toujours là - même si un poil réduite, nous semble-t-il -, la salade de lentilles jaune d'œuf confit haddock et condiment citron harissa, le cabillaud bien rôti déclinaison de petits pois émulsion de lait à la menthe, la fricassée de volaille julienne de légumes et coriandre, avant l'incontournable riz au lait dans une formule à 41 € bien équitable. Service cool et aimable, cave bien équipée.

Bistrot du Dôme 13/20

1 rue Delambre - T. 01 43 35 32 00 - Carte 50 €

Situé juste derrière le Dôme, ce bistrot aux belles boiseries et à dominante jaune propose une cuisine de brasserie de bon niveau, tournée vers la mer. L'ardoise évolue en fonction des arrivages, pour garantir une fraîcheur idéale ; les idées sont traditionnelles et réconfortantes, des encornets à la plancha, des sardines grillées, une aile de raie aux câpres, une sole meunière et, pour les irréductibles terriens, une côte de veau.

Le Cornichon 13/20

34 rue Gassendi - T. 01 43 20 40 19 - Menu(s) 35-42 €

Non loin de la rue Daguerre, ce bistrot d'angle joue sur les codes d'aujourd'hui, dans un cadre sobre composé de parquet, banquettes et petit mobilier en bois. Les assiettes revisitent le répertoire dans une veine plus actuelle, avec des ingrédients bien choisis : pressé de raie, radis et anchois, pavé de merlu rôti, tombée d'oignons doux, fenouil et pois gourmands, suprême de poulet, purée d'échalions et daikon rôti, millefeuille aux framboises et crème légère au thé matcha. Bon service.

Le Duc 13/20

243 boulevard Raspail - T. 01 43 20 96 30 - Menu(s) 55 €

Excursion marine du côté du boulevard Raspail avec cette table de poissons et de fruits de mer qui prolonge l'expérience jusque dans la décoration, d'inspiration paquebot, avec ses lambris et sa mise bourgeoise. La carte est bien composée, limpide, proposant ses classiques et ses créations, une salade de tourteau ou un bar cru à l'huile de truffe et yuzu, une sole meunière ou des aiguillettes de bar au citron vert, un homard sauté à l'orange. Pour finir, chariot de pâtisseries et glaces de chez Berthillon.

La Coupole 12/20

102 boulevard du Montparnasse - T. 01 43 20 14 20 - Menu(s) 19,50 €

Difficile de passer à Montparnasse sans s'arrêter sous l'emblématique Coupole, brasserie historique, célèbre depuis 1927 pour sa belle architecture Art déco, ses plateaux de fruits de mer et sa cuisine de tradition française. L'endroit a conservé son charme et ses classiques sans prise de risques, une soupe à l'oignon, une aile de raie à la grenobloise, une fricassée de volaille aux morilles, un baba au rhum ambré. Service dans le bon ton de la légende.

Le Layon 12/20

139 rue du Château - T. 09 83 36 40 42 - Menu(s) 39-48 €

Une table sérieuse, non loin de la station Pernety, où l'on pourra découvrir une cuisine française revisitée, dans un style actuel et tourné vers l'extérieur. Les assiettes sont bien dressées et s'adaptent aux saisons, des compositions méridionales pour les beaux jours, un assortiment de tomates et coppa, une truite à la grenobloise et houmous, un carré de veau, pastilla provençale, légumes d'été marinés, une déclinaison d'abricots et romarin. Formules à 39 et 48 €.

Vin & Marée Maine-Montparnasse 12/20

108 avenue du Maine - T. 01 43 20 29 50 - Menu(s) 19,50-53 €

C'est un haut lieu de la scène marine parisienne. Dans cette grande brasserie à l'angle de l'avenue du Maine et de la rue Daguerre, les amateurs se retrouvent en terrain connu. La carte est bien composée, des classiques pour tous, des plateaux de fruits de mer, une soupe de poisson de roche, une brandade de morue à la nîmoise, un filet de bar à la plancha, une choucroute de la mer. De nombreuses formules, de 19,50 à 53 €.

La Cantine du Troquet 11,5/20

89 rue Daguerre - T. 01 43 20 20 09

C'est ici, du côté de Pernety, que Christian Etchebest a commencé son aventure. Aujourd'hui, La Cantine compte six adresses, quatre à Paris, une à Rungis et une à Pau. Le concept est simple, des produits du terroir et une cuisine canaille, qui fait vivre les traditions bistrotières tendance Sud-Ouest. Les plats sont à l'ardoise, avec des recettes qui tournent et quelques incontournables, des crevettes grillées à la plancha, un dos de cabillaud sauce vierge, une côte de cochon marinée au piment d'Espelette, une crème brûlée à la vanille.

L'Assiette 11/20

181 rue du Château - T. 01 43 22 64 86 - Menu(s) 23-30 € ♿

Cette ancienne charcuterie, avec faïences au plafond, est un lieu idéal pour recréer l'esprit des auberges d'antan, si bien capté par David Rathgeber. La bonne humeur s'échappe de ce bistrot où les traditions françaises se sentent bien, dans un mélange de simplicité rétro et de joyeuse faim, pour les escargots en pot, le filet de daurade poêlé et son risotto de coquillages, son généreux cassoulet maison, sa crème caramel au beurre salé. Cave bien constituée.

La Verrière 11/20

4 rue Niepce - T. 01 83 75 69 20 - Menu(s) 32-75 €

La discrète table de l'hôtel Niepce Paris est un petit coin bien connu des initiés, qui s'y retrouvent pour un déjeuner d'affaires ou un dîner à deux. Contemporaine et lumineuse, la salle accueille une cuisine d'aujourd'hui, professionnelle et d'inspiration classique. À la carte, tartare de crevettes pétales de radis sarrasin soufflé, bar crème de petits pois et sauce vierge à la framboise, côte de veau carottes confites au cidre et chapelure d'algues, rhubarbe confite à l'hibiscus et crémeux. Menu du midi à 32 €.

PARIS 15 75015

Ischia 13/20

14 rue Cauchy - T. 01 45 54 43 43 - Carte 62 €

Dans une ruelle bien calme du 15e arrondissement, l'adresse italienne de Cyril Lignac a des allures de bar de plage VIP. La grande terrasse qui ourle tout l'établissement propose aux clients d'immenses banquettes blanches et moelleuses sous des stores rayés rouge et blanc : so dolce vita ! On se fraye un chemin entre deux ou trois tables d'influenceurs ou de touristes en goguette, pris en charge par une équipe à l'attitude parfaite. Pour parfaire l'esthétique de son restaurant, le chef médiatique s'est entouré d'un studio de création réputé de la capitale. À l'intérieur donc, la décoration est beaucoup plus feutrée, mais non moins raffinée : bardage de cuivre patiné et céramiques bleu céladon jouent les clairs obscurs réussis. Ensuite, l'imagerie transalpine se déroule sans encombre : la réalisation est impeccable, les saveurs présentes, dans les agnolotti vongole comme la panna cotta vanille et amarena-pistache, sans recherche particulière d'originalité ou de signature. Tarifs logiquement élevés.

Le Vitis 13/20

8 rue Falguière - T. 01 42 73 07 02 - Menu(s) 19 € ♿

Sur l'ardoise, le choix proposé dans ce bar à vins actuel paraît simple, presque banal. Pourtant, derrière les intitulés, il y a un très bon chef, Marc Delacourcelle, qui travaille aujourd'hui en famille. Il faut goûter la terrine du moment, toujours excellente, la poêlée de couteaux, le cochon de lait aux épices ou les rognons de veau et riz rouge. Les prix sont mini, le plaisir maxi, jusqu'à la crème caramel à la fève tonka. Et la cave regorge de trésors chinés par le patron.

Le Bélisaire 12/20

2 rue Marmontel - T. 01 48 28 62 24 - Menu(s) 38-55 €

Non loin de la mairie du 15e, la table de Matthieu Garrel est une référence bien connue du quartier, de ceux qui apprécient le charme désuet, cette ambiance de bistrot à l'ancienne savamment préservée, avec ses banquettes rouges, ses chaises Thonet, son parquet et ses ardoises. Le chef y travaille une belle bistronomie de saison, avec des inspirations de tradition revisitées. Les plats signature sont évidemment conseillés, tels le pigeon à la polenta ou le lièvre à la royale. Formules à partir de 34 €.

Mille Grazie 11,5/20

36 boulevard Pasteur - T. 01 43 48 92 70 - Carte 41 €

Un restaurant italien de plus dans la galaxie parisienne et au cœur d'un complexe hôtelier. Ce dernier occupe une partie du boulevard, avec trois adresses, dont cette pizzeria trattoria. Alors, pourquoi la mention ? Parce que les pizzas, et surtout la pâte, sont excellentes, bien garnies, classiques dans les choix, avec un zeste d'imagination et des produits bien sourcés. À quoi doit-on ce miracle ? Ou plutôt à qui, car notre auriculaire nous a soufflé que la marche de cette jeune maison avait été confiée au grand Michel Portos, qui supervise, avec le talent qu'on lui connaît, la bonne exécution des gestes techniques.

PARIS 16 75016

Le Pré Catelan 19/20

*CHEF : **FRÉDÉRIC ANTON** - DIRECTEUR DE SALLE : **THIERRY PRUVOT** - SOMMELIER : **DAVID RIVIERE***

Bois de Boulogne - T. 01 44 14 41 14 - Menu(s) 150-330 €

Sur la très haute restauration parisienne, Frédéric Anton est devenu aujourd'hui l'un des boss, l'égal des plus grands, et celui qu'on va chercher pour les projets haut de gamme, que ce soit la tour Eiffel, les Yachts de Paris, et d'autres plus médiatiques encore. Cette réussite, il ne la doit qu'à lui-même, à son talent, à sa rigueur, à ce perfectionnisme de tous les instants, acquis notamment comme chef pour Joël Robuchon et développé tout au long de sa carrière. Aujourd'hui, dans ce splendide navire amiral qu'est le Pré Catelan, le chef ne se prend pas pour autant pour un pacha. Il est à la manœuvre, il gouverne et commande, avec son chef Mehdi Sgard, apportant cette précision et cette maîtrise de tous les instants. Et tout ce qui sort, ce sont des merveilles horlogères : la tartelette d'oursin crème stracciatella et caviar, ce puissant bouillon de poisson de roche en rouille avec les noix fraîches brûlées, cette magnifique brandade moelleuse de cabillaud, ail frit et poudre d'algues, un remarquable exercice de style qui pourrait bien devenir un de ses classiques indéboulonnables des prochaines années. Dans le travail de cet orfèvre, il y a tout, les cuissons, les sauces, les jus et cette aisance de celui qui gravit tous les échelons et qui peut vous subjuguer aussi facilement avec des tripes en paillasson tout fin et crème parmesan qu'avec le caviar oscietre et sorbet champagne. Du grand art, tout simplement, jusqu'aux brillants desserts d'une équipe en pâtisserie parfaitement soudée. En salle, Thierry Pruvot est dans la lignée des grands directeurs de salle qui connaissent le rythme du piano à la note près, et la sommellerie n'est jamais non plus prise en défaut, ouvrant un livre de cave opulent, mais comptant, quel que soit le budget permis, le bon verre au bon moment.

Bellefeuille - Saint-James Paris 17/20

*CHEF : **JULIEN DUMAS** - CHEF PÂTISSIER : **JEANNE LECOURT** - DIRECTEUR DE SALLE: **SIMON PESKINE** - SOMMELIER: **FRANÇOIS LE BOULANGER***

5 place du Chancelier Adenauer - T. 01 44 05 81 88 - Carte 179 € - Menu(s) 145-180 €

Julien Dumas a de nombreuses qualités pour faire un grand chef. Dans sa démarche exigeante, rationnelle, opiniâtre, et fortement locavore, il y a encore cette parcelle de doute qui permet d'aller très haut. Dans une séquence, dans une soirée au sein de cette salle intime, ce salon de bienfaisance raffiné comme un club de gentlemen ne pouvant accueillir qu'une quinzaine de membres, il y a toujours des moments très hauts, très forts. Sur une truite parfaite, soulignée d'une sauce berce et des œufs de truite, sur l'encornet juste marqué jus à l'encre condimenté, très légèrement pimenté, aigu comme un pizzicato, il crève le plafond qu'on lui imagine parfois. Autour de ces deux pics, on peut ressentir un léger déjà-vu sans doute trompeur tant le cuisinier s'investit dans chaque bouchée, de la tomate en déclinaison, des grenouilles verveine, du pigeon myrtilles. Si elle se termine avec des desserts où l'on sent bien la patte du cuisinier (le miel d'un apiculteur proche, la pêche et sauge ananas, le chocolat), on sent bien que l'histoire de Julien Dumas au Bellefeuille ne fait presque que commencer. Le service est très bien mené, avec agilité et sourire, par un directeur de salle qui prend toute sa place dans la réussite de la soirée, le sommelier conseillant une cave éclectique pas si opulente, mais justement fournie pour une clientèle aimant les belles étiquettes.

La Grande Cascade 16,5/20

*CHEF : **FRÉDÉRIC ROBERT***

Allée de Longchamp - T. 01 45 27 33 51 - Menu(s) 105-205 €

Rarement l'expression «vieille France», lorsqu'elle n'est pas péjorative, ne saurait aussi bien s'appliquer qu'à ce pavillon Napoléon III la terrasse romantique, aux grands lustres Murano, à la moquette framboise, aux piliers corinthiens, plafond peint, moulures et angelots. On goûte l'ensemble comme une friandise, jusqu'à l'inconfort relatif des fauteuils et au service dans le ton attendu, un brin compassé, aimable, onctueux. Frédéric Robert mène les cuisines depuis quinze ans avec autorité. Celui qui travailla longtemps aux côtés de Senderens, après des expériences à l'Ambroisie et chez Peyrot, connaît les secrets de la belle assiette convenant aux lieux. Il a gardé bien sûr les emblématiques macaronis aux truffes créés ici par Jean-Louis Nomicos à la fin du XXe siècle et développe une carte de plaisir, à la fois respectueuse (la sole girolles et vin jaune, très joliment réalisée, fait hommage à André Menut) et bien pensée : les gambas et coquillages crémés, le cèpe cru et cuit, superbe et généreux, au vinaigre de Reims, ou la selle d'agneau condiment wakamé et olives, témoignent bien d'un art maîtrisé et sans œillères. Bons desserts de saison, comme la figue sur un biscuit meringué, mousse façon fontainebleau, crème glacée amande et jus cassis et figue. La cave, malgré le livre de cave d'époque, n'est pas à la traîne, avec des références d'aujourd'hui, connues, mais progressistes, comme Bellivière, Dard et Ribo, Deiss ou Dureuil-Janthial, l'essentiel se consacrant aux grandes régions, à des prix sans excès se terminant volontiers par 99, comme dans les grandes surfaces.

Restaurant Alan Geaam 16,5/20

CHEF : ALAN GEAAM

19 rue Lauriston - T. 01 45 01 72 97 - Menu(s) 68-148 €

L'ermite levantin semble avoir trouvé son chemin. Depuis ses débuts (à l'Auberge Nicolas Flamel, dans le quartier des Halles, à Saint-Germain), nous avons souvent loué la capacité d'Alan Geaam à montrer une technique classique sans masquer ses racines libanaises. Aujourd'hui, c'est presque le contraire : la technique est bien là, mais on ne la voit pas. Elle s'efface devant des assiettes inspirées par son enfance, son histoire. Et le résultat est remarquable. Que ce soient les mises en bouche, qui dévoilent la Méditerranée moyen-orientale, le zaatar maison, une merveille dont on ne peut s'empêcher, avec l'huile d'olive, de badigeonner une brioche toute chaude, ou les plats d'un superbe menu en 5 séquences, on goûte un voyage en première classe qui ne manque jamais d'authenticité. Des idées parfaitement mises en scène, avec le petit pois cacahuète en 3 services ou l'anguille fumée et falafel sésame noir tahini, le saint-pierre freekeh, et le même freekeh en risotto sur une bisque. Tout est à la fois si personnel et si enraciné, avec une maîtrise des saveurs et une grande liberté, que l'on ressent ici une plénitude inconnue jusque-là. Les 4 toques sont proches, dans ce cadre bourgeois encore un peu neutre, le service bien mis, l'excellent Aymeric en direction de salle et sa complice Angélique en chef de rang. La cave, bien construite mais trop classique et sans réelles découvertes, est perfectible.

Pages 16/20

CHEF : RYUJI TESHIMA

4 rue Auguste Vacquerie - T. 01 47 20 74 94 - Menu(s) 65-150 €

Très zen et chic, cette ambiance 16e. Les convives partagent leur plaisir, observant d'un œil vers la cuisine ouverte la minutie de Ryuji Teshima qui, jour après jour, page après page, écrit l'histoire du lieu, 3 toques, un sans-faute permanent dans une grande sérénité. Les assiettes défilent, toujours justes, sobres, équilibrées. L'asperge passée sur le barbecue est légèrement croquante et se déguste avec la sauce hollandaise à l'ail des ours. L'ormeau est préparé avec une grande maîtrise, accompagné d'un risotto aux agrumes qui ne dénature en rien son goût iodé. Le lieu jaune et ses coques se distinguent avec une sauce échalote ciboulette cresson, dynamitée par le kumquat. Le veau rosé d'une belle tendreté est servi avec une composition autour de la carotte et d'une sauce parfumée au vin jaune, avant le charolais maturé 4 semaines et le salers, 6 semaines. La séquence se termine aussi brillamment par une création sur la feuille de chêne. Tarifs logiquement très élevés, cave de bon niveau avec un grand choix de vins au verre.

Substance 16/20

CHEF : MATTHIAS MARC

18 rue Chaillot - T. 01 47 20 08 90 - Menu(s) 52-125 €

Dans la galaxie des Manigold boys and girls, Matthias Marc est sans doute l'un de ceux dont la cuisine est la plus incarnée. Et si, dans cette jolie salle du très chic quartier de Chaillot, il subsiste quelques clients venus uniquement pour découvrir un Top Chef en chair et en os, les afficionados de l'ancien du Meurice et du Saint James savent bien que le jeune franc-comtois est beaucoup plus que cela. Moderne, enjôleuse sans exagération, sa cuisine vise juste, travaillant autant sur l'élégance des dressages, toujours soignés et très graphiques, que sur la justesse des associations. Ça fonctionne toujours à merveille (l'association haddock, crème crue au raifort, muscat et gelée verjus est en passe de devenir un classique, comme ses plats au barbecue, comme la truite en croûte de graines, céleri confit, un produit que le chef adore, livèche en condiment), c'est sans doute un peu marketé, à l'image des autres restaurants du groupe, mais cette Substance vaut aujourd'hui 3 jolies toques, qui vont aussi au service, qui semble vraiment heureux de participer à l'aventure, qu'à la cave, qui a le bon goût de ne pas être trop chère.

Nomicos 15/20

CHEF : JEAN-LOUIS NOMICOS

16 avenue Bugeaud - T. 01 56 28 16 16 - Carte 149 € - Menu(s) 68-150 €

Discret et reconnu, Jean-Louis Nomicos est un maître efficace qui n'a pas besoin de tendances ni de chapelle pour mener sa cuisine comme il l'entend. Les leçons, c'est plutôt lui qui les donne, en restant actif et précis dans son travail. Les habitués de l'avenue Bugeaud lui en savent gré, qui peuvent les yeux fermés s'adonner aux plaisirs des produits nobles, magnifiés ici avec talent : les fameux macaronis truffe noire et foie gras, que tant d'autres ont copiés, le homard en carpaccio aux pêches blanches, le bar sauvage et caviar impérial sabayon au citron de Menton, le filet de bœuf à la provençale, les fromages de Laurent Dubois, la charlotte aux fraises... Des prix de palace ? Oui, évidemment. Avec l'avantage d'y manger plutôt mieux, et dans une atmosphère plus intime.

L'Oiseau Blanc - Hôtel Peninsula 15/20

CHEF : DAVID BIZET

19 avenue Kléber - T. 01 58 12 28 88 - Menu(s) 95-265 €

Quel plaisir de retrouver L'Oiseau Blanc dans son rythme de croisière, avec un David Bizet rayonnant dans un espace animé d'un bel esprit festif. La longue interruption a redonné de l'énergie à tous, la salle est au niveau palace attendu, Florent Martin est l'un des chefs sommeliers les plus pointus et imaginatifs de la ville (on lui souhaite de faire évoluer encore la cave avec des découvertes accessibles) et le haut niveau technique touche naturellement les assiettes. Le chef, que l'on a suivi du Cinq à Taillevent, s'épanouit en montrant un potentiel certain : la lisette au caviar et pistache givrée, le poireau en croûte de sel truffé et mimosa de truffe sont des promesses tenues, de personnalité et de maîtrise. Le homard en civet et salsifis torréfiés, comme le pigeon laqué teriyaki et sa remarquable quenelle de piquillos en salmis rappellent que la table du Peninsula doit être aussi un phare d'excellence (on ne gommera pas tout de suite les petits travers «show off«, des truffes un peu partout, l'inévitable caviar...). Magnifique dessert sur la vanille de Tahiti et, on se doit de le répéter, l'une des plus belles vues sur la ville et la tour Eiffel depuis les baies vitrées de ce 6e étage, où trône une reproduction de l'«Oiseau blanc», l'avion de Nungesser et Coli.

Ortensia 15/20

4 rue Beethoven - T. 01 83 96 09 66 - Menu(s) 58-128 €

Le chef japonais Terumitsu Saito a quitté Pilgrim pour ouvrir son propre établissement, en reprenant L'Astrance de Pascal Barbot et Christophe Rohat. Après de (très) longs travaux, on profite enfin d'une salle repensée de fond en comble et décorée avec goût, sorte de cocon moderne, animée par Romain Simon, directeur aguerri, et une équipe jeune et enthousiaste. Les assiettes sont au diapason, autour d'un menu unique qui met en valeur de beaux produits de nos terroirs : saint-jacques contisée à la melanosporum cuite en tempura fine et légère, turbot nacré et sa purée aérienne de chou-fleur ou un pigeon de Racan à la cuisson bluffante, parfumé à la fève de Tonka et accompagnée d'une spirale de patate douce. Carte des vins qui sort des sentiers battus avec de jolies trouvailles encore abordables issues des régions émergentes.

Kura 14/20

56 rue de Boulainvilliers - T. 01 45 20 18 32 - Menu(s) 48-69 €

Au bas d'un immeuble pas plus riant que cela, une enclave japonaise de belle tenue, qui donne dans l'authentique sans concession. Le menu à 69 € est une très bonne introduction à la culture nipponne, avec les sashimis ou l'aubergine miso, le poulet rôti au yuzu kosho et mousseline de carotte au dashi, l'entremets framboise et fleur de sakura. Un menu sushi sashimi correct à 48 €, des formules adaptées au déjeuner. On boit la Kirin ou le thé bio de Kyoto.

Pleine Terre 13/20

15 rue de Bassano - T. 09 81 76 76 10 - Menu(s) 39-79 €

Un restaurant tourné vers le large qui s'appelle Pleine Terre ? Point de paradoxe, puisque l'enseigne désigne une forme d'exigence concernant l'origine des aliments, qu'ils proviennent de la (terre) ferme ou de la mer. D'ailleurs, le chef Jimmy Desrivières ne se prive pas et offre un menu de la mer à 110 € qui joue élégamment avec les produits de prestige. Dans ce cocon 16e entre Iéna et Marceau, on peut s'arrêter au menu dégustation à 79 €, bien étudié avec la langoustine cédrat cerise et bergamote, le maigre au citron confit sorbet citron vanille et le pigeon d'Anjou sur coffre au feu de bois rhubarbe maïs et figue, le chef jouant volontiers avec les acidités et les contrastes, jusqu'à la tarte soufflée cacao parfum des îles et glace caramel beurre salé. Service discret et efficace.

Le Bistro Mavrommatis Passy 12,5/20

70 avenue Paul Doumer - T. 01 40 50 70 40 - Carte 31 € - Menu(s) 15,50 €

Le meilleur de Mavrommatis du côté de Passy, avec un vaste catalogue qui passe en revue toutes les spécialités maison, et donc toute la Grèce gourmande. Constituez vous-même vos mezzés avec tout ce qui vous plaît et festoyez sur place avec labneh, houmous, aubergines fumées, dolmadès, taboulé, petites seiches à l'encre, kefta de poulet, keftedes d'agneau et veau, aubergine farcie, moussaka, pastitsio de porc... On accompagne de vin grec ou chypriote.

Cristal Room Baccarat 12,5/20

11 place des États-Unis - T. 01 40 22 11 10 - Menu(s) 35 €

Prestige du cristal et du nom de Baccarat, prestige de l'adresse également, pour un repas privilégié. Ce lieu d'art et d'élégance est le décor parfait pour un dîner romantique. Formule déjeuner néanmoins attractive à 35 €, cuisine contemporaine bien traitée : tartare de betterave noisette et sorbet yaourt, bar snacké tétragones et jus de veau, suprême de volaille rôti au jus petits pois et fèves. Peu de risques, une assiette bien dressée, un baba consensuel en dessert, servi avec déférence et application.

Forest 12,5/20

11 avenue du Président Wilson - T. 01 84 25 12 22 - Carte 52 €

Une belle terrasse ouvrant sur la tour Eiffel, une situation de rêve au musée d'Art moderne, une salle forestière décorée avec imagination et talent... Julien Sebbag, maître artificier, envoie alors de quoi satisfaire toutes les envies de nature et de chlorophylle dans cet univers fantasmé. Des assiettes contemporaines et précieuses aux noms évocateurs («Darkness», «Snow», «Fire and Ice», «Rainbow»...), pour une clientèle évidemment avertie. Aubergine et tahina, labneh oignons confits et tomates séchées, lieu jaune snacké sumac échalotes croustillantes ou poulet mariné en brochette paprika fumé taboulé participent à cette fête sylvestre, avec le service de gentlemen attendu.

Andia 12/20

19 chaussée de la Muette - T. 01 42 15 15 31 - Carte 63 € - Menu(s) 28-35 €

Après l'expérience de La Gare de Gastón Acurio, l'adresse, désormais aux mains de Moma Group, s'est offert un léger lifting décoratif pour rameuter les influenceurs : luminaires sous voûte de verrière, zelliges émeraude sur comptoir en bois massif ou encore guirlandes lumineuses façon guinguette... L'expérience, davantage sociale que culinaire, a un prix : comptez 70 € pour la séquence complète, un mode assez rare pour un lieu plutôt fait pour le cocktail grignotage. Les plats d'inspiration «worldwide», fusion sud-américaine-nipponne-africaine donnent quelques petites propositions bien twistées : le ceviche «clásico» de maigre et leche de tigre, ou l'otoro de thon gras patate douce maïs grillé ou haricot rouge fondant, dessert coco bien mis en scène. En cave, des références bien connues et solidement tarifées.

Conti 12/20

72 rue Lauriston - T. 01 47 27 74 67 - Carte 77 €

Amusant et fidèle, ce salon à l'italienne comme un théâtre kitsch. Les habitués viennent chercher l'intimité dans la petite salle du fond, le directeur de salle, Laurent, a la distinction bienveillante, et la carte maintes fois répétée, avec quelques occasions du moment (les fettucinis aux cèpes, un jour) est sans reproche : bon carpaccio, très frais et soigné dans le détail (roquette, câpres de Sicile), raviolis épinards au parfum de truffe un peu insoupçonnable, mais agréables et crémeux avec un bon parmesan, tartufo glacé et sabayon au prosecco en dessert. Cave bien alimentée avec un choix au verre en dessous de 10 €.

Essaouira 12/20

16 rue de Magdebourg - T. 01 47 27 57 28 - Carte 43 €

Les tables qui durent sur le créneau Maghreb sont finalement peu nombreuses au regard de l'invasion italo-asiatique. Essaouira est l'une de nos adresses fétiches. Le restaurant garantit une qualité d'exécution venue d'une longue tradition de cette côte marocaine : sardines marinées maison, harira et brick à la menthe pour planter le décor, puis couscous fassi, ou méchoui, ou complet avec brochette, kefta, poulet et merguez, tajines salés ou sucrés. Tout est au carré dans cette maison d'ambiance située dans une rue discrète s'échappant de l'avenue Kléber. On boit guerrouane ou Riad Jamil, en terminant par le thé, avec les loukoums ou la salade d'oranges.

Pane e Olio Taverna 12/20

117 avenue Mozart - T. 01 40 71 13 11 - Carte 50 €

Une table italienne de Giuseppe Messina (Non Solo Cucina) à la fois jolie et de bonne qualité, autant d'atouts rassembleurs au coin de la rue George-Sand. Sur l'ardoise du jour, les pistes à suivre, friture à la sicilienne, pâtes à la Norma, s'ajoutent à la vaste carte d'antipasti, de pizzette, de pâtes et de viandes bien traitées, comme la saucisse aux graines de fenouil grillée au romarin ou le travers de veau. Goûtez le «Gâteau à l'orange de mamma Lina» et la sélection de vins de toutes les régions. Agréable terrasse abritée en été.

Le Petit Rétro 12/20

5 rue Mesnil - T. 01 44 05 06 05 - Carte 56 €

Ce devrait être la bonne nouvelle de la rentrée : la reprise de cette institution centenaire par Irwin Durand, en association avec Guy Savoy. Le décor historique se prête à un joli bistrot revival, et la cuisine, jusque-là honorable (œuf cocotte champignons, ceviche de dorade, tomate farcie riz pilaf, lors d'un de nos derniers passages), devrait aussi changer de braquet. Nous maintenons la note en attendant de nouvelles expériences.

Sables 12/20

35 bis rue de la Fontaine - T. 01 42 24 41 54

Les mouettes du 16e vont se régaler. Léopold (Imbert, frère de Jean) et Hippolyte (Talaya, ex-Crillon) se sont retrouvés pour larguer les amarres de Mamie, l'ancienne enseigne de Jean Imbert consacrée aux plats de tradition. Avec ce bistrot dégourdi comme un bar de plage, ils ouvrent grand la fenêtre sur l'océan : petit comptoir, belle tablée façon famille nombreuse en vacances et quelques unités plus intimes dans le fond près de la cambuse. C'est alors Florian (Giacalone) qui passe à la barre, envoyant des tapas d'allure simple et plaisante mais au goût bien ajusté, les palourdes gratinées à l'ail des ours, les couteaux plancha sauce vierge, le tourteau en rillettes et avocat bouillon végétal (le seul élément qui nous a paru superflu ce soir-là), les délicieuses asperges blanches mayonnaise bulot échalote et, côté plats, le bon fish and chips (comme dit la dame à côté, «y'a même pas de chips, c'est des frites !») et le risotto de petits pois et pois gourmands avec des langoustines trop petites, et donc un peu en charpie. Entre la déco, l'ambiance et les assiettes qui tournent à plein régime, il y a de quoi profiter d'un très bon moment. La cave assure, sans révolution mais avec plaisir, Pesquié, Ancienne Cure, Pellé, Jacky Blot...

6 New York 11,5/20

6 avenue de New York - T. 01 40 70 03 30 - Menu(s) 45-85 €

En bord de Seine versant 16e, un rendez-vous chic depuis des années. La carte de Jérôme Gangneux, qui officie depuis vingt ans, y rassemble la plupart des effets de mode du moment pour une clientèle qui attend une cuisine à la fois tendance et tradi : thon cru en tataki au sésame, risotto aux arômes de truffe blanche, poulpe plancha «retour du Cambodge», côte de veau en panure de curcuma, noisettes et parmesan grenailles rissolées. On y ajoute les fromages de Martine Dubois et le riz au lait de «Maman Micheline», et tout le monde est franchement happy. Menu déjeuner à 45 €.

Le Bistrot des Vignes 11/20

1 rue Jean Bologne - T. 01 45 27 76 64 - Menu(s) 34-41 €

Bien avenant, ce bistrot sincère au coin de la gourmande rue de l'Annonciation. Dès l'approche, le nom des producteurs et des artisans placardés d'un côté, l'ardoise du jour de l'autre, tout donne envie d'entrer et de se passer la serviette autour du cou. La proposition est plutôt moderne, pas trop franchouillarde, du gaspacho et du carpaccio de thon, du maigre rôti barigoule d'artichaut et le cheese du bistrot au morbier, frites et salade. Bonnes profiteroles au Valrhona, poêlée d'abricots glace vanille...

La Causerie 11/20

31 rue Vital - T. 01 45 20 33 00 - Carte 49 € ♿

Une jolie table à la déco choisie, céramique peinte, un bistrot d'aujourd'hui aux réminiscences Belle Époque, quand on allait flâner vers le bois. La cuisine est actuelle et favorise les producteurs et les bons artisans, avec des gestes experts : harengs fumés poireaux crayons pommes grenailles vinaigrette à l'ail noir, pavé de maigre rôti chipirons poêlés bisque réduite, côte de cochon rôtie chou pointu pommes dauphine et chorizo. Et, parmi les spécialités, le ris de veau et les gnocchis, le baba en dessert. Ne manquez pas les suggestions, nombreuses, sur l'ardoise du jour.

Huîtres et Saumons de Passy 11/20

17 Rue de l'Annonciation - T. 01 42 88 19 64 - Carte 64 € ♿

Un bistrot chic où l'on s'évade vers le large, et pas seulement avec les palmiers au mur. La vaste carte respire les embruns modernes, avec ses taramas à partager, le tourteau mayo, le ceviche d'huîtres à la tahitienne, le tiradito, le tataki de thon, le vitello tonnato et, bien sûr, le saumon du moment, qui justifie l'enseigne, avec des légumes de saison. Pratique, d'un accueil plaisant et pas très cher au vu de la belle fraîcheur. On peut aussi emporter la marchandise.

Lac Hong 11/20

67 rue Lauriston - T. 01 47 55 87 17 - Carte 62 € - Menu(s) 26 €

En trente ans, la Seine a coulé sous les ponts, mais les nombreux habitués garnissent encore pour longtemps cette fidèle et typique adresse vietnamienne. Ici, la soupe pho et les dim sum ne sont pas au menu par opportunisme. Tout est franc et simple dans cette cuisine qui pioche quelques souvenirs chez ses cousines chinoises ou thaïes. Salade de papaye aux gambas, rouleaux de printemps, soupe de raviolis wonton, porc grillé à la citronnelle...

Maison Russe 11/20

59 avenue Raymond Poincaré - T. 01 40 62 72 05 - Carte 84 €

Une terrasse vraiment charmante et agréable, prétexte à un repas plus 16e que russe, mais avec caviar, saumon et fruits de mer. On appuie gentiment, sans forcer, sur la thématique slave, le carpaccio de bar est propre et frais, un peu abîmé par l'excès de fleur de sel, sans doute pour faire vider plus vite les verres de rosé qui se réchauffent tandis que le service, très gentil et aimable par ailleurs, s'excuse pour la lenteur des cuisines. Le koulibiac, réchauffé avec soin, finit par arriver et la pavlova, généreuse en volume, mais chiche en fruits frais, termine l'exercice. Cave simple et coûteuse, les verres à partir de 17 €.

Le Metropolitan 11/20

10 place de Mexico - T. 01 56 90 40 12 - Carte 17 € - Menu(s) 31 €

Les années passent, et la table hôtelière du Metropolitan garde sa singularité, cette ambiance casual chic qui permet des apéritifs prolongés de qualité. La carte est devenue assez banale, mais l'assiette est bien dressée et mérite toujours une petite toque : salade de feta et pastèque, cabillaud aïoli de légumes, carré d'agneau, un supplément pour les «sauces maison» et le chariot de desserts. Bonne gamme de thés et cafés.

Paul Chêne 11/20

123 rue Lauriston - T. 01 47 27 63 17 - Carte 28 € - Menu(s) 49 €

Une adresse de quartier toujours animée. Ce bistrot traditionnel s'appuie sur une carte du répertoire bourgeois (filets de sole cardinal, saumon soufflé au Noilly, poule au pot...), mais il offre au quotidien son ardoise des idées et achats du moment, tomate burrata, épinards et tourteau, vitello tonnato ou rognons moutarde. C'est bon enfant, bruyant au déjeuner. Les tables sont au coude à coude, et la clientèle apprécie de se faire gentiment bousculer par un jeune service gouailleur. Vins au verre selon ce qui est débouché dans une carte également classique.

Le Vieux Crapaud 11/20

16 rue Lauriston - T. 01 73 75 70 10 - Menu(s) 24-29 €

Une ode à la tradition, à de vieux crapauds gourmands qui détiendraient le vrai goût et qui savent apprécier les petites grenouilles. Thomas Boutin les remet à l'honneur, avec les escargots, le ris de veau et la côte de bœuf en spécialités. Il y ajoute les idées du marché, la salade de poulpe rattes et piquillos, les sardines grillées fenouil au curcuma, l'aïoli de cabillaud. Des classiques du négoce, en bouteille ou au verre.

Waknine 11/20

9 avenue Pierre-1er-de-Serbie - T. 01 47 23 48 18 - Carte 14 €

Face aux jardins du palais Galliera, cette jolie table fleurie est un rendez-vous prisé de la clientèle d'affaires, qui se retrouve là pour le déjeuner ou pour un thé l'après-midi. La carte est bien composée, avec des assiettes intemporelles et familières : jambon de Parme et melon des Charentes, sardines et poivrons grillés, pavé de saumon à l'unilatérale sauce soja et miel, suprême de pintade rôti marjolaine et romarin sauté de cocos plats. Un vaste choix jusqu'aux desserts classiques (fruits rouges chantilly, tarte poires glace vanille...), service attentif et rapide.

PARIS 17 75017

Frédéric Simonin 16/20

CHEF : FRÉDÉRIC SIMONIN

25 rue Bayen - T. 01 45 74 74 74 - Menu(s) 55-210 €

Frédéric Simonin a apporté un coup de jeunesse en rénovant sa salle et aussi du souffle dans une cuisine de plus en plus délicate avec un bel équilibre aromatique. Le menu «Tentation», dépendant des arrivages du jour, commence par une belle fraîcheur avec une déclinaison de gelée d'eau de radis, de pickles et d'une crème de raifort, avant de poursuivre sur une royale de foie gras, réduction de porto, émulsion parmesan accompagnée d'une madeleine tiède olive-sarriette. Le chef semble aujourd'hui tout en maîtrise pour se permettre certaines fantaisies, comme son assiette herbacée, un coulis d'oseille présenté en forme de trèfle à quatre feuilles avec du caviar, un râpé de céleri, et des petits dés d'anguille pour la note fumée. La rouelle de bar soufflé, farcie de caviar et cernée d'un côté d'une sauce au cresson et de l'autre d'une sauce échalotes, fait un joli tableau, comme la cuisse et filet de caille farci au foie gras, le tout accompagné d'un soyeux jus de veau et de lamelles de truffe. On termine en délicatesse avec deux coques de meringue garnies de mousse de framboise, litchi et mousse de litchi. Carte des vins riche sur toutes les régions, service au diapason, bien coordonné.

Maison Rostang 16/20

CHEF : NICOLAS BEAUMANN

20 rue Rennequin - T. 01 47 63 40 77 - Carte 183 € - Menu(s) 90-205 €

La fière maison qui porte encore le nom de son créateur est désormais aux mains de Stéphane Manigold, qui a fait confiance au chef en place, Nicolas Beaumann. L'affaire est donc naturellement en de bonnes mains, cocon feutré où se font et se défont les grandes affaires. Les produits nobles de haute caste dessinent toujours le paysage d'une belle carte aux accompagnements et sauce travaillés, sans chercher à porter une signature originale, mais davantage à faire consensus, en particulier dans le bon menu déjeuner à 90 €. Le chef s'exprime davantage dans des associations plus personnelles, à travers son menu dégustation à 205 €, où l'on peut croiser divers brillants attelages, caviar pomme de terre cresson, saint-pierre aubergine chèvre ou encore ris de veau artichaut vin jaune. Le «cigare croustillant fait de tabac de La Havane» est devenu un dessert incontournable, parfumé de cognac et marsala, et le chef montre aussi un grand talent classique, par exemple sur la quenelle de brochet soufflée crème de homard. Grande cave assez classique, assez intéressante, service au niveau requis.

La Scène Thélème 15,5/20

CHEF : YOSHITAKA TAKAYANAGI

18 rue Troyon - T. 01 77 37 60 99 - Menu(s) 68-147 €

Un cadre, une cuisine, un décor savant et théâtralisé pour mettre en scène la cuisine à 3 toques de Yoshitaka Takayagani, passé chez Yannick Alléno et Guy Martin, adepte, et même orfèvre, d'une cuisine française brillante nourrie de produits nobles : le tourteau et les asperges, le homard grillé au binchotan sarrasin et miso, le wagyu asperges et morilles charpentent un menu dégustation qui claque bien aux yeux et au palais. De la rigueur dans l'exécution et beaucoup de plaisir sur un fonds traditionnel remarquable. On peut raccourcir la séquence au déjeuner, en 3 ou 4 services pour 68 ou 88 €. Bonne pavlova fraise rhubarbe shiso, cave française des grandes régions.

Restaurant Jacques Faussat 15/20

CHEF : JACQUES FAUSSAT

54 rue Cardinet - T. 01 47 63 40 37 - Menu(s) 55-75 €

Voilà une maison à part, comme une auberge en plein Paris : Jacques Faussat fait le tour des tables, discute avec chaque convive pour mieux le conseiller, avant de repartir en cuisine retrouver Geoffrey Rembert auquel il a désormais confié les fourneaux. Et tout fonctionne en fluidité : alors que se préparent les délicats amuse-bouche, le maître de maison évoque la carte des vins et les crus du Sud-Ouest qu'il connaît si bien de ses origines gersoises (Michel Guérard et Alain Dutournier ont été ses maîtres...). On apprécie la finesse et la palette aromatique des buñuelos de tomate, du pavé de truite en lard de Colonnata et cannelloni de courgette, avant un superbe ris de veau croustillant et moelleux à la fois, accompagné d'une farandole de légumes - petits pois, fenouil, crème de noisette, artichaut poivrade frit et rondelles de kumquat -, le tout enveloppé dans un riche menu de saison à 75 € pour 4 plats, qui finit bien sur le riz au lait revisité caché dans une gavotte cacao. Service bien coordonné, dans une ambiance de grand confort à tous égards.

Agapé 14,5/20

51 rue Jouffroy d'Abbans - T. 01 42 27 20 18 - Carte 161 € - Menu(s) 54-155 €

Une fois de plus, Laurent Lapaire joue les pépiniéristes dans son salon élégant et feutré où tant de grands chefs se sont exprimés avant de prendre leur envol. C'est aujourd'hui Rebecca Lockwood, cuisinière brésilienne de père anglais, passée par «Top Chef» Brésil, le Cordon Bleu, à Paris, et un temps cheffe privée pour Madonna, qui joue du piano en apportant sa culture auriverde dans une carte qui tranche naturellement avec les habitudes un brin bourgeoises de la maison. De la couleur et du parfum avec les asperges pain brûlé lard, le cabillaud laqué passion, la très bonne crème à la noix d'Amazonie sur les tagliatelles de seiche et l'excellent canard de Challans (le meilleur du repas) sur le foie gras de Dupérier, ananas rôti shiitakés et enokis sur une très bonne sauce sakura. La prestation, entièrement orchestrée par le patron lui-même en salle (les obligations de l'époque...) est sans faille avec un jeune service très appliqué, le dessert chocolat, puissant et mousseux, artichaut champignons nous a bien plu avec une bonne variété dans les textures. Belle cave de partis pris, d'un chantre du vin nature à Paris, avec les pionniers du genre, comme Souhaut, Ganevat, Binner ou Gramenon, et de fortes têtes en toutes régions (par exemple Robinot, Dervieux et Bain pour la Loire).

Mallory Gabsi 14,5/20

28 rue des Acacias - T. 09 52 96 09 99 - Menu(s) 37-115 €

La chance de Mallory Gabsi, «Malou» pour les intimes, c'est d'être né en Belgique, de venir d'une banlieue de Bruxelles, et de ne pas avoir cette chape de supériorité historique qui plombe parfois les jeunes chefs français. Autant en vue que ses petits camarades valorisés par «Top Chef», autant surveillé, envié sans doute, admiré le plus souvent, Mallory a franchi le pas cette année pour faire la cuisine chez lui, tout près de l'Étoile. L'ex-lieutenant d'Yves Mattagne (Sea Grill, Villa Lorraine) est tout simplement un excellent cuisinier, plein d'idées, pas ramenard pour un sou et capable de faire plaisir à tout le monde, foodies, bobos ou simples péquins, dans ses formules et plats qui frisent les 3 toques pour des séquences n'excédant guère les 60 €. Jeux de texture, cuisson parfaite des poissons, sauces au point, alliance fumée, iodé, fermentation, acidité, sans dogme ni marotte, toujours dans l'équilibre, l'éventail est large et savoureux. On en extraira 3 plats de notre dernière visite, l'anguille échalote sauce au vert, à la fois puissante et onctueuse, le saint-pierre, nacré, miso et courgette, et le remarquable pigeon d'Anjou, haricot noir et chou rouge légèrement fermenté avec un jus d'une précision enjôleuse. Dans cette dynamique, les desserts sont aussi bien contrôlés (chocolat, cacahuète, caramel), l'équipe de salle est épatante, avec Patrick, Melinda et l'excellent jeune sommelier, Andréa, qui jongle avec une courte cave de 40 références bien triées.

Coretta 14/20

151 bis rue Cardinet - T. 01 42 26 55 55 - Carte 61 €

Le mouvement insufflé par Beatriz Gonzalez à ses équipes est toujours aussi positif, et cette belle maison contemporaine un peu excentrée mais pratique d'accès, pleine de lumière avec ses grandes et hautes baies vitrées donnant sur le square Martin-Luther-King, nous est apparue encore en progrès. En cuisine comme en salle, le staff est jeune et performant, de part et d'autre du large comptoir. Des assiettes visuellement très réussies, comme l'œuf à 63°C, artichauts poivrade, vierge noisette-sauge, olives taggiasche, asperges sauvages et une délicate hollandaise, la lotte rôtie à la soubressade, risotto safrané, coques, accompagnés d'une sublime émulsion à l'ail des ours; avant la rhubarbe confite et fraises des Landes sur une génoise noisette et un sorbet sureau-tagète. À cuisine créative, cave pertinente, animée par un très bon sommelier.

La Fourchette du Printemps 14/20

30 rue du Printemps - T. 01 42 27 26 97 - Menu(s) 40-75 €

Les repas chez Nicolas Mouton sont régulièrement réussis, et nous n'avons guère de critiques émanant de nos lecteurs tant cette expérience aux confins de l'arrondissement est une valeur sûre. Un décor agréable, sans flonflons ni surcharges, comme dans un appartement familial, à l'image de l'assiette, tout en sobriété et précision dans une séquence en 6 services bien cadencée et bardée de produits nobles : charlotte d'asperge jaune d'œuf confit saumon mariné, écrevisse en royale bouillon verveine, croustillant de langoustines nuages de béarnaise, agneau de 7 heures courgette et aubergine. La manière est solide, l'ensemble sage, jusqu'à la sphère glacée au Bailey's.

Papillon 14/20

8 rue Meisonnier - T. 01 56 79 81 88 - Menu(s) 45 € ♿

Non loin du parc Monceau, Christophe Saintagne offre une belle devanture sombre et une grande vitrine sur une salle spacieuse et lumineuse. L'endroit est chic, avec un mobilier aux lignes épurées et aux contrastes marqués. L'ancien chef ducassien affirme sa valeur dans chaque réalisation, de la netteté et du plaisir gourmand dans une assiette sans doute moins complexe que naguère au Meurice, mais tout aussi fignolée et travaillée avec le cœur : fenouil en carpaccio haddock rose et citron, ravioles de canard bouillon épicé chou-rave, agneau confit aux épices fregola sarda olives. Techniquement sans faute, agréable dans l'ambiance, loin des codes, cette gastronomie-là fait du bien. Desserts dans la même veine (riz au lait glace rose sureau), bon petit choix de vins au verre.

Caïus 13,5/20

6 rue d'Armaillé - T. 01 42 27 19 20 - Carte 14 € - Menu(s) 48 €

Pas besoin de beaucoup d'accroches, d'affiches, ni même de renseigner la carte sur cette façade grise un poil austère. Jean-Marc Notelet connaît sa clientèle et a généré suffisamment d'habitués pour remplir la salle. Son menu unique à 48 € n'a pas non plus beaucoup besoin de bouger, s'adaptant très bien au marché de saison, dans une faconde bourgeoise toujours aussi bien maîtrisée : brouillade d'œufs, asperges sauvages, oignon nouveau et petits croûtons qui apportent du croquant, suivie d'une ballottine de volaille farcie aux câpres et aux noix, le tout arrosé d'un jus de volaille et accompagné d'une bonne purée de pommes de terre. On reste classique au moment du dessert (pêche façon melba) et tout se passe dans le meilleur des mondes, avec un personnel agréable et dynamique et une carte des vins à prix justes, avec quelques beaux flacons de connaisseur.

Le Faham 13,5/20

108 rue Cardinet - T. 01 53 81 48 18 - Menu(s) 74-102 €

La découverte reste vive à chaque visite. Originalité, personnalité, vision : la cheffe Kelly Rangama apporte un souffle et procure des sensations souvent inédites pour les visiteurs de ce Faham, orchidée de la Réunion. Dans ce cadre plutôt simple d'un bout de la rue Cardinet pas plus rieur que cela, son univers devient un cocon dépaysant où les saveurs se dévoilent avec délice. Le menu en 3 temps à 69 € est une bonne approche.

Oxte 13,5/20

5 rue Troyon - T. 01 45 75 15 15 - Menu(s) 55-105 € ♿

Près de l'Arc de triomphe, cette table contemporaine propose une cuisine franco-mexicaine inspirée dans un cadre lumineux et minimaliste. Tout en motif géométrique, mobilier Art déco et contraste sable et bleu indigo, la maison installe une atmosphère chic et branchée qui introduit bien les idées modernes et bien dressées du chef. Enrique Casarrubias, toujours à l'affût d'associations détonantes : gnochettis oignon de Roscoff, pistou pistache, émulsion mimolette, plaisant et bien équilibré, poulpe, boudin, encacahuatado, courgette rôtie, une des signatures du chef, lotte, lardo di Colonnata, carotte aux agrumes. En terminant par un dessert avocat, granité mezcal, citron vert, chocolat blanc, on aura fait une bonne balade à travers un menu un peu trop grevé de suppléments. Carte des vins se mariant bien avec cette cuisine du bout du monde. Personnel sobre et courtois.

Rooster 13,5/20

137 rue Cardinet - T. 01 45 79 91 48 - Menu(s) 34-85 €

Tout va bien pour Frédéric Duca, cuisinier émérite qui maîtrise son sujet et le quartier dans cette salle discrète où il assume une cuisine de fraîcheur ressemblant fort à du gastro bon teint, la différence se situant dans le choix des ingrédients, plus accessibles mais tout autant travaillés. Par exemple la sardine, en deux préparations, marinée avec un jus d'asperges blanches et kumquat glace moutarde, l'autre en tempura avec la feta grillée, montre un beau travail de chef, à l'instar de la tarte d'escargots, du saint-pierre daube de poulpe et lard de Colonnata, de l'agneau de Haute-Provence pleurotes pomponnettes et naan ail des ours chèvres frais. Très bon jeune service, menu dégustation à 85 € en 5 plats.

Anona 13/20

80 boulevard des Batignolles - T. 01 84 79 01 15 - Menu(s) 45-95 € ♿

C'est une des bonnes sensations actuelles des Batignolles, dans un cadre vert sapin plutôt chic. Thibaut Spiwack a l'étoffe d'un grand, lui qui en a connu, comme Éric Briffard, Philippe Legendre ou Alain Senderens. Sa manière est à la fois habile et respectueuse, pour le produit comme pour le producteur, et il fait appel le plus possible aux ressources régionales : maquereau d'Atlantique en gravlax quinoa de l'Essonne torréfié, cresson et yaourt bio, truite de Cherbourg confite à l'huile de noisette, asperge verte et sabayon beurre noisette, ris de veau d'Ille-et-Vilaine laqué au condiment hareng fumé, petits pois et artichaut violet. On peut choisir les yeux fermés le menu découverte à 75 €, la cave peut encore s'étoffer et se renforcer, et les bons desserts sont faits par Jimmy Cappezzone, qui a travaillé avec Jean-François Rouquette au Pur et chez Kevin Lacote.

Gare au Gorille 13/20

68 rue des Dames - T. 01 42 94 24 02 - Menu(s) 34 €

Au-dessus de Saint-Lazare, une façade anodine qui se signale avec discrétion. Pourtant, du bistrot à 2 toques, cela ne se trouve pas partout et, depuis six ans maintenant, le Gorille tient le pavé dans le quartier. Et nous aimons beaucoup la sélection viticole pour les vins au verre, avec les «Pierres Levées» de Thalie, le rosé grec ou le vin orange de Géorgie... Selon le moment, la carte est plus ou moins étoffée, mais même au déjeuner, il y a moyen de se faire plaisir avec le menu à 34 € : asperges ajo blanco ricotta fumée, pastrami de saumon pomme de terre grillée et vierge, pressé de bœuf petits pois carottes ail des ours. Service bien cool, mais sachant conseiller le vin.

Guido de Luca 13/20

14 rue de Thann - T. 01 42 27 25 43 - Carte 56 €

Près du parc Monceau, une belle adresse italienne de quartier au cadre confortable et à la carte rassurante. On vient ici profiter autant d'un savoir-faire que d'un service sur mesure, attentif et personnalisé : vitello tonnato, calamars frits, fusilli à la norma, spaghettis vongole, polpette, escalope milanaise et carbonara de concours. Des standards totalement sous contrôle jusqu'au tiramisu «de Mario».

Miura 13/20

15 rue de l'Arc de Triomphe - T. 01 47 54 00 28 - Menu(s) 48-75 €

L'ancien Graindorge offre aujourd'hui une table qui convient bien au quartier : sagement classique d'apparence, avec quelques petits twists modernes et sans trop de risques, elle offre un bon moment bien cadré avec son menu-carte à 48 € : les ravioles de foie gras légumes printaniers et bouillon thaï bien dosé, l'agneau en trois façons artichauts pak-choï et jus tranché à l'anis, et les fraises de plein champ avec une bavaroise verveine citron vert, en évitant les suppléments qui égrainent cette formule de base. Des produits bien choisis et bien maniés par le chef Nicolas Aujay dans un cadre épuré, une cave généraliste à prix corrects.

Sormani 13/20

4 rue du Général Lanrezac - T. 01 43 80 13 91 - Carte 33 € - Menu(s) 58 €

Les habitués de toujours sortent de chez Sormani après une énième soirée comme si c'était la première. C'est la qualité majeure de cette grande et onctueuse table italienne, la référence parisienne du chic transalpin, que de laisser cette impression de fêter un événement à votre venue. Bien sûr, les habitudes bourgeoises, le cadre et l'ambiance ne donnent pas dans une modernité fougueuse, mais le soin apporté aux classiques est bien rassurant : friture de scampis chipirons et courgettes, carpaccio de bar et poutargue, piccata de veau poêlée au citron tortellini Alfredio et morilles, aux côtés d'une large carte de pastas pour apprécier les sauces (linguine aux langoustines ail et tomate, macaroni Zita effiloché d'osso buco sauce truffe...).

Les Éléphants 13/20

120 rue Legendre - T. 09 80 62 17 36 - Menu(s) 49 €

Charlotte Giraud mène la ronde des Éléphants avec fougue et personnalité. Elle traque le bon produit dans les fermes et sur les bateaux de pêche, elle déniche les bons légumes tandis que Nicolas travaille avec ses vignerons une cave épatante, branchée nature mais pas que, avec des centaines de références. Un menu unique à 49 €, bien affiché, pas caché, sans autre surprise que son bon goût et sa modération tarifaire compte tenu de la qualité servie : courgette en gaspacho jus de cresson, morue en carpaccio pickles d'asperges, agneau en cromesqui saatar et sardines espuma de kéfir, magret grillé au barbecue japonais sauce ponzu et dessert chocolat aux fleurs d'hibiscus confites. Un régal soutenu par une atmosphère naturelle, la spontanéité et la bonne humeur de la cheffe. Deux toques cette année.

L'Escient 12,5/20

28 rue Poncelet - T. 01 47 64 49 13 - Carte 12 € - Menu(s) 28-41 €

Une agréable et sûre adresse familiale dans la dynamique rue Poncelet, Pierre le chef, sa fille en cuisine, maman en salle. Un tarif cadré avec un menu à 41 € (le soir), pas de risques inconsidérés, mais une assiette qui sort proprement et donne satisfaction : après la burrata caviar d'aubergine et pesto, le filet de canette de Barbarie petit épeautre et morilles, bien cuit et bien servi, le feuilleté chantilly à la fleur d'oranger et fruits rouges pour conclure agréablement. Cave appropriée avec quelques bio.

Fanfan 12,5/20

18 rue Bayen - T. 01 53 81 79 77 - Menu(s) 39-95 €

Une table intéressante, fusion asiatique dessinée par le chef Alexis Bonnard, qui se révèle par des associations originales et maîtrisées. Pour l'initiation, on peut se contenter du menu déjeuner à 39 €, mais il vous faudra revenir pour ces assiettes bien composées, senties et abouties, qui frisent la 2e toque : thon rouge ponzu shichimi pois gourmands, langoustine céleri cerise gochugaru, magret tamarin aubergine cacao vietnamien... Bon menu en 5 séquences pour 75 €, belle carte de sakés.

Le Hide 12,5/20

10 rue du Général Lanrezac - T. 01 45 74 15 81 - Menu(s) 35-39 €

Le Hide ne se cache pas, mais fait tout pour rester discret à proximité de l'Étoile. Hide Kobayashi est un chef régulier qui apporte sa culture en respectant les standards français à travers un large menu-carte à 39 € : foie gras, escargots, turbot aubergine au miso, fricassée de rognons de veau à la moutarde et lecture personnelle de la daube de bœuf. Desserts aussi classiques (tarte tatin, millefeuille chocolat...), service courtois et appliqué.

Bassar 12/20

122 avenue de Villiers - T. 01 43 80 10 10 - Carte 79 €

Cuisine casher dans un cadre de bistrot élégant à deux pas de Maréchal-Juin. Un catalogue assez vaste à tendance méditerranéenne, avec les pizzettas, le houmous, le carpaccio de bœuf et artichaut, le tataki de thon et les grandes assiettes de salades pour faire tout le repas. Bonnes viandes dans les préparations d'aujourd'hui, épaule d'agneau confite, côte d'agneau sauce chimichurri, travers de porc caramélisé et patate douce confite. Desserts sans surprise.

Bistrot Flaubert 12/20

10 rue Gustave Flaubert - T. 01 42 67 05 81 - Menu(s) 29-59 €

Dans la galaxie Manigold, ce vrai bistrot parisien, juste à côté de Maison Rostang, le fleuron du groupe, paraît un peu atypique par sa simplicité apparente. Ici, pas de jeune loup aux dents longues qui veut montrer la gastronomie 2.0, mais des plats certes actuels et civilisés, mais aux racines traditionnelles et aux saveurs familières : tarte fine au ris d'agneau asperges vertes sauce cresson piquante, cabillaud épinards coques sauce au cidre, poulet jaune asperges et sabayon au vin jaune, le pâtissier offrant un peu plus de tournicoton avec sa mousse au Gwell caramel miso bière et glace aux trois céréales torréfiées. Le soir, la séquence complète est à 49 €.

Chez Léon 12/20

32 rue Legendre - T. 01 42 27 06 82 - Carte 47 €

Une adresse fidèle dans le quartier, qui évolue doucettement avec son époque. Ici, on chouchoute tout le monde et on installe la confiance avec de bonnes charcuteries, basques et espagnoles, l'os à moelle, les escargots, le cochon de lait, le burger au cheddar, auxquels s'ajoutent les fantaisies de l'époque, tataki de thon, burrata tomate, carpaccio de poulpe et risotto jambon cru truffe. Et surveillez les suggestions du moment, parmi lesquelles le meilleur de la place, avec dernièrement le pâté en croûte de canard pistaché et le ris de veau aux morilles et tagliatelles...

Dessirier 12/20

9 place du Maréchal Juin - T. 01 42 27 82 14 - Carte 33 € - Menu(s) 54 €

Un classique du quartier, table marine réputée pour la qualité de l'arrivage. Les bonnes manières perdurent, le poisson arrive à Paris en limousine, justifiant les tarifs, néanmoins pas exagérés, du saint-pierre meunière, du pavé de bar au jus de volaille ou du gratin de homard, sans compter les grosses pièces du jour annoncées par le maître d'hôtel. Les huîtres ont les meilleures provenances (Cadoret, David Hervé, Utah Beach, Gillardeau), les plateaux sont frais et variés, le menu du jour à 54 €.

L'Envie du Jour 12/20

106 rue Nollet - T. 01 42 26 01 02 - Menu(s) 19-46 €

Depuis La Bigarrade de Christophe Pelé, le lieu est devenu plus modeste, mais l'envie de bien faire est bien là, comme l'indique l'enseigne et la simplicité de l'ardoise mérite vraiment sa toque : velouté de petits pois crème de haddock, sériole radis daikon et sarrasin, noix de veau carotte en déclinaison abricot rôti jus corsé... On déjeune gentiment à moins de 40 € avec un bon flan à la vanille de Madagascar en dessert.

Chez Karl et Érick 12/20

20 rue de Tocqueville - T. 01 42 27 03 71 - Carte 60 €

Voilà une quinzaine d'années que la fidèle table de quartier des frangins Vandevelde mène sa toque avec gentillesse et fidélité au bout de la rue de Tocqueville, dans un coin bien tranquille. Le secret est, bien sûr, dans la régularité, l'attention à tous et pas seulement aux nombreux habitués, et à une assiette qui, sous ses habits traditionnels, sait aussi se renouveler : une bonne terrine, mais aussi l'aubergine confite au fromage blanc et asperge, les filets de rougets de Saint-Jean-de-Luz fèves et petits pois jus d'arête, les bons rognons de veau betterave crapaudine et andouille de Vire. Desserts plaisants et de saison (clafoutis aux cerises, compotée de rhubarbe fraises et glace pistache), avec des valeurs sûres et un petit choix au verre.

Petrus 12/20

12 place du Maréchal Juin - T. 01 43 80 15 95 - Carte 94 €

Grande brasserie chic posée au bord de la place, de grande et longue réputation. Du très sophistiqué avec les huîtres travaillées (mangue passion, pomme wasabi, fruits rouges pastèque...), du caviar, des rolls, des pizzas et de beaux plateaux de fruits de mer. Le service est courtois et connaît son affaire, on se partage les crevettes vapeur ou les cuisses de grenouille, un ceviche de thon mangue ail et piment d'Espelette, et l'on peut poursuivre dans la même veine avec les grosses pièces, le bar grillé sauce vierge ou le carré d'agneau jus au thym. Du style et du soin, en correspondance avec les tarifs.

La Rosa 12/20

23 rue Guillaume Tell - T. 01 42 67 12 67 - Carte 55 € ♿

Une ambition certaine pour ce restaurant italien dans un quartier qui n'en manque pas. Emiliano Marzin revendique une longue expérience chez des maîtres de la cuisine transalpine, avec une carte élégante à des prix qui restent sages. Partagez-vous les antipasti pour deux à 25 €, avant d'attaquer les linguine vongole ou les pappardelle champignons crème de truffe noire, le piccata de veau au limoncello ou le fritto misto. Petite sélection viticole.

Les Résidents 12/20

78 rue de Lévis - T. 01 43 80 40 36 - Menu(s) 29-68 €

Comme le nom le suggère, les chefs qui passent ici sont en résidence temporaire, mais ont à l'œil et en main l'idée directrice de produits bien achetés chez des artisans responsables et identifiés, fermiers, éleveurs, vignerons. Cette année, nous avons croisé Kevin Maura, passé à Cordeillan-Bages et au Saint James avec Julien Dumas, puis au 110 Taillevent. Il exerce ici sa bonne vision sur le gaspacho d'asperges blanches, la brandade de merlu et la rhubarbe pochée à l'hibiscus glace yaourt et pousse de betterave, pour une toque qui passe de mains en mains mais reste solide.

L'Entredgeu 11,5/20

83 rue Laugier - T. 01 40 54 97 24 - Menu(s) 45-60 €

Le jeu de mots était pour l'ancien patron, mais les bonnes valeurs demeurent pour cette bistronomie bien appliquée, moins sur le devant de la scène, mais efficace dans ce cadre gentillet et rassurant : chaud-froid d'escargots et pied de veau coulis florentine jus perlé, lapin aux morilles en ballottine jus corsé et asperges, timbale de queue de bœuf sauce poulette. La manière est maîtrisée, l'assiette bien dressée, sur un mode classique. Bons desserts inclus dans la formule globale à 60 €.

Le Truffaut 11,5/20

89 rue Truffaut - T. 09 87 56 67 56 - Menu(s) 20-36 € ♿

Une aimable cantine de quartier qui s'est pourvue d'un nouveau chef, venu du Japon, Tomohiro Suzuki, qui offre dans sa toute petite cambuse, pour lui et son commis au maximum, une carte du jour à l'ambition mesurée et aux petits prix idoines pour la clientèle quotidienne. Les produits sont corrects, la mise en place efficace pour l'espace, les recettes raisonnablement simples, ballottine de volaille et mayo à l'Espelette, maigre plancha un peu cuit avec une béarnaise et pak-choï, terrine de chocolat crème anglaise... Bon service cool, petite cave pas mal équipée (Graillot, Montez, Chave en vallée du Rhône, par exemple), petit choix pratique au verre.

Ballon des Ternes

11/20

103 av des Ternes - T. 01 45 74 17 98 - Carte 44 €

Dans la galaxie des brasseries parisiennes proches de la porte Maillot, un exemplaire classique qui ne change guère au fil des ans, mais représente un exemple rassurant et pratique pour le quartier et les touristes : fruits de mer et huîtres (Utah Beach, Gillardeau), os à moelle et soupe à l'oignon, canard confit, sole meunière, filet au poivre et rognons de veau moutarde, augmentés de quelques idées plus neuves et consensuelles, comme le poulpe snacké et la dorade plancha. Desserts du répertoire, service continu, cave d'appoint.

BEC

11/20

86 rue Lemercier - T. 09 86 07 39 11 - Carte 37 €

Marius et Lucien a évolué en BEC, soit «bouteille et cuisine», gardant sa petite originalité qui la distingue des bistrots communs. Sur les bases d'influences diverses, BEC ramène son grain de sel et transforme la banalité : arancini cèpes et parmesan, falafel herbes et épices yaourt grec ciboulette citron, acras de haddock fumé au piment doux mayo citron vert... Petits desserts plaisants (blanc-manger coco mangue et passion), cave bien fournie aux choix personnels, bière Deck & Donohue.

Bistro d'Italie

11/20

4 rue du Général Lanrezac - T. 01 40 55 90 00 - Carte 53 €

Sormani Junior est un bon plan italien pour le quartier de l'Étoile : on y mange confortablement et le savoir-faire issu de la maison mère y est bien présent. Simplicité du répertoire classique avec les bruschettas, antipasti, charcuterie, pizzas, linguine puttanesca, escalope de veau milanaise, autant de standards qui ne déçoivent pas, à des tarifs plus abordables. Tiramisu et panna cotta à moins de 10 €.

Brutus

11/20

99 rue des Dames - T. 09 86 53 44 00 - Carte 22 €

Le cidre, nous le professons depuis un moment, sera bientôt l'une des boissons tendance à table, à l'instar de la bière, devenant un terrain de culture avec la multiplication des producteurs fermiers. Brutus annonce déjà la couleur, «cidrologue» et «crêpophile», les deux se mariant évidemment fort bien. Des galettes très soignées dans leur garniture, sarrasin ou froment, aux noms plaisamment nostalgiques («Martine», «Nicole», «Éliane»...) et, pour accompagner, cidre au houblon, brut bio et pichet de 50 à 9 €.

Le Café d'Angel

11/20

16 rue Brey - T. 01 47 54 03 33 - Menu(s) 39 €

Discret et presque anodin, ce simple bistrot a pourtant trouvé sa voie et son public en signant chaque jour sur l'ardoise un convaincant menu à 39 € en séquence complète. La cuisine y est nette, s'appuyant sur des idées familières bien traduites : gaspacho de petits pois, croustillant de boudin noir, daurade royale sauce vierge, semoule au lait fraise et citron vert, dans un intérieur sage et soigné de café de quartier.

Chez Georges 11/20

273 boulevard Pereire - T. 01 45 74 31 00 - Carte 66 €

La brasserie parisienne typique et bientôt centenaire, qui tient son rang près de la porte Maillot, de grande capacité, son offre large permet de contenter tout le monde : terrine, sardines, saumon mariné à l'aneth avant un choix de viandes, dont le bon gigot d'agneau fermier aux flageolets, la tête de veau, l'andouillette 5A et les rognons en spécialité. Service jusqu'à 15h le midi, 23h le soir. Grande carte des vins classique.

Comme chez Maman 11/20

5 rue des Moines - T. 01 42 28 89 53 - Menu(s) 25-75 €

L'enseigne tire un peu par la manche, mais Wim Van Gorp et ses équipes ne racontent pas de salades : les produits sont frais, bien choisis, de l'arrivage ou de l'élevage. Suivez notamment les suggestions du jour, le «brûle-mains» de moules et couteaux, le filet de bar et vinaigrette à la menthe, aux côtés des plats signature le sashimi de lieu jaune ikejime ou la salade de crabe, les rognons de veau au miso et gingembre ou la joue de cochon braisée et poitrine croustillante. Bon service, sélection viticole bien affinée.

Écume 11/20

78 rue de Lévis - T. 06 80 44 83 13 - Carte 37 €

Cousin et voisin des Résidents, ce comptoir marin reprend la même philosophie, être au plus près d'artisans «soucieux des modes de pêche ou d'élevage». Poissons de petits bateaux, pisciculture vertueuse, poissons d'eau douce par des spécialistes comme Éric Jacquier, voilà qui alimente une carte où le produit est roi : huîtres, bulots ravigote aux câpres de Pantelleria, gravlax de truite, poulpe plancha crème de pois chiche padron et sésame... Et les vignerons suivent le même mouvement, de Pithon à Landron, de Bobinet à Pelletier.

Janna 11/20

13 rue Denis Poisson - T. 01 44 09 03 30 - Menu(s) 50-87 €

Un traiteur-restaurant libanais de bon niveau, agréable pour une dînette levantine sur place, pratique pour les préparations à emporter, permettant ainsi une farandole de mezzés à la maison. Grandes assiettes dégustation, chich taouk, chawarma, kafta, lahm méchoui... tous les classiques bien faits (houmous, labneh, moutabal, falafel, taboulé...), des grillades et des assortiments de toutes tailles (les mezzés Janna à 10 plats pour deux personnes font une bonne initiation pour 50 €).

Mamma Primi 11/20

18 rue Boursault - T. 01 47 42 33 31 - Carte 38 €

Succès constant et indiscutable pour la bande de Big Mamma, qui a essaimé à Paris et dans toute la France. La réussite d'un concept (très bons produits italiens sourcés en direct, savoir-faire pro et authentique), mais surtout d'un emplacement comme celui-ci, au cœur des Batignolles, et d'un décor vraiment avenant. Le programme est le même partout, des antipasti, des bonnes pizzas, surtout avec une garniture de qualité, et de très bonnes pâtes.

Les Messugues 11/20

8 rue Léon Jost - T. 01 47 63 26 65 - Menu(s) 34 €

Une gentille table modeste et avenante dans ses tons doux amande crème pour goûter une cuisine tranquillement traditionnelle, familière mais pas démodée, rassemblée dans un menu à 34 € qui vaut sa toque : carpaccio d'échine de cochon confit sauce vierge, sardines en escabèche et asperges vertes bio, émincé de veau à la moutarde truffée tarte légumes et champignons. Baba au rhum ou café gourmand, petite sélection au verre.

Le P'Tit Musset 11/20

132 rue Cardinet - T. 01 42 27 36 78 - Carte 45 € - Menu(s) 38 €

Un bistrot parisien bien pratique, qui ne change pas son positionnement, faisant vivre une tradition actualisée à travers un menu-carte toujours alléchant et bien traduit pour 38 € : rémoulade de céleri émietté de crabe et golden, risotto de riz vénéré aux langoustines, cocotte de veau jus réduit et légumes verts et correct moelleux au chocolat en dessert. Pour aller vite, une carte snacking bistrot, planche, tartare et burger, sélection viticole personnelle et intéressante avec un petit choix au verre.

Pêche 11/20

127 rue Cardinet - T. 01 42 27 83 93 - Menu(s) 27 €

Une bonne surprise que ce bistrot à vin et à vent marin venu remplacer le Bouchon et l'Assiette que nous aimions bien. L'ardoise est simple et moderne, le menu déjeuner à 27 € est bien incitatif et servi avec le sourire : saumon Label rouge mi-cuit piperade au piment d'Espelette bio, dorade royale crémeux de lentilles corail au gingembre et blettes multicolores, panna cotta framboise : l'affaire est rondement menée et remporte une 1re toque. Le soir, un choix plus élaboré et intéressant (poulpe snacké, bar de ligne fenouil gel bergamote...).

Petit Champerret 11/20

30 rue Vernier - T. 01 43 80 01 39 - Carte 14 €

Une enseigne bien planquée que tout le quartier connaît. Les tarifs restent modérés en toute saison, l'accueil est engageant, l'assiette ne souffre d'aucun défaut majeur, dans une ambiance de bistrot des familles. Sur l'ardoise, la main a tracé le bon programme : œuf mayo céleri rémoulade, filets de hareng pommes à l'huile, tartare grenailles, profiteroles et crème brûlée. On mange pour 40 € et le verre de brouilly à 6 € passe tout seul.

Les Poulettes Batignolles 11/20

10 rue de Chéroy - T. 01 42 93 10 11 - Carte 67 €

C'est du sérieux, mes poulettes ! Après un apéro à Poussin, juste à côté, on monte en taille adulte avec cette table de la dernière tendance, vissée à 2 toques depuis un bail et qui tient bien la basse-cour en appétit. Avec une carte qui prend l'air du temps et se nourrit de bonnes graines, les couteaux et poulpe à la plancha, le ceviche de crevettes et asperges blanches, la poulette de Racan, bien sûr, avec ses gnocchis, asperges et sauce morilles. Les assiettes font envie, rien n'est banal et, néanmoins, les saveurs sont justes et familières. Du bon travail jusqu'au riz au lait praliné ou le «Barcelona cheesecake».

Roca

11/20

31 rue Guillaume Tell - T. 01 47 64 86 04 - Menu(s) 23-39 €

Une consonance italienne, quelques accents méditerranéens, mais dans l'ensemble plutôt une table simplement d'aujourd'hui, aux parfums variés et aux produits nobles bien utilisés : saint-jacques petits pois haricots verts asperges et ail des ours, ris de veau champignons pomme de terre en mousseline, faux-filet carottes frites jus à la moutarde violette. Desserts classiques, séquence complète en menu-carte à 39 €.

La Table du Caviste Bio

11/20

55 rue de Prony - T. 01 82 10 37 02 - Carte 57 €

Cette maison à l'enseigne un peu sibylline continue sa route dans la discrétion. Si la cave, finalement, n'est pas le plus grand atout, la cuisine de la cheffe Junko Kawasaki reste intéressante, variée et correctement réalisée, en s'appuyant sur sa double culture : escalope de foie gras chaud bouillon de canard au gingembre, bar bio grillé sauce ponzu, travers de porc façon BBQ riz 7 céréales et salade... Wagyu japonais de Kagoshima à 65 € les 130 g, desserts classiques que l'on peut aisément remplacer par l'assiette de fromages.

Wim à Table

11/20

45 rue des Moines - T. 01 42 29 10 41 - Carte 15 € - Menu(s) 24-34 €

Premier établissement de Wim Van Gorp (également à Comme chez Maman), une table animée avec sa terrasse prise d'assaut aux beaux jours. Comme à son habitude, le chef rend intéressantes des propositions banales par quelques petits twists dont il a le secret : les frites de pois chiches sauce anchois, les champignons et les padrones frits, les croquettes de jambon condiment poivron grillé et ananas, et les pitas savamment constitués de bons ingrédients, comme la chicken salad aubergine marzano basilic. Le soir, la carte s'étoffe, dans les mêmes idées, avec davantage de produits (couteaux plancha, boudin noir tomates cerises et fruits rouges, palette de cochon grillée wasabi salade libanaise...).

PARIS 18 — 75018

L'Arcane

15/20

CHEF : LAURENT MAGNIN

52 rue Lamarck - T. 01 46 06 86 00 - Menu(s) 65-175 €

Créateur d'ambiance, Laurent Magnin offre dans ce coin de Montmartre un authentique moment de plaisir et d'élégance. En salle, dans cet esprit contemporain et épuré, ou sur la terrasse, à l'abri du soleil et protégé par les arbres, on savoure une forme de simplicité, incarnée dans l'assiette par des compositions qui semblent à la fois évidentes et d'une réalisation exemplaire. Ce naturel touche aussi au service et aux accords mets-vins. Le menu du déjeuner à 65 € indique une première mélodie, beaucoup de terroir et de variations, du melon de Lansac en texture et un effiloché de tourteau anisé, crème de Bresse à la livèche, une relecture brillante de la paella, avec la fregola sarda, la langoustine et le coquelet, mijotée de févettes, tomates confites et lard de Colonnata, une vivifiante dentelle croustillante d'abricot et fruits de la passion, amandes fraîches et bourgeons de lavande. On ne manquera pas d'écouter avec attention les conseils captivants du sommelier Arnaud Fatôme. Les menus suivants sont à 95 et 175 €.

Chantoiseau 13/20

63 rue Lepic - T. 01 42 51 39 95 - Carte 59 € - Menu(s) 23 €

Au virage de la rue Lepic, cette charmante adresse tient sa place, avec sa jolie terrasse fleurie, son intérieur minimaliste où seules les tables en bois font office de décoration. Les assiettes défendent une bistronomie de bon niveau, avec des recettes renouvelées, comme un poulpe grillé, piperade de tomates et lardo, une sole meunière, artichaut au basilic, salicornes et noisettes, ou encore une côte de cochon, aubergine et padrón à la flamme. Cave tournée vers les vins naturels.

Le Coq & Fils 13/20

98 rue Lepic - T. 01 42 59 82 89 - Carte 80 €

La volaille en majesté, et pas n'importe quelle volaille ! Uniquement bien élevée et de haute lignée. L'identité des éleveurs est d'ailleurs précisée. Traçabilité exemplaire ! Dans ce quartier fort touristique, Antoine Westermann a visé juste. Le lieu est joliment aménagé et la convivialité est de mise. Au comptoir, devant la rôtissoire (les volailles sont préalablement lentement pochées), assis à une table «traditionnelle» ou partageant la table d'hôtes, vous retrouverez le goût des plaisirs simples. Le «coucou de Rennes», la volaille de Bresse, le «cou nu du Forez» sont de très bonne compagnie, d'autant que les frites maison, le gratin de macaroni ou la fricassée de légumes de saison participent également à la fête. Plus sophistiquée, la caille (du Grand Pré) braisée, flanquée de schniederspaetle (clin d'œil alsacien) aux oignons confits et vinaigre de miel ne manque pas de panache. Rien n'interdit de picorer préalablement des œufs à la ventrèche de thon, du céleri rémoulade ou «tout bêtement» un œuf au plat. Séquence régressive à l'heure du dessert où sont convoquées mousse au chocolat, pêche Melba et autres îles flottantes. Avec un sancerre rouge du Domaine Prieur ou un côtes-du-rhône du Domaine Gramenon, le bonheur sera complet. Service souriant et tonique.

Polissons 13/20

35 rue Ramey - T. 06 46 63 57 50 - Carte 13 € - Menu(s) 65 €

Cette table branchée et amicale du côté de la place Jean-Gabin coche toutes les cases pour s'imposer comme une cantine parisienne haut de gamme. Une fausse rusticité accueille le client, avec son parquet dépoli et son petit mobilier années 1950. C'est en réalité une décoration étudiée et sobre qui s'inscrit dans un minimalisme qui épouse bien l'air du temps. Les assiettes font la démonstration d'un vrai chef en cuisine, avec des idées slash bien exécutées. Le menu à 65 € en 6 temps est d'un excellent rapport qualité-prix, pour un carpaccio de daurade, amande et raifort, une tourte de ratatouille, pesto basilic et jus, une truite de mer rôtie et crue, raviole de ricotta et sauce vin blanc, une joue de bœuf braisée et aubergine croustillante, un triptyque citron ou un millefeuille abricot. La cave compile les nouveaux grands noms de la vigne : Fanny Sabre, Sylvain Pataille, Olivier Jeantet...

Vava 13/20

42 rue Véron - T. 01 53 41 15 40 - Carte 52 €

Dans un coin discret et chaleureux de Montmartre, on retrouve Benjamin Mathieu (Alain Ducasse et Éric Frechon) et Hadrien Lorotte de Banes (Gare au Gorille, Le Sergent Recruteur) pour une cuisine méditerranéenne actuelle et esthétique. L'endroit est à la mode, des pierres brutes et des matières nobles, un côté nature rafraîchissant, une ambiance complice. La carte parcourt les côtes, de l'Espagne à la Provence : couteaux, chorizo et citron confit, gaspacho de concombre, burratina et citronnelle, bar, chou-fleur, pêche et sauce au thym, souris d'agneau à l'ail et au persil, pêche blanche et crème verveine. Cave de bonne sélection.

A.Léa 12/20

39 rue Lamarck - T. 01 81 69 96 93 - Carte 47€ - Menu(s) 20-24€

C'est l'une des jolies nouvelles petites adresses sur les contreforts de la butte Montmartre... La façade est passe-partout et l'aménagement intérieur (contemporain) d'une sobriété nullement dérangeante. Si le lieu n'est pas immense, le grand miroir mural donne néanmoins une impression d'espace. C'est la première affaire de Léa et William. Lui, cuisinier expérimenté, est désormais passé en salle, même si on devine qu'il a toujours un œil en cuisine. Léa a suivi un chemin moins direct. Des études à des années-lumière des fourneaux, puis le désir irrépressible d'une nouvelle orientation, qui va la conduire à se former dans de bonnes maisons. Pari gagnant ! Elle n'est pas du genre à somnoler. Il faut que ça bouge, que ça vive ! Résultat, une cuisine de marché à des prix bien ajustés qui donne vraiment envie. C'est frais et franc du collier, à l'instar de ces langoustines rôties posées sur des médaillons de pommes de terre soulignées d'une onctueuse bisque safranée ou encore de ce filet de bar, asperges blanches rôties au beurre d'algues plaisamment nappées d'une sauce hollandaise. La note finale tout en simplicité se veut légère sous forme de rhubarbe confite au sirop, fromage blanc à la violette et crumble. On sort de table de fort belle humeur, d'autant que la courte carte des vins témoigne d'une judicieuse sélection : vin de Savoie du Domaine Quenard, vouvray de Jacky Blot, languedoc du Domaine Orliac, viognier de l'Ardèche du Domaine du Grangeon.

Le Bistrot du Maquis 12/20

69 rue Caulaincourt - T. 01 46 06 06 64 - Carte 13€ - Menu(s) 40€

Après une longue carrière auprès des grandes tables (Le Taillevent, Ledoyen, La Tour d'Argent...), André Le Letty a posé ses bagages dans ce coin de la rue Caulaincourt et propose une cuisine française traditionnelle. Fort d'une expérience et d'un savoir-faire éprouvé, le chef entretient un répertoire de circonstance : terrine de campagne, ballottine de foie gras, dos de cabillaud et crème d'ail nouveau, fricassée de veau aux cèpes, canard au sang en 2 services sur commande, quenelle de chocolat et coulis de fruits rouges.

Café de Luce 12/20

2 rue des Trois Frères - T. 01 42 58 00 44 - Carte 38€ - Menu(s) 24-28€

Dans la lignée des célèbres cafés-bistrots parisiens, l'établissement avec terrasse d'Amandine Chaignot fait vivre une tradition locale emblématique. Les touristes comme les autochtones pourront ainsi s'installer dès 10h, et jusqu'à minuit, pour profiter d'un café et de quelques viennoiseries ou d'une assiette classique bien composée : œuf mayo, cassolette d'escargots, cuisses de grenouilles en persillade, filet de bar et haricots verts, onglet de veau, béarnaise et frites, une fraise melba. Service efficace.

Padam Padam 12/20

29 rue Véron - T. 09 82 28 05 89 - Carte 25€ - Menu(s) 29€

Cette table féminine installée dans une rue discrète de Pigalle est une jolie surprise. C'est une cantine urbaine et branchée, avec sa décoration rétro d'inspiration Art déco et ses petites assiettes façon tapas. Que ce soit pour un déjeuner sur le pouce ou pour l'apéro, et plus encore, les idées sont dans l'air du temps, une terrine de cochon aux morilles et foie gras, un tartare de thon et gaspacho de melon jaune et tomate verte, espuma de burrata à l'huile d'olive, œuf de caille mollet, poutargue de mulet, tomate ancienne et salade de crevettes roses, ou un croustillant d'épaule de cochon en 6 heures, patates douces confites. Service aimable. Le brunch à 29 € est une bonne façon de démarrer le dimanche.

Bombarde 11,5/20

33 rue Lamarck - T. 01 71 37 99 95 - Menu(s) 18 €

À deux pas de la butte Montmartre, on retrouve Henri et Romain. Ils tiennent ensemble cette table à la façade saumon, où le chef Roland Theimer élabore une cuisine méditerranéenne. Le ton est branché, avec une déco très parisienne, faite de meubles dépareillés dans une harmonie de couleurs chaudes et estompées. La carte, de saison, propose mezzés et assiettes de grillades, un tzatziki traditionnel, des coques aux asperges et paprika, un poulpe grillé, un souvlaki de cochon au romarin, citron et oignons. Service efficace.

Chez Ginette 11,5/20

101 rue Caulaincourt - T. 09 67 36 22 27 - Carte 41 € - Menu(s) 15,90 €

Adresse mythique de Montmartre, cette table au décor de carte postale est un rendez-vous emblématique, avec sa terrasse en vue plongeante vers la rue Marcadet et son intérieur réactualisé d'inspiration entre-deux-guerres. L'endroit est parfait pour s'offrir un cocktail dans une atmosphère typique. Les assiettes sont dans la bonne mode : carpaccio de poulpe, œuf bio mimosa, filet de bar sauce vierge, ballotine de poulet, jus réduit, champignons de Paris et purée maison.

Boulom 11/20

181 rue Ordoner - T. 01 46 06 64 20 - Menu(s) 32-49 €

Le concept de Julien Duboué est pour le moins étonnant puisqu'il réunit dans un seul espace une boulangerie et un buffet à volonté. L'adresse a pourtant rencontré son public, qui vient autant se fournir pour le petit déjeuner, avec des viennoiseries de bon niveau et un pain au blé ancien qui vaut le détour, que pour profiter des largesses du buffet, en froid ou en chaud, où l'on retrouve classiques et revisites. Les prix sont justes, avec un tarif à 32 € au déjeuner et 45 € au dîner. Le brunch est à 49 €.

Etsi 11/20

23-25 rue Eugène Carrière - T. 01 71 50 00 80 - Carte 36 €

La délicieuse cantine grecque de Mikaela Larioutsos a le vent en poupe et s'est désormais dotée d'une petite sœur, l'Ouzeri, rue du Ruisseau. Dans ce décor simple, joli et coloré de «taberna», tout est frais, avec du goût, les sardines marinées, les salades, les keftedes, pour un grignotage dépaysant, comme sur une plage de Skopelos ou dans un village au pied du Troodos. Accueil plein de gentillesse et de naturel.

Roberta 11/20

5 rue la Vieuville - T. 01 42 59 33 32 - Carte 34 €

Trattoria incontournable des Abbesses, la table de Roberta et Michele est le temple des pâtes fraîches à Montmartre. L'endroit, un ancien atelier, a conservé ce charme rétro et lumineux, bien complété par un mobilier fifties aux lignes fines et référencées. Les assiettes sont aussi belles que bonnes, des antipasti de compétition et des pâtes d'anthologie, au pesto, à la bolognaise, aux gambas et aux courgettes. Pour terminer, des desserts italiens exemplaires, qui concluent la balade de l'autre côté des Alpes.

Sens Uniques 11/20

44 rue Damrémont - T. 01 42 23 04 63 - Carte 36 € - Menu(s) 16-35 €

On se sent un peu comme à la maison dans cette décoration chaleureuse et sans prétention, où les couleurs se mêlent joyeusement, meubles dépareillés et photos encadrées. Le chef Damien Dussac défend des plats d'un plaisir coupable, d'une réalisation honorable et d'un dressage travaillé, à l'image de la mozzarella croustillante et sauce BBQ, de l'œuf parfait crème et pointes d'asperges vertes, du bœuf bourguignon et minilégumes, du fish and chips, des orecchiette aux morilles, un original tartare d'asperges blanches et fraises parfumées à la bergamote. Cave assez bien pourvue avec une bonne centaine de références sur toute la France.

Tentazioni 11/20

26 rue Tholozé - T. 01 53 28 45 20 - Carte 28 €

À l'angle de la rue Lepic, la famille Leopardi tient l'un de ses quatre établissements, une trattoria sicilienne à l'apparence bucolique et engageante, des plantes suspendues aux fenêtres, un jaune ensoleillé et un bleu de Méditerranée. On s'y sent presque les pieds dans l'eau, et la maison exprime son terroir. Pour une soirée romantique, des beignets de fleur de courgette, une bruschetta à la truffe, des linguine alle vongole, de vraies lasagnes et des vins régionaux bien choisis.

La Traversée 11/20

2 rue Ramey - T. 09 54 86 79 95 - Menu(s) 22 €

Cantine urbaine du côté de Château-Rouge, ce repaire d'amis est tout aussi bien pour un plat sur le pouce que pour un vrai dîner, à partager ou non. L'endroit est dans la bonne mode, un style bistrot d'antan épuré, tandis que l'ardoise aligne des classiques revisités. Les assiettes sont bien dressées, des éperlans frits et mayonnaise chipotle, des moules de bouchot et coques sauvages, nduja et fenouil, une salade de poulpe, une ganache au chocolat noir, huile d'olive, crumble cacao et fleur de sel. Cave bio et nature.

PARIS 19 75019

Tintamarre 11,5/20

80 avenue Jean Jaurès - T. 01 44 52 01 63 - Menu(s) 19-22 €

Le joyeux Tintamarre nous donne le son et les couleurs du Levant dans une simplicité populaire, à l'image du quartier où les fast-foods dominent. Le service donne aussi le bon ton, sans façon, pour une cuisine plaisante et bien faite : labneh, halloumi, houmous parmi les mezzés d'entrée, fatteh végétarien plein de saveurs mêlées, riz chocolat au lait sans grande surprise. Vins de France, du Liban, de Malte...

PARIS 20 75020

Sadarnac 13/20

17 rue Saint-Blaise - T. 01 72 60 72 06 - Menu(s) 35-76 €

Lise Deveix, qui fut lauréate de la Dotation Gault&Millau, n'a pas la tâche facile dans ce coin où la concurrence est faible, mais où il n'est justement pas si facile d'élever le niveau. Les expériences de cette année nous ont semblé un peu plafonner, même si le talent de la cheffe n'est pas en cause, utilisant au mieux ce lieu sur voie piétonne pavée, au décor gai de cette petite salle carrée avec vue sur la cuisine. Des tarifs corrects avec des menus bien étagés pour une séquence attirée par le végétal, pastilla de carotte, mousse et dés de carottes entre des feuilles de filo et une quenelle d'harissa maison, lieu jaune et topinambour cacahuètes grillées émulsion topinambour, ravioles de volaille des Landes (un peu sèches) mariées avec des blettes, avant une tarte citron bien légère et agréable. Service en toute simplicité et carte des vins bio avec des vignerons que l'on aime bien.

Caché 12,5/20

13 Villa Riberolle - T. 01 71 39 54 51 - Carte 12 €

La mer est cachée au fond d'une petite allée, mais la dénicher est un plaisir. Dans ce décor marine aux murs en briquette rouge, l'atmosphère est intime et plutôt chaleureuse, et la cuisine tient ses promesses : tarama, carpaccio de sériole, tataki de thon rouge, tomates marinées anchois fumé olives de Kalamata, pour un assortiment de saveurs sur de bons produits, aux accompagnements plus basiques. Agréable figue givrée en dessert, carte de vins voguant sur toute la Méditerranée, service agréable et détendu.

Dilia 12/20

1 rue d'Eupatoria - T. 09 53 56 24 14 - Menu(s) 28 €

Ce fut naguère une adresse où le Tout-Paris convergeait - Roseval, avec Simone Tondo. Aujourd'hui, Dilia reste ouvert sur le monde, avec des influences italiennes, nordiques et françaises dans un cadre un brin montagnard. La cuisine est assez simple, aux présentations sans effets de manche, mais le contenu se tient bien, les raviolis d'encornets et soupe de légumineuses, l'échine de cochon, topinambour, pesto de grains et arroche, avant un dessert original et parfumé, figues, amandes, câpres confits, glace au yaourt et dacquoise origan. Bon menu déjeuner à 28 €. Vins principalement italiens, mais aussi français, allemands, maltais...

Becquetance 11,5/20

67 rue de Ménilmontant - T. 01 40 30 22 97

Une simple et moderne bistronomie, comme il y en a des dizaines à Paris, mais finalement peu dans l'arrondissement. Déco nature boisée, ambiance cosy et des idées en vogue dans l'assiette : huître sauce Tosazu sarrasin shiso chou-rave, crudo de dorade grise, fenouil, pêche, tomate cerise, caramel soja et shiso, sur un poisson d'une grande fraîcheur, à la texture veloutée grâce au caramel de soja, profiteroles vanille-tonka, sauce chocolat, sarrasin assez basique. Cave de propriétaires, orientée nature. Service agréable, à renforcer.

Fripon 11/20

108 rue de Ménilmontant - T. 09 81 89 27 40 - Menu(s) 25-41 €

Il faut grimper la rue de Ménilmontant - tout se mérite - pour accéder à la nouvelle table en vue de Pauline Séné («Top Chef» 2021, ex-Cobéa). Les codes parisiens sont bien observés, dans l'accueil, le service et les ingrédients utiles d'une bistronomie d'aujourd'hui. Après la salade courgette tomate ricotta menthe qui aurait mérité un assaisonnement, le maquereau sucrine purée de cresson est agréable et frise les 2 toques, avant le rumsteak à la cuisson poussée et une gremolata, la rhubarbe confite fontainebleau granola concluant par un dessert dans la bonne tendance, pour un menu à 41 € sans choix mais équilibré, la cheffe paraissant se réserver le soir pour de plus ambitieuses réalisations à la carte.

Kalank 11/20

52 boulevard de Charonne - T. 01 43 73 60 96 - Carte 46 € - Menu(s) 17-35 €

Pas si évident de l'imaginer depuis le boulevard... L'intérieur de cette brasserie d'aspect anodin se transforme en paillote des calanques, avec les abat-jour en paille et les petits carreaux bleus, promesse tenue ! Le propos est modeste, les bulots en ceviche et aïoli pas vraiment légers, le lieu noir moules et pistou bien cuit et agréable, le crumble romarin et glace huile d'olive plaisant et équilibré. Carte des vins minimaliste, service souriant et prévenant, les prolongations avec l'épicerie de produits provençaux.

PAU 64000

Maynats 15/20

CHEF : GAUTIER ALVAREZ

3 rue du Hédas - T. 05 59 27 68 65 - Menu(s) 48 €

Ce qui fut naguère Canaille est aujourd'hui tout simplement la table la plus en vue de la ville : Gauthier Alvarez et Jonathan Vallenari ont réussi leur entrée dans cette charmante rue du Hédas, grâce à la Dotation Gault&Millau, il y a trois ans, mais surtout grâce à leur talent et à leur complémentarité. Ils imaginent à quatre mains des séquences délicieuses, twistent les produits avec finesse et imagination, et sur la partie sucrée, Jonathan, le pâtissier, est en parfaite harmonie. On peut ainsi démarrer sur le homard rhubarbe, fève, verveine, poursuivre avec le merlu de ligne, impeccablement cuit, navet citronnelle riz noir, le bœuf qui matche bien avec le trio petits pois fraise tagète, et humer les vapeurs tourbées du whisky sur le chocolat café dulcey. Un beau programme pour 48 €, le dynamisme en salle de Florian et Clara, qui choisit les vins toujours judicieusement dans une cave éclectique, de l'irouléguy au condrieu de Cuilleron, du madiran d'Aydie à l'excellent pic-saint-loup du Mas Bruguière.

Villa Navarre 13/20

59 avenue Trespoey - T. 05 59 14 65 65 - Carte 12 € - Menu(s) 39 €

Une gastronomie régionale, généreuse et bien faite, dans un cadre chic, une chance pour les Palois bons mangeurs. Dans cette belle villa au grand parc en pleine ville, avec ses vastes pierres aux hauts plafonds et parquet au sol, aux fenêtres ouvrant sur les Pyrénées, l'ambiance est à un brin de solennité et à la précision dans le service, qui prend le temps de soigner le client. L'assiette est travaillée, sur des bases plutôt classiques : œuf mollet du jour au piment béarnais, mayonnaise à la ciboulette, tuile de pain au maïs et petit pois serpette crus, artichauts de Meillon à la grecque, fèves à la marjolaine, filet de truite d'Aquitaine fumée, beurre au citron jaune, bons filets de rougets, oignons nouveaux, carottes au miel de thym d'Hossegor, à la cuisson maîtrisée, plaisant pastis d'Amélie, fraises mijotées, note de cardamome, glace vanille. Cave généraliste assez vaste.

Détours 12/20

14 rue Latapie - T. 05 24 36 53 02 - Menu(s) 17-42 €

C'est un peu le renouveau palois qui est incarné par Jean-Pascal Moncassin dans ce repaire tranquille et sobre. Dans le cadre comme dans la cuisine, bien travaillée dans un imbattable menu déjeuner à 20 €, mais aussi dans les idées du moment, bien variées, du menu de soirée à 38 € : eau douce et océan avec la truite de mer associée au poulpe crémeux de courgette et chou chinois, duo de cochon échine confite et filet mignon en basse température, soupe de fraise et sorbet fraise maison mousse mascarpone ganache chocolat Saint-Domingue. Service agréable, un point de plus cette année.

M Restaurant 12/20

9 place Royale - T. 05 59 27 56 83 - Carte 46 € - Menu(s) 17-39 €

Le Majestic est toujours en évolution, cherchant la meilleure combinaison pour allier efficacité et confort des convives. Dans une certaine simplicité, la carte s'adapte aux besoins, directe et franche, proche d'un classique actuel : millefeuille de truite en trois façons kumquats confits greuil citronné, médaillon de merlu riz vénéré écume au lait de coco, charlotte aux fraises chocolat blanc, pour un menu-carte à 39 € digne d'un restaurant d'hôtel de bon niveau, au service impeccable. Au déjeuner, un bon menu du marché à 20 €.

L'Ardoise 11/20

3 rue Viard - T. 09 83 22 30 34 - Carte 9 € - Menu(s) 18-29,50 €

Le quartier est calme, mais L'Ardoise est pleine d'énergie, avec Julie Dorgagnon et Xavier Larranaga qui prônent le produit régional (la pêche de Saint-Jean-de-Luz, les légumes d'ici) et proposent du fait maison de qualité, avec un menu à moins de 30 € toujours bien ficelé et une carte intéressante : carpaccio de lotte au sel noir d'Hawaï, pigeonneau et asperges blanches, brownie chocolat noisette, dans une réalisation qui confirme la toque.

Mr & Mrs M 11/20

30 rue Pasteur - T. 05 59 27 62 60 - Carte 39 €

Dans le cadre de l'ancienne table de Marc Destrade, Cyrille et Emily Mollé ont aménagé l'intérieur de cette belle demeure XVIIe avec beaucoup de charme, conservant le cachet dans un esprit contemporain. La cuisine de Cyrille est à cette image, bien actuelle sur des fondements solides, une bonne technique et des saveurs familières boostées par quelques idées exotiques en sucré-salé : tartare au couteau nem vegan frit sauce aigre-douce, filet de raie plancha sabayon crème passion, punta de lomo de cochon Duroc laquée crémeux de topinambour... Desserts de même esprit, cave régionale correctement pourvue, avec aussi des bières locales.

Les Papilles Insolites 11/20

5 rue Alexandre Taylor - T. 05 59 71 43 79 - Carte 20 €

Un gentil bistrot cave dans une rue calme proche du centre. Le vin nature est bien choisi et l'ardoise du moment toujours intéressante, axée sur le marché de saison : asperges vertes œuf mollet et greuil crumble marjolaine, pastilla de bœuf confit caviar de courgette pulpe de datte acidulée, jarret de veau façon osso buco petits pois mentholés, financier amande curry fraises au thym citron. De la cuisine à tarifs justes (autour de 40 € en séquence complète).

Resto Dit Vin 11/20

8 rue de Foix - T. 05 59 60 00 14 - Carte 79 €

Dans la commerçante rue de Foix, un vrai bistrot d'aujourd'hui, franc et actif, où l'ardoise du moment fait toujours plaisir avec des saveurs familières, mais une recherche certaine dans la composition et la finition : croustillants de pied de cochon sauce gribiche, pavé de maigre beurre blanc légumes de saison, pavé de veau purée maison jus au thym... Bons fromages et plaisant dessert fraise avec une crème diplomate à la vanille et un coulis au jurançon.

PENMARCH 29760

Haut-Linage 13/20

Place du Maréchal Davout - T. 02 98 90 77 38 - Carte 56 € - Menu(s) 36-51 €

Dans le mille une nouvelle fois ! La Dotation Gault&Millau dont ont bénéficié Corentin Ogor et Klervi Tanniou a ainsi judicieusement accompagné l'installation de ce jeune couple attachant. Sud-Finistériens pur beurre, ils ont bourlingué quelques années en France et à l'étranger, en solo puis en duo, avant de s'amarrer au pied du phare d'Eckmühl, dans une petite maison blanche toute discrète. L'esbroufe n'y est pas de mise. La sincérité et la gentillesse, si ! La salle intimiste et chaleureuse à la déco contemporaine, en blanc, gris et or, est touchante de simplicité. C'est le domaine de Klervi, souriante et naturelle. Elle y apporte, avec la jeune serveuse, chaleur et joie de vivre. Le réconfort également lorsque la météo est (exceptionnellement !) pluvieuse et tempétueuse. La cuisine de Corentin, délicate et précise, est largement marine. L'approvisionnement local est majoritairement privilégié. Les asperges blanches de la Torche (Plomeur) sont mises en lumière par un accompagnement de parmesan, pata negra et curry breton. Quant aux petites saint-jacques snackées, l'effet iodé est accentué par une sauce courte au fumet «marin» et quelques délicieuses palourdes. On y ajoute des gnocchis à la consistance parfaite, quelques légumes de saison et herbes fraîches. Le dessert sous forme de sablé, pamplemousse, combawa, sorbet orange sanguine est une excellente composition. L'acidité des agrumes contraste plaisamment avec une crème très onctueuse et le délicat croustillant d'une meringue. En cave, une trentaine de références : cheverny du Domaine des Huards (34 €), collioure du Domaine de la Rectorie (34 €), alsace du Domaine Schlumberger... Quelques vins bio.

PENTA DI CASINCA 20213

I Fuletti 13,5/20

Folelli - Route de la mer - T. 04 95 34 06 67 - Carte 13 €

Alessandro Capone, notre Jeune Talent 2019, déborde d'une énergie qui semble inépuisable. Non content d'aller toujours plus loin dans la démarche locavore, allant jusqu'à préparer sa burrata à partir du lait des vaches d'une éleveuse locale, Manuelle Defendini (qui s'est récemment installée dans une commune voisine), le chef s'est lancé, avec toute son équipe, dans la fabrication de glaces. Ces dernières sont bien entendu proposées au restaurant, mais se retrouvent également sur les tables de certains de ses confrères. La partie salée demeure aussi enthousiasmante, entre plats à partager sans manières et assiettes plus élaborées. Le service est au top et la cave rassemble quelques-unes des meilleures références de l'île.

PÉRIGUEUX 24000

L'Essentiel 15/20

CHEF : ERIC VIDAL

8 rue de la Clarté - T. 05 53 35 15 15 - Menu(s) 38-91 €

Une jolie maison familiale et une cuisine gastronomique très fine qui tournent autour de quatre adjectifs : classique et moderne, vive et colorée. Les deux salles à manger et la cour, ouverte aux beaux jours, sont en effet agencées et décorées de manière très classique, mais égayées de couleurs modernes et vives dont un bel orange façon seventies, qui s'invite de-ci de-là. Tandis que son épouse Magali sourit efficacement en salle, le chef Éric Vidal œuvre avec doigté en coulisses pour magnifier des produits de saison, issus du terroir périgourdin comme la truffe, bien sûr, ou de la mer et de plus loin, les tropiques s'invitant notamment dans les desserts. Le «Menu Gourmand», une aubaine à 72 € pour 4 plats aussi fins, offre par exemple ces huîtres spéciales en fine gelée de légumes sur un crémeux de tourteaux, avec leur tartare de langoustine et une sauce au lait de coco, le bar de ligne snacké sur la plancha avec son embeurrée de chou frisé à la châtaigne et lard de Colonnata, réduction de pommes et cidre en émulsion, le demi-pigeon rôti et caramélisé, accompagné de panais en trois textures (grillé, en purée, en chips), mais aussi de dragées, très pertinentes, et d'un ketchup de rhubarbe, chiche en quantité, mais très réussi et marquant. Nous finirons avec un superbe vacherin minute aux clémentines, crème légère au yuzu, sorbet kalamansi et glace mandarine givrée. Très belle cave pour tous les prix, omettant seulement de pointer les nombreux vins biologiques alors qu'ils sont là, servis en bouteille et souvent au verre… Trois toques cette année.

L'Atelier 14/20

2 rue Voltaire - T. 05 53 04 56 71 - Carte 20 € - Menu(s) 31-69 €

En lisière du centre et du boulevard Montaigne, Cyril Haberland, que nous suivons depuis le temps lointain du château des Reynats (Grand de Demain en 2012), dispose d'un bel espace pour accueillir les locaux, avec sa terrasse fermée et une agréable salle contemporaine. Le métier est bien là, dans ces compositions signées, le tourteau en pain perdu poireau au beurre demi-sel jus de presse au corail, le foie gras rôti asperges et morilles jus de cuisson au xérès citron et noisettes, ou le canard laqué sauce Périgueux asperges vertes et vieux comté. Desserts fignolés (dont un à la truffe glacée), formule impeccable à 59 €, cave de connaisseur.

Le Clos Saint-Front 14/20

5-7 rue de la Vertu - T. 05 53 46 78 58 - Menu(s) 32-75 €

Un classique de la vie locale avec son agréable jardin abrité, dans un bâtiment XVIe en plein cœur de la vieille ville. Sur un fonds traditionnel solide, Patrick Feuga dessine une carte riche où se mêle des saveurs d'aujourd'hui : dashi de thon rouge et algues, surf and turf ris de veau et langoustines, mijotée de joue de veau à l'orientale tajine de légumes au citron confit et Kalamata. La formule à 55 € permet d'explorer à son gré, les desserts sont classiques ou de saison (fraises basilic citronnelle au sirop de monbazillac), cave vaste avec une bonne représentation en bergeracs, pécharmants et bordeaux.

Un Parfum de Gourmandise 14/20

67 cours Saint-Georges - T. 05 53 53 46 33 - Menu(s) 28-89 €

À l'écart du centre, de l'autre côté de l'Isle, une maison anodine sur le cours à la circulation difficile, mais une table indispensable où Catell Kergadallan et Sébastien Riou entretiennent depuis des années une réputation méritée. La salle est bien jolie sous les poutres blanchies, bois clair, pierre nue, laissant libre cours à l'inspiration de saison. Menus à l'aveugle, compositions maîtrisées aux saveurs nettes par l'ancien compagnon de Patrick Jeoffroy et Anne-Sophie Pic. Produits du cru, bio de préférence, jusqu'à la cave, aux références locales ou plus éloignées (collioure, anjou, bourgogne...).

L'Épicurien 11,5/20

1 rue du Conseil - T. 05 53 09 88 04 - Carte 66 €

Dans une ruelle pavée, une maison simple et jolie où la tradition a bon goût. Gilles Labbé entretient son patrimoine gourmand avec application et savoir-faire, et ses classiques sont finement actualisés : foie gras mi-cuit marmelade de figues, langoustines rôties, paleron de veau citron et noix, tournedos façon Rossini... Desserts de même veine, chou vanille, praliné chocolat, sablé fraise mangue ananas. La cave est à la fois sage et locale, avec pécharmants, bergeracs et quelques vedettes extérieures, comme le montlouis de la Taille aux Loups. Bon menu à 39 €.

Café Louise 11/20

10 place de l'Ancien Hôtel de Ville - T. 05 53 08 93 85 - Menu(s) 22-34 €

Un joli bistrot au cadre un peu vintage proposant une cuisine plutôt élaborée lorgnant vers l'Italie. L'assiette est soignée, colorée, assez gourmande, méritant la mention : ravioles de foie gras mi-cuit velouté de cèpes, gnocchis de pomme de terre crème de gorgonzola cerneaux de noix chiffonnade de speck, émincé de canette de la Dombes sauce marsala, tourtes de ravioles du Dauphiné aux fines herbes et brocolis. La cave mêle crus français et italiens, avec un bon choix au verre. Tiramisu et riz carnaroli au lait en dessert.

Le Seizième 11/20

16 rue des Farges - T. 05 53 53 12 54 - Menu(s) 16-37 €

Dans la typique et étroite rue des Farges, une cuisine d'aujourd'hui à fond classique dans un cadre plaisant. Une cuisine bien ajustée par Denis Laforest : tarte de boudin noir et pommes rôties, filet de dorade compotée de mangue au piment d'Espelette, magret IGP du Périgord sauce pécharmant... On ne manque pas le plaisir du gâteau de mamie Mariette aux noix du Périgord et le menu découverte à 26 € est une bonne option, comme le menu du jour au déjeuner à 16 €.

PERNAND VERGELESSES 21420

Le Charlemagne 16,5/20

CHEF : LAURENT PEUGEOT

1 route des Vergelesses - T. 03 80 21 51 45 - Menu(s) 80-120 €

Quand un chef réussit à vous évoquer par hasard des madeleines de Proust auquel il n'aurait évidemment jamais pensé, c'est qu'il dispose déjà d'un art des sens qui ne peut que le distinguer. Faire naître d'une entrée à la betterave et à la langoustine le souvenir de soirées passées près du feu à la montagne, c'est se trouver passeur d'émotion et une fonction qui excède celle de simple artisan de cuisine. Le chef Laurent Peugeot s'est sans doute trouvé là un style tout à lui, où le travail du terroir n'est pas seulement celui d'une transmission des goûts et des recettes, mais une idée profondément artistique et personnelle, où la forme compte

autant que le fond, des jeux de couleurs, de structures et de textures éblouissants et imprévisibles, des ponts d'amitié entre la Bourgogne et le Japon, que l'on retrouve à chaque assiette, notamment avec des assaisonnements de mirin, de shiso, de soja fumé, qui apportent systématiquement un je-ne-sais-quoi qui change les a priori, sur un omble de fontaine et une déclinaison de tomates, une volaille avec un risotto de blettes, un pigeon de chez Patrice Sanchez et petits pois gras. Les desserts ne sont pas en reste, avec des associations fleuries, légères, qui adoucissent les mœurs, des abricots crémeux et lavande aux amandes fraîches.
La cave, dans un aussi beau vignoble, ne peut être qu'un beau voyage, de la côte-de-beaune à la côte-de-nuits ; le restaurant propose également sa cuvée.

PERPIGNAN 66000

La Galinette 15/20

CHEF : CHRISTOPHE COMES

23 rue Jean Payra - T. 04 68 35 00 90 - Menu(s) 28-60 €

Christophe Comes a tout compris avant tout le monde : qu'il faut vivre au pays et surtout au milieu de ceux qui produisent, pêcheurs, éleveurs, cultivateurs, vignerons ; avec eux, et en bonne intelligence. Depuis vingt ans, il a tissé des liens forts avec sa région et sa Galinette est encore pour longtemps en haut du mât. Et lorsqu'il propose la «Dégustation de notre jardin», tellement à prix d'ami qu'on a juste envie de dire merci (59 € en 6 plats, 65 € en 8 plats), c'est un jardin qui englobe la mer et les fermes voisines. Avec le velouté de chou-fleur moules et curry, le sashimi d'espadon et l'artichaut violet de la Salanque, la dorade marbrée de ligne de petit bateau et jus de bullinada, le carré de cochon de lait panais et chutney de fruits secs. Ajoutez le choix des vins qui vous amène la crème du Roussillon, les desserts qu'on attend (le citron, le chocolat) et un service qui a le cœur sur la main pour confirmer les 3 belles toques de cette maison exemplaire.

Villa Duflot 14/20

Rond-point Albert-Donnezan - T. 04 68 56 67 67 - Carte 75 € - Menu(s) 52-79 €

Foie gras, caviar, homard, à lire le choix des entrées, on croirait bien que le prestige remplace l'imagination, permettant à Mickaël Meunier, le chef de cette institution, d'en flatter la belle clientèle locale. À quelques minutes de la ville et près de la rocade, c'est effectivement un lieu de détente pour les affaires ou les soirées chics depuis la salle ouverte sur le jardin et la piscine. Pourtant, dès le premier plat un peu risqué (morilles farcies aux gambas), une patte, un soin, un respect se dessinent : les premières morilles des Aspres ont un peu de goût, le mato (fromage frais des environs) aux herbes et la sauce poulette aux moules, tout fait sens et plaisir. L'agneau en croûte de noisette est moins étonnant, mais bien cuit rosé, avec un cromesquis de panoufle et poireau brûlé jus réduit au banyuls, et le dessert citron, sous forme de coque en trompe-l'œil, est un brin convenu et banal. Jeune service mieux qu'appliqué, disponible et souriant, cave assez classique sous influence régionale, avec un petit choix local au verre.

La Rencontre 13/20

18 rue des Cardeurs - T. 04 68 34 42 73 - Carte 43 € - Menu(s) 19-29 €

Une maison typique avec ses balcons de fer forgé, une cuisine vertueuse qui s'exprime par une courte carte renouvelée chaque semaine. Une démarche qui s'appuie aussi sur des producteurs engagés pour une nourriture durable au vrai goût. Les producteurs sont d'ailleurs mentionnés et participent à la régalade. Car à 19 € le midi et 29 € le soir, que des bonnes ondes : chou-fleur en panna cotta, rôti, cru avec sésame citron et un gel de pickles, pavé de thon pulpe de courgettes citron confit pesto ail des ours, agrumes du jardin au thym romarin et sauge crème glacée au yaourt. Bonne cave de 150 références principalement locales, service gentil et attentif.

PÉZENAS 34120

Restaurant Matthieu de Lauzun 15/20

CHEF : MATTHIEU DE LAUZUN

Prieuré de Saint-Jean de Bébian - Route de Nizas - T. 04 99 47 63 91 - Menu(s) 70-110 €

Plus qu'un créateur ébouriffé ou un aventurier narcissique, Mathieu de Lauzun est un capteur et un transmetteur de saveurs justes, un conservateur d'excellence, oserions-nous dire, si le terme n'avait une connotation passéiste qui ne convient en rien à ce jeune homme brillant, lucide sur ce métier et son avenir. Dans l'ancien chai aux hauts plafonds où la pierre et le bois dominent, il propose, comme nombre de ses collègues, une très courte carte rassemblée en ce que l'on appelle aimablement un «menu-surprise» : 4, 5 ou 8 plats, pour goûter et comprendre cette belle harmonie de la betterave et du foie gras, du saint-pierre et de l'artichaut avec un subtil jus au vin rouge, le remarquable filet de veau du Ségala, d'une tendreté rare, avec une béarnaise au thym, avant le dessert agrumes, plaisant et léger. Le jeune service se place au haut niveau des assiettes, riche d'attention et d'attentions, avec le très bon pain, les mises en bouche variées et l'atmosphère raffinée. Cave large et consensuelle, avec les vedettes régionales et proches, et une sélection solide ailleurs, notamment bourgogne, loire et jura (Puffeney, Ganevat...).

L'Entre Pots 13/20

8 avenue Louis Montagne - T. 04 67 90 00 00 - Menu(s) 35 €

On entre ici comme dans un chai, à la rencontre des vignerons et des bons mangeurs. Cet Entre Pots est un «entre potes» qui ne réserve que des bonnes surprises. Les découvertes de la région au verre, mais aussi des bonnes affaires sur des vignerons en vogue, comme Julien Pilon et son «Bruit des Vagues». Dans la carte de saison, des plats maîtrisés sur fond classique : cromesquis de cochon sauce wasabi, saint-jacques pomme de terre algue et curry, pavé de bœuf d'Aubrac fricassée de légumes. Desserts du répertoire (baba au rhum, forêt noire...).

Le Pré Saint-Jean 13/20

18 avenue du Maréchal Leclerc - T. 04 67 98 15 31 - Menu(s) 35-52 €

Du tradi raffiné, aux présentation soignées et délicates, dans un esprit de province chic à la mode occitane. Le chef Jean-Michel Sempé ne s'interdit ni l'inventivité, ni une certaine audace dans les associations exotiques qui séduisent sa clientèle, avec ses acras de cabillaud, carotte et vinaigre de mangue, les langoustines grillées sur une mousse d'avocat, pamplemousse et feuille de carmine, ou la volaille fermière, le suprême roti, la cuisse façon kefta, jus d'un tajine, boulghour aux fruits secs et légume fondant. Menus bien construits, cave vaste, éloquente sur la région, et service précis d'une équipe bienveillante.

PFULGRIESHEIM 67370

Bürestubel 12/20

8 rue de Lampertheim - T. 03 88 20 01 92 - Carte 14 € - Menu(s) 34-38 €

Une ravissante ferme du Kochersberg tricentenaire, fleurie, avec son porche, sa cour pavée, ses colombages, ses vitres en cul-de-bouteille et sa façade peinte par Edgar Mahler. L'intérieur est habité par un solide esprit de famille : décor bon enfant aux salles boisées, conserves bien rangées sur les étagères, accueil sympathique de Rachel et Ève. Pierre Meyer, formé au Cheval Blanc à Lembach et chez Alain Ducasse, secondé par son gendre, Carl Granval, élabore une cuisine de terroir alsacien savoureuse, imperturbable et touchante. Friande tourte de canard accompagnée d'un jus bien réduit et d'une purée de pommes de terre au beurre, salade de pot-au-feu élaborée avec du paleron cuit 24 heures fort gourmand, même si les pommes de terre sont dépourvues de sel. Jolis desserts, à l'image de cette fraîche tarte aux pommes du jour à l'alsacienne et coiffée de streusel un peu riche en cannelle ou ce fondant cuit à la minute et élaboré avec du chocolat de chez Thierry Mulhaupt. Le ressenti peut être différent selon le moment de la visite. L'ambiance apaisante de cette maison fréquentée au déjeuner par une clientèle des beaux quartiers strasbourgeois laisse la place le soir à davantage d'effervescence lors du service des tartes flambées.

PHALSBOURG 57370

Au Soldat de l'An II 12/20

1 rue de Saverne - T. 03 87 24 16 16 - Menu(s) 60-80 €

Philippe Jégo, MOF 2000, succède à Georges-Victor Schmitt parti à la retraite après plus de quarante ans de bons et loyaux services. La grange de charme aménagée par l'ancien chef-décorateur a été transformée en bistrot, tandis que le décor de la salle aux teintes gris souris, vouée aux repas plaisirs, demeure inchangé. En cuisine, point de gastronomie chercheuse, mais davantage de fondamentaux de la grande tradition avec ce fameux «foie gras de l'An II», plat culte de l'ancien chef, bien relevé, réinterprété à la mirabelle, ou ce gourmand pithiviers de cuisse de volaille jaune et ris de veau, foie gras, servi à l'assiette avec la truffe melanosporum sensible, même si la pâte est un brin détrempée par la sauce Périgueux. La présentation du savoureux tartare de bar et noix de saint-jacques luisantes nous a semblé rustique avec cette mâche posée en bouquets entiers. La poitrine de canette en «crispy» de pralin citronné, accompagnée de salsifis, est un plat quasi bistrotier avec ses pommes de terre grenailles, alors que la carte annonçait une purée en «hommage à Joël Robuchon». Si la crème qui garnit le pavlova est fraîche, la présentation des fruits exotiques un peu pêle-mêle manque de précision, tandis que la saveur de chocolat noir extra 62%, dans la tarte «Tout Chocolat», est écrasée par le citron. Le point fort de cette maison ? La cave d'anthologie bien fournie en vieux millésimes, héritée de l'ancien propriétaire.

PLÉHÉDEL 22290

Château de Boisgelin 14/20

Domaine de Boisgelin - T. 02 96 22 37 67 - Carte 159 € - Menu(s) 30-85 €

Un chef intolérant au gluten et au lactose ? Oui, c'est possible ! Car pour Mathieu Kergourlay, l'amour de la cuisine ne s'arrête pas à ce genre de détail, et prouve tous les jours avec brio qu'il est possible de cuisiner sans gluten, sans beurre, et non sans gourmandise ! Profitant du cadre exceptionnel de ce domaine quasi millénaire, appartenant depuis des siècles à la famille

Boisgelin, le chef tient la table de ce golf-hôtel niché dans un parc boisé de 450 ha, un lieu superbement décoré par Marine Kergoulay, dans lequel il produit une cuisine régionale et contemporaine. La carte prouve un vrai sens créatif, ainsi qu'une ouverture d'esprit plaisante, comme sur un bao de langoustines, cocos de Paimpol et vinaigrette Senchi, un retour de pêche avec une amandine au Kari Goss et œufs de hareng fumé, ou encore sur un dessert au chocolat, gingembre et wasabi. Prix très compétitifs avec un menu-carte à 52 €.

PLÉRIN 22190

La Vieille Tour 15/20

CHEF : NICOLAS ADAM

75 rue de la Tour - T. 02 96 33 10 30 - Menu(s) 34-85 €

La petite maison grise de Nicolas Adam est comme un chalutier échoué, un morceau de la mer qui a décidé de prendre sa retraite sur terre et d'offrir aux gens de passage toutes ses plus belles histoires. Le Normand arrivé en Bretagne en passant par Portland n'a jamais réussi à quitter la côte, à laquelle il rend hommage avec autant d'amour que de rigueur, des compositions vivantes, colorées, forcément plus marines que terriennes, mais pas que. À partir de 56 €, on retrouvera la raviole ouverte de homard breton, pomelo, huître et émulsion de crustacés, un dos de cabillaud basse température, cocos de Paimpol et écume de lard fumé, un ris de veau poêlé, pomme de terre fumée, légumes de saison et jus de veau. Le dessert signature est toujours là, un soufflé aux framboises et crème glacée chocolat Ariaga. La cave de Frédéric Boulic est toujours au niveau, avec plus de 300 références.

PLEUCADEUC 56140

La Maison du Puits 12/20

Place Anne de Bretagne - T. 02 97 49 99 68 - Menu(s) 15,50-32 €

De la générosité à revendre, une envie de donner du plaisir qui s'impose comme une évidence dès la porte franchie... une maison attachante, en somme. Après plusieurs années ici ou là, de la Corse aux Antilles, les époux Larzillière sont bien décidés à se poser. Leur maison, agrémentée d'une petite terrasse, trône en plein milieu de cette commune rurale qui voit double tous les étés lors d'une fête à la gloire... des jumeaux. Une maison qui ne regorge pas d'ors, de bois précieux et autres tissus damassés, mais qui mise sur le confort, la luminosité et la convivialité. La très dynamique Émilie, en salle, assure en permanence le lien avec les cuisines semi-ouvertes, où Davy démontre déjà son savoir-faire avec une formule déjeuner (la semaine) des plus attractives. Le soir et en fin de semaine, il se lâche davantage, s'exprimant à travers des plats minutieux aux alliances pertinentes. Bref, ça donne le sourire ! Frais tartare de saint-jacques associé à un crémeux de cresson et croquant d'algues, joli pavé de saumon d'Isigny nappé d'un délicat beurre blanc vanillé et flanqué d'une kyrielle de bons légumes... L'omelette norvégienne «coco et passion» en version individuelle, flambée au rhum blanc, ne défraiera pas la chronique, mais assure une agréable fin de repas. Mission accomplie ! La cave reste modeste, mais fait tout de même l'affaire avec, par exemple, un très honnête mâcon-uchizy du Domaine Raphaël Sallet.

PLEUDIHEN SUR RANCE 22690

L'Osmose 13/20

7 place de l'Eglise - T. 02 96 83 38 75 - Carte 62 € - Menu(s) 25-29 €

Après un passage chez Ducasse et un autre chez Coutanceau, le chef Ludovic Dirscherl a quitté son Pays basque natal pour embrasser les vents bretons, du côté de cette charmante maison entre Saint-Malo et Dinan. L'intérieur en pierre et bois clair réchauffe les esprits, tandis qu'Adèle met à l'aise avant de s'engager sur la redécouverte du terroir local. Les idées sont dans la bonne veine, une dominante marine sur des recettes parfumées et actuelles : filet de lieu ikejime mariné, curcuma et huile de noisette, vinaigrette framboise, filet de barbue rôti, tomates confites aux agrumes et concassée de green zebra, une poire rôtie au muscovado, pain d'épices et ganache chocolat. Bon service.

PLOMODIERN 29550

Auberge des Glazicks 18/20

*CHEF : **OLIVIER BELLIN** - SOMMELIER: **BENOÎT BIGOT***

7 rue de la Plage - T. 02 98 81 52 32 - Menu(s) 80-250 €

Certains proclament «La République, c'est moi !», Olivier Bellin pourrait sans doute revendiquer «La Bretagne, c'est moi !» avec au moins autant de légitimité. Car s'il a toujours défendu sa région, depuis 25 ans, transformant le café familial et les recettes de sa maman, on le sent aujourd'hui tellement maître du jeu, que c'est toute la production locale qui se met au garde-à-vous devant lui. Sa connivence avec la langoustine du Guilvinec sur un bouillon d'une délicatesse renversante et sa brunoise d'ananas, son tourteau rarement aussi bien exprimé qu'avec ce chou-fleur parfait, sa vision aujourd'hui tellement maîtrisée entre marin et fermier, entre Armor et Argoat, procurent autant de plaisir que d'assurance, offrant par exemple un menu à 170 € qui constitue à coup sûr une extravagance raisonnable. Le homard en deux services est un symbole dont il a longtemps cherché la quintessence : comme sur tout ce qui précède, tout fonctionne, le crustacé nacré, tendre, juteux, le boudin noir, les œufs de homard, la raviole de tête de cochon... Autant que sa suite des pinces comme un kig-ha-farz, le sarrasin, la saucisse de Molène, le lait ribot acidulé, une version plus domestique et tellement gourmande (avec des raisins, comme on préparait chez lui dans la version familiale). Nous lui avons parfois gentiment reproché de vouloir mettre trop de Bretagne en même temps, comme une antienne. Mais aujourd'hui sa science et sa conscience sont la réjouissance de l'âme, et font la fierté d'un territoire qui s'étend bien au-delà du «pays bleu» («Glazick»). De très séduisantes mises en bouche (dont la «pomme de mer», soufflée avec un jus d'huître) jusqu'aux desserts, (variation sur le sarrasin, sur la pomme, très réussie) cette promenade est une exquise aventure, accompagnée par un jeune service tout à fait au point, dans sa connaissance des plats comme dans sa relation, empathique et prévenante. La cave n'est pas très originale, mais elle a deux mérites : elle n'oublie aucune région, cultivant les références sûres, et ne matraque pas les coefficients, les tarifs «Plomo» du fond du Finistère ayant, loin des métropoles, toute la douceur du climat océanique.

PLOUGONVELIN 29217

Hostellerie de la Pointe Saint-Mathieu 14,5/20

7 place Saint-Tanguy - T. 02 98 89 00 19 - Carte 96 € - Menu(s) 64-97 €

C'est peu dire que cette institution enracinée dans un site grandiose et hypnotique s'est métamorphosée depuis le dernier passage de témoin entre les parents et les enfants. À son tour, le restaurant vient de bénéficier d'un profond lifting sans pour autant perdre son âme. Les belles pierres, la cheminée, le parquet sont toujours là bien sûr, mais de judicieux travaux permettent désormais à la lumière naturelle d'y pénétrer plus largement et le nouveau mobilier apporte un souffle contemporain fort bien venu. C'est dans cet univers que Nolwenn Corre trace son sillon tout en légèreté, sans faute de goût, inspirée par ce que ses fidèles maraîchers, éleveurs, pêcheurs... lui apportent. C'est ainsi que l'on prend plaisir à savourer de petits morceaux de foie gras juste saisis portés par une onctueuse purée de topinambour subtilement vanillée, et quelques «champignons du moment» (eryngii, ce jour-là). L'emblématique lieu jaune reste dans son univers marin grâce à un jus iodé équilibré et à quelques délicieuses coques. Et même les salsifis dont on ne garde pas toujours un excellent souvenir (!) sont ici réhabilités. Quant au dessert, une fine opaline recouvre très esthétiquement une poire pochée entourée d'un délicat blanc-manger que rafraîchit un sorbet poire aux herbes aromatiques. Le service est celui d'une bonne maison et la cave regorge de bonnes références dans la plupart des régions : Vacheron, Deiss, Trimbach, Cuilleron, Chidaine, Alliet, Domaine de la Reméjeanne, J-F Quenard...

PLOUGUERNEAU 29880

Le Castel Ac'h 13,5/20

Plage de Lilia - T. 02 98 37 16 16 - Carte 13 € - Menu(s) 22-59 €

Trophée Naturalité Gault&Millau 2018, David Royer poursuit une œuvre ouverte sur la nature, celle du pays des Abers, qui guide autant les charmes de cet hôtel 3 étoiles que les assiettes du chef. Dans cet univers marin où le panorama offre une vue unique sur la mer, l'iode est forcément au rendez-vous, dans des menus de marché bien ficelés, élaborés au gré des saisons, tout comme le menu à 59 € et ses 4 services. On pourra notamment redécouvrir les langoustines aux algues et sarrasin, mayonnaise végétale, l'assiette du potager, aux légumes à la truffe, herbes et fleurs, croustillant de sarrasin et écume de mer aux algues, le homard, herbes et agrumes en tortellini, nage végétale, ou encore le gourmand brownie noisettes, duo vanille, namelaka épeautre et orge, glace chocolat et fleur de sel. Service jeune et bien formé.

PLOUIDER 29260

La Butte 16/20

CHEF : NICOLAS CONRAUX

12 rue de la Mer - T. 02 98 25 40 54 - Carte 148 € - Menu(s) 89-180 €

EN-GA-GÉS ! Nicolas et Solène Conraux ne cachent pas leur engagement environnemental pour réconcilier durablement activités humaines et nature. En toute cohérence, l'ancienne auberge familiale devenue un bel établissement de standing est leur laboratoire. Cela passe notamment par le zéro plastique, une formation à la naturopathie, la création de deux jardins (potager et herbes aromatiques) en permaculture, la construction d'une vaste boulangerie pour s'assurer de la qualité des farines utilisées et du processus de fabrication... Nicolas est également convaincu des bienfaits de la fermentation des aliments dont il démontre aussi, par petites touches, l'intérêt gustatif. La très élégante et vaste salle, tant par les couleurs, les matériaux utilisés, la décoration... se veut le reflet de la Bretagne nord-finistérienne que l'on embrasse d'ailleurs par les larges baies vitrées où campagne, mer, sable, rochers et ciel composent un panorama fusionnel. Même le personnel, éminemment souriant et efficace porte marinière, vareuse... La cuisine, racée, est à la hauteur. Le superbe cœur de truite du Léguer cuit avec une remarquable précision est recouvert d'un «cuir de courgettes» (courgette déshydratée puis fermentée) qui, au-delà du visuel, joue un vrai rôle. La crème végétale qui complète le plat enrobe l'ensemble avec suavité. Le «homard de casier glacé aux sucs» est magnifique, simplement posé sur une brunoise de courgettes et poivrons relevée d'un jus de homard tout en légèreté. Jolis moments de fin de repas avec des framboises locales, charnues et goûteuses servies avec un coulis très vif, du «cuir de framboises» et un sorbet herbacé persil et menthe. Un dessert vif qui fouette le palais comme le vent un soir de tempête. Retour à la douceur avec une séquence émotion sous forme d'une crêpe dentelle fourrée au caramel beurre salé que l'on déguste à la main pour le plus grand des plaisirs régressifs. Quant à la cave, en dehors des signatures incontournables, elle s'étoffe de vins plus confidentiels issus de la jeune génération que Guillaume, le jeune sommelier, aime à faire découvrir. Pour être dans l'esprit de la maison, les vins bio sont bien sûr légion. Éric Cottat en sancerre, beaujolais de la famille Descombe ou d'Yvon Métras, vins d'Auvergne de Patrick Bouju, bourgogne du domaine Henri Germain, vin de la Sarthe de Jean-Pierre Robinot, vins du Rhône d'Yves Gangloff, jurançon du domaine Lajibe... Ne pas oublier le «Comptoir», la table conviviale et plus simple qui offre une alternative des plus séduisantes.

POMEROL 33500

La Table de Catusseau 13/20

86 rue de Catusseau - T. 05 64 28 59 13 - Carte 62 € - Menu(s) 40-65 €

De la bistronomie vigneronne au milieu des ceps de Pomerol, avec la cuisine raffinée de Kendji Wongsodikromo dans un joli cadre contemporain plein de caractère et dans une belle convivialité. Les assiettes sont soignées, généreuses, gourmandes, avec une harmonie dans les textures et saveurs : artichaut violet barigoule, tartare de gambas mi-cuit, émulsion de têtes, roquette, cabillaud snacké, petit épeautre, quelques légumes, beignet de poisson au basilic, charlotte aux fraises ania, bavarois chocolat blanc Opalys, condiment rhubarbe, sorbet oseille mélisse. Les 2 toques y sont bien, sur chaque assiette, avec de la maîtrise, et un service lui aussi efficace. La cave fait évidemment honneur à l'appellation.

PONT AVEN 29930

Le Moulin de Rosmadec 15/20

CHEF : SÉBASTIEN MARTINEZ

Venelle de Rosmadec - T. 02 98 06 00 22 - Carte 83 € - Menu(s) 47-117 €

Le charme opère toujours avec une puissance inouïe ! Au cœur de la petite cité des peintres, sur les bords de l'Aven, l'ancien moulin séculaire a gardé toute son âme. Dans ce confortable univers de bois et de pierres, de beaux meubles et de belles toiles, dans la salle principale à la lumière feutrée ou dans la lumineuse véranda ouverte sur la rivière, vous êtes assurés de savourer de délicieux instants. Sébastien Martinez y propose des plats stylés aux accents bretons en phase avec le rythme des saisons. Dès les mises en bouche, le décollage gustatif est au rendez-vous (pétoncles à la gelée de pamplemousse et zestes de citron confit, hure de cochon et caviar d'Aquitaine...). L'entrée prend la forme d'une assiette très intéressante aux saveurs harmonieuses : des shiitakés bretons, grillés, recouverts d'un «voile» d'oxydation de champignons de Paris et d'échalotes au beurre. On y trouve aussi une huile «verte» (persil, ail et touche de citron).À cela s'ajoute une brouillade d'œufs bio relevée d'une sauce de caractère d'un équilibre parfait. Le magnifique homard offre ensuite une composition dans laquelle le végétal donne la réplique à la dimension marine du plat. Si le dessert semble un peu en retrait, il n'en constitue pas moins une agréable note sucrée sous forme de mirabelles en différentes textures, de vanille et de clafoutis. Le personnel de salle ne manque ni d'élégance ni d'attention. Quant au lourd livre de cave, il fait vibrer les amateurs ! Meursault du domaine Jobard ou Roulot, anjou de chez Richard Lero, Mann en Alsace, châteauneuf-du-pape Rayas, hermitage de Marc Sorrel ou de Chave, vosne-romanée de Sylvain Cathiard ou de Georges Noëllat...

PONT À MOUSSON 54700

Le Fourneau d'Alain 11,5/20

64 place Duroc - T. 03 83 82 95 09 - Menu(s) 36 €

Caché au premier étage sous les arcades de cette grande place, Alain Fornara propose une cuisine assez traditionnelle mais goûteuse et généreuse. Un menu du chef à 36 € et une carte qui attire les curieux : les filets de rougets poêlés sont accompagnés de mesclun et d'une inattendue glace basilic bien agréable, avant un pavé de bar sauvage, risotto poêlé. En dessert, une copieuse et gourmande feuillantine aux fruits rouges, pour un ensemble qui vaut bien 1 toque. Les vins sont à des prix raisonnables et le service est décontracté.

PONT DE L'ISÈRE 26600

La Grande Table Michel Chabran 17/20

*CHEF : **MICHEL CHABRAN ET LOUIS CHABRAN** - SOMMELIER : **RODOLPHE LOMBARDI** - DIRECTEUR DE SALLE : **RODOLPHE LOMBARDI** -*

29 avenue du 45e Parallèle - T. 04 75 84 60 09 - Menu(s) 99-149 €

La Grande Table, ce n'est pas qu'une affaire de dimension, ni même de prestige. C'est une certaine idée, la noblesse de l'aubergiste, la générosité du geste, la grandeur de la cuisine française. Il y a tout cela chez Michel Chabran et fils, Louis étant totalement associé à la marche de cette maison hors norme, symbole du voyage réussi sur la mythique nationale 7. Dans ce lieu en perpétuelle évolution (les cuisines ont été refaites l'an passé, un projet d'extension hôtelière est en cours), ce qui ne change pas, c'est la justesse de goût, la truculence gourmande, le bon sens paysan appliqué à une cuisine de haut vol. Car, que l'on parle de pintade aux truffes ou d'un autre animal volant, mais aussi de cette merveille de grosse langoustine au caviar ou des saint-jacques truffe et poireau, l'esprit de cocagne s'accompagne toujours de chic et de raffinement, touchant les incontournables, comme le magnifique soufflé Grand Marnier. Le service a tout le professionnalisme et la gentillesse adéquats, la cave brille de tous les talents du Rhône, les connus comme les plus confidentiels, et le maître des lieux aura bientôt une cuvée provenant de ses propres vignes.

Le 45ème 13/20

29 avenue du 45e Parallèle - T. 04 75 84 60 09 - Menu(s) 37-79 €

L'annexe bistrotière de La Grande Table de Michel Chabran permet de découvrir une introduction heureuse des plaisirs qui s'y font, avec des assiettes plus accessibles, qu'on peut découvrir en terrasse l'été, ou près de la cheminée de la véranda l'hiver. Le menu à 37 € bénéficie de la même rigueur en cuisine, sur des compositions bistronomiques convaincantes, un œuf perdu et crémeux de butternut, un filet de daurade à la plancha, chou rouge croquant, noix et chorizo, un filet de canette, croûte de pain d'épices et grué de cacao, panais et jus de cuisson, ou encore une poire pochée et pralinée. Jusqu'à 79 € pour le menu «Coup de cœur».

PONTARLIER 25300

Pourquoi Pas 11,5/20

7 faubourg Saint-Étienne - T. 0381384798 - Carte 54 €

Nouvelle adresse située sur la départementale qui traverse la ville, ce néobistrot est une bonne nouvelle pour la ville, qui profite d'un nouveau souffle, une cuisine actuelle et bien dressée, signée Jérôme Vincent. La carte défend des associations dans l'air du temps, une très belle entrée de champignons, petits pois et orties, un savant duo de pieds de porc et langoustine, tout en texture, un bœuf artichaut intéressant dans l'idée, mais qui mériterait une cuisson encore plus fondante, un veau, céleri et framboise dans la bonne mode. La cave va dans une direction très encourageante, bio et nature, des vins de chez Berthet-Bondet, Emmanuel Giboulot, Lindenlaub, Chante Cigale...

PONTOISE 95300

L'Or Q'Idée 15/20

CHEF : NAOËLLE D'HAINAUT

14 rue Marcel Rousier - T. 01 34 35 47 10 - Carte 69 € - Menu(s) 95 €

Naoëlle d'Hainaut s'affirme et passe à l'échelon supérieur, le résultat d'un travail acharné pour peaufiner avec perfectionnisme chacune de ses assiettes, jolies à l'œil, gourmandes et bien équilibrées. Le menu carte blanche en est la preuve, qui nous emmène nager avec les huîtres d'Utah Beach posées délicatement sur un crémeux de céleri caviar et recouvertes de rondelles de poire crue, une entrée iodée et délicate. Suivent les asperges blanches, crémeux et croustillant au parmesan, avec une vinaigrette de groseille, le merlan de ligne d'une cuisson au millimètre posé sur un lit de pousses d'épinard, vinaigrette encornet et piquillos parfumée au curry madras. Une forte impression également avec le suprême de volaille roulé au beurre de sauge, ravioli d'asperge verte et champignons de Paris, copeaux de cecina de León et sa sauce carbonara avant la légère et aérienne mousse au chocolat blanc, mangue et citron combava. Une belle carte des vins très axée sur la Bourgogne, bien conseillée par un sommelier bien affûté.

Le Maupertu 12/20

25 route d'Auvers - T. 01 30 38 08 22 - Menu(s) 39-75 €

Une nouvelle équipe aux commandes, un chef volontaire passé par le Tastevin, à Maisons-Laffitte, et le Ritz. La veine est plutôt classique, sur des produits nobles : ravioles de homard aux cèpes, crème de bisque, chiffonnade de jambon sec, filet de bar croustillant au chorizo, fregola sarda, émulsion au parmesan, noix de ris de veau rôties, charlotte de macaronis aux cèpes, jus de cuisson réduit, pavlova aux fruits rouges, glace bulgare ou, pour les amateurs, le dôme en chocolat sauce caramel beurre salé et glace Grand Marnier. Petite carte des vins, en construction, service féminin dévoué, encore un peu longuet.

PORSPODER 29840

Le Château de Sable 15/20

CHEF : ANTHONY HARDY

38 avenue de l'Europe - T. 02 29 00 31 32 - Menu(s) 27-179 €

C'est ici que la «Route des Pingouins» a pris naissance... Une galaxie gourmande et hôtelière initiée dans le Finistère par le très entreprenant Franck Jaclin. Cette première «pierre» demeure une référence, tout aussi solidement ancrée que le phare du Four. Si le rez-de-chaussée de l'ancienne colonie de vacances posée à l'entrée de la presqu'île Saint-Laurent est dédié aux plaisirs «simples» (huîtres, accras, fish and chips, burgers...) dans une ambiance brasserie, la salle de l'étage, spacieuse, lumineuse et très épurée, permet à Anthony Hardy d'exprimer son talent dans un registre véritablement gastronomique. Sa cuisine s'inspire tout naturellement du potager du château de Kergroadez, des viandes des éleveurs locaux, des poissons, crustacés et coquillages de ses amis pêcheurs... Incontournables de la carte, les couteaux de plongée donnent le «la». Associés à l'ail rôti, au céleri, aux salicornes et au caviar vintage Sturia, ils ouvrent l'appétit. Le beau pavé de lieu aux algues et petits pois fait souffler un air marin qui ne retombera qu'avec la belle volaille de Kergo, tendre à souhait, rôtie avec précision et accompagnée d'une «fraîcheur» de concombre, de chips d'artichaut, d'une purée de pommes de terre aérienne, d'une mayonnaise à l'ail des ours et d'un jus de cuisson équilibré et long en bouche. Dessert simple, mais efficace avec une variation autour de la fraise de Plougastel : crue, en mousse, confite, en sorbet... Service aimable, plus ou moins expérimenté, et carte des vins sans surprise : pic-saint-loup Foulaquier, faugères Léon Barral, bandol Pibarnon, sancerre François Crochet, saint-joseph Coursodon, vouvray Vincent Carême...

PORT LESNEY 39600

Maison Jeunet par Steven Naessens 15,5/20

CHEF : STEVEN NAESSENS

Rue Edgar Faure - T. 03 84 73 85 85 - Menu(s) 75-155 €

L'événement de l'année dans le Jura a été l'arrivée en novembre 2021 de toute la troupe de La Maison Jeunet d'Arbois pour succéder à Pierre Basso-Moro. Véritable réplique de la mise en scène d'Arbois, toute la salle à manger voûtée a été «débaroquisée» : les rideaux, les nappes, les verres rouges ont laissé la place à un style plus épuré dans un esprit décoratif bohème d'Europe du Nord. Fleurs blanches, consoles en bois de récupération patinées en blanc, ampoules à incandescence côtoient lustres à pampilles, tables sans nappes, chaises drapées de lin. Dès l'amuse-bouche, Steven Naessens raconte en trois temps l'histoire de la Maison Jeunet à Arbois où il a pris la succession en 2016 : la mousseline d'écrevisses d'André Jeunet des années 1950 ; le pain, la réglisse et les morilles de Jean-Paul Jeunet dans les années 1980, puis la carbonade flamande revisitée sous forme de pomme de terre soufflée du chef belge. En entrée, les endives de pleine terre, coiffées de chips de racine pour le croustillant, sont rehaussées par une faisselle fumée qui plaît pour le contraste des textures. Jamais en panne d'inspiration, le chef originaire de Bruges est parfaitement à l'aise dans son terroir avec «Mon Waterzooï» de skrei cuit de façon admirable et richement accompagné d'une brandade de poisson, de quenelles, de jus de persil assez brut, de cerfeuil tubéreux et souligné d'un fumet de poissons monté au beurre. Le lapin fermier de Bourgogne farci de foie gras de canard a beaucoup de caractère avec cette puissante saveur de trompettes de la mort. On conclut avec un dessert à 2 toques : une mousse de panais rendue gourmande par le caramel. Arnaud Faivre, sommelier chevronné, s'occupe de la cave quasi exhaustive en juras. Les tarifs ne sont pas donnés, mais largement justifiés par les nombreuses attentions (superbes pains, beurre au

Calendula, sélection des meilleurs poivres du monde, petits fours de qualité, etc.), et surtout l'ambiance festive due à l'incroyable ballet du service, digne d'un 5 toques parisien : il mérite à lui seul le déplacement.

Bistrot de Port Lesney 12/20

Le Pontarlier - T. 03 84 37 83 27 - Menu(s) 35 €

Annexe bistrotière de la maison Jeunet, située sur la place du village, cette grande brasserie au bord de la Loue joue la carte authentique, avec ses chaises en osier, ses nappes vichy et sa grande devanture rouge et blanche, qui évoque les auberges d'antan dans un esprit très guinguette. La carte du bistrot est en conséquence, des escargots du Petit Mercey en farci de chou vert et pousses de moutarde, une truite avec le fenouil confit grillé, le suprême de volaille et polenta crémeuse, crème au vin jaune, mélange forestier et morilles, ou encore une compotée de fraises et rhubarbe.

PORT LOUIS 56290

Avel-Vor 14/20

25 rue de Locmalo - T. 02 97 82 47 59 - Menu(s) 38-119 €

La relève est assurée ! Et brillamment ! Patrice Gahinet qui a porté bien haut les couleurs de la Bretagne gastronomique a laissé la place à Camille Lacome (chef de cuisine) et Agathe Richou (cheffe pâtissière). Après un parcours en solo dans de bien belles maisons (Christophe Roure, La Tour d'Argent, le Clarence...), depuis 2020, ils officiaient en couple à Chateauneuf-du-Pape (La Mère Germaine). Désormais, c'est une nouvelle étape qui débute pour exprimer librement leur talent. Le restaurant occupe le rez-de-chaussée d'un immeuble de 3 étages habillé d'ardoises noires, contrastant pour le moins avec un environnement de maisons à façades claires ou colorées. La vaste salle ouverte sur le port est tout à la fois chaleureuse et confortable, sans aucune surcharge. L'élégance du mobilier contemporain et l'espace entre les tables sont à saluer. La cuisine est brillante, très esthétique, parfois culottée, mais avec esprit. L'araignée décortiquée est dopée au jus de concombre et agrémentée de salicornes, de pickles et de poutargue râpée. C'est tonique et harmonieux. Le superbe pavé de barbue est accompagné de coques, de rhubarbe (confite), de feuilles de laitue de mer tout juste frites et d'une onctueuse sauce à l'oseille. Cela swingue dans l'assiette ! Quant à la séquence «viande», osée, elle associe betteraves et cacao. Deux ingrédients au caractère bien trempé qui se marient toutefois pertinemment sans nuire à la délicatesse de la viande servie en deux cuissons. Les desserts sont de même niveau. Tel celui autour de l'acidité de l'abricot (rôti au thym), l'amertume (glace bière sarrasin) et l'onctuosité d'une crème vanillée. Les mignardises sont exquises. Le service est prévenant et souriant et la cave ne pourra que combler les amateurs : Giboulot et domaine Guillemot-Michel en Bourgogne, Clos Naudin ou savennières du domaine Laureau dans la Loire, Marcel Richaud ou Adrien Roustan (domaine d'Ouréa) dans le Rhône...

PORTO VECCHIO 20137

Casadelmar 16,5/20

CHEF : FABIO BRAGAGNOLO

Route de Palombaggia - T. 04 95 72 34 31 - Carte 142 € - Menu(s) 190-270 €

Fabio Bragagnolo offre dans ce lieu unique une cuisine luxueuse et consensuelle qui sied à ce merveilleux hôtel (dîner sur cette terrasse ouvrant sur le golfe de Porto-Vecchio est un privilège rare), où le raffinement est présent à chaque instant. Ici, pas de luxe vulgaire, d'excessifs ronds de jambe : le service a toujours été exemplaire de distinction et de décontraction au Casadelmar et l'équipe dirigée par l'excellent Andrew Kirkby exécute un ballet orchestré à la perfection pour mettre en valeur les assiettes de celui qui a rejoint l'établissement dès le début. Si le menu «Création et Passion», à 270 €, est un choix logique (5 plats avant les fromages et les desserts), la carte permet sans doute de faire de plus belles découvertes : thon rouge ikejime de Saint-Florent, filet snacké et huîtres de l'étang de Diane parfait d'élégance et de fraîcheur, magnifique saint-pierre à l'huile d'olive, lentilles corail, cœur de burrata et émulsion d'eau de tomate avant une superbe interprétation du veau corse en jarret effiloché façon osso buco, foie gras, girolles et réduction de Jerez. Desserts très (trop) sages signés Claudio Pezzetti, cave évidemment très complète et aux tarifs logiques.

POUILLON 40350

Auberge du Pas de Vent 12/20

281 avenue Pas de Vent - T. 05 58 98 34 65 - Menu(s) 14-28 €

Cette auberge classique au cœur des Landes donne un peu l'impression de revenir dans les seventies. Les locaux s'y sentent bien, comme chez eux, rejoints par quelques touristes en été. Les jambons sèchent, la terrasse s'ouvre aux beaux jours, et les produits locaux sont simplement utilisés : terrine de joue de bœuf aux pépites de lomo coulis de cresson. Agneau de lait rôti à l'ail et romarin, cassolette de fricassée de tarbais, un plat bien gourmand que l'on finit en grignotant les côtelettes avant de se lécher les doigts, financier au coulis de fraises. Le sourcing est détaillé, le service plein de gentillesse et de spontanéité et la cave dans le standard régional.

PRENOIS 21370

Auberge de la Charme 16,5/20

CHEF : DAVID LE COMTE

12 rue de la Charme - T. 03 80 35 32 84 - Menu(s) 50-100 €

Elle nous agace, parfois, cette propension de plus en plus fréquente à ne proposer que des menus cachés/imposés. Nicolas Isnard a toujours fonctionné ainsi depuis qu'il a repris la Charme (en 2008, avec David Lecomte) et il est trop tard aujourd'hui pour faire un procès à nos anciens Grands de Demain. Il faut donc, chez eux aussi, accepter d'être guidé à chaque pas, mais, lorsque les assiettes atteignent une telle maîtrise, font preuve d'une telle personnalité, on oublie très vite cette petite frustration. Et puis, Nicolas Isnard n'est pas du genre à négocier avec sa clientèle. Il sait ce qu'il veut, le clame haut et fort, quitte à diviser, mais sa cuisine ne laisse personne indifférent, dans un registre qui marie subtilement la Bourgogne et l'Asie : soupe à l'oignon revisitée dans une excellente rafale d'amuse-bouche, dont un joli travail sur le poivron, le céleri, les moules et la tomate, ceviche d'huîtres plein de fraîcheur, en association avec du pois chiche, du caviar, de l'aubergine fumée, du fromage iranien et des pickles d'oignons rouges, avec un splendide cabillaud au citron vert, chou-fleur, citron, gel tamarin et cardamome. Si le suprême de poulet laqué au soja sauce cacahuètes et chou rouge fait un peu retomber la pression, le dessert sur les agrumes, d'un parfait équilibre, termine le repas sur une bonne note. La cave est experte, notamment sur la région, et parfaitement conseillée.

PRESLES 95590

La Plume 13,5/20

1 route du Golf des Vanneaux - T. 01 34 08 40 79 - Menu(s) 59 €

Pierre Meneau parti à la Table du Connétable, à Chantilly, c'est Paul Thévenin, natif de Senlis, chef de partie formé notamment chez Arnaud Faye, qui le remplace dans ce complexe hôtelier face au golf, utilisant au mieux les ressources locales, dont celles du potager et des ruches. Intéressante entrée terre-mer avec le poulpe grillé et poitrine de cochon confite, gelée et sponge cake de petits pois, bon suprême de volaille de Licques, royale de foie gras et champignons de Méry-sur-Oise et, pour finir, une variation autour de la rhubarbe et tourteau au fromage de chèvre frais. Les 2 toques sont conservées, avec l'impression d'une certaine marge de progression. Service aimable et cave classique.

PROPRIANO 20110

Restaurant Terra Cotta 13/20

31 avenue Napoléon - T. 04 95 74 23 80 - Menu(s) 26-72 €

Faire de la vraie cuisine dans un lieu aussi touristique s'apparente à une gageure. Pourtant, chaque année, nous redonnons les 2 toques à ce lieu singulier, immergé au milieu des échoppes aux cartes faciles et ressemblantes. Ici, c'est le contraire : des sauces, des associations de saveurs, des plats réfléchis. Et, même si tout n'est pas miraculeux, on se fraie un chemin vers de la gastronomie, avec le gravlax de poisson fumé crème Dubarry réduction granny, le saint-pierre du Cap au four mousseline d'artichaut en barigoule, le filet de veau basse température jus réduit au thym... Un grand menu dégustation à 72 € en soirée.

Le Tout Va Bien Chez Parenti 13/20

10 avenue Napoléon III - T. 04 95 76 12 14 - Carte 70 €

Les habitués de «Chez Parenti» vont toujours bien. Ils sont chez eux, la vie est belle, l'assiette chic, régionale, joliment cuisinée. Ici, on peut manger de tout avec une qualité constante, le foie gras comme la bonite en gravlax, le poisson du jour risotto émulsion araignée de mer comme le mijoté d'épaule d'agneau aux baies de myrte croustillant de polenta et sarriette. C'est aussi la terrasse la plus confortable de l'avenue. Le vin est bien choisi, les crêpes Suzette impeccable.

Bistrot Tempi-Fa 12/20

7 avenue Napoléon - T. 04 95 76 06 52 - Carte 16 € - Menu(s) 38 €

Une taverne aux trésors corses, à l'entrée de l'avenue, totalement immanquable pour le flot touristique. Les meilleurs produits de l'île (charcuterie et fromage au top), rassemblés par un sourcing exemplaire, prétexte à une cuisine simple qui les valorise : filets de mostelle rôtis champignons et bisque tomatée, tartare de veau abbatucci huile de noisette à la népita, moelleux au chocolat noisette de Cervioni crème glacée vanille canistrelle...

PUJAUT 30131

Entre Vigne et Garrigue 13,5/20

600 route de Saint-Bruno - T. 04 90 95 20 29 - Menu(s) 88-125 €

Entre vignes et garrigue mais aussi entre père et fils, une expérience dynamique et double, où les éléments sont complémentaires, apportant l'un et l'autre rigueur et créativité. Dans cet environnement aussi bien façonné par l'homme que par la nature, la cuisine provençale à quatre mains de Serge et Maxime Chenet fait le lien entre la force du terroir et le goût de la culture, notamment dans le menu «Inspiration», où l'on retrouve le thon en trilogie, en tartare, grillé et mariné à l'ananas, avec une caponata d'aubergine, où le dos de saint-pierre est rôti avec des cèpes et sparassis crépu, sarrasin et artichaut violet, où le canon d'agneau de Provence vient avec des girolles et une purée de cocos tarbais. Les desserts restent dans le registre, avec par exemple une pêche pochée à la verveine, biscuit financier et mousse légère. Très belle cave avec plus de 400 références, avant tout en côtes-du-rhône.

PULIGNY MONTRACHET 21190

Le Montrachet 14/20

10 place du Pasquier de la Fontaine - T. 03 80 21 30 06 - Carte 24 € - Menu(s) 34-110 €

La belle maison de pierre bourguignonne trône fièrement sur la place du village, légèrement à l'écart du centre. Un hôtel confortable et une étape de choix pour les touristes œnophiles. La cave recèle en effet ce qu'il faut sur les appellations locales ou proches (puligny, chassagne, meursault) et c'est la fête du chardonnay, mais aussi de pinot (Pommard et Volnay ne sont pas loin) pour accompagner les beaux exercices classiques du chef Romain Versino : escargots de Bourgogne croustillant herbacé beurre émulsionné au puligny, omble chevalier en croûte de pain tétragone à l'huile de cazette coulis piquillos, pigeon en croûte de céréales déclinaison de coing... Les menus sont intéressants, celui du déjeuner à 34 € comme le «Jardins de Puligny» à 69 €.

PUPILLIN 39600

Auberge du Grapiot 13/20

3 rue Bagier - T. 03 84 37 49 44 - Carte 61 € - Menu(s) 25-80 €

Dans sa maison perchée au cœur du village, la cuisine de Samuel Richardet exprime avec une fraîcheur primesautière sa vision du Jura, parfumée et moderne, qu'il traduit par des assiettes riches, généreuses et colorées. Superbe «Menu Plaisir» à 39 € avec ce tendre saumon, minestrone de kiwi et concombre, feta sélectionnée par Marc Janin, ficelle à l'olive, qui mêle saveurs grecques et sucrées. Joli dos de cabillaud skrei rôti, frais et bien cuit, généreusement accompagné et souligné par le fruit de la passion et le gingembre. En dessert, moelleux baba poché au vin de paille de Pupillin, allégé par la compote d'orange à la badiane et rafraîchi par un sorbet mandarine. Les petites attentions sont nombreuses pendant tout le repas, telles ces tuiles au comté qui attendent sur chaque table, ces superbes pains croustillants ou les petits fours proposés à la fin du repas. Le tout est servi avec beaucoup d'allant, bonne humeur et enthousiasme dans un décor informel de pierres apparentes, de tables en verre et d'amusantes chaises médaillons colorées ou sur la terrasse d'été suspendue. Le rapport qualité-prix remarquable fait de cette maison l'une des plus appréciées de la route des vins du Jura.

PUYMIROL 47270

Michel Trama

*CHEF : **MICHEL TRAMA** - CHEF PÂTISSIER : **CORENTIN COURTILLAT** - DIRECTEUR DE SALLE : **CHRISTOPHER TRAMA** - SOMMELIER : **LOUISE PEYRAMAURE***

52 rue Royale - T. 05 53 95 31 46 - Carte 173 € - Menu(s) 90-160 €

Quel show il nous fait, et quel bonheur de trouver un tel seigneur en son palais : Michel Trama, amoureux de la vie, de Maryse, de Gault&Millau, de la France, épicurien devant l'éternel, chantre du plaisir et de la bonne humeur, qu'il veut distribuer à tous ceux qui l'entourent. Quel bonhomme ! Une soirée chez lui, entre ces pierres magnifiques encore anoblies en leur temps par Jacques Garcia, c'est un moment inoubliable où l'assiette est un élément de l'harmonie. Certes, les créations «tramagiques» ont bien vécu et l'on en a profité, de la cristalline aux pommes, du hamburger au foie gras et de la pomme de terre au caviar. Mais, aujourd'hui, chaque plat qui sort des cuisines a ce goût particulier, émouvant autant que gourmand, même le simple saumon mariné en mise en bouche et, bien sûr, le homard, le pigeon, le paleron de bœuf black angus sauce au vin rouge, et puis les fameux desserts, larme de chocolat griottine et cristalline, évidemment, toutes deux incontournables comme une madeleine nationale. À 160 €, on retrouve le même menu au fil des années, avec la langoustine à l'huile de gingembre, la raviole de poisson aux saveurs d'Orient, le risotto de chou-fleur, le pigeonneau aux épices douces... l'un des meilleurs plans pour découvrir la cuisine de Michel Trama. Cave à son image, quilles de copains et grands flacons, que l'on peut déboucher simplement, pour accompagner un mâchon, comme un margaux sur une terrine...

PYLA SUR MER 33115

Skiff Club de l'Hôtel Ha(a)ïtza 15,5/20

*CHEF : **STÉPHANE CARRADE***

1 avenue Louis Gaume - T. 05 56 22 06 06 - Menu(s) 150-240 €

Dans ce petit écrin coquet et chaleureux, Stéphane Carrade déploie tout son talent, peut s'offrir les produits qu'il veut et les travailler avec toute la subtilité qui le caractérise. Sa cuisine s'est affinée en gardant toujours le même attachement aux produits locaux. De la générosité, de la gourmandise, des prestations de bon standing tout en ayant un service en baskets, c'est aussi ça le côté sport chic du Pyla. Parmi les plats à mettre en avant, on peut retenir la fleur de courgette à l'araignée de mer, remarquable, tout comme le homard, et une très belle mention pour les desserts d'Alexandre Blay. Tarifs redoutables, un peu moins sur les vins, avec une carte vaste et plus abordable.

QUIBERON 56170

Brume 11,5/20

79 rue de Port Haliguen - T. 02 97 50 17 67

Nouvelle arrivée à Quiberon, cette table, qui a pris la suite de La Chaumine, du côté de Port-Haliguen, propose une expérience néo-bistrot de belle inspiration bretonne. Anciens du restaurant Suzanne, à Boulogne-Billancourt, Emmanuel et Emmanuelle sont en salle tandis que Vincent Le Bolch tient les fourneaux, pour proposer une cuisine de marché à l'ardoise, en fonction des saisons et locale. Les idées sont assez simples et la réalisation honorable, sur une belle entrée d'asperges grillées avec une sauce à l'espagnole et betterave, un beau cabillaud d'une cuisson maîtrisée et un accompagnement un peu asiatique de chou chinois et soja gingembre, pour terminer par un très breton riz au lait au caramel beurre salé et nougatine de fruits secs. Dans les verres, un début de cave prometteur, avec une orientation bio et nature, et des domaines référencés, comme le vignoble des 2 lunes en Alsace et Claude Riffault en Loire. Service bien organisé.

Crêperie Pourlette 11,5/20

2 rue Jean Bart - T. 02 97 50 03 31

Cette maison à côté de l'hôtel de ville est l'exemple type de la crêperie de tradition, dans un esprit chaleureux, qui régale les touristes. On y retrouve tous les standards, de bonne facture, une crêpe de blé noir à l'andouille de Guémené et chèvre, aux lardons, œufs, épinards et crème fraîche, à la fondue de poireaux maison, une crêpe de froment au caramel beurre salé ou encore à la myrtille et vanille. Atmosphère conviviale.

QUIMPER 29000

Allium 16/20

CHEF : LIONEL HÉNAFF

88 boulevard de Creac'h Gwen - T. 02 98 10 11 48 - Menu(s) 36-118 €

La cuisine nature au front de la maison, une promesse pas si facile à tenir dans cet environnement de ZAC plutôt ingrat. Pourtant, la nature n'est pas seulement faite de forêts et de rivières. Chez Frédérique et Lionel Hénaff, le naturel revient toujours au galop. Dans la relation simple et sincère avec leurs convives, dans le cadre épuré, parquet et plateau de bois sur les tables sans nappe, et bien sûr dans la cuisine du chef, voyageuse et pourtant bien ancrée en Cornouaille. Dès les mises en bouche, où araignée, huître, praire, sont à la fête, avec le maquereau à la flamme, shiitakés et roquette, l'ormeau, fort bien mis en valeur par le petit pois et le cresson de fontaine, tranché par la petite bisque avec le croquant de la nougatine au saté. Les saveurs sont souvent nombreuses, mais le cuisinier est un peu équilibriste et parvient toujours à l'harmonie. Quant à la technique, on la mesure sur l'excellence des produits comme sur la précision de la cuisson, sur le turbot (asperge, kumquat, amande) comme sur l'agneau (carotte des sables, olive, réglisse, muscovado...). Cave sage pas énorme, mais mettant quelques vignerons amis en avant (Fanny Sabre, Mas Foulaquier, Gramenon, Père Benoît, Senat...), bien équipée en loires et proposant quelques découvertes en vins de France. Les vins au verre sont proposés en direct par Frédérique Hénaff, maîtresse de maison enthousiaste, réconfortante et empathique.

Nous 12,5/20

17 rue Saint-Mathieu - T. 07 63 79 60 00 - Menu(s) 20-35 €

Mathieu Menguy a connu un parcours breton empli d'expériences enrichissantes. En commençant par Patrick Jeffroy puis, plus récemment, en reprenant une institution quimpéroise, L'Ambroisie. Ici, dans cette jolie rue piétonne du centre-ville, voilà un lieu chaleureux et à taille humaine où Mathieu Menguy et Vanessa Le Gall peuvent travailler le local avec passion et sens du partage. Produits de saison, pêche du matin, une forme de simplicité qui cache une belle technique dans une carte où rien n'est banal : le tourteau se marie à l'artichaut avec un curry «corsaire», le merlu de petit bateau est cuit en «vapeur de varech» sous un voile de haddock, le magret de canard vient de la Bruyère blanche de Landrévarzec, avec un pak-choï citron-citronnelle ail noir et une sauce «1000 épices». Bon menu découverte à 34 €, cave sage et variée avec un petit choix au verre.

QUINSON 04500

Le Relais Notre Dame 11,5/20

Quinson - T. 04 92 74 02 10 - Menu(s) 29 €

Après une visite au musée de Préhistoire, on s'offre un petit réconfort dans ce relais provençal avec une cuisine bistrotière gourmande. En terrasse sous les platanes ou dans la grande salle rustique, on se laisse bercer par le gentil service, la tatin de tomates grappe, crème de chèvre et jambon cru, la brouillade de truffes d'été, la truite virevoltante du Verdon en papillote, le cochon bien fondant aux épices et la tarte au citron meringuée. On fait glisser avec le rosé local.

QUINT FONSEGRIVES 31130

En Pleine Nature 15/20

CHEF : SYLVAIN JOFFRE

6 place de la Mairie - T. 05 61 45 42 12 - Menu(s) 28-90 €

Effectivement, on y est. Ce n'est pourtant qu'une banlieue (plutôt chic et résidentielle) de Toulouse, mais chez Sylvain Joffre, tout est nature et naturel, dans un beau cadre où le matériau brut est à l'honneur. Dans sa cuisine, le produit, le végétal, sont au centre de l'assiette, comme si le poisson et la viande étaient des supports pour approcher au mieux la saveur originelle. Jeux de texture, originalité, le menu à 68 € est fort bien composé, avec de nombreuses attentions dans les à-côtés, mises en bouche et, bien sûr, pain maison à base de farine biologique. Intéressante entame sur la lotte, kiwano, combava, choux, crémeux de ciboulette, canard des Causses rôti, bien mis en valeur par les shiitakés laqués et rôtis, liseron d'eau, piment d'eau, betterave chioggia, échalote noire, brocolis et poivre timut, belle déclinaison autour du maïs en dessert, crème brûlée au maïs, maïs frais travaillé au piment, crème glacée au maïs brûlé, pop-corn, fleur de sauge et lime... La cave compte près de 600 références, recherchant les bons coûts, les nouveaux vignerons et le régional, tenue par une sommelière assez directive et efficace. Service bien impliqué, qui fait comme il peut malgré le rythme très lent de sortie des cuisines (comptez trois bonnes heures).

RAISMES 59590

Alex'ception 12,5/20

6 rue Jean Jaurès - T. 03 27 36 91 99 - Menu(s) 38 €

Une nouvelle aventure pour Alexandre et Malvina Vossaert qui prennent la relève de l'ancienne Grignotière, institution du Valenciennois qui a porté beau ses toques durant des lustres. Le couple casse les codes en changeant d'enseigne, et en proposant une cuisine un peu moins gastro, mais solide, aux prix attractifs et nourrie de produits locaux bien choisis. Des entrées tradi comme le maquereau pommes à l'huile ou l'œuf mollet frit à la truffe et des plats variés entre bar, bœuf, agneau (épaule confite 7 heures cocos de Paimpol ratte du Touquet) ou pigeonneau (en deux cuissons, parmentier de cuisse au céleri, poitrine rôtie chou vert au lard) préparés avec maîtrise dans la tradition. Cave bien variée, service aux petits soins.

RAMATUELLE 83350

La Voile - La Réserve Ramatuelle 15/20

CHEF : ÉRIC CANINO

Chemin de la Quessine - T. 04 94 44 94 44 - Carte 164 € - Menu(s) 160-210 € Ⓟ

C'est ce qui s'appelle faire autorité. Éric Canino, admiré par ses pairs, apprécié par les clients, donne dans l'excellence Riviera avec une belle sûreté. La Réserve porte bien son nom : à l'abri des foules, du show off et des jet-skis, elle cultive le luxe discret et le bien-être au naturel. La salle est une invitation à plonger avec le chef dans la Méditerranée, qu'il connaît si bien. Et puis, en tant que maître du jeu, ce dernier propose une vraie carte, comme dans toute prestigieuse maison qui se respecte : huître de Tamaris brûlée à la flamme crème de pignon, langoustine et caviar, saint-pierre San Marzano piperade au chorizo, volaille de Bresse et homard, ces plats-là ont l'envergure et le brio des 3 toques, portées avec aisance et assurance. Desserts variés et intéressants par leurs thèmes (chocolat, citron, courgette, soufflé abricot...), cave bien adaptée, régionaux et grands crus.

Chez Camille 12/20

Bonne Terrasse - T. 04 98 12 68 98 - Carte 105 € - Menu(s) 125 €

Sur le sable de Ramatuelle, les adresses traditionnelles laissent la place, peu à peu, aux plages qui se transforment en boîte de nuit dès 17h. Un changement de paradigme qui remet à la mode certains lieux où l'on maîtrise encore la cuisine du poisson et la préparation d'une vraie bouillabaisse. Chez Camille, les serveurs sont là d'une année sur l'autre, ils savent apprêter et désarêter les plats de poissons devant vous, avec un sérieux et beaucoup d'attention. Côté vins, cette adresse échappe (pour le moment) aux piscines de rosé et aux champagnes tièdes. Pourvu que cela dure.

Le 1051 11/20

1051 Chemin des Canniers Plage de Pampelonne - T. 04 94 45 36 97 - Carte 62 €

Maxime Lamon, diplômé de Vatel en 2017, a connu quelques établissements, puis a vite repris la paillote parentale pour en garder l'esprit et insuffler rigueur et professionnalisme en cuisine. La brigade est sérieuse, le choix des produits et de leurs traitements, appliqués et plutôt bien faits, ce qui est une agréable surprise, d'autant plus en bord de plage. En creusant un peu, la famille Lamon est la seule à posséder les terres de sa paillote et les alentours, et ce, depuis sept générations. Ce sont des gens posés qui souhaitent que leur établissement conserve une ambiance calme, une sorte de luxe discret, à des prix à peu près accessibles. Maxime a travaillé et a remis la cuisine au centre du projet, et cela se voit. Bien sûr, comme partout autour, cocktails et Dom Pé à volonté...

RAMONVILLE SAINT AGNE 31520

La Table de Laurent 13/20

28 rue Jacques Prévert - T. 05 61 73 61 62 - Carte 57 € - Menu(s) 37-55 € Ⓟ

Si la pandémie a quelque peu perturbé l'installation de Laurent Prat, le jeune chef formé chez Sarran, Chibois et Bocuse aura mis peu de temps pour convaincre et se forger une clientèle. En particulier à l'heure du déjeuner, où les cadres des alentours profitent d'une cuisine aboutie et intéressante. Notre lauréat de la Dotation Gault&Millau maîtrise son sujet et ajoute une touche de subtilité et de personnalité sur chaque assiette, dans un décor agréable au bois très présent : langoustines, velouté de potiron, tranche de potimarron, chocolat praliné, jeunes pousses et cacahuètes torréfiées dans un ensemble d'allure complexe, mais finalement harmonieux, filet de rouget grondin mariné au citron et snacké gel safrané fenouil confit et coques, cannelloni de crêpes orange sanguine sauce Suzette, moelleux et bien présenté, dans un menu de semaine qui offre un vrai style gastronomique. Bon service bien coordonné, cave assez classique et variée, bien animée par le sommelier Stéphane Leick.

REHAINVILLER 54300

Château d'Adoménil 16/20

CHEF : CYRIL LECLERC

Rehainviller - T. 03 83 74 04 81 - Menu(s) 78-160 € Ⓟ

Les amateurs de belles pierres et de châteaux seront évidemment à la fête au sein de cette élégante demeure du XVIIIe siècle nichée au cœur de la campagne lorraine. Si l'idéal est évidemment de passer le week-end sur place pour profiter du charme des chambres et du grand air, la table dirigée par Cyril Leclerc vaut le détour à elle seule pour son approche à la fois classique, personnelle et inventive de la cuisine. Pâtissier de formation, cuisinier autodidacte, il se montre aussi à l'aise sur le foie gras de canard de Chalosse, le crabe en textures émulsion de corail et le ris de veau au lard de Colonnata, betterave et airelles, autant de jolis plats qui démontrent une réelle connaissance des produits. Beaux desserts, confort admirable (mises de tables élégantes), cave riche en grands crus.

REIMS 51100

Le Parc Les Crayères 17,5/20

CHEF : PHILIPPE MILLE - CHEF PÂTISSIER : YOANN NORMAND - DIRECTEUR DE SALLE : MICHEL GEBEL - SOMMELIER: MARTIN JEAN

64 boulevard Henry Vasnier - T. 03 26 24 90 00 - Menu(s) 115-260 €

Voici quarante ans que le château des Crayères, aux allures XIXe, mais construit début XXe sur les hauteurs de la ville, associe intimement luxe et gastronomie. Un havre gourmand au cœur d'un parc de 7 ha sur lequel veille passionnément la famille Gardinier. Il faut vivre l'expérience de la dégustation d'une coupe en terrasse ou dans le si confortable et chaleureux bar-verrière et s'immerger dans cet univers d'élégance classique et de volupté où rien ne manque : enfilade de salles et salons, dorures impeccables, hauts miroirs, lustres monumentaux, belles boiseries, cheminées d'apparat, tableaux XXL... Le Sarthois Philippe Mille, au parcours professionnel rythmé par un apprentissage auprès des meilleurs (Frédéric Anton, Michel Roth, Yannick Alléno...) et l'obtention de distinctions qui en imposent (MOF, Bocuse de bronze...), incarne l'excellence d'une cuisine ancrée régionalement, techniquement irréprochable, esthétiquement racée. Cela débute par un plat d'apparence simple : des tomates au vinaigre de Reims. L'eau de tomates est travaillée en émulsion (visuellement, on dirait presque des blancs en neige) reposant sur des tomates concassées, des petits morceaux de fraises et des éclats d'amandes fraîches. C'est non seulement subtilement bon, mais très beau. Le plat suivant permet un joli travail fusionnel entre le fumé et l'iodé à travers un superbe saint-pierre de ligne posé sur une douelle champenoise (pour la fabrication des tonneaux), accompagné de carottes multicolores «façon Suzette» revenues au beurre d'agrumes et flambées au Cointreau. La sauce est assurée par un fumet de poisson, un jus de carotte et champagne. Un grand plat de haute précision. La poulette de haute noblesse est portée par un jus de cuisson aux cébettes et citron confit qui permet de clore avec brio la séquence salée. Enfin, nous confirmons la justesse d'exécution d'une variation (très peu sucrée) autour du café que nous remarquions déjà l'an dernier avec plaisir. S'asseoir aux Crayères, c'est aussi ouvrir deux énormes livres de cave (l'un est uniquement consacré aux champagnes). Au-delà de l'étendue de l'offre, la sélection est impressionnante de pertinence. Quant au service, il est tout à la fois attentif, prévenant et naturel.

Racine

16,5/20

CHEF : KAZUYUKI TANAKA

6 place Godinot - T. 03 26 35 16 95 - Menu(s) 125-250 €

«Toujours hausser le niveau !» Kazu Tanaka le répète à l'envi, en quête absolue du plat parfait dans un mouvement créatif perpétuel. Il embarque avec lui sa brigade (entièrement japonaise) à la recherche des cuissons les plus précises, des saveurs les plus pures, pour offrir des compositions savamment construites d'un esthétisme très abouti. Sacré Grand de Demain en 2018, il est bien devenu grand d'aujourd'hui. Certes, il faut s'armer de patience pour espérer décrocher l'une des six tables de son restaurant façon «table d'hôtes» ! Légèrement en retrait de l'hypercentre, la salle a gagné en chaleur au fil des réaménagements. Sobriété et confort garantis. L'ouverture sur l'adorable petit jardin est des plus plaisante, et la vue sur les cuisines vitrées apporte vie à l'ensemble. Kazu n'hésite d'ailleurs pas à en sortir pour assurer le lien indispensable avec la salle où son épouse, Marine, joue parfaitement sa partition avec une jeune équipe avenante. Chaque repas débute par une succession de mises en bouche aussi brillantes les unes que les autres pour immédiatement plonger dans l'univers du chef qui va ensuite pleinement s'exprimer sans faiblir. Ainsi des escargots et des moules associés à l'artichaut et transcendés par un jus de moule tout en équilibre et de délicates saveurs de verveine. Quant au superbe tronçon de lieu jaune, sa cuisson (à basse température) a entièrement préservé toute la finesse et la blancheur nacrée de la chair. Il repose sur un lit d'orge et joue le mariage parfait avec la carotte, omniprésente sous différentes formes, y compris en sauce. Nous pourrions encore citer le remarquable rouget, mariné, laqué et enfin à peine grillé, ou bien encore le superbe tronçon de homard encore translucide qu'accompagnent de délicieuses petites betteraves rouges très sucrées et quelques cèpes grillés. L'assaisonnement est toujours aussi bien maîtrisé et les petites herbes et fleurs utilisées avec doigté complètent ce très beau plat nimbé d'une émulsion de crustacés d'une délicatesse insigne. Le plaisir intense se poursuit avec un terre-mer de haute voltige associant veau et caviar. Cette virtuosité s'exprime jusqu'aux mignardises qui auront été précédées de plusieurs desserts racés autour du chocolat, de l'orange, des fruits de la passion ou bien encore de la figue et du sureau... Quant à la carte des vins, elle joue la carte des grands champagnes de vigneron et des meilleurs dans chaque région, y compris quelques étrangers.

Le Foch

16/20

CHEF : JACKY LOUAZE

37 boulevard Foch - T. 03 26 47 48 22 - Carte 94 € - Menu(s) 37-110 €

C'est la valeur sûre du cœur de ville. Depuis plus de 25 ans, avec une régularité digne d'un métronome, Jacky Louazé trace son sillon dans sa jolie maison confortablement classique dans laquelle se côtoient de fidèles clients et de tout aussi nombreux touristes étrangers. Il n'est jamais aussi brillant que lorsqu'il surfe sur les plats marins. Son inspiration et la précision du trait font alors merveille. Pour en attester, de splendides langoustines nacrées, à peine saisies, reposent sur un tartare de bar très vif, relevé d'une sauce au yaourt grec citronné. L'ensemble est recouvert d'une émulsion d'eau de mer au wakamé. Le retour sur terre s'effectue dans de bonnes conditions avec un filet d'agneau de Lozère à la parfaite cuisson flanqué d'une raviole très réussie au fromage de chèvre dont la douceur ne vient pas heurter la délicatesse de la viande. L'ensemble est couronné d'une fleur de courgette judicieusement farcie de chair d'agneau bien relevée. Enfin, le dessert épouse parfaitement la saison avec de belles figues fort goûteuses, traitées en pavlova. Non seulement Corinne Louazé orchestre avec assurance un service jeune, engagé, mais elle veille aussi sur une cave savamment constituée.

Le Millénaire 14,5/20

4-6 rue Bertin - T. 03 26 08 26 62 - Menu(s) 39-110 €

Dans une rue trait d'union entre les deux plus belles places de la ville se niche un havre de gourmandise. Avec l'arrivée des époux Raphanel, cette institution patiemment forgée par les Laplaige n'a rien perdu de son confort (une rénovation a d'ailleurs été récemment entreprise), de son atmosphère ouatée où l'on aime à se retrouver entre soi pour fêter le bac de la petite dernière ou tout simplement en amoureux. Florence assure un accueil d'une urbanité confondante. Elle a su insuffler à toute l'équipe de salle cet état d'esprit si important. De son côté, Hervé fait de fugaces apparitions en salle pour souhaiter la bienvenue ou s'assurer que tout va pour le mieux ! Il y a dans cette maison un côté assurément rassurant. La cuisine en est également l'illustration. Elle s'appuie sur une technique irréprochable au service d'une inspiration classique que les effets de mode ne sauraient chahuter : œuf parfait «64.2» sauce vin jaune (un peu trop discrète) aux crevettes grises de la mer du Nord, exquise quenelle de brochet nappée d'une sauce Nantua de compétition et queues d'écrevisses, magret de canard Burgaud à l'embeurrée de chou vert, millefeuille de légumes de saison... Le tiramisu et espuma de mascarpone amaretto assure une belle fin de repas. Carte des vins panoramique et bonnes suggestions de vin au verre.

La Grande Georgette 13/20

18 rue Tronsson Ducoudray - T. 03 26 83 18 18 - Carte 77 € - Menu(s) 29-65 €

Feue Georgette, l'épouse du capitaine des pompiers de Reims, avait déjà donné son prénom à la grande échelle... Quasiment un siècle plus tard, Marriott lui rend un nouvel hommage ! L'ancienne caserne face à la cathédrale est devenue un hôtel haut de gamme. L'emplacement est exceptionnel. Au rez-de-chaussée, la brasserie très confortable a beaucoup d'allure. L'histoire du lieu y est suggérée par petites touches, avec élégance. L'ambiance décontractée doit également beaucoup aux cuisines ouvertes qui occupent l'espace central. C'est le domaine d'un ancien des Crayères, Julien Raphanel (son père est à la tête du Millénaire, non loin de là). Il y propose une cuisine maligne, pas ennuyeuse pour deux sous. La raviole de tourteau, fenouil, émulsion de carapace au curry constitue une entrée très plaisante. Les saint-jacques poêlées à l'embeurrée de choux confirment la première impression, tout comme le ris de veau laqué toutefois un peu trop miellé... Quant au cannelé enrobé de dulcey et marc de champagne, il ne fait pas pâle figure. Le champagne à la coupe, servi en jéroboam, fait toujours son effet. La cave est constituée de signatures reconnues : domaine de l'Hortus, Mas Bruguière, sancerre de chez Vacheron, saumur Guiberteau, muscadet Pithon-Paillé... Service jeune et enthousiaste à défaut d'être totalement aguerri. Terrasse prisée aux beaux jours et tarifs bien ajustés.

Coté Cuisine 12,5/20

43 boulevard Foch - T. 03 26 83 93 68 - Carte 54 € - Menu(s) 21-25 €

C'est une bonne nouvelle ! Clément Vidalon (1 toque au Bouchon et l'Assiette, à Paris) est désormais rémois. Olivier Absous lui a en effet confié les cuisines de cette très belle maison de caractère qui en impose, face à la gare. La salle aux tons chauds, dans un esprit convivial, est ouverte d'un côté sur les cuisines et, de l'autre, sur les frondaisons du boulevard. Les plats sont réjouissants, parlent à tout le monde et tapent dans le mille ! Le menu du déjeuner à 25 € (pour la formule complète) ne peut faire qu'un carton avec, par exemple, un carpaccio de tête de veau suivi d'un gratin de crozets à la saucisse de Morteau et salade d'endives, puis d'une charlotte aux biscuits rose, framboise et litchis... Au dîner, le chef continue à témoigner de son savoir-faire pour des suggestions canailles. La fricassée d'escargots, lard paysan et champignons au coteaux-champenois est franche et goûteuse, tout comme l'épaisse tranche de boudin basque de la maison Rozès associée à une onctueuse purée de butternut et d'un impeccable jus à la graine de moutarde bien relevé. Le baba au rhum (un poil sec) flanqué d'un minestrone de fruits exotiques et relevé d'une émulsion coco ne ternit pas le tableau. Pas de propositions révolutionnaires côté cave, mais des étiquettes bien connues : chablis Daniel-Étienne Defaix, saint-aubin du domaine Roux, châteauneuf-du-pape de La Janasse, saint-joseph Laurent Courbis... Aux beaux jours, très agréable terrasse à l'arrière.

Brasserie du Boulingrin — 11/20

31 rue de Mars - T. 03 26 40 96 22 - Menu(s) 25-30 €

«Soyez les bienvenus !» Dès la porte à tambour franchie, le ton est donné. Seule véritable brasserie «à l'ancienne» de la ville, cette adresse au cœur du quartier des halles dont le décor respecte les codes du genre symbolise la convivialité, la cuisine sans chichi servie dans un brouhaha que l'on ne saurait blâmer. Certes, aligner les clients en solo sur une même rangée n'est pas top, mais on se consolera rapidement en se régalant de filets de hareng et rattes du Touquet, d'une andouillette AAAAA de bonne famille accompagnée d'une simple sauce moutarde et frites (un peu molles). Le baba au rhum bien imbibé se déguste sans déplaisir. Si la carte des vins n'est pas la priorité de la maison, il y a tout de même moyen de ne pas mourir de soif avec, par exemple, un saint-joseph d'Yves Cuilleron en blanc, de François Villard en rouge. Service vif et enjoué.

RÉMALARD — 61110

D'une Île - Domaine de Launay — 13/20

Lieu-dit L'Aunay - T. 02 33 83 01 47 - Menu(s) 39 €

Au lieu-dit Launay, entre Rémalard et Longny, le très citadin Bertrand Grébaut (Septime, à Paris 11e) et son équipe vous convient à une vraie partie de campagne dans cette clairière de rêve. Empruntez ce petit chemin de terre un peu défoncé (c'est bien fléché) pour arriver à cette oasis de bien-être rural, un bel ensemble de bâtiments rénovés sur un domaine de 8 ha. On y passe le week-end ou davantage, et on profite des produits de saison des producteurs et maraîchers proches, préparés de main de maître, et bien sûr de petits déjeuners bucoliques. On déjeune sur le pouce, le repas du soir est à 39 €, avec les produits du pays, dont les fameuses volailles Culoiseau.

RENNES — 35000

Ima — 15,5/20

CHEF : JULIEN LEMARIÉ

20 boulevard de la Tour d'Auvergne - T. 02 23 47 82 74 - Menu(s) 60-110 €

La table en ville de Julien Lemarié est parfaitement dans l'air du temps : le local, la campagne racontée aux citadins, herbes précieuses et fermentations maison. Au comptoir ou à table, on admire la finition des artistes, posant un pétale, un trait de sauce, un éclat de poudre. L'influence asiatique est naturelle et prolifique (dans l'annexe, juste à côté, le chef déploie tout son talent sur ses donburis personnels, dont il a fait un bel ouvrage entier), offrant des séquences tout en subtilité : saint-jacques capucine navet infusion galanga, avec un beau coquillage de plongée un peu dépassé par l'épice, la superbe asperge verte, terminée au barbecue, moelleuse et croquante œuf de truite et skyr issu de froment du Léon, lieu jaune miso rouge asperge blanche fermentée bouillon curcuma gingembre... Des plats construits, avec des produits à la fois rares, évocateurs et locaux qui dessinent des cadres d'assiettes autour d'un ingrédient principal qui peut varier selon l'arrivage (c'est un peu la base et la raison des menus cachés). L'agneau de lait est un bonbon, relevé d'Espelette et chou rouge fermenté, avant le dessert betterave pécan vinaigre de cidre. Cave intéressante, montrant un gros travail sur le vin de Loire et les vignobles d'ailleurs, service intégré (cuisine, salle) au comptoir ou à table.

Racines 15/20

CHEF : VIRGINIE GIBOIRE

4 passage Antoinette Caillot - T. 02 99 65 64 21 - Menu(s) 39-85 €

Le lieu est à la hauteur des ambitions de Virginie Giboire et Fabien Hacques. Dans l'hypercentre, au cœur d'un îlot récemment restructuré, la salle d'inspiration urbaine, comme pour mieux se fondre dans le paysage, s'organise autour d'une vaste cuisine vitrée qui happe naturellement toute l'attention des clients. Les volumes sont impressionnants. Pas d'exubérance débridée dans la décoration qui joue élégamment avec le verre, la lumière, le béton brut, le bois clair, le terrazzo, la lave polie des tables... Les coussins sur les banquettes apportent quelques douces couleurs. Virginie, qui n'hésite pas, de temps en temps, à apporter elle-même les plats, s'inspire prioritairement de la mer. Les cuissons sont remarquables de précision et chaque assiette offre une diversité de saveurs à l'équilibre parfait. Les légumes et les fruits (agrumes notamment) jouent pleinement leur rôle dans des associations enlevées : araignée de mer, sarrasin, daïkon et algues ou bien encore barbue, poireau, tarama et granny smith. La légèreté des desserts permet un final gagnant avec une variation autour du chocolat noir, thé d'orient, caramel et grué. Quant à Fabien, omniprésent en salle, ses connaissances pointues en vin permettent de prolonger le plaisir : saint-pourçain «le Vin d'Alon» du Domaine Grosbot-Barbara, vouvray «Vigne Blanche» de Marc Brédif, saint-aubin 1er cru «Le Charmois» du Domaine Lamy-Pillot, meursault «Les Narvaux» de Jean-Marie Bouzereau...

Bercail 14/20

33 rue Saint-Melaine - T. 02 99 87 50 25 - Menu(s) 60 €

Sibylle Sellam et Grégoire Foucher mènent avec brio cette adresse du vieux centre, incarnant comme aucune autre le renouveau de la scène culinaire rennaise. Engagée et moderne, la cuisine de marché, travaillée et locale dans le fond et la forme, se déploie dans ce cadre accueillant à thème végétal, cuisine ouverte, cave à vin vitrée, mobilier noir et bois. Les assiettes expriment une Bretagne de terroir, parfaitement actuelle, qu'on retrouvera dans un menu caché à 67 €, 47 € si vous êtes étudiant. Petite cave vaillante avec une sélection réfléchie d'une trentaine de références. Service uniquement le soir.

La Fontaine aux Perles 13,5/20

96 rue de la Poterie - T. 02 99 53 90 90 - Menu(s) 35-90 €

Pas de temps mort ! Aurélien Digne et Camila Seixas ayant largué les amarres vers Audierne (Orizhon), c'est au tour de Julien Darcy de maintenir le niveau en y apportant son expérience et sa petite musique déjà fort prometteuse. Le cadre est toujours le plus agréable de la ville. L'établissement se déploie dans un parc arboré et fleuri au cœur d'un quartier résidentiel. Plusieurs salles et salons aux univers variés rythment l'architecture intérieure de cette institution particulièrement bien entretenue. La salle terrasse couverte est élégamment épurée, offrant une vue panoramique sur le jardin. L'enthousiasme de l'équipe de salle, certes plus ou moins aguerrie, fait plaisir à voir, tout comme la sagesse des tarifs, la pertinence de la cave (Trimbach ou Marc Kreydenweiss en Alsace, le jacquère du Cellier de la Baraterie en Savoie, l'excellente jeune maison de négoce Croix & Courbet dans le Jura, meursault de François Mikulski en Bourgogne...) et la belle sélection de whiskys, calvados, rhums, eaux-de-vie... Bref, tout ceci vous place dans les meilleures dispositions possibles pour apprécier une cuisine de saison, vive et légère, qui s'exprime par exemple sous la forme de délicieux tortellinis associés à de belles langoustines snackées et rehaussés d'un consommé crustacés-gingembre ou bien encore d'un lieu jaune flanqué de légumes de saison. Enfin, la mara des bois s'offre nature, en sorbet ou en confit en compagnie d'une mousse verveine et d'un sablé breton. Classique, mais efficace.

Holen 13,5/20

2 rue des Carmes - T. 02 99 79 28 95 - Menu(s) 45-115 €

Adresse discrète mais sûre de la rue Vasselot, la table de Tugdual Debéthune est le rendez-vous d'une cuisine construite sur l'expérience et le goût des bons produits, qui guident tout le long du repas une assiette de terroir et de saison. Les années passées derrière les fourneaux ont permis au chef d'affûter son sens du détail, offrant des cuissons précises et des dressages méticuleux. À partir de 45 €, jusqu'à 110 € pour 6 services.

Le Ciel de Rennes 12,5/20

8 rue Jules Maillard de la Gournerie - T. 02 99 31 45 31 - Menu(s) 23-28 €

Perché au deuxième étage du Centre Culinaire de Rennes, le restaurant du chef Jean-Marie Baudic (qui s'est illustré jadis dans son Youpala Bistrot de Saint-Brieuc) invite à prendre de la hauteur pour admirer le savoureux spectacle qui s'y joue. La cuisine entièrement vitrée disposée tel un écrin au milieu de la pièce en dévoile les coulisses et les maîtres d'œuvre. Dans l'assiette, cette transparence se manifeste par le choix de produits principalement issus de la filière Bleu-Blanc-Cœur mais aussi par la volonté d'agir positivement en portant un regard attentif sur l'impact environnemental et nutritionnel de l'écosystème alimentaire. Cette démarche se découvre au fil du menu déjeuner renouvelé quotidiennement. Une raison de plus pour s'y attabler aussi souvent que souhaité sans jamais se lasser. On souligne le service efficace pour une pause revigorante en un temps record, et les prix justes (formule entrée et plat à 23 €), compte tenu des mets cuisinés (homard, surprise de bœuf)...

Les Darons 12,5/20

16 rue Baudrairie - T. 02 23 30 81 03 - Menu(s) 19 €

Entre mairie et République, le bistrot à boire de Vincent et Sophie Guillemot est un lieu heureux, simple dans ses manières et néanmoins franchement efficace sur ses assiettes bien maîtrisées. L'ardoise fait des promesses que le chef tient haut la main, un œuf cocotte à la fourme d'Ambert, un maquereau et crème de courgette, semoule d'orge, une échine de cochon sauce Savora, carottes et choux pointus. Formule très compétitive à 19 €.

Fezi 12,5/20

42 avenue Sergent Maginot - T. 02 99 36 69 51 - Menu(s) 17-35 €

Une aventure couronnée de succès pour Cédric Bruneau, Jeune Talent 2021, qui mène sa très jolie table au bord de la Vilaine. Un néobistrot dans son jus, les chaises Thonet sont toujours là, mais dépolies et redéployées dans une nostalgie bien ciblée, le sol parquet prend sa couleur naturelle, dans une belle lumière en salle exprimant la simplicité et la bienveillance. À l'ardoise, le chef fait minimal (une entrée, deux plats et un dessert), pour une fraîcheur assurée et des prix mini (20 € seulement au déjeuner), et des recettes de saison qui sentent bon la Bretagne et les circuits courts. Beaux et bons, le risotto de petit épeautre aux champignons et aux herbes soutient un œuf parfait exemplaire, le merlu est fait dans une belle tempura avec une mayo anchois efficace et des grenailles d'une cuisson idéale ; pour terminer, une délicate pavlova à la pomme et à la rhubarbe. Petite mais vaillante cave nature, belle gamme de bières artisanales.

Le Goût des Autres 12,5/20

34 rue Vasselot - T. 02 99 79 48 10 - Carte 36 €

Un super bistrot de la rue Vasselot, avec sa jolie vitrine en bois clair et verre, et une cheffe qui manie le produit local avec créativité et technique. La salle aux murs de briques diffuse les airs de la région, un filet de maquereau mariné au gingembre et sauce soja, flambé au chalumeau, un poisson poché au lait de coco, riz et légumes sautés, chips de riz et sarrasin, une côte de cochon en basse température et chou-fleur au wasabi, légumes sautés, moutarde, oignon rouge et céleri-branche... Atmosphère chaleureuse.

Pénates 12,5/20

17 rue Paul Bert - T. 02 99 36 97 55 - Carte 23 €

Projet mené de concert par le couple Sibylle Sellam et Grégoire Foucher de Bercail, et le couple Caroline Lenormand et Pierre Lucas, deux anciens de la maison, Pénates continue de faire vivre ce haut lieu des soirées rennaises. Décoration remise à jour, cave bio et nature toujours à la page, assiettes suggestives, carpaccio de chou-rave, maquereau fumé maison et sarrasin, lobster roll, beurre blanc, fèves et cerfeuil, guo tie (raviolis frits) au cochon de la ferme Pradenn, chou frisé, aillet, piment et sauce soja, une belle touche finale avec la tarte à la rhubarbe et glace à la fleur de sureau. Le restaurant est ouvert du mardi au samedi, de 16h à 23h, sans réservation.

La Table de Balthazar 12,5/20

28 rue Vasselot - T. 02 99 32 76 14 - Menu(s) 39-69 €

Dans un hôtel 5 étoiles, une table chic qui assure le service d'une clientèle aisée et affairée. Benjamin Jourdren propose des assiettes plutôt classiques, mais d'une réalisation franchement précise, sur un produit local bien travaillé. La carte, de saison, répond bien aux attentes et aligne des compositions aux dressages étudiés, des maquereaux flammés, consommé de champignons et chou-rave, un élégant maigre sur la peau, endives et oranges, fumé réduit, un canon d'agneau français, millefeuille de pommes de terre et jus tranché à l'ail des ours, ou encore un chocolat en déclinaison et parfum noisette. Sélection de vins au verre correcte.

Estime 12/20

15 rue du Chapitre - T. 02 22 66 90 42 - Carte 40 € - Menu(s) 19-22 €

Un double mixte qui s'annonce gagnant ! C'est au cœur du vieux Rennes, dans une pittoresque rue pavée, que Maxime (aux fourneaux) et Estelle Besnier (en salle), frère et sœur, tentent l'aventure de l'entreprise familiale. Le choix du lieu est déjà une réussite. Il y a tout ce qu'il faut de pierres, de parquet, de cheminées et de poutres pour y créer une chaleureuse ambiance. La courte carte (3 entrées, 3 plats, 3 desserts) épouse les saisons et se renouvelle en permanence pour coller au marché. C'est œcuménique, savoureusement rythmé et sacrément plaisant. Rien de tel pour s'aiguiser l'appétit que ces tendres poireaux et coques toutes fraîches vivifiés par un bouillon de crevettes grises très parfumé. La sauce foie gras nappe pour le meilleur de fines ravioles d'épinards et noix de cajou. Le céleri-rave travaillé comme un risotto accompagne dignement une belle queue de lotte meunière. Quant à la piña colada en version dessert, elle apporte une fraîcheur et une acidité contrôlée fort bienvenues. La courte carte des vins (également cidres et bières) devrait progressivement gagner en cohérence, mais permet déjà de s'offrir un petit plaisir sans faire flamber la carte bleue avec, par exemple, un corbières «Peyres Nobles» de la coopérative de Camplong à 25 €. Le service est fort souriant, mais un brin expéditif.

Le Galopin 12/20

21 avenue Jean Janvier - T. 02 99 31 55 96 - Carte 66 € - Menu(s) 21,50-48 €

Brasserie authentique, avec bois verni et banquettes rouges, c'est un lieu exemplaire juste à côté du théâtre national de Bretagne qui offre une carte bien calibrée et qui saura plaire à tous : une bonne demi-douzaine d'entrées en dehors des huîtres, puis des poissons sauvages, des filets de sole au beurre Bordier, un homard flambé au cognac, des viandes traditionnelles, des ris de veau sauce madère, une tête de veau sauce ravigote... Service efficace.

Imayoko 12/20

20 boulevard de la Tour d'Auvergne - T. 02 99 52 03 46 - Menu(s) 22-30 €

Il n'est pas japonais, mais il est passé maître dans l'art du donburi, auquel il consacre un ouvrage entier : Julien Lemarié, le chef 3 toques d'Ima, juste à côté, décline avec passion l'art de ce plat complet, que l'on peut faire précéder d'assiettes à partager (houmous de lentilles, teriyaki de lieu jaune et brocolis, cochon patate douce et gingembre). Une idée de dépaysement bienvenu, qui peut se terminer d'une façon aussi originale avec le carotte piment citron vert.

Léon le Cochon 12/20

6 rue du Pré Botté - T. 02 99 79 37 54 - Menu(s) 16-21 €

Institution depuis plus d'un quart de siècle, ce viandard et généreux Léon assure un plaisir simple et efficace, délivré de façon quasi industrielle sur deux niveaux, avec des sourires aux lèvres. La maison fait de la bonne vieille tradition, des gourmandises salées et sucrées qui n'évoquent que de bons souvenirs, pour les grands et les petits. Dans l'assiette, on retrouvera la belle andouillette de Troyes panée avec ses frites maison, le suprême de volaille en croûte de champignons, polenta frite, les fameux ribs de cochon, ou encore une bonne bavette Angus. Desserts classiques. Cave de bonne escorte à l'ardoise.

La Mirlitantouille 12/20

12 rue Nantaise - T. 02 99 67 53 84 - Menu(s) 15-19 €

Dans cette rue animée, Simon Commault et Yann-Éric Toutain, notamment passés chez Passerini et chez Michel, à Paris, connaissent bien les envies des foodies. Leur bistrot plaît à tous, par sa bonne humeur contagieuse et ses compositions de saison. L'ardoise est concise, signe de fraîcheur, et donne envie, avec les poireaux vinaigrette et œufs de truite, le thon mi-cuit polenta et sauce vierge, l'escalope de veau panée et les frites, la crème aux œufs, fruits rouges en sorbet et crumble. Cave à vins tournée vers le naturel.

Le Paris-Brest 12/20

Gare de Rennes - Niveau 1, Hall Départs - T. 02 99 53 59 89 - Carte 49 € - Menu(s) 35 €

Dans la mode des restaurants de gare multiprimés, celui de Rennes est supervisé par Christian Le Squer (5 toques au Cinq), qui a su apporter sa patte et dynamiser les équipes dans un projet d'excellence. Confiée à Benjamin Le Coat, la cuisine exécute des assiettes convaincantes, un œuf de poule sauce gribiche à la crevette, un lieu jaune poché au lait ribot, asperges blanches et harenga, une poitrine de cochon confite et caramélisée, étuvée de chou, et forcément pour conclure, bien sûr, par un paris-brest d'école. Service professionnel. Cave bien composée.

Pierre - Restaurant de Copains 12/20

33 rue Nantaise - T. 02 99 65 51 30 - Menu(s) 21 €

Autoproclamé restaurant de copains, c'est une adresse qui mise tout sur la convivialité, celle d'une clientèle initiée et partageuse. L'atmosphère est effectivement à la bonne humeur, avec une équipe enthousiaste et des assiettes qui ne prennent pas la tête tout en faisant plaisir. Le chef travaille le terroir au gré des envies, avec ce qu'il faut de technique. À l'ardoise, la crème d'asperge truffée et œuf parfait, le lieu noir au houmous et courgette, la ballottine de volaille façon tajine, la régressive tartelette au chocolat. Tarifs compétitifs avec une formule déjeuner à 21 €.

Peska 11,5/20

19 rue Saint-Malo - T. 02 99 63 84 38 - Carte 39 €

Sur les hauteurs de Rennes, le bistrot de Clémentine Guillois est un cabinet de curiosités marines, où l'on vient autant apprécier une atmosphère complice et intime qu'une cuisine côtière inventive et personnelle. On retrouve les produits classiques dans des associations innovantes, comme la laitue de mer à cru aux échalotes roses et harissa, citrons confits au sel, la seiche à la plancha ici reprise dans une sauce XO aux bardes et corail de saint-jacques, piments gochujang et patates douces. Desserts plus traditionnels.

La Saint-Georges - Chapitre 11,5/20

11 rue du Chapitre - T. 02 99 38 87 04

La crêperie Saint-Georges est désormais bien connue et établie, à Rennes, Lille et la Réunion, et fait le pari d'une crêpe haut de gamme, dans sa réalisation et dans l'expérience. Les décors sont splendides, bourgeois, d'un faste décalé (mais justement) avec la simplicité des assiettes, de la moquette, des belles assises rembourrées et douces motif croco, de beaux luminaires et un style recherché contemporain, minimaliste sur les lignes. Les galettes, donc toutes appelées d'après un Georges ou George, déclinent les recettes classiques, comme la «Georges Bataille» au boudin pommes, la «George V» au foie gras, la «George Sand» au saumon fumé et une bonne trentaine d'autres idées. Les crêpes au froment suivent le même niveau de qualité.

BèJe 11/20

2 boulevard de la Tour d'Auvergne - T. 02 99 35 35 53 - Menu(s) 27-44 €

Grande brasserie à l'ancienne pourtant ouverte il y a seulement trois ans, elle reprend tous les codes de la brasserie chic parisienne, dans un style vintage années 1950 avec ses grandes banquettes, sa typo rétro, son grand comptoir et ses motifs géométriques. La carte de Guillaume Portier (formé chez Paul Bocuse) est quant à elle un peu plus actuelle, avec des idées moins traditionnelles, à la manière du maquereau brûlé, radis red meat et lait ribot iodé, du lieu jaune nacré, fleur de sel au jambon, consommé prosciutto et chou chinois, ou encore du suprême de volaille de Janzé, jus de viande au génépi, pomme palet à l'oignon et poitrine fumée. Formules bien étagées de 27 à 44 €.

Café Breton 11/20

14 rue Nantaise - T. 02 99 30 74 95 - Menu(s) 13 €

Aucune triche dans ce bien nommé Café Breton, où l'on profite d'un cadre vintage et très référencé, qui évoque les bistrots populaires d'antan, tout en bois et mobilier d'époque, chaises Thonet, assiettes décoratives et plats à l'ardoise. En cuisine, Maxime Juette propose des assiettes de marché inspirées de la tradition, avec un succès sûr : feuilleté champignons, crème de chèvre et crevettes, filet de lieu rôti et tombée de chou à l'ail, sauté de joues de cochon au cidre et écrasé de pommes de terre, une brioche perdue au chocolat au lait... Bon service.

Ebulli'Sens 11/20

15 boulevard de Beaumont - T. 02 99 30 85 80 - Menu(s) 15-18 €

Bonne adresse en descendant du train, la table d'Alan et Gwen propose une cuisine de marché efficace dans un cadre sobre et plutôt actuel, avec un mobilier aux lignes minimales et des teintes sobres du blanc au noir. Le chef affiche une belle technique sur les nouveaux standards, langoustines en tempura et crémeux de panais au curcuma, maigre rôti sur la peau, carottes fanes, asperges vertes, radis et pulpe de patate douce, suprême de poulet au thym citron, riz et céréales au citron confit et légumes, rafraîchissante tarte au citron déstructurée. Service aimable.

Les Frangins 11/20

4 place de Bretagne - T. 02 99 30 42 01 - Menu(s) 32-39 €

Au rez-de-chaussée d'un bel immeuble aux lignes harmonieuses, la véranda bleue sur son socle de béton dénote quelque peu, mais l'emplacement est hautement stratégique. C'est là, dans un esprit qui oscille entre brasserie et bistrot, que Benjamin Perais anime en toute décontraction une agréable salle qui offre de beaux volumes, avec quelques espaces plus intimistes. L'ensemble du personnel est à l'unisson, dans une ambiance très animée. La cuisine de Thomas Picoult s'inspire de l'air du temps et excelle dans un registre simple et malicieux. Les belles asperges blanches sont nappées d'une légère hollandaise au siphon et dopées par un crumble, un peu de coppa et une touche d'ail des ours. L'agneau de 17 heures (ça, c'est de la précision !) est ensoleillé par le ras el-hanout bien dosé et contrebalancé par une douce purée de céleri et quelques jeunes carottes. Côté douceur, le baba à l'ananas, largement revisité dans sa forme, emporte l'adhésion. Et qu'y boit-on ? Pourquoi pas un blanc du Domaine des Deux Roches en saint-véran ou un saint-joseph du Domaine Marthouret. En rouge, le saint-amour de Didier Poitevin fera excellemment l'affaire.

Kebreizh — 11/20

13 rue Saint-Georges - Menu(s) 9,90-11,90 €

Après Debrin, Florian Bobes et Stéphane Pannagas ont décidé de s'attaquer au kebab, qu'ils repensent avec les meilleurs produits et des recettes plus travaillées. Le projet est ambitieux et les résultats sont là, une street food made in Rennes qui a su s'approprier une recette mythique avec succès. Les pains sont faits maison avec une farine bio, la broche est au poulet de Janzé, les légumes sont frais, les sauces sont maison, et donnent ensemble un kebab d'anthologie. On pourra également lui préférer la version végétarienne ou la version en bowl. En dessert, les petites gaufres apportent un supplément de gourmandise.

Le 2 Rue des Dames — 11/20

2 rue des Dames - T. 02 99 03 61 06 - Menu(s) 13-30 €

Cette jolie maison bretonne dans le centre ancien accueille une table de marché efficace et d'un bon rapport qualité-prix. L'endroit est sobrement décoré, idéal pour un repas entre amis ou un premier rendez-vous, avec ses petits murs en pierre et ses vieilles réclames. À l'ardoise, qui change régulièrement, on pourra y croiser une entrée d'asperges blanches, beurre nantais et crumble d'algues, un mi-cuit de thon au soja, sésame, coriandre et wasabi, un mignon de porc, jus réduit aux épices et pressé de patates douces, oignons frits, ou encore un financier à la roquette et crémeux vanille. Service souriant.

REPLONGES 01750

La Huchette — 14/20

1089 route de Bourg - T. 03 85 31 03 55 - Menu(s) 45-110 €

C'est le Rhône qui guide la cuisine de Didier Goiffon, de la Bourgogne à la Méditerranée. Son talent est ainsi conduit au gré des méandres d'une histoire grande, avec la technique qu'il faut, l'œuf en texture, joliment relevé par le soja et le pois gourmand, et le brocoli fumé au bois de romarin. Au choix, la sudiste lotte avec la betterave (la lotte est évidemment nacrée, et vraiment), avec des tomates confites au poivre Karimunda et mirabelles, ou bien la nordiste volaille de Bresse, la cuisse roulée aux aubergines et légumes du sud. Belle cave.

RETHONDES 60153

Auberge du Pont de Rethondes — 13/20

21 rue du Maréchal Foch - T. 03 44 85 60 24 - Menu(s) 49-96 €

Non loin de la clairière où fut signé l'armistice, une auberge bien agréable avec sa terrasse arborée et son étang aux nénuphars. Ludovic Colpart y élabore une cuisine qui aime les produits nobles, foie gras, homard (dont il fait un menu entier) et canard. Le menu «Signature» 5 services à 88 € explore ce registre sûr et sans grande surprise, mais sincèrement travaillé :

escalope de foie gras sautée à la cerise, ravioles de homard, sauce corail, ris de veau rôti en croûte de spéculoos et la tarte au citron revisitée. Carte des vins simple à prix doux, accueil et service aimables.

REUGNY 03190

La Table de Reugny 13/20

25 route de Paris - T. 04 70 06 70 06 - Menu(s) 36-47 €

Un bord de route pas plus réjouissant que cela, mais une maison avenante au milieu de ce village de passage à un quart d'heure de Montluçon. Des produits nobles pour une cuisine classique maîtrisée, qui montre un caractère et une patte de chef : saint-jacques snackées chou-fleur vanillé et romanesco, turbot poêlé écrasé de topinambour à la noisette jus terre-mer, chapon farci au ris de veau... Un bon menu à 36 €, bien placé en tarif pour cette qualité, en terminant par le cheesecake chèvre chocolat blanc mangue coco. Et des plats à emporter de bon goût pour les locaux.

RHINAU 67860

Au Vieux Couvent 15/20

CHEF : ALEXIS ALBRECHT

6 rue des Chanoines - T. 03 88 74 61 15 - Carte 108 € - Menu(s) 39-120 €

Figure connue de la cuisine aux herbes, Jean Albrecht a réussi la transmission de sa passion à son fils : Alexis cueille les herbes et fleurs comestibles, récolte les légumes du potager familial pour les combiner aux poissons d'eau douce de la région, aux viandes des éleveurs et au gibier de la chasse locale. Une cuisine qui a du style et du mordant, où le monde végétal ne tourne pas le dos au monde carnassier mais au contraire le met en valeur. Dans son menu «Plaisir» à 83 €, il nous impressionne dès l'entrée avec cette valse de fleurs et d'herbes qui accompagnent un espadon de Méditerranée : pétales de rose, capucine, bourrache blanche et bleue, souci, tépales d'hémérocalle, chénopode, sédum, mouron des oiseaux, pourpier, chrysanthème, tétragone, capucine, mertensia maritima, amarante, feuille de moutarde, herbe coca! Il donne du peps à un filet de brochet du Rhin pêché par Thierry Jung, et le sert en deux façons, en l'accompagnant de liliacées cultivées dans le jardin. Le chef excelle aussi dans les déclinaisons de produits, à l'instar de cet agneau de la ferme Lehmann à Boofzheim servi d'abord sous forme de tourte, puis vient le gigot avec sa boulette et son jus à l'orientale évoquant un couscous. La générosité atteint son apogée au moment du «festival des desserts d'Alexis» dans le même credo festif et gourmand, à l'image de ce sorbet de pamplemousse au goût puissant de fruits, souligné par du Grand Marnier, ou ce Mandelbarry avec une déclinaison de rhubarbe du jardin, une crème diplomate à la livèche et un sorbet fraise ; mais la farandole ne s'arrête pas là! C'est généreux, jamais empesé, le service conduit par Évelyne Albrecht a l'œil à tout et la cave est bien outillée, avec quelques grands classiques alsaciens.

RIBEAUVILLÉ 68150

Le Cammissar 13/20

81 Grand'Rue - T. 03 89 86 60 87 - Menu(s) 35-77 €

L'événement de l'année à Ribeauvillé est l'ouverture de cette table tenue par Thomas Eblin, jeune chef de 23 ans à l'ambition affichée. Cet enfant prodige formé à L'Auberge de l'Ill a rénové, avec le soutien de sa famille, une maison historique du centre-ville, jadis fief des seigneurs de Ribeaupierre. L'enseigne rend hommage au peintre strasbourgeois venu se réfugier dans le bourg pendant la Seconde Guerre mondiale. Côté déco, on n'a pas lésiné en conjuguant passé et présent avec ce joli poêle en faïence et ces élégants fauteuils contemporains. Conçue avec des produits de premier ordre, des cuissons parfaites et des sauces légères, cette cuisine, discrètement moderne, plaît pour la maîtrise technique. Après de nombreuses petites attentions servies avec l'apéritif, nous avons apprécié la fraîcheur de cette effilochée de truite gravlax associée à des agrumes et un sorbet aux petits pois. Élaboré selon la tradition, le foie gras de canard, certes fort goûteux, nous a semblé un brin trop parfumé d'épices à pain d'épices. Le style est parfois osé par l'emploi de produits rustiques qui défient la tradition française. Au poulpe ou la poitrine de porc, nous préférons la délicatesse de cet omble chevalier poêlé avec précision et accompagné d'asperges croquantes, de morilles et de beurre mousseux ou encore celle de ce carré d'agneau rôti, souligné par un jus bien réduit et escorté de jolis légumes printaniers de la Ferme Uhl. Le traditionnel vacherin, si souvent galvaudé ailleurs, est ici servi avec des glaces moelleuses et une rare chantilly fraîche. Quant à la poire confite, elle est servie avec un aérien bibeleskaes (fromage blanc) passé au siphon, et garnie de crumbles aux noisettes pleins de peps. La cave de sectarisme local gagnerait à s'étoffer et à s'ouvrir davantage. Quoique sympathique, le service et le conseil des vins est encore en rodage. Une découverte prometteuse pleine de bonne foi et de fraîcheur qui mérite attention et visite.

RIQUEWIHR 68340

La Table du Gourmet 17/20

CHEF : ***JEAN-LUC BRENDEL*** *- CHEF PÂTISSIER :* ***ALEXIS GALLET*** *- SOMMELIER :* ***FABIENNE BRENDEL*** *- SOMMELIER :* ***ANNE HUMBRECHT***

5 rue de la 1ère Armée - T. 03 89 49 09 09 - Menu(s) 65-165 €

On ne peut avoir qu'un coup de cœur pour cette ancienne demeure de vignerons de 1539, l'une des adresses les plus charmantes, blottie dans ce joyau d'architecture aux maisons colorées. Cela fait quarante ans que les Brendel, famille d'esthètes raffinés, ne cessent de moderniser leur cocon feutré, rouge flamboyant aux nombreux recoins et aux poutres médiévales, pour en faire un véritable lieu de fête et d'art de vivre. Cuisinier d'expérience, sensible et plein de punch, Jean-Luc Brendel, tête chercheuse, intello jamais à court d'inspiration, apporte à tout ce qu'il touche la marque d'une forte personnalité. Il a créé un jardin de permaculture où il cultive ses légumes, fruits, herbes et fleurs. Au rythme d'intitulés touchants, «Jardin d'été» (qui change en fonction de la saison), «Éveil des Sens », «Grande Symphonie», Jean-Luc Brendel sort des sentiers battus alsaciens. On aime le raffinement de ces trois tomates présentées comme des bonbons et servies avec un ketchup artisanal et quelques fleurs du jardin. On reste bouche bée devant les admirables pleurotes jaunes dénichées dans une champignonnière de Soultzmatt ; elles accompagnent une trompette d'Albenga, subtilement rehaussée de feuilles de basilic. Quant à la betterave associée à la fleur de dahlia et à un caviar de brochet légèrement fumé, voilà une composition qui cingle mais un brin dominée par la glace au raifort. Les escargots de Caro servis sur une émulsion de pommes de terre sont escortés d'herbes fort subtiles qui auraient pu être davantage mises en valeur si l'assiette avait été plus grande. Notre repas atteint 5 toques avec l'omble chevalier à la cuisson experte, sa peau croustillante et des fleurs de poireaux. Jean-Luc Brendel s'inspire aussi du passé qu'il revisite, à l'image de cette amusante choron qui accompagne l'admirable bœuf salers maturé 4 semaines et cuit sur la braise. Jeux de textures, jeux de couleurs et de saveurs, cette cuisine pleine de poésie percute et coule de source. Et puisqu'il faut bien chipoter, on est moins fans des desserts qui nous semblent être la cinquième roue du carrosse. Sommelière d'expérience, Anne Humbrecht conseille de beaux accords de crus choisis dans une cave qui excelle dans les vins d'Alsace, tandis que la sœur du chef, Fabienne Brendel, pratique l'art de recevoir. Une valeur sûre que cette demeure pleine d'allant cachée dans les vieilles pierres du village médiéval.

ROANNE 42300

Café-Épicerie le Central 13/20

20 cours de la République - T. 04 77 67 72 72 - Menu(s) 26-35 €

Le café-restaurant-épicerie situé en face de la gare n'a sans doute plus vraiment besoin d'être présenté, un incontournable de la galaxie Troisgros, où l'on vient selon les circonstances, faire ses emplettes, retrouver des amis, manger une dernière fois avant de quitter l'Auvergne. On y retrouvera tous les grands classiques du pays, selon les saisons et les envies, avec dans le verre une sélection bien affûtée. Prix justes.

ROCHEFORT EN TERRE 56220

Maison Cachée 13/20

9 rue Haute Candre - T. 02 97 61 04 71

Rassurez-vous, vous n'aurez aucun mal à dénicher cette jolie maison à pans de bois du XVIe siècle, située au cœur d'un village pittoresque et abondamment fleuri. Et encore moins de mal à tomber sur l'élégant Alban Chartron dans sa microcuisine, tout juste la porte franchie. En compagnie de Sarah, il ouvre donc une nouvelle page hors de la scène parisienne. Formé auprès des meilleurs (Davy Tissot, Alain Ducasse, Anne-Sophie Pic, Éric Frechon), il trace désormais son propre sillon loin du faste pour un retour à l'authenticité. La salle (un peu plus de 20 couverts) possède un charme fou avec ses murs et poutres en pierres blanchies, sa belle cheminée, son parquet agrémenté de quelques tapis. Le mobilier, volontairement anachronique, allie avec goût l'ancien et le contemporain. C'est le domaine de Sarah, qui glisse avec douceur et prévenance de table en table. À l'ardoise, un court menu-carte aux suggestions fraîches et vives, parfaitement sourcées (50 km à la ronde, pas plus). En entrée, le poulpe rôti est transcendé par une compotée de tomate très dense et légèrement épicée. Pour suivre, un superbe pavé de merlu remarquablement cuit. Le bouillon est délicat et les bébés courgettes encore un poil croquantes sont un délice, tout comme le crémeux (de courgettes) intelligemment relevé de pistaches. Vivacité, douceur et fraîcheur se donnent rendez-vous pour un dessert fruité autour de fraises, rhubarbe, hibiscus, mousse yaourt et granola. Enfin, c'est un plaisir de feuilleter le très beau livre de cave, tant sur la forme que sur le fond. Que d'heureuses références en bio et biodynamie, comme le bourgogne du Domaine Tripoz, le minervois de Charlotte et Jean-Baptiste Sénat, le beaujolais du Domaine Chasselay, le jura de Jérôme Arnoux, le savoie du Domaine Giachino...

RODEZ 12000

Café Bras 12,5/20

Musée Soulages - T. 05 65 68 06 70 - Menu(s) 37 €

Après avoir admiré l'œuvre de Pierre Soulages et son si absolu «noir lumière», il peut être réconfortant de retrouver les couleurs des légumes de saison, le chaud rubis du vin ou la douceur d'une chantilly ; c'est à cela que vous convie le chef Christophe Chaillou, qui propose une cuisine fraîche dictée par les arrivages du jour du marché de Rodez, sa référence favorite en matière de qualité et noblesse des produits aveyronnais, mais aussi par la saison ou son inspiration. Des recettes simples et complexes à la fois, l'esprit Bras, sans chichis inutiles mais aux saveurs ainsi décuplées. La carte des vins permet bien des audaces et le service, sous la houlette de Pascale Cathala-Chaillou, est, de même que l'accueil, aussi courtois qu'efficace.

ROMANÈCHE THORINS 71570

Rouge et Blanc 13/20

513 route de Fleurie - T. 03 85 35 51 70 - Carte 50 € - Menu(s) 28-60 €

Le bel hôtel 3 étoiles Les Maritonnes avec spa profite de la griffe Georges Blanc, avec cette élégante maison en rouge et blanc, comme la salle, et sa cuisine traditionnelle et bourgeoise, qui prouve encore et toujours que les adresses du chef sont des valeurs sûres pour le registre. On y croise les meilleurs plaisirs, les incontournables œufs en meurette, les escargots de Bourgogne dans un velours de champignons cressonnière, les cuisses de grenouilles comme en Dombes, la fameuse sole meunière, la volaille de Bresse à la crème de la Mère Blanc. Desserts classiques.

ROMORANTIN LANTHENAY 41200

Grand Hôtel du Lion d'Or 16,5/20

CHEF : DIDIER CLEMENT

69 rue Georges Clemenceau - T. 02 54 94 15 15 - Menu(s) 69-155 €

L'esprit de famille est souvent un moteur puissant. On savait Didier Clément excellent cuisinier. Mais il est certain que l'expertise de Marie-Christine, son épouse, pour tout ce qui concerne les produits et les recettes, ainsi que l'œil acéré d'Hélène, sa fille, le poussent à aller encore plus loin dans cette harmonie entre tradition et modernité. Cela faisait bien longtemps que nous ne l'avions pas connu aussi à l'aise, dans cette salle débarrassée de tout clinquant passéiste au profit d'un contemporain apaisant, pour concilier prestige et terroir avec autant de fraîcheur et d'innovation. Le caviar de Sologne en gelée dashi tourteau concombre et granny est un régal assez grandiose, comme le vol-au-vent truffe et foie gras avec une petite quenelle de poule faisane, sans pour autant chercher l'épate. La ligne reste sobre et précise avec une merveille d'onctuosité, brochet beurre blanc au vinaigre de sureau radis rose japonais et oignons doux, dans ce subtil décalage qui laisse la place à la découverte, comme autant avec le millefeuille de pommes tatin caramel mousseux et une excellente crème glacée coings. La cave est juste magnifique dans son abondance et dans sa sagesse tarifaire, très forte dans la Loire, et le service, plein d'allant, est bien celui d'une grande maison.

ROQUEBRUNE CAP MARTIN 06190

Ceto 16/20

1551 route de la Turbie - T. 04 93 37 22 44 - Menu(s) 70-168 €

L'hôtel Maybourne Riviera, à la place de l'ancien Vista Palace, est un bijou à la vue époustouflante. Remplaçant le Vistaero, voilà Ceto, au cadre contemporain, salle vaste ouverte et tournée vers la mer, surplombant d'un côté le cap Martin, et de l'autre Monaco. Si vous avez la chance d'avoir l'une des tables le long du balcon en verre, le bonheur est complet. La cuisine se trouve dans le fond du restaurant, elle aussi ouverte, et supervisée par Mauro Colagreco, entièrement dédiée aux produits de la mer : algues, planctons, crustacés et surtout poissons qui, pour certains, patientent dans une impressionnante cave à maturation, afin d'être servis à leur apogée : raviole de laitue de mer, gamberonis de San Remo nageant dans un consommé des têtes d'une rare finesse, impressionnant tronçon d'espadon moelleux et juteux, accompagné d'un sabayon de plancton onctueux et coloré, ou encore millefeuille marin à l'algue nori, vanille, sauce toffee. Une carte des vins déclamée par une sommelière italienne pétillante et un service un peu effacé, sans nul doute au profit de la vue.

ROSCOFF 29680

Le Brittany 15/20

CHEF : LOÏC LE BAIL

22 boulevard Sainte-Barbe - T. 02 98 69 70 78 - Carte 110 € - Menu(s) 89-189 €

La grande maison bretonne agrandie d'une extension contemporaine est bien le porte-étendard roscovite que tous les voyageurs célèbrent. À 6 services par semaine, il faut tomber au bon moment, mais la récompense tombe dans ces assiettes marines tressées avec conviction et métier par Loïc Le Bail. Pas étonnant qu'il connaisse bien les pêcheurs du coin, le chef a grandi avec la maison, depuis trente ans, après des passages chez les grands de ce monde, Senderens, Gagnaire, Savoy.... Le cuisinier breton parle donc à son aise le langage marin, sert le bouquet tiède, le tourteau en royale, daikon et vinaigrette citron, les saint-jacques à la couenne de porc et crème de panais, le bar à l'artichaut, sans oublier les classiques, le homard bleu en deux services et la langouste en kig-ha-farz. Bons desserts de saison à la mode bretonne (le kouign, le Gwell aux herbes...). Cave classique.

ROSPEZ 22300

La Ville Blanche 13,5/20

Lieu-dit Ville Blanche RD786 - T. 02 96 37 04 28 - Carte 87 € - Menu(s) 29-89 €

Cette maison blanche de campagne, aux portes de la ville, dans un style longère et prolongée à l'arrière d'une terrasse et d'un jardin potager est une institution. Elle fut naguère animée avec succès par les époux Jaguin. Depuis quelques toutes petites années, Yvann Guglielmetti et Maud ont repris le flambeau. La confortable salle en blanc et gris très clair, épurée au possible, mais égayée de quelques bouquets de fleurs fraîches, est particulièrement lumineuse. On s'y sent bien, même si le fond musical (des airs d'opéra) de ce jour-là avait quelque chose de bien agaçant. Yvann se montre un ambassadeur militant des fournisseurs locaux et régionaux sur lesquels il s'appuie pour proposer, avec un cœur gros comme ça, une plaisante cuisine identitaire qui gagnerait sûrement à être moins démonstrative pour aller à l'essentiel. Ainsi les belles asperges «du coin» sont accompagnées d'un crémeux d'asperges blanches associé à des suprêmes d'orange sanguine, à une crème au pecorino et enfin à un jaune d'œuf confit à la sauge... C'est un poil compliqué... Le beau pavé de lieu cuit vapeur est flanqué d'une agréable mousseline de céleri légèrement citronnée et rehaussé d'un jus d'arêtes au safran de Plougrescant. Les petits tronçons de poulpe rôti (trop fermes) n'apportent rien de plus. En revanche, le baromètre est vraiment au beau fixe lorsqu'arrive le dessert : le baba au limoncello, ganache à la feuille de citronnier, amandes et citron caviar est léger, fruité, onctueux et fort rafraîchissant. Mention au très jeune sommelier qui oriente et commente avec passion une carte qui tient bien la route : Trimbach en Alsace, Rijckaert pour le Jura, jasnières de la Roche Bleue, anjou du Domaine Montgillet, bandol de la Bégude, roussillon du Mas Saint Pierre, saint-romain d'Alain Gras...

ROUBION 06420

Auberge Quintessence 14,5/20

Col de la Couillole - T. 04 93 02 02 60 - Menu(s) 67 €

Un petit voyage s'impose en préambule du plaisir de venir manger chez Pauline et Christophe Billau, nos deux aubergistes des cimes. Situé à 1700 m d'altitude et au milieu de nulle part, au sommet du col de la Couillole, le robuste chalet en pierre et en bois invite d'emblée au lâcher-prise. C'est dans cette ambiance de calme absolu, aux abords du parc national du Mercantour, que le chef vous propose son menu unique en 5 séquences avec les produits authentiques des alentours, les truites de Rigaud, les légumes de Touët-sur-Var, le chevreau de Guillaumes, le safran de Bairols, le pain de Beuil, les volailles à pattes bleues de Pierlas, les miels et les confitures de la vallée de la Tinée... On admire le savoir-faire dans l'assiette, les légumes confits, en pickles ou en gel et crémeux, la truite en cuisson douce après avoir été marinée dans l'huile d'olive et genévrier, accompagnée d'un petit épeautre provenant des ruchers de Sallagriffon et d'un jus mousseux à la reine-des-prés au goût d'amande amère que le chef va cueillir lui-même. Le chevreau de la Ferme de la Ribière avec le petit filet à peine grillé et servi rosé et la pastilla de chevreau confit sur un jus corsé à la sarriette, polenta crémeuse du Piémont aux noisettes grillées et sa poêlée de girolles du pays... Les fromages de Saint-Étienne-de-Tinée, de Valberg et de Roubion à suivre, de chèvre, de brebis et de vache, affinés sur place avec la gelée de coing maison qui va bien en à-côté. On termine par le dessert, la pomme des Hautes Alpes infusée au safran, cachée dans une coque de chocolat lacté et caramel, on casse à regret cette «pomme d'amour» pour découvrir le travail. Pauline en maîtresse de maison prolonge l'expérience avec une explication impeccable des plats qu'elle apporte et les conseils judicieux en matière de vins, notamment des IGP Hautes-Alpes, qui se testent volontiers. Le plus dur sera de redescendre, sauf si vous dormez sur place dans l'une des sept chambres de l'auberge, car seul le dîner est possible.

ROUEN 76000

Gill 17/20

CHEF : **GILLES TOURNADRE** - *SOMMELIER :* **FRANCK BARBAY** - *DIRECTEUR DE SALLE :* **SYLVIE TOURNADRE**

9 quai de la Bourse - T. 02 35 71 16 14 - Carte 115 € - Menu(s) 49-89 €

Après tous les changements annoncés chez Gill, voici le dernier : on reste à la maison ! Et tous les Rouennais de pousser un gros ouf de soulagement. Gilles Tournadre a rendu toques et étoiles en 2020, mais le restaurant est toujours bel et bien là, et le chef aussi. Avec son lièvre à la royale, son pigeon à la rouennaise et son millefeuille, à savoir tous les standards et les habituelles petites surprises à la carte dont, la dernière fois, une merveille de carpaccio de langoustines avec une bisque en gelée. Du grand Gill, désormais aidé de son fidèle Sylvain (Nouin), rapatrié du 37. Les seules vraies nouveautés sont périphériques : vente du 37 et de La Place, gros succès pour le Café Hamlet. La restructuration permet à nouveau de voir l'avenir, de récupérer les toques et de rendre le chef détendu et heureux. Sylvie Tournadre passe encore de temps à autre, avec son sourire et son aisance, mais l'équipe est bien en place autour des cadres et les clients sont ravis. Tout est fluide, la tarte aux légumes est délicieuse, avec sa vinaigrette truffe, comme le très beau turbot au cidre, simple, parfaitement cuit et diablement efficace. Le régal est donc de retour, jusqu'au soufflé ou à l'assiette tout chocolat. Cave bien fournie, alimentée avec passion par le fidèle Franck Barbay, engageant et de bon conseil.

L'Odas 14/20

4 passage Maurice Lenfant - T. 02 35 73 83 24 - Menu(s) 44-148 €

L'affaire tourne bien, et le lieu est idéal, avec sa terrasse à l'ombre de la cathédrale et ce calme préservé, en retrait de l'agitation de la rue des Carmes toute proche. Débarrassé de la servitude d'une carte, Olivier Da Silva ne propose plus que des menus cachés, la cheffe Suzanne Waymel affichant une sûreté et une qualité qui rassurent les habitués. Menu à 44 € le midi, à 78 et 98 € le soir, et un menu homard à 148 €, voilà ce qui permet d'attendre sereinement le marché du jour.

Chez l'Gros 12,5/20

42 rue de la Vicomté - T. 02 32 83 57 23 - Carte 31 € - Menu(s) 25 €

On l'aime, parce que c'est un vrai bistrot. Il en a l'âme, pour le corps et la gourmandise. Parce que chez l'Gros, on ne mange que de bonnes choses, et c'est important de le mentionner. Au-delà du plaisir de manger bien, celui de manger mieux, d'avoir un capitaine qui se préoccupe de notre santé et qui ne choisit ses produits qu'avec une grande attention. Difficile de repartir sans se faire des amis, dans ce temple du bon où les traditions sont fièrement invoquées. On s'y régalera d'escargots avec une persillade indispensable, des ris d'agneau si respectés, avec cet accompagnement de patates et de carottes. Du lirac et du saint-véran pour humecter. On se croirait chez Verneuil ou Sautet. Il ne manque que la fumée pour retrouver la désinvolture des années 1990.

Les P'tits Parapluies 12,5/20

46 rue du Bourg l'Abbé - T. 02 35 88 55 26 - Carte 59 € - Menu(s) 29-67 €

Après quarante ans de Petits Parapluies, Gisèle et Marc Andrieu ne peuvent guère prôner l'air de la modernité et de la cuisine 2.0. Dans ce décor soigné, mais plus vieillot que rétro, c'est le savoir-faire qui apparaît dans l'assiette. Le jeune service inutilement guindé, la cave pauvrette et mal renseignée ne font pas oublier une sacrée patte, celle d'un professionnel accompli qui peut en remontrer dans la cuisson d'un saint-pierre, avec ces rattes et un beurre d'algues ou la poêlée de ris et rognons de veau au vin de xérès et mousseline de topinambour. Un très bon dessert chocolat, textures variées, glace sarrasin faite minute, clôt une expérience qui a toute sa place dans le paysage local.

Chez Philippe 12/20

54 rue aux Ours - T. 02 35 71 36 10 - Menu(s) 25-31 €

Il y a toujours autant de chaleur et de bonnes ondes chez Philippe Molinié, patron solidaire qui fait vivre son bistrot d'amis avec beaucoup de ferveur et d'engagement. Il cuisine, gère, et prépare, avec sa jeune équipe. Il en sort des assiettes gentiment fignolées et qui ont du goût : avec le karaage soja teriyaki, des saint-jacques façon Rossini, un risotto champignon et truffes, la brioche perdue aux noisettes torréfiées, les habitués continuent de se régaler avec la formule complète à 31 € (ou 25 € en entrée-plat ou plat-dessert).

La Galerie 12/20

4 rue Sainte-Croix des Pelletiers - T. 02 35 70 56 83 - Carte 39 € - Menu(s) 26 €

Un beau succès pour cette jeune maison, dont la bonne marche est entretenue avec entrain par Élisabeth Barbier-Battaille et le chef Bruno Poret, qui œuvra jadis avec Bertrand Warin aux

Hêtres. Dans cette salle contemporaine tout en longueur au seuil de la place du Vieux-Marché, chaque formule est bien étudiée, chaque assiette bien travaillée : œuf parfait à la crème de champignons huile de truffe, suprême de volaille rôti bisque de langoustine écrasée de pomme de terre au sel fumé, forêt noire et quenelle de sorbet griotte dans un bon menu à 26 €.

In Situ 12/20

35 rue Jean Lecanuet - T. 02 35 88 93 48 - Carte 41 € - Menu(s) 11,50-20 €

Planté à l'angle de l'allée Eugène-Delacroix, juste en face du monumental musée des Beaux-Arts, ce joli café-bistrot s'est imposé au fil des ans comme une valeur sûre du quartier. Avec son style un peu fifties, ses grandes baies vitrées qui pourraient évoquer le café de Danielle Darrieux dans «Les Demoiselles de Rochefort», l'endroit dégage une luminosité et un charme minimal rafraîchissants, une modernité avenante qui convient au ton des assiettes, plus tournées vers l'avenir que le passé. Le chef propose une carte courte, de saison, pas si traditionnelle que ça, des idées qui vont bien tels ces ravioles de piperade au jambon rostello dans une crème de maïs et copeaux de chorizo du Pays basque ou ce suprême de poulet jaune simplement doré sur la peau avec un accompagnement de carottes fanes et de pleurotes. La tarte au chocolat Valrhona aux pralines de fruits secs est vrai plaisir régressif. Formule du jour à 20 €.

Les Nymphéas 12/20

7-9 rue de la Pie - T. 02 35 89 26 69 - Carte 89 € - Menu(s) 32-56 €

Au pied d'un vieil immeuble à colombages sur le Vieux-Marché, une table de longue réputation qui propose une jolie salle au calme en fond de cour. L'offre, traditionnelle et touristique, s'appuie sur des produits de prestige et justifie une addition assez copieuse. Le tournemain vaut toujours la toque, le service est classique : huîtres de Saint-Vaast, homard petits pois à la menthe sauce vanillée au sauternes, magret de canard pommes Anna et garniture forestière.

Le 6e Sens 12/20

2 rue Thomas Corneille - T. 02 35 88 43 97 - Menu(s) 25-54 €

Un peu d'originalité visible et recherchée dans cette cuisine bigarrée qui s'appuie sur des produits bien choisis. Sur chaque assiette, une idée, une sauce, un accompagnement qui créent le décalage et plaisent à une clientèle jeune et curieuse : maquereau à la flamme guacamole d'avocat vinaigrette agrumes soja, suprême de poulet fermier jus corsé cacahuète et butternut confit, selle d'agneau farcie jus épices douces confit d'abricot... Un bon menu à 36 € dans un cadre agréable de pierre et de voûtes, tout près de la place du Vieux-Marché.

Café Hamlet 11,5/20

186 rue Martainville - T. 02 35 00 46 27 - Carte 40 €

C'est la grande réussite rouennaise de ces deux dernières années : dans le superbe et historique cadre de l'aître Saint-Maclou, Gilles Tournadre a installé son café salon chic juste derrière sa pâtisserie. Sur deux étages, plus la belle terrasse dans les jardins de l'aître, oasis en pleine ville, on pioche dans les propositions du moment, assez consensuelles, d'une brasserie actuelle : un gravlax de saumon betterave, la dorade en poisson du jour avec son quinoa, la, tarte chocolat de la pâtisserie (la boule vanille et le crumble sont peut-être superflus). Quelques idées malignes, comme la terrine de queue de bœuf et foie gras ou le burger chicken tandoori, des petites quilles de bon goût, tels le coteaux-du-lyonnais de la Petite Gallée et la bière de la brasserie locale Ragnar.

L'Epicurius 11,5/20

31 rue Damiette - T. 09 75 30 04 67 - Menu(s) 41-81 € ♿

Une table de son époque, aux assiettes instagrammables, dans un quartier touristique. Peu de complication dans cette cuisine adaptable (un accompagnement, une sauce qui vont aussi bien avec le cabillaud basse température, les saint-jacques ou les langoustines, et idem pour le paleron ou le ris de veau), mais une présentation et une déco soignées, et des saveurs plutôt cohérentes (mousseline de topinambour chips de panais émulsion crustacés ou un bon pressé de lapin et foie gras en entrée). La jeune équipe, souriante et dynamique, prend son rôle à cœur en traversant la longue salle parquetée comme sur un podium de haute couture. Des desserts très corrects (bonne version de la tatin sorbet granny), une cave basique avec un petit choix de vins au verre assez coûteux.

Ikat 11,5/20

110 rue Saint-Hilaire - T. 02 35 98 74 55 - Menu(s) 19-35 €

Nommée d'après l'indonésien «nouer», l'adresse est en effet le lien de continuité d'une table vivante et pleine d'héritage, passée des mains de Thomas Lemelle (Rotomagus, Le Fish) à ses anciens seconds, qui ont repris l'établissement. La jeune maison a survécu à ces dernières années difficiles, au bénéfice d'un quartier qui manquait un peu de dynamisme, et se fait le lieu de repas d'affaires concluants, de collègues qui en ont fait leur cantine, et même de touristes prêts à s'excentrer légèrement pour découvrir une cuisine de marché méritante. À l'ardoise, des assiettes de saison dans une carte courte et bien pensée, 3-3-3, par exemple de belles ravioles de tourteau et coulis de crustacés, un retour de pêche avec une sauce au vin jaune et risotto de blé, un filet de canette à l'huile de truffe, crème d'ail noir et écrasée de pommes de terre, une dacquoise amande et duo de pêches. Petite cave avec de la bonne volonté. Service attentionné et souriant. Formule déjeuner à 35 €.

Tandem 11,5/20

11 rue Damiette - T. 02 32 83 18 63 - Carte 9 € - Menu(s) 23 € ♿

Le quartier est porteur, mais Tandem ne se contente pas de surfer sur la vague. Il y a en effet un peu de cuisine dans les propositions du moment, et même le menu déjeuner s'applique à bien faire pour 23 € : rillettes de poisson à l'aneth tartare vert et pickles de chou, suprême de volaille farcie aux herbes polenta crémeuse au parmesan et épices, pêches marinées à la cardamome crémeux au basilic thaï streusel aux amandes. Les desserts montrent aussi une vraie patte. Bons produits, dont les désormais fameux légumes des Jardins des Mondrots de Saint-Victor-l'Abbaye. Service attentif.

Le Boma 11/20

4 rue de l'Ancienne Prison - T. 09 83 85 09 33 - Carte 46 € - Menu(s) 21-37 €

«Bo» pour Bonnefond, son nom, «Ma» pour Marienka, son prénom, et voilà cette jeune cheffe qui exprime sa passion tout près du Vieux-Marché. Marienka a travaillé dans de belles maisons lors de son Lour de France, mais c'est chez Rodolphe qu'elle a appris la cuisine en liberté et l'envie de voler de ses propres ailes. Ce qui se ressent dans ce joli cadre, un peu sombre et épuré (parquet, brique) et à travers cette patte audacieuse, notamment sur des sucrés-salés plutôt osés, comme la sucette de maquereau au chocolat blanc ou la salade de daikon aux agrumes. Au quotidien, un bon menu déjeuner à 24 €, avec dernièrement les saint-jacques sur lit de granny et amandes, la quiche poire gorgonzola, le baba Grand Marnier sorbet pamplemousse.

La Couronne 11/20

31 place du Vieux Marché - T. 02 35 71 40 90 - Carte 93 € - Menu(s) 29-57 €

Se revendiquant comme étant la «plus vieille auberge de France», millésimée 1345, La Couronne peut aussi se targuer d'avoir l'un des emplacements les plus emblématiques de la ville, sur les lieux mêmes où Jeanne d'Arc fut brûlée. Sans rapprochement de mauvais goût, la spécialité de la maison, et l'une des motivations principales pour fréquenter cette belle maison à colombages, au cadre authentique et suranné, est le spectaculaire canard à la rouennaise, en 2 services, les filets flambés devant vous avec la sauce liée au sang obtenue de la presse, et les cuisses panées. Les touristes sont ravis et se régalent, même si la bête est un brin trop cuite et le second service sans grand intérêt (la peau laquée serait sans doute une meilleure idée, et plus légère). Le reste de la carte se concentre sur les valeurs sûres, la sole meunière, le turbot hollandaise, la côte de bœuf ; en dessert, le soufflé et la tarte aux pommes, que la déco d'assiette, avec un bout de kiwi et de fraise, n'ennoblit pas. Cette plongée dans une tradition un peu oubliée a son charme (saumon fumé, huître, foie gras en entrée), la cave puise dans les années glorieuses de la maison (ce fut longtemps l'une des richesses de La Couronne), avec quelques millésimes anciens, et le jeune service s'applique autour d'un maître d'hôtel qui connaît les codes.

Gill Côté Bistro 11/20

14 place du Vieux Marché - T. 02 35 89 88 72 - Carte 36 € - Menu(s) 22,90 €

Gilles Tournadre a cédé quelques affaires, mais il a gardé ce bistrot auquel il est attaché et qui plaît. Bien situé, sur la place du Vieux-Marché, il offre une salle contemporaine bien agencée, une petite terrasse sur la place et, surtout, une cuisine bourgeoise aux airs de bouchon lyonnais, avantageuse et personnalisée : risotto d'épeautre aux crevettes émulsion citron confit, chou farci de pois chiches et soja sauce tomate, tête de veau gribiche, saucisson chaud aux pistaches. Bonne sélection viticole, service bien organisé.

Ho Lamian 11/20

243 rue Eau de Robec - T. 02 76 28 50 87 - Carte 25 €

Il existe à Rouen un coin bobo, la rue Eau-de-Robec, et ses tables du monde. Ho Lamian est un incontournable, un établissement hongkongais qui ne jure que par les bouillons de nouilles et qui constitue le repaire asiatique de la capitale normande le plus authentique qui soit. Des bouchées de crevettes, de porc, fulgurantes, un grand lamian avec des nouilles de riz maison, à des prix dignes. Dans l'idéal, venir tôt un soir d'été pour profiter de la terrasse.

Rollon 11/20

18 rue du Gros Horloge - T. 02 35 89 72 34

Difficile de faire plus normand que ce nouveau projet, né de la collaboration entre Pierre-Marie Soulat (Brasserie Ragnar) et Fabrice Antoncic (Boulangeries Luval). Ces deux chantres du local, qui ont œuvré chacun de leur côté pour faire valoir les richesses du terroir normand, se sont logiquement retrouvés pour offrir à la plus belle rue de Rouen une adresse digne de son tourisme. À l'angle de la rue Rollon, si l'on se met du côté de la «rue du gros», on pourra profiter d'une agréable brasserie viking, avec vue sur le Gros-Horloge et une bonne bière régionale, évidemment signée Ragnar. Côté cuisine, on y trouvera l'ambition d'une street food normande plutôt réussie, des charcuteries et des fromages du pays, un camembert ou un pont-l'évêque fondu pour se mettre en jambe, quelques burgers bien sourcés, au camembert et pomme, à la tomme de Bray fumée, champignons sautés et sauce oignon, avec bien sûr les pains maison à base de farine 100% normande de chez Luval. On retrouve une demi-douzaine de bières artisanales en pression, du cidre, ainsi que quelques cocktails originaux, pour commencer ou terminer la soirée. Service aimable et efficace.

ROYAT 63130

La Belle Meunière 14,5/20

25 avenue de la Vallée - T. 04 73 35 80 17 - Menu(s) 49-95 €

Depuis plus de trente ans, cette Belle Meunière est l'un des rendez-vous réputés de l'agglomération, où Laurent Jury travaille à la transmission des valeurs locales. Passionné d'Auvergne et de bonnes choses, le chef anime cette plus que centenaire maison d'une énergie innovatrice et constante, qui le pousse à penser son terroir au-delà des horizons, notamment dans des accords asiatiques d'une grande délicatesse. Sous les dorures impériales de la salle, bourgeoise et luxueuse, des plats techniques et davantage minimalistes jouent des partitions convaincantes, la langoustine et les pétoncles dans un bouillon thaï à la verveine verte de Velay, un cabillaud confit aux kumquats avec un cannelloni au tourteau, le tout au safran d'Auvergne, ou encore le chocolat au lait grand cru avec la clémentine et les fleurs de jasmin. La cave accompagne le repas avec une confiance légitime dans ses centaines de références, de l'accessible jusqu'aux plus belles références, grands sauternes et coulée-de-serrant compris. Service impeccable.

La Flèche d'Argent - Hôtel Princesse Flore 14/20

5 place Allard - T. 04 73 35 63 63 - Menu(s) 28-85 €

Mythique hôtel 5 étoiles fondé en 1883 au creux de la vallée de Royat, ce témoin de l'âge d'or du thermalisme a conservé son charme historique et son luxe. Outre les chambres, l'accès aux thermes et son formidable bistrot panoramique, on retrouve également sa table gastronomique, qui propose une cuisine bourgeoise et de produits nobles, d'un professionnalisme irréprochable. Les menus du soir s'étalent de 48 € à 85 €, alignant foie gras de la plaine de Limagne et céleri en texture, bar de ligne, chimichurri, makis de pak-choï et sabayon citronnelle-gingembre, cœur de ris de veau et saveurs des sous-bois, crosnes et jus aux épices, douceur de granny smith, vanille, citron vert et noisette. Grande cave bien pourvue.

ROYE 80700

La Flamiche 13,5/20

20 place de l'Hôtel de Ville - T. 03 22 87 00 56 - Carte 92 € - Menu(s) 24-80 €

La longue histoire de La Flamiche donne des droits et des devoirs. Certes, la cuisine du chef Éric Gachignard a perdu un peu de son lustre et l'on ressent un peu plus fortement le poids des ans. Pourtant, une expérience ici ne se vit pas comme si vous passiez au sushi-bar du coin. Mettez-vous en condition et passez un bon moment «in situ», pour apprécier une cuisine bourgeoise soignée et sincère. À cet égard, le menu 5 services à 80 € est un bon choix, avec le homard rôti, haricots verts et pêche, les cuisses de grenouilles à l'ail et persil, le foie gras chaud, accompagné de fruits du moment, le ris de veau braisé, sucrine et truffe et, pour finir, un tonique soufflé chaud au Get 27. Carte des vins peu captivante. Accueil aimable et personnel sympathique.

RUEIL MALMAISON 92500

Ochre 13,5/20

56 rue du Gué - T. 09 81 20 81 69 - Menu(s) 47-135 €

Il va falloir rester attentif aux évolutions de ce jeune chef déjà bien installé dans le paysage gastronomique et médiatique. Après son passage à «Top Chef» en 2019, c'est à Rueil-Malmaison que Baptiste Renouard décide d'installer sa cuisine créative et technique dans une vieille bâtisse aux murs de pierres et poutres. À l'authenticité du lieu se frotte un désir net de modernité incarné par une décoration choisie, entre classicisme de la vaisselle de faïence ornementée et design coloré des assises velours bleu électrique et moutarde. En cave et en salle, le sommelier Théotime Dordain œuvre depuis son grand comptoir, les plats s'enchaînent au cordeau, bien accompagnés de quelques références vinicoles enthousiasmantes, au verre comme à la bouteille. Un parti pris pour le végétal, avec cette asperge verte tout juste croquante travaillée en déclinaison d'amertume et d'acidité autour du pamplemousse et de la fleur de souci, avant les encornets façon chili con carne, une gourmandise plaisante. Bon dessert autour de la fraise, du lait ribot et du citron noir, menu déjeuner toujours intéressant.

SABRES 40630

Auberge des Pins 12/20

Rue de la Piscine - T. 05 58 08 30 00 - Carte 55 € - Menu(s) 25-75 €

Retour dans nos bases pour la valeureuse auberge landaise où Michel Lesclauze officie depuis quarante ans. Personne ne rajeunit, bien sûr, mais le bon esprit d'une cuisine enracinée demeure, avec sérieux et maîtrise, dans la réalisation. Nous avons retrouvé avec bonheur le foie gras mi-cuit en terrine, le pigeonneau farci désossé, jus simple et sa couronne de légumes glacés, le millefeuille de ris de veau et foie gras frais bien équilibré. Carte de vins locale et bordelaise, tarifs assez élevés suivant la réputation de la maison.

SAINT AMOUR BELLEVUE 71570

Auberge du Paradis - Lucienne 14/20

Le Plâtre Durand - T. 03 85 37 10 26 - Carte 13 € - Menu(s) 28 €

Cette maison rose recouverte de lierre au cœur du vignoble mâconnais est un havre de paix à la fois insolite et raffiné. L'hôtel-restaurant vogue entre classicisme et modernité, et Cyril Laugier y joue autant qu'il y travaille, avec les espaces, les produits et l'art de recevoir. Le décor est particulièrement étudié, dans un mélange baroque plein de contrastes, des éléments nouveaux et anciens. Les assiettes font la preuve d'une même fantaisie, s'inscrivant dans un registre presque tapas, avec des petites portions, à mi-chemin de la street food et de la gastronomie, un kebab de volaille aux herbes, marinade au piment d'Espelette et sauce yaourt aux épices, les asperges vertes de Frédéric Poupard, sauce gribiche au ras el-hanout et noisettes du Piémont, des brochettes de paleron de Black Angus cuites comme une fondue, tagliatelles de carottes, échalotes confites et jus réduit au tandoori... Menu à 28 € le midi.

Auberge du Paradis - Joséphine 12/20

Le Plâtre Durand - T. 03 85 37 10 26 - Menu(s) 20 €

Version bistrot de Lucienne, Joséphine est un hommage à la grand-mère du chef. Dans ce cadre chaleureux et inspiré des bouchons, on y retrouve une cuisine traditionnelle et ménagère, qui crée la nostalgie et réconforte. La carte est concise, avenante, un pâté en croûte, une soupe de saison, un œuf meurette, des plats du jour comme un petit farci ou une brochette de poulet au thym citron, un poulet au vin jaune et morilles le soir... Formule du jour à 20 €.

SAINT ANTONIN NOBLE VAL 82140

Le Festin de Babette 11/20

Route de Marsac - T. 05 63 31 69 03 - Menu(s) 29-35 €

Une jolie façon de se restaurer à Saint-Antonin, sur les bords de l'Aveyron. Une jolie maison en pierre du pays, une petite terrasse accueillante pour les beaux jours côté rivière, et un accueil cordial pour des nourritures composées et régionales : magret fumé maison mousse de pomme de terre à l'huile de noix, truite arc-en-ciel bouillon thaï crème de haddock, agneau du Quercy braisé marinade de piments jus corsé dans un bon menu à 29 €.

SAINT BONNET LE FROID 43290

Régis et Jacques Marcon

*CHEF : **JACQUES MARCON** - CHEF : **RÉGIS MARCON** - DIRECTEUR DE SALLE : **JÉRÉMY CLAVEL** - CHEF PÂTISSIER : **DAVID BOUDINET** - SOMMELIER : **LAURENT BLANCHON***

18 chemin de Brard - Larsiallas - T. 04 71 59 93 72 - Carte 264 € - Menu(s) 190-250 €

Venez comme vous êtes. Évidemment, Régis et Jacques Marcon ne valideraient jamais un tel slogan associé à la malbouffe. Mais il suffit d'observer l'assistance, les mines invariablement réjouies des clients, qu'ils soient installés le long des baies vitrées ou plus à l'intérieur de cette grande salle ouverte sur le Velay, qu'ils portent le costume ou une simple chemise à carreaux à manches courtes, pour réaliser que grande cuisine et simplicité peuvent cohabiter en parfaite intelligence. Ici, on ne demandera pas aux messieurs de porter la veste, même en plein été. On ne roule pas jusqu'à Saint-Bonnet-le-Froid pour se faire voir, mais pour en prendre plein la vue, se payer une inénarrable tranche de plaisir culinaire, faire connaissance avec les champignons du moment, se souvenir, ou découvrir, que la plupart des amanites se mangent, que l'omble chevalier avec une poêlée de girolles et une sauce aigre-douce framboise verveine, ça fonctionne vraiment bien et que le sparassis crépu, lorsqu'il est préparé et cuisiné avec une telle science du produit, ça vaut tous les cèpes du monde, et que les morilles, ça peut évidemment faire un (formidable) dessert avec de la poire et un verre de vouvray moelleux de chez Naudin. Et parce que les Marcon père et fils n'envisagent la restauration que comme un vecteur de partage, ils invitent bien successivement toutes les tables à faire le tour des cuisines et proposent à chacun une petite poêlée de champignons avant le merveilleux plateau de fromages. Un voyage gastronomique inoubliable, qui vaut aussi pour la cave, immense et passionnante et pour le service, toujours dans le juste ton et sachant s'adapter à chaque table.

SAINT BRIEUC 22000

Aux Pesked 15/20

CHEF : MATHIEU AUMONT

59 rue du Légué - T. 02 96 33 34 65 - Menu(s) 40-105 €

Comme suspendue au-dessus de la verdoyante vallée du Goüet, la maison des Aumont occupe un site privilégié pourtant si proche de l'agitation urbaine. La sobre élégance de la salle n'a d'égale que son confort. Cette douce atmosphère est entretenue par Sophie et tout le personnel, efficace et discret. Quant à Mathieu, il trace son sillon avec constance. Sa cuisine sera marine ou ne sera pas. Du poisson stylisé qui vous accueille sur le trottoir à l'enseigne et naturellement à la carte, la marée est ici toujours haute. Les petits tronçons de maquereau de ligne grillés au chalumeau sont ainsi relevés d'une sauce aigre-douce parfaitement équilibrée et d'une variation autour de la carotte : rôtie, en purée à la cardamome et en pickles. L'effet iodé prend également toute sa dimension avec un ormeau sauvage d'une grande tendreté, galvanisé par des algues fraîches et un bouillon de crevettes grises parfumé à la sauge et à la citronnelle. Les vents porteurs ne faiblissent pas à l'approche du dessert sous forme d'une poire dans tous ses états. Pochée dans un jus de verveine, citronnelle et badiane, elle est accompagnée d'un petit carré de kouign-amann à la poire et par un sorbet à la poire Williams. La cave s'appuie sur des domaines qui ont fait leurs preuves : Ostertag en Alsace, Luneau-Papin, Chidaine, Blot, Fouassier, Minchin dans la Loire, Abbatucci en Corse...

La Table d'Edgar 12,5/20

15 rue Jouallan - T. 02 96 60 27 27 - Carte 49 € - Menu(s) 22-55 €

La belle demeure ne se contente pas d'offrir de confortables chambres au cœur de la cité. Ce serait franchement ballot de ne pas pousser les portes du restaurant. D'abord pour le cadre façon «brasserie chic» aux couleurs apaisantes, les confortables fauteuils ou banquettes, la grande verrière qui ouvre sur le ciel... Ensuite, bien évidemment pour la cuisine de Sébastien David qui ne manque pas de savoir-faire. Par exemple, l'émulsion au yuzu est équilibrée en saveurs et révèle bien les langoustines associées à des petits pois sucrés et légèrement mentholés. Une entrée estivale pleine de fraîcheur. Le lieu jaune - un poil trop cuit - est de son côté posé sur une «tombée d'oignons nouveaux» agrémentée de serrano, d'artichaut et d'un jus de coquillages. Les abricots confits au romarin et tartelette à la crème d'amande se dégustent sans déplaisir, même si l'ensemble mériterait d'être traité avec un peu plus de légèreté. Le service est aimable et la carte des vins permet de se faire gentiment plaisir.

SAINT CANNAT 13760

Le Mas Bottero 14/20

2340 route d'Aix - RN 7 - T. 04 42 67 19 18 - Menu(s) 33-95 €

Il est aujourd'hui d'usage, et malheureusement de constat, de dire que lorsqu'on s'arrête au hasard au bord de la route en France, on ne mange pas bien. Alors suivez le guide! On trouve un peu de tout sur ce bord de route très fréquenté entre Aix et la Durance. La bonne étape se trouve en ce mas bien tenu, qui offre une cuisine 2 toques scrupuleusement et régulièrement mise en valeur par Nicolas Bottero. Maîtrise des cuissons, des associations, des dressages, le chef cultive un solide savoir-faire détaillé en beaux menus, intéressants, nets et gourmands : tartelette de légumes et courge de Mallemort, maigre de Méditerranée en vapeur douce fumet émulsionné à l'anchois, épaule d'agneau parfaitement préparée pomme de terre à la dauphinoise, figues aux épices douces et chocolat blanc dans un performant menu à 75 €. La cave est truffée de bons choix aux tarifs juste, urbi et orbi.

SAINT CÉRÉ 46400

Les Trois Soleils de Montal 14/20

Les Prés-de-Montal - T. 05 65 10 16 16 - Menu(s) 38-92 €

Depuis trente ans, cette table à la campagne fait le régal des Lotois, grâce à des produits de qualité et de saison. Une clientèle familiale qui apprécie la sûreté du coup de main de Frédérik Bizat, dans une vision traditionnelle qui bouge peu au fil des ans. Au point que nos dernières expériences nous ont semblé moins convaincantes dans le sens voulu d'un terroir vivant. La soupe froide de melon en mise en bouche précède la soupe froide de tomate, tourteau et sorbet aux herbes. L'excellent canard de Challans de chez Burgaud mériterait un jus un peu plus concentré et le croustillant vanille est simple et correct. Florence accueille et présente la cuisine de son époux avec beaucoup d'aisance, dans une ambiance classique. Cave convenable, avec un choix au verre.

SAINT CYR AU MONT D'OR 69450

Brasserie des Monts d'Or 12,5/20

3 place de la République - T. 04 78 47 20 14 - Menu(s) 29 €

C'est une sorte de cantine de copains heureux d'habiter le village de Saint-Cyr, fiers d'y admirer l'une des plus belles vues sur Lyon, surtout les nuits d'été, depuis cette terrasse éclairée comme une guinguette, où l'on glisse facilement de l'apéro au repas. La clientèle est aisée et passera sans problème d'un beaujolais blanc à un corton-charlemagne d'une dizaine d'années de chez Leflaive, le tout sur un menu invariablement bloqué à 29 €, midi et soir. La carte change toutes les semaines et Michaël Gaudinet, qui a œuvré au Grand Véfour, au Carré des Feuillants et chez La Mère Brazier, nous envoie des plats simples d'une brasserie moderne, toujours bien pensés, bien cuits et bien assaisonnés.

Là-Haut sur la Colline 11,5/20

81 route du Mont-Cindre - T. 04 78 47 25 17 - Menu(s) 22 €

Tout le petit gratin de Saint-Cyr, l'équivalent de Neuilly, se presse là-haut sur la colline dès que la température dépasse les 25°C. Les Enguerrande, les Clotilde, les Constance en culottes courtes croisent les Hippolyte, les Adrien et les Calisthème. Très famille, très happy few, les assiettes suivent et sont toujours simples, faciles à comprendre, avec de bons assaisonnements et des cuissons justes. Grand jardin, très calme. L'apéro se fait autour du boulodrome avec un verre de Sainte-Marguerite, pendant que les enfants jouent à la balançoire, ou dans des cabanes construites pour eux, et pendant que le repas se prépare. Le temps semble suspendu.

SAINT DIDIER DE LA TOUR 38110

Ambroisie 13,5/20

64 route du Lac - T. 04 74 97 25 53 - Menu(s) 35-110 €

C'est l'adresse sûre que l'on passe à ses meilleurs amis : quelles que soient leurs préférences culinaires, il est évident qu'ils trouveront ici leur petit bonheur. La maîtrise d'André Taormina est telle que l'assiette, comme ce qui l'entoure - et la vue sur le lac fait partie de l'expérience - est sous contrôle. Dans cette salle classique et spacieuse, l'épouse du chef supervise un service sans faille pour présenter les belles assiettes de la maison : chair de tourteau, émulsion riz, framboise, plutôt original, foie gras poêlé, feuilleté aux cèpes et trompettes-des-morts, aussi bien qu'attendu, comme le filet de bœuf aux petits légumes. Agréable dessert autour de la châtaigne, avec une belle technique, cave bien variée sur toutes les régions.

SAINT DIZIER 52100

L'Archestrate 12/20

17 rue Emile Giros - T. 03 25 08 31 89 - Menu(s) 24-35 €

Une adresse sûre, le rendez-vous qui ne rate jamais, où les locaux se retrouvent pour célébrer les moments heureux. La décoration raffinée et sobre sert de cadre logique à une carte qui ne manque pas sa cible, un croustillant de saint-jacques et chorizo, un filet de bar et purée de pommes de terre au chèvre, un suprême de pintade farci aux escargots, un beau millefeuille. Cave bien accordée.

SAINT DONAT SUR L'HERBASSE 26260

Chartron 15/20

CHEF : BRUNO CHARTRON

1 avenue Gambetta - T. 04 75 45 11 82 - Menu(s) 45-105 €

L'affaire familiale, née au sortir de la guerre par la volonté de Paulette Chartron et de son frère René, se porte comme un charme. Bruno, le petit-fils de René, et son épouse Véronique veillent sur cette solide hôtellerie qu'on se plaît à retrouver régulièrement, comme pour un pèlerinage. Dans cette belle maison de village à un quart d'heure de Valence, les assiettes, entre recettes éprouvées et touches de modernité, rassemblent toutes les générations de clients sous un même étendard : raviole de homard et mousseline de poisson aux herbes, sauce homardine, filet de barbue à la plancha, fleur de courgette farcie au quinoa et ratatouille, beurre blanc aux œufs de truite, filet d'agneau rôti, tagliatelles de courgette au thym-citron, pomme de terre délicatesse et jus d'ail noir. Desserts soignés, cave de bon niveau, en particulier sur la vallée du Rhône, avec le meilleur des alentours, en hermitage et en crozes.

SAINT ÉMILION 33330

La Table de Pavie - Hôtel de Pavie 17,5/20

CHEF : SÉBASTIEN FARAMOND - CHEF PÂTISSIER : SÉBASTIEN NABAILE - DIRECTEUR DE SALLE : GUILLAUME BOUILLIER - DIRECTEUR DE SALLE : PATRICK LEFÈVRE - SOMMELIER : BENOÎT GELIN

5 place du Clocher - T. 05 57 55 07 55 - Menu(s) 80-220 €

Gérard Perse, que nous avions croisé par hasard au printemps, nous avait prévenus. Nous évoquions Plaisance, ou plutôt Pavie, et la nouvelle équipe mise en place par Yannick Alléno. Allait-elle être au niveau ? Il nous avait répondu enthousiaste : «Vous verrez, c'est encore mieux.» La conclusion est qu'on peut faire de grands vins et savoir aussi reconnaître de grands plats. Car oui, trois fois oui, cette table est bluffante par son équilibre entre créativité et précision. Dans ce cadre majestueux, dominant les toits de la cité, le duo Sébastien Faramond et Sébastien Nabaile, le chef pâtissier, est dans la performance. Suivant les préceptes «alléniens» (extractions, sauces...), les assiettes s'enchaînent en séduction, sur la tomate, l'œuf bio au caviar cresson et sauce à l'anguille fumée, un régal absolu, le turbot cuit sur l'os à moelle aux sarments de vigne, le magnifique carré d'agneau, en côtelettes à la fleur de sel, jus aux olives iodé, gratinée Villeroy de ris et huîtres belon à l'oseille, avant que l'autre Seb ne prenne le relais avec l'extraction d'un melon, spoom glacé aux feuilles de citronnier du château et fenouil sauvage, puis la tarte chaude au chocolat, sauce Maury, glace à la vanille de Tahiti, intense en chocolat et hyper gourmande. Cave exceptionnelle, à la hauteur du lieu, service très pro orchestré par le fidèle Guillaume Bouillier, en place depuis douze ans.

Les Belles Perdrix de Troplong Mondot 15,5/20

CHEF : DAVID CHARRIER

Château Troplong Mondot - T. 05 57 55 38 28 - Menu(s) 48-145 €

En contrebas du village, le domaine du château Troplong Mondot offre une belle perspective sur la région. Depuis la terrasse, on contemple les vignes en se régalant d'une cuisine subtile menée par l'excellent David Charrier : pagre de ligne en minces tranches marinées, voile de ponzu, artichauts de pays et confiture d'algues, caviar Sturia, boudin noir de canard en tarte fine croustillante condimenté aux graines de moutarde, beurre d'orange sanguine et jus bigarade, de la canaille chic très séduisante, turbot sauvage ikejime, fleur de courgette du potager farcie, olives vertes et herbes, jus de légumes grillés, à la superbe cuisson, ainsi qu'une remarquable déclinaison sur les cèpes des Pyrénées. On notera aussi les œuvres du pâtissier Adrien Salavert, qui compose sa «fleur d'été... un peu, beaucoup, passionnément» avec des pétales chocolat rubis et gel de fleur, mousse vinaigre de miel et cire d'abeille, pollen à saupoudrer, dans un ravissant graphisme de marguerite à effeuiller. Service impeccable, personnel très à l'écoute et attentif, cave bordelaise forte, mettant bien sûr le château à l'honneur.

L'Huitrier Pie 15/20

CHEF : CAMILLE BROUILLARD

11 rue de la Porte Bouqueyre - T. 05 57 24 69 71 - Carte 22 € - Menu(s) 44-120 €

Après les honneurs et les récompenses du dernier guide, Camille Brouillard et Soufiane Assarrar doivent respirer, souffler, consolider, et continuer à avancer. Pas si facile quand on a 3 toques sur les épaules après seulement trois ans et encore tout à prouver. Dans la salle parquetée, agréable et sobre, ils déploient leur énergie et leur volonté d'améliorer encore le niveau. Avec des compositions où les goûts s'enchevêtrent, les huîtres avec la carotte, passion, gingembre émulsion eau d'huître, le haddock sous son voile de chou-fleur beurre de coquillage, le (très bon) veau de Saint-Loubès ayant fort à faire avec l'émulsion au vinaigre de muscat, l'huile de capucine et jus de viande, la purée de datte et gingembre, la purée et la tartelette de rutabaga et poitrine de cochon et anguille fumée... Le jeune service pousse ainsi les manières en évitant le naturel, le pain est pris à bon escient chez un boulanger proche. Agréable dessert fraise, carte des vins intéressante, fouillée, avec une belle représentation en biodynamie sur tous les vignobles français, aux coefficients néanmoins costauds.

Le Logis de la Cadène 15/20

CHEF : ALEXANDRE BAUMARD

3 place du Marché au Bois - T. 05 57 24 71 40 - Menu(s) 44-125 €

Le même chef qu'au Gabriel, mais pas tout à fait la même philosophie ni la même expérience. Alexandre Baumard s'immerge avec aisance à Saint-Émilion, aussi bien qu'à Bordeaux. Sa cuisine, à la grande formation classique française, présente la bonne vision. Si, au cœur de la métropole bordelaise, il se consacre au poisson et signe une carte très urbaine, il peut davantage ici offrir des saveurs familières, non sans finesse, de belles asperges blanches sabayon citron et ventrèche de thon fumée, les dernières morilles sarrasin et ail des ours, un saint-pierre roulé dans les algues déclinaison de betterave. Du travail propre, qui ne cherche pas l'épate, bourgeoisement rassurant dans un style contemporain. Desserts de saison - une belle composition sur la fraise avec un sorbet oseille percutant -, bon jeune service dans le sage ton maison. Cave de prestige comme attendu, qui aligne les intouchables en verticale, convoque l'excellence du monde (Penfolds Grange, Pingus, Egon Muller) et offre un choix suffisant au verre, avec quelques jolis coups de canon (Malartic-Lagravière blanc à 25 €).

Hôtel Grand-Barrail 13/20

Route de Libourne - T. 05 57 55 37 00 - Carte 50 € - Menu(s) 60-95 €

Dans un superbe parc au milieu des vignobles de Saint-Emilion, le château Grand Barrail en impose par sa majesté. Une terrasse agréable pour les veillées estivales, une salle aux charmes mauresques pour les soirées plus fraîches et une cuisine raffinée à des prix accessibles. De jolis dressages, des assiettes généreuses, un chef (Quentin Merlet) avec un savoir-faire certain... Le potentiel est là, le désir de satisfaire le client aussi, et on passe un bon moment dans un cadre idyllique : tomate cœur de bœuf en texture, burrata, coulis de tomate, sorbet à l'huile d'olive, saint-pierre de belle cuisson, confit au citron, blettes fondantes, panisse et huile citronnée, filet de bœuf charolais, céleri et pomme confite, jus au raisin. Aimable dessert carotte des Landes, gâteau de carotte, gel gingembre, sorbet carotte orange et espuma tonka. Service courtois, avec un peu d'attente. Cave évidemment centrée sur Saint-Émilion. Le midi, une formule bistronomique et, le soir, un bar à vin avec tapas et charcuterie en afterwork.

L'Envers du Décor 12,5/20

11 rue du Clocher - T. 05 57 74 48 31 - Carte 66 € - Menu(s) 32 €

L'annexe bistrot de la Table de Pavie, toute proche, est une belle machine, avec sa grande salle accueillante prolongée par le jardin d'été. Les habitués des châteaux aiment s'y encanailler pour le bon motif de belles viandes, d'un excellent foie gras, de plats généreux. Les touristes se recentrent parfois sur le «petit menu» à 32 € (la carte, avec le filet de bœuf ou la côte de veau aux asperges et morilles vous fait grimper vers les 80 €), très copieux avec, cette fois-là, une grosse gambas en kadaïf, le maigre poivron et purée à l'huile d'olive, un dessert coco ananas avec sorbet basilic. Le service est tel qu'on aimerait le trouver dans bien des gastros, gentil, pro, concerné, naturel, même quand «Monsieur Perse est là», installé au comptoir. Cave imposante, les vins des domaines Perse en tête (Pavie, Clos Lunelles...) et surtout un magnifique catalogue sur le Libournais aux prix les plus justes de tout Saint-É.

Le Tertre 11,5/20

5 rue du Tertre de la Tente - T. 05 57 74 46 33 - Menu(s) 33-61 €

Dans une ruelle pentue au pavé inégal où il convient de bien regarder où l'on met les pieds, la jolie maison couverte de vigne vierge de Catherine et Julien Elles est un classique de l'époque aux formules étudiées et bien traduites, reprenant les codes et les ingrédients tendance dans des assemblages plaisants mêlant quelques productions locales : escargots de la Perlotte sauce bordelaise lentillons speck et ail des ours, pièces du boucher asperges blanches orge perlé sauce poulette, éclair craquelin crémeux citron meringue combava Suzette limoncello...

Le Bistrot des Vignobles 11/20

20 rue de la Porte Bouqueyre - T. 05 57 24 56 33 - Menu(s) 35 €

C'est un peu la cité des bars à vin, qui fleurissent le pavé un peu partout sous les pieds des touristes. Cet exemplaire, bien tenu, ne surjouant pas l'authentique, est sympathique par son offre et par ses tarifs, avec un menu à 35 € qui donne le choix malgré quelques manières :

mi-cuit de foie gras en gravlax compotée de rhubarbe, couteaux en persillade, magret caramel au poivre purée de patate douce, soupe de fraises... Bon choix de vins de l'appellation à 35 € et quelques grands crus accessibles (Troplong Mondot 2006 à 140 €).

Au Lard et Bouchon 11/20

22 rue Guadet - T. 05 57 24 28 53 - Carte 50 € - Menu(s) 29 €

Voilà une enseigne qui ne fuit pas ses responsabilités : du lard et du bouchon, rien de tel pour requinquer le visiteur de cette jolie cité viticole. Dans la tradition d'une carte de cuisine bourgeoise, pas plus régionale que cela, mais qui concilie les plaisirs de l'assiette et du verre dans des recettes connues : escargots à la bourguignonne, œufs meurette au foie gras, filet de bœuf Rossini, ris de veau braisé jus de veau en réduction. Desserts de l'époque (baba, paris-brest, tiramisu...).

SAINT ÉTIENNE DE BAÏGORRY 64430

Arcé 13/20

Route du Col-d'Ispéguy - T. 05 59 37 40 14 - Carte 56 € - Menu(s) 38 €

Récompensée lors du dernier Gault&Millau Tour pour sa qualité d'accueil, c'est bien toute la famille Arcé qu'il faut féliciter pour la bonne tenue de cette maison depuis tant d'années, emblème de l'accueil à la mode basque. À l'ombre de quelques arbres immenses et au bord de la Nive, cette belle et typique bâtisse offre une délicieuse terrasse ombragée pour apprécier un joli moment gourmand et soigné autour de produits locaux de choix : tourteau, ravioles de radis blanc, sauce cocktail, crémeux aux navets, pointe de miel, cochon Ibaiama, poitrine confite 24 heures, boudin noir, araignée, polenta au maïs grand roux et fagots d'haricots verts pour un plat de caractère, identitaire et savoureux, sablé breton, fraises d'Arnéguy, gelée de vinaigre de vin et coulis de fraise pour un joli final fruité. Vins de la région, mais aussi du ribera-del-duero, et de bonnes références sur tous les vignobles, en bio notamment.

SAINT FÉLIX LAURAGAIS 31540

Auberge du Poids Public 14,5/20

26 route de Toulouse - T. 05 62 18 85 00 - Carte 76 € - Menu(s) 28-85 €

Cette demeure de famille est une ode au terroir dont on ne saurait se passer, et la plus belle table du Lauragais. Nous avions récompensé l'an passé le cassoulet de cette honorable maison. Philippe Jeansing et la directrice Céline Taffarello, qui a pris la suite de ses parents, sont fiers d'avoir remporté le prix du championnat du monde de cassoulet toulousain 2022. La carte se partage ainsi entre tradition actualisée et grands classiques, le foie gras et l'agneau du Lauragais ayant évidemment une grande place. La carte des vins oscille entre valeurs sûres et jolies découvertes. Le service est fiable.

SAINT GALMIER 42330

La Source - Hôtel La Charpinière 14/20

8 allée de la Charpinière - T. 04 77 52 75 00 - Menu(s) 64,50-95 €

Du classique d'aujourd'hui, de la belle restauration à la française dans une ville d'eau, menée par une équipe très pro. La cuisine d'Antoine Bergeron, suit la tendance, du végétal et du local, très soutenu par les producteurs proches : l'huître pochée dans son jus, voilée de lard blond, choucroute de chou rouge parfumée avec jus de cochon et zestes de citron, le sandre cuit à l'unilatéral, minipoireaux, œufs de saumon de fontaine, beurre blanc réalisé avec un vin blanc pétillant local, la «Dédette», le carré de cochon maturé trois mois cuisiné au barbecue, déclinaison autour de la butternut, sabayon de beurre noisette fumé au bois de hêtre, et jus de cochon... Des assiettes sans faute, de beaux plats de gibier en saison (la tourte faisan perdreau palombe avec un jus vin rouge), un bon et classique soufflé chocolat écorces d'orange avec le miel d'un apiculteur local et un sorbet mandarine pour 2 toques sérieuses. Cave classique complète.

SAINT GERMAIN LÈS ARLAY 39210

Hostellerie Saint-Germain 14/20

635 Grande Rue - T. 03 84 44 60 91 - Menu(s) 44-78 €

Au nord de Lons-le-Saunier, l'hostellerie de Maria et Marc Tupin offre un lieu idéal pour redécouvrir les plaisirs d'une cuisine franc-comtoise revisitée. Le chef élabore des assiettes avec des produits sourcés et de bonnes idées d'alliance franco-franc-comtoise, comme le trio d'œufs en meurette, les escargots et pied de cochon, le dos de maigre aux asperges vertes et pois chiches et sabayon au vin jaune, le filet de veau Rossini aux herbes, la crème brûlée au vin jaune de Michel Gahier, croquant aux noix et sorbet ananas. Très belle cave vitrée avec plus de 300 références.

SAINT GERVAIS LES BAINS 74170

Source 13/20

43 avenue du Mont d'Arbois - T. 04 57 44 41 35 - Menu(s) 35-75 €

Une nouvelle étape, fiable et précise, à l'écart des tartiflettes et des reblochonnades. Clauderic Marquet et Anthony Auvray, que l'on a connus à Une Autre Histoire à Annecy, où ils sont restés dix ans, mêlent avec agilité des produits de montagne et d'ailleurs : escargots du pays du Mont-Blanc en croquilles, salade de jeunes pousses œuf de ferme cuit a 64°C pour une entrée très agréable, pièce de cochon ibérique au romarin, pommes grenailles et légumes de saison, pavlova pêches abricots, glace vanille parfumée à la cardamome pour un classique à la mode. Les producteurs locaux sont cités, la cave est bien pourvue en savoie et bugey.

SAINT GERVAIS SUR MARE 34610

L'Ortensia 13/20

2 rue du Château - T. 04 99 42 00 91 - Carte 42 €

À l'entrée du village, un ensemble contemporain dans l'esprit régional et une très belle vue sur le Haut-Languedoc, menée avec dynamisme par Lise et Matthieu Vidal. Le chef ne prend que le meilleur, travaille des produits frais dans une carte courte, assurant avec précision des assiettes au cordeau : cromesquis de homard réduction de carcasse infusée au combava, épaule d'agneau à la cuillère condiment poivron rouge, roulé agrumes coco, pour un repas sans fausse note à prix juste (moins de 50 € à la carte). Chambres d'hôtes sur place, une base plaisante pour les balades dans cette superbe région.

SAINT GRÉGOIRE 35760

Maison Ronan Kervarrec - Le Saison 16,5/20

CHEF : RONAN KERVARREC

1 impasse du Vieux Bourg - T. 02 99 68 79 35 - Menu(s) 59-185 €

En 2020, le retour de Ronan Kervarrec en terre bretonne avait été salué comme il se devait. Heureux de renouer avec ses racines, il a trouvé son rythme de croisière qui le propulse dans le petit peloton de tête des meilleurs cuisiniers régionaux. La très jolie maison à taille humaine de la banlieue chic de Rennes offre un cadre d'une grande élégance prolongé par un adorable jardin où il fait bon s'attarder aux beaux jours, à l'heure de l'apéritif ou du café. Els Kervarrec assure un accueil urbain et chaleureux. L'équipe de salle est à l'unisson. Tout est donc en place pour savourer une cuisine qui puise son inspiration dans les souvenirs d'enfance du chef. C'est ainsi que l'on retrouve cette année encore la galette de blé noir, franche de goût avec pommes de terre, relevée d'une fine tranche d'andouille de Guémené juste saisie, d'un soupçon d'échalote, de sarrasin torréfié et d'une gelée de lait ribot. Une réinterprétation réussie, d'autant que ce plat est accompagné d'un tout petit verre d'un cidre d'exception (Kystin, dans le Morbihan) aux notes de blé noir. On passe ensuite de la campagne au bord de mer avec un magnifique lieu jaune poché au beurre clarifié qui en préserve tout l'éclat. Il est accompagné d'une soupe de poisson émulsionnée, d'un équilibre parfait. L'univers marin est renforcé par des spaghettis de mer. Quant au splendide ris de veau tout à la fois croustillant et moelleux, il est avec bonheur alangui sur une fraise de veau préparée comme une andouillette (estragon-moutarde à l'ancienne). Quelques échalotes farcies d'un gel oignon-réglisse et quelques mûres complètent cette brillante gourmandise soulignée d'une émulsion carotte-orange. Le dessert de saison, harmonieux et tout en délicatesse, prend la forme de figues bien charnues rôties au miel accompagnées d'un sorbet oseille-fromage frais et d'une eau de figue infusée. Si la carte des vins offre quelques très grands crus (gevrey-chambertin des domaines Trapet ou Dujac, côte-rôtie des domaines Georges Vernay ou Jean-Michel Gerin...), elle propose également des flacons plus abordables (vin de Loire des domaines Delaporte, Vincent Pinard, Pellé...).

SAINT JEAN CAP FERRAT 06230

Le Cap - Grand-Hôtel du Cap-Ferrat 17/20

CHEF : YORIC TIÈCHE - CHEF PÂTISSIER : FLORENT MARGAILLAN - DIRECTEUR DE SALLE: JEAN THIBAULT DE BEAUREGARD - SOMMELIER: ALESSANDRO NIGRO IMPERIALE

71 boulevard du Général de Gaulle - T. 04 93 76 53 65 - Menu(s) 158-188 €

Classique, Yoric ? Si l'on entend la maîtrise du geste, l'équilibre des saveurs, la justesse des associations, alors oui, Yoric Tièche est plus qu'un disciple de cette grande cuisine française, il peut donner des leçons, ce qui n'est pas son propos. Car aujourd'hui, avant tout, dans ce paradis doré qu'est le Grand Hôtel du Cap-Ferrat Four Seasons, à l'abri de tout, dans cette douceur vespérale sous les immenses pins parasols de la terrasse, il s'allie aux charmes des lieux pour offrir la grâce supplémentaire d'une assiette pensée et peaufinée à l'extrême. Mais que l'on ne se méprenne pas, il y a bien là une identité culinaire, une patte personnelle accolée à l'esprit Riviera qui rend la séquence lisible, enjôleuse et même admirable : le saint-pierre en aïoli melba de safran vinaigrette de tomate, une redoutable perfection des textures, l'harmonie dans les ravioles coques épinards thon cru iodé caviar et beurre blanc fumé, une image de la Provence huppée comme une gourmandise raffinée, tandis que le veau parfumé à la laitue de mer, pistaches de Bronte et salicornes, souligne aussi l'extrême précision des jus et de l'assaisonnement. En quelques saisons, ce paquebot emblématique est redevenu une machine de guerre : service impeccable, sans-faute complet depuis l'accueil voiturier, aisance et compétence de chacun, et des flèches à tous les postes clés : le directeur venu du Cinq, Jean Thibault de Beauregard, est un grand chef d'orchestre, le chef pâtissier Florent Margaillan, que nous avons récemment récompensé, est meilleur que jamais, avec son chocolat citron menthe, la cerise sorbet tagète ou la framboise au basilic, tandis que la nouvelle pépite du Cap, Alessandro, le sommelier, venu du George V, chamboule la cave avec des flacons de partout et charme tout autant par son érudition volubile. Alors ce classicisme-là, qui n'est autre que le plus haut niveau de quelques très grandes maisons en France, n'a finalement rien de classique. Il est juste exceptionnel.

SAINT JEAN PIED DE PORT 64220

Les Pyrénées 15/20

CHEF : PHILIPPE ARRAMBIDE

19 place du Général de Gaulle - T. 05 59 37 01 01 - Menu(s) 42-115 € Ⓟ

Que de belles histoires dans la maison de la famille Arrambide. On y revient toujours les yeux fermés, au cœur du terroir, dans cette ambiance presque un peu surannée, mais si attachante. Sans dire qu'il ne s'y passe rien, nous l'avons retrouvée telle qu'avant la pandémie, souriante, heureuse et accueillante dans sa tradition de terroir modernisé. Aimables mises en bouche, dont le tube de foie gras et kumquat, sorbet tomate crème d'anchois, churros sésame, agréable tarama de saumon fumé, chèvre frais, citron confit, glace à la betterave, poêlée de langoustines, royale d'oignons, crème de petits pois, sauce au vin d'Irouleguy, un beau plat à 3 toques comme le filet de canard rôti aux épices, panna cotta de maïs, compote de figues qui offre une chair tendre et parfumée à la cuisson parfaite. Dessert bien tourné (sabayon mascarpone aux fruits rouges, biscuit aux amandes, crémeux ananas, riz soufflé caramélisé), cave étendue où l'irouléguy est bien représentée. Accueil irréprochable, service attentif et respectueux.

SAINT JEAN AUX BOIS 60350

Auberge à la Bonne Idée 15/20

CHEF : SÉBASTIEN TANTOT

3 rue des Meuniers - T. 03 44 42 84 09 - Menu(s) 58-182 € ♿ ☺ Ⓟ

Nous sommes-nous emballés l'an passé en décernant si rapidement les 3 toques à Sébastien Tantot, pariant sur l'avenir en occultant le contexte de cette auberge de campagne pomponnée comme un dimanche ? Nous ne le pensons pas. Le jeune cuisinier au CV de champion (Pierre Gagnaire, Yannick Alléno, Gérald Passédat) a tout le bagage pour grandir. Si aujourd'hui, il enquille des plats de concours, reproduisant ses 6 uniques compositions d'une année sur l'autre, nul doute que lorsque la conjoncture le permettra, il remettra l'imagination en route dans le sens de la modernité. Ce qui n'enlève rien aux qualités du «Vitrail», sandre artichaut poutargue garum de thon, de l'«Isengard» (hommage à Tolkien) foie gras et anguille, ou du sandre et champignon effeuillé, cèpe et amanite des césars, dans un menu de septembre très très champignon. Le personnel nombreux, montrant tellement d'efforts pour bien faire, tandis que la brigade défile pour terminer les plats à table, forme une équipe très impliquée et même touchante, par sa conviction et sa sincérité. Carte des vins un peu brouillonne, sans réelle direction, certaines régions avantagées (la Bourgogne, la Loire), d'autres quasi négligées.

SAINT JEAN DE BLAIGNAC 33420

Auberge Saint-Jean 14/20

8 rue du Pont - T. 05 57 74 95 50 - Menu(s) 62-88 €

Beaucoup de stabilité dans cette belle maison où l'on passe un bon moment en surplombant la Dordogne. La cuisine de Thomas L'Hérisson tient sur de solides bases de la gastronomie française qu'il sait rendre élégante et gourmande. Les mises en bouche pissaladière, tartare de truite, beignets de pied de cochon sont bien agréables, la terrine d'aubergine et tomate confite, quelques herbes et crakers au zaatar, condiments tomate cerise acidulée, aubergine fumée et fromage blanc à l'ail doux pour une entrée douce aux textures fondantes, pomme de ris de veau poêlée à l'huile d'amandon de pruneaux, pastilla carottes et amandes aux épices douces, jus de veau, avant un dessert bien construit, dôme soufflé chocolat guanaja, granola de fruit sec au sirop d'érable, caramel toffee et sorbet chocolat au piment d'Espelette. Belle carte de vins du Libournais.

SAINT JEAN DE LUZ 64500

Le Kaiku 15/20

CHEF : NICOLAS BOROMBO

17 rue de la République - T. 05 59 26 13 20 - Carte 104 € - Menu(s) 45-85 €

Chef de file d'une nouvelle génération de cuisiniers basques, Nicolas Borombo tient toujours le haut du pavé avec aisance. La belle maison de pierres tout près de la plage est un rendez-vous chic pour toute la côte, et l'assiette est bien le moteur de cet engouement. Le chef sait mixer à merveille classique et modernité dans cette cuisine élégante et brillante, autour de produits nobles et/ou régionaux : txangurro façon maki transparence au lapsang souchong daïkon mariné condiment miso blanc sorbet oxalis pourpre, filet de bœuf de Galice rôti aux morilles asperges vertes de Landes jus de bœuf au poivre de Kampot, mara des bois en pavlova, crémeux mascarpone et fraise basilic gel fraise au citron vert mousse d'avocat, pour une séquence sans faille, flatteuse et maîtrisée. Le menu Découverte à 85 €, qui s'achève par le soufflé du moment, l'une des spécialités du pâtissier, est une très bonne option. Grande cave classique et régionale, service de haut niveau.

Zoko Moko 13/20

6 rue Mazarin - T. 05 59 08 01 23 - Carte 70 € - Menu(s) 29-64 €

Dans la partie calme de la vieille ville, près de la Grande Plage, une jolie maison de pierre à l'accent authentique, avec sa belle salle sobre aux couleurs basques prolongée d'une terrasse agréable aux tables nappées. Les produits du cru et la pêche locale inspirent le cuisinier, qui n'est autre que Mathieu Moity, naguère lauréat de la Dotation Gault&Millau. Installé dans son pays, le chef, passé chez Michel Bras, peut déployer ses idées avec maîtrise : tataki de bœuf herriko au mezcal tourteau en mayonnaise gel ail noir artichaut barigoule, grenadin de veau et pak-choï à l'armoise, patate douce au pimenton coulis de cresson condiment kalamansi et jus de veau, salade de gariguette et panna cotta à l'eucalyptus sorbet fruits rouges. De belles assiettes bien construites, un service détendu, une cave bien équipée avec les meilleurs irouléguys, dont le choix est un peu mince ailleurs. La deuxième toque cette année.

L'Essentiel 12,5/20

3 rue Vincent Barjonnet - T. 05 47 02 41 47 - Carte 53 €

Dans une rue calme non loin de la plage, une table équitable qui tient fermement à sa toque. Un décor simple façon bistrot, une carte plaisante et bien ajustée, un zeste de modernité sur fond tradi : poulpe grillé rémoulade céleri et carotte, guacamole jus aux épices gel wakamé, côtes d'agneau purée cumin purée de pruneaux cromesquis d'épaule jus au thym, dacquoise noisette crémeux citron jaune mousse meringuée citron vert glace noisette.

La Réserve - Restaurant Ilura 12,5/20

1 avenue Gaëtan de Bernoville - T. 05 59 51 32 00 - Carte 65 € - Menu(s) 85 €

Les bases sont classiques, la cuisine efficace, l'accueil pro et le jeune service s'applique. On pourrait attendre un peu plus de variété et de personnalité, mais les assiettes sortent bien, dressage et saveurs justes dans ce cadre sage : cannelloni de filet de bœuf, aubergines, caviar d'avruga et salicorne, œuf parfait, courgettes en spaghetti, gomasio pistache et raïta, figues fraîches, parfait glacé et glace aux feuilles de figuier pour une séquence sans embûches. Carte de vins assez courte, assez fournie en cocktails.

Les Lierres 12/20

5 rue Cépé - T. 05 59 26 78 78 - Carte 26 € - Menu(s) 69-79 €

Une cuisine classique et honnête dans le joli cadre du parc Victoria, avec ses pins bicentenaires. De quoi passer un moment de bon ton avec des produits nobles travaillés dans le respect : terrine de foie gras de canard au naturel, poire et verveine citronnelle, canon de filet de sole au cœur de langoustine, sauce champagne, courgette et gnocchis aux herbes, torrejas aux abricots, crème fermière et turron pour une séquence sans éclat notable, mais bien maîtrisée. Les mêmes compliments pour le service, sincèrement gentil et attentif. La cave, tournée vers la région, bordeaux et sud-ouest, propose de nombreuses bouteilles abordables.

Txalupa 11,5/20

Place des Corsaires - T. 05 59 51 85 52 - Menu(s) 40 €

Saint-Jean-de-Luz, l'océan tout proche, le port de pêche réputé, tout incite les visiteurs à rechercher un tel endroit. Ils ne sont pourtant pas si nombreux, néanmoins, à développer une carte autour des fruits de mer et des beaux plateaux. Ce lieu fort touristique mérite donc la mention, les produits sont bien frais et l'addition finalement correcte pour la situation : chair de tourteau mayonnaise, pomme, coriandre, ciboulette et betterave, une entrée parfumée et légère, merlu de ligne entier, basquaise et grenailles vapeur où les piquillos nature comme la sauce tomate et oignon apportent à la fois caractère et douceur, tarte fine aux pommes, glace vanille de bon aloi. Le service déroule avec savoir-faire, la cave est assez vaste avec un bon accent régional.

Chez Pablo 11/20

5 rue Mademoiselle Etcheto - T. 05 59 26 37 81 - Menu(s) 16 €

Les années passent et cette institution demeure, portion d'authenticité revendiquée et adorée des touristes, qui y voient la basquitude ultime, dans le cadre, l'ambiance, l'assiette. Quatre-vingt-dix ans de loyaux services en rouge et blanc, cela force évidemment le respect, et l'envie de s'attabler une fois de plus : pour les croquettes, les piquillos à la morue, le txangurro, les chipirons à l'encre, en commençant bien sûr par les tapas à grignoter.

SAINT JEAN DE SIXT 74450

Le Cairn 13/20

41 route de Thônes - T. 04 50 10 82 45 - Carte 46 € - Menu(s) 19-48 €

Entre Thônes et le Grand Bornand, voilà la nouvelle table dont les montagnards ne pourront bientôt plus se passer. Un jeune couple travailleur (il est seul en cuisine, elle est seule en salle) assure 25 couverts à tous les services avec un brio enthousiasmant. Adrien Pollet et Charline Camazzola ont tous deux un parcours intéressant (dernièrement chez Daniel Baratier au Restaurant sur les Bois) et mènent une réflexion sur la restauration d'aujourd'hui, sincère, naturelle et détendue qui démode l'ancien régime et ses repas amidonnés. La salle est joliment arrangée dans le style savoyard, créant une atmosphère sans fard qui permet à l'assiette de s'exprimer au mieux : le foie gras délicat avec ses coings pochés aux baies roses, le bon gâteau de brochet et écrevisse avec sa crème au jus des têtes façon Nantua et topinambours, un classique bien agréablement revisité, un bon suprême de pintade avec sa sauce vin jaune et des gnocchis, avant le dessert pomme caramélisée façon tatin aussi soignée, le tout possiblement intégré dans un menu Découverte à 42 € (ou 52 avec un plat de plus). La technique se conjugue à une forme de simplicité assumée, confortée par le service souriant et attentif de Charline. La cave va se renforcer petit à petit, laissant déjà une place significative aux vins de la région.

SAINT JEAN DE TRÉZY 71490

Le Domaine de Rymska 14/20

1 rue du Château de la Fosse - T. 03 85 90 01 01 - Carte 92 € - Menu(s) 32-125 €

Splendide maison de campagne 5 étoiles Relais & Châteaux plantée dans un parc de 80 ha, c'est un endroit bucolique et retiré où l'on peut profiter d'un paysage champêtre et vallonné, décoré dans un esprit à la fois familial et luxueux, et d'une assiette signée Jérémie Muller, notamment passé aux Prés d'Eugénie et aux Sources de Caudalie. Les produits, provenant de la ferme du domaine, sont d'une fraîcheur inégalée et servent à la réalisation d'une cuisine gastronomique convaincante. Au menu «Campagne Royale», on retrouvera le foie gras mi-cuit, les gambas rôties au citron avec une élégante ratatouille, une association ris de veau, morilles et asperges, avec une émulsion comté, un dessert chocolat et fruit rouge. Cave bien pourvue, principalement Bourgogne.

SAINT JEAN DU BRUEL 12230

Midi Papillon 13,5/20

Place du Manège - T. 05 65 62 26 04 - Menu(s) 17-43 €

Si vous êtes sensible au charme des petits villages figés dans le temps, cette adorable cité nichée dans la vallée de la Dourbie est faite pour vous. L'hôtel surgit sur le bord de la rivière, avec sa piscine pour les pensionnaires et sa table régionale, où règne simplicité et bon goût. Les cuisines délivrent une assiette fière de ses origines, remarquablement travaillée, une tourte noix et roquefort, des incontournables tripous, une truite du Durzon meunière, un gigot de mouton de l'Aveyron, une croquignole avec un parfait glacé à l'orange. À partir de 17 € jusqu'à 43 €.

SAINT JOACHIM 44720

La Mare aux Oiseaux 16,5/20

CHEF : *ÉRIC GUÉRIN*

223 rue du Chef de l'Ile Fédrun - T. 02 40 88 53 01 - Menu(s) 65-150 €

Le charme de ce lieu unique tient autant à sa situation privilégiée, sur l'île de Fédrun, au cœur du marais de Brière, qu'à la sérénité qui s'en dégage, en harmonie avec l'environnement. Mais ce bien-être est indissociable de ceux qui l'habitent et l'animent. Éric Guérin rejoint son karma, comme cuisinier et comme maître de maison, et infuse à toute son équipe une forme de feng shui épicurien qui coïncide avec sa propre maîtrise. Gault&Millau d'Or l'an passé, il atteint le haut niveau en maintes occasions, sur les écrevisses de Grand-Lieu, échalote et gwell, le remarquable lieu jaune ikejime, tout en sobriété avec le poireau et beurre fumé à la tourbe de Brière ou le filet de bœuf (la très belle mâche de la rouge des prés) artichaut morille ail des ours, qui parvient à innover et étonner dans une remarquable justesse d'association. Bon dessert pomme réglisse sarrasin crème glacée kacha (le jivara est un peu superflu) et jeune service très motivé qui transcrit avec fidélité les mantras maison (local, durable, zéro déchet). Cave vraiment belle, sans points faibles, avec les très grands (DRC, grands châteaux), ceux qui font toujours rêver (Poyeux, Silex, Grange) et pléthore d'excellence en toutes régions (Foulaquier, Pabiot, Chartogne-Taillet) servis par Cyrille, un sommelier de compétition qui sait trier parmi les nombreuses propositions au verre.

SAINT JOSSE 62170

Auberge du Moulinel 13/20

116 chaussée de l'Avant-Pays - T. 03 21 94 79 03 - Menu(s) 31,50-57 €

Comme une résidence secondaire ! Cette belle maison de campagne à un quart d'heure du Touquet est un havre bien agréable où l'on a envie de se poser bien plus que le temps d'un repas. La décoration rustique est à la fois intime et raffinée, la carte bourgeoise assez chic, répondant au style et aux envies : croustillant de langoustines mousse de céleri, ris de veau façon vol-au-vent, gratin de homard, pigeon rôti, escargots de Radinghem beurre de persil. Sélection viticole plus ordinaire, bon service.

SAINT JULIEN CHAPTEUIL 43260

Vidal 14/20

18 place du Marché - T. 04 71 08 70 50 - Menu(s) 35-90 €

Qu'est-ce qu'on aime ce Vidal, ce restaurant et ce bistrot au cœur du pays des Sucs, qui fleure bon le terroir et la complicité familiale. Cette adorable maison est celle de trois générations qui se sont donné la main, celle des parents de Jean-Pierre Vidal, de la sienne et désormais de son fils Aurélien qui, ensemble, partagent un amour sincère et éclairé du produit régional. Il en résulte une cuisine fière de ses racines, sourcée avec le plus grand sérieux, et travaillée avec rigueur. La créativité du fils sert les connaissances du père, qui font ainsi vivre dans le «Menu des Sucs» le fameux pâté croûte, dans l'esprit d'une tomate farcie, le maigre en filet snacké, chou-fleur et sésame, le quasi de veau des monts du Velay légèrement fumé au foin, haricots et amandes, la purée aux cèpes. Côté douceur, on peut remercier Aurélie Moulin, la compagne d'Aurélien, pour son chocolat noir/cèpes et praliné, ou encore son dessert au citron et au maïs.

SAINT JULIEN DE CONCELLES 44450

Restaurant Clémence 11/20

91 levée de la Divatte - T. 02 40 36 03 18 - Menu(s) 19,50-59 €

Un lieu historique (dédicace à Clémence, qui inventa le beurre blanc nantais) qui a changé de main il y a trois ans, rajeunissant les cadres en insistant davantage sur l'arrivage local. C'est d'ailleurs le cabillaud skrei, avec le fameux beurre blanc, qui nous a le moins emballés, au profit du silure poireau et gnocchis, bien dans le ton, et d'un agréable dessert topinambour et noisette. Carte de vins axée sur la région, service alerte qui fait le métier.

SAINT LAURENT SUR SAÔNE 01750

L'Autre Rive 12,5/20

143 quai Bouchacourt - T. 03 85 39 01 02 - Menu(s) 24-48 €

Depuis la véranda, la vue sur la Saône, Mâcon et son pont historique, fait de cette table l'une des plus appréciées de la ville. Récemment rénovée dans un style contemporain, l'adresse de Christelle et Vincent Rivon a repris des couleurs, tandis qu'en cuisine le chef maintient un cap de bonne intuition, des assiettes de marché travaillées avec maîtrise et inspiration. Au menu, aumônières d'escargots, beurre persillé, filet de bar à l'huile d'olive et citron vert, asperges vertes et légumes de saison, noix de ris de veau croustillantes et pleurotes au basilic, grenailles au thym... Formules de 24 à 48 €.

Le Saint-Laurent 11/20

1 quai Bouchacourt - T. 03 85 39 29 19 - Menu(s) 22-58 €

Gérer un petit empire gastronomique n'est pas de tout repos, même lorsqu'on s'appelle Georges Blanc. La galaxie du roi de Vonnas n'est pas épargnée elle non plus par la crise du recrutement, mais, lorsque les méfaits de cette dernière se font autant sentir que sur son antenne des quais de Villefranche, ce n'est pas sans conséquence sur la qualité des prestations. Service complètement erratique, assiettes bâclées, produits banals, il est temps de se reprendre. Le plus sûr est de se cantonner au menu à 33 €, au rapport qualité-prix cohérent, à condition de ne pas être trop agacé lorsqu'on échange votre assiette avec celle de la table voisine.

SAINT LIZIER 09190

Le Carré de l'Ange 13/20

Palais des Evêques - T. 05 61 65 65 65 - Menu(s) 24-59 €

La table est installée dans le cadre exceptionnel du palais des Évêques, un complexe médiéval historique, où le chef travaille une cuisine assez recherchée, qui fait profiter de l'instant au-delà du charme des lieux et du beau panorama de la terrasse. Le menu Carré du Bourassou est une bonne introduction, avec la bisque de langoustine crémée, croûton et aïoli d'ail noir, la raie au beurre et pommes vapeur, un pavé de charolais grillé et frites, une belle tarte aux myrtilles. La cave met en avant la région.

SAINT LÔ 50000

Intuition 14/20

1 rue Alsace Lorraine - Rond point du 06 juin - T. 02 33 05 14 91 - Menu(s) 49-88 €

Nous suivons Mickaël Marion depuis longtemps et le savons fidèle à sa région et à ses principes, qui viennent de la terre et du respect qu'on lui doit. Avec son épouse Estelle, il a fait de son Intuition une certitude, celle de tenir la plus belle table de sa ville natale. Au plus près de la saison et de ses producteurs locaux en circuit court, il tresse des menus avantageux en tarifs et riches de saveurs, sur les 6 services de fin de semaine assurés par la maison, de 49 à 88 €.

SAINT LUNAIRE 35800

Comète 11,5/20

35 rue de la Grève - T. 02 23 18 15 99 - Menu(s) 34 €

Cette comète s'installe durablement dans le paysage gourmand de la petite station balnéaire au charme indicible. Il faut dire qu'elle coche bien des cases pour fédérer ! La maison d'hôte de Victor et Angelina, c'est également, au rez-de-chaussée, un espace restauration à l'épure étudiée. Petite cuisine ouverte, beau plancher, murs immaculés et chaises volontiers dépareillées. À l'arrière, une terrasse (en partie semi couverte) pour profiter d'un jardinet «à l'ancienne» conçue avec beaucoup de poésie. L'inspiration du chef colle aux saisons et aux opportunités offertes par les producteurs locaux. C'est malin et marin. Ainsi ces jolies sardines toutes fraîches, toutes pimpantes, juste arrosées d'une huile chaude pimentée pour les confire. Fraîcheur et peps garantis par petites touches sous forme de concombre, piment ricotta et ficoïde. Pour suivre, d'épais tronçons de lotte cuits au barbecue flanqués de tomates rôties, aubergines, cassis... Enfin, la tarte aux myrtilles continue à vous mettre le cœur en joie ! Carte des vins qui n'hésite pas à emprunter des chemins de traverse, bien sûr, pour coller à l'esprit des lieux, en bio ou biodynamie. Une vingtaine de blancs et autant de rouges. En Loire, citons les bouteilles d'Hervé Villemade, de Sébastien Riffault, de Stéphane Orieux ou bien encore de Stéphane Rocher. En Bourgogne, le domaine des Rouges Queues ou de la Nouvelle Donne...

SAINT MACAIRE 33490

L'Abricotier 12,5/20

2 rue Bergoieng - T. 05 56 76 83 63 - Menu(s) 25,50-39 €

Une belle terrasse ombragée fait le charme de cette petite maison à deux pas de la cité médiévale de Saint-Macaire, qui offre aussi une salle sobre et élégante. Le chef a d'excellentes idées avec une cuisine qui mise sur le bon produit, un savoir-faire certain, sans grande fantaisie dans la conception et les accompagnements, mais les assiettes sont généreuses : langoustines aux couteaux farcis de petits légumes, noix de ris de veau rôtie croustillante aux cébettes et chanterelles et ses condiments acidulés, pavlova aux abricots, sabayon amandes, sorbet verveine fraîche du jardin. Menu déjeuner intéressant, d'un bon rendement, à 25,50 €. Carte de vins bordelaise.

SAINT MALO 35400

Le Saint-Placide 15,5/20

CHEF : LUC MOBIHAN

6 place du Poncel - T. 02 99 81 70 73 - Menu(s) 65-130 €

Toujours placide, jamais déçu au Saint-Placide, un restaurant bien tenu comme une maison de famille. Isabelle et Luc Mobihan ont tout compris de la table d'aujourd'hui : une carte courte, mais saisonnière et explicite, une cave très forte, et deux personnalités pour faire fonctionner l'ensemble en harmonie. On se régale avec originalité sur le bouillon de homard artichaut et sorbet basilic, l'araignée au curcuma couteaux et pomme de terre, le homard vanille gingembre et le bar de ligne coing cardamome d'un bien généreux menu à 95 €. Et vous pouvez confier à Isabelle le soin de remplir les verres. Elle possède une cave étonnante et surtout la connaissance de chaque vigneron, ce qui aide à donner le bon conseil.

Méson Chalut 14/20

8 rue de la Corne de Cerf - T. 02 99 56 71 58 - Menu(s) 35-95 €

Installés depuis deux ans, les époux Prémorvan ont bien pris leurs marques et ont totalement investi l'ancien établissement des Foucat, avec leur élégance, leur esprit à la fois bourgeois et actuel, qui introduit bien les assiettes sophistiquées de Vincent. Le chef, fort d'une expérience aux quatre coins de la France, sait choisir son produit et le travailler, donnant une vision régionale puissante, privilégiant des accords simples et une grande minutie. Les menus vont de 35 € à 95 €, avec l'assiette de cabillaud et de fenouil, le filet de saint-pierre, asperges blanches et jus retour des Indes, ou encore ce royal filet de turbot sauvage et les blettes en deux façons. Cave bien équipée et bien commentée.

Le Cambusier 13,5/20

6 rue des Cordiers - T. 02 99 20 18 42 - Menu(s) 23-39 €

Le cambusier était chargé de servir les équipages d'un vaisseau, et la belle table d'Olivier et Marine Hubert poursuit cette vocation à l'adresse des touristes et des marins en escale. Tournée vers la région et ses côtes, la cuisine montre une belle maîtrise des saveurs iodées, au travers d'idées assez sages et joliment travaillées : maquereaux marinés, poireaux et gingembre au vinaigre de cidre, dos de cabillaud, épinards poêlés à l'huile de sésame grillé et oignon, croquant praliné-pistache, mousse pistache et gel de yuzu. Cave bien composée.

Ar Iniz 13/20

8 boulevard Hébert - T. 02 99 56 01 19 - Menu(s) 35-80 €

Sorte de best of breton, cet Ar Iniz est à la fois l'un des établissements de la famille Ruello (qui détient également le Paris-Brest, à Rennes, et le Moulin de Rosmadec, à Pont-Aven), la nouvelle table signée Christian Le Squer, le nouveau fief du chef Romain Roullier (passé au Beaulieu, au Mans, et à La Palme d'Or, à Cannes), un hôtel 3 étoiles juste en face de la plus belle plage de Saint-Malo. Et en plus de ça, la cave est celle d'Éric Beaumard... Les avantages au départ sont nombreux et l'essai est largement transformé dans l'assiette, une cuisine forcément marine, à la fois aérienne et technique, qu'on retrouve notamment dans deux beaux menus pour le déjeuner et le soir, à 35 et 80 €. La carte exprime du goût et du bon sens, des fines ravioles de langoustines et beurre blanc à la ciboulette, une meunière de saint-pierre, oseille et amandes torréfiées, une caille en crapaudine laquée et pommes paille, un fontainebleau aux fruits de saison. Service dynamique.

Autour du Beurre 13/20

7 rue de l'Orme - T. 02 23 18 25 81 - Menu(s) 23-28 €

Dans le fief de la maison Bordier, on profite en direct des savoir-faire reconnus de la marque. Maître incontesté du beurre, l'établissement Bordier offre dans ce bel écrin entre pierre et acier, comme un atelier d'artisan, une cuisine bretonne inventive et qui sait utiliser la bonne matière première. En cuisine, Steve Delamaire remplit la mission haut la main avec des idées modernes et bien présentées, comme ce bel œuf de poule emprisonné et jalousement gardé par les morilles à la crème et les blinis au beurre, ou encore ce beau tournedos de sole à la bisque d'étrilles et aux palourdes, avec une fondue de poireaux généreuse. La cave est assez bien pourvue, avec une bonne soixantaine de références. Service impeccable.

Fidelis 13/20

10 rue Jacques Cartier - T. 02 99 40 97 27 - Menu(s) 28-38 €

Au milieu des adresses touristiques, la table de Ronan Mahé affiche une signature, celle d'un chef d'envergure passé chez Daniel Boulud et Guy Savoy. Il propose une belle cuisine semi-gastronomique, au détour d'une carte lisible aux réalisations franchement soignées, un œuf parfait, foie gras poêlé, pousses d'épinard et champignon, un beau merlu aux légumes de saison, un mignon de porc, lentilles et chorizo, un parfait cacahuète-chocolat. Service professionnel.

Tanpopo 13/20

5 place de la Poissonnerie - T. 02 99 40 87 53 - Menu(s) 25-55 € ♿

Vétéran de la cuisine japonaise dans la ville intra-muros, ce franco-japonais sérieux et raffiné traverse les années avec une constance certaine, assurant à chaque nouveau client l'expérience d'une technique nippone affûtée. Le menu à 55 € reste égal à lui-même, avec des idées en fonction des saisons qui fonctionnent toujours, une soupe au gingko, panais et surimi, un sashimi de saumon et saint-jacques, un veau de ferme, champignons et légumes, un plat de riz, tofu, daïkon et crevettes. Cave bien équipée.

Le Comptoir Breizh Café 12/20

6 rue de l'Orme - T. 02 99 56 96 08 - Menu(s) 15,80 € ♿

Avec ce drôle de compromis entre l'izakaya et la crêperie, Bertrand Larcher s'est pourtant imposé chez lui comme le maître incontesté de la galette. Son bel établissement tout en bois et comptoir, comme au pays du Soleil levant, s'est effectivement fixé pour objectif de ne travailler qu'avec les meilleurs produits, de la farine bio et locale, de blé noir ou de froment, du beau jambon de Bretagne et des fromages de haute qualité, élevant ainsi la simplicité à son meilleur. La carte décline les grands classiques du répertoire et des idées plus originales, avec un résultat probant. Les prix sont compétitifs. La sélection de cidres est à découvrir absolument, avec près d'une cinquantaine de références.

Le 5 - Hôtel France et Chateaubriand 11,5/20

12 place Châteaubriand - T. 02 99 56 66 52 - Menu(s) 29-39 € ♿

Endroit idéal pour une étape malouine, cette table installée au sommet de l'hôtel Chateaubriand offre une vue imprenable sur toute la citadelle, dans un écrin raffiné et lumineux. Le chef y réalise une cuisine classique et bien faite, qui fait la part belle aux produits de la mer.

Ainsi à la carte, filet de maquereau mariné, mousseline de pommes de terre, vinaigrette à la laitue de mer, dos de cabillaud rôti, manteau noir au citron vert, ou encore une noisette d'agneau, jus corsé, farandole de légumes aux épices. Service professionnel, cave bien assortie.

Annadata 11/20

20 rue de la Corne de Cerf - T. 09 50 93 32 06 - Menu(s) 42 €

Bien située intra-muros, la devanture verte bien à propos annonce la cuisine végétarienne et saine de Myriam Domange. Le ton est cool, la décoration sobre et végétale, et les petites idées créatives à l'ardoise montrent de l'imagination : tarte à la brousse de brebis, menthe, petits pois et asperges, une brandade végane aux haricots blancs et fruits du jacquier, un tofu snacké à l'orange, risotto de petit épeautre aux navets, choux et panais à la livèche. Cave correctement pourvue avec quelques vins nature.

Le Bistrot de Jean 11/20

6 rue de la Corne de Cerf - T. 02 99 40 98 68 - Menu(s) 22,50 €

Chaleureux bistrot traditionnel avec terrasse (qui vient par ailleurs d'être refaite), l'adresse de Stéphanie et Frédéric s'est imposée pour son atmosphère populaire et complice, et la fraîcheur d'une ardoise de saison toujours renouvelée. Les assiettes sont simples et efficaces, une terrine de foies de volaille, des lasagnes de lieu noir, un suprême de poulet jaune, un crumble aux pommes, pour seulement 22,50 € au déjeuner. La carte expose quant à elle des classiques plus standards, comme le gravlax de saumon ou encore le sauté de veau à la bretonne.

La Fourchette à Droite 11/20

2 rue de la Pie qui Boit - T. 02 99 40 97 25 - Menu(s) 28-43 €

Bien situé à l'angle d'une rue commerçante, cette table bistronomique tenue par Étienne et Caroline intéresse aussi bien les habitants à l'année que les gens de passage, pour ses assiettes bon marché, qui vont autant aux repas d'affaires qu'aux étapes touristiques. Le chef travaille dans la bonne mode, des assiettes bien exécutées, comme un bouillon dashi, tartare de saumon et wakamé, un lieu jaune, gomasio, écrasé de pommes de terre et beurre aux algues, un agneau à la cuillère, polenta et légumes printaniers. Bons desserts.

Texture by Rhézome 11/20

8 rue des Cordiers - T. 02 99 48 10 00

Depuis juin 2022, Texture à Saint-Malo a été repris par le groupe Rhézome. Ce changement insuffle un nouveau concept à l'établissement qui accueille désormais des chefs et producteurs en résidence, et s'engage vers un modèle de restauration écoresponsable. Malheureusement, cette prise de position n'est spécifiée à aucun moment (que ce soit sur la devanture ou sur la carte). Il faut alors creuser, sans quoi le client pourrait passer à côté d'une démarche durable tout à fait louable. Pour le cadre, on reste sur la base originelle mêlant élégance et touches décalées dans une atmosphère lounge bar avec le fond sonore qui l'accompagne. Ce soir-là, c'est une jeune cheffe qui est aux commandes. Les assiettes sont généreuses et bien exécutées, mais somme toute classiques. Tout au long du repas demeure cette quête de la petite étincelle qui créera la surprise. Qu'à cela ne tienne, dans quelques semaines, quelques mois, un nouveau chef débarquera avec son univers, sa carte et ses producteurs. Ce versant éphémère ne ravira certes pas tout le monde, mais c'est aussi ce qui fait le charme de ces lieux de vie dans lesquels chaque talent peut s'exprimer.

SAINT MARTIN D'ARBEROUE 64640

Auberge Goxoki 13/20

Le Bourg - T. 05 59 29 64 71 - Carte 58 € - Menu(s) 22 €

On rentre chez Margaret et Thierry comme si on était des amis attendus. Un joli jardin derrière lequel se cache le potager, un intérieur 100% basque. Quel que soit l'espace, on se sentira bien. Et la cheffe sait renforcer la bonne impression : croustillant de boudin de Christian Parra avec les saint-jacques (en plein été, un peu dommage), les filets de pigeonneau sur lit de céleri à la truffe, foie gras chaud, grenade, jus corsé dans une belle cuisson, et un délicieux dessert chocolat framboise, le «Beltzunze». Petite cave Sud-Ouest, très bonne animation de salle de Thierry.

SAINT MARTIN DE BELLEVILLE 73440

La Bouitte 17/20

*CHEF : **MAXIME MEILLEUR** - CHEF : **RENÉ MEILLEUR** - CHEF PÂTISSIER : **ANAËLLE ROBELET** - DIRECTEUR DE SALLE : **ROMAIN JULIAN** - SOMMELIER: **FRANCIS GIRAUD***

Hameau de Saint-Marcel - T. 04 79 08 96 77 - Menu(s) 269-419 €

Depuis quarante-cinq ans (presque une glaciation), le relief gastronomique des Alpes s'est constitué autour de ses grandes maisons, offrant au voyageur une exploration gourmande très dense. Dans la vallée des Belleville, le vaste chalet de la famille Meilleur est le phare indispensable, la perle de ce chapelet savoyard. Les traditions locales et familiales forment un prétexte à une scénographie parfois un peu pesante, tranchant avec la simplicité naturelle du propos paysan, mais n'occultant pas la haute qualité des produits (excellent beurre, excellent pain). René et Maxime, le père et le fils (Oscar, la troisième génération, se prépare), façonnent une très jolie carte régionale, sur les légumes de saison, la pêche lacustre, l'élevage et la cuisine montagnarde, très anoblie. La féra, finement panée, est surprise par un ballotin de cornichon et adoucie par un beurre blanc à la roussette, tandis que la perche, en meunière légère, trouve avec ce fagot de mange-tout et oxalis un magnifique complément végétal, du croquant, de la chlorophylle et de l'acidulé, l'assiette nappée d'un jus d'arête safrané et délicatement tomaté. Ces superbes assiettes montrent à l'évidence, par leur sobriété, une direction épurée fort bénéfique, un travail qui pourrait profiter à terme à l'expérience globale. Dans le même fil, la déclinaison sur le lapereau (côtes, filet rognon, épaule confite) est réussie, jus glace de viande précis, cuisson impeccable. Service rigoureux et déférent, au discours bien écrit, desserts de même inspiration régionale (le lait, les fruits de saison, de belles myrtilles sur une île flottante), cave de grands crus, très complète et coûteuse, permettant toutes les folies. Pas de vin au verre listé, à la discrétion du sommelier, le pairing étant proposé à une moyenne de 35 € par verre.

SAINT MAXIMIN 60740

Restaurant le Verbois 14,5/20

6 hameau de la Grande Folie - T. 03 44 24 06 22 - Menu(s) 52-160 €

Dans cette grande maison de maître au milieu d'un parc arboré, Guillaume Guibet, troisième génération, à la suite de son père, a su insuffler un air nouveau, son passage (chez Kei Kobayashi, notamment) se ressentant dans la précision et la rigueur, mais aussi dans la créativité. Dans ses menus surprise, une succulente tartelette aux petits pois, coquillages, bellota et sauce sumac, l'asperge verte, orties, ail noir et une béarnaise citronnée, le saint-pierre nacré, tombée d'épinards fumés, condiment tomate et sauce tomato et, pour finir, une douceur fraises, sorbet capucine, crémeux estragon et coulis fraise gin saké. Cadre agréable et confortable, personnel prévenant et carte des vins dans la bonne ligne de belles bouteilles et de découvertes.

SAINT MAXIMIN LA SAINTE BAUME 83470

La Table de Bruno 11,5/20

32 avenue Maréchal Foch - T. 04 94 80 50 39 - Menu(s) 36 €

Indéniablement, il y a du travail dans chaque assiette, un investissement à la fois personnel et familial de la part de Bruno Gazagnaire et de sa femme Sylvie, aux commandes du restaurant depuis bientôt dix ans. Le résultat dans les assiettes, dans l'atmosphère générale du restaurant, nous a semblé pourtant moins pointu qu'à l'accoutumée. Le chef, passé par le Louis XV, à Monaco, La Bastide, à Gordes, et le Château Saint-Martin, à Vence, connaît les codes et la technique, mais les assiettes hésitent encore entre la cuisine ménagère et la gastronomie : fleur de courgette farcie à l'oignon, courgette et truffe liées avec du parmesan, petites tomates farcies de crème de truffe, bœuf bien cuit avec un jus à l'échalote et un millefeuille de pomme de terre un peu racorni, crème chiboust très aérienne, à peine vanillée, quelques framboises fraîches que le passage sous la salamandre rend fondantes, le coulis est juste acidulé, le sucre plutôt bien maîtrisé, c'est un très bon dessert au dressage à l'ancienne. Cave classique peu renseignée.

SAINT MÉDARD 46150

Le Gindreau 15/20

CHEF : PASCAL BARDET

Le Bourg - T. 05 65 36 22 27 - Menu(s) 75-135 €

Dans l'ancienne école du village, Le Gindreau de Pascal Bardet et de son épouse est un lieu très agréable et de longue réputation, qui offre un intérieur contemporain raffiné et une belle terrasse ombragée surplombant la vallée. La cuisine est sincère et généreuse, méritant ses 3 toques par l'engagement du chef, sa probité, son application pour valoriser les produits de sa région, dans un choix conséquent : fenouil, anis et primeurs, lait de bufflonne, mozzarella, peau de lait, corail, haricots coco et basilic, homard, chair de tourteau, calamars, bouillon de carapaces pour un joli plat terre-mer rustico-chic, pigeonneau poché, consommé aux feuilles de wasabi et bonite, radis macérés, marmelade de daikon et abattis, avec la cuisse farcie servie en croûte. Bons desserts de saison, abricots macérés aux feuilles de noyer, crème prise à l'abricot, sorbet au lait d'amande ou son attelage framboise verveine. La cave fait honneur au cahors, les vins au verre sont un brin coûteux, mais dans la logique du standing de la maison, conseillée par une jeune sommelière souriante, sous la supervision punchy et efficace de Sandrine Bardet.

SAINT MÉLOIR DES ONDES 35350

Le Coquillage 17,5/20

CHEF : HUGO ROELLINGER - SOMMELIER : GAYLORD GOULETTE

Le Buot - T. 02 99 89 64 76 - Menu(s) 145-190 €

C'est une clientèle avertie, heureuse et impatiente qui se presse pour occuper l'une des tables de ce beau manoir classique qui fait face à la mer comme une fière goélette, où on s'attend, à tout moment, à entendre grincer les mâts et claquer les haubans. Oui, les visiteurs savent qu'ils vont plonger tête baissée, avec consentement et même délectation dans l'univers si particulier de notre Cuisinier de l'Année 2022, Hugo Roellinger. Le marin sans concession, le travailleur de la mer, s'exprime par impressions et inspirations, et son discours en 13 chapitres aux intitulés sibyllins («Eau-de-vie», «Madame Noisette», «Lisière», «Abyssal», «Rose brûlée») laisse planer tous les mystères. Ceux qui sont là signent pour une croisière homérique, dont les escales sont vouées à la découverte : pomme langoustine et agrumes, tourteau poivre jus coraillé œillet d'Inde gelée algues, saint-jacques de plongée et caviar Sturia noix fraîche, huîtres chaudes betterave crapaudine fumé acide et épine-vinette feuilles d'oxalis. Les combinaisons s'enchaî nent, assez vertigineusement, autour d'un modèle naturellement personnel et un peu atavique, avec les bouillons, épices, vinaigres dans une démarche végétale et marine très accomplie : les produits du potager, les herbes ramassées, une grande majorité des produits, même exotiques, étant cultivés ici, comme les poivres (Sichuan, Timut...) et les agrumes, dans une serre dédiée. La qualité de ces jus et de ces bouillons établit un fil directeur de cette expérience globale, avec un jeune service très actif, qui peut tout commenter avec aisance, les praires et bouillon cèpes, la seiche et son émulsion cardamome noire, l'incontournable homard cacao, hommage à papa Olivier, avec les trois piments mexicains le chutney de prune et la feuille de shiso. Desserts de même veine, d'où l'on extraira le très bon lemon curd fenouillette et sorbet citron fenouillette. La cave, renforcée chaque année par Gaylor Goulette et son équipe, est bien équilibrée, assez variée entre nature et valeurs sûres, pas énorme. L'offre au verre assez courte est présentée par une équipe de sommellerie dans le bon vent.

La Gouesnière 14/20

1 Limonay - T. 02 99 89 10 46 - Menu(s) 65-115 €

La famille Tirel-Guérin en avait fait une institution au sens noble du terme. Après quelques années de flottement et une rénovation en profondeur, la renaissance de ce domaine qui fait face à une gare de poche semble sur de bons rails. Dans une salle intimiste (mais dont la capacité peut être doublée par un jeu de cloisons amovibles) très lumineuse, aux tables bien dressées et espacées, il fait désormais bon faire halte et prendre son temps. En espérant naturellement que le nouveau chef y pose durablement ses bagages. En provenance de Toulouse, Thomas Vonderscher (14/20 au Cénacle) y a très promptement pris ses marques se fournissant avec gourmandise auprès des maraîchers, éleveurs et autres pêcheurs locaux. La courte séquence «amuse-bouche» en dit déjà long sur les bons moments à venir ! Puis, dès l'entrée, le chef frappe un grand coup avec une très belle huître de Cancale, charnue, affinée dans l'estuaire de la Rance (et non en pleine mer) et pochée à même sa coquille. La crème de haddock qui la nimbe est d'une formidable subtilité. Le ton est donné. Justement, le thon rouge pêché au large des côtes bretonnes est proposé sous différentes formes (snacké, confit et en rillettes). Il est accompagné d'un pressé d'aubergine et relevé d'une sauce choron à la verveine aux saveurs bien marquées, mais délicates. Retour à la campagne avec un magnifique ris de veau gourmand, laqué à souhait, arrosé d'un jus au cidre qui le fouette avec délicatesse. La raviole farcie à l'andouille artisanale donne furieusement envie d'y revenir ! Bousculant les codes, la carotte joue les incrustes au moment du dessert : son élégante sucrosité fait merveille associée à la vivacité des fruits de la passion. Pour accompagner ce joli repas, faites confiance au sommelier qui vous aidera à feuilleter une carte des vins très orientée bio et biodynamie.

SAINT OMER 62500

Bacôve 14,5/20

8 rue Caventou - T. 03 21 95 21 33 - Menu(s) 35-90 €

Il a beau avoir accédé à un certain statut médiatique (vainqueur de l'édition 2018 de «Top Chef»), Camille Delcroix a gardé les pieds solidement ancrés dans sa terre du Pas-de-Calais, lui qui n'aime rien tant que flâner à bord d'une barque (bacôve) dans les marais alentour. Dans cette jolie maison au cœur de Saint-Omer, décorée dans un esprit champêtre, il a choisi avec sa compagne, Carla Loxemand, de rendre hommage à cette région qui l'a vu grandir professionnellement, lui l'ancien bras droit de Marc Meurin. Gourmande, volontiers canaille, foncièrement locavore (le service, excellent par ailleurs, a le bon goût de ne pas survendre cette orientation culinaire), cette cuisine se veut avant tout rassembleuse, avec ses belles sauces et ses saveurs bien marquées (asperges vertes de la Martinerie et encornets, pigeonneau des Flandres et gnocchis...). On salue le clin d'œil appuyé au maître (le beignet croustillant de maroilles proposé avant les desserts) et la cave déjà étoffée.

SAINT OMER EN CHAUSSÉE 60860

Auberge de Monceaux 12,5/20

1 rue du Maréchal Leclerc - T. 03 44 84 50 32

Non loin de Beauvais et pas loin du pays de Bray, cette auberge de campagne est une petite révélation, menée par une jeune équipe depuis la fin de l'hiver dernier. De beaux produits, des idées, de la finesse, voilà une nouvelle destination, et pas seulement pour le week-end. Après s'être frotté à la nouvelle garde lilloise (la Laiterie, Bloempot), le chef a entraîné une belle bande de potes vers cette aventure en Oise. La cuisine est proche du jardin, des herbes, avec une indéniable fibre créative : tarte fine au homard bleu, fèves du jardin, sabayon et salicornes ; dorade, gratin de courgettes persillé, marinière et condiment barbecue en poisson du jour ; viande de Salers poireaux primeurs croustillants, praliné moutarde et jus corsé. Une atmosphère agréable créée par le service féminin très souriant, desserts dans la bonne mire (tarte choco, confiture de lait, glace au lait et pralin tournesol), cave à renforcer.

SAINT OUEN LES VIGNES 37530

L'Aubinière 15/20

CHEF : JACQUES ARRAYET

29 rue Jules Gautier - T. 02 47 30 15 29 - Menu(s) 48-69 €

Originaire de l'île de la Réunion, formé dans quelques belles maisons classiques (notamment l'Intercontinental et le Ritz à Paris, la Rôtisserie Tourangelle à Tours...), Jacques Arrayet a construit, avec Odile, son épouse sommelière de formation, l'une des plus belles tables du Val de Loire. Une agréable maison de village, à quelques minutes d'Amboise, que le couple a patiemment améliorée (un spa, de belles chambres) et dont la table fait honneur au pays de Rabelais : saumon d'Écosse mariné au sel d'agrumes, haricots verts et perles de poivrons, filet mignon de porc aux aromates, aubergine, abricots à la chermoula et oignons nouveaux, caillé de chèvre vaporeux et betterave confite dans un bon menu «Saveur» à moins de 50 €. Service pro.

SAINT PALAIS SUR MER 17420

L'Arrosoir 13/20

73 avenue de Pontaillac - T. 05 46 02 12 41 - Menu(s) 38-45 €

Superbe situation pour cet Arrosoir, qui offre une vue imprenable sur la plage de Nauzan. Le chef Alexandre Lavigne y propose une cuisine bistronomique gourmande en valorisant les produits de la région. La formule à 48 € ne fait que des heureux, avec le poulpe gallega grillé, nuage d'amandine fumée au pimenton de la Vera, sauce gremolata et vinaigrette à l'air noir, le merlu juste snacké, pommes écrasées à l'ail noir, sauce tomatée au chorizo ibérique et quelques moules en marinière, le quasi de veau cuit à la plancha, jus corsé aux baies de Selim, carotte sur la braise au cumin, muesli et citron d'Iran, avant de terminer sur les notes acidulées du «citron rouge de chez moi», en version pavlova, zestes de citron confits et sorbet litchi. Carte des vins bien en adéquation, personnel dynamique et prévenant.

SAINT PAUL DE VENCE 06570

La Table de Pierre 14/20

2320 route des Serres - T. 04 93 59 00 10 - Carte 20 € - Menu(s) 70-140 €

Dans le célèbre Domaine du Mas de Pierre, cette Table superbement rénovée offre un cadre et un standing de très haut niveau pour touristes exigeants et fortunés. En s'entourant des meilleurs producteurs (du bio, du local), le jeune chef propose une carte chic aux accents Riviera bien maîtrisée : ris de veau mariné puis laqué au teriyaki bonbon d'échalote confite, lotte et tapioca jus de kumquat fermenté extraction de céleri, cochon de lait et anguille fumée déclinaison de polenta sauce miroir. Bon soufflé hibiscus et tamarin marmelade de poire pour une séquence autour de 100 € qui vaut 2 toques prometteuses. Cave large, grands crus et régionaux.

Le Saint-Paul 13,5/20

86 rue Grande - T. 04 93 32 65 25 - Menu(s) 45-115 €

Superbe et historique Relais & Châteaux au cœur du vieux village et très belle demeure de pierre au confort souverain. La cuisine est en adéquation avec les lieux, à goûter sur la terrasse ou dans la jolie salle pour profiter de ce cadre unique. Produits nobles bien sollicités par la cheffe, carpaccio d'espadon, saint-pierre rôti aux câpres, pigeon de chez Verzini cuisses à l'escabèche et figues poêlées, mangue en parfait glacé granité yuzu.

Le Tilleul 11/20

Place du Tilleul - T. 04 93 32 80 36 - Carte 54 € - Menu(s) 32 €

Une petite table toute simple à l'intérieur rustique prolongé par une terrasse prisée. Sur l'ardoise du jour, c'est appétissant, dans l'assiette, la promesse est tenue sur les calamars frits sauce tartare, la copieuse salade niçoise, les lasagnes maison et l'entrecôte d'angus, bien cuite avec sa purée et ses olives taggiasche. Suggestions du moment, bon menu du marché à 32 €. Un point de plus cette année.

SAINT PAUL EN JAREZ 42740

Hôtel-restaurant Éclosion 13,5/20

40 avenue du Château - T. 04 77 61 99 09 - Menu(s) 35-87 €

Il fallait bien, pour le major de l'institut Paul Bocuse, un lieu à la hauteur de ses compétences. Et ce splendide château du début du siècle au nord de Saint-Chamond fait bien l'affaire. L'hôtel-restaurant, rénové dans un style contemporain qui respecte néanmoins le style de l'époque, est ainsi la destination actuelle de Pierre Carducci, notamment passé à Collonges-au-Mont-d'Or et chez Têtedoie. Il y réalise une cuisine de professionnel, épurée et bien présentée, où les produits sont travaillés avec beaucoup de respect. Le «Menu de l'instant» constitue une première bonne étape, avec le chou chinois, parmesan, tomate confite et anchois, le merlu de ligne, verveine, maïs et pomme de terre, le bœuf, chou rouge et girolles, le chocolat noir, la figue et l'agastache. Pour aller plus loin, on peut découvrir le menu dégustation en 9 séquences à 87 €, auquel peut se greffer un accord mets-vins, ou bien un accord mets-thés.

SAINT PAUL LÈS DAX 40990

Moulin de Poustagnacq 13/20

Chemin de Poustagnacq - T. 05 58 91 31 03 - Menu(s) 45-105 €

L'approche est classique, celle d'une table bourgeoise bien posée, avec sa grande salle en pierre et la terrasse donnant sur l'étang, dans l'environnement verdoyant de cette banlieue dacquoise. L'ambiance est décontractée ou studieuse, on parle affaires ou vacances en goûtant une cuisine appliquée, sérieuse et bien tournée : rôti de foie gras mi-cuit compotée de figues, belle pièce de ris de veau braisée à brun, sauce morilles, petits légumes au jus, millefeuille croustillant vanille de Madagascar. Les prix grimpent assez vite, sur les menus comme sur la carte. La maîtresse de maison et son équipe sont tout à fait en phase avec l'attente et la cave est assez large sur les standards régionaux.

SAINT PÉE SUR NIVELLE 64310

La Table de l'Auberge Basque 16/20

CHEF : CÉDRIC BÉCHADE

745 vieille route de Saint-Pée - T. 05 59 51 70 00 - Menu(s) 106-122 €

C'est un plaisir rare. Et le plus grand talent de Cédric Béchade est bien d'aller chaque année plus avant dans la démarche identitaire. Car lorsque, après quelques lacets dans les vallons de la campagne basque, on découvre cette maison traditionnelle, si l'on imagine, avec la réputation du chef, vivre un moment de basquitude soignée, on est encore loin de la vérité. Sa vérité. Celle d'un chef en pleine possession de son art, de son terroir, et qui va au bout de ses idées en ajustant chaque assiette avec autant de respect que d'inventivité. La rafale de mises en bouche situe le débat (magnifique langoustine avec le galet des têtes au vinaigre de kalamansi) annonce la couleur. Que d'onctuosité, mais aussi de modernité, d'intelligence et de finesse dans l'œuf concassé de piperade, condiment piquillos, jaune d'œuf, crémeux d'oignon qui remplace le blanc d'œuf, moelle de jambon Ibaiama ! Équilibre et précision sur la côte de cochon Prince Noir de Biscay rôtie, bouillon de cochon au beurre de caviar, caviar de Neuvic émulsion gingembre, origami de betteraves, filaments croustillants, dans un terre-mer assez étourdissant. Superbe dessert au chocolat, fond de tarte chocolat-café, mousse de chocolat Sao Tomé 64%, gelée au vinaigre balsamique, grué de cacao caramélisé, liqueur de cacao, avec un ingrédient mystère, l'olive noire, qui exhausse encore la saveur et l'harmonie. Le service montre beaucoup de professionnalisme avec ce qu'il faut de proximité pour créer un joli moment de partage, et la cave regorge de trésors, avec 450 références au compteur.

Kinka 12/20

684 rue Errota Berria - T. 05 59 23 67 67 - Carte 42 € - Menu(s) 16 € Ⓟ

Une table régulière, une cuisine simple et appliquée autour des produits de la région, des assiettes gourmandes et appétissantes, voilà qui anime cette bonne maison au cœur du Pays basque. Dans cette grande bâtisse au décor contemporain, la burrata basque, tomates, crumble aux herbes fraîches et pesto, les gambas sauvages à la plancha, risotto d'orge perlé au citron, mousse au fromage blanc du pays, abricots au romarin, crumble aux noisettes basques, affichent tranquillement leur modernité, sans trop s'attacher à survendre du terroir. Service efficace, cave Sud-Ouest, Pays basque, Navarre...

SAINT PIERRE DE RIVIÈRE 09000

Auberge La Barguillère 12/20

18 Lieu-dit Le Pont - T. 05 61 65 14 02 - Carte 32 €

L'hôtel-restaurant d'Anne Landes, une institution centenaire aux portes de Foix, est l'endroit d'une halte généreuse et nécessaire, pour retrouver le goût de la convivialité et du partage. On y retrouve avant tout des gens heureux, des concerts et des jolies assiettes à l'ardoise, pour bien accompagner les verres : tarte fine à l'aubergine et à la ricotta, un poulet moutarde, miel et tian de courgette, un mijoté de bœuf et poivron, une crème libanaise à la rose et groseille. Service souriant.

SAINT POL DE LÉON 29250

La Pomme d'Api 16,5/20

CHEF : JÉRÉMIE LE CALVEZ

5 rue Saint-Yves - T. 02 98 69 04 36 - Carte 118 € - Menu(s) 32-125 €

C'est une maison hautement gourmande... c'est tout autant une maison de cœur. On y vient, on y revient à coup sûr. On y est bien et on resterait bien volontiers passer une douce nuit dans les chambres d'hôtes de cette belle demeure XVIIe nichée dans une petite rue du centre-ville, agrémenté d'un ravissant jardin de curé. Jérémie Le Calvez y a trouvé l'espace pour exprimer tout son talent. Serein, au meilleur de sa créativité et de sa forme, il ne transige jamais sur l'origine et la qualité des produits pour offrir des plats intensément bretons, d'une puissance gustative qui ne remet jamais en cause la légèreté de la composition. Ajoutons-y ce qui se perd un peu trop souvent : la générosité. Retenons donc, par exemple, les ravioles de radis daikon à la chair de tourteau de Roscoff ponctuées d'une touche de far noir, signature du Pays léonard. En accompagnement, le gaspacho de petits pois menthe, servi très froid, est d'une tonicité remarquable. Même plaisir avec un homard judicieusement cuit au barbecue, souligné d'un jus de tête joliment corailLé, dense et équilibré. Des girolles, des amandes fraîches et quelques feuilles de celtuce légèrement rôties complètent le tableau. Pas de baisse de régime constaté, bien au contraire, avec la «séquence viande» : superbe pigeonneau des monts d'Arrée dodu et cuit à la perfection que viennent agrémenter des pommes de terre en millefeuille, des cerises confites, de la betterave fumée et du cacao. Le dessert, régressif, prend la forme d'un riz à l'impératrice, de fraises gariguette et de noix de coco. La carte des vins, intelligemment construite, donne l'occasion de se faire plaisir sans nécessairement grimper dans les tours tarifaires : muscadet du domaine Pierre Luneau-Papin, savennières de la très grande Tessa Laroche, sancerre de l'excellent Gérard Boulay, meursault du domaine Fanny Sabre, alsace du domaine Otter et Fils, costières-de-nîmes de François Boyer... N'oublions pas la qualité du service emmené avec élégance et efficacité par Jessica Chelala (trophée Accueil du Gault&Millau Tour Bretagne 2022).

SAINT POMPONT 24170

L'Envie des Mets 12,5/20

Le Bourg - D60 - T. 05 53 28 26 53 - Menu(s) 55 €

Dans un village pittoresque du Périgord, une vieille bâtisse en pierre (ancienne épicerie) avec une terrasse au bord d'un ruisseau. Un duo de jeunes restaurateurs, la cheffe LætitiaMarthiez (formée entre autres autres chez Hélène Darroze et à La Tour d'Argent) et Grégoire Perriet (passé chez quelques belles maisons). Ils ont quitté la région parisienne pour reprendre ce petit établissement au cadre champêtre. La cuisine est axée sur les circuits courts, les producteurs sont affichés : agneau, porc, légumes, etc. L'asperge verte partage l'assiette avec du jambon sec et une vinaigrette gingembre orange, le lieu jaune rôti aux aromates et sa mousseline de navets aux herbes, la volaille farcie d'ail des ours est tendre et fond dans la bouche, avec une mousseline de pomme de terre légèrement fumée et une émulsion à l'ail des ours. Après un trou normand maison, un dessert café herbes sauvages. Cadre rustique agréable avec ses vieilles poutres et murs en pierre. Une terrasse fleurie prolonge la salle. Petite carte des vins avec quelques choix en bio.

SAINT RÉMY 71100

L'Amaryllis 14,5/20

Chemin de Martorez - T. 03 85 48 12 98 - Menu(s) 50-150 €

L'ancienne minoterie porte beau pour la fine fleur de l'élite chalonnaise et Cédric Burtin met les petits plats dans les grands. Le service joue de protocoles cérémonieux tandis que la maison brille d'un luxe discret, avec une belle terrasse sur les bords de l'Orbize, une salle véranda ultramoderne en extension contrastante de la vieille bâtisse, une mise de table recherchée. «Last but not least», la cuisine du chef est fort bien élaborée, avec de nombreuses bonnes idées, sur la forme et sur le fond, faisant la promotion du terroir. Les amuse-bouche introduisent à la fantaisie du chef, sur une tartelette langue de bœuf et un cromesquis d'escargots, avant de partir d'une asperge superbe, avec une simple mayonnaise citronnée et ail des ours, une belle déclinaison sur le fenouil, un pigeon au xérès, mousse de petits pois et petits pois, tartine des abats, un prédessert au miel, un final sur la pêche. Les accords mets-vins sont recommandés.

SAINT RÉMY DE PROVENCE 13210

Hôtel de Tourrel 15,5/20

CHEF : MATTHIAS SCHÜTZ

5 rue Carnot - T. 04 84 35 07 20 - Menu(s) 110-160 €

On peut toujours s'attendre au meilleur de la part de cet établissement, qui se donne les moyens d'évoluer. Au cœur de Saint-Rémy, dans un très bel hôtel particulier, nous avons connu cette année une expérience de haut niveau. Grâce à une équipe en place, et surtout à un excellent nouveau chef, Matthias Schulz, venu d'Autriche, où il avait 18/20. Il y a encore quelques petites mises au point à effectuer, mais l'ensemble est très prometteur, le personnel ayant déjà bien assimilé le maniement des armes provençales : fruits, légumes, élevage, tout est au top, que ce soit au rooftop pour un moment charmant et une carte simplifiée ou à la table d'hôtes, où nous nous sommes régalés avec les carabineros et le veau tigre de chez Abbatucci parfaitement valorisé. Trois toques d'emblée, et la suite est attendue avec impatience.

Restaurant Fanny Rey & Jonathan Wahid 15,5/20

CHEF : JONATHAN WAHID

12 boulevard Mirabeau - T. 04 90 92 15 33 - Carte 39 € - Menu(s) 150-200 €

Il y a sûrement, même à Saint-Rémy, la place pour une auberge. Fanny Rey et Jonathan Wahid, pétris de talent l'un et l'autre, ont choisi une autre voie, en faisant entrer chaque convive dans un monde sophistiqué et théâtralisé. Si le naturel s'invite dans les produits extraits de haute lutte, symboles d'un élan locavore incontestable, c'est pour mieux laisser apprécier une séquence millimétrée ponctuée de saynètes et de rites accompagnant l'un des deux menus cachés imposés qui façonnent l'expérience client, à 200 ou 290 € le ticket d'entrée. Sans repères autres que la récitation du service, le goûteur découvre en immersion des saveurs et des couleurs, sera sensible à certains, moins à d'autres, pris par la main comme un enfant depuis les très bonnes mises en bouche (la tartelette menthe concombre et maigre aux algues) jusqu'aux brillants desserts de Jonathan, qui tablent sur le légume (carotte, caviar, agrumes ou céleri fraise). Entre les deux, chaque moment raconte l'univers de la cheffe Fanny, révélant un travail de recherche minutieux, sur les cuissons, confits, fermentations, textures, graphismes, qui n'est pas sans rappeler celui d'Anne-Sophie Pic, avec des temps forts comme la dorade marbrée groseille poivron émulsion thym, la langoustine sur barbecue et figue, le superbe saint-pierre rectiligne dans sa présentation avec sa meilleure amie la fleur de courgette ou le remarquable pigeon de Sarrians soutenue par une intense réflexion sur l'aubergine, jus de pigeon et algues. Tant d'énergie, de volonté, de mises au point, déclenchent (si c'est le but, c'est réussi) une forme d'admiration. Le service, chargé de la transmission du message, s'en acquitte avec brio, et la cave est bien riche, à des tarifs qui, en l'espèce, semblent relativement cléments.

Restaurant Gastronomique de Valrugues 14/20

9 chemin Canto Cigalo - T. 04 90 92 04 40 - Menu(s) 80-105 €

Assurant aux happy few une belle villégiature au cœur des Alpilles, à 5 minutes du centre de Saint-Rémy, ce domaine caché est un agréable refuge de confort et de tradition. La cuisine elle-même se met au diapason, avec quelques effets de manche et une réussite certaine sur les produits nobles : foie gras pressé au magret fumé crémeux de maïs grillé coing au safran, saint-jacques meunière purée de topinambour aux algues, noisette de chevreuil rôtie sucrine marinée à la grenade, une jolie séquence au sortir de l'hiver pour un repas sûr et bien conduit, jusqu'à la déclinaison orange sanguine et riz au lait vanillé. Service au niveau, cave régionale et classique avec de belles étiquettes.

Restaurant Les Terrasses de l'Image 13/20

36 boulevard Victor Hugo - T. 04 90 92 51 50 - Carte 49 € - Menu(s) 35-95 €

L'année 2022 aura permis de raviver cette table de l'un des plus beaux hôtels de la station, par son style contemporain, son agencement, sa singularité. Après des saisons de vicissitudes, Antoine Gras, le brillant chef des Barmes de l'Ours, à Val d'Isère, a bien relancé la restauration, en particulier au dîner avec un prestigieux «Dégustation» en 7 plats pour 95 €. Et 2 toques d'emblée pour ces assiettes slash qui cachent un travail abouti : sardines pastis, poulpe barbecue tomate, turbot girolle, poularde aubergine olive... Le pâtissier suit avec brio (pêche verveine amande) et, si ce nouvel attelage peut être reconduit, les résidents redeviendront à coup sûr des fidèles.

L'Aile ou la Cuisse 12,5/20

34 boulevard Mirabeau - place Mireille Moatti - T. 04 32 62 00 25 - Carte 52 €

Plus d'espace, plus d'ambition, ce bistrot a bien évolué avec le déménagement et montre désormais un bel équilibre dans son offre. Des produits d'ici, de saison, d'autres des meilleurs arrivages, une cuisine qui se pose, sans trop en rajouter dans le cumul d'ingrédients (encore une légère tentation) au profit du goût : escargots de Saint-Rémy en cromesquis purée de céleri crème d'ail doux vinaigrette champignons, saint-jacques de Saint-Brieuc snackée chou-fleur réduction orange, coquelet juste rôti polenta poêlée sauce foie gras. Un bel effort pour la présentation des fromages, la vitrine de pâtisseries de chez Meinado.

Maison Marshall 12,5/20

2 place Joseph Hilaire - T. 04 90 95 03 54 - Menu(s) 29-42 €

Un plan Marshall pour Saint-Rémy ? Quelle bonne idée ! La maison, au cœur de la cité, affiche une jolie déco, la pâtisserie initiale s'est muée en vraie table de soleil dans une atmosphère toujours précieuse et élégante, animée par une patronne qui veille à tout pour faire plaisir. Le jeune service flotte un peu, mais les assiettes sont impeccablement cadrées et réalisées : foie gras mi-cuit compotée de pomme et coing en aigre doux, quasi de veau bien cuit rosé avec un très bon panais, en purée et rôti, un plat simple, efficace et flatteur en bouche. Le biscuit moelleux au thé matcha sorbet goyave émulsion coco jus passion fait une belle issue, bien travaillée. Le vin n'est pas une priorité, ni en choix, ni en conseil, mais le thé Mariage Frères peut être une option.

Alya's by Sylvestre Wahid 12/20

12 boulevard Mirabeau - T. 07 56 84 54 88 - Menu(s) 98 €

Entre frères, on partage ! Jonathan Wahid, et Fanny, bien sûr, accueille l'illustre Sylvestre pour une session bien dépaysante entre Orient et Asie. Le chef ne manque pas d'idées et sait les traduire comme de la street food chic : beignets de légumes, socca, houmous de lentilles corail, aubergines grillées, pastilla de canard des Landes condiment aigre-doux, tranches de simmental laquées au miso blanc, poulpe grillé condiment chimichurri, et de belles propositions gourmandes en dessert (naan soufflé au chocolat) ou le «Külfi de mon enfance», une crème glacée indienne typique).

Chapeau de Paille 12/20

29 boulevard Mirabeau - T. 04 90 92 85 78 - Carte 50 € - Menu(s) 35 €

Comme une reconstitution réussie du bistrot provençal traditionnel, à l'allure engageante qui pousse au farniente, à se poser et à se laisser bercer par les parfums du pays. L'ambiance et l'assiette méritent bien le label régional, la soupe au pistou comme l'anchoyade, l'aïoli comme les pieds et paquets. La cave est très bien pourvue sur les environs (IGP Alpilles, vin des Baux...) avec des références qu'on aime (Hauvette, Milan, Sulauze...). Le patron est connaisseur et le chapeau de paille lui va bien. Un menu avec les idées du moment à 35 €.

Le Saint-Rémy 12/20

16 boulevard Victor Hugo - T. 04 84 51 04 51 - Menu(s) 25-29 €

Dans le cadre de ce superbe hôtel 5 étoiles sur le boulevard, les résidents et occasionnels bénéficient aujourd'hui d'un restaurant à part entière et d'une carte bien ficelée, avec l'ambition de rassembler sur des idées consensuelles : gravlax de truite fromage de chèvre des Alpilles gel agrumes et ananas, pièce de lotte rôtie sauce vierge, poitrine de cochon de la vallée de Crau confite. Tarifs assez élevés (comptez 75 € à la carte en séquence complète), service de bonne tenue.

Edú 11,5/20

17 avenue Albert Schweitzer - T. 04 90 20 94 21 - Carte 11 €

Voilà la vraie Provence, sa liberté, ses parfums, son accent. À la sortie de Saint-Rémy, une ancienne pépinière transformée en auberge par Édouard Giribone (La Relève, à Marseille, entre autres). Tout est dans ce chic décontracté des Alpilles et dans cette assiette ensoleillée, presque d'instinct, sur les produits de saison : panisses marseillaises, poisson mariné au citron vert, poutargue huile d'olive citron, seiche façon ragoût, pizzette au feu de bois, pièce de bœuf maturée grillée au barbecue... Avec, bien sûr, les vins du pays.

Chez Xa 11/20

24 boulevard Mirabeau - T. 04 90 92 41 23 - Menu(s) 30 €

Une cuisine personnelle et un lieu à part : les habitués savent ce qu'ils vont trouver, les visiteurs s'étonnent, dans ce village si touristique et, il faut le dire un peu privilégié, de découvrir un endroit aussi peu sophistiqué, authentique et à l'ambiance familiale. On goûte les idées du moment, le gratin de la mer, les sardines grillées, le foie gras mi-cuit, l'émincé de veau ou le vitello tonnato, l'assiette est sincère, préparée comme à la maison avec des sauces mijotées. Du choix à tous les étages et un menu toujours doucement tarifé. On boit Valdition, Mas de la Dame, Isle Saint Pierre...

La Cuisine des Anges 11/20

4 rue du 8 Mai 1945 - T. 04 90 92 17 66 - Menu(s) 34 €

Au cœur du vieux village, cette maison fraîche et accueillante sait bien renouveler son offre, mêlant à la Provence quelques influences asiatiques en vogue : salade de poulpe en persillade et paprika fumé, curry vert thaï aux épices lait de coco gingembre, échine de cochon du Ventoux braisée à l'ail et au thym. Desserts attendus (baba, moelleux chocolat), les vignerons du coin bien représentés (Vallongue, Mas Sainte-Berthe, Les Terres Blanches, Valdition...).

SAINT RENAN 29290

Partage - Hôtel des Voyageurs 15/20

CHEF : JULIEN MARSEAULT

16 rue Saint-Yves - T. 02 98 84 21 14 - Carte 57 € - Menu(s) 98 €

On sent Julien Marseault heureux. Longuement pensée, la table à laquelle il rêvait s'est rapidement inscrite dans le paysage gastronomique de son Finistère natal. Avec le recul, on confirme que l'enseigne n'est pas un simple «coup marketing». Le partage est réellement l'ADN du lieu. La convivialité que l'on doit à l'aménagement de la salle, à la complicité du service porté par la même envie communicative s'exprime également bien évidemment au fil d'une carte qui propose tout aussi bien des plats de bistrot à déguster seul ou à plusieurs que des plats qui haussent le niveau à 3 toques. Intransigeant sur la qualité des produits, Julien Marseault s'est fait depuis longtemps le chantre des circuits ultra-courts. Comment ne pas se réjouir devant un artichaut du Léon, joufflu, cuit à la perfection, que l'on accompagne d'une mayonnaise légérissime parfumée à la truffe d'été... Le bonheur en toute simplicité finalement ! Fraîcheur Force 7 avec cette composition estivale et très juste autour du poulpe mariné, du citron vert, de la coriandre et du gingembre. L'intensité monte encore d'un cran avec un suprême de volaille d'un élevage réputé à la peau dorée et croustillante, parfumé au basilic. Fort opportunément, l'ensemble est arrosé d'un jus de cuisson réduit, d'artichauts, de tomates confites et de pignons de pin. Quant au magnifique ris de veau au sautoir, charnu, croûté comme il faut, il s'accompagne de sucrines et de quelques girolles d'été. Il reste à se régaler de framboises gorgées de soleil sur un lit de tapioca acidulé. L'ensemble est complété par quelques petits pois et un puissant sorbet de plantes herbacées (coriandre, estragon, basilic...). Très beau dessert d'une fraîcheur singulière.

SAINT RIVOAL 29190

Auberge du Menez 12,5/20

Le Bourg - T. 02 98 93 02 48

Au cœur de ce petit bout de Bretagne bretonnante, parfois frondeuse, volontiers militante, Manuel l'Espagnol et Josef le Brestois ne pouvaient rêver lieu plus propice à leur épanouissement et à l'expression de leur philosophie : être au plus proche de la terre, de la mer et de celles et ceux qui en vivent. Être locavore non pour suivre une mode, mais pour répondre à une évidence, déclamée haut et fort au fil d'une cuisine de saison qui donne le sourire, servie au rythme des airs cubains ou gitans qui ensoleillent la salle principale, un brin impersonnelle, mais confortable et lumineuse. Vous y êtes accueillis à bras ouverts par Anthony, tablier et casquette qui vont bien. La carte des vins, promptement posée sur la table, est annonciatrice de bonnes nouvelles, avec quelque 130 références. On y trouve les vins de Loire de Noëlla Morantin, d'Hervé Villemade, mais aussi les bourgognes de Fanny Sabre, de Benjamin Laroche, du Domaine Chevrot... Que du beau monde pour accompagner les plats, qui ont de la niaque. Comme ce poulpe cuit à basse température, puis snacké, qu'escortent chou blanc, sarrasin (ultrafine galette croustillante) et aïoli à la mûre. L'échine de porc (élevage local), avec sa belle couche de gras pour en préserver l'onctuosité, est grillée et flanquée d'un crémeux de pois cassés qui assure un contraste intéressant avec le chou au saindoux, le taboulé de chou-fleur et le caramel d'oignons noirs qui revigore l'ensemble. Alliance réussie de la rusticité et de l'élégance. Quant au dessert, le granité de yaourt au pin douglas contraste pertinemment avec la sucrosité gourmande de la tarte tatin... Une bien jolie maison !

SAINT ROGATIEN 17220

La PierreVue 13,5/20

2 place de la Mairie - T. 05 46 31 67 08 - Carte 21 € - Menu(s) 27-66 €

On retrouve avec un égal plaisir la maison de Cécile Briaud-Richard et Renaud qui, depuis dix ans, fait le bonheur des locaux et des voyageurs. Installé à quelques minutes de la Rochelle dans une bâtisse joliment rénovée où la pierre brute apporte une très belle touche nature, le couple propose une expérience à la fois régionale et familiale, où les saisons mènent la danse. La cheffe dévoile ainsi deux menus souvent renouvelés, à 50 et 70 €, où l'on pourra notamment découvrir le petit tartare de bœuf aux saveurs marines servi en aumônière, salicornes en condiment et coulis, le dos de merlu de ligne contisé au beurre de sarriette, courgette déclinée en copeaux et crémeux, fleur farcie d'une mousseline de poisson au homard, ou encore le paleron de veau basse température, aubergines et tomates, pâtes zitta, jus de braisage aux olives et tomates séchées en cromesquis. Cave à dominante bordelaise.

SAINT SAVIN 65400

Le Viscos 14/20

1 rue Lamarque - T. 05 62 97 02 28 - Menu(s) 35-79 €

Cette maison centenaire nichée dans la vallée des Gaves est l'occasion d'une expérience authentiquement pyrénéenne, entre luxe 4 étoiles, architecture régionale et terroir. L'entreprise familiale a développé côté cuisine une concorde entre tradition et modernité, associant le produit local à l'invention, à l'image du menu à 50 €, où le pâté en croûte de poule au pot s'accompagne d'un kimchi de tomates cerises, les gambas au noir de Bigorre d'une étuvée de fenouil et consommé de carapaces, et où l'on pourra poursuivre sur un gourmand suprême de pigeon, cuisse confite, chou romanesco et émulsion choron. Personnel attentionné.

SAINT SULPICE LE VERDON 85260

La Chabotterie 14,5/20

Saint Sulpice le Verdon - T. 02 55 90 02 85 - Menu(s) 52-102 €

MOF 2015, le chef ajoute aussi de hautes qualités morales. Car Audrey et Benjamin Patissier ont non seulement le talent d'un lieu et d'une cuisine qui se conjuguent à tous les goûts mais aussi celui de reprendre une adresse emblématique avec succès. La maison fait exister une cuisine de compétition, où l'on retrouve les plus beaux produits de Vendée, l'aile de raie en pressé aux légumes, les encornets snackés avec une écrasée de pomme de terre anisée d'un bel équilibre, le porc fermier doré au saté, l'orange en marmelade et biscuit café. Service impeccable.

SAINT TROPEZ 83990

La Vague d'Or - Cheval Blanc St-Tropez 19/20

*CHEF : **ARNAUD DONCKELE** - CHEF PÂTISSIER : **BORIS ALLIÈS** - DIRECTEUR DE SALLE: **THIERRY DI TULLIO** - SOMMELIER : **THIBAULT HENRY***

Plage de la Bouillabaisse - T. 04 94 55 91 00 - Carte 280 € - Menu(s) 330-395 €

La question ne se pose pas encore, mais il n'est pas interdit d'y songer, voire de l'anticiper. L'évolution de Saint-Tropez, mixant avec bonheur jet-set et vacanciers admiratifs, où il faut aujourd'hui beaucoup d'argent, du champagne et des pâtes pour s'assurer la réussite, n'est pas de nature à favoriser la haute gastronomie. Pourtant, année après année, été après été, La Vague d'Or porte au sommet les exploits de l'un des plus talentueux des chefs contemporains. Arnaud Donckele, vénéré partout, auprès de ses pairs, des spécialistes comme du public, continue tranquillement à envoyer du très lourd, créant avec une régularité de métronome des plats renversants, à 19/20 pour une clientèle, certes fortunée, mais encore assez compétente pour rapporter et corroborer la bonne parole. Cette année, nous avons vu passer, dans ce remarquable menu-carte (une lumineuse idée de 2022) à 330 €, les fulgurances devenues, sans que l'on s'en lasse, presque monnaie courante : un époustouflant travail sur l'anchois, avec une compression de girelles comme une véritable charcuterie de la mer, à la fois gourmande, populaire et exclusive, le saint-pierre à la cuisson diabolique, mieux qu'au Japon, dans la même vague que Couillon ou Passédat, avec un bouillon d'haliotis monté à l'huile d'olive, suc de plancton marin et capucine, ou une nouvelle interprétation du gambon, fenouil confit sabayon des carapaces infusé à l'anis sauvage. Sur chaque assiette, la marque Donckele, une composition, une harmonie, une sauce, la perfection sur les cuissons. La bagna cauda pour taquiner le ris de veau crousti-fondant, avec un amour de tartelette haricots verts cheveux d'ange, ou la «bécasse de mer» de l'année, dans une sarabande invitant le sar et la langouste, le loup et le chapon dans un bouillon d'aigo-sau, sont encore, dans leur simple intitulé, bien en dessous de la vérité du plat, puissant, tellement réfléchi, à l'exécution tellement maîtrisée que l'on en reste pantois, jusqu'aux desserts, qui montrent le même souci de séduction par la démonstration de talent (figue et raisin au verjus, fraise et basilic...). Tout autour de vous, sur cette terrasse de rêve, la machinerie Cheval Blanc, opulente et flatteuse, tourne à plein régime : service pléthorique toujours bonifié avec virtuosité par l'inénarrable et infatigable Thierry Di Tullio, cave de grands crus de prestige poussant les coefficients pour faire plaisir à ceux qui ne comptent pas, mais voient dans cette profusion d'étiquettes à très haute valeur une marque de respect.

Caprice des Deux 13/20

40 rue du Portail Neuf - T. 04 94 97 76 78 - Carte 91 €

Cette maison régulière a bâti sa réputation sur une cuisine classique méditerranéenne s'appuyant sur des produits irréprochables. Les tarifs sont soutenus (ce n'est pas une nouveauté), mais les habitués s'en contentent puisqu'en contrepartie les assiettes sont belles, attendues et qu'elles tiennent leur promesse : salade de haricots verts et saumon fumé, œufs cocotte aux truffes, filet de loup gratiné et le fameux filet de bœuf poêlé aux truffes, qui est un peu l'emblème de l'établissement. Desserts maison de bonne qualité, croquant de fraises, moelleux au chocolat, crème caramel.

Le Patio Hôtel Le Yaca 12,5/20

1 boulevard d'Aumale - T. 04 94 55 81 00 - Carte 110 €

Le Yaca ne s'est pas mis à l'heure italienne hier matin, comme beaucoup de ses voisins. Cette dilection date de nombreuses années, et la cuisine y est authentiquement à un niveau élevé. Des antipasti soignés (fleurs de courgette à la ricotta, carpaccio de homard...), des paccheris à la lotte jus de poisson de roche et poivron rouge, le filet de veau à la milanaise d'école et quelques plats de haut prestige comme le risotto champagne et caviar. Vaste carte de desserts, dont les classiques, très bon service.

Restaurant de La Ponche 12,5/20

4 place du Revelen - T. 04 94 97 09 29 - Menu(s) 28-35 €

En reprenant des couleurs du côté de la cuisine, cet hôtel mythique a aussi retrouvé une clientèle et des badauds qui lorgnent vers ce lieu au bord de l'eau, ainsi qu'un personnel plus engagé et motivé. Des valeurs sûres dans la carte du moment, mais bien faites et à prix justes : vitello tonnato, soupe de poisson, l'inévitable ceviche de daurade et de bons plats tradi, comme la bourride d'ombrine et coquillages ou l'agneau de Lozère aubergine confite et taboulé de quinoa.

Atelier de la Forge 12/20

22 rue de la Ponche - T. 07 88 08 04 06

Profitant de la vogue italienne, c'est la cousine de La Forge de Ramatuelle qui s'est donc installée ici, tout près de la mer. Il est vrai que confier son repas de produits et de cuisine transalpine à des professionnels du cru, cela a un sens. Vous apprécierez ainsi la charcuterie et le fromage qui arrivent en direct, les arancini, le vitello tonnato, la parmiggiana d'aubergine, les focaccias et pizzas, les bonnes lasagnes et la solide carte de vins.

Cookoovaya - Pan Deï Palais 12/20

52 rue Gambetta - T. 04 94 17 71 71 - Carte 116 €

Et pourquoi pas la Grèce pour la destination 2022 au Pan Deï Palais, ce palace exclusif en plein cœur de la station. Ni homard ni caviar à gogo, mais une carte de fraîcheur crétoise, d'assiettes légères tout en finesse, surfant entre jardin et mer, avec délicatesse et sous le soleil : ceviche, salades, anguille fumée et lentilles beluga, halloumi et cerises, calamar croustillant, keftedes, tarama et de beaux plats que l'on peut éventuellement partager, le psito (gigot d'agneau) ou le spanakorizo (riz et épinards...).

Cucina - Byblos 12/20

20 avenue Paul Signac - T. 04 94 56 68 20 - Carte 98 €

La moitié de la station basculant sur le versant italien, il était logique que le Byblos ducassien verse lui aussi dans la «cucina», enveloppé dans un charmant discours de circuits courts et d'écoresponsabilité. Pizzas, antipasti, charcuterie, vitello tonnato, thon rouge ikejime plancha et escalope de veau à la milanaise, le catalogue classique se déploie avec efficacité. L'essentiel étant dans cette ambiance chic d'entre-soi sur une terrasse très prisée, au calme et bien gardée.

Le Girelier 12/20

Quai Jean Jaurès - T. 04 94 97 03 87 - Menu(s) 37 €

Le classique poissonnier des quais revu à la mode des années 1920, spot lumineux et attirant face aux yachts. La cuisine s'est donc mise au fish and chips, à la salade César et au ceviche, pour le plus grand bonheur des vacanciers. Un menu déjeuner attractif à 37 € qui vaut la mention : anneaux de calamars frits, sardines plancha, linguine tomate cerise parmesan et basilic, tropézienne, baba au rhum... Également les fruits de mer, les pâtes et risottos, les poissons entiers...

Manko Saint-Tropez 12/20

3 rue des Tisserands - T. 04 94 97 59 62 - Carte 64 €

La franchise péruvienne, sous l'égide du Moma Group, s'est donc installée tout près de la place des Lices, permettant aux habitués de l'avenue Montaigne de ne pas trop être dépaysés. Ambiance chic et carte bien dupliquée, avec le nikkei attendu (ceviche, tiradito, anticucho...) et un peu de Méditerranée pour recentrer, avec la selle d'agneau de Sisteron. Desserts péruviens et français, cave franco-Amsud, cocktails, bien sûr, avec un margarita spicy à 20 €. Tarifs bien étudiés, bon service.

La Petite Plage 12/20

9 quai Jean Jaurès - T. 04 94 17 01 23 - Carte 92 €

La jolie table des quais qui met les pieds dans le sable a toujours autant de succès. La carte est calibrée, le service nombreux et disponible, et les vacanciers y trouvent leurs aises. La satisfaction est aussi au rendez-vous grâce à une large carte à tous les prix (de 16 à 58 € pour les entrées, de 30 à 85 €, la sole meunière, pour les plats) qui offre un catalogue moderne du restaurant balnéaire typique, avec ses calamars, gambas, tartare de thon et ceviche de daurade, gnocchis aux coquillages et pluma de cochon à la plancha.

Cipriani 11/20

15 rue François Sibilli - T. 04 22 47 09 10 - Carte 98 €

Très chic Cipriani, juste à côté de chez Dior, le spaghetti ultime de la station, un symbole du prestige tropézien by Moma Group dans un défilé de people venus fêter la fête. Programme ultrasimple et classique, carpaccio, vitello tonnato, spaghettis vongole et paccheri au homard. La sole aux épinards est à 180 €, mais c'est so Cipriani. Château d'Esclans et Villa Antinori dans les verres, of course, negroni à 20 €.

SAINT VÉRAND 71570

Le Moulin de Saint-Vérand 12/20

La Roche - T. 03 85 23 90 90 - Menu(s) 18-35 €

L'hôtel 3 étoiles de Natalie et Christophe Termont est un lieu bucolique et chaleureux au cœur du vignoble mâconnais. La jolie maison couverte de lierre avec piscine accueille une petite table de saison, avec des idées bien réalisées par le chef belge Mike Bravin, comme sur le menu à 35 € et ses escargots de Bourgogne, tomate confite et pesto de cresson, son filet de sébaste aux légumes d'été, sa noix de veau au romarin et crème de laitue fumée, pommes darphin, sa tartelette crème citron et framboises.

SAINT VICTOR 03410

Le Jardin Délice 11/20

6 route de Paris - T. 04 70 28 80 64 - Menu(s) 24-63 €

Un restaurant de bord de route connu dans le canton, à un petit quart d'heure de Montluçon. On y vient pour les cérémonies et l'étape voyageur, dans une sereine tradition qui se hausse un peu du col et qu'on a connue plus glorieuse. Il reste un bon service féminin et de rassurantes sensations de confort, autour du vol-au-vent de poisson aux petits légumes et du crémeux de champignons aux copeaux de foie gras.

SAINT VIT 25410

Prélude 13/20

5 place Simone Veil - T. 03 81 40 53 50 - Carte 66 € - Menu(s) 26-85 €

C'est déjà une attraction ! À un quart d'heure de Besançon, sur la route de Dole, dans un village anodin flanqué d'une vaste zone commerciale, Thibault Étienne, passé notamment chez Emmanuel Renaut et Romuald Fassenet, offre l'une des cuisines les plus intéressantes d'un département il est vrai peu fourni. Dans la sobre salle contemporaine, les locaux se pressent au menu déjeuner, la carte du moment se montrant à la fois sage et précise : plaisante tête de veau, servie chaude en carpaccio, relevée de balsamique et d'une mayo à l'Espelette, maigre de ligne très bien cuit avec un jus émulsionné vin jaune et un risotto céleri et moules, une tartelette fraise avec une crème amande amère pistache sur un streusel tonka. En salle, Élodie Ouchelli règle avec aisance un service naturel et bien inspiré. Cave mollassonne, petite et négociante, pas vraiment en phase avec les lieux, qui mériteraient un caviste, sinon un sommelier.

SAINTE CÉCILE 71250

L'Embellie 12,5/20

Le Bourg - T. 03 85 50 81 81 - Menu(s) 20-52 €

Cette grande maison bourguignonne en pierre locale, proche de Cluny, a belle allure, au milieu d'une nature verdoyante, constituant une étape campagnarde de charme. Céline et Sébastien Mazoyer embellissent chaque jour leur Embellie, et le chef sait traduire son terroir dans des plats de saison aux idées bien appliquées : tartelette de légumes crème de petits pois écrevisses à l'huile de noisette, asperges blanches charolais séché viennoise à l'échalote et sabayon aux herbes, ris de veau poêlé au beurre mousseux, baba fraise... Attractif menu à 35 € et cave bien constituée.

SAINTE MAXIME 83120

La Badiane 15/20

CHEF : GEOFFREY POESSON

6 rue Fernand Bessy - T. 04 94 96 53 93 - Carte 102 € - Menu(s) 53-110 €

Sorte d'homme-orchestre, le barbu Geoffrey Poësson fait tout lui-même, des assiettes au service en passant par l'accueil et la découpe du fromage. Et, quand certains peinent même à quatre ou cinq, lui fait tout bien sans avoir besoin de personne. Cette jolie maison du centre au décor naturel et provençal, en pierre blanche, table en bois brut massif et lignes épurées, est le lieu d'une cuisine personnelle de haut niveau, qui profite de l'absence de contradicteur pour se déployer sans contrainte. On imagine le chef faire son marché le matin, des produits frais de première qualité, qui s'organisent dans des menus à tendance très locale et de saison, une panna cotta d'épinards, tomate et maquereau, une très belle salade de coquillages arrondie par un œuf parfait et un mousseux de pommes de terre à la pulpe de salicorne, une bécasse de la mer à la cuisson idéale, juste grillée pour délivrer toute son essence, avec un poulpe rôti et quelques légumes du pays. Le dessert, un finger chocolat et praliné aux arachides, une glace cacahuète et caramel beurre salé, offre un authentique retour en enfance. Cave de connaisseurs, bien conseillée.

SAINTE PREUVE 02350

Les Épicuriens - Domaine de Barive 13,5/20

Domaine de Barive - T. 03 23 22 15 15 - Menu(s) 59-110 €

Non loin de Laon, le calme domaine de Franck Dumoulin est un petit havre de paix, un splendide château d'époque avec un hôtel 4 étoiles, des chambres d'hôte, un spa et, donc, une table d'inspiration gastronomique. L'accueil, dans les règles bourgeoises de l'art, ne prédit pas les tendances modernistes de la cuisine, qui assurent un bon équilibre entre tradition d'excellence et réinvention. La carte défend ainsi les classiques et des idées plus actuelles, un carpaccio de langoustines aux agrumes et fenouil, caviar, un croustillant de turbot, farce de homard et écume de champagne, un filet de bœuf au foie gras poêlé et truffes, un dessert pêche-verveine. Très belle cave avec plus de 600 références, et une logique dominante champagne.

SALINS LES BAINS 39110

Restaurant des Bains 11/20

1 place des Alliés et de la Résistance - T. 03 84 73 07 54 - Menu(s) 16-34 €

L'hôtel historique de la station thermale sait dorloter ses pensionnaires et, outre les nombreux équipements, propose également sa table hôtelière, pratique et bien tenue. Le chef y réalise une cuisine d'aujourd'hui, avec un effort fait sur la diététique et qui ne manque pas pour autant de gourmandise. À la carte par exemple, poireaux vinaigrette à l'asiatique et brési fumé du Jura, truite des Planches, légumes et grenailles cuites au bleu, sauce savagnin, ou encore une côte de veau fumée sous cloche et fregola sarda en risotto. Carte des vins classique et assez bien construite, notamment en Jura et Bourgogne.

SAMOUSSY 02840

Relais Charlemagne 13/20

4 route de Laon - T. 03 23 22 21 50 - Menu(s) 28-75 €

Après Laon, une auberge de bonne halte, qui compile les éléments classiques du relais bourgeois de campagne. La jolie maison cultive un air désuet et très charmant, une partie de campagne où s'invitent les beaux textiles, le cannage et l'argenterie, autour d'une cuisine de tradition, belle et intemporelle, du chef Jean-Yves Collier. Le menu «Tradition» à 55 € fait bien l'affaire, une cassolette de saint-jacques au beurre d'orange, asperges blanches des Landes, un dos de turbot sauce champagne, concassée provençale et petits légumes, un médaillon de ris de veau aux morilles, mousse de pois gourmands et frite de polenta, champignons, un gratin de fraises au sabayon de champagne, glace vanille. Équipe très agréable.

SAMPANS 39100

Château du Mont Joly 15,5/20

CHEF : ROMUALD FASSENET

6 rue du Mont Joly - T. 03 84 82 43 43 - Carte 109 € - Menu(s) 52-135 €

Certainement l'une des plus tables de la scène jurassienne, la demeure de Romuald et Catherine Fassenet est un ravissement, des chambres à la table, où l'histoire se conjugue avec la modernité. La salle contemporaine et ses baies vitrées donnant sur un jardin séculaire illustre assez bien le cheminement du chef MOF et Gault&Millau d'Or 2020, qui fait aussi bien la démonstration d'une excellence académique qu'une capacité à penser le terroir régional sous une perspective toujours nouvelle. La formule «Au Pays de Pasteur» à 98 € est un voyage réussi, qui commence sur un beau médaillon de foie gras et des morilles farcies à l'ail des ours bien adouci par un bouillon de marjolaine, se poursuit sur un omble au beurre de savagnin et un gigoton d'agnelet avec un jus à l'ail noir et une déclinaison d'artichauts. Le fraise rhubarbe comme une tarte et le palet chocolat, glace au thé vert offrent une belle conclusion. Splendide cave jurassienne parfaitement commentée par Catherine Fassenet.

SANARY SUR MER 83110

L.A Restaurant 12/20

6 rue Barthélémy de Don - T. 0469001273 - Menu(s) 52-98 €

De nombreux habitués qui appréciaient La P'tite Cour retrouvent le même engouement pour son successeur, dans un mode plus actuel et avec une cuisine qui, au fil du temps, se montre plus ambitieuse. Notamment par les produits nobles utilisés, la Tarbouriech pochée condiment céleri et pamplemousse, le foie gras mi-cuit citron confit et gel pistache, les saint-jacques panais et Colonnata ou encore les suprêmes de pigeonneau rôti cuisse confite orange sanguine et butternut. Service de bon niveau, cave régionale.

SANCERRE 18300

Restaurant la Tour 14/20

31 Nouvelle Place - T. 02 48 54 00 81 - Carte 56 € - Menu(s) 33-76 €

Ouvert depuis 1979, le restaurant familial est aujourd'hui aux mains du fils, Baptiste Fournier, qui, tout en perpétuant la renommée de la maison, la fait vivre à sa façon, associant les poutres et les moulures à un mobilier scandinave et une cuisine actuelle. Le menu déjeuner est dans la bonne mode, avec le maquereau et les palourdes, pêche et jus acidulé aux fleurs, le merlu aux cocos de Paimpol à l'huile de chorizo et émulsion tomate, un paleron de veau, courgette, pâtisson et pâtes de citron confit, un dessert de fruits rouges, crémeux au praliné et glace au basilic. Des accords mets et vins à 38 et 45 € sont possibles.

La Côte des Monts Damnés 13/20

Chavignol - T. 02 48 54 01 72 - Menu(s) 35,20-43 €

Difficile d'imaginer l'histoire de Sancerre sans la famille Bourgeois, dont le domaine a grandement participé à la renommée. Les vins de la propriété sont évidemment sur toutes les tables, tandis que Jean-Marc Bourgeois s'occupe de bien les accompagner, avec une cuisine de bonne réalisation, tantôt inspirée de la tradition, tantôt modeuse : l'incontournable tagliatelle de

Chavignol au beurre de muscade, les tentacules de poulpe rôtis et la purée d'artichaut au safran, la poitrine de porc du mont du Cantal, jus au miso et poêlée de bettes à cardes et asperges, beignet de lard de Colonnata ou encore un soufflé à la poire. Service à la hauteur.

SARE 64310

Mimosa 12,5/20

Place du village - T. 05 59 26 57 66 - Menu(s) 18-22 €

À vingt minutes de Biarritz, la campagne basque a bien du charme, à l'image de cette typique bourgade, avec son fronton pour la pelote à main nue. Mathieu Thomas et Mathilde Aguerre se sont rencontrés chez Guy Savoy et ont connu chacun quelques belles maisons avant de se poser non loin du village natal de Mathilde, Espelette, la capitale du piment. À Sare, ils ont trouvé une belle et grande demeure basque, dont ils ont gardé l'authenticité, dans la superbe salle prolongée d'une terrasse sous les arbres, avec l'énorme bar, la vieille cheminée et l'armoire ancienne qui sert de vaisselier. Leur cuisine est bien sûr enracinée, mais leur bagage leur permet de s'évader facilement, en produisant des plats de caractère et de personnalité. Pour détourner par exemple l'arroltze ta xingar (œuf et bacon basque) avec le talo, également très local (galette de maïs), œuf coulant, mousse ossau-iraty et brisures de xingar, pour offrir un magnifique plat, fin et gourmand, le turbot pleine mer rôti, courgettes marinées, jus d'arêtes rôties de myrte citronnée avant le classique et très réussi fontainebleau au confit de fraises et meringue au basilic. Carte des vins généraliste et bien fournie, avec quelques régionaux, un choix d'alcools conséquent (gins, rhums, whiskys...). Service agréable et naturel, auquel Mathilde participe quand elle peut délaisser sa pâtisserie.

Olhabidea 12/20

Quartier Sainte-Catherine - T. 05 59 54 21 85 - Menu(s) 48-55 €

La maison est vaste et l'on pourrait s'y perdre si l'on n'était pas guidé dès l'arrivée. Les habitués sont en nombre, certains d'être bien reçus par la famille Fagoaga, Jean en salle, Guillaume en cuisine, les deux frères poursuivant l'œuvre de leurs parents. Cette cuisine saine et sympathique est soignée jusqu'au bout de la spatule, avec le gaspacho de tomates vertes et chair de crabe marinée, frais et parfumé, le merlu à la plancha et croûte d'amandes, la tartelette mascarpone, poire et framboise. Bon menu à 48 € dans une ambiance bien agréable.

SARREGUEMINES 57200

Auberge Saint-Walfrid 13,5/20

58 rue de Grosbliederstroff - T. 03 87 98 43 75 - Menu(s) 98-168 €

Une auberge confortable au décor légèrement vieillot près des bords de la Sarre. Un personnel fourmillant de table en table, toujours aimable et souriant. Dans l'assiette, très ou trop classique, une aimable variation autour de la tomate, foie gras, crème glacée basilic, le saint-pierre, coques, girolles, émulsion au fumet de coquillages, et la feuillantine croustillante, étuvée de courgettes, chèvre frais, le veau bio de Moselle, primeur du moment, petit jus et le croustillant à la mirabelle, eau-de-vie de mirabelle donnent une impression de soin dans une forme un brin routinière. Carte des vins riche en bourgogne, bordeaux et alsace.

SAUJON 17600

Roselières 13,5/20

Place Richelieu - T. 05 46 06 92 35

Depuis le 12 mai dernier, Julie, petite-fille de pâtissier, étudiante en sciences politiques qui a bifurqué pour un CAP de cuisine et une expérience en sommellerie, a lancé son Roselières avec Florian, chef de 25 ans arrivé du Saint-James, à Bordeaux, après un passage à L'Atelier de Jean-Luc Rabanel. On ressent leur bonheur de vivre cette aventure ensemble. Julie rayonne en salle et parle avec gourmandise des vins, Florian prépare avec minutie tous les plats de sa carte, axée sur le végétal. Les haricots verts en salade avec échalotes, câpres, cornichons, un chutney de fraises, une eau de haricots verts et fraise, le tout caché sous un voile d'une gelée de vinaigre montre un travail considérable et un élégant jeu de saveurs et de textures, comme le chou-fleur, crémeux aux algues, semoule chou-algues et lait de chou-fleur aux algues. Le maigre de ligne s'épanouit avec la déclinaison de courgettes, des pousses de fenouil, du gel d'anis et un jus d'arêtes au carvi, le cochon servi rosé et confit partage l'assiette avec betterave et mûre. Le premier dessert est à base de tomates mandarines, vanille et basilic, le second est une belle composition melon pêche et safran. Agréable salle et terrasse arborée.

SAULIEU 21210

Le Relais Bernard Loiseau - restaurant La Côte d'Or 17/20

*CHEF : **PATRICK BERTRON** - CHEF PÂTISSIER : **XAVIER JACQUIN** - DIRECTEUR DE SALLE: **BARBARA SEQUALINO** - SOMMELIER: **ERIC GOETTELMANN***

2 avenue Bernard Loiseau - T. 03 80 90 53 53 - Carte 225 € - Menu(s) 120-270 €

Alors que Patrick Bertron fête brillamment ses 40 ans de cuisine à Saulieu, la transition s'opère en douceur et harmonie avec l'arrivée de Louis-Philippe Vigilant (Espoir Gault&Millau il y a quelques toutes petites années) en direct de Loiseau des Ducs, à Dijon, mais aussi celle, sur la pointe des pieds et avec modestie, de Blanche, la fille cadette de Dominique et Bernard. La grande bâtisse fleurie à souhait a gardé intacte son atmosphère d'auberge de province, au sens noble, cossu et élégant du terme. La grande salle et sa jolie charpente, lumineuse au possible, ouvre sur la verdure et le délicieux «jardin oublié», savamment fouillis. Tomettes, boiseries et meubles anciens assurent aux clients un confort rassurant et une atmosphère apaisante. Indéniablement, le charme opère toujours, d'autant que tout le personnel est porté par la même passion communicative. Comment ne pas succomber encore et encore aux emblématiques jambonnettes de grenouilles à la purée d'ail et au jus de persil ? C'est d'une efficacité redoutable. La jolie pièce de turbot confite au beurre de tanaisie puis grillée, nappée avec gourmandise d'une délicate sauce au jus d'arêtes de caractère est un hymne marin pertinent. Les délicieuses courgettes et les petites fèves du jour encore légèrement croquantes apportent la fraîcheur printanière qui va bien. La selle d'agneau fermier du Morvan est escortée d'une barigoule d'artichaut dans une version contemporaine et aérienne du plus bel effet. La jonction est assurée par un «simple» jus de cuisson intense et équilibré. La belle idée finale prend la forme d'une singulière et fort réussie association de fraises et petits pois qui donne furieusement envie de jouer les incrustes dans le jardin. Quant au livre de cave, d'une épaisseur qui en dit long sur les ressources, il constitue principalement une ode à la Bourgogne dans ce qu'elle produit de meilleur... Une vingtaine de pages, sans compter les magnums, lui sont consacrées, y compris dans des millésimes anciens.

Bistrot Loiseau des Sens — 13/20

4 avenue de la Gare - T. 03 45 44 70 02 - Menu(s) 34-59 €

Dans le splendide complexe Relais & Châteaux du relais Bernard Loiseau, ce bistrot jouxtant le spa profite de cette belle architecture contemporaine pour offrir une version haut de gamme du répertoire bourguignon. Les classiques régionaux actualisés sont exemplaires, des œufs en meurette façon grand-mère, un dos de cabillaud, épeautre, radis et sauce beurre blanc, une pintade du Morvan et céleri, une épaule d'agneau confite et gâteau de polenta, un «Paris-Saulieu». Service impeccable.

SAULON LA RUE — 21910

Deux Rivières — 12/20

67 route de Dijon - T. 03 80 79 25 25 - Carte 54 € - Menu(s) 25-65 €

Une longue allée, parking en graviers et éclairage qui, à la nuit tombée, fait son petit effet sur la clientèle, ça en jette ! Le restaurant, installé à quelques enjambées de l'hôtel, ne manque pas d'allure, mixant les vieilles pierres et la déco contemporaine. En cuisine, Thomas Brasleret (un ancien de La Cape, à Cenon, en poste depuis 2021) s'astreint à privilégier les produits locaux qu'il met en scène avec un esprit semblant hésiter entre les registres bistrotier et bourgeois pour une prestation sans véritable relief : foie gras poché dans un bouillon à la chartreuse et légumes croquants manquant de caractère, saint-jacques snackées (surcuites), scorsonères aux pomelos et sauce «apérol-spritz» avant un dessert banane morille manquant de fraîcheur et d'équilibre. Cave classique et sévèrement tarifée, service nombreux et assez peu concerné.

SAUMUR — 49400

L'Essentiel — 11,5/20

11-13 rue Raspail - T. 02 41 67 71 10 - Carte 48 € - Menu(s) 30-52 €

Anthony Vaillant a repris en 2019 le légendaire restaurant Les Ménestrels, bien niché dans un ravissant hôtel particulier au pied du château. Le cadre est à l'image de cette fière cité et la cuisine est pleine d'ambitions autour de standards tels que la saint-jacques, le foie gras compote de pommes et brioche, la poitrine de porc, pommes de terre ou le soufflé citron en dessert. Quelques petites imprécisions sans conséquences pour une table classique appréciée par les touristes et qui trouve légitimement sa place.

SAUVETERRE DE ROUERGUE — 12800

Le Sénéchal — 15/20

CHEF : MICHEL TRUCHON

Le Bourg - T. 05 65 71 29 00 - Menu(s) 45-140 €

Cette maison de haute tradition dans cette magnifique bastide s'inscrit dans la superbe galerie à couverts de la place du village. Michel Truchon et son épouse en ont fait un repaire de mangeurs connaisseurs de la grande cuisine paysanne et bourgeoise du Sud-Ouest, donnant au décor quelques notes contemporaines qui tranchent avec l'architecture. L'atmosphère est sérieuse, comme le travail du chef, récompensé cette année par un trophée Techniques d'Excellence lors du Gault&Millau Tour Occitanie. Après les mises en bouche à dominante régionale (très bon ris d'agneau de l'Aveyron), le chef peut se permettre d'explorer d'autres rivages, avec le maquereau de Méditerranée brûlé à la flamme et laqué, oignon de Roscoff, pulpe d'aubergines et aïgo boulido, avant la belle assiette de légumes du marché et bellota, le filet de maigre sauvage de Méditerranée grillé sur sa peau, tomate rôtie et un superbe aligot. Les mirabelles de la région fournissent le dessert, avec une crème légère à la cardamome. La carte des vins est variée et complète, sans visibilité pour les vins au verre.

SAUZON 56360

Roz Avel 13,5/20

Rue du Lieutenant Riou - T. 02 97 31 61 48 - Menu(s) 36-60 €

Entreprise de plus de 30 ans qui perdure sans vague, la table de la famille Didoune est un phare sur la ville, un lieu où les habitués à l'année ou de la haute saison se retrouvent pour des plats efficaces avec des produits d'ici. L'endroit est chaleureux, sans chichi. On s'y sent comme chez soi et tout le monde se mélange, les jeunes couples et les anciens, les amis et les amants, pour des assiettes assez universelles. Une cuisine bretonne accessible et bien faite, de beaux ormeaux snackés et fenouil, une barbue sur la peau très réussie avec des légumes de saison, un remarquable et bien exécuté soufflé à l'hydromel. La cave accompagne les assiettes avec une égale efficacité. Premier menu au déjeuner à 36 €.

Hôtel du Phare 12,5/20

Quai Guerveur - T. 02 97 31 60 36 - Carte 41 €

Hôtel emblématique de la station, cette jolie maison fin XIXe siècle au bout du quai a été entièrement rénovée par Jean-Michel Wilmotte, qui a donné au lieu une ambiance pop et bretonne, à la fois chic et attendue. Aux fourneaux, le chef Laurent Clément revient aux basiques, avec une préférence marquée pour les produits locaux, mis en scène avec une certaine cohérence, sur galet, en crêpe, pour marquer le régionalisme. Le menu «Signature» fait l'inventaire des productions insulaires, avec une élégante vichyssoise d'araignée, se poursuit sur un bar dans son plus simple appareil et qui offre toute son essence, une facile, mais plaisante association de la volaille et du homard, par l'entremise de la morille, et se conclut sur une douceur au basilic et à la fraise. Les accords mets-vins se font dans un bon feeling, des jolis noms. Le service a sans doute encore besoin de quelques temps de rodage, mais les recrues ont déjà toute la formation pour exercer avec professionnalisme.

Café de la Cale 12/20

Quai Guerveur - T. 02 97 31 65 74 - Menu(s) 23 €

Dans un coin du très charmant port de Sauzon, ce café est le rendez-vous des initiés par excellence, des habitants à l'année ou de saison, qui se retrouvent tous ici à midi ou au dîner. En face des petits bateaux, les assiettes sont simples et fraîches (on vient profiter d'un convivial plateau de fruits de mer, des belles assiettes de coquillages) ou plus élaborées, un tartare de lieu jaune, jambon sec et pesto, une aile de raie aux câpres, une belle sole meunière au beurre de cerfeuil. Humeur joyeuse.

Crêperie Les Embruns 11/20

Quai Joseph Naudin - T. 02 97 31 64 78

Une table bien bretonne installée sur le port qui permet de se faire plaisir à moindres frais et dans une bonne humeur contagieuse. La crêperie indique toutes les provenances, un signe d'exigence pour les produits. La carte, plutôt courte pour le genre, est efficace : les classiques de blé noir, à l'andouille et moutarde, boudin pomme, saumon fumé et poireaux, une froment de pommes et caramel beurre salé ou encore au sucre et pommes au beurre et flambées au Calvados.

SAVENNIÈRES 49170

Le Chenin 11,5/20

1 place Simone Veil - T. 02 44 01 84 51

Les touristes à vélo et les vignerons du coin se rejoignent au pied de la jolie église de Savennières pour goûter la cuisine d'Arthur Favé qui, avec sa compagne Maïté Verriez-Foene, en salle, a repris le restaurant où ils étaient employés depuis trois ans. Le propos est simple et mérite d'être encouragé : poulpe et pesto à l'ail des ours en amuse-bouche, gaspacho de petit pois, chèvre et pignons de pin, bien équilibré, merlu cuit parfaitement, feuilles de betterave, bien réalisé, mousse de marron, pommes et amandes, un dessert léger et peu sucré. Cave nature et locale, service dévoué.

SAZILLY 37220

Auberge du Val-de-Vienne 13/20

30 route de Chinon - T. 02 47 95 26 49 - Carte 52 € - Menu(s) 34 €

Au bord de la Vienne, ce très élégant relais de poste de la fin du XIXe siècle accueille aujourd'hui une table bourgeoise et d'inspiration traditionnelle. Le charme ancien et classique de la maison en fait un lieu distingué, notamment avec un son beau mur en moulures, sa bibliothèque et sa cheminée sculptée. Les plats signature sont intemporels, un croustillant de rillons et vinaigrette à la moutarde de Meaux, un filet de dorade sébaste, sauce vierge tomate, basilic et citron, un carré d'agneau en croûte de thym et jus parfumé à l'ail. Desserts classiques. Belle cave à vin.

SCHILTIGHEIM 67300

Les Plaisirs Gourmands 15,5/20

CHEF : GUILLAUME SCHEER

35 rue du Général de Gaulle - T. 03 88 83 55 55 - Carte 73 € - Menu(s) 44-99 €

Schiltigheim n'en revient toujours pas : parier sur la gastronomie, la vraie, réfléchie et créative, et le devenir d'une vraie table, soignée et contemporaine. On n'aurait pas imaginé cela il y a quelques années dans cette banlieue brassicole. On aime l'ambiance de ce cocon feutré et voluptueux, ouvert sur un patio secret orné par un cerisier japonais, joliment éclairé la nuit. Contrairement à certains chefs qui s'installent trop vite, Guillaume Scheer a pris son temps pour acquérir une solide expérience, notamment auprès de Christian Le Squer à l'époque Ledoyen. Depuis son arrivée ici il y a quatre ans, il n'en finit pas de confirmer son talent. Au menu «Plaisirs» en 5 temps à 94 € : jolies ravioles de radis daikon farcies et rehaussées par le gras des pois de guacamole et la richesse d'une vinaigrette aux agrumes. Les asperges vertes de Mallemort bien croquantes au goût végétal, associées à d'amusantes morilles farcies de persil, sont rendues gourmandes par une hollandaise au curcuma d'Alsace. Servi avec une raviole de céleri cuit longuement en croûte de sel farcie d'une fine brunoise de fenouil, le joli turbot rôti est rehaussé par une sauce rouille et une soupe de poissons de roche versée à table. Le classique et tendre filet de bœuf charolais, on l'aime pour ses fameuses pommes soufflées et son incroyable jus à la ciboulette, une judicieuse variante végétale du traditionnel jus à la viande. Les desserts ont fait un bond impressionnant en gagnant à la fois en finesse et gourmandise avec ce palet de rhubarbe associé à une fondante glace au lait ribot, jus de framboise et de rhubarbe. Les petites attentions sont nombreuses tout au long du repas et plus particulièrement ce chou à la fève tonka servi tout à la fin. Charlotte Gâté supervise un service à la fois stylé et naturel, tandis qu'une sommelière talentueuse conseille de beaux accords mets-vins. Très à l'écoute de leurs fidèles, les patrons ont su faire de cette maison la véritable adresse de confiance de Strasbourg.

SEIGNOSSE 40510

Villa de l'Étang Blanc 14,5/20

2265 route de l'Étang Blanc - D432 - T. 05 58 72 80 15 - Menu(s) 60-85 €

Une escapade gourmande dans un endroit protégé par les arbres et le lac. Et David Sulpice, un chef engagé, qui bouscule un peu les lignes et donne un coup de jeune aux produits de la région et/ou de la saison, en finesse et équilibre. Son menu à 85 € nous a dernièrement montré beaucoup de talents, avec la tartelette au piment doux, txistorra grillée, poudre de tomates, sauce bagna cauda poudre de cresson, le thon blanc de Capbreton, en tataki pour garder toute la fraîcheur, mousseline d'artichauts avec pétales d'ail frits, tomate cœur de bœuf, cuisson diverse, un peu de fumé pour des parfums justes et complexes. Le bœuf de Chalosse cuit au sarment de vigne et laqué au miel soja, mousseline de pomme de terre et poudre d'amande, avant un agréable dessert maïs. Grande cave couvrant toutes les régions de France, avec un vaste choix au verre de 9 à 15 € et une prédilection pour le bio. Bon service, bien en place, supervisé par Magali Sulpice.

SELONCOURT 25230

Le Monarque 11/20

23 rue de Berne - T. 03 81 37 12 39 - Menu(s) 34-44 €

Au sud de Montbéliard, la grande maison bourgeoise de Sylvie et Alain Lambert est une bonne étape pour les grandes occasions, avec son beau service et ses traditions bien reproduites. La carte aligne des classiques efficaces, une cassolette d'escargots à la cancoillotte, un filet de lieu, tomate et basilic, un rognon de veau sauté au genièvre, des profiteroles maison... Les formules vont jusqu'à 44 €.

SEMBLANCAY 37360

La Mère Hamard 13/20

2 rue du Petit Bercy - T. 02 47 56 62 04 - Carte 76 € - Menu(s) 55-85 €

La table d'Olivier Loize est une déclaration d'amour à la Touraine, son histoire, son terroir et sa culture. La belle maison, à la fois hôtel et restaurant, s'applique à un classicisme français intemporel, qui met aussi bien à l'aise qu'il ouvre l'appétit. Le chef travaille la région à sa manière, avec une technique éprouvée et de la suite dans les idées, préférant à la tradition un avenir pour son pays, qu'il dessine au travers d'une truite de Touraine et anchoïade, une huile d'olive au citron et gel citron-gingembre, d'un homard et de langoustines cuites au beurre, minilégumes et sauce au vieux Vouvray épicé au citron vert, d'une beuchelle de Touraine, d'un moelleux au chocolat, sorbet cacao et tuile au grué. On pourra également choisir parmi quatre menus, de 55 à 85 €.

SENLIS 60300

Le Julianon 13/20

5 place Gérard de Nerval - T. 03 44 32 12 05 - Menu(s) 25-59 €

Le lieu est toujours attrayant et les prix compétitifs, même si cette année nous avons trouvé les assiettes un peu moins percutantes qu'à l'accoutumée. Le talent de Richard Baïma n'est pas en cause, et les idées sont intéressantes, il suffira de peu pour retrouver la progression. Car on passe un excellent moment à 2 toques avec l'asperge violette condiment pourpier persil miso et copeaux de lonzo, la crevette poire nashi et petit épeautre sur un consommé citronnelle, échine et poitrine de cochon, panais betterave et patate douce. Bon dessert original sur le boulgour, ananas gingembre et citron. Cave classique, choix au verre énoncé.

SENONCHES 28250

La Forêt 11/20

22 rue du Verdun - T. 02 37 37 78 50 - Menu(s) 32-64 €

Cette maison centenaire a le cachet des relais de poste d'antan, en lisière du village, annonçant la forêt. Elle a bien évolué ces dernières décennies pour redevenir une base indispensable à la balade en Perche. À table, la cuisine fait des manières quand on attendrait plutôt un rustique de bon aloi. Les intentions sont louables pour valoriser le produit local, malheureusement un peu oublié par une surcharge d'ingrédients et de fioritures qui finissent par en atténuer le goût juste : carotte en déclinaison, en tartelette pickles, purée et flan glace à la moutarde de Digny, haddock et kumquat confit, pain de sandre de Loire brioché, plutôt bien réussi dans le moelleux, croustillant à l'anguille fumée sauce crustacés et rigatonis farcis à la ricotta (trop cuits, trop secs, trop fades), piquillos et tagliatelles de courgette. Desserts aussi travaillés (figue et miel du Perche ganache vanille tuile au miel). Jeune service appliqué, patronne charmante, bon cidre bio du Perche.

SÉRIGNAN 34410

L'Harmonie 13,5/20

Chemin de la Barque - T. 04 67 32 39 30 - Menu(s) 32-75 €

C'est fin, frais et sincère, tout ce que l'on recherche dans une auberge. Un couple comme on les aime, lui en cuisine et elle dans la gestion du service, en harmonie, tel le nom de l'enseigne. Bruno Cappellari propose une cuisine de marché toujours à son avantage, jusque dans la petite formule déjeuner à 32 € : velouté d'asperges de Portiragnes, glacé avec une chantilly aromatisée au lard, cabillaud cuit à basse température et son risotto aux cébettes, sympathique et simple café gourmand, dont une compotée fraise chocolat blanc noix de coco. Le tout à saisir dans la salle lumineuse et chic ou sur la belle terrasse donnant sur le jardin fleuri et arboré. Cave bien renforcée en région et plutôt sage en tarifs.

SERRIÈRES 07340

Schaeffer 12/20

34 quai Jules Roche - T. 04 75 34 00 07 - Menu(s) 31-48 €

En Ardèche, depuis un siècle, quatre générations se sont succédé ici sur les rives du Rhône, pour le plus grand bonheur des hôtes de passage et des habitués. La valeureuse cuisine classique du chef Frédéric Guironnet est toujours sincère, même si elle toussote un peu ces derniers temps, les produits sont bien choisis et l'atmosphère est bien celle recherchée dans les bonnes auberges de province : le ris de veau est bien cuit, mais les écrevisses n'ont guère de goût, la sauce cognac est bien présente et bien relevée, le poulpe est énorme, comme sorti entier du bouillon, avec un aïoli au curry, avant un correct dessert sablé meringue sorbet pamplemousse. Très belle et intéressante carte des vins de la vallée.

SERVON 50170

Auberge Sauvage 14,5/20

3 place Saint-Martin - T. 02 33 60 17 92 - Menu(s) 65-85 €

Cela peut agacer, laisser indifférent ou même plaire (ce qui est d'ailleurs le cas de la majorité des clients qui poussent la porte de chez Thomas Benady et Jessica Schein), mais à l'Auberge Sauvage, le menu est, et restera, caché et imposé. Inutile de fouiller sur les réseaux sociaux ou de questionner votre beau-frère qui travaille à la DGSI pour savoir quel sera le poisson du jour, il faut accepter ce fonctionnement, à la fois guidé par une main d'œuvre limitée et par la volonté de gaspiller le moins possible. L'ancien chef de chez Orties, au cœur de Paris, s'est justement installé en pleine campagne pour y proposer la cuisine qu'il aime, spontanée, aussi locavore que possible, s'appuyant sur le marché et la pêche du jour. Alors certes, il faut accepter de ne pas avoir le choix, mais c'est finalement un petit désagrément au regard de l'excellent moment qu'on passe auprès de ce couple, à la découverte du terroir de la baie du Mont-Saint-Michel.

SESSENHEIM 67770

Auberge au Bœuf 15/20

CHEF : YANNICK GERMAIN

1 rue de l'Eglise - T. 03 88 86 97 14 - Menu(s) 44-108 €

Indissociable de l'histoire de Sessenheim, cette ravissante maison abrite deux salles à manger qui rivalisent de coquetterie alsacienne. Dans la salle principale dotée d'un poêle en faïence typique, les tables dressées avec beaucoup d'élégance, les meubles anciens cirés, le bois présent du sol au plafond créent une ambiance incroyablement apaisante. Perfectionniste, Yannick Germain travaille avec passion, aime les présentations sophistiquées et joue avec brio toute la gamme des produits du marché et des saisons. Au menu «Murmure sur les berges du Rhin» à 88 €, les saint-jacques de la rade de Brest, associées à l'artichaut et ponctuées de kalamansi sont un hors-d'œuvre plein de fraîcheur apéritive. Les couteaux de plongée juste gratinés avec une langue de coques, une purée fumée et une nage de coquillages au raifort est un plat riche en détails raffinés et harmonieux. Quant à l'agneau de lait de Preuschdorf en trois cuissons «de la tête aux pieds», il est servi comme une jolie dodine fort gourmande qui fait penser à un repas de fête en famille. La betterave crapaudine, associée aux griottes et noix de pécan, est une issue à la fois inventive, harmonieuse et pleine de fraîcheur. L'atmosphère est gaie, le service, enjoué et énergique. Étoffée et judicieuse, la cave de collection présentée sur une tablette numérique est à la hauteur de cette cuisine. On y trouve tout ce qui se fait de mieux en Alsace mais aussi en Bourgogne (rare collection de saint-aubin).

SÈTE 34200

The Marcel 15,5/20

CHEF : DENIS MARTIN

5 rue Lazare-Carnot - T. 04 67 74 20 89 - Carte 94 €

Un grand projet d'hôtel se dessine autour de cette adresse mythique, qui a de plus en plus le vent en poupe. Fabien Fage a cédé la place à son second Denis Martin, créant une dynamique qui n'est pas près de s'éteindre. Comme nous avons pu le mesurer avec la cuisine du nouveau chef, dans une balade marine de haute tenue, dès les mises en bouche (moule accompagnée de son écume iodée au poivre de Timut, couteau snacké à la plancha en persillade et noix, crevette rose de Méditerranée marinée cébette et gingembre), avant la ventrèche de thon rouge de Méditerranée, légèrement snackée, marinée dans une vinaigrette à l'estragon, et la baudroie pousses d'épinards crème de chou-fleur grillé au barbecue, torréfié et en pickles. En diversion fermière, un très bon cochon décliné en filet mignon rôti au lard de Colonnata, poitrine confite, et pieds croustillants sous forme de samossa et un plaisant dessert potimarron confit à la cardamone sur un croustillant praliné, crémeux de mandarine et sorbet Napoléon. Du travail de haut niveau, y compris dans le service, toujours proche et prévenant, confortant les 3 toques. Tout juste regrettera-t-on la présence d'un véritable sommelier pour animer la vaste cave régionale.

L'Arrivage 13,5/20

13-15 rue André Portes - Menu(s) 32-89 €

Jordan Yuste réalise le rêve de certains clients de se retrouver «à l'aveugle» devant les menus. Et, si ce plaisir vous échappe, sachez que le chef a des idées, souvent bien traduites, et que sa maison, toute proche des halles, s'inscrit dans une modernité certaine. La preuve avec le menu «Sans limite», qui donne le cadre de l'aventure. Cave annoncée de 500 références mais, là encore, vous ne choisissez pas puisque l'on vous présente une sélection adaptée.

La Palangrotte de Jean-Raymond et Sylvie 12/20

Rampe Paul Valéry - T. 04 67 74 80 35 - Menu(s) 22 €

Ce ne sont pas les enseignes qui manquent pour attirer le chaland sur le port. Fiez-vous à cette Palangrotte sérieuse et fidèle qui donne envie de boire la mer. Chez Jean-Raymond et Sylvie, vous rejoindrez les Sétois, nombreux à y avoir leur rond de serviette. Pour ses produits bruts, huîtres et coquillages, comme pour ses spécialités, rouille de seiche, moules farcies, bourride de lotte, ses poissons grillés et sa bouillabaisse sur commande. Honnête «Menu du Terroir» à moins de 30 €, desserts attendus (baba, colonel, profiteroles...), vins d'ici.

Quai 17 12/20

17 quai du Mal-de-Lattre-de-Tassigny - T. 04 67 74 71 91 - Menu(s) 36-50 €

Ce Grand Hôtel au bord du canal offre une atmosphère de chic suranné en phase avec son cadre XIXᵉ. La prestation est néanmoins contemporaine au restaurant, sous les plafonds moulurés, et les classiques ont belle allure : bourride, risotto de homard à la sétoise, bouillabaisse, filet de bœuf d'Aubrac aux cèpes. Le menu «Terre et Mer» à 36 € se montre même plutôt inventif, avec un large choix (ceviche de mulet marinade citron vert gel passion, maigre purée de topinambours jus de daube, joue de porc à la bière...). Desserts classiques, cave languedocienne.

Paris Méditerranée 11,5/20

47 rue Pierre Semard - T. 04 67 74 97 73 - Menu(s) 30-35 €

Combinaison malicieuse de deux ambiances a priori antagoniques, la maison accueille les Parisiens en mal du pays dans une atmosphère bistrotière digne de la capitale, pour une cuisine au demeurant très régionale, pour le plaisir des locaux et des voyageurs, qui retrouve là soit les habitudes, soit le dépaysement. À la carte, pavé de thon mi-cru mi-cuit aux épices et salade marocaine, poêlée d'encornets à la soubressade, risotto à l'encre et bouillon pimenté à la poutargue, ou encore une tartelette aux cerises et crème mascarpone au sarrasin. Prix concurrentiels.

SÉVRIER 74320

O'poisson Rouge 11/20

20 promenade des Seines - T. 04 50 52 40 48 - Menu(s) 29 €

Une ravissante terrasse face au lac d'Annecy, à La Tournette et au massif des Aravis pour un instant délicieux et bien maîtrisé. La carte porte son attention sur les produits du cru, mais sait aussi piocher vers d'autres rivages pour les plats du moment, comme ces petits encornets en persillade, ratatouille et riz blanc qui nous ont bien plu. De jolis poissons de lac, une très belle quenelle aux écrevisses, et pour accompagner l'ensemble, une charmante sélection de vins alpins et méditerranéens. Accueil chaleureux et agréable, dans une ambiance gentiment rétro.

SIERENTZ 68510

Auberge Saint-Laurent 16/20

CHEF : LAURENT ARBEIT

1 rue de la Fontaine - T. 03 89 81 52 81 - Menu(s) 57-119 €

Laurent Arbeit a réussi le tour de force de transformer la demeure de ses parents en l'une des plus ravissantes auberges entre Mulhouse et la frontière suisse. Les tables rondes distinguées et l'ambiance chaleureuse sont tout à fait du goût de l'élégante clientèle frontalière. Nous avons un petit faible pour le salon rustique, encore plus douillet que la salle ouverte sur la jolie terrasse secrète. Dans son menu «À votre choix», toujours aussi prisé par les fidèles, Laurent Arbeit tient sa ligne de classicisme éclairé : un généreux foie gras de canard revisité avec un gel frais de rhubarbe confite et fleur de sureau ; des langoustines à la chair soyeuse, servies crues dans une raviole de céleri délicatement rehaussée de noisettes. Formé par Alain Ducasse, il n'est pas étonnant que le chef revisite en amusant risotto des quenelles alsaciennes dites «knepfle» dont on aime le goût de champignons relevés de truffe noire sensible. Au contraire la truffe Bianchetto, qui est râpée sur d'admirables saint-jacques «dorlotées au beurre noisette» nous a semblé moins savoureuse. Le pigeonneau de nid provenant de chez Théo Kieffer à Nordhouse est accompagné d'un audacieux croque-monsieur d'abattis au foie gras au goût puissant. On termine son repas en fraîcheur avec ce minivacherin exotique et lait de coco passé au siphon et un moelleux sorbet à la mangue fort goûteux. Les petites attentions servies par une pléthore de personnel tout au long du repas sont nombreuses. Un quasi-sans-faute avec une cave à la hauteur conseillée timidement par Lionel Oberlé.

SIX FOURS LES PLAGES 83140

Riviera III 11/20

70 rue de la Citadelle - T. 04 94 34 01 21 - Menu(s) 48 €

Une table moderne et facile d'accès, une atmosphère d'aujourd'hui pour une cuisine plutôt inspirée, personnelle et contemporaine, aux idées qui évoluent selon les saisons dans ce cadre au bleu des mers du Sud : couteaux en persillade et terrine de cochon pour l'apéro, pulled pork sauce sweet and sour, pêche du jour risotto au citron, pain perdu caramel beurre salé spéculoos crème crue et noisettes pour une séquence bien réalisée et bien conduite. Service dynamique et souriant, cave éclectique et bien renseignée (en régional, La Suffrène, Terrebrune, clos Saint Vincent...).

SORÈDE 66690

Ma Maison 11/20

3 rue Saint-Jacques - T. 04 68 89 00 44 - Menu(s) 32 €

Dans ce typique village du pays catalan, Ma Maison est votre maison, celle qui anime la place centrale et permet aux touristes un en-cas bien actuel, aux assiettes composées avec soin par Anthony Garcia dans un bon menu à 32 €, un peu cumulatif çà et là : cabillaud confit à l'huile d'olive crème de maïs vinaigrette au basilic et courgettes aux agrumes, tagliatelle d'encornets tartare de gambas au citron vert risotto d'épeautre au butternut jus thaï, sablé breton au kasha parfait meringue. 1 toque cette année, aussi pour la bonne humeur et le dynamisme apportés par Laura en salle.

SOUSTONS 40140

La Part des Anges 12/20

1 place du Commerce - T. 05 58 47 92 98 - Carte 39 € - Menu(s) 15-25 €

Produits de saison et locaux, pêche du jour, cette cuisine maison, qui travaille avec sincérité et naturel, nous plaît toujours. On passe un bon moment, même à petit budget, avec ces assiettes à la fois simples et élaborées par un chef, velouté d'asperges blanches de la ferme Darrigade au lard, mignon de cochon cuit en douceur, polenta de grand roux Arto Gorria au chorizo, riz au lait, caramel laitier, glace à la vanille, d'une jolie consistance crémeuse. Cave intéressante, avec un choix un peu restreint au verre. Service fluide assuré en solo mais avec efficacité.

Batby 11/20

63 avenue Galleben - T. 05 58 41 18 80 - Menu(s) 19-47 € Ⓟ

La maison offre sa grande véranda ouverte sur le lac, l'accueil est souriant et le service efficace, on ne demande pas plus à cette bonne auberge familiale où la cuisine se fait gourmande et généreuse sans arrière-pensée de sophistication inutile : des ravioles de langoustines et escalope de foie chaud dans un bouillon de pot-au-feu, le suprême de pintade farcie aux truffes (pas trop de parfum) et foie gras avant la poire Belle-Hélène : 1 toque bien méritée, et l'on oserait à peine souhaiter que la cave se renforce, les références usuelles semblant satisfaire la majorité.

STEIGE 67220

Auberge Chez Guth 14/20

5a rue du Bas des Monts - T. 03 88 58 12 05 - Menu(s) 45-79 € ♿ Ⓟ

On aime l'environnement montagnard de cette ancienne ferme-auberge dominant les pâturages du val de Villé postérieur. Depuis son ouverture il y a sept ans, cette maison discrète a de plus en plus de fidèles touchés par l'ambiance humble et la cuisine de Yannick Guth qui ne cesse de gagner en justesse et en précision. Passé par Flocons de Sel, à Megève, le chef s'exprime au travers de menus portant chacun une altitude différente. Au menu «Altitude 350» à 4 plats (59 €), le foie gras bien relevé, marbré de pomme verte, est escorté d'une purée de maïs, d'amusants pop-corn ainsi que d'une crème glacée au maïs fort onctueuse. Associés à un sabayon de livèche, les légumes racines, plus légers que ne le serait du riz, sont traités en savoureux risotto, où le parmesan est remplacé par le fromage cœur de massif en léger excès. Le filet de daguet (jeune cerf) de la chasse de Steige est présenté en ballotine et servi avec un crémeux de salsifis, des salsifis entiers fumés, et un jus infusé à la cardamome, aromatique et bien réduit. Présenté en petites sphères élégantes, le panais en bavaroise, flanqué d'une mousse au chocolat équilibrée, pas trop sucrée, ainsi que d'une glace aux noisettes moelleuse, est une issue à la fois fine et gourmande. La salle est certes dépourvue de luxe et de vestiaires, mais la cuisine fine et précise de cette auberge est sans conteste l'un des meilleurs rapports qualité-prix d'Alsace.

STIRING WENDEL 57350

La Bonne Auberge 15/20

CHEF : LYDIA EGLOFF

15 rue Nationale - T. 03 87 87 52 78 - Menu(s) 52-130 € Ⓟ

C'est une adresse singulière, surprenante, épatante. Longtemps, les sœurs Egloff ont travaillé dans leur coin, pour leurs clients, au bout du bout, près de la frontière, sur une route ingrate et passagère. La maison est belle de l'intérieur et, comme les deux sœurs, elle rayonne. Lydia est en cuisine, Isabelle en salle. Toutes deux transmettent l'essentiel, des valeurs pérennes, dans l'excellence de l'aubergiste, dans l'identité, dans l'absence de concession. Le saisonnier, le local, elles pratiquent naturellement, depuis toujours, sans suivre une mode. Le foie gras de Lydia est mémorable, les cuissons sont précises, le poisson toujours souple, la viande fondante, le tout dans une sobriété et une simplicité qui font défaut à tant d'autres. Le temps passe, pour tout le monde, et la flamme est parfois moins vive. Mais il suffit souvent d'un mot, d'une phrase ou d'une bouchée pour que tout renaisse.

STRASBOURG 67000

1741 16/20

CHEF : JÉRÉMY PAGE

22 quai des Bateliers - T. 03 88 35 50 50 - Menu(s) 49-155 €

L'hospitalité alsacienne va bien au 1741, vénérable maison alsacienne posée sur le quai, allant aujourd'hui jusqu'à accueillir les clients qui le souhaitent au deuxième étage, dans l'espace cuisine, juste séparé du chef par une vitre. Les libéralités sont aussi dans l'accueil très cordial et le service précis de jeunes gens motivés et disponibles. Pour le reste, c'est le chef et la maison qui décident de tout, via les menus surprises qui rendent inutile la consultation du gros livre de cave avec sa couverture de cuir à l'ancienne. Pas de pairing annoncé, pas de vin au verre publié, le sommelier, comme le cuisinier, ayant la main sur ce que vous allez boire et manger. Par chance, Jérémy Page est de la bonne lignée, en ces lieux qui ont collectionné les champions, travaillant dans la modernité, jouant de la pincette et du locavore bio avec dextérité, valorisant, sans doute par modestie, les producteurs avant la cuisine. Une entrée végétale, d'excellents légumes d'une maraîchère proche, dans un bouillon épaissi de pomme de terre et parfumé de safran d'Alsace. Les légumes sont réellement remarquables, impossibles à manger avec les couverts à dînette qui accompagnent tout le repas (même le couteau semble factice), mais juste cuits, très naturels, soulignant le très beau travail de culture. Comme la tartelette tomate noire de Crimée et anchois de Cantabrique, version perso et élégante de la pissaladière, avec un délice de sorbet green zebra et verveine. Certes, il est plus facile d'envoyer les mêmes assiettes par table entière, mais ce chef-là a vraiment les idées et la technique, prouvées sur son pagre quasi à cru avec une manière de rouille, délicate et onctueuse, ou le rouget barbet raviole de chou-rave tout en croquant et ce concentré qui dénote autant de précision sur les cuissons que sur les jus. Avant un plaisant dessert de cuisinier, le pigeon cèpe et noix constitue une autre composition brillante (là encore, quel produit, quelle cuisson !). Excellent service dirigé avec tact et bonne humeur par Mickael Wagner, également maître de la cave.

Buerehiesel 15,5/20

CHEF : ERIC WESTERMANN

4 parc de l'Orangerie - T. 03 88 45 56 65 - Carte 102 € - Menu(s) 49-119 €

Posée au cœur du parc de l'Orangerie, cette ravissante ferme alsacienne à colombages construite en 1607, démontée pièce par pièce à Molsheim, puis reconstituée ici pour l'Exposition industrielle de 1895, est la table strasbourgeoise la plus champêtre. S'il fait bon s'installer dans le joli salon bleu de la bâtisse historique, doté d'un oriel et d'un plafond ouvragé, ou dans le chaleureux salon rouge, nous avons un petit faible pour la véranda entièrement entourée d'arbres où la magie opère une fois que la nuit est tombée. Éric Westermann, qui connaît bien les fondamentaux de la haute cuisine, maintient l'héritage paternel, allège le classicisme, s'ouvre à toutes les techniques de cuisson actuelles, surtout celles qui respectent le produit. Même éclectisme du service en salle, tantôt à l'assiette, tantôt au guéridon, avec ce découpage stylé de la poulette cuite comme un baeckeoffe ou celui d'une belle côte de veau. On aime la tendreté de la chair de cet omble chevalier de l'Isère cuit brièvement sous la salamandre et escorté d'une déclinaison de carottes. Le chef s'approvisionne chez les meilleurs maraîchers de la région, comme en témoignent les jolis légumes qui accompagnent ce fondant pigeon de Théo Kieffer. Proposée depuis plusieurs années au menu «Expression», la chair de l'anguille laquée au teriyaki nous semble, une fois de plus, un peu trop ferme et la saveur de fumé trop forte à notre goût écrase celle de la crème de chou-fleur quelque peu fade. Comme souvent en Alsace, les instants sucrés ne sont pas la cinquième roue du carrosse : le finger fraise et pistache est préparé avec une crème mousseline à la pistache fort gourmande. Jolie sélection de vins au verre, délicieux pains fabriqués par la boulangerie maison du centre-ville, nombreuses petites attentions servies tout au long du repas et service attentionné conduit par Clément Dittlo.

Au Crocodile 15/20

CHEF : ROMAIN BRILLAT

10 rue de l'Outre - T. 03 88 32 13 02 - Menu(s) 52-138 €

Le Crocodile, c'est de la haute gastronomie et un grand décor de théâtre dans une ambiance exclusive : décor baroque contemporain, appliques Lalique, tableau d'Adolphe Grison, miroirs et verrière pour une cuisine de haute tenue. Si vous cherchez à impressionner vos invités avec la salle, c'est l'endroit où il faut être. On n'a pas lésiné sur le noir mais, ce qui brille, c'est le service jeune et tonique dirigé par Amaury Barbado. En cuisine, le Bressan Romain Brillat, ancien second de Mathieu Viannay à Lyon et de Gilles Goujon à Fontjoncouse, a de l'ambition sans toutefois bousculer l'échiquier local. La cuisine de classicisme éclairé est discrètement inspirée par le marché et les produits locaux. Les gourmets de la ville la plus éloignée de la mer, très friands de poissons, sont comblés car les produits de la pêche sont transcendés par des cuissons expertes. L'aile de raie bretonne, un poisson habituellement rustique, fourrée d'ail des ours et accompagnée de meurette bien réduite, est, comme par un tour de magie, transformée en plat raffiné. On se souviendra longtemps de ces admirables aiguillettes de saint-pierre bien fermes, tout simplement accompagnées d'asperges blanches d'Alsace et de coriandre, soulignées par un sabayon d'agrumes. En revanche, les asperges servies en entrée, certes accompagnées de mozzarella de bufflonne d'Uhrwiller, d'olives noires taggiasche et de noisettes, trop marquées au barbecue, nous ont moins convaincus. Parmi les entrées, nous avons préféré les ravioles d'escargot d'Ebersheim à la farce gourmande, par ailleurs flambées au pastis. Belle sélection de fromages affinés à point par Christelle et Cyrille Lorho. Les desserts sont au niveau des 2 toques : plus légers que gourmands, souvent accompagnés de granités et autres sorbets austères, comme l'île flottante au lait de rhubarbe et à l'hibiscus, ou la branche de noisetier et le chocolat Schaal, avec une glace au citron noir. Belle sélection de vins de découverte au verre, conseillés avec passion par Bertrand Dupont, l'ancien sommelier de l'Hôtel du Palais à Biarritz : l'aligoté de chez Agnès ou le cornas Les Alexandrins 2019. Le Crocodile est un lieu du patrimoine, indissociable de l'histoire de la restauration strasbourgeoise, à faire lors d'un week-end évasion dans la capitale du Grand Est.

Les Funambules 15/20

CHEF : GUILLAUME BESSON

17 rue Geiler - T. 03 88 61 65 41 - Menu(s) 33-75 €

Insoupçonnable depuis la rue, jouxtant le coin chic de la ville, celui des ambassades, cette maison, aux faux airs de restaurant de quartier, abrite la table la plus créative de la ville. Dans cette salle où le décor banal ne risque pas de détourner l'attention, on vient avant tout se recueillir sur l'assiette. Le style est évident : Guillaume Besson, passé par Coutanceau, travaille de beaux produits classiques, achetés chez les meilleurs fournisseurs, transcendés et agrémentés d'herbes et d'aromates. On aime la fraîcheur du tartare de bœuf du Kochersberg, avec ses spaghettis de chou-rave au citron confit, son gel de fanes citronnelle et son bouillon clair radis pomme ; ou encore la gourmandise du gâteau de poisson en croûte de pain de mie qui contraste de belle manière avec l'audace de ce jus vert coriandre-livèche-roquette. Quant au frais rouget à peine cuit à souhait, il est souligné par une sauce de type bisque au goût corsé qui rend ce plat très friand. Le pigeon au foie gras, inspiré de la cuisine bourgeoise, est revu avec quelques pois de betterave rouge, additionnés de gingembre, qui font toute la différence. Tout est fin et osé, on dirait presque primesautier tant il y a de la fraîcheur jusque dans les desserts, avec le millefeuille de rhubarbe constitué de très fins rectangles de pâte croustillante entre lesquels se trouve une crème mousseline au poivre timut dont la gourmandise du gras est contrebalancée par la fraîcheur du sorbet à l'oseille. On l'aura compris : tout ce qui sort de cette cuisine est d'une grande maîtrise, chaque assiette est claire, nette et se distingue par de jolis contrastes. Passée par l'Auberge de l'Ill, la nouvelle sommelière conseille les accords mets-vins et dirige un service enthousiaste et enjoué, parfois un brin expédié.

Le Colbert 14/20

127 route de Mittelhausbergen - T. 03 88 22 52 16 - Menu(s) 50-70 €

Avec son grand comptoir, ses teintes bleues et son éclairage Art déco, cette salle de grand volume, aux allures de brasserie, cache bien son jeu. On y sert une cuisine fine, précise et élégante, élaborée par Romain Creutzmeyer. Ce chef, passé chez Éric Westermann, a une tendresse particulière pour les beaux produits qu'il met en valeur au travers de déclinaisons. Jolie volaille d'Alsace rôtie sur coffre, servie en deux façons, avec sa poitrine fondante, puis sa cuisse en compression soulignée par une sauce Albufera. On aime le jeu des textures de cette déclinaison de carottes fort délicates ainsi que ce yaourt aux herbes, qui accompagnent une fondante truite d'Alsace. Jolie composition aux mandarines de chez Bachès avec sa chiboust très aérienne et brûlée, associée au marron et à un frais sorbet. Les petites attentions sont nombreuses en début et en fin de repas. Si la cuisine de cette adresse confidentielle très prisée par les amateurs de rapport qualité-prix frise souvent la 3e toque, elle gagnerait cependant à être mieux mise en valeur par un service plus posé.

Umami 14/20

8 rue des Dentelles - T. 03 88 32 80 53 - Menu(s) 70-80 €

Pionnière de la cuisine fusion, entrée sur la scène strasbourgeoise en 2007, Umami est l'une des meilleures tables de caractère en Alsace. Le décor se fait discret, parois de bois imitant les moucharabiehs, et pourrait presque apparaître comme un salon zen et contemporain en Petite France. Dommage toutefois que l'éclairage soit si éblouissant. René Fieger défend vertus et origine du goût umami, réinterprète la sériole en sashimi avec une sauce miso, sublime la lotte par une cuisson précise, associée à une sauce au lait de coco et à la tomate un brin piquante. Comme si de rien n'était, il sert même du tofu qu'il dissimule dans des gyozas, exaltés par des girolles ainsi qu'une vinaigrette au tamarin. Rehaussé par une exquise sauce molé, le filet de bœuf est la tendreté même. Le délice se prolonge jusqu'aux instants sucrés, avec les prunes d'Alsace, associées à un incroyable sorbet aux fruits et à un lait de coco au chocolat blanc révélant avec malice toute la douceur acidulée du fruit. Tout en délicatesse et précision et au-delà de la technique, René Fieger croise ainsi produits et cultures avec les fondamentaux et l'art du geste français.

Brasserie des Haras 13,5/20

23 rue des Glacières - T. 03 88 24 00 00 - Menu(s) 29-36 €

Magnifiquement rénovés, les splendides haras nationaux de Strasbourg accueillent aujourd'hui une hôtellerie 4 étoiles et une brasserie signée Marc Haeberlin. L'expérience est forcément de haute volée, avec un lieu majestueux, une cour élégante, une terrasse rêvée l'été et, à l'intérieur, une décoration ultra-minimaliste qui laisse toute la place à l'impressionnante charpente. Dans ce cadre raffiné et privilégié, les assiettes de tradition, de France et d'Alsace, suivent le mouvement avec une égale technique et élégance, comme une tarte flambée traditionnelle, une cocotte d'œufs brouillés à la truffe, une belle bouchée à la reine, une épaule d'agneau basse température, un savarin au rhum Clément. Très belle cave avec plus de 120 références.

Gavroche 13,5/20

4 rue Klein - T. 03 88 36 82 89 - Carte 28 € - Menu(s) 48-88 €

Cette maison sage et solide au sud de l'Ill maintient ses 2 toques avec une carte qui sait se renouveler et des idées toujours aussi bien réalisées. Du père nous sommes passés au fils, Alexy Fuchs, qui tient le cap avec des idées plutôt haut de gamme et des dressages techniques. La carte s'adapte aux nouvelles envies, un homard bleu poché dans un bouillon de pot-au-feu et petits légumes, une belle queue de lotte à la vapeur d'un couscous, boulgour et coriandre fraîche, un carré et ris de veau en deux cuissons, artichauts violets et gnocchi truffés, une tartelette chocolat noir-café soufflée. Menu dégustation à 74 €.

De:ja 13/20

1 rue Schimper - T. 06 86 81 40 26 - Menu(s) 38-108 €

Il était une fois un jeune couple amoureux de la cuisine et sensible à l'environnement qui a quitté les bancs de la fac pour créer cette table du quartier des XV après un passage à l'école hôtelière et chez Yannick Germain. David Degoursy, 24 ans, et sa compagne, Jeanne Satori, 23 ans, ont rénové la salle dans un style scandinave à la mode. Engagement bio et locavore, circuits courts, expertise à valoriser les légumes illustrent cette cuisine qui conjugue création et découverte, dans un menu unique à 6 ou 8 plats. Le jour de notre visite, poissons et légumes sont au programme. L'huître est encapsulée dans une coque en beurre de cacao et servie avec un crémeux de haricots de mer, un plat aux saveurs iodées ludique. Dans le registre végétal, l'inspiration est là et la technique aboutie avec ce céleri confit en croûte de pain accompagné d'un sabayon au vinaigre de miel ou cette échalote servie avec une glace aux noisettes et miso. Si la quenelle de brochet et sa préparation trop salée auraient pu se passer d'escargots, tous les autres poissons sont transcendés par une cuisson de haut vol : la baudroie associée au topinambour et aux marrons, rehaussée par la main de Bouddha et le citron vétiver, ou encore l'omble chevalier escorté d'une judicieuse déclinaison de carottes mais d'un chou de Bruxelles incongru atteignent allègrement les 3 toques. Le registre sucré gagnerait à être optimisé dans le sens de la précision. La composition autour de la mozzarella d'Uhrwiller est une excellente idée, mais un peu rustique, tandis que la gaufre bruxelloise garnie d'une glace au chocolat moelleuse, que l'on déguste avec plaisir sur le pouce, a-t-elle vraiment besoin de ce caviar ? Le service est aussi enthousiaste que la cuisine, la carte des vins bio et naturels est complétée par des accords non alcoolisés. Une maison d'ores et déjà passionnante qui symbolise le Strasbourg qui bouge.

La Casserole 12,5/20

24 rue des Juifs - T. 03 88 36 49 68 - Menu(s) 44-116 €

Moquette profonde, fauteuils tapissés de tissus haute couture, guéridons en albâtre rétroéclairé, incrustations de cristal Lalique, toile de cuir qui longe toute la salle : le décor de ce cocon feutré, repris il y a sept ans par Cédric Kuster, est l'un des plus raffinés de la ville. On comprend qu'avec une telle mise en scène il ne laisse pas insensible de nombreux fidèles. Côté cuisine,

Jean Roc œuvre dans le classicisme remis au goût du jour. Joli foie gras de canard bien relevé et bien présenté en cubes, associé à du chocolat noir et des fruits exotiques, filet de bœuf charolais cuit avec précision, crème de Roquefort et poire en deux façons, puissant chocolat noir croquant et équilibré par la fraîcheur du sorbet à l'orange. À défaut de gourmandise, l'esthétique des belles assiettes s'accorde parfaitement au décor. Bons accords mets-vins avec un regard privilégié sur les vins alsaciens.

Honesty 12,5/20

2 quai Finkwiller - T. 03 90 40 37 16 - Menu(s) 37-60 €

Tiffany Schwoob et Chloé Schoubrenner, découvertes dans le «109», poursuivent leur aventure à une bonne cadence, avec des assiettes en bon roulement, un esprit néobistrot toujours dans l'air du temps et une décoration chic cosy qui ne vieillit pas. De 25 à 60 €, les formules laissent découvrir une cuisine féminine et graphique, un tataki de thon rouge, grain et huile de sésame, guacamole, un saumon confit à l'huile d'olive, légumes de saison et vinaigrette à la moutarde à l'ancienne, un magret de canard, mousseline de navets et poires rôties, jus de viande. Les desserts sont dans le même esprit, à l'image du carrot cake, crémeux et tuile à l'orange sanguine, glace au fromage blanc. Cave orientée nature.

Restaurant Zuem Ysehuet 12,5/20

21 quai Mullenheim - T. 03 88 35 68 62 - Menu(s) 34-69 €

À l'écart du centre-ville, dans un quartier résidentiel, la maison de Delphine et Stéphane Kaiser est un petit havre de paix loin des agitations. Le couple réalise là une belle cuisine à quatre mains, d'inspiration gastronomique et actuelle, moins concernée par les traditions régionales que l'envie d'aller où le vent mène. On retrouve ainsi à la carte des idées personnelles et bien exécutées, comme un croustillant de cochon, citron confit, gingembre et kimchi, un flétan braisé aux feuilles de citronnier, carottes confites aux agrumes et gingembre, un black angus maturé, pommes de terre confites et jus de bœuf fumé, enfin une tartelette poire tonka et crème mauresque. Formules de 34 à 98 € avec les vins inclus.

Villa Casella 12,5/20

5 rue du Paon - T. 03 88 32 50 50 - Carte 56 €

Référence italienne en ville, cette table installée entre la cathédrale et Petite France prouve que la cuisine italienne n'est pas qu'une cuisine populaire. L'expérience est raffinée, dans un cadre élégant en parquet et nappes blanches, tandis que les cuisines délivrent une assiette inspirée de la tradition et au dressage moderne. On se laissera porter par la qualité des produits et la finesse de l'exécution, la focaccia à la mortadelle, burrata et pistaches, les linguine alle vongole, le filet de daurade royale en papillote, olives, tomates séchées et artichauts, un tagliata de bœuf, parmesan et crème balsamique. Petite cave italienne.

Winstub - Chez Yvonne 12,5/20

10 rue du Sanglier - T. 03 88 32 84 15 - Carte 47 €

Nouveau changement en 2022 dans les cuisines de la plus célèbre des winstubs strasbourgeoises. Serge Cutillo, qui s'était fait remarquer il y a six ans au Rutsch, a pris les commandes de cette institution. Au plaisir du terroir interprété avec fraîcheur s'ajoute le bonheur quotidien d'une ardoise qui a du répondant. On redécouvre Yvonne sous une nouvelle mouture, telle que nous ne l'avons jamais connue, et peut-être même à son apogée. Une cuisine tirée vers le haut par cette intelligence des produits achetés chez les meilleurs fournisseurs de la plaine d'Alsace, les mêmes qui approvisionnent les grandes toques. Un style inhabituel dans cette cuisine de sensibilité rurale, jadis pauvre en produits mais riche en travail. On aime ce goût naturel des asperges blanches et vertes laissées croquantes, ces délicates feuilles d'oseille qui accompagnent ce frais bar à la chair moelleuse et souligné par une émulsion au safran d'Alsace. Un plat qui atteint allègrement la 2e toque. Mais il ne faut pas pour autant bouder les fondamentaux du riche terroir alsacien, telles ces quenelles de foie ici plus fraîches qu'ailleurs, accompagnées d'une tranche de lard, clin d'œil à l'Alsace rurale. Même le moelleux au chocolat est ici revisité avec une crème anglaise contenant de la gousse de vanille et passée au siphon, ce qui est rare dans une winstub. Avec ce vent nouveau, l'adresse culte est encore plus valeureuse dans ce secteur touristique où les petites adresses de confiance ne sont pas légion.

Le Banquet des Sophistes 12/20

5 rue d'Austerlitz - T. 03 88 68 59 67 - Carte 13 € - Menu(s) 22 €

Plus en retrait des habituels winstubs strasbourgeoises, ce joli bistrot en parquet, bois clair et mobilier noir répond plus à la demande d'une cuisine urbaine et actuelle, dans un bistrot revisité. Le chef y réalise une cuisine en slash assez modeuse et convaincante, des assiettes à la semaine qui sont d'une belle fraîcheur, en mars par exemple : truite/kalamansi/haricots coco rose, poisson du marché/potimarrons rôtis/noix de cajou/vinaigrette tahin-citron vert-grenade, du bœuf/écrasé de pommes de terre à la tomme de Savoie/panais rôti et jus au vin rouge. Cave bien développée avec des belles quilles de chez Leflaive, Bouzereau, Chante-Alouette...

Les Innocents 12/20

4 rue Paul Muller Simonis - T. 03 88 24 63 01 - Menu(s) 19 €

Un speakeasy de la prohibition, mais qui n'a d'époque que le style, pour un moment chic et rétro sur la forme, moderne et inventif sur le fond. Le cadre Art déco a son charme, du bois, des chaises Thonet, une cave dans une cellule de prison, un long comptoir, et une bonne humeur partagée qui fait de la maison une table autant qu'un bar à vin. Pour accompagner des assiettes dans la tendance, un ceviche de thon lait de coco-combava, ou un agneau basse température et caviar d'aubergines brûlées, on se laissera porter par une cave assez bien construite, une bonne centaine de cuvées principalement en Alsace.

Léonor 12/20

11 rue de la Nuée-Bleue - T. 03 67 29 29 29 - Carte 78 €

Indissociable de l'histoire de la ville, cet hôtel particulier du XVIIIe siècle, qui abrita naguère le commissariat central, désormais métamorphosé par les Scharf (Le Régent, La Cour du Corbeau, Les Haras...), est l'ouverture hôtelière la plus attendue à Strasbourg. Longeant une cour intérieure et décorés par Jean-Philippe Nuel, les nombreux espaces en enfilade bar, salons et restaurant attirent une clientèle avertie. La restauration a été confiée à Nicolas Stamm et Serge Schaal (La Fourchette des Ducs, à Obernai) avec, aux manettes, le couple Axelle et Mathias Stelter, venu du 5 Terres, à Barr. À la fois branchée et décomplexée, la formule à toute heure - avec, par exemple, la salade César, un velouté de courge ou un sashimi de thon - séduit les amateurs de repas informels. Aux heures de repas, on propose en plus une viande ou un poisson sous forme de suggestion à 19 €. Le jour de notre passage, nous avons goûté un pot-au-feu revisité avec du veau fondant accompagné de jolis légumes et servi avec un bouillon et une sauce au raifort, tandis que le saumon snacké sur pleurotes d'Alsace, polenta et légumes, s'est révélé gourmand à souhait mais à la présentation un brin confuse. La plus grande surprise vient sans conteste des desserts de haute volée (3 toques) élaborés par Matthieu Bray, passé par l'Assiette Champenoise et la Villa René Lalique : superbe finger coco-passion à la fois frais et gourmand, ou gâteau au chocolat praliné accompagné d'une glace noisette et présenté sous forme de dôme. Avec un rapport ambiance-prix fort avantageux, c'est déjà le nouveau lieu de rendez-vous urbain chic des Strasbourgeois.

Mademoiselle 10 — 12/20

10 quai des Pêcheurs - T. 03 88 35 10 60 - Menu(s) 24-60 €

Cette table marine installée sur le quai des Pêcheurs a bien trouvé sa place, et permet une balade bretonne au cœur de l'Alsace. La table de la famille Nopre, père (ancien de la Toque Blanche) et fils puis fille, travaille les produits de la mer avec maîtrise et saisonnalité, et donne de quoi se rapprocher de la mer sans quitter la ville : sardines de Bretagne rôties au four, tapenade légumes du soleil légèrement épicée, médaillons de lotte de Bretagne poêlés, chorizo frit, huile d'olive à l'ail et pommes de terre de Normandie. Petite cave mais franchement vaillante, du Marcel Deiss, du Domaine Hauvette, du Château Simone ou encore du Pierre Gaillard.

Pierre Bois et Feu — 12/20

6 rue du Bain aux Roses - T. 03 88 36 25 59 - Menu(s) 67 €

L'adresse de Renaud Schneider, juste à côté du palais Rohan, est une maison viandarde où le bœuf est roi. On s'approche davantage du bistrot carné d'aujourd'hui que de la winstub traditionnelle, avec une carte de produit plus que de culture, convoquant le carpaccio de bœuf du Limousin au couteau au balsamique et basilic, l'entrecôte au fer à repasser, le tournedos aux champignons de saison, un châteaubriand pour deux. Dans un autre registre, il y aura le poulpe à la galicienne, le saumon en gravlax, et pour les desserts, un tout chocolat Guanaja, ou encore un sablé breton et gratin de fraises.

Au Pont Corbeau — 12/20

21 quai Saint-Nicolas - T. 03 88 35 60 68 - Menu(s) 17 €

Judicieusement installée à côté du musée de la culture et des traditions d'Alsace, cette table alsacienne vous apparaîtra comme une évidence, que ce soit avant ou après la visite. La maison est régionale jusqu'au bout des ongles, avec un vrai sens de l'authentique, caissons au plafond, lambris, atmosphère d'auberge et que des classiques du pays, restitués comme il faut. Ambiance plus que chaleureuse.

Pont des Vosges — 12/20

15 quai Koch - T. 03 88 36 47 75 - Carte 58 €

Cette grande brasserie vicennale est un rendez-vous privilégié des repas d'affaires, installée aux portes du quartier des institutions européennes. Le ton est bourgeois, élégant, pour une maison qui se veut stable et intemporelle. La carte est consensuelle et la réalisation toujours au niveau, sur un carpaccio de bœuf au parmesan et au basilic, une demi-douzaine d'escargots, un risotto aux gambas et asperges vertes, une blanquette de veau, un suprême de poulet jaune aux morilles, une crème brûlée. Service professionnel.

Le Pont Tournant 12/20

5 rue des Moulins - T. 03 88 76 43 00 - Carte 67 €

Installé au bord de l'Ill, au cœur de la Petite France, cet hôtel 5 étoiles propose l'une des vues les plus belles de Strasbourg, dans un cadre raffiné et luxueux. La table de Julien Rodriguez se devait d'être à la hauteur d'une clientèle venue du monde entier, qui pourra profiter en ville des belles traditions alsaciennes et, à l'hôtel, d'une cuisine gastronomique française de haut niveau, où technique et beaux produits sont réunis. L'été, on pourra se restaurer en terrasse d'une carte allégée, avec par exemple un gravlax de truite, salade de fenouil et fromage blanc aux herbes, ou encore un curry de poisson à la noix de coco, gingembre et combava.

La Vieille Enseigne 12/20

9 rue des Tonneliers - T. 03 88 75 95 11 - Carte 52 €

Cette winstub pourrait jouer dans la même cour que les autres, mais elle fait toutefois le pari d'une tradition plus onéreuse et moins folklorique, qui finit par payer pour la qualité des produits, le respect solennel des recettes d'antan, et la sensation infinie d'être dans le vrai. Les standards se retrouvent dans une carte plutôt courte et représentative : un authentique presskopf, une bouchée à la reine, un dos de sandre, choucroute et sauce riesling, une impressionnante choucroute sept viandes, un baba au kirsch, une aumônière aux griottes. Cave alsacienne absolument remarquable, tournée vers le bio avec de grands noms comme des nouveautés : Hugel, Marcel Deiss, Zind-Humbrecht, Zusslin, Louis Maurer, Catherine Riss, Christian Binner, Ginglinger... Quelques autres belles cuvées d'autres régions, notamment d'Allemagne et de Suisse, aussi de Bourgogne et d'ailleurs, viennent compléter pour un peu plus de 400 références.

La Vieille Tour 12/20

1 rue Adolphe Seyboth - T. 03 88 32 54 30 - Menu(s) 29 €

La table d'Emmanuel et Véronique Lercher est adresse inscrite dans la durée, qui abreuve depuis les années le quartier de la Petite France en bonnes idées bistronomiques. Le chef travaille des produits de saison, à l'ardoise, selon ses envies et les idées. Le menu à 29 € du déjeuner permet d'apprécier une belle fraîcheur dans la démarche, comme une soupe de tomates, antipasti et feta, ou encore un filet de daurade royale rôti, compotée d'aubergine, poivron doux et vinaigrette au cumin. Service souriant.

Le Bistrot d'Antoine 11,5/20

3 rue de la Courtine - T. 03 90 24 93 25 - Carte 49 € - Menu(s) 28-35 €

Non loin de la place Saint-Étienne, tout à l'est de l'île, ce bistrot à l'apparence anodine est un secret bien gardé des Strasbourgeois, qui savent ici une petite cantine urbaine bien trouvée, où l'on mange des plats bistrot revisités. L'esprit est convivial, un peu canaille, on mange à l'ardoise des plats de saison qui vont bien, œuf mollet en meurette au guanciale, un gros maquereau snacké à la plancha et barigoule d'artichauts poivrade, un filet de poulet doré, gnocchi et coulis de poivrons rôtis, un savarin au rhum et mascarpone. Petite sélection au verre et bière pression.

Au Coin des Pucelles 11,5/20

12 rue des Pucelles - T. 03 88 35 35 14 - Carte 8 € - Menu(s) 38 €

Une table discrète mais qui a pourtant beaucoup à offrir. Derrière son élégante devanture bleue se révèle une salle pittoresque, au style historique, avec vitraux, lambris, mobilier entièrement en bois et fleurs, qui sentent bon l'Alsace. Derrière les fourneaux, on retrouve Stefan Baudic et sa cuisine de marché, d'inspiration traditionnelle. La carte est courte, donne envie, avec des huîtres bretonnes, un pot de foie gras, une tourte Reine Elizabeth, une tête de veau sauce gribiche, un kougelhopf à la crème. Cave intéressante.

Pecora Negra 11,5/20

13 rue des couples - T. 09 81 72 97 21

Dans le centre de Strasbourg, le célèbre chef Mauro Colagreco a implanté sa deuxième pizzeria après celle de Menton, et offre ainsi aux Alsaciens l'occasion d'un petit moment d'Italie aux frontières de l'Allemagne. L'endroit est assez vaste, branché, décoré avec minimalisme et agrémenté de quelques tables dehors, idéales les jours d'été. La carte propose, en plus de quelques antipasti, les incontournables pizzas napolitaines, la marinara et la margherita, ainsi que quelques idées plus personnelles. La réalisation et les ingrédients sont à saluer, si ce n'est parfois l'excédent d'huile. En dessert, le tiramisu est à la hauteur. Jolie cave italo-alsacienne, avec de belles surprises.

Bazart 11/20

9 rue du Renard-Prêchant - T. 03 88 51 09 35 - Menu(s) 35 €

En lieu et place du Rutsch, du côté de la Krutenau, est apparue au milieu du confinement une nouvelle table, inventive et ambitieuse. L'endroit, composé de trois espaces, décontracté, arty et chic, permet trois humeurs différentes dans un cadre étudié et contemporain, où les lignes sont épurées, et l'art contemporain jamais bien loin. Les assiettes sont élégantes, dans une veine bistronomique en phase avec l'époque. La carte, courte et souvent renouvelée, répond aux exigences de fraîcheur, donne à voir par exemple l'œuf parfait, champignons et œuf de poisson volant, de la fregola sarda en risotto, une cocotte de lard, calamar et poulpe de Galice avec des haricots coco cuits en cassoulet, un canard avec une printanière de légumes et sauce café. Desserts plaisants.

Au Bouchon ! 11/20

25 rue du Jeu des Enfants - T. 03 88 32 97 00 - Carte 51 €

Ce petit bistrot dans une petite rue non loin du quai de Paris est un bon repaire de viandard, avec ses recettes classiques et son bon sourcing. Outre les standards du registre, on pourra ainsi s'attarder sur des belles pièces du boucher, la côte de bœuf Irish, le tomahawk charolais, le filet de bœuf simmental, qu'on accompagne au choix de frites, de salade, de purée ou de légumes. Une petite quarantaine de choix en cave.

Au Cruchon 11/20

11 rue des Pucelles - T. 03 88 35 78 82 - Carte 44 €

Une winstub qu'on aime pour sa sagesse et sa constance, bien installée dans le carré d'or depuis les années, avec son décor chaleureux et simple, sa bonne cuisine régionale et son humeur toujours joyeuse. La petite maison est richement décorée, comme pour être sûr de bien savoir où l'on est, et l'ardoise complète l'ensemble alsacien : des escargots à l'alsacienne, du jarret braisé sur lit de choucroute, un baeckeofe aux trois viandes, une tête de veau façon cruchon... Cave locale.

La Cuiller à Pot 11/20

18 bis rue Finkwiller - T. 03 88 35 56 30 - Carte 15 € - Menu(s) 22-28 €

On retrouve Grégory Reich et Pauline George dans leur table du quartier de Finkwiller, rénovée dans un style contemporain et épuré, où les matières naturelles dominent. Installé là depuis plus d'une dizaine d'années, le couple a su évoluer dans le bon sens pour offrir aux Strasbourgeois une table sage et experte qui assure l'expérience d'une cuisine bistronomique de bon niveau. La carte suit les saisons comme il faut, un strudel de queues de langoustines aux épices et fondue de poireaux, un croustillant de merlu de ligne et nouilles à l'encre de seiche, une blanquette de veau et croûte feuilletée au beurre, tagliatelles, un fondant au chocolat noir 60%. La cave suit le rythme.

L'Endroit 11/20

5 rue de Zurich - T. 03 88 23 48 45 - Menu(s) 16-38 €

Une table sage et généraliste emmenée par Carine Jung, bien installée à la lisière de la Krutenau et qui constitue au fil des ans une valeur sûre. La maison est décorée avec sobriété et sans faute de goût, de la brique, des fleurs et un peu de couleur. On retrouvera à la carte, évoluant au gré des années et des envies, des classiques revisités, un émietté de crabe au raifort et une bavaroise d'avocat, un filet de bar grillé, sauce crème et printanière de légumes, un beau tournedos de cerf rôti, sauce gibier et wok de chou rouge, une tarte au fromage blanc. Service souriant.

L'Éveil des Sens 11/20

2 rue Escarpée / angle rue des Dentelles - T. 03 88 32 81 01 - Menu(s) 47 €

Dans le très touristique quartier de la Petite France, la jolie terrasse de cette maison à colombages ne laisse pas indifférent et se remplit logiquement chaque été. L'adresse fait le pari d'une cuisine à rebours des habituels winstubs avec des propositions plus nationales, un omble chevalier mariné et poireaux gribiche, un œuf poché morille et crème fumée, un filet de lieu jaune haricots coco au lait de coco et citron vert, ou encore une entrecôte de veau, carottes en texture et croustillant d'aligot à la tomme. Ambiance conviviale. Service encore en rodage.

Meiselocker 11/20

39 rue des Frères - T. 03 88 22 30 00 - Menu(s) 39 €

La winstub est revenue à ses classiques, accordant le cadre et la carte, pour une expérience alsacienne de bout en bout. Dans une bonne humeur contagieuse, les tables revêtues de nappes à carreaux se garnissent de traditions régionales, un presskopf, des escargots alsaciens, un filet de sandre au beurre blanc sur choucroute, un jambonneau rôti sauce à la bière, une bouchée à la reine et spaëtzles, la choucroute du Meise. Desserts classiques : crème brûlée, coupe melba, kougelhopf au marc de gewurztraminer...

La Table de Christophe 11/20

28 rue des Juifs - T. 03 88 24 63 27 - Carte 13 € - Menu(s) 14,90-36 €

Christophe Ischia tient avec Angèle cette charmante table bistronomique installée derrière la cathédrale de Strasbourg. Le chef revisite des plats classiques dans un élégant décor boisé, et donne à voir des assiettes de bonne exécution, à la façon d'une terrine de foie gras au gewurztraminer, d'orecchiette aux crevettes sauvages snackées, cajun et brunoise provençale, d'un suprême de poulet fermier rôti à l'estragon et spaëtzles. Sélection alsacienne en cave.

Winstub le Clou 11/20

3 rue du Chaudron - T. 03 88 32 11 67 - Carte 44 €

Il s'agit de l'une des winstubs institutionnelles de la ville, située dans son centre et constituant un repère fiable du paysage culinaire alsacien. Tous les codes du genre sont réunis, une vieille maison de ville avec nappes à motifs, boiseries, plafond à caissons et, bien sûr, des recettes de tradition. Les essentiels sont évidemment à goûter, la tarte à l'oignon, le presskopf, les fleischnakas, le dos de sandre au riesling et choucroute, la choucroute garnie, le baeckeoffe, le jambon en croûte et pinot noir. Desserts classiques.

TAIN L'HERMITAGE 26600

Le Quai 13/20

17 rue Joseph Péala - T. 04 75 07 05 90 - Menu(s) 19-37 €

La table ne manque pas d'atouts, une cuisine signée Michel Chabran, une salle contemporaine et une terrasse agréable, offrant une vue imprenable sur les vignobles de l'Hermitage, le Rhône et la passerelle suspendue Marc-Seguin. La brasserie dirigée par Carole Chabran, la fille de Michel, délivre en plus des menus raisonnables, comme la formule à 37 €, avec le saumon gravlax et crème à l'oseille, œufs de saumon et jeunes pousses, le filet de bar, pommes de terre confites et pois gourmands sautés, crème aux piquillos, le filet de canette à la plancha, purée de fèves et légumes, sauce myrtille. Cave bien fournie.

TALLOIRES MONTMIN 74290

Auberge du Père Bise - Jean Sulpice 18/20

CHEF : ***JEAN SULPICE*** *- CHEF PÂTISSIER :* ***KÉVIN OLLIVIER*** *- DIRECTEUR DE SALLE :* ***ALICIA POUPENEY*** *- SOMMELIER :* ***CHRISTOPHER EON***

303 route du Port - T. 04 50 60 72 01 - Menu(s) 130-265 €

Cette villégiature splendide n'a guère d'égal en France. Il faudrait passer de l'autre côté des Alpes, au bord du lac de Côme ou du lac Majeur, pour trouver un site d'un tel romantisme, une telle lumière au coucher du soleil. Dans ce cas, pourtant, vous n'auriez pas le même chef. Car, aujourd'hui, Jean Sulpice habite si fort cette maison qu'il a faite sienne qu'elle sera sans doute dans un siècle ou deux celle du Père Sulpice. Comme Yoann Conte, situé à l'opposé sur le rivage, près d'Annecy, il a bénéficié de l'aile bienveillante de Marc Veyrat, mais c'est avant tout sa volonté, sa force mentale et son perfectionnisme qui l'ont amené jusqu'ici. Dans l'après-pandémie, il reste prudent, avec un grand menu, publié, dans lequel on pioche en 6 ou 8 services. La position est sage, les assiettes elles-mêmes peuvent paraître un peu sur le frein moteur. Pourtant, ne vous y trompez pas : dès qu'on lâche les chevaux, quelle poussée ! Après des mises en bouche brillantes, la féra en trois façons, grillée, rôtie en tarama, avec une sorte de quintessence du cresson sortant de la fontaine, les plins comme un moment de repos, mais bien gourmands avec tomate et roquette, un omble au beurre d'épicéa, tellement expressif qu'il finit, par sa cuisson à table, par prendre des accents de merlan robuchonien, accompagné de sa peau croustillante. Le temps de s'apaiser avec le joli jardin de saison, on trouve au dessert de nouvelles performances, comme le savoureux mariage de la myrtille et de la gentiane. Une autre sensation saisit le goûteur : le respect et la valorisation de ceux qui travaillent avec vous. Illustrés par l'excellent pain du boulanger du village (c'est un métier !), par la confiance accordée à une équipe très compétente en salle, impliquée, naturelle, moderne dans la relation client, menée et coordonnée avec talent par Alicia Poupeney. Cave également actuelle dans sa présentation, très chic, extrêmement fournie, en toutes régions, un cahier entier étant consacré à la Savoie historique, agrégeant le Piémont, une partie de la Suisse et le comté de Nice, servie par un très bon jeune sommelier, Christopher Eon.

L'Auberge de Montmin 16/20

Col de la Forclaz - T. 04 50 63 85 40

Au sommet du col de la Forclaz, dans les alpages de Montmin, l'enfant du pays Florian Favario a repris avec son épouse Sandrine le bâtiment communal sur le front de neige pour y établir son restaurant, dans ce paysage de montagne. Si les extérieurs n'ont pas de charme particulier, les travaux intérieurs ont bien réchauffé l'atmosphère. L'accueil est familial et très professionnel : Sandrine reconnaît un à un ses clients et vous glissera à l'oreille les énoncés des plats avec douceur et volupté. Quant au chef, il a su écrire ici une cuisine précise et colorée. Dans chacune de ses assiettes, on retrouve, par touches, l'expression de ses visites, de ses rencontres avec les meilleurs producteurs du lac d'Annecy. Et lorsque vient le service, le chef s'installe seul aux avant-postes, entièrement captivé par son œuvre. Ses gestes sont sûrs, les découpes franches, il lui manque juste un peu de sourire et de bonhomie pour détendre vraiment l'atmosphère. Les entrées s'enchaînent «tableau par tableau», la betterave au raifort ou la sculpturale tarte à la tomate sont des enchantements. Quant aux plats, l'omble chevalier flambé au génépi ou le cochon des Bauges travaillé en plusieurs services sont de véritables merveilles gustatives. Une mélodie du bonheur qui perd en vigueur lors des desserts : la framboise verveine ou le moelleux au chocolat ont des saveurs trop attendues. La carte des vins propose de belles trouvailles de Savoie et d'ailleurs.

TALUYERS 69440

Le Talluy 11/20

144 rue du Pensionnat - T. 04 78 19 19 00 - Menu(s) 29-49 €

Au cœur du vignoble des coteaux-du-lyonnais, à une vingtaine de minutes de la ville, cette grande bâtisse en pierre et son parc sont un havre de paix idéal pour les week-ends, entre détente et gourmandise. Le restaurant de l'hôtel soigne ses prestations, offrant une expérience bourgeoise pas trop mal amenée, avec un service bien tenu et des recettes de marché d'une exemplaire réalisation. Le ton est un peu compassé, mais les assiettes apportent un joli brin de malice, sur un gratin de ravioles du Royans, sauce fromagère et effiloché de jambon bellota, sur les fameuses cuisses de grenouille en persillade ou encore un moelleux d'automne au cœur de châtaigne. Très bon accompagnement en cave.

TARARE 69170

Jean Brouilly 13,5/20

3 ter rue de Paris - T. 04 74 63 24 56 - Menu(s) 35-85 €

Il y a quinze ans, en reprenant la demeure bourgeoise de Jean Brouilly, Éric et Marie-José Lambolez avaient fait le choix de conserver l'enseigne de cette table, qui rayonnait alors bien au-delà du département. L'immense séquoia est toujours là, la verrière ouvrant sur le parc également, et c'est aussi cela, ce cadre à la fois cossu, valorisant et réconfortant, que l'on vient chercher à Tarare. Les assiettes baignent dans le même esprit, souhaitant avant tout à rassurer, à rassembler. Les produits sont beaux, la technique sans faille et les recettes (très) éprouvées, avec l'émincé de saumon fumé aux graines, le suprême de rouget rôti au pistou et l'opaline aux framboises. Cave dans le même esprit, très classique mais pas trop chère. Service dynamique.

TARBES 65000

L'Empreinte 13/20

2 rue Gaston Manent - T. 05 62 44 97 48 - Menu(s) 17-54 €

Manuel Godet mène la gastronomie tarbaise avec doigté et connaissance. Il met au service de sa clientèle le bagage technique, l'expérience, l'ouverture sur les diverses influences, tout en faisant appel, et de plus en plus, aux produits locaux. Ce qui se traduit par des assiettes fignolées et abouties qui ont le goût du travail bien fait : œuf bio confit puis pané aux noisettes bouillon champignons, nouilles aux épices douces, filet de canette cuit rosé risotto de blé aux agrumes poire pochée à la sangria jus court à l'ail fumé, riz au lait et gin bio des Pyrénées, dulce de leche au citron vert kumquat sorbet myrtille... Bons menus à 35 et 54 € pour une initiation réussie, service de bon standing, cave classique avec un peu de régional (jurançon, saint-mont, madiran, pacherenc...).

L'Ambroisie 12/20

48 rue de l'Abbé Torne - T. 05 62 93 09 34 - Carte 60 € - Menu(s) 21-70 €

Un vent de fraîcheur est venu soulever les rideaux de cette institution de longue date, jamais éteinte, toujours ressuscitée. Et, si nous croyons plus fort que d'habitude à cette vraie renaissance, c'est que le jeune chef Matthew Bayliss et sa compagne Cassandra Potier ont les idées bien en place pour faire entrer l'établissement dans l'ère des années 2020. En soignant le produit, en travaillant à nouveau les abats, en se fournissant localement, le cuisinier, formé notamment chez Putelat, fait preuve d'imagination et de volonté. À lui de convaincre les Tarbais, mais le propos est généreux et les assiettes plaisantes, le velouté de courge au haddock fumé, la poule au pot bien revisitée, la tatin bien exécutée mais qui peut se passer de glace vanille. Cave classique avec quelques belles bouteilles rangées dans «La carte du chef».

Storia 12/20

9 place de Verdun - T. 05 62 44 95 50 - Carte 37 € - Menu(s) 14,50-17,50 €

Cette brasserie classique a pris un nouveau tournant avec la reprise par une équipe de trois restaurateurs, Nicolas Rodriguez, Jean-Baptiste Knaebel-Siméon et Manuel Godet, qui est bien connu de Gault&Millau pour avoir été lauréat de la Dotation il y a six ans pour ouvrir son premier établissement, l'Empreinte. L'Europe, c'est une brasserie à l'ancienne revue complètement, offrant aujourd'hui un cadre cosy et feutré, avec une grande cheminée ouverte sur deux pièces, créant diverses ambiances, bar à cocktails, café, brasserie, avec le four à pizza qui trône au fond. Le service est attentionné et chaleureux, bien briefé et efficace. Assiettes garnies avec soin, pour une cuisine qui vaut sa toque : avocat toast sur une assiette généreuse mêlant les textures et les saveurs, équilibrée, fraîche et craquante, dos de cabillaud rôti au four, rougail d'ananas, sumac, fregola sarda, chorizo de porc noir de Bigorre, émulsion mangue-coco, une assiette un peu patchwork mais plutôt harmonieuse, avec une finale fruitée acide qui confirme la bonne impression. Cave assez vaste sur le Sud-Ouest et un Sud élargi, avec même quelques vins du monde.

Le Fil à la Patte — 11/20

30 rue Georges Lassalle - T. 05 62 93 39 23 - Menu(s) 16,50 €

De la cuisine fraîche et locale qui mérite cette année 1 petite toque : un peu à l'écart du centre, l'adresse est suffisamment connue pour un succès au quotidien, en particulier au déjeuner avec les bureaux des alentours. Des attentions sur les mises en bouche, une bonne terrine de joue de bœuf Bigourdan aux échalotes, un dos de lieu grillé aux pimientos doux, le filet de canette sauté au miel, pommes de terre au paprika plus standard avant une compotée de pomme vanille et fraises nouvelles. Service parfois un peu stressé, mais dévoué. Cave chétive.

TARNAC 19170

Les Voyageurs — 11/20

18 avenue de la Mairie - T. 05 55 95 53 12 - Carte 20 € - Menu(s) 33,90-38,90 €

Une belle étape hôtelière sur le plateau de Millevaches, avec la table de William Justin, et des chambres bien tenues. Le chef fait de la tradition revisitée, sans chichis et beaucoup d'attention, avec à la fin des assiettes d'une réalisation franchement honnête. On pourra s'attarder sur le cœur de truite fumée, le duo de saint-jacques et poisson rôti sur une crème Dubarry et à l'huile truffée, un carré d'agneau rôti fumé au foin, un blanc-manger à la noix de coco. Cave pas si bête, avec des propositions sur toute la France.

TENCIN 38570

La Tour des Sens — 14,5/20

La Tour - T. 04 76 04 79 67 - Carte 61 € - Menu(s) 59-99 €

À quelques minutes de Grenoble, dans une nature majestueuse en hauteur, cette vieille tour sarrasine a été reprise par Jérémie Izarn, qui en a fait l'une des plus belles tables des environs, entre ciel et terre, avec une vue panoramique sur les environs, une cuisine de produits soignée et parfumée. À partir de 59 €, le chef propose une exemplaire tartelette aux champignons de Paris, bleu de Sassenage et poire, un œuf à 61°C, bouillon mousseux de courge et mouillettes, gel de pamplemousse et graines de courges soufflées, un dos de julienne basse température, lissé de chou rouge, salade de chou rouge au sésame et beurre blanc de mandarine, une douceur de panais, kumquat et noisettes. Belle cave. Service sans faute.

TERRASSON LAVILLEDIEU 24120

Le Moulin de l'Imaginaire — 13,5/20

1 avenue Charles de Gaulle - T. 05 53 07 70 84 - Carte 37 € - Menu(s) 19-27 €

Fabienne Eymard a quitté la pollution et le rythme trépidant de la capitale pour revenir tout près de chez elle (elle est native de Brive), en terre périgourdine, dans une belle maison donnant sur la Vézère. Celle qui fut la distinguée cheffe de Benoît, à Paris, après un passage chez Taillevent, connaît les airs de la tradition bourgeoise qu'elle joue avec aisance et même virtuosité. Un pâté en croute d'école, un magnifique ris de veau aux légumes primeurs, un vacherin aux fraises glace fraises vanille, voilà de premières très bonnes notes qui annoncent le retour d'une auberge dans ce village de tradition gourmande. On se régale à l'avance des promesses de la carte, le navarin d'agneau, l'aile de raie grenobloise, les asperges sauce mousseline à l'orange... Service déjà bien au point, cave de classiques (Brun, Mouthes Le Bihan...) et de nouveaux vignerons.

THONAC 24290

Le Boïdicou 12/20

Le Bourg - T. 06 48 03 57 05

Au cœur du Périgord noir, aux souvenirs préhistoriques, entre les Eyzies et Lascaux, un petit village tranquille des bords de Vézère et une bien jolie nouvelle table, menée par Julie Buquet et Benjamin Gourdon. Dans ce cadre simple et authentique, avec la grande cheminée et le mobilier contemporain, on se laisse emmener sur les chemins d'un terroir renouvelé avec finesse, nourri par les producteurs des alentours : les asperges et l'œuf parfait, le fromage frais et noix «comme une burrata», avec fraises et févettes, la truite et le risotto d'épeautre, et ce petit rappel «rossinine» avec le bœuf et le foie gras, un peu moins passionnant. Desserts simples, cave correcte et pas chère, jeune service aimable.

TIGNES 73320

Ursus 15/20

CHEF : CLÉMENT BOUVIER

Rue du Val Claret - T. 04 79 01 11 43 - Menu(s) 98-138 €

Tignes n'est ni Courchevel ni Megève. Et sa table vedette peut, dans ce cadre très nature chic de forêt savoyarde, se permettre un brin de franc-parler. À l'image du chef, Clément Bouvier, qui vous accueille et vous prend par la main, avec le beurre et le pain, avant de raconter sa vision du terroir, sans trop de fioritures, dans une séquence accessible, cadencée en 3, 4 ou 5 temps selon les appétits, ce menu unique sans choix et à l'aveugle évoluant au cours des saisons. Après le défilé des mises en bouche, un peu longuet, préface de l'immersion régionale imaginée par le chef, on retient l'excellente soupe de pomme de terre «de mon grand-père», qui devait bien aimer la truffe, les escargots avec le nuage de persil, l'exquis cerf de chasse, respectée dans une assiette finalement sans complexité, endive au lard d'Arnad et chou rouge vinaigré. Un dessert poire lui aussi sans artifices, des attentions constantes de la part du jeune service, parmi lequel Luc Dabo apporte une présence chaleureuse. Une cave sérieuse, bien fournie et commentée sur sa chère Savoie, le sommelier étant le seul à connaître et à pouvoir choisir les vins au verre.

Panoramic 12/20

Glacier de la Grande Motte - T. 04 79 06 47 21 - Carte 21 € - Menu(s) 31 €

Que d'aventures avant de gagner ce havre perché à plus de 3000 m d'altitude, où les habitués au sourire large oublient dans la bonne humeur les difficultés d'accès. L'oxygène se raréfie, mais l'addition reste fière et la famille Bouvier entretient une cuisine roborative, avec un très bon pâté en croûte, des viandes généreuses et bien accompagnées, des desserts avenants, dans un style chalet chic bien adapté à la station. Une expérience à vivre.

TINQUEUX 51430

L'Assiette Champenoise 19/20

CHEF : ***ARNAUD LALLEMENT*** *- CHEF PÂTISSIER :* ***GRÉGORY MASSE*** *- DIRECTEUR DE SALLE:* ***GAËTAN BROCARD*** *- DIRECTEUR DE SALLE :* ***FLORENT ROMBY*** *- SOMMELIER :* ***FRÉDERIC BOUCHE***

40 avenue Paul Vaillant-Couturier - T. 03 26 84 64 64 - Menu(s) 145-335 €

Quelle fête ! Mais quelle fête ! L'Assiette, c'est la dernière adresse en France où vous pouvez autant lâcher les chevaux pour une occasion tout simplement unique. Ce n'est pas tant parce que les produits de luxe y sont à profusion, même si cela participe de cette façon Grand Siècle qui fait si souvent défaut. À l'opposé de cette munificence, il y a dans cette maison de famille quelque chose d'incomparable et de profondément populaire : on sauce ! On attrape le pain, on râcle le fond de cette vinaigrette de tomate comme le petit bol de garum de homard dans lequel on a mouillé la pince, avec ce même bonheur unique que l'on a pu avoir enfant avec la salade maternelle ou le jaune des œufs au plat. On trempe, on liche, on éponge... Arnaud Lallement, dans ses nombreux hommages à son père (la recette du homard aux pommes de terre, il l'a peut-être revisité dix fois), est à fond dans l'action parce qu'il est lui-même un gourmand de toujours, un lécheur d'assiette, un bâfreur. C'est vrai, cela fait un bail qu'il a dépassé le quintal. Comme Curnonsky ou Fernand Point. Mais il n'y a pas de mystère. Il faut aimer la vie, l'amour, le vin, la chair et la chère pour donner autant et aussi bien. Ses langoustines opulentes, ses turbots de 9 kg qu'il traite merveilleusement avec une sauce vin jaune et des petits oignons cuits et aromatisés chacun différemment, jusqu'au ris de veau fondant croquant et un travail éblouissant sur le céleri, tous portent cette marque exclusive du «no limit» dans la justesse et la puissance, dans l'accomplissement et l'offrande. Comme il est un hôte parfait, avec l'aide de Magali son épouse et Mélanie sa sœur, il est aussi le chef d'entreprise attentif qui n'a pas attendu la pandémie pour organiser deux équipes et garder ainsi, en traitant chacun avec égard, un modèle de fonctionnement pour une grande maison, avec un grand service, et des jeunes qui font tout pour maintenir l'excellence. Et des cadres dévoués, dont une équipe de sommellerie chanceuse d'évoluer avec une formidable cave, par l'étendue en volume et la rareté de certains flacons, sans matraquage, même sur les plus grands, dont une collection inégalable en champagnes et bourgognes. Enfin, n'oubliez pas le chef pâtissier, Grégory Masse, pur produit maison qui a grimpé les échelons depuis dix ans, et qui régale dans la même ligne que son chef sur les thèmes fruités du moment ou le chocolat, très bluffant, évoluant au cours des saisons.

TOULON 83000

Beam! 13/20

2 rue Hippolyte Duprat - T. 06 27 54 27 06 - Menu(s) 32 €

Il a la pêche, il a la gnaque, il s'éclate. C'est vrai, les formules sont un peu familières, mais elles correspondent à ce lieu tendance qui réveille la rade. Arnaud Tabarec est heureux comme jamais, de faire cette cuisine de saison, presque d'instinct, mais guidée par une patte de chef. Son menu change tous les jours, et l'exécution des plats est inventive et colorée (étonnante salicorne, celtuce et émulsion de truffe). Un réel effort de découverte des produits locaux, de bons desserts (meringue tiède sur un biscuit arrosé d'un jus de fraise à la verveine), mais aussi des vins varois bien mis en valeur.

Racines 12,5/20

9 rue Corneille - T. 04 22 80 27 39 - Menu(s) 29-32 €

Bertrand Lherbette défend depuis des années le circuit court et une gastronomie humble qui met avant tout le produit en avant. Une simplicité touchante entoure ces assiettes sans façon, dans cette petite salle évoquant la Provence : polenta à la meule de pierre, encornets rouges et chorizo de l'Aveyron, une entrée généreuse et bien faite, pintade fermière, cuisse confite et suprême farci, fregola sarda et légumes bio qui exprime ce fait maison et cette touche si personnelle, avant le moelleux au chocolat, (de chez Cluizel) comme un goûter d'enfant. Service assuré par une patronne gentille qui veille à tout, produits sourcés avec passion (les légumes de Bruno Cayron, les poissons d'un bateau de Bandol, les viandes de Bourgogne, les volailles du Gers...). Cave courte et cohérente, à prix justes.

Tables et Comptoir 12/20

3 boulevard Eugène Pelletan - T. 04 94 10 83 29

Après la longue interruption, les locaux ont retrouvé avec plaisir cette table distinguée, l'une de leurs préférées au Mourillon, pour la qualité de sa cuisine inspirée par la région et la tradition. Il y a, à l'évidence, un chef pour mitonner la lotte en bisque et pomme de terre au safran ou le filet de cochon de montagne gnocchis jus réduit purée de betterave en condiment. Tout est sous contrôle et bien fait, dans une ambiance qui reste simple et familiale. Cave étendue, aux belles signatures régionales (Trevallon, Tempier, Villa Minna, Château Crémade...).

Au Sourd 11,5/20

10 rue Molière - T. 04 94 92 28 52 - Menu(s) 36-40 €

Les Toulonnais de toujours s'entendent pour se retrouver au Sourd très régulièrement : pas besoin d'aller sur la criée, l'arrivage est ici en direct et le poisson bien cuit. Atmosphère bourgeoise et traditionnelle en plein centre, pour apprécier la soupe de poisson, le loup le saint-pierre, le chapon ou la daurade royale (10 € les 100g), sans oublier de jeter un œil à l'ardoise du jour : friture de girelles, de crevettes, de calamars, daube de poulpe, aiguillettes de saint-pierre beurre blanc aux asperges...

L'Aromate Provençal 11/20

32 rue Gimelli - T. 04 94 29 73 87 - Menu(s) 18 €

Arrêt buffet pratique et régional du côté de la gare. Un bon chef, Martial Merlino, très attaché à produire une cuisine provençale de saison et personnelle, sur un fond traditionnel solide : petits farcis de la grand-mère, loup en croûte de sel, souris d'agneau confite, rognon de veau plancha crème d'ail... Formule du midi en plat-dessert à 18 €, desserts classiques, bon choix en côtes-de-provence et bandol (Sarrins, Pas du Cerf, Pibarnon...).

Les P'tits Pins 11/20

237 boulevard de la Liberté - T. 04 94 41 00 00 - Menu(s) 18-33 €

Sur la grande place de la Liberté, une brasserie en vue et en vogue, rassemblement moderne de ce qui se fait et se mange, par un pro de la restauration locale, Stéphane Lelièvre, dont l'équipe est toujours efficace et disponible. Les formules sont bien ajustées, la séquence complète à 33 € convaincante : soupe de poisson, ravioles de foie gras, saint-pierre rôti sur peau sauté de champignons ventrèche et jus corsé, curry de volaille et crevettes ananas frais et cajou, macédoine de mangue, sorbet passion, mousse chocolat. Petite cave régionale (Jasson, L'Escarelle...).

TOULOUSE 31000

Michel Sarran 17,5/20

*CHEF : **MICHEL SARRAN** - CHEF PÂTISSIER : **CÉDRIC CAGNIARD** - DIRECTEUR DE SALLE : **ARNAUD DUCROUX** - SOMMELIER: **MARJOLAINE DELHOMME***

21 boulevard Armand Duportal - T. 05 61 12 32 32 - Menu(s) 75-275 €

Toujours aussi joyeux, toujours aussi actif ! Michel Sarran 2022 est un excellent millésime. Certes, il connaît les mêmes tourments que toute la profession quand il s'agit de dénicher l'oiseau rare en salle et en cuisine mais, pour le client, la fête est au rendez-vous. Nous avons retrouvé cette année dans l'assiette ce qui nous avait fait très légèrement défaut l'an passé, cet amalgame si savant de paysannerie madrée et de sophistication princière, cette sublime rusticité que l'on rencontre chez les meilleurs. La version printanière des asperges vertes, graine de courge et sarrasin, avec ce godet de bière maison asperge granny écume de bufala, le turbot altier mêlé à un crémeux de maïs au gingembre et la fleur de courgette dans une malicieuse garbure en clin d'œil béarnais remettent l'esprit fermier du cuisinier gersois au centre du village. On peut alors se régaler d'un peu de noblesse, des langoustines en 2 services, pinces en tortellini, patate douce grillée laquée, bisque et par ailleurs à cru, marinée à l'huile d'argan dans une royale d'artichaut et caviar d'Aquitaine, et du superbe agneau en 3 services, dont un étonnant tartare posé sur la brique toulousaine, avec des senteurs asiatiques et une croquette d'épaule confite aux dattes. Parmi les beaux desserts, la rhubarbe confite au miel de rhododendron et, toujours, la croustade aux pommes flambée à l'armagnac en hommage à sa maman Pierrette. Service tonique et précis orchestré par le brillant Arnaud Ducroux avec, depuis cette année, le concours expert de la nouvelle sommelière, Marjolaine, qui sait virevolter dans la riche cave sudiste, particulièrement équipée en languedoc.

Py-R Restaurant 15/20

*CHEF : **PIERRE LAMBINON***

19 descente de la Halle aux Poissons - T. 05 61 25 51 52 - Menu(s) 68-88 €

Pierre Lambinon a su prendre le temps, progresser sans se brûler les ailes, construire sa table et son identité. Le chef passé naguère chez Alain Ducasse et Gérald Passédat est aujourd'hui un incontournable de la scène toulousaine, sans avoir pour autant fait de concessions majeures à ses convictions : une cuisine épurée et néanmoins très construite, des séquences harmonieuses, un sens du raffinement qui ne donne jamais dans le mignard ou le superflu. Du caviar bien dosé, sur la saint-jacques panais estragon ; le cerfeuil tubéreux naturellement marié au butternut avec la lotte, le merlu raisin et romanesco ou le pigeon à la cuisson parfaite participent à un bien joli chapelet à moins de 100 € incluant le grand dessert. Atmosphère feutrée tout près du Pont-Neuf, cave bien personnalisée avec ses choix de grandes références.

Les P'tits Fayots 14,5/20

8 rue de l'Esquile - T. 05 61 23 20 71 - Carte 33 € - Menu(s) 28 €

Plus que jamais, Aziz est dans le mood, dans le bon courant, dans le bon rythme. Son bistrot de copains a évolué en table notable (et presque de notables !) sans pour autant perdre son âme, sans que le chef perde le «modjo». C'est toujours le partage, les idées, l'échange autour d'une cuisine qui n'oublie ni ses racines, ni son époque. On ne gaspille pas, on savoure les créations du moment, la brouillade d'œufs poireaux vinaigrette au kalamansi, le carpaccio de bar, le cabillaud crème de haddock, la joue de bœuf et légumes. Les tarifs sont toujours serrés, la cave de plus en plus vaste, avec un bon choix au verre (goûtez le vin de l'Ariège) et le gâteau aux poires et mascarpone vanille conclut bien l'affaire.

Cartouches 14/20

38 rue Pierre Paul Riquet - T. 05 61 25 07 07 - Menu(s) 20-55 €

Pionnier toujours ! Nicolas Brousse, il y a bientôt dix ans, a réinventé le bistrot à la mode toulousaine. Pas moins ! Dans son nouveau champ de tir, ouverte en pleine pandémie, les Cartouches sont nombreuses, pour les verres comme pour les assiettes. Sa cuisine pour les copains se fait au jour le jour et elle a ce goût du bon qui n'existe que chez les cuisiniers de métier. Dans cette ambiance très cool, le chef n'a pas besoin d'étaler son pedigree. Mais celui qui officia aux côtés de Putelat à la Cité, puis de Sarran, ne vient pas de nulle part. Connaissance des produits, maîtrise de la réalisation, il propose chaque jour des menus qui font plaisir à des prix sans souffrance, à 24 le midi et 35 € le soir. Et la cave, c'est un bonheur, est pleine de pépites.

Le Mas de Dardagna 14/20

1 chemin de Dardagna - T. 05 61 14 09 80 - Menu(s) 25-60 €

Un vrai moment de soleil chez Fabrice Joffre, dans ce joli corps de ferme de 1880 rénové en un restaurant contemporain, où l'on vient manger des authentiques saveurs du Sud. La belle bâtisse en briques a un vrai cachet, un air champêtre et élégant qui met bien en scène l'idée d'une cuisine proche de son terroir, sans tomber dans un style trop brut. Les assiettes sont bien travaillées dans ce sens, notamment dans le menu «Petit Plaisir», la tranche de foie gras de canard mi-cuit, chutney et brioche maison, le poisson poêlé au beurre, crème d'oseille et jeunes légumes, la cuisse de canette kriaxera farcie, pleurotes, crème d'ail et émulsion olive, enfin des prunes rôties au miel. Et si vous êtes ambitieux, le menu dégustation vaut également le détour.

L'Air de Famille 13,5/20

6 rue Jules Chalande - T. 05 67 06 54 08 - Menu(s) 25-38 €

La famille, c'est important, même et surtout quand elle est aussi étendue et fidèle que la clientèle de Georges Camuzet, chef et maître de maison rassembleur et proche de son terroir. Menus 25 € le midi, 38 € le soir, autour d'une cause commune : partage, bonne croque et bon vin, produits d'ici et manières d'aujourd'hui à forte valeur traditionnelle. Georges Camuzet travaille sur le marché de saison, aussi à l'aise avec le thon de Méditerranée qu'avec l'agneau du Quercy, les asperges sauce mousseline ou le canard du Sud-Ouest, le foie gras excellent ou la pintade et risotto. À la cave, tous les copains, Le Roc, Da Ros, Pacalet, Barroubio...

Chez Emile 13,5/20

13 place Saint-Georges - T. 05 61 21 05 56 - Menu(s) 22-60 €

Émile n'est pas seulement l'empereur du cassoulet à Toulouse, c'est aussi un bastion traditionnel de premier ordre dans le chic quartier Saint-Georges. Sur la place toujours animée, on guigne un coin pour se régaler des classiques du moment, dûment actualisés façon Émile : harengs pommes à l'huile, tartare de veau et langoustines œuf Onsen, zarzuela catalane, magret grillé sauce miel et épices, ris de veau braisé au floc de Gascogne, le pigeon du Mont Royal bardé au lard de Colonnata et le fameux cassoulet au confit de Francis étant à notre sens les deux incontournables de la place. Service efficace, menus bien constitués et cave pourvue sur tout le Sud et le Bordelais.

Les Jardins de l'Opéra 13,5/20

1 place du Capitole - T. 05 61 23 07 76 - Menu(s) 35-110 €

La table et l'adresse sont mythiques. Stéphane Tournié a bien compris que la clientèle franchissait la porte des Jardins de l'Opéra pour sa cuisine, bien sûr, mais aussi (surtout ?) pour cette part de rêve propre à ce rendez-vous classique et élégant. Dans ces salles à la fois chics et confortables, tables d'affaires et familiales cohabitent en bonne intelligence, semblant d'avance se satisfaire d'une prestation qui, pourtant, manque parfois de souffle, et surtout de modernité. Une lotte excellente, parfaitement cuite, avec une bisque un peu trop corsée, une côte de cochon trop élastique et bien triste avec sa purée de carottes et ses gambas (qu'on vient cuire devant le client au dernier moment sur un petit barbecue) pour jouer sur le côté terre-mer (un leitmotiv chez Stéphane Tournié) et des desserts et mignardises dans le même esprit très classique (chocolat et cerises au kirsch, par exemple), pour une performance en demi-teinte. Service rapidement débordé les soirs d'affluence (le prédessert et le dessert en même temps, c'est étonnant). Vaste cave traditionnelle, mais avec un choix au verre assez varié.

Le Genty Magre 13/20

3 rue Genty Magre - T. 05 61 21 38 60 - Menu(s) 24,50-38 €

Le suivi, la régularité, le professionnalisme, les mêmes mots reviennent dans nos rapports sur cette table solide qui représente les plaisirs de la table dans la ville rose. La jolie salle de bistrot tirée à quatre épingles s'anime bien fort au déjeuner comme au dîner, et Romain Brard a su tisser avec ses producteurs un lien fidèle qui fait les beaux plats : morue marinée et bisque d'araignée, maigre de ligne, barigoule d'artichaut, agneau braisé et grillé et des suggestions du moment toujours bienvenues. Choix de desserts classiques et bons (baba, paris-brest...), cave éclectique, placée sur toutes les régions.

M by Mo Bachir 13/20

8 rue Mage - T. 09 86 48 97 75 - Menu(s) 28-47 €

Mo Bachir semble se stabiliser et même se plaire dans les murs qui furent un temps ceux de Frank Renimel. Il en a fait une table élégante et régulière, son menu «Dégustation», calé à 46 € sur de beaux produits de saison, est bien inspiré, et son autre formule à 25 € est particulièrement performante : pâté en croûte de canard, gnocchis aux palourdes et saumon fumé, ou le parmentier de veau confit et coriandre, crème prise au chocolat pécan framboise, une séquence à l'image du chef, originale et séduisante et régulièrement renouvelée.

Ma Biche sur le Toit 13/20

4 rue du Lieutenant-Colonel Pélissier - T. 05 31 61 56 19 - Menu(s) 23-28 €

L'un des spots hype et incontournables pour les Toulousains qui sortent, soit la totalité de la ville ! Sur les toits des Galeries Lafayette, le rooftop le plus exclusif en prolongement d'une salle lounge débordante, le meilleur service, la plus grosse ambiance dans ce lieu designé avec talent et animé par les équipes de Michel Sarran. La carte s'inscrit dans la tendance avec quelques accents occitans, iberico de cebo et salade Caesar, conchiglie farcies à la joue de bœuf et foie gras gelée au piment d'Espelette, cocotte de pluma ibérique à la braise, magret de canard au Mibrasa mayonnaise au curry et nouilles soba sautées... Tout est bon et plaisant, les bouteilles sont toutes bien choisies, et le moment passe si bien qu'on ne regimbe pas devant l'addition.

Sept 13/20

7 place Saint-Sernin - T. 05 62 30 05 30 - Menu(s) 78-120 €

Cette belle maison au pied de la magnifique église Saint-Sernin va bien. Grâce à Guillaume Momboisse, maître des lieux et chef de cuisine, qui s'affirme dans la ville rose en faisant comme les grands, avec un menu unique, 6 services seulement, dont le samedi midi à 78 €, et 5 soirées à 120 €. Produits de saison, liberté totale pour le chef, à laquelle se soumet la clientèle en battant des mains, tandis que des «narrateurs» déposent les assiettes et remplissent les verres en les commentant.

Solides 13/20

38 rue des Polinaires - T. 05 61 53 34 88 - Menu(s) 24-55 €

Simon Carlier a donné une impulsion qui fait aujourd'hui référence. Celle de la défense du producteur autant que du produit, de la fidélité à une ligne de conduite, bref, d'une restauration durable bien avant que l'on connaisse le terme. Chez lui, et avec son équipe toujours aussi punchy et souriante, c'est toujours le goût juste qui prime, celui du produit à maturité et bien utilisé : les asperges agrumes et foie gras, le veau et anguille fumée, ou le vol-au-vent devenu un classique du lieu. Cave de connaisseur partageur qui donne les bonnes pistes du vignoble sur tout le Sud.

Le Bibent 12,5/20

5 place du Capitole - T. 06 48 71 73 65 - Carte 59 € - Menu(s) 29 €

Sur la grande terrasse donnant sur le Capitole, ou dans la salle au superbe cadre Napoléon III, voilà de la brasserie de chef, bien calibrée et aux qualités évidentes, mettant en avant la gourmandise occitane. L'équipe s'active, souriante et bien organisée, les assiettes défilent, réalisation au cordeau, bien étudiée : carpaccio de bar aux agrumes, bien taillé, très frais, pigeon en crapaudine rôti au BBQ sauce morilles, un plat assez périlleux pour ce registre mais finalement honorable avant un honnête millefeuille vanille et caramel beurre salé. Cave généraliste à prix corrects, manquant un peu de régionaux.

La Cendrée 12,5/20

11-15 rue des Tourneurs - T. 05 61 25 76 97 - Menu(s) 18 €

Voilà une belle table à la française dans un quartier porteur où les Toulousains sont bien chez eux. Le cadre est élégant, la carte large, d'obédience classique, sur des produits de très bon niveau : saint-jacques snackées crémeux de chou-fleur à la vanille de Madagascar et jus de viande, magret à la cheminée gratin dauphinois sauce poivre vert et armagnac, cœur coulant chocolat framboise crème aux feuilles de citronnier, voilà de la belle ouvrage pour moins de 50 €. Et vous reviendrez la fois suivante pour l'opulent cassoulet maison !

L'Alouette 12/20

24 Place Victor Hugo - T. 05 62 89 13 96 - Menu(s) 20-44 €

Nicolas Servant s'affirme dans le quartier face aux halles et progresse encore. La salle est accueillante dans le style joli bistrot, la carte est assez courte, nourrie de produits de saison travaillés avec délicatesse et fraîcheur. Si l'excellent tartare aux huîtres n'est plus au programme, vous retrouverez peut-être la dorade sauvage, également en tartare quinoa et artichaut à la grecque, le râble de lapin pané jus à la graine de moutarde, l'agneau de Sisteron, gigot et caillette, à l'ail des ours. Bon dessert chocolat, formule complète à 44 € en semaine (49 € le week-end).

Balthazar 12/20

50 rue des Couteliers - T. 05 62 72 29 54 - Menu(s) 40 €

Un bistrot dans son époque tout près de la Garonne dans un quartier animé. Les associations sont souvent originales, puisant dans le terroir comme dans les voyages : seiche et langue de porc sésame et wakamé, maquereaux au vin blanc et labné, jarret de veau bio confit purée de tarbais estragon et légumes... Des assiettes solides mais pas trop opulentes, permettant d'envisager la flaune ou la brousse de brebis ou le chou craquelin crémeux chocolat et crème anglaise avec une gourmandise intacte. Déco agréable, bouteilles à portée de main, à consulter pour le choix d'accompagnement avec les conseils maison.

Le Colombier 12/20

14 rue Bayard - T. 05 61 62 40 05 - Menu(s) 18-42 €

La réputation de ce vénérable Colombier s'est bâtie sur son expertise en matière de cassoulet. Marie et Patrick Petit poursuivent l'œuvre de tradition avec la plus grande sincérité, achètent la charcuterie chez Garcia aux halles et leur viande dans les meilleurs élevages, pour offrir le civet de canard ou le contrefilet sauce ivrogne, et proposer l'intègre menu emblématique à 32 € avec le cassoulet au confit d'oie et la croustade aux pommes. Un choix complet avec le menu à 42 € (dont le cassoulet), un bon service dans l'ambiance voulue.

Contre-Pied 12/20

6 rue des Prêtres - T. 05 32 02 43 39 - Carte 11 € - Menu(s) 20-52 € ♿

La belle histoire se poursuit pour Anaïs Sadek et Thibaut Martin, aussi pros dans leur partie que d'accord sur la ligne éditoriale : du produit, du naturel et du partage à table avec le meilleur de la saison. La cheffe, passée naguère chez Guy Savoy et Baumanière période Sylvestre Wahid, a le talent pour mettre de la justesse sur chaque assiette, et la carte exprime une belle sincérité : artichaut barigoule langue de bœuf bisque et piment, petit épeautre asperge blanche pamplemousse estragon, milanaise de veau Axuria sauce César et sauge. Du plaisir dans l'assiette et tout autour avec les choix engagés et tout aussi découvreurs de Thibaut sur les vignobles proches ou plus lointains.

Les Impulsifs 12/20

14 rue des Paradoux - T. 09 87 37 74 92 - Menu(s) 38-45 €

La nouvelle vague toulousaine se renouvelle en permanence dans une bonne impulsion : dans cet intérieur de brique rose, typique et fraternel, les «impulsifs» Sarah Nortier et Julien Chiarlini le prouvent, et les clients le deviennent vite pour retrouver le menu du jour, cadré et pas cher :

asperges en carbonara, cabillaud carottes gingembre, hampe de bœuf pommes grenailles et champignons dans le menu entrée-plat à 18 € du déjeuner. La farandole, c'est le soir, avec le menu en 4 ou 5 étapes (38 ou 45 €).

Le Saint Sauvage 12/20

20 rue des Salenques - T. 05 61 23 56 86 - Menu(s) 41 €

Une table sérieuse sur laquelle les Toulousains avisés comptent de plus en plus. Et ils ont raison tant la cheffe, Valérie Cohen, déploie de raffinement et de précision, avec des idées toujours bienvenues, comme le pastis gascon revisité, aux crevettes, avec une mornay au basilic, la pintade aux pistaches et champignons, l'amandine aux mûres. Belle animation de salle, cave correcte et tarifs incitatifs.

Les Têtes d'Ail 12/20

6 rue de la Fonderie - T. 05 61 13 40 41 - Menu(s) 29-30 €

On monte en gamme aux Têtes d'Ail et c'est très réjouissant : la jeune table de Simon Fétis (ex-En Pleine Nature), qui nous avait séduit dans ses débuts, longtemps fermée durant la pandémie, trouve une énergie et des envies nouvelles depuis la réouverture l'été dernier. Poisson ikejime, lobster roll, recherche poussée sur les produits maraîchers et l'élevage, grande curiosité en cave, les indicateurs sont bien au vert.

La Verrière 12/20

7 rue Joutx Aigues - T. 09 86 18 14 14 - Menu(s) 21-57 €

Une tradition retrouvée et actualisée dans ce quartier ancien des Carmes, animé et typique. Grâce au chef, Hervé Bourges, qui délivre un bon message, avec la charcuterie ibérique, le pastrami de bœuf et kimchi, les belles viandes traitées avec égard au four à braise Mibrasa et, pour le dîner, des menus en 4 ou 5 services à 42 et 57 €. Les habitués du déjeuner se régalent avec un menu à 25 € toujours attractif (pâté de tête sauce gribiche, merlu de ligne croquette de dhal de lentilles corail espuma au vert de poireau, chariot de desserts).

Vivants 12/20

40 rue Gabriel Péri - T. 05 67 33 11 02 - Menu(s) 21-55 €

Bien vivants, toniques même, les membres de l'équipe sont au taquet pour faire vivre cette adresse qui est déjà un incontournable dans le genre bistrot cool. Un décor sixties, une cave remarquable, beaucoup sur le naturel, et une carte sans cesse affriolante : truite des Pyrénées en basse température chou rouge en déclinaison, daurade en écaille de carottes légumes racines en tartelette écume au thym, cuisse de canard du Gers confite gremolata tarbais mousse de pomme de terre à la noisette. Rien n'est banal, tout est fun, et les menus à 24 et 39 € (foie gras, quasi de veau) sont parfaits.

Assoiffés 11,5/20

1 place Robert Schuman - T. 06 27 53 26 73 - Carte 37 €

Lancé par l'équipe des Vivants, ce néobistrot démarre sous les meilleurs auspices. Dans la cool attitude, cette terrasse abritée par trois gros platanes apporte charme et détente, grâce à une jeune troupe disponible et efficace qui sait jongler entre les verres des assoiffés et les assiettes des affamés. Vitello tonnato bien frais mais où le thon manque un peu, aiguillettes de poulet marinées aux légumes croquants, île flottante, dans une simplicité appuyée sur du lourd en cave, avec plus de 400 références, la plupart d'un grand quart sud-est, languedoc et roussillon en force.

Les Sales Gosses - Le Bistrot 11,5/20

7 rue de l'Industrie - T. 05 61 99 30 31 - Menu(s) 23-35 €

Des efforts louables pour ces Sales Gosses qui se révèlent finalement bien gentils et serviables. Dans le service, qui règle la cadence avec efficacité, même en cas (fréquent) d'affluence. Et sur l'ardoise, bien variée, un peu étudiante dans ses associations exotiques, mais sincère avec un menu à 35 € qui sait se renouveler : encornet farci aux lentilles corail siphon coco, cœur de longe de thon rouge mi-cuit chou-fleur et grenade, porcelet Ibaïona confit d'oignons et vanille tombée d'épinards. Aimables banoffee et confit d'agrumes en dessert, cave adaptée.

Une Table à Deux 11,5/20

10 rue de la Pleau - T. 05 61 25 03 51 - Menu(s) 19-68 €

La maison toute de brique rose a du cachet, et cette Table à Deux, menée par Morgane et Nicolas, a du talent et du charme. Le cadre de bistrot d'aujourd'hui se prête à cette cuisine de saison, légère et d'époque, aux ingrédients bien choisis, aux associations raffinées où le végétal est privilégié : beignets de pomme de terre et brocolis parmesan yaourt au curry noir, cabillaud vapeur fregola sarda au piment fumé, quasi de veau kimchi de chou rouge champignons radis... Desserts de même veine (amandier au cacao poire sauce chocolat crème girofle glace quatre épices), cave pas immense de vins choisis pour leur bon rendement, comme le fameux fronton du Roc.

Le 7 du Plaza 11/20

7 place du Capitole - T. 05 61 61 19 19 - Menu(s) 28 €

L'enseigne de cette table hôtelière change de nom au fil des années et des modes, mais un certain professionnalisme demeure, permettant aux résidents comme aux clients de passage de bénéficier d'une carte classique de son époque, bien traitée et à prix justes compte tenu du cadre et de la prestation : carpaccio de bœuf, cabillaud snacké mousseline de butternut au citron vert, pavé de veau risotto aux champignons... Pour du vite fait bien fait, salades et burgers, et formule menu du jour à 28 €.

Colette 11/20

17 Rue Croix Baragnon - T. 05 61 53 34 24 - Menu(s) 25-39 €

En ce bel immeuble de brique rose, Alexandre Bourany fait le juste choix du produit de saison et d'une cuisine précise dans ses cuissons et pertinente dans ses associations. Peu de propositions, mais bien cadrées et maîtrisées dans des menus travaillés aussi bien pour le déjeuner que pour le dîner à 39 € : caviar d'artichaut et serrano, asperges blanches saumon Bomlo fumé maison mousseline au citron, quasi de veau basse température céleri en deux façons jus de rôti. Avec la pavlova aux fraises crémeux mascarpone en dessert, le bon rapport prix-plaisir est assuré. Cave variée, accueil cordial.

Cugini's 11/20

16 rue Léon Gambetta - T. 09 83 24 76 24

Une jolie et véritable trattoria dans une architecture typiquement toulousaine de brique rose. L'ambiance, mais surtout la réalisation des assiettes, vous dépayse dès les antipasti (seulement le soir, dommage), avec les arancini et la bruschetta, avant les gnocchis carbonara, les conchiglie à la joue de bœuf confite au chianti ou les lasagne al ragu et stracciatella. De vraies bonnes pâtes qui valent la toque. Le tiramisu et le moelleux au gianduja font de gentils desserts à 5 €.

La Gourmandine 11/20

17 place Victor Hugo - T. 05 61 22 78 84 - Carte 12 € - Menu(s) 38,90 €

Un super emplacement, un accueil pro, une gamme vaste, du bistrotier au semi-gastro, voilà une table qui tient toujours son rang et sa toque sur la place gourmande de la ville. Grand choix de tapas à partager et bon menu à 38,90 € qui couvre l'essentiel de la carte, avec la truite des Pyrénées fumée ou le foie gras, le tartare, le canard en trois façons, l'agneau de 7 heures aux épices pruneaux et raisins, et de plaisants desserts maison, comme le banoffee ou le millefeuille vanille mangue et caramel exotique... Cocktails, gin tonic décliné, et carte des vins du Sud-Ouest et du Bordelais.

Mordus 11/20

90 rue Saint-Roch - T. 05 67 33 34 99 - Menu(s) 19-36 €

Mordus de bons vins et de cuisine naturelle avec les légumes du moment en circuit court ? Vous pourriez nous répondre qu'il existe 250 néobistrots comme celui-là, avec les mêmes mantras. Mais cet agréable jardin-terrasse prolongeant une petite salle qui sent bon la barrique, dans le calme quartier d'Empalot Sainte-Agne, a bien du charme, et ces deux jeunes gens pleins d'enthousiasme, Gaëtan Chavey et Marie Dupuy en cuisine, apportent un supplément bénéfique. Sur l'ardoise du moment, des assiettes simples et composées à la fois, une exquise crème de blette crumble aux herbes huile à l'ail des ours et Brebiac, une épaule de cochon en feuille de brick, carotte au pimenton crème carotte, le mariage attendu de la fraise et de la rhubarbe, avec une crème montée et un sorbet rhubarbe. Il suffit ensuite de laisser Gaëtan jouer du tire-bouchon dans une cave très fouillée aux 250 références.

Le Perchepinte 11/20

1 rue Vélane - T. 05 61 53 51 71 - Menu(s) 15 €

Après la longue interruption, le Perchepinte a retrouvé des couleurs avec sa cheffe Isabelle Foucher, qui défend une cuisine dans l'esprit maison, un peu raffinée, un peu sophistiquée, sur un fond solidement tradi comme l'aiment les habitués : ceviche de gambas au leche de tigre, meringue de petits pois et anchois croustillants, filet de merlu rhubarbe et lait d'amande, magret au cassis... Agréable dessert violette de circonstance (soufflé, glace, macaron...), cave personnelle bien développée, avec une belle proportion de bio.

Le Petit Bacchus 11/20

16 rue Pharaon - T. 05 62 26 54 87 - Menu(s) 29 €

En une petite dizaine d'années, Philippe Iragne a conquis le quartier sans faire de folies, ni dans le décor, ni dans son travail. Du bistrot sérieux et sincère, à l'image du chef, qui montre à ses habitués une régularité louable. Sur l'ardoise, le menu à 29 € évolue en fonction des saisons, de l'arrivage et des envies. Par exemple, les saint-jacques et asperges au printemps, la poitrine de porc laquée aux épices, la trilogie de riz au lait.

Restaurant J'Go 11/20

16 place Victor Hugo - T. 05 61 23 02 03 - Menu(s) 20-35 €

Après une quinzaine d'années, le genre terroir chic s'essouffle un peu, mais dans cet exemplaire si proche des halles, l'ambiance de bons mangeurs résiste bien et l'on passe toujours un excellent moment en compagnie des spécialités régionales et locales : cassoulet aux deux confits, tartare au foie gras, échine de porc noir de Bigorre cuite au sautoir, pavé de veau de lait crème d'ail et polenta aux champignons. Les produits sont bons, la carte des desserts classiques bien large, le vin bien choisi et les tarifs justes dans l'ensemble.

Restaurant l'Emulsion 11/20

21 rue Perchepinte - T. 05 61 53 11 15 - Menu(s) 38-49 €

Depuis trois ans, dans la discrétion et l'efficacité, Baptiste Perthuison cisèle une jolie carte de saison, détaillée en deux menus à 38 et 49 €. Pas d'extravagance, mais le respect de l'arrivage, du travail des producteurs et du travail bien fait : poulpe snacké mayo ail noir champignon et potimarron, œuf à 63° velouté d'asperge Colonnata et asperge verte croquante, pintade et gambas purée à l'ail des ours sésame et jus iodé pour un terre-mer bien dosé avant le pain de Gênes pistache crémeux citron sorbet orange sanguine.

TOURCOING 59200

La Baratte 13/20

395 rue du Clinquet - T. 03 20 94 45 63 - Carte 69 € - Menu(s) 22-75 €

Benjamin Bajeux (Balsamique, à Wambrechies, 2 toques) a repris les rênes de l'affaire familiale de ses parents, Christine et Didier Bajeu. La passation est toute fraîche, et cette maison contemporaine reste une escale sûre et une table gastronomique à faible risque, avant sans doute une évolution future. Le service, parfaitement mené, apporte en salle des assiettes à la hauteur des promesses, surtout pour un tel rapport qualité-prix (39 € pour un premier menu le soir), une aumônière de saumon fumé aux écrevisses, un œuf parfait à la crème de betterave et chips, des filets de plie farcis et quinoa aux légumes, une épaule d'agneau en basse température et écrasée de légumes. Pour 78 €, on pourra retrouver les produits nobles de la gastronomie française, le turbot, les cèpes, les ris de veau…

TOURNEMIRE 15310

La Petite Grange 12/20

17 rue Edouard Marty - T. 04 71 43 39 26 - Menu(s) 49 €

Une belle et agréable nouveauté partie sur les bons rails. Dans ce village bijou, les voyageurs trouvent aujourd'hui une table moderne animée par Olivier Cloteau, que l'on a connu notamment au Richelieu de l'île de Ré, avec le concours de Xavier Taffart (L'Aquarelle, à Breuillet, 14,5/20). De belles assiettes, des idées pour mettre le terroir et la saison en avant, un très bon rapport prix-plaisir avec le beignet de cantal fumé au foin, les ravioles de truite fumée et velouté de courge butternut aux agrumes, le bœuf de Salers à la plancha et truffade… Très bons menus à 29 et 37 € reprenant les plats de la carte, et accueil attentif de Caroline en salle.

TOURNUS 71700

Aux Terrasses 16/20

CHEF : JEAN-MICHEL CARRETTE

18 avenue du 23 Janvier - T. 03 85 51 01 74 - Menu(s) 33-125 €

La terrasse est en réalité un jardin japonais, taillé patiemment par Amandine et cultivé par Jean-Michel Carrette, qui en ont fait le lieu d'une réjouissance permanente, non pas une étape en Bourgogne, mais tout à la fois un point de départ vers d'autres horizons et une destination-monde. On y vit bien entouré, d'un service sur mesure et de tablées heureuses, autant pour les célébrations qui les amènent que pour le cadre naturel qui invite à la contemplation, le bois brut, la pierre dépolie, les décorations végétales et la sensation satisfaisante de tout trouver à sa place. Ce qui fait la force de la maison, c'est sans doute l'étonnant naturel qui se dégage d'un travail dont on ne peut que reconnaître a posteriori la rigueur et la complexité, du détail parfois imperceptible qui distingue les grandes tables. Le menu en 6 services, imposé au bon vouloir d'un chef nourri au besoin de se réinventer, est un voyage inattendu où les cultures se mêlent joyeusement, une entrée iodée de crustacés et de petit pois dans un consommé merveilleux, plein d'équilibre, une pause végétale autour de l'asperge, un détour par la côte et le feu avec cette langoustine sur la bûche et l'oxalys, un retour en forêt par ce pigeon riche d'une sauce cassis et d'une déclinaison de navets, un bouquet de petites douceurs qui vient clore en couleur, le riz au lait mentholé, la crêpe croustillante, le carré de chocolat estragon, le bonbon croquant à la liqueur. Les accords mets-vins sont recommandés, avec des idées bien trouvées, du saké, de l'arbois, du pétillant cerdon. Cave remarquable.

Greuze Yohann Chapuis 15/20

CHEF : YOHANN CHAPUIS

1 rue Albert Thibaudet - T. 03 85 51 13 52 - Carte 165 € - Menu(s) 80-170 €

En Yohann Chapuis, Jean Ducloux a trouvé le bon successeur pour cette institution emblématique, qui a aujourd'hui retrouvé de sa superbe et offre aux Tournusiens le privilège d'une très grande table. Loin des grands classiques, le chef a développé une gastronomie et une expérience tournées vers la modernité, avec ce cadre certes bourgeois, mais parfaitement contemporain, avec d'élégants contrastes, une atmosphère feutrée et des lignes épurées, qui dépoussièrent le genre. À partir de 80 €, les assiettes montrent des produits nobles bien traités : une truite du Jura, petits pois, pain soufflé, crème d'Étrez, huile verveine et œufs de truite marinés à l'aligoté, un homard bleu, mousserons des prés, grenailles nouvelles, verjus, sabayon beurre de homard et safran, un filet de bœuf, queue de bœuf, caviar osciètre, jasmin, genièvre et carotte des sables farcie, miel de pissenlit et sauce au pinot noir, enfin un soufflé chaud à la rhubarbe et pralines roses, sorbet et granité rhubarbe. La cave est une des plus belles de la région.

Le Rempart - Quartier Gourmand 12/20

2-4 avenue Gambetta - T. 03 85 51 10 56 - Carte 48 € - Menu(s) 29,90-55 €

L'ancien poste de garde du XVe siècle est aujourd'hui aux mains de David Séchet, offrant une brasserie traditionnelle installée sous le patio romain couvert. Le chef y réalise une cuisine bourguignonne de grande tradition, idéale pour faire découvrir aux voyageurs les incontournables de la région, les œufs en meurette, la quenelle de brochet sauce écrevisses, le paleron de bœuf bourguignon, légumes et pommes de terre, le fondant au chocolat. Service bien rodé.

TOURRETTES SUR LOUP 06140

Spelt 13,5/20

6 Grand'Rue - T. 09 86 26 63 79 - Menu(s) 24-64 €

Le charmant village médiéval a trouvé son échanson et surtout deux cuisiniers de talent : Raphaël Grima, formé chez Gérard Besson, Roland Durand, Michel Rostang et Émile Cotte au 110 ; Marion Luque-Bouvier auprès de Cédric Grolet et Nina Métayer. Voilà deux CV impressionnants pour réveiller le Loup. Si Spelt désigne l'épeautre, en anglais, la cuisine est bien enracinée. Derrière la devanture discrète de cette maison de village en pierre, sur deux étages, avec une cuisine apparente et une jolie terrasse végétalisée donnant sur le vallon des Bouirade, Maxime, le serveur-sommelier et ami de toujours du tandem, transmet les valeurs maisons : la daurade en carpaccio, le petit pois en velouté, le vitello tonnato, le suprême de volaille jaune rôti aux asperges vertes et purée de brocolis... À la nuit tombée, la carte se veut plus ample et l'unique menu dégustation est en 6 services à 64 € : l'asperge est travaillée en bouillon, en tempura ou simplement rôtie au barbecue, le fameux risotto d'épeautre avec sa bisque de homard et son homard snacké, la pêche sauvage du jour, vapeur, avec son bouillon dashi et beurre blanc, le mignon de veau rôti et sa version moderne des petits pois à la française et enfin, les desserts de Marion avec sa signature : le kalamansi, ce citron des Philippines à la mise en scène ludique, précédant un autre dessert autour des fraises et rhubarbe. Petite cave, mais belles provenances.

TOURS 37000

Les Bartavelles 13,5/20

33 rue Colbert - T. 02 47 61 14 07 - Menu(s) 26-74 €

Un compétiteur tout à fait sérieux dans l'âme de Ghislain Damaye, avec une table qui reflète son énergie et sa créativité. L'endroit est élégant, mesuré, incarne l'esprit raffiné du chef, qui fait évoluer des dressages étudiés. La carte invite à une réflexion plutôt poussée, des relectures pertinentes, comme cet œuf parfait redécouvert avec la langue d'oursin et le chou-fleur, ce rutabaga associé au poisson et aux navets, ce bœuf rôti avec des héliantis, oignon rouge et praliné au café du Nicaragua, un butternut, vanille de Madagascar, miel de forêt et granola. Enfin, le verre est bien rempli.

O&A 12,5/20

Place des Halles - T. 02 47 55 87 73 - Menu(s) 38 €

Une belle table du côté des Halles, avec des propositions au-dessus du niveau classique. Le chef travaille son produit dans des intitulés slash qui dissimulent toute l'inventivité derrière. Les assiettes sont pourtant pleines de trouvaille, un œuf parfait, andouillette grillée et oignons caramélisées, une assiette de cabilllaud/haddock et poireaux grillés, un filet de canette aux légumes de saison et réduction, une panna cotta pistache et mousse au chocolat tiède.

Le Bistrot des Belles Caves 12/20

23 rue du Commerce - T. 02 47 05 71 21 - Menu(s) 20-65 €

On y vient forcément déjà pour la très belle cave, qui compte tous les bons noms du coin, mais aussi pour la carte, pas si inintéressante, avec des propositions qui comptent, des saint-jacques en deux cuissons, fenouil, clémentine et sarrasin, des crevettes sauvages et homard dans un risotto bien fait, un régressif onglet de bœuf rôti avec un millefeuille de pommes de terre et céleri, la fameuse tarte aux citrons.

Chez Gaster 12/20

27 rue Colbert - T. 02 47 05 79 63 - Menu(s) 18 €

Passé chez Akrame, Robin Pasquier a derrière lui un parcours qui ne le prédestine pas aux idées trop classiques. Et c'est pour notre plus grand bonheur qu'il adapte les traditions chères à son cœur, dans des versions actualisées et techniques, à l'image d'une entrée de pot-au-feu de langue de veau et moelle de bœuf au garum de Loire, d'un pavé de lotte à la bisque de langoustines, riz vénéré aux légumes, d'une pintade rôtie à l'origan et légumes sautés. Jolie cave, tournée vers les vins nature.

Au Martin Bleu 12/20

34 avenue de Grammont - T. 02 47 66 79 33 - Menu(s) 35 €

À côté de la gare, un bistrot joyeux et toujours rempli, bien connu des tourangeaux. L'adresse de Florent Martin se prête à une expérience plutôt conventionnelle et solide sur ses acquis, des classiques bien reproduits, où la Loire est au centre des attentions. Au menu à 35 €, des anguilles fumées marinées aux aromates, guacamole de fond d'artichaut, escargots de Mouliherne façon meurette et œuf parfait, un pavé de silure poêlé à la bisque d'écrevisses et crémeux de topinambour, lasagne de filets d'estragon de Sologne à la marinière de moules et émietté de pinces de tourteau. Beaux desserts.

La Rissole 11,5/20

51 place du Grand Marché - T. 02 47 49 20 04 - Menu(s) 21-37 € ♿

C'est ce qu'on appelle une table en ville, un bon rendez-vous du soir, avec sa carte alléchante et son humeur urbaine. L'élégante maison, moderne et bien tenue, fait une carte tourangelle dans la bonne mesure, avec un velouté butternut, châtaigne et foie gras vanillé, un merlu, brioche perdue aux algues, épinard et cresson, un civet de biche, salsifis lardés, abricot, un crumble pomme/ananas. Service très plaisant.

Ristorante Enoteca Italiana 11,5/20

30 rue Charles Gille - T. 06 11 09 76 04 - Menu(s) 17,50-30 €

Tout juste ouverte, cette table italienne installée en lieu et place du Thélème est une agréable surprise. On sent bien que Gian Carlo et son équipe viennent de reprendre l'activité (la déco manque encore un peu de fraîcheur et le service d'une bonne dynamique), mais on ne peut que saluer la belle authenticité des assiettes du chef, qui synthétisent l'Italie. On y retrouve tous les grands classiques, dans une carte concise et claire, une simple burrata avec salade et tomates d'antan, de formidables taglioni aux palourdes, un risotto aux fruits de mer, des noix de saint-jacques sauce safranée et risotto, un filet de bœuf Rossini, un intemporel tiramisu. Petite cave italienne qui va bien.

La Touraine 11,5/20

5 boulevard Heurteloup - T. 02 47 05 37 12 - Carte 12 € - Menu(s) 23-34 € Ⓟ

Une prestation hôtelière haut de gamme pour ce restaurant de palace, avec des assiettes avant tout techniques, qui assurent la prestation pour les pensionnaires et les gens d'affaires. La carte est concise, tataki de thon mariné à l'asiatique, houmous, filet de dorade, viennoise aux herbes et risotto aux champignons, comté, beurre blanc aux baies de genévrier, cœur de rumsteck avec des grenailles et foie gras poêlé. Service professionnel.

Les Gens Heureux 11/20

5 rue Marceau - T. 02 47 20 98 10 - Menu(s) 28-32 €

La table est attrayante, des idées à revendre et des réalisations qui en valent la peine. Les traditions sont repeintes dans des couleurs contemporaines et avec professionnalisme. On apprécie cette carte baladeuse, avec le thon mariné comme un ceviche, pommes, concombre, crème d'hibiscus blanc, émulsion étrilles, bergamote, ponzu, citron et poivre, le mulet mariné et brûlé, jus aux agrumes et anis, compotée de fenouil et glace raisin, groseille et wasabi, le lapin à la pistache, céleri, pomme et concombre, glace mélisse.

TRÉMOLAT 24510

Le Vieux Logis 15,5/20

CHEF : VINCENT ARNOULD

Le Bourg - T. 05 53 22 80 06 - Carte 117 € - Menu(s) 65-140 €

Dans ce complexe hôtelier de campagne haut de gamme avec jardin, rivière et piscine, le restaurant gastronomique ne faillit pas. Dépaysement total dans l'ancienne métairie, la salle se trouvant dans un ancien séchoir à tabac des plus spectaculaires. Vincent Arnould propose une cuisine de saison gourmande, revisitée avec les produits de la région et du potager. Asperges blanches, crevettes grises, curry et en tempura, foie gras poêlé, risotto d'épeautre et anguille fumée, croustillant de tête de veau et légumes printaniers, poitrine de pigeon laquée au vin de noix, navet, oignons et pommes. Joli dessert de saison avec les premières fraises du pays ou la tartelette chocolat, glace au lait fumé. Ce bon moment peut aussi être dégusté sous les tilleuls du jardin. La carte des vins fait découvrir les bergeracs et autres crus du département.

TROUVILLE SUR MER 14360

Xaka 12/20

18 place du Maréchal Foch - T. 02 31 89 09 84 - Menu(s) 29-89 €

Nobu à Deauville, ou plus exactement un cousin proche, ce peut en effet être une bonne idée dans un coin dépourvu de Japon. Xavier Auguet, qui connaît aussi bien le poisson que le commerce, se donne les moyens de convaincre avec une forte équipe (dont un chef sushi venu de chez Alléno-L'Abysse). Le lieu est agréable et accueillant, le service mieux formé qu'au début, et la carte commence à bien se structurer, entre classique et fusion : sashimi de saumon miso citron confit ou de sériole yuzu soja, nigiris variés, rolls et tempura, encornet croustillant citron vert, wagyu chilien, certains plats rassemblés le soir dans un «Omakasé» (menu Dégustation), à 89 €. Une adresse à suivre, un point de plus cette année.

Ephemer - Les Cures Marines 11/20

Boulevard de la Cahotte - T. 02 31 14 26 00 - Carte 63 €

Un seul point de restauration désormais pour le bel hôtel des Cures Marines, avec cet Ephemer dont on espère que l'enseigne n'est pas prémonitoire. La simplicité en 5 services hebdomadaire (du jeudi au lundi), avec le foie gras, les huîtres, le gravlax de saumon sauce soja wasabi, le Normandy burger, le filet de bœuf à l'andouille de Vire et jus de veau piment citron vert et le bon millefeuille en dessert.

Les Étiquettes 11/20

65 rue des Bains - T. 02 31 88 68 64 - Carte 46€

Au fil du temps, ce bar de copains s'étoffe. Sa carte s'agrandit et des plats de tradition actuelle, plutôt élaborés, apparaissent. La toque se confirme donc pour cette veine volontiers sudiste, avec la terrine de foies de volaille aux girolles et foie gras, les raviolis ricotta épinard magret fumé sauge et beurre noisette, une vraie salade niçoise, et même la bouillabaisse. Cadre agréable de café convivial, cheesecake et crème brûlée roudoudou en dessert. Cave assez sage et classique.

Les Quatre Chats 11/20

8 rue d'Orléans - T. 02 31 88 94 94 - Carte 45€

Ce qui fut une maison d'artistes est une institution suffisamment connue pour que l'on se perde avec délice dans les ruelles de traverse pour y entrer les yeux fermés. Le décor est toujours superbe, comme l'ambiance, et l'on grignote en refaisant le monde avec les tartines, le poulet fermier au citron confit, les aubergines farcies, la bavette d'angus, les fromages normands, le moelleux au chocolat glace carambar. Cave pas immense, mais pas mal travaillée, dans la tradition des bonnes choses.

Les Vapeurs 11/20

160 boulevard Fernand Moureaux - T. 02 31 88 15 24 - Menu(s) 16€

On y revient toujours. Un jour ou l'autre, comme depuis des décennies, quelqu'un vous dit «je suis retourné aux Vapeurs, c'est pas mal, en fait». Il suffit de bien tomber, d'être soi-même bien disposé, de voir tout ce que cette adresse de légende a fait pour Trouville et l'on apprécie alors que cette maison à la devanture rouge et orange soit aussi fidèle. Avec sa grande carte de poissons et de fruits de mer, ses suggestions de homard grillé et de dorade provençale, escortant les salades, les moules à la crème, la gratinée d'oignon, la trop rare julienne à la moutarde, le merlan en colère, mais également le pied de porc, la choucroute et l'escalope de veau vallée d'Auge.

TROYES 10000

Le Valentino 13,5/20

35 rue Paillot de Montabert - T. 03 25 73 14 14 - Menu(s) 32-62€

Il faut voir l'adorable terrasse du restaurant, sous les voiles, entre des murs à colombages colorés, sur un pavé d'époque où règne une atmosphère de charme et d'histoire. La salle, qui suit un même esprit, mêlant des lignes contemporaines et l'élégance d'une bâtisse du XVIIIe siècle, accueille la cuisine de Gilles André, bien dans l'air du temps. Le menu à 42 € est très complet, avec pas moins de 7 entrées et 6 plats, pour un choix exhaustif : tataki de thon rouge et artichaut barigoule, homard rafraîchi à la mangue, coriandre et combava, jeunes pousses, un filet d'omble chevalier, noisettes torréfiées, brocoli et citron vert, filet de bœuf, pommes de terre, cèpes poêlés, échalotes confites et réduction au vin rouge, un dessert de fruits rouges et pistache-vanille.

TULLE 19000

Les 7 12/20

32 quai Baluze - T. 05 44 40 94 89 - Carte 41€

La table de Julie et Cyril Auboiroux s'est imposée comme l'une des plus intéressantes de la préfecture, et continue d'être le repaire de nombreux locaux, qui s'y retrouvent au déjeuner et à dîner, pour un repas entre collègues ou un dîner en amoureux. Le chef produit une bistronomie de bonne technique, élaborée à l'ardoise au gré du marché et des saisons. On y retrouve des recettes efficaces et bien dressées, un croustillant de pied de cochon, pickles de légumes et sauce tartare, un tournedos de lieu jaune, risotto safran et courge butternut, un veau confit et viennoise de cèpes et noisettes, cannelloni de chou et échalotes, ou encore une pavlova aux pommes.

URIAGE LES BAINS 38410

Maison Aribert 17/20

*CHEF : **CHRISTOPHE ARIBERT** - CHEF PÂTISSIER : **CAMILLE CHAZELLE** - DIRECTEUR DE SALLE : **ANDRÉ POMET** - SOMMELIER : **JEAN-JACQUES REUIL***

Allée du Jeune Bayard - T. 04 58 17 48 30 - Menu(s) 115-195€

Christophe Aribert aime la nature, qui le lui rend bien. Sa maison tout entière est conçue comme un chalet forestier, immersif et accueillant. Du grand-père boulanger qui a inspiré une passion pour le pain maison à la conscience écoresponsable, le récit se fait presque tout seul dans ce cheminement initiatique sur un tapis de mousse et d'herbe. Dès le velouté de mise en bouche, on plonge et l'on ne s'arrête plus, on pêche la perche du Léman, œuf d'omble, chartreuse, pomme de terre, puis le très beau cristivomer d'Archiane, sauce persil, aubergine, macis, haricots verts à la menthe, un poisson (truite grise) impeccablement cuit à la texture fondante, dans une carte dédiée à l'environnement du Vercors et de la Chartreuse. Dessert de même esprit, bien construit (figue, glace estragon, aneth, chocolat, sarrasin, piment oiseau), cave très complète et service de grande maison.

Café A 12,5/20

280 allée du Jeune Bayard - T. 04 58 17 48 30 - Menu(s) 33€

C'est à la fois un doute et une possibilité alléchante. Un café de village, qui pousse un chouia dans sa volonté d'être authentique, et qui en même temps réussit à nous embarquer. Par la grâce de la maison Aribert, de son hôtel et de sa table à 17/20, voici la version pop rustique fantasmée par Christophe Aribert. Rien de petit, ni de café, ni de village, mais un lieu qui rassure néanmoins, et où les plaisirs populaires s'exercent sans culpabilité. On en rêve, de ces tables malpolies, au bois massif, qui imposent d'emblée une idée artisanale, sincère et régionale. L'adresse est le refuge des traditions, qui s'y déploient avec tout le talent importé d'en haut, dans une fondue impériale, un risotto de crozets au sarrasin et courge, une volaille du Trièves, polenta, pommes de terre croustillantes et jus à la sauge. Service exact.

URVILLE NACQUEVILLE 50460

Le Landemer 12,5/20

2 rue des Douanes - T. 02 33 04 05 10 - Menu(s) 51-75€

Le Landemer ne manque pas d'ambition et n'hésite pas à le faire voir et savoir. La maison a été remarquablement rénovée (l'hôtel propose des chambres accueillantes) et la salle de restaurant, aménagée dans un esprit contemporain, offre une vue imprenable sur la mer et la longue plage d'Urville-Nacqueville. Aux fourneaux, le jeune Hendrik Jansen van der Sligte ne se réfugie pas derrière une carte de bord de mer banalement touristique. Sa cuisine, très personnelle, sort des sentiers battus, mais elle pèche parfois par quelques assaisonnements imprécis et des portions vraiment congrues : originale association entre le topinambour, l'héliantis et une crêpe à l'encre de seiche pour un plat travaillé graphiquement, mais qui manque de corps, poisson de la criée (du saint-pierre le jour de notre passage) de belle qualité, mais servi trop chichement avec son chou-fleur, avant une union risquée entre la pomme et les céréales, un dessert léger, mais pas assez gourmand. La cave gagnerait à s'intéresser un peu plus aux petits vignerons (et à proposer quelques flacons à prix plus abordables). Le jeune service se montre efficace mais manque de décontraction.

USTARITZ 64480

Auberge du Fronton 11,5/20

Chemin de la Place - T. 05 59 93 00 39 - Carte 41 €

Après vingt ans de vacances dans le Pays basque, Ludivine et Éric Roy, anciens hôteliers et restaurateurs, ont lâché le Calvados pour poser leurs valises à Ustaritz. En quelques mois, les nouveaux propriétaires se sont bien approprié la région. Lui en cuisine avec des plats traditionnels, des viandes planchées, et elle au service avec une générosité réelle. L'ambiance est donc à la fois gourmande et familiale, pour apprécier les anguilles en persillade et le merlu Koskera, avant l'aimable tarte aux abricots, dans un bon rapport prix-plaisir. Cave bordeaux, Sud-Ouest, Espagne.

UZA 40170

La Forge 12/20

36 rue du Lac - T. 05 35 37 14 00 - Carte 26 € - Menu(s) 15 €

Une sorte de complexe agrotouristique au cœur des Landes qui s'adapte avec souplesse à tous les publics. Dans l'ancienne forge, l'épicerie ouvrière a été aménagée en restaurant accueillant, et la cuisine joue du terroir et de la tradition avec une pincée d'exotisme dans un esprit d'aujourd'hui, déployant des idées et une solide technique, près de la cheminée en hiver, en terrasse ouvrant sur le lac en été. Agréable et frais vitello tonnato, tranché fin et tendre, filet de canard, sauce framboise, écrasée de pomme de terre vanillée et délicieux éclair chocolat en dessert. Bon service, fluide et attentif, cave consensuelle, choix de bières et de gins locaux.

UZÈS 30700

La Maison d'Uzès 15/20

CHEF : CHRISTOPHE DUCROS

18 rue du Docteur Blanchard - T. 04 66 20 07 00 - Menu(s) 88-140 €

Passé notamment par les cuisines de l'Oasis et de la Pomme de Pin (à Courchevel, auprès de Jean-Pierre Jacob), Christophe Ducros est assurément le chef qu'il fallait à cette élégante demeure nichée au cœur de la petite cité touristique. Une technique sûre, une créativité contrôlée, de beaux produits, sa cuisine offre juste ce qu'il faut de prestige et de régionalisme pour générer un important capital de sympathie. Au déjeuner, le premier menu frise les 90 € (en cinq services), mais le cadre et les prestations d'ensemble valent bien ce petit sacrifice.

Racines 13/20

1 rue Masbourguet - T. 04 66 63 30 59 - Menu(s) 27 €

Derrière la façade anthracite au rez-de-chaussée d'une belle maison de pierres de pays se cache un lieu cossu, mais sans la connotation club. C'est gai, sympa, avec des fauteuils confortables, des toiles modernes et de beaux objets, une minuscule terrasse sous parasol et la cuisine ouverte, où officie Axel Grousset-Bachelard. Après quelques années passées à couvrir des contrées en guerre pour Associated Press, cet ancien photoreporter a déposé son matos, puis s'est formé chez Ducasse, Lenôtre et Robuchon avant de parcourir les cuisines du monde et d'inaugurer son resto. Un repaire de copains avec lesquels le chef partage une vraie convivialité. Axel fait son marché chaque jour et compose sa carte en fonction de ses découvertes. «Ici, pas de congélo, tout est frais.» Excellente tartelette de petits pois sur une base légère avec pétoncles, échalote, persil, concombre pistache, carottes, et la pureté d'une délicate sauce yaourt. Suit un filet mignon de veau pané minilégumes croquants et quelques feuilles d'estragon. On serait dans du classique s'il n'y avait la douceur légèrement acidulée d'un abricot rôti et cette puissante sauce tonkatsu japonaise qu'on verse dessus au dernier moment. Bonne glace vanille, surmontée d'un crumble d'avoine, abricots et chantilly ivoire au chocolat blanc qui donne à l'ensemble une belle harmonie. Le service est au top, comme les vins des vignerons du coin (domaine de L'Aqueduc, du Petit Malo, Garrigue d'Aureillac des frères Chabrier).

VAILHAN 34320

Äponem - Auberge du Presbytère 15,5/20

*CHEF : **AMÉLIE DARVAS***

4 rue de l'Eglise - T. 04 67 24 76 49 - Menu(s) 150 €

On a connu «Le client est roi». C'était une bêtise. Aujourd'hui, il y a du progrès, c'est plutôt «Le chef est roi». On ne sait pas ce qu'on mange, mais seulement ce que ça va coûter (menu unique et imposé à 150 €), tout le monde convoqué à 19h30 (si vous arrivez avant, vous patientez derrière la grille, éventuellement sous la pluie ou dans le froid ou la canicule ; si vous arrivez après, vous faites attendre le reste de la salle, car cela ne démarrera pas avant que tout le monde soit installé). Enfin, vous vous préparez à quatre heures de défilé d'assiettes, tous les convives étant servis en même temps façon table d'hôtes. Voilà l'expérience à laquelle vous devez souscrire avec gratitude dans ce beau presbytère coupé du monde, face à la nature, dans un décor à la fois joyeux et monacal. Car elle a aussi de nombreux bons côtés : les excellents produits de saison qu'Amélie Darvas, la cheffe, transfigure avec agilité et imagination, dès la parade très percutante des mises en bouche, florilège de saveurs et de textures, l'audace de certaines associations, huître orange grué de cacao, lait de riz de Camargue raviole de courge céleri mâche sauce vin jaune, l'excellente lotte cuite dans la cire d'abeille miel citron huile d'olive, l'anguille fumée avec l'asperge verte et orange, ou encore cette merveilleuse poulette fermière avec ses nombrils de Vénus... Et puis, dans cette liturgie très très codifiée, au jeune service solennel, il y a Gaby, solaire, généreuse, empathique, qui montre avec tant de naturel son appétit de l'autre que la soirée devient forcément spéciale, aussi grâce à ses conseils et secrets sur les vignerons qu'elle aime, mis en avant avec passion.

VAISON LA ROMAINE 84110

La Table 14,5/20

16 rue Gaston Gévaudan - T. 04 90 41 72 90 - Menu(s) 35-85 €

Philippe Zemour, dans cette belle bâtisse de la haute ville, élève encore son niveau de jeu avec un menu très réussi, offrant la plus large place à la région, en deux formats, à 85 et 95 €. Pour savourer une séquence de haute volée, la brandade et chèvre frais, le turbot maltaise et topinambour, la truite d'Ardèche et beurre blanc, l'œuf cèpes et truffe, le pigeon de Sarrians et céleri et la poire nougatine et coriandre, dans une harmonie de saveurs et parfums. Un moment de distinction et de bonheur dans un cadre ravissant.

Le Bistro Panoramique 13/20

16 rue Gaston Gévaudan - T. 04 90 41 72 90 - Menu(s) 26-46 €

Désormais sur deux fronts, gastro et bistrot, Philippe Zemmour a conquis le cœur, et le palais, des touristes comme des locaux. Dans son bistrot panoramique, il offre à la fois une superbe vue sur la ville et la vallée, mais surtout un rapport qualité prix imbattable avec sa formule à 35 € au très bon fond de terroir : escargots au beurre persillé œuf parfait et concassée de tomate, veau en croustade foie gras poêlé embeurrée de chou, pomme cuite et crue mousse de spéculoos... Menu truffes en saison, bonne cave régionale.

VAL D'ISÈRE 73150

La Table de l'Ours 15/20

Chemin des Carats - T. 04 79 41 37 00 - Menu(s) 95-165 €

Ce palace en vue mérite évidemment une table de renom. Nous avons donc eu le plaisir de retrouver 1 toque, des envies et une personnalité dans la cuisine d'Antoine Gras, pur produit maison formé entre autres chez Arnaud Donckele et René et Maxime Meilleur. Il s'affirme cette année avec panache et montre dans un brillant menu à 165 € l'étendue de ses qualités, aidé par une équipe en ordre pour garantir une prestation d'altitude, sans trop de show off, précise et engagée. Un beau travail sur les langoustines, carotte, gentiane, avec sa touche d'amertume, les saint-jacques dans un bouillon de pot-au-feu os moelle et truffe pour un plat chic canaille assez bluffant, le turbot sauvage au chou, huître rôtie, ragoût iodé de sommités, mousse de chou et sarrasin qui gravite au rayon des grandes assiettes à trois toques. On n'oublie pas la poularde fermière ou la féra, les bons desserts, dont les agrumes livèche et céleri, et la cave aux 1500 références.

L'Altiplano 2.0 - Le K2 Chogori 13,5/20

143 avenue du Prariond - T. 04 79 04 08 20

De la street food péruvienne dans un hôtel de luxe, dans son neuf, au cœur de Val-d'Isère. Cherchez l'erreur, il n'y en a pas. C'est même une vraie réussite d'harmonie et d'originalité qui se dessine dans ce salon molletonné, accueillant comme un cocon de béatitude et où l'ambiance monte (ne venez pas trop tôt) pour devenir mucho caliente au fil de la soirée. On se détend avec le panier de galettes de maïs, on attaque le guacamole, assemblé devant vous, avant le poulpo à l'olivo et le coquelet, le pisco sour aloe vera et le dulce de leche inspirés depuis Courchevel par Sébastien Vauxion. Jeune service gentil, mais ne maîtrisant pas encore tout dans ce contexte particulier, cave en construction, que l'on peut négliger pour les cocktails.

VALBONNE 06560

Restaurant De Sa Vie 13/20

1360 route d'Antibes - T. 04 93 12 29 68 - Carte 17 € - Menu(s) 62 €

L'ancien complice de Roger Vergé au Moulin de Mougins pendant plus de deux décennies tient sa table bien ancrée sur la route qui mène à Valbonne depuis dix-neuf ans. Daniel Desavie rend hommage à son mentor à travers une cuisine simple et généreuse qui attire les déjeuners d'affaires, les clients locaux et d'ailleurs. En fonction de l'envie, le bistrot, avec son ardoise qui change tous les quinze jours et son menu en 3 services à 26 €, ou la table gastronomique, avec son beau menu en 4 services à 62 €. Le maître restaurateur travaille des produits de la région dans des recettes classiques et bien exécutées mais qui mériteraient des dressages parfois plus étudiés. Palette d'asperges sur brouillade, chiffonnade de jambon ibérique au parfum de truffe, fricassée d'artichauts du pays à la barigoule, côtelettes d'agneau rôties, pomme purée, sauce aux olives, tarte citron revisitée, glace praline rose... Service aimable.

La Pigeot 11,5/20

16 rue Alexis Julien - T. 04 93 12 17 53 - Carte 53 €

Au détour d'une artère calme, au cœur du village Renaissance de Valbonne, La Pigeot invite au voyage. On repère de loin l'ambiance orientale avec les petits salons d'attente disposés au milieu de la rue. Passé la porte, on est à Oran, Marrakech ou Arzew (prononcez «Arzeu»), ça parle fort, ça sent les épices et les odeurs d'une cuisine plusieurs fois millénaire. Des plats simples à l'exécution parfaite comme la pastilla au pigeon, la salade méchouia ou les briouats de poulet safrané. On y vient pour les tajines au poulet et citrons confits, mais aussi à l'agneau, courgettes et oranges ou, plus rare, au canard avec pommes, fruits secs et cannelle. Mais aussi pour les couscous aux légumes, au méchoui (agneau rôti), aux merguez... Les plats colorés virevoltent en tous sens au sortir de la cuisine ouverte sur la salle. On termine repu avec un thé à la menthe et quelques douceurs orientales, une salade d'oranges à la cannelle, une crêpe berbère au miel ou une pastilla au lait et crème d'amande. Le guerrouane fonctionne à merveille avec tout ça.

VALENCE 26000

Pic 18,5/20

CHEF : ***ANNE-SOPHIE PIC*** *- CHEF PÂTISSIER :* ***CLAIRE FORSANS*** *- DIRECTEUR DE SALLE :* ***ASTRID THIRION*** *- SOMMELIER:* ***EDMOND GASSER***

285 avenue Victor Hugo - T. 04 75 44 15 32 - Menu(s) 380 €

C'est un show ! Un spectacle total, avec les sons, les parfums, les goûts et surtout les images ! Quelle régalade que tout cette dramaturgie autour d'un menu désormais caché (le «voyage sensoriel» est annoncé par des sentences sibyllines, comme «verdeur fondante», «sillon d'étoffe», ou «corail éphémère»...), 10 stations vers le nirvana, et une mise en scène éblouissante pour porter les convives dans un univers digne du magicien d'Oz. Anne-Sophie Pic est la metteuse en scène de ces trois ou quatre heures d'héroïque fantaisie. À la mi-temps, comme un entracte, on vous invite à vous asseoir en cuisine, comme si vous passiez dans le cockpit de l'avion de chasse pour des sensations encore plus fortes : vous voyez la brigade à l'œuvre, vous passez de «Top Gun» à «Top Chef» en live à voir découper, trancher, rôtir, dresser. On vous raccompagne, on vous éponge, on vous dorlote, vous n'avez pas le temps de vous émerveiller que la pièce reprend, avec ses acteurs funambules, ce service millimétré, ce sommelier expert qui fait danser les verres, les tasses, le cérémonial du thé, l'hydrolat d'hibiscus, les grands vins, des plus grands flacons. Oui, car dans ce formidable circus, on ne regarde plus, on ne contrôle plus. Les 380 € du menu surprise ne peuvent rester seuls. Il vous faut nécessairement un des deux accords, soit le sans alcool à 160 €, une succession rare et ébouriffante de thé, café, jus, cocktails, soit l'alcoolisé, faisant valser les étiquettes de prestige à 250 €. Certes, vous pourriez en rester à votre menu et boire de l'eau, mais franchement, est-ce qu'on achète une Carrera en se passant de la climatisation et du lève-glaces électrique (vous vous voyez au feu rouge en train de remonter la vitre) ? Soyons sérieux, vous êtes chez Pic, vous prenez le pack Président, celui que tous les convives revendiquent, et vous remerciez Anne-Sophie et toute son équipe pour ce tour de grand huit inégalable. Les souvenirs peuvent alors mêler, au hasard des nombreux temps forts, les très bons berlingots comme des plins, le rouget barbet fleurs blanches et poivron, le cochon Duroc valériane rose et rhubarbe, la cerise petit épeautre et marjolaine. Le souvenir des saveurs s'estompe devant la féérie du feu d'artifice. N'est-ce pas le but recherché ?

Flaveurs 16/20

*CHEF : **BAPTISTE POINOT***

32 Grande Rue - T. 04 75 56 08 40 - Menu(s) 38-98 €

Baptiste Poinot suit sa route. Avec droiture et talent. Dans cet intérieur feutré du centre-ville, entièrement rénové, il est bien le chef d'orchestre, qui dirige, oriente, décide, proposant une cuisine d'auteur et d'inspiration. Beaucoup de finesse et d'élégance autour des plantes, fruits et aromates du pays drômois et de l'Ardèche dans cette promenade subtile et fraîche : tartare de jeune génisse, œuf de caille en mise en bouche, betterave, chèvre et cerises pistaches grillées pour une entrée tout en tension et saveur, truite de la vallée de Die en gravlax, radis, bourrache et condiment patate douce, gingembre et betterave, fraise, panna cotta verveine, fleur de sureau pour conclure une séquence très agréable. Cave puissante avec une très bluffante sélection au verre, accueil un peu raide, mais service de très bon niveau, sans faille.

La Cachette 14/20

16 rue des Cévennes - T. 04 75 55 24 13 - Menu(s) 65-85 €

La salle lumineuse avec vue sur les cuisines dans ce restaurant situé près de la place des Tanneurs a la classe, c'est certain, comme celle du chef Masashi Ijichi, qui est toujours la même pour notre grand plaisir. Cromesquis de veau tartare, thon rouge avocat wasabi jaune d'œuf, pigeon champignons ou bœuf japonais moutarde haricots verts, des desserts qui déclinent les fruits de saison, une cuisine complexe sans le paraître car d'une grande précision et qui relie entre elles plusieurs cultures culinaires avec des associations toutes de couleur et de parfum. Les assiettes sont belles, les végétariens y ont toute leur place, la carte des vins s'enorgueillit d'une belle palette de vins naturels, entre autres et le service est adéquat.

Maison Grizlaw 13/20

116 avenue Victor Hugo - T. 04 75 44 00 04 - Carte 57 €

Le pari de Laurent Beaugiraud et Lionel Gresse a été tenu, et leur table de la rue Victor-Hugo s'est imposée sur la scène locale. Avec Brice Gandré aux commandes et Éric Richard aux fourneaux, l'entreprise est entre de bonnes mains pour offrir à la clientèle valentinoise une expérience bonne sur toute la ligne, avec un service impeccable et des assiettes d'aujourd'hui. Suivant les saisons, le chef adapte son goût, comme une cuisine plus méditerranéenne en été, une relecture convaincante de la tarte pissaladière en déstructuré, des spaghettis d'encornets façon carbonara et œuf parfait, une rafraîchissante soupe de pêches blanches, blanc-manger au lait d'amande et glace verveine. Cave remarquable.

Le Bistrot des Clercs 12,5/20

48 Grande Rue - T. 04 75 55 55 15 - Carte 14 € - Menu(s) 24-35 €

Du bistrot franc qui sent la caillette, l'os à moelle et la raviole, du bistrot rhodanien et drômois façon Michel Chabran. Le maître épicurien de Pont-de-l'Isère (4 toques) donne grâce à son équipe sur place, emmenée par Laetitia, un récital de cette cuisine bourgeoise, régionale et sincère. Si l'emplacement en cœur de centre oblige à quelques concessions touristiques (le mi-cuit de thon wok de nouilles, le carpaccio de betteraves...), vous pensez bien que les vrais amateurs et habitués se ruent sur le rognon entier, la terrine du moment, l'andouillette Bobosse et la tête de veau. Bons desserts maison (charlotte aux poires, crêpes Suzette), service stylé de belle brasserie et fillette de crozes tout à fait sympathique.

VALENCIENNES 59300

Pier Le Goût du Vrai 13/20

75 rue de Paris - T. 03 27 29 15 55 - Carte 57 €

C'est la passion qui anime Pierre-Arnaud Dupont et Anaïs dans cet écrin valenciennois, en plein centre, régulièrement embelli. La cuisine du chef est bien iodée, maîtrisée, avec des saveurs justes dans une belle variété d'expression, la mer et le végétal ayant la part belle : ravioles de crabe salicornes et jus d'étrilles corsé, homard rôti et wok des légumes de saison, filet de dorade grise fumet de poisson au curry citron monté au beurre d'algues légumes vapeur. Un bon dessert chocolat, crumble, crémeux, brownie sauce chocolat. Une cave intéressante, vignerons indépendants et bio bien ciblés.

Chez Justine 12/20

8 rue de l'Abbé Victor Senez - T. 03 27 49 80 58 - Menu(s) 22 €

Derrière la façade sobre et élégante, trois niveaux s'offrent au visiteur : une salle en mode brasserie au rez-de-chaussée avec le grand miroir mural, une autre plus cosy girly à l'étage, et encore une autre au second, dans un style afterwork. Les locaux ont adopté le lieu, en particulier au déjeuner, pour la cuisine de produits, frais et de saison, de Justine Maréchalle, jeune cheffe volontaire et maîtrisant ses standards, les tradi comme les modernes, du burger au filet de bar pommes de terre, des samossas aux œufs brouillés aux truffes, du poulet tikka aux gambas à la thaïe et lait de coco. Un très bon macaron vanille pistache coulis de fruits rouges en dessert, et le service surdynamisé de Fabien, seul pour les trois étages.

VANNES 56000

La Gourmandière - Restaurant Olivier Samson 15/20

CHEF : OLIVIER SAMSON

Rue de Poignant - T. 02 97 47 16 13 - Menu(s) 69-105 €

Il convient de tangenter la périphérie pour découvrir cette ancienne longère XIXe scindée en bistrot et table gastronomique. La salle est chaleureuse avec ses murs de pierres, son plafond clair, sa moquette dans des tons mauves très doux, en harmonie avec les chaises. Les tables sont bien dressées et l'éclairage très soigné. Tout est donc en place pour savourer les compositions du très expérimenté et talentueux Olivier Samson qui ne connaît pas de baisse de régime et déroule avec habileté de bien beaux menus autour de produits irréprochablement sélectionnés. Une cuisine «tout simplement» gourmande en phase avec la région et les saisons. Retenons, par exemple, le homard cuit «en douceur» au beurre salé qu'escortent quelques cocos de Paimpol, des salicornes, des sommités de brocolis et quelques touches de confiture de groseille et que l'on arrose au final d'un bouillon très tendu de carcasses infusées à la verveine. Le magnifique pigeon qui suit tient tout son rang. Il trône en majesté, relevé du jus de cuisson, entouré de courgettes, d'aubergine en caviar, d'artichaut et de girolles d'été. Au final, fraîcheur garantie avec les pêches crues et cuites, le blanc-manger et le sorbet pêche de vigne... Service fort souriant et complice sous la houlette d'Aurélie. Carte des vins constituée par un amateur éclairé : joli vouvray de Peter Hahn, chinon de J. Billard, menetou-salon de Philippe Gilbert et quincy de Jean-Charles Borgnat, alsace de Dominique et Julien Frey, mais aussi de Mélanie Pfister, saint-joseph de Bernard Gripa, condrieu d'Yves Cuilleron, crozes-hermitage de Natacha Chave, chablis de Thomas Pico... plusieurs années de Roc de Cambes pour les inconditionnels.

Iodé — 15/20

CHEF : SOPHIE REIGNER

9 rue Aristide Briand - T. 02 97 47 76 14 - Menu(s) 31-72 €

Il faut sans doute un peu la mériter cette table, installée toute seule dans son coin, loin de la citadelle, comme si elle cherchait à faire bande à part. Il y a sans doute un peu de vrai dans cette exception, car la cuisine de Sophie Reigner est tout sauf une banalité. C'est un objet unique et rare qui fait cavalier seul dans le paysage vannetais. Iodé, donc, tel est le mot d'ordre de la cheffe, qui construit ses menus autour de ce fil conducteur, jusqu'au dessert, et qu'elle arrive à faire exister à chaque fois d'une manière inspirante, comme ce maquereau en escabèche de gin et pomelos, agressif malgré ses airs doux, amadoué par un cresson rond et vert et une crème de lait ribot bienveillante, qu'un caviar Petrossian vient légèrement puncher. La complexité parfois oppressante des assiettes laisse aussi place à de vertueuses simplicités, comme ce pigeon en deux services qui n'a besoin que de topinambours et d'un intelligent jus de pigeon à la sardine pour rester en mémoire. Enfin, un dessert comme un morceau de corail, si esthétique qu'on regrette presque de le casser, qui marie la criste marine au miel et au pollen, pour un dernier tour dans un champ battu par les embruns, entre terre et mer. Le voyage est ponctué de petites fantaisies, une perle d'huître givrée à l'échalote, une limonade salée ou encore une guimauve à dérouler. Dans le verre aussi, il y a des idées, avec des accords mets-vins et cidres, qui participent avec beaucoup d'équilibre à l'appréciation des assiettes. Bonne direction en salle, la troisième toque cette année !

Le Roscanvec — 15/20

CHEF : THIERRY SEYCHELLES

17 rue des Halles - T. 02 97 47 15 96 - Menu(s) 40-110 €

Au cœur de la citadelle, la grande maison bourgeoise et historique de Thierry Seychelles est une étape incontournable du gastronaute en pays vannetais. Maison de prestige, un hôtel particulier du XVIIe siècle installé au numéro juste à côté de l'ancien établissement du chef, c'est le passage du colombage à la pierre et à une épure plus en phase avec les nouvelles exigences de la modernité. Face à la grande baie vitrée donnant sur le jardin, la grande salle témoigne d'un minimalisme charmant, à la fois lumineux et zen, qui met en condition pour découvrir les nouvelles idées, mais toujours bretonnes, du chef. Au choix de trois menus, de 60, 90 et 110 €, on pourra ainsi doser, en fonction des occasions et de la faim, pour une délicate langoustine posée sur deux étages de crème de pois cassés et de lentilles vertes du Puy, composition à la fois iodée et terrienne, pour une belle lotte à la cuisson exemplaire et de resplendissantes asperges cardinalisées, pour un régressif, mais franchement réconfortant irish coffee de Lætitia avec son palet au whisky, son chocolat et sa noisette pour un effet praliné heureux. La cave est toujours aussi belle, avec de grands classiques pour les soirs uniques et de petites pépites pour se faire plaisir au quotidien. Service impeccable.

L'Annexe 14/20

18 rue Emile Burgault - T. 02 97 42 58 85 - Carte 17 € - Menu(s) 25-75 €

Cette discrète table aux airs de bistrot est le repaire de David Kiburse, qui s'est imposé au fil des ans comme l'une des références locales. Une cuisine bretonne de haut niveau, beaucoup d'idées et une technique qui ne lui fait jamais défaut, voilà ce qui permet au chef d'élaborer des assiettes graphiques et inspirées, à l'image du menu «Boëdic» à 55 € : lieu jaune nacré servi froid, purée de chou-fleur aux herbes du golfe, coulis de cresson et endives croquantes, bar de ligne rôti au beurre, carottes jaunes, câpres à queue et sauce citron-livèche ou encore le filet de veau d'une cuisson parfaite, avec les asperges vertes, un original siphon jeune cantal et noisettes. Service impeccable.

Empreinte 14/20

15 place Valencia - T. 02 97 46 06 42 - Menu(s) 25-42 €

Entre les talents de décoratrice de Marine et de Baptiste en cuisine, le couple Fournier dispose de quoi faire une belle table, une petite réussite au cœur de Vannes. Le chef réalise une superbe cuisine régionale, avec des produits de qualité et une technique irréprochable, réinventant le terroir : maquereau fumé maison, labneh de yaourt de chèvre, betterave crapaudine, poivre et menthe, retour de pêche, riz rond grillé, bouillon de tourteau et blettes, rhubarbe confite à la vanille, crème brûlée au lait de coco et biscuit au zest de citron. Jolie cave bien commentée par Marine Fournier.

Le Sous-Sol 13/20

15 place Maurice Marchais - T. 02 97 47 69 82 - Carte 45 € - Menu(s) 20-28 €

Aux abords de l'hôtel de ville, Thibaud Schouten a eu le coup de cœur pour cette structure atypique où la salle principale est en sous-sol, dans un aménagement béton verre et acier d'une modernité certaine. Définitivement attiré par la mer, le chef a développé une carte cohérente aux compositions remarquables, d'une fraîcheur et d'une réinvention permanente : langoustines fraîches, consommé réduit asperge blanche grillée et condiment asperge blanche-bourgeons d'épicéa, poisson d'arrivage coulis de tétragone, petit épeautre, coques et sauce marinière, côte de veau, risotto de pommes de terre à la sarriette et crème de pommes de terre. Les desserts sont dans la continuité. Bon service, cave généraliste.

La Tête en l'Air 12/20

43 rue de la Fontaine - T. 02 97 67 31 13 - Menu(s) 35-85 €

Parmi les tables en carte blanche, Clément et Estelle tirent leur épingle du jeu en s'imposant à Vannes depuis déjà plusieurs années avec un succès indéniable. L'élégante maison, au style assez sobre et classique, a le mérite de s'ouvrir à tous les budgets. Des menus à l'aveugle qui multiplient les bonnes idées, de 35 à 85 € et 7 services. La cave est bien pourvue et les accords mets-vins recommandés.

Bvañ 11,5/20

6 rue Alexandre le Pontois - T. 02 97 67 98 30 - Menu(s) 35-71 €

Romain Le Cordroch, dont le nom fleure bon l'iode et le beurre demi-sel est de retour au pays après une longue absence de par le monde. Il a donné un coup de jeune à l'ancien restaurant des Remparts misant sur la simplicité, la fraîcheur et la luminosité. Après la période de rodage, fort utile pour ajuster les plats et permettre à la petite équipe de salle de prendre ses marques, nul doute que sa démarche «locavore», végétale, marine et métissée trouvera rapidement son public. On peut déjà se régaler de gambas associées à de juteuses tomates de Baden (Morbihan) légèrement assaisonnées et relevé d'un sorbet «crustacés». Un plat cohérent et vif. Le concombre «arménien» et la truite en gravlax sont malicieusement traités à la façon bulgare avec un siphon de lait fermenté et fromage blanc. Le petit filet de sébaste accompagné de moules et de bons légumes safranés (haricots verts, courgettes, brocolis, pois gourmand...) permet de poursuivre avec plaisir avant de conclure par une note sucrée qu'il conviendrait peut-être de muscler, tout comme la carte des vins réduite à sa plus simple expression.

Hoya 11/20

23 place du Général de Gaulle - T. 02 97 53 52 48 - Menu(s) 27-75 €

L'appel du large a longtemps été le plus fort - ponctué par quelques grandes maisons (le V, notamment) -, voire l'appel du grand large avec une parenthèse nipponne. Et puis, comme une évidence, le retour au bercail s'est finalement imposé. Nicolas Hameury est donc revenu au pays avec des ambitions affichées. Il officie au fond d'une élégante salle pas très large, aux murs élégamment recouverts de bois clair dans laquelle on se sent immédiatement bien. Sa première carte laisse déjà entrevoir des choses intéressantes avec, par exemple, un bavarois d'huîtres (toutefois pas assez marqué en goût), dont l'onctuosité est contrebalancée par un tartare de chou-fleur et quelques grains de caviar. Légèreté toujours avec un beau filet de daurade dopé par l'ail noir et l'encre de seiche et rafraîchi par un tartare bien relevé de tomates confites, concombre, échalote et gingembre. Le dessert passe tout aussi bien autour d'une glace à l'estragon, espuma basmati, yuzu et marmelade d'orange sanguine au basilic... La courte carte des vins repose pour l'heure sur des maisons bien connues (Bouchard est représenté par ses faugères de l'Abbaye Sylva Plana, Paul Jaboulet Aîné par son cornas...). Service souriant et très décontracté.

Le Vent d'Est 11/20

21 rue Ferdinand le Dressay - T. 02 97 01 34 53 - Carte 59 € - Menu(s) 19,50-29 €

Ce vent d'est vient d'Alsace, pour une maison sympathique qui sait évoquer avec peu toutes les richesses de la région, dans la bonne humeur et la tradition. La carte rejoue les grands classiques du répertoire, pour un moment non loin de Riquewihr, aux portes de l'Atlantique, avec une entrée de chou cru, munster, miel et noix, une fleischnacka au bœuf, cèpes et estragon, une incontournable choucroute traditionnelle, un kougelhopf glacé. Cave assortie.

VARENGEVILLE SUR MER 76119

Restaurant de La Terrasse 12/20

Vasterival - T. 02 35 85 12 54 - Menu(s) 28-39 €

En surplomb de la mer, la vue depuis le restaurant est tout à fait exceptionnelle. La table de cet hôtel 3 étoiles propose une cuisine de bon niveau, pour un moment chic et détendu au cœur de l'un des villages les plus prisés de la côte. Le menu du jour est un choix sûr, à 28 €, avec une terrine de poisson, un merlan sauce dieppoise, un cheesecake de bonne facture. On recommandera également les belles assiettes de fruits de mer ainsi que le brunch dominical à 39 €.

VAULT DE LUGNY 89200

Château de Vault-de-Lugny 12,5/20

11 rue du Château - T. 03 86 34 07 86 - Menu(s) 69-149 €

Pour ces seigneurs d'un week-end, ce splendide château XVe siècle se doit d'offrir une hostellerie 5 étoiles et une table gastronomique à la hauteur de l'instant. Sur la terrasse devant le plus majestueux des platanes ou dans les anciennes cuisines, le moment est rare, prestigieux, d'un charme fou. Dans l'assiette, le chef mauricien Franco Bowanee opère une liaison originale entre la France et l'océan Indien, les grandes traditions françaises venant se frotter aux fruits et aux épices insulaires, cultivées dans le potager du château. Un moment recherché et élégant, avec une truite de Crisenon en carpaccio, roulé d'herbes et agrumes, salade de courgettes, basilic et coriandre, un maigre de ligne rôti sur les écailles, cannelloni de chou vert farci aux épices satay, une canette des Dombes à l'orange et curcuma, cuisse confite au pain d'épices et carottes en texture. Côté douceur, la cheffe pâtissière Karine Laval assure une belle conclusion. Bonne sélection en cave.

Auberge des Chenets 11,5/20

10 route Nationale - Valloux - T. 03 86 34 23 34 - Menu(s) 32-66 €

Adresse idéale pour une partie de campagne à la sortie d'Avallon, cette auberge chic et de grand passage est un rendez-vous prisé et sage qui traverse les années avec constance et rigueur. Le chef réalise des classiques qui ont toujours autant de succès, le foie gras de canard mi-cuit, les escargots de Bourgogne, une pièce de bœuf de la ferme de Come et réduction de vin rouge au poivre de Sichuan, une crème brûlée à la bergamote. Menus de 32 à 66 €.

VAYRES 33870

Restaurant Lune 13,5/20

56 avenue de Libourne - T. 05 47 84 90 98 - Menu(s) 21-75 €

Après un solide parcours, Pierre Rigothier (bordelais d'origine) a posé ses valises entre Bordeaux et Libourne début 2020. Ancienne auberge très fréquentée, le lieu a été complètement repensé et décoré par Caroline Tissier. La salle intérieure est spacieuse, divisée en plusieurs pièces. C'est élégant, de bon goût, mélange de pierres, d'éléments chinés et contemporains. À l'extérieur, un patio très agréable et plein de charme accueille les clients pendant la belle saison avec un mobilier moderne et confortable. La cuisine du chef est basée sur la gourmandise et le partage avec des produits frais et de saison : délicieuses et simples rillettes de truite, lotte, aubergine, girolles, salicorne, pour un ensemble bien composé et très plaisant, mousse minute chocolat de Belize, crumble cacao. Formule du midi très attractive à 21 €. Le soir, deux menus, à 59 et 75 €.

VENCE 06140

L'Ambroisie 12,5/20

37 avenue Alphonse Toreille - T. 04 93 58 78 58 - Menu(s) 35-68 €

On aime l'ambiance chic et bourgeoise de cette ancienne chapelle du XVIIe siècle donnant sur le baou vençois. Bruno Seillery assure comme un métronome une cuisine classique aux cuissons justes, empruntant parfois des saveurs asiatiques pour marquer la différence. Un premier menu découverte à 39 € montre le savoir-faire : tartare de daurade royale à la thaïe, souris d'agneau confite au miel, écrasée de butternut, crème brûlée catalane, sorbet mandarine. Carte aux belles envolées, bonne proposition de vins au verre extraits d'une cave bien équilibrée. Charmant accueil d'Alla, l'épouse du chef.

Restaurant la Table du Cantemerle 12/20

258 chemin Cantemerle - T. 04 93 58 08 18 - Menu(s) 51 €

Benjamin Bourgoin poursuit dans la lignée du regretté Jérôme Héraud dont il fut le second. Le lieu est paisible, enjôleur et la table de bon niveau. On profite de ces lieux bucoliques à travers une carte Riviera assez classique et bien menée : ravioles de gambas au paprika, filet daurade plancha d'un élevage bio, pintade fermière jus de rôti lié au foie gras. Bon menu-carte à 3 plats pour 51 €, service appliqué, cave de références sûres (Sainte Roseline, La Martinette, Pibarnon... pour la région).

Auberge des Seigneurs 11/20

1 rue du Docteur Binet - T. 04 93 58 04 24 - Menu(s) 37 €

Une belle maison de pierre, le cadre effectivement seigneurial pour goûter une cuisine de tradition, qui tient ce qu'elle promet, de bons produits, des intitulés simples, des recettes familières bien conduites, à l'image des bonnes viandes grillées, côtelettes d'agneau, entrecôte de veau et de bœuf, ou encore la selle d'agneau cuite au feu de bois, que l'on pourra faire précéder d'une tartelette aux cèpes ou d'un mi-cuit de foie gras. Formules bien étagées, bon choix à 37 €, petite cave classique avec quelques régionaux.

VENTABREN 13122

Dan B. 14,5/20

1 rue Frédéric Mistral - T. 04 42 28 79 33 - Menu(s) 71-135 €

Surplombant la colline, ce magnifique espace conçu par Olivier Frémont permet la vue sur les environs, entre ciel et terre, dans un esprit contemporain qui laisse toute latitude à la nature. Le chef Dan Bessoudo a trouvé là un écrin à sa mesure, qui introduit bien sa cuisine et lui offre ce qu'il faut pour pleinement s'exprimer. Les formules, à partir de 71 €, reflètent autant le goût du chef pour l'esthétisme, qu'il tire de son expérience scandinave, que sa maîtrise technique, polie par le savoir-faire et sa formation à l'Institut Paul Bocuse. La carte des vins suit, avec des cuvées d'ici comme de grands noms nationaux.

VERDUN SUR LE DOUBS 71350

L'Hostellerie Bourguignonne 14/20

2 avenue du Président Borgeot - T. 03 85 91 51 45 - Menu(s) 25-75 €

Cette étape au cœur de la Bourgogne est un petit trésor de régionalisme, une adorable maison de maître au bord du Doubs, où Didier Denis et son épouse vous accueillent pour une pause sous le signe de la tradition. Le chef, qui la connaît comme sa poche, la fait exister avec vitalité et générosité, la revisitant à l'occasion : homard poché dans son jus, écrasé d'avocat, gaspacho de tomate à l'huile d'olive, une incontournable pôchouse verdunoise, un filet de charolais et pommes de terre nouvelles sautées à l'ail, jus de thym et crème d'époisses, un pain perdu aux abricots rôtis et amandes torréfiées. Magnifique cave de plus de 800 références, notamment en Bourgogne.

VERGISSON 71960

O des Vignes 13,5/20

Route du Bourg - T. 03 85 38 33 40 - Menu(s) 36-89 €

C'est au pied de la roche de Solutré que l'on retrouve le MOF Sébastien Chambru, qui a ouvert sa maison à tous les bons vivants. La belle bâtisse du XIXe siècle abrite un restaurant, un bistrot-bar à vins, ainsi qu'un fumoir pour les amateurs de cigares, mais encore une épicerie, pour prolonger les plaisirs toujours un peu plus. La table offre un bel aperçu des savoir-faire du chef, mis au service d'un produit choisi et d'une cuisine actuelle bien conçue. Le menu à 60 € est une réussite, avec l'omble chevalier servi froid, jus lacté au genièvre et aubergine confite, condiment au piment de Bresse, le dos de merlu au naturel, petits pois, fraise et basilic, socca et beurre nantais, une selle d'agneau sur la peau et panoufle confite, pommes nouvelles et olives de Kalamata, pistou d'ail des ours, enfin un vacherin fraise et rhubarbe. Cave pointue et bien lotie en vins du Mâconnais.

Auberge des Deux Roches 11/20

2 place de l'Église - T. 03 85 21 33 41 - Menu(s) 36 €

Au départ du pèlerinage à la roche de Solutré, la petite auberge de Sylvie et Bertrand Maillard est l'occasion de se rassasier d'une cuisine régionale et accessible. Les propositions sont traditionnelles, s'apprécient dans une ambiance familiale et populaire. Le menu à 36 € est bien pourvu, feuilleté d'asperges sauce mousseline, pavé de cabillaud et crème de persil, rognons de veau et jus au porto. Desserts classiques.

VERSAILLES 78000

Gordon Ramsay au Trianon 15,5/20

CHEF : FRÉDÉRIC LARQUEMIN

1 boulevard de la Reine - T. 01 30 84 50 18 - Carte 61 € - Menu(s) 169-199 €

Grandiose, cette salle Gordon Ramsay du Trianon, avec sa vue sur le parc et son service réglé comme au Grand Siècle. Le menu découverte à 169 € réussit à séduire la clientèle déjà conquise par le cadre, dans le style brillant du grand chef anglais, enquillant les assiettes sans la moindre faute de goût, sans le moindre solécisme culinaire : langue de bœuf, ail noir, framboise et moutarde, foie gras de canard, champignons acidulés, noix de pécan, butternut et magret de canard fumé, asperges vertes, banane plantain, fromage de chèvre et réglisse, sole de petit bateau, huître Gillardeau, coquillages, cresson et jus marinière avant le dessert pomme, sorbet cidre, berlingot vanille. Tout juste regrettera-t-on le côté un peu chiche des portions, moins royales qu'attendu. La cave propose de grands flacons aux tarifs élevés.

La Table du 11 15,5/20

CHEF : JEAN-BAPTISTE LAVERGNE-MORAZZANI

8 rue de la Chancellerie - T. 09 83 34 76 00 - Carte 28 € - Menu(s) 115 €

Jean-Baptiste Lavergne-Morazzani offre aux Versaillais un cadre et une cuisine dans une prestation globale au raffinement bien orchestré et efficace, pour un moment privilégié, propice aux grandes occasions et aux repas de famille. Les assiettes impressionnent par la justesse des goûts et la précision de la réalisation, tout autant que leur graphisme : superbe entrée végétale aux mille couleurs, lieu nacré, carotte et noisette, savoureux, du sourcing raisonné à la réalisation impeccable dans une belle harmonie, dessert pomme céleri herbes très réussi (moins d'enthousiasme pour le gorgonzola amarena, certes audacieux mais en rupture de goût). La séquence est accompagnée d'un service également précis, quoiqu'un peu neutre et métronomique, la carte des vins bien étendue méritant sans doute, elle aussi, des commentaires un peu plus engagés, dans cette très belle salle de la Cour des senteurs, élégante et lumineuse.

Le Pincemin 14/20

10 boulevard du Roi - T. 09 83 50 29 64 - Menu(s) 50-85 €

Toujours en forme Xavier Pincemin, vainqueur de «Top Chef» 2016, œuvrant dans la préparation de ses plats en cuisine ouverte, préparant des assiettes terre-mer en jonglant avec les agrumes pour sa belle clientèle versaillaise, qui aime qu'on la bouscule gentiment, «ma non troppo», et répond aux attentes à travers deux beaux menus, à 50 € au déjeuner et à 85 € pour le dîner. Belle raviole farcie de pintade et granny smith, posée sur des lamelles de portobello, crème de champignons et sauce au foie gras, saint-jacques bretonnes servies en deux services, l'un en carpaccio et betterave, l'autre rôtie, purée de panais et râpé de truffe, avant le filet de veau rosé et langoustines emmaillotées de cheveux d'ange frits, mousseline de topinambour, boosté par un sabayon aux agrumes. Un prédessert glacé carotte-orange avant de finir sur une coque chocolat blanc garni ananas, basilic, noix de coco et vanille. Personnel agréable et attentif, cave classique bien vue.

Zin's Artisan Cuisinier, l'Etape Gourmande 13/20

125 rue Yves Le Coz - T. 01 30 21 01 63 - Menu(s) 29-42 €

Dans une rue discrète, Alain Zinsmeister et son épouse Anne-Marie traversent les vents contraires de la modernité, comme ces marins habitués des mers houleuses. Par l'expérience de 25 ans, ils se sont construit une identité et une maîtrise des produits qui les épargnent de la soumission aux tendances aléatoires, leur préférant pour guide les saisons et les valeurs sûres. Courte et toujours adaptée aux circonstances, la carte évoque une cuisine bourgeoise et changeante au fil de l'année, collant à la météo changeante : pour de beaux jours sur la terrasse, des piquillos au chèvre et caviar d'aubergine, un carpaccio de veau, un merlan de ligne avec une jolie ratatouille comme en Provence, un quasi de veau de l'Aveyron avec un élégant jus à la sauge, une crème brûlée à la menthe rafraîchissante. La carte des vins vaut le détour, pour ses 350 références et ses sélections assez pointues, notamment en Alsace.

VERTOU 44120

Le Laurier Fleuri 13/20

460 route de Clisson - T. 02 51 79 01 01 - Menu(s) 25-55 €

Un Logis de France comme on n'en fait plus, au bord d'une rue de banlieue. Et, en même temps, comme on dit en Macronie, un bon cuisinier, une tradition réconfortante, et des assiettes finalement assez personnelles pour ne jamais être démodées, avec des sauces bien gourmandes. Olivier Giraudet déploie ses idées du moment dans un menu à 39 € bien varié et qui tient sa toque : cromesquis de pastrami de bœuf et déclinaison sur l'oignon de Roscoff, agréable avec ses fèves et tétragones, excellente dorade sauvage, asperge verte et mousseline de chou-fleur sauce coquillage au fenouil, chèvre au parfum de vanille et poire acidulée pain d'épice maison. Belle carte de vins classique, bien pourvue en muscadet et vins de Loire, bien conseillée par le sommelier. Et, si cette table est finalement si populaire, c'est tout simplement qu'elle symbolise la restauration à la française : une bonne capacité, du choix, la qualité d'accueil de Ludivine Giraudet, la franche et bonne cuisine de son époux.

VEULES LES ROSES 76980

Les Galets 12/20

3 rue Victor Hugo - T. 02 35 97 61 33 - Carte 65 €

Frédéric Cauchye est aux commandes de cette institution depuis vingt-cinq ans sans changer de cap, assurant année après année une cuisine traditionnelle et régionale, dans une veine gastronomique et chic. Située à quelques mètres de la mer dans l'un des plus charmants villages de la Côte d'Albâtre, la grande maison abrite des intérieurs feutrés, avec moquette et mobilier bourgeois, argenterie et nappes blanches. À partir de 46 €, le soir jusqu'à 90 €, les formules déclinent des idées sages sur le terroir, de beaux produits revisités, à la manière du homard en lasagne froide aux crustacés et crème de civette, d'un thon rouge mariné dans un genre un peu japonisant, à l'oignon nouveau, gingembre et soja, avec un tartare et un caviar de hareng golden, d'un turbot blondi en panure de noix, jus de poulet, échalotes et pommes grenailles confites aux baies roses, d'un filet de bœuf normand en croûte de Guérande et mignonnette, giboulée de fruits rouges à l'estragon, d'un moelleux au chocolat minute, crème glacée au yaourt et râpée de fève tonka, lait de berlingot et thé de cacao infusé au thé Jaïpur. Cave de négoce : Chanson, Chapoutier, Gérard Bertrand.

VEYRAS 07000

La Boria 15,5/20

CHEF : FLORIAN DESCOURS

105 avenue de l'Escrinet - T. 04 75 66 84 04 - Menu(s) 40-80 €

Nous l'avions quittée en début d'année, peu de temps après son déménagement, sur un sentiment mitigé, comme si La Boria nouvelle version (l'établissement a quitté le centre de Privas pour le village voisin de Veyras) faisait du surplace. Quelques mois plus tard, les équipes sont rodées, les lieux sont apprivoisés et Florian Descours, notre ancien Grand de Demain, est plus performant que jamais dans son registre à la fois locavore (presque tous les produits sont issus du département) et très personnel. Un repas à La Boria c'est avant tout une fête totale, à moindre coût, de celles auxquelles on aimerait participer chaque semaine. Les produits sont magnifiques, les assiettes se succèdent avec maestria, toutes plus gourmandes les unes que les autres (les desserts signés Xavier Ballin ont également pris une nouvelle envergure), les équipes, en cuisine (ouvertes évidemment) comme en salle, sont visiblement heureuses de participer à cette belle aventure et Quentin, le jeune sommelier, qui s'est lui-même lancé dans le métier de vigneron pendant la crise du Covid, est intarissable sur sa jolie cave.

VEYRIER DU LAC 74290

Yoann Conte 19/20

*CHEF : **YOANN CONTE** - CHEF PÂTISSIER : **BAPTISTE DEPOORTER** - DIRECTEUR DE SALLE: **SITA BICKING** - SOMMELIER: **BASTIEN DEBONO***

13 vieille route des Pensières - T. 04 50 09 97 49 - Menu(s) 270-310 €

La France est belle. Un ciel bleu sur le lac d'Annecy, les vagues fouettant les rochers de la pointe du Raz... Yoann Conte, Breton de la baie de Douarnenez et Savoyard, d'adoption, connaît bien ses paysages. Comme son père en cuisine, Marc Veyrat, il a appris l'élégance des choses. Pour l'un des myrtilles fraîches dans le chapeau de son grand-père, pour l'autre un homard vivant sorti de l'eau, une même quête de la révélation par les sens, du plaisir brut à travers la grâce d'une saveur originelle dévoilée par un artiste. Si, pour une grande majorité, le menu surprise est un gadget pratique, le moment passé ici entre océan et lac, entre chasse et pêche, entre ferme et potager, finit par devenir une expérience de liberté. Vous voulez du lapin, des langoustines, du chevreuil ou un omble chevalier du Léman ? Il y a en fait une trentaine de plats qui sont prêts dans la carte personnelle et quotidienne du chef, qui instaure le dialogue et offre finalement un «produit de restauration» original. Vous pourrez vous laisser prendre par la main dans le grand menu ou suivre vos envies après une conversation édifiante, pour le nombre de plats qui vous convient. La féra s'impose, en deux services, avec des tagliatelles de pomme de terre et coulis de livèche, puis à nu, dans son (presque) naturel. Les grenouilles avec leur sauce cresson rappellent tout en même temps, le ruisseau qui gazouille, Loiseau et Veyrat en parrainage, la livèche rencontre la langoustine, tendre et parfaitement cuite, les escargots de Philippe Héritier trouvent l'absinthe, et l'omble chevalier d'Éric Jacquier une recette inspirée de Marguerite Bise, avec ses quenelles toutes fines et un beurre blanc nantais. Tout est limpide, dans un délice conjugué de subtilité et de rusticité, l'étonnant céleri, si joliment présenté, truffe noire et cappuccino, le cèpe comme dans une fondue, le merveilleux cabri cuit dans une motte d'humus avant les desserts en harmonie de Max Martin, du fruité ou du gourmand, de la framboise ou une interprétation du kouign en dédicace au chef. À propos d'harmonie, notez le grand numéro du sommelier Bastien Debono, qui répond à toutes les demandes, propose tous les accords ou s'efface devant la très grande carte des vins, complète, qui renferme tout ce que vous aimez, de petit comme de grand, en France, en Suisse, en Europe et dans le monde.

Restaurant Le Roc 14,5/20

13 vieille route des Pensières - T. 04 50 09 97 49 - Menu(s) 144 €

Le Roc de Yoann Conte bénéficie de nombreux avantages liés à sa table gastronomique attenante. Sa situation, tout d'abord, face au lac, avec son coin terrasse les pieds dans l'eau, une équipe en salle aussi rigoureuse et, enfin, l'accès aux mêmes beaux produits de la région. Comme les escargots du domaine des Orchis, juteux et moelleux, servis avec un jus de viande collant, une sauce herbacée subtile, et cachés sous une galette de sarrasin, le tournedos de jarret de veau, cuit pendant des heures et donc ultra-fondant avec un jus de veau comme le chef les affectionne : gourmand, généreux et savoureux, parfait pour la purée qui l'accompagne. Desserts de haute volée, comme le millefeuille revisité en de fines gaufrettes ondulées de sarrasin avec une crème pâtissière légère et peu sucrée. Belle carte des vins de la région.

VICHY 03200

Maison Decoret 17,5/20

CHEF : **JACQUES DECORET** - DIRECTEUR DE SALLE: **GABRIEL BIGOURET** - SOMMELIER: **ADRIEN FAILLES**

15 rue du Parc - T. 04 70 97 65 06 - Menu(s) 49-220 €

La Maison Decoret prend le tournant de son époque avec bonheur, en famille. Martine et Jacques, leur fils Alexis qui a rejoint l'affaire après ses humanités, orientés dans le bon sens, valorisant comme jamais Vichy et la région, qui devraient bien leur en être franchement reconnaissants. Avec les couteaux de Claude Dorzome à Thiers, superbes, on tranche dans le vif du sujet locavore, dans la belle salle parquetée aux matériaux nobles, cuir rouge, brique au mur, dans la douceur et l'élégance. Les préludes sont charmants, le cigare champignon de Paris coulis de persil poudre de cèpe comme l'excellente soupe de châtaigne, emmenant les convives sur les chemins de traverse, avec la truite fario, élevée à Ferrières-sur-Sichon, cresson, romaine et raisin, la très belle composition autour du veau et du maïs sur une viande remarquable, cuite saignante - il faut oser - avec un subtil parfum d'absinthe, la lièvre à la royale avec un sublime foie gras, doux comme un bonbon, et les desserts marquent autant pour clore la séquence, sur le chocolat, mousseux et addictif, comme un goûter d'enfant, avec une pointe de chicorée et de sel. Le service est assez strict dans sa tenue, mais juste et détendu dans son évolution, la cave rassemble tout ce qui est bon et bien connu, pas trop étendue sur bordeaux-bourgogne afin de permettre à tous les vignobles de s'exprimer, une offre au verre de vins de prestige autorisant quelques très belles gorgées.

La Table d'Antoine 14/20

8 rue Burnol - T. 04 70 98 99 71 - Menu(s) 53,90-89,90 €

Trente ans de bonheur, cela se fête, et Antoine Souillat, qui a imprimé sa patte et ses idées sur la gastronomie locale, peut avoir des motifs de fierté, avec Marie-Christine, sa complice de toujours. L'originalité, la personnalité, sont toujours là, symbolisées par des assiettes peu communes aux influences variées, dont l'inspiration est souvent du voyage : saint-jacques au pralin noisette étuvée de topinambour écume de cidre, filet de bar laqué au jus de viande pak-choï et châtaignes, poire de bœuf fumée sauce miroir condiment à l'échalote crème de potimarron. Bon menu découverte, vaste cave s'intéressant à toutes les régions.

Les Caudalies 12/20

9 rue Besse - T. 04 70 32 13 22 - Menu(s) 33,50-52 €

Un joli cadre façon Napoléon III tout près de l'axe commerçant traversant la ville, un climat familial bien entretenu par Emmanuel Basset, le chef, et Lucie, qui accompagne la salle avec doigté et sa bonne connaissance d'une vaste cave aux 600 références. La cuisine est variée, avec du caractère et une bonne propension régionaliste : pieds de cochon et escargots en crème d'ail, poitrine cuite une nuit puis snackée choucroute caramélisée miel et curry, l'inévitable poulpe snacké pour être tendance s'accompagnant d'un houmous de pois blond de la Planèze, sphère chocolat glacée passion et chocolat chaud Valrhona dans un bon menu «Mathusalem» à 40 € qui vaut sa toque. Autre belle formule «Balthazar» à 52 €, ardoise du jour toujours intéressante.

La Table de Marlène 12/20

Boulevard de Lattre de Tassigny - T. 04 70 97 85 42 - Menu(s) 50-75 €

Au bord du lac d'Allier, un motif de détente et de plaisir, du panorama à l'assiette. On se hausse un peu du col entre les menus «Inspiration» et «Harmonie Gourmande», mais la cheffe, Marlène Chaussemy, à l'évidence, ne reste pas les bras croisés pour proposer une cuisine originale d'une élégance certaine : œuf bio en île flottante velouté de champignon et lard des Aldudes, volaille pattes bleues rôtie et cuisse confite au cédrat millefeuille de pomme de terre, forêt-noire croustillante sorbet griotte. Également un bistrot avec une carte plus simple, cave assez vaste et classique, quelques bio et quelques vins régionaux, saint-pourçain, ou le bon boudes d'Abonnat.

L'Hippocampe 11,5/20

3 boulevard de Russie - T. 04 70 97 68 37 - Menu(s) 23-48 €

Une valeur sûre non loin du casino que ce restaurant de poissons et fruits de mer qui tient la rampe depuis trente ans. Gilles Ruyet, breton d'origine et sa fille Marianne, passée notamment chez Adrien Descouls (Origines, 2 toques), ont repris le flambeau avec une belle énergie, et la pêche de Bretagne ou de Boulogne fournit une carte bien inspirée, qui ne néglige pas la région : langoustines et saint-jacques, pressé de foie gras de Limagne, filet de bar rhubarbe et citron confit, cotriade lorientaise, pièce de charolais au bleu et cantal. Bon choix de desserts, soufflé chaud Grand Marnier, sphère chocolat framboise.

Le 68 11/20

44 avenue Eugène Gilbert - T. 04 70 32 85 15 - Menu(s) 13,90-16,40 €

Le 68, qui a remplacé le Michelangelo, c'est le numéro du département de destination, le Haut-Rhin. L'Alsace remplaçant l'Italie à Vichy, pourquoi pas, si l'assiette répond à la demande, dans une atmosphère plutôt conviviale, ce qui est le cas. Charcuterie alsacienne, choucroute de la mer, jarret braisé au munster, tarte flambée et baeckeoffe sur commande... Desserts moins typiques, tarifs sobres.

VIENNE 38200

La Pyramide 18/20

*CHEF : **PATRICK HENRIROUX** - CHEF : **DAVID CASTAGNET** - CHEF PÂTISSIER : **ANTHONY FRESNAY** - DIRECTEUR DE SALLE : **MICHAEL BOUVIER** - SOMMELIER : **HERVÉ BALIGAND***

14 boulevard Fernand Point - T. 04 74 53 01 96 - Menu(s) 89-195 €

Rendez-vous compte ! Une large carte aux intitulés alléchants, des menus, une grande table où le client a le droit de choisir ce qu'il va manger, c'est vraiment la vieille école chez Patrick Henriroux ! Ce qu'il y a de bizarre, c'est que personne n'a l'air de s'en plaindre et que les convives ont même l'air heureux de ce traitement à l'ancienne. Évidemment, il faut un peu de monde pour envoyer des assiettes différentes à chaque table, mais là aussi, quel étonnement, la solide et excellente équipe de salle, groupée autour de cadres comme Michaël Bouvier ou le sommelier Hervé Baligand, semble aussi enthousiaste et même assez fière que cette excellence à la française puisse résister au mondialisme, au snobisme et à tous les autres «ismes». À la Pyramide, sous l'œil séculaire de Fernand Point, la fête gourmande ne connaît pas de restrictions, à laquelle participent de nombreux acteurs de talent ; le homard tomate eau de tomate estragon, le pigeon dans une présentation inédite (en lamelles roulées avec ses petits pois épatants, un gel chartreuse et une vinaigrette mentholée très addictive ou encore le turbot artichaut jus de volaille tout en précision. Fidèle d'entre les fidèles, Patrick Henriroux a aussi de la mémoire et quand il rend hommage à Christian Willer et Roger Vergé, chez qui il travailla, c'est pour donner l'un des meilleurs rougets (totalement désarêté, reconstitué, courgette farcie de légumes méditerranéens, une merveille) du nord de Marseille. On félicite le lapin dans ses trois préparations (un délice que de ronger le carré de côtes avec les doigts !) avec une assez diabolique effilochée carotte passion en satellite, avant des desserts très inventifs, marjolaine et chocolat, fraises en coque de meringue et kirsch, sans oublier le piano au chocolat, les deux chefs pâtissiers, Anthony Fresnay et Taira Kawamura parachevant ce grand moment. D'autant plus grand si l'on pioche dans la cave gigantesque où toute la vallée du Rhône, avec ses meilleurs représentants, semble confluer.

Espace PH3 — 13/20

14 boulevard Fernand Point - T. 04 74 53 01 96 - Carte 59 € - Menu(s) 28 €

Dans la maison la plus célèbre de l'Hexagone gourmand, celle de la famille Henriroux, l'espace PH3 s'occupe de satisfaire avec le même professionnalisme qu'à la mythique Pyramide. Bistrot de haute volée qui profite autant de l'expertise du propriétaire que de la cave, on y trouve une belle assiette de tradition revisitée, et un verre de compétition à des prix bienveillants : un très beau pavé de thon froid mi-cuit et quinoa rouge, pomelo et praliné matcha, d'une complexité plaisante, une fondante poitrine de porc de 12 heures et snackée à la plancha avec un jus acidulé au vinaigre d'agrumes. Service impeccable.

L'Estancot — 12/20

4 rue de la Table-Ronde - T. 04 74 85 12 09 - Carte 51 €

Au départ de cette rue pavée du centre, on retrouve ce bistrot chaleureux et gourmand, où les collègues, les amis et les familles se retrouvent pour une aventure thématique autour de la fameuse crique. La célèbre râpée de pommes de terre ardéchoise est ici déclinée à toutes les sauces, pour un plaisir traditionnel et régressif, où la pomme de terre croustillante retrouve les escargots, le bar, la lotte et le rouget, l'escalope de foie gras ou encore le filet de bœuf et les épinards. Petite cave régionale adéquate.

VILLE D'AVRAY — 92410

Le Corot - Les Etangs de Corot — 15/20

CHEF : RÉMI CHAMBARD

55 rue Versailles - T. 01 41 15 37 00 - Menu(s) 95-165 €

Tout change pour que rien ne change : cette belle maison a bien évolué, embelli par un nouveau décor plus proche du naturel, belle salle lumineuse ouverte sur son environnement. Et le chef, Rémi Chambard, est bien à son poste, de plus en plus scrupuleux sur les produits de saison. En 6 plats et 2 desserts, il tresse ses menus de 95 à 165 €, «La Promenade» à 130 € paraissant le moyen terme le plus intéressant, dont la truite confite oseille et citron, la pintade champignons agastache ou l'agneau moutarde chénopode qui dénote précision, sobriété et finesse sur des dressages impeccables. Les 3 toques reviennent naturellement, le dessert chocolat sapin mûre sauvage termine la gourmandise et le sommelier pioche dans une bonne cave classique pour les accompagnements.

VILLEFRANCHE DE CONFLENT 66500

La Senyera 12/20

81 rue Saint-Jean - T. 04 68 96 17 65 - Carte 39 € - Menu(s) 30-35 €

Une belle maison au cœur de la citadelle, pierres et voûtes, traditions catalanes et ambiance seigneuriale. Julien Blaya, Narbonnais de naissance, a définitivement adopté le terroir et travaille de près avec les meilleurs producteurs. Sa cuisine a ainsi du sens et du goût, avec la tartelette aux oignons et anchois de Collioure, la pomponnette de porc fermier crème de munjettes, le tournedos de canard et oignons glacés au sirop de sapin du Canigou, avant l'incontournable crème catalane ou les «Rousquilleroles». Bonne formule à 30 € (et à 5 € de plus vous avez les bons fromages régionaux), cave régionale. Pour les amateurs, wagyu australien ou japonais...

VILLEFRANCHE SUR SAÔNE 69400

Le Belooga 12,5/20

384 boulevard Louis Blanc - T. 04 37 55 28 28 - Menu(s) 29-36 €

Dans le centre, non loin de la gare, l'Hôtel Mercure 4 étoiles abrite une belle brasserie gourmande, orchestrée par Guy Lassausaie et pilotée sur place par Manuel Viron. C'est la rencontre fructueuse du luxe hôtelier et des traditions locales, où un style bourgeois, épuré et feutré, accueille des plats canailles superbement reproduits par le chef. Dans ce cadre aux lignes ininterrompues, avec mise de table sérieuse, croisements de gris, blanc et rouge, les assiettes généreuses détonnent, un régressif œuf meurette dont la sauce cache bien des surprises, une quenelle d'esturgeon blanc avec une sauce Nantua exemplaire. Service professionnel. La sélection en cave offre un beau panorama de la région, avec des appellations de prestige.

VILLENEUVE LOUBET 06270

La Flibuste Martins 13/20

Chemin de la Batterie - T. 04 93 20 59 02 - Menu(s) 65-145 €

Après le passage éclair de Xavier Burelle pour remplacer Eugénie Béziat, partie pour la grande aventure du Ritz, il a fallu à Roger Martins une grande réactivité pour trouver un chef disponible capable de tenir le cap face à la Méditerranée, dans le coin le plus chic de la marina. Coup de chance ou intuition, il a trouvé un chef plein d'idées, que nous suivons depuis longtemps, pour relever le challenge : Nicolas Thomas, notre Jeune Talent 2018 qui avait si vite gravi les échelons jusqu'à la 3e toque lorsqu'il était à la Promenade près de Toulouse, signe ici un retour en fanfare. Certes, il doit apprivoiser les produits locaux, ainsi que les producteurs, se tourner davantage vers la Méditerranée, mais l'écrin trouvé va lui permettre de l'envisager sereinement. Les débuts montrent qu'il n'a pas perdu la main, les cuissons sont très nettes, les asperges seiche morille pomme de terre fumée montrent saveur et texture, le merlu est impeccable avec la sauce courgette fermentée, tagliatelle de courgette et gel citron, et il n'oublie pas les plats qui ont fait sa renommée occitane, comme le foie gras lentilles anguille fumée. Deux toques d'ores et déjà retrouvées en attendant la suite avec appétit, en espérant aussi que l'influence Riviera ne vienne pas compliquer par trop de sophistication le naturel du chef que nous connaissons. Desserts élaborés dans la même veine, jeune service bien assuré (le fils du patron et un bon sommelier), cave assez classique avec un choix de vin au verre assez coûteux.

VILLENEUVE LÈS AVIGNON 30400

Le Prieuré 15/20

CHEF : MARC FONTANNE

7 place du Chapitre - T. 04 90 15 90 15 - Carte 40 € - Menu(s) 39-110 €

Intégré depuis quelques années au groupe Baumanière, le Prieuré n'a évidemment rien perdu de cette superbe qui le classe parmi les étapes les plus charmantes de la région. Dans cette secrète locanda du XIVe siècle nichée au cœur du village médiéval, Marc Fontanne (passé notamment par l'Auberge des Templiers, aux Bézards, et chez Anne-Sophie Pic) fait honneur à l'héritage laissé par ses prédécesseurs : chou pomme rôti au curry, crème de girolles, chou kale frit et sauté, girolles au vinaigre de fenouil, lotte rôtie et glacée d'un sabayon acidulé, butternut en purée parfumé à l'aneth, poitrine de veau confite en feuille à feuille, lard de Colonnata, cornichon grillé et pain bao à la sardine rôtie... De très belles assiettes, une belle cave très complète.

VILLENEUVE LÈS MAGUELONE 34750

Carré Mer 13/20

Plage de Maguelone - T. 04 67 42 06 96 - Carte 84 €

Un lieu chic, une cuisine appétissante, une jolie ambiance, une belle équipe au bar ou en salle... tous les éléments sont là pour passer une soirée de rêve, surtout si l'on est invité. Les frères Pourcel animent à distance et avec brio ce lieu festif les pieds dans le sable, face à la mer, et on grignote la Méditerranée avec volupté dans cette paillote si bien aménagée : croque-monsieur, comté et truffe, panciotti d'asperges vertes au mascarpone, parmesan et bouillon de légumes en émulsion, biscuit sablé aux framboises, crème légère à la vanille sorbet citron basilic. Comme dans tous les univers Pourcel, tout est bon et donne envie de revenir, et le jeune service est naturellement au top.

VILLENEUVETTE 34800

La Source 13/20

14 Grand'rue - T. 04 67 96 36 95 - Menu(s) 24-36 €

Un cadre agréable, un grand soin dans l'accueil, engageant et souriant, une belle et vaste terrasse avec des tables sous la tonnelle, autant d'ingrédients qui font passer le bon moment. Et même si la cuisine nous a semble un poil en retrait, les 2 toques se maintiennent grâce à cet environnement de confort et d'agrément. Éclair façon basque chèvre piment d'Espelette chorizo coulis piquillos, filet de dorade rôti crème de prosecco, vacherin poire figue chantilly poire, pour une séquence bâtie avec les produits de saison, correctement assaisonnée. Jeune service agréable et dynamique, carte de vins simple avec un focus particulier sur les vins du Languedoc, avec un petit choix au verre.

VILLERS LE LAC 25130

Le France 13/20

8 place Maxime Cupillard - T. 03 81 68 00 06 - Carte 86 € - Menu(s) 26-94 €

Les amoureux des grandes balades en montagne apprécient cette hôtellerie d'excellent niveau (avec spa), qui constitue un point de départ idéal pour sillonner la région. Et pour reprendre des forces, la table d'Hugues Droz offre juste ce qu'il faut de prestige et de régionalisme (le chef privilégie au maximum les fournisseurs locaux) pour contenter un large public : burrata de bufflonne aux truffes d'été, tomates cerises et épines de sapin, filet de sandre aux girolles et cazette de Bourgogne avant un joli dessert autour de la banane, des morilles et de la cannelle. Cave intéressante, avec là encore un beau travail de mise en avant de la région.

VILLERSEXEL 70110

La Terrasse 11/20

1 rue du Quai Militaire - T. 03 84 20 52 11 - Menu(s) 20-38 €

Une hôtellerie de bon niveau et une table de charme au bord de l'Ognon, pour un instant décontracté et chaleureux. Entre amis ou en famille, on s'y retrouve pour une expérience sage et rassurante, où les classiques mènent la danse, une salade de chèvre chaud, un filet de truite au vin jaune et aux morilles, un filet de bœuf sauce au poivre, un cœur au chocolat coulant. Atmosphère très plaisante, notamment en terrasse.

VINCELOTTES 89290

Auberge les Tilleuls 12/20

12 quai de l'Yonne - T. 03 86 42 22 13 - Menu(s) 22,50-66 €

Le plaisir d'une bonne cuisine traditionnelle allié à la bonne humeur d'Alain Renaudin, qui passe autant de temps avec ses clients qu'en cuisine, car il sait que la convivialité est un ingrédient incontournable d'un bon dîner, donnant toute sa confiance à ses équipes. Tout en profitant d'une jolie vue depuis la terrasse au bord de l'Yonne, on pourra apprécier une carte assez complète, au classique réconfortant, des menus qui vont de 22,50 € à 66 € : cervelle de canut et saumon fumé sur place, un beau pavé de truite de Crisenon avec un velouté à la dijonnaise, une superbe cuisson du bœuf à la crème de morille et purée de printemps, une crème caramel à la vanille Bourbon. Très belle cave principalement bourguignonne.

VINCENNES 94300

L'Ours 14/20

10-12 rue de l'Eglise - T. 01 46 81 50 34 - Menu(s) 65-130 €

Il vous faudra passer sous le regard d'un ours grandeur nature avant d'arriver dans la très belle salle au mobilier contemporain, sous une verrière haute de plafond, lustre moderne et art de la table chic, accueillant la fan-clientèle de Jacky Ribault qui, si elle réserve pour 4 couverts, peut directement manger dans les cuisines. La carte tourne autour des produits de saison aux saveurs de multiples influences : filets de turbot nacré accompagné de cédrat et coulis de betterave, foie gras fondant au porto et yuzu, ou encore filet de bœuf avec sa purée de dattes medjoul et un jus sarriette des plus précis, le chef montrant son éclectisme et son savoir dans des exercices variés, comme ce dashi très profond sur le chou de Pontoise et œufs de saumon. Desserts moins passionnants, vaste carte des vins et service attentionné.

VIRÉ 71260

Restaurant Frédéric Carrion 14/20

Place André Lagrange - T. 03 85 33 10 72 - Menu(s) 86 €

Ce magnifique hôtel-spa 4 étoiles est un moment de luxe et de charme au cœur du vignoble mâconnais, avec en prime la table gastronomique de Frédéric Carrion. L'expérience est complète et s'achève sur des assiettes maîtrisées de bout en bout. Le menu à 86 € est éloquent, avec la crevette Obsiblue aux zestes d'agrumes, langoustine concassée à l'échalote, tartare d'avocat, petits légumes et crémant de Bourgogne, merlu rôti en cannelloni de courgettes et aromates, olives noires de Kalamata en pulpe, céleri palet et navet glacé, ris de veau braisé, artichaut, velours de cassis et carottes au miel, un soufflé chaud Grand Marnier. Service professionnel. Cave bien pourvue sur la Bourgogne.

VIVIERS DU LAC 73240

La Parfumerie 12/20

204 rue du Colonel Bachetta - T. 04 79 54 48 90 - Menu(s) 36 €

À deux pas du port de Viviers-du-Lac, une petite ruelle vous conduit à La Parfumerie. Derrière ce nom énigmatique, se cache une jolie maison de vacances et, dès que le temps le permet, la terrasse sera l'endroit idéal pour un déjeuner au soleil. Patrick Turpin, que nous connaissons bien puisqu'il passa près de quinze ans à La Maniguette de Chambéry, signe ici une cuisine inspirée et précise, valorisant sa région, à l'image de ce râble de lapin et gratin de rigatoni, bisque d'écrevisses de belle gourmandise, avant le baba au rhum monté à la verveine du jardin. Rapport qualité-prix juste et service bienveillant.

VOIRON 38500

Brasserie Chavant 12,5/20

72 avenue Léon et Joanny Tardy - T. 04 76 93 19 11 - Carte 57 € - Menu(s) 19,90-29,90 €

Cette splendide demeure bourgeoise de 1869, située précisément à mille pas de l'église de Voiron, prête aujourd'hui ses intérieurs luxueux à un hôtel 4 étoiles, l'un des plus beaux des environs, et à sa table dirigée par Julien Rondepierre. Le ton est joyeux malgré l'élégance solennelle des lieux, sol en dalles, grand escalier, parquet, moulures et grande hauteur sous plafond, parfaitement intégrés dans une décoration aux lignes épurées, qu'on retrouve autant à table que dans les chambres. Le service, professionnel et à l'aise, délivre une cuisine de beaux produits, dans une veine traditionnelle et glorieuse, qui remet au goût du jour les grandes recettes, les ravioles de langoustines, la sole meunière, mais encore le beau civet de sanglier ou la fameuse caille Émile Chavant, avec sa sauce aux morilles et son fond d'artichaut, ou encore un lièvre à la royale, dans les règles de l'art. La cave suit correctement, avec une quarantaine de propositions, principalement sur la Bourgogne et la vallée du Rhône.

VOLNAY 21190

L'Agastache 12,5/20

1 rue de la Cave - T. 03 80 21 12 30 - Menu(s) 28-45 €

Du fait maison de qualité dans ce village viticole dont le charme ne s'arrête pas aux barriques. Caroline et Nunzio vous accueillent comme à la maison, le chef crée selon le marché des menus à l'aveugle pour le déjeuner comme pour le dîner. Des produits choisis pour leur bon rapport, une fine cuisine, simple et précise : houmous de pois chiche œuf parfait herbes fraîches, julienne sumac vitelotte bouillon végétal, épaule de cochon fermier confit menthe chocolat et petits pois bio dans un menu sans choix mais toujours vaillant pour 45 € avec un dessert de saison (fraise, balsamique, glace cerise). Très bon accueil, cave avisée avec les génériques de Mikulski et Benoît Ente, entre autres.

VONNAS 01540

Georges Blanc

*CHEF : **GEORGES BLANC** - CHEF : **FLORENT MARÉCHAU** - CHEF : **FRÉDÉRIC BLANC** - CHEF PÂTISSIER : **STÉPHANE MANGIN** - DIRECTEUR DE SALLE : **ALAIN PICHON** - SOMMELIER : **CAMILLE BLANC***

Place du Marché - T. 04 74 50 90 90 - Carte 231 € - Menu(s) 280-345 €

Prenez le temps ! Le temps de savourer la douceur de vivre à Vonnas, le Village Blanc, de voir la belle auberge de cuisine bressane, les boutiques siglées avec les produits régionaux, et puis le passage le long de la Veyle d'un côté, et des cuisines de l'autre, derrière les baies vitrées. Le temps de l'apéritif au salon et vous êtes bien immergés dans l'univers de Georges Blanc, de rusticité luxueuse, de France cocardière et gourmande symbolisée, entre autres, par la fameuse volaille de Bresse. Car dans cette salle opulente où vous déploierez la grande carte, où vous soupèserez l'énorme livre de cave qui relie la Bourgogne et le Rhône dans ce qu'ils ont de plus grand, tout n'est qu'excellence, dans un confort douillet et pas snob pour deux sous. On peut venir à Vonnas, certes bien mis et préparé pour la fête, mais aussi bien en hélicoptère qu'en berline familiale sur la route des vacances ou en descendant du tracteur. Georges Blanc a toujours eu cette capacité fédératrice de plaire à tous, de donner le grand genre sans en rajouter, flatteur sans ostentation. À table, on profite, les crêpes vonnassiennes et la poularde au vin jaune sont bien là, mais le boss tient à ce que sa cuisine soit bien ancrée dans l'époque et chaque saison, la carte se réinvente sans perdre en gourmandise : le sandre de Saône, subtilement flanqué d'une huile de coriandre iodée et d'une bouchée végétale et fumée, le merlan à la croque au sel et tapenade de moules de bouchot et même le ris, pied et fraise de veau, avec un beau jus, sont des plats plutôt novateurs qui s'ajoutent, en contrepoint au plaisir d'une tourte pigeon et foie gras, en buvant un beau verre de mâcon du patron, avant un beau soufflé citron et maracuja ou «l'idéal vonnassien», sablé de gaudes cazette et chocolat...

L'Ancienne Auberge 13,5/20

Place du Marché - T. 04 74 50 90 50 - Menu(s) 26-66 €

Aller chez Georges Blanc est un pèlerinage, un retour près des siens. Quoiqu'il arrive, on est bien accueilli et l'on retrouve ce goût perdu d'une cuisine inusable, qui rappelle pourquoi la France est le pays de la gastronomie. Les assiettes ramènent au juste, le gâteau de foie blond d'Élisa Blanc, la quenelle de brochet, le chou bressan farci aux morilles et vin jaune, l'évidente volaille de Bresse à la crème de la mère Blanc et les crêpes vonnassiennes. Cave bourguignonne, avec du viré-clessé, du meursault et du corton-charlemagne.

WATTIGNIES 59139

Le Cheval Blanc 12/20

110 rue du General de Gaulle - T. 03 20 97 34 62 - Menu(s) 30-62 €

Une table d'apparence tranquille, qui cache un petit trésor : du fait maison de qualité par un chef généreux, Jérôme Follet, qui montre, à travers son menu Découverte à 44 €, un talent incontestable, proche des 2 toques : avec le gravlax de truite, tout en fraîcheur et bien assaisonné, le veau basse température jus infusé au café et l'abricot rôti au romarin glace au lait d'amande. La table est jolie, en mode contemporain soigné, et l'accueil de la maîtresse de maison, Nathalie Follet, est bien engageant.

WETTOLSHEIM 68920

La Palette 12/20

9 rue Herzog - T. 03 89 80 79 14 - Carte 24 € - Menu(s) 29-79 €

On aime le mouvement, le design culinaire et l'inspiration de cette table discrète de la route des vins d'Alsace, son menu du mois, la gentillesse de l'accueil. Dès la lecture des menus, on est submergé de mots et d'idées. Quelques mariages glissent parfois dans la confusion, mais c'est la rançon d'un sympathique élan de recherche. Au menu du mois à 45 € : tendres piques de saumon d'Écosse associées à un caramel d'ananas trop sucré, épais filet de skrei un brin âpre accompagné de mogettes de Vendée, savoureux jumeau de bœuf confit, jus à l'hibiscus, fricassée de navet de Pardailhan et butternut complété par une riche assiette de légumes un peu ostentatoire. Le dessert est le plat le plus réussi avec cette mousse de pomme gourmande accompagnée par un coulis et un sorbet. Les prix conviviaux, la vingtaine de vins au verre, la belle collection de rieslings grands crus et les nombreuses attentions servies tout au long du repas recueillent l'adhésion d'une clientèle très fidèle.

WIHR AU VAL 68230

La Nouvelle Auberge 15/20

CHEF : BERNARD LERAY

9 route Nationale - T. 03 89 71 07 70 - Carte 77 € - Menu(s) 48-92 €

Insoupçonnable depuis la départementale qui file vers Munster, cette maison, aux faux airs de restaurant de bord de route, abrite la meilleure table de la vallée. La salle à manger demeure intemporelle : les boiseries douces, le parquet, l'armoire ancienne, les jolis bouquets de fleurs, les tables bien dressées et les tableaux de Waydelich, tout contribue à une atmosphère incroyablement apaisante. La gastronomie de Bernard Leray est à cette image, loin des modes, simplement bien dans son Alsace, généreuse et attachante. Cette cuisine vertueuse, inspirée par le terroir, est proposée au travers de menus bien composés qui recueillent l'enthousiasme des fidèles. On y trouve un savoureux foie gras de canard, avec réduction de chutney, échalotes au vin et gel d'églantine. De très belles asperges blanches de chez Clarisse, bien fermes, sont mises en valeur par une préparation à la fois fine, fraîche et distinguée. Admirable féra du Léman cuite délicatement, accompagnée d'une savoureuse duxelles et coiffée d'amusants crumbles d'amandes, petit clin d'œil à la truite aux amandes. Épais lieu jaune de ligne, transcendé par une cuisson experte, flanqué de petits pois en deux façons et couronné d'oignons. L'agneau Label rouge, mis en valeur par un jus un poil trop salé, est une préparation fort distinguée. Si tous les plats atteignent les 3 toques, les desserts sont de niveau 2 toques, quoique gourmands à souhait à l'instar de la coupe rhubarbe, accompagnée d'une panna cotta à la vanille onctueuse et de reine-des-prés ou cette déclinaison de chocolats Cluizel, associés à la meringue, à une glace chicorée, et une crème tonka. La cave - qui excelle en alsaces avec sa collection de rieslings grands crus, gewurztraminer grand cru, vins de complantation de chez Deiss - est désormais conseillée par Charlotte Leray.

WIMEREUX 62930

La Liégeoise 15,5/20

CHEF : BENJAMIN DELPIERRE

6 rue Notre Dame - T. 03 21 32 41 01 - Carte 86 € - Menu(s) 54-99 €

Ouvrez grand les fenêtres, respirez l'air marin vivifiant, profitez de la vue : la Liégeoise n'est pas loin d'être la plus belle et la meilleure table de la côte d'Opale. Benjamin Delpierre peut être fier de la transmission : il a assuré et même fait grimper la maison des parents jusqu'à ce haut niveau si enviable. Sa cuisine a autant de fraîcheur que d'équilibre, de réflexion que de gourmandise. Et cette carte, qu'il détaille en adroits menus, a bien des attraits : raie confite, courge citron et mirin, homard déclinaison de chou-fleur et grenade, un plat simple et brillant, sole panais champignons jus d'arêtes au combava, un joli poisson boosté, comme dans de nombreuses assiettes, par un twist acidulé fort bienvenu. Cave plutôt classique mais bien étendue et solide sur les régions phares, bon service, appliqué et aimable.

WINGEN SUR MODER 67290

La Villa René Lalique 17/20

CHEF : **PAUL STRADNER** *- CHEF PÂTISSIER :* **NICOLAS MULTON** *- SOMMELIER:* **ROMAIN ILTIS**

18 rue Bellevue - T. 03 88 71 98 98 - Menu(s) 90-230 €

La Villa, qui a célébré en 2022 ses 100 ans d'existence, est la première vitrine de l'empire Silvio Denz. Dans la salle à manger lumineuse ouverte sur le parc, où tout n'est que luxe, esthétique et délicatesse, cristal et gastronomie font cause commune. Jean-Georges Klein, qui a donné en trente ans une dimension nouvelle à la restauration des Vosges du Nord, a cédé sa place à Paul Stradner. Dans ce lieu préservé, voué à la beauté, le chef autrichien s'était déjà fait remarquer par ses compositions esthétiques, tel ce foie gras imitant le «RockStone» d'Arik Levy posé dans le jardin ou cette palette de légumes jaunes parfumés à la fleur de sureau, inspirée d'un tableau de Damien Hirst. On retrouve cette fois dans la même veine, ce «Cactus» d'aspect un peu pataud, mais contenant un foie gras relevé à souhait dont la forme imite une œuvre Art déco créée par René Lalique. Les amateurs de légèreté préféreront la fraîcheur méditerranéenne de la déclinaison de tomate rouge, pastèque, olive, basilic. La composition autour de la sériole, du tourteau, du chou-rave, et du combava est un plat plein de clarté aux saveurs bien tranchées, avec ses trois cylindres placés côte à côte dans un esprit de design culinaire. Le traitement des poissons est toujours admirable, à l'image de ce sandre, confit dans du beurre, garni d'aromates à la façon d'une grenobloise. Éclectique, la cuisine de Paul Stradner n'est jamais à court d'idées. Certains plats sont inspirés par l'origine styrienne du chef, telle l'épaule de lapin confite 16 heures, soulignée par une sauce au paprika doux et escortée d'un amusant knödel revisité ainsi que d'une fraîche salade de jeunes pousses d'Éric Greiner. L'inattendu magret de canard, certes accompagné par une riche sauce au Glenturret, nous a semble surchargé d'épices. Les desserts signés Nicolas Multon demeurent de haute volée avec la cerise de Kriegsheim déclinée en feuillantine, sorbet, clafoutis, et soulignée d'un jus infusé au géranium ; ou le chocolat d'Équateur présenté dans l'esprit d'un saint-honoré. Romain Iltis, Meilleur ouvrier de France 2015, gère une cave de 60000 bouteilles du monde entier, dont une partie provient de la collection personnelle de Silvio Denz, ainsi que des différents domaines du propriétaire, aussi bien en Toscane, en Espagne que dans le Bordelais.

YSSINGEAUX 43200

Le Bourbon 11/20

5 place de la Victoire - T. 04 71 59 06 54 - Menu(s) 19-35 €

À l'orée du centre, sur la place, cet hôtel de près d'un demi-siècle de bonne réputation poursuit son aventure sans démériter, en accentuant même son rapport au terroir. Plus vraiment d'envolées gastro comme dans le passé, mais une solide cuisine au quotidien qui vaut sa toque dans un cadre anodin et soigné : filet mignon de cochon fumé, ravioli au cantal, gâteau de brochet aux écrevisses, longe de veau aux morilles et une carte de gibier en saison (civet de chevreuil, perdreau entier...). Cave simple et classique.

ZELLENBERG 68340

Maximilien 15/20

CHEF : JEAN-MICHEL EBLIN

19a route d'Ostheim - T. 03 89 47 99 69 - Carte 104 € - Menu(s) 39-108 €

Posée au pied du village en éperon, dans un écrin de vignes et de vergers, face à Riquewihr et la chaîne des Vosges, cette villa des années 1990 prodigue sans retenue l'art de vivre et l'hospitalité de la route des vins d'Alsace. Dans l'élégante salle à manger classique dotée de tables rondes agréablement espacées, on goûte la lumière et l'environnement, mais aussi la cuisine de Jean-Michel Eblin, Alsacien estampillé et artisan solide passé par L'Auberge de l'Ill. Son expérience et sa maîtrise technique s'expriment en plats de facture classique inspirés par le terroir alsacien. On aime la vivacité de ce hors-d'œuvre à base de queues de gambas bien fermes, préparées en deux façons avec juste ce qu'il faut d'avocat pour la gourmandise et de pomme verte pour la fraîcheur. La chair du joli filet de bar est rendue soyeuse par une cuisson précise et mise en valeur par la délicate fleur de courgette farcie ainsi que par quelques truffes d'été sensibles. On ne se lassera jamais de ce grand classique qu'est cette belle poitrine de pigeon rôtie de Théo Kieffer, accompagnée d'un cromesquis de cuisse confite, coriandre et betterave, et soulignée par un jus épicé bien réduit, solide retour aux fondamentaux de la cuisine française. Les becs sucrés ne seront pas déçus avec les desserts au diapason, à l'instar de cette composition à base de griottes, chocolat et mascarpone, qui n'est pas sans nous rappeler les saveurs de la traditionnelle forêt-noire. Ambiance distinguée, service attentionné mais détendu, dirigé par Anne Eblin.

INDEX

INDEX DES ÉTABLISSEMENTS

A

B

C

D

E

F

G

H

I

J

K

L

M

N

O

P

S

T

U

V

W

X

Y

Z

Président-directeur général
Patrick Hayoun

Directeur de la rédaction
Stéphane Bréhier

Directeur des guides et des enquêtes
Marc Esquerré

Directrice artistique
Ingrid Maupoux

Rédactrice en chef adjointe
Florence Saint-Martin

Chargée de production
Maud Lolia

Iconographes
Julie Vanazzi, assistée de Luca Peugeot

Relecture et correction
Fanny Jacquet, Brigitte Roux

Maquettistes – Prépresse
Marie-Hélène Martin, Cannelle Petit, Didier Naulevade

Responsable de la base de données
Armand Bolzer, assisté de Yulia Matrosova

Réseaux sociaux
Jérôme Peleyras (social media manager), Lisa Marchal (community manager)

Contributeurs
Ingrid Boinet (rédactrice), Benjamin Pausé (illustrateur)

Publicité & Partenariats
Nicolas Molina (directeur commercial)
David Chamard (responsable télémarketing)
Laura Jacquin (responsable partenariats)

Événements
France Fernandes (directrice des événements)
Emma Lachevre, Lisa Diraison (cheffes de projet), Léa Ferry (cheffe de projet artistique)

Comptabilité
Laetitia Nahum (directrice administrative et financière)

Photogravure
Fotimprim

Impression
Graphius, Belgique sur UPM Sol Mat 70 gr

Dépôt légal
Décembre 2022

ISBN
978-2-375-57-080-7

Éditions Gault&Millau, 37-39 rue Boissière, 75016 Paris
Gault&Millau SA au capital de 250000 €

Since 1931
Amefa
Creative Cooking. Delicious Dining
COUZON
Tous les Arts de
la Table
à votre Service